Sous la direction de
Jean-Christophe Tamisier

Dictionnaire des Peuples

Sociétés d'Afrique, d'Amérique, d'Asie et d'Océanie

Préface de
Maurice Godelier

LES RÉFÉRENTS

LAROUSSE

21, rue du Montparnasse 75006 Paris

Responsable éditorial
Jean-Christophe Tamisier

Lecture-correction
Édith Zha

Cartographie
Krystyna Mazoyer
Marie-Claude Backe
Claire Levasseur

Fabrication
Nicolas Perrier

L'éditeur remercie les nombreux chercheurs, enseignants et doctorants qui ont contribué à la réalisation de cet ouvrage. Une liste alphabétique, placée en fin d'ouvrage, met en regard les entrées et les noms de ceux qui, avec des degrés d'implication variés, ont aidé à les établir.

Distributeur exclusif au Canada : « Messageries ADP, 1751 Richardson, Montréal (Québec) ».

ISBN : 2-03-720240-7

Sommaire

Préface

Les modes de vie tendent à s'uniformiser, globalisation du marché aidant ; ici et là, les gouvernants s'emploient – quelle que soit la révérence faite aux « exceptions culturelles » – à couler les âmes et les corps dans un moule unique. Pour autant, l'humanité reste un théâtre aux scènes multiples, et notre planète est toujours le lieu d'un intense foisonnement des formes sociales.

Ce dictionnaire nous le rappelle. Il présente environ 800 sociétés humaines, réparties sur l'ensemble du globe (Europe exceptée[1]). La plupart ont en commun de ne pas s'être – encore – diluées dans le monde qui les entoure, qu'il s'agisse de petites sociétés d'essarteurs des forêts tropicales, liées à un écosystème désormais très menacé, de descendants de populations autochtones naguère bousculées, voire menées au bord de l'anéantissement par le colonisateur, de groupes diasporiques constitués d'héritiers d'empires ou d'États depuis longtemps disparus, ou de peuples, naguère organisés en de puissants royaumes, qui, après quelques décennies de parenthèse coloniale, jouent désormais leur jeu au sein d'États aux frontières quelque peu artificielles...

Chacune de ces sociétés a son histoire et apparaît dotée d'une organisation spécifique, dont participent généralement des conceptions religieuses ou des systèmes rituels, ainsi que des modalités de perpétuation de leur identité dans le contexte contemporain. Avec des implications politiques variables, chacune conçoit, plus que sa « différence » – on n'est pas différent de soi-même et l'auto-désignation d'un grand nombre de ces peuples signifie « les hommes par excellence » –, l'altérité des sociétés voisines ou englobantes.

Ces sociétés disposent parfois de droits étendus et même d'un peu plus que d'une simple autonomie (ainsi, les Sakha ou Yakoutes sont à la fois peuple titulaire de la République sakha, qui héberge ses propres minorités, et citoyens de plein droit de la fédération de Russie). Certaines ont acquis dans la conscience de la nation qui les englobe un statut moral de cofondateurs (ainsi la nation néo-zélandaise tend-elle à trouver son identité à travers l'intégration de sa composante maori). La plupart jouissent d'une forme quelconque de reconnaissance de leur identité propre – ce qui ne signifie pas, dans bien des cas, que leur exploitation et leur oppression aient cessé.

---

[1] Entendons l'Europe occidentale et centrale : la partie européenne de l'ancienne Union soviétique est prise en compte par le présent ouvrage. Ce choix de laisser à part les peuples et les minorités de l'Europe telle qu'elle s'étend jusqu'aux frontières de la CEI a été dicté par de strictes considérations de place et d'opportunité, sans qu'aucune différence de regard soit en cause. (*Note de l'éditeur.*)

La nomenclature retenue ne prétend pas à l'exhaustivité. L'ouvrage offre plutôt une manière d'anthologie, donnant ample matière à des consultations précises et ponctuelles, mais invitant aussi à de libres parcours. Sont mises à la disposition de tous des informations qui ne circulent souvent que dans des réseaux restreints, ne sont connues que des seuls spécialistes et n'ont jamais été rassemblées sous une forme aussi accessible. Libre à chacun de suivre le cours de son Odyssée personnelle et, guidé par le hasard des pages ou un axe de recherche, de découvrir tel ou tel peuple, c'est-à-dire telle ou telle variante du mode d'être ensemble humain dont il ignorait l'existence. Les quelques lignes présentées auront atteint leur but si elles lui donnent l'envie de parfaire son séjour par d'autres lectures, voire de véritables voyages, et si elles aiguisent son esprit de comparaison.

Il y va dans cet ouvrage d'une compréhension de fond du monde contemporain. Ce qui a été tenté ici n'est pas un travail d'archéologue ! On n'a pas cherché à exhumer, sous la pellicule du « Mac World », en train de s'étendre, sous la carte des civilisations et des religions, et sous la couche des appartenances nationales, telles que les a fait apparaître et les développe encore l'extension du modèle de l'État-nation, la strate ancienne des « sociétés traditionnelles ». On n'a pas dressé le catalogue d'autant de villages d'Astérix, que leur disparition probable à plus ou moins longue échéance, leurs coutumes sympathiques tant qu'on ne les rencontre qu'à la faveur du tourisme ou leurs situation de victimes d'hier et d'aujourd'hui rendraient, le temps d'un sanglot ou d'un bref émerveillement, fort estimables.

Bien plus sérieusement, ce dictionnaire entend faire écho à la revendication d'existence des sociétés. Aussi distingue-t-il, autant qu'il a été possible de le faire, les noms qui ont été appliqués à ces divers peuples de leurs autodénonimations. Aussi s'efforce-t-il, fût-ce en cinq lignes, de leur rendre une histoire qui leur a souvent été confisquée. Au total, il s'agit d'aider à faire admettre la pleine dignité de ces groupements humains. Tout ce que notre particularisme occidental sous-entend à travers l'emploi le plus souvent non scientifique des notions d'ethnie et de tribu n'a plus droit de cité.

Maurice Godelier,
directeur d'études à l'École des Hautes Études
en Sciences sociales.

Introduction

Ce dictionnaire, dans chacune de ses entrées, présente un peuple, c'est-à-dire, au plan universel, une population dont le vécu est (ou fut) marqué par un sentiment d'appartenance à un ensemble, voire même à un « tout » social ordonné. Ce « tout » particulier se distingue d'autres « tous » particuliers pour faire partie, ensemble, du genre humain. En cela, un peuple ordonne en lui-même, et secondairement à l'usage de ses membres, la dimension sociale de l'homme.

Au-delà de cette perspective générale et universelle, il est tenu compte du fait que, pour la conscience moderne, la dimension sociale de l'homme est devenue, au travers d'une très longue évolution, tributaire de la construction progressive de l'individu en tant que sujet universel. Il en résulte que non seulement cette dimension sociale ne « va plus de soi », mais qu'elle est devenue du même coup d'autant plus difficile à faire comprendre au lecteur contemporain. Pour celui-ci, l'universalisme des peuples constituant le genre humain est en partie recouvert par un universalisme plus englobant, celui de la personne humaine. Ainsi, la dimension sociale de l'homme est-elle comprise aujourd'hui comme constituée de relations interindividuelles que la cité aurait charge de protéger. En ce sens, l'appartenance à un peuple se comprend comme assortie, non pas d'une dépendance et d'une dette des individus envers la communauté, mais plutôt d'une dépendance et d'une dette de la communauté envers ses membres titulaires de droits universels et fondamentaux. Ce sentiment, qui contraste avec des configurations plus anciennes, semble partagé par la plupart des pays rassemblés autour de l'idée européenne.

À cela s'ajoute le fait particulier que, dans la langue française d'aujourd'hui, un peuple se laisse comprendre non pas en référence à un souverain dont il dépendrait, mais en tant que porteur implicite d'une souveraineté populaire, telle que le peuple français l'a comprise pour lui-même (et pour d'autres que lui) et conquise aux yeux du monde en 1789. De ce point de vue, la dimension sociale de l'homme se trouve, surtout en France, centrée sur une définition politique qui n'embrasse pas l'univers entier des relations sociales que Marcel Mauss appelait « faits sociaux totaux ». Pour cette figure fondatrice de l'École française de sociologie, les domaines réputés séparés de l'économique, du domestique, du politique, du religieux, relèvent d'une même cohérence sociale. En français pourtant, un peuple est compris comme s'ordonnant autour d'une réflexion et d'un combat politiques qui constituent le fondement de son unité et occupent la plus grande partie du champ reconnu des relations sociales.

Devant ces difficultés, bien ancrées dans notre siècle comme dans notre langue, à témoigner pleinement de la dimension sociale de l'homme, les entrées du dictionnaire mettent l'accent, et pour autant que les documents disponibles s'y prêtent, sur l'originalité des formes sociales développées par chaque peuple particulier. Ainsi, les notices veulent faire comprendre que les faits de morphologie sociale relatifs à la constitution des familles en lignées unilinéaires, en parentèles cognatiques, en groupes d'intermariage ou de localité, ne sont pas séparables des institutions que l'on décrit en français comme étant des « rituels ». Pour bien des sociétés, les rituels font partie des tâches essentielles qu'elles accomplissent pour assurer leur renouvellement et leur pérennité.

Le lecteur pourra constater aussi que ce dictionnaire s'efforce de décrire chaque peuple non pas figé en une représentation synchronique, mais plutôt dans le cours de son histoire particulière. Il s'agit d'éviter d'inclure les peuples dans une « histoire pour l'Occident », afin de mieux les comprendre chacun dans sa propre histoire et en relation avec les histoires interdépendantes de leurs voisins traditionnels ou occasionnels.

Chaque entrée précise aussi la situation actuelle du peuple de référence dans le monde contemporain, c'est-à-dire au regard non seulement des conflits locaux et régionaux, mais aussi des faits mondiaux que sont la colonisation, la chute des empires, les migrations intra- et transcontinentales, la pénétration universelle du marché économique mondial, le tourisme, la communication informatique, le regain de vitalité des terroirs et des identités particuliers. S'agit-il de peuples en passe de surmonter ces phénomènes de grande ampleur, ou bien au contraire de communautés fragilisées par ces formes de domination technique, culturelle, politique ou économique ? Ou bien encore de peuples réputés disparus ou pour ainsi dire fondus dans de nouvelles configurations qui tiennent leur originalité de l'intense acculturation réciproque en un même lieu de plusieurs cultures, comme c'est le cas des peuples créoles des Caraïbes et de l'océan Indien ?

Ce dictionnaire, en décrivant la situation contemporaine des peuples, tient à prendre ses distances avec certaines formes de domination qui animent l'universalisme prôné par l'Occident. Et, pour commencer, ces peuples sont tous ici considérés entre égaux. C'est dire qu'ils ne sont pas rangés sur une échelle évolutive qui ferait de l'Occident à la fois le contempteur de formes sociales prétendues primitives ou périmées et le représentant du pôle le plus élevé de la civilisation humaine.

Ensuite, la notion de société et de peuple n'est ici ni déconsidérée, ni dévalorisée, ni considérée non plus comme exclusive de toute autre valeur. Mais cette attitude déontologique n'est possible que s'il est fait état d'une distinction entre, d'une part, les sociétés où la valeur ultime, en s'accordant avec celle proposée par l'Occident chrétien, tient la personne humaine pour la plus haute autorité – ce qui, inévitablement, tend à relativiser la valeur attribuée aux statuts sociaux et à la dimension sociale de l'homme – et d'autre part, les sociétés où la valeur ultime est accordée à la société elle-même, dans sa référence à la cohérence d'un tout, chacun de ses membres se trouvant dans sa dépendance et à son service.

Cet écart considérable constitue un critère essentiel à la compréhension des différences entre peuples. Il justifie que ce dictionnaire se place résolument au-delà de l'universalisme occidental auquel il appartient pourtant, c'est-à-dire dans l'universalisme de la comparaison entre les différentes hiérarchies de valeurs des peuples concernés. Ce dictionnaire n'est donc marqué ni par un dénigrement des sociétés de statuts, ni par une apologie systématique des droits de la personne humaine. Il se situe dans la comparaison entre des formes sociales dont le moins que l'on puisse dire est qu'elles sont autres les unes par rapport aux autres. L'ancrage, ici ou là, des statuts sociaux dans les multiples droits d'usage de la terre et dans l'autorité relationnelle fait contraste avec la commune référence, ailleurs, au pouvoir comparé des avoirs monétaires des individus. D'une part, les statuts fonciers imbriquant de multiples statuts sociaux et, de l'autre, la richesse mobilière privée constituent les extrêmes entre lesquels se situent les sociétés et les peuples contemporains. Dans le premier cas, la richesse est subordonnée au statut et les sujets sont à la fois redevables et au service du tout social ; dans le second, la richesse s'évade des statuts et constitue des individus, pour une grande part autonomes et capables de subordonner les relations sociales aux pouvoirs relatifs des richesses privées. Entre ces deux extrêmes, une multitude de positions intermédiaires sont possibles et, il faut l'admettre, très difficiles à classer. Dans ce dictionnaire, un tel classement est laissé au jugement différencié de chaque lecteur.

Suivant la même position déontologique, les revendications des peuples à l'autonomie, comme au statut de nation, sont répertoriées dans le dictionnaire quand elles existent. Mais, en même temps, il faut admettre que les droits de l'homme ne font pas place aux droits des sociétés humaines, lesquelles ne sont pas considérées comme des « sujets de droit ». Il n'en reste pas moins que la modernité, qui assaille de ses exigences les peuples constitués de la planète, ne fournit pas avec le kit partout exporté de l'État-nation, et notamment par la France, une méthode permettant de hiérarchiser les droits des sujets réputés libres par rapport à la commune référence à la dimension sociale de l'homme. Cette aporie explique sans doute les tâtonnements qui président au très lent établissement de nouvelles formes de souveraineté, qui semblent pour le moment divisées entre deux références ultimes : la plus haute étant relative à la personne humaine, et une autre, devenue subordonnée à la première, faisant droit à une dimension plutôt sociale que territoriale.

En conclusion, il est utile de rappeler que la notion de peuple n'a pas fini de recéler une réalité humaine fondamentale et cela en dépit du fait que la modernité se trouve à son propos des plus partagées. Évoquant Heinrich Heine, Anna Arendt n'écrivait-elle pas « qu'il n'y a pas de poète sans peuple »[1]. Et plus loin, à propos du projet de Franz Kafka, elle généralise ainsi : « C'est seulement au sein d'un peuple qu'un homme peut vivre en tant qu'homme parmi les hommes, s'il ne veut pas mourir d'épuisement. Et seul un peuple vivant en communauté avec d'autres peuples peut contribuer à établir sur la terre habitée par nous tous un monde créé

[1] *La Tradition cachée,* traduction française, 10/18, Christian Bourgois, p. 192, puis p. 220.

et contrôlé en commun par nous tous ». Cette citation nous fait souvenir de la difficulté proprement française de convaincre les autres peuples d'accorder une portée universelle à notre souveraineté populaire. Ce dictionnaire, en présentant une petite partie de la richesse infinie des peuples, invite son lecteur, en dépit des préférences modernes, à tenir pour fondamentale la dimension sociale de l'homme.

Daniel de Coppet,
directeur d'études à l'École des Hautes Études
en Sciences sociales.

Structure des notices de présentation des peuples

Pour faciliter la consultation, toutes les notices ont été bâties sur un même modèle :

Entrée

Nom, localisation, état démographique

Tegréen(s).	= *l'ethnonyme retenu comme désignation principale ou la plus commode de la société. Dans la plupart des cas, cet ethnonyme se présente sous une forme invariable, conformément à l'usage savant le plus répandu. Dans d'autres cas (commodité de désignation, francisation ancienne, usage dans la tradition d'étude d'une aire culturelle, etc.), il apparaît, comme dans l'exemple ci-contre, sous une forme francisée. La marque du pluriel français est donnée entre parenthèses, pour éviter toute confusion avec un s qui serait compris dans la transcription invariable de l'ethnonyme (cas des* Bugis *par exemple).*
Peuple	= *caractérisation : peuple, société, groupe ethnolinguistique, etc.*
du nord de l'Éthiopie (région-État n° 1 « Tegray ») et du sud de l'Érythrée (provinces Hamasén, Särayé, Akälä Guzay).	= *localisation : indication des États de résidence, avec mention éventuelle des divisions administratives concernées.*
[env. 6 millions].	= *caractérisation démographique : env. (« environ ») renvoie à une évaluation fondée sur des recensements, estim. (« estimation ») à une appréciation tentée en l'absence de recensement.*

Corps de la notice

Un aperçu global des caractéristiques majeures de la société

❑ Les faibles précipitations sur les hautes terres salubres fraîches et froides où vivent les Tegréens (forte pression démographique) sont juste suffisantes pour la céréaliculture à l'araire, associée à l'élevage [...]	= *caractérisation économique, principales productions.*
La structure familiale, très forte, garantit l'accès à la terre par le *resti selmi,* le lopin hérité. Les descendants du fondateur éponyme de la communauté [...]	= *organisation sociale.*
Majoritaire, le christianisme orthodoxe monophysite doit composer avec le catholicisme [...]	= *pratiques religieuses, rites et croyances de la société.*
Le tegreñña (*tegrigna/tigrigna*), rameau du groupe afro-sémitique, est directement issu du *geez*, ou éthiopien ancien [...]	= *caractérisation linguistique : langue de la société (avec indication de la famille et de l'état de pratique), autres langues parlées dans les situations de multilinguisme.*

Suppléments encyclopédiques

Des coups de projecteur pour une connaissance plus élaborée. Présents ou non selon les cas, les suppléments encyclopédiques, introduits par un terme ou une expression en petites capitales, sont classés dans l'ordre alphabétique, à l'exception de la rubrique « Histoire », toujours située en fin de liste.

Art. L'art de la fresque [...]	
Réfugiés. Environ 700 000 Érythréens musulmans, dont de nombreux Tegréens [...]	
Histoire. Le Tegré était au cœur du territoire des rois d'Aksum (IIIe siècle av. J.-C. - VIIIe siècle apr. J.-C.). La christianisation intervint [...]	

Précisions terminologiques

Pour s'y retrouver dans le maquis des dénominations

✦ Dénom. [var.] Tigréens, Tegré ; « Tigré », souvent employé, est fautif ; [autod.] Tegray.	= *présentation des variantes graphiques* [var.] *de l'ethnonyme retenu en entrée, des synonymes* [syn.], *des autodénominations* [autod.], *éventuellement de la désignation dans une langue donnée, par exemple* [arabe]. [anc.] *siginifie « ancien » et* [péj.] *« péjoratif »*

Voir aussi en fin de volume :

Le glossaire donne le sens des mots savants ou rares utilisés dans le texte des notices.

L'index permet de repérer d'autres notices du dictionnaire où il est fait mention de la société concernée. Il permet aussi, en partant d'une dénomination trouvée par exemple dans la presse – qui peut n'être qu'une variante ou un synonyme de la désignation retenue ici en entrée –, de remonter à la notice correspondante.

Les cartes aident à situer visuellement la société et les sociétés voisines au sein du ou des pays de résidence.

La liste des entrées permet de repérer le nom du spécialiste impliqué dans la réalisation de la notice.

a

Abaza. Peuple caucasien apparenté aux Abkhazes*, vivant principalement au sein de la région autonome des Karatchaïs-Tcherkesses, dans la fédération de Russie [env. 28 000 en 1989]. Il existe aussi une petite diaspora moyen-orientale.

❑ Essentiellement agriculteurs, ils ont jusqu'à l'époque soviétique maintenu une organisation sociale « féodale », très hiérarchisée (esclaves, serfs, affranchis, paysans libres, nobles, princes). Le respect du plus ancien par le plus jeune, à tous les niveaux, était une valeur dominante. Ils sont musulmans sunnites.

Histoire. Ils quittèrent la côte pour s'installer dans la région entre le XIVe et le XVIIe siècle. Comme les Abkhazes, ils émigrèrent en masse vers la Turquie à la fin de la guerre du Caucase (1817-1864).

✦ Dénom. [syn.] Abazines.

→ **Abkhaze(s)**

Abkhaze(s). Peuple autochtone de la république d'Abkhazie (indépendante de facto de la Géorgie depuis 1993), petite région montagneuse de climat subtropical, riche en eau, bordant la côte transcaucasienne de la mer Noire. Son importante diaspora est principalement installée en Turquie [env. 95 000 en Abkhazie en 1989, où ils représentaient alors 17,8 % de la population].

❑ Les Abkhazes, traditionnellement pétris de mépris pour les activités commerciales, cultivent le maïs (jadis le millet), le tabac, le thé, les agrumes, sont vignerons, éleveurs, aquaculteurs, apiculteurs. Avant la guerre avec la Géorgie (1992-93), le tourisme était un élément important de l'économie régionale.

La société abkhaze, très hiérarchisée, possédait une noblesse héréditaire, mais le placement d'enfants nobles dans des familles paysannes et l'importance rituelle accordée à la fraternité de lait entre adultes créaient des liens de quasi-parenté et donnaient à l'ensemble de cette société une orientation égalitaire. Le voyageur anglais J. S. Bell nota dans les années 1830 que le mot *agarwa* signifiait « esclave ». Ce terme, également ethnonyme qualifiant les Mingréliens, témoigne du rôle qui était dévolu à ces derniers.

L'importance de la parenté (naturelle ou rituelle), le respect pour les anciens et les usages locaux sont au cœur du mode d'être abkhaze – l'*apswara*. Bien que l'épopée nationale *Nart* fasse allusion à des formes matriarcales, l'autorité patriarcale, liée à la résidence patrilocale et à la descendance patrilinéaire, est très marquée. Le mariage est interdit entre porteurs d'un même nom (y compris le nom de la mère), dont la collectivité est appelé *azhwa*. L'ensemble d'une descendance patrilinéaire constitue l'*abipara*.

Nominalement orthodoxes, moins fréquemment (s'agissant du Caucase) musulmans sunnites, les Abkhazes conçoivent Dieu comme une unité dont participe toute manifestation de la nature. Certains arbres, bosquets ou montagnes sont vénérés par plusieurs clans. Les rites funéraires sont très élaborés (avec des célébrations quarante jours après l'enterrement, puis un an après).

L'abkhaze-abaza appartient au groupe nord-ouest des langues caucasiennes, qui comprend aussi le tcherkesse et l'oubykh (disparu). Elle regroupe les deux dialectes abkhazes qui ont survécu en Abkhazie, le bzyp et l'abzhuy, et les deux dialectes abaza, le tapanta et l'ashkhar. Les langues écrites ont été formalisées à partir de la fin du XIXe siècle sur les bases respectivement de l'abzhuy et du tapanta.

Histoire. Le foyer ancestral des Abkhazes et des Abaza* occupe le nord de l'antique Colchide. Vers 780 fut fondé par le roi Léon II un royaume qui subsista deux siècles, intégrant la majeure partie de l'ouest de l'actuelle Géorgie et posant les fondations du premier royaume géorgien uni. Les Abkhazes restèrent indépendants après l'éclatement de la Géorgie médiévale. Placés sous protectorat russe en 1810, ils s'auto-administrèrent jusqu'à l'annexion (1864). Vidée de la majeure partie de sa population du fait de la guerre du Caucase et de l'émigration massive qui s'ensuivit, l'Abkhazie fut dès lors la terre d'implantation de communautés allogènes. Les Mingréliens voisins, en particulier, furent encouragés à y affluer dans les années 1930 par Béria (un Mingrélien), promoteur avec Staline (un Géorgien) d'une vaste campagne de « géorgisation ». L'Abkhazie, république soviétique de plein droit, liée par un traité à la Géorgie, fut de plus rabaissée en 1931 par Staline au statut de république autonome de la Géorgie. Ainsi furent jetées les bases d'un conflit qui prit, après l'implosion de l'URSS, la forme d'une guerre ouverte avec la Géorgie, quand l'Abkhazie (soutenue par des volontaires issus de la diaspora et des éléments de l'armée russe) s'assura, en 1993, une indépendance de facto – non reconnue par la communauté internationale.

✦ Dénom. [autod.] Apswa.

→ **Abaza**

Aborigènes (australiens). Population indigène d'Australie [env. 250 000, soit 1,5 % de la population australienne actuelle].

❑ Les Aborigènes étaient des chasseurs-cueilleurs nomades se déplaçant en petit nombre sur le territoire assigné à leur groupe d'appartenance, et se rassemblant à intervalles réguliers pour exécuter des rites destinés à promouvoir la fertilité des différentes espèces et à initier les jeunes gens aux pratiques cérémonielles. L'organisation sociale reposait sur une division stricte du travail et des obligations rituelles entre individus de sexes et de générations différentes. La division de la société en moitiés (deux catégories de parents), en sections (quatre catégories) ou sous-sections (huit catégories) permettait aux individus de jouer des rôles rituels complémentaires et sous-tendait les règles d'intermariage.

La cosmologie attribue l'ordonnancement du monde à un même processus, le Rêve, qui est évoqué au travers de la narration et de la mise en scène des déambulations de démiurges le plus souvent hybrides, mi-humains, mi-animaux ou végétaux. Ces ancêtres totémiques auraient institué les rites et les règles sociales tout en déterminant l'aspect actuel du paysage et son imprégnation par des éléments spirituels dont procède l'incarnation des êtres vivants. Leurs traces, représentées par des traits de paysage – trous d'eau, rochers, montagnes, etc. –, des objets cultuels, des peintures et des gravures rupestres, déterminent le caractère sacré de certains sites.

Aujourd'hui, la majeure partie de la population aborigène d'Australie vit dans des maisons ou des petites unités d'habitation, situées dans des centres urbains ou dans des communautés établies sur d'anciennes missions ou réserves gouvernementales ; enfin, un certain nombre constitue une population plus ou moins marginalisée campant aux alentours des villes ou des communautés rurales (les *fringe dwellers*, les habitants des *town's camps*). Certains Aborigènes ont décidé de retourner vivre dans le désert dans des *outstations*, communautés isolées où ils tentent de revenir à un style de vie plus traditionnel.

Art. Les peintures et les gravures sur roche, datant pour certaines de plus de 3 000 ans, constituent un pôle d'intérêt majeur pour les archéologues. Parmi les styles les plus connus, on peut citer celui des silhouettes humanoïdes longilignes *mimi*, les *wandjina* dont le visage est constitué d'un nez et de deux grands yeux entourés d'un halo de poudre d'ocre, et les peintures figuratives d'animaux et d'humains à l'intérieur desquelles sont représentés les organes internes (style dit « aux rayons x »). Les peintures figuratives sur écorce du nord-ouest de l'Australie constituent la première forme d'art aborigène reconnu comme tel par les Occidentaux. Ce n'est que dans le courant des années 1970 que les peintures de l'Australie centrale, associant cercles, lignes, petits points, ont commencé à connaître un essor commercial grâce à l'usage de la peinture acrylique. La production par les femmes de batiks aux motifs distinctifs s'est également développée dans nombre de communautés (style d'Ernabella, dans le Centre, ou tiwi, dans le Nord, etc.).

Économie. L'appropriation des terres par les colons d'origine européenne a considérablement modifié et marginalisé l'économie aborigène. Nombreux furent les Aborigènes à être employés dans les fermes, les missions ou les réserves, où ils étaient rémunérés en nature. Ultérieurement, certains d'entre eux purent travailler dans les mines ou sur les voies de chemin de fer. D'autres firent carrière dans certaines disciplines sportives ou atteignirent la célébrité par leurs talents artistiques. Depuis les années 1970, ils sont habilités à travailler dans toutes les branches de l'économie australienne, mais la discrimination raciale et les difficultés d'accès à une éducation adaptée n'ont pas permis d'améliorer notablement leur statut économique. Le chômage est endémique et la population aborigène demeure extrêmement dépendante des subsides de l'État. Le succès de certaines revendications territoriales permet à un certain nombre parmi eux de recevoir les royalties versées par les compagnies minières et les entreprises touristiques implantées sur leur territoire traditionnel. La vente d'objets d'art constitue une autre source de revenus.

Ethnol. La particularité des systèmes de parenté (notamment le système des sections et celui des moitiés), du totémisme et du mode de subsistance des Aborigènes a inspiré nombre d'ouvrages anthropologiques de référence, de Durkheim à Lévi-Strauss en passant par Frazer, Van Gennep, Freud, Mauss, Roheim, Eliade et Radcliffe-Brown.

Langue. L'ensemble des langues aborigènes (le cas de la Tasmanie, séparée du continent durant plusieurs milliers d'années, mis à part) dériverait d'une même langue source (proto-australien). Ces langues sont regroupées en 10 ou 26 familles suivant la classification utilisée ; la plus importante est le pama-nyungan, qui serait le plus proche du proto-australien. On estime aujourd'hui que seuls 10 % des Aborigènes parlent encore leur langue et que, parmi les 250 langues aborigènes ayant existé, deux tiers sont éteintes ou n'ont plus que quelques locuteurs âgés ; parmi les autres, 20 seraient parlées couramment et transmises activement aux enfants, tandis que l'emploi des 70 autres serait en train de disparaître. L'anglais est aujourd'hui largement utilisé avec parfois des variantes notables (« anglais aborigène »), ainsi que le pidgin et deux types de créoles : le kriol, parlé dans le Territoire du Nord et certaines régions de l'Australie occidentale et du Queensland, et le créole « broken » des insulaires du détroit de Torres.

Histoire. La population aborigène serait originaire du Sud-Est asiatique ; son implantation australienne remonterait à plus de 50 000 ans. Avant la colonisation britannique de l'Australie, à la fin du XVIIIe siècle, il existait environ 700 tribus sur l'ensemble du continent.

L'installation des premiers colons, tout au long du XIXe siècle, fut émaillée d'épisodes sanglants (ceux qui se déroulèrent en Tasmanie sont les plus connus). Dépossédés de leur territoire, les Aborigènes furent contraints pour survivre de se regrouper aux alentours des zones d'implantation européenne où leur étaient distribuées des rations. Face à l'intolérance grandissante des colons furent prises des mesures ségrégationnistes, pour « protéger » une « race » que l'on croyait en voie d'extinction : les Aborigènes furent déportés massivement et regroupés dans des missions ou des réserves, où il leur était, le plus souvent, interdit de pratiquer leurs activités traditionnelles, de même qu'ils ne pouvaient circuler librement sans permis ni boire sans certificat d'exemption. Mais l'augmentation de la population métisse au cours du XXe siècle conduisit à envisager de nouvelles mesures visant à assimiler progressivement les Aborigènes au reste de la population. La police eut alors mission de séparer les enfants métis de leurs familles afin de les placer dans des institutions chargées de leur faire oublier leur culture d'origine.

Le statut des Aborigènes s'améliora enfin lorsque le gouvernement fédéral fut habilité, en 1967, à légiférer pour eux. Les missions et les réserves se transformèrent alors en communautés présidées par un conseil aborigène. La consultation des Aborigènes dans les différents secteurs les concernant s'est, par la suite, généralisée, notamment au travers de la création, en 1990, d'une branche spécifique du gouvernement fédéral, l'ATSIC (*Aboriginal and Torres Strait Islander Commission*). Les taux d'emprisonnement et de chômage des Aborigènes restent néanmoins anormalement élevés et les subsides gouvernementaux ne suffisent pas à assurer une amélioration notable de leur état de santé (leur espérance de vie est inférieure de 20 ans à celle du reste de la population australienne).

Les Aborigènes ont pu obtenir la restitution de certains territoires, et le procès qui opposa, de 1982 à 1992, certains natifs du détroit de Torres au gouvernement australien a abouti à la reconnaissance d'un droit foncier natif, qui a remis en cause le concept de *terra nullius*, selon lequel le continent n'aurait appartenu à personne avant l'arrivée des Européens.

La création, en 1971, d'un drapeau aborigène dont les couleurs sont associées à la terre rouge australienne, aux « Noirs » qui y sont spirituellement rattachés et au Soleil qui leur donne vie, correspond à l'émergence d'une revendication identitaire collective.

Répartition. La première encyclopédie de l'Australie aborigène publiée (*The Encyclopaedia of Aboriginal Australia. Aboriginal and Torres Srait Islander History, Society and Culture*. Aboriginal Studies Press, Canberra, 1994) propose de suivre le découpage suivant :

Dans la partie nord du pays, la région des Kimberleys, un des lieux majeurs de l'art pariétal australien, marquée par sa richesse linguistique, est celle, entre autres, des Bardi, des Ngarinyin, des Nyul Nyul et des Punuba. La région de Fitzmaurice, région de rivières et donc de pêche, est habitée notamment par les Gurindji et les Murrinh-Patha ; la région septentrionale, marquée par une saison des pluies très importante et un grand dynamisme artistique, est celle des Tiwi des îles Bathurst, célèbres pour leurs tissus aux motifs spécifiques, des Larrakia, connus pour la bataille qu'ils mènent pour faire reconnaître leurs droits territoriaux sur la région de Darwin, des Gagudju, etc. La Terre d'Arnhem, où les Aborigènes ont entretenu de longue date des relations avec les pêcheurs indonésiens de la presqu'île de Makassar, est celle de communautés développées à partir de missions (Yirrkala, Maningrida, Milingimbi, Ramingining et Groote Eylandt) et possédant des centres culturels de renommée internationale (peintures sur écorce, sacs tressés) ; parmi les différents groupes de cette région figurent les Yolngu – improprement dénommés Murngin dans l'anthropologie classique australienne –, les Ngandi et les Burarra. La région du golfe de Carpentarie est celle des Kukatj, des Lardil et des Yanga, qui ont particulièrement souffert de l'invasion européenne. Les groupes (Wik, Yir Yoront) de la région occidentale de la péninsule de York, longtemps délaissée par les Européens, ont pu conserver les éléments essentiels de leur culture traditionnelle. Les insulaires des îles du détroit de Torres revendiquent la particularité de leur culture, de type mélanésien, en regard de celle des Aborigènes du continent avec qui ils entretiennent, aujourd'hui comme hier, des relations diverses. Un de leurs représentants, Eddie Mabo (1937-1992), est célèbre pour avoir intenté avec d'autres un procès contre le gouvernement australien pour que celui-ci reconnaisse qu'il y avait des propriétaires traditionnels de l'île de Murray avant l'arrivée des Britanniques. Le procès fut gagné après sa mort, en 1992, ce qui entraîna des modifications majeures quant à la façon d'appréhender les revendications territoriales de l'ensemble des indigènes d'Australie. Les Aborigènes de la région orientale de la péninsule de York (Kaantji, Kuku-yalanji, etc.) furent rapidement dépossédés de leur territoire par les envahisseurs européens. La région des forêts tropicales est celle des Djirbalngan et des Wargamaygan.

La région adossée à la côte occidentale, où la main-d'œuvre aborigène fut longtemps exploitée par les pastoralistes d'origine britannique et où les conflits raciaux furent particulièrement sanglants, est celle des Kariyarra (connus dans la littérature anthropologique en tant que Kariera) et des Watjarri. La région adossée à la côte nord-est est celle des Murri (Darumbal, Gubbi Gubbi, Yuru, etc.), victimes de massacres et de déportations.

Au centre du pays, on trouve la grande région désertique de l'Ouest et du Centre, où les trous d'eau sont d'une importance vitale et représentent une figure récurrente des histoires, des chants et des peintures des Aborigènes qui y vivent. Le tourisme s'y développe, en particulier aux alentours d'Ayers Rock, où se trouve l'immense monolithe dénommé Uluru, revendiqué avec succès en 1979 par les Yankuntjatjara et les Pitjantjajara. Un certain nombre d'Aborigènes ont pu, de même, obtenir que des royalties leur soient versées par les compagnies minières – faible et tardive compensation eu égard aux nombreux préjudices subis. Parmi les très nombreux autres groupes de cette région figurent les Alyawarra, Arrernte (Aranda ou Arunta), Luritja, Mardu, Pintupi (Pintubi), Walmatjarri, Warlpiri (Walbiri ou Walpiri), Warumungu. La région désertique orientale du Centre (Eyre) est une région de ranchs, où les Aborigènes (Arabana, Dieri, Wangkangurru) ont été largement employés comme cow-boys.

Au sud du pays, la région du Sud-Ouest est celle notamment des Mirning et des Amangu. La région du golfe de Spencer, avec les monts Flinders dont l'art pariétal est connu et d'où était extrait l'ocre qui faisait l'objet d'un réseau d'échange assidu entre les côtes septentrionale et méridionale australiennes, est occupée par les Adnyamathanha, les Kuyani, les Nunga et les Wirangu. La région riveraine, du sud du Queensland à l'ouest du Victoria, est parcourue de nombreuses rivières qui ont facilité les contacts entre les divers groupes aborigènes (Barkindji, Kamilaroi, Ngarrindjeri, Wiradjuri). La région côtière du Sud-Est, seule à disposer de rivières permanentes, a particulièrement attiré les colons britanniques, qui

repoussèrent avec violence la population aborigène, également décimée par diverses épidémies, en particulier de variole. Les Aborigènes de cette région, qui se désignent collectivement en tant que Koori, comprennent les Kuring-gai, les Tharawal et les Kurnai.
Quant à la Tasmanie, l'établissement des colons britanniques s'y effectua avec une violence extrême, qui aboutit à la déportation massive des Aborigènes sur l'île de Flinders, en 1830 ; les quelques survivants furent par la suite à nouveau déportés à Oyster Cove, où ils moururent quelques années plus tard. Cette épisode de triste mémoire tendit à faire croire en l'extinction totale et définitive des Aborigènes de Tasmanie qui continuent aujourd'hui encore à se battre pour la reconnaissance de leur existence ainsi que pour le respect dû à la mémoire de leurs ancêtres : ils sont à la tête d'un mouvement national exigeant le rapatriement des squelettes exposés dans les musées en Australie et dans le reste du monde.

Aborigène(s) de la péninsule malaise. Jusqu'aux années 1960, les Malais* ou Melayu de la péninsule donnaient aux aborigènes (Orang asli en malais), sans distinction d'apparence physique ou de mode de vie, des appellations interchangeables à caractère péjoratif, Sakai (« sauvage ») ou Semang (« dépendant »), selon les régions du centre et du nord du pays. Dans le Sud, le nom de Jakun était aussi appliqué aux peuples aborigènes parlant des dialectes malais mais non musulmans. Ces termes ne sont pas utilisés par les populations elles-mêmes pour se définir. Parallèlement aux exonymes, les Malais utilisent également une série de termes descriptifs basés sur la localisation de ces peuples : « gens de l'amont » (Orang [h]ulu), « gens de l'intérieur » (Orang dalam), « gens des vergers » (Orang dusun), « gens de la terre » (Orang darat), « gens de l'eau » (Orang laut), etc. Ces expressions sont toujours en usage et mieux acceptées par les populations concernées. Le nombre des aborigènes est estimé à environ 70 000 (peuples officiellement administrés par le « Bureau des affaires des Orang Asli »).
Langues. La position de leurs langues, dites « asliennes » (famille austroasiatique) vis-à-vis du môn-khmer et des parlers des îles Nicobars n'est pas établie de manière précise.
→ **Jakun, Semang, Senoi**

Abron. Peuple de l'est de la Côte d'Ivoire (préfecture de Bondoukou) et de la zone frontalière du Ghana, vivant en région forestière.
❑ Les Abron comprennent les groupes Pénango, ou Pinango, Ahinifié, Akiton, Barabo et Siengui. Ils associent à la culture du maïs, de la banane plantain, du manioc, du taro et de l'igname diverses cultures de rente (café, cacao, palmier à huile, etc.).
Leur organisation est comparable à celle des autres peuples akan*, et leur royaume se maintient sous une forme honorifique. Ils parlent le *bron*, de la famille akan.
Histoire. Les Abron sont originaires du sud-est du Ghana actuel. Ils atteignirent la région de Bondoukou à la fin du XVIIe sicèle et, dès leur installation, entreprirent la conquête du pays : ils soumirent les Nafana et les Koulango (mais ne parvinrent pas à contrôler le royaume de Bouna) et fondèrent au début du XVIIIe siècle un puissant royaume, que les Ashanti* ne tardèrent toutefois pas à vassaliser. Ils restèrent soumis aux Ashanti jusqu'à l'invasion du royaume de ces derniers par les Britanniques, en 1873. En 1895, les Abron subirent les assauts du conquérant malinké Samory Touré et de son fils Saranké Mori. Avec la conquête coloniale, le roi des Abron Adjoumani (ou Agyimini) plaça son royaume sous protectorat français par le traité du 13 mai 1888. Pendant la Seconde Guerre mondiale, le roi Kouamé Adingra s'opposa à l'administration de Vichy et prit fait et cause pour les gaullistes. En janvier 1942, il dut s'exiler au Ghana pour échapper à la mort.
✦ Dénom. [syn.] Brong, au Ghana.
→ **Akan**

Acadien(s). Peuple d'origine française du Canada (Nouveau-Brunswick, Nouvelle-Écosse, île du Prince-Édouard, Terre-Neuve) [env. 350 000].
❑ Leur parler franco-canadien, l'acadien, a conservé de nombreux termes du français des XVe et XVIe siècles ; il a été fortement contaminé par l'anglais. La littérature acadienne compte des historiens comme Antoine Bernard (1890-1967) et des romanciers comme Antonine Maillet (prix Goncourt 1979).
Ancienne région orientale du Canada français, peuplée essentiellement de Poitevins, l'Acadie fut cédée à l'Angleterre par le traité d'Utrecht (1713). En 1755 eut lieu le « Grand Dérangement ». Devant l'imminence d'une nouvelle guerre et pour faire place aux immigrants anglais, le gouverneur Lawrence et son conseil

décidèrent d'expulser toute la population française, forte d'environ 10 000 âmes. Ils rassemblèrent les habitants, les embarquèrent sur des navires marchands et les dispersèrent dans les colonies de la Nouvelle-Angleterre, où ils furent très mal accueillis ; trois ans plus tard, les 3 000 ou 4 000 habitants de l'île Saint-Jean, comprenant environ un millier de réfugiés, furent évacués et transportés en France (notamment à Belle-Île). Le « Grand Dérangement » donna ainsi naissance à une diaspora qui s'étendit aussi à la Louisiane (*cf.* Cajuns), aux Caraïbes, à l'Argentine et aux Malouines. Après le traité de Paris (1763), qui céda le Canada à l'Angleterre, les Acadiens demeurés en Nouvelle-Écosse comme prisonniers de guerre furent employés à des travaux publics, puis graduellement relâchés. D'autres revinrent du Québec, des États-Unis, de Miquelon et même de France. Sans aucun droit reconnu, privés même du droit de propriété, en tant que papistes, ils travaillèrent comme manœuvres ou s'installèrent dans des endroits reculés. Peu à peu, ils se regroupèrent sur les rives du golfe du Saint-Laurent, sur le littoral de la baie des Chaleurs et de la baie Sainte-Marie et dans la région de Memramcouk, où ils obtinrent des concessions de terres. Des esprits généreux, comme Thomas Chandler Haliburton et Mgr Walsh, s'intéressèrent à leur sort. Un poète américain, Henry Wadsworth Longfellow, a raconté leur histoire dans un poème romancé, *Évangeline* (1847). Des écoles puis un premier collège (1857) furent fondés. Comme leur nombre augmentait rapidement, grâce à une forte natalité, les Acadiens commencèrent à exercer une influence politique et à revendiquer leurs droits. De cette époque date la « Renaissance acadienne ». Le Nouveau-Brunswick est officiellement bilingue depuis 1969, et, depuis 1994, un Congrès mondial des Acadiens se réunit tous les quatre ans.

Achang. Peuple du sud de la Chine (Yunnan) et de Birmanie (États Shan) [plus de 20 000].
❑ Les Achang s'adonnent à la riziculture mais tirent aussi une part importante de leurs revenus d'une coutellerie réputée dans tout le Yunnan et la Birmanie septentrionale. Ils sont bouddhistes, tout en restant fidèles à de nombreuses croyances anciennes (culte des ancêtres). Leur langue appartient au groupe birman de la famille tibéto-birmane.
✦ Dénom. [var.] Atsang.

Acholi. Peuple du centre nord de l'Ouganda, dont le territoire est compris entre la frontière soudanaise, le Nil Albert et le Nil Victoria ; quelques groupes vivent au sud du Soudan [env. 1 million].
❑ Les Acholi sont éleveurs et agriculteurs. Leur territoire est divisé en un grand nombre de petits royaumes (ou chefferies) regroupant plusieurs villages, indépendants les uns des autres et placés sous l'autorité d'un *rwot*, qui est à la fois chef traditionnel et faiseur de pluie. Ce *rwot* est issu d'un « clan royal », ou lignage de faiseurs de pluie. Son autorité est avant tout rituelle et liée à son pouvoir surnaturel. Traditionnellement, les peaux de tous les lions et léopards tués sur le territoire sur lequel il exerce son autorité lui appartiennent. Le *rwot* nomme les chefs de village, qui lèvent le tribut en son nom.
Les Acholi appartiennent au groupe linguistique ouest-nilotique et parlent un dialecte très proche de celui de leurs voisins méridionaux lango, avec lesquels ils partagent un grand nombre de traits culturels.
Histoire. A l'époque de la dictature de Milton Obote (un Lango), les Acholi, avec les Lango, bénéficiaient d'une position privilégiée dans le pays et dans l'armée. Suite à un conflit entre les militaires de ces deux groupes ethniques, Obote a été chassé du pouvoir. Actuellement (1998), la République ougandaise est dominée par les Bantous du sud du pays (le président Yoweri Museveni est un Munyankole), et des mouvements de résistance armée à idéologie magico-religieuse syncrétique se développent au nord. En pays acholi, l'Armée de résistance du seigneur, alliée au régime de Karthoum quoique mouvement « chrétien », exploite les sentiments de frustration d'une des populations les plus pauvres de la région.

Acihais. Peuple d'Indonésie, habitant la province à statut spécial d'Aceh, située à la pointe nord-ouest de Sumatra [env. 2,8 millions].
❑ Les Acihais vivent essentiellement de la riziculture et de plantations diverses (cocotiers, poivre). Ils ont conservé leur habitat traditionnel en grandes maisons de bois surélevées.
Leur société comportait une noblesse guerrière entretenant des liens étroits avec la famille régnante et placée à la tête des districts composant le pays, une élite religieuse de maîtres coraniques et d'imams, et des chefs roturiers élus à la tête des villages. De nos jours, la vie des communautés locales reste, dans les faits et en dépit de la réforme de 1979

qui a uniformisé dans toute l'Indonésie le système administratif villageois, largement structurée par le système traditionnel : plusieurs « villages » (*gampông*), avec à leur tête un *keuchik* (chef de village), un *teungku* (chef religieux en charge de la maison de prière et de l'éducation religieuse des enfants) et un conseil de village, constituent une « paroisse » (*mukim*), dirigée par un *imeum mukim*, assisté par un conseil de paroisse et distinct de l'*imeum meuseujid* (imam de la mosquée).
Bien que la prééminence de l'islam pousse à l'affirmation de la prééminence masculine, le système de parenté est de type indifférencié, et la résidence, usuellement uxorilocale ; la maison est surtout le domaine de la femme et c'est avec la famille de l'épouse que les rapports sont le plus étroits.
Islamisés depuis le XIIIe siècle, les Acihais observaient tous le rite *shafi'i* et donnaient une large place aux confréries mystiques. Le mouvement réformiste et rigoriste qui s'est développé chez eux à partir des années 1930 a pris le dessus à l'époque de l'indépendance de l'Indonésie et a inspiré les mouvements de rébellion qui se sont succédé depuis lors.
La langue acihaise appartient au groupe des langues malayo-polynésiennes de l'Ouest.
Histoire. Les Acihais ont été le premier peuple d'Insulinde chez qui s'est développé un royaume musulman (XIIIe siècle). Le sultanat d'Aceh connut son heure de gloire au début du XVIIe siècle, son influence s'étendant sur une partie de la péninsule malaise et sur le nord et l'ouest de Sumatra, où il contrôlait le commerce du poivre. Les Hollandais qui le soumirent en 1904, après une résistance de trente ans, appuyèrent leur pouvoir sur les nobles, qui perdirent le contrôle de la société lors de la guerre d'indépendance indonésienne (1945-1949) et de la révolution sociale menée à cette occasion par les musulmans réformistes. Ces derniers furent à l'origine d'une rébellion islamique contre le pouvoir central (1953-1962) et de menées indépendantistes depuis lors récurrentes.
✦ Dénom. [var.] Atjihais ; [indonésien] Orang Aceh ; [autod.] Ureung Aceh.

Adi. Peuple vivant en Inde (Arunachal Pradesh) et en Chine (Tibet), le long de la rivière Siang (nom donné localement au Brahmapoutre) [estim. 100 000].
❑ Répartis en une vingtaine de sous-groupes (les plus importants étant les Gallong et les Padam-Minyong), les Adi pratiquent la riziculture sur brûlis et l'élevage bovin. Leur société est segmentaire, patrilinéaire, leur organisation politique égalitaire opérant sur la base du village. Naguère, toute une violence institutionnalisée, où hostilités et pactes d'alliances se succédaient sans fin, régissait la vie des communautés. La religion traditionnelle est de type polythéiste ou « animiste ». Les divers dialectes parlés appartiennent à la branche nord-assamaise de la famille tibéto-birmane.
Montagnards. Les Adi constituent avec d'autres montagnards du Sud-Est asiatique un ensemble de peuples résiduels que l'isolement géographique a maintenu jusqu'à une date récente à l'écart des grands courants de pensée véhiculés par la Chine, l'Inde ou le Tibet.
✦ Dénom. [syn., anc.] Abor ; [chinois] Luoba ; [tibétain] Hlopa.

Adioukrou. Peuple du sud de la Côte d'Ivoire (préfecture de Dabou) [estim. 300 000].
❑ Les Adioukrou vivent dans une zone lagunaire de savane et de palmeraies naturelles. Agriculteurs, ils pratiquent aussi la pêche (lagunaire et de haute mer). Ils sont organisés selon un système complexe de classes d'âge, sont partiellement christianisés, et parlent un dialecte twi. Ils seraient issus de populations venues de l'Ouest, auxquelles des éléments akan* se seraient peu à peu agrégés. Les traits culturels akan (comme la descendance matrilinéaire) sont fondamentaux.
✦ Dénom. [var.] Adiukru.

Adja. Peuple du sud du Bénin et du sud du Togo, occupant les régions situées entre Lokosso (au sud) et Abomey (au nord), les collines qui s'élèvent autour de Tado (au Togo) et la plaine qui s'étend entre le Mono et Kufo [env. 440 000].
❑ Le terme adja recouvre les Adja-Tado et les Adja-Évhé* du Togo et les Adja ou Adja-Fon du Bénin. Les Adja sont de grands agriculteurs (manioc, maïs, arachide, palmier à huile, etc.) et pêcheurs. Ils pratiquent également la chasse, le tissage, la poterie et la forge.
La famille est de type patrilinéaire. Néanmoins, là où la tradition se maintient, la femme, en quittant la maison de son père, emmène ses divinités familiales pour continuer leur culte dans son foyer.
La religion traditionnelle reste vivace malgré la forte implantation chrétienne et islamique dès la première moitié du XIXe siècle. Ainsi, le culte adja-fon des vodoun, proche du culte

yoruba des orisha, marque fortement la population. L'essence de ce culte réside dans la relation aux dieux, aux ancêtres et dans des pratiques thérapeutiques.
Le dialecte adja appartient au groupe ewe de la famille des langues kwa.
Histoire. Les Adja seraient les descendants de Yoruba* venus du Ketu et qui se seraient installés dès le XIIIe siècle dans la région de Tado, dans l'actuel Togo. Cette région, très connue pour son travail du métal, fut constamment habitée depuis la préhistoire. Tado est le berceau de bien d'autres peuples également (Aïzo*, Ewe*, Fon*, etc.). La distinction entre les Adja et les Fon, apparue au XVIIe siècle, est assez vague. Ainsi parle-t-on de culture adja-fon, de langue adja-fon, de population adja-fon, etc.
Vers le XVIe siècle, au Togo, des Adja se sont répandus dans tout le Sud et, en se fondant avec les groupes autochtones, ont formé la souche dont est issue la population Évhé ou Adja-Évhé.
✦ Dénom. [var.] Aja.

Adjar. Groupe géorgien habitant l'Adjarie, république autonome de la Géorgie, située au sud-ouest du pays et ayant Batoumi pour capitale [plus de 100 000].
❑ Les Adjar, choyés par un climat subtropical, pratiquent traditionnellement l'agriculture et l'horticulture (agrumes, thé, tabac). La côte sur la mer Noire est un haut lieu de tourisme balnéaire. L'intérieur du pays est montagneux. Leur langue est l'adjar (forme du gourien, ou guruli) et ils emploient le géorgien comme langue littéraire. Ils sont musulmans sunnite de rite ḥanafite. Aujourd'hui encore, leur religion musulmane les sépare des autres Géorgiens*, dont ils sont beaucoup plus proches par ailleurs que les Abkhazes*.
Histoire. L'Adjarie constitue le sud de l'ancienne principauté de Gourie, qui commençait au sud du Rioni (le Phase des Anciens, où débarquèrent Jason et les Argonautes en quête de la Toison d'Or). Fondée au XIVe siècle, indépendante au XVIe, cette principauté fut conquise par les Ottomans (d'où l'islamisation) à la fin du XVIe siècle et au XVIIe. Elle était peuplée, en plus des Adjar, par les Laz*.
→ Géorgiens

Afar(s). Peuple vivant en Éthiopie (région-État n° 2), en Érythrée (Dankalya) et à Djibouti [env. 800 000].
❑ Le « triangle Afar » (150 000 km^2) correspond à un évasement du Rift africain, volcanique, aride et chaud, bordé à l'ouest par les hautes terres de l'Amhara et du Tegré, au sud par le piémont du Harär et à l'est par la côte montagneuse de la mer Rouge ; c'est une dépression occupée par des lacs salés et traversée d'ouest en est par le fleuve Awash.
Outre un peu d'agriculture, les Afars pratiquent le nomadisme pastoral. Ils vendent les produits de celui-ci, ainsi que le sel tiré des *sebkhas* du désert, et se livrent à la contrebande entre Djibouti et les États de l'intérieur. Leurs lignages composent des « tribus », regroupées, de manière globale, en 19 grandes chefferies ; les plus importantes sont des « sultanats » (Tadjoura, Raheita et Gobaad à Djibouti ; Awsa en Éthiopie). Les Afars se répartissent également en *Adohyamara* (« hommes rouges ») et *Assahyama* (« hommes blancs ») qui dominent dans l'Awsa. La cohésion des différentes classes d'âge (*fima*) régit les mariages des cousins croisés, les guerres rituelles et la pratique de sports guerriers où s'affrontent les jeunes hommes.
Les Afars sont musulmans sunnites, sauf les Erob, petit groupe converti au christianisme éthiopien. On note des survivances préislamiques.
L'afar, proche du somali et de l'oromo, est une langue chamito-sémitique.
Histoire. Très tôt islamisés, les Afars fondèrent au XIVe siècle le sultanat d'Adal, qui, au XVIe siècle, parvint à s'établir à Harär. Un chef adal, Ahmed ibn Ibrahim al-Ghazi, dit Grañ (« le Gaucher »), soumit l'ensemble de l'Éthiopie chrétienne de 1527 jusqu'à sa défaite en 1543 devant les Éthiopiens alliés aux Portugais ; cette défaite entraîna la perte de Harär et le repli des Adal dans l'Awsa. Pris à partir du milieu du XIXe siècle dans le jeu d'influence marqué par la présence française et les ambitions éthiopiennes, les Afars furent privés de toute possibilité de trafic (hormis celui du sel et des esclaves, embarqués illégalement vers l'Arabie) par la réalisation du chemin de fer Djibouti-Addis-Abeba (1917). En 1967, la Côte française des Somalis devient le Territoire français des Afars et des Issas : pour maintenir leur présence, les Français jouent la carte afare, mais leur refus de promouvoir la *Grande Afarie* casse le jeu. Djibouti devient indépendant sous la direction du Somali* Hassan Gouled. Majoritairement favorables à la révolution éthiopienne et opposés à la sécession de l'Érythrée, les Afars connaissent vingt

années de famine et de guerre, dont ils sortent épuisés. Minorité entourée de préventions en Éthiopie et en Érythrée, ils ne peuvent espérer qu'à Djibouti une place conforme à leur poids.
✦ Dénom. [syn., anc.] Adal ; [arabe] Danakil.

Afrikaner. Peuple d'origine européenne habitant l'Afrique du Sud [estim. 3,5 millions].
❑ Les Afrikaner sont encore pour la plupart des fermiers-éleveurs, mais nombre d'entre eux occupent un emploi administratif. Calvinistes fervents, dont l'appartenance à l'Église réformée hollandaise a longtemps constitué un facteur d'unité et un signe distinctif par rapport aux Anglais, les Afrikaner sont devenus tristement célèbres pour avoir institutionnalisé et mis en pratique l'apartheid, doctrine qui prône le développement séparé des races et des groupes ethniques. Ils parlent l'afrikaans, mélange d'ancien hollandais enrichi de mots d'origine allemande, française, anglaise, marqué aussi par des emprunts aux langues khoisan et bantoues (xhosa, sizulu…).
Histoire. En 1652 est installée au cap de Bonne-Espérance une petite station de ravitaillement en eau pour les navires de la Compagnie hollandaise des Indes orientales, qui, après des débuts difficiles, se développe. À la fin du XVIIe siècle, une centaine de huguenots français viennent augmenter le nombre d'habitants, principalement d'origine hollandaise et allemande. Désireux de s'affranchir de la tutelle britannique, beaucoup d'Afrikaner partent vers le nord afin d'y fonder leur propre colonie. C'est le « Grand Trek » (1835-1854), mouvement d'installation dans les territoires de l'Orange, du Transvaal et du Natal, où ils se heurtent partout aux populations africaines. Pour des raisons d'ordre économique, liées à la découverte d'or et de diamants, les Britanniques livrent aux Afrikaner une guerre très dure (1899-1902), au terme de laquelle ces derniers perdent leur souveraineté sur le Transvaal et l'Orange. La victoire électorale du Parti national en 1948 marque le retour au pouvoir des Afrikaner, dont la politique d'apartheid conduit, entre autres, à créer des « bantoustans », à la fois réserves ethniques et réservoirs de main-d'œuvre dotés d'une souveraineté illusoire. Les pressions intérieures et internationales sont venues à bout de ce régime avec l'organisation des premières élections libres d'Afrique du Sud, en avril 1994, et la victoire de Nelson Mandela.
✦ Dénom. [syn., péj.] Boer(s).

Agäw. Ensemble de groupes apparentés du nord de l'Éthiopie (les Awngi, les Qemant, et les Kunfel) et de l'Érythrée (les Bilén) [estim. 200 000].
❑ Descendants du plus ancien peuplement couchitique de la Corne de l'Afrique, les Agäw détruisirent au Xe siècle, sous leur légendaire reine juive Judith, le royaume chrétien d'Aksum. Païens ou juifs (et voisinant, dans la région de Gondar, avec les Fälasha*, les Juifs éthiopiens), ils ont été progressivement, à partir du XVIIIe siècle, soumis à l'influence amhara* et convertis au christianisme orthodoxe. En Érythrée, certains Bilén sont passés à l'islam pour échapper aux raids esclavagistes, tandis que d'autres, sous l'influence des missions, sont devenus catholiques ou protestants. Les Agäw continuent de parler leur langue (qui a fortement influencé l'amharique), concurremment à l'amharique ou au tigré.
✦ Dénom. [var.] Agew, Agao, Agau.

Ahtna. Société amérindienne des États-Unis (Alaska), formée de quatre groupes autonomes habitant le bassin de la Copper River et les contreforts des monts Wrangell [quelques centaines].
❑ Les Ahtna ont une économie traditionnelle qui repose sur la chasse aux grands mammifères, la pêche au saumon et le commerce avec les groupes athapaskan de l'intérieur. Leur société se divise en une dizaine de clans matrilinéaires regroupés en deux moitiés exogames, sans niveau supérieur d'autorité. Malgré la généralisation de la religion orthodoxe, introduite par les Russes, leur chamanisme survit et une forme de potlach parfaitement symétrique – on reçoit autant que l'on donne à l'instant même où on reçoit – reste au centre de leur vie cérémonielle, notamment à l'occasion des funérailles. Ils appartiennent à l'ensemble athapaskan du Nord, et leur langue tend à renaître.

Aïmâq. Appellation collective d'une vingtaine de tribus vivant dans l'Afghanistan occidental, dans les montagnes du Ghôr et leurs environs, ainsi que dans l'Iran du Nord-Est [env. 600 000].
❑ C'est l'association d'une organisation tribale patrilinéaire, de la pratique de dialectes persans et de l'appartenance à l'islam sunnite qui permet de distinguer les Aïmâq de tous les groupes voisins.
Les tribus sont de taille très diverse, depuis

quelques centaines d'individus pour les plus petites jusqu'à plusieurs dizaines de milliers pour les plus grandes. Les principales sont les Taïmâni (env. 200 000), les Firôzkôhi (100 000), les Hazâra dits de Qal'a-ye Nao, du nom de la ville près de laquelle ils se trouvent (60 000), les Timuri (60 000, dont 25 000 établis dans le Khorasân iranien depuis le XIXe siècle), les Jamshidi (50 000), les Zuri (20 000), les Tâheri (20 000) et les Maleki (15 000). Les trois dernières tribus sont géographiquement pulvérisées, toutes les autres occupant chacune un vaste territoire d'un seul tenant.

Ni les tribus, ni même les nombreux clans (*tâ'efa*) composant les plus grandes d'entre elles ne sont généalogiquement apparentés. La nébuleuse Aïmâq résulte en fait d'une série de recompositions tribales artificielles, réalisées à partir de groupes isolés, spatialement désarticulés ou déracinés, qui ont été placés sous l'autorité d'une aristocratie de *sardâr* allogènes. L'absence d'unité politique s'accompagne de l'inexistence d'un sentiment d'identité collective à l'échelle supratribale.

Les Aïmâq sont donc porteurs de traditions culturelles très diverses, toujours mal connues et parfois instables. Leur situation actuelle permet toutefois de les regrouper en quatre ensembles : une tribu semi-nomade de filiation clairement iranienne, les Taïmâni ; des tribus semi-nomades – les groupes les plus septentrionaux (Firôzkôhi, Jamshidi, Hazâra) – fortement imprégnées de traditions (usage de la yourte ou de huttes qui en sont dérivées) ; un ensemble de tribus éparses soumises à une forte acculturation pashtun* (importance du grand nomadisme pastoral, usage de la tente noire, adoption fréquente de la langue pashtô, participation à la colonisation du Turkestan afghan), comme les Timuri, les Zuri, les Tâheri et les Maleki ; enfin, de petites communautés totalement sédentarisées, éparpillées et soumises à la pression acculturante des ethnies voisines, qu'elles soient turcophones, persanophones ou pashtophones.

Histoire. Le terme *aïmâq*, d'origine mongole*, désigne à la fois une tribu et le territoire qu'elle occupe. C'est à l'époque timouride (XVe-XVIe siècles) qu'il fut introduit, dans le cadre d'une réorganisation administrative et militaire de la mosaïque de peuples pastoraux, à la fois autochtones et allochtones, apparue en Afghanistan occidental à la suite des invasions et des troubles des siècles précédents. Le processus prit fin au XVIIe siècle avec la formation de la confédération Taïmâni sous l'autorité d'un chef pashtun du Baluchestân, nommé Taïmân. L'incorporation du pays aïmâq à l'État afghan dans la seconde moitié du XIXe siècle s'est faite sans rencontrer de résistance notable.

La question d'un éventuel apparentement entre les Hazâra de Qal'a-ye Nao, sunnites, et les Hazâra* du Hazârajât, chiites, n'est pas résolue malgré plusieurs indices qui plaident en faveur d'une réponse affirmative.

Art. Les Timuri et, dans une moindre mesure, les Taïmâni produisent des tapis réputés.

✦ Dénom. [var., vieilli] Aymâq ; Eimauk(s) ; [syn.] Tchahâr Aïmâq (« les quatre Aïmâq ») désigne le bloc Firôzkôhi-Taïmâni-Jamshidi-Hazâra de Qal'a-ye Nao ; dans certaines classifications, les Timuri s'y trouvent incorporés à la place des Taïmâni, preuve de l'imprécision d'un concept dans lequel le chiffre quatre n'a de toute façon qu'une valeur indicative pour signifier la pluralité.

Aïnu. Peuple du nord de l'Extrême-Orient, vivant essentiellement dans l'île de Hokkaido, au Japon ; c'est là que se sont rassemblés les groupes aïnu peu à peu repoussés du centre de l'île de Honshu, où ils vivaient autrefois, et les groupes installés jusqu'au sud du Kamtchatka qui ont dû quitter les îles Kouriles et Sakhaline [24 000 habitants de Hokkaido se déclaraient Aïnu en 1993, et près de 100 000 autres seraient à rattacher à cette population].

❑ En dépit de l'intérêt manifesté par de nombreux anthropologues depuis la fin du XIXe siècle, l'origine des Aïnu reste inexpliquée. Par leurs caractères morphologiques qui les distinguent nettement des Japonais – yeux ronds, peau blanche, système pileux très développé –, ils peuvent être considérés comme les descendants de groupes caucasiens autrefois répandus dans le Nord asiatique ; par l'analyse des groupes sanguins, ils ont été reliés aux premiers mongoloïdes, et certaines thèses les rattachent aux populations mésolithiques caractérisées par la culture Jômon.

D'abord chassés du Honshu, les Aïnu ont été refoulés vers Hokkaido, où ils sont restés soumis à la domination japonaise à partir du XVe siècle, malgré de sérieuses révoltes (comme en 1669 et 1789). Ils se retrouvèrent en situation de complète dépendance économique, à cela près qu'ils étaient considérés comme des pourvoyeurs de produits rares : des peaux de phoque ou de loutre et des plumes d'aigle, très prisées, étaient échangées contre saké, tabac, kimonos, laques et sabres japonais.

Le mode de vie traditionnel de ces chasseurs-cueilleurs-pêcheurs et leur faculté d'adaptation à leur milieu sont vus aujourd'hui comme des modèles d'intégration à l'environnement naturel, par les Japonais comme par les observateurs étrangers. Un trait de ce mode de vie est le respect du monde animal, qui se manifeste particulièrement à l'égard de l'ours, traité comme une divinité disposée à aider les hommes en mettant sa chair à leur disposition ; une divinité régulièrement célébrée par le rite dit *Iomante* qui, durant plusieurs jours, témoigne des égards réservés à l'ours envoyé à la mort. Si les divinités rendent visite aux hommes sous forme animale, elles s'expriment aussi par l'intermédiaire de femmes chamanes ; l'esprit des morts est particulièrement redouté, et traité avec la plus grande commisération.

Les Aïnu ont ainsi développé une culture originale et attachante, sur laquelle plusieurs études ont été publiées (notamment par Batchelor, Hattori, Kindaïchi, Kreiner, Leroi-Gourhan, Onuki-Tierney, Pilsudski, Watanabe).

Le aïnu se rattache au groupe des langues proto-altaïques, comme le japonais et le coréen. Langue sans écriture, il a pratiquement disparu avec la scolarisation devenue obligatoire, mais il a pu susciter à temps des études linguistiques sérieuses et un intérêt manifeste pour sa tradition orale, ses poèmes épiques et ses récits ancestraux transmis par des conteurs remarquables.

Du fait de la politique d'assimilation adoptée par le gouvernement japonais, les Aïnu ont été complètement sédentarisés et scolarisés, se sont limités peu à peu à l'agriculture et à l'industrie touristique, et ont fait l'objet d'une acculturation irréversible.

Assujettissement. Les Aïnu, appelés « indigènes » dans les textes officiels, ont subi jusqu'à une époque très récente un statut juridique infériorisant et une discrimination notoire : en 1899, leur sort fut fixé par une « loi de protection des anciens aborigènes de Hokkaido », adoptée par le gouvernement de Meiji. Cette loi est encore partiellement en vigueur, en dépit du mouvement qui, depuis la fin des années 1980, vise à la remplacer par un nouveau texte.

Il a fallu attendre 1994 pour voir un Aïnu accéder à la vie politique de l'État japonais : l'écrivain Shigeru Kayano a alors été nommé sénateur. Dans son œuvre, il s'est attaché à relever – et à transcrire en japonais – les récits transmis oralement de génération en génération, pour assurer leur conservation. Son entrée au Sénat a contribué à faire mieux connaître le courant de production littéraire aïnu et, au-delà, bien des aspects d'une culture restée largement inconnue de l'ensemble du public japonais.

Conscience aïnu. C'est dans les années 1930 qu'ont paru les premières œuvres écrites par des Aïnu – en langue japonaise –, essentiellement composées de poèmes-tanka dont les auteurs (Hokuto Iboshi, Yaeko Batchelor, Takeichi Moritake) expriment la colère, l'amertume et l'affliction provoquées par la politique d'assimilation. Après 1945, paraissent un « Quotidien Aïnu » (*Aïnu Shimbun*, 1946) et une revue « Lumière du Nord » (*Kita no hikari*, 1948) ; une Association des Aïnu du Hokkaido est créée en 1946 ; elle est devenue en 1961 l'Association Utari de Hokkaido. Celle-ci édite régulièrement une revue depuis 1963.

Les années 1970 ont vu naître plusieurs initiatives des Aïnu soucieux de réagir contre la politique d'assimilation et de prendre en main les recherches folkloriques et anthropologiques jusque-là conduites par des Japonais ou des Occidentaux : création de la Société d'ethnographie aïnu (*Yai.yûkara*) en 1973 et, simultanément, diffusion du mensuel *Anutari-Aïnu*, qui a pour objectif la dénonciation de la ségrégation, l'information sur les mouvements et associations, et la connaissance des autres minorités du monde.

Au cours de la même période ont paru enfin – toujours en japonais – des romans écrits par des Aïnu qui mettent eux-mêmes en scène leur société : ainsi, un auteur comme Samio Hotozawa publie une critique sociale (« L'âme des jeunes Aïnu », *Wakaki Aïnu no tamashii*), un an après son roman « Mourir au village » (*Kotan ni shisu*, 1972). On peut citer encore des auteurs comme Yûji Kawakami, Tasuke Yamamoto, Yoshizô Nukishio, Minako Tokuza. Shigeru Kayano se situe dans la même veine avec « Recueil de récits Wepekele », « Cheval de feu », « Histoires anciennes et kamui–yukara ».

✦ Dénom. [var.] Aïnou(s).

Aïzo. Peuple du sud du Bénin, éparpillé dans des villages autour de Ouidha et à proximité du lac Ahémé [env. 115 000].

❑ Les Aïzo pratiquent la culture du manioc, du maïs, de l'igname, etc., l'élevage et surtout la pêche. Leurs communautés, de moins en moins claniques, furent dominées par les

royautés Adja*-Fon* dès l'arrivée de ces dernières vers le XVIe siècle. Les Aïzo sont patrilinéaires ; l'autorité revient au plus âgé.
Bien que fort touchés par l'islam et le christianisme, ils conservent des croyances traditionnelles (culte des ancêtres surtout), largement influencées par les cultes adja-fon.
Le dialecte aïzo fait partie des langues adja-fon du groupe kwa.
Histoire. D'après certaines traditions, les Aïzo seraient de présence antérieure aux migrations Adja. D'autres, par contre, leur donnent pour origine les premiers immigrants du royaume de Tado (au Togo actuellement) les rattachant par là à une ancienne branche adja. Quoi qu'il en soit, les Aïzo furent certainement parmi les premiers à s'installer, vers le XVIIe siècle, dans les régions d'Allada et du Ouémé avant d'être dispersés par la colonisation française. Quelques groupes auraient créé Ganvié (ville lacustre) pour se protéger des razzias esclavagistes des rois d'Allada et du Dahomey. De nos jours, les Aïzo sont assimilés aux Fon et aux Adja.
✦ Dénom. [var.] Aizo, Ayizo.

Aka. Peuple pygmée* vivant au sud de la République centrafricaine et au nord du Congo, sur une surface de près de 100 000 km^2 ; ceux des Aka qui résident le long de la Sangha, à l'ouest de l'aire de distribution, sont connus sous le nom de Ba.Mbenzele [estim. 60 000].
❑ Les Aka sont associés à des agriculteurs sur brûlis auprès desquels ils obtiennent des outils de fer. Ils pratiquent des chasses collectives, avec des filets, ou avec des sagaies pour les grands mammifères. Ils récoltent des plantes sauvages (ignames, noix), du miel et des insectes (chenilles). Formant des groupes de moins de 60 personnes, toutes apparentées, ils déplacent plusieurs fois dans l'année leurs campements de huttes. Au cours de la saison sèche, ils se rapprochent des villages d'agriculteurs pour les aider aux travaux des champs et échanger de la viande fumée. Périodiquement, les camps dispersés se réunissent à l'occasion de cérémonies, où dansent des personnages masqués de feuilles ou de raphia, représentant des esprits comme *Ezengi*, l'esprit de la forêt. Pendant ces rassemblements, la musique vocale polyphonique tient un rôle très important. Les Aka parlent une langue bantoue.
✦ Dénom. [syn.]. Ba.Aka, Bayaka, Babinga, Bambenga.
→ **Pygmées**

Akan. Ensemble de peuples de la zone forestière occupant la majeure partie du Ghana et le quart sud-est de la Côte d'Ivoire.
❑ Les Akan de Côte d'Ivoire, dont le nombre était évalué à 2 millions en 1970, se distribuent en trois ensembles. Le premier avoisine la frontière du Ghana : ce sont principalement les Abron*, les Anyi*, et les Nzima*. Le second se trouve au centre de la Côte d'Ivoire : les Baoulé*. Quant à ceux du Sud, ils sont appelés « lagunaires » parce qu'ils sont installés autour ou à proximité des lagunes Ébrié et Aby : ce sont les Abè, Abidji, Abouré, Akyé (autrefois Attié), Adioukrou*, Avikam, Alladian, Ébrié, et Eotilé. Les lagunaires ont en commun une organisation politique décentralisée, qui les éloigne du modèle politique akan classique, le royaume, et les rapproche des sociétés lignagères ou segmentaires, avec un système de classes d'âge très élaboré.
Au Ghana, les Akan occupent la totalité de la région qui se trouve au sud et à l'ouest de la Volta noire. Les Akan de la forêt sont les Brong, les Ashanti*, les Sefwi, les Aowin, les Wasaw, les Kwahu, les Akim, les Asin et les Denkyira, et les Akan de la côte sont les Nzema*, les Ahanta et les Fanti*.
Les Akan sont, sauf exception, organisés en royaumes, avec une double royauté, masculine et féminine, la reine n'étant pas nécessairement la propre mère du roi. Les biens et les fonctions passent d'un homme à un autre au sein du lignage matrilinéaire (*abuswa, abousuan*), l'appartenance de chaque individu à son lignage passant par sa mère. Cependant, des principes spirituels (le *kra*) sont hérités du père. Le symbole du pouvoir, qui lui donne sa légitimité, est le siège consacré à l'ancêtre fondateur du lignage royal. En même temps que ceux des successeurs de celui-ci, il est exposé publiquement une fois par an, à la fête de l'igname, jour où sont offerts à ces ancêtres les prémices de la nouvelle récolte, et le sang des bœufs et moutons sacrifiés. Ce sont les « sièges noirs », que leur couleur, celle du sang séché, distingue des sièges usuels qui sont de même forme et de même matière (bois sculpté). Chaque siège « noir » est l'habitacle de l'esprit d'un défunt nommément désigné.
Les Akan révèrent un être suprême, *Nyame* ou *Onyame*, trop lointain pour qu'on puisse lui faire des offrandes, et *Asye* ou *Asase Ya*, la Terre qui doit être préservée de toute souillure (la mort, le sang). Les hommes adressent leurs requêtes aux *bosson* ou *obosum*, déités des eaux ou de la forêt.

L'organisation politique et l'organisation militaire coïncident. Entre le roi (*omanhene* à l'est, *famian* à l'ouest) et les chefs de village s'interposent les *asafohene* (chefs des guerriers).
Le mariage se distingue par le faible montant de la compensation matrimoniale. La résidence est généralement viri- et patrilocale, et l'héritier d'un homme va habiter la « cour » de celui-ci : l'habitat est formé de pièces disposées autour d'une « cour » ombragée, de forme rectangulaire, lieu de vie diurne de la famille, et qui donne son nom à l'unité d'habitation.
L'igname est la nourriture la plus appréciée et valorisée, bien qu'elle soit moins consommée que le plantain et le manioc.
Tous les Akan parlent des langues kwa.
Or. L'or a été anciennement exploité dans toute l'aire akan (il le reste aujourd'hui au Ghana) et les détenteurs du pouvoir l'exposent en public, si bien qu'on a pu parler d'une civilisation de l'or, caractérisée par des parures d'or massif, par des regalia (cannes, etc.), dont l'âme de bois est recouverte d'une feuille d'or, et par les poids de laiton servant à peser la poudre d'or, qui sont tantôt géométriques, tantôt figuratifs, et qui sont fondus selon le procédé de la cire perdue.
Histoire. Les origines des Akan sont très controversées : selon les auteurs, ils seraient venus de Haute-Égypte, du pays berbère* de Libye, de l'ancien royaume du Ghana ou du lac Tchad et se seraient installés dans l'actuel Ghana avant de rejoindre pour certains la Côte d'Ivoire au début du XVIIIe siècle. Ces Akan de Côte d'Ivoire partagent avec ceux du Ghana nombre de traits culturels communs, qui toutefois ont tendance à s'estomper dans les groupes de la périphérie (groupes lagunaires notamment). Au XXe siècle, les avancées des Akan dans la modernité, au Ghana puis en Côte d'Ivoire, ont été précoces : essor de l'économie de plantation (café, cacao), progrès rapide de l'instruction.

Akha. Peuple vivant en Chine (Yunnan), en Birmanie (États Shan), au Laos, au Viêt Nam et en Thaïlande, sur un territoire de collines boisées soumis au régime des moussons [estim. 450 000].
❑ Les Akha vivent surtout de la riziculture sur brûlis. La culture du pavot, traditionnelle, ne s'est maintenue qu'en Birmanie ; ils n'en touchent qu'une part minime des revenus.
Répartis en un certain nombre de sous-groupes (Jöxö, Ajo ou Jöj, Jubya, etc.), ils ont une organisation sociale segmentaire, patrilinéaire et patrilocale, et une organisation politique égalitaire, centrée sur le référent villageois. Leur religion polythéiste ou « animiste » fait une large part au culte des ancêtres. Des prêtres-récitants (*phima*) mémorisent un corpus très élaboré de chants, de généalogies ou de récits, dont la récitation exacte conditionne l'efficacité rituelle. Les divers dialectes akha appartiennent au groupe yi* de la famille tibéto-birmane.
Histoire. Vraisemblablement issus d'une scission de l'ensemble Hani* opérée en Chine, les Akha ont vécu au long des siècles sous la domination des peuples de langues taï établis dans les vallées. Leur processus d'expansion vers le sud s'est amplifié dans la seconde moitié du XXe siècle du fait de l'arrivée au pouvoir des communistes en Chine, de l'anarchie politique des États Shan et de l'emprise mafieuse sur le Triangle d'or. En Thaïlande, la société a été déstabilisée par l'essor du tourisme et le trafic de l'opium. Aujourd'hui, les Akha de Thaïlande sont menacés par le développement du sida dans ce pays.
✦ Dénom. [syn., anc.] Ko(s), Iko(s) ; [thaï] Ikoo ; [chinois] Woni.

Akposso. Peuple du sud-ouest du Togo, dont il habite les montagnes et les plaines alentour, réputées pour leur fertilité [env. 60 000].
❑ Groupe le plus important de la région, les Akposso se répartissent en cinq sous-groupes (Litimé, Ouroui, Ikponou, Logbo et Ouma). Ils sont agriculteurs (fonio, culture commerciale du café et du cacao) et, pour certains, spécialisés dans le travail du fer.
Patrilinéaires et patrilocaux, organisés en clans totémiques, ils vivent en communautés villageoises indépendantes les unes des autres, au sein desquelles sont choisis des chefs (*olouka*) sans réel pouvoir politique. Le polythéisme traditionnel côtoie, comme ailleurs, un christianisme d'implantation récente.
Les Akposso parlent une langue kwa.
Histoire. Les Akposso auraient séjourné un temps dans la légendaire cité-État evhé* de Notsé, avant d'être repoussés par les guerres et de s'installer (milieu du XVIIIe siècle) sur leur territoire actuel. Ils l'emportèrent (fin du XVIIIe siècle) sur les envahisseurs ashanti* lors d'une bataille livrée à Akposso-Koubi, ville située dans l'actuel Ghana et qui, selon eux, est leur foyer d'expansion.

Aléoute(s). Population des îles Aléoutiennes et de la pointe sud-ouest de l'Alaska (États-Unis), installée aussi sur les îles du Commandeur (Russie) [env. 3 500].

❑ Les Aléoutes vivaient de la cueillette, de la pêche et surtout de la chasse aux animaux marins, pour laquelle ils construisaient des kayaks à proue bifide et à poupe droite (*baidarka*), aptes à affronter les eaux agitées du golfe d'Alaska. Leurs activités majeures restent la chasse et la pêche.

Patrilinéaires, ils formaient de nombreuses sociétés villageoises autonomes en relation généralement amicale. Les habitations, creusées dans le sol, abritaient une ou plusieurs familles ; la société aléoute admettait en son sein l'esclavage.

Le chamanisme, avec l'arrivée des Russes, s'est effacé devant la religion orthodoxe. La pratique des trois dialectes aléoutes, de la famille eskaléoute, tend à se perdre.

Histoire. Les Aléoutes sont des mongoloïdes, venus de Sibérie il y a 10 000 ans environ avec les ancêtres des Yupit, bien avant l'arrivée des Inuit*. Leur culture fut modifiée dès le XVIIIe siècle par l'implantation des Russes (massacres, épidémies, chasse forcée aux animaux marins à fourrure [loutres surtout], déplacements de population). La cession de l'Alaska aux États-Unis (1867) perturba une nouvelle fois leur mode de vie, qui s'américanisa.

Algonquin(s). Groupes amérindiens du Canada, dont le territoire est situé de part et d'autre de la rivière Outaouais, à cheval sur le Québec et l'Ontario [env. 8 000].

❑ Vivant à l'origine de la chasse, de la pêche et de la cueillette, partiellement convertis à l'agriculture (maïs et pois) au XVIIe siècle, ils sont aujourd'hui très assimilés dans leur mode de vie à la société environnante et tirent leurs revenus de la trappe, d'emplois dans l'exploitation forestière, le commerce, etc.

Le catholicisme s'est depuis longtemps substitué à la religion ancienne, centrée sur *Kisé Manito* (le Grand-Esprit) ; en revanche, ils conservent, en parallèle avec le français ou l'anglais, la pratique de leur langue.

Les Algonquins ont donné leur nom à la vaste famille linguistique algonquienne, à laquelle se rattachent les Ojibwa*, les Cree*, les Cheyennes*, les Blackfoot* et à laquelle appartenaient aussi tous les groupes aujourd'hui disparus, de la façade est du continent jusqu'à la Virginie, c'est-à-dire les Algonquins (ou Algonquiens selon l'usage québécois), en un sens élargi.

Histoire. Soumis à la pression des Iroquois*, ils firent très vite alliance avec les Français, et s'imposèrent comme intermédiaires avec les Indiens de l'Ouest dans le commerce des fourrures. Ils combattirent au côté des Français contre les Anglais.

✦ Dénom. [var., angl.] Algonkin.

Aluku. Société noire marronne de Guyane française et, accessoirement, du Surinam, dont le territoire se situe en forêt tropicale amazonienne le long du Lawa et, pour une petite part, du Maroni [env. 2 500].

❑ La rupture de deux siècles d'isolement et l'accession à la pleine citoyenneté française ont amené beaucoup d'Aluku à délaisser leur économie de subsistance pour rejoindre de manière semi-permanente les villes côtières.

Pour autant, leur société (sept grands clans matrilinéaires et quelques clans plus petits de formation plus récente) a conservé sa cohésion, du fait notamment de la vitalité du système religieux, synthèse d'éléments africains divers où la divination joue un rôle clé. L'intégration des Aluku dans des collectivités locales de modèle français n'a pas éteint leur organisation sociale propre (chaque village a ses chefs de clan, ou *kapiten*, installés par le *gaanman*, chef suprême).

Leur langue, l'aluku tongo, créole à base lexicale anglaise, contient aussi nombre de mots d'origine africaine, néerlandaise, portugaise, française, carib et arawak.

Art. Le *tembe*, art décoratif qui a fait la renommée des Aluku (sculpture du bois, tissu en patchwork), tend à s'éteindre, mais leurs riches traditions orales, leur musique et leurs danses – fondamentalement africaines – restent vivantes.

Histoire. Après des années de harcèlement par les troupes coloniales hollandaises, la plupart des Aluku traversèrent le Maroni en 1776. Ce n'est qu'en 1860 qu'ils furent reconnus comme des sujets français. Dans les années 1970, le changement de statut territorial a donné le coup d'envoi d'une politique de « francisation », qui a notablement transformé la société mais aussi entraîné par contrecoup l'apparition d'une forte expression identitaire.

✦ Dénom. [syn.] Boni (dénomination parfois étendue par les Guyanais aux autres peuples marrons, aujourd'hui rejetée).

Alur. Peuple du nord-ouest de l'Ouganda [env. 200 000] et du nord-est de la République démocratique du Congo [env. 300 000], installé au nord du lac Albert et à l'ouest du Nil Albert.

❑ Les Alur vivent essentiellement de l'agriculture (millet, manioc, haricots, maïs pour la fabrication de la bière), mais pratiquent aussi l'élevage de bovins et de petit bétail. Les bovins sont utilisés lors de transactions sociales telles que l'achat d'une femme ou le règlement d'un conflit consécutif à une offense grave (meurtre). Un sous-groupe des Alur, les Okeodo, était spécialisé dans le travail du fer.

Les Alur sont organisés en clans patrilinéaires non localisés, solidaires en cas de vendetta. Ces clans se divisent en lignages patrilocaux exogames, bases des unités locales d'habitation. La chefferie alur est héréditaire. Ses fonctions sont essentiellement rituelles : les chefs sont les membres de lignages de faiseurs de pluie, probablement issus d'immigrants lwo originaires du Soudan ; ils arbitrent aussi les conflits judiciaires (vendetta interclanique) et ont la possibilité de conduire des « opérations punitives » contre les groupes qui refuseraient de payer la compensation économique imposée pour prix d'une offense grave. Traditionnellement, les peaux de tous les léopards de même qu'une défense de tous les éléphants tués sur « leur » territoire leur reviennent.

Le culte des morts est développé ; chaque famille possède un autel dédié aux ancêtres patrilatéraux, où sont opérés des sacrifices de nourriture. L'autel familial du chef-faiseur de pluie concerne l'ensemble de la communauté locale, qui y fait des sacrifices saisonniers destinés à assurer la fertilité des cultures et des troupeaux.

Les missions chrétiennes s'étant implantées plus tard dans le nord (non bantou) de l'Ouganda que dans le sud, la pénétration de la religion du colonisateur y a été moindre ; un petit nombre d'Alur est musulman.

Les Alur parlent un dialecte du groupe linguistique lwo (ouest-nilotique, est-soudanique).

Amanab. Peuple établi de part et d'autre de la frontière internationale entre la Papouasie-Nouvelle-Guinée (province du Sepik occidental) et l'Indonésie (Papouasie occidentale, ou Irian Jaya), dans les *Border Mountains* [env. 6 800].

❑ Vivant dans la forêt tropicale humide à quelque 400 mètres d'altitude en moyenne, les Amanab ont une économie de subsistance fondée sur l'horticulture itinérante sur brûlis, la chasse et la cueillette (un peu de pêche en rivière) ; ils pratiquent par ailleurs un petit élevage intermittent de porcs.

Leurs hameaux (groupes locaux) sont constitués de maisons familiales sur pilotis, regroupées autour d'une place réservée aux rituels et aux fêtes. Outre les groupes locaux comme les Yafar, groupe septentrional vivant du côté de la Papouasie-Nouvelle-Guinée, leur société est organisée autour de petits clans patrilinéaires s'intermariant et, pour partie (dans le Nord et l'Est) d'une organisation dualiste divisant les tribus en moitiés rituelles et totémiques et parfois en semi-moitiés exogames.

L'ensemble des Amanab correspond à un groupe linguistique subdivisé en quelque 50 « tribus » ou sociétés de quelques centaines d'individus chacune. Chaque société a un nom et un territoire ; les mariages et les relations de parenté se font pour chaque société avec les tribus limitrophes, constituant ainsi un système concentrique, mais aussi à l'intérieur du groupe local. Les sociétés amanab sont acéphales, l'autorité étant, de façon informelle, entre les mains de quelques hommes âgés ayant acquis un certain prestige par leur personnalité et leur connaissance de la magie et de la mythologie.

Encore faiblement touchées par les missions, catholiques ou protestantes, les sociétés amanab partagent (avec de nombreuses variantes) une cosmologie fondée sur une opposition de la Terre (maternelle) et du Ciel (paternel), ces deux entités étant, là où il existe, représentées en outre dans le totémisme duel.

L'amanab est une langue non austronésienne de la famille Waris du stock Border du phylum trans-néo-guinéen. Les Amanab se servent du pidgin mélanésien *(tok pisin)* comme langue véhiculaire.

DÉNOM. Le terme Amanab a été introduit à partir d'un toponyme, et ne correspond à aucune autodénomination d'ensemble.

Ambonais. Ensemble ethno-culturel d'Indonésie (Moluques) regroupant les habitants de l'île et de la ville d'Ambon, ceux des îles Léasé et Banda, une partie de ceux de la côte sud de Céram, et ceux de Buru [env. 350 000].

❑ Les Ambonais pratiquent la culture en champs secs (maïs, tubercules, etc.), la culture de plantation (girofle, muscade, tabac, café, etc.) et la pêche. Le sagou (tiré essentiellement de sagoutiers sauvages) constitue leur aliment de base traditionnel. À l'époque hollandaise,

nombre d'entre eux servaient dans l'armée coloniale ou exerçaient la fonction d'instituteur. Actuellement, beaucoup se retrouvent dans la fonction publique indonésienne.
Leurs « maisons » patrilinéaires rassemblent plusieurs familles nucléaires virilocales autour d'une famille nucléaire aînée et de son chef. Plusieurs « maisons » se rattachent de façon théorique à un clan (*soa* ou *vam*) sans organisation spécifique. La communauté territoriale traditionnelle (*negeri*) regroupait plusieurs « maisons » placées sous l'autorité de la « maison » la plus ancienne et de son chef, assisté par un conseil.
Parlant à l'origine des langues de la famille malayo-polynésienne de l'Est, ces populations ont adopté depuis le XVIe siècle le malais comme langue commune en même temps qu'elles se convertissaient soit à l'islam, soit au christianisme.
Les deux religions coexistent aujourd'hui à peu près à égalité, dans un climat de tolérance fondé sur une forte solidarité intervillageoise et un important patrimoine culturel commun. Un certain nombre de croyances et de rites antérieurs subsistent, tel le rite périodique de purification du pavillon du conseil.
Histoire. Après la reconnaissance de l'indépendance de l'Indonésie, de nombreux Ambonais, engagés dans l'armée coloniale néerlandaise, se sont réfugiés aux Pays-Bas (1950) tandis qu'en Indonésie même une éphémère république des Moluques du Sud tentait vainement de se mettre en place.

Amdowa. Nom désignant diverses populations tibétaines de la région de l'Amdo (nord-est du Tibet oriental, province actuelle du Qinghai de la Chine populaire), autour du lac Kokonor et du cours supérieur du fleuve Jaune [estim. 1 million en 1982].
❑ Il s'agit essentiellement de tribus de pasteurs nomades, mais il y a aussi des populations d'agriculteurs sédentaires, entre autres dans les marches orientales (les Thebo, les Sharwa, etc.). Les Amdowa entretiennent de longue date des liens étroits, notamment commerciaux, avec les populations Hui* (musulmans chinois), Han*, et avec des groupes mongols* plus ou moins tibétanisés (Sokpo Arik, Tou, Salar) établis en Amdo même.
L'organisation politique des tribus de nomades, décentralisée et fort variable, consistait en confédérations placées sous l'autorité de chefs héréditaires ou de conseils d'anciens, voire de monastères. Elle impliquait souvent une alliance entre pouvoirs temporel et religieux. Les tribus pratiquaient la vendetta.
La présence de grands monastères bouddhistes de l'ordre Geluk (Labrang, Kumbum...) est liée au patronage des chefs mongols et des empereurs chinois, mais l'Amdo comportait également de grands monastères de l'ordre Nyingma.
Les Amdowa parlent divers dialectes tibétains, de la branche bodaise.
Histoire. L'Amdo, conquis par les Tibétains au VIIe siècle, connut la domination de l'empire partiellement tibétanisé des Tangout du XIe au XIIIe siècle, puis celle de tribus mongoles, avant de passer sous contrôle chinois au XVIIIe siècle. À la chute de l'Empire mandchou, la région tomba aux mains des Seigneurs de la guerre musulmans puis fut intégrée à la Chine populaire en 1949.
→ Tibétains

Amhara. Peuple d'Éthiopie (région-État amhara), vivant sur les hautes terres salubres, fraîches et froides situées au nord d'Addis-Abeba [env. 24 millions].
❑ Deuxième population d'Éthiopie par le nombre après les Oromo*, les Amhara pratiquent essentiellement la céréaliculture à l'araire, associée à l'élevage bovin (pour les besoins de l'attelage) et à l'élevage de petits ruminants et de volailles.
La structure familiale bilinéaire est très forte car elle garantit l'accès à la terre par le *rest*, le lopin hérité par les descendants du fondateur éponyme de la communauté locale. Outre des tabous alimentaires, la circoncision des garçons et l'excision des filles assurent la cohésion de la société.
Le christianisme orthodoxe monophysite (non chalcédonien) prédomine très largement, traditionnellement tolérant envers les survivances « païennes », notamment les cérémonies du *zar* (délivrance des possédés).
L'amharique (*amhariñña*), rameau du groupe afro-sémitique des langues afro-asiatiques, demeure la langue la plus employée en Éthiopie, particulièrement au niveau administratif ; il s'écrit à l'aide du syllabaire guèze (ou *geez*).
Art. La peinture de sujets religieux ou profanes sur des peaux, des toiles ou sur les murs des églises et des lieux publics (cafés) obéit toujours aux conventions de la peinture savante des icônes. Les chants religieux, leurs modes et leurs instruments (tambours, cistres) ont marqué la musique profane éthiopienne.
Histoire. Héritiers comme les Tégréens* du

royaume d'Aksoum et du royaume salomonien médiéval, chrétiens depuis le IVe siècle, les Amhara s'assurèrent – grâce à la reconquête par Ménélik des terres prises par les Oromo aux XVIe-XVIIe siècles – une domination sur l'Éthiopie moderne, qui a pris fin en 1991 avec la chute du pouvoir issu de la révolution de 1975. Ils se résignent mal à ne plus être, dans le cadre fédéral actuellement dominé par les Tégréens, qu'à la tête de leur région-État.
✦ Dénom. [var.] Amara.

Amis. Peuple de la côte orientale de Taïwan, vivant dans l'étroit rift de Taitung, soumis aux typhons [env. 130 000].
❑ Premier groupe aborigène de l'île par le nombre, les Amis sont riziculteurs et pêcheurs ; la chasse est pratiquée dans le cadre rituel.
Matrilinéaires et matrilocaux, ils vivent dans des villages de 600 à 700 habitants, politiquement autonomes et dirigés par un chef élu. Les relations entre villages ont toujours été conflictuelles et caractérisées par des chasses aux têtes. Les hommes ont développé un système d'âge et poussé à l'extrême la démultiplication des pouvoirs : assemblée villageoise (regroupant tous les hommes), assemblée militaire (rassemblant tous les chefs militaires de tous les échelons des classes d'âge), enfin assemblée des « chefs ».
Leur « animisme » traditionnel fait une large part au culte des ancêtres. À partir de 1950, beaucoup sont devenus catholiques (60 % aujourd'hui). Ils parlent une langue austronésienne.
Histoire. Les Hollandais, arrivés sur l'île en 1624, établirent des alliances avec sept villages amis. En 1684, Taïwan fut incorporé à l'Empire chinois. En 1722, à la suite d'une révolte, la Cour impériale interdit aux Chinois de s'établir sur la côte orientale séparée du reste de l'île par un mur de terre. Les aborigènes de cette côte furent classés parmi les « barbares crus ». Après la colonisation de l'île par les Japonais en 1895, deux sous-préfectures furent créées chez les Amis (dès 1909). Aujourd'hui, la culture amis est menacée par la culture chinoise, du fait notamment que beaucoup de jeunes s'installent dans les grandes villes.
✦ Dénom. [syn.] Pagcah.

Amuzgo. Groupe amérindien du Mexique, vivant dans le sud-ouest de l'État de Guerrero et dans l'ouest de l'État d'Oaxaca [env. 28 000 en 1990].
❑ Les Amuzgo habitent des collines verdoyantes et près des rivières, sur les premières pentes fertiles des montagnes faisant face au Pacifique ; le climat y est semi-aride et tropical. Ils cultivent le maïs (deux récoltes annuelles) et ses plantes associées (haricots, cucurbitacées, piments, etc.). Ils produisent de la canne à sucre, un peu de riz et de café. Près des sources d'eau, ils pratiquent l'irrigation à petite échelle. Les champs sont souvent éloignés des villages. Le salariat saisonnier est fréquent chez les plus pauvres. Les Amuzgo ont longtemps pratiqué le tissage avec habileté, notamment en produisant de beaux *huipil* (robes ou chemises des femmes).
La vie sociale des Amuzgo s'appuie sur la famille, nucléaire ou étendue, rattachée à une commune rurale. La parenté est reconnue tant en ligne maternelle que paternelle. La tenure foncière est variable : purement individuelle, communale ou collective, avec souvent des combinaisons de ces formes dans une localité donnée. L'habitat varie également selon les communes, groupé dans les plus peuplées, dispersé en hameaux dans les autres. Le dispositif communal est à base de charges tournantes et de confréries religieuses. La corvée rassemble les hommes du village pour effectuer les travaux publics.
Bien qu'ils soient christianisés de longue date, les Amuzgo conservent des traces d'une vision du monde précolombienne ; leur langue se rattache à la famille otomangue.

Anga. Peuple du centre du Nigeria (provinces du Plateau et de Bauchi), vivant dans une région de savane [estim. 100 000].
❑ Les Anga, qu'on divise en « Anga de la montagne », résidant dans les environs de Pankshin, et en « Anga de la plaine », habitant au sud du plateau Bauchi, sont essentiellement agriculteurs.
Chaque lignage patrilinéaire exogame (*djippup*) compte plusieurs familles polygames qui vivent chacune dans un enclos (*uok*) ; celui-ci se compose de cases rondes d'habitation, de réserves à grains, d'une zone d'enterrement et d'une place sacrée destinée aux danses et rituels. Les villages, qui regroupent presque toujours plusieurs *uok*, ont deux chefs, l'un politique et l'autre religieux. Il existe des sociétés secrètes d'hommes et des cérémonies d'initiation pour les jeunes gens.
Les Anga rendent un culte à leurs ancêtres,

dont les âmes sont réputées résider dans le grenier à grains sacré. Ils sont partiellement convertis à l'islam. Leur langue, l'*angas*, appartient à la famille tchadienne.

Histoire. Les Anga, qui se disent originaires d'Égypte, ont vécu dans la région du Bornou, d'où ils furent chassés vers le XIVe siècle par les Fulbe* et les Kanouri*.

✦ Dénom. [var.] Nnga, Angassa, Angazzawa ; [syn.] Kerang.

Anga. Population du centre de la Papouasie-Nouvelle-Guinée (Eastern Highlands, Morobe et Gulf Provinces), occupant un territoire montagneux d'environ 15 000 km^2 [env. 70 000].

❑ Les Anga comprennent douze groupes linguistiques (famille des langues anga) partageant une origine commune. Bien qu'il y ait entre certains de ces groupes des différences culturelles importantes, tous sont organisés selon un mode patrilinéaire de descendance, et l'on rencontre partout une opposition marquée entre les hommes et les femmes, des rituels d'initiation masculine et les mêmes formes de pouvoir.

Horticulteurs et éleveurs de porcs, les Anga font néanmoins figurer les produits de la chasse dans les rituels qui marquent les principaux moments de la vie (naissance, initiation, mort). Les initiations masculines constituent le moment fort de la vie sociale. Ces rituels, dont la durée, le contenu et l'organisation varient selon les groupes, ont partout pour objectif de transformer les jeunes garçons en hommes adultes – autrefois, en guerriers capables de défendre la tribu. Ils comprennent des épreuves physiques et psychologiques douloureuses et traumatisantes. Les femmes en sont exclues car, selon les représentations locales, leur simple présence saperait les efforts de la communauté des hommes.

Aucune hiérarchie n'existe entre ces derniers et la seule forme d'inégalité sociale est celle qui régit les relations entre les hommes et les femmes. Les savoirs et les pouvoirs que certains hommes détiennent dans les domaines de la guerre, du traitement des maladies et des initiations ne leur octroient aucune autorité permanente sur les autres. Ces spécialistes, qui incarnent une forme de pouvoir différente de celle des *big men* des Western Highlands, ont été appelés « Grands Hommes » (par Maurice Godelier).

Les premiers contacts des Anga avec les Blancs (chercheurs d'or ou fonctionnaires de l'administration australienne) eurent lieu entre les années 1930 et 1960 selon les groupes. Une grande partie de la population vit encore de nos jours à l'écart de toute voie de communication, et l'accès aux services médicaux et scolaires est souvent impossible. En certains endroits, la vie s'écoule comme il y a des centaines d'années ou presque, le mode d'occupation du territoire s'apparentant à du semi-nomadisme et les rituels qui rythment les étapes du cycle de vie des individus occupant une place toujours aussi importante dans la vie sociale du groupe tout entier.

Antaimoro. Population du sud-est de Madagascar (basses vallées de la Matitana, du Faraony et de la Namorona, avec pour ville principale Vohipeno).

❑ Les Antaimoro vivent de la riziculture et de la culture du café ; contrairement aux autres populations du Sud-Est, ils ne pratiquent pas la pêche. Jusqu'aux années 1960, ils ont émigré en nombre vers le reste de l'île.

Leur société a retenu de nombreux traits islamiques : interdiction absolue de consommer du porc, égorgement *sombily* (privilège des nobles) des zébus et autres animaux destinés à la consommation, etc. La royauté se maintient dans les villages où subsistent les deux ordres traditionnels. En marge de la masse des hommes libres, les descendants d'esclaves sont exclus des alliances matrimoniales. Le rejet est encore plus fort à l'égard des descendants des premiers habitants de la région. Selon certains mythes qui assimilent ces derniers à des chiens, les Antaimoro les auraient, dès leur arrivée, considérés comme des parias.

Les structures familiales, comme dans l'ensemble du Sud-Est et de la côte est, séparent rigoureusement les parents paternels des parents maternels. L'interdiction des mariages endogames et intergénérationnels est stricte. Les rituels funéraires réputés garantir l'accès au tombeau ancestral (*kibory*) et la pérennité de la société restent en vigueur.

Histoire. Au XVe siècle, des musulmans stricts « venus des sables de La Mecque » imposèrent à un fond autochtone une théocratie reposant sur une double hiérarchie religieuse et politique. Le fond religieux du pouvoir reposait également sur un savoir magique contrôlé par des lettrés *katibo*, rédacteurs des manuscrits arabico-malgaches *sorabe* (recueils astrologiques ainsi que chroniques historiques et généalogiques). Le pays antaimoro, organisé au XVIIIe siècle en trois royaumes (Anteony, Ante-

mahazo, Antesambo), fut soumis au début du XIXe siècle au royaume d'Imerina et connut autour des années 1880 une révolte généralisée des roturiers *ampanambaka*, qui instituèrent une royauté élective dans les villages libérés du pouvoir des souverains traditionnels.
✦ Dénom. [var.] Antemoro, Antemahory ; [syn.] Taimoro, Temoro.
→ **Malgaches**

Antaisaka. Population du sud-est de Madagascar (basse vallée de la Mananara, régions de Farafangana et de Vangaindrano) [estim. 700 000].
❑ Autrefois riziculteurs itinérants sur brûlis, les Antaisaka pratiquent désormais la riziculture irriguée et produisent du café. Leur émigration vers les autres régions de l'île, surtout vers les basses vallées et deltas de l'Ouest, est considérable. Comme les autres populations du Sud-Est et de la côte ouest, ils se répartissent en lignages exogames. Les règles de résidence postmaritale sont viripatrilocales.
Funérailles. La pratique du double ensevelissement les distingue de leurs voisins : les morts sont d'abord ensevelis dans des sépultures provisoires, puis, deux ou trois ans plus tard, leurs restes, rassemblés dans des cercueils de dimension réduite, sont définitivement introduits dans les tombeaux collectifs appelés, comme dans tout le Sud-Est, *kibory*.
Histoire. Jadis sous l'autorité de princes Maroserana d'origine sakalava, le pays antaisaka fut soumis à l'Imerina sous le règne de la reine Ranavalona Ire (1828-1861). Cette domination demeura assez théorique et les lignages, groupés en villages denses de cases sur pilotis, préservèrent largement leur autonomie.
✦ Dénom. Jusqu'aux années 1960, dans tout l'Ouest, les Antaisaka étaient confondus avec les Antaimoro*, les Antaifasy et les Antambahoaka sous l'appellation d'Antaimoro ; on les appelle aujourd'hui Korao dans le Sud-Ouest, et Betsirebake dans le Nord-Ouest ; [var.] Taisaka, Tesaka.
→ **Malgaches**

Antanala. Population de Madagascar, occupant le gradin intermédiaire entre la plaine littorale du Sud-Est et les hautes terres du Betsiléo.
❑ Traditionnellement riziculteurs sur brûlis, les Antanala pratiquent désormais surtout la riziculture irriguée et ont, depuis la colonisation, développé les plantations caféières. Ceux de l'Ikongo sont organisés selon le double critère du genre et de l'ordre social : le pouvoir sur les hommes est partagé entre les princes (*hova*) et les roturiers, tant au niveau de la fédération qu'à celui des villages. À ces deux niveaux, l'autorité sur les femmes est exercée par les sœurs ou les épouses des princes, qui animent de grandes consultations féminines. L'organisation familiale distingue les parents paternels des parents maternels, attribue un grand rôle rituel à l'oncle maternel et manifeste, en dépit de l'idéologie patrilinéaire, une nette tendance à l'indifférenciation.
Histoire. Parmi les Antanala, venus pour partie des hautes terres du Betsiléo, pour partie de la côte sud-est (d'où leurs parentés culturelles avec ces deux régions), les plus connus sont ceux de l'Ikongo, dont la fédération est dominée depuis le XVIe siècle par la dynastie des ZafiRambo, et ceux d'Ambohimanga, organisés en villages autonomes. Ceux de l'Ikongo résistèrent victorieusement aux Antaimoro* au XVIIIe siècle et aux expéditions merina* au XXe siècle.
✦ Dénom. [var.] Tanala.
→ **Malgaches**

Antandroy. Population de Madagascar, occupant l'Androy, région très sèche de l'extrême-sud, et présente par émigration dans la totalité de l'île.
❑ Les hommes pratiquent l'élevage transhumant des zébus, tandis que les femmes s'occupent de l'agriculture (manioc, maïs, patates, etc.) et du petit élevage.
La vie sociale et rituelle tourne autour du zébu, objet notamment des cycles d'échange entre partenaires matrimoniaux. Le système de parenté distingue les parents paternels des parents maternels et attribue un rôle rituel au frère de la mère, « mère masculine » (*renelahy*), et au fils de la sœur, « fille masculine » (*anak'ampela*). De grandes circoncisions collectives (*savatse*) ont lieu tous les six ou sept ans. Les prêtres chargés de la relation aux ancêtres ainsi que les devins sont sollicités pour la réussite des tâches quotidiennes.
Histoire. Les Antandroy sont originaires de la région de Taolagnaro (l'ancien Fort-Dauphin), avec assimilation d'éléments masikoro, sakalava* et bara*. Malgré un début d'unification politique au XVIe siècle, les lignages divisés en lignées locales ont conservé une autonomie que traduit la dispersion des hameaux, protégés par d'impénétrables enceintes de cactées. Depuis les années 1920, les Antandroy émi-

grent partout dans l'île, marquant leur implantation définitive par la construction de leurs tombeaux (*kibory*), richement décorés.
✦ Dénom. [syn.] Tandroy.
→ **Malgaches**

Anuak. Peuple vivant au Soudan et en Éthiopie, dans la région comprise entre les rivières Baro et Pibor (affluents de la Sobat), où ils sont parvenus au terme d'une migration commencée vers le XVIe siècle au sud du Soudan [entre 50 000 et 80 000].
❑ Les Anuak sont aujourd'hui principalement agriculteurs (sorgho, millet, maïs, sésame, haricots). L'abandon du pastoralisme nomade, certes lié aux exactions subies de la part à la fois des Nuer* et des Arabes du Nord, tient sans doute aussi au fait que la région, où ils sont arrivés à la fin du XIXe siècle, est giboyeuse, fertile et permet deux à trois récoltes par an. Quoi qu'il en soit, l'intérêt que les Anuak, comme les autres nilotiques, portaient au bétail ne se manifeste plus que par des références littéraires et musicales. La compensation matrimoniale consiste en lances, flèches, colliers et bracelets de perles, auxquels peuvent s'ajouter quelques animaux. La compensation versée par les gens du commun ne va qu'au seul père de la fiancée (elle ne fait pas, comme chez les Nuer*, l'objet d'une répartition).
Les rideaux denses de bambous qui enserraient les villages sont symboliques du repli sur eux-mêmes des Anuak. Ces villages sont habités par 50 à 500 individus, appartenant à des lignages exogames qui ne forment pas une structure segmentaire comparable à celle observée chez les Nuer. Organisé par ailleurs en classes d'âge, le village constitue, en effet, la plus grande unité politique, et s'associe rarement à d'autres villages sauf en cas d'extrême danger commun (ou du fait d'une conquête).
Dans la partie occidentale du pays anuak, le village est dirigé par un chef non héréditaire, qui peut être déchu et exilé s'il ne pourvoit plus aux besoins de ses compatriotes. À ce type de chefferie « redistributive » correspond, dans la partie orientale du pays anuak, un système dynastique, où un clan royal s'est imposé, semble-t-il, à une population plus ancienne qui a conservé l'usage de rites liés à la terre. Entouré de serviteurs et officiers attachés à sa cour, le « roi » avait un rôle plus politique que rituel, et devait craindre l'ambition de ses proches. Sa mort était rarement naturelle ; même si elle n'était pas pour autant rituelle, comme la mort du roi shilluk*, des sujets étaient cependant inhumés vivants avec sa dépouille, et un arbre situé près de sa tombe pouvait devenir objet de culte.
Les Anuak s'adressent à Jwok – le principe vital de toute existence animale ou humaine plutôt qu'une véritable divinité particulière – pour lui demander de rétablir l'ordre normal des choses, perturbé par l'intervention des « puissances » invisibles (ou par lui-même ?). On ne prie pas Jwok, on lui demande justice (réparation ?) car ses créatures – descendants de jumeaux qu'il a voulu détruire et qui ont été « sauvés » par un chien – entendent bien ne plus être accablées. Pour cela, il faut maintenir la séparation entre les deux mondes, celui des hommes et celui des « esprits ». Dans la religion anuak, hommes et « dieu » ne sont pas – ou plus – faits pour vivre ensemble, ni sur terre ni dans un au-delà qui n'existe pas (il n'y a pas pour les Anuak de vie après la mort). La langue anuak est proche du shilluk.

Anyi. Ensemble de peuples akan* du sud-est de la Côte d'Ivoire, comprenant, outre les Bona et les Diabé (Agnibilékrou), les Ndényе (Abengourou), les Morofwe du Moronou (Bongouanou) et les Sanwi (Aboisso).
❑ Organisés en royaumes, selon le modèle akan (denkyira, ashanti* principalement) plus ou moins fidèlement reproduit, les Anyi parlent une langue du groupe kwa (sous-groupe Volta-Comoe).
Comme la plupart des Akan de Côte d'Ivoire, ils sont venus de l'est, du Ghana actuel, dans la première moitié du XVIIIe siècle, afin d'échapper aux conséquences de la victoire des Ashanti sur les Denkyira (bataille de Feyiase, en 1701). Après s'être tout d'abord réfugiés en Aowin, sous la protection du roi Ano Asema, ils se déplacèrent à nouveau vers l'ouest lorsque les Ashanti tournèrent leurs forces contre celui-ci (1715) ; tous ne parvinrent pas à échapper à la domination ashanti.
Anyi-Sanwi. Ils ont formé le royaume le plus puissant et le plus centralisé (capitale Krinjabo), le plus proche du modèle akan initial. Les bases territoriales et politiques de ce royaume furent établies par Amalaman Ano et son neveu utérin Aka Esoin, qui avaient été tous deux à la tête des émigrants. Les conquêtes de leur successeur Amon Ndufu Kpahi (1751-1776) assurèrent l'expansion vers le sud. Grâce à leur victoire sur les Éotilé, les Anyi accédèrent à la côte et au commerce européen.

Le règne d'Amon Ndufu II (1844-1886) marqua l'apogée du royaume. En 1843, celui-ci signa avec la France – désireuse de créer un établissement à Assinie – le fameux traité par lequel il lui concédait « la possession pleine et entière de tout [son] territoire » tout en conservant « vis-à-vis des indigènes ses droits de souveraineté », traité qui fut la base juridique de la sécession du Sanwi en 1958.
Sous le règne d'Aka Siman Adu (1886-1901), le Sanwi perdit son indépendance et fut rattaché à la colonie française de Côte d'Ivoire.
Pendant la colonisation, le Sanwi fut relativement favorisé par rapport aux autres régions : construction de routes, d'écoles, développement des cultures de rente (café, cacao). Ce processus fut brutalement interrompu à partir de 1958 et jusque dans les années 1970. Au mouvement de sécession (départ au Ghana du roi et de nombreux notables, reçus par Nkwame Nkrumah) le gouvernement d'Houphouet-Boigny répondit par une sévère répression : opérations de police, confiscation des terres, gel des investissements publics.
Anyi-Ndényé. Le Ndényé (ou Indénié) n'acquit que tardivement son unité. Parmi les groupes d'émigrants anyi qui s'installèrent dans le deuxième quart du XVIIIe siècle, entre le fleuve Comoe et la frontière du Ghana, les Ndényé proprement dits étaient minoritaires. À côté d'eux se trouvaient des Alangwa, des Ashua, des Denkyira, des Abrade et les Bettie. Ce sont les colonisateurs français qui étendirent le nom de Ndényé à l'ensemble de ces groupes, entérinant une situation de fait. Les Ndényé avaient en effet accompli une remarquable ascension aux XVIIIe-XIXe siècles, créant de nombreux villages qu'ils contrôlaient politiquement. Ces progrès leur permirent de coiffer les autres groupes, en dépit de la pression exercée sur eux par les Ashanti, qui les ponctionnaient en or et en hommes.
Anyi du Moronou. Installés à l'ouest du Comoe, ils semblent s'être dispersés sur un vaste territoire. Ils furent aux prises avec les Baoulé*, qui les battirent (dans la seconde moitié du XVIIIe siècle). Ils ne réussirent ni avant ni pendant la conquête coloniale à se doter d'une organisation unitaire et restèrent divisés en neuf petites unités politiques : Ahali, Ashua, Alangoua, Amatian, Assiè, Essandané, Ngatianou, Sahié et Sahua, ces « micro-royaumes reproduisant assez fidèlement le modèle akan du pouvoir.
✦ Dénom. [var.] Agni.
→ **Akan**

Apache(s). Ensemble de tribus indiennes du sud-ouest des États-Unis, installées sur des réserves en Arizona et au Nouveau-Mexique [env. 50 000].
❑ Du point de vue culturel, les Apaches se divisent en Apaches de l'Est (Mescalero, Jicarilla, Chiricahua, Lipan et Kiowa-Apache) et en Apaches de l'Ouest (Cibecue, Mimbreno, Coyotero, Tonto ou Mogollon), le Rio Grande faisant la démarcation. D'un point de vue plus géographique, on distingue les Apaches des plaines (Kiowa-Apaches et Lipan), les Apaches de l'Est (Jicarilla et Mescalero), les Apaches du Sud (Chiricahua) et les Apaches de l'Ouest (Jila, Tonto, Pinal et Coyotero).
Les Apaches vivaient, à proportion variable, de la chasse du bison, de la cueillette, de l'agriculture (maïs) et du pillage. Ils préparaient le mescal à des fins cérémonielles.
Leur organisation était basée sur la famille étendue avec résidence matrilocale. Plusieurs familles de ce type composaient un groupe local, dont le chef était l'homme le plus dynamique ; il n'avait pas de pouvoirs coercitifs et ne pouvait compter que sur ses capacités de persuasion et son efficacité. Plusieurs bandes pouvaient être réunies sous la direction d'un leader. Il n'y avait aucune organisation sociale centralisée.
Une divinité suprême (*Yusn* ou *Usen*, « le donneur de vie ») accordait leur pouvoir aux chamanes. La plupart des esprits secondaires étaient des personnifications d'entités naturelles. À cela s'ajoutaient deux héros culturels – l'un associé au soleil ou au feu, l'autre à l'eau – et un trickster, en général le coyote. Les rites étaient nombreux (« sunrise dance », correspondant au rite de puberté des filles, danse de l'ours, danse des esprits de la montagne, peintures sur sable à valeur emblématique, etc.).
La langue parlée par les Apaches appartient à la famille linguistique athapaskane
Histoire. Les ancêtres des Apaches (et aussi des Navajo), détachés des Athapaskan du Nord, arrivèrent dans le Sud-Ouest vers l'an mille et occupèrent un immense territoire (actuels Arizona, Colorado, Nouveau-Mexique et Texas, plus le nord des États mexicains de Chihuahua et de Sonora). Dès que le cheval fit son apparition (XVIe siècle) et sous la pression des Comanches et des Ute, les Apaches durent se retrancher vers le sud et vers l'ouest. Leurs rapports initialement cordiaux avec les Blancs se gâtèrent dès le XVIIe siècle ; ils menèrent de nombreux raids contre les missions espagnoles et furent probablement en partie

les instigateurs de la révolte pueblo* de 1680. Mais c'est surtout dans la seconde moitié du XIXe siècle que les Apaches acquirent la terrible réputation dont tant de westerns se sont faits l'écho. De 1861 à 1871, Cochise mena une guérilla impitoyable et tint tête à l'armée américaine. Geronimo, de son côté, ne se rendit définitivement qu'en 1886. Aujourd'hui plutôt prospères économiquement (élevage de bovins, agriculture, exploitation du bois de construction, intégration souvent réussie à l'économie moderne), et christianisés, les Apaches maintiennent nombre de leurs traditions et luttent pour la sauvegarde de leurs droits et de leur identité (notamment, combat pour la préservation du site sacré du mont Graham sur lequel on veut construire un télescope).

Arakanais. Peuple de Birmanie (État de l'Arakan) et du Bangladesh (Chittagong) [estim. de 1 à 3 millions].

❑ Les Arakanais habitent une région de plaine côtière, bordée d'îlots, adossée à des collines et soumise au climat tropical de mousson (typhons et raz de marée sont fréquents). Ils sont principalement riziculteurs et pêcheurs. Bouddhistes dans leur très grande majorité, ils comportent une communauté musulmane, notamment dans le nord de la région : les Rohingya.

Les Arakanais appartiennent au groupe linguistique tibéto-birman et parlent un birman archaïque.

Histoire. Une suite de guerres et d'invasions réciproques avec les Bengalis voisins affaiblit le royaume arakanais de Mrauk-U, que les Birmans purent ainsi annexer au XVIIIe siècle. Au cours des siècles derniers, l'installation d'immigrants musulmans, proches culturellement et ethniquement des Bengalis, est à l'origine du groupe Rohingya. Les autorités birmanes, craignant que les bouddhistes ne deviennent minoritaires dans la région qu'occupent ces derniers, ont chassé une grande partie des Rohingya à partir de la fin des années 1970, en prétextant refouler des immigrants clandestins bengalis. Beaucoup de Rohingya se sont réfugiés au Bangladesh.

✦ Dénom. [autod.] Rakhine en Birmanie, Marma, Mog, Mugh au Bangladesh.

Arapaho. Tribu d'Indiens des plaines centrales des États-Unis, de la famille algonquienne [env. 6 500].

❑ Les Arapaho se divisent en Arapaho septentrionaux, installés dans le Wyoming, dans la réserve de Wind River qu'ils partagent avec les Shoshone*, et en Arapaho méridionaux, résidant dans l'Oklahoma *(Cheyennes et Arapaho Agency)*. Les Gros-Ventres du Montana en seraient une branche détachée.

Formant une culture typique des plaines occidentales, centrée autour des bisons et de la guerre, les Arapaho se regroupaient en bandes, qui se dispersaient l'hiver et se rassemblaient l'été pour les cérémonies rituelles et la chasse. Des sociétés, associations d'hommes à fonction militaire, sociale et cérémonielle, maintenaient la cohésion du groupe. Cette organisation s'est délitée, cependant la danse du Soleil garde une fonction identitaire très importante.

La famille étendue représente l'unité de base ; la résidence est matrilocale et la descendance cognatique.

Les Arapaho se sont adaptés aux évolutions économiques. Ainsi, ceux de Wind River ont monté une entreprise d'élevage bovin dont les revenus s'associent à ceux de l'extraction du charbon, de l'exploitation forestière et de la location de leur domaine foncier.

Histoire. Les Arapaho étaient sédentaires et résidaient dans l'actuel Minnesota. Ils émigrèrent vers le sud-ouest après 1830 et se scindèrent alors en deux groupes. Ils furent souvent en guerre contre les Shoshone, les Ute* et les Pawnee*. Les Arapaho méridionaux nouèrent alliance avec les Cheyennes* (ils combattirent à leurs côtés à Little Big Horn en 1876).

✦ Dénom. [autod.] Inuna-ina (« les humains »).

Arawak. Peuple amérindien de la Guyana et du Surinam, également représenté en Guyane française et au Venezuela, habitant l'aval des rivières bordées de forêts marécageuses et les savanes sableuses des bas pays [env. 13 000].

❑ Agriculteurs confrontés à la spéculation foncière, paupérisés, les Arawak se sont également spécialisés, particulièrement en Guyana, dans les travaux forestiers – comme les Noirs Marrons, mais à un degré moindre toutefois. Leur société, fondée sur des clans matrilinéaires, a maintenu sa cohésion en dépit d'un fort métissage. Leur langue, très menacée, est de plus en plus supplantée par la pratique des créoles guyanais.

Histoire. Ils se rattachent au grand groupe culturel et linguistique arawak, aujourd'hui atomisé à travers le bassin amazonien, dont des éléments colonisèrent jadis les Antilles, avant d'y être supplantés par de nouveaux arrivants, les Karib*, qui soit les repoussèrent à l'intérieur des îles (Trinidad), soit s'intermarièrent avec eux. Pas plus que ces derniers, ils ne survécurent à la colonisation blanche. Au Surinam, en Guyana et au Venezuela, les Arawak furent les alliés fidèles des colonisateurs contre leurs ennemis héréditaires karib, les Galibi*.

✦ Dénom. [var. Surinam] Arowak ; [autod.] Lokono.

'Aré'aré. Société mélanésienne des îles Salomon, vivant à Malaita et à Guadalcanal-est [env. 11 000].

❑ Les 'Aré'aré vivent de l'horticulture sur brûlis (taro, igname, à quoi se sont ajoutés patates douces et manioc), de l'élevage des porcs et de la pêche, enfin de la vente du copra.

Parenté et tenure foncière sont cognatiques. Le système des fêtes et des « grands hommes » relançait parmi les vivants les relations sociales des morts : lors des funérailles, par ingestion masculine de taro et de porc, puis représentation de l'ancêtre en monnaie de coquillage ; lors des mariages, par « conversion » des monnaies en plants de taro, porcelets, et enfants des hommes (*v.* ci-dessous).

Depuis 1960, les villages 'aré'aré sont majoritairement de confession protestante, catholique ou anglicane et forment, au sein des îles Salomon indépendantes (1978) une société, fidèle aux usages fonciers liés aux sites funéraires ancestraux et attelée au succès des fêtes chrétiennes et des mariages

Les 'Aré'aré sont de langue austronésienne.

Monnaie. La monnaie, faite de perles de coquillage enfilées sur des cordelettes longues d'une brasse, suit une numération de base 4. Équivalent universel, elle servait, selon des taux fixes, à l'acquisition de nourritures, d'outils ou de pirogues, aux prestations matrimoniales ou funéraires et au règlement des séries de meurtres ; terre et travail restaient par contre inaliénables. Dans un système de relations socio-cosmiques hiérarchisées en trois niveaux, la monnaie, liée aux ancêtres, était la valeur sociale ultime et la charnière d'une conversion obligée entre le mouvement des relations qui accompagnaient les humains de la vie à la mort et celui qui ramenait ces relations vers de nouvelles naissances.

Musique. Les 'Aré'aré ont mis une grande intensité sociale et artistique dans leur musique qui se distingue par la variété des genres et la richesse des répertoires, par une échelle inhabituelle en Océanie (7 degrés équidistants dans l'octave) et par une polyphonie contrapunctique (à 2, 3 et 4 parties). La musique la plus raffinée, celle des 4 types d'ensembles de flûtes de Pan qui jouent lors des fêtes en l'honneur des ancêtres et des « grands hommes », établit au cours des échanges cérémoniels un accord entre les vivants, entre les vivants et les morts, dissipant la violence et inclinant à l'amour

Histoire. Recrutés pour servir de main d'œuvre dans les plantations, du Queensland (Australie) d'abord jusqu'en 1906, puis de Fiji, du Vanuatu et des îles Salomon, ils furent en 1943 à Guadalcanal les auxiliaires des troupes américaines contre le Japon. De retour chez eux, ils lancèrent le « mouvement fraternité » (*Marching Rule*) qui refusait le travail salarié sur les plantations, exigeait enseignement, soins médicaux et retour à l'indépendance. Ce mouvement gagna toute l'île de Malaita. Réprimé par les Britanniques, il devint messianique, les catéchistes non 'aré'aré prédisant le retour des Américains, puis s'essouffla.

→ **Mélanésiens**

Arménien(s). Peuple qui se partage entre la république d'Arménie, le Haut-Karabagh (ancienne région autonome rattachée à l'Azerbaïdjan et qui a proclamé son indépendance en 1991), les provinces d'Akhalkalak et d'Akhaltsikh en Géorgie et, pour plus de la moitié de ses membres, une diaspora d'extension mondiale [env. 7 millions au total].

❑ Jusqu'au début du XXe siècle, les Arméniens, qui étaient dans leur très grande majorité des cultivateurs sédentaires et des artisans, possédaient une réputation de « peuple du négoce » (F. Braudel), en raison de la situation de leur pays sur les grandes routes commerciales entre Orient et Occident et d'une dispersion précoce à la suite des nombreuses invasions. Aujourd'hui, si la part du monde rural représente un tiers de la population dans la république d'Arménie, la société arménienne est très urbanisée et diverse, avec des activités dans le secteur secondaire et surtout tertiaire, en particulier dans les communautés diasporiques.

En dépit des mutations économiques et sociales de la période soviétique, des relations patriarcales perdurent sous la forme d'une forte solidarité familiale (qui s'exerce au-delà des frontières), d'une volonté d'endogamie, de la prééminence des hommes, du maintien de valeurs comme l'honneur, le respect des anciens, la vertu des femmes, le culte des enfants. Ce rôle central de la famille élargie nourrit aussi le clientélisme en Arménie.

Les Arméniens, qui étaient zoroastriens, se sont convertis au christianisme au début du IVe siècle. Leur Église orientale, non chalcédonienne, apostolique et autocéphale est un pivot de leur vie nationale. Sa structure est éclatée en deux catholicossats (Etchmiadzine, près d'Erevan, et Antélias, près de Beyrouth) et deux patriarcats (Istanbul et Jérusalem). Il existe aussi des Arméniens catholiques (environ 10 %) et protestants (environ 5 %).

Quelques vestiges pré-chrétiens se sont maintenus dans la culture arménienne : sacrifices d'animaux (poulet ou agneau), culte des arbres (autrefois, les oracles étaient établis en interprétant le bruissement des feuilles, aujourd'hui encore, l'on attache des rubans aux branches pour obtenir la réalisation de vœux). Comme tous les Orientaux, les Arméniens craignent le « mauvais œil ».

Leur langue, l'arménien ou *haïérèn*, représente un rameau isolé des langues indo-européennes. Illustrée par une littérature extrêmement riche, elle réunit une langue classique, le *grabar*, qui reste la langue du rite religieux jusqu'à aujourd'hui, et, depuis le XIXe siècle, une langue littéraire moderne, l'*achkharabar*. Elle utilise un alphabet propre, inventé au Ve siècle, et s'écrit de gauche à droite. La quasi-totalité des Arméniens d'Arménie considèrent l'arménien comme leur langue maternelle, ce qui est de moins en moins le cas en diaspora, en particulier dans les communautés occidentales ou en Russie.

Diaspora. Les Arméniens ont commencé à émigrer très tôt, vers Constantinople, les Balkans, la Crimée, l'Ukraine, la Pologne, l'Italie, l'Europe du Nord, développant leur aptitude au négoce. À l'époque moderne, le génocide de 1915 aura été le facteur majeur de constitution d'une diaspora qui, outre l'ex-URSS (Caucase, Ukraine, Russie, Asie centrale), compte trois zones principales de concentration : l'Amérique du Nord (États-Unis surtout [env. 900 000 personnes]), l'Union europénne [500 000, dont environ 350 000 en France], le Proche- et le Moyen-Orient [de 400 000 à 500 000]. Il s'agit d'estimations fluctuantes, du fait de migrations permanentes et d'une géographie changeante des communautés, notamment en raison des crises qui ont secoué les Balkans et le Proche- et Moyen-Orient depuis la fin de la Seconde Guerre mondiale.

On note, en Occident, une forte assimilation (perte d'identité et d'usage de la langue, exogamie), qui n'empêche pas un fort attachement au pays d'origine. Les particularismes régionaux n'ont pas totalement disparu, même si la ligne de fracture actuelle se situe surtout entre Arménie et diaspora et recoupe plus ou moins l'ancienne division entre Arméniens du Caucase (ou de l'Empire russe) et Arméniens d'Anatolie (de l'Empire ottoman) ou encore Arméniens orientaux et occidentaux. Les communautés de la diaspora se différencient aussi de plus en plus entre elles, en s'imprégnant de la langue et des valeurs des pays d'accueil.

Génocide. Le peuple arménien aspire à la reconnaissance par la communauté internationale du génocide de 1915 perpétré par le gouvernement jeune-turc.

Histoire. Issus des Balkans, les proto-Arméniens auraient pénétré en Anatolie vers 1200 av. J.-C., à l'époque de la guerre de Troie, et se seraient détachés de l'ensemble de tribus thraco-phrygiennes dont ils faisaient partie, en s'emparant entre le VIIe et le VIe siècle du royaume d'Ourartou (autour du lac de Van), rival de l'Empire assyrien, et en absorbant ses populations caucasiennes. Les Arméniens sont mentionnés pour la première fois sur la stèle de Béhistoun (521 av. J.-C.)

Rattachée à l'Empire achéménide jusqu'à la conquête d'Alexandre, l'Arménie accède à sa première indépendance après la défaite des Séleucides face aux Romains (189 av. J.-C.). Sous le règne de Tigrane II le Grand (95-55), elle devient un empire qui s'étend de la Palestine à la Transcaucasie, avant de succomber sous le choc des armées de Pompée. Son histoire, dès lors, n'est plus qu'une succession de phases d'indépendance et de dépendance, d'unification et de morcellement, de partages, de périodes sombres entrecoupées d'heures de gloire, sous le règne de dynasties brillantes comme celle des Bagratides d'Ani ou des Roubéniens de Cilicie.

L'expansion russe au Caucase et dans les Balkans, à partir de la fin du XVIIIe siècle marque un tournant. L'Arménie orientale est annexée en 1828-29. Les chassés-croisés de réfugiés chrétiens et musulmans modifient la carte ethnique de l'Asie Mineure qui se turquifie et s'islamise Un mouvement de libération nationale arménienne s'organise autour de partis révolutionnaires. La « Question arménienne » devient l'un des volets de la « Question d'Orient ». Craignant de voir se renouveler le scénario des indépendances grecque et bulgare, le pouvoir ottoman choisit la voie san-

glante. Après des massacres en 1894-1896 et en 1909, le génocide (entre 1 et 1,5 million de morts) ordonné en 1915 par la dictature jeune-turque achève de vider l'Anatolie de sa population arménienne. Désormais, le centre de gravité de l'Arménie se situe définitivement à l'est de l'Araxe, au Caucase.
Lors de l'effondrement de l'Empire tsariste, c'est là que se reconstitue un État indépendant, contraint dès 1920 à revenir dans l'orbite russe (avec un territoire largement amputé). L'histoire de l'Arménie se moule dès lors dans celle de l'URSS.
En 1988, la remise en cause de la tutelle de Bakou sur la région autonome du Haut-Karabagh, peuplée à 80 % d'Arméniens, est l'un des détonateurs de la flambée nationale en URSS et déclenche des heurts avec les Azéris*. La même année, un violent séisme détruit le tiers de l'Arménie et suscite une immense vague de solidarité internationale. Le pays devient indépendant en 1991. Il se débat, depuis, avec les difficultés du postcommunisme, les conséquences du séisme et celles du conflit du Haut-Karabagh : problèmes de réfugiés, blocus imposé par l'Azerbaïdjan... Un cessez-le-feu a été instauré sous l'égide de Moscou en mai 1994, sans que ce conflit, qui met en jeu les intérêts régionaux, soit résolu.
✦ Dénom. [autod.] Haïk ou Haïer.

Ashaninca. Peuple amérindien établi en forêt amazonienne dans les piémonts andins du centre et du sud du Pérou ; on en trouve des représentants jusque dans l'Acre, au Brésil [env. 100 000].
❑ Les Ashaninca, ou Arawak subandins, constituent le rameau occidental de la vaste famille linguistique arawak. Leurs cinq principaux sous-ensembles sont : les Yanesha*, les Asháninka* proprement dits, les Nomatsiguenga*, les Matsiguenga* et les Yineru*.
Les Yanesha, au nord-ouest, marqués par d'anciennes imbrications avec des ethnies voisines préincaïques et inca, et les Yineru, au nord-est, longtemps étroitement liés à leurs voisins Pano*, se distinguent par la langue et des traits culturels, notamment rituels et religieux, du complexe très homogène formé par les trois autres sous-ensembles (en dépit de processus discrets de différenciation, telle une inflexion plus guerrière des Asháninka, plus « diplomate » des Matsiguenga).
Il convient, s'agissant des Ashaninca, de dépasser l'apparence d'une myriade amorphe de petites communautés autonomes. Cette dispersion est un mode d'habitat adapté à l'environnement géographique et politique : rudes versants de piémont et système d'implantation n'offrant aucun centre à conquérir pour soumettre l'ensemble.
Les Ashaninca vivent en unités résidentielles familiales uxorilocales, comprenant de 15 à 70 personnes : les hommes sont tous venus de loin, y compris d'autres provinces de l'ensemble « national », épouser les mères, les sœurs, les filles, dont les frères et les fils partent se marier ailleurs, souvent dans la région d'où vient le père. Désormais, il existe aussi des villages avec école (100 à 450 personnes).
Ce mode de vie en unités dispersées, qui exploitent de nombreux essarts ouverts dans la forêt avant de lui être rendus cinq ou six ans plus tard (sauf pour les plantations de café et de cacao), s'appuie sur un réseau de relations multiformes renforcé par des voyages saisonniers effectués au moment de l'étiage, occasion de grandes pêches collectives à la nivrée. Actuellement l'exploitation du bois, de plantes médicinales et une part importante de l'agriculture sont destinées aux marchés nationaux et internationaux (café, cacao, bananes, roucou, *uña de gato* [liane médicinale *Lincaria tomentosa*], etc.).
Une société globale en réseaux. Les voyages d'été – des circuits de 300 kilomètres et plus – mettent en évidence un trait rare en Amazonie : le vieil interdit de la guerre entre Ashaninca, dont les guerres visaient des ennemis extérieurs (Incas, Espagnols, autres groupes amazoniens, notamment pano*). Cette paix interne que pratiquaient d'autres Arawak voisins, les Mojos* de Bolivie, se noue chez les Ashaninca à un complexe sociologique original, caractérisé par l'absence d'institutions hiérarchisées, l'autonomie des communautés et des personnes, l'égalitarisme et une économie de « partageux », la résolution des conflits par les scissions et l'éloignement mutuel. La cohésion d'ensemble est renforcée par l'exogamie, qui allie de proche en proche tous les groupes entre eux, par le partage d'un grand rite de puberté féminine (également présent chez les Pano), qui est l'occasion de fêtes somptueuses, par le partage des chamanes et chamanesses, toujours distingués des sorciers, et par celui des mêmes mythes. Certaines versions de ces mythes établissent l'unité « nationale » des terres et un même marquage symbolique : au centre, le corps cristallisé de Pareni, la déesse-sel (le Cerro de la Sal, « mont du sel »), origine des animaux comestibles, et,

aux frontières respectivement de l'amont (monde des montagnards, Inca et Quechua*) et de l'aval (monde des cannibales, des Espagnols et des Portugais), les corps cloués et à jamais séparés de Pachakamac, le frère de Pareni, et du « juché », un petit fripon divin qu'il chargeait en permanence sur ses épaules.

ART. Les Ashaninca furent tout au long de la vice-royauté espagnole réputés pour la finesse et la beauté de leur tissage, qui pouvait intégrer dans sa trame une délicate décoration plumaire. Ils sont aussi le seul peuple connu de l'Amazonie, à partir de la Conquête, à avoir extrait, fondu et forgé le fer selon la technique des fours catalans.

HISTOIRE. Les « Proto-Arawak » arrivèrent dans la région, depuis le nord, quelque 2 000 ans av. J.-C. Bien plus tard, leurs descendants surent déployer envers leurs voisins Incas des stratégies d'alliance dont ils utilisèrent par la suite le modèle à l'égard de la couronne espagnole ou les missionnaires. Ils ne cédèrent à la pénétration coloniale qu'à l'époque du caoutchouc, qui démantela l'immense marché interamazonien dont ils étaient la source et le centre avec leur « monnaie » de pains de sel. La perte de ce marché, la dépopulation dramatique des rives de l'Ucayali et l'installation de villes et de colons entraînèrent l'effondrement des grandes confédérations guerrières interethniques (certaines avaient rallié tous les riverains, de langues arawak, pano et tupi, de l'Urubamba et de l'Ucayali). Récemment, mais dans les limites de la nation ashaninca, les Ashaninka et les Yanesha confédérés ont mené une guerre de résistance et d'expulsion contre la guérilla « maoïste » du Sentier lumineux et les narcotrafiquants (1989-1992).

✦ Dénom. Ils ont longtemps été connus comme Campa* au nord et comme Matsiguenga* au sud.

→ **Asháninka, Campa, Matsiguenga, Nomatsiguenga, Yanesha, Yineru**

Asháninka (proprement dits). Sous-groupes régionaux des Ashaninca*, peuplant la Selva Central (Pérou).

❑ Les Ashéninka du Perené, les Asháninka du rio Tambo et les Ashéninga du Gran Pajonal représentent plus de 65 000 personnes. Il faut leur ajouter les Ashaninka des territoires de l'Acre, au Brésil, originaires du Pajonal et du Tambo, ainsi que quelques Matsiguenga* et Yineru*. C'est dans la région du haut Perené que se trouvent les mines de sel gemme du Cerro de la Sal qui alimentaient le marché interamazonien, ruiné par le boom du caoutchouc, et c'est dans le Chanchamayo-Perené que les Ashaninka et les Yanesha* exploitaient le minerai de fer.

✦ Dénom. [var.] Asháninga, Ashéninka, Ashéninga, Ashenenenga ; [syn.] Campa-Ashaninga ; Atsiri (« Nous, les êtres de feu »).

→ **Ashaninca**

Ashanti. Peuple vivant dans la zone forestière du Ghana, dans l'hinterland.

❑ Avec les Fanti*, les Ashanti forment 40 % de l'ensemble akan* du Ghana, dont font partie également les Akyem, Kwahu, Akwapim, Assin, Twifu, Wassa, Denkyira et Nzima*.

À côté des cultures vivrières (banane plantain, maïs, taro, igname, palmier à huile), les cultures de rente occupent une place considérable, principalement le cacao . La cacaoculture, apparue dans le pays ashanti dès 1902, s'est en effet largement répandue à partir des années 1920, au point de devenir une monoculture et, aujourd'hui, l'Ashanti rassemble la moitié des plantations de cacaoyers du Ghana. Les planteurs ashanti ont été gravement affectés par l'effondrement du cours mondial du cacao entre 1961 et 1966, qui provoqua la progression des cultures vivrières. Le relèvement du cours à partir de 1984 entraîna un mouvement en sens opposé et le cacao conserve son rôle clé dans l'économie ghanéenne, fournissant au début des années 1990 les 2/3 des recettes d'exportation et environ 10 % du PNB.

L'exploitation des gîtes aurifères est une activité ancienne qui a fait de l'Ashanti le pays de l'or ; l'orpaillage a été relayé à la fin du XIXe siècle par des techniques industrielles. La production des mines ashanti (Obuasi, notamment) entre pour une part importante dans la production nationale.

Chez les Ashanti comme chez les autres Akan du Ghana, chaque individu appartient à la fois par sa mère à l'un des huit clans (*abuswa*) matrilinéaires et par son père à l'un des sept clans patrilinéaires (*ntoro*). Les règles de succession opèrent dans l'*abuswa* alors que les principes spirituels et certains cultes s'héritent au sein du *ntoro*. Les huit clans matrilinéaires sont dénommés Ekoona, Oyoko, Asona, Asenee, Agona, Bretuo, Asakyiri et Aduana. Les sept *ntoro* s'appellent Bosommuru, Bosompra, Bosomtwe, Bosommaram, Nketia, Poakwa, Afram et Abankwade.

AUTRES CARACTÉRISTIQUES. → **Akan**

HISTOIRE. Les Ashanti subirent dans la seconde moitié du XVIIe siècle la domination denkyira,

dont ils se débarrassèrent par la victoire de Feyiase (1701). Ils formèrent au cours du XVIIIe siècle un des plus puissants États de l'Afrique occidentale qui, de plus, est le mieux connu d'entre eux, grâce à une abondante historiographie, fondée à la fois sur des sources écrites et des traditions orales.
Osei Tutu, du clan Oyoko, roi de Kumasi et vainqueur à Feyiase, fédéra cinq petits royaumes ashanti, qui reconnurent sa prééminence à la tête de la Confédération ashanti, et prit le titre d'*Asantehene*. Le siège d'or qui descendit du ciel sur ses genoux, pendant les incantations du prêtre-devin et magicien Okomfo Anokye, considéré comme le réceptacle de son âme (*sunsum*), devint le symbole de la Confédération ashanti dont la capitale fut Kumasi. Cette confédération, après une série de guerres de conquête, principalement celles menées par l'*Asantehene* Opoku Ware (vers 1720-1750), d'une part couvrit la quasi-totalité du « monde » akan, qui fut divisé en provinces, et, d'autre part, engloba des peuples de civilisation différente (Gonja, Dagomba), qui devinrent ses tributaires. L'originalité du « système » ashanti était la coïncidence entre organisation politique et organisation militaire : les *asafohene*, qui commandaient les ailes de l'armée, étaient les principaux chefs politiques, immédiatement subordonnés à l'*Asantehene*. Après les réformes politiques opérées par Osei Kwadwo (1764-1777), la Confédération atteignit son apogée sous Osei Bonsu (ou Osei Tutu Kwame), qui régna de 1800 à 1823. À plusieurs reprises au cours du XIXe siècle, l'armée ashanti affronta victorieusement les Britanniques installés sur la côte : ces derniers soutenaient les Fanti*, leurs adversaires. À partir de 1870, les Anglais passèrent à une politique d'expansion territoriale préludant à la colonisation : Kumasi, la prestigieuse capitale ashanti, fut prise, pillée et ravagée par deux fois, en 1874 et en 1896. L'*Asantehene* Prempeh Ier, fait prisonnier, fut déporté aux Seychelles. En 1900, l'ultime soulèvement des Ashanti, dirigé par la reine Yaa Asantewa, fut écrasé dans le sang et, l'année suivante, les Ashanti devinrent sujets de la colonie britannique (*Gold Coast*). Les Ashanti, qui avaient refusé de livrer le siège d'or, finirent par obtenir en 1924 le retour de Prempeh Ier, comme simple citoyen tout d'abord (« Mr Edward Prempeh »), puis comme roi de Kumasi, en 1926. Ce n'est qu'en 1935 que son successeur, Prempeh II, reçut le titre d'*Asantehene* avec un pouvoir légitimé par le siège d'or, réapparu. Dans le cadre étroit de l'*indirect rule*, et avec un territoire rétréci, la Confédération ashanti retrouvait une forme d'existence.
Depuis l'indépendance (1957), le poids des Ashanti – dont, cas unique au Ghana, le nom a été donné à une circonscription administrative (Asante Region) – est demeuré considérable aussi bien sous Nkrumah (1957-1966) que sous Rawlings (depuis 1981), tant du point de vue économique que culturel. Kumasi, reconstruite par les Britanniques dans les années 1920 sur le site de la ville historique, est aujourd'hui la deuxième ville du Ghana (400 000 habitants) et une véritable métropole intérieure. L'*Asantehene* Opoku Ware II et sa cour y occupent un imposant palais.
✦ Dénom. [var.] Achanti(s), Asante.
→ **Akan**

Asmat. Peuple de Nouvelle-Guinée (Irian Jaya) [env. 65 000].
❑ Ils vivent, au sein de forêts marécageuses, de la pêche, de la chasse et de l'exploitation du palmier sagoutier. Leur pensée accorde une place centrale à la mort, et ils sont connus pour avoir pratiqué la chasse aux têtes et l'anthropophagie. Leur sculpture sur bois monumentale (pirogues, mâts commémoratifs, etc.) est remarquable. Ils parlent une langue papoue.

Assiniboine. Tribu amérindienne qui se répartit entre les États-Unis et le Canada [env. 6 000].
❑ Les Assiniboine habitent aujourd'hui dans les réserves de Fort Belknap et de Fort Peck (Montana), ainsi que dans de petites réserves de l'Alberta et du Saskatchewan. On pense qu'ils se sont détachés des Sioux* Yanktonai au XVIIe siècle, remontant vers le nord et se liant d'amitié avec les Cree*. Maîtres avec ces derniers des voies de commerce qui rejoignaient la baie d'Hudson, ils contrôlaient de ce fait l'accès aux armes à feu d'origine européenne. Cela leur permit au XVIIIe siècle de résister aux assauts des Sioux devenus leurs ennemis. Malgré ce rapprochement avec des Algonquins, ils ont gardé nombre de caractéristiques propres à leur origine sioux.
✦ Dénom. [fr., anc.] Folle-avoine ; [angl.] Stoney, Stonies.

Assyro-Chaldéen(s). Peuple disséminé dans plusieurs pays du Moyen-Orient (Iraq, dont il représente la troisième composante démographique après les Arabes et les Kurdes*, Turquie, Iran, Syrie, Liban, pays du Caucase), et dont la diaspora s'est dispersée dans plus de 40 pays (États-Unis, Canada, Australie, pays d'Europe, dont la France) [env. 2,5 millions].

❑ Les Assyro-Chaldéens restent largement ruraux, mais avec un fort mouvement d'exode vers les villes, où ils pratiquent le commerce et exercent des professions libérales.

Patrilinéaires et endogamiques, ils se groupaient jusqu'au début du siècle en tribus et en clans basés sur le noyau familial, des structures villageoises et de solides valeurs traditionnelles et communautaires, s'appuyant sur de fortes croyances religieuses. À la tête de chaque tribu se trouvait un prince (*malik*), avec au-dessus, un patriarche unique et héréditaire. À partir du XVIe siècle, les deux patriarches nestorien et chaldéen ont représenté l'autorité spirituelle et temporelle suprême.

Depuis toujours animés d'un fort sentiment religieux, les Assyro-Chaldéens ont embrassé le christianisme dès ses débuts. Leur Église, l'Église d'Orient, s'est scindée au XVIe siècle : l'Église unie à Rome (chaldéenne) comme l'Église dite nestorienne (qui a connu un schisme en 1964) entretiennent une liturgie propre et reconnaissent quelques dogmes spécifiques (unité de la personne du Christ dans ses deux natures, divinité parfaite et humanité parfaite). À ces deux Églises s'ajoute l'Église syriaque orthodoxe, dite jacobite.

Les Assyro-Chaldéens parlent dans des proportions à peu près égales, selon des critères à la fois géographiques et religieux, les deux variantes orientale et occidentale de l'araméen (ou syriaque). Cette langue appartenant à la branche septentrionale de la famille sémitique et utilisée depuis 3 000 ans est d'usage à la fois liturgique et vernaculaire. L'araméen est pratiqué en bilinguisme avec l'arabe, le turc, le persan, selon les pays.

Art, Culture. L'art assyro-chaldéen est essentiellement religieux et se signale par l'architecture des églises – largement inspirée de celle des anciens temples de Babylonie, d'Assyrie et de Chaldée – ainsi que par l'orfèvrerie liturgique, les hymnes et mélodies d'inspiration babylonienne, etc. À l'époque des grands califes de Bagdad, tel al-Ma'mun au IXe siècle, les lettrés assyro-chaldéens (nestoriens et syriaques jacobites), longtemps en relation avec Byzance, ont joué un rôle notable dans le mouvement de traduction des textes philosophiques et scientifiques de l'Antiquité.

France. La petite communauté assyro-chaldéenne (env. 12 000 personnes) venue s'installer sur les terres de la protectrice historique des chrétiens d'Orient réside principalement dans le Val-d'Oise et la Seine-Saint-Denis (Sarcelles, etc.) et dans les régions lyonnaise, marseillaise et toulousaine.

Histoire. Héritiers de la civilisation assyro-babylonienne (Sumer, Akkad, Babylone, Ninive), les Assyro-Chaldéens sont issus de royaumes et d'empires qui exercèrent leur hégémonie jusqu'au VIe siècle av. J.-C. Leur histoire récente est particulièrement dramatique : ils furent en 1915, en même temps que les Arméniens*, victimes d'un génocide organisé par les Ottomans. Les nombreuses discriminations subies depuis lors ont motivé, surtout depuis 1960, un important mouvement vers l'Occident, avec d'inévitables conflits de culture et un risque de désarticulation lente de leur individualité historique. En Iraq, où ils résident essentiellement au nord, dans les régions de Mossoul, de Ninive et à Bagdad, leur situation apparaît plus satisfaisante que celle des Coptes* en Égypte.

✦ Dénom. [syn.] Assyriens, Chaldéens, Nestoriens, Syriaques, Jacobites, Araméens, Suryani, Assori, Assore ; [autod.] Sourayé (en araméen oriental) et Souryoyé (en araméen occidental).

Atayal. Peuple de Taïwan, occupant les vallées septentrionales des hautes montagnes centrales et la côte nord-est [env. 78 000].

❑ Ils pratiquent traditionnellement la culture sur brûlis, la chasse et l'élevage domestique. La société est articulée autour d'une structure cultuelle collective, le *gaga*, qui est la plus petite unité sociale, regroupant des consanguins et des alliés qui travaillent, chassent et guerroient ensemble. Un chef religieux se charge des rites dédiés à l'ancêtre commun du *gaga*, qui assure l'harmonie sociocosmique. Le *gaga* est une structure de contrôle social, un code d'honneur ; hors du *gaga*, l'individu est incontrôlable. L'organisation de la société est ambilinéaire avec une tendance patrilocale ; l'héritage revient à l'aîné, garçon ou fille. Les Atayal, à l'instar de tous les groupes aborigènes de l'île, pratiquaient la chasse aux têtes. Ils parlent une langue austronésienne.

Art. Les Atayal sont réputés pour leurs tatouages faciaux. Les hommes tatouent une ou plusieurs lignes verticales sur leur front et leur menton, les femmes tracent une ligne double entre l'oreille et la bouche. Ces tatouages identifient l'individu au village et marquent son statut d'adulte.

TAROKO. L'administration taïwanaise regroupe ensemble les Atayal et les Taroko, mais l'Alliance des aborigènes de Taïwan, créée en 1984, demande, entre autres revendications, la reconnaissance des Taroko [30 000 individus] comme groupe ethnique distinct des Atayal [48 000 personnes].

✦ Dénom. [syn.] Tayal.

Atoni. Peuple habitant la partie centrale et méridionale de Timor-Occidental, en Indonésie, ainsi que l'ancienne enclave portugaise de Oecusi, où ils sont connus sous le nom de Vaikeno [estim. 650 000].

❑ Les Atoni sont essarteurs (maïs, riz, légumes) et éleveurs (bovins, chevaux, chèvres, porcs). Les femmes produisent des tissus décorés par ikat. Les maisons traditionnelles, dont il ne reste plus beaucoup d'exemples, étaient habitées par des familles nucléaires et avaient la forme d'une ruche, avec des toits coniques à couverture végétale descendant quasiment jusqu'au sol.

Les lignages localisés (ou « maisons ») comportent une branche « masculine », fondée sur la filiation patrilinéaire (normale), et une branche « féminine », fondée sur la filiation matrilinéaire (par choix). Ils sont dans leur ensemble exogames, mais les mariages entre les deux branches sont possibles et valorisés. La résidence est d'abord uxorilocale, puis virilocale. Ces lignages se réclament de clans, également exogames en principe, répandus sur un vaste territoire.

La société comporte des « maisons » nobles et des « maisons » roturières ; autrefois, elle comptait aussi des esclaves. Les villages, où les fonctions dirigeantes étaient réservées aux membres des lignages fondateurs, se regroupaient par quatre autour d'un village rituel pour former une unité territoriale, elle-même incluse dans une des principautés (Amarasi, Fatu Leu, Amfoan, Mollo, Amanuban, Amanatun, Miomafo, Insana et Beboki). Celles-ci se faisaient souvent la guerre.

Outre les cultes rendus à un couple divin (une divinité ouranienne, masculine, et une divinité chthonienne féminine) et aux ancêtres, des rites propitiatoires étaient adressés à de nombreux esprits. De nos jours, les Atoni sont chrétiens (surtout protestants) dans leur quasi-totalité.

Leur langue appartient au groupe des langues malayo-polynésiennes centrales, et forme un sous-groupe avec les autres langues austronésiennes de Timor et des îles avoisinantes.

HISTOIRE. D'abord habitée, comme le reste de l'Insulinde, par des populations australo-mélanoïdes, Timor accueillit vers 2 500 avant notre ère une immigration austronésienne mais aussi papoue, d'où un métissage et une diversité linguistique encore sensibles. Autrefois riche en bois de santal ainsi qu'en miel et en cire sauvages, l'île s'est trouvée très tôt incluse dans les réseaux de commerce dominés d'abord par les Malais*, puis par les Javanais*. Les Hollandais, établis en 1653 à Kupang, supplantèrent les Portugais dans la partie occidentale de l'île et imposèrent en 1756 des traités d'alliance aux principautés atoni. Ils ne prirent vraiment en main l'administration du pays qu'au début du XXe siècle.

✦ Dénom. [var.] Orang Atoni ; [syn.] Dawan, par les Tétun* ; [autod.] Atoni Pah Meto (« les hommes du pays sec »).

Atsina. Tribu amérindienne des Plaines nord-américaines, résidant dans le Montana (États-Unis), dans la réserve de Fort Belknap, avec les Assiniboine*.

❑ Originaires de l'actuel Minnesota, où ils étaient agriculteurs, ils se sont détachés des Arapaho* et établis au XVIIe siècle dans le Montana, l'Alberta et le Saskatchewan. Leur culture, dès lors centrée autour du bison et de la guerre, s'est associée à celle des Blackfoot*.

✦ Dénom. Les Français les appelèrent Gros-Ventre (nom qu'ils donnèrent aussi aux Hidatsa*) par référence à l'aspect gérontocratique de ces sociétés, où les hommes âgés avaient, en général, un ventre proéminent.

Attikamek. Groupe amérindien du Canada (Québec), vivant dans le haut bassin de la rivière Saint-Maurice, région boisée traversée par de nombreux cours d'eau [env. 4 000].

❑ Les Attikamek se divisent en trois « bandes », dont les terres ont le statut de réserve. Traditionnellement chasseurs et pêcheurs, ils trouvent à s'employer dans la trappe, l'exploitation du bois, l'artisanat et les services. Ils sont de religion catholique et de langue cree*.

✦ Dénom. Jusqu'aux années 1970, on les dénommait couramment Têtes de boules.

Avar. Peuple le plus nombreux du Daguestan (fédération de Russie), avec des communautés dans le reste du Caucase, et particulièrement en Azerbaïdjan [près de 600 000, dont 500 000 au Daguestan].

❑ Les Avar, essentiellement montagnards, sont par tradition agriculteurs (sur terrasses, avec système d'irrigation) et éleveurs (mouton, cheval) ; aux cultures vivrières s'ajoutaient le lin et le chanvre. Ils obtenaient du blé en échange de leurs fruits. Apiculture et chasse complétaient les ressources. La maison, en pierre, ouverte sur le sud, s'appuyait sur les maisons voisines, à flanc de coteau.

L'organisation sociale avar est basée sur une union patrilinéaire villageoise, administrée selon la coutume par les anciens du village. La famille est essentiellement réduite, même s'il reste des traces de la grande famille. L'endogamie (dans la famille, le clan ou le village) prévaut.

L'islam sunnite n'a pas fait disparaître toutes les vieilles croyances, ni les fêtes agraires, telle la fête du premier sillon.

L'avar, langue caucasique du Nord-Est, se subdivise en nombreux dialectes et parlers. Le russe est également utilisé.

Art. L'un et l'autre de longue tradition, l'artisanat masculin consistait en sculpture sur bois et sur pierre, en travail du métal (armes, ustensiles, bijoux), et l'artisanat féminin, en tissage et en nouage de tapis. Tous les ustensiles de la vie quotidienne et les parures féminines étaient décorés de motifs traditionnels.

Histoire. Les sources arabo-persanes décrivent le royaume de Sarir comme la principale formation politique caucasique de la région au Moyen Âge. Au Xe siècle, Mas'udi rapporte que le roi des Avar était chrétien. L'islam se généralisa au XVe siècle. En 1813, le traité de Gulistan entre la Perse et la Russie attribue le Daguestan à cette dernière. L'imam Chamil, un Avar, dirigea de 1834 à 1859 la résistance caucasienne à la colonisation russe. Dans les années 1940-1960, le pouvoir soviétique s'efforça de déplacer les habitants de la montagne vers la plaine, plus facilement contrôlable.

✦ Dénom. [syn.] Xundzi, en géorgien ; Sarir, en arabe ; [autod.] Maghalulal (« Montagnards »).

Aymara. Groupe amérindien – plus ou moins métissé, selon les endroits, avec des Européens – du Pérou (départements de Lima, Puno, Moquegua et Tacna), de Bolivie (départements de La Paz, Oruro, Cochabamba et Potosí) et, marginalement, du Chili (régions de Tarapacá et d'Antofagasta), occupant les vallées interandines et les steppes d'altitude [env. 2 millions de locuteurs de l'aymara].

❑ Représentant approximativement 3 ou 4 % de la population péruvienne et 20 % de la population bolivienne, les populations aymaraphones ne constituent, pas plus que les autres paysans andins (→ Quechua*), ni un peuple ni une ethnie, encore moins une minorité, même si les couches dominantes ont eu tendance à les caractériser en termes ethniques. Ne peut être considéré comme « indigène » ou « indien » que celui qui appartient à une « communauté paysanne » (*cf. infra*) : l'exode rural entraîne la « désindianisation » des migrants.

De la même façon, aucune spécificité culturelle aymara ne peut être véritablement isolée : les frontières entre les diverses langues andines n'ont pas grand-chose à voir avec les frontières culturelles. Dans le bassin du lac Titicaca, par exemple, rien ou presque ne distingue culturellement de leurs voisines quechuaphones les populations aymaraphones qui ont, en revanche, des traditions assez différentes de celles d'autres aymaraphones vivant plusieurs centaines de kilomètres plus au nord (département de Lima).

Du point de vue religieux, dans toutes les communautés andines, les cultes et les rituels chrétiens se sont substitués au paganisme antérieur, fortement réprimé, tout en s'intégrant à ce contexte culturel fort différent du contexte européen, d'où un christianisme aux fortes tendances polythéistes.

Langue aymara. Le terme « aymara » appliqué à la langue apparaît au XVIe siècle sous la plume des missionnaires qui, les premiers, ont codifié (et écrit) les variantes d'une langue parlée par un ensemble diversifié d'ethnies. Cette langue, dont la diffusion remonterait à l'empire Tiahuanaco (VIe-XIe siècles), avait fini par être la principale langue véhiculaire des régions méridionales de l'Empire inca. À l'époque coloniale, l'aymara a reculé au Pérou au profit du quechua. Pourvu d'une tradition orale très riche et d'une certaine tradition littéraire (sermons, chants religieux, poésie profane), désormais enseigné et présent sur les ondes, il manifeste de nos jours une grande vitalité (le bilinguisme avec l'espagnol progressant par ailleurs). L'aymara est « langue nationale » en Bolivie et l'a été au Pérou entre 1979 et 1993.

Communautés. Les « réductions » (*reducciones*) ou « communes » (*comunes*), situées loin des anciens lieux de culte et au sein desquelles les conquérants espagnols regroupèrent les indigènes auprès de leur curé et de leur cacique, sont à l'origine des communautés (*comunidades* ou, en aymara, *ayllu*) actuelles. Les membres de ces communautés se considèrent comme les héritiers lointains de leurs fondateurs supposés, des « gentils » (*hintili*) ou païens qui auraient vécu alors que le Soleil n'éclairait pas encore le monde et qui auraient péri brûlés à la première apparition de celui-ci. Les communautés auraient été refondées qui par un saint, qui par une vierge, jouant dès lors le rôle de divinité tutélaire. Par-delà cet enracinement originel, la communauté se définit par la possession de terres communes et par les obligations de travail en commun et de réciprocité (parfois ressenties lourdement aujourd'hui).

Après un siècle et plus de spoliations, les gouvernements du Pérou (1920) et de la Bolivie (1938) ont reconnu l'existence juridique des communautés, niée après les indépendances, et déclaré leurs terres inaliénables. Ce n'est toutefois que lors des réformes agraires de 1953, en Bolivie, et de 1969, au Pérou, que les communautés récupérèrent une partie des terres perdues. Les réformes libérales des années 1990 au Pérou ont depuis remis en question ce caractère inaliénable des terres communautaires (les communautés peuvent décider d'en vendre tout ou partie).

Histoire récente. Dans les années 1980 et au début des années 1990, les guérillas du Sentier lumineux (maoïste) et du Mouvement révolutionnaire Túpac Amaru (guévariste) ont plongé le Pérou dans une période de violence (environ 30 000 morts, en grande partie parmi les membres des communautés paysannes) qui a accentué l'exode rural entamé dès les années 1950. Au Pérou, les migrants manifestent un très fort désir d'intégration à la société nationale et rejettent de façon parfois très forte l'identité indienne dans laquelle les groupes créoles urbains tendaient traditionnellement à les enfermer. Ce rejet est moins accentué parmi les populations aymaraphones de Bolivie. De manière générale, au Pérou comme en Bolivie, on assiste depuis une vingtaine d'années à une accélération des changements culturels, due à l'intégration croissante – scolarisation aidant, notamment – des communautés dans la vie nationale.

✦ Dénom. [var.] Aymará ; [autod.] Jaqui, souvent abandonné de nos jours.

Azéri(s). Peuple qui se partage entre la république d'Azerbaïdjan [env. 6 millions] et le nord-ouest de l'Iran [env. 10 millions] ; il est représenté également dans divers États de la CEI (Russie, Géorgie, Kazakhstan et Arménie surtout) et du Moyen-Orient.

❑ L'Azerbaïdjan historique est un vaste territoire, qui s'étend depuis les chaînes orientales du Caucase jusqu'au lac d'Ourmiya. Depuis le traité de Turkmantchay (1828) entre la Perse et la Russie, le cours de l'Araxe sépare sa partie iranienne (avec Tabriz pour ville principale) et sa partie aujourd'hui indépendante (dont Bakou est la capitale).

Les Azéris, depuis longtemps sédentarisés, ont perdu leurs structures claniques et tribales, à l'exception de groupes pastoraux nomades jusqu'en 1917, et plus ou moins semi-nomades depuis (Ayruni, Padar, Châh-Sevan, Karapapack). Ils se partagent à peu près à part égale entre ruraux (agriculture diversifiée selon les écosystèmes, incluant arboriculture, viticulture, culture du coton, du tabac, etc. ; élevage, surtout des moutons) et citadins. Bakou et son industrie pétrolière ont tôt fait surgir une population ouvrière.

Les Azéris sont en majorité chiites duodécimains. La minorité sunnite est surtout représentée dans le nord de la république d'Azerbaïdjan.

L'azéri est une langue turque du groupe dit « du Sud-Ouest », qui comprend également le turc de Turquie et le turkmène. Bien que l'azéri soit la langue dominante dans les deux Azerbaïdjan, d'autres langues (le kurde et diverses langues iraniennes et ibéro-caucasiennes) se maintiennent à ses côtés, jouissant d'un statut plus favorable dans la république du Nord.

Littérature. Dans ses formes les plus anciennes connues, l'azéri ne se différencie guère des dialectes turcs de l'Anatolie orientale : l'épopée de Dede Korkud, élaborée entre le XIe et le XIVe siècle, fait partie d'un patrimoine commun, de même que les 180 œuvres poétiques du cadi Burhan al-Din, de Nesimi, de Chah Ismail et de Fuzuli. Le XVIIIe siècle marque le début du développement spectaculaire d'une littérature souvent lyrique, volontiers satirique, qui s'épanouit au siècle suivant avec Mirza Feth Ali Akhundzade (1812-1878), poète, dramaturge, romancier et patriote. L'impulsion ainsi donnée a assuré depuis lors à la production en azéri une place aussi active qu'originale parmi les littératures des langues turciques, avec un goût prononcé pour la comédie, l'opéra et l'opérette.

Histoire. Les Azéris sont issus d'un brassage de populations parlant des langues iraniennes qui étaient elles-mêmes très mélangées lorsque les premiers éléments turcs s'établirent dans le pays au XIe siècle, puis les entraînèrent dans une rapide assimilation linguistique. La situation géographique du pays, au carrefour de grandes voies de communication Est-Ouest et Nord-Sud, explique aisément ces brassages, mais aussi le fait que Tabriz fut longtemps le siège des grands États de cette zone, du XIIIe au [illegible] siècle en particulier (Ilkhans mongols, hordes du Mouton Noir et du Mouton Blanc, Safavides).

Créée en avril 1920, la R.S.S. d'Azerbaïdjan fut incorporée en 1922 à la Fédération transcaucasienne et à l'Union soviétique. Elle devient une république fédérée de l'URSS en 1936. Prospère grâce à son pétrole, elle fait figure de république musulmane progressiste. Ses élites sont cependant décimées par les purges staliniennes. La corruption se développe considérablement à partir des années 1960. Malgré l'action énergique entreprise par Gaïdar Aliev, premier secrétaire de 1969 à 1982, la récession économique s'aggrave. Dans ce contexte, les tensions interethniques se développent : pogroms anti-arméniens de Soumgait, en 1988. Les Azéris s'opposent à la revendication arménienne du rattachement du Haut-Karabakh à l'Arménie, et de nouveaux pogroms anti-arméniens ont lieu en 1990. Depuis 1991, le pays a acquis sa complète indépendance. L'armée arménienne du Haut-Karabakh a pris en 1993 le contrôle de la région et occupe le sud-ouest de l'Azerbaïdjan. Les négociations engagées avec l'Arménie, sous les auspices d'un groupe de puissances internationales, n'ont pour lors pas abouti. L'Azerbaïdjan, dont Gaïdar Aliev est le président depuis 1993, entretient des relations tendues avec la Russie, dont le principal enjeu est le contrôle du transit du pétrole et du gaz venant de la Caspienne.

Du côté iranien, des tendances séparatistes se sont manifestées aux lendemains de la Seconde Guerre mondiale, avec le soutien de l'URSS. Elles furent sévèrement réprimées.

✦ Dénom. [autod.] Azerbaïdjanlilar.

b

Bachkir(s). Peuple de Russie, vivant en majorité dans la république du Bachkortostan, au sud de l'Oural (région de montagnes et de plaines) [env. 1, 4 million].

❑ Les Bachkirs étaient éleveurs semi-nomades ; exploitants précoces des minerais de l'Oural, ils furent aussi, entre autres, des armuriers réputés. Leurs patrilignages se regroupaient en une quarantaine de tribus, qui se fondirent dans le moule territorial et les formes d'organisation imposés par les Russes ; la famille étendue aux fortes valeurs patriarcales s'est délitée. Encore largement ruraux, ils se partagent entre l'élevage (chevaux, moutons, etc.) et l'agriculture. Ils sont musulmans sunnites, avec survivance de croyances chamaniques. Leur culture populaire (médecine traditionnelle, etc.) connaît un renouveau. Leur langue, le bachkir, ou bachkort, de la famille turcique, est pratiquée en bilinguisme avec le russe.

Histoire. L'ethnogenèse des Bachkirs n'est pas clairement établie, mais atteste une composante turcique dominante. Après avoir dépendu de l'État bulgare de la Volga puis avoir été islamisés à partir des XIe-XIIIe siècles, ils furent les sujets de la Horde d'Or (XIIIe-XIVe siècles) et du khanat tatar de Kazan (XVe-XVIe siècles). La conquête russe, à partir des années 1550, exigea deux siècles et fut marquée par de nombreux soulèvements. La colonisation s'intensifia au rythme de l'exploitation minière puis pétrolière et de l'industrialisation (la région est gravement polluée). La république du Bachkortostan, un des 89 sujets composant la fédération de Russie, a succédé à la République autonome de l'époque soviétique. Les Bachkirs, qui n'y représentent qu'un quart de la population, aspirent à se dégager de l'emprise démographique et culturelle des Tatars* ; ils s'interrogent sur l'étendue souhaitable de la réislamisation comme vecteur du renforcement de leur identité.

✦ Dénom. [russe] Bachkiri ; [autod.] Bachkort.

Baduy. Société d'Indonésie (Java-Ouest) [estim. 5 000].

❑ Habitant un ensemble de villages situés en zone montagneuse, les Baduy se distinguent de la population sundanaise* environnante par leur refus de l'islam et leur attachement au mode de vie ancien : riziculture sur brûlis, chasse, pêche, architecture archaïsante, système religieux autochtone comportant quelques traces d'indianisation ; ils considèrent leur territoire comme un lieu sacré pour tout le territoire de l'ancien royaume de Banten, et apparaissent comme les gardiens des sources, des rituels et des mythes de la région. Leur système de parenté est cognatique avec résidence uxorilocale. Le mariage préférentiel est entre fils de branche aînée et fille de branche cadette.

Ils parlent une forme archaïque de sundanais.

Le territoire Baduy. Le territoire baduy, dont l'accès aux non Baduy est soumis à accord préalable des autorités Baduy, est organisé de façon concentrique. Au centre se trouve la zone des « Baduy de l'intérieur » (*kajeroan*), un noyau de trois villages dirigés chacun par un *pu'un*, qui sont soumis aux interdits les plus stricts et dont les habitants sont vêtus de blanc. Les trois *pu'un* exercent l'autorité civile et religieuse sur l'ensemble de la communauté. Le noyau central est entouré par un anneau de 39 villages où vivent les « Baduy de l'extérieur », vêtus de noir (en fait, un bleu indigo très foncé), et soumis à moins d'interdits. Au-delà du territoire baduy proprement dit se trouve une frange de « Baduy périphéri-

ques » (*dangka*), qui respectent moins la coutume et sont plus acculturés.
HISTOIRE. Une tradition courante fait des Baduy des descendants de fugitifs venus de Pajajaran, lorsque ce royaume, le dernier royaume sundanais hindouiste, tomba aux mains des musulmans en 1579. Il est plus probable que les Baduy tirent leur origine d'une communauté anciennement chargée de garder les lieux sacrés du royaume et de contribuer à l'équilibre cosmique. Ils ont d'ailleurs continué d'assumer ce rôle à l'égard du sultanat, pourtant musulman, de Banten.
✦ Dénom. [var.] Orang Baduy ; [autod.] Urang Kanékès.
→ **Sundanais**

Bafut. Population du Cameroun, habitant le plateau de Bamenda (province du Nord-Ouest) [plus de 90 000].
❑ La chefferie de Bafut, qui se prévaut – à tort – d'une origine tikar*, ainsi que son *fon* (chef sacré) jouissent d'un prestige acquis grâce à un pouvoir centralisé fort et à une puissance guerrière développée (les Bafut, alliés aux Mankon, ont vaincu les Allemands en 1891). Les Bafut sont réputés pour la qualité de leur vin de palme. Ils associent religion traditionnelle (culte des anciens *fon*), protestantisme et catholicisme. Ils parlent une langue bantoue.

Baga. Peuple de Guinée, déployé sur environ 300 kilomètres le long de la côte (basse Guinée) [estim. 90 000].
❑ Pays de lagunes côtières, le territoire marécageux qu'occupent les Baga est couvert de mangroves et découpé par un grand nombre de petites rivières. Cette situation écologique est à l'origine d'une culture du riz élaborée mais aussi de l'établissement de villages très autonomes.
Patrilinéaires, les Baga ont pour référent la communauté villageoise. Chaque village est divisé en deux à quatre quartiers (*a-banka*), regroupements de cinq à six clans reconnaissant chacun l'autorité de son doyen. Naguère, le gouvernement du village était assuré par l'assemblée secrète des doyens de clans ; aujourd'hui, ce système gérontocratique tend à être remplacé par celui de la chefferie. En outre, fait rare dans cette région, la population villageoise est séparée en deux moitiés, se distinguant par leur nom et leurs récits d'origine, dont l'une symbolise le caractère féminin, et l'autre, le caractère masculin.
La langue baga appartient, comme le temne, au groupe mel des langues ouest-atlantiques.
ART. Les productions baga ont fasciné artistes (Picasso, Giacometti, Matisse) et historiens de l'art par leurs propriétés formelles (monumentales et géométriques). Le masque *D'mba*, un buste féminin colossal en bois, représentant du « style classique baga », est la plus célèbre de ces œuvres.
HISTOIRE. Les Baga sont probablement issus de migrations venant du Fouta-Djallon. Accompagnés des actuels Landuman et Temne*, ils formèrent de petits royaumes côtiers (connus sous le nom de « Sapi » par les navigateurs portugais) et subirent du XIVe au XVIIIe siècle les invasions des Nalu, des Susu*, des Mandenka* et des Fulbe* (c'est vraisemblablement à la suite des invasions susu qu'ils se séparèrent des Temne). Pendant la colonisation française, au début du XXe siècle, les Susu (islamisés), attirés par le commerce européen, recommencèrent à infiltrer le pays baga (*Bagata*). Ils ont aujourd'hui pour l'essentiel assimilé et islamisé les Baga.
✦ Dénom. [syn.] Aga.

Baggara. Désignation générique d'une vingtaine de tribus arabes nomades du Soudan (autres que les Guhayna), vivant dans l'ouest du pays au Dar Fur et au Kordofan [plus de un million].
❑ De ces populations d'éleveurs de bétail, les tribus les plus connues sont les Rizeigat, les Hawazma, les Seleim, les Ta'aisha et les Messeriya. Lors de leur transhumance, certains Baggara entrent en contact avec les Dinka* (Ngok) du Bahr el-Ghazal septentrional.
Le groupe de parenté agnatique constitue la base de l'organisation sociale et économique, et le système lignager celle de l'organisation politique.
Contrairement aux Arabes de la vallée du Nil, les Baggara – musulmans et arabophones – n'ont pas fondé de confréries (*tariqa*) de renom, et ils sont majoritairement adeptes de la confrérie des Ansars (ou *Mahdiya*).
HISTOIRE. Venus d'Égypte au Soudan au XVe siècle, et vivant depuis le XVIIIe siècle dans leur habitat actuel, les Baggara fournirent un soutien décisif à Muhammad Ahmad Al-Mahdi dans sa lutte contre les Turco-Égyptiens en 1881-1885. L'un des leurs, le *khalifa* Abdullahi Al-Ta'ishi (1846-1898), fut le successeur du mahdi, et le véritable organisateur de l'État mahdiste.
Les sécheresses des années 1980-1990 ont

modifié profondément la nature des relations des Baggara avec les populations des régions qu'ils parcourent. Certaines tribus se sont violemment opposées aux populations paysannes ou pastorales ; ainsi les Salamat contre les Fur, les Messiriya contre les Ngok Dinka et les Nuba*. La plupart de ces « dérapages » sanglants sont le fait de groupes qui échappent à l'autorité traditionnelle, ou de milices armées par le gouvernement de Khartoum dès 1987.

Bahnar. Groupe vivant sur les plateaux du centre du Viêt Nam (province de Kon Tum, franges occidentales des provinces de Phú Yên et Bình Dình) [env. 140 000].

❑ Pratiquant l'agriculture sur brûlis ou, depuis les années 1970, sur des champs aménagés le long de cours d'eau, les Bahnar produisent surtout du riz de pente, des patates douces, du maïs et du millet, ainsi que des cultures industrielles : coton, indigo (teinture), tabac et jute (utilisation directe ou vente). L'élevage a beaucoup souffert pendant les années de guerre (1965-1975). Les femmes tissent les vêtements traditionnels (utilisés les jours de fêtes), qu'elles ornent de riches broderies, les hommes font de la vannerie. Presque chaque village possède une forge. Le commerce par troc, encore pratiqué, est en passe d'être abandonné.
Depuis la guerre américaine, de nombreux Bahnar se sont installés à Kon Tum, capitale provinciale ; sinon, ils habitent des villages constitués de maisons (sur pilotis) individuelles qui ont remplacé les longues maisons plurifamiliales traditionnelles. Chaque village possède une *rông*, maison commune remarquable par sa haute toiture végétale, centre culturel du village où siège le conseil des anciens (*kra plây*) présidé par le *tom plây*, le chef, gardien des coutumes et des rites. Les familles sont monogames, bilinéaires (patrilinéaires et patrilocales, ou matrilinéaires et matrilocales au choix de chacun).
La langue bahnar, divisée en plusieurs dialectes proches les uns des autres, appartient à la famille linguistique austro-asiatique (branche môn-khmère, groupe bahnarique).
Histoire. Au début de notre ère, les Bahnar auraient occupé les plaines côtières du centre du Viêt Nam avant d'en être évincés par les Cham*. En conflits fréquents avec leurs voisins les Sédang*, mais surtout les Jaraï*, ils furent contactés au XIXe siècle par les missionnaires catholiques français qui commencèrent à les évangéliser (traduisant la Bible en langue bahnar), prélude à leur colonisation. Les Français les ont recrutés pour les aider à contrôler les territoires des Jöraï*, puis, suivis plus tard par les Américains, ils ont tenté de les entraîner dans leurs luttes contre les indépendantistes vietnamiens.
✦ Dénom. [vietnamien] Ba-na ; [autod.] Bböhnar, Röngao, Tolo, Y-long.

Bai. Peuple de Chine, vivant dans le centre du plateau yunnanais [env. 1,2 million].

❑ La plupart des Bai résident dans la plaine du lac Erhai et les vallées environnantes qui constituent aujourd'hui le département autonome bai de Dali. Leur économie repose sur la riziculture inondée pratiquée sur les rives du lac Erhai et dans les fonds de vallée adjacents. S'y ajoutent la culture de l'orge, du blé, du millet et de soja, ainsi que l'arboriculture favorisée par un climat sec et ensoleillé. Sur les bords du lac Erhai, les Bai pratiquent la pêche au cormoran et au filet. L'élevage (ovins et chevaux) domine chez les Bai établis dans les montagnes environnantes.
Les Bai se sont convertis au bouddhisme mahayanique sous les Tang. Le panthéon et les pratiques cultuelles intègrent néanmoins un substrat de croyances plus ancien et des éléments empruntés à la religion taoïste.
Histoire. Connus à l'époque de la dynastie des Han, les Bai ont toujours été considérés comme un peuple autochtone et leur installation autour du lac de Dali est certainement très ancienne. À une époque plus tardive, leurs ancêtres ont constitué le creuset ethnique à partir duquel s'est constitué l'État tibéto-birman de Nanzhao, apparu au milieu du VIIIe siècle dans le nord-ouest du Yunnan. Il est probable que les ancêtres des Bai y formaient une strate plébéienne désignée par les Chinois sous l'appellation *Baiman*. Un haut fonctionnaire *baiman*, Duan Siping, parvint en 937 à s'emparer du pouvoir en fondant le royaume de Dali, qui resta indépendant jusqu'à l'arrivée des Mongols* (milieu du XIIIe siècle). C'est à partir de la fondation de ce royaume que les Bai ont commencé à exister de façon distincte d'un point de vue ethnique.
✦ Dénom. [autod.] Paeni, Paetsï, Poe, Pae.

Bajau. Groupe de peuples dispersés au sud des Philippines, au nord de Bornéo (État de Sabah de la Malaisie orientale) et dans une grande partie de l'est de l'Indonésie [estim. 800 000].

❑ Il s'agit de l'ensemble le plus étendu en Asie

du Sud-Est insulaire. Les recherches récentes ont mis en évidence l'existence de onze sous-groupes dialectaux, respectivement : Abaknun, Yakan*, Sibuguey, Zamboanga, Sulu-Nord, Sulu-Centre, Sulu-Ouest, Sulu-Sud, Jama Mapun (aux Philippines), Sabah (Malaisie) et Indonésie.

Les Bajau du nord-ouest de Bornéo et de Mindanao sont agriculteurs et éleveurs sédentaires, mais la majorité d'entre eux est constituée de groupes marins, naguère semi-nomades, vivant en général de la pêche et de la collecte des produits de la mer dans des villages construits au-dessus de l'eau.

Tous les groupes bajau ont, semble-t-il, un système de parenté cognatique.

Avant leur récente adhésion à l'islam, les Bajau révéraient une divinité suprême qu'ils appelaient *Tuhan* (« le Seigneur »), inaccessible directement, mais à laquelle ils s'adressaient par l'intermédiaire de l'ancêtre originel, *Umboh* (« grand-père »). Ils rendaient aussi un culte aux esprits de certains lieux (les *saitan*).

Les Bajau parlent des dialectes appartenant au groupe des langues malayo-polynésiennes de l'Ouest, tous apparentés.

Confusion. Les Bajau sont souvent confondus, à tort, avec les divers groupes d'Orang Laut (« gens de la mer ») qui vivent dans les archipels de Natuna et de Riau ainsi que des deux côtés du détroit de Malacca. Ces groupes parlent en effet des dialectes, proches du malais, nettement distincts.

Histoire. Il semblerait que les ancêtres des Bajau, venus probablement du débouché du détroit de Malacca, étaient installés vers le XIIe siècle au nord-est de Mindanao, autour de l'embouchure du fleuve Agusan, siège d'un important royaume marchand. C'est sans doute en suivant les réseaux d'échanges qu'ils se sont ensuite centrés sur l'archipel de Sulu, puis dispersés à partir de ce dernier. Ils paraissent avoir toujours été plus ou moins liés aux pouvoirs traditionnels des États terriens (souvent des sultanats) dont ils étaient les voisins et qui nommaient parmi eux des dignitaires servant d'intermédiaires. Il en est issu parfois, à Célèbes par exemple, une sorte d'aristocratie héréditaire.

✦ Dénom. [var.] Orang Bajo (en Indonésie), Bajao, Bajaw (aux Philippines) ; [autod.] Aha Sama.

Baka. Peuple pygmée* du sud-est du Cameroun, de l'extrême nord du Gabon et du nord-ouest du Congo, habitant le bloc forestier tropical humide [env. 30 000].

❑ Chasseurs-cueilleurs semi-sédentarisés, en relation d'échange avec leurs voisins agriculteurs bantous, les Baka appartiennent à l'ensemble Babinga. Ils se répartissent en « campements » composés des descendants d'un ou de plusieurs patrilignages et de leurs alliés. Leur mode de résidence est virilocal ou uxorilocal. Leur société est acéphale. Leur religion, avec la présence d'associations à vocation thérapeutique et cynégétique, comprend des éléments qui s'apparentent au chamanisme ; elle ne comporte pas de culte des ancêtres. À la différence des autres Pygmées, les Baka parlent une langue oubanguienne.

Histoire. La sédentarisation des Baka, amorcée dès le début du siècle, s'est renforcée à partir des années 1970 (intervention du gouvernement et d'ONG, mise en coupe de la forêt, création d'aires protégées), perturbant leur société, qui, cependant, conserve un caractère traditionnel marqué.

✦ Dénom. [syn.] Babinga, Bayaka, Bibayak, Bebayaga, Bibaya, Bangombe.

→ **Pygmées**

Balante(s). Peuple de Guinée-Bissau, dont le territoire s'étend de la Casamance au Rio Geba [env. 190 000 en 1981].

❑ Placés entre des peuples côtiers (Papel*, Mandjaque, Nalou) et des groupes mandé* de l'intérieur, les Balantes sont riziculteurs (rizières installées sur les argiles des marais) et éleveurs (bovins, porcs).

Matrilinéaires, ils ne reconnaissent pas d'autorité au-delà du niveau du village, dirigé par des chefs locaux assistés de conseils d'anciens. Ils sont majoritairement convertis au catholicisme. Leur langue appartient à la famille ouest-atlantique ; ils emploient aussi le « créole » local, dérivé du portugais.

Histoire. Les Balantes constituèrent le cœur de la résistance à la conquête portugaise. Ce n'est qu'au XXe siècle, dans les années 1910-1920, qu'ils se soumirent, après avoir subi des massacres de la part des mercenaires musulmans engagés par les Portugais.

Balinais. Peuple d'Indonésie, habitant l'île de Bali et une partie de l'île de Lombok ; depuis les années 1960, beaucoup de Balinais ont émigré dans la province de Lampung (sud de Sumatra) et à Célèbes-Centre [env. 3,4 millions].

❑ Les Balinais ont développé une riziculture très élaborée, dont le succès repose à la fois sur la fertilité d'une grande partie du territoire (sur les basses pentes des volcans et dans les plaines du Sud et du Nord) et sur un savoir-faire considéré comme le meilleur en Indonésie. Les zones sèches impropres à la riziculture sont vouées à toutes sortes d'autres cultures (maïs, tubercules, café). Les Balinais pratiquent aussi l'élevage (porcs, buffles, bovins) et sont réputés pour leur artisanat (textiles, travail de l'argent) et leur production artistique (sculpture sur bois, peinture).

Le système de parenté balinais est cognatique avec prédominance de la ligne paternelle, permettant la constitution de groupes à tendance endogame fondés sur la patrilinéarité (*dadia*). L'organisation sociale repose sur l'existence de groupes hiérarchisés qui se rattachent à trois classes (*triwangsa*) nommées, comme les trois grandes castes indiennes, *Brahmana*, *Ksatria* et *Weisia*, la majorité de la population étant qualifiée de *Wong Jaba* (« gens en dehors [des castes] »). Au plan local, la communauté coutumière (*désa adat*), avec ses trois temples et son conseil, continue à avoir une importance rituelle que n'a pas la commune administrative qui s'y est superposée ; il en va de même pour les quartiers (*banjar*), également pourvus de leur conseil et au niveau desquels se situent les principales activités sociales et la majorité des nombreuses associations, entre autres artistiques. Seules les associations de riziculteurs (*subak*), dont le rôle principal est d'organiser l'irrigation, échappent à ces cadres villageois.

La religion balinaise résulte d'une étroite symbiose entre un fonds austronésien encore très présent et un apport hindouiste, plus visible dans la religion du clergé de haut rang. La tendance actuelle, liée à l'intégration croissante à une société indonésienne en majorité monothéiste, est à développer une interprétation hénothéiste de la multiplicité divine.

Le balinais appartient au groupe des langues malayo-polynésiennes de l'Ouest. Des caractères dérivés du syllabaire indien sont employés pour l'écriture.

Art. Les Balinais sont réputés pour leurs rituels fastueux, leurs cérémonies et leurs fêtes, notamment celles de la crémation, pour leur théâtre, leurs danses et leur musique (orchestres *gong*, souvent désignés à tort par le terme javanais *gamelan*).

Histoire. Touchée par des influences hindouiste et bouddhiste dès le VIIIe siècle, Bali a d'abord formé un royaume indépendant, avant d'être englobée entre le XIIIe et le XVe siècle dans la sphère d'influence javanaise. La destruction du royaume javanais de Majapahit par les musulmans au XVIe siècle lui a rendu son indépendance tout en la laissant à l'abri des influences islamiques. Partagée ultérieurement en plusieurs petits royaumes, l'île fut conquise par les Hollandais à la suite de plusieurs expéditions militaires (1846-1849, 1894, 1904-1906) et incorporée au sein des Indes néerlandaises. Le tourisme occidental a découvert la culture balinaise dès les années 1930, époque à laquelle des artistes occidentaux s'étaient installés à Bali.

✦ Dénom. [var.] Orang Bali ; [autod.] Wong Bali.

Balkar. Peuple habitant la République Kabardino-Balkare de la fédération de Russie (12.300 km^2, capitale Nal'tchik), située entre la République Karatchay-Tcherkesse à l'ouest et celle d'Ossétie du Nord à l'est [env. 90 000].

❑ Les Balkar habitent les hautes vallées des affluents du Terek. Ils se divisent en cinq groupes (Balkar proprement dits, Bezengi, Houlam, Tchegem, Ourousbi ou Baksan). Ils sont majoritairement agriculteurs (céréales, vignes), éleveurs (moutons, bovins, chevaux, etc.), apiculteurs.

Avant de descendre dans les vallées, à partir des années 1930, ils habitaient de gros villages haut perchés, parfois fortifiés et dotés de tours de défense. Les familles, restreintes et dirigées par leur patriarche, célébraient divers rituels liés au feu du foyer. Comme chez les autres montagnards du Caucase, la division sexuelle du travail était rigoureuse, l'exogamie impérative et des pratiques d'évitement envers la belle-famille avaient cours.

Les Balkar sont musulmans sunnites. Des éléments de l'ancien paganisme ont longtemps survécu (pratiques magiques, crainte du mauvais œil, culte de divinités protectrices du bétail, respect d'arbres et de pierres sacrés, etc.). Ils parlent une langue turque du groupe kyptchak. Proche du karatchay, elle ne s'en distingue que par des traces plus marquées de l'influence des langues voisines (indo-européenne comme l'ossète, ibéro-caucasiennes comme le kabarde et le tchétchène). Le balkar est demeuré d'usage purement oral jusqu'aux premières années de l'époque soviétique.

Histoire. Les Balkar sont de proches parents des Karatchay*, dont ils se séparèrent vers le XVe siècle en émigrant, sous la pression des

Kabardes (*cf.* Tcherkesses*), depuis le Kouban vers les vallées septentrionales de la chaîne du Caucase, habitées jusqu'alors par des Ossètes*, qu'ils repoussèrent ou assimilèrent. Dès lors, leur histoire suit, à distance, celle des Karatchay : soumission aux Kabardes et adoption de leur système féodal, relations avec le khanat de Crimée amenant l'adoption de l'islam sunnite, acceptation sans résistance de l'autorité russe à partir de 1827, déportation en Asie centrale en 1944 sous l'inculpation de collaboration avec l'occupant nazi, réhabilitation en 1957 et retour dans leur territoire, associé depuis le début de l'époque soviétique à celui des Kabardes.
✦ Dénom. [syn.] Malkar(s) ; [autod.] Taulula.

Baloutche(s). Peuple habitant principalement le Baloutchistan, région du nord de la mer d'Oman et partagée entre l'Iran et le Pakistan. Il existe des groupes baloutches nombreux en Afghanistan du Sud-Ouest, dans l'Iran du Nord-Est (Khorasan) et jusque dans le Turkménistan [env. 5 millions].
❑ L'économie baloutche traditionnelle repose sur l'élevage de moutons, de chèvres, de dromadaires et de bovins, sur la culture du blé, de l'orge, du riz et des dattes, sur l'artisanat et sur la pêche près de la côte. La transhumance estivale est généralisée.
Les Baloutches se répartissent en de nombreuses tribus – dont la principale est celle des Rind Baloutches – et leurs modes de vie sont étendus du nomadisme à la sédentarisation. Chaque tribu a une descendance patrilinéaire commune ; elle est dirigée par un chef héréditaire et un conseil tribal – où chaque lignage est théoriquement représenté –, qui administre la justice. Les règles d'honneur sont le droit de vengeance, l'hospitalité et la punition de l'adultère par la mort. Le mariage s'accompagne du paiement du prix de la fiancée. Hommes et femmes constituent deux groupes séparés et souvent hostiles. L'habitat est, selon la richesse, la forteresse de boue séchée ou la hutte et, pour les nomades, la tente en poils de chèvre (en hiver) ou de natte (en été), avec une maison d'hôte dans chaque village. Les Baloutches, qui acceptent les mariages mixtes avec les Brâhui* et les Pashtun*, maintiennent en état de dépendance marquée des éléments d'autres ethnies (Lori, Jat, etc.), malgré l'abolition de l'esclavage en 1952.
Les Baloutches se réclament du sunnisme hanafite, bien qu'ils conservent de nombreuses croyances hétérodoxes et des cultes locaux.
Leur langue, le baloutchi, appartient à la branche iranienne de la famille indo-européenne ; elle se divise en six groupes dialectaux, tous mutuellement intelligibles.
Leur culture s'enorgueillit notamment d'une tradition musicale raffinée.
Histoire. Leur origine est controversée, mais ils se veulent Arabes d'Alep. Des migrations complexes, du fait, essentiellement, des invasions médiévales turco-mongoles, les ont repoussés dans les déserts de l'Iran du Sud-Est, puis dans la cuvette de l'Indus, qu'ils occupèrent aux XVIe-XVIIe siècles, et d'où un mouvement inverse les a, depuis cette date, largement ramenés vers l'ouest. Au cours de ces migrations, les Baloutches assimilèrent de nombreux éléments autochtones et englobèrent notamment les Brâhui*. Grands nomades, chameliers et moutonniers, se déplaçant notamment entre les côtes arides et désolées du Makran, sur les bords de la mer d'Oman, et les hauts plateaux entrecoupés de chaînons discontinus et d'édifices volcaniques de l'intérieur, plus frais et plus arrosés, ils entreprirent jusqu'à la fin du XIXe siècle des razzias fort lointaines, et cette agressivité leur assura une diaspora considérable. Le Baloutchistan ne fut indépendant qu'aux XVIIIe-XIXe siècles, sous un khan résidant à Kalat et qui ne domina jamais effectivement que la partie orientale du pays. Les Britanniques imposèrent leur protectorat (à partir de 1854 et, officiellement, 1876) avant d'incorporer le pays à leur Empire. Il en a subsisté en héritage la frontière purement artificielle qui coupe en deux le peuple baloutche, séparant le Baloutchistan pakistanais, dont les Baloutches ne forment qu'une minorité – les Brâhui, les Pashtun et divers groupes indiens étant, ensemble, nettement plus nombreux – du Baloutchistan iranien, où les Baloutches constituent une part notable de la population de la province du sud-est de l'Iran (Baloutchistan-et-Sistan). Au Pakistan, ils revendiquent leur indépendance. En Iran, ils s'estiment victimes de discriminations diverses et de la colonisation de leur territoire.
✦ Dénom. [var.] Baluc.

Balti. Groupe ethnique du Pakistan (Northern Areas) et de l'Inde (Jammu et Cachemire), occupant des oasis d'altitude situées dans la partie moyenne de la haute vallée de l'Indus, ou dans les vallées de rivières adjacentes [estim. 220 000].
❑ La ligne de cessez-le-feu établie en 1949 sépare les Balti proprement dits, qui habitent

le Baltistan (au Pakistan), et les Purik, qui résident au Ladakh, du côté indien (*cf.* Ladakhi*). Les uns et les autres sont avant tout de petits agriculteurs-éleveurs de montagne. Beaucoup émigrent vers les villes des plaines, en quête de travail, ou se proposent comme porteurs (alpinisme, trekking). Leurs micro-États traditionnels sont organisés autour de dynasties supposées, comme dans tout le monde tibétain occidental, d'origine étrangère, en l'occurrence musulmane. Les Balti sont de langue tibétaine.

Histoire. Les Balti sont issus du métissage entre des populations « dardes » (indo-aryennes) et des populations tibétaines, tout comme les Ladakhi et les Zangskari dont ils se sont distingués au XVe siècle en renonçant au bouddhisme pour se convertir à l'islam chiite. Le Baltistan comme le Purik ont bénéficié d'efforts de désenclavement, d'où un début de développement économique mais aussi d'importantes transformations sociales. Les tensions sont permanentes entre les Purik et leurs voisins Ladakhi* bouddhistes et Cachemiri (musulmans sunnites).

Bambara(s) → Banmana

Bamileke. Ensemble de sociétés du Cameroun (province de l'Ouest surtout) occupant le « plateau bamileke », région de savane herbeuse dominée par des massifs volcaniques, et constituant d'importantes communautés dans les grandes villes du pays [estim. 1,5 million].

❑ Les Bamileke sont agriculteurs (cultures de subsistance, telles que maïs, taro, patate douce, etc., pour l'essentiel confiées aux femmes, et cultures de rente : café, noix de kola, etc.), éleveurs de petit bétail, artisans (vannerie, poterie, boissellerie), commerçants.

Patrilinéaires et patrilocaux, ils sont organisés en chefferies. Celles-ci rassemblent sur un territoire nettement délimité (*gung*) des populations d'origines et, parfois, de langues diverses. À la tête de chacune de ces entités siège, dans la capitale (*tsa*), un chef sacré (*fo*) assisté de deux conseils de notables. Outre cette strate dirigeante, la société comporte trois ordres sociaux : la noblesse de sang, la noblesse palatine (les serviteurs anoblis) et les villageois. Les sociétés secrètes (*mkem*) servent d'intermédiaire entre le chef et la population. Dans ce cadre d'ensemble, la lutte pour la promotion personnelle est aiguë.

En parallèle avec le catholicisme et le protestantisme, la religion traditionnelle (qui repose sur le culte des ancêtres, la manipulation du *ké*, force de l'invisible, la divination, etc.) reste influente. Les langues bamileke appartiennent au sous-groupe mbam-nkam du groupe grassfields des langues bantoïdes.

Art. Essentiellement art de cour, il se signale par une production stylistiquement variée où prédomine la sculpture du bois (sculpture architecturale, masques anthropomorphes et zoomorphes, statues, de figures cheffales notamment, sièges, lits, instruments de musique tels que tambours et trompes, etc.).

Histoire. Le pays bamileke est peuplé depuis la préhistoire. Des groupes successifs d'immigrés concrétisèrent leur domination à travers la création des chefferies (XIVe-XVIe siècles pour la plupart, XVIIe-XVIIIe siècles pour les plus importantes). Aux XVIIIe-XIXe siècles, marqués par des mouvements de populations (invasions des Bamoum*, des Chamba*, etc.), ces grandes chefferies (Banjun, Bangangte, Bansoa, etc.) prospérèrent (échange, avec les comptoirs côtiers, d'ivoire, de peaux et d'esclaves contre du sel, des perles, des fusils, de la poudre et des étoffes) et prirent l'apparence d'États-nations. La colonisation, allemande puis française et anglaise, bouleversa les sociétés bamileke sans démanteler complètement les chefferies, qui furent reconnues à l'indépendance et jouent toujours un certain rôle.

✦ Dénom. [var.] Bamiléké(s). Cette dénomination générique est d'origine coloniale.

Bamoum. Peuple de l'ouest du Cameroun (département du Noun), dont le territoire, bordé par la vallée du Mbam, de la Mapé et du Noun, consiste surtout en savane boisée [estim. 300 000].

❑ Les Bamoum cultivent le taro, le plantain, le sorgho et le maïs, ainsi que le café ; ils sont nombreux à travailler dans l'administration, ou se consacrent aux activités commerciales, l'artisanat traditionnel s'adressant désormais surtout au marché touristique.

Ils conservent leur organisation en sultanat et restent marqués par la dichotomie sociale qui fut l'assise de leur royaume : la population noble regroupe plusieurs centaines de patrilignages fondés soit par les fils des rois (noblesse princière), soit par les serviteurs anoblis (noblesse palatine). La population d'origine servile est issue principalement des captifs de guerre. Le roi (*mfon*) se reposait sur le lignage

de sa mère et sur la noblesse palatine pour asseoir un pouvoir suprême (avec droit de vie et de mort sur ses sujets) mais non absolu. Plusieurs sociétés secrètes, procédant à la malédiction des fautifs, à des ordalies et à la divination par l'araignée, punissaient la transgression des règles sociales et pouvaient même, le cas échéant, s'attaquer au roi.
L'islam (depuis le XIXe siècle) et un christianisme minoritaire n'ont pas éteint toutes les pratiques traditionnelles, dont la plus notable était le *nguon* (restauré en 1994), cérémonie célébrée en juillet et visant à remercier les ancêtres, à éloigner épidémies et catastrophes et à exprimer les doléances du peuple au souverain. D'autres cérémonies, mettant en scène des sorties de masques, suivaient la récolte d'octobre.
Les Bamoum parlent le *shu pamom*, langue bantoue qui constitue une des langues véhiculaires de la région et possède une petite littérature écrite en alphabet bamoum, dont le célèbre volume sur *l'Histoire et les coutumes des Bamoum*, rédigé à l'initiative du sultan Njoya (inventeur de cet alphabet) ; la scolarisation se fait généralement en français.
Art. L'art bamoum excelle dans la fonte à la cire perdue, dans la sculpture de panneaux de bois, de masques (de fêtes ou de sociétés secrètes), dans la décoration d'objets en perles et dans la broderie. L'architecture, remarquable, fait usage de colonnes de bois sculpté.
Histoire. L'histoire raconte que les Bamoum, ainsi que les Nso, sont d'origine tikar*. Bien qu'ils aient officiellement fêté en 1994 le 600e anniversaire de leur royaume, la fondation de ce dernier ne remonte en fait, au plus tôt, qu'à la fin du XVIe siècle. Ce royaume connut sous son onzième souverain, Mbombuo, une vaste expansion territoriale, allant de pair avec l'expansion numérique de la noblesse du fait de la polygynie pratiquée. Le sultan Njoya, qui seconda une colonisation allemande respectueuse du royaume, introduisit de nombreuses innovations (dont l'alphabet de son invention), puis il eut maille à partir avec les Français, qui prétendirent limiter son pouvoir et libérer ses esclaves. Depuis lors, l'administration, coloniale puis nationale, joue un rôle important, prêtant à contestations, lors de la nomination d'un nouveau sultan.
✦ Dénom. [var.] Bamum.

Banaro. Peuple de Papouasie-Nouvelle-Guinée occupant principalement les berges de la rivière Keram (provinces du Sépik oriental et de Madang) [env. 2 800].
❑ Les Banaro vivent principalement de pêche, d'horticulture itinérante sur brûlis et de chasse ; ils ont accès à l'économie monétaire par la vente de poisson salé ou fumé sur les marchés de la région ; quelques sous-groupes ont des droits sur des zones aurifères dont l'administration leur achète les pépites.
Les Banaro habitent dans des villages sur pilotis. Autrefois (avant la Seconde Guerre mondiale), les groupes locaux étaient réunis autour d'une ou plusieurs maisons des hommes *(puk)*, vastes édifices interdits aux femmes où s'organisait la vie religieuse et politique (culte des dieux de la forêt, initiations masculines, divination). Quelques hommes âgés ayant acquis un certain statut détenaient l'autorité. Aujourd'hui, les Banaro sont christianisés (ils sont protestants, à l'exception des villages d'amont, catholiques). Leur organisation sociale est fondée sur le groupe local à ascendance bilatérale se réclamant d'un ancêtre immigré ; chez les Banaro-Dugum de l'amont, on note une tendance à la formation de patrilignages. Chaque individu se réfère par ailleurs à un totem principal (que les hommes héritent de leur père, et les femmes, de leur mère) et à deux totems secondaires (venant du parent de sexe opposé et du grand-parent croisé). L'appartenance à un même totem rend le mariage impossible, même si aucun lien de parenté n'est connu. Le système d'alliance matrimoniale fonctionne, autant que faire se peut, par échange de « sœurs ». Autrefois, un système de partenariat entre hommes *(mundu)* autorisait le père du partenaire du fiancé à entretenir avec la fiancée des relations sexuelles temporaires (avant la consommation du mariage) et, chez les Banaro d'aval, cet homme pouvait avoir un premier enfant avec elle, enfant qui était appelé « enfant des dieux ».
Le banaro est une langue non austronésienne appartenant au phylum sépik-ramu, au stock keram et à la famille banaro. Les Banaro utilisent le pidgin mélanésien *(tok pisin)* comme langue véhiculaire.
Histoire. La majeure partie des groupes locaux banaro disent descendre d'un ancêtre venu, il y a quelque huit générations, soit de l'île côtière de Manam (la majorité des groupes), soit du Sépik ou encore de la vallée du Ramu. Après avoir été contactés par les Allemands, qui colonisèrent le nord-est de la Nouvelle-Guinée jusqu'à 1914, les Banaro furent administrés par l'Australie et christianisés

(dès les années 1940). Durant la Seconde Guerre mondiale, leur territoire fut occupé par les Japonais puis par les Alliés.

Bangala. Locuteurs de la langue lingala en République démocratique du Congo.
❑ Il n'existe pas de peuple portant le nom de Bangala. Il s'agit d'une « création » des Européens : le lingala – langue bantoue basée sur des parlers apparentés (dont le bobangi en particulier) en usage le long du Congo au nord de Kinshasa – étant lors de leur arrivée (1890) le langage véhiculaire utilisé le long de ce fleuve, ils appelèrent « Bangala » les populations riveraines vivant entre les villes de Mbandaka et de Lisala. L'ensemble des groupements divers qui habitent cette région marécageuse et vivent de la pêche, du commerce et de l'agriculture, est aujourd'hui désigné par l'appellation générique de « Gens d'eau ».
Durant la période coloniale, le lingala a été répandu par l'armée, l'administration, le commerce, certaines missions chrétiennes et les écoles. Il est aujourd'hui l'une des quatre langues nationales. Utilisé dans la région de Kinshasa, véhiculé par les médias et la chanson, parlé aussi dans une partie de la République populaire du Congo et de la République centrafricaine, il témoigne d'une grande vitalité. De nos jours, les Congolais ont pris pour habitude d'appeler Bangala les locuteurs de cette langue, tout comme on parle de Baswahili pour désigner ceux du swahili.
✦ Dénom. L'appelation Bangala (préfixe marquant le pluriel suivi du radical, littéralement « les Ngala ») bénéficie d'une telle notoriété qu'on utilise rarement le radical seul (Ngala) comme il est normalement d'usage.

Banjar. Peuple d'Indonésie, habitant le sud de Bornéo (Kalimantan Selatan), sa capitale Banjarmasin et autour de l'embouchure de la rivière Kelai, sur la côte est ; beaucoup de Banjar se sont aussi installés dans la province de Kalimantan Tengah (Bornéo-Centre) ; on compte également un grand nombre d'émigrés banjar à Sabah (État malaisien du nord de Bornéo), dans la province de Riau (côte est de Sumatra) et dans le sud de la Malaisie [env. 3,6 millions].
❑ Grands riziculteurs, les Banjar ont mis en valeur les basses terres marécageuses où viennent confluer les fleuves Kahayan et Barito, en établissant des canaux de drainage, ainsi que les marécages en bordure de mer, où ils ont mis au point des techniques de culture adaptées aux crues saisonnières. Ils ont d'ailleurs exporté ces techniques en Malaisie et dans la région de Jambi à Sumatra, où ils ont formé des communautés. Leurs autres cultures sont le poivre et le maïs. La pêche joue aussi un grand rôle dans leur économie. Ils sont également connus pour l'importance de leur artisanat du fer : le bourg de Negara compte plusieurs centaines d'ateliers de forge qui fournissent en outillage, coupe-coupe et sabres une bonne partie du Bornéo indonésien.
Les Banjar ont un système de parenté indifférencié. Ils sont musulmans depuis le début du XVIIe siècle et parlent une langue appartenant au groupe des langues malayo-polynésiennes de l'Ouest, proche du malais, mais également marquée par une forte influence javanaise.
Histoire. Quelques vestiges hindouistes confirment la tradition locale faisant état de l'existence ancienne d'un royaume malais hindouisé, nommé Negara Dipa. Au XIVe siècle, le royaume, dont la capitale était désormais établie à Banjarmasin, entra dans l'aire d'influence du royaume javanais de Majapahit, à qui l'on doit l'introduction dans la culture locale d'importants éléments culturels venus de Java (artisanat, musique, danse, wayang). Banjarmasin était liée à tout un réseau marchand allant de l'est de Java à Malaka et à Aceh, et le long duquel l'islam se répandit progressivement (XVe-XVIe siècle). Banjarmasin devint alors la capitale d'un sultanat, prospère grâce à la culture et à l'exportation du poivre. Les Hollandais la conquirent en 1806, mettant fin à l'existence du sultanat.
✦ Dénom. [var.] Banjarais ; [syn.] Orang Banjar ; [autod.] Urang Banjar.

Banmana. Peuple mandingue* vivant principalement au Mali, ainsi qu'au Sénégal, en Côte d'Ivoire et au Burkina [estim. 4 millions].
❑ Le pays banmana appartient à la fois à la zone soudanienne et à la zone sahélienne ; il s'étend principalement dans la vallée du Niger au sud de Bamako.
Les Banmana sont avant tout des agriculteurs (mil, fonio, maïs, manioc, arachide, etc.) ; ils confient aux bergers fulbe* la garde des quelques animaux qu'ils possèdent. Ils pratiquent la chasse, organisés en confréries.
La famille étendue est la cellule sociale de base : groupement d'agnats issus d'un même aïeul et de leurs alliés, elle est dirigée par le *fa*, l'aîné des frères de la génération la plus âgée. La société se divise en nobles *(yèrèwolow),*

« gens de caste »(*nyamakala*) – les artisans, les griots, les bardes – et « esclaves » (*dyon*).
Les Banmana ont résisté à l'islamisation, et se caractérisent par la force de leur attachement à leur système de valeurs et de croyances, qui repose sur une cosmogonie très élaborée. Aux rituels des sociétés initiatiques (N'Domo, Komo, Korè, Tyi Wara, etc.) s'associe un art réputé (masques). La pratique de la circoncision et de l'excision est générale.
La langue des Banmana, le banmanakan (ou bambara), appartient à la famille nigéro-congolaise et s'est imposée comme l'une des grandes langues de l'Afrique occidentale.
Histoire. Originaires du Manden (monts Mandingues), les Banmana se sont disséminés dans les régions comprises entre le Bani et le Niger, une vague importante atteignant vers le XIIe siècle l'actuelle région de Ségou. Ils fondèrent au XVIIe siècle les royaumes de Ségou (dynasties des Coulibaly puis des Diarra) et du Kaarta, détruits au XIXe siècle par les Toucouleur* d'El-Hadj Omar. Ils résistèrent à la pénétration française.
✦ Dénom. [var. autod.] Bamanan ; [fr.] Bambara, par déformation.

Baoan. Petit isolat mongol de Chine, ayant le statut de minorité, qui se partage entre un groupe majoritaire islamisé, vivant dans le Gansu, et un petit groupe resté lamaïste, établi dans le Qinghai [plus de 11 000 en 1990].
❑ Les Baoan, essentiellement des agriculteurs, sont probablement d'anciens Monguors* qui vivaient à Bao'ancheng, dans le Qinghai. La plus grande partie d'entre eux migra il y a un siècle vers le Gansu, à Lingxia, en milieu musulman sunnite. Le baoan, proche du dongxiang*, a une structure mongole mais présente de nombreux emprunts lexicaux au chinois.
✦ Dénom. [var.] Boan, Bonan, Baonang.
→ **Mongols**

Baoulé. Peuple vivant dans le centre de la Côte d'Ivoire, dans une région de savane arbustive qui pénètre en forme de V (le « V baoulé ») dans la zone forestière dominée par des collines [estim. 800 000].
❑ Les Baoulé cultivent mil, maïs, riz, manioc et igname, et, surtout, sont planteurs de café et de cacao. Ils maintiennent une société très hiérarchisée, comportant traditionnellement trois ordres sociaux (nobles, hommes libres, captifs) ; la cellule de base est la famille étendue aux collatéraux dans un système à accentuation matrilinéaire. Ils conjuguent croyances traditionnelles et christianisme, et parlent une langue kwa.
Art. Leur statuaire (représentations humaines destinées aux fonctions votives du culte des ancêtres, sculptures d'animaux) est réputée.
Histoire. Les Baoulé constituent l'une des nombreuses branches de l'ensemble akan* installées dans l'actuelle Côte d'Ivoire. Ils sont originaires de l'Ashanti*, qu'ils quittèrent au début du XVIIIe siècle, menés par la légendaire princesse Abla Pokou ; celle-ci aurait sacrifié son fils unique au bord de la Comoé pour se concilier les génies du fleuve (d'où l'expression *ba ou li*, « l'enfant est mort »), et guidé son peuple vers le nord. Dans ce mouvement de migration (largement motivé par la quête de l'or, métal sacré), les Baoulé repoussèrent successivement les Gouro*, les Tagwana et les Malinké*. Le royaume fondé par Abla Pokou, dont les héritiers se trouvent à Sakasso, ne tarda pas à se scinder en plusieurs unités, morcellement accéléré au XIXe siècle par la découverte des gîtes aurifères de la colline de Kakumbo (au sud du pays baoulé), qui attirèrent une nombreuse population. Réfractaires à la pénétration française, les Baoulé se soulevèrent dès 1893, provoquant des affrontements qui durèrent plusieurs années. L'expansion baoulé se poursuit au XXe siècle en direction d'autres régions de la Côte d'Ivoire, notamment vers le sud-ouest, favorisée par la construction du barrage de Kossou.
→ **Akan**

Bara. Population du centre-sud de Madagascar, constituée de cinq ensembles (Imamono, Vinda, Tivonjy, Iantsantsa, Barabe).
❑ Éleveurs de zébus, les Bara sont organisés en lignages groupés sous l'autorité de l'ordre royal des *Zafimanely*, lui-même formé de lignages d'éleveurs-guerriers originaires du Sud-Est. La société bara sépare les parents paternels des parents maternels ; les mariages, qui se font indistinctement à l'intérieur ou à l'extérieur de la parentèle, sont exclus entre enfants et descendants de sœur (réelle ou classificatoire). Les prêtres (*mpisoro*), intermédiaires entre les membres vivants des groupes de descendance et leurs ancêtres, accomplissent les rites du cycle de vie, notamment les circoncisions collectives (*savatse*). Les femmes sont en relation privilégiée avec les esprits de la vie, gages de la fertilité des hommes, des troupeaux et des récoltes, et participent inten-

sément aux séances de possession *(bilo)* organisées dans leur village d'origine. Les funérailles sont suivies au bout de quelques mois de grands rassemblements *(havoria)* regroupant des centaines de participants.
Connus pour leur esprit d'indépendance, les Bara sont passablement craints par les populations voisines.
→ **Malgaches**

Barabaig. Peuple du nord de la Tanzanie, vivant dans la région d'Arusha, où ils sont les voisins des Maasai* et des Iraqw [environ 50 000].
❑ Sous-groupe *(eimojik)* des Datoga*, les Barabaig sont des pasteurs semi-nomades ; ils manifestent envers leur bétail un attachement qui n'est pas de caractère marchand, mais plutôt affectif et culturel. Ils pratiquent en complément une petite agriculture de subsistance. Leur société est segmentaire, patrilinéaire et repose sur la répartition des hommes en classes d'âge. Leur système de mariage est régi par la polygamie et la résidence patrilocale. Malgré une forte activité des missionnaires chrétiens, ils demeurent profondément attachés à leur religion traditionnelle, qui accorde un rôle majeur aux faiseurs de pluie. Ils parlent une langue nilotique.
Graves menaces. Au fil du temps, ils ont occupé une partie importante des terres les plus arides de la branche orientale de la Rift Valley. Conciliant leurs impératifs de subsistance et le respect de leur environnement, ils ont mis en place un système complexe de rotation des troupeaux qui évite le surpâturage. Ils ont toujours laissé des terres (parmi les plus fertiles) intactes afin de les utiliser comme réserves de fourrage durant les sécheresses. Cette utilisation écologique du milieu, apprise et transmise de génération en génération, est aujourd'hui complètement remise en cause.
Leur mode de vie apparaît en effet menacé de disparition. Ils ne peuvent plus se déplacer librement sur l'ensemble de leurs terres ancestrales. Les autorités cherchent par tous les moyens (expulsions, etc.) à les sédentariser afin de produire du blé à une grande échelle sur les terres ainsi récupérées. La meilleure partie de leur territoire est ainsi occupée par le monopole d'État chargé de l'alimentation et de l'agriculture intensive. Ces dernières années le sort des Barabaig a ému l'opinion publique nationale et internationale, et a été dénoncé comme un cas flagrant de violation des Droits de l'homme.
✦ Dénom. [syn., parfois péj.] Mangatti.

Barga(s). Groupe mongol de Chine ; il habite en Mongolie-Intérieure, dans la ligue du Hulunbuir [env. 75 000].
❑ Les Bargas se répartissent entre la bannière des Vieux-Bargas – où ils représentent près du quart de la population, voisinent avec de nombreux Évenks* (d'où plus de chamanisme et moins d'influences lamaïques) et parlent le dialecte vieux-barga –, et les bannières de gauche et de droite des Nouveaux-Bargas, où ils sont majoritaires parmi la population et parlent le dialecte nouveau-barga. Ces deux dialectes sont proches du mongol bouriate.
Éleveurs nomades, les Bargas ont gardé leurs clans *(hala)* et sont exogames ; les rituels collectifs à l'obo pour assurer la prospérité commune ont repris depuis quelques années.
Histoire. Originaires de la vallée de Barguzine, à l'est du lac Baïkal, les Bargas migrèrent vers l'est sous la dynastie mongole des Yuan et s'établirent dans la première partie du XVIe siècle au nord des monts Khingan. Ils furent organisés au XVIIe siècle en bannières *(khochuu)* par l'Empire mandchou* : d'abord les neuf bannières des Vieux-Bargas, puis les huit bannières des Nouveaux-Bargas (à l'origine, des Khalkhas* et Bouriates* venus de la Mongolie voisine). En 1912, à la suite de la chute de la dynastie mandchoue et de la proclamation d'indépendance de la Mongolie, les chefs bargas décidèrent leur rattachement à la Mongolie autonome. Mais, en 1915, un accord tripartite sino-russo-mongol fit du Barga une zone spéciale de Chine, supprimée en 1920 : le Barga passa sous administration chinoise tandis que la colonisation chinoise se faisait plus lourde. Les Bargas furent dès lors actifs dans la lutte pour l'indépendance des Mongols* de Chine, lutte encouragée par les Japonais qui voyaient dans le contrôle de la Mandchourie et de la Mongolie un tremplin pour la conquête de la Chine. Le Barga se trouva rattaché avec la partie orientale de la Mongolie-Intérieure à l'« État mandchou » *(Mandchoukuo)* créé par les Japonais en 1932. Les Bargas du Hulunbuir furent rattachés à la Région autonome de Mongolie-Intérieure en 1948. Des descendants de Bargas réfugiés en Mongolie en 1910 et 1915 sont établis dans les provinces Dornod et Töv de ce pays.
→ **Mongols**

Bari. Peuple du Soudan, vivant à l'ouest du Nil, entre la frontière ougandaise et le pays dinka*. Les Bari partagent l'ancienne province d'Équatoria avec des populations apparentées par la langue (Nyangwara, Fajelu, Kuku, Mandari, Kakwa) – l'ensemble représente plus de 400 000 individus – et constituent la population dominante de Juba et de sa région.

❑ Les Bari sont devenus agriculteurs (sorgho, maïs, patate douce), suite à la perte de leur bétail, mais leur culture est encore marquée par un attachement à ce dernier, à la façon des Nilotiques. L'organisation sociale est basée sur des clans exogames patrilinéaires où la relation avunculaire (entre fils de la sœur et frère de la mère) est très forte et étendue au fils de l'oncle. La compensation matrimoniale est réglée en outils, arcs, flèches, lances et animaux. La consommation du mariage est différée jusqu'à son versment intégral. La terminologie de parenté se distingue de celle des Nilotiques par la présence de traits classificatoires.

La société est caractérisée par une double hiérarchie : la première entre ceux qui détiennent les savoirs héréditaires et la charge des rites concernant la pluie, la seconde entre les hommes libres et les autres : esclaves, forgerons, pêcheurs qui étaient parfois exécutés en temps de crise (manque de terres, d'animaux, surpopulation).

La christianisation des Bari n'a pas entraîné l'abandon de la religion traditionnelle, en particulier la manipilation de pierres pour la pluie, huilées et aspergées du sang de l'animal sacrifié par un « spécialiste », qui pouvait autrefois payer de sa vie l'échec du rituel. D'autres « prêtres » dédient des sacrifices à une divinité (*Ngun*), associée à un serpent vert.

La langue des Bari appartient au sous-groupe nilo-hamite, comme le maasaï*, le karamojong*, le turkana*, le locuto).

Dans le conflit soudanais actuel les Bari, dont plus de 30 000 sont « déplacés » dans la capitale fédérale Khartoum et dont certains leaders ont rallié le camp des islmanistes au pouvoir, sont les premières victimes de l'encerclement de Juba et de sa région par les rebelles du SPLM/A.

Barí. Peuple amérindien établi en zone de forêt humide tropicale et sur la chaîne montagneuse de Perijá, de part et d'autre de la frontière qui sépare la Colombie (Norte de Santander) et le Venezuela (Zulia), entre la vallée du Catatumbo et le lac Maracaibo ; il dispose en Colombie de deux *resguardos*, ou réserves [env. 1 900].

❑ Les Barí pratiquent l'horticulture sur brûlis, mais la pêche et la chasse (à l'arc) aux petits animaux constituent l'essentiel de leurs activités. Ils s'adonnent à la vannerie, et confectionnent des carquois pour leurs flèches.

Organisés en groupes semi-nomades d'une cinquantaine de personnes, ils admettent la propriété privée des cultures mais non du sol. Le mode de résidence matrilocal a profondément changé avec la sédentarisation croissante. La maison collective (*bohio*), noyau sociopolitique où les rôles étaient hiérarchisés, a pratiquement disparu.

L'influence des évangélistes et des catholiques a en effet largement détruit les structures traditionnelles. Cependant, les Barí continuent de pratiquer certains rites magico-religieux. Ils n'ont pas de chamane : à trente ans, tous les membres du groupe sont instruits et suivent le modèle donné par *Sabaseba*, l'ancêtre originel venu de l'Ouest.

Les Barí appartiennent à la famille linguistique chibcha.

Histoire. Ils occupaient jadis un territoire dix fois plus grand que l'actuel. Le contact avec les Blancs eut lieu à la fin du XIXe siècle, mais ce n'est que dans les années 1960 qu'il est devenu prégnant, dès lors que les Barí se sont trouvés bloqués dans leur marche de retrait par la chaîne montagneuse de Perijá. Subissant les conséquences du front de colonisation (pétrolier et agricole), ils ont été décimés par les épidémies. Ils semblent avoir retrouvé désormais un certain dynamisme démographique. Les conflits avec les colons sont exacerbés par la présence de la guérilla.

✦ Dénom. [syn.] Motilones Bravo, Kunaguasaya, Mapé, Dobocubi.

Baruya. Société de Papouasie-Nouvelle-Guinée, répartie dans une douzaine de villages et hameaux des districts de Wonenara et de Marawaka, deux vallées de la province des Eastern Highlands situées dans la Kratke Range, une chaîne de montagnes dont les sommets atteignent 3 720 mètres d'altitude ; la végétation est celle de la *rain forest*, entrecoupée de savanes ; les pluies sont abondantes et les variations saisonnières assez accusées [env. 2 000].

❑ L'économie traditionnelle des Baruya repose sur l'horticulture sur brûlis (patate douce, taro), la chasse, la cueillette, l'élevage des cochons et la production de sel (extrait de la cendre de la plante *Coix gigantea*), destiné à être échangé contre les produits des tribus voisines

Les Baruya, qui appartiennent à l'ensemble de sociétés autrefois appelées Kukakuka, et aujourd'hui Anga*, constituent une tribu acéphale composée de clans patrilinéaires (huit clans issus de réfugiés yoyué de la région de Menyamya, sept descendant des groupes locaux conquis par ces réfugiés). Chaque village regroupe de trois à cinq segments de lignage – l'unité sociale de base – appartenant à des clans différents. La résidence habituelle est patrilocale. Le mariage repose essentiellement sur l'échange direct de femmes entre deux lignages. Au cas où un lignage n'a pas de femmes à rendre à la même génération, il rend à la génération suivante la fille de la femme qu'il a reçue : c'est là un exemple de mariage avec la cousine croisée patrilatérale. La terminologie de parenté est de type iroquois (distinction entre cousin parallèle et cousin croisé, et vocabulaire spécifique pour les alliés, distinct du vocabulaire de la consanguinité).

La principale hiérarchie est celle des sexes. Institutions et pratiques construisent et garantissent la supériorité des hommes sur les femmes. C'est avant tout le système des initiations qui assure ces fonctions. Ainsi, les garçons sont soustraits au monde féminin vers l'âge de neuf ans. Enfermés jusqu'à leur mariage, vers l'âge de vingt ans, dans une maison des hommes, ils passent par quatre stades d'initiation à des savoirs (mythes d'origine) et à des pratiques tenues secrètes vis-à-vis des femmes et des non-initiés. Les jeunes filles, de leur côté, sont initiées au moment de leur puberté par des rites dont les hommes sont exclus.

Les mythes baruya expliquent que les pouvoirs de vie, les armes, les plantes cultivées ainsi que les flûtes sacrées ont été découverts par les femmes. Les hommes, qui ont volé ces pouvoirs aux femmes, les maintiennent à jamais séparés de ces dernières de peur qu'elles n'en recouvrent l'usage à leur profit. Les Baruya estiment que le sang menstruel a le pouvoir de détruire la force des hommes et de menacer l'ordre social et cosmique. Ils considèrent, par ailleurs, que le sperme est source de vie et, dans leur désir de réengendrer les garçons hors du monde féminin, ils confèrent aux initiés pubères la mission d'inséminer oralement les jeunes garçons qui viennent d'être séparés du monde des mères. Cette homosexualité rituelle est un instrument au service de leur volonté de magnifier les hommes au détriment des femmes.

Il existe aussi entre les hommes baruya une hiérarchie, dominée par les « Grands Hommes », maîtres des rituels d'initiation, les grands chamanes, grands guerriers et chasseurs de casoar. Il n'y avait pas dans cette société de *big men* accumulant les richesses pour les répartir dans des échanges cérémoniels, comme il en existe ailleurs en Papouasie-Nouvelle-Guinée, par exemple chez les Melpa*. Une grande partie du temps était consacrée à la guerre : la réputation des guerriers des tribus dites kukakuka s'étendait très loin en Nouvelle-Guinée ; leurs raids semaient la terreur. Par ailleurs, ces guerriers pratiquaient le cannibalisme sur leurs ennemis.

Les Baruya parlent une langue non austronésienne.

Histoire. À partir de 1951, les Baruya furent contrôlés par l'administration australienne. La guerre fut interdite ; les premiers missionnaires, des luthériens, arrivèrent en 1963, une école primaire fut construite, etc. À partir de 1966, plusieurs Baruya furent envoyés dans les villes de l'intérieur pour recevoir une éducation secondaire ; certains d'entre eux devinrent ingénieurs, policiers, infirmiers. Mais la plupart des jeunes gens furent envoyés ou partirent travailler dans les plantations sur la côte ou en Nouvelle-Bretagne. Après l'indépendance de la Papouasie-Nouvelle-Guinée (1975), les guerres ont repris entre les Baruya et leurs voisins. Parallèlement, les cultures commerciales (café, etc.) se sont multipliées. Les conversions aux diverses formes de christianisme sont devenues fréquentes, surtout chez les femmes. Une large part des rituels a été abandonnée, mais les rites d'initiation des garçons et des filles se sont maintenus jusqu'à nos jours.

Basotho. Peuple du Lesotho [env. 1,6 million] et d'Afrique du Sud [estim. 600 000], vivant dans un environnement de plateaux élevés et de montagnes : les étés sont cléments, les hivers froids et humides.

❑ Principalement agriculteurs et éleveurs, les Basotho vivent dans des petits villages de moins de 300 habitants. Les hommes, lorsqu'ils ne sont pas partis travailler dans les zones urbaines ou les centres industriels d'Afrique du Sud, s'occupent du bétail, se déplaçant à cheval sur les pistes rocailleuses. Les femmes se chargent des tâches agricoles.

La présence des missionnaires a exercé une

profonde influence. Les écoles d'initiation masculine et féminine ont quasiment disparu et les rites de la pluie, autrefois liés au pouvoir politique, ne sont plus pratiqués. Cependant, si les trois quarts des Basotho se disent chrétiens, les croyances traditionnelles restent vivantes. De nombreuses prières et offrandes sont adressées aux *badimo*, ancêtres de la lignée masculine. Ces derniers se manifestent de préférence dans les rêves.
Les Basotho parlent le sesuto, une langue bantoue du groupe sotho-tswana.
Coutume. Le mariage donne lieu à une compensation matrimoniale, appelée *bohadi*, versée par la famille du marié à la famille de la mariée ; elle se compose d'un certain nombre de bœufs et de vaches. Tant que le *bohadi* n'est pas versé intégralement, les enfants qui naissent du mariage demeurent affiliés au père ou au frère de la mère.
Vêtement. Il se caractérise par le port d'un chapeau de paille conique et d'une couverture en laine dont les motifs géométriques reprennent ceux des peintures murales exécutées par les femmes, qui utilisent pour cela des argiles de couleur ocre, mélangées à de la cendre ou à de la bouse de vache.
Histoire. La formation du peuple basotho est récente, et peut être attribuée à Moshweshwe, à l'origine chef d'une petite communauté. En 1820, alors que la région est en proie à des mouvements de populations qui s'efforcent d'échapper aux guerres fratricides (*difaqane*) liées à l'émergence de l'Empire zulu*, Moshweshwe décide de s'installer dans une forteresse naturelle appelée Thaba Bosiu. De là, il refoule les attaques des Ngwane, des Tlokoa et des Ndebele* de Mzilikazi (1931). Parallèlement, il mène une stratégie de regroupement des réfugiés et des ennemis vaincus, en leur donnant des terres et en pratiquant les mariages d'alliance. Il joue aussi des rivalités coloniales en faisant appel à des missionnaires français. Au milieu du XIXe siècle, après l'échec d'une tentative britannique, les Boers de l'État libre d'Orange dévastent le pays, mais ne peuvent venir à bout de Thaba Bosiu. Le Royaume basotho est finalement placé sous protection de la Couronne britannique, trois ans avant la mort de Moshweshwe, en 1870. Il est devenu indépendant en 1966. Les Basotho qui vivent en Afrique du Sud ont connu un sort différent. Il leur fut attribué un bantoustan, appelé QwaQwa, démantelé après la chute du régime d'apartheid.

✦ Dénom. [var.] Bassouto, Basuto ; [syn.] Sotho.

Batak. Groupe de peuples d'Indonésie, habitant le nord de l'île de Sumatra (Sumatra Utara) [env. 4,1 millions].
❑ Pratiquant l'agriculture sur de hauts plateaux (riz, cultures maraîchères), les Batak ont également émigré massivement après l'indépendance de l'Indonésie vers Medan (la capitale provinciale) et Jakarta.
On distingue les Dairi-Pakpak (à l'ouest et au nord-ouest du lac Toba, autour de Sidikalang), les Karo (au nord, autour de Kabanjahe), les Simalungun (au nord-est et à l'est du lac Toba, autour de Pematang Siantar), les Toba (dans l'île de Samosir ainsi qu'au sud-est, au sud et au sud-ouest du lac Toba), les Angkola (au sud des précédents, autour de Sipirok, ainsi que dans les îles Simeuloe et Banyak) et les Mandailing (encore plus au sud).
Tous ces sous-groupes ont un système de parenté patrilinéaire ; la résidence est virilocale. Les familles nucléaires se rattachent à une famille étendue descendant d'un même aïeul, dépendant elle-même d'un clan local (*marga*), exogame, qui se reconnaît une même origine que les autres clans portant le même nom. Ceux-ci se retrouvent parfois d'un sous-groupe à l'autre dans l'ensemble du pays batak. Entre ces clans, les échanges matrimoniaux obéissent au schéma classique du système d'échange généralisé.
Chaque ensemble de trois clans en relation d'échange matrimonial (le clan d'Ego, le clan de ses « donneurs de femmes » et le clan de ses « preneurs de femmes ») constitue l'unité de base de la société. Les villages, composés de plusieurs clans, étaient regroupés en communautés territoriales. La société n'était hiérarchisée (en nobles, roturiers et esclaves) que chez les Toba et les Simalungun. Jusqu'au XIXe siècle, les Batak reconnaissaient l'autorité suprême et héréditaire d'un *Si Singamangaraja*, au rôle essentiellement religieux.
La religion ancienne était fondée sur la croyance en une divinité suprême régissant les trois mondes d'en haut, du centre (notre monde) et d'en bas, placés chacun sous l'autorité d'une divinité particulière. On rendait aussi aux ancêtres un culte, dont les cérémonies funéraires constituaient la première phase. Les ossements étaient conservés dans une bâtiment particulier chez les Karo, dans des sarcophages de pierre chez les Toba. Des chamanes maintenaient le contact avec les es-

prits. La christianisation n'a pas complètement éliminé la croyance aux esprits (qui a même suscité la naissance d'une religion syncrétique fondée sur leur culte, le *parmalim*). Certains Karo, réfractaires au christianisme, se sont ralliés à une forme d'hindouisme.

Les Batak parlent un ensemble de langues apparentées, propres chacune à un sous-groupe particulier, et appartenant au groupe des langues malayo-polynésiennes de l'Ouest. Pour noter (sur des manuscrits d'écorce), leur langue écrite (langue toba), ils utilisent un syllabaire qui leur est propre, apparenté à l'ancienne écriture du malais.

Art. Ils sont connus pour leur architecture en bois et leurs tissages traditionnels.

Histoire. Retranchés sur leurs hauts plateaux, les Batak étaient réputés cruels et anthropophages (ils pratiquaient en effet dans certains cas des sacrifices humains et l'anthropophagie judiciaire). Ils se montrèrent longtemps hostiles à toute pénétration. Aussi l'histoire du pays batak reste-t-elle mal connue. On sait cependant que celui-ci a été en contact très anciennement avec des voyageurs venus de l'Ouest (Inde et Moyen-Orient). Ainsi, le port de Barus sur l'océan Indien, exportateur de camphre jusqu'à aujourd'hui, est mentionné par Ptolémée sous le nom de Barusai. De nombreux termes batak dénotent une indéniable influence postérieure du sanskrit. La fermeture du pays batak fut peut-être une réaction de défense, à partir des XIVe-XVe siècles contre des empiétements des royaumes malais* musulmans. L'islamisation du pays mandailing vers 1830-1840 et la christianisation du pays toba, entre 1860 et 1900, remirent le pays batak en contact avec le monde extérieur.

✦ Dénom. Seuls les Toba se réclament volontiers de l'appellation Batak, qui est plus ou moins vivement récusée par les autres groupes, en particulier les Karo et les Mandailing.

Beaver. Société amérindienne du Canada (Alberta, Colombie Britannique), habitant le bassin de la Peace River [env. 1 500].

❑ Dispersés dans de petites réserves, ils appartiennent au groupe athapaskan du Nord. Les coureurs des bois français les appelaient « Castors ».

Bédouin(s). On appelle ainsi des pasteurs nomades de langue arabe pratiquant traditionnellement un nomadisme de grande amplitude, axé principalement sur l'élevage du chameau (dromadaire) et son utilisation comme monture pour la course et la guerre (selle à arçons). L'habitation caractéristique est la tente tissée en poils. La morphologie sociale est tribale. Des groupes chameliers à l'ethos guerrier et aristocratique marqués ont une position politique dominante. L'aire géographique concernée est vaste qui comprend l'ensemble du monde arabe actuel et le déborde même par endroits (Iran, Turkestan, Tchad). Leur poids démographique dans le monde arabe, de longue date très faible, est de nos jours infime ; il est pratiquement impossible à chiffrer, ne serait-ce que par ce que les critères de recensement varient selon les pays.

❑ Tenus par les autres et par eux-mêmes pour de vrais Arabes, les Bédouins ne constituent en tant que tels ni un peuple distinct, ni une société à part entière, sans être toutefois une simple couche parmi d'autres de la population. Leur mode de vie figure celui, ancestral, de tous les Arabes et l'on sait la valeur majeure que cette culture accorde à l'ancestralité. Leur place est aussi de premier plan dans la mémoire historique de l'islam. Aussi le monde bédouin apparaît-il doté d'une identité forte. Incarnée idéalement par les tribus guerrières de chameliers, celle-ci est néanmoins objet de représentations contradictoires et difficile à cerner concrètement. L'imaginaire arabe, puis occidental, a brodé sans fin sur l'archétype bédouin, quintessence de l'arabité et de ses vertus – honneur, virilité, chevalerie, longanimité –, mais cette idéalisation romanesque a été de tout temps contrebalancée par des stéréotypes négatifs. Mesurés à l'aune des normes islamiques ou gouvernementales, des valeurs citadines ou paysannes, les Bédouins sont avant tout des rustres et des pillards, indociles et impies. L'ambivalence est du même ordre dans le regard occidental.

Une frontière nette entre Bédouins et non-Bédouins est impossible à tracer. Quelques tribus ou, mieux, quelques segments de tribus seulement répondent au double critère de la spécialisation chamelière et guerrière. Beaucoup élèvent aussi ou surtout du petit bétail. Les groupes chameliers n'ont pas tous un rang et une position politique supérieurs. Une stricte spécialisation pastorale est elle-même loin d'être la règle. D'autres activités et ressources ont été associées à l'élevage : la razzia de troupeaux, forme de rapine éminemment noble chez les Bédouins ; le convoyage et la protection des caravanes et des oasiens ; de nos jours les emplois salariés ou la contrebande ; enfin, de tout temps, l'agriculture elle-même, en principe si méprisable à leurs yeux. Entre éleveurs nomades et paysans sédentaires il y a toute une gamme de modes de vie intermédiaires. En fait les agro-pasteurs, nomades ou semi-nomades, ont toujours été plus nombreux que les purs pasteurs. D'autre part l'économie bédouine, jamais autarcique, est d'autant plus dépendante de l'extérieur que sa spécialisation pastorale est forte. Des relations quasiment symbiotiques relient le monde bédouin au monde sédentaire, malgré l'antagonisme inexpiable censé les opposer.

L'organisation tribale bédouine n'est pas un système sans État mais en marge de l'État. Jamais absent de l'horizon politique des tribus, et ce depuis l'origine, celui-ci est à la fois une menace récurrente pour leur autonomie et la meilleure occasion d'union entre elles. Le jeu politique interne aux tribus ne va pas toujours sans interférence du pouvoir central. Rien n'est plus typique de la culture bédouine que ces immenses arbres généalogiques classant par centaines les tribus actuelles par rapport à celles du passé. C'est pourtant une institution propre au premier État islamique (VIIe-VIIIe siècle) qui en est à l'origine.

Le système social bédouin comprend des tribus nomades différenciées par le mode de vie, la taille, la force militaire, le prestige. Les groupes politiquement dominants, dont prestance guerrière et pureté du sang font la noblesse, accordent leur protection à des groupes tributaires selon de solennels pactes de « fraternité » (*khûwa*), ainsi qu'à des lignages de statut religieux. Mais dans cet espace nomade et tribal tous ne sont pas nomades ni, surtout, hommes de tribu. Il faut aussi y inclure des communautés sédentaires, oasiennes notamment, plus ou moins assujetties aux tribus, et ceux qui, vivant agrégés aux campements, sont encore plus intimement liés à leur vie sociale – esclaves, forgerons, groupes parias, tels les chasseurs-musiciens Sleyb d'Arabie –, mais exclus de ses rangs et statutairement stigmatisés.

Les Bédouins sont musulmans sunnites. Leur observance se limite pratiquement à l'abattage rituel. Le culte des saints, prégnant chez les uns, est absent chez d'autres. De petites tribus d'Arabes chrétiens nomadisaient encore il y a quelques décennies au Machrek.

Histoire. C'est vers les IIIe-IVe siècle de notre ère, avec l'adoption par des pasteurs chameliers arabophones d'Arabie du Nord de la selle à arçons, qui fait d'eux de grands nomades guerriers, que voit le jour un mode de vie spécifiquement bédouin. À l'avènement de l'islam, la Péninsule est déjà largement bédouinisée et arabisée et ce sont des tribus bédouines qui vont être le fer de lance de son expansion initiale. La diffusion du bédouinisme hors de son berceau d'origine, bien que liée à l'islam, résulte plutôt de migrations tribales ultérieures – telle, au XIe siècle, l'invasion du Maghreb par les terribles Banû Hillâl, aussi destructeurs qu'une « nuée de sauterelles », d'après le grand historien Ibn Khaldûn, mais héros d'épopées dans la tradition orale – et davantage encore de processus divers d'acculturation. Jusqu'à l'époque moderne la dissidence des tribus est une donnée endémique, les États ne pouvant au mieux que jouer de leurs divisions. De temps à autre le jeu bascule : des tribus rassemblées autour d'un réformateur religieux ou d'un prétendant dynastique vont jusqu'à conquérir le pouvoir et fonder un nouvel État. La fondation au début du siècle du royaume saoudien reproduit encore ce schéma.

✦ Dénom. [autod.] Badw, Badawîn, et aussi 'Arab, A'râb, de deux racines distinctes mais de sens semblable : « habitants du désert ».

Béjja. Peuple du Soudan, d'Érythrée et, marginalement, d'Égypte [estim. 2 millions].

❑ Les Béjja sont établis dans les montagnes situées entre la vallée du Nil et la côte de la mer Rouge. Ils se répartissent en quatre fédérations, dont les Béni Amer au sud.

Ce sont avant tout des éleveurs, nomadisant entre la vallée du Nil, les hautes terres et la plaine côtière, mais aussi des cultivateurs (céréales). Ils sont soumis à de fortes pressions à l'assimilation et à la sédentarisation, mais leur société conserve ses traits traditionnels de sujétion. Ils sont musulmans, et parlent une langue couchitique.

Histoire. Présents dès avant l'ère chrétienne, les Béjja restèrent longtemps à l'écart des royaumes chrétiens de Nubie comme des États musulmans de la côte. La confédération Béni Amer se forma au XVIe siècle. À l'époque moderne, les Béni Amer se soulevèrent dès 1958 contre les Éthiopiens et adhérèrent au Front de libération de l'Érythrée (FLE), peu à peu éliminé des basses terres par le Front populaire de libération de l'Érythrée (FPLE). Des Béni Amer participent à l'opposition islamiste érythréenne dans les camps de réfugiés au Soudan.

Bemba. Peuple du nord-est de la Zambie (Northern Province), occupant les bassins de la Chambeshi et des rivières voisines, en zone de savane [estim. 600 000]. Le terme est aussi utilisé plus largement pour désigner les populations parlant des langues apparentées, dans tout le nord de la Zambie.

❑ Pour l'essentiel, les Bemba sont cultivateurs itinérants sur brûlis (manioc, éleusine) et entretiennent des potagers situés à proximité de leurs (petits) villages ; de nombreux jeunes travaillent dans le Copperbelt. Répartis en clans matrilinéaires, ils pratiquent la petite polygamie et le lévirat. Leur vingtaine de chefferies sont placées sous l'autorité d'un roi sacré (*citimukulu*). Parallèlement au protestantisme et au catholicisme, la religion traditionnelle reste vivace (culte des ancêtres et de génies des lieux, transes divinatoires, contre-sorcellerie). Des sectes syncrétiques et prophétiques se sont développées. Le *cibemba*, langue bantoue, est la langue la plus parlée de Zambie, où elle est devenue la langue véhiculaire de la moitié nord du pays.

Coutume. Le gendre bemba est tenu de résider dans le village de son épouse pour rendre des services à ses beaux-parents, souvent jusqu'au moment où son épouse a donné naissance à un ou deux enfants.

Histoire. Les ancêtres des Bemba seraient arrivés au XVIIe siècle du pays luba*. Le XIXe siècle fut marqué par trois faits importants : concentration du pouvoir dans les mains d'un seul des lignages du clan royal, forte expansion militaire (1860-1883) et fourniture d'ivoire et d'esclaves aux Arabo-Swahili*. Les Britanniques prirent possession facilement du pays bemba (1896-1899), qui fut intégré dans la Rhodésie ; les Bemba ont fourni l'essentiel de la main-d'œuvre de la Copperbelt industrielle.

✦ Dénom. [var.] Wabemba, Wemba, Awemba ; [autod.] Babemba.

Berbère(s). Ensemble de sociétés vivant au Maroc, en Algérie, au Mali, au Niger, au Burkina Faso, en Libye, en Tunisie, en Mauritanie et en Égypte [estim. 20 millions].

❑ Sont dits Berbères ceux des habitants de l'Afrique du Nord qui parlent l'une des trois à quatre mille variétés locales de la langue berbère. Ces variétés, il en est d'isolées ; il en est que leur contiguïté et la convergence dialectale ont permis de rassembler sous des dénominations empruntées aux locuteurs. Une classification culturelle en découle, de peu de pertinence sur un plan anthropologique.

Au Maroc, les Chleuhs* et les Imazirhenes* forment avec une partie des Rifains* 40 % de la population nationale [soit 12 millions de Berbères]. En Algérie, cette proportion est à diviser par deux et les aires berbères se disjoignent : Kabyles* à l'ouest et à l'est d'Alger, Chaouias* de l'Aurès, Zénètes* du Gourara-Touat-Tidikelt, du Mzab, de Ouargla, Touaregs* du Sahara central [au total, un peu plus de 6 millions de personnes]. On trouve des îlots berbérophones dans le sud de la Mauritanie [12 000 à 25 000], de la Tunisie [60 000 à 90 000], en Libye [300 000 à 550 000] et jusque dans l'oasis de Siwa en Égypte [10 000 à 20 000]. Les Touaregs du Burkina Faso, du Mali, du Niger sont, en zone sahélienne, les Berbères les plus méridionaux [environ 2 millions].

Les Berbères sont musulmans, de rite malékite, comme leurs voisins arabophones, à l'exception des Mozabites en Algérie et des gens de l'île de Djerba, en Tunisie, qui sont de rite ibadhite. Une poignée de Kabyles chrétiens s'est réfugiée en France peu avant et peu après l'indépendance de l'Algérie.

La langue berbère fait partie de la famille chamito-sémitique. Elle n'est et n'a été écrite que par exception, en dépit de l'existence d'un alphabet propre, attesté dès l'Antiquité, les *tifinarh*. Après avoir couvert toute l'Afrique du Nord, le berbère a cédé beaucoup de terrain devant l'arabe ; il est généralement pratiqué, de nos jours, en situation de diglossie. La littérature orale est riche et, depuis quelques années, des genres écrits sont expérimentés.

Dans le cadre d'États-nations dont aucun ne reconnaît sérieusement leur particularisme culturel, certains Berbères mènent depuis quelques décennies, sous la conduite d'intellectuels, un combat identitaire prenant à l'occasion des formes violentes : « Printemps berbère » kabyle en 1980, lutte armée des « Fronts » touaregs depuis les années 1990.

Histoire. L'histoire antique des Berbères, globalement celle d'une résistance à la romanisation, est documentée. Leur histoire médiévale a fait l'objet de la vaste recension d'Ibn Khaldoun (1322-1406) où les premiers spécialistes modernes de l'Afrique du Nord puisèrent les termes et le principe d'une classification qui a fait son temps (Botr et Branès, Sanhadja et Zenata, etc.). Durant le Moyen Âge, des Bédouins* d'Arabie ont infiltré le Maghreb des cités puis celui des steppes, en prosélytes de l'islam d'abord, ensuite comme mercenaires ; la première étape enjambe les VIIe et VIIIe siècles de notre ère, la seconde les XIe et XIIe siècles. La langue arabe s'est alors implantée, qui continue de progresser au détriment des parlers berbères. Les dynasties autochtones se sont, quant à elles, effacées au XVIe siècle. L'Afrique du Nord dans son ensemble, et un secteur mouvant mais qui a été considérable de la Péninsule ibérique avaient connu la dynastie des Almoravides (1055-1130) – issue du rameau sanhadja dans la classification khaldounienne – puis celle des Almohades (1130-1269), d'origine masmouda. Zénètes d'origine, les Mérinides (1258-1471) et les Ouattassides (1471-1555), n'ayant pu empêcher la *Reconquista* des Ibériques puis leur intrusion en plusieurs points du littoral tant atlantique que méditerranéen, furent écartés de la conduite des affaires marocaines par des descendants du Prophète, les Saadiens (1555-1659). À l'est du Maroc, ce fut l'intervention turque qui supplanta les Zénètes Abdelouadides du Royaume de Tlemcen et les Hafsides masmoudiens de Tunis. En ce qui regarde l'histoire contemporaine, elle est à lire au niveau des sous-ensembles culturalo-linguistiques ci-dessus distingués.

✦ Dénom. À la dénomination française et ses équivalents dans les langues occidentales, le mouvement identitaire tend à substituer le vocable *Imazirhen* (sing. *Amazirh*). C'est vouloir étendre à l'ensemble du domaine et de ses habitants le nom que se donnent à eux-mêmes les berbérophones du Maroc central et de quelques autres régions ainsi que les Touaregs – ces derniers avec diverses variantes phonétiques (*Imajerhen*, par exemple). Contrairement à ce qu'on lit souvent, *amazirh* ne signifie pas « homme libre » ; cet effet de sens apparaît dans le contexte d'une société stratifiée – chez les Touaregs certes, voire dans le sud-est marocain – mais la valeur de la racine reste, au vrai, inconnue. De même, le mouvement identitaire tend à imposer pour la langue berbère, aux multiples dénominations locales, la seule désignation de *tamazirht*.

Bété. Peuple vivant dans l'ouest de la Côte d'Ivoire, dans une région de forêt dense humide et de sols fertiles, propices à la riziculture [estim. 370 000 en 1970, dont 40 % de citadins, principalement abidjanais].

❑ Les Bété, qui appartiennent à l'ensemble Kru*, se répartissent en trois grands groupes : Bété de Daloa, Bété de Soubré et Bété de Gagnoa. L'unité sociopolitique la plus vaste, la « tribu », dont le nom est formé à partir de l'ancêtre fondateur, correspond tantôt au clan, tantôt à plusieurs lignages moyens, et couvre en moyenne 5 ou 6 villages (le pays bété en compte 93). Patrilinéaires et virilocaux, les Bété forment une société lignagère, dépourvue de pouvoir centralisé. Avant le développement de l'économie de plantation (café et cacao) à partir des années 1925, la chasse collective dans le cadre lignager et la guerre étaient les activités masculines essentielles.

La religion traditionnelle (*Lago Tapé* est l'entité créatrice du monde) cohabite avec une christianisation partielle.

Les Bété parlent une langue kwa. On peut leur rattacher les Niaboua (15 000), les Niédéboua (3 000), les Kouzié (1 000) et les Kouya (5 000).

Histoire. Les Bété résistèrent longtemps à la colonisation française. Ils ont la réputation d'être indépendants d'esprit et de caractère belliqueux. Après l'indépendance de la Côte d'Ivoire, les rapports entre les Bété et le gouvernement central furent souvent conflictuels. En octobre 1970, en période électorale, plusieurs centaines de paysans, conduits par un étudiant, Ngrabé Kragbé, occupèrent le centre de la ville de Gagnoa et proclamèrent une éphémère « république d'Éburnie ». La répression fut rapide et sans merci.

Beti. Peuple du Cameroun méridional (région de Yaoundé) installé sur la rive sud du fleuve Sanaga, en zone de forêt tropicale, à la limite de la savane [plus de 500 000].

❑ Les hommes chassent, pêchent et s'adonnent au travail du fer et du bois tandis que les femmes se chargent de l'agriculture (banane plantain, igname, maïs, manioc et légumes). Ayant délaissé la guerre comme mode d'accumulation, les Beti mêlent aujourd'hui les biens de consommation occidentaux à leurs circuits commerciaux traditionnels. La richesse est source de prestige et de pouvoir.

Membres du groupe pahouin*, les Beti ont une organisation sociale lignagère, segmentaire et patrilinéaire. L'unité sociale de base est le *mvog*, qui correspond à un segment. Il n'y a pas de pouvoir central et c'est l'action coloniale qui a rassemblé les hameaux au bord des pistes principales.

Les Beti se sont convertis au christianisme sous l'influence des missionnaires allemands. Toutefois, des éléments traditionnels, tels que la croyance en la sorcellerie ou en la réincarnation des ancêtres en mammifères, continuent d'intervenir dans leur vie quotidienne.

Les lignages Beti conquérants (*cf. infra*) par-

laient initialement *l'ati,* mais aujourd'hui la population s'exprime principalement en ewondo, dialecte des Kolo Beti qui fut imposé par les colonisateurs. L'ewondo appartient à la branche sud de la famille bantoïde de l'embranchement Niger-Congo.
Histoire. Petite minorité aristocratique venue du nord au XVIIIe siècle, les conquérants Beti se sont imposés par leur supériorité militaire et leurs capacités d'agriculteurs. Les trois lignages majeurs (Enoa, Enwondo et Bene) ont constitué progressivement la population actuelle, par assimilation ou compromis culturel avec les couches de population déjà présentes dans la région (Pygmées*, Ola, Maka et Mvumbo, Fang*, Basa).
✦ Dénom. [var.] Béti ; Bëti, Bäti, Bêti.

Betsileo. Population du centre de Madagascar, occupant les hautes terres comprises entre le Vakinankaratra, au nord, et le pays bara*, au sud [estim. 1, 3 million].
❑ Les Betsileo sont renommés pour leurs rizières étagées (*kipahy*), qui sculptent des versants entiers des montagnes. Ce sont aussi de grands éleveurs (un même terme, *vala*, signifie à la fois « hameau » et « parc à zébus »). Mais, poussés par la pression démographique, ils émigrent nombreux dans les basses vallées et deltas de l'Ouest, où ils ont, avec les émigrés du Sud-Est, développé la riziculture.
Leur société est fortement hiérarchisée. Ses deux ordres (nobles, roturiers) étaient autrefois placés sous l'autorité de souverains (*hova)* au pouvoir absolu ; les esclaves, comme ailleurs dans l'île, étaient « hors société ».
Funérailles. Jusqu'à la catholicisation, les funérailles roturières se déroulaient dans un climat de grande licence sexuelle (*fiandravanana*), tandis que celles des rois donnaient lieu au culte du *fanany*, un serpent censé naître des sanies des souverains morts dont on conservait les corps jusqu'à complète putréfaction.
Histoire. Peuplé de populations d'origines diverses, venues d'Imerina et des régions du Sud-Est, le pays betsileo se divisa au XVIIIe siècle en quatre royaumes (Manandriana, Lalangina, Isandra, A..indrano), jusqu'à la conquête merina* au siècle suivant. La colonisation française eut de notables répercussions sur l'écosystème.
→ **Malgaches**

Betsimisaraka. Population de la côte est de Madagascar, habitant les régions forestières comprises entre le sud de la basse vallée du Mangoro et la région de Sambava, dans la pointe nord de l'île. On distingue les Betsimisaraka du Sud, les Betanimena et les Betsimisaraka du Nord [estim. 1,6 million].
❑ Traditionnellement, les Betsimisaraka vivaient en hameaux dispersés et pratiquaient la riziculture itinérante sur brûlis. Après la colonisation, regroupés en villages, ils ont transformé les fonds de vallées en rizières et mis en culture les collines (maïs, manioc, bananier, café, vanille, poivre, girofle, etc.).
Leur système de parenté distingue les parents paternels des parents maternels, et attribue un grand rôle à l'oncle maternel, *zama*. Les mariages sont exogames, excluant toute union à l'intérieur des mêmes lignages et, aussi, des mêmes parentèles. Théoriquement, la résidence est viripatrilocale et les maris qui « suivent leurs femmes » encourent le mépris. Cela étant, l'importance prise par la riziculture et la valorisation des terres qui en découle modifient rapidement les principes de résidence postmaritale et de filiation : un système de parenté cognatique se développe.
Funérailles. Les morts sont enterrés définitivement, sauf création de nouveaux tombeaux *trano manara* (« maisons froides ») marquant l'émergence de nouveaux groupements de descendance (*fehitry*). À leur mort, les conjoints rejoignent le tombeau correspondant à l'un de leurs *fehitry* d'origine. Suivant les régions, les tombeaux sont des enceintes à claire-voie couvertes d'un toit, abritant plusieurs cercueils collectifs, ou des maisons en dur abritant une ou deux fosses, masculine ou féminine (les corps, séparés par sexe, sont protégés de l'inceste au-delà de la mort).
→ **Malgaches**

Bhil. Peuple de l'Inde (Rajasthan, Gujarat, Maharashtra, Madhya Pradesh) [env. 5,5 millions].
❑ Les Bhil sont agriculteurs itinérants sur brûlis ou sur flancs montagneux et pasteurs, avec l'économie forestière (pêche, chasse à l'arc) comme appoint.
Ils constituent une société endogame et patrilocale de type segmentaire patrilinéaire : leurs nombreux clans sont dispersés à l'extrême dans les hameaux (*phaliya*) ; cette dispersion favorise les relations locales avec les indiens de caste. Au sommet de la structure villageoise, on trouve le chef du village (*nat patel*) et le chef de clan (*tarwi*). Le partage du pouvoir est variable selon les régions.

Beaucoup de Bhil sont hindous. À côté des cultes domestiques et villageois, le mouvement sectaire *Bhagwan* est très important : il induit une valorisation des *Kshatriya* et une opposition aux brahmanes qui traduit de la part des Bhil la recherche d'un statut équivalent à celui des Rajput.

Il existait vraisemblablement une langue propre aux Bhil, aujourd'hui disparue. L'actuel bhili provient du gujarati. Les Bhil parlent aussi divers dialectes issus de la langue dominante de leur lieu d'habitat.

Histoire. Les Bhil ont gardé une image guerrière, largement développée par l'imaginaire colonial, qui pousse la société indienne à les considérer comme des « sauvages », des « barbares ». En fait, autefois, pour gérer les conflits dans l'ensemble de la région, on employait les Bhil comme hommes de main. Les nobles faisaient ainsi pression sur le raj pour gagner une relative indépendance, et les Bhil en retiraient un statut important. De plus, ces derniers contrôlaient de nombreux passages commerciaux. Les Britanniques opérèrent – en recourant aux Bhil – une « pacification » de la région qui fit perdre à ce groupe son rôle et son statut ; il fut renvoyé aux marges de la civilisation indienne. En réaction, les Bhil s'engagèrent dans de nombreux mouvements socio-religieux (du début du xxe siècle à l'indépendance). Les conflits actuels portent sur la construction de barrages sur le fleuve Narmada, qui entraîne l'expropriation de nombreux groupes tribaux, dont des Bhil.

✦ Dénom. Le vocable Bhil (« arc ») est exogène aux groupes qu'il recouvre, qui utilisent de préférence les appellations claniques. Le terme est d'autant plus refusé par les groupes des plaines qu'ils tentent pour des raisons de pureté et par voie d'endogamie de se dissocier des groupes des montagnes qui, pour eux, sont les « vrais » Bhil.

Bhotia. Terme d'origine indienne, employé par les administrations de l'Inde et du Népal pour désigner, de façon indistincte, l'ensemble des populations tibétaines des zones frontalières septentrionales de ces deux pays (Sikkim, Solu Khumbu, Lo [ou Mustang], Dolpo, Lahul et Spiti, etc.). Ce terme porte souvent des connotations péjoratives dans la bouche des hindous et n'est pas employé par les populations en question.

✦ Dénom. [var.] Bhoté.

→ **Tibétains**

Bhotia (du nord-ouest de l'Inde). Désignation employée par l'administration indienne, qui regroupe diverses populations tibétaines des zones frontalières allant du Kumaon (État d'Uttar Pradesh) au Kinnaur, au Spiti et au Lahul (Himachal Pradesh), voire au Ladakh et au Zanskar (État du Jammu et du Cachemire).

❑ Il s'agit en général de populations d'agriculteurs-éleveurs sédentaires de quelques milliers de personnes, s'étendant sur de hautes vallées (faible pluviosité, agriculture par irrigation), dont celles de l'Indus et de la Sutlej, et dont la continuité culturelle avec les Bhotia du Népal est assez nette.

Plusieurs routes reliant le Tibet à l'Inde traversent ces régions et ont servi pour le commerce (laine et sel tibétains, etc.), les pèlerinages (au mont Kailash, notamment), pour diffuser le bouddhisme (du nord de l'Inde vers le Tibet, puis du Tibet à ces mêmes zones périphériques). Elles ont aussi permis l'expansion d'États comme ceux de Guge et du Ladakh dans l'Ouest tibétain, ou des Dogra (Sikhs). Ces zones périphériques de l'aire tibétaine sont marquées par la proximité du monde indien : imposition de structures politico-administratives, usage d'ethnonymes indiens (Rajpout, Thakour) dans les contacts avec des non-Tibétains, superposition de cultes bouddhistes et hindous. Ce sont des sociétés stratifiées à clans patrilinéaires, composées de nobles (*djo* au Lahul, *nono* au Spiti), de gens du commun et d'artisans (charpentiers, forgerons, musiciens...).

Ces régions sont marquées par la prépondérance de communautés de religieux bouddhistes, souvent mariés, des ordres Droukpa Kagyu et Nyingma, et par la moindre importance du monachisme.

→ **Bhotia**

Bhotia (du Népal). Terme désignant, au Népal, une dizaine de populations de culture tibétaine établies au nord du pays : Sherpa* (les mieux connus à travers le pays et souvent appelés par leur nom propre), Lowa (royaume de Lo, ou Mustang), Dolpowa, etc.

❑ Les communautés bhotia résultent, au moins en partie, de migrations venues du Tibet, et toutes ont connu (et connaissent encore) un processus de tibétanisation, concurrencé maintenant par l'influence grandissante du Népal hindou (voire de la mondialisation). Ce sont des communautés d'agriculteurs-éleveurs sédentaires de quelques milliers de personnes occupant de hautes vallées (de 2 500 mètres à plus de 4 000 mètres d'altitude, au Dolpo). L'irrigation permet de cultiver l'orge, le sarrasin, la pomme de terre. Le commerce nord-sud (sel tibétain contre céréales, thé, produits manufacturés), très réduit depuis l'annexion chinoise du Tibet, a été remplacé par des migrations temporaires ou saisonnières (travail salarié, commerce) vers le nord de l'Inde, voire l'Asie de l'Est.

Ces sociétés, claniques patrilinéaires, sont généralement stratifiées. La stratification est parfois liée, comme au Dolpo, à une hiérarchie entre groupes ethniques ayant immigré à des époques différentes. La pratique tibétaine commune de la polyandrie s'accompagne chez certains de ces groupes d'une règle d'ultimogéniture (Sherpa, Yolmowa).

Le bouddhisme tibétain est présent notamment à travers des religieux mariés de l'ordre Nyingma. On assiste depuis quelques décennies à un essor du monachisme.

✦ Dénom. [var.] Bhoté.

→ **Bhotia**

Bhotia (du Sikkim). Terme désignant principalement un peuple jadis dominant dans ce qui était le royaume himalayen du Sikkim (maintenant un État du nord-ouest de l'Inde). « Bhotia » désigne aussi d'autres populations locales de culture tibétaine et d'origines variées (Tibétains*, Bhoutanais*).

❑ Les Bhotia vivent d'agriculture en terrasse (riz, millet, maïs), de la culture de la cardamone noire, utilisée uniquement comme produit d'échange, et de l'élevage (de plus grande envergure dans le Nord). La jeune génération tend aujourd'hui à se diriger vers le secteur tertiaire, laissant les terres en fermage.

Un trentaine de clans patrilinéaires et organisés selon un ordre hiérarchique sont connus. Les douze clans de haut rang constituaient par le passé l'aristocratie sikkimaise. La résidence est généralement patrilocale.

Le Sikkim, avant 1975 (date de son introduction dans le système fédéral indien), était un royaume indépendant, dont le roi (*Chogyal* en tibétain, *Dharmaraja* en sanscrit) exerçait son pouvoir selon les principes bouddhistes. Une bureaucratie centralisée avait des ramifications jusqu'au niveau villageois.

« L'école des anciens » (*Nyingmapa*) du bouddhisme tibétain est la doctrine la plus répandue. Des textes produits localement ont été introduits au corpus de départ ; ici aussi le bouddhisme tibétain s'est superposé à des éléments religieux autochtones, comme les cultes aux divinités-montagnes. Les monastères jouent un rôle important dans l'organisation sociale des communautés villageoises. Des cultes impliquant la possession des officiants religieux sont également pratiqués.

Les Bhotia parlent un dialecte de la langue tibétaine, de la famille tibéto-birmane.

Histoire. La majorité des Bhotia du Sikkim descend d'immigrants venus du Tibet et du Bhoutan entre le XVIe et le XVIIe siècle. Ils ont joué un rôle important dans l'établissement de l'institution monastique et de la royauté du Sikkim (en coopération avec les chefs Lepcha pour cette dernière). Les transformations profondes du système d'administration de la terre ont été introduites au XIXe siècle par les Britanniques, qui permirent l'immigration des premiers paysans népalais. Le groupe Bhotia-Lepcha représente environ 20 % de la population totale du Sikkim.

✦ Dénom. Le terme Dendjongpa (du nom tibétain du Sikkim, Dendjong) est parfois utilisé ; il peut désigner cependant aussi les autres populations autochtones du Sikkim.

→ **Bhotia**

Bhoutanais. D'un point de vue culturel, ensemble des populations assez diverses, mais toutes apparentées aux Tibétains*, qui occupent les parties centrale et septentrionale de l'État himalayen du Bhoutan.

❑ Ces populations constituent le groupe politiquement dominant du pays. L'habitat est concentré dans les vallées d'altitude moyenne (1 100 à 2 600 mètres). Quelques groupes semi-nomades d'éleveurs de yaks (Bjop, Brogpa) vivent sur les hautes terres (plus de 3 500 mètres) du nord et dans l'extrême est du pays. La religion dominante, le bouddhisme tibétain, se superpose aux cultes des divinités locales. Les Bhoutanais se répartissent, d'est en ouest, en trois grands groupes linguistiques distincts, parlant des langues tibéto-birmanes des branches bodaise et tsangla.

Histoire. Le Bhoutan a été unifié au XVIIe siècle par l'ordre Droukpa Kagyu du bouddhisme tibétain, qui a donné son nom au pays (Droukyul). Des forteresses (*dzong*) furent érigées à travers le pays et devinrent les sièges provinciaux de l'administration et du clergé d'État. En 1907 fut instaurée la monarchie. Le *dzongkha*, langue officielle, est enseigné dans toutes les écoles, mais le pays reste marqué par sa diversité linguistique et ethnique.

Nation bouthanaise. Pris dans son sens national, le terme Bhoutanais englobe en outre des populations d'origine et de culture népalaises, majoritairement hindoues, qui se sont établies dans la bande méridionale de basses terres (300 mètres d'altitude) à partir de la fin du XIXe siècle. Ces populations sont regroupées par les Bhoutanais du Nord sous l'appellation de « frontaliers du Sud » (*Lhotsampa*).
✦ Dénom. [terme autochtone] Droukpa.
→ **Tibétain(s), Indo-Népalais**

Bhumij. Peuple de l'Inde (principalement Bengale-Occidental, Bihar, Orissa) [env. 530 000].
❑ L'économie des Bhumij repose principalement sur l'agriculture (riz) et les ressources subsidiaires offertes par la forêt. Actuellement, plus de la moitié d'entre eux sont des paysans sans terre.
Rattachés au groupe munda*, ils se divisent en plusieurs clans exogames, dont les principaux sont les Hemrom, les Hemla, les Chalki et les Saral. La filiation est patrilinéaire, et le mariage, arrangé ; les familles sont majoritairement nucléaires et patrilocales. La société a à sa tête un conseil dirigé par un « ministre » (*pradhan*).
Les Bhumij sont fortement hindouisés mais maintiennent les cultes à la divinité du village, appelée *baram*, ainsi qu'aux divinités *Singhbonga* et *Dharam Devta*. Pour rendre ces cultes, ils font appel à leur propre officiant religieux (*lava*), tout en ayant recours à des brahmanes de bas statut pour les offrandes liées aux cérémonies suivant la naissance d'un enfant ou aux cérémonies funéraires.
Les Bhumij parlent leur propre langue, issue du mundari ; ils parlent également le bengali, le hindi ou l'orya suivant l'État de résidence.
Histoire. Il existe des traces d'un système royal bhumij en Orissa et au Bihar. À l'époque coloniale, l'administration considéra les Bhumij comme des « brigands » (comme beaucoup d'autres groupes du plateau de Chotanagpur). La résistance des Bhumij à l'occupant britannique fut illustrée par une des premières grandes révoltes des groupes tribaux de la région du Bengale en 1832-33. Afin de bénéficier d'un meilleur statut, certains clans bhumij ont entrepris dans la seconde moitié du XXe siècle un processus de « kshatriyaisation » (comme beaucoup de groupes d'intouchables ou de tribaux), c'est-à-dire qu'ils revendiquèrent un rang et un statut relatifs au second *varna*, celui des *kshatriya* (guerriers et rois). Les Bhumij ont ensuite voulu que soient reconnues leurs valeurs « tribales », afin de pouvoir être comptés parmi les *Scheduled Tribes*.

Bisa. Peuple du nord de la Zambie, vivant dans les marais et sur les îles du lac Bangweulu, sur le plateau de la Northern Province et le long de la rivière Luangwa [estim. 140 000].
❑ Les Bisa pratiquent la culture itinérante sur brûlis (manioc, millet, sorgho ou maïs, selon les régions), la pêche et la chasse. Le XXe siècle a vu augmenter la migration des travailleurs vers les grandes villes.
Répartis en clans matrilinéaires et exogames, les Bisa pratiquent l'avunculat. Comme dans de nombreuses sociétés matrilinéaires de la région, après un mariage, le nouveau couple réside dans le village de l'épouse plusieurs années : le gendre est tenu de rendre divers services à ses beaux-parents. La fonction de chef villageois, habituellement réservée aux hommes, a déjà été détenue par une femme. Au niveau supérieur, les autorités coloniales britanniques ont imposé une hiérarchie entre les différentes chefferies, toutes réunies dès lors sous l'autorité d'un chef suprême.
Les Bisa pratiquent le culte des ancêtres et croient en un dieu, *Lesa*, créateur des hommes et source originelle des pouvoirs magiques. Celui-ci étant trop éloigné pour être l'objet d'un culte, les Bisa s'adressent à ses intermédiaires, les esprits. Ils pratiquent également la magie à des fins protectrices et la sorcellerie. Par ailleurs, ils sont christianisés (catholicisme, protestantisme), les missions s'étant implantées dès la fin du XIXe siècle.
Peuple de langue bantoue, les Bisa parlent un dialecte *bemba*.
Histoire. Les traditions orales qui font écho d'une origine Luba* ou Lunda* au XVIIe siècle, plutôt que de refléter une migration de population, révèlent l'intrusion de groupes de chefs qui ont favorisé un développement politique. En effet, des découvertes archéologiques récentes indiquent une longue période d'occupation dans cette région, remontant au XIe ou au XIIe siècle. De la fin du XVIIIe siècle au milieu du XIXe, les Bisa furent très impliqués dans le commerce de longue distance (esclaves – eux-mêmes étant victimes de la traite, ivoire, cuivre). Dès 1900, la British South Africa Company contrôla le territoire, qui devint protectorat britannique en 1924.
✦ Dénom. [syn, anc.] Wisa.

Blackfoot. Confédération de trois tribus d'Indiens des plaines installées dans des réserves aux États-Unis (Idaho, Montana) et au Canada (dans le sud de l'Alberta) [env. 25 000].

❑ Ils se divisent en Siksika (Blackfoot ou « Pied noir » proprement dits), Kainah (Blood ou « Frères de sang ») et Dikuni (Piegan). Toute leur économie reposait sur la chasse au bison. Ils razziaient les chevaux de leurs voisins et, le cas échéant, les trafiquants de fourrures. Ils portaient des tuniques caractéristiques en peau à franges décorées de perles et se paraient de grandes coiffes de plumes.

Pratiquant la polygynie, ils étaient organisés en bandes de chasseurs, placées sous l'autorité d'un chef qui les représentait au conseil de la tribu, et en confréries militaires.

Aujourd'hui, ils pratiquent surtout l'élevage des bovins, et bénéficient des retombées du tourisme et de la vente de leur artisanat. Ils se sont convertis au catholicisme, tout en parvenant à maintenir certains rites anciens comme leur variante de la danse du Soleil, célébrée à chaque solstice d'été, qu'ils appellent la *Grande Medecine Dance*.

Leur langue, de la famille algonquine, survit.

Histoire. Ils occupaient un immense territoire qui allait des rivières Saskatchewan du Nord et Battle, au Canada, au Yellowstone, dans le Montana. Ayant disposé du cheval et des armes à feu avant même les contacts directs avec les Blancs, ils se montrèrent souvent hostiles à ces derniers, sans rentrer en conflit ouvert avec les États-Unis (traité en 1855) et le Canada (traité en 1877). Ils menèrent de nombreuses guerres contre les Cree*, les Assiniboine*, les Dakota*, etc., et furent les alliés des Gros-Ventre et des Sarcee. L'épidémie de variole qui se déclara en 1837 les décima, et l'extermination des troupeaux de bisons par les Blancs au cours des années 1870-1880 les priva de leur moyen de subsistance.

✦ Dénom. Ils sont beaucoup plus connus sous leur nom anglais de Blackfoot que sous son équivalent français Pied noir.

Bobo. Peuple occupant un territoire de savane herbeuse et boisée à cheval sur le Mali et le Burkina [estim. 400 000].

❑ L'histoire ancienne des Bobo semble avoir été dominée par des guerres tribales et des démêlés avec les Soninké*, les Songhay* et les Banmana*. À l'époque coloniale, la famine et les abus du recrutement militaire motivèrent une révolte généralisée contre les Français (1915-16).

Des masques (végétaux, confectionnés à l'aide de fibres et de feuilles, ou en bois, le plus souvent ornementés d'une polychromie géométrique) servent dans les rituels initiatiques.

Bochiman(s). Groupe ethnique vivant en Namibie et au Botswana, dans le désert du Kalahari [env. 60 000].

❑ Les Bochimans, dont l'économie traditionnelle est basée sur la chasse et la cueillette pratiquées dans un environnement de brousse semi-désertique, se divisent en plusieurs sous-groupes (Gwi, Gana, Nharo, Aueisi, Auni-Khomani, Xoo, Juhoansi, Xu, Kxoe, Shua et Kua), établis chacun sur un territoire propre.

Chaque sous-groupe est à son tour divisé en communautés familiales d'une vingtaine à une centaine de personnes, qui se rassemblent autour des points d'eau durant la saison sèche pour ensuite se disperser. Il n'existe ni hiérarchie sociale ni pouvoir politique centralisé. La communauté est fondée sur des valeurs telles que l'égalité, la complémentarité et la responsabilité. Les Bochimans ne pratiquent aucun culte : leurs rapports avec le monde spirituel passent uniquement par des rituels au cours desquels le chamane, en transe, entre en communication avec les dieux et/ou les esprits des morts.

Les langues khoe et non khoe (communément appelées « langues à clics ») parlées par les différents sous-groupes appartiennent à la famille khoisan.

Art. Les Bochimans sont connus pour leurs peintures et gravures rupestres disséminées dans toute l'Afrique australe et s'échelonnant de – 26 000 av. J.-C. au XIXe siècle de notre ère. Les peintures et gravures traitent, par une série de métaphores, de questions vitales de société, de cosmologie et de religion. Nombre d'entre elles sont étroitement liées aux activités des chamanes et prennent sens à la lecture des croyances bochimans. La musique vocale polyphonique est aujourd'hui l'art le plus développé des Bochimans.

Histoire. Les Bochimans sont considérés comme les premiers habitants d'Afrique australe : ils s'étendaient probablement de la région du Cap en Afrique du Sud jusqu'au Zimbabwe. Depuis environ 2 000 ans, sous la pression des populations Khoisan d'éleveurs, puis des Bantous, ils ont connu plusieurs vagues de déplacement en direction du désert du Kalahari. Depuis l'arrivée des colons, à la fin du XVIIe siècle, nombre d'entre eux ont été dépossédés de leur territoire. Aujourd'hui,

rares sont ceux qui perpétuent leur mode de vie ancestral semi-nomade ; les Bochimans sont le plus souvent employés dans des fermes et sédentarisés.
✦ Dénom. [nama] San ; [setswana]. Basarwa.

Bodh. Peuple de l'Inde (Himachal Pradesh et Jammu-et-Cachemire) [plus de 50 000].
❑ Les Bodh sont avant tout agriculteurs (et, pour la plupart, paysans sans terre). Ils sont patrilinéaires. Leur résidence est patrilocale, et le mariage, le plus souvent arrangé. Leur société est fortement hiérarchisée : on trouve dans l'ordre les dirigeants (*gyalpo* ou *nond*), les « ministres » (*kahlon* ou *kharpan*), les cultivateurs (*mangrik*, *chezang* ou *bodh*), les artisans et enfin les musiciens (*mon*, *beda* ou *beta*).
Les Bodh sont essentiellement bouddhistes, ceux du Ladakh adhérant à la secte mahayana. Leur langue est proche du bhotia* et appartient à la famille linguistique tibéto-birmane.
HISTOIRE. Les Bodh semblent avoir beaucoup migré, faisant ainsi dépendre leur histoire de contextes spatio-temporels fluctuants. Leur stratification sociale et leur autodénomination par les termes *Raghubansi Rajput* (faisant référence à un statut de rang « royal ») laissent penser qu'ils entretenaient comme beaucoup de groupes tribaux des relations de dépendance et de service relativement fortes avec le pouvoir tant hindou que moghol. Ils sont répertoriés parmi les *Scheduled Tribes*.
✦ Dénom. Les Bodh de Jammu-et-Cachemire sont connus sous les noms de Ladakshpa ou Bodriksha, de Bhot, Chazang, lmaba, ou Jads en Himachal Pradesh.

Bodo. Peuple vivant en Inde (Assam) et au Bangladesh, ainsi qu'au Népal et en Birmanie [plusieurs centaines de milliers].
❑ Agriculteurs, éleveurs et artisans de la vallée du Brahmapoutre, les Bodo se répartissent en subdivisions régionales (Koch, Mech, Chutyia, Rajbansi, etc.). Patrilinéaires, ils sont désormais très largement incorporés à la société assamaise et au système des castes ; leur religion ancienne a subi l'influence de l'hindouisme, dont ils se réclament pour la plupart. Leurs diverses langues appartiennent à la branche assamo-birmane (barique) de la famille tibéto-birmane.
HISTOIRE. On attribue aux Bodo l'origine du premier royaume indianisé important de l'Assam, le royaume de Kamarupa (de fondation antérieure au IVe siècle), dans le prolongement duquel se situa le royaume fondé au XVIe siècle par la dynastie Koch et partagé en 1636 en deux zones d'influence, musulmane et ahom.
REMARQUE. On confond parfois le groupe ethnique bodo avec le groupe linguistique bodo au sens large, qui comprend, outre les Bodo, les Mikir, les Tripuri, les Garo et un certain nombre d'autres ethnies de la région.
✦ Dénom. [syn.] Boro, Bara.

Bontoc. Société des Philippines (île de Luçon) appartenant à l'ensemble Igorot*, et vivant dans la *Mountain Province*, plutôt centrale mais avec une chaîne qui s'étire vers l'est jusqu'aux monts Malayan [env. 135 000].
❑ Les Bontoc habitent des villages compacts sur le cours supérieur des fleuves Chico, Tanudan et Siffu. Ils pratiquent la riziculture irriguée en terrasses, complétée par la culture des *camotes* (patates douces), ignames et autres tubercules. Les Bontoc de l'Est sont d'excellents forgerons, comme les Tingguian*, les Isneg* et les Kalinga*.
Leurs villages sont divisés en *ato* (quartiers), dont une des particularités est l'existence d'une maison-dortoir réservée aux filles non mariées et d'une autre réservée aux hommes (garçons et adultes, mariés et célibataires).
Comme leurs voisins Tingguian, Isneg et Kalinga, les Bontoc furent de redoutables chasseurs de têtes.
✦ Dénom. [var.] Bontok.
→ **Igorot**

Bora. Société amérindienne d'Amazonie colombienne et péruvienne, vivant sur les rives du haut Cahuinari et de l'Igara-Paraná [env. 2 000]. Les Bora forment avec les Miraña*, Muinane, Andoque, Nonuya, Resigaro, Ocaïna et Uitoto* un ensemble culturel homogène (mais linguistiquement hétérogène).
❑ Les femmes s'occupent des plantations dans les abattis ouverts par les hommes. Cependant, la coca et le tabac, plantes sacrées, sont l'affaire exclusive des hommes, de même que la chasse et la pêche (sauf la pêche à la nivrée).
La société est organisée en clans patrilinéaires, avec un système d'alliance semi-complexe et une résidence patri-virilocale. Les maisons communautaires (*malocas*) sont en même temps des centres cérémoniels (la tendance actuelle des familles nucléaires est de vivre en maisons sur pilotis autour d'une *maloca* réduite à sa fonction cérémonielle).
Le créateur primordial s'est détaché des affai-

res humaines au profit d'une multitude de « maîtres » (de la forêt, du gibier, des maladies, des marchandises). Les rêves permettent de communiquer avec l'âme que tout être possède. Les *malocas* se hiérarchisent selon leurs succès respectifs dans l'accomplissement d'un ensemble rituel des plus complexes.
✦ Dénom. « Bora » vient d'*Irapora*, désignation tupi des « habitants du miel » : le Cahuinari a été créé par la chute de l'arbre cosmique, le long duquel les différents groupes se sont répartis. Les Bora, gens de l'amont, vivent près des « cimes » de l'arbre, comme les abeilles ; [autod.] Mé Múiná (« les Hommes »).

Bororo. Sous-groupe fulbe* du sud du Niger, dont le territoire est compris entre les villes de Fillinge, de Dakoro, de Tahoua et d'Agadez [estim. 100 000].
❑ Pasteurs nomades, les Bororo vivent sur un territoire quasiment désertique, hormis pendant la saison humide (environ trois mois par an). Ils sont en permanence à la recherche de pâturages et de points d'eau pour leur bétail, dont ils tirent des produits laitiers qu'ils consomment ou vendent sur les marchés.
Ils se divisent en deux clans, les *Alijam* et les *Degereeji*, qui sont eux-mêmes divisés en lignages et en sous-lignages ; se démarquant des nombreux Fulbe sédentarisés, ils défendent farouchement leur mode de vie nomade. Ils sont organisés en campements indépendants. Les familles sont polygames et vivent dans des enclos hémisphériques faits de branches d'arbres (*suudu*). Un conseil des anciens veille au respect de la coutume. Les Bororo ne pratiquent pas le culte des ancêtres mais croient en un monde peuplé de forces surnaturelles et de génies. L'implantation de l'islam reste limitée mais gagne peu à peu du terrain. Outre le fulfulde, langue des Fulbe, les Bororo parlent le haoussa*.
Coutume. Ils restent profondément attachés à leurs troupeaux, signes de prestige et de rang social. Deux fois par an, deux grandes fêtes (le *Worso* et le *Geerewol*) les réunissent.
Histoire. À la différence de la majorité des Fulbe, qui suivirent Osman Dan Fodio dans la conversion à l'islam (fin du XVIIIe siècle), les Bororo, soucieux de préserver leurs traditions et leur vie nomade, fuirent les contraintes imposées par les chefs musulmans (ainsi que la pénétration des Britanniques au Nigeria) et s'installèrent au début du XXe siècle dans le sud du Niger. En 1973-74, une terrible sécheresse a décimé leurs troupeaux.
✦ Dénom. Le terme de Bororo ou Mbororo s'applique aussi à l'ensemble des Fulbe restés nomades, au Cameroun, au Nigeria, etc. ; [autod.] Wodaabe.
→ Fulbe

Boukhariote(s). Nom le plus fréquemment donné aux Juifs* d'Asie centrale, présents en Ouzbékistan et au Tadjikistan, et, dans une bien moindre mesure, au Turkménistan et au Kazakhstan. Leurs communautés se sont fortement réduites du fait de l'émigration [env. 90 000, dont la majorité en Israël et plusieurs dizaines de milliers dans les pays occidentaux, États-Unis surtout].
❑ Les Juifs d'Asie centrale, qui se rattachent aux Juifs orientaux, sont dans la région même en minorité par rapport aux Ashkénazes, installés depuis les années 1940. Ils exercent traditionnellement des activités artisanales et commerçantes (souvent teinturiers avant la période soviétique, puis cordonniers, coiffeurs, photographes, etc.). De nouveaux métiers sont apparus en outre dans l'émigration : à New York, de nombreux chauffeurs de taxi appartiennent à la communauté de Brooklyn. Le judéo-tadjik, langue iranienne contenant des emprunts à l'hébreu, a une longue tradition littéraire. Elle se maintient dans l'émigration et a été illustrée à l'époque récente par l'écrivain Mordechai Batchaev (dit Muhib), né en 1911, qui a émigré en Israël en 1973.
Tchalla. On appelle ainsi la petite communauté de Boukhariotes convertis à l'islam aux XVIIIe-XIXe siècles sous la pression de l'émir, restés nominalement musulmans tandis que certains retournaient au judaïsme, mais vivant isolés, rejetés par les Juifs et par les autres musulmans.
Histoire. Des communautés juives sont présentes dans la région depuis l'époque préislamique, probablement depuis l'époque achéménide (V^e^-IIIe siècles av. J.-C.), mais les Boukhariotes sont pour l'essentiel issus d'immigrants venus de Perse après l'adoption par celle-ci, au début du XVIe siècle, du chiisme comme religion d'État. Cet événement, qui entraîna une coupure entre la Perse et l'Asie centrale, explique l'isolement ultérieur des Boukhariotes et leur évolution distincte de celle des communautés juives de Perse et d'Afghanistan. Une certaine décadence religieuse motiva l'action du rabbin marocain Yosef Maman Maghribi (1752-1823), établi à Boukhara, qui imposa le remplacement du rite (*minhag)* du khorassan par un *minhag* sépha-

rade, toujours en vigueur. L'établissement de la domination russe sur la région détermina la formation de communautés dans tout le Turkestan, au premier chef à Samarcande, mais, très vite, entre 1889 et 1914, débuta un mouvement d'émigration vers Israël. Ce mouvement a repris dès que l'URSS autorisa l'émigration juive (1970) et s'est étendu à l'Occident (New York, en particulier). L'indépendance en 1991 de l'Ouzbékistan et du Tadjikistan (en proie à la guerre civile) a accéléré le mouvement, bien que la liberté religieuse soit réelle en Ouzbékistan et que les gouvernements d'Asie centrale entretiennent de bonnes relations avec Israël, soucieux de créer des liens solides avec les voisins laïcs de l'Iran. On note aujourd'hui une certaine mobilité entre le pays d'émigration et le pays d'origine.
✦ Dénom. [syn.] Isroil, Yahud.
→ **juifs**

Bouriate(s). Population mongole septentrionale, vivant principalement dans la fédération de Russie, de part et d'autre du lac Baïkal, dans la République de Bouriatie et les arrondissements nationaux bouriates d'Oust'-Orda (région d'Irkhoutsk) et d'Aga (région de Tchita), ainsi qu'à l'est de la Mongolie et en Chine (Région autonome de Mongolie-Intérieure, ligue du Hulunbuir) [env. 500 000].
❑ La géographie, comme le mode de vie, incite à distinguer deux grands groupes bouriates, les Ekhirit-Bulagat de Cisbaïkalie (à l'ouest et au nord du lac Baïkal) et les Khori des steppes de Transbaïkalie (à l'est), auxquels se sont joints par la suite des émigrés de Mongolie, toutes ces populations s'étant largement mélangées au cours de nombreuses migrations.
Les Ekhirit-Bulagat, anciens chasseurs établis dans des régions boisées, formaient un ensemble hétérogène de clans aux relations conflictuelles. Au XIXe siècle, sous la pression des colons russes, ces Bouriates cisbaïkaliens sont passés à l'agriculture et à un élevage sédentaire. Soumis à l'influence de l'Église orthodoxe et plus russifiés que leurs cousins de Transbaïkalie, ils ont néanmoins, idéologie de la chasse aidant, maintenu des traditions chamaniques.
De l'autre côté du lac, les Khori menaient une vie de pasteurs nomades. Leurs clans finirent par former une unité politique et territoriale hiérarchisée que renforça l'adoption du bouddhisme (encouragée par l'administration russe en Transbaïkalie).

Histoire. Autochtones de ces régions conquises par Gengis Khan au tout début du XIIIe siècle, les Bouriates vécurent dans la mouvance de l'Empire mongol, payant à l'occasion un tribut aux princes gengiskhanides voisins, tout en demeurant à l'écart des autres Mongols*. Les Russes assurèrent leur mainmise sur la région aux XVIIe-XVIIIe siècles. Des choix différents se firent alors chez les Bouriates : émigration en Transbaïkalie, voire vers la Mandchourie ou les principautés khalkhas*, acceptation – majoritaire – de la sujétion au tsar, ou tentatives de résistance. Une fois la région pacifiée, les chefs traditionnels continuèrent à assurer l'administration locale, au bénéfice et sous le contrôle de l'Empire, mais les Bouriates furent assez vite submergés par la colonisation russe. À la fin du XIXe siècle, ceux-ci ne représentaient déjà plus qu'un tiers de la population à l'ouest du lac, et la moitié à l'est. Les années de guerre civile donnèrent lieu à des tentatives de regroupement panmongol, encouragées par les Japonais. La victoire communiste se solda par l'éclatement de la Bouriatie, séparée en trois entités distinctes et amputée d'une part importante de son territoire. Les traditions nationales furent combattues (monastères fermés, chamanisme interdit, écriture mongole remplacée par le cyrillique). Sédentarisés dans des villes et des villages, les Bouriates sont entrés depuis l'effondrement de l'Union soviétique dans une période de réforme économique et politique. La République autonome socialiste soviétique de Bouriatie est devenue en 1992 la République bouriate. Les Russes y représentent près de 70 % de la population. Le renouveau des traditions religieuses (bouddhisme, chamanisme, sacrifices collectifs *tailgan*) de même que le retour en force de l'épopée à travers le héros Gheser, figure de ralliement des différents territoires bouriates, sont à l'ordre du jour.
→ **mongols**

Bouyi. Peuple de Chine (Guizhou Yunnan, Sichuan) habitant une zone de moyennes montagnes et de vallées aux terres fertiles subissant l'influence de la mousson [plus de 2, 1 millions].
❑ L'un des peuples autochtones du Sud chinois, ayant aujourd'hui le statut de minorité nationale, les Bouyi sont surtout riziculteurs. Ils sont réputés pour leurs compétences en matière d'architecture, de maçonnerie et de construction de charpentes, pour leur musi-

que traditionnelle et surtout pour les batiks que confectionnent les femmes. Leur structure de parenté est bilatérale, leur résidence, virilocale. Polythéistes et « animistes » à l'origine, influencés par le taoïsme, ils ont conservé certains rites archaïques disparus ailleurs en Chine, comme les cérémonies masquées d'éviction des esprits, qui rappellent les processions démonifuges *nuo* de l'Antiquité chinoise. Ils parlent une langue taï.
✦ Dénom. [var.] Bouyei, Buyi, Puyi, Pou Yi ; [syn.] Dioi.

Brâhui. Peuple du Baluchistan pakistanais et de ses marges [env. 500 000 au Pakistan, 100 000 en Afghanistan et 50 000 en Iran]
❑ Le cœur du pays brâhui s'étend de Quetta au littoral de l'océan Indien, de part et d'autre de la ville de Kalât. Des colonies ont essaimé vers le nord, dans le bassin inférieur du Helmand (Afghanistan, Iran) et jusque dans l'oasis de Merv (Turkménistan). Les Brâhui ont par ailleurs incorporé en leur sein de nombreux lignages allogènes, issus des communautés baluch (ou Baloutches*), pashtun* et même persanes, au contact desquelles ils vivent.

Leur organisation sociale, segmentaire et patrilinéaire, est structurée de manière plus consensuelle qu'héréditaire autour d'une hiérarchie de chefs de lignages (*kamâshâ*), de sections (*takkari*) et de tribus (*sardâr*). On compte officiellement 27 tribus, dont les huit plus importantes regroupent 80 % des Brâhui (Qalandarâni, Mirwâri, Qambarâni, Sumâlâni, Mengal, Bangulzay, Bizanjô et Mahmasâni). Si les antagonismes intertribaux semblent avoir toujours été limités, les exemples de fission tribale sont fréquents, conduisant à la fois à une augmentation constante du nombre des tribus (il n'y en avait que 15 au XVIIIe siècle) et à l'assimilation de lignages brâhui par les groupes ethniques environnants.

L'appartenance à la communauté brâhui se définit aujourd'hui par des critères essentiellement généalogiques et tribaux. Les deux critères identitaires traditionnels, la langue et le mode de vie pastoral, sont de moins en moins pertinents.

La langue brâhui, langue dravidienne du Nord, est en voie d'abandon rapide : elle n'est plus parlée que par moins de 70 % des Brâhui, et ceux qui la parlent encore sont dans leur grande majorité bilingues ou trilingues. Socialement, le baluchi jouit d'un statut supérieur et son usage se répand, y compris à l'intérieur de la cellule familiale où des formes d'adresse linguistiquement ritualisées règlent les relations entre agnats ; sur le plan administratif, c'est l'ourdou ou le persan, selon les pays, qui s'imposent. Une académie brâhui, fondée à Quetta en 1966, s'efforce de maintenir l'héritage d'une langue dont désormais 15 % seulement du lexique est d'origine dravidienne, et même de promouvoir une littérature en brâhui (alphabet ourdou modifié).

Quant au grand nomadisme pastoral, qui se pratiquait le long d'itinéraires de migration pouvant atteindre plusieurs centaines de kilomètres, il est en voie de décomposition avancée sous la pression de la sédentarisation et de l'urbanisation.

Histoire. L'origine des Brâhui semble devoir être recherchée dans un assemblage de petites communautés nomades dravidiennes issues du Dekkan occidental et islamisées dans le Sind à l'époque ghaznavide (Xe-XIe siècles). Les populations hindouistes et indo-européennes environnantes les dénommèrent dès lors « les gens de Brâhô » (déformation d'Ebrâhim, vraisemblablement un missionnaire musulman originaire d'Alep), d'où Brâhui.

Estivant sur les hautes terres de la région de Kalât, ils y entrèrent en contact avec d'autres immigrés, les Baluch. Pour résister aux empiètements de l'Empire moghol, ils constituèrent avec ceux-ci, vers 1660, une confédération tribale, la « confédération des Brâhui », et un État organisé, le khanat de Kalât, qui connut son apogée durant la seconde moitié du XVIIIe siècle et parvint à maintenir une indépendance de fait jusqu'en 1876, date de son incorporation dans l'empire des Indes, et une existence juridique jusqu'en 1948.

Si la dynastie de Kalât était d'origine brâhui (de la tribu Qambarâni) et si l'entité politique qu'elle coiffait était connue sous le nom de « confédération des Brâhui », le titre porté par le khan (*khân-e Baluch*) et la langue parlée à la cour (le baluchi) témoignent de l'étroite symbiose entre Brâhui et Baluch qui s'opère depuis des siècles dans la région et qui a globalement fonctionné dans le sens d'une assimilation des premiers par les seconds.
✦ Dénom. [var., vieilli] Barâwi, Brahwi, Brahooee, Brohi, Biroohi, Brâhôi.

Brao. Ensemble de petits groupes vivant sur les contreforts occidentaux et orientaux de l'extrémité sud de la Cordillère annamitique, dans les provinces de Ratanakiri et de Stung Triêng au Cambodge [env. 30 000], d'Attopeu, de Xékong, de Champassak, de Saravane au Laos [env. 20 000], et de Kon Tum au Viêt Nam [env. 230] ; quelques-uns ont émigré vers l'Isan, en Thaïlande.

❑ Les Brao sont des agriculteurs sur brûlis (riz ordinaire, riz gluant, maïs, manioc) qui ont dû abandonner en partie leurs anciennes activités d'appoint substantiel de chasseurs-cueilleurs, en raison de la raréfaction du gibier (guerres, expansion démographique), et les remplacer par l'élevage. Aujourd'hui sédentarisés, ils habitent des petits villages constitués de maisons sur pilotis, très simples, disposées en cercle autour de la maison commune, centre culturel et cultuel du village. Chaque maison abrite une famille ; les mariages sont matrilocaux pendant une première période de trois à cinq ans (dernière réminiscence matriarcale), puis patrilocaux et matrilocaux en alternance (symbole de l'égalité entre les hommes et les femmes), pour des périodes d'égales durées, jusqu'à ce que les couples établissent leurs propres maisons. Conséquence de la sédentarisation, la société brao, autrefois égalitaire, a vu se développer la différenciation entre riches et pauvres, qui se manifeste par des relations employeurs/employés (en remplacement des anciennes formes d'entraide réciproque) ou par l'accumulation de biens (bétail, gongs, jarres, parures, etc.). Seules les femmes les plus pauvres gardent encore le torse nu ; les jeunes ont abandonné la pratique du limage des incisives, du port des gros anneaux (bambou, ivoire) déformant les lobes d'oreilles, et les tatouages. Par contre, l'usage du tabac, fumé dans de petites pipes, est toujours généralisé, chez les hommes comme chez les femmes, dès la préadolescence.

Si les Brao croient en un créateur et en une période très ancienne de cataclysme volcanique suivi d'un déluge, ce sont les génies, très nombreux (génies des maisons, des forêts, des cours d'eau, du ciel, de la terre, et génies individuels, etc.), qui sont destinataires des cultes et rituels dirigés par les chefs de familles (cultes domestiques) ou par des chamanes (cultes villageois et agraires).

Les dialectes brao appartiennent à la famille linguistique austro-asiatique, branche mônkhmère, groupe bahnarique.

Histoire. Les Brao conservent dans leurs mythes la mémoire de périodes très lointaines où ils vivaient dans des régions septentrionales. Cependant, la date de leur migration vers leur aire d'habitat actuelle n'est pas connue, sauf en ce qui concerne la petite communauté installée au Kon Tum depuis la fin du XIXe siècle. Peu touchés par la colonisation, les Brao ont souffert plus tard de luttes qui ne les concernaient pas directement, en particulier de la guerre américaine, leur région (traversée par la piste Hô-Chi-Minh) ayant été bombardée à plusieurs reprises.

✦ Dénom. [vietnamien] Brâu ; [lao] Lavé ; [cambodgien] Brao.

Bubi. Peuple de Guinée équatoriale, vivant sur l'île volcanique de Bioko, dans le golfe de Guinée [estim. 54 000].

❑ Les Bubi habitent surtout le centre de l'île et tirent l'essentiel de leur subsistance de l'agriculture. La société est organisée à partir de groupes claniques matrilinéaires. Le catholicisme est très répandu, à côté des cultes rendus aux esprits d'ancêtres, gages de paix et d'harmonie universelle. Outre leur langue, les Bubi emploient l'espagnol.

Histoire. Si des témoignages archéologiques attestent la présence d'habitants sur l'île de Bioko dès le premier siècle de notre ère, il semble que les Bubi n'aient commencé à l'occuper qu'à partir du XIIIe siècle. L'histoire des Bubi est intimement liée à celle de l'île. Découverte par les Portugais mais cédée par la suite à l'Espagne, Bioko servit dans un premier temps de base de départ des esclaves africains vers l'Amérique du Sud. Après un intermède britannique, elle devint une colonie espagnole à part entière, jusqu'en 1968. Après la période dictatoriale qui suivit l'indépendance, elle connaît à présent une certaine stabilité, mais des tensions perdurent entre les Bubi et les Fang* venus du continent occuper les postes administratifs offerts par la capitale du pays, Malabo, située sur l'île.

✦ Dénom. [var.] Booby.

Bugis. Peuple d'Indonésie habitant le sud-ouest de l'île de Célèbes (Sulawesi Selatan) ; présents par migration dans le reste de Célèbes, à Bornéo et à Sumatra, les Bugis ont aussi constitué de petites colonies à travers l'Asie du Sud-Est insulaire (en Malaisie, à Singapour, etc.) [env. 4,3 millions].

❑ Les Bugis vivent surtout de l'agriculture (riz, maïs, cultures de rente telles que cocoiters, tabac, girofliers, etc.) et de la pêche. Leur économie a été très tôt orientée vers le contrôle et le commerce des produits à haute valeur marchande et ils sont réputés depuis le XVIIIe siècle pour l'importance de leur rôle dans la naviga-

tion marchande et dans la construction de voiliers.
La recherche de la réussite matérielle est chez eux un important facteur de dynamique. L'esprit de compétition et le sens de l'honneur sont très développés.
Le système de parenté, comme le système européen, ne distingue pas ligne paternelle et ligne maternelle. La société bugis était subdivisée en nobles au sang « blanc », descendants d'ancêtres d'origine divine, et en roturiers au sang « rouge », d'origine obscure ; elle comportait, par suite des mariages successifs entre hommes de haut rang et femmes roturières, une multitude de niveaux hiérarchiques. Les femmes avaient un statut égal à celui des hommes.
Le pays bugis était divisé en seigneuries, ou territoires (*wanua*), confédérés en royaumes, le pouvoir étant entre les mains de nobles, élus à leurs fonctions (y compris celles de souverains), et à l'occasion démis, par toute une hiérarchie de conseils.
Convertis à l'islam au début du XVIIe siècle et connus pour leur attachement à cette religion, les Bugis ont néanmoins conservé un important fonds de traditions autochtones. Leur panthéon ancien était constitué de grandes divinités (habitant les unes le monde céleste, les autres la mer et ses abysses) et de divinités secondaires (comme la divinité du riz). Les rites adressés aux grandes divinités étaient l'apanage de prêtres travestis, les *bissu*, également responsables des rituels princiers. Les pratiques syncrétiques populaires d'aujourd'hui (rites du cycle de vie, rites pour les maisons et pour les bateaux, rites agricoles, rites pour la sauvegarde de la communauté villageoise) sont le fait de praticiens villageois (*sanro*).
Les Bugis parlent une langue malayo-polynésienne de l'Ouest qu'ils notent, sur leurs manuscrits, à l'aide d'un syllabaire apparenté à l'ancien système d'écriture du malais.
Piraterie. Leurs dispositions belliqueuses, leur longue opposition au pouvoir colonial hollandais, et les romans de Conrad leur valurent une réputation de pirates, largement injustifiée, mais qu'ils prirent plaisir à accepter...
Histoire. Les Bugis, issus d'éléments austronésiens venus se mêler, sans doute au début de notre ère, à la faible population autochtone de Célèbes, connaissent dès les XIe-XIIe siècles une relative prospérité. Les XVIe-XVIIe siècles sont marqués par la compétition entre le royaume bugis de Boné et le royaume makassar de Goa, qui, sur fond de lutte pour le monopole colonial du commerce des épices, cherchent à tirer profit de l'arrivée, le premier des Portugais, le second des Hollandais (qui l'emportent). Le pays bugis conserva une quasi-autonomie jusqu'en 1906, date d'achèvement de la conquête néerlandaise, et le pouvoir, sous tutelle, resta aux mains des aristocrates jusqu'aux années 1950, lors de la mise en place du système administratif indonésien. Il y eut après l'indépendance des activités de guérilla en faveur d'un gouvernement islamique.
✦ Dénom. [var.] Boughis, Bouguis ; [autod.] To Ugi'.

Buna'. Peuple habitant le centre de l'île de Timor, dans la province indonésienne de Timor Barat et dans l'ex-Timor portugais, annexé à l'Indonésie sous le nom de Timor Timur [estim. 65 000 en 1980].
❑ Les Buna' sont essarteurs (tubercules, maïs, riz) et éleveurs (buffles, chevaux). Ils habitent des maisons surélevées.
Ils sont patrilinéaires. Le mariage préférentiel, avec résidence virilocale, est avec la fille du frère de la mère. Ce système génère la constitution de « maisons » exogames en relation les unes avec les autres, soit en tant que preneurs de femmes, donneurs de femmes, et donneurs de donneurs, soit en vertu de pactes d'alliance. Parallèlement existe une autre forme de mariage, matrilocal et matrilinéaire, en fait plus répandue mais ne générant ni maisons, ni alliances permanentes.
La société comporte des maisons nobles et des maisons roturières. Autrefois, elle comptait aussi des esclaves. Les unités territoriales comprennent plusieurs villages coutumiers, dont l'un a la prééminence. De ces villages, constitués par les maisons de lignages et les maisons dotées d'un statut politique, dépendent un certain nombre de hameaux, formés de maisons conjugales dont les occupants ont une maison de lignage au village coutumier. Chaque village possède en principe cinq maisons nobles : celle du « seigneur féminin », qui règne mais ne gouverne pas, celle du « seigneur masculin », qui exerce le pouvoir effectif, puis deux maisons dont les chefs servent d'intermédiaires avec les seigneurs, et une cinquième, qui assiste le chef masculin. Ces statuts sont garantis par la possession de biens héréditaires (pierres, armes, bijoux d'or), dont les plus respectés sont considérés comme venus du monde céleste.

Christianisés au xxe siècle, les Buna' gardent néanmoins très vivante leur tradition autochtone. Une série de mythes se rapporte à l'origine du monde ainsi qu'à l'origine des ancêtres, venus du monde supérieur puis d'outremer occuper le territoire actuel, où ils prirent la place de la population des « Melus », toujours considérés comme « maîtres du sol » : un sacrifice doit leur être offert avant la récolte du riz.
Le village coutumier constitue l'unité rituelle. Les maisons y sont disposées autour d'une place de danse près de laquelle sont groupés l'autel commun du village et certains autels de lignages, les tombes des principales maisons et certaines pierres commémoratives.
La langue buna' appartient à l'ensemble papou et, plus précisément, au phylum transnéoguinéen (selon les hypothèses actuelles, c'est après l'arrivée des Austronésiens en Indonésie orientale, vers 3 000 avant notre ère, qu'aurait eu lieu en direction de Timor, de Pantar et d'Alor une expansion de populations parlant les langues de ce phylum).
✦ Dénom. [var.] Bunaq, Bunak, Maraé ; [syn.] Les Atoni et les habitants de Kupang donnaient le nom de Bélu à tous les habitants du centre de Timor, incluant les Buna', les Tétun et les Ema' (Kémak).

Bunun. Population de Taïwan, occupant le centre de la chaîne des hautes montagnes centrales de l'île ; et dont l'habitat, dispersé, se situe à 1 500 mètres en moyenne [env. 38 000].
❑ Les Bunun vivent essentiellement de la riziculture sur brûlis et de la chasse. Leur éclectisme leur a permis d'adopter des traits culturels des groupes avec lesquels ils entraient en contact ; dans le Nord, ils sont proches des Atayal*, et dans le Sud, des Paiwan* ; les immigrants ont toujours été assimilés. Répartis en six sous-groupes (Taketodo, Takebaka, Takevatan, etc.), ils ont une organisation sociale segmentaire, patrilinéaire et patrilocale. Des prêtres masculins se chargent des rites agricoles, et des chamanes, également des hommes, prennent en charge les troubles biologiques des individus. On arrachait les incisives des jeunes filles pubères, leur langue pointant ainsi dans l'interstice étant jugée érotique. Les Bunun étaient de redoutables chasseurs de têtes. Ils parlent une langue austronésienne.

Butonais. Société d'Indonésie (Célèbes Sud-Est), habitant l'île de Buton [env. 320 000] et, plus largement, l'ensemble des îles (Buton, Muna, Kabaena, Tukangbesi) qui constituaient le sultanat de Buton.
❑ Les cultures de subsistance (blé, tubercules, riz sec) se mêlent aux cultures destinées à la vente (tabac, noix de cajou). Sur les côtes, on pratique aussi la pêche et le commerce maritime au rythme des moussons (sur des bateaux en bois, à voile ou à moteur). Une mobilité traditionnelle, le manque d'opportunités économiques dans la région de Buton et les possibilités offertes par les Moluques (collecte des clous de girofle, production du coprah) expliquent l'importante émigration.
Les villages, constitués de maisons surélevées, sont souvent fortifiés et comptent entre 1 000 et 2 000 habitants. La résidence est matrilocale et la polygamie, rare aujourd'hui, était d'usage surtout chez les nobles. Dans l'ancien sultanat, la répartition de la population en quatre ordres sociaux, désormais officiellement abolis, continue en fait de modeler l'organisation de la société, même si l'esclavage a disparu et si le système éducatif indonésien a accru la mobilité sociale. L'islam et les croyances traditionnelles (dans les êtres surnaturels gardiens des maisons, des bateaux et du village) cohabitent, parfois de manière surprenante puisque les Butonais, jadis influencés par l'hindouisme, croient en la réincarnation.
Les Butonais sont de langue austronésienne. Il y a différenciation des parlers selon le rang des locuteurs. On distingue, par exemple, le *wolio*, langue de la noblesse utilisant les caractères arabes, et le *cia cia*, langue des marins. La pratique de l'indonésien s'est répandue.
Histoire. Le sultanat de Buton, fondé au xve siècle, resta indépendant cinq siècles durant malgré les luttes de pouvoir entre le sultanat de Ternate, celui de Makassar* et les Hollandais pour le contrôle du commerce lucratif des épices. Idéalement placé, à cet égard, son activité fut centrée sur le commerce (y compris celui des esclaves). Au début du xxe siècle, il fut incorporé au système colonial néerlandais (protectorat) et disparut en 1960, incorporé au nouvel État indonésien.
✦ Dénom. [autod.] Orang Buton, Orang Butung, Orang Butuni.

Bwa. Peuple du sud-ouest du Burkina Faso (région de Pô-Ouest, province de la Bougouriba) et du sud-est du Mali, vivant entre le

Bani et la rive gauche de la Volta Noire sur un territoire de savane arborée au climat tropical humide [estim. 275 000].

❑ Les Bwa vivent regroupés en villages, où ils pratiquent l'agriculture (céréales, noix de kola, maïs, haricot) ainsi que l'élevage de petit bétail et de volaille. Une gestion communautaire de leurs activités leur a permis de développer une production agricole (coton) destinée à s'insérer dans les rapports marchands.

Dotée d'un mode de filiation patrilinéaire, l'organisation sociale repose sur la solidarité entre les lignages et n'a jamais connu de centralisation politique. L'unité de base est le village, sur fond de lien sacré à la terre. La répartition des parcelles est assurée par le chef de brousse et le chef de terre. Les membres de la population se répartissaient dans le passé en trois groupes endogames : les cultivateurs, les forgerons et les griots.

La dizaine de dialectes parlés appartient au groupe bwamu, élément de la branche centrale nord de la famille gur de l'embranchement Niger-Congo.

Délaissant plus ou moins la religion traditionnelle (*do*), une proportion importante de la population s'est convertie aux religions catholique (au Burkina Faso) et musulmane.

Histoire. L'installation des Bwa sur leur territoire actuel était achevée dès les premiers siècles du IIe millénaire. Ils se sont maintenus pendant des siècles dans un important isolement. Ils ont subi à partir de la fin du XVIIIe siècle diverses dominations (des Banmana*, des Soninké*, des Fulbe*).

✦ Dénom. [syn.] Babwa.

C

Cabécar-Bribri. Société amérindienne du Costa Rica constituée de deux groupes apparentés, vivant dans des réserves sur le versant atlantique (cordillère et vallée de Talamanca) et sur le versant pacifique [env. 14 000].

❑ Agriculteurs (maïs, pêche de palmier, riz, cacao, etc.), ils descendent des chefferies guerrières de la cordillère de Talamanca.

Leur organisation traditionnelle a pour fondement des clans matrilinéaires exogames. Leur chamanisme était très développé. Il a perdu sa place dominante dans la structure politique, mais des chamanes à l'initiation complexe œuvrent encore en Talamanca. Le protestantisme domine sur le versant atlantique, et le catholicisme, sur le versant pacifique ; le culte Baha'i est bien implanté sur les hautes terres.

Les dialectes cabécar-bribri (*seie*) appartiennent à la famille chibcha ; l'enseignement bilingue, désormais obligatoire, permet aux nouvelles générations de transcrire leur langue d'origine.

Histoire. Guerroyant entre eux ou avec leurs ennemis Teribe, et en rébellion constante contre les Espagnols, les Cabécar-Bribi restèrent jusqu'à la fin du XVIIIe siècle à l'écart des pouvoirs coloniaux (mise à part l'installation sur le versant pacifique, par les Franciscains, de ceux qui étaient jugés pacifiés). Jusqu'à l'indépendance du Costa Rica (1821), ils subirent les incursions esclavagistes des Miskito*. Au XXe siècle, ils durent abandonner les terres des vallées à une grande société bananière américaine avant de les récupérer dévastées.

Cajun(s). Population d'origine française des États-Unis (Louisiane) [plus de 1 million, dont 270 000 locuteurs du français].

❑ Issus d'Acadiens* chassés du Canada par les Anglais, distincts donc par leur provenance des autres Français d'origine installés en Louisiane, qui les méprisaient et avec qui ils ne frayèrent guère les Cajuns se sont forgé une culture originale, protégée par leur isolement au sein de l'enchevêtrement des bayous. Ils ont d'une manière étonnante résisté à une assimilation qui paraissait fatale, et ont même « cajunisé », des groupes amérinidiens, des Noirs ou des immigrants d'autre souches (allemands notamment). Ils ont été au XXe siècle victimes d'une lourde répression linguistique destinée à les fondre dans la société américaine ; aujourd'hui, de réels efforts de réhabilitation du français et de leurs traditions sont accomplis.

✦ Dénom. À « Cajuns » (déformation anglaise d'Acadiens à connotation péjorative), ils tendent à préférer « Cadiens ».

Cakchiquel. Peuple maya du Guatemala, le second en importance après les Quiché* [env. 500 000].

❑ Les Cakchiquel forment un ensemble informel de 58 « municipios », avec de nettes variantes dialectales et culturelles selon la localisation. Leur région d'habitat, comme celle des Quiché, appartient à l'altiplano, zone montagneuse au climat tempéré et à l'été pluvieux.

Leur agriculture de subsistance est complétée par le travail salarié, l'artisanat, l'emploi dans les services liés au tourisme et au commerce.

Leur organisation sociale repose sur le système de la municipalité (*municipio*), auquel s'ajoutent le poids d'un conseil d'anciens (*principales*) et l'influence des confréries (*cofradías, mayordomías*) qui encadrent la dévotion traditionnelle et assurent le maintien du chamanisme et du rôle des guérisseurs-sorciers (*chímanes*). Les communautés cakchiquel sont endogames.

Les Cakchiquel sont majoritairement catholiques, mais les sectes évangéliques, en particu-

lier dans la région du lac d'Atitlan, sont fortement implantées. Aux conflits entre confessions et au sein de chacune d'elles se sont superposées les tensions nées des positions divergentes adoptées face à la guérilla ; les Cakchiquel ont particulièrement subi la répression et beaucoup sont allés grossir, comme réfugiés, les populations urbaines (Guatemala, Antigua).
Le cakchiquel appartient au groupe quiché, du tronc maya-quiché. Le monolinguisme domine dans les communautés rurales, encore que les Cakchiquel soient le groupe indigène qui maîtrise le mieux l'espagnol.

Campa. Nom d'origine obscure appliqué aux Ashaninca* et réfuté comme autonyme.
❑ Très répandu dans la littérature historique et anthropologique, notamment d'origine franciscaine, le nom de Campa concurrença longtemps celui de Matsiguenga, diffusé par les dominicains. Ce terme se trouve encore souvent préfixé à des dénominations locales : Campa Ashéninka, Campa du Gran Pajonal, Campa Poyenisati (Matsiguenga du rio Poyeni), Campa Nomatsiguenga, etc.
✦ Dénom. [var.] Kampa, au Brésil.
→ **Ashaninca**

Candoshi. Peuple amérindien de l'extrême-nord de l'Amazonie péruvienne, établi sur les affluents du Pastaza et du Morona [estim. 2 000].
❑ Par le partage d'une identité commune, les Candoshi appartiennent, comme les Shapra, à l'ensemble ethnolinguistique jivaro*-candoa.
La chasse et la pêche au harpon sont les activités masculines par excellence. Les femmes pratiquent la cueillette et la culture sur brûlis, notamment du manioc dont elles tirent une bière essentielle à la sociabilité.
L'isolement des maisonnées est tempéré par des structures supralocales, formées par un ensemble d'une dizaine de résidences distribuées sur un espace relativement circonscrit.
Ces groupes locaux (une vingtaine), strictement exogames, sont issus de l'alliance de deux groupes de frères qui ont échangé leurs sœurs pour forger un réseau de solidarité. Ils sont dirigés par un chef guerrier (polygame) qui partage dans une certaine mesure le pouvoir avec un autre chef : la dyarchie est le reflet de la composition duale des groupes.
Lorsque le nombre de guerriers liés par les alliances est suffisant, les chefs décident d'entreprendre des raids contre d'autres Candoshi ou d'autres Jivaro. Les femmes capturées sont incorporées au groupe comme épouses. Le chamanisme est de même régi par la logique des agressions entre groupes locaux. La philosophie sociale des Candoshi se fonde donc sur l'idée de prédation, qui trouve sa représentation symbolique dans le rituel, encore en vigueur, de chasse et de réduction de têtes.
Les raids sont précédés par des visions prémonitoires appelées *arutam*, que les Candoshi recherchent en prenant différents narcotiques.
Histoire. À l'arrivée des premières expéditions espagnoles au XVIe siècle, la région était occupée par les Mayna, dont les Candoshi seraient les descendants. Les rapports des Candoshi avec le front colonial ont oscillé entre tentatives d'entente et forte hostilité. Depuis les années 1950, la société a vu les principes de son identité remis en cause (influence d'une mission protestante, regroupements, scolarisation, ralentissement du cycle des raids et vendettas) et a été amenée à transcender son morcellement et à penser son identité globale : d'où, en 1991, la création d'une fédération qui représente une nouvelle ethnogenèse.
✦ Dénom. [var.] Kandoazi.
→ **Jivaro**

Caraïbéen(s). Nom générique par lequel on peut désigner les populations vivant dans la Caraïbe, région constituée d'une centaine d'îles (des Bahamas à Trininad) et comprenant les Guyanes et Belize. Les sociétés caraïbéennes, par-delà leur diversité, appartiennent à l'aire culturelle des « Amériques noires » ou « Amériques des plantations », qui comprend le sud-est des États-Unis, la Caraïbe et ses bordures continentales ainsi que les côtes pacifiques de l'Équateur et de la Colombie.
❑ En 1992, on estimait les populations caraïbéennes à plus de 35 millions de personnes, inégalement réparties puisque 88 % d'entre elles vivent dans les Grandes Antilles. Du fait des difficultés économiques et politiques ainsi que de l'accroissement démographique, beaucoup ont émigré : vers les États-Unis (2,5 millions de Caraïbéens vivent à New York, essentiellement des Portoricains, des Haïtiens et des Dominicains ; par ailleurs, Miami, avec la présence de nombreux Cubains, est devenue la plaque tournante du commerce et de la finance de la Caraïbe), vers le Canada (Montréal où résident de nombreux Haïtiens, Toronto), vers le Royaume-Uni (communautés

jamaïquaines de Birmingham, de Londres), vers la France (600 000 Antillais et Guyanais y résident), vers les Pays-Bas (où vivent de nombreux Surinamiens, essentiellement des Noirs Marrons), mais aussi, en moindre proportion, au sein même de la Caraïbe. Les Haïtiens participent pour beaucoup à cette « culture migratoire », avec plus d'un million de personnes hors du territoire. De véritables diasporas se sont ainsi constituées.

Les îles de la Caraïbe, où s'étaient développées des civilisations amérindiennes ont été découvertes au XVe siècle par Christophe Colomb. Leur appropriation par les Européens s'est rapidement accompagnée de l'extermination des 750 000 Arawak ou Taïno de Cuba, de la Jamaïque, de Saint-Domingue et Porto-Rico et de celle des Karib des Petites Antilles, dont les derniers survivants furent relégués à la Dominique et au Belize, où ils se sont métissés (en sont issus les Garifuna* ou Black Caribs).

Les flux ultérieurs d'immigration, forcée ou non, ont déterminé la constitution de sociétés pluriethniques. Les Européens asservirent environ cinq millions d'esclaves arrachés à l'Afrique jusque dans la seconde moitié du XIXe siècle. Après les émancipations, des travailleurs sous contrat (les « engagés ») arrivèrent depuis l'Inde (dont 450 000 Tamouls originaires des comptoirs français de Pondichéry et de Madras), l'Afrique, la Chine ou Java. Dans la seconde moitié du XIXe siècle s'installèrent des Syro-Libanais et, au cours du XXe siècle, des Juifs* d'origine marocaine.

L'héritage commun des « Amériques noires » se définit par différentes caractéristiques. L'économie de plantation (monoculture de la canne à sucre à grande échelle) et l'asservissement pour l'ensemble de la zone de plus de 11 millions d'Africains – phénomènes qui ont largement contribué à l'essor du capitalisme marchand européen – ont induit entre groupes des rapports hiérarchiques et socio-économiques très rigides. Dans la Caraïbe, une petite paysannerie prit corps dès les abolitions de l'esclavage, dans la première moitié du XIXe siècle. Un trait social important, appréhendé par le concept (discuté) de matrifocalité, est la structuration de la famille autour d'une femme, de ses enfants (souvent illégitimes), de sa mère ou de ses sœurs sans présence masculine régulière. Ces sociétés qui durent affronter la discrimination – certaines en ont gardé des traces avec une politique de « blanchiment » ou d'évitement du métissage – y ont répondu, notamment, par la créativité culturelle.

De nombreux cultes coexistent et s'empruntent des éléments, d'où l'apparition de nouveaux ensembles religieux :. *vodou* haïtien, *palma sola* dominicaine, *mesa blanca* et *mita* porto-ricains, *santeria* et *palo* cubains, *shango cult* à Trinidad, *obeah*, *myalisme* et *rastafarisme* à la Jamaïque. À cela s'ajoutent l'hindouisme à Trinidad et aux Antilles françaises, l'implantation des Témoins de Jehovah, des Adventistes du septième jour, des Mormons, des Mahikari (secte japonaise), du moonisme, du pentecôtisme dans de nombreuses îles, et une présence du judaïsme. Le catholicisme a imposé ses dogmes et un modèle idéologique malgré la résistance des cultes africains, tandis que les mouvements protestants et anglicans de dissidence permirent l'élaboration de nouvelles valeurs.

Différents créoles sont parlés : à base anglaise comme à la Jamaïque (*bungon quashee, jagwa-talk*), à base espagnole comme le *papiamento* des Antilles néerlandaises, ou à base française comme les créoles haïtien, guadeloupéen, martiniquais, dominiquais. La diglossie créole/langue européenne est courante. Mais, à Cuba et en République dominicaine, le monolinguisme espagnol prévaut.

ESCLAVAGE ET ÉMANCIPATION. L'histoire, d'une violence inouïe et longtemps occultée, a laissé de nombreuses traces difficiles à assumer. Les révoltes d'esclaves (comme celle de la partie française de Saint Domingue en 1971, sous l'impulsion de Boukman, Jean François et Biassou), la lutte des Noirs Marrons (esclaves rebelles qui fuirent les grandes plantations et se réfugièrent dans la forêt, harcelant les planteurs et menant des guerres de libération) ainsi que les mouvements républicains (avec V. Schœlcher en France) ont amené les pouvoirs centraux à décréter l'abolition de l'esclavage, intervenue à différentes dates selon les îles. Un lourd tribut fut à payer. Haïti, première république noire au monde, proclamée en 1804, reconnue seulement en 1838 par la France, dut payer à cette dernière de lourds « dédommagements » pour prix de son indépendance.

IDENTITÉS. L'émergence des identités nationales caraïbéennes a été favorisée par l'action de figures majeures. Outre Toussaint Louverture, qui dirigea l'insurrection de Saint Domingue, il faut mentionner des écrivains qui ont su impulser une prise de conscience culturelle et politique, comme José Marti à Cuba, Eric

Williams à Trinidad, ou Aimé Césaire et Franz Fanon aux Antilles françaises. Par-delà, l'expression culturelle a joué un rôle déterminant dans l'affirmation de ces identités. La musique montre un grand foisonnement : *steel band* et *calypso* de Trinidad et Tobago, *salsa* dominicaine, *son*, *mambo*, *rumba* et *latin'jazz* cubains, *compa* et *cadence* haïtiens, *gwa ka* guadeloupéen, *bel'air* martiniquais, *biguine*, *zouk* antillais, *reggae* jamaïcain. La peinture, haïtienne notamment, n'est pas en reste. Une littérature originale et très diversifiée, associant les héritages européens et l'exploration de formes et de thématiques originales, s'est développée. Parmi ses grands noms, on mentionnera les Cubains J. Marti, déjà cité, A. Carpentier, G. Cabrera Infante, Z. Valdès, l'Haïtien R. Depestre, le Saint-Lucien D. Welcott, le Trinidadien V. S. Naipaul, les Martiniquais Saint-John Perse, A. Césaire, E. Glissant, P. Chamoiseau, R. Confiant, J. Bernabé.

Situation politique et économique. La Caraïbe comprend des États indépendants (les Bahamas, Cuba, Haïti, la République dominicaine, la Jamaïque, etc.) et des îles toujours sous tutelle (comme notamment les Antilles françaises, qui forment deux départements d'outre-mer, Porto Rico qui est un État autonome rattaché aux États-Unis, ou les îles Cayman – qui sont toujours une colonie de la couronne britannique). Les économies insulaires restent fondées sur la monoculture de la canne à sucre ou de la banane, productions très concurrencées au niveau international. L'agriculture vivrière et la pêche demeurent aussi des activités importantes. Le tourisme se développe à grands pas (au Bahamas, à Cuba, aux Antilles françaises), entraînant des modifications sociales et culturelles. Peu d'îles disposent de ressources naturelles (Trinidad et Tobago possède des gisements pétrolifères). Malgré la très grande disparité des niveaux de développement, des efforts se manifestent afin de donner forme à une région économique commune. Un système de libre-échange, le Caricom (*Caribbean Community and common market*), a été mis en place en 1988, tandis que les États-Unis demeurent très présents avec des accords d'investissements (au travers du *Caribbean Basin Initiative*).

✦ Dénom. [var.] Caribéen(s).

Carélien(s). Peuple finnois vivant principalement en Russie (république de Carélie surtout) et en Finlande [env. 140 000].

❑ Autochtones de la Carélie, ils se divisent en trois groupes dialectaux. Leurs villages sont implantés en bordure des lacs et des rivières. Ils étaient traditionnellement agriculteurs (seigle, orge, avoine), éleveurs (vaches, chevaux, moutons, rennes, porcs), chasseurs et pêcheurs, artisans. L'abattage et le flottage du bois constituaient une source importante de revenus. L'agriculture est restée leur principale activité.

Les Caréliens sont orthodoxes. Le carélien (alphabet latin), quoique concurrencé par le finnois et le russe, tend à renaître, comme toute la culture carélienne (riche tradition de littérature épique, sculpture et peinture sur bois, céramique, broderie d'or et de perles).

Histoire. À partir du IXe siècle, les tribus du sud de la Carélie et du sud-est de la Finlande s'implantèrent sur les rives nord et nord-ouest du lac Ladoga. Au XIe siècle, les Caréliens migrèrent vers la région située entre les lacs Ladoga et Onega, où ils se mêlèrent aux Vepses et aux Same* (Lapons). La Carélie constitua l'enjeu des guerres entre la Suède et la Russie, laquelle obtint au traité de Nystad (1721) tout le sud de la région. La Finlande signe en 1920 le traité de Dorpat avec la RSFSR et reçoit la plus grande partie de la Carélie ; la Russie conserve la Carélie orientale sous réserve qu'une administration autonome lui soit accordée. D'où la création de la République socialiste soviétique autonome de Carélie en 1923. En 1940, suite à la défaite de la Finlande face à l'URSS, l'isthme de Carélie est intégré par le traité de Moscou à la République soviétique, qui prend alors le nom de République soviétique carélo-finnoise avant celui de République autonome de Carélie en 1956. Après la dislocation de l'URSS en 1991, la Carélie adopte le statut de République, au sein de la fédération de Russie.

Carrier. Tribu amérindienne du Canada (partie centrale de la Colombie-Britannique) vivant dans la région montagneuse entre la chaîne côtière et les Rocheuses [env. 7 000].

❑ Appartenant au groupe athapaskan du Nord, originellement chasseurs et pêcheurs, les Carrier sont vite devenus totalement dépendants du commerce des fourrures, dans lequel ils ont prospéré jusqu'au XXe siècle. Les intermariages avec les Simshian et les Bella Coola les menèrent à adopter le système social de la côte ouest, basé sur le potlach. Le catholicisme prédomine aujourd'hui sur leurs anciennes croyances.

✦ Dénom. Les coureurs des bois français les appelaient Porteurs.

Chakma. Peuple vivant au Bangladesh (Chittagong Hill Tracts) et en Inde (Tripura, Arunachal Pradesh, Mizoram) [estim. 250 000].

❏ Essarteurs-éleveurs des collines, les Chakma pratiquent le bouddhisme théravadin, qui s'est superposé à leurs anciennes croyances « animistes ». Vraisemblablement, ils parlaient autrefois une langue proche du birman.

Histoire. Ils seraient originaires de l'Arakan. Après l'indépendance du Bangladesh, leurs rapports déjà tendus avec les autorités se sont dégradés (des activités de résistance répondant à l'implantation forcée de paysans bengali, à la répression et aux vexations) ; ils se sont massivement réfugiés en Inde, où leur situation est précaire.

Cham. Population répartie en plusieurs groupes vivant le long des côtes du centre-sud du Viêt Nam (surtout entre Phan Thiêt et Phan Rang), dans le delta du Mékong (autour de Châu Dôc) et dans l'est du Cambodge. Les plus pauvres d'entre eux rejoignent actuellement les faubourgs populeux de Saigon ou de Phnom Penh [env.100 000].

❏ Les Cham des plaines côtières pratiquent la riziculture irriguée, ceux des versants montagneux des plateaux du Sud cultivent le riz sec et des plantes vivrières sur des pentes essartées ; ceux qui habitent le delta du Mékong vivent plutôt de la pêche et du petit commerce transfrontalier. Villageois ou citadins, plus ou moins acculturés, les Cham habitent des maisons ou des petites fermes de plain-pied ou sur pilotis, en bambou ou en pisé. Ils ont abandonné les anciennes grandes maisons claniques.

En plus de quelques rites et cultes ancestraux, les Cham gardent des formes altérées d'hindouisme (le long des côtes centrales), et d'islam (dans le delta du Mékong).

La langue cham, divisée en plusieurs dialectes, appartient à la famille linguistique austronésienne, branche malayo-polynésienne, groupe malayo-polynésien occidental.

Histoire. Issus des grandes migrations austronésiennes du sud de la Chine vers l'Insulinde (vers 4000 av. J.-C.), les Cham se sont établis sur les flancs orientaux de la Cordillère annamitique et le long des côtes centrales du Viêt Nam (vers Hué). Au début de notre ère, ils menèrent des expéditions (en 137) vers le Lin-Yi, au nord, puis fondèrent en 192 le royaume de Champa, qui s'étendit rapidement vers le sud. En contact avec des navigateurs-commerçants tamoul (du sud de l'Inde) dès le IIIe siècle, ce royaume fut indianisé en même temps que les autres régions d'Asie du Sud-Est (Cambodge, péninsule malaise, Sumatra, Java), avec qui s'instaurèrent des relations pacifiques (commerce) ou guerrières. L'hindouisme (shivaïsme) et le bouddhisme furent introduits et s'épanouirent, influençant fortement l'architecture et la statuaire. Les monarques optèrent dès lors pour des noms indiens en plus de leurs noms locaux.

La première capitale connue du Champa (d'après des inscriptions en sanskrit du IVe siècle) fut construite dans la région actuelle de Quang Nam, mais ce n'est qu'au milieu du VIIe siècle que les Cham établirent une double capitale, politique et administrative, à Tra-Kiêu, et religieuse, à My-Son, au sud de l'actuel Danang. Dès lors, au gré des alliances ou des luttes avec leurs voisins chinois, vietnamiens ou khmers*, ou plus lointains (javanais*), ils ont déplacé leur capitale au VIIIe siècle vers le Vijaya (Quy Nhon), puis vers le Panduranga (Phan Rang), au sud, avant de remonter dans la région d'Indrapura (ou Amaravati, Danang), puis de redescendre vers le Kauthara (Nha Trang). Dès que les Vietnamiens se dégagèrent du joug chinois (937), ils entreprirent leur « descente vers le sud » qui se fit au détriment des Cham. Ceux-ci connurent leur apogée lorsque, à la suite de la destruction de Vijaya par les Khmers (1147-1149), ils se révoltèrent et détruisirent Angkor (1177). Alliés aux Vietnamiens contre les Mongols* (1260-1285), les Cham subirent ensuite la domination vietnamienne jusqu'à leur dernier sursaut en 1371, sous le règne du roi Chê Bong-Nga (destruction de Hanoi). Un siècle plus tard (1471), une grande défaite devant Hué obligea les Cham à se replier vers le sud, jusqu'à ce que leur royaume soit définitivement intégré dans l'État vietnamien sous forme de principautés vassales (1697). Le dernier prince cham fut fait prisonnier et torturé en 1822 sur ordre de l'empereur Minh Mang, qui mit définitivement fin au Champa. Du riche passé des Cham ne subsistent aujourd'hui que des formes archéologiques (nombreuses tours-sanctuaires, élégante statuaire indianisée) ou littéraires (contes, épopées, chroniques).

Aujourd'hui paupérisés, les Cham ne jouent plus de rôle important au Viêt Nam.

✦ Dénom. [syn.] Chiêm, Cam, Cham Châu Doc ; [autod.] Champa.

Chamba. Peuple qui se répartit principalement en Chamba Daka, vivant au Nigeria, entre les monts Shebshi et la frontière camerounaise, et en Chamba Leko, vivant plus à l'est, au Cameroun, dans la région des monts Atlantika. D'autres Chamba, d'origine leko, se sont installés dans les régions de la Benoué (Nigeria) et des Grassfields de Bamenda (Cameroun) [plus de 500 000].

❑ Agriculteurs, les Chamba ont un système de parenté bilinéaire et pratiquent, concurremment à l'islam et au christianisme, une religion caractérisée par des rites agraires et par l'existence de nombreuses sociétés secrètes. Ils parlent des langues du groupe adamawa.

Histoire. Les Chamba sont connus pour le mouvement de migration conquérante qui les a menés jusqu'au nord-ouest du Cameroun ; ils y ont fondé des chefferies importantes, telle la chefferie de Bali-Nyonga, alliée des Allemands lors de la colonisation de la région.

Art. L'art des Chamba du Centre (masques remarquables) est assez peu connu ; celui des Bali Nyonga est très renommé, mais relève de formes artistiques communes à la région des Grassfields (sculpture, décoration avec perles, architecture des palais, etc.).

✦ Dénom. [var.] Tchamba.

Chaouia. Groupe homogène [estim. 1 million] au sein du vaste ensemble disjoint des Berbères*. Il se distribue dans le massif de l'Aurès (Algérie), moyenne montagne interposée entre les Hauts Plateaux constantinois et le Sahara, depuis la frontière algéro-tunisienne jusqu'au méridien de Biskra. Deux vallées importantes, l'une sur les pentes septentrionales, l'autre au midi de la chaîne, et toute la bordure orientale ont des populations mêlées, berbérophones et arabophones.

❑ Grâce au contraste entre le versant nord, qui est tellien, et le versant sud où les cultures irriguées se réfugient sous des palmiers dès la mi-pente, l'Aurès est en Algérie le seul massif où le semi-nomadisme pastoral et la transhumance tiennent une place. Mais l'agriculture domine davantage ici que dans l'équilibre qui a prévalu chez les Imazirhenes* du Maroc.

Histoire C'est dans l'Aurès qu'eurent lieu, le 1er novembre 1954, les premiers combats de la Guerre d'indépendance des Algériens. L'armée française y opposa, huit années durant, diverses ripostes parmi lesquelles l'incendie de forêt et la création de zones interdites ont été très dommageables pour la vie pastorale.

✦ Dénom. Chaouia, littéralement les « rustres », les « sauvages », est une dénomination attribuée par les Arabes – de longue date, puisque Léon l'Africain l'emploie pour les populations en question au xvie siècle. Des récits de voyage du xviiie siècle ont introduit le terme en français. Les dénommés l'avaient accepté, qui se désignent dans leur dialecte – la *tachaougt* – par le mot *ichaouggyin* (sing. *achaouyi*) tout en préférant, semble-t-il, l'appellation *ayt waouras* (« ceux de l'Aurès »)

→ **Berbères**

Chatino. Groupe amérindien du Mexique, vivant dans les montagnes de l'État d'Oaxaca [env. 29 000 en 1990].

❑ Les Chatino habitent divers étages écologiques, dont le climat varie du semi-tropical au tempéré. Ils cultivent le maïs et ses plantes associées (haricots, cucurbitacées, piments, etc.) et produisent du café et du mescal, agave dont on tire une eau-de-vie. Le salariat saisonnier dans les plantations de caféiers est courant. L'artisanat est en déclin.

La vie sociale des Chatino s'appuie sur la famille, rattachée à une commune rurale. La tenure foncière est variable : purement individuelle, communale ou collective, avec des combinaisons de ces formes. Le dispositif communal est à base de charges tournantes. Le conseil des anciens conserve une influence. La corvée rassemble les hommes du village pour effectuer les travaux publics.

Les Chatino sont christianisés, mais il reste quelques traces des traditions d'inspiration précolombienne. La langue chatino se rattache à la famille otomangue.

Chayahuita. Peuple amazonien du Pérou, établi sur la rive gauche du fleuve Huallaga (le long des rivières Sillay, Cahuapanas et Paranapuras), dans la province de Alto Amazonas [estim. 12 000].

❑ La chasse est du ressort des hommes, la céramique et le tissage sont réservés aux femmes. L'agriculture sur brûlis repose sur le manioc, les bananes et le maïs. La bière, que les femmes fabriquent à partir du manioc, et la boisson (*chicha*) légèrement fermentée qu'elles tirent du maïs ont une fonction rituelle. L'ancien commerce du sel (tiré des gisements du rio Cachiyacu) est toujours très actif. Le bétail, d'introduction plus récente, intervient également dans l'économie.

L'organisation sociale s'appuie sur des pseudomatrilignages. La résidence est matrilocale, et la terminologie de parenté, de type hawaïen. La polygynie sororale s'observe encore chez les hommes influents (leaders, chamanes). Sur le plan politique, les Chayahuita ont conservé un système d'autorité hérité des anciennes missions jésuites. Autrefois dispersés, ils vivent désormais regroupés en une cinquantaine de communautés.

Le système cérémoniel qu'ils ont défini (il est centré sur les grandes fêtes catholiques, à l'occasion desquelles sont aussi évoqués les héros mythiques et les esprits de la forêt) est devenu un marqueur de leur identité.

Le chayahuita, encore largement majoritaire, forme avec le jebero la famille linguistique indépendante cahuapana.

Histoire. Les Chayahuita vivent en contact avec la société coloniale depuis le XVIIe siècle (missions jésuites). Ils entretiennent depuis le début du siècle d'étroites relations (pas toujours pacifiques) avec les Aguaruna (de langue jivaro). Ils ont constitué dans les années 1980 deux fédérations régionales (du district de Cahuapanas et du Alto Paranapuras).

✦ Dénom. [syn., anc.] Shawi, Chayavita ; [autod.] Kanpo piyapi (« Nous, les gens »).

Chepang. Groupe d'anciens chasseurs-cueilleurs du centre du Népal, vivant sur les pentes nord de la chaîne du Mahabharat et parlant une langue tibéto-birmane [36 656 recensés en 1991].

❑ Décrits au début du XIXe siècle comme vivant de chasse et de produits sauvages, ils se sont sédentarisés au début du XXe siècle. Ils pratiquent aujourd'hui l'agriculture sur brûlis et la culture en terrasses de l'éleusine et du maïs. Très pauvres, ils continuent à prélever dans la forêt gibier, tubercules et fruits. Les insectes et le miel ont également une place importante dans leur alimentation.

Les Chepang forment une société égalitaire, pratiquent l'union avec la cousine croisée matrilatérale et le lévirat. Hindouisés, ils vouent un culte important aux ancêtres, invoqués par un chamane (*pande*). Ils connaissent également deux grandes divinités : *Bhumi*, qui préside à l'agriculture, et *Namrung*, à la chasse.

Autres tribus. Les Chepang se désignent eux-mêmes comme *Chyobang*, « ceux du sommet des rochers », ou *Praja*, « le peuple ». Ils sont appelés de façon péjorative *Ban manche*, « les hommes de la forêt », ou *Jangali*, « les sauvages », par leurs voisins. Cela les rapproche d'autres tribus de chasseurs-cueilleurs du Népal, tels les Raute [2 878 en 1991], les Kusunda [non recensés] et les Raji [3 274], qui reçoivent ces mêmes surnoms. Les nomades Raute, dispersés dans l'ouest du pays, chassent les singes au filet et troquent des bols en bois contre du grain. Ils édifient des campements temporaires en branchages au sein desquels les étrangers à leur groupe ne sont pas admis. Comme les Chepang, ils vénèrent la divinité du sol, appelée *Bhuyar*. Les Kusunda, en voie d'extinction, vivent de la chasse, de cueillette et de troc et vénèrent une divinité suprême, *Qaoli*. Enfin, les Raji, habitant dans le sud-ouest du pays, sont aujourd'hui sédentarisés et font appel à des prêtres-sorciers (*gurau*) pour protéger leur territoire contre les tigres et présider aux cérémonies collectives dédiées aux ancêtres et aux dieux du sol.

Cherokee. Tribu amérindienne du sud-est des États-Unis, actuellement divisée en deux groupes, dont l'un est installé dans l'est de l'Oklahoma, et l'autre dans l'ouest de la Caroline du Nord [env. 70 000].

❑ Surtout agriculteurs, les Cherokee cultivaient le maïs, les haricots et les courges. Ils complétaient leur alimentation par la chasse (cerfs, ours et élans) et la cueillette, et pratiquaient la vannerie et la poterie. Aujourd'hui, ils vendent leur artisanat et bénéficient des retombées du tourisme.

Leur société était divisée en lignages et en clans. La chefferie était héritée en ligne maternelle. Leur organisation sociopolitique ressemblait beaucoup à celle des Creek* (avec une divison en deux moitiés, les « blancs » et les « rouges »).

Grâce au syllabaire de Sequoyah (*cf.* ci-dessous), leur médecine traditionnelle, comparable à celle pratiquée par tous les Amérindiens du Sud-Est, est assez bien connue : cette écriture fut en effet utilisée pour la transmission des formules secrètes de guérison.

Comme toutes les sociétés du sud-est des actuels États-Unis, ils avaient pour principale cérémonie celle du maïs vert, ou *busk*, au cours de laquelle se déroulaient les rites des premières récoltes et du feu nouveau.

Le cherokee appartient à la famille linguistique iroquoïenne.

Histoire. Les Cherokee furent les alliés des Anglais contre les Américains jusqu'en 1794.

Métissés et décimés par la variole, ils s'assimilèrent ensuite rapidement à la culture américaine. Vers 1820, Sequoyah, un métis cherokee, élabora un syllabaire qui eut tant de succès qu'en peu de temps presque toute la tribu sut lire un journal indien, le premier du genre. En 1827, les Cherokee établis dans le nord-ouest de la Géorgie constituèrent un gouvernement et se déclarèrent nation indépendante, sous l'impulsion de Sequoyah. Face à la résistance du gouvernement de Géorgie, les Cherokee eurent recours à la Cour suprême, dont le jugement de 1831, qui qualifie les Cherokee de « nation domestique dépendante en état de tutelle », est resté célèbre. Peu de temps après, on découvrit de l'or sur le territoire cherokee. En 1835, une toute petite minorité signa le traité de New Echota, qui cédait aux États-Unis le territoire à l'est du Mississippi. Durant l'hiver 1838-1839, les Cherokee furent contraints à un exode dans des conditions dramatiques (« la piste des larmes ») jusqu'à l'Oklahoma, où, avec les Choctaw, les Creek, les Seminole et les Chickasaw, ils formèrent les « Cinq Tribus civilisées ».

Chewa. Peuple vivant au Malawi (Central Province), dans l'est de la Zambie (Eastern Province) et en Mozambique (districts de Manica et de Sofala) [estim. 2 millions].

❑ Autrefois cultivateurs itinérants pratiquant aussi la pêche, la chasse et certains artisanats (métallurgie, poterie, vannerie), les Chewa se sont progressivement sédentarisés. Agriculteurs réputés (maïs), ils élèvent aussi des bovins depuis plusieurs décennies. La sécheresse des années 1980 les a sévèrement affectés.

Les Chewa sont matrilinéaires ; un chef suprême est à la tête des chefs de districts, qui dirigent plusieurs chefs de village. Ils croient en un dieu suprême et pratiquent le culte des ancêtres, la magie et la sorcellerie. Aujourd'hui, 20 % d'entre eux se sont convertis au christianisme et autant à l'islam.

Ils parlent le chichewa, dialecte de la langue bantoue nyanja.

Histoire. Tous les peuples parlant le *nyanja* descendraient des Maravi, qui rassemblaient au XVIIe siècle différents groupes tribaux. Bien que les traditions orales témoignent d'une origine luba*, il semblerait que celle-ci ne concerne que des envahisseurs ayant contrôlé les populations depuis longtemps établies dans la région. Victimes au XIXe siècle, comme les Nyanja, des raids esclavagistes des Swahili* et de leurs intermédiaires Yao*, de nombreux Chewa ainsi que d'autres populations du Nyassaland (l'actuel Malawi) rejoignent dès le début du XXe siècle les rangs des travailleurs salariés dans les deux Rhodésies et en Afrique du Sud. Après l'indépendance du Malawi, le pouvoir est resté durant près de trente ans (1966-1993) aux mains d'un Chewa, Hastings Kamuzu Banda, qui a fait régner une dictature féroce et imposé la domination chewa sur le pays.

✦ Dénom. [var.] Achewa, Ancheya, Cewa, Chua, Masheba ; [syn.] Zimba au Mozambique, Chipeta ou Cipeta au Malawi.

Cheyenne(s). Tribu amérindienne des Plaines des États-Unis ; les Cheyennes méridionaux vivent dans l'Oklahoma, et les septentrionaux, dans une réserve du Montana [env. 12 000].

❑ Les Cheyennes étaient organisés en grandes bandes gouvernées par un conseil de chefs et en sociétés à fonctions militaires et cérémonielles. Les bandes se dispersaient l'hiver et se rassemblaient l'été pour les chasses annuelles et les rites cérémoniels. Leur mode de descendance était bilinéaire, leur résidence patrilocale. Leur organisation politique était très développée par rapport à celle des autres Amérindiens des Plaines.

Leur religion chamanique reconnaissait six divinités principales (*Heammawihio*, « Celui qui est sage et au-dessus », *Ahktuno'wihio*, « l'autre qui vit sous la terre », et quatre esprits vivant aux quatre points cardinaux). Parmi les cérémonies, la plus marquante, celle des quatre flèches, leur était particulière. Les Cheyennes pratiquaient également la danse du Soleil, comme la plupart des tribus avoisinantes.

Histoire. Leur foyer primitif semble se situer aux alentours des Grands Lacs. Avant 1700, ils cultivaient le maïs dans le sud-est du Minnesota, puis, sous la pression des Assiniboine*, des Ojibwa* et des Dakota*, ils se réfugièrent dans les plaines et devinrent chasseurs de bison. Au début du XIXe siècle, ils se séparèrent en deux groupes, méridional et septentrional. Longtemps en guerre contre les Kiowa*, les Comanches* et les Apaches*, ils furent en relation d'alliance avec les Arapaho*. Ils luttèrent contre les Blancs de 1854 à 1875. En 1864 et en 1868, les Cheyennes méridionaux subirent deux des pires massacres de l'histoire américano-indienne, à Sand Creek (Colorado) et à Washita River (Oklahoma). En 1874-75, ils participèrent au soulèvement des Indiens des Plaines du Sud. En 1876, les Cheyennes septentrionaux se battirent aux côtés des Dakota* à Little Big Horn (défaite de Custer).

Chilcotin. Société amérindienne du Canada (Colombie-Britannique), vivant dans le bassin de la rivière Chilcotin, entre la chaîne côtière et les Rocheuses [env. 1 700].

❑ Appartenant à l'ensemble athapaskan, ils se répartissaient en quatre groupes. Dirigés par les hommes jugés les plus capables et les plus expérimentés, ils n'avaient pas de chefs à proprement parler et entretenaient un idéal de partage et de redistribution des richesses. Ils vivaient de la chasse, de la pêche (saumon, truite) et de la cueillette.

Après une période de heurts avec les immigrants, ils s'employèrent comme cow-boys chez les fermiers, mode d'existence ultérieurement remis en cause, notamment du fait de l'arrivée de nombreux Blancs en rupture de société ; d'où un certain repli sur la vie en réserve. Ils sont convertis au catholicisme.

Chimbu. Peuple des hautes terres du centre de la Papouasie-Nouvelle-Guinée (province de Chimbu), occupant les vallées des rivières Chimbu, Koro et Wahgi. Le terme, qui désigne les locuteurs du kuman [env. 66 000] est parfois appliqué à l'ensemble des locuteurs de la sous-famille chimbu [env. 180 000].

❑ La culture de la patate douce, combinée à l'élevage de cochons, autorise une forte densité de population. La résidence est patrilocale. La ségrégation traditionnelle des hommes et des femmes ainsi que la polygynie se rencontrent de moins en moins. Les Chimbu au sens large sont organisés en tribus (de 2 000 à 4 000 personnes), unités politiques et de défense constituées de clans patrilinéaires alliés. Ces clans, territoriaux, forment les groupes exogames les plus larges et se divisent en sous-clans, unités d'organisation d'événements cérémoniels.

La société s'organise autour des *big men*, hommes qui se sont construit un large réseau de relations sociales et disposent de nombreux partenaires commerciaux.

Malgré l'influence chrétienne (protestante et catholique) et le contact avec la civilisation moderne, les cultes traditionnels se maintiennent. Ceux-ci sont rendus à un grand nombre d'esprits, dont ceux des ancêtres qui, s'ils sont apaisés par des sacrifices, protègent les membres du groupe.

Les Chimbu parlent des langues papoues (non austronésiennes) de la sous-famille chimbu, dont la plus importante est le kuman.

Histoire. L'administration australienne, sous le régime de protectorat, imposa la fin des guerres rituelles. Les hommes furent souvent recrutés pour travailler dans les plantations côtières (huile de palme). Les Chimbu se sont aussi lancés dans la culture commerciale du café et du fruit de la Passion. L'installation des nouvelles structures administratives n'a pas démenti l'influence des *big-men*.

✦ Dénom. [syn.] Simbu, Kuman.

Chin. Peuple de Birmanie (principalement État chin), ainsi que de l'Inde (Manipur, Assam, Tripura) et du Bangladesh (Chittagong Hill Tracts), habitant un territoire essentiellement montagneux [estim. 1,5 à 2 millions].

❑ Les Chin se consacrent surtout à la riziculture, sèche sur brûlis par assolement ou irriguée en terrasses. Ils élèvent aussi des bovins, des porcs et des volailles.

Leur société est de type segmentaire, patrilinéaire. Plusieurs groupes chin ont une organisation matrimoniale fondée sur un système prescriptif d'alliance avec la cousine croisée matrilatérale et ont de surcroît institué un système d'échange circulaire des femmes entre patrilignages.

La société dans son ensemble se divise en trois ordres sociaux (nobles, roturiers, serviteurs), l'appartenance à l'un ou à l'autre de ces ordres étant fixée à la naissance selon l'affiliation lignagère ; cependant, l'organisation politique des Chin du Sud est de type égalitaire, l'autorité étant répartie entre les principaux représentants de lignages sans distinction de rang. En revanche, les Chin du Nord forment un ensemble de sociétés lignagères stratifiées dans lesquelles les différences de rang, attributs des lignages, sont associées à des privilèges relativement stables dans le temps. Les communautés villageoises sont traditionnellement organisées en réseaux d'alliance défensifs qui constituent autant de domaines territoriaux rivaux, placés chacun sous la tutelle d'un gros village.

La religion ancienne est de type polythéiste et « animiste ». L'hindouisme a été introduit très tôt dans la vallée du Manipur, et coexiste avec un culte des esprits. L'analyse révèle également l'existence de nombreux syncrétismes élaborés à partir d'éléments plus anciens. Un grand nombre de Chin ont été convertis au christianisme à l'époque coloniale, sous l'in-

fluence de missionnaires britanniques (principalement baptistes).
Les divers parlers chin appartiennent à la famille linguistique tibéto-birmane.
HISTOIRE. Les Chin ont entretenu des relations politiques étroites avec les Birmans du royaume de Pagan ainsi qu'avec les Shan. Ces relations pourraient se trouver à l'origine de la stratification sociale rencontrée parmi les groupes chin du Nord. Ultérieurement, par vagues de peuplement successives entreprises surtout après le XVIe siècle, ils ont colonisé les régions situées à l'ouest du fleuve Chindwin dans les États indiens actuels du Manipur et du Mizoram. Parmi les plus anciens arrivants figurent les Meithei, étroitement associés à l'émergence du royaume de Manipur, principauté indianisée demeurée indépendante ou semi-indépendante jusqu'à son annexion par les Britanniques en 1891.
✦ Dénom. [syn.] Kuki ; [birman] Khyang ; [autod.] Zo, Mizo, Laizo, Hyou, Ashö, etc.

Chinantèque(s). Groupe amérindien du Mexique, vivant dans le bassin du Papaloapan, dans l'État d'Oaxaca et débordant sur celui de Veracruz [env. 100 000 en 1990 ; leur nombre a plus que doublé depuis trente ans).
❑ Les Chinantèques habitent plusieurs étages écologiques, tous humides, depuis les basses terres tropicales jusqu'aux hautes terres tempérées des montagnes. Partout, ils cultivent le maïs (deux récoltes annuelles dans les basses terres) et ses plantes associées (haricots, cucurbitacées, piments, etc.). Ils produisent en outre, selon l'altitude, de la canne à sucre, du café, des patates douces, du manioc.
La vie sociale s'appuie sur la famille, à tendance patrilinéaire, rattachée à une commune rurale. La tenure foncière est à dominante communale ou collective, avec usufruit individuel ; s'y ajoute un peu de propriété individuelle. L'habitat varie selon les communes, groupé, semi-groupé ou dispersé en hameaux. Le dispositif communal repose sur un système de charges tournantes, mais le conseil des anciens a conservé souvent de l'influence. La corvée rassemble les hommes du village pour effectuer les travaux publics.
Christianisés de longue date, ils conservent des traces d'une vision du monde précolombienne, surtout dans les hautes terres ; leur langue se rattache à la famille otomangue.

Chinook. Amérindiens de la côte pacifique des États-Unis (Orégon, État de Washington), dont la société s'est éteinte et qui n'existent plus qu'à l'état de groupes résiduels, à l'identité non officiellement reconnue.
❑ Leur langue, de la famille pénutienne, servit de base au parler commercial de la côte ouest, de la Californie jusqu'à l'Alaska.

Chipewyan. Groupe amérindien du Canada (Manitoba, Saskatchewan, Alberta, district du Mackenzie). Vivant en villages au bord des rivières et des lacs, entre la baie d'Hudson, le grand lac des Esclaves et le lac Athabaska, les Chipewyan forment cinq groupes régionaux divisés en de nombreuses bandes [env. 5 000].
❑ Ennemis des Cree* vivant dans le Sud, et premiers Athapaskans du Nord à être entrés en contact avec les Blancs, ils monopolisèrent pratiquement, jusqu'à la fin du XVIIIe siècle, le commerce des peaux entre les postes de la Compagnie de la baie d'Hudson et leurs voisins du Nord (Dogrib*, Slavey*), avant de devoir, affaiblis par les épidémies, affronter une concurrence plus féroce. Ils se scindèrent en « mangeurs de caribou » qui s'efforcèrent de préserver le mode de vie traditionnel basé sur l'exploitation des immenses hordes de caribous de la toundra, et en groupes se livrant à la trappe dans les régions forestières ; ces derniers, de plus en plus acculturés, se convertirent au protestantisme. Cette partition s'est plus ou moins perpétuée, les plus « occidentalisés » se montrant les plus actifs dans la défense de leurs droits.

Chiricahua. Tribu amérindienne des États-Unis, vivant dans diverses réserves de l'Arizona, du Nouveau-Mexique et de l'Oklahoma.
❑ Les Chiricahua appartiennent au groupe apache* de l'Est. Leur système de parenté est fondé sur l'opposition frère-sœur, la parenté à plaisanterie et la polygynie sororale.
HISTOIRE. Ils vivaient dans les montagnes de Chiricahua et du Dragon (sud-est de l'Arizona), à la frontière du Nouveau-Mexique et dans la région Chihuahua. Obligés à rejoindre les tribus apaches de l'Ouest, aux traits culturels différents, ils s'échappèrent périodiquement vers les territoires interdits et furent au premier rang de la lutte des Apaches contre les forces américaines. Les plus grands chefs apaches (Cochise, Mangas Coloradas, Geronimo, Victorio, Nana) furent des Chiricahua.

Chiriguano. Peuple amérindien du sud-est de la Bolivie (Santa Cruz, Chuquisaca et Tarija) et du nord-ouest de l'Argentine (Salta, Jujuy), habitant les contreforts andins et la zone de transition avec la forêt du Chaco [env. 65 000].

❑ Les Chiriguano, parmi lesquels on inclut parfois les deux groupes arawak linguistiquement assimilés des Chané et des Tapii-Izoceño, sont salariés dans les usines à sucre, ouvriers agricoles ou petits exploitants. Jadis, ce peuple était composé d'agriculteurs sédentaires très belliqueux. La famille étendue constituait le village. La structure de pouvoir s'organisait autour d'un chef héréditaire, de ses lieutenants, des chamanes et des capitaines de guerre. La pratique de l'anthropophagie rituelle des prisonniers perdura jusqu'à la fin du XVIIIe siècle.

Sous l'influence du catholicisme, et de nos jours aussi du pentecôtisme, leur chamanisme a évolué vers un syncrétisme qui s'exprime dans les fêtes (carnaval). Leur langue, le chiriguano (ou guaraní-bolivien), de la famille tupí-guaraní, est bien vivante.

Vêtement. Les hommes portaient un pagne de fibres végétales, des ornements de plumes et la *tembeta* ou morceau de canne passé dans la lèvre inférieure ; les femmes, un pagne de plumes et une tunique à couleurs vives, des colliers faits de coquilles, de graines et de petites pierres de couleur. Les deux sexes se tatouaient et se peignaient le visage.

Art. Les Chiriguano se différencient des Guaraní de l'Est par l'assimilation des influences inca (techniques agricoles, orfèvrerie) et chané (poterie, masques, vannerie).

Histoire. Partie prenante des migrations guarani, les Chiriguano s'installèrent au XVe siècle aux frontières de l'Empire inca, attirés par la culture matérielle de ce dernier et motivés par le mythe de la « terre sans mal » (*cf.* Mbyá). Ayant assimilé le cheval, ils attaquèrent constamment les ethnies du Chaco, réduisirent les Chané en esclavage et combattirent les Incas. Très redoutés des Espagnols auxquels ils livraient des esclaves en échange d'armes à feu, ils n'acceptèrent les missionnaires qu'à la fin du XVIIIe siècle et résistèrent longtemps, jusqu'au suicide, aux efforts entrepris pour les soumettre ou les éliminer.

✦ Dénom. [autod.] Chahuanco, Mbia, Awa.

→ **Guarani**

Chleuh(s). Groupe homogène le plus nombreux au sein du vaste ensemble disjoint des Berbères*. Le territoire chleuh s'étend dans le quart sud-ouest du Maroc : d'est en ouest entre le méridien Demnat-Ouarzazate et l'océan Atlantique, et du nord au sud entre les premières rampes du Haut-Atlas et le thalweg de l'oued Draa, après les dernières rides de l'Anti-Atlas. Entre les deux chaînes, l'oued Souss donne son artère à une étroite plaine intensivement mise en culture, de manière traditionnelle par le plus grand nombre des familles, sur le mode agro-industriel à la proximité d'Agadir. Cette capitale régionale, entièrement reconstruite après le séisme de 1960, est un pôle d'exportation vers l'Europe (primeurs précoces, agrumes, produits de la pêche) en même temps que l'un des réceptacles du tourisme balnéaire international [estim. 6 millions].

❑ De tous les Berbères, Touareg* exclus, les Chleuhs sont ceux dont la culture s'exprime simultanément le plus haut en montagne, le plus loin vers le sud, et le plus près d'une certaine modernité. Dans le Haut-Atlas occidental, les territoires tribaux tendent à s'étirer perpendiculairement aux cambrures majeures de la chaîne afin de profiter au mieux de l'étagement des ressources : pâturages perchés, puis boisements, puis les terroirs villageois avec, si possible, un débouché en plaine. Entre le village le plus bas et le minuscule établissement d'en haut, on compte couramment 1 500 mètres de dénivelé et, entre les parcelles de l'extrême aval et le parcours pastoral le plus élevé, 1 000 mètres supplémentaires. La culture irriguée, conduite à la houe sur des terrasses en escalier annulant le pendage, est, avec l'élevage du petit bétail et des bovins, l'activité séculaire des Chleuhs. Intense fumure animale contre production fourragère : l'association des deux volets est forte, on est en présence d'une vieille paysannerie. Dans l'Anti-Atlas, avec l'augmentation de l'aridité, les parcelles irriguées se dispersent, la chèvre l'emporte dans un petit bétail raréfié, l'arboriculture gagne proportionnellement en importance (figuiers, oliviers, amandiers et, sur le versant saharien, palmiers). On extrait l'huile d'amande du fruit d'un arbre spontané, l'arganier.

Dans de telles conditions, la migration de travail est un recours. Au Maroc même, dans les années 1950, les populations néo-citadines arrachées aux campagnes comprenaient un tiers de Chleuhs. En France, après avoir compté pour les neuf dixièmes de la main-d'œuvre d'origine marocaine, les Chleuhs en représen-

taient les trois quarts en 1960. De nos jours, une petite moitié des quelque 650 000 Marocains et Marocains devenus français qui vivent dans l'Hexagone sont d'extraction berbère ; la déperdition linguistique est moindre chez eux que chez les Kabyles*.
Sur un fond panmaghrébin qui est celui de systèmes patrilignagers présentement en voie de destructuration, l'organisation sociale des groupes chleuhs paraît représenter un moyen terme entre la situation kabyle et celle des Imazirhenes*. La tribu n'est plus qu'un lieu de mémoire. Le champ d'exercice des solidarités, c'est l'ensemble formé par trois à cinq villages, parfois des hameaux, chacun peuplé par deux ou trois unités d'un segment de moyenne profondeur généalogique, l'*ikhs*. Cet ensemble, l'anthropologie l'a dénommé un « canton », eu égard à la topographie profondément disséquée du Haut-Atlas occidental, mais aussi par référence à l'autonomie politique d'un canton suisse. Car le canton chleuh a été une petite république, l'assemblée des chefs de famille influents y formant une sorte de parlement, dont le rôle essentiel était de veiller à la sécurité du territoire. Un dispositif y a beaucoup aidé, le système dualiste des *leffs*, dans lequel chaque canton s'allie à une moitié seulement des cantons qui l'entoure : un échiquier stratégique en résulte, propre à répercuter de proche en proche tout affrontement si bien qu'aucun triomphe ne peut jamais être total ou durable. L'ascension rapide d'un potentat (tel El Glaoui, pacha de Marrakech) et l'hégémonie de son groupe ne se sont produites, de fait, qu'avec la période troublée de l'intrusion coloniale et sur des bases économiques en relation avec la grande ville.
Histoire. Le pays chleuh et ses populations ont contribué de manière déterminante à l'avènement de la première dynastie chérifienne du Maroc, les Saadiens (1555-1659). Pour les chérifs alaouites, leurs successeurs, qui restent en charge des affaires, les Berbères du Sud-Ouest ont, au contraire, été un souci constant jusqu'à leur contrôle définitif, vers 1930, par l'intermédiaire du Protectorat de la République française. La Loge d'Illirh – et de Zaouïa Sidi Ahmed ou Moussa –, par exemple, riche du contrôle de la voie caravanière au « Pays des Noirs » puis de ses investissements dans le Souss, s'était érigée en un pouvoir local respectueux des prérogatives religieuses des sultans mais, pour le reste, presque indépendant. Leur dynamisme économique a relevé, dans les années 1970, la position des Chleuhs dans la société civile ; un mouvement est né, de défense et d'illustration de la culture berbère, qui motive des cercles qui vont s'élargissant.
✦ Dénom. [berbère] Ichelhayn ; [arabe marocain] Chelha. Des langues européennes ont employé la graphie *shilhuh*. En français populaire actuel, le mot *chleuh* peut désigner « un soldat allemand, un Allemand » : quelle que soit l'explication qu'on en fournisse, il s'agit assurément d'un sens second.
→ Berbères

Choctaw. Tribu amérindienne des États-Unis vivant en Oklahoma (réserve Choctaw), dans le Mississippi et en Louisiane [env. 16 000, mais quelque 100 000 Indiens se réclament d'ascendance choctaw].
❑ À l'origine, ils habitaient dans le Mississippi et en Louisiane dans des villages, voire des « villes » (en fait des entités sociales et politiques plutôt que résidentielles). Leur agriculture, affaire exclusive des femmes, était florissante et ils exportaient du maïs. La pêche et la cueillette venaient en supplément ; les hommes chassaient le cerf de Virginie et l'ours.
Organisés en lignages et en clans, les Choctaw privilégiaient la lignée maternelle. Comme les autres sociétés du sud-est des États-Unis, ils avaient pour principale cérémonie celle du maïs vert, ou *busk*, au cours de laquelle se déroulaient les rites annuels des premières récoltes et du feu nouveau.
De nos jours, au Mississippi, les Choctaw ont réussi à développer une industrie de construction, de sous-traitance automobile et de composants électroniques, et entretiennent – suivant un mouvement d'installation de tels établissements dans les réserves initié par les Péquots du Massachussets – un casino, en plus de leurs emplois dans l'agriculture et l'exploitation forestière. En Oklahoma, ils sont plus dépendants de l'aide sociale. Ils sont majoritairement christianisés (baptisme), mais continuent à célébrer certains rites.
Leur langue, le choctaw, appartient à la famille linguistique muskogéenne. Elle est pratiquée et enseignée.
Histoire. Alliés au XVIIIe siècle aux Français, ils furent en majeure partie déportés entre 1820 et 1830 vers le Territoire indien par le gouvernement américain ; beaucoup d'entre eux moururent pendant ce « grand dérangement ». Constituant, avec les Cherokee*, les Chickasaw, les Creek* et les Seminole*, les « Cinq Tribus civilisées », ils s'organisèrent en gou-

vernements tribaux dont la souveraineté fut quasiment anéantie lors de la constitution de l'Oklahoma en État, en 1907.
✦ Dénom. [autod.] Chahta.

Chol. Groupe amérindien du sud du Mexique, vivant dans le nord de l'État de Chiapas, dans une région dont une partie, méridionale, est accidentée et l'autre, septentrionale, est plate ; le climat est très humide, frais sur les hauteurs et très chaud dans les basses terres [env. 115 000 en 1990].

❑ Les Chol cultivent le maïs et ses plantes associées (haricots, cucurbitacées, piments, etc.) et produisent du café, de la canne à sucre, un peu de riz et de patates. Des Mexicains non indiens et étrangers se sont installés et ont planté des caféraies. Le salariat saisonnier dans les plantations est fréquent. Depuis les années 1960, des Chol des hautes terres partent installer de nouveaux villages dans la forêt tropicale dite « lacandone ».

La vie sociale des Chol s'appuie sur la famille, à tendance patrilinéaire, rattachée à une commune. La tenure foncière est variable : purement individuelle ou collective, avec localement des combinaisons de ces formes. L'habitat prend la forme de gros bourgs et de hameaux. Le dispositif communal est à base de charges tournantes et de confréries religieuses. La corvée rassemble les hommes de la localité pour effectuer les travaux publics.

Les Chol sont christianisés de longue date mais conservent des traces d'une vision du monde précolombienne. La ville de Tila, où l'on vénère un Christ noir, est un important centre de pèlerinage. La langue chol se rattache à la famille maya.

Zapatisme. Depuis 1994 est apparu au sein de la population indienne un mouvement politique armé (EZLN), s'autodésignant comme « zapatiste » en souvenir du célèbre général paysan de la Révolution mexicaine de 1910. Les zapatistes dénoncent l'accaparement des terres par de riches non Idiens, la pauvreté des Indiens du Chiapas, la dénutrition, le manque de médecins et d'écoles, le mépris et l'oppression dont des Indiens souffrent de la part des non Indiens, et le manque de démocratie du système politique mexicain.

Chontal. Groupe amérindien du Mexique méridional, habitant les plaines alluviales et les basses collines très fertiles des vallées de l'Usumacinta et du Rio Grijalva, dans l'État de Tabasco ; le climat est tropical, chaud et très humide [env. 30 000 en 1990].

❑ Les Chontal sont agriculteurs. Ils cultivent le maïs (deux récoltes annuelles) et ses plantes associées (haricots, cucurbitacées, piments, etc.). Ils savent travailler la fibre de palme. Les ressources pétrolières locales ont été mises en exploitation ; un front de développement agricole et industriel s'est constitué, ce qui remanie profondément le mode de vie des Chontal, notamment dans les estuaires des fleuves.

La vie sociale des Chontal s'appuie sur la famille, rattachée à une commune rurale. La parenté est reconnue tant en ligne maternelle qu'en ligne paternelle. La tenure foncière est variable : purement individuelle ou collective. Le dispositif communal est à base de charges tournantes et de confréries religieuses. La corvée rassemble les hommes du village pour effectuer les travaux publics.

Christianisés de longue date, les Chontal conservent des traces d'une vision du monde précolombienne (rites agraires), mais les traditions tendent à se perdre.

Il ne faut pas confondre les Chontal de Tabasco (Mayas) avec les Chontal d'Oaxaca (dont la langue est de famille hoka). La source de confusion vient du terme commun, mot aztèque qui signifie « étranger ». La langue chontal se rattache à la famille maya.
✦ Dénom. [autod.] Yoko-Winik.

Chopi. Peuple vivant dans le sud du Mozambique, dans un environnement forestier [estim. 300 000].

❑ Leur économie repose sur les activités agricoles (maïs, mil, patate douce, manioc) ainsi que sur le travail migrant que les hommes effectuent dans les mines du Transvaal sud-africain. Si une majorité de Chopi fréquente les églises chrétiennes, catholiques ou réformées, bon nombre pratiquent encore le culte des ancêtres. Leur langue est le tchichopi, langue bantoue comprenant un fond shona et de nombreux emprunts aux langues xitsonga, portugaise et anglaise.

Histoire. Leur existence, en tant que groupe culturel, est attestée dès le XVIe siècle. Leur histoire traduit une longue lutte pour préserver leur identité. Au XIXe siècle, une période de résistance ouverte face à l'hégémonie du royaume de Gaza, d'origine nguni, précéda une phase de résistance passive contre la colonisation portugaise. Les Chopi soutinrent le Frelimo jusqu'à l'indépendance du pays, en 1975. Leur territoire fut touché par la guerre civile dans les années 80. Les Chopi diposent aujourd'hui d'un parti politique.

Art. Les Chopi ont acquis une grande renommée dans leur maîtrise du xylophone *mbila* (pl. *timbila*). Ils constituent de véritables orchestres avec cet instrument. Les prestations, accompagnées de chants et de danses, sont devenues une forme d'expression critique de la vie sociale et politique, mais aussi un support de revendication culturelle.

✦ Dénom. [var.] Tchopi, Chope.

Chortí. Société maya vivant au centre-est du Guatemala et, pour un groupe très acculturé, au Honduras [env. 60 000].

❑ Agriculteurs, ils habitent aussi bien des vallées tempérées que des zones de montagne relativement froides et isolées.

Le catholicisme mêlé au fonds préhispanique (importance du culte des ancêtres) reste largement prédominant malgré l'influence grandissante de sectes protestantes.

Le chortí est l'expression la plus méridionale de la famille linguistique maya-chontal ; il est pratiquement éteint au Honduras, et le bilinguisme avec l'espagnol est général au Guatemala (région de Camotán et de Jocotán).

Histoire. Apparentés aux Chol*, les Chortí occupaient lors de la Conquête (1524) la région de Copán. Ils résistèrent à la pénétration espagnole ; déportations, épidémies et exactions provoquèrent ici comme ailleurs des hécatombes, et ce n'est qu'au XVIIIe siècle que s'amorça une reprise démographique.

Chuj. Société maya du nord-ouest des hautes terres du Guatemala, habitant les contreforts couverts de forêt tropicale de la sierra de los Cuchumatanes et le bassin du Rio Usumacinta [env. 26 000].

❑ En raison du faible rendement de leurs cultures sur essarts, les Chuj sont nombreux à s'engager dans les plantations de café ou de coton et les bananeraies. Victimes des violences liées à la guerre civile, ils se sont pour partie réfugiés au Mexique (Chiapas), où ils cherchent aussi du travail dans les plantations de café.

Regroupés en municipalités (*municipios*), les Chuj pratiquent le catholicisme indigène, et conservent nombre de rites anciens ; ils utilisent encore le calendrier préhispanique de 260 jours, à fonction divinatoire. Le chuj appartient au groupe mam du tronc linguistique maya-quiché ; le monolinguisme prédomine, surtout chez les femmes et les enfants.

Chulupí. Peuple amérindien du Paraguay et d'Argentine, vivant dans la région du Gran Chaco [env. 7 000].

❑ « Gens du fleuve » (le Pilcomayo) ou « gens de la forêt », ils se répartissent en bandes de plusieurs familles étendues. Beaucoup ont rejoint les colonies mennonites du centre du Chaco ou travaillent pour les colons.

Traditionnellement chasseurs-cueilleurs, pêcheurs et agriculteurs, matrilinéaires et matrilocaux, ils vivent en petits villages concentriques (place centrale, maisons, cultures), dont chaque groupe de parenté occupe une portion. Durant la saison de la pêche, ils s'installent dans des campements provisoires. Leur chamanisme était très développé ; par exemple, quand il s'agissait de connaître l'avenir, le chamane envoyait son âme, en un périlleux voyage, à la rencontre du Soleil omniscient, mais cannibale. Ils parlent l'ashlushlay, ou nivaklé, langue mataco-mataguaya.

Histoire. Peuple guerrier, en conflit fréquent avec les Toba*, les Pilagá* et les Chiriguano*, ils restèrent préservés des Blancs jusqu'au début du XXe siècle, puis connurent – pour ceux qui s'y plièrent – l'exploitation dans les plantations sucrières. Ils furent impliqués dans la guerre du Chaco (1932-1935) entre la Bolivie et le Paraguay. Résistant farouchement aux Boliviens, ils furent décimés et ruinés.

Ethnol. Ils ont été étudiés par E. Nordenskiöld, A. Métraux, P. Clastres et Chase-Sardi.

✦ Dénom. Chunupí, Choropí, Sówa, Ashlushlay, etc. ; [autod.] Nivaklé.

Cocama. Société amérindienne disséminée le long de l'Amazone de part et d'autre des frontières du Pérou (la majorité), de Colombie et du Brésil, depuis le Pastaza, à l'ouest, jusqu'à Tefé, à l'est [estim. 20 000 Cocama, 5 000 Cocamilla et 150 Omagua au Pérou ; 200 Cocama en Colombie ; plus de 500 Omagua-Cocama au Brésil].

❑ Les Cocama vivent de la pêche et de l'agriculture sur brûlis, centrée sur le maïs, les bananes et surtout le manioc (production de bière, de farine et de galettes). Leur identité s'exprime dans le chamanisme et aussi le messianisme (mouvement de la Sainte-Croix). Ils respectent les fêtes du calendrier chrétien (Corpus Cristi, Semaine sainte).

Ils forment avec les Cocamilla et les Omagua

un ensemble de population affilié linguistiquement au stock tupi (on pense qu'à l'origine ils ne parlaient pas cette langue, qui leur fut imposée comme langue de catéchèse). La plupart sont bilingues ; environ 2 000 privilégient toujours le cocama comme langue première face à l'espagnol et au portugais.

Organisation ancienne. Au XVIe siècle, les Cocama résidaient en gros villages stratifiés sur les rives de l'Amazone. Société du fleuve particulièrement guerrière et puissamment armée, ils célébraient un grand rituel autour des têtes-trophées prises sur l'ennemi. Ils pratiquaient, à l'instar des Omagua, la déformation volontaire du crâne, d'où leur surnom de « têtes plates ». Leur céramique polychrome, d'une exceptionnelle richesse, souleva l'admiration des premiers chroniqueurs.

Histoire. Originaires de la basse Amazone, les ancêtres des Cocama-Omagua se seraient installés dans la région dès les IXe-Xe siècles. Aux premiers temps de la Conquête (seconde moitié du XVIe siècle) ils furent décimés par la peste et la variole. Un siècle plus tard et après plusieurs rébellions, ils furent regroupés dans les missions jésuites. Les premières fédérations Cocama-Cocamilla ont vu le jour dans les années 1980.

✦ Dénom. [syn., anc.] Ucayali ; [syn.] Kokama ; [autod.] Awa (« les gens »).

Comanche(s). Tribu amérindienne des plaines du sud des États-Unis, vivant en réserve dans l'Oklahoma [env. 11 000].

❑ Divisés en bandes autonomes, les Comanches n'étaient pas, à la différence des autres Indiens des Plaines, organisés en lignages et ne possédaient pas de « sociétés » militaires. Éleveurs de chevaux et cavaliers remarquables, ils vivaient pour l'essentiel de la chasse du bison. Leur vie religieuse reposait surtout sur les révélations obtenues par le jeûne et la solitude, et l'usage du peyotl. Leur langue, de la branche shoshone de la famille uto-aztèque, fut la *lingua franca* des grandes plaines du Sud.

Histoire. Originaires de l'actuel Wyoming, apparentés aux Shoshone*, ils formèrent en 1795 une confédération avec les Kiowa* et émigrèrent vers le sud, sous la pression sioux*. Le viol par les Blancs du traité de 1865 qui leur accordait un territoire fut la cause de sanglants affrontements (1874-75), qui virent la fin de leur puissance guerrière.

Copte(s). Groupe religieux d'Égypte [entre 6 et 8 millions].

❑ Les Coptes, qui vivent majoritairement dans les centres urbains et qui sont représentés à tous les échelons de la société et dans tous les métiers, ont une identité indissolublement égyptienne et chrétienne. Leur Église a à sa tête un pape, assisté par un saint-synode. Il existe aussi un conseil communautaire (*majlis al-Milli*) et un conseil des laïcs.

La langue copte, qui n'a plus d'usage que liturgique, représente le dernier stade d'évolution de l'égyptien pharaonique, avec apport de nombreux mots grecs. Elle utilise un alphabet grec adapté.

Histoire. L'Église copte, qui aurait été fondée à Alexandrie par saint Marc, se désigne comme « l'Église des martyrs ». Son calendrier (« l'ère des Martyrs ») débute en 284, date de l'accession au trône de Dioclétien : les chrétiens d'Égypte furent victimes de la part des empereurs romains de persécutions très dures, qui favorisèrent l'essor de l'érémétisme et du monachisme. Les polémiques sur la nature divine de Jésus aboutirent lors du concile de Chalcédoine (451) au schisme entre l'Église égyptienne et les autres Églises. Après l'implantation de l'Islam, les Coptes ont connu des alternances de tolérance et d'oppression. Ils se sont vigoureusement impliqués dans la construction de l'Égypte moderne. Dans les temps récents, la montée de l'islamisme et la crise économique ont aggravé leur situation et augmenté leur émigration (diaspora en Australie, en Amérique, en Europe, dans certains pays arabes et africains).

L'Église d'Éthiopie est demeurée sous la tutelle d'Alexandrie jusqu'en 1959.

✦ Dénom. [var.] Cophte(s), jusqu'au XIXe siècle ; [arabe] Qibti.

Cosaque(s). Société paysanne à forte vocation militaire vivant en Fédération de Russie (sud du pays, nord du Caucase, Oural, Sibérie) et en Ukraine [env. 2 millions].

❑ Le monde cosaque se compose majoritairement de Russes, avec un pourcentage important d'Ukrainiens, et a reçu les apports d'autres groupes (du Caucase, d'Asie centrale). Il perpétue de nombreux traits d'une forte organisation communautaire, que soudait jadis la jouissance collective et perpétuelle des terres accordée à leurs divers régiments. Outre l'agriculture, l'élevage (chevaux) et, dans certaines régions, la pêche, les Cosaques se consacraient à leurs tâches militaires (garde frontalière, notamment), et avaient dans leurs régions la charge de la poste, de l'entretien des routes, des recensements et de la collecte des impôts. Ils connaissent aujourd'hui une renaissance économique qui englobe une participation active à l'économie de marché dans des villes, telle Saint-Pétersbourg, situées loin de leur zones traditionnelles d'implantation.

Jusqu'au XVIIIe siècle, les communautés eurent à leur tête un chef élu (*hetman*) ; les questions importantes étaient débattues en assemblées (la *sietch*, chez les Zaporogues). La dimension importante des villages, ou *stanitsas*, s'étirant parfois sur plus de dix kilomètres, a favorisé jusqu'à la fin du XIXe siècle le maintien de la famille élargie de type patriarcal.

Les Cosaques sont orthodoxes, avec une représentation notable des Vieux-Croyants, et parlent le russe (dialectes divers selon les régions) et, pour une partie, l'ukrainien.

Renommée. Réputés comme guerriers farouches, comme chanteurs (les plus célèbres étant les Chœurs des cosaques du Don), connus pour leur agilité sportive (escrime, tir, sports équestres, dont la voltige à cheval, ou *djiguitovka*), les Cosaques ont inspiré de nombreuses œuvres littéraires, dont *Tarass Boulba* de Gogol, *les Cosaques* de Tolstoï ou *le Don paisible* de Cholokhov. On a souvent, à l'étranger, attribué aux Russes dans leur ensemble des traits propres à cette population.

Histoire. Les Cosaques sont issus des communautés quasi autonomes de paysans libres qui occupèrent les steppes de la Russie méridionale au XVe siècle et se virent confier la garde des frontières de la Russie, de la Lituanie, de la Pologne et des Hordes nogay*. Sous le règne d'Ivan le Terrible, les *Cosaques du Don* reconnurent la suzeraineté de Moscou et participèrent à la conquête de la Sibérie sous la conduite de l'hetman Ermak. Les mêmes prirent la tête de deux insurrections paysannes, celle de Stenka Razine, au XVIIe siècle, et celle de Pougatchev, au XVIIIe siècle. Les *Cosaques du Dniepr*, ou *Zaporogues* (« d'au-delà des rapides »), tout d'abord vassaux du roi de Pologne, se soumirent à la Russie en 1654. Espérant rejeter le joug russe, l'hetman Mazeppa s'allia contre Pierre le Grand au roi de Suède, mais celui-ci fut vaincu à Poltava ; le dernier hetman fut destitué par Catherine II en 1764. Dès lors, les Cosaques, organisés en plusieurs « armées » correspondant à leur implantation territoriale, furent intégrés aux troupes régulières. Ils s'illustrèrent durant les guerres napoléoniennes, mais restent associés aussi aux pogroms et aux exactions policières de la fin du XIXe et du début du XXe siècle. Ils combattirent en grande majorité la révolution d'Octobre. Déjà décimés durant la guerre civile, ils virent leur population globale, qui atteignait les 9 millions d'individus à la veille de la Révolution, réduite dans une proportion massive par la répression des années 1930.

Les Cosaques ont été réhabilités par décret en 1992, et un Comité consultatif pour les affaires cosaques a été créé en 1994. Ils aspirent à retrouver la propriété de leurs terres et un statut comparable à celui qui était le leur avant la Révolution. Ils défendent souvent des positions ultranationalistes, renouant souvent avec les aspects négatifs de leurs traditions (esprit militariste, chauvinisme, antisémitisme), et ont combattu aux côtés des séparatistes russes de la république autoproclamée de Transnistrie, en Moldavie, et même en Bosnie aux côtés des Serbes.

✦ Dénom. [russe] Kazaki, du turc *qazaq*, « homme libre ».

Cree. Ensemble de groupes amérindiens apparentés vivant au Canada (surtout) et aux États-Unis [env. 130 000].

❑ Les Cree ne constituent pas une tribu à proprement parler. Il s'agit en réalité d'une vaste aire – qui prend en écharpe l'aire subarctique canadienne, du Labrador aux Rocheuses, avec une incursion dans les Plaines septentrionales – au sein de laquelle la langue est commune.

On distingue quatre sous-groupes, selon à la fois les variations dialectales et la répartition territoriale : les Cree de la baie James (Québec), dont les caractéristiques sociales et culturelles sont très proches de celles des Montagnais* et des Naskapi avec lesquels ils s'intermariaient ; les Cree des marais (Swampy Cree) qui occupent les régions côtières de la baie d'Hudson (Ontario, Manitoba) ; les Cree des forêts (Manitoba, Saskatchewan), et enfin les Cree des plaines (Alberta et Montana).

À l'exclusion de ces derniers, qui adoptèrent à l'instar des autres groupes d'Indiens des Plaines un mode de vie fondé sur la chasse équestre au bison, les Cree du subarctique vivaient de chasse (élan, castor, gibier aquatique) et de pêche lacustre.

L'organisation sociale des Cree reposait sur une alternance saisonnière. L'été, les groupes se rassemblaient afin de s'adonner à des rituels collectifs et de renouer leurs alliances matrimoniales, tandis que l'hiver ils se dispersaient à travers leurs immenses territoires pour mieux en exploiter les ressources.

Les Cree entretenaient sur une base personnelle des relations avec des entités surnaturelles – parfois animales, parfois anthropomorphes (et, dans ce cas, tantôt gigantesques, tantôt naines) – qui les secondaient dans leurs entreprises cynégétiques ou dans leurs activités chamaniques, dont les plus importantes étaient les rituels de « tente tremblante », variante de la tente de sudation des Plaines. Ils ont adopté la relgion chrétienne (catholicisme, protestantisme), mais on assiste à un certain *revival* des cérémonies traditionnelles.

Le cree est une langue algonquine (ou algonqienne comme on dit au Québec) proche de l'ojibwa. Ces deux langues sont les deux seules langues amérindiennes canadiennes qui aient quelque chance de survivre.

Défense autochtone. Les bouleversements consécutifs à la construction du complexe hydroélectrique de la baie James ont entraîné des réactions de défense et l'émergence de leaders. La convention du Nord québécois de 1975, concernant les Cree et les Inuit*, suivie en 1978 de la convention de la baie James et du Nord québéquois, est contestée depuis par les Cree (sur la question des droits territoriaux, déclarés éteints par la loi fédérale de 1977 ratifiant la convention). Le Grand Conseil des Cree du Québec est présent sur la scène internationale (conférence des ONG sur les populations autochtones et la question foncière en 1981, à Genève) ; les Cree ont obtenu un statut consultatif propre à Genève (1987) et un Cree, Ted Moses, a été le premier autochtone nommé rapporteur auprès de la Commission des droits de l'homme de l'ONU.

Histoire. Très tôt, les Cree se sont engagés dans le commerce que leur proposaient les Blancs : fourrures contre objets métalliques (couteaux, haches, casseroles, fusils). On pense que les Cree des Plaines ont profité de la supériorité que leur conféraient les armes à feu acquises auprès des Anglais et de leur alliance avec les Assiniboine* pour s'installer dans les Plaines. Leur économie traditionnelle, comme celle des autres Amérindiens, a été progressivement laminée.

✦ Dénom. [fr.] Cri(s) ; Kristinaux, d'après un mot ojibwa, fut leur première appellation française.

Creek. Confédération de tribus amérindiennes de l'est des États-Unis, installée en Oklahoma (principalement) et en Alabama [env. 45 000].

❑ La confédération creek reposait sur des « villes » (gouvernées chacune par un chef, *micco*), en fait des entités sociales et politiques plus que résidentielles, fondées sur l'affiliation à un centre cérémoniel. Chaque ville était divisée en deux groupes, « blanc » et « rouge », le premier, symbolisant la paix, en charge des affaires civiles, le second en charge de la guerre. Par extension, des « villes blanches » assumaient les tâches exécutives de la confédération, et des villes « rouges », les affaires législatives et judiciaires. Selon les circonstances, les unes ou les autres prédominèrent.

Comme nombre d'autres sociétés avoisinantes, les Creek avaient pour cérémonie majeure la fête du maïs vert, ou *busk*, où l'on célébrait les premières récoltes et le feu nouveau.

Aujourd'hui, certains Creek sont très assimilés ; d'autres continuent à parler la langue muskogee et préservent des éléments de leur ancienne organisation sociale et religieuse (le *busk*, notamment).

Jeu. Les Creek s'adonnaient à une version très « dure » du jeu de balle *lacrosse* (du français « la crosse »), sorte de hockey où l'on a pu voir un substitut à la guerre.

Histoire. Ils occupaient une large part des plaines de Géorgie et d'Alabama, se répartissant en Muskogee au nord, en Hitchiti et en Alabama au sud. C'est au cours du XVIIIe siècle qu'ils s'organisèrent en confédération. Ils menèrent en 1813-1814 une guerre malheureuse pour tenter de recouvrer leur territoire, avant de subir dans les années 1830 la grande déportation vers le Territoire indien (actuel Oklahoma), où ils firent partie des « Cinq Tribus civilisées ».

Crow. Tribu d'Indiens des plaines centrales des États-Unis, vivant en réserve dans le sud du Montana [env. 6 000].

❑ Les Crow constituent une émanation récente, due à un mode de vie entièrement tourné vers la chasse au bison, des tribus villageoises (donc agricoles) du haut Missouri (Mandan et Hidatsa*).

Ils se répartissaient en douze clans exogames matrilinéaires, dirigés par un chef et groupés par deux en six phratries. Leur organisation sociale reposait également sur les confréries guerrières. La vie cérémonielle s'organisait autour d'une variante de la danse du Soleil ; le tabac, qu'ils cultivaient, faisait l'objet d'un usage cérémoniel.

De nos jours, ils élisent en leur sein un conseil général chargé de traiter avec les autorités américaines, et tirent leurs principaux revenus de l'élevage et du tourisme (le site de la bataille de Little Big Horn se trouve sur leur réserve). Leur langue, qui appartient à la famille linguistique sioux, se maintient.

Parenté. Leur vocabulaire de parenté a été modélisé en anthropologie sous le nom de système crow, symétrique patrilinéaire du système omaha*.

Histoire. Ils ont migré, adoptant la vie des chasseurs de bison, les uns (« Mountain Crow ») s'établissant dans le nord du Wyoming et le sud du Montana, les autres (« River Crow »), le long du cours supérieur du Missouri et de ses affluents. Traditionnellement en guerre contre leurs voisins Sioux*, Blackfoot*, Cheyennes* et Arapaho*, ils se rangèrent du côté des Blancs au XIXe siècle, servant d'éclaireurs à l'armée américaine. Une immense réserve, réduite au fil du temps, leur fut concédée en 1825.

✦ Dénom. [autod.] Absaroka (les « fils de l'oiseau au large bec »).

Cuiba. Peuple amérindien établi de part et d'autre de la frontière qui sépare la Colombie (Arauca, Vochada, Casanare) et le Venezuela (Táchira, Apure), dans les Llanos orientaux ; il dispose en Colombie de 4 *resguardos*, ou réserves [env. 2 300].

❑ Organisés en une dizaine de clans semi-nomades, les Cuiba sont des chasseurs-pêcheurs-cueilleurs venus récemment à l'horticulture (manioc), comme leurs voisins les Sikuani*. La vie du clan s'organise au rythme de deux saisons : l'été est consacré à la chasse et à la pêche, l'hiver, aux semailles.

La relation de parenté détermine les échanges économiques et les relations de travail au sein de chaque clan, placé sous l'autorité du beau-père ou de l'oncle maternel. Traditionnellement, le clan est fondé sur la famille élargie, organisation qui se retrouve dans les quartiers ou hameaux où les Cuiba sont de nos jours sédentarisés. Il n'y a pas de propriété privée du sol, mais le droit d'usage du sol est défini selon les territoires traditionnels de migration. L'habitat est individuel, par famille nucléaire. Les rites traditionnels (notamment celui des premières menstruations, qui prépare la jeune fille à la vie conjugale) et la consommation de plantes hallucinogènes sont encore courants. Le cuiba est une langue guahíbo.

Histoire. Depuis le premier massacre dont ils ont été victimes, en 1870, jusqu'à celui de Planas, en 1970, les Cuiba n'ont cessé de lutter contre l'avancée du front de l'élevage. Ils font partie de l'Unuma (organisation autochtone des indigènes des Llanos, dont le nom signifie « communauté élargie »).

✦ Dénom. [var.] Cuiva, Kuiva, Kuiba ; [syn.] Guahíbo, Deja ; [autod.] Wamone.

d

Dagour(s). Population mongolophone de Chine, ayant le statut de minorité ethnique [121 463 en 1990].

❑ Les Dagours vivent dans de nombreuses régions : province du Heilongjiang, le long de la Nonni (Nenjiang), dans les départements de Nenjiang (districts de Fuyu, de Nehen Gannan, de Longjiang) et de Heihe (districts de Aihui, de Sunwu et de Xunke) ; région autonome de Mongolie-Intérieure, ligue du Hulunbuir, dans la bannière autonome dagour de Morin Dawaa, bannière d'Arun et de Butha (Zalantun), dans la bannière autonome évenke et dans la bannière de Chen Barag (Vieux-Barga) et aux environs de la ville de Hailar ; enfin, dans la région autonome ouïgoure du Xinjiang (Turkestan oriental) : quelque 4 000 Dagours, descendants de troupes envoyées garder les frontières occidentales de l'empire Qing à la fin du XVIIe siècle, sont établis à Tacheng (anciennement Kouldja), dans le département autonome kazakh de l'Ili.

Les Dagours du Heilongjiang sont chasseurs et agriculteurs et habitent des villages en dur ; ceux de Morin Dawaa, établis dans un milieu de pastoralisme mongol, habitent des yourtes et sont principalement éleveurs. Les Dagours sont restés chamanistes. Considérés par certains comme des descendants des Kitan, peuple proto-mongol fondateur de la dynastie Liao [947-1125] en Chine du Nord, les Dagours se disent mongols* et parlent une langue proche du mongol médiéval.

Histoire. Originellement chasseurs et éleveurs dans les régions de l'Amour, les clans dagours, sous la pression russe, se sont déplacés au milieu du XVIIe siècle plus au sud, sur les rives de la Nonni. Organisés en bannières par les Mandchous, ils ont constitué là une réserve de troupes militaires d'élite pour la dynastie mandchoue des Qing.

✦ Dénom. [var.] Daur, Daour, Dahur, Da'ur, Daghour, Dawor.

→ **Mongols**

Dakota. Branche orientale de la tribu amérindienne des États-Unis, connue sous le nom de Sioux*, ou Dakota au sens large. Les Dakota sont aujourd'hui installés dans des réserves du Dakota du Nord (Devil's Lake), du Dakota du Sud (Flandreau) et du Nebraska [env. 6 000].

❑ Subdivisés en quatre bandes (Mdewkanton, Wahpekute, Wahpeton, Sisseton), ils vivaient avant 1650 dans la région du lac Supérieur. Leur économie reposait essentiellement sur la chasse (cerfs et bisons). Sous la pression des Ojibwa*, ils émigrèrent vers le sud et l'ouest de l'actuel Minnesota, mouvement concomitant avec l'adoption du cheval et « l'invention » du mode de vie des Plaines, dépendant exclusivement de la chasse au bison. Entre 1851 et 1859, ils perdirent la plupart de leurs territoires et furent parqués dans une réserve. Face au viol continuel des traités, ils se révoltèrent en 1862, sous la direction de Little Crow. Durement réprimés, spoliés de toutes leurs terres, ils furent exilés vers le Dakota et le Nebraska. Leur révolte précéda ainsi le grand soulèvement des Sioux de l'Ouest (Teton ou Lakota).

✦ Dénom. [syn.] Santee.

→ **Sioux**

Damara. Peuple vivant dans les vastes régions du centre et du sud de la Namibie, où ils sont surtout concentrés dans les montagnes [estim. 120 000].

❑ Les Damara sont agriculteurs (maïs), entretiennent des jardins maraîchers et, notamment à Sesfontein, cultivent une variété forte de tabac. Aujourd'hui, de nombreux Damara travaillent aussi dans les mines et dans les

grandes villes, où ils possèdent des commerces, des bars, des restaurants et des stations-service. Ils sont également présents dans l'enseignement ainsi que dans les classes politiques issues de l'indépendance.
Ils se répartissent en une multitude de petits groupes de 10 à 30 individus, tous organisés selon une hiérarchie complexe de clans et de familles étendues, et gouvernés par les anciens. Ils sont majoritairement chrétiens et parlent la langue des Nama*.
Histoire. L'histoire des Damara reste mystérieuse. Lorsque les premiers Européens les découvrirent, ils formaient la classe des serviteurs et des pasteurs des Khoikhoi et des Herero*. Ils connaissaient les techniques du travail du cuivre et cultivaient le tabac et le cannabis. À ce titre, ils jouèrent un rôle important dans le commerce et les échanges florissants en Namibie avant l'arrivée des Européens. Vers 1870, les missionnaires de la mission Rhénane intercédèrent en leur faveur auprès du chef herero Zeraua, qui leur abandonna le territoire d'Okombaha, à l'est d'Omaruru. En 1964, le gouvernement les cantonna dans un homeland, le Damaraland, avec pour capitale Khorixao.
✦ Dénom. [syn.] Berg Damara.

Dan. Peuple vivant au centre-ouest de la Côte d'Ivoire et dans les régions adjacentes du Liberia et de la Guinée [estim. 300 000].
❑ Le pays dan se compose au nord d'un ensemble montagneux occupé au nord par la savane et au sud par la forêt. Agriculteurs et éleveurs, les Dan ont vu leur vie transformée par l'introduction des cultures commerciales (cacao, café, coton) et par le développement du tourisme.
De nombreux masques incarnent ancêtres et esprits des lieux ; islam et christianisme ont leurs convertis. La société est organisée en lignages patrilinéaires autonomes, avec résidence patrilocale.
Les Dan font partie des Mandé du Sud et comptent, avec les Gouro, parmi les occupants les plus anciens de l'Ouest ivoirien. Ils se sont farouchement opposés à la domination française.
✦ Dénom. [syn.] Yacouba.

Dani. Peuple d'Indonésie (hautes terres du centre de l'Irian Jaya), occupant le bassin du Baliem ; les deux groupes les plus importants sont les Dani de la grande vallée du Baliem et les Dani de l'Ouest, en amont [env. 220 000].
❑ La patate douce est au centre de l'agriculture et autorise une forte densité de population. Les Dani élèvent également des cochons, qui leur servent à la fois de nourriture, d'objets de prestige et de monnaie pour les échanges matrimoniaux. Le marché de Wamena (centre administratif de la région) a permis l'acquisition de nouveaux biens, dont la hache de fer. L'unité sociale la plus significative est l'enceinte, ensemble de huttes entourées d'une palissade. La petite polygamie est pratiquée et la résidence est patrilocale. Deux systèmes d'organisation sociale coexistent : d'une part, des moitiés exogames patrilinéaires regroupant plusieurs clans totémiques ; d'autre part, des confédérations, unités territoriales stables, regroupées en alliances. Il n'y a pas de chefs à proprement parler mais des hommes influents (*big men*).
Le succès des missions protestantes et catholiques diminue aujourd'hui. Le « culte du cargo », qui faisait des missionnaires des prophètes disposant d'un monopole des biens matériels, a perdu sa raison d'être... La religion traditionnelle, basée sur l'apaisement des esprits des morts, demeure présente.
Les Dani parlent des langues papoues assez proches. Avec la scolarisation, l'usage de l'indonésien se répand.
Coutumes. De grandes guerres rituelles entre alliances étaient organisées, répondant à la demande de vengeance des fantômes des victimes. Lors de la crémation de ces morts, les phalanges de jeunes filles proches du mort étaient sectionnées, en sacrifice à l'esprit du défunt. Par ailleurs, certains portent encore aujourd'hui l'étui pénien.
Film. Du fait de l'importante diffusion du documentaire *Dead Birds* (1963), œuvre du cinéaste et anthropologue américain, Robert Gardner, relatant les guerres rituelles, les Dani constituent l'une des cultures les plus connues de l'ensemble papou.
Histoire. Aux brefs contacts d'avant 1940 avec des Occidentaux succèdent les missions permanentes et la volonté de « pacification » de l'administration néerlandaise. Malgré les efforts déployés pour les couler dans le moule indonésien, les Dani réaffirment leur identité et revendiquent une participation au processus de décisions. Ils ont été victimes de bombardements aériens dans les années 1970 et sont partie prenante du Mouvement de libéra-

tion de la Papouasie occidentale (créé en 1971), actif dans la vallée du Baliem.

✦ Dénom. [autod.] Akhuni, Konda, Ndani, Pesegem ; Lani (Dani de l'Ouest).

Dargui. Peuple du Daguestan (fédération de Russie), voisin des Lak, des Avar*, des Tabassaran* et Koumyk, avec des communautés aux environs, notamment dans la région de Stavropol [estim. 350 000, dont 280 000 au Daguestan].

❑ Les Dargui, essentiellement montagnards, sont par tradition agriculteurs et éleveurs (mouton, cheval). La maison, en pierre, à flanc de coteau, était à pièce unique avec foyer central. L'organisation sociale est basée sur une union patrilinéaire villageoise, administrée selon la coutume par les anciens du village. Les villages, libres, pouvaient se grouper en unions, elles-mêmes éventuellement confédérées. La famille dargui est réduite, mais elle connaît son appartenance au clan patrilinéaire jusqu'à la douzième génération.

L'islam sunnite n'a pas fait disparaître toutes les vieilles croyances, ni les fêtes agraires, telle la fête du premier sillon.

Le dargui, langue caucasique du Nord-Est, se subdivise en nombreux dialectes et parlers. Le russe est utilisé.

Art. Dès le Moyen Âge, la capitale Koubatchi était renommée pour le travail du métal : cottes de mailles, étriers, mors, sabres, poignards, bijoux. Tous les ustensiles de la vie quotidienne ainsi que les parures féminines étaient décorés ou sculptés de motifs traditionnels. La poterie, le tissage et l'art du tapis se sont maintenus, de même que la pratique de la décoration de la pierre, du bois et du métal. L'architecture est illustrée par les tours de défense et les mosquées.

Histoire. Au Xe siècle, Mas'udi témoigne que les Dargui « sont de confessions diverses : musulmans, chrétiens et juifs ». L'islam s'est généralisé au XIVe siècle. Les Dargui étaient organisés en un royaume qui survécut sous diverses formes (principauté, unions de villages) jusqu'en 1813, date à laquelle le traité de Gulistan entre la Perse et la Russie attribua le Daguestan à cette dernière. De 1834 à 1859, les Dargui participèrent à la guerre menée par l'imam Chamil contre le colonisateur.

✦ Dénom. [var.] Darguine(s) ; [syn.] Zirigaran, en arabe ; [autod.] Dargan.

Dariganga(s). Groupe mongol de l'est de la Mongolie (province de Sükhbaatar).

❑ Éleveurs nomades, artisans (orfèvres) réputés dans le reste de la Mongolie, les Darigangas doivent leur notoriété au statut administratif spécial (éleveurs de troupeaux impériaux) qui fut le leur sous la dynastie mandchoue des Qing.

Histoire. D'origine khalka* et tchakhar*, avec quelques éléments ööltes, les Darigangas se virent confier en 1697, peu après le ralliement des tribus mongoles de Mongolie du Nord, la charge des troupeaux de hongres de l'armée, puis également celle de troupeaux de chameaux et de moutons. Ils furent organisés en cinq « ailes ». La traversée de leur territoire était interdite aux autres Mongols, d'où le développement séparé de ce groupe. Leurs particularités dialectales qui n'en ont cependant jamais fait une ethnie à part ont progressivement disparu sous le régime socialiste et ils se sont homogénéisés avec les Khalka.

→ **Mongols**

Darkhate(s). Groupe mongol* du nord-ouest de la Mongolie, considéré comme l'une des vingt ethnies mongoles, habitant une zone de montagnes et de vallées bien arrosées, délimitée par le lac Khövsgöl à l'ouest et par les monts Saïan au nord, et bordée de steppes au sud [env. 15 000].

❑ Les Darkhates vivent de l'élevage nomade (bovins, yaks) complété par la cueillette, la chasse et la pêche. Ils travaillent très bien le bois, le cuir et la laine (feutre). Ils sont organisés en une trentaine de clans patrilinéaires exogames. Convertis au bouddhisme lamaïque à partir du XVIIe siècle, ils ont néanmoins conservé, sous l'influence de leurs clans d'origine turque (touva*) et du fait de leur isolement, de fortes traditions chamaniques. Leur dialecte mongol est marqué par les archaïsmes et les influences oïrate*, bouriate* et surtout khalkha*.

Histoire. Les Darkhates sont un assemblage de clans mongols et turcs et, peut-être, d'éléments samoyèdes*, progressivement mongolisés et unis par leur condition de sujets (*chavi*) de l'Église bouddhique, de 1688 à 1924. En dépit des efforts du pouvoir populaire, leur société a conservé bien des traits archaïques ; ses chamanes et chamanesses, frappés d'interdit à l'époque socialiste, ont réapparu et attisent la curiosité.

✦ Dénom. [var.] Darkhat, Darqad, Darxad, Darkhad.
→ **Mongols**

Datoga. Peuple du nord de la Tanzanie, vivant dans le district de Hanang aux alentours du lac Eyasi, dans la région administrative d'Arusha [env. 150 000].
❑ Voisins des Iraqw*, des Gorowa, des Langi, des Sandawe* et des Maasai*, les Datoga sont des pasteurs nomades et comptent parmi les plus gros détenteurs de troupeaux du pays.
Répartis en un certain nombre de sous-groupes, ils ont une organisation sociale de type segmentaire et patrilinéaire, au sein de laquelle les classes d'âge occupent une place prépondérante. Société itinérante, en constant mouvement, ils conçoivent un dieu sans référent spatial fixe : il est présent en tous lieux. Et, contrairement à ce qui se passe dans la quasi-totalité des sociétés agropastorales de Tanzanie, la religion traditionnelle n'est pas fondée sur le culte des ancêtres : les faiseurs de pluie et officiants de rituels communiquent directement avec la divinité ; ils inspirent le respect et représentent en quelque sorte l'autorité traditionnelle au sein du groupe.
Les Datoga parlent une langue nilotique.
Coutume. Le système de contrôle et d'espacement des naissances repose sur l'interdiction absolue des rapports sexuels pendant toute la période d'allaitement des nouveau-nés.
Histoire. Le mythe d'origine de la société la fait descendre de Salahog, frère de Dieu et premier Datoga. Vraisemblablement, les ancêtres de ce peuple vivaient aux alentours du mont Elgon, dans le Kenya actuel, et auraient migré il y a deux à trois siècles. L'activité des missionnaires chrétiens, l'école obligatoire, les mesures de sédentarisation mises en œuvre par les autorités, la pénétration de l'économie marchande sont en passe de bouleverser la société datoga.
✦ Dénom. [syn.] Tatoga, Taturu, Taturnyant.

Dayak. Terme générique désignant l'ensemble des populations non islamisées de Bornéo (Indonésie, Malaisie orientale et sultanat de Brunei) [env. 3 millions].
❑ On réserve le plus souvent cette appellation à celles de ces populations qui pratiquent l'agriculture, en général sur essarts, soit un quart de la population totale de l'île, et l'on en excepte les différents groupes de nomades forestiers punan*. On les classe, en fonction de critères linguistiques et culturels, en plusieurs grands groupes, qui parlent tous des langues appartenant au groupe des langues malayo-polynésiennes de l'Ouest : les principaux sont les Iban*, les Dusun* et Murut, les Ngaju, les Bidayuh, les Melanau*, les Kelabit, les Kenyah*, les Kayan* et les Maloh, mais il ne s'agit en rien de groupes structurés.
Les Dayak vivent essentiellement à l'intérieur de l'île, dans des villages ou dans des maisons collectives (« longues maisons ») édifiés le long des cours d'eau, en petites communautés tantôt égalitaires, tantôt stratifiées. Ils ont développé un artisanat souvent très élaboré (tissage, vannerie, travail des perles, métallurgie du fer, travail de l'argent et du cuivre, sculpture sur bois). Les diverses religions autochtones étaient toutes fondées sur une conception dualiste du cosmos et sur le culte des ancêtres. La chasse aux têtes, largement pratiquée jusqu'au début du XXᵉ siècle au cours de leurs guerres entre communautés, était aussi un rite de fertilité. Par suite de l'action des missions, les Dayak sont maintenant en majorité christianisés, mais on note un phénomène de restructuration et de modernisation des cultes traditionnels.

Daza. Pasteurs nomades, éleveurs de bovins, répartis entre le Tchad et le Niger, dans l'Ennedi et le Borkou, la plaine de Morcha et le Bahr al-Ghazal, ainsi que dans le Kanem, le Manga et le Bornou, où leurs clans sont mélangés à d'autres populations [env. 650 000, soit les quatre cinquièmes des Toubou*].
✦ Dénom. [var.] Dasa, Dazaga.
→ **Toubou**

Delaware. Tribu indienne des États-Unis, installée dans l'Oklahoma [env. 800].
❑ Ils habitaient la côte atlantique entre l'Hudson et Baltimore. Ils étaient organisés, comme les Iroquois*, en clans matrilinéaires. Ils possédaient également un rituel complexe, la « grande maison », célébré à l'automne et au printemps. Une fois installés dans l'Ouest, ils ont adopté le culte du peyotl, originaire du Mexique.
Ils appartiennent à la famille linguistique algonquine.
Histoire. Malgré leur volonté de paix et les traités signés (ils furent en 1778 les premiers Amérindiens à signer un traité avec les États-Unis), ils furent déportés vers l'Oklahoma à la fin du XIXᵉ siècle.

Dinka. Peuple du Soudan méridional, vivant dans la savane entre les vallées des affluents du Nil blanc [plus de 2 millions].

❑ Répartis en une vingtaine de tribus (Ngok, Rek, Agar, Bor, etc.), les Dinka constituent 10 % de la population totale du Soudan. Le bétail est au centre de la vie économique, sociale et religieuse de ces hommes de très haute taille, au front généralement scarifié de six lignes parallèles ; mais, en-dehors des occasions rituelles, il n'entre pas – sauf le lait et parfois le sang – dans l'alimentation quotidienne, qui reste basée sur le grain et le poisson, et certains animaux font l'objet d'un attachement très profond.

Pendant la saison des pluies (mai-novembre), les Dinka habitent dans des villages permanents construits sur les plus hautes terres, où ils cultivent le sorgho, et le bétail est gardé par les jeunes hommes dans des camps relativement proches. Ces villages « en dur » sont désertés à la saison sèche, pendant laquelle les Dinka vivent dans des huttes de chaume, plus près des rivières et des mares. Les animaux sont transférés dans les zones où subsistent des pâturages et où chaque clan s'applique à faire respecter ses droits sur un territoire qui connaît alors une forte concentration.

L'existence de lignages patrilinéaires exogames n'exclut pas des relations avec les parents maternels, qui reçoivent une partie de la compensation matrimoniale qui s'élève à plusieurs dizaines de têtes de bétail dont l'échange vise avant tout à renforcer les liens entre des groupes, plutôt qu'à satisfaire des choix individuels.

Contrairement à leurs voisins Shillluk*, les Dinka n'ont pas d'organisation politique centralisée. Dans cette société à forte tendance égalitaire, personne ne détient réellement l'autorité et encore moins les moyens de coercition. Il s'agit davantage, pour le chef du clan dominant dans le village et pour les anciens, d'exercer leurs talents de conciliateurs. Les conflits entre lignages sont arbitrés par des personnages religieux plus importants : les « chefs du harpon sacré », qui font accepter des réparations en bétail afin d'arrêter ou d'éviter l'effusion de sang. Si certains Dinka ont adhéré à des églises chrétiennes ou à l'islam, la religion traditionnelle reste majoritairement suivie : Nhialic est un dieu unique qui s'est éloigné de ses créatures après que ces dernières eurent enfreint ses recommandations. De ce fait, ce sont surtout des divinités intermédiaires qui se mêlent de la vie des hommes. On doit leur offrir des sacrifices afin que l'individu affligé retrouve son état normal, et le corps social son équilibre.

Les langues dinka appartiennent à la famille nilotique, dont les autres groupes sont constitués des langues luo et nuer.

Histoire. Protégés par les marais et le méandres des bassins du Nil jusqu'en 1840, les Dinka ont été durement touché par les raids esclavagistes dans les années 1860-1880 et par les expéditions mahdistes. La guerre civile, qui a repris en 1983, a fait parmi eux plus de 500 000 victimes (du fait des combats, des exactions des milices, de la famine et de la sécheresse), et poussé vers les pays voisins ou les villes des centaines de milliers d'autres (dont plus de 200 000 à Khartoum). Ce peuple est également victime des oppositions internes (souvent suscitées ou aidées par le gouvernement de Khartoum) rencontrées par le leader de la rébellion sudiste John Grang – un Dinka de Bor –, fondateur du SPLM/A.

✦ Dénom. [autod.] Jieng.

Diola. Peuple du sud du Sénégal, occupant les rives de la Casamance [env. 500 000].

❑ Les Diola sont agriculteurs (riz), éleveurs et pêcheurs, avec une tendance à l'exode vers les villes (Dakar, Thiès) et à la migration vers les régions arachidières.

Divisés en sous-groupes, mais sans intégration politique au-dessus du niveau de la communauté locale, gouvernée par un chef assisté d'un conseil d'anciens, ils sont globalement christianisés, avec progression de l'islam.

Leur langue appartient au groupe atlantique occidental de la famille nigéro-congolaise.

Histoire. Population majoritaire de la Casamance, les Diola entretiennent des relations difficiles avec les Wolof* et le pouvoir central. Un mouvement favorable à l'indépendance de la Casamance, le Mouvement des forces démocratiques de la Casamance (MFDC), dirigé par l'abbé A. Diamacoune Senghor, s'est développé en leur sein et mène depuis 1982 des activités de guérilla. Un cessez-le-feu conclu en 1993 a été rompu en 1997.

✦ Dénom. [syn.] Joola.

Dioula. Peuple réparti entre la Côte d'Ivoire et le Burkina Faso [estim. 1, 8 million].

❑ Le terme *dioula* signifie, en malinké*, « commerçant itinérant », « colporteur ». Il désigne aussi une partie du peuple malinké, particulièrement tournée vers les activités commerciales, qui s'est installée au XIVe siècle dans les zones forestières correspondant à son habitat actuel (en y propageant l'islam), expansion accélérée par la chute de l'empire du Mali. Le dioula (forme du malinké et, plus précisément, du banmana*) sert de langue véhiculaire en Côte d'Ivoire.

Histoire. Les Dioula ont notamment créé l'éphémère mais prestigieux royaume de Kong (XVIIIe siècle), la ville de Kong s'imposant comme un centre intellectuel, doté d'importantes écoles coraniques.

Dogon. Peuple du sud du Mali, dont le territoire, tout entier en zone sahélienne, intègre le plateau dogon, les falaises de Bandiagara et la plaine du Seno [estim. 800 000].

❑ Les Dogon, qui se vouent essentiellement à l'agriculture, se divisent en Houmbébé, habitants de la plaine, et Tombo, gens du plateau.. Le noyau de la société est la famille étendue (*ginna)*, patrilinéaire, patrilocale et à direction patriarcale. Une autre parenté plus large, dite *binu*, liée au totémisme, unit également les Dogon ; enfin, quatre grandes tribus (Dyon, Arou, Ono, Domno) correspondent aux quatre lignages mythiques issus de quatre paires de jumeaux primordiaux. Au sommet de la hiérarchie sociale, le *hogon*, chef à la fois politique et religieux, est considéré comme le représentant du dieu Amma et des puissances surnaturelles. Sous son autorité se trouvent également placées les classes d'âge (*tonno*) et la société des masques. Les Dogon pratiquent la circoncision et l'excision.

La cosmogonie dogon, très complexe (exposée par le récit *Sigui-so*), fait intervenir un dieu créateur, *Amma*. Le culte des morts est essentiel ; la société des masques (*ava*) tient une place prépondérante dans les rites funéraires.

Les Dogon parlent le *dogo so,* du groupe voltaïque de la famille nigéro-congolaise ; du fait de l'éparpillement dialectal, le fulfuldé, langue des Fulbe*, sert de langue de communication entre les villages.

Art. L'art des Dogon, austère et dépouillé, est réputé. Il s'agit, outre les masques que la fragilité de leurs superstructures conduit à renouveler après chaque danse, de sculptures, souvent très anciennes, à fonction rituelle, avec pour thème les génies, le hogon, l'ancêtre, le forgeron, les jumeaux, etc.

Histoire. Les Dogon ont émigré depuis le Manden (monts Mandingues) du XIe au XIIIe siècle, sous la pression almoravide. Parvenus dans la région des falaises, ils se sont heurtés aux Kouroumba, qu'ils appelèrent Tellem. Ces derniers leur abandonnèrent les falaises et s'installèrent dans la plaine. Les Dogon ont subi l'autorité des Songhay*, des Banmana*, des Fulbe*, des Toucouleur* et enfin des coloniaux français. Leur tradition (étudiée par Marcel Griaule et Germaine Dieterlen) témoigne d'une forte vitalité, malgré l'islamisation, le développement du tourisme et l'introduction de valeurs nouvelles.

Dogrib. Groupe amérindien du Canada (Territoires du Nord-Ouest), habitant entre le grand lac des Esclaves et le grand lac de l'Ours [env. 3 000].

❑ Appartenant à l'ensemble athapaskan, les Dogrib étaient répartis en six bandes. Traditionnellement chasseurs (caribou) et pêcheurs, ils se sont sédentarisés après l'arrivée des Blancs, vivant surtout de la trappe (dont les revenus se sont effondrés dans les années 1960). Ils ont un système de parenté unilinéaire et lignager. La prophétie était (et demeure dans le contexte contemporain) la forme rituelle la plus importante : le chamane, assisté de deux tambourinaires, prédit l'avenir. Les Dogrib contestent aujourd'hui activement l'extinction de leurs droits territoriaux.

✦ Dénom. Les coureurs des bois français les appelaient Flanc-de-Chien.

Dom. Basse caste de l'Inde (présente dans presque tous les grands États du pays) [plus de 1,2 million].

❑ Les Dom exercent des activités à fort degré de « pollution » : ils sont chargés de la crémation des corps ou de leur enterrement (Bihar, Uttar Pradesh, Madhya Pradesh), éboueurs et balayeurs (Uttar Pradesh, Pendjab, Madhya Pradesh, Jammu-et-Cachemire), conducteurs de rickshaw (Jammu-et-Cachemire), éleveurs d'animaux domestiques (Jammu-et-Cachemire), ramasseurs de bois de brûlage (Orissa, Madhya Pradesh), fabricants de paniers en bambou (Bihar, Bengale-Occidental, Jammu-et-Cachemire). Généralement dépourvus de terres, ils sont également ouvriers agricoles (Bengale-Occidental).

Malgré ce lien à l'impur, ils jouent un rôle essentiel dans les nombreux rituels marquant la vie des hindous ; au Bengale, ils sont parfois les prêtres des Santal*. Ils pratiquent un hindouisme populaire (sans brahmanes) ; leurs divinités principales, avec des variations selon les régions, sont Kali, Hanuman, Patan Devi, Durga, Bahwani, Rama et Krishna.

Histoire. Les Dom faisaient partie des intouchables lorsque cette catégorie, au moment de l'indépendance de l'Inde, fut – en théorie – abolie. Mais ils semblent bien avoir eu jadis le rang de *kshatriya,* puisqu' on a des traces d'un royaume dom au pied de l'Himalaya et qu'un prince dom aurait même dirigé la célèbre ville d'Ayodhya (ville de Rama dans l'épopée du Ramayana) au XIIIe siècle. Ils sont répertoriés parmi les *Scheduled Castes.*

✦ Dénom. [syn.] Dombara, Dombar.

Dong. Peuple du sud de la Chine (Guizhou, Guangxi, Hunan) [env. 1,5 million].

❑ Les Dong cultivent le riz en terrasses irriguées dans les fonds de vallées et sur les versants montagneux et pratiquent l'élevage. Leur religion est de type polythéiste et « animiste », empreinte d'éléments taoïstes. Chaque village ou quartier dispose d'un bâtiment, souvent une tour en bois à pavillon de forme carrée ou octogonale pouvant atteindre une hauteur de 10 à 15 mètres, qui sert de centre rituel et de lieu de réunion. À l'intérieur est entreposé un grand tambour monoxyle sur cadre recouvert d'une membrane de peau à ses deux extrémités, considéré comme le siège d'une divinité protectrice. La langue dong appartient à la famille taï.

Histoire. Les Dong apparaissent comme de véritables autochtones de la région sud-centrale, même si une de leurs traditions orales désigne l'actuel Jiangxi comme le berceau de l'ethnie. Les historiens chinois, pour leur part, les rattachent à l'ancien peuple dominant de la Chine méridionale, les Yue. Les Dong furent intégrés dans le système *tusi* d'administration indirecte des marges de l'empire.

✦ Dénom. [var.] Tong, Tung ; [autod.] Kam, Nin Kam.

Dongxiang. Isolat mongol de Chine, ayant le statut de minorité, vivant dans la province du Gansu (principalement dans le district autonome dongxiang) et dans la région autonome ouïgour du Xinjiang [374 000 en 1990].

❑ Les Dongxiang du Gansu, au sud du fleuve Jaune, sont des agriculteurs à tradition pastorale ; ceux du Xinjiang, au nombre de quelques dizaines de milliers, sont commerçants itinérants entre la ville de Yining et le Gansu. Tous sont musulmans sunnites et préservent de fortes traditions claniques. Le dongxiang (trois dialectes) a une structure mongole, avec de nombreux emprunts au chinois.

Histoire. Ils seraient issus d'une garnison mongole établie à Hezhou (actuel Linxia) à l'époque de Gengis Khan, vers 1226, islamisée du fait du voisinage de Hui*. Les Dongxiang prirent une part active aux soulèvements des musulmans khoton* en 1647, salar* en 1781 et hui vers 1860. Le district autonome dongxiang fut créé en 1950.

✦ Dénom. [syn.] Santa Mongol, Tuhuaqui, Menggu Huihui.

→ **Mongols**

Dorzé. Société du sud de l'Éthiopie (région du Gamu Gofa), dont le territoire se situe sur le flanc des monts Gamo, à l'ouest de la dépression du lac Abaya [estim. 20 000].

❑ Artisans renommés, les Dorzé ont acquis le monopole de la confection du *shämma* et, dans le langage courant, « dorzé » est un nom commun équivalant à *shämmané,* tisserand de *shämma* : ce châle en coton blanc à la bordure brodée doit pouvoir passer à travers la bague de la femme qui le porte. Ils sont aussi de remarquables vanniers, et leurs chœurs polyphoniques sont réputés. Ils sont christianisés ou païens, et de langue omotique.

Douala. Peuple du Cameroun (littoral) habitant le long du fleuve Wouri, dans les quartiers centraux de la ville de Douala [env. 100 000].

❑ Les Douala, qui vivaient de la pêche, participèrent activement à la traite des esclaves avant de se convertir un temps en entrepreneurs agricoles (culture et vente du cacao) puis d'investir, à l'époque coloniale, les secteurs de l'enseignement, de l'activité missionnaire et de la fonction publique. Ils ne sont plus aujourd'hui qu'une minorité, orgueilleuse de son passé mais non dominante, dans la grande ville pluri-ethnique qui s'est bâtie sur leur territoire. Leurs patrilignages s'inscrivent dans quatre clans principaux, constitués en chefferies, la réalité du pouvoir restant circonscrite dans les limites de l'espace territorial familial (*ebóko*) et de la « maison » (*mbóa*). La christianisation (protestantisme surtout) n'a pas éteint la religion traditionnelle (croyance en un dieu souverain *Nyambé,* culte de *Djengú,* divinité aquatique perçue comme la « mère primordiale », culte des ancêtres, sociétés secrètes). Le douala, langue bantoue, a été

promu à l'époque coloniale et est désormais de large pratique au Cameroun.
Art. Des figures de proue sculptées décorent leurs pirogues d'apparat.
Histoire. Venus du Gabon actuel, les Douala s'imposèrent comme intermédiaires entre les Européens et les populations de l'intérieur pourvoyeuses d'hommes, d'ivoire et d'huile de palme. Leurs clans, avec l'aide de l'Angleterre, se formèrent en *kingdoms*, affaiblis au XIXe siècle par l'abolition de l'esclavage. Impuissants à contenir leurs rivalités, les chefs douala s'en remirent à la suprématie militaire européenne et signèrent en 1884 une convention de protectorat avec l'Allemagne, furent à l'origine du statut théoriquement non colonial du Cameroun d'avant l'indépendance.
✦ Dénom. [var.] Duala, Dwálá.

Doungane(s) → **Hui**

Dowayo. Peuple du Cameroun (province du Nord), vivant dans la région de Poli, en zone montagneuse [env. 20 000].
❑ Les Dowayo sont souvent connus sous l'appellation de Kirdi*, qu'ils partagent avec leurs voisins Koma, Bata, Ninga, etc., avec lesquels ils n'ont en commun que d'avoir fait l'objet des razzias fulbe*.
Les Dowayo organisent des « festivals de crânes » (pour le repos définitif des crânes des défunts) ainsi que de grandes circoncisions collectives ; ils possèdent des pierres censées réguler la pluie, la fertilité du bétail et celle des animaux de brousse.
Ethnol. Ils ont été rendus célèbres par le livre à succès de Nigel Barley (*Un anthropologue en déroute*), récit plein d'humour des déboires d'un anthropologue sur le terrain.

Druze(s). Population professant une foi musulmane hétérodoxe, établie au Liban, en Syrie et en Israël [env. 200 000].
❑ L'origine de la secte druze remonte au calife fatimide d'Égypte al-Hakîm (996-1021) qui, à la fin de sa vie, prétendit être une incarnation divine. Cette idée fut adoptée par certains de ses sujets, dont l'un de ses vizirs, al-Darazî, d'où le nom de la communauté. Poussant à l'extrême les théories dogmatiques de l'ismaélisme, ils mirent l'accent sur la foi ésotérique et sur l'adoration de l'imam al-Hakîm. Les partisans du mouvement tentèrent d'imposer leur nouvelle religion en Égypte, mais ils échouèrent. Après la mort d'al-Hakîm, ils s'établirent en Syrie : refusant de croire à la mort de leur imam, ils s'installèrent dans l'attente de son retour. Hamza et al-Muqtanâ (XIe siècle) avait dès lors posé les bases de la religion druze dans un ouvrage intitulé *les Lettres de la sagesse*. Tout prosélytisme cessa, les druzes devinrent une communauté fermée, à la doctrine secrète, interdisant le mariage avec les non-druzes.
Au XVe siècle, le moraliste Abdallah al-Tanûkhî hiérarchise la communauté selon des rites d'initiation, la dotant de chefs religieux, les *'âqil*, qui se distinguent encore aujourd'hui par leur turban blanc. Les druzes estiment qu'ils sont les seuls à professer l'unicité divine, le *tawhîd*. Ils ont substitué aux cinq piliers de l'islam sept commandements essentiels destinés à souder la communauté à l'intérieur et vis-à-vis de l'extérieur. Ils n'ont pas de mosquées mais des « cellules » (*khalwa*) ; ils ne célèbrent que deux fêtes, Achoura et la fête du Sacrifice, mais croient à la métempsychose. Les druzes sont considérés comme des hérétiques par la plupart des autres musulmans. Ils affectent cependant d'adopter la religion dominante, selon le principe de « dissimulation » (*taqiyya*).
D'abord soumis aux Ottomans, les druzes sont réunis sous l'autorité de l'émir Fakhreddine au XVIe siècle, puis à nouveau soumis aux Turcs. Au début du XIXe siècle, les druzes du Mont-Liban acquièrent une nouvelle autonomie grâce à l'émir Bachir Shehab. Mais, cultivateurs et propriétaires terriens, ils subissent de plein fouet la modernisation des campagnes libanaises. La chute de l'émir et leurs conflits avec les maronites* (en 1840 et 1860), avivés par la rivalité entre la France et l'Angleterre, précipitent leur déclin.
Beaucoup de druzes se sont réfugiés dans le Hauran et le Golan, dans le sud de la Syrie ; leurs descendants compteront parmi les plus farouches résistants au mandat français dans les années 1920.
Au Liban, les druzes voient leur existence reconnue par le régime parlementaire (1942), avec une représentation proportionnelle les estimant à 6,5 % de la population. Les plus nombreux et les mieux organisés, les druzes du Liban ont une importance politique plus grande que ne l'est leur poids démographique. Leur leader charismatique, Kamal Joumblatt (assassiné en 1977), fonde le Parti socialiste progressiste, avec une ambition politique nationale. Mais pendant la guerre civile, de violents affrontements opposant les druzes aux

milices phalangistes chrétiennes (1983) les contraignent à se replier sur un « canton » homogène réduit à la région du Chouf. Comme les autres communautés du Liban, les druzes émigrent beaucoup, en particulier vers l'Australie.

En Palestine, les druzes sont devenus israéliens à partir de 1948, sans résistance apparente, et participent activement à un corps d'élite de l'armée. Cela s'explique par une opposition latente avec la majorité musulmane, mais aussi par la stratégie de l'État d'Israël consistant à favoriser certaines communautés contre d'autres.

Cette diversité de circonstances n'a pas entamé la solidarité de la communauté druze, qui se maintient au-delà des frontières actuelles et au-delà des allégeances nationales, comme on l'a vu lors de l'invasion israélienne du Liban en 1982-83.

✦ Dénom. [arabe] Durûz.

Dusun. Terme générique désignant un ensemble de populations du Sabah (Malaisie orientale) et du sultanat de Brunei, à l'ouest et au nord de Bornéo [env. 340 000].

❑ Au Sabah, on compte environ une douzaine de sous-groupes territoriaux désignés en se référant à une rivière ou à un versant montagneux. On peut les diviser en deux groupes : ceux qui habitent les plaines de l'Ouest (Putatan, Papar, Tuaran, Tampasuk, etc.) cultivent des rizières irriguées, tandis que ceux de l'intérieur et du Nord (Rungus, Kiau, Tagas, etc.). sont en partie essarteurs. Dans l'ensemble, les Dusun du Sabah sont encore agriculteurs, mais une partie d'entre eux vit en milieu urbain, surtout dans l'Ouest. À Brunei, les Dusun, bien que non musulmans, jouissent d'un statut comparable à celui des Malais*. Ils sont, semble-t-il, d'une origine différente de ceux du Sabah.

Les Dusun ont un système de parenté cognatique ; la famille nucléaire forme le niveau minimal d'organisation des hameaux ou villages. À l'exception des Rungus et de quelques groupes isolés qui construisent des longues maisons, ils habitent en maisons familiales individuelles Les distinctions de statut et d'influence sont basées sur la richesse, estimée en biens de prestige (jarres, gongs, buffles) et aussi, désormais, en numéraire.

Les Dusun sont en majorité christianisés (catholicisme, protestantisme, anglicanisme). Chez les adeptes de la religion coutumière, des prêtresses-médiums jouent un rôle de premier plan dans les rituels. Selon leurs traditions, le mont Kinabalu (4 101 mètres) constitue le dernier séjour des défunts.

Linguistiquement, les Dusun font partie de la branche septentrionale du malayo-polynésien, regroupée avec les langues des Philippines et celles du nord de Sulawesi (groupe austronésien occidental).

✦ Dénom. Dusun est un exonyme malais (signifiant « verger ») dont la connotation est celle de « gens de l'intérieur » ou de « ruraux », par distinction avec les Murut, « gens de la montagne » ; [syn.] Kadazan tend à être employé pour désigner l'ensemble des Dusun du Sabah ; Idahan, Ida'an, Lotud.

e

Êdé. Peuple du centre-sud du Viêt Nam, divisé en nombreux sous-groupes, vivant surtout sur les hauts plateaux du Dak Lak et sur les contreforts des plateaux dans la province de Khánh Hòa [env. 200 000].

❑ Si le riz cultivé en assolement sur brûlis était jusqu'au début des années 1990 la principale activité des Êdé, la culture du café tend désormais à prendre une place prépondérante et à transformer l'économie de subsistance en économie marchande. Parmi les ressources annexes, à but essentiellement domestique, la polyculture (légumes, manioc) est encore en vigueur tandis que l'artisanat (tissage, objets en bambou tressé) est en déclin.

Les villages étaient constitués de longues maisons sur pilotis, pouvant atteindre 40 mètres de long et abriter plusieurs dizaines de personnes membres d'une même famille matrilinéaire. Chaque maison était divisée dans le sens de la longueur en un grand espace communautaire et en autant de pièces (séparées par des parois amovibles en bambou tressé) qu'il y avait de couples. La tendance actuelle est à la construction de petites maisons pour familles nucléaires, les plus riches adoptant la maison en dur à même le sol. Le mariage reste matrilocal et à l'initiative des jeunes filles, qui donnent leur nom à leur mari et à leurs enfants.

Les parlers êdé appartiennent à la famille linguistique austronésienne, branche malayo-polynésienne, groupe occidental.

Histoire. Les Êdé semblent issus des grandes migrations austronésiennes venues du sud de la Chine vers l'Insulinde (vers 4000 av. J.-C.), même si la forme en « coque de bateau » de leurs longues maisons et certains chants épiques suggéreraient une arrivée plus tardive par voie de mer. Ayant vécu à l'écart des plaines depuis (au moins) le début de notre ère, ils n'ont reconnu pendant des siècles que des liens de vassalité très lâches envers les Cham*, les Khmers ou les Vietnamiens alors qu'ils guerroyaient fréquemment contre leurs voisins mnong* et jöraï*. Ils furent convoités par les Français, puis par les Américains, et, paradoxalement, c'est la colonisation qui a accéléré leur intégration dans la communauté nationale vietnamienne, même si quelques-uns d'entre eux ont rejoint le FULRO (Front uni de libération des races opprimées). Ce mouvement, fondé par les Français au début des années 1950, tenta d'opposer les minorités ethniques des hauts plateaux aux velléités indépendantistes des Vietnamiens. Malgré l'échec de cette politique, le FULRO fut réactivé, sans véritable succès, par la CIA au cours de la décennie suivante. Le mouvement profita encore d'une aide logistique des Khmers rouges jusqu'en 1993, avant de n'être plus que marginal parmi les membres des diasporas êdé, cham et jöraï (États-Unis, France, Cambodge, Malaisie). Depuis 1991, l'immigration massive sur les terres êdé de Vietnamiens venus du Nord surpeuplé accélère certaines formes d'acculturation, en partie acceptées en raison du développement économique.

✦ Dénom. [var.] E-dé ; [syn.] Rhadé, désignation coloniale française ; [autod.] Edê, Kpa, Mdhur, Adham, Hwing, Epan, etc.

Edo. Peuple du Nigeria (Edo State), vivant au sud-ouest du confluent du Niger avec la Bénoué, dans une zone de plaines forestières sillonnées de cours d'eau et parsemées de savanes vers le nord [env. 1,5 million].

❑ L'ensemble edo comprend comme autant de subdivisions, outre le groupe fondateur de Benin City, les diverses populations intégrées à la faveur de l'expansion du royaume (Ishan,

Urhobo, Isoko, Ivbiosakon, Etsako, Akoko, Ineme, etc.).
L'igname est la base de l'alimentation. L'hévéa, le cacao, le cocotier, le palmier à huile, outre leur culture sur de petites parcelles, font l'objet d'une exploitation extensive pour l'exportation. La chasse, la cueillette et la pêche occupent une place importante. L'élevage (chèvres, moutons, poulets) est lié aux pratiques sacrificielles autant qu'à l'alimentation.
Les Edo sont patrilinéaires et virilocaux. L'unité familiale de base varie de la famille nucléaire à la famille étendue. L'autorité est représentée par l'*Oba*, roi sacré qui délègue une partie de ses pouvoirs à une large collection de chefs, répartis en chefs du palais, en chefs de la ville (Benin City « hors palais ») et en chefs de villages. Cette hiérarchie de statuts (classes d'âge, rôle des diverses sociétés secrètes) a gardé l'essentiel de son poids. De même, la religion edo conserve sa place à côté du christianisme et de l'islam. Elle s'exprime au travers des rituels royaux (secrets ou faisant l'objet des grands festivals *igue*) et de cultes domestiques (ancêtres, déités nombreuses). La sorcellerie est omniprésente.
La langue edo (ou bini) appartient au groupe linguistique kwa. Elle est de large pratique, orale mais aussi écrite, à côté du yoruba*, de l'ibo, du haoussa et de l'anglais.
Histoire. La question de savoir si les Edo sont un rameau du groupe yoruba* ou s'ils ont une origine propre est controversée. En tout état de cause, la fondation du royaume du Bénin, avec l'avènement de la dynastie des Oba succédant à celle des Ogiso, se situe entre le XIIIe et le XIVe siècle. Des fortifications concentriques en terre (dont des vestiges subsistent et qu'on a parfois comparées à la muraille de Chine), édifiées dans un but à la fois défensif et rituel, parcourent la capitale et ses alentours. Étendu au XVe siècle du delta du Niger jusqu'à Lagos par l'Oba Ewuare, le royaume établit au XVIe siècle des relations commerciales avec les Portugais – qui tentent une évangélisation avortée et essaient de s'opposer aux nombreux sacrifices humains, mais encouragent la traite négrière – et prospère jusqu'au XVIIIe siècle. Les dimensions de la capitale, la parfaite administration du royaume et son opulence impressionnent les visiteurs européens. La période suivante est marquée par des dissensions et un certain déclin. En 1897, après le massacre d'un corps expéditionnaire britannique, le palais royal est pris d'assaut et incendié, les trésors royaux sont confisqués et l'Oba de Benin City est condamné à l'exil. Dès 1914 cependant, le successeur de ce dernier remonte sur le trône. Le développement économique et démographique n'a guère affecté le vif attachement des Edo à leurs traditions et à leur royauté sacrée, avec laquelle l'administration fédérale compose.
Art. La notoriété artistique des Edo repose d'abord sur les « arts royaux » (productions destinées à la cour) : sculpture sur ivoire et sur bois, parures de « corail » et surtout fonte du « bronze » (du laiton en fait) à la cire perdue. Les œuvres en bronze (statues, bas-reliefs) de Benin City comptent parmi les plus accomplies de toute l'Afrique noire. À côté de ces arts de cour, l'art tribal s'exprime à travers la sculpture sur bois (statues, masques, têtes de béliers, hochets et bâtons cérémoniels).
✦ Dénom. [syn.] Bini.

Efik. Peuple du Nigeria, vivant à l'est du delta du Niger, dans une région sillonnée de cours d'eau et dont la côte, bordée de mangroves, comprend les embouchures des fleuves Cross et Calabar.
❑ Chasseurs, pêcheurs, récolteurs de sel, cultivateurs, les Efik se répartissent en clans disséminés, installés dans ces cités et leur périphérie. La religion traditionnelle prédomine avec, notamment, le culte du léopard, *Egbo* ou *Ekpe*, auquel correspond la principale société initiatique (elle détient l'essentiel du pouvoir politico-économique, juridique et religieux et use d'un langage secret) ; les structures de la royauté sacrée restent assez développées dans la région de Calabar, où l'*Obong*, roi-prêtre, gouverne en accord avec les associations initiatiques *Egbo* et *Noem*. L'efik appartient au groupe linguistique benue-congo.
Histoire. Redoutables guerriers, apparentés aux Ibibio*, les Efik furent avec les Ijaw* les premiers à s'impliquer totalement dans la traite des esclaves vers le Nouveau Monde, s'imposant aux Occidentaux comme intermédiaires et s'organisant au XVIIIe siècle en trois cités-États (Duke Town, Creek Town et Old Town [Old Calabar]), qui se reconvertirent au XIXe siècle dans la production et le commerce de l'huile de palme.

Ekoi. Peuple de l'extrême sud-est du Nigeria, dont le territoire, région de forêts denses et humides, s'étend de part et d'autre de la Cross River [env. 250 000].

❑ Les Ekoi ont des activités variées (exploitation du palmier à huile et du bois d'œuvre, transport fluvial, etc.).
La religion traditionnelle prédomine sur le christianisme et l'islam. Parmi les nombreux cultes (ancêtres divinisés figurés par les sculptures *akwanshi*, héros mythologiques, divinités aquatiques *mamy-watta*, etc.) se détache celui du léopard, *Ngbe*, auquel correspondent une très importante société initiatique ainsi qu'un langage secret, le *nsibidi*.
Les Ekoi sont patrilinéaires, exogames, virilocaux et traditionnellement dépourvus d'organisation étatique. Chaque village a un chef élu, au rôle surtout religieux ; l'association *Ngbe* constitue la principale instance sociale.
L'ekoi est une langue bantoïde.
ART. Les Ekoi sont de grands sculpteurs sur bois. Ils réalisent surtout des têtes et des masques-heaumes, souvent recouverts de peau. Par ailleurs, leur territoire, dans la région comprise entre Ikom et Ogoja, est jalonné de plus de 300 sculptures monolithiques anthropomorphes les *akwanshi*, fort énigmatiques. Sculptées du XVᵉ siècle (probablement) jusqu'au début du XXᵉ, celles-ci mesurent environ un mètre de longueur, sont de forme phallique et manifestent parfois un haut degré d'abstraction.
Histoire. La présence des Ekoi remonte vraisemblablement au XVIᵉ siècle, sans que l'on connaisse exactement leur origine et les circonstances de leur mélange avec d'anciennes populations autochtones. Aux XVIIIᵉ–XIXᵉ siècles, spécialisés dans la chasse à l'homme ils furent les associés des Efik* dans la traite des esclaves.
✦ Dénom. [syn.] Ejagham.

Embera. Peuple amérindien établi de part et d'autre de la frontière qui sépare la Colombie (Choco, Cauca, Antioquia) et le Panamá (Darien) ; il dispose en Colombie de 24 *resguardos*, ou réserves [env. 52 000].
❑ L'activité principale des Embera et de leurs voisins Waunana [env. 6 000] est l'agriculture (maïs, banane plantain, manioc et canne à sucre), sur brûlis dans les régions sèches, par essartage et jachère en région humide. La riziculture a été introduite dans les années 1930. La pêche et la chasse sont d'usage chez les Waunana, alors que les Embera pratiquent plutôt l'élevage de porcs et d'animaux de basse-cour. L'artisanat embera est très inspiré des rites religieux, avec les tables de bois polies et peintes aux motifs géométriques représentant les esprits des animaux. La vannerie – de haute qualité – subsiste, mais la céramique et le tissage ont disparu, comme l'orfèvrerie, active jusqu'à l'arrivée des Espagnols.
Les Embera sont endogames. Leur résidence est matrilocale. Les divorces sont fréquents. La famille élargie est sous l'autorité du *jaibaná*, à la fois chef, chamane et guérisseur. Il n'y a pas d'organisation politique centrale.
Malgré l'intensification de l'action missionnaire, les rituels de guérison et des cycles de vie restent vivaces. Le rite d'initiation féminine, en particulier, est encore courant.
La langue embera appartient à la famille karib, et manifeste une influence chibcha.
Histoire. Après la formation des premiers villages par les jésuites et les franciscains (début du XVIIᵉ siècle), l'importation des esclaves noirs et la colonisation ont posé les bases de conflits qui se prolongent jusqu'à nos jours : la perte de terres, intensifiée par l'exploitation minière et forestière, a conduit les Embera (Chamí de Riseraldía notamment) à se transformer en paysans, ouvriers agricoles et artisans dans le cadre de l'économie de marché. Les écoles ouvertes dans les années 1970 par les missionnaires ont accéléré l'acculturation et la perte d'autorité des *jaibaná*. Cependant, en 1976, une organisation régionale embera-waunana, l'Orewa, est apparue. Elle rassemble plus de 150 communautés.
✦ Dénom. [syn.] Katío, Chamí ; Choco (pour les Waunana) ; les Waunana appellent les Embera Sipiena ; les Embera appellent les Waunana Noanamá.

Eshira. Peuple du sud-ouest du Gabon, vivant dans la vallée de la Ngounié [estim. 350 000].
❑ Agriculteurs, les Eshira sont patrilinéaires. Leurs villages éparpillés à travers la vallée sont dirigés par un chef de lignage. Ils sont de langue bantoue.
Masques. Les Eshira sont connus pour la fabrication de masques peints en blanc (« masques blancs »), qui appartiennent à ce que les spécialistes ont appelé le style eshira-pounou-loumbou, du nom des populations qu'on trouve dans le centre et le sud du Gabon (vallée de la Ngounié et bassin de la Nyanga).
Ces masques en bois, recouverts de kaolin, représentent les ancêtres. Leurs caractéristiques sont précises : visage ovale blanchi, yeux à peine fendus en forme d'arc avec des paupières en amande, sourcils bien marqués, oreilles projetées en avant et surtout coiffure

formée de coques parfois striées et peintes en noir ; les masques féminins présentent des scarifications en écailles sur le front et les tempes. Autrefois, ces masques étaient portés uniquement lors de cérémonies funéraires, par des danseurs sur échasses ; aujourd'hui, leur usage, assez folklorisé, a été étendu à toutes les fêtes officielles.

✦ Dénom. [var.] Échira(s).

Esquimaux → Inuit

Évène(s). Peuple de Russie (Sibérie) vivant essentiellement en zone de toundra, dans le haut bassin de la Kolyma et sur le littoral de la mer d'Okhotsk (République sakha et *kraï* de Khabarovsk, *okrug* autonome de Tchoukotka, *oblast* de Magadan, *okrug* autonome koriak du Kamtchatka) [env. 18 000].

❑ Selon les régions, les Évènes sont nomades éleveurs de rennes et chasseurs et/ou sédentaires chasseurs d'animaux marins. Ils sont également bons artisans (boissellerie, travail des peaux, broderie de perles, travail du fer). Organisés en clans et en sous-clans patrilinéaires, ils ont préservé autant qu'ils pouvaient leur culture chamanique (culte des esprits de la nature, culte du Soleil). La « fête des renniculteurs » a une importance considérable (→ Évenks). L'évène, langue toungouso-mandchoue méridionale, reste pratiqué et est actuellement revalorisé.

Histoire. Les Évènes sont un groupe toungouse*, très proche des Évenks*, ayant migré vers le nord-est en intégrant des éléments des cultures koriak* et ioukaghir. Les contacts avec les Russes, à partir du XVIIe siècle, entraînent des migrations vers la mer d'Okhotsk, la Kolyma, etc. Depuis la chute du communisme, ils s'efforcent d'adapter leur société aux nouvelles conditions économiques.

✦ Dénom. [var.] Éven(s), Even(s) ; [syn.] Lamoute(s) et, vieilli, Toungouses ; [autod.] Orotchel ; [russe] Eveny.

Évenk(s). Peuple de Russie (Sibérie), ainsi que de Mongolie et de Chine, vivant essentiellement en zone de taïga [env. 50 000].

❑ Éparpillés sur tout le territoire sibérien, depuis l'Ob et le Ienisseï jusqu'aux bords de la mer d'Okhotsk et l'île de Sakhaline, et des bords de l'océan Arctique à l'Amour et à la Lena, les Évenks sont chasseurs et trappeurs, éleveurs de rennes et bons artisans (boissellerie, broderie de perles, travail des peaux et du fer). Ils sont organisés en clans et en sous-clans patrilinéaires exogames. Leur culture chamanique (culte des esprits de la nature, culte du Soleil pour les groupes du Nord) a survécu tant bien que mal. La « fête des renniculteurs », à l'arrivée du printemps, marquée par des courses à dos de rennes, en traîneau ou à skis, est le moment des mariages, des échanges de bétail, des visites aux chamanes (réputés dans toute la Sibérie pour leur puissance), etc. L'évenk, langue toungouso-mandchoue méridionale, est bien conservé, et enseigné dans les écoles.

Histoire. Les Toungouses* (Évenks et Évènes*) sont d'arrivée relativement récente en Sibérie, et ont vraisemblablement une origine géographique chinoise (région Amour-Oussouri et Mandchourie). Les Évenks seraient issus du mélange entre tribus toungouses venues du Baïkal vers le Ier millénaire de notre ère et autochtones de l'Est sibérien. Ils furent en conflit fréquent avec les Sakha*, les Mongols*, etc. Atteints par les Cosaques* vers 1650, ils ne tardèrent pas à être soumis à l'impôt en fourrure (*ïassak*) et à l'évangélisation, avant de subir à l'époque soviétique la collectivisation et un large éventail de persécutions, sous couvert de « modernisation ». Désormais souvent organisés en coopératives familiales (nouvelle structure économique autorisée par l'État russe), très actifs sur le plan associatif, ils tentent d'adapter leur société au nouveau cadre économique russe et aspirent à disposer d'un territoire garanti des convoitises que font naître les richesses du sous-sol.

Remarque. Les Néguidales, qui vivent sur le cours inférieur de l'Amour et de l'Amgoun, sont très proches des Évenks avec qui ils constituaient un seul et même peuple.

✦ Dénom. [var.] Évenke(s) ; [syn., vieilli] Toungouses ; [autod.] Évenki, Birar, Manegr ; [russe] Evenki.

Évhé. Peuple du sud du Togo et du sud-ouest du Ghana ; quelques communautés résident au Bénin et au Nigeria [env. 3 millions].

❑ Les Évhé sont cultivateurs (maïs, igname, manioc, coton, etc.), pêcheurs, artisans commerçants ; ils extraient le sel des lagunes. Leur économie fut basée jadis sur le commerce du sel et des esclaves.

Répartis en nombreuses tribus, ils sont patrilinéaires – avec importance de l'ascendance maternelle pour certains groupes – virilocaux et exogames. Ils sont organisés en villages (*dou*) correspondant à un territoire et à une unité politique élémentaire ; l'autorité politique, détenue par le chef (*ga*) désigné par le conseil des aînés du lignage fondateur, est contrôlée par le conseil des notables.

À côté du christianisme bien implanté, la religion traditionnelle (*vodu*), relativement proche de celle des Yoruba*, conserve toute son importance. Elle accorde un rôle prédominant des prêtres (*hunon*). Des cultes sont rendus aux dieux créateurs (*Mawu*, le principe féminin, et *Lissa*, le principe masculin), aux quelque 600 divinités subalternes (*tro*), aux ancêtres, etc.

L'évhé, répandu dans tout le golfe de Guinée, regroupe une série de dialectes du sous-groupe adja du groupe kwa.

Histoire. Les ancêtres des Évhé auraient quitté le pays yoruba entre le XVIIe et le XIXe siècle en deux séries de migrations, se mêlant avec les populations installées antérieurement dans leurs nouveaux lieux de résidence. Le partage colonial du golfe de Guinée et la division après la Première Guerre mondiale du Togo allemand en deux parties, l'une sous domination britannique et l'autre sous domination française, ont brisé l'unité des Évhé. Au moment des indépendances, malgré le désir d'unité de ces derniers, l'ouest du Togo sous tutelle britannique fut incorporé au Ghana.

✦ Dénom. [var.] Ehvé, Évé, Ewé, Ewe.

f

Fälasha. Population juive noire d'Éthiopie (massif du Sämén et rives du lac Tana), aujourd'hui pour l'essentiel installée en Israël [estim. 50 000].

❑ Presque tous partis d'Éthiopie, les Fälasha (Bétä Esraél), faisaient un peu d'agriculture, mais étaient surtout voués aux activités artisanales (métallurgie au premier chef). Citoyens de seconde zone, jugés porteurs du mauvais œil, ils vivaient en villages ou en quartiers homogènes, avec une structure familiale patrilinéaire très prégnante. Une très forte autorégulation des contacts avec l'extérieur, la circoncision des garçons, l'excision des filles et de nombreux tabous assuraient leur cohésion. Leur judaïsme ne retient qu'une partie du Pentateuque, ne connaît aucun des textes rabbiniques et n'observe ni Hanoukka ni Pourim. Par ailleurs, du fait de leurs professions, ils étaient supposés avoir des pouvoirs magiques exceptionnels.

Les Fälasha parlent communément l'amharique, mais l'usage de l'hébreu se répand depuis qu'ils sont en Israël.

Histoire. Descendants (selon les traditions apocryphes les plus répandues) de la « tribu perdue » de Dan ou bien d'Hébreux qui auraient quitté Jérusalem avec Ménélik, fils de Salomon et de la reine de Saba, les Juifs éthiopiens furent combattus par les chrétiens éthiopiens, qui détruisirent leur royaume au XVIIe siècle. Un temps protégés en raison de leurs talents au XVIIIe siècle, ils furent ensuite confinés aux professions encastées et liées à la sorcellerie (forgeron). Leur « redécouverte » à la fin du XIXe siècle par l'orientaliste français Jules Halévy se heurta à l'hostilité de l'opinion juive, et, si des efforts pour les amener au judaïsme occidental furent menés dès les années 1940, ce n'est qu'en 1973 que leur judéité, objet de débats passionnés, fut officiellement admise, ce qui permit leur rapatriement en Israël au gré d'opérations successives (1975-1991). La confrontation avec le judaïsme israélien et l'individualisme occidental s'est avérée difficile. Les Fälasha se sont insurgés contre diverses suspicions, comme celle d'être porteurs du virus VIH (qui leur a valu d'être, plus que d'autres, soumis à des analyses de sang).

Fälash Mura. On dénomme ainsi les quelque 30 000 « marranes », juifs convertis pour l'extérieur, qui, à la différence des Bétä Esraél, sont restés en Éthiopie.

✦ Dénom. [var.] Falacha(s), Falasha(s) ; [autod.] Bétä Esraél, Beta Israël (« Maison d'Israël »).

→ **Juifs**

Fang. Peuple occupant, au sein de la partie méridionale de l'ensemble dit pahouin*, une vaste région qui s'étend du Cameroun (province du Sud) jusqu'au nord-est du Gabon (province du Woleu-Ntem) en englobant toute la région continentale de la Guinée équatoriale (Río Muni) et le nord-est de la République Populaire du Congo (région de la Sangha) [estim. 525 000].

❑ L'ensemble fang comprend les Fang proprement dits et d'autres sociétés parmi lesquelles les Meke ou Zamane, les Mvae, les Betsy, les Okak, les Mekeny et les Ntumu.

Les Fang, au sens large, pratiquent avec l'essartage traditionnel, assorti de chasse et de cueillette, la culture du café et du cacao. Par ailleurs, certains d'entre eux s'adonnent à la pêche fluviale tandis que d'autres se consacrent à la pêche maritime.

La société fang proprement dite est approximativement divisée en 80 clans exogames (*ayon*) ayant chacun son nom correspondant à un emblème totémique et composés des descendants patrilinéaires d'un ancêtre clanique, des enfants naturels des filles du clan et des adoptés. Les sociétés associées fonctionnent globalement de la même manière.

Les villages, fondés par le descendant d'un ancêtre clanique, sont constitués de plusieurs lignées ou fractions (*mvok, ayom*) d'un même clan ; la résidence est patrilocale.

L'unité économique, religieuse et, autrefois, militaire est la famille restreinte (*nda bot*). Son importance varie selon l'autorité de son chef et la richesse de son terroir (toutefois, la réussite matérielle, attribuée à la possession d'un secours d'ordre surnaturel, est négativement connotée). La redistribution des biens au sein de la société est assurée par le jeu de l'hospitalité coutumière et par celui d'une forme de potlach, le *bilaba*, qui crée entre les familles une parenté à plaisanterie. La structure économique comporte en outre des tontines, sociétés de cotisation et d'entraide. Le droit foncier est régi par la règle de filiation patrilinéaire mais aussi par le régime matrimonial de la communauté des biens.

La société fang est non hiérarchisée et acéphale. L'autorité des chefs en charge d'une guerre ou de négociations politiques et commerciales était temporaire et toujours remise en question. Des sociétés politico-religieuses, comme le *Ngil*, « transcendaient les barrières claniques et donnaient une cohérence au groupe » (selon P. Alexandre et J. Binet, *le Groupe dit Pahouin*, 1958). Des rassemblements périodiques (*bisulam*) des membres du clan se tenaient sous la présidence de l'aîné de la lignée aînée.

La christianisation a bouleversé l'organisation religieuse traditionnelle, mais celle-ci reste néanmoins vivace à bien des égards. Au sein de la famille restreinte, le père était le gardien de l'autel portatif des ancêtres (*biéti*). L'initiation des hommes se faisait dans le cadre d'associations rituelles soit temporaires (pour les opérations guerrières ou commerciales et pour la chasse à l'éléphant), soit permanentes (*Ngil*, etc.). Il existait également des associations de sorciers et des associations politico-religieuses parmi lesquelles celle du *bwiti* qui connaît encore aujourd'hui une grande extension et résulte du syncrétisme entre le *Ngil*, des sociétés de contre-sorciers, le christianisme et des loges maçonniques.

Pour les Fang, le Dieu créateur Mebere, devenu infiniment lointain, a créé l'ancêtre originel Nzame (ou Zambe) et sa sœur Oyene-Mam. De leur union incestueuse, cause de l'éloignement de Mebere, naquirent huit couples de jumeaux mâles et femelles, les ancêtres des Pahouins, des Blancs, des Pygmées, des gorilles, des chimpanzés, des hommes rouges et des tribus de la côte. Le recours à Nzambe est exceptionnel tandis que sont rendus des cultes aux esprits des ancêtres (culte du *bieri*) et à d'autres entités spirituelles (esprit tutélaire, animal totem, « fantômes », etc.).

Art. Les Fang sont célèbres pour leur art et leur culture matérielle, des figurines d'ancêtres, des masques, divers objets à l'esthétique des plus abouties, mais dont la production, partiellement prohibée au début de la période coloniale, est aujourd'hui abandonnée.

Histoire. La zone d'origine des proto-Fang se trouve vraisemblablement en savane, au nord-est de la région occupée aujourd'hui. Ils suivirent le courant le plus dynamique et le plus composite de la migration pahouine, depuis les vallées du Dja et de la Sanaga, en différents mouvements globalement orientés du nord-est vers le sud-ouest. Cette invasion aurait été le fait de clans et même de simples lignages indépendants qui progressaient par petites étapes successives, ponctuées de razzia et de destruction de villages, dans une situation d'insécurité généralisée sans qu'il ait réellement été question de guerres.

Les Fang équato-guinéens ont participé à un exil massif vers les pays limitrophes durant la dictature de Macias Nguema (1969-1979).

✦ Dénom. [var.] Fan.

→ **Pahouins**

Fanti. Peuple du sud du Ghana (Central Region), dont des communautés d'émigrants sont installées sur la côte ouest-africaine, en Côte d'Ivoire et au Liberia notamment.

❑ Les Fanti sont agriculteurs (maïs, manioc, à quoi s'ajoutent les cocotiers et palmiers à huile comme cultures de rente) et pêcheurs : de longues pirogues décorées signalent la présence de leurs campements sur le littoral.

On retrouve chez eux les huit clans matrilinéaires akan* (le clan Oyoko s'appelant chez eux Anona, et le clan Bretuo, Twidan). La patrilinéarité joue un rôle particulier : chaque individu masculin non seulement reçoit des principes spirituels de son père, mais appartient au même *asafo* que lui (l'*asafo* est une sorte de milice urbaine, formée sur la base des quartiers, qui outre d'anciennes fonctions militaires est le cadre d'une vie sociale, politique et religieuse intense).

La langue fanti relève, comme les autres langues akan, du groupe kwa.

HISTOIRE. Selon leurs traditions orales, les Fanti sont venus de Tekyiman (ou Techiman, dans le Brong-Ahafo actuel), guidés par trois prêtres qui s'établirent à Mankessim, à une dizaine de kilomètres de la côte, sorte de cité-État qui dans un premier temps concentra tous les émigrants. La tombe des « trois vieillards de Mankessim » est restée un lieu sacré pour les Fanti. Dès la fin du XVIe siècle, ceux-ci s'engagèrent dans le commerce avec les Européens installés dans de nombreux forts, à qui ils fournirent de l'or, du sel puis, au XVIIIe siècle, des esclaves. Au cours du XVIIIe siècle, les Fanti occupèrent l'espace compris entre le royaume Ga d'Accra, à l'est, et l'embouchure du Pra, à l'ouest, et formèrent dix-neuf petits royaumes, dont celui d'Abora devint le plus important. Au XIXe siècle, ils furent en conflit récurrent avec les Ashanti* qui cherchaient à contrôler la totalité de la côte. Vaincus en 1807, les Fanti furent dominés jusqu'en 1823. Appuyés par les Anglais, ils retrouvèrent alors leur indépendance. À partir des années 1830 se détache une élite instruite sortie des écoles missionnaires, mal vue par les Britanniques. Avec l'appui des chefs traditionnels et afin de remédier au morcellement politique, ces lettrés mettent au point en 1868 la constitution (écrite) de la Confédération fanti, organisation politique d'une grande originalité, dotée de deux assemblées, d'une armée et d'une cour de justice ; la capitale en était Mankessim. Cette confédération, dans laquelle on a vu une préfiguration des objectifs des mouvements nationalistes africains, ne subsista pas au-delà de 1873.

Après une nouvelle invasion de la côte (1869–1873) par les Ashanti, la menace représentée par ces derniers disparut avec la première prise de Kumasi, leur capitale, par les Anglais en 1874 ; la même année, les Fanti furent englobés dans la *Gold Coast*, colonie de la Couronne britannique. Au XXe siècle, les Fanti se sont signalés par leur dynamisme économique et par les effets de leur contact prolongé avec les Européens : ce sont les plus acculturés des Akan*.

✦ Dénom. [var.] Fante.

→ **Akan**

Fidjien(s). Population autochtone des îles Fidji (Pacifique occidental), dont les plus importantes sont Viti Levu et Vanua Levu.

❑ Les Fidjiens constituent un ensemble de sociétés rurales à 60 %, dont l'économie est basée sur l'horticulture (ignames, taros, manioc et yagona, plus connu en Océanie sous le nom de kava), la pêche et, dans une moindre mesure, l'élevage. Les jeunes hommes ont tendance à s'absenter périodiquement des villages pour s'engager comme ouvriers agricoles dans les exploitations de canne à sucre ou dans la mine d'or de Viti Levu. L'industrie touristique, particulièrement développée dans la partie orientale de cette île, est également un important pourvoyeur d'emplois salariés.

Les sociétés fidjiennes ont été très tôt distinguées en un ensemble occidental, présentant des caractéristiques plus mélanésiennes, et un ensemble oriental, ayant entretenu de nombreux contacts avec l'ancien royaume de Tonga (→ Tongiens).

À l'arrivée des Européens, les sociétés de l'est de l'archipel s'organisaient en vastes confédérations, phénomène que ne semblent pas avoir connu celles de l'intérieur des terres de Viti Levu. Certaines caractéristiques de ces dernières – l'association des différents groupes à des séries « d'emblèmes », une grande importance de la localité, l'existence de distinctions générationnelles – ont particulièrement intéressé les premiers auteurs, dont l'anthropologue britannique A. M. Hocart.

Lors du protectorat britannique, la création d'un modèle officiel de l'organisation sociale, d'une culture gouvernementale et l'adoption d'une langue standardisée ont porté atteinte à la diversité de toutes ces sociétés qui partageaient cependant nombre de traits communs toujours en vigueur. Parmi eux, il faut citer une organisation hiérarchique du statut des personnes et des unités sociales s'exprimant plus particulièrement par l'ordre de préséance de la cérémonie du kava. Les Fidjiens accordent une importance fondamentale à leurs activités rituelles, marquées par la consommation du kava et par les échanges cérémoniels d'un ensemble d'objets manufacturés distingués selon leur valeur (nattes, tissus de fibre, pieds verts de kava et dents de cétacés *tabua*). Ces échanges s'effectuent plus particulièrement entre parents paternels et maternels lors de toutes les cérémonies marquant le parcours individuel des aînés : naissance, nomination, premier bain, première entrée dans les jardins, circoncision, mariage et funérailles.

Les Fidjiens ont fait du christianisme (méthodisme) leur religion officielle sans pour cela accorder une moindre importance à leurs ancêtres ou esprits protecteurs, regroupés sous

la catégorie de *tevoro*, terme généralisé par les missionnaires. L'apparition de nombreuses sectes basées sur des valeurs plus individualistes et sur l'abandon de la consommation du kava soumet ces sociétés très hiérarchisées à des mutations remarquables.
Les Fidjiens parlent des variantes d'une même langue austronésienne très différenciée entre l'Est et l'Ouest.
Histoire. Indépendante depuis 1970, la nation fidjienne doit faire face à de nombreux problèmes, dont l'un des plus cruciaux concerne le statut de la très importante population d'origine indienne implantée dans l'archipel par le protectorat britannique. En 1987, un coup d'État militaire provoqué par le clivage existant entre cette population et les Fidjiens d'origine autochtone a privé le pays d'une aide internationale essentielle. Celui-ci a regagné le Commonwealth en 1997 après l'adoption d'une nouvelle constitution.
→ **Mélanésiens**

Fon. Peuple du sud du Bénin (province du Zou, autour d'Abomey, et, dans une moindre mesure, province de l'Atlantique, Ouidah) et du sud du Togo (région d'Atakpamé [env. 1 million].
❑ Les Fon vivent dans une région au climat subéquatorial où les pluies sont abondantes. Ils cultivent le manioc, le maïs, l'igname et le palmier à huile.
L'ensemble fon se compose des Fon proprement dits et de sous-groupes comme les Agonlinu et les Mahi. Ils étaient autrefois organisés en royaume ; le roi détenait les pouvoirs rituel, politique et juridique. La société est patrilinéaire et l'autorité est fondée sur l'aînesse.
Bien qu'un certain nombre de Fon se soient convertis au christianisme ou à l'islam, les croyances traditionnelles et la pratique du vodoun connaissent actuellement un regain exceptionnel surtout visible dans les villages, tous pourvus de leurs autels d'offrandes.
Le Fon est un dialecte ewe du sous-groupe kwa* de l'ensemble linguistique nigéro-kordofanien ; sa pratique reste vivace.
Art. Seul l'art de cour est original et particulier aux Fon, les œuvres engendrées par la pratique du vodoun sont fortement influencées par l'art des Yoruba*.
Histoire. Les Fon s'attribuent pour ancêtre un être mythique, Agasu, fils d'une princesse yoruba et de l'esprit Léopard. À partir du début du XVIIe siècle, ils se livrèrent au trafic d'esclaves avec les Français, installés sur la côte à Ouidah (Porto Novo). Bénéficiant d'une armée efficace, d'un commerce florissant et d'une monnaie de cauris, le principal royaume fon, celui du Dan Homé (ou Dahomey), agrandit son territoire et devint rapidement une puissance majeure de la côte des Esclaves. Sous les rois Glélé (1858-1889) et Béhanzin (1889-1894), il sombra cependant dans la décadence ; les Français en profitèrent pour conquérir puis coloniser le pays. Après l'indépendance, les Fon ont dominé la vie politique et économique du Bénin, mais, dans un contexte de grande instabilité, plusieurs coups d'État ont par la suite fait accéder au pouvoir des dirigeants d'origine somba*, tel Mathieu Kérékou, qui dirige le pays depuis 1972 : après avoir été battu par Nicéphore Soglo, un Fon, lors des présidentielles de 1990, Kérékou a repris le pouvoir en 1996.
✦ Dénom. [syn., anc.] Dahomey.

Fox. Tribu indienne des États-Unis, dispersée entre l'Iowa, le Kansas et l'Oklahoma.
❑ Les Fox sont originaires des environs des Grands Lacs. Ennemis des Français, ils furent pratiquement exterminés par eux en 1730. Les survivants se lièrent aux Sauk, qui chassaient le bison dans l'est du Wisconsin. Ils cédèrent leur territoire en 1842, contre une réserve dans le Kansas, puis achetèrent dans les années 1850 des terres dans l'Iowa et gagnèrent aussi pour partie l'Oklahoma. Les Fox protègent aujourd'hui leur culture (ils ont rendu secrète une partie de leurs rites). Leur langue appartient à la famille algonquine.
✦ Dénom. [syn., anc.] Renards ; [autod.] Mesquaki (« les gens de la Terre rouge »).

Fulbe. Peuple d'Afrique de l'Ouest, vivant en zone de savane [entre 12 et 13 millions].
❑ Les Fulbe viennent probablement du Mali ou du Sénégal, bien que l'origine précise de ce peuple reste inconnue. Au cours de leur recherche constante de nouveaux pâturages, ils ont opéré un lent processus de migration, qui s'est étalé sur plusieurs siècles et continue encore de nos jours. Ils sont aujourd'hui présents dans tous les pays d'Afrique de l'Ouest, du Sénégal à la République centrafricaine (et même jusqu'au Soudan).
Les Fulbe se divisent en quatre clans maximaux (Ba, Bari, Djallo et Sow), ainsi qu'en plusieurs sous-groupes, constitués au cours du temps et qui sont composés d'individus ve-

nant de différents clans (dont, par exemple, les Wolarbe, Ferobe, Torobe, Djelgobe, Yirdabe, etc.). À un niveau inférieur, les Fulbe se divisent en divers lignages patrilinéaires et en groupes territoriaux. On distingue également les Fulbe « citadins », qui sont sédentaires, des Fulbe « de brousse », qui sont nomades ou semi-nomades et qui sont parfois appelés Bororo* ou Mbororo. Chacun de ces deux groupes prétend représenter les Fulbe authentiques et dénie cette qualité au groupe opposé – les premiers car ils se disent meilleurs musulmans, et les seconds parce qu'ils restent des pasteurs nomades et suivent le mode de vie traditionnel.

L'organisation familiale des Fulbe pastoraux est réglée en fonction des nécessités de l'élevage. Une famille trop nombreuse avec un petit troupeau ne saurait survivre en pratiquant le seul élevage, tandis qu'une petite famille possédant un grand troupeau ne pourrait pas s'en occuper convenablement. Des mécanismes de solidarité existent en période de sécheresse ou lors d'épizooties, afin de permettre aux familles malchanceuses de survivre et de reconstituer leurs troupeaux. Les produits laitiers et la viande sont échangés contre les produits agricoles des populations locales.

Les Fulbe possèdent un système de valeurs ou un code moral (*pulaaku*) qui joue un rôle très important dans la définition de leur identité. Ce code valorise le comportement réservé, le contrôle des émotions, le courage, l'intelligence, la liberté de mouvement, l'élevage et l'islam. Chaque groupe local se choisit comme chef le membre de la lignée régnante qui maîtrise le mieux les caractéristiques du *pulaaku*. Dans les territoires faisant partie d'un « État » fulbe, les différents chefs locaux sont sous l'autorité du sultan. Les Fulbe considèrent que le respect du *pulaaku* leur confère un statut supérieur par rapport aux populations locales, dont ils définissent les membres comme grossiers, païens et esclaves. Dans les régions où les Fulbe ont une position économique et politique dominante, ce statut supérieur pousse de nombreux locaux à se « fulbéiser ».

Les Fulbe sont donc en grande majorité musulmans. Bien que les conversions à l'islam aient commencé dès le XIe siècle, ce n'est véritablement qu'au XVIIIe et au XIXe siècle, lors de la constitution de grands États fulbe, que l'islam a été adopté par l'ensemble de la population. De nombreux individus font cependant un grand usage de charmes « islamiques » (utilisant des versets du Coran) et ont souvent recours à la divination pratiquée par certains de leurs lettrés.

Bien que parlant différents dialectes qui ne sont pas toujours intercompréhensibles, tous les Fulbe parlent la même langue, le fulfulde, qui fait partie des langues atlantiques (groupe Niger-Congo). Il existe en certains endroits une littérature écrite en arabe ou en fulfulde avec l'alphabet arabe racontant l'histoire et les conquêtes de différents groupes. La littérature orale est elle aussi très riche (poésie, récits historiques).

Histoire. Au XVIIIe et XIXe siècles, plusieurs communautés de Fulbe se sont soulevées contre les populations autochtones contrôlant les terres qu'ils occupaient. Ils ont ainsi renversé les rois locaux et créé plusieurs États musulmans, dont ceux du Maacina (au Mali), du Fouta Jalon (en Guinée), ainsi que l'empire de Sokoto, fondé par Usman Dan Fodio (au Nigeria et au Cameroun). Leur prospérité a reposé en bonne partie sur le commerce d'esclaves capturés parmi les populations locales. Suite à la création de ces États, de nombreux Fulbe se sont sédentarisés et sont devenus commerçants ou agriculteurs, ou ont été enrôlés dans l'administration.

✦ Dénom. [syn.] Fulani, Fula, Pullo, Pulaar ; [fr.] Peul(s) est la déformation française de Pullo.

→ **Bororo**

g

Gadaba. Peuple de l'Inde (Orissa, Madhya Pradesh, Andhra Pradesh) [env. 88 000].
❑ En Orissa, les Gadaba se divisent en sept groupes (Bodo, Parenga, Olaro, Kalayi, Kapu, Kathivi et Jurunu) divisés en clans. En Andhra Pradesh, ils se divisent en quatre groupes endogames (Kathari, Thudum, Parengi et Olari). Au Madhya Pradesh, le groupe se divise en clans, dont les principaux sont le clan *nag* (serpent) et le clan *kukur* (chien).
L'économie gadaba repose sur la culture sur brûlis et l'activité forestière. Beaucoup de Gadaba sont des journaliers sans terre.
La majorité d'entre eux sont hindous mais continuent à honorer leurs propres divinités villageoises telles que *Asivamma* (ou *Asiramma* en Andhra Pradesh), *Jakaramma*, *Undi* ou encore *Devata* (la divinité de la forêt).
La langue des Gadaba appartiendrait, pour certains auteurs, à la famille des langues munda. Pour d'autres, elle se divise en deux groupes linguistiques : le gadaba serait d'origine dravidienne, et le gutob (parlé en Orissa), d'origine austro-asiatique.
Histoire. Les Gadaba du Madhya Pradesh auraient servi de porteurs pour les palanquins des rois de la région du Bastar (ce qui pourrait être à l'origine de leur appellation, Gadaba signifiant « chargé »). La grande flexibilité de leur structure sociale les fait avant tout apparaître comme des groupes intégrés au sein d'ensembles politiques régionaux, dont ils dépendent et partagent l'histoire. Les Gadaba sont répertoriés parmi les *Scheduled Tribes*.
✦ Dénom. [var.] Gadba ; [autod.] Guthau.

Gagaouze(s). Peuple vivant principalement dans le sud de la Moldavie, et représenté aussi en Ukraine et en Russie ; on compte des communautés plus ou moins assimilées dans les Balkans et en Turquie [env. 200 000].
❑ Les Gagaouzes sont agriculteurs (vigne, céréales) et éleveurs (ovins). Leur culture associe des traits balkaniques à des survivances de la culture nomade des steppes. Ils sont orthodoxes et pratiquent très largement leur langue, le gagaouze, qui appartient à la famille des langues turques et s'écrit à l'aide d'un alphabet latin (depuis 1989).
Histoire. Vraisemblablement issus de tribus turcophones (Oghouz, Petchenègues, Polovtsiens), les Gagaouzes auraient été christianisés au XIIIe siècle. Il semble qu'ils aient émigré entre 1750 et 1846 des Balkans vers la Bessarabie. Le mouvement séparatiste, qui s'est cristallisé durant la perestroïka et les premières années de l'indépendance moldave (proclamation en 1989 d'une république autonome de Gagaouzie, autodéclarée indépendante en 1990), a mené, après une période de très vive tension avec les autorités moldaves, à la reconnaissance en 1995 d'une « entité territoriale autonome » gagaouze.
✦ Dénom. [var.] Gagauz.

Galela. Société d'Indonésie (Moluques), vivant au nord-est de l'île montagneuse de Halmahera et dont les villages (une vingtaine) occupent la bande côtière et les rives de trois lacs proches de la côte, à l'orée de la forêt tropicale [env. 10 000].
❑ Les bananes, le sagou, la patate douce et le riz sec constituent les principales cultures de subsistance (sur brûlis) ; s'y s'ajoutent des produits secondaires (manioc, fruits, canne à sucre, élevage, pêche). La culture commerciale du coprah complète la production.
La maison, regroupant anciennement la famille étendue (*bangsaha*), n'abrite plus que la famille nucléaire. Celle-ci constitue, avec parfois quelques corésidents parents ou non, l'unité principale de production et de consom-

mation. La parenté est bilatérale et la résidence néolocale. Les groupes de parenté territoriaux (*soa*) ont laissé la place à des villages administrés par des chefs élus dont la fonction principale reste la distribution de la terre. La mobilité géographique est importante.

La religion traditionnelle « animiste » est pratiquement éteinte, remplacée par une cohabitation pacifique entre musulmans et protestants (mission dès 1864).

La langue galela appartient au groupe linguistique non austronésien du nord de Halmahera. L'usage de l'indonésien est répandu.

Histoire. Les Galela relèvent de l'ensemble malais, mais divers éléments (présence de traits physiques papous chez certains, etc.) inclinent à envisager l'hypothèse d'une migration ancienne de l'est vers l'ouest). Au XVIIe ou au XVIIIe siècle, le puissant sultanat de Ternate imposa sa suzeraineté aux Galela (tribut annuel de canots de guerre, d'hommes et de riz) et propagea l'islam. Peu et tardivement touchés par la colonisation hollandaise, les Galela furent ensuite incorporés à l'État indonésien.

Galibi. Peuple amérindien vivant en Guyana, au Venezuela, au Surinam, en Guyane française et, marginalement, au Brésil [env. 23 000].

❏ Localisés dans la plaine côtière des Guyanes et, au Venezuela, le long du bas Orénoque et sur les *mesas* de l'État d'Anzoategui, les Galibi vivent dans la même aire que celle où ils étaient signalés au moment de la Conquête, à cela près que leur territoire s'est considérablement amoindri et que les régions côtières sont, sauf pour quelques communautés au Venezuela et en Guyana, devenues plutôt que la forêt le pôle essentiel de leur univers.

Ils exploitent des milieux naturels très variés (savanes, forêt tropicale), se heurtant le cas échéant à la colonisation agricole ou à l'exploitation forestière mise en œuvre par de grandes compagnies. La pêche et l'agriculture sur brûlis restent leurs activités principales.

Le système de parenté est bilatéral et le mariage préférentiel entre cousins croisés était recommandé. La résidence des jeunes époux était uxorilocale. Cette règle de mariage est depuis une vingtaine d'années peu à peu remplacée par le modèle matrimonial occidental, avec libre choix du conjoint et libre résidence.

Les villages anciens, se déplaçant fréquemment, étaient constitués d'un groupe local fondé sur de puissants liens de parenté et reconnaissant l'autorité d'un aîné fondateur. Actuellement, la sédentarisation favorise l'apparition de gros villages rassemblant plusieurs groupes locaux. En dehors des structures politiques officielles qui pèsent d'un poids de plus en plus lourd, le chef de ces villages est souvent nommé par le pouvoir politique ou régional parmi les chefs des groupes locaux.

En dépit de conversions répétées aux différentes variantes du christianisme, on constate la permanence d'un chamanisme très actif s'adaptant aux problèmes posés par le monde contemporain.

Les Galibi parlent plusieurs dialectes intercompréhensibles d'une langue de la famille karib. Ils ont une bonne pratique des langues nationales des pays qu'ils habitent.

Histoire. Les Galibi descendent d'éléments de l'ensemble karib (vraisemblablement originaire de la région du mont Roraima, à la jonction du Brésil, du Venezuela et de la Guyana) qui auraient progressé d'ouest en est le long des côtes à partir du bas Orénoque. Bousculant et s'assimilant plus ou moins les peuples de langue arawak*, selon un processus d'ethnogenèse qui se poursuivait au XVIIIe siècle, ils formèrent une civilisation originale (ce sont les mêmes qui, durant les trois siècles précédant la Conquête, envahirent les Petites Antilles). En contact avec les Occidentaux dès le XVIe siècle, ils jouèrent comme les autres Amérindiens de leurs rivalités, intégrant notamment les alliances dans la logique des conflits intertribaux, avant de se retrouver encadrés par les missions (jésuites). Affaiblis par le désastre démographique, ils furent contraints de subsister en marge de la société coloniale. Dans les temps récents, leur renouveau démographique, leur capacité d'adaptation économique et d'intervention politique plaident pour l'instauration d'une véritable relation de partenariat, respectueuse de leur identité, avec la société occidentale.

✦ Dénom. [autod.] Tülewuyu, Kaliña, Kalinia ; [Surinam] Caraïben ; [Guyana] Caribs.

Gamit. Peuple de l'Inde (Gujarat, Maharashtra) [env. 370 000].

❏ Les Gamit sont majoritairement agriculteurs mais ont également quelques activités de chasse et de pêche. Ils se divisent en clans exogames (Jadav, Damode, Dhum, Gaudi, Valvi, Gowali, etc.). Le village est sous l'autorité d'un *karbhari*. Ils sont majoritairement hindous, mais ont recours à des spécialistes, appelés *bhagat*, pour certaines pratiques d'ordre magico-religieux. Tout comme les Bhil*, ils parlent divers dialectes puisant leur origine dans la langue de l'État de résidence.

Histoire. Les Gamit ont participé activement aux mouvements sanskritistes (ou de « kshatriyaisation ») du début du xxe siècle. Avec les autres groupes adivasi de la région (notamment les Bhil et les Varli), ils ont revendiqué à la fin des années 1960 un État autonome dans la région du Dang (qui correspondait au Dangi Raja reconnu par l'administration britannique en 1830) et constitué une armée (*Dangi Sena*) dans ce but. Ils sont répertoriés parmi les *Scheduled Tribes*.

✦ Dénom. [syn.] Gamta, Gavit Mavchi, Pandvi ; [autod.] Konkani Maratha au Maharashtra et Vasava au Gujarat.

Ganda. Peuple d'Ouganda (Buganda North et Buganda South) [estim. 6 millions].

❑ Partiellement recouvert de forêts, le Buganda, ou pays des Ganda, occupe la rive nord-ouest du lac Victoria et son arrière-pays. Les Ganda sont avant tout agriculteurs (bananes, patates douces, maïs, café). L'élevage est bien moins important chez eux que dans les contrées avoisinantes, et la hiérarchisation sociale de modèle rwanda*, fondée sur la spécialisation économique et caractéristique de la plupart des royaumes bantous interlacustres, n'a pas cours.

Les Ganda se répartissent en 38 clans totémiques, patrilinéaires, exogamiques et géographiquement localisés (la présence sur le sol clanique des tombes des ancêtres constitue la preuve des droits fonciers des membres du clan). Au sommet de la pyramide politique se trouvait le *kabaka*, monarque absolu de droit divin. Il régnait en compagnie d'une « reine-mère » et d'une « reine-sœur » au rôle politique certain, et était assisté par un grand dignitaire, le *katikkiro*. Le *lukiko*, assemblée des chefs territoriaux et de dignitaires de la cour, avait des compétences législatives, exécutives et judiciaires. Le pays était divisé en dix *ssaza* (provinces) dirigées par un chef client du roi.

Les Ganda sont anglicans, catholiques, musulmans, mais la religion traditionnelle continue à être pratiquée (culte d'un dieu créateur *Katonda*, de divinités mineures *balubaale*, des génies tutélaires *misanbwa* et surtout des esprits des ancêtres *mizimu*). Le luganda, langue bantoue, est de recours véhiculaire dans tout le pays, à côté de l'anglais.

Histoire. L'histoire du Buganda est marquée par ses conflits avec ses voisins les Nkole* et les Nyoro* et par les guerres civiles traditionnelles d'accession au trône (les fils des rois décédés devaient s'affronter jusqu'à la mort pour succéder au *kabaka*). Le royaume devint grâce aux Britanniques le centre et le modèle administratif du pays auquel il donna son nom swahili : Uganda. L'utilisation de chefs ganda pour administrer le reste du pays assura ce peuple une puissance politique qu'il n'avait jamais eue, et la Constitution de l'indépendance accorda la présidence à vie du pays au *kabaka* ganda. Pour casser cette suprématie, le nordiste Milton Obote supprima en 1967 les monarchies ougandaises et l'organisation fédérale de l'État. Dès lors, dans le contexte d'opposition violente entre le Sud bantou et le Nord, les Ganda se sont battus pour obtenir la restauration de leur monarchie, officiellement accordée en 1993 par Yoweri Museveni (un Nkole).

✦ Dénom. Baganda, Waganda, Ouaganda.

Garífuna. Population de la côte caraïbe de l'Amérique centrale, vivant surtout au Honduras et au Belize [env. 250 000, dont 100 000 émigrés aux États-Unis].

❑ Le manque d'emplois et les insuffisances de leur agriculture et de leur pêche traditionnelles contraignent les Garífuna à émigrer vers les grandes villes nord-américaines. Ce mouvement va s'intensifiant, transformant les hommes en une masse qui fluctue entre l'exil et la communauté, créant de fréquents doubles foyers et laissant aux femmes d'importantes prérogatives. La culture garífuna jouit d'une reconnaissance. Elle se démarque, par ses caractères africains, par l'apport amérindien et par la langue, de celle des autres groupes dits « créoles » de la région. Le mode de filiation est matrilinéaire, et l'entraide communautaire est forte.

La religion traditionnelle, le *dugu*, entretient le culte voué aux esprits des morts. La langue, le garífuna, mêle des éléments amérindiens, yoruba, français, espagnols, etc.

Histoire. Les Garífuna sont issus du métissage d'esclaves noirs et d'Indiens des Petites Antilles, mais s'identifient comme une population noire, fortement attachée à ses racines africaines. Établis à Saint-Vincent (alors territoire neutre aux mains des Karib*, comme la Dominique) à la suite du naufrage de navires négriers en 1655 et 1675, ils prospérèrent jusqu'à l'arrivée des Francais (1750), avec lesquels ils nouèrent des relations commerciales avant de s'allier avec eux pour combattre les colons anglais débarqués à partir de 1759 et

surtout de 1763 (annexion de l'île). Les Anglais, vainqueurs en 1796, déportèrent les Garífuna sur la côte hondurienne, à partir de laquelle ils essaimèrent, vivant de la pêche, exploitant le bois d'acajou (XVIIIe siècle) et travaillant dans les plantations bananières (du XIXe siècle aux années 1960).
✦ Dénom. [autod.] Garinagu, au pluriel.

Garo. Peuple du nord-est de l'Inde (Meghalaya, Assam) et du Bangladesh (Sylhet) [env. 400 000].
❑ Les Garo de l'Inde habitent des collines et ceux du Bangladesh vivent dans la zone de plaine qui s'étend au pied du plateau de Shillong, notamment dans la forêt de Madhupur. Ils cultivent le riz sec par essartage associé à un système d'assolement, ainsi que le millet et le coton, et élèvent buffles, porcs et volailles.
Ils constituent une société segmentaire, divisée en matriclans exogames, eux-mêmes subdivisés en matrilignages plus ou moins localisés. L'organisation politique est de type égalitaire, centrée sur le référent villageois. Les décisions collectives sont prises de façon informelle au sein d'un conseil regroupant les adultes des deux sexes. La religion, polythéiste ou « animiste », est marquée par le culte aux ancêtres matrilinéaires et la croyance en la réincarnation. Par suite de l'action missionnaire, un nombre croissant de Garo, à l'instar de leurs voisins les Khasi, se déclarent aujourd'hui chrétiens. La langue garo appartient à la sous-famille tibéto-birmane de la famille sino-tibétaine.
Histoire. La plupart des Garo pensent que leurs ancêtres sont venus d'une région située à l'est de leur habitat actuel, tandis que le matriclan chisak conserve le souvenir d'une migration à partir du Tibet. Les Garo ont réussi à demeurer relativement indépendants face aux royaumes khasi et jaintia ainsi que face au royaume de Koch Bihar. L'annexion britannique eut lieu en 1867.
✦ Dénom. [bengali] Mandi.

Gbaya. Peuple vivant dans l'ouest de la République centrafricaine et dans l'est du Cameroun ; quelques groupes habitent au Nigeria (État de Gongola) [env. 1,2 million].
❑ Les Gbaya, dont l'essentiel du territoire se trouve en région de savane arborée, pratiquaient une agriculture itinérante sur brûlis. La culture du coton, imposée par les autorités coloniales, détermina leur sédentarisation.
Les Gbaya se répartissent en sous-groupes (Bouli, Kaka, Bokoto, Bodomo, Lai, Yaiyuwe, Dooka, Kara, pour les principaux). Chaque village, dirigé par un chef (*mata*), est constitué de plusieurs familles patrilinéaires. La société est dépourvue de structure étatique.
Les Gbaya ont adopté le christianisme et, pour un cinquième d'entre eux environ, l'islam, sans que cela ait effacé, du moins en milieu rural, leurs conceptions propres (un dieu créateur *Gbason*, un héros civilisateur *Wanto*, culte des ancêtres).
Le gbaya (plusieurs dialectes) appartient à la branche adamawa-est de la famille nigéro-kordofanienne.
Histoire. Les Gbaya, originaires de la région de l'Adamaoua et du bassin de la Bénoué, furent chassés par les Fulbe*. Ils s'installèrent (en assimilant les populations locales) vers 1840 dans la région où ils vivent actuellement, non sans subir dans la seconde moitié du XIXe siècle les raids esclavagistes fulbe. Durant la colonisation française, ils furent mis à contribution pour les travaux d'infrastructure, puis enrôlés de force dans la production cotonnière. Leur surexploitation provoqua dans les années 1925-26 une révolte, dite « guerre de Kongo-Wara ». Des émeutes sanglantes les ont opposés aux Peuls en 1991-92.
✦ Dénom. [var.] Baja, Baya, Gbeya, Gbea.

Gédao. Peuple du sud de l'Éthiopie (Région-État des « Peuples, nations et nationalités du Sud »), occupant l'extrémité des hautes terres à l'est du lac Abaya [estim. 500 000].
❑ Ils étaient planteurs d'*ensät* (faux bananier), avant de se consacrer sous la contrainte, à partir des années 1920-1930, à la caféiculture. En dépit des lourds prélèvements imposés, les ventes de café ont entraîné une monétarisation précoce de leur économie et le désenclavement de la région.
Les Gédao étaient organisés selon un système de classes d'âge et obéissaient à l'autorité de l'*abba gadaa*. Dans les décennies qui suivirent leur soumission par les Choans de Ménélik, leurs élites ont joué le jeu de l'intégration (conversion à l'orthodoxie et amharisation).
Le christianisme et, dans une faible mesure, l'islam composent avec des survivances païennes, et la polygynie reste fréquente. La langue gédao appartient au groupe sidamo de la famille linguistique couchitique.

✦ Dénom. L'appellation amharique péjorative *Däräsa* est désormais remplacée par l'autodénomination Gédäo ou Gédeo.

Géorgien(s). Peuple vivant très majoritairement en Géorgie ; des Géorgiens sont par ailleurs présents, en faible nombre, sur le territoire de l'ex-URSS, en Turquie et en Iran [env. 4 millions].

❑ Le peuple géorgien, le plus ancien attesté dans la région, est composé de plusieurs sous-groupes ethno-linguistiques. Les Svanes* habitent les hautes vallées de l'Ingouri et du Tskhenis-Tskali ; les Mingréliens* occupent le littoral entre les fleuves Ingouri et Rioni ; les Lazes*, dans leur très grande majorité, vivent aujourd'hui en Turquie. Parmi les Géorgiens proprement dits, on distingue principalement les habitants de la Khartlie, ceux de la Kakhétie, ceux des montagnes du nord (Tuch*, Psav*, Khevsur*, Mokhev*), et, à l'ouest, ceux de la province de Ratcha, ceux de l'Imérétie et ceux de la Gourie – province historique dont le sud est constitué par l'Adjarie, pays des Adjars* ; au sud-ouest vivaient les Meskhets*.
La Géorgie est depuis toujours une terre agricole, aux productions variées (cultures subtropicales, vergers, vignobles, économie pastorale dans les montagnes).
La famille étendue et les structures féodales n'ont pas survécu au XIXe siècle. La société, comme la plupart des sociétés caucasiennes, reste marquée par ses traditions patriarcales et par l'impératif d'exogamie.
Les Géorgiens sont chrétiens, à l'exception des Adjars*, des Meskhets* et des Géorgiens d'Azerbaïdjan. Leur Église, soumise à l'origine au patriarcat d'Antioche, autonome vers le VIIIe siècle, autocéphale au XIIIe, fut incorporée à l'Église russe de 1801 à 1917. Son patriarcat (catholicossat) ne fut à nouveau reconnu par celui de Moscou qu'en 1943.
Le géorgien constitue avec le mingrélien, le laze et le svane la famille caucasienne du Sud (dite aussi « kartvélien ») ; ses nombreux dialectes sont regroupés en géorgien oriental et géorgien occidental. Le géorgien moderne, tel qu'il s'est manifesté dans la littérature profane à partir du XIIe siècle, est basé sur le dialecte oriental et il a été codifié au milieu du XIXe siècle. L'alphabet, probablement composé au Ve siècle, dérive d'une écriture araméenne du IIe siècle.
Histoire. Les ancêtres des Géorgiens apparaissent au début du Ier millénaire dans les annales assyriennes, puis ourartéennes. Entre le XIIe et le VIIe siècle av. J.-C., leurs diverses tribus commencent à s'unir. À l'ouest, l'essor du fabuleux royaume de Colchide (la Mingrélie et l'Imérétie actuelles), où Jason vient à la recherche de la Toison d'or, coïncide approximativement avec celui de l'Empire achéménide perse et avec l'établissement des colonies grecques sur la côte. Au IIIe siècle. av. J.-C., le royaume d'Ibérie, fondé en Géorgie orientale, réussit à unir en un seul État les principales provinces de Karthli et de Kakhétie. Vers 300, l'Ibérie subit le protectorat sassanide, tandis que la Colchide constitue un État client de Rome. C'est à ce moment qu'apparaît le christianisme, introduit, selon la tradition, par l'esclave cappadocienne Nino.
Après un épisode d'unité, le pays subit les conséquences des luttes d'influence entre Byzance et l'Iran, jusqu'à la conquête arabe (v. 650). Sa renaissance nationale est l'œuvre de la dynastie arméno-géorgienne des Bagratides. Le siècle d'or de la Géorgie se situe sous le règne de Georges III (1156-1184), qui contient les Turcs, et, surtout, sous celui de sa fille, la reine Thamar (1184-1213). De solides institutions féodales ainsi que l'Église autocéphale, très influente, tempèrent le pouvoir royal. Les villes se développent. Une route caravanière entre l'Inde et l'Europe passe par le pays. La science, la philosophie, l'art et la littérature (épopée du *Chevalier à la peau de tigre*) atteignent un haut niveau.
Puis la Géorgie, confrontée aux incursions mongoles et aux dominations perse et ottomane, reste jusqu'à la fin du XVIIIe siècle partagée en trois royaumes féodaux (Kartlie, Kakhétie et Imérétie), avant d'entrer dans la sphère d'influence russe et d'être annexée, par morceaux et non sans douleur, à l'Empire tsariste (de 1801 à 1864). La pacification du pays, en dépit de révoltes agraires à caractère national sévèrement réprimées, rend possible une renaissance nationale, politiquement structurée par une intelligentsia convertie au marxisme (essentiellement menchevik). Un temps indépendante après la révolution russe, la Géorgie connaît ensuite une intégration brutale au système soviétique, dont l'épisode le plus dur, lié à la collectivisation, est celui du pouvoir dictatorial exercé de 1931 à 1938 par le Mingrélien Beria, fidèle compagnon d'un autre Géorgien, Staline. Précédée par une radicalisation des aspirations nationalistes, l'indépendance (1991) survenue dans le contexte d'implosion de l'URSS a été suivie d'une guerre civile, au terme de laquelle, en 1992,

l'ancien ministre des Affaires étrangères de l'URSS É. Chevardnadze a été élu président. La situation économique est proche du marasme et la Russie ne ménage pas ses efforts pour restaurer son influence. Les conflits entraînés par les aspirations sécessionistes de l'Abkhazie et de l'Ossétie du Sud n'ont pas encore trouvé de solution politique.
✦ Dénom. [autod.] Kartvéli.

Gogo. Peuple du centre de la Tanzanie, vivant essentiellement dans la région de Dodoma, à l'ouest de l'océan Indien et de la capitale Dar es-Salaam [estim. 600 000].
❑ Les Gogo ont un mode de vie semi-pastoral. Ils investissent une partie des gains de leur petite agriculture (maïs, millet, sorgho) dans le bétail (bovins), épargne et valeur sociale ultime. La culture matérielle est, à plusieurs égards, semblable à celle des Maasai*.
Patrilinéaires, les Gogo se répartissent en plusieurs clans. Il existe un système de classes d'âge. Le mariage est régi par la polygamie. La société, de type segmentaire, est acéphale, voire anarchique. Vivant dans une région semi-aride, souvent frappée par la sécheresse et la famine, les Gogo ont un mode de vie itinérant. Les membres des divers clans étant constamment dispersés, les rapports entre personnes sont de loin les plus importants.
Les rites forment un système dualiste : les hommes doivent protéger la santé du bétail et des nouveau-nés ; les femmes, avertir du danger si les hommes ont failli à leur rôle. Le bétail sert d'intermédiaire avec les esprits.
Le gogo est une langue bantoue.
Mendicité. Les différentes mesures entreprises par les autorités pour sédentariser les Gogo, aussi bien à l'époque coloniale que par la suite, ont eu de nombreux effets pervers, dont un important exode vers les villes. Les Gogo, traditionnellement, s'y livrent en grand nombre à la mendicité, si bien que *mgogo* est devenu synonyme de mendiant en Tanzanie en général, et à Dar es-Salaam en particulier.
✦ Dénom. [syn.] Wagogo.

Gond. Terme générique recouvrant plusieurs sous-groupes aux caractéristiques spécifiques du centre de l'Inde (Madhya Pradesh, ainsi que Orissa, Andhra Pradesh, Maharashtra) [env. 7,5 millions].
❑ Habitants de régions montagneuses, fortement attachés à leur territoire, les Gond sont principalement agriculteurs sur brûlis (millet) ; beaucoup sont réduits à la condition de journaliers. Patrilinéaires, ils se divisent en phratries et en clans exogames. Chaque clan possède ses dieux domestiques. Les officiants *phardang*, bardes et chroniqueurs, sont les personnages importants du village. À la cour du *raj*, ils se retrouvaient au côté des brahmanes.
Les Gond sont de langue dravidienne. Outre leurs parlers propres (*gondi*), ils emploient le telugu et divers dialectes hindi.
Histoire. C'est dans l'actuel Madhya Pradesh que la royauté Gond s'est développée à partir du XIVe siècle. Le royaume de Chanda fut soumis en 1749 par les Marathes tandis que le royaume de Chatisgarh ne disparut qu'au moment de l'indépendance indienne. La perte du pouvoir sur les terres et la chute de leur statut dans les relations à la société hindoue conduisirent les Gond à de grandes rébellions (1911, 1940) contre les propriétaires terriens hindous et l'administration (notamment forestière), et à la revendication d'un État gond (Gondawan). Le mouvement protestataire connaît une recrudescence. Les Gond sont répertoriés parmi les *Scheduled Tribes*.

Gonja. Peuple du nord du Ghana (Northern Region), vivant entre les Brong, au sud, et les Dagomba, au nord, en zone de savane.
❑ L'habitat rural est dispersé, les villages n'ont guère plus de 300 habitants. La faiblesse de la densité de population (de 10 à 20 habitants au km^2), par rapport à celle du sud forestier du pays, résulte à la fois des anciennes ponctions esclavagistes et des migrations contemporaines vers les plantations et les mines méridionales.
Les productions vivrières principales sont l'igname et les céréales (maïs, riz, mil, sorgho) auxquelles s'ajoutent l'arachide, le haricot, la patate douce. La part des cultures de rente (coton) est très réduite. L'élevage extensif de bovins à courtes cornes est pratiqué.
Les Gonja sont patrilinéaires. Dès le XVIIe siècle, leurs souverains, eux-mêmes convertis à l'islam, ainsi que la classe dirigeante ont vécu en bonne intelligence avec les marchands et marabouts musulmans, installés dans les villes – notamment à Salaga, grande place de commerce (cola) – mais ils sont restés à distance de ceux-ci et ont maintenu leurs institutions propres, les rituels royaux ayant un caractère syncrétique, avec des emprunts à l'islam. De nos jours, un tel syncrétisme coexiste toujours avec l'islam proprement dit. Le peuple parle le guang (qui est devenu plus

au sud langue résiduelle) ou le gur, alors que les dirigeants, qui ont abandonné le mandé, la langue des fondateurs, parlent le gbanyito, langue dérivée du guang.
Histoire. Le royaume de Gonja, dont l'histoire est connue grâce aux célèbres *Chroniques de Gonja* du XVIIIe siècle, rédigées en langue arabe, est issu de la deuxième phase de l'expansion mandingue* (milieu du XVIe siècle). Deux conquérants mandingues venus du haut Niger, Imoru et Naaba, prirent et pillèrent Begho, où s'établit Imoru, puis Buna. Naaba se fixa à Yagbum, future capitale gonja. Il régna de 1552/53 à 1582/83. L'extension territoriale fut l'œuvre d'un de ses successeurs, Jakpa (1622/23-1666/67), présenté comme le fondateur par les traditions orales. Celui-ci créa des divisions territoriales, qu'il distribua à ses cinq fils comme autant de provinces, instaurant la règle de rotation permettant à ces fils et à leurs descendants agnatiques d'accéder à tour de rôle au pouvoir. Le Gonja, suite aux victoires d'Opokou Ware, fut incorporé à l'empire ashanti* au XVIIIe siècle, en tant qu'État tributaire. En 1901, il fut rattaché à la Gold Coast, colonie britannique, avant d'être rendu en 1957 à la république du Ghana.
✦ Dénom. [var.] Gondja ; [syn.] Ngbanya.

Gouragué. Peuple d'Éthiopie (Région-État n° 7 « Peuples du Sud ») installé au sud-ouest d'Addis-Abeba et sur la bordure ouest du Rift [env. 2 millions].
❑ Les Gouragué sont d'abord des planteurs d'*ensät* (faux bananier) ; le café est leur principale culture commerciale. Ils pratiquent aussi l'élevage. À Addis-Abeba, où ils forment un groupe compact de quelque 250 000 personnes, ils ont conquis d'importantes positions dans le commerce et l'artisanat et tiennent notamment le grand marché (*mercato*).
Outre leurs clivages religieux et linguistiques, ils se divisent en clans et en tribus qui se rattachent à sept « maisons », dont cinq sont en conflit ancien avec les deux autres. Ils n'en manifestent pas moins une forte aptitude à transcender leurs divisions. Un réseau d'associations assure une forte solidarité d'ensemble. Localement, les anciens se réunissent dans des assemblées (*yejoka*) pour assister les notables (*dane*), qui résolvent les différends. Enfin, la circoncision des garçons et l'excision des filles sont les grands tabous qui assurent la cohésion globale de la société.
Le christianisme orthodoxe monophysite s'est imposé parmi les Gouragué de la capitale et des villes, tandis que les catholiques forment de petites communautés dynamiques et que l'islam prévaut au sud. Il demeure des traces de cultes préchrétiens.
Le gouragué (*guragiñña*, seize dialectes), rameau du groupe afro-sémitique des langues sémitiques, est pratiqué en bilinguisme avec l'amharique.
Histoire. Les Gouragué sont vraisemblablement originaires du Tegré et du Harär, d'où ils seraient venus aux XIIIe-XIVe siècles à la faveur de la colonisation des hauts plateaux entreprise par les *negus*. Au cours du XVIIIe siècle, cinq de leurs sept « maisons » affrontent les deux autres en un long conflit auquel met fin l'annexion de leur territoire par Ménélik en 1889. Leur qualité de peuple sémitique et largement christianisé ne leur valut aucun traitement de faveur, et ce n'est que par leur dynamisme et leurs aptitudes techniciennes qu'ils ont pris, à partir des années 1950, une véritable revanche sociale.
✦ Dénom. [var.] Gurage.

Gourmantché. Peuple vivant dans l'est du Burkina Faso, le nord du Togo, l'ouest du Niger et, pour quelques groupes, dans le nord-est du Ghana [env. 1 million].
❑ Situé en zone soudanienne, le pays gourmantché est couvert de savanes boisées ou herbeuses et arrosé par le Pendjari et certains affluents du Niger. L'agriculture sur brûlis (mil, sorgho) est complétée par l'élevage (petit bétail, volailles) ; la chasse, jadis importante, n'a pas résisté au défrichage massif.
Les villages correspondent au regroupement de plusieurs lignages patrilinéaires. Les aînés détiennent l'autorité et représentent les ancêtres. La société, au sein de laquelle on distingue les nobles (*buricimba*), les roturiers (*talmu*) et les anciens captifs (*jituara*), était – et reste dans une certaine mesure – organisée en royaumes (*diema*) indépendants réunis en une sorte de confédération (qui ne fit jamais front uni contre les envahisseurs). Le christianisme et l'islam cohabitent avec les conceptions religieuses traditionnelles.
Le gourmantché (deux formes dialectales principales) appartient à la famille voltaïque.
Histoire. Les populations locales, très composites, furent rejointes par des éléments d'origine bornouane, haoussa* ou berba, fondateurs des diverses dynasties. Aux XVIe-XVIIe siècles commencèrent les incursions des peuples islamisés : les Zarma repoussèrent peu à

peu les Gourmantché des bords du Niger. Au début du XIXe siècle, les Fulbe* les chassèrent du Yaga et du Liptako, sans parvenir toutefois à leur imposer leur hégémonie. À la fin du XIXe siècle, des querelles de succession facilitèrent la pénétration française.

✦ Dénom. [var.] Gurma, Gourma, Gulmance ; [autod.] Gulmanceba.

Gouro. Peuple de Côte d'Ivoire, vivant dans la zone des savanes boisées et dans la grande forêt dense, entre les fleuves Bandama et Sassandra [estim. 300 000].

❑ Les Gouro se subdivisent en Probè (installés dans la forêt, proches des Bété*), Loroubè (installés dans la savane, proches des Malinké*) et groupes proches des Baoulé*.

Malgré le développement des cultures commerciales et du tourisme, ils ont largement préservé leur culture traditionnelle. Leur société, patrilinéaire, est dépourvue de chefferie institutionnalisée : tout tourne autour des lignages. Ils rendent un culte aux ancêtres et aux esprits (nombreuses sociétés d'initiation) et pratiquent la circoncision et l'excision.

Art. Leur sculpture (masques, statuettes, poulies de tisserand) est remarquable.

Histoire. Les Gouro appartiennent au groupe des Mandé du Sud. Ils s'enfoncèrent dans la forêt au XVIIe siècle, sous la pression des Malinké*, y cohabitèrent avec les Dan*, puis franchirent le Bandama pour s'étendre dans la région de Bouaké d'où ils furent délogés, en partie, par les Baoulé (XVIIIe siècle), avant de pouvoir s'installer dans la région de Bouaflé, au contact des Bété*. Outre leurs confrontations successives avec leurs voisins, les Gouro se sont battus contre Samory Touré puis, de 1895 à 1913, contre les troupes françaises.

✦ Dénom. [autod.] Kouéni.

Gourounsi. Ensemble de populations du centre-ouest du Burkina Faso et du nord du Ghana [estim. 500 000].

❑ Le pays gourounsi est situé dans les savanes soudaniennes, irriguées par les trois Volta (Noire, Rouge et Blanche) et par la Sissili. L'agriculture (cultures vivrières sur brûlis et cultures introduites par le colonisateur : coton, café, arachide) est complétée par la chasse, l'élevage et la cueillette.

Les peuples voisins et l'administration coloniale ont par commodité regroupé sous une même appellation divers groupes (Léla, Ko, Pougouli, Nouna, Sissala, Kasséna, Nankana, *Kousace*, etc.) distincts malgré des parentés culturelles, et favorisé ainsi l'apparition d'une conscience commune.

Ces sociétés, dont l'organisation traditionnelle a été bouleversée par la colonisation, ne reconnaissaient pas d'autorité centralisée. Les villages, regroupements de concessions habitées par les divers lignages patrilinéaires, sont dirigés par un chef et un conseil des anciens.

Le christianisme et l'islam cohabitent avec la religion traditionnelle (culte des ancêtres).

Les divers dialectes gourounsi appartiennent à la famille voltaïque.

Art. De nombreux masques polychromes souvent zoomorphes intervenaient dans les rituels d'initiation, les fêtes du village et lors des funérailles. Les Gourounsi confectionnaient aussi des statuettes, en rapport avec leurs pratiques divinatoires, ainsi que des bijoux en ivoire et en bronze.

Histoire. Les Gourounsi, dont les ancêtres arrivèrent vraisemblablement du nord de l'actuel Ghana au cours du XVe siècle, parvinrent à sauvegarder leur indépendance face à leurs puissants voisins de l'Est, les Moose*. Ils subirent les razzias des trafiquants d'esclaves, dont la tâche était facilitée par l'éparpillement des communautés. Français (surtout) et Britanniques se partagèrent le pays gourounsi à la fin du XIXe siècle.

✦ Dénom. [var.] Gurunsi, Grusi, Grunsi.

Guambiano. Peuple amérindien de la cordillère centrale colombienne, établi dans le nord-est du département du Cauca, entre les fleuves Piendamó et Manchay ; il dispose d'une réserve (*resguardo*) unifiée sur le territoire de Guambiá [env. 16 500].

❑ Leur activité principale est l'agriculture (sur le piémont et les hautes terres). Certains ont acquis des fermes dans les terres chaudes, où ils cultivent du café et d'autres produits pour le marché ; l'élevage se développe, alors que la chasse a quasiment disparu. Leur artisanat, réputé (vêtements richement dessinés et vivement colorés, chapeaux de feutre), manifeste de nombreux emprunts (à celui des Otavaleños et des Kamsá*, notamment).

La famille étendue est la base de l'organisation sociale. L'endogamie ou l'exogamie virilocale sont de règle. L'usage collectif de la terre est régi par un conseil (*cabildo*), élu chaque année et composé d'hommes mariés vivant sur les terres indigènes (*resguardo*).

Les Guambiano pratiquent un christianisme mêlé d'éléments traditionnels ; le chamane

(*murbik*), maître en pharmacopée, reste un personnage important.
Ils parlent leur langue, le guambiano, qui appartient à l'ensemble linguistique chibcha, et utilisent aussi l'espagnol.
Histoire. Les Guambiano font preuve d'un fort dynamisme démographique (ils étaient quelque 10 000 en 1980) et sont avec leurs voisins les Paez* l'un des groupes les mieux organisés politiquement. Du fait de leur contact précoce avec les Blancs, ils sont devenus paysans, mais gardent un fort sentiment identitaire qui a trouvé son expression dans la création du CRIC (Conseil régional des indigènes du Cauca), en 1971. Ce mouvement a permis la reconnaissance de titres fonciers indigènes sur près d'un quart de la superficie du pays et l'adoption d'une constitution très favorable aux peuples indigènes en 1991.
✦ Dénom. [syn.] Moguex, Silveños ; [autod.] Wampi-misarena.

Guarani. Ensemble de société amérindiennes du sud du Brésil (Paraná), du Paraguay et de l'extrême nord de l'Argentine [quelques milliers].
❑ Les communautés dispersées d'aujourd'hui sont autant de buttes témoins d'un peuple disparu en tant que tel, par élimination physique, épidémies, dispersion et métissage. Les Mbyá*, Kaiova et Nandeva en sont les principaux sous-groupes (un important rameau détaché de l'ensemble guarani, les Chiriguano*, est par ailleurs installé de longue date entre le Chaco et les Andes). Les communautés guarani, qui vivent de l'agriculture sur brûlis (maïs et manioc), de l'élevage, de la chasse et de la cueillette, sont composées de familles étendues, à filiation patrilinéaire et à résidence matrilocale. Qu'elles soient issues de Guarani ayant dès le départ refusé toute assimilation (ceux qu'on appelait les Caaigua) ou de groupes ayant vécu dans les réductions jésuites, ces communautés sont restées soudées par le maintien de leur tradition religieuse (chamanisme, messianisme caractéristique des Tupi-Guarani), perpétuée par la transmission d'un important corpus de littérature orale, auquel sont associées musique et danses. Au début du XXe siècle, l'ethnologue Nimuendagú put encore recueillir chez les Apopocuva une version complète du mythe des jumeaux et du déluge, récit cosmologique des Guarani.
Leurs langues appartiennent au groupe linguistique tupi-guarani.

Civilisation ancienne. Groupe méridional de l'ensemble tupi, les Guarani, avant la conquête espagnole, se répartissaient en de nombreuses tribus dans la région des trois grands fleuves qui convergent vers le Río de la Plata, avec une forte tendance à l'expansion : d'où leur présence du littoral atlantique jusqu'aux Andes. Leur population globale se chiffrait en centaines de milliers d'individus.
Ils se déplaçaient par voie fluviale (au moyen de canots et de radeaux) et terrestre, fondant des villages au fur et à mesure, et entretenaient de nombreuses relations entre eux et avec les peuples non guarani. Les guerres, tant intestines que menées contre des non Guarani, étaient constantes et, motivées par la vengeance, visaient surtout à faire des prisonniers.
Les Guarani pratiquaient l'agriculture sur brûlis, la pêche, la chasse, la collecte (miel, fruits, insectes), élevaient des volatiles dont les plumes servaient à leur parure, très élaborée. Ils travaillaient le bois, faisaient de la poterie. Leurs villages, composés de grandes maisons communautaires disposées autour d'une place centrale, étaient parfois fortifiés. Patrilinéaires, polygames, ils constituaient des communautés hiérarchisées, où les fonctions dirigeantes étaient tenues par héritage ou dépendaient du mérite et de la valeur guerrière. Les chamanes *pagé* exerçaient l'autorité religieuse et assuraient les liens avec l'au-delà, peuplé de nombreux esprits. Un des traits principaux de la religion guarani était (et reste) la croyance en la « Terre sans mal », au-delà accessible aux âmes des morts en fonction de leur mérite en ce monde et au terme d'un parcours angoissant, mais aussi lieu supposé dont la recherche donna lieu chez les Guarani, jusqu'à bien après la Conquête, à des déplacements messianiques (*cf.* Chiriguano*, Mbyá*).
L'organisation sociale reposait sur l'accomplissement de nombreux rites (initiations masculine et féminine, funérailles en deux temps, etc.) et, à un degré qui impressionna les Européens, sur une anthropophagie rituelle dont les captifs, après un temps de résidence durant lequel ils étaient « choyés » (pourvus d'une épouse, etc.), faisaient les frais. Tout captif était la propriété de tel ou tel, mais l'ensemble de la communauté se trouvait impliquée dans le long processus menant à sa mise à mort et au partage et à l'ingestion de sa chair. L'élévation sociale des individus et leur chances d'accéder à l'au-delà « sans mal » dépendait de leur capacité à faire des prisonniers

(souvent aussi reçus en don) et à les immoler dans les règles convenues.

L'ŒUVRE DES JÉSUITES. Dans les années 1540, les premiers colons soumirent les Guarani au régime de l'encomienda. Mais les jésuites, établis pour la première fois dans la région du Río de la Plata en 1566, reçurent la mission d'évangéliser le domaine guarani à l'est du Paraná ; ils colonisent le pays dès 1585, et protestent contre l'esclavage, qui empêche l'évangélisation des Guarani insoumis de l'Est. Leur général, Claudio Acquaviva, constitue officiellement le Paraguay en province séparée dès 1604, pratiquement en 1607, et ordonne au provincial de fonder des missions fixes, loin des agglomérations espagnoles, pour sauver les Indiens de la servitude en les isolant de la société espagnole. La première réduction (localité indigène) est fondée en 1609, dans la région du Paraná. Le roi Philippe III et le Visiteur royal autorisent ces établissements et, par les ordonnances de 1611, limitent, à la demande des jésuites, le tribut dû par les Indiens à l'encomendero. Les jésuites attirent les Indiens dispersés, les groupent dans des villages construits d'après un plan uniforme et rationnel (rompant avec l'organisation spatiale et donc sociale des villages guarani traditionnels), à l'abri d'une enceinte fortifiée, les logent dans des maisons familiales, dirigent leurs travaux agricoles et les évangélisent. Chaque réduction est administrée par un conseil élu, composé uniquement d'Indiens, mais supervisé par les religieux. Le sol, le cheptel, les bâtiments sont propriété collective, et les produits obtenus sont partagés d'après le travail de chacun, une part étant réservée pour les malades, les vieillards et les orphelins. Les pères sont à l'origine des plantations de coton et de maté, qui sert à payer le tribut au roi ; quant aux produits, importés ou locaux, ils sont échangés dans des magasins d'État contrôlés par les jésuites. Cette concentration d'Indiens libres et prospères provoque la convoitise des Espagnols et surtout celle des Portugais de São Paulo, chasseurs d'esclaves (les *bandeirantes*) qui détruisent plusieurs réductions entre 1628 et 1635 et bloquent la poussée des Guarani le long du Paraná (évacuation de Guairá, 1631). Philippe IV autorise (1639) les jésuites à acheter des armes à feu pour les Guarani, qui remportent la victoire sur les Paulistes (1641). Les réductions, qui atteindront le nombre de 36, s'étendent alors sur le bassin supérieur de l'Uruguay et du Paraná, à l'Est du Paraguay espagnol ; interdites aux Européens autres que les pères, elles forment une véritable république guarani, qui ne se maintient face aux Européens que parce qu'elle est à la limite de deux colonisations qui se compensent : espagnole à l'ouest et au sud, portugaise au nord et à l'est. En 1750, l'Espagne cède au Portugal sept réductions de l'Uruguay en échange de la colonie du Sacramento (l'actuel Uruguay) ; les Guarani défendent farouchement leur liberté contre les troupes espagnoles et portugaises (1753-1756), et on incrimine les jésuites, qui sont expulsés par un décret de Charles III en 1767. Le gouvernement espagnol prétend libérer les Guarani en supprimant la propriété collective ; en fait, les colons s'installent, dépouillent les Guarani, qui ont été préalablement désarmés, et amènent leur dispersion progressive et la ruine des réductions.

LANGUE GUARANI. Grâce aux jésuites et à l'alphabétisation, les littératures orales des Guarani ont pu être transcrites et conservées. Restées vivantes au sein des communautés, elles ont été collectées et étudiées par Leon Cadogan et, ultérieurement, par Pierre Clastres.

Par ailleurs, le nombre des Guarani au moment de la Conquête et leur disposition au contact (recherche d'alliances familiales avec les Européens, source d'un rapide et important métissage) expliquent un paradoxe assez unique : les locuteurs guarani du guarani ne sont plus que quelques milliers, mais leur langue, jadis adoptée comme « langue générale » (comme le quechua* au Pérou) est de nos jours parlée par des millions d'individus, au Paraguay essentiellement, où elle a le statut de langue officielle, au côté de l'espagnol, ainsi que dans le Sud-Est de la Bolivie.

→ **Chiriguano, Mbya**

Guaymí. Groupe amérindien vivant au Panamá (provinces de Bocas del Toro, de Chiriqui et de Veraguas) et, par migration, au Costa Rica (province de Puntarenas) dans des réserves [plus de 125 000].

❑ Descendants des groupes indigènes du centre et de l'ouest du Panamá précolonial, ils se reconnaissent sous le nom de Ngobe (les « humains ») et se divisent en un groupe de l'Est (comprenant les Murire, les Bocota et les Sabanero) et en un groupe de l'Ouest (incluant les Valiente, les Mové-Guaymí, les Norteño et les Penomeño). Agriculteurs sur essarts et éle-

veurs semi-sédentaires, travaillant souvent comme salariés agricoles, ils vivent de manière dispersée mais se resserrent autour d'un noyau cognatique. La parenté est cognatique. La résidence est patrilocale, les fils vivant de et sur les terres de leur père. La polygynie sororale reste très valorisée. Christianisés (catholicisme, protestantisme et ses avatars), les Guaymí se retrouvent aussi dans un mouvement messianique dit *Mama chi* (« petite mère »), apparu en 1962. Ils parlent leur langue (le *ngobere*), de la famille chibcha, ainsi que l'espagnol.
Ils revendiquent un droit sur l'exploitation du sous-sol (l'exploitation sur leur territoire d'un des plus grands gisements cuprifères du monde, Cerro colorado, pose depuis 1975 de graves problèmes).

Gurkha. Population composite de l'Inde.
❑ D'origine népalaise, elle est connue pour ses traditions martiales qui les firent composer des régiments d'élite de l'armée britannique. Improprement considérés comme une caste, les Gurkha réunissent des hindous et des membres de sociétés tribéles (Gurung*, Magaba, Rai*, Tamang*, Limbu*).

Gurung. Peuple du Népal, vivant surtout sur les pentes sud de l'Annapurna, entre 1 500 et 2 200 mètres d'altitude [450 000 en 1991].
❑ Autrefois largement pastorale, leur économie repose aujourd'hui sur la culture sédentaire du maïs, de l'éleusine (millet) et du riz irrigué. Par ailleurs, depuis les années 1970, des milliers de Gurung s'établissent dans les villes et la plaine méridionale du Teraï. Enfin, recrues privilégiées des régiments gurkha*, ils tirent encore une part importante de leurs revenus des soldes et pensions des armées indienne et britannique.
Les Gurung se divisent en clans patrilinéaires exogames, répartis en deux groupes : les « quatre clans » (*Car jat*), parmi lesquels se recrutent les chefs et les prêtres, et les « seize clans » (*Sorha jat*) des gens du commun.
La religion gurung n'est « bouddhisée » que superficiellement, comme en témoigne la répartition des offices entre trois types de prêtres : le lama bouddhiste de tradition tibétaine n'intervient que lors des funérailles des « quatre clans » ; le chamane *poju* est chargé de tous les rites ordinaires ; le chamane *klevri* n'est sollicité qu'en cas de maladie grave ou de catastrophe. Moins « hindouisés » que d'autres Tibéto-Birmans du Népal, ils font tout de même appel à des artisans indo-népalais* de statut intouchable, les forgerons kami surtout.
La langue gurung, de la famille tibéto-birmane, forme avec le tamang la branche bodish-gurung de cette dernière.
Histoire. Les Gurung actuels seraient le produit de migrations venues du Tibet tout au long du dernier millénaire. Des textes népalais des XVIIe-XVIIIe siècles mentionnent l'existence de principautés gurung. Les Gurung sont actuellement très représentés dans l'armée et la police. Des mouvements encore très minoritaires militent pour l'affirmation d'une identité « tamu » qui associe les Gurung à certains de leurs voisins tibéto-birmans comme les Thakali.
✦ Dénom. [appellations connexes] Tamu, Ghale, Thakali.

Gusii. Peuple du Kenya (Province de l'Ouest), occupant les collines Kisii et leurs alentours [env. 900 000].
❑ Les Gusii pratiquent l'agriculture sur des champs en terrasses (maïs, mil, banane, canne à sucre, haricots) avec développement des cultures de rapport (thé, café, fruits et légumes). L'élevage (pour la production de lait en altitude) reste important. L'exiguïté de la zone d'habitat et l'expansion démographique provoquent un manque de terre cultivable et des problèmes de partage à l'héritage.
Les différentes sections sont indépendantes et divisées en clans patrilinéaires à la tête desquels se trouvent un conseil d'anciens et un chef désigné par les anciens. La religion traditionnelle est mal connue et oblitérée par une conversion massive au christianisme. Les Gusii parlent le *kigusii*, langue bantoue du Nord-Est.
Art. Les Gusii utilisent la stéatite (ou « pierre à savon »). Les anciens réduisaient celle-ci en poudre et s'en servaient comme fards (blanc, rose, orangé) pour des occasions cérémonielles (funérailles) ou guerrières ; ils sculptaient également les pots correspondants. Ce matériau était échangé avec les Luo* voisins contre du bétail. Durant la période coloniale naquit une production artisanale de figurines, qui connaît aujourd'hui un vif succès auprès des touristes. Certains artisans se sont lancés dans une production plus sophistiquée. Ainsi, les œuvres du sculpteur Elkana Ongesa ornent le siège de l'Unesco à Paris.
Histoire. L'histoire des Gusii a été marquée

par de nombreuses migrations et de fréquents conflits avec leurs voisins Luo*, Maasai* et Kipsigi. Ces conflits les poussèrent durant le XIXe siècle à s'installer dans les collines de Kisii, au sein de villages fortifiés (*orwaki*). Ils résistèrent à la colonisation britannique.

h

Ha. Peuple du nord-ouest de la Tanzanie (Kigoma Region) [env. 800 000].

❑ Riverain du Tanganyika, le Buha, ou pays des Ha, est une région de hauts plateaux fertiles et de montagnes ; sa partie orientale, plus basse, plus humide et infestée par la mouche tsé-tsé, est la moins peuplée. Les activités agricoles (culture du manioc, de la patate douce, du café, etc.) prédominent largement.

Une centaine de clans totémiques patrilinéaires et exogames regroupent la petite minorité de pasteurs tusi (ou tutsi*) et les agriculteurs ha*. Sur le plan politique, le Buha était constitué de six petits royaumes indépendants dont les rois, ou *mwami*, appartenaient à des clans tusi*, le système politique reposant en grande partie sur l'institution de la clientèle, concrétisée, comme au Rwanda et au Burundi, par des « contrats de vache » (*cf.* Rwanda).

La religion traditionnelle est proche de celles des autres peuples bantous interlacustres (Rundi*, Rwanda*, Nkole*, Ganda*) et accorde comme elles une grande place à la secte de l'*ubukubandwa* (rites de possession). La pénétration missionnaire (surtout catholique) a été tardive. Le *kiha*, langue bantoue très proche du kirundi, reste pratiqué.

Coutume. En cas de maladie, un devin désigne l'esprit responsable du mal. Si un ancêtre est en cause, on lui construit une hutte miniature à proximité de la maison. Là lui seront offerts les sacrifices propitiatoires (nourriture ou bière). La présence de ces huttes dans l'enclos familial est donc signe de problème...

Histoire. C'est à Ujiji, sur le Tanganyika, que Stanley retrouva en 1871 Livingstone et le salua du célèbre « Doctor Livingstone, I presume ? ». Le Buha fut intégré à la fin du XIXe siècle à la *Deutsche Ostafrika*, puis conquis par les troupes du Congo belge en 1916 et administré par les Belges jusqu'en 1921, avant de rejoindre le giron de l'Empire britannique.

✦ Dénom. Haa ; Baha, Waha, Ouahha.

Hadiya. Peuple d'Éthiopie (région-État des « Peuples, nations et nationalités du Sud »), habitant les terres montagneuses qui bordent le Rift à l'ouest, le territoire des Gouragué* au nord et au nord-ouest, et le Wälayta* au sud [env. 2 millions].

❑ Les Hadiya, excellents planteurs d'*ensät* (faux bananier), cultivent les céréales, le café et élèvent de petits ruminants. Les activités artisanales (tissage, vannerie) et commerciales apportent des compléments de revenus.

Les structures sociales et familiales, qui s'appuient sur l'islam, les cultes païens agrestes traditionnels et les missions, ont résisté aux emprises du pouvoir impérial puis du pouvoir militaro-marxiste institué après la révolution de 1974. Le hadiya appartient au sous-groupe sidamo des langues couchitiques, utilise le syllabaire guèze (*geez*), et est pratiqué en concurrence avec l'amhara et l'oromo. La culture hadiya connaît actuellement un réveil.

Histoire. D'abord État musulman, le royaume hadiya passa sous domination chrétienne (XIVe siècle) puis, au XVIIIe siècle, sous la dépendance des États oromo* du Gibé (Jimma et Limmu). En 1883, le Hadiya fut englobé dans les conquêtes choanes. Les paysans hadiya, devenus des tenanciers précaires que leurs vainqueurs obligeaient à cultiver toujours plus de café, se convertirent en masse à l'islam et adoptèrent l'*ensät*, nourriture dédaignée des Amhara*. Jusqu'à la proclamation de la Réforme agraire en 1975, le système foncier et fiscal oppressif demeura intact.

✦ Dénom. [var.] Hadeya, Hadya.

Haïda. Tribu indienne du Canada et des États-Unis, dont trois groupes (Masset, Skidegate, Kunghit) habitent les îles de la Reine-Charlotte (Colombie-Britannique), un autre groupe (Kaigani) occupant le sud de l'île du Prince-de-Galles (Alaska) [env. 2 300].

❑ Proches des Tlingit* et des Tsimshian*, les Haïda vivaient de la pêche et de la chasse aux mammifères marins. Ils travaillaient excellemment le bois, notamment le cèdre (construction et sculpture des bâtisses plurifamiliales, de mâts totémiques, de remarquables canoës et d'objets utilitaires et cérémoniels), ainsi que l'os, l'ivoire et la pierre (ardoise).

Leur société se divisait en moitiés matrilinéaires exogamiques, composées de plusieurs clans et lignages ; elle était hiérarchisée en trois ordres sociaux endogames (nobles, roturiers, esclaves). Des villages permanents constituaient les principales unités sociales.

La religion chamanique associait pratique assidue du potlatch, érection de mâts et danses masquées. La langue haïda, dont la survie est encouragée, appartient vraisemblablement à la famille na-dene.

Art. Les Haïda, comme les Kwakiutl*, les Tlingit et les Tsimshian, adhèrent au principe de la double représentation (représentation d'un objet par la somme de ses profils).

Histoire. En Colombie-Britannique, les Haïda eurent à subir à partir des années 1850 une très forte pression à l'assimilation, appuyée sur l'action des missions et une sévère répression du potlatch. Depuis les années 1970, ils connaissent une renaissance culturelle, fondée en partie sur un renouveau de leur art, l'un des plus beaux de la côte nord-ouest. Leurs revendications tournent autour de leurs droits territoriaux et de pêche.

Hakka. Groupe chinois originaire, comme les autres Han*, du centre-nord de la Chine. Les Hakka vivent en Chine [32 millions], à Taïwan [2 millions], mais constituent également une diaspora représentée en Malaisie [2 millions], en Thaïlande [2,6 millions], au Viêt Nam [333 000], aux Philippines [230 000], en Indonésie [666 000], aux États-Unis [533 000]. Selon leurs associations, ils seraient 70 millions.

❑ Les Hakka étaient agriculteurs mais, aujourd'hui, leurs situations socio-économiques sont variées. Ils ont une organisation lignagère, patrilinéaire et patrilocale. Dans la province orientale du Fujian en Chine, les Hakka sont réputés pour leurs habitations en anneau, appelées « bâtiments ronds en terre ». À l'intérieur sont regroupées près de vingt familles du même clan. Selon les dimensions, la construction présente deux ou trois bâtiments concentriques au centre desquels se trouve toujours une salle de réception. Le bâtiment extérieur présente trois étages, et celui (ou ceux) de l'intérieur, un seul. Bien que les Hakka soient une population han, les femmes ont toujours refusé de se bander les pieds. La langue hakka est un chinois archaïque possédant six tons.

Histoire. Les Hakka constituent une diaspora dans la diaspora chinoise qui a fui les invasions turco-mongoles en Chine du Nord à partir du IVe siècle, pour aboutir au début du IXe siècle au Sichuan et surtout au Jiangxi et au Fujian, ainsi que dans le Guangdong oriental appelé d'ailleurs le « pays Hakka ». À partir du XVIIe siècle, ils émigrent outre-mer. Les Hakka ont participé à la rébellion des Taiping et à la Longue Marche.

Ce peuple a dû s'adapter à des conditions difficiles d'émigration. Deux traits sont permanents tout au long de son histoire, la pauvreté et les travaux pénibles accomplis par les femmes. Les Hakka s'illustrent par des destins individuels militaires et politiques : par exemple les maréchaux Zhu De, Chen Yi et Ye Jianying, héros de la Longue Marche, Ne Win, ancien Premier ministre de Birmanie, mais aussi Deng Xiaoping, Lee Teng-hui (Taïwan), Lee Kuan-yew (ex-Premier ministre de Singapour) sont des Hakka.

✦ Dénom. [chinois] Kejia.

Han. Peuple majoritaire de la Chine (env. 95 % de l'ensemble).

❑ En majorité paysans, les Han ont gardé des traditions anciennes (rôle central de la famille patriarcale, tabou d'inceste sur les partenaires de même nom). Ils ont intégré le bouddhisme aux éthiques confucéennes et taoïstes, tout en pratiquant l'antique culte des ancêtres. La révolution socialiste n'a pas modifié en profondeur certains de leurs traits culturels.

Han et non-Han. Depuis la dynastie des Han (206 av. J.-C. à 220 de notre ère), la Cour impériale appliqua cette politique : « le barbare gouverne le barbare ». Elle conféra des titres officiels aux élites et chefs locaux, *tu si* (« seigneur local »), *tu guan* (« fonctionnaire indigène ») ; ces chefs locaux se chargèrent de gouverner leur peuple selon leurs propres coutumes tout en payant un tribut à la Cour. À partir de la dynastie mandchoue* des Qing

(1644-1911), la Cour appliqua la réforme *gai tu gui liu* (« administration directe par un fonctionnaire appointé et révocable »). Après sa fondation, le Parti communiste chinois adopta le principe du droit des nationalités à l'autodétermination puis élabora un programme comportant six points : égalité des nationalités, droit à l'autonomie dans le cadre d'un État unifié, politique d'union avec les couches sociales supérieures et les religieux, respect des formes nationales, droit à l'éducation dans la langue nationale, amélioration du niveau de vie des minorités. Une politique d'autonomie relative accordée aux minorités marqua la période allant de 1949 à la Révolution culturelle (1966). Cependant, la réalité des pratiques pendant la période de mise en place des coopératives (1956) et le Grand Bond en avant (1958) entraîna des révoltes et la fuite d'un grand nombre de gens issus des minorités vers les pays voisins. Pendant la Révolution culturelle, une politique d'assimilation radicale fut prônée et le principe d'autonomie régionale déclaré nuisible à l'unité nationale. Après la mort de Mao, les choses ont changé et les dirigeants actuels sont revenus à la politique d'avant la Révolution culturelle, les cadres des minorités ont été réhabilités.

Sur les 55 minorités que compte officiellement le pays, deux ont des relations particulièrement tendues avec le pouvoir central et font l'objet d'une dure répression de leurs aspirations : les Tibétains* et les Ouighours*.

Han. Société amérindienne du Canada (Territoire du Yukon) et des États-Unis (Alaska), de l'ensemble athapaskan, formée de plusieurs bandes locales [quelques centaines].

❑ Chasseurs-pêcheurs, organisés en trois clans matrilinéaires formant deux moitiés, ils ont leur territoire le long du Yukon et de ses affluents, au cœur de la région qui fut le théâtre de la ruée vers l'or du Klondike. Leur langue et leur culture spécifique sont pratiquement éteintes.

Hani. Peuple vivant essentiellement en Chine, mais aussi au Viêt Nam, au Laos, en Birmanie et en Thaïlande [env. 1,5 million].

❑ Installés de part et d'autre des frontières méridionales du Yunnan, les Hani se répartissent de façon traditionnelle en une vingtaine de groupes d'identité plus ou moins localisés, le plus important étant celui des Akha*. Établis en communautés villageoises compactes entre 800 et 1 600 mètres d'altitude, les Hani de Chine cultivent principalement le riz en terrasses irriguées, tandis que les Akha pratiquent l'essartage par assolement.

Toutes les communautés hani sont constituées d'un certain nombre de segments de patriclans ou de patrilignages identifiés par le rattachement à un ancêtre commun, repéré généalogiquement grâce à un principe de liaisons patronymiques entre père et fils. L'ensemble des relations de parenté en ligne paternelle forme ainsi un réseau généalogique pyramidal à partir d'un ancêtre primordial. L'organisation politique est de type égalitaire, centrée uniquement sur le référent villageois. Les décisions collectives sont prises au sein d'un conseil regroupant les hommes âgés et vertueux de la communauté, sous la présidence du prêtre villageois qui représente souvent la ou les lignées fondatrices du village. La religion est de type polythéiste et « animiste », marquée par le culte ancestral.

Histoire. Une épopée orale retraçant l'itinéraire des migrations ancestrales fait état d'un déplacement général et progressif vers le sud, à partir d'un foyer de peuplement qui pourrait se situer dans l'ouest ou le centre de l'actuel Sichuan. Les territoires habités par les Hani ont été intégrés à partir du XIIIe siècle dans le système d'administration indirect des chefferies *tusi*, mis en place par la Chine aux marges de l'empire, dont les dernières ont été démantelées par les communistes en 1949.

✦ Dénom. [autod.] Hani, Akha, Piyo, Kato, Ngonu, etc. ; [chinois] Hani ; [vietnamien] Hanhi ; [laotien] Ko, Akha ; [thai] Ko, Iko.

Hanty. Peuple de Russie, vivant en Sibérie occidentale (principalement dans le district autonome Hanty-Mansi) ; ils sont installés à l'est des Mansi* [env. 24 000].

❑ Les Hanty se divisent en trois grands ensembles, septentrional, méridional et oriental. Chasseurs-pêcheurs de la forêt, ils habitent l'hiver dans des villages situés sur la rive de l'Ob et de ses affluents. Au printemps et en été, ils se déplacent le long de ces voies d'eau. Certains Hanty du Nord ont développé l'élevage du renne et nomadisent en été dans la toundra.

Leur société acéphale se partage en deux moitiés exogames, qui se subdivisent en une multitude de clans. La filiation est patrilinéaire comme dans toute la Sibérie, et la résidence est patrilocale.

Les Hanty (et les Mansi) ont été tôt soumis à

l'évangélisation orthodoxe, d'où l'apparition de dieux syncrétiques tel *Numi-Torum*, l'« Esprit d'en-haut », mais leur conversion n'en est pas moins restée assez formelle et n'a pas effacé le chamanisme (cultes des esprits de la nature, de l'ours, des ancêtres).

Le hanty (trois dialectes), qui compose avec le mansi le sous-groupe ob-ougrien de la famille ougrienne, est vivace.

Art. À l'occasion de la fête de l'ours, les Hanty interprètent des saynètes, parfois fort salaces, à portée religieuse ou se référant à la vie quotidienne. Les acteurs portent sur le visage un masque en écorce de bouleau et tiennent un bâton. Par ailleurs, Hanty et Mansi pratiquent des danses guerrières, avec sabres réels ou figurés, uniques en Sibérie.

Histoire. Les lointains ancêtres des Hanty et des Mansi (et des Hongrois) vivaient, pense-t-on, sur un des deux versants de l'Oural. Entrés en relations commerciales (fourrures) avec les Russes dès la fin du XIe siècle et connus sous le nom de Yougres, ils furent soumis aux XVe-XVIIIe siècles et peu à peu submergés par les colons. Après la disparition du régime soviétique, les Hanty et les Mansi ont été les premiers petits peuples du Nord à se mobiliser, notamment contre le désastre écologique entraîné par l'exploitation du gaz et du pétrole sur leur territoire. Ils s'efforcent, en général, de renouer avec leur culture ancestrale.

Hanty et Mansi jouent un rôle très important pour les Hongrois et les Finnois, noyés au milieu de populations de langue indo-européenne. De multiples chercheurs de ces deux nations se rendirent chez eux pour connaître leurs langues et traditions et dans l'espoir de reconstruire les systèmes de représentations de leurs lointains ancêtres.

✦ Dénom. [var.] Khanty, Xanty, Khante(s). L'appellation, tirée du russe, d'Ostiak(s) (ou Ostyak(s)) est ambiguë (car appliquée à trois peuples sans parenté linguistique, les Hanty, les Sel'kup et les Ket) et vieillie. Par ailleurs, les Hanty-Mansi sont souvent appelés « Ougriens de l'Ob ».

Haoussa. Peuple vivant principalement au Nigeria, au nord des fleuves Niger et Bénoué, ainsi qu'au Niger [plus de 12 millions].

❑ Les Haoussa constituent, avec les Yoruba* et les Ibo*, un des trois plus importants peuples du Nigeria, dont ils occupent un tiers de la superficie. Leur territoire, au climat tropical sec ou semi-désertique, présente des plaines et plateaux où l'on trouve une savane plus ou moins boisée et quelques forêts claires. La tradition urbaine est ancienne, avec des centres à très forte densité de population (Kano, Katsina, Sokoto).

Les Haoussa pratiquent l'agriculture intensive et l'élevage (à une moindre échelle que les Fulbe*). Leur production artisanale est réputée dans toute l'Afrique de l'Ouest (travail du cuir et du fer, tissage). Leurs structures commerciales sont très développées (avec un vaste réseau de marchés, interne et externe). Kano et Kaduna sont d'importants centres industriels (textile, industrie pétrolière, assemblage automobile).

Fortement influencés par la religion musulmane et par les Fulbe, qui habitent les mêmes régions, les Haoussa sont organisés en quatorze cités-États, aux rivalités anciennes, dont sept sont « légitimes » (*Hausa bokoi*) par rapport aux sept autres, « bâtardes » (*Benza bokoi*). Ces cités-États sont dirigées par des rois (*sarkin*) élus par des notables et assistés par un Premier ministre (*galamida*).

La population se scinde en une masse rurale industrieuse, les *talaka*, et en une population urbaine, vouée au commerce et à l'artisanat. La stratification sociale était – et reste dans une certaine mesure – forte : au sommet se trouve une couche de nobles (courtisans, dignitaires, administrateurs territoriaux, chefs militaires), dont dépend une couche de citoyens (lettrés musulmans, imams, commerçants, fonctionnaires subalternes, artisans, paysans libres), toutes deux dominant quelques groupes endogames ségrégués (griots, tanneurs, forgerons, etc.) ainsi qu'une couche plus ou moins servile (paysans, porteurs, domestiques, etc.).

L'islam pratiqué manifeste l'influence des conceptions locales antérieures. Les marabouts (*mallam*) sont influents. Les cultes et rituels de possession (*bori*) sont vivaces. Comme dans tous les émirats du Nigeria, les grandes fêtes musulmanes donnent lieu à des festivals (*durbar*) marqués notamment par de spectaculaires courses équestres.

La langue haoussa appartient au groupe tchadien de la famille hamito-sémitique ; elle a emprunté à l'arabe. Ses dialectes majeurs sont ceux de Kano et de Sokoto. Langue maternelle d'environ 40 % de la population du nord du Nigeria et d'environ 50 % de la population du Niger, elle sert de langue de relation dans toute l'Afrique de l'Ouest.

Art. Les cités de Daura, Kano, Katsina, Zaria, Jos, etc., offrent les vestiges quasi intacts d'une

très brillante tradition architecturale d'inspiration islamique.
Histoire. Longtemps avant la diffusion de l'islam, les ancêtres des Haoussa s'établissent dans les régions du nord de l'actuel Nigeria et du sud de l'actuel Niger. Les traditions situent la création des cités-États entre le xe et le xiiie siècle. Vers le xive siècle, l'islam et le droit malékite y sont introduits et, par là même, l'écriture ; au fur et à mesure que ces cités prospèrent, du fait de leur position charnière entre l'Afrique noire et l'Afrique du Nord, les structures étatiques se mettent en place. Les Fulbe atteignent les territoires haoussa vers 1804. La guerre sainte (*jihad*) éclate sous l'impulsion d'Ousmane dan Fodio, qui, soutenu par les populations rurales, soumet en 1809 les sept *Hausa bokoi*, reddition symbolisée par l'édification d'une capitale commune, Sokoto, qui donna son nom à un empire à l'expansion spectaculaire. Les Britanniques, ayant assis leur influence sur le pays haoussa, attaquent en 1903 Sokoto, d'ores et déjà isolée des autres émirats haoussa-fulbe. Fidèles à leur politique d'« indirect rule », ils cautionnent le pouvoir des émirs et. renoncent à diffuser le christianisme. Après l'indépendance, le conflit pour la domination de la fédération nigériane met aux prise les Haoussa-Fulbe et les Ibo* (massacres d'Ibo de 1966 et sécession du Biafra).
✦ Dénom. [var.] Hausa.

Harakmbut. Peuple amazonien du Pérou (région du Madre de Dios) [estim. 2 000].
❑ Les Harakmbut se subdivisent en plusieurs sous-groupes régionaux : les Arakmbut, ou Amarakaeri [env. 1 000], les Wachipaeri [env. 500], les Arasaeri, les Sapiteri, les Kisambaeri et les Toyeri, ces deux derniers groupes étant aujourd'hui presque éteints.
La chasse reste l'activité masculine par excellence. L'agriculture sur brûlis repose essentiellement sur le manioc, les bananes et le maïs.
Leur organisation sociale s'appuie sur un système de clans patrilinéaires avec préférence pour l'échange de sœurs entre deux clans ; la résidence est patrilocale. Société guerrière, les Harakmbut habitaient de grandes maisons communautaires placées sous la tutelle de chefs de guerre. Ils vivent aujourd'hui regroupés en villages.
Leur religion, dominée par le chamanisme, accorde une large place aux esprits de la nature *toto*. Le cycle de l'arbre *Wanamey* (mythe d'origine) et celui du héros culturel *Marinke* constituent les deux mythes fondamentaux.
Les Harakmbut forment une famille linguistique indépendante.
Histoire. Ils subirent durement les effets dévastateurs des grandes épidémies et des booms économiques successifs : le caoutchouc au début du siècle, l'exploitation du bois et, depuis une vingtaine d'années, l'orpaillage, qui a attiré des milliers de colons sur leur territoire. Face à cela, les Harakmbut, engagés dans un processus de restauration des identités ethniques, défendent leurs droits territoriaux dans le cadre de la Fédération indigène du Madre de Dios.
✦ Dénom. [syn., anc.] Mashco.

Hare. Tribu indienne du Canada (Territoires du Nord-Ouest), regroupée en deux communautés principales (Fort Good Hope, Colville Lake) [estim. 1 200].
❑ Appartenant à l'ensemble athapaskan du Nord, ils se divisaient en groupes semi-autonomes qui pratiquaient la chasse, la pêche et la cueillette dans les aires boisées entourant la basse vallée du Mackenzie, jusqu'aux berges du grand lac de l'Ours. En grande partie, ils dépendaient du lièvre à raquettes pour leur nourriture et pour leur habillement (d'où leur surnom de Hare, ou Lièvres). Ils ont été christianisés au xixe siècle par des missionnaires catholiques français ; ils sont désormais sédentarisés. Leur langue survit.
✦ Dénom. [autod.] Ka so gotine (« les gens des grands saules »).

Hazâra. Peuple montagnard de l'Afghanistan central (Hazâradjât) [env. 1 million].
❑ Les Hazâra parlent un dialecte persan au lexique riche en termes d'origine turco-mongole (le *hazâragi*) et présentent par ailleurs des traits physiques nettement mongoloïdes. Cependant leur principal trait identitaire est d'être chiites dans un pays majoritairement sunnite. La plupart d'entre eux appartiennent à la branche duodécimaine du chiisme, mais il existe de petits noyaux endogames d'ismaéliens (*âghâ khâni*) dans le nord-est du Hazârajât (entre Dôshi et Shebar).
L'économie agropastorale se caractérise par des techniques agricoles frustes (pas d'enterrassement, importance de l'agriculture non irriguée, faiblesse des cultures fourragères, rareté de la double récolte annuelle malgré les progrès récents de la culture de la pomme de

terre) et de courtes migrations pastorales d'été vers les pâturages supra-villageois (*aylâq*), où les troupeaux sont gardés par les femmes et les enfants. Parfois la migration s'effectue à l'intérieur même du terroir cultivé.

La société est structurée de manière assez lâche en une dizaine de tribus (*daï*) dont l'extension géographique est relativement cohérente sauf dans le nord du Hazârajât, occupé à date tardive par des groupes d'origine diverse. Chaque tribu se subdivise en clans et en patrilignages à l'intérieur desquels une stricte endogamie est de rigueur (mariage avec la cousine croisée ou, à défaut, parallèle). Autrefois entité politique fonctionnelle sous l'autorité d'un *il-khân* ou *mir* héréditaire, la tribu n'est plus qu'une vague référence identitaire.

Histoire. Les Hazâra sont issus du métissage d'envahisseurs d'origine diverse avec les populations iraniennes de l'Afghanistan du Centre et du Sud-Est. Leur nom est un exonyme (*hazâr* signifie « millier » en persan) issu de la pratique « gengiskhanide » d'implanter des colonies militaires de mille hommes (*hazâra*) dans les provinces conquises. Islamisés par des missionnaires chiites venus d'Iran à l'époque safavide (XVIe-XVIIe siècles), ils furent pourchassés par les Pashtun* sunnites et peu à peu cantonnés dans leurs anciens quartiers d'estivage du Hazârajât, où ils assimilèrent divers groupes préexistants dont la toponymie garde parfois le souvenir.

Au XIXe siècle, l'accroissement de la pression fiscale et la pénétration de nomades Pashtun à la recherche de pâturages d'été mirent en péril un équilibre économique que la pauvreté du milieu montagnard rendait fragile (d'où une émigration masculine précoce vers Kaboul). Un soulèvement général embrasa alors le Hazârajât. Il fut réprimé par une campagne militaire meurtrière qui prit des allures de véritable guerre de religion (1892-93). À l'issue de ce conflit, la totalité du Hazârajât fut incorporée à l'État afghan et des droits de pâturage officiels sur de vastes étendues furent attribués aux nomades pashtun. Devenus les véritables maîtres du Hazârajât, ceux-ci y déployèrent avec succès une stratégie de mainmise économique par le biais du commerce caravanier et du prêt à intérêt, mais rares furent ceux qui s'y établirent à demeure. Depuis 1979, la plus grande partie de la région est retournée à l'insoumission sous le contrôle de mouvements politiques chiites soutenus par l'Iran.

La guerre de 1892 n'entraîna aucune tentative de conversion autoritaire au sunnisme, mais elle déclencha néanmoins une émigration vers Quetta (Pakistan) et Mashhad (Iran), où d'importantes colonies hazâra existent toujours. Une partie des émigrés fut autorisée à rentrer en Afghanistan au début du XXe siècle et fut implantée dans la région de Sar-e Pol (Turkestan). Une importante population hazâra est par ailleurs installée à Kaboul et dans d'autres grandes villes afghanes. Elle est essentiellement composée de petits commerçants et de travailleurs non qualifiés. La fonction publique lui reste massivement fermée.

Art. La principale activité artisanale est le tissage de tapis à larges bandes colorées (*gelim*) ; les principaux centres de production sont Sar-e Pol, Mazâr-e Sharif et Behsud.

✦ Dénom. [var., vieilli] Hazaureh(s) ; [syn.] Ming (calque littéraire signifiant « millier » en turc et en mongol) ; Barbari(s) [nom des réfugiés hazâra en Iran].

Hehe. Peuple de Tanzanie, vivant essentiellement dans la région d'Iringa [estim. 500 000].

❑ Les Hehe pratiquent l'agriculture (affaire essentiellement des femmes) et l'élevage (bovins). Patrilinéaires, ils se répartissent en plusieurs clans. Le mariage (préférentiellement entre cousins croisés) est régi par la polygynie et la résidence patrilocale. Les Hehe se partagent entre musulmans chrétiens et adeptes des religions traditionnelles. Leur langue, le kihehe, appartient à l'ensemble bantou.

Histoire. Ils sont apparentés aux Bena et aux Sangu, leurs voisins. À la fin du XIX siècle, ils constituèrent une puissante entité politique dans les zones montagneuses du Sud, sous la direction de Muyigumba et de son fils Mkwawa. Leur résistance au colonialisme allemand a assuré leur prestige.

✦ Dénom. [syn.] Wahehe.

Herero. Peuple vivant dans la moitié nord de la Namibie [estim. 100 000] ainsi que dans le nord-ouest du Botswana et le sud de l'Angola.

❑ Les Herero sont à l'origine un peuple d'éleveurs semi-nomades qui s'est sédentarisé au cours du XXe siècle, bien que certains groupes, notamment les Himba du Kaokoland, soient parvenus à maintenir le mode de vie ancestral. Leur structure sociale se fonde sur le principe de la double filiation. Le lieu de résidence, l'autorité familiale ainsi que les pratiques religieuses obéissent aux règles de la patrilinéarité ; l'héritage des biens meubles et le contrôle de la propriété relèvent de la matrilinéarité. Lorsqu'un enfant naît, il est membre de deux groupes, l'*oruzo*, ou patriclan, et l'*eanda*, ou matriclan.

La religion traditionnelle honore les ancêtres, dont, dans chaque famille, le prêtre est le descendant direct. Les cérémonies tournent autour du feu sacré, don du premier ancêtre, qui couve généralement sous un tas de cendre. Constamment entretenu, ce feu ne doit jamais s'éteindre, car cela signifierait la mort de toute la communauté.

Les Herero parlent l'otjiherero, une langue bantoue.

Art. Les femmes herero sont connues pour leur robe et leur coiffe, amples et colorées, directement inspirées des vêtements que portaient les épouses des missionnaires allemands au début du XXe siècle.

Histoire. Les Herero sont arrivés en Namibie vers le milieu du XVIe siècle. Leurs grands troupeaux attirèrent la convoitise de leurs voisins, notamment les Nama*, avec lesquels ils ne cessèrent d'être en conflit durant tout le XIXe siècle. Lorsque les Allemands s'installèrent en Namibie, à partir de 1884, les Herero tentèrent de s'en faire des alliés, mais les relations tournèrent au désastre. Les années 1904-1907 furent marquées par une campagne d'extermination. Les Herero qui en réchappèrent furent contraints de s'exiler ou bien de travailler dans les fermes allemandes. Dépouillés de leur bétail, clef de voûte de l'organisation sociale et religieuse, ils se convertirent en masse au christianisme. Après la victoire de l'Union sud-africaine en Namibie (1914-15), les Herero espérèrent récupérer leur bétail et leurs terres. Il n'en fut rien. La déception provoqua un regain de nationalisme herero et le culte des ancêtres fut réintroduit. Durant les années de libération de la Namibie du joug sud-africain (1974-1990), les Herero furent à la tête de la SWANU, qui, par manque de cohérence interne, fut évincée par la SWAPO.

✦ Dénom. [autod.] Ovaherero.

Hidatsa. Tribu d'Indiens des prairies des États-Unis, regroupés dans le Dakota du Nord, à Fort Berthold.

❏ Agriculteurs et chasseurs vivant entre les rivières Heart et Little Missouri, ils s'installèrent au XIXe siècle à Fort Berthold. Ils constituent avec les Mandan et les Arikara les « trois tribus alliées » qui partagent cette réserve. Leur organisation sociale, clanique, matrilinéaire comprenait de nombreuses confréries, guerrières notamment. La danse du Soleil est leur cérémonie la plus importante. Leur langue, de la famille sioux, est très proche de celle des Crow*, qui sont une émanation récente de ce groupe.

✦ Dénom. Les Français appelaient les Hidatsa Gros-Ventre, à ne pas confondre avec les Gros-Ventre des plaines (Atsina*).

Hill Pulaya. Peuple de l'Inde, vivant au Kerala [env. 3 000].

❏ Les Hill Pulaya, principalement agriculteurs (riz, cultures maraîchères) ou éleveurs, se divisent en divers groupes patrilinéaires endogames (Kurumba Pulaya, Karavazhi Pulaya, Pambu Pulaya). Actuellement, ils sont majoritairement hindous de religion, alors que dans les années 1960 presque la moitié d'entre eux semblaient convertis au christianisme. Toutefois, ils font appel à des officiants de leur propre communauté, les *attakaran* et les *poosari*. Ils parlent le tamil.

Histoire. Les Hill Pulaya auraient migré de Madurai au Kerala, suivant ainsi les dirigeants, de la caste Vellala, à qui ils étaient inféodés, qui fuyaient à la suite de l'invasion du sultan Tipu à la fin du XVIIIe siècle. Ils sont répertoriés parmi les *Scheduled Tribes*.

✦ Dénom. [syn.] Mala Pulaya.

Himba. Groupe d'origine herero* vivant au sud de l'Angola et surtout au nord-ouest de la Namibie, dans la région montagneuse et désertique du Kaokoland [estim. 12 000].

❏ Éleveurs de bétail autosuffisants, les Himba ne connaissent pas d'autorité politique centralisée ; le Kaokoland comprend une vingtaine de districts placés chacun sous l'autorité d'un chef de clan. L'organisation sociale est celle des Herero en général, avec le principe de la double filiation, et les règles d'habitation suivent le modèle patrilinéaire.

Au culte rendu aux ancêtres – le créateur *Mukuru* ayant laissé aux morts le pouvoir d'intervenir dans les affaires terrestres, il importe que les vivants s'assurent la bienveillance de ces derniers – s'associe la vénération du feu sacré, émanation d'une lignée et symbole de la continuité entre le monde des morts et celui des vivants.

Art. Outre quelques éléments de mobilier en bois, comme les appuis-tête, il comprend surtout des vêtements et des éléments de parure en cuir, décorés principalement de perles métalliques et enduits d'ocre rouge et de graisse.

Histoire. La société himba s'est constituée à la fin du xixe siècle, lorsque des groupes de Herero, réfugiés dans le sud de l'Angola, se réorganisèrent et parvinrent à reconstituer des troupeaux. En 1920, ces groupes réintégrèrent le Kaokoland, qui devient par la suite une réserve naturelle puis un « homeland », ou bantoustan. À partir de 1975, les Himba furent impliqués malgré eux dans le conflit namibo-angolais. Ils subirent, au début des années 1980, une longue sécheresse. Bien que la guerre et la politisation aient entraîné un début de rupture entre les générations, la société himba demeure forte et cohérente.
✦ Dénom. [afrikaans] Kaokovelders ; [autod.] Ovahimba.

Hmong. Peuple du sud de la Chine et de la péninsule indochinoise. [env. 5,5 millions]
❑ Leur habitat extrêmement dispersé couvre une vaste zone montagneuse à cheval sur les provinces du Guizhou, Hunan, Sichuan, Guangxi, Yunnan, incluant aussi les régions septentrionales du Laos, du Viêt Nam et de la Thaïlande. Au Guangxi et dans le sud-est du Guizhou, les Hmong pratiquent essentiellement la riziculture en terrasses irriguées, associée à la culture du maïs sur les terrains secs, en alternance avec diverses légumineuses, tandis que, dans les autres régions (Hunan, Guizhou, Sichuan, Yunnan, Indochine et Birmanie), l'essartage domine, le riz et surtout le maïs étant cultivés sur brûlis en assolement avec divers cucurbitacées et légumes.
Les Hmong forment une société segmentaire et patrilinéaire dotée d'une organisation politique de type égalitaire, centrée sur le référent villageois. Les décisions collectives sont prises au sein d'un conseil regroupant les hommes influents de la communauté. La religion est de type polythéiste et animiste, marquée par le culte ancestral, les croyances liées à la métempsycose et à la réincarnation au sein de la patrilignée, et les pratiques chamaniques.
Histoire. Population très ancienne de la Chine, descendant peut-être des anciens *San Miao* du bassin du fleuve Jaune mentionnés par les classiques chinois, les Hmong doivent sans doute être considérés, avec les populations de langues taï, comme les véritables autochtones du centre et du sud de la Chine. Toute leur histoire est ponctuée de révoltes contre les autorités chinoises, de campagnes de pacification et de répression, dont certaines aux xviiie et xixe siècles, particulièrement sanglantes, ont encouragé une émigration massive en direction des pays voisins. Quelques milliers de réfugiés Hmong ont été déplacés du Laos vers la Guyane française à la fin des années 1970, où ils constituent une communauté relativement prospère, vivant principalement de l'agriculture et du commerce.
✦ Dénom. [autod.] Hmong ; [chin.] Miao ; [viet.] Mèo ; [laot.] Hmong ; [thai.] Meo ; [fr.] Hmong, Méo.

Hoopa. Tribu indienne des États-Unis, du groupe athapaskan, vivant en réserve dans le nord de la Californie.
❑ Installés sur le cours inférieur de la rivière Trinity, ils sont culturellement proches des Yurok* et des Kurok.
✦ Dénom. [var.] Hupa.

Hopi. Tribu indienne du sud-ouest des États-Unis (Arizona) [env. 6 000].
❑ Les Hopi constituent l'essentiel des Pueblo* de l'Ouest. Leur territoire (trois plateaux arides, ou « mesas ») forme depuis la fin du xixe siècle une réserve enclavée dans la réserve Navajo* (ce qui a entraîné des contentieux territoriaux).
Ils ont pour l'essentiel préservé leur organisation clanique (matriclans exogames regroupés en villages autonomes – avec aujourd'hui un conseil central – et en phratries). L'économie, qui reposait ~~principalement~~ sur l'agriculture (maïs, haricots, courges) et sur l'élevage (moutons), bénéficie de l'attrait exercé par leur artisanat, le mieux conservé au sein de l'ensemble pueblo (céramique zoomorphe ou anthropomorphe aux teintes jaunes ou brunes, tissage, vannerie, orfèvrerie, masques et poupées liés au culte des katchina), et par les cérémonies (danse des serpents, etc.) pratiquées par ce groupe très réticent à la christianisation.
Le hopi appartient à la famille uto-aztèque.
Témoignage. Le livre *Soleil Hopi*, de C. Talayesva, relate un retour au pays après acculturation auprès des Blancs.
→ **Pueblo**

Huaxtèque(s). Groupe amérindien du nord-est du Mexique, vivant dans l'État de San Luis Potosí et débordant sur celui de Veracruz [env. 115 000 en 1990].
❑ Les Huaxtèques étaient autrefois plus nombreux et occupaient une aire plus étendue. Ils n'habitent plus aujourd'hui les plaines fertiles et ont été refoulés vers le piémont de la Sierra Madre orientale, au climat tropical. Ils culti-

vent le maïs et ses plantes associées (haricots, cucurbitacées, piments, etc.), des patates douces et du manioc. Ils produisent aussi de la canne à sucre, du café et du *henequen*, agave dont les fibres sont filées et tissées pour faire des cordes et des sacs. La chasse est en déclin, du fait du défrichage de la forêt tropicale.

La vie sociale des Huaxtèques s'appuie sur la famille, rattachée à une localité dépendant d'une commune, celle-ci étant souvent dirigée par des Mexicains non indiens (*Mestizos*). La tenure foncière est variable : collective ou purement individuelle. Les villages huaxtèques élisent des représentants auprès de la commune de rattachement et ces charges sont tournantes. La corvée rassemble les hommes pour effectuer les travaux publics. Ce groupe amérindien subit une situation de pauvreté.

Bien qu'ils soient christianisés de longue date, les Huaxtèques conservent des traces d'une vision du monde précolombienne. Leur langue se rattache à la famille maya.

✦ Dénom. [var.] Huastèque(s) ; [autod.] Teenek, Tének.

Hui. Chinois musulmans vivant en Chine [env. 8 millions], avec des concentrations dans le Gansu, le Henan, la région autonome de Ningxia dans la boucle du fleuve Jaune et le Xinjiang) ; ils constituent, sous le nom de Dounganes, une diaspora en Asie centrale (Kirghizistan, Kazakhstan, Ouzbékistan, Turkménistan) [env. 90 000].

❑ Les Hui, musulmans sunnites de rite hanéfite, ne se distinguent véritablement des Han* que par la religion (avec, de ce fait, quelques différences fondamentales dans les habitudes culinaires et la vie matérielle : pratique de certains métiers et commerces, etc.). Seconde minorité de Chine (après les Zhuang*), ils sont la principale communauté musulmane du pays avant les Ouighours* turciques du Xinjiang. Ils sont endogames et pratiquent la polygynie. De même souche que le milieu majoritaire et répartis dans tout le pays, ils sont le principal vecteur de l'islam dans la société chinoise.

Ils parlent le dialecte chinois majoritaire de leur région d'habitat, à cela près que les emprunts à l'arabe ou au persan de leur vocabulaire religieux les marquent d'un certain particularisme ; les plus pratiquants ont souvent une assez bonne connaissance de l'arabe. En Asie centrale ex-soviétique, ils combinent l'usage des dialectes chinois septentrionaux avec une certaine pratique du russe.

Histoire. La communauté hui, issue (selon la légende) de l'alliance entre des commerçants musulmans, persans notamment, et des femmes chinoises, était à l'origine implantée dans le nord-ouest de la Chine. Son développement et sa dispersion à travers le pays auraient été accélérés à la période mongole (dynastie Yuan). Les massacres de musulmans auxquels se livra la dynastie mandchoue au cours du XIXe siècle, à la suite des révoltes du Xinjiang, provoquèrent des vagues d'émigration et la formation des communautés dounganes dans les frontières de l'Empire russe. Les Hui, durement touchés par la « révolution culturelle », profitent désormais à plein de la libéralisation religieuse et développent d'intenses relations avec le reste du monde musulman. En Asie centrale, les Dounganes, immergés en milieu musulman, bénéficient aussi de la libéralisation (activité culturelle, réappropriation de leur identité grâce à la reprise des contacts avec leurs frères de Chine).

✦ Dénom. « Dounganes » est le terme par lequel les populations turciques d'Asie centrale et du Xinjiang, ainsi que les Russes, nomment les Hui, qui conservent par ailleurs leur autodénomination de Lao Hui Hui.

Huichol(s). Groupe amérindien du nord-ouest du Mexique, vivant dans les hautes terres semi-arides des États de Jalisco, de Nayarit et de Durango [env.10 000 en 1990].

❑ Les Huichols sont des agriculteurs qui sèment le maïs et ses plantes associées (haricots, cucurbitacées, piments, etc.) ; ils élèvent aussi quelques moutons pour la laine ainsi que des bovins et mulets pour les vendre. Ils chassent le chevreuil, le pécari, l'iguane et exploitent les agaves. En période creuse, ils partent travailler comme journaliers dans les plantations côtières de tabac et de canne à sucre.

L'habitat est dispersé et les maisons sont très distantes. Les villages comprennent les bâtiments communaux et religieux et des « pied-à-terre » familiaux. La terre est propriété communale. La famille est à base nucléaire et le groupe local parent est représenté par un « aîné ». Bien que christianisés, les Huichols ont conservé une vision du monde d'origine amérindienne. Un trait marquant est le pèlerinage rituel à la recherche d'un cactus psychotrope, le peyotl, utilisé dans les pratiques chamaniques.

La langue huichol se rattache à la famille uto-aztèque.

Art. L'artisanat reste très vivant (ceintures, petits sacs, tissés ou brodés, chapeaux ornés,

croix et petits tableaux votifs en fils de laines multicolores).
✦ Dénom. [var.] Huichole(s) ; [autod.] Warrírika.

Huron(s). Nation indienne du Canada (Québec, Ontario), de la famille linguistique iroquoienne.
❑ Ils étaient agriculteurs, chasseurs, pêcheurs : les femmes cultivaient le maïs, les haricots, les courges, le tournesol et le tabac ; les hommes allaient à la chasse et la pêche n'était pratiquée que comme complément. Leurs villages étaient fortifiés. Leur unité sociale de base était la famille matrilinéaire étendue, partageant une « maison longue ». Ils se divisaient en huit clans exogames. Les fêtes étaient l'occasion de maintenir l'amitié entre les groupes et de gagner du prestige par la distribution de nourriture.
Histoire. Le pays huron (la « Huronie ») s'étendait dans l'actuel Ontario, sur la rive est du lac Huron ; sous la pression iroquoise, il fut rejoint au cours du XVIe siècle par des groupes qui vivaient plus à l'est ou au sud. L'ensemble des tribus forma une confédération. Entre 1630 et 1640, des épidémies réduisirent la population hurone de moitié (de 20 000 à 9 000). Les Hurons firent alliance avec les Français, qui les soutinrent, les convertirent au catholicisme et à qui ils servirent d'intermédiaires dans le commerce des fourrures, mais ils furent pratiquement anéantis par les Iroquois* en 1648-1650. Les survivants se dispersèrent, s'assimilant à leurs vainqueurs, cherchant un refuge dans l'Ouest (il en subsiste dans l'Oklahoma), ou, pour le groupe le plus important, s'établissant à proximité de Québec (Loretteville) ; cette dernière communauté, désormais urbanisée, s'efforce de restaurer, par-delà une forte assimilation, son identité culturelle.
Fortune littéraire. Le terme de « Hurons » vient du français « hure » soit en raison de leur coupe de cheveux, soit en se référant à l'autre sens de ce mot : « ruffian, rustre ». Rustres ou pas, les Hurons furent fort appréciés par les missionnaires récollets Chrétien Leclercq et surtout Gabriel Sagard, qui fit de son séjour parmi eux en 1623-1624 une relation, marquée par la sympathie, du plus grand intérêt ethnographique, *le Grand Voyage au pays des Hurons*. Chez le très anticlérical baron de La Hontan, ils symbolisent l'homme de la nature, opposé à l'homme civilisé corrompu (*Dialogue avec un sauvage*). Enfin Voltaire, dans un de ses contes (*l'Ingénu*), fait d'un « Huron » le critique (faussement) naïf et d'autant plus impitoyable des mœurs européennes.
✦ Dénom. [autod.] Wendat.

Hutu. Groupe social des sociétés du Rwanda et du Burundi.
❑ Ordre social intégré comme les pasteurs tutsi* et les pygmées twa* au système clanique, les Hutu représentaient dans les royaumes rwanda* et rundi* la composante majoritaire (env. 85 % de la population) de la société, en charge des activités agricoles (culture du sorgho, de l'éleusine, de la banane plantain, utilisée pour la fabrication de la bière qui joue un rôle essentiel dans les relations interpersonnelles, etc.) et du petit élevage (moutons, chèvres).
Histoire. Considérant les Hutu comme une « ethnie » bantoue inférieure dont le destin aurait été de servir les « aristocrates » tutsi, les Allemands puis les Belges s'appuyèrent unilatéralement sur ces derniers dans leur politique d'administration indirecte, cassant les relations de clientèle entre les deux groupes et frustrant les Hutu des formes de reconnaissance qui leur étaient accordées ainsi que de leurs positions d'autorité. Au Rwanda, jusqu'en 1925 environ, des principautés hutu échappaient totalement à l'autorité royale (Bushiru, Buhoma, Kingogo, Busozo). Au Burundi, un quart des chefs vassaux du mwami étaient des Hutu : les Belges s'empressèrent de les remplacer par des Tutsi, alors que dans les deux royaumes la plupart des spécialistes du surnaturel, dont certains étaient des personnages importants des cours royales, étaient des Hutu. À la veille des indépendances, le revirement des autorités et de l'Église en faveur des Hutu contribua à donner aux relations entre les deux groupes un tour encore plus antagonique. La machine infernale était lancée (*cf.* Rwanda*, Rundi*).
✦ Dénom. [sens] « paysan, client » ; [autod.] Bahutu ; [var.] Wahutu, Ouahoutou.
→ **Rundi, Rwanda, Tutsi**

i

Iakoutes → Sakha

Iatmul. Société de Papouasie-Nouvelle-Guinée (East Sepik Province), installée en zone marécageuse, dans le bassin central du Sepik [env. 10 000].

❑ Les Iatmul – de l'Ouest (*Nyura*), du Centre (*Palimbei*) ou de l'Est (*Woliagwi*) – vivent surtout de la pêche, qui est une activité féminine, les hommes assurant la construction des maisons et des pirogues, la préparation des jardins et l'artisanat. De nombreux jeunes partent travailler en ville ; le tourisme est une source importante de revenus.

Les clans patrilinéaires (une cinquantaine) se divisent, au sein d'un village donné, en patrilignages rassemblant chacun plusieurs unités domestiques. Il n'y a pas de centralisation politique en dehors du groupe des anciens qui se réunit dans la maison cérémonielle. La grande majorité des mariages ont lieu au sein du village (de préférence avec une femme de la catégorie des filles du groupe de la mère du père *iai*) et la résidence est virilocale.

La christianisation (catholicisme, adventisme, etc.) n'a pas éteint le système rituel, très développé (rites claniques, funéraires, totémiques, de guérison, de chasse aux têtes – pratiquée jusqu'aux années 1920 –, initiation masculine, cérémonie du *naven* – mascarade comportant des travestissements caricaturaux, etc.) ; l'univers mythologique des Iatmul est le démarquage d'une longue et pénible migration.

La langue iatmul appartient à la famille ndu ; elle est pratiquée par tous, de même que le pidgin local (*tok pisin*).

Art. Leur statuaire, leurs grandes maisons cérémonielles, ainsi que leurs masques en vannerie enduite d'un crépi et en bois plein, intégrés dans un costume de feuilles, de plumes et d'écorces peintes sont célèbres.

Ethnol. Gregory Bateson a consacré d'importants travaux à cette société, étudiant notamment les relations de conflits entre hommes et entre hommes et femmes.

Histoire. Les Iatmul, qui font partie des peuples du moyen Sepik, issus de migrations anciennes depuis le sud-est, se sont différenciés des Sawo il y a environ sept siècles et établis sur leurs terres actuelles il y a quelque deux cents ans. La pénétration occidentale (allemande) de la région remonte aux années 1912-13. Confrontés depuis les années 1950-1960 à la montée en puissance des activités missionnaires et du tourisme (vente d'artisanat, spectacles rituels, etc.), ils ont su s'adapter tout en préservant leur identité.

Ibaloi. Société des Philippines, appartenant à l'ensemble Igorot*, vivant dans la moitié sud de la province de Benguet, le long des monts Malayan, et dans la partie nord-ouest des monts Caraballo [env. 120 000].

Traits généraux. → Igorot.

Histoire. Il se pourrait que les Ibaloi soient venus du nord de la plaine centrale de Luçon, en quête d'or et de refuge. Le choix par les Américains de Baguio comme station balnéaire et capitale d'été des Philippines (1903), l'ouverture des mines d'or, l'exploitation du bois, la construction de barrages et le développement de cultures nouvelles, chou surtout, sous l'impulsion des Chinois ont été des facteurs de modernisation rapide, mais ont entraîné aussi une destruction de l'écosystème qui a mené les Ibaloi à partager l'exigence d'autonomie des autres Igorot.

✦ Dénom. [syn.] Benguet Igorot, Benguet, Nabaloi, Inibaloi.

→ Igorot

Iban. Peuple de l'île de Bornéo, localisé surtout en Malaisie orientale (Sarawak) mais représenté aussi par des groupes vivant à Brunei et en Indonésie, dans la province de Kalimantan Barat (Bornéo-Ouest) [env. 550 000].

❑ Divisés en de nombreux sous-groupes, les Iban constituent le plus important des peuples Dayak*. Ils pratiquent l'agriculture par essartage, chassent à l'aide de la lance et de la sarbacane et sont réputés pour leur tissage. Certains d'entre eux sont devenus planteurs d'hévéa. Organisés en communautés locales non stratifiées et autonomes, ils restent très attachés à leur habitat traditionnel en « longues maisons ». Le système de parenté est de type cognatique. L'unité de base est la famille nucléaire, ayant pour résidence une « chambre » (*bilek*) de la longue maison, qui réunit une quinzaine de familles apparentées. La communauté formée par la cohabitation n'est cependant en rien comparable à un lignage ou à un clan : à son mariage, un jeune couple peut choisir de se rattacher soit à la longue maison des parents du mari, soit à celle des parents de la femme. Plusieurs longues maisons échelonnées le long du même cours d'eau ou situées dans le même district forment un ensemble lâche à tendance endogame, ayant une appellation commune, mais pas d'organisation collective.

La langue des Iban, qui appartient au groupe des langues malayo-polynésiennes de l'Ouest, n'est pas très éloignée du malais.

Histoire. Au XIXe siècle, les Ibans étaient encore des guerriers (chasseurs de têtes) très redoutés des peuples voisins, au détriment desquels ils ont largement étendu leur territoire, et ils étaient parfois recrutés par les chefs malais* pour participer à des expéditions de piraterie le long des côtes de Sarawak – les Anglais les dénommèrent pour cette raison *Sea Dayak*. Ils sont aujourd'hui scolarisés et partiellement christianisés. À Sarawak, beaucoup d'entre eux ont migré en ville, où ils sont devenus ouvriers, employés, policiers, fonctionnaires.

✦ Dénom. [var.] Néban, Hiwan.

Ibibio. Peuple du sud-est du Nigeria [env. 2,4 millions].

❑ Leur territoire s'étend sur l'est du delta du Niger ; sa partie côtière est couverte d'un épais tapis de mangroves, l'intérieur porte des forêts denses et humides.

Les Ibibio pratiquent traditionnellement l'agriculture (igname, manioc), la pêche, la chasse, le commerce et un peu d'élevage. La culture et l'exploitation du palmier à huile tiennent un rôle de premier plan au sein d'une économie qui, par ailleurs, s'articule désormais autour de secteurs industriels variés.

Organisés selon un système segmentaire à filiation patrilinéaire et pratiquant la polygamie, les Ibibio se répartissent en lignages, villages, groupes de villages et clans (*essien*) gouvernés par les hommes. Un système de classes d'âge et le rôle dévolu aux différentes sociétés initiatiques pallient l'absence de gouvernement centralisé (à côté des associations masculines, il existe des associations féminines au poids économique notable) ; le modèle (répandu chez les Efik* et les Ijaw*) des « maisons », communautés fondées sur le commerce extérieur, et l'importance donnée à la richesse se retrouvent chez les Ibibio.

Parallèlement au christianisme et à l'islam (peu développé), les divers cultes traditionnels (ancêtres, divinités tutélaires, divinités marines « mamy-watta », etc.) conservent, sous l'autorité des grandes associations initiatiques, toute leur importance. De nombreux types de masques sont liés à ces cultes.

L'ibibio appartient à la section Cross River du groupe linguistique bénoué-congo.

Histoire. Les Ibibio, dont les ancêtres proviendraient du bassin de la Cross River, ont joué dans la traite négrière le double rôle de victimes et d'associés, ayant été contraints par leurs voisins Ijaw*, Efik* et Aro de collaborer à un trafic contre lequel ils s'insurgèrent fréquemment, en fomentant des mutineries sur les navires ou en les prenant d'assaut. Au XIXe siècle, l'exploitation et le commerce de l'huile de palme prirent le relais. Les Ibibio ont tôt manifesté leur désir d'indépendance, face à la prépondérance politique et commerciale de leurs voisins, à la présence coloniale (qui suscita de sanglantes révoltes) et, plus tard, à l'État fédéral.

Ibo. Peuple du Nigeria, vivant dans une région d'épaisses forêts, de palmeraies et de terres marécageuses située de part et d'autre du Niger, au sud de son confluent avec la Bénoué [env. 8 millions].

❑ Les différents groupes des Ibo sont liés par un système économique complexe et d'anciennes traditions commerciales. Le pays ibo n'ayant pas d'accès direct aux côtes, ses populations ont depuis toujours échangé le sel et le poisson du delta contre de l'huile de palme. Les zones ibo du Nord-Est exportent leurs

surplus d'igname vers les régions centrales (Awka, Orlu), très denses.
L'organisation sociale des Ibo, nettement différenciée de celle des peuples de l'Ouest (Yoruba*, Edo*), est de type segmentaire : elle ignore toute centralisation étatique et repose sur le patrilignage localisé, souvent exogame et correspondant au hameau ; plusieurs hameaux dispersés constituent un village ; l'unité sociopolitique majeure est le groupe de villages. La société est divisée en classes d'âge masculines et féminines et en diverses sociétés initiatiques au sein desquelles l'avancement s'opère par achat successif de titres. La classe d'âge des aînés élabore les décisions importantes.
La religion traditionnelle garde un rôle essentiel à côté du christianisme et de l'islam (peu développé). Son panthéon comprend un dieu créateur *Chuku* et son fils *Anyangu*, mais la Terre, *Ale*, dont dépendent les esprits subalternes et à qui est lié le culte des ancêtres, constitue la divinité socialement la plus importante. La société *mmo*, dont les membres masqués incarnent les ancêtres, est chargée, pour le compte d'*Ale*, de fonctions judiciaires et policières.
La langue ibo (une trentaine de dialectes) appartient au groupe kwa ; langue véhiculaire et commerciale mais aussi littéraire (avec des auteurs tels que Christopher Okigbo, Cyprian Ekwensi ou Chinua Abeche), elle est employée dans tout le sud du Nigeria.
Art. La sculpture sur bois et les arts visuels sont très développés : exhibitions publiques de statues, apparition des masques lors des grandes cérémonies religieuses, fêtes agraires, etc. Dans les sanctuaires se trouvent de grandes figures sculptées et peintes (*alusi*) tandis que les *ikenga*, sculptés dans un bois très dur et comportant une paire de cornes de bélier, protègent les hommes qui les possèdent.
Histoire. Venus du nord entre le IXe et le XIVe siècle, les Ibo ont souffert de la traite des esclaves plus que toute autre population de la côte ; leurs descendants sont nombreux au Brésil et aux Caraïbes. À l'époque coloniale, la politique de l'*indirect rule* conduisit les Britanniques à créer de toutes pièces des « chefs coutumiers », en modifiant l'équilibre interne de la société et en provoquant de nombreuses révoltes, avant de mettre sur pied un système plus adapté de conseils locaux. Dans le contexte troublé qui suivit l'indépendance, les Ibo s'efforcèrent, à la faveur du coup d'État militaire de 1966, de transformer le pays en un État centralisé où leur avance culturelle et économique leur aurait assuré la prédominance. La résistance des autres ethnies et les pogroms dont ils furent victimes menèrent les Ibo à proclamer l'indépendance du Biafra et à soutenir une guerre (1967-1970) qui fit deux millions de morts et s'acheva par leur reddition. Une politique de réconciliation nationale fut mise en œuvre par la suite.
✦ Dénom. [var.] Igbo.

Idoma. Peuple du Nigeria, dont le territoire, composé de forêts plus ou moins denses et humides, se trouve à l'est de la confluence du Niger et de la Bénoué. Il se subdivise en dix-sept communautés [estim. 550 000].
❑ Les Idoma sont agriculteurs, artisans, chasseurs, pêcheurs et commerçants. Les villages compacts, constitués de petites maisons rondes disposées autour d'une place, regroupent des familles élargies dans lesquelles les patrilignages sont dominants. Les classes d'âge et les différentes sociétés d'hommes sont souvent associées à des masques et à des groupes de danse. En général, dans chaque village ou groupe de villages associés, les différents patrilignages désignent, à tour de rôle, le chef de la communauté, choisi au sein du conseil des aînés.
La religion traditionnelle (culte des ancêtres associés à la terre, célébration de festivals, etc.) garde son poids à côté du christianisme et de l'islam. Les dialectes pratiqués, très proches, appartiennent au groupe kwa.
Art. Il comprend des statues assises ou en pied et des maternités aux visages fréquemment enduits de kaolin. Les masques mortuaires, remarquables, sont souvent blancs avec des détails noirs, et agrémentés de fibres.
Histoire. Arrivés dans la région vers 1800, en provenance à la fois de l'est et de l'ouest, les Idoma ont gagné leur implantation actuelle sous la pression des Fulbe*.

Ifugao. Société des Philippines (île de Luçon, province d'Ifugao) appartenant à l'ensemble Igorot*, et vivant à l'est de la Cordillère centrale et dans les vallées autour de la chaîne Polis, vers le sud [env. 147 000].
❑ Les Ifugao occupent des paysages au relief escarpé, où ils ont élaboré le système de terrasses rizicoles le plus impressionnant du pays (*Banaue Rice Terraces*), inscrit sur la liste du patrimoine mondial de l'Unesco en 1995. Ils pratiquent aussi la culture itinérante des *camo-*

tes (patates douces) sur les pentes. Leurs hameaux sont bâtis sur des tertres, sur les pentes de collines et dans les vallées de la rivière Magat et de ses tributaires.

Ils confient l'ensemble du pouvoir, politique et religieux, aux hommes riches, appelés *mumbaki* dans ce dernier rôle.

Les Ifugao attirent aussi l'attention pour la complexité de leur religion et de leurs coutumes. Nulle part ailleurs en Insulinde, on ne trouve une telle hiérarchie de divinités, dont chaque catégorie fait l'objet de rites d'une grande richesse.

Art. Des statues en bois (*bulol*) anthropomorphes, en posture accroupie, représentent leurs déités.

✦ Dénom. [var.] Ifugaw, Ipugao ; [syn.] Mayawyaw.

→ **Igorot**

Igala. Peuple du Nigeria, dont le territoire, couvert de forêts denses et de savanes, se situe sur la rive gauche du Niger, au sud du confluent avec la Bénoué [estim. 400 000].

❑ Les Igala sont agriculteurs, artisans et commerçants ; ils contrôlaient autrefois toutes les transactions commerciales (esclaves, ivoire, métaux, etc.) de la région. Ils sont patrilinéaires. Leur organisation sociale reposait sur une royauté sacrée d'origine étrangère, limitée par l'autorité des chefs des lignages autochtones, maîtres du choix de l'*ata* (souverain d'Idah) au sein des lignages royaux. Malgré un certain déclin, ces structures restent présentes. Outre le rituel d'intronisation de l'*ata*, des « festivals » périodiques honorant les diverses déités sont les temps forts de la religion traditionnelle, qui garde son poids face au christianisme et à l'islam. Masques-casques et masques-heaumes, entre autres, caractérisent une production artistique développée. L'igala, proche du yoruba et de l'edo, appartient au groupe linguistique kwa.

Histoire. D'origine composite, les Igala se sont organisés à la fin du XVIe siècle en un royaume, ayant Idah pour capitale, qui atteignit son apogée aux XVIIe-XVIIIe siècles et émerveilla, au XIXe siècle, les premiers voyageurs européens avant de décliner, du fait des pressions edo*, jukun* et fulbe*, ainsi que des bouleversements occasionnés par la colonisation britannique.

✦ Dénom. [var.] Igara.

Igorot. Ensemble de sociétés des Philippines, vivant au nord de l'île de Luçon, en région de hautes montagnes.

❑ La littérature ethnographique désigne sous le nom d'*Igorot* ou de montagnards sept groupes ethnolinguistiques (Bontoc*, Ibaloi*, Ifugao*, Isneg*, Kalinga*, Kankanai*, Tingguian*).

Malgré l'incorporation, qui s'accélère désormais, de leur région à l'économie mondiale dès le régime colonial américain – par le biais de l'exploitation des mines d'or et des forêts et par l'introduction de la culture industrielle des légumes – leurs économies restent celles de l'autosuffisance. Ils sont devenus riziculteurs sur brûlis et en rizières irriguées, mais continuent à pratiquer, à titre complémentaire, leurs activités traditionnelles : culture des tubercules (taro, ignames, patates douces), collecte, chasse, pêche.

La parenté est cognatique. Sauf les rares cas de concubinage des hommes riches, le mariage est monogame ; le divorce est admis. La résidence est ambilocale, voire néolocale, mais souvent uxorilocale au départ. L'habitat consiste selon les cas en petits hameaux dispersés ou en villages compacts, constitués par des parentèles. Les sociétés igorot se stratifient en riches (*kadangyan* ou *baknang*) et pauvres (*kapos* ou *lawa*), mais les décisions communautaires dépendent de conseils d'hommes sages, composés des aînés des parentèles.

Les religions des Igorot relèvent d'un polythéisme et d'un animisme complexes. Par-delà les variations régionales, leur panthéon présente une hiérarchie pyramidale, dont le sommet est occupé par une haute divinité créatrice (*Kabuniyan* chez les Ibaloi, Kalinga, et Kankanai, *Lumawig* chez les Bontoc, *Kadaklan* chez les Tingguian, *Aglabang* chez les Isneg, *Wigan* chez les Ifugao). Au niveau intermédiaire, on trouve les héros culturels (comme le « Vieux au sommet » et « la Vieille Dame de l'estuaire ») et les ancêtres. À la base se situent les esprits de la nature, bons ou méchants. Les rituels et sacrifices sont l'affaire des chamanes et des médiums, hommes et/ou femmes (*mambunong* ou *mumbaki* chez les Ifugao et Ibaloi, *Mandadawak* chez les Tingguian et Kalinga). Les convertis au catholicisme et au protestantisme ont développé des pratiques syncrétiques.

Les langues igorot appartiennent à la famille austronésienne. L'éducation en anglais et en langue nationale a fait des nouvelles générations igorot des trilingues, voire des quadrilingues (la langue vernaculaire, l'anglais, le tagalog et l'ilokano, langue véhiculaire du nord des Philippines).

Résistance, chasse aux têtes. La région montagneuse du nord de Luçon est l'un des derniers lieux où se prolonge la guerre de colonisation entamée au XVIe siècle par les Espagnols. Les Igorot constituent des sociétés guerrières, où la chasse aux têtes reste d'actualité pour autant qu'il y a des ennemis à vaincre et que prévaut une stratégie de domination. Ils se sont signalés par leur résistance à toute colonisation (espagnole, américaine et japonaise), même si les influences culturelles et la politique d'assimilation administrative et éducative – commencée par les Américains et poursuivie de nos jours par le gouvernement central – ont amplement modifié la donne.

Histoire. Les ancêtres des Igorot sont vraisemblablement venus du continent asiatique il y a environ 5 000 ans. Depuis l'indépendance des Philippines (1946), les Igorot n'ont cessé de revendiquer l'autonomie politique, pour protéger leurs domaines ancestraux et conserver leur héritage culturel. Dans les années 1970, la Cordillera Peoples' Liberation Army a mené une lutte armée, jusqu'à la signature de cessez-le-feu avec la présidente Cory Aquino en 1986. Depuis lors, une Commission de la Cordillère centrale (*Central Cordillera Commission*) est chargée de proposer les structures d'un gouvernement autonome de la Cordillère, mais un accord définitif entre cette commission et le Congrès des Philippines est encore loin d'être établi ; en attendant, c'est la trêve. Par ailleurs, le climat tempéré, la beauté des paysages (malgré les atteintes subies) et des rizières, l'exotisme de ces peuples encore « primitifs » font de ces montagnes une destination touristique majeure.

→ **Bontoc, Ibaloi, Ifugao, Isneg, Kalinga, Kankanai, Tingguian**

Ijaw. Peuple du Nigeria, établi surtout sur le côté est du delta du Niger. La côte, bordée de mangroves, comprend de nombreuses embouchures ; l'intérieur est constitué de forêts denses [estim. 5 millions].

❑ Le transport fluvial, la pêche, la chasse, la construction de pirogues, la récolte du sel dans la mangrove et la confection (par les femmes) de poteries, de nattes et de paniers en palmier raphia et en rotin constituent les principales activités des Ijaw. Ceux-ci réclament leur part des revenus de l'exploitation pétrolière, principale richesse de la région.

Les Ijaw se répartissent en treize clans (*Ibe*). La religion traditionnelle, axée sur trois types de cultes (ancêtres, héros mythologiques, divinités aquatiques) occupe toujours une place essentielle à côté du christianisme et de l'islam. Il existe quelques sociétés secrètes, et la sorcellerie est omniprésente.

L'ijaw appartient au groupe linguistique kwa.

Art. Les Ijaw fabriquent, entre autres, des masques-cloches et des coiffes qui combinent traits humains et motifs zoomorphes (python, tortue, crocodile, etc.) et représentent les nombreux esprits aquatiques.

Histoire. Guerriers redoutables, les Ijaw furent les premiers, avec les Efik*, à s'impliquer totalement dans la traite des esclaves vers le Nouveau Monde. Au XVIIIe siècle, avec l'intensification du trafic, trois « cités-États » (Nembe, Kalabari et Bonny), gouvernées chacune par un roi semi-divin, se développèrent : il s'agissait de confédérations réunissant plusieurs puissantes « maisons » qui possédaient toutes une flotte de pirogues d'assaut et de commerce. Quand la traite prit fin, au XIXe siècle, le commerce de l'huile de palme s'y substitua.

✦ Dénom. [var.] Ijo.

Ik(s). Société d'Ouganda, dont le territoire actuel, montagneux, occupe la pointe nord-est du pays, à proximité immédiate des frontières soudanaise et kenyane [env. 2 000].

❑ Les Iks, servent d'intermédiaires entre leurs voisins, les Dodo et les Turkana* : espions en temps de guerre, médiateurs le cas échéant en temps de paix, ils servaient de guides et de receleurs lors des razzias de troupeaux que Dodo et Turkana menaient les uns contre les autres. Ces mêmes voisins leur attribuent par ailleurs des dons exceptionnels de faiseurs de pluie.

À l'origine chasseurs-cueilleurs semi-nomades, les Iks ont été privés de leurs sources d'approvisionnement en gibier par la création du Parc national de Kidepo. Ils ont été transformés en agriculteurs sédentaires par décret gouvernemental et l'adaptation à ce nouveau mode de vie, dans un environnement peu adapté (sécheresses fréquentes), a été extrêmement problématique.

Leur langue appartient au groupe est-soudanais.

Ethnol. Les Iks doivent leur célébrité à l'ethnologue britannique Colin Turnbull, qui les rencontre en 1964 et tente d'étudier leur culture. À ce moment, la famine règne et la société que celui-ci découvre paraît être en pleine déliquescence. *The mountain people*, publié par Turnbull en 1972, a été mal accueilli par la communauté scientifique et a donné lieu à une sérieuse controverse. Les Iks y sont décrits comme un peuple sans sentiments ni liens sociaux, chez qui l'individualisme et la cruauté gratuite se sont d'abord imposés comme moyen de survie à la famine, puis sont devenus un mode d'être habituel. Chez les Iks, selon Turnbull, les enfants volent la nourriture jusque dans la bouche de leurs vieux parents, et les mères se réjouissent de ce que leur enfant tombe entre les griffes d'un léopard... L'ouvrage de Turnbull a été sévèrement critiqué pour trois raisons principales : les insuffisances et les incohérences de ses informations ethnographiques ; les jugements éthiques quant aux comportements des membres de la population étudiée, alors même que celle-ci vivait une situation matérielle, alimentaire et culturelle exceptionnellement pénible ; l'utilisation du « modèle ik » pour prédire l'avenir – sombre – de la société industrielle et capitaliste. L'ouvrage est devenu un classique de l'anthropologie (à titre d'antimodèle) et un succès de librairie adapté au théâtre par Peter Brook en 1974.

✦ Dénom. [syn.] Teuso, nom que leur donnent les Dodo et les Turkana.

Ika. Peuple amérindien de Colombie (Magdalena et Cesar), vivant sur le versant méridional de la Sierra Nevada de Santa Marta et disposant de deux *resguardos*, ou réserves [env. 13 500].

❑ Organisés en une vingtaine de clans autour de Nabusímake (San Sebastián de Rábayo), un village d'une centaine de maisons qui est aussi centre cérémoniel, les Ika entretiennent des liens étroits avec leurs voisins Kogui* et Sánha. Leur activité principale, l'agriculture, souffre de la concentration croissante des terres entre les mains des colons et de la taille réduite de leurs exploitations. Ils pratiquent également l'élevage bovin.

Ils ont perdu leur savoir-faire d'apiculteurs, d'orfèvres, de potiers ainsi que l'art de confectionner des parures en plumes, de tailler la pierre et le bois ; il ne subsiste que la vannerie et le tissage. Ils fabriquent des sacs (*mochilas*) aux couleurs de leur clan en coton, en fibres d'agave ou en laine.

L'habitat est dispersé, la résidence matrilocale ou néolocale. Chaque famille dispose de deux habitations (en zone chaude et en zone froide). La société est organisée selon deux lignages parallèles, patrilinéaire (pour les fils) et matrilinéaire (pour les filles). Chaque clan dépend d'un chamane (*mamo*) qui entretient des liens avec les *mamo* kogui.

Les Ika considèrent que les quatre tribus de la Sierra Nevada : Kogui, Sánha, Ika et Kankuama (ces derniers éteints) furent les premiers hommes. L'influence missionnaire (catholique et, depuis les années 1980, évangélique) est source de conflit entre les nouveaux convertis et les autorités traditionnelles.

L'ika appartient à la famille linguistique chibcha ; sa pratique est générale, mais la moitié de la population parle espagnol.

Histoire. Après une longue période d'acculturation, les Ika réaffirment leur identité et leurs traditions. Ils se sont dotés dans les années 1970 d'une organisation plus centralisée, le *cabildo superior* (« conseil supérieur »), au travers de laquelle ils expriment leurs demandes de postes de santé et d'écoles bilingues. Ils se sont rapprochés politiquement des Kogui.

✦ Dénom. [var., autod.] Ijka ; [syn.] Arhuaco, Bintuku, Busintana, Businka.

Imazirhene(s). Au sens strict, le troisième effectif homogène [estim. 3,6 millions] au sein du vaste ensemble disjoint des Berbères* ; dans une acception élargie, prônée par la plupart des milieux associatifs présentement en charge de la revendication culturelle au Maroc, en Algérie et dans l'émigration, en particulier parmi les Kabyles*, cet ethnonyme prend valeur générique pour se substituer jusque dans les langues européennes à une dénomination habituelle jugée dépréciative.

❑ Les Imazirhenes *stricto sensu* occupent au Maroc un espace commençant, dans le sud, à l'est du méridien Demnat-Ouarzazate, pour finir, dans le nord-est, via le Haut Atlas et le Moyen Atlas, à proximité de la ville de Taza, et du côté nord-ouest, via le Plateau Central, à quelques dizaines de kilomètres de Rabat.

Cette aire constitue au Maghreb le domaine par excellence du pastoralisme semi-nomade à oscillations saisonnières. Les communautés tribales et leurs territoires, souvent étendus jusque dans la plaine afin de pouvoir y fuir la neige, acquièrent des dimensions spatiales et démographiques parmi les plus importantes d'Afrique du Nord. Les Ayt Atta (au nombre de 350 000) ont ainsi des fractions pratiquant l'hivernage dans les steppes présahariennes, à quelque 180 kilomètres de leurs pâturages d'estive. Il s'agit d'un cas extrême, les bas parcours des autres tribus se trouvant, nettement moins au sud, dans les steppes de la Moulouya ou, plus au nord, dans les plaines de Meknès et de Fès. Ce cas invite, avec d'autres indices, à postuler l'origine saharienne, par vagues successives, d'une bonne partie des Imazirhenes. Dans leurs vallées, moins nombreuses que chez les Chleuhs*, sur les piémonts surtout, la vie pastorale se double d'une activité agricole ici limitée par le manque de terre ou d'eau, là l'emportant sur l'élevage. Sécurité durable, voies et moyens de communication améliorés : la tendance est au développement des cultures ; des pâturages sont emblavés par leurs ayants droit les plus voisins, naguère une avant-garde de gardiens pastoraux. Cela distend les anciennes solidarités, débouche sur le conflit ; on ne dénombre pas moins de tentes noires pour autant, leur recul ne se fait pour l'heure qu'en valeur relative.

Les circuits de la migration de travail vers l'Europe ont été rejoints au cours des années 1960, une décennie seulement avant les politiques de fermeture de la France, de la Belgique, de l'Allemagne. Au Maroc même, dans les années 1950, la part des Imazirhenes au sein des effectifs néo-citadins était dix fois moindre que celle des Chleuhs.

Ethnol. Postérieurement à l'étude des Nuer* du Soudan nilotique, les Imazirhenes ont fourni son plus célèbre point d'application à la théorie anthropologique de la segmentarité, ici assortie d'un appendice sur la fonction arbitrale des lignages à vocation religieuse, les marabouts.

Histoire. Canalisant sous son égide la pression des Imazirhenes vers le nord-ouest, la Loge maraboutique de Dila – près de Khénifra – a longtemps inquiété les Sultans saadiens (1555-1659), appuyés, eux, sur les Chleuhs. Le premier dynaste alaouite abat Dila (1668), son successeur Moulay Ismaïl (1672-1727) contient la poussée : quand il meurt, elle reprend ; les Zayanes, en tête de ligne, profitent des richesses d'une cité corsaire, Salé, la jumelle de Rabat. Au siècle suivant, un nouveau foyer maraboutique, celui des Imhiouach, emploie les Imazirhenes devant Meknès (1818), avec eux conquiert Fès pour quelques mois (1820), garde leur bloc central hors d'atteinte en dépit des expéditions répétées de Hassan Ier (1873-1894). C'est le Protectorat de la République française qui rendra les Imazirhenes au contrôle de l'État marocain, au terme de combats échelonnés jusqu'en juillet 1933. De nos jours, les Imazirhenes restent les parents pauvres d'une modernisation s'exerçant plutôt dans les plaines et à proximité du rivage atlantique.

✦ Dénom. [berbère] Imazirhen (sing. Amazirh) ; [arabe marocain] Brâbeur, dont découle le synonyme français Beraber(s) aujourd'hui vieilli.

→ **Berbères**

Indien (sociétés du monde indien).

❑ Les sociétés de l'Inde (plus d'un milliard d'êtres humains) s'inscrivent dans le « système des castes ». Celui-ci est composé d'un nombre indéfini d'unités endogames hiérarchiquement ordonnées selon une échelle de valeurs, graduée en puretés relatives, allant jusqu'à inclure les Intouchables et les Tribus. Chaque caste se subdivise en sous-castes, puis en une multitude de lignées locales. Les castes n'existent qu'en tant que parties d'un système, dont la cohérence se situe au niveau de la totalité de référence et des valeurs ultimes. Hiérarchie et interdépendance fonctionnelle y développent une séparation originale entre autorité et pouvoir, où la prêtrise a prééminence sur la royauté (ou la dominance) dont elle dépend cependant matériellement.

Seule à avoir institué cette opposition du pur et de l'impur, la société hindoue est à la fois l'expression d'une religion inscrite dans une organisation sociale et celle d'une société dont les valeurs ultimes sont religieuses. Le système des castes interdit donc à chaque élément de se définir autrement que par référence au système dont elle fait partie. À cet égard, le système des castes s'oppose encore à tout effort de traduction qui y verrait la manifestation particulière d'une stratification ou d'une logique des classes de nature politique ou économique. Ainsi compris, le système des castes se donne comme une forme d'organisation sociale globale cohérente, inséparable d'une vision du monde.

Aux marges de ce qui constitue une aire culturelle, le monde indien dessiné par les castes connaît bon nombre de transformations suggérant des formes incomplètes de cet univers de valeurs. On trouve ainsi des formes d'hindouisme sans castes à Bali et en Birmanie, et des castes sans hindouisme à Ceylan et en Afghanistan. À Bali, la religion est indépendante de l'organisation sociale globale et d'une échelle de pureté relative ; il en va de même en Birmanie ; à Ceylan, il n'y a pas séparation entre hiérarchie et pouvoir, la royauté est sacrée ; en Afghanistan, le saint remplace le brahmane et l'organisation sociale endogame se développe avec division du travail selon une logique qui s'apparente à celle des classes sociales. On ne peut arguer de la présence de cette logique de classes aux marges de l'Inde pour expliquer la société indienne proprement dite et plus particulièrement le « système des castes ». C'est là confondre des sociétés situées à la périphérie avec la structure tout à fait originale de la société indienne.

On ne saurait donc appliquer ailleurs dans le monde la notion de caste pour qualifier tel ou tel groupe fermé qui présenterait, plus ou moins accentués, certains des traits énumérés pour l'Inde. Ainsi, certains groupes endogames et subordonnés en valeur, comme les forgerons en Afrique de l'Ouest, sont souvent appelés localement « castes » sans qu'il y ait le moindre rapport avec le système des castes en Inde.

Comparée aux sociétés européennes, la société indienne présente un contraste mis en lumière, notamment, par Louis Dumont. Tout d'abord, la figure du « renonçant », qui choisit de mourir aux rituels de la société des castes et aux cycles de la transmigration pour se consacrer à une quête individuelle, représente un « individu hors du monde » qui s'oppose à « l'individu dans le monde » cher à l'Occident chrétien, tendu vers la réalisation du salut dans le siècle. D'autre part, la société indienne subordonne les réalités du pouvoir royal et de la dominance à l'autorité de la prêtrise, toute au service du *dharma*, la loi dans son principe ; en contraste, l'Occident s'est donné une pratique de la politique, issue de la royauté magico-religieuse, qui réunit en une seule institution autorité et pouvoir. Enfin, la société indienne est sans cesse remodelée, non seulement par l'exemple des renonçants, mais aussi par l'essor de multiples sectes qui, en tentant de s'opposer à la société des castes, le plus souvent la confirment dans son principe hiérarchique.

Indo-Népalais. Terme utilisé par les ethnologues francophones pour désigner l'ensemble des montagnards hindous de langue népali, organisés en castes (*jat*) [7,5 millions en 1991].

❑ Les Indo-Népalais ne se considèrent pas comme un groupe ethnique mais forment des communautés paysannes comprenant invariablement le même ensemble de castes : les Bahun (brahmanes, 2,4 millions), les Chetri (ksatriya, 3 millions), les Kami (forgerons, 1 million), les Damai (tailleurs, 400 000), les Sarki (cordonniers, 300 000), auxquels s'ajoutent selon les régions les Thakuri (princes), les Sannyasi (« renonçants de naissance »), les Curaute (musulmans fabricants de bracelets), les Gaine (chanteurs) et les Badi (danseurs).

Malgré ces spécialisations professionnelles associées à chacune de leurs castes, les Indo-Népalais vivent avant tout de l'agriculture. Répandus dans l'ensemble du royaume, ils restent attachés aux montagnes d'altitude modérée (900-2 000 mètres), où ils peuvent cultiver le riz irrigué.

Leur hindouisme de tendance shakta accorde un rôle fondamental au sacrifice animal et au culte de la Déesse.

Histoire. C'est une dynastie indo-népalaise, les Shah de Gorkha, qui depuis le XVIIIe siècle a édifié le Népal dans ses frontières actuelles. Issus de multiples courants migratoires venus de l'Inde par l'ouest et le sud, les Indo-Népalais constituent à présent la population dominante du royaume, en termes démographiques, culturels (leur langue est devenue langue nationale), politiques (le roi et l'élite administrative sont des Indo-Népalais de haut statut) et religieux (l'hindouisme est religion d'État). Les brahmanes indo-népalais sont actuellement la cible de mouvements identitaires tibéto-birmans leur reprochant de s'accaparer l'État népalais.

✦ Dénom. [appellations connexes] Parbatiya, Bahun-Chetri, Khas, Gorkhali.

Inga. Peuple amérindien du sud-ouest de la Colombie (Putumayo, Caquetá), occupant la vallée du Sidunboy et le haut Putumayo et disposant de deux *resguardos*, ou réserves [env. 11 200].

❑ Les Inga sont traditionnellement horticulteurs (maïs, calebasses, haricots, tubercules, etc.) et éleveurs d'animaux de basse-cour (porcs, volailles) ; désormais, ils élèvent aussi des bovins. Ils pêchent (à la ligne) pendant et après la saison des pluies et chassent, au fusil, lièvres, cervidés et oiseaux. Le travail est organisé sur une base familiale et selon le mode de l'échange de services (*minga*). Il existe plusieurs entreprises communautaires d'élevage.

La parenté se fonde sur l'opposition des sexes : les parents de la fille sont sa grand-mère maternelle, sa mère, ses tantes et cousines maternelles, ses sœurs ; les garçons ont pour parents leur grand-père paternel, leur père, etc. À ce système se superpose un critère d'âge, définissant trois catégories hiérarchisées (générations supérieure, égale et inférieure). La résidence est virilocale.

La famille élargie est l'unité socio-économique de base pendant les semailles (en quadrille ou division). Elle est placée sous l'autorité d'un chef élu (*curaca*), choisi pour ses connaissances des plantes médicinales. Le conseil (*cabildo*), qui fonctionne aussi comme un tribunal, gère les rapports de chaque communauté avec l'administration. Cette institution héritée de l'époque coloniale est présidée, comme chez les Paez* et les Guambiano*, par un « gouverneur » (les Inga en ont trois).

La religion est un syncrétisme de rites catholiques et chamanistes. La principale fête, centrée sur le mercredi des Cendres, donne lieu à des danses masquées.

Leur langue, l'ingano, appartient à la famille quechua.

Plantes. Depuis l'époque précolombienne, les Inga ont développé le commerce des plantes médicinales avec les autres communautés. Ce sont des spécialistes internationalement reconnus pour leurs connaissances dans ce domaine. Par ailleurs, ils considèrent l'usage qu'ils font du yajé (un psychotrope) comme un trait de supériorité sur les Paez et les Guambiano, qui consomment la coca.

Histoire. Placés aux marches de l'empire inca, les Inga ont été confrontés à l'évangélisation dès l'arrivée des Espagnols (1542-1547). En 1969, ils ont expulsé les capucins (installés depuis 1893). Depuis une quinzaine d'années, ils s'organisent autour des *cabildos* pour faire respecter leur identité.

✦ Dénom. [syn.] Sibundoy.

Ingalik. Société amérindienne des États-Unis (Alaska), occupant, en zone de taïga, une partie du bas Yukon ainsi que le cours moyen de la Kuskokwim.

❑ Du fait de leurs relations avec les Inuit*, leur culture se situait à mi-chemin de celle de ces derniers et de la culture athapaskane ; divisés en trois ordres sociaux, ils donnaient la priorité à la pêche (saumon) sur la chasse.

Ingouche(s). Peuple de la fédération de Russie, vivant principalement dans la république d'Ingouchie, située au centre-est de la Ciscaucasie, entre la chaîne du Grand Caucase et la partie ouest des hautes et moyennes vallées du Terek, de la Sounja et de leurs affluents ; l'Ingouchie est bordée à l'ouest par la Kabardino-Balkarie et à l'est par la Tchétchénie. Un dixième environ de la population ingouche vivait en Ossétie du Nord avant les récents événements [env. 340 000 au total].

❑ L'économie ingouche traditionnelle tourne autour de l'élevage (moutons, bovins) et de l'agriculture. La république compte aussi de petits gisements pétroliers aux installations d'extraction vétustes et au rendement très faible, ainsi que quelques industries de transformation.

Le système clanique des *teïpe* a tant bien que mal survécu à 70 années de régime soviétique. Chaque *teïpe*, organisation très égalitaire, regroupe un certain nombre de familles liées par les liens du sang (en ligne paternelle) et unies par les intérêts économiques. Les membres du *teïpe*, pourvus des mêmes droits et obligations, élisent le conseil des Anciens (ainsi que son chef, dont relèvent toutes les décisions importantes – par exemple la proclamation de la vendetta contre un autre *teïpe*. Les mariages entre membres d'un même *teïpe* sont totalement interdits.

La société ingouche a maintenu le droit coutumier *adat*, parallèlement à la législation importée, et a préservé ses valeurs principales, comme le respect des anciens, dont l'influence reste prédominante dans la vie communale et familiale (le fils unique ou le fils dernier-né se doit de vivre avec ses parents jusqu'à leur disparition), et comme l'exercice du devoir d'hospitalité. Les principales cérémonies (mariages, funérailles) sont célébrées selon les modalités ancestrales.

À l'origine polythéistes et animistes (on note encore des survivances de ces cultes anciens), les Ingouches furent soumis au XIᵉ siècle par les souverains géorgiens, qui les obligèrent à se convertir au christianisme. Ils restèrent chrétiens jusqu'au XVIIIᵉ siècle durant lequel les Tchétchènes* les convertirent à l'islam ; cette mutation religieuse fut assez lente (en 1865, on comptait encore une forte proportion de chrétiens parmi les Ingouches).

L'ingouche, comme le tchétchène, appartient au groupe du Nord-Est des langues caucasiennes.

Architecture. Au Moyen Âge, les Ingouches ont construit dans les montagnes des villages fortifiés, pourvus de remarquables tours de défense. Ils furent également des armuriers réputés.

Histoire. Les Ingouches se reconnaissent sous le nom de *Galgay*, dénomination d'une de

leurs tribus qui évoque les Gargares de l'Antiquité dont, comme les Tchétchènes, ils sont issus. Ils appartiennent comme ces derniers et comme les Bat au groupe paléocaucasien Nakh.
Malgré les nombreux traits qu'ils partagent avec leurs parents et voisins, et un non moindre appétit de liberté, les Ingouches se sont toujours montrés plus disposés à la négociation, plus « diplomates » que les Tchétchènes. L'Ingouchie fut rattachée sans résistance à la Russie en 1810, et ne connut de troubles notables qu'à partir des années 1860, du fait de l'accaparement par les Cosaques* du Terek des terres fertiles de la plaine. Ces circonstances expliquent l'enthousiasme avec lequel les Ingouches accueillirent la révolution bolchevique. En 1924, les Ingouches reçurent un statut d'autonomie, et la ville de Vladikavkaz fut promue capitale commune des Ingouches et des Ossètes*. Mais Staline, parvenu au pouvoir, s'employa à privilégier les Ossètes (en majorité orthodoxes et constituant le plus sûr appui des Russes dans la Ciscaucasie musulmane – donnée fondamentale à laquelle s'ajoute le fait que Staline était de mère ossète) et tenta d'attribuer à ces derniers Vladikavkaz ainsi que des terres ingouches. Une première tentative échoua en 1928, mais les Ingouches furent finalement rattachés aux Tchétchènes en 1934 dans le cadre de la Région autonome des Tchétchènes et des Ingouches, tandis que Vladikavkaz était attribuée aux seuls Ossètes.
En 1944, les Ingouches (comme les Tchétchènes et d'autres Caucasiens) furent déportés en Asie centrale sous le prétexte d'une collusion de certains de leurs éléments avec les troupes allemandes. Cette déportation coûta la vie au tiers d'entre eux. Comme les autres déportés, les Ingouches furent autorisés en 1957 à regagner leur pays d'origine. Mais ils ne purent récupérer le district de Prigorodny – leur berceau historique –, donné par Staline aux Ossètes. Les Ingouches ne cessèrent depuis lors de plaider leur cause auprès du pouvoir central. En 1991, le Soviet suprême vota une loi sur la réhabilitation politique des peuples déportés, qui comportait un article sur la restauration des frontières territoriales existant avant leur modification. Mais cette loi n'a pas été appliquée et le texte portant création de la République autonome d'Ingouchie (en juin 1992) n'a fixé ni la capitale ni les frontières de cette République.
En 1992, la crise osséto-ingouche prit un tour sanglant. De nombreux villages ingouches furent rasés, et il y eut des milliers de victimes. L'armée russe, dépêchée dans la zone du conflit, sépara sous prétexte d'interposition les habitants ingouches du district de Prigorodny des autres Ingouches, facilitant un « nettoyage ethnique » au terme duquel quelque 50 000 Ingouches d'Ossétie ont dû se réfugier en Ingouchie.
Les Ingouches n'ont pas rejoint les Tchétchènes dans leur sécession, dans l'espérance que cette loyauté leur vaudrait de récupérer ce district-sanctuaire de Prigorodny, mais ils n'ont pas ménagé leur soutien à leurs voisins. Moins médiatisés que les Tchétchènes, les Ingouches et leur combat sont néanmoins, par exemple, au cœur du livre récent de John Le Carré intitulé *Our Game* (« Notre jeu »).
→ Tchétchènes

Inuit. Peuple de l'Arctique se répartissant, par petits groupes, en Sibérie orientale (Russie), en Alaska (États-Unis), au Canada, au Groenland (Danemark, mais avec un régime d'autonomie interne depuis 1979) [env. 145 000].
❑ Les Inuit habitent principalement le long des côtes. Ils vivaient de la chasse aux mammifères marins (phoque, narval, béluga, baleine) et aux oiseaux marins, de pêche (morue, saumon, flétan) et de cueillette (algues, crustacés, végétaux et baies, œufs). L'ours polaire et, dans certaines régions, le caribou ou le bœuf musqué venaient compléter ces ressources.
Les Inuit pratiquaient un nomadisme saisonnier et avaient mis au point d'ingénieuses techniques de chasse (usage du kayak, du harpon, du traîneau à chiens et d'écrans pour l'approche à la chasse), adaptées aux différents gibiers et variant selon les saisons et les conditions géographiques et climatiques. De tous ces animaux ils tiraient les éléments nécessaires pour se nourrir, se vêtir, se chauffer et s'éclairer mais également de quoi chasser, se déplacer (au moyen des embarcations *umiaq*), se loger (dans des tentes ou des maisons – qui n'étaient pas nécessairement les igloo de l'imagerie populaire, mais des constructions de pierre et de mottes de terre garnie de peaux, avec poutres en bois de flottage et plate-forme de couchage).
Le chamane était le médiateur entre les forces surnaturelles, le milieu environnant, le gibier et les humains en cas de dérèglement, mais tout individu devait agir en accord avec les règles implicites et explicites du groupe. Ces sociétés étaient fondées sur le partage du gi-

bier, l'échange et la réciprocité, indispensables à leur survie.

Au cours du xxe siècle, les Inuit sont passés de l'autosubsistance à l'économie de marché et se sont intégrés aux modes de fonctionnement des sociétés occidentales.

Langue. La langue inuit appartient à la branche eskimo de la famille eskaléoute qui est une subdivision du groupe des langues paléo-asiatiques. Cette branche eskimo se divise d'est en ouest en trois grands groupes : sirenikski (une langue), yupik (quatre langues) et inuit proprement dit (parfois appelé inupiaq, langue dont les dialectes sont parlés de l'Alaska au Groenland). La langue inuit a évolué dans un vide linguistique environnant presque total jusqu'à l'arrivée des Blancs. Actuellement les Inuit pratiquent pour une bonne moitié leur langue en bilinguisme avec l'anglais, le danois, le russe ou le français.

Répartition. La répartition géographique morcelée des groupes inuit explique la grande diversité dialectale régionale et la spécificité de chaque population dans son mode d'adaptation aux ressources locales. Ces groupes forment cependant un continuum culturel et linguistique, dont un des aspects remarquables est la relation d'échange et de respect qui les lie au monde animal.

D'est en ouest, l'on trouve les Yupiget d'Asie (nord-est de la Sibérie, Tchoukotka, île Sait Laurent), les Yupiget, les Yup'it et les Cut (prononcé *tchoute*) ou Sugpiat du sud et du sud-ouest de l'Alaska, les Inupiat du nord de l'Alaska, les Inuvialuit de la région du Mackenzie, les Inuinnait de l'Arctique central canadien, les Inuit ou Innumarit de l'est côtier de cette région et de la terre de Baffin, les Inutuinnait de l'Arctique oriental canadien (Labrador). Au Groenland, les Kalaallit (terme issu du norrois) se différencient en Kidamiit de la côte ouest, Tunumiit de la côte est, Avannersuarmiit ou Inughuit du Nord-Ouest.

Histoire. Les Inuit sont des mongoloïdes, dont les ancêtres se sont disséminés progressivement à partir de la Sibérie orientale, par le détroit de Béring et par migrations successives, pour s'établir le long des côtes et sur les îles de l'Alaska et du Canada jusqu'au Groenland. Les atteintes subies depuis la colonisation ont motivé l'apparition, dans les années 1970, d'associations en Alaska, au Nouveau-Québec et au Groenland, pour faire face aux menaces d'assimilation, de dépossession des territoires et d'afflux de main-d'œuvre non autochtone. Ces associations revendiquent la reconnaissance des droits territoriaux et la participation à la gestion des affaires locales. La progression des négociations est variable selon les États de tutelle. Fondée en 1977, une ONG (l'ICC, *Inuit Circumpolar Conference*) reconnue par les Nations unies en 1982, avec statut consultatif depuis 1987, réunit les Inuit d'Alaska, du Canada, du Groenland et de Russie (depuis 1990) dans l'affirmation commune de leur culture et de leurs intérêts politiques, économiques et écologiques.

✦ Dénom. Le mot Inuit appartient à l'ensemble dialectal inuktitut du Canada oriental. L'Inuk (pluriel Inuit), c'est la personne humaine par opposition aux autres êtres vivants et pensants. Autrefois désignées par le terme Esquimaux (emprunté aux Amérindiens Montagnais*), les populations inuit de l'Alaska, du Canada et du Groenland, auxquelles se sont récemment joints les Inuit de l'extrémité orientale de la Sibérie, ont choisi Inuit comme appellation générique, pour affirmer leur identité de peuple.

Iraqw. Peuple du nord de la Tanzanie (région d'Arusha), vivant essentiellement dans les districts de Mbulu et de Hanang, au voisinage des Hadza, Isanzu, Iambi, Iramba, Nyaturu, Gorowa, Rangi et Maasai* [estim. 500 000].

❑ Agropasteurs, les Iraqw ont très tôt développé une agriculture en terrasses fertilisées grâce au fumier animal.

Patrilinéaires, répartis en plusieurs sous-groupes, ils ont une structure sociale de type holiste. La société prime toujours sur le clan, la famille et l'individu. Le mariage est monogamique, et la résidence néolocale.

Outre leur valeur nutritionnelle, la bière de sorgho et le lait favorisent la communion entre les individus et entre les groupes, ainsi qu'entre les humains et les esprits et déités. L'exercice de la solidarité, valeur centrale, témoigne du contact avec Looaa, la principale divinité. Par ailleurs, du fait de l'action missionnaire, de nombreux Iraqw se sont convertis au christianisme.

Les Iraqw sont de langue couchitique.

Histoire. Les ancêtres des Iraqw seraient descendus du nord, vraisemblablement d'Abyssinie, il y a plus de 3 000 ans. Initialement nomades, ils se sont rapidement sédentarisés et ont introduit, semble-t-il, la culture du sorgho dans la région.

✦ Dénom. [syn.] Wambulu.

Ironi. Ensemble de communautés d'origine iranienne disséminées en Ouzbékistan ; on trouve aussi des Ironi au Tadjikistan et, dans une faible mesure, au Turkménistan [entre 50 000 et 100 000].

❑ Ouzbékophones dans leur immense majorité, les Ironi ne se distinguent plus des Ouzbeks* que par leur origine et leur fidélité au chiisme – le pouvoir ouzbek veille discrètement à ce que celle-ci ne s'exacerbe pas, et à ce que l'Iran ne s'en mêle pas trop.

HISTOIRE. Les Ironi (« Iraniens ») sont le résultat de plusieurs vagues de peuplement ; la majeure partie descend de paysans du nord de la Perse, enlevés du XVIe au XIXe siècle (surtout par des Turkmènes*) et vendus dans les khanats ouzbeks de Transoxiane, où l'utilisation d'une main-d'œuvre servile de toutes origines – Kalmouks*, Persans, Russes, etc. – dans les travaux agricoles, surtout dans l'irrigation, était courante. En 1910, une grande révolte chiite secoua la Transoxiane.

✦ Dénom. [var.] Irâni ; [syn.] Les Ouzbeks les appellent parfois Kullar (« esclaves »).

Iroquois. Nom donné aux tribus, membres d'une confédération (la ligue des Cinq puis des Six Nations), aujourd'hui réparties entre le Canada (Ontario, Québec) et les États-Unis (État de New York, Wisconsin, Oklahoma) [env. 50 000].

❑ Les Mohawk*, Oneida, Onondaga, Cayuga, Seneca*, rejoints en 1712 par les Tuscarora, étaient installés essentiellement au sud et à l'est du lac Ontario et pratiquaient une agriculture (maïs, haricots, courges) complétée par la pêche, la chasse et la cueillette. Leurs tribus étaient organisées en matriclans exogames, avec pratique d'une stricte monogamie. Les femmes géraient les affaires domestiques et agricoles, tandis que les hommes chassaient et guerroyaient, dans le but de faire des prisonniers. Ces derniers étaient, dans la majorité des cas, adoptés. Ils étaient censés remplacer, pour les femmes et à la demande de celles-ci, un fils défunt (d'une manière ou d'une autre). Lorsqu'ils n'étaient pas adoptés, ils étaient tués après des tortures rituelles : celles-ci étaient particulièrement raffinées et s'adjoignaient des pratiques anthropophagiques auxquelles les Iroquois ont été les seuls Amérindiens du Nord à s'adonner. Les villages étaient composés de « longues maisons » abritant chacune une famille étendue.

Les Iroquois croyaient en une puissance favorable ou défavorable dans les êtres et les choses. Leurs cérémonies étaient associées aux cultures, comportaient des sacrifices (tel celui du chien blanc) ou relevaient de confréries de médecine (comme la société des « faux visages », qui recourait à des masques grimaçants faits en paille de maïs).

De nos jours, les Iroquois vivent dans des réserves mais trouvent volontiers du travail à l'extérieur (dans le bâtiment notamment). Partiellement christianisés, ils pratiquent aussi le culte traditionnel, rénové au début du XIXe siècle par Handsome Lake. Ils ont plus ou moins conservé leur organisation politique. Leurs langues – l'iroquois (ou iroquoïen, selon l'usage québécois) constitue une famille linguistique en soi – sont très menacées en dépit d'efforts de revitalisation.

ETHNOL. Les Iroquois occupent une place importante dans l'histoire de l'anthropologie. Ils furent déjà étudiés au XVIIIe siècle par le jésuite français Lafiteau. Au XIXe siècle, L. H. Morgan leur consacra la première monographie ethnographique. Il « découvrit » en même temps le « système iroquois de parenté », qui distingue la catégorie des germains et des cousins parallèles de celle des cousins croisés.

HISTOIRE. La ligue des Cinq Nations fut créée en 1570 pour mettre fin aux conflits intertribaux et assurer une défense commune, notamment contre les Hurons* et leurs alliés français. Elle était gouvernée par un Grand Conseil de 50 sages (*sachem*), qui n'exerçaient pas les fonctions militaires dévolues à des chefs de guerre. Grâce aux revenus des fourrures et à la possession de nombreuses armes à feu, la confédération, alliée aux Anglais, parvint à détruire au XVIIe siècle les Hurons, Neutres, Pétuns, Érié, etc., et s'attaqua aux colons de la Nouvelle-France avant de décliner (épidémies) et de rester à peu près neutre dans le conflit franco-anglais au XVIIIe siècle. Lors de la guerre d'indépendance américaine, les Oneida et les Tuscarora prirent le parti des insurgés, tandis que les Cayuga et les Mohawk combattirent au côté des Britanniques.

Farouches défenseurs de leur identité et de leurs droits, les Iroquois ont tôt recouru à l'action diplomatique. On peut citer, entre autres, la rencontre en 1710 de quatre sachems avec la reine Anne, les négociations menées à Londres au début du XVIIIe siècle par le chef mohawk Joseph Brant, l'activisme dans les années 1920 du chef cayuga Deskaheh auprès de la SDN et de la Cour internationale de justice, la sollicitation ultérieure de l'ONU,

etc. Les Iroquois participent activement aux actuels mouvements amérindiens.
✦ Dénom. Ils récusent l'appellation d'Iroquois, qui vient d'un terme algonquin signifiant « les vipères » et, pour se désigner dans leur ensemble, se réfèrent à leur organisation confédérale, dite « Maison longue ».

Isneg. Société des Philippines (île de Luçon), appartenant à l'ensemble Igorot* vivant à l'extrémité nord-ouest de la Cordillère centrale, en zone de moyenne altitude [env. 30 000].
❑ Généralités → Igorot
Comme leurs voisins les Tingguian* et les Kalinga*, ce sont d'excellents forgerons. Leur organisation sociale est comparable à celle des Kalinga, des Tingguian et des Bontoc*.
Comme chez les Tingguian* et les Kalinga*, l'autorité religieuse est exercés par des femmes chamanes-guérisseuses.
→ **Igorot**

Iteso. Peuple du centre-nord de l'Ouganda (entre les lacs Kyoga et Victoria et le mont Elgon) et du centre-ouest du Kenya [estim. 2 millions].
❑ Les Iteso vivent principalement de l'agriculture, quoique beaucoup possèdent quelques têtes de bétail. Dans le sud de leur territoire, certains propriétaires de troupeaux utilisent les services de pasteurs Hima (parents des Hima du royaume nkole* et des Tutsi* rwandais et burundais).
Les Iteso sont divisés en clans patrilinéaires non localisés et exogames, eux-mêmes subdivisés, selon le modèle segmentaire, en lignages et sous-lignages, ces derniers étant la base des unités locales d'habitation, centrées autour des liens familiaux de « l'homme qui possède du bétail ». La répartition traditionnelle des tâches est celle de leurs voisins : les hommes s'occupent des travaux lourds (défrichage, construction des maisons), tandis que les femmes sont responsables de la récolte et de la préparation de la nourriture. Particularité notable, les rituels domestiques font partie des tâches féminines.
Ils sont faiblement christianisés, du fait d'une implantation plus tardive des missions.
Les Iteso parlent un dialecte est-nilotique proche des dialectes de leurs voisins Jie, Dodo, Karamojong* et Turkana*, avec lesquels ils partagent un grand nombre de traits culturels.
Histoire. Les Iteso, qui étaient au XIXe siècle des guerriers redoutés, ont été soumis par les troupes baganda en 1899 et intégrés au protectorat britannique de l'Ouganda. Jusque dans les années 1930, des chefs baganda ont été chargés d'exercer (selon le système de l'*Indirect Rule*) une autorité qui s'est traduite notamment par l'interdiction des cérémonies d'initiation. Cela a fortement perturbé le système des classes générationnelles qui y était lié et qu'on suppose avoir été proche de celui de leurs voisins karamojong*.
✦ Dénom. [syn.] Teso.

j

Jakun. Terme générique employé pour désigner les Aborigènes* « proto-malais » du sud de la péninsule malaise (Malaisie occidentale, États du Pahang et du Johor) ; il désigne aussi, de manière plus spécifique, le groupe démographiquement le plus important de cet ensemble [estim. 30 000].

❑ Dans la même catégorie que les Jakun, on trouve les Semelai, les Orang Kanak, venus de Sumatra (aucun rapport avec les Kanak* de Nouvelle-Calédonie), les Orang Selitar et les Temok, qui, semble-t-il, parlaient à l'origine une langue du groupe aslien de la famille austro-asiatique. L'ensemble de ces « Proto-Malais* », à la différence des autres Aborigènes (Senoi* et « Negritos », ou Semang*), a un phénotype proche de celui des Malais-Indonésiens : cheveux raides ou ondulés, peau brune, taille moyenne et yeux non bridés.

Les différents groupes composant cet ensemble hétérogène, qui forme une société pacifique non violente, présentent des variations locales. Ils se définissent par rapport à un village (ou un groupe de villages), ou à un bassin de rivière. Ces établissements ont une population réduite, entre 50 et 80 habitants. Certains Jakun pratiquent l'essartage et d'autres, semi-nomades, passent beaucoup de temps à collecter des produits forestiers ; d'autres encore sont complètement sédentarisés. Les Jakun chassent à la sarbacane et à l'aide de chiens, et pêchent avec des nasses et des filets. La vente de produits forestiers (résines, rotin, peaux, etc.) à des intermédiaires chinois constitue une source de revenu non négligeable, plus que chez les autres Aborigènes. Les Temuan ont développé des rizières irriguées.

La parenté, cognatique, repose sur les relations de parentèle au niveau du hameau et de la vallée. Le chef de village (*batin*) préside le conseil des anciens. Un chamane-guérisseur (*bomoh*), homme ou femme, gère le rapport avec les esprits. Actuellement, les jeunes sont scolarisés, les villages reçoivent des subventions pour améliorer l'habitat et l'hygiène. À Johor, des Orang Laut ont embrassé l'islam.

D'un point de vue linguistique, les Jakun ont adopté le malais standard (*bahasa malaysia*), qui a effacé leur propre langue, sans doute aussi d'origine austronésienne mais d'un stock différent. Ce changement linguistique semble avoir eu lieu assez récemment, en tout cas après la Première Guerre mondiale.

✦ Dénom. L'exonyme Jakun est probablement dérivé de *Jah* ou *Jak* (« les gens, les hommes »). Comme il a pris une connotation péjorative, on tend à employer plutôt le terme de « Proto-Malais », puisqu'on suppose que les ancêtres des groupes composant l'ensemble jakun sont arrivés sur place avant les Malais. Mais le terme n'est pas dépourvu d'ambiguïté ; [syn.] Orang Asli, Orang Melayu Asli, Orang Darat, Orang (H)ulu, Orang Dalam, Orang Dusun, Orang Laut ; [syn., anc.] Sakai.

→ **Aborigènes de la péninsule malaise**

Javanais. Peuple d'Indonésie, habitant le centre et l'est de l'île de Java. Ils sont nombreux, du fait de l'émigration, à Sumatra, à Bornéo, à Célèbes et en Nouvelle-Guinée occidentale, mais aussi hors du pays, en Malaisie, où une bonne partie des « Malais » de la côte ouest descendent de Javanais. On trouve des communautés de Javanais émigrés au Surinam et en Nouvelle-Calédonie [env. 80 millions].

❑ Peuple le plus nombreux du pays, les Javanais sont pour les trois quarts des ruraux (riziculture, et maïs, manioc, tabac, etc.) ; sur les côtes, au nord surtout, ils pratiquent également la pêche et l'aquaculture. Pour autant, le développement urbain n'est pas un phénomène récent, qu'il s'agisse des villes côtières, impliquées depuis des siècles dans le commerce maritime, ou des villes de l'intérieur, souvent liées depuis l'origine à l'existence de cours princières.

Le fort taux d'émigration, explicable par la densité démographique et le manque de terres, a abouti à l'omniprésence des Javanais, au niveau national comme dans les provinces non javanaises, dans le personnel politique, administratif et militaire ainsi que dans le monde des affaires – d'où parfois certaines réactions d'opposition de la part des autres groupes qui composent le pays.

Les Javanais ont un système de parenté cognatique. La parentèle proche inclut l'ensemble des descendants des deux couples de grand-parents ; la parentèle élargie comprend (en principe) tous les descendants des ascendants au septième degré (les grands-parents des arrière-grands-parents). On note une prédominance de l'uxorilocalité.

La société javanaise traditionnelle était organisée en communautés villageoises, autrefois soumises au souverain d'une des quatre principautés et aux aristocrates qui les représentaient localement, les affaires internes étant du ressort d'un conseil composé en général des descendants des fondateurs du village.

Les ordres sociaux traditionnels se maintiennent, avec plusieurs degrés de noblesse, d'autant plus élevés que l'on est plus proche d'un ancêtre ayant exercé les fonctions de prince régnant. À chaque génération, on perd un degré de noblesse ; le moyen de faire remonter sa descendance dans la hiérarchie est de lui faire épouser des conjoints de rang princier. Par ailleurs, au sein des roturiers villageois se détache la strate des descendants des fondateurs du village, propriétaires de leur lopin de terre.

Le fonds austronésien de la culture javanaise a subi entre le Ve et le XIVe siècle une notable indianisation puis, à partir du XVe siècle, une islamisation plus ou moins profonde. On distingue de ce fait les Javanais *santri*, musulmans orthodoxes de tendance aussi bien traditionaliste que moderniste, et les *abagan*, musulmans nominaux, très portés au mysticisme, restés attachés aux cultes locaux et à des pratiques souvent syncrétiques. C'est chez ces derniers que l'on a pu observer un mouvement de conversion au christianisme ainsi qu'un certain retour – certes très minoritaire – à l'hindouisme et au bouddhisme.

Le javanais appartient au groupe des langues malayo-polynésiennes de l'Ouest. Il a intégré de nombreux emprunts au sanskrit et se caractérise par l'existence de quatre niveaux de langue possédant la même grammaire mais un vocabulaire souvent différent, que l'on utilise selon le rang social que l'on occupe soi-même et le rang (inférieur, égal, supérieur ou très supérieur) de son interlocuteur.

Art. Dans la mouvance des cours princières ont fleuri un artisanat de grande qualité (orfèvrerie, batik), des formes d'art de performance (musique, danse, théâtre, théâtre d'ombres) très raffinées et une riche littérature. Les villes du centre de Java sont actuellement des centres actifs de création artistique.

Histoire. Habitée il y a un million d'années par *Homo erectus* (le fameux pithécanthrope de Java) puis il y a 40 000 ans par une population apparentée aux actuels Aborigènes* d'Australie, Java a été atteinte vers 2500 av. J.-C. par la vague de peuplement austronésienne. Très tôt, des contacts s'établirent avec le sous-continent indien et l'Extrême-Orient et des royaumes se développèrent, les uns hindouistes et les autres bouddhistes. En 1293 fut fondé le royaume de Majapahit, sans doute le plus prestigieux de l'histoire javanaise. À la fin du XIVe siècle, l'islam commence à prendre pied à Java, surtout dans les villes portuaires de la côte nord-est. Celles-ci s'affranchissent au siècle suivant de la suzeraineté de Majapahit. En 1527, les musulmans de Demak gagnent à l'islam la cité marchande de Sunda Kelapa, qui prendra le nom de Jakarta ; Majapahit tombe définitivement en 1546.

En 1619, les Hollandais de la Compagnie des Indes orientales prennent Jakarta et la rebaptisent Batavia. Ils forcent le sultanat de Mataram (1677) et celui de Banten (1684) à reconnaître leur suzeraineté. En 1830, ils mettent en place le « système des cultures » obligeant les paysans à réserver une part de leurs terres à telle ou telle culture de rente (thé, café, canne à sucre, indigo, etc.) qu'ils doivent livrer au seul gouvernement – celui-ci fixant les prix à son gré. Ce système, dont les aristocrates bureaucrates javanais étaient les intermédiaires intéressés, généra d'énormes profits, mais ses abus furent dénoncés en 1860 par l'écrivain hollandais Multatuli. Le Parlement hollandais y met fin en 1870.

Au XXe siècle, Java a joué un rôle de premier plan dans le mouvement nationaliste. Durant la guerre (1945-1949) contre les Hollandais qui suivit la proclamation d'indépendance, la vieille capitale princière de Yogyakarta fut la capitale provisoire de la jeune République. En

remerciement pour l'aide apportée par son sultan, le gouvernement indonésien a fait de la région de Yogyakarta la seule « région à statut spécial » où un souverain héréditaire reste investi de pouvoirs administratifs.
✦ Dénom. [var.] Orang Jawa ; [autod.] Wong Jawa, Tiang Jawi.

Jebero. Peuple amérindien de l'Amazonie péruvienne (Alto-Amazonas), concentré dans le village de Jeberos [env. 3 000].
❑ Les Jebero vivent encore essentiellement de la chasse (tapir, pécari, etc.), de l'horticulture (manioc, maïs, etc.), de la pêche sur le fleuve Aypena et de l'élevage de poules et de cochons. Ils consomment au quotidien le *masato* (boisson fermentée à base de manioc) et, lors des occasions cérémonielles, la *chicha punta* (maïs mélangé au manioc).
Le village de Jeberos se caractérise par un fort dualisme (issu du contact multiséculaire avec l'Occident). La division du village en deux quartiers s'étend aux jardins et aux territoires de chasse. Au-delà, la forêt vierge redevient la seule propriété de l'esprit de la forêt, maître des animaux, le *Sacha Runa*. Sur le plan politique, si l'ancien système des *curacas* (un leader indigène par quartier) a disparu, le quartier « haut » reste le quartier dominant : les maires, les présidents de partis ou de fédérations en sont tous originaires. Dualisme matrimonial enfin : la grande majorité des mariages (patrilocaux) se font au sein d'un même quartier, dans l'idéal avec une belle-sœur (ancienne pratique d'échange sororal).
Le chamanisme reste très vivant. L'origine de ce pouvoir est essentiellement onirique : le chamane novice reçoit des messagers de Dieu, du Sacha Runa, etc., qui lui enseignent les chants et les plantes curatives.
Histoire. Première mission jésuite de la province de Maynas (1640) puis capitale politique et religieuse de la province, Jeberos se révolta en 1809 contre l'autorité espagnole et tomba dans l'oubli jusqu'à ce que les entrepreneurs du XXe siècle viennent y imposer leur domination (exploitations de la shiringa puis du barbasco). Les Jebero, très métissés, revendiquent aujourd'hui leur origine première par la création d'une fédération indienne et d'un théâtre indigène.
✦ Dénom. [autod.] Shiwilo.

Jita. Peuple du nord de la Tanzanie, vivant essentiellement aux alentours des monts Masita sur la côte est du lac Victoria (région de Mara) ; de nombreuses communautés sont dispersées dans l'ensemble des régions limitrophes du lac et sur l'archipel d'Ukerewe [estim. 200 000].
❑ Les Jita vivent de l'agriculture et de l'élevage bovin. Répartis en cinq clans principaux, subdivisés en plusieurs sous-groupes, ils forment une société segmentaire et patrilinéaire. Le mariage est polygamique et la résidence patrilocale. Ils sont catholiques et protestants (dont une proportion majoritaire d'adventistes), avec survivance d'aspects de leurs religions traditionnelles.
Leur langue appartient à l'ensemble bantou.
Histoire. Les Jita seraient issus d'éléments divers venus principalement du nord, des royaumes de l'Afrique interlacustre, mais aussi des autres régions environnantes.
✦ Dénom. [var.] Sita ; [syn.] Bajita, Basita.

Jivaro. Ensemble social amérindien (et famille linguistique) d'une grande homogénéité culturelle, occupant le piémont amazonien du Pérou et de l'Équateur [près de 80 000].
❑ Les Jivaro se répartissent en cinq sous-groupes : les Shuar, ou *Untsuri Shuar*, localisés principalement en Équateur [env. 30 000] ; les Aguaruna, ou *Awajun* [env. 35 000], et les Huambisa ou *Wampis* [6 000], vivant dans le nord du Pérou ; les Achuar, ou *Achu Shuar*, habitant de part et d'autre de la frontière [env. 5 000] ; et les Shiwiar [à peu près 1 000].
Les Jivaro pratiquent une horticulture sur brûlis axée sur la culture du manioc doux ; la chasse (à la sarbacane et au fusil, avec l'aide de chiens) est très valorisée ; la pêche et la cueillette jouent encore un rôle important dans l'alimentation. La division sexuelle du travail est stricte : aux hommes, la guerre, la chasse, le défrichage et la fabrication des maisons et des instruments de production (en bois ou en vannerie) ; aux femmes, les autres activités horticoles, les tâches domestiques, la poterie et la cueillette.
Les Jivaro ont une structure de parenté de type dravidien, associée au lévirat et à la polygynie sororale, dans le cadre d'aires endogames regroupant de 10 à 20 maisonnées. La résidence obéit à une règle stricte d'uxorilocalité prolongée. Les unités domestiques, très dispersées, sont autonomes et indépendantes ; la seule forme d'autorité supralocale reconnue est celle, provisoire, des chefs de guerre. Les aires endogames entretenaient des relations de vendetta institutionnalisée, mais

seule la guerre entre « tribus » jivaro distinctes donnait lieu à la prise et à la réduction par dessiccation de têtes trophées, support d'identités rituellement constituées susceptibles d'augmenter le stock des potentialités d'existence du groupe vainqueur.

Les croyances jivaro s'enracinent dans des expériences visionnaires individuelles, impliquant soit des morts soit des esprits (notamment horticoles), liées à un vaste répertoire d'incantations magiques. Les cures chamaniques tiennent également une grande place.

Histoire. L'ensemble jivaro s'étendait jadis jusque dans les hautes terres des Andes équatoriales ; une fraction, dite Palta, fut incorporée à l'Empire inca, mais d'autres groupes du haut piémont résistèrent à ce dernier. Les Espagnols, attirés par les gisements aurifères nombreux dans cette région, réussirent à occuper une partie des terres shuar entre 1550 et 1590, mais ce premier front périclita et les Jivaro réussirent à maintenir leur indépendance et à préserver le gros de leur territoire pratiquement jusqu'au milieu du XXe siècle. Les Shuar et la plupart des Aguaruna sont aujourd'hui en contact étroit avec le front de colonisation ; les Achuar et les Candoa, plus isolés, ont gardé leur mode de vie traditionnel, en dépit de la présence de missionnaires depuis le début des années 1970. Tous les groupes jivaro se sont maintenant dotés d'organisations politiques, à commencer par les Shuar, dont la puissante fédération, créée en 1964, a joué un rôle pilote dans l'essor des mouvements indigènes du bassin amazonien.

✦ Dénom. Le terme jivaro dérive d'une hispanisation du vocable *shiwiar* qui désigne un « ennemi tribal jivaro ». Aujourd'hui, il n'est utilisé que pour désigner l'ensemble, faute d'un terme indigène englobant. La plupart des sous-groupes s'autodésignent encore par le terme *shuar* (« personne(s) »), mais l'usage des ethnonymes tribaux gagne du terrain.

Jöraï. Groupe vivant sur les hauts plateaux du centre du Viêt Nam (surtout dans la province de Gia Lai, ainsi que dans la province de Kon Tum et les franges septentrionales du Dac Lac), et en petit nombre sur les contreforts cambodgiens de ces plateaux [env. 245 000 au Viêt Nam].

❑ Bons agriculteurs, les Jöraï ont développé plusieurs types d'exploitation de la terre : brûlis de pluriculture (céréales, arbres fruitiers, haricots), brûlis rizicoles (deux récoltes en deux ans suivies de huit à dix ans de jachère), rizières marécageuses ou bord des rivières, rizières humides pluviales, jardins (maraîchage). La chasse et la pêche, qui recourent à des techniques élaborées de piégeage, fournissaient la viande à consommer hors rituels, mais elles perdent de l'importance (raréfaction de la faune due aux guerres et à la disparition progressive des forêts) et sont relayées par l'élevage. Celui-ci fournit traditionnellement des animaux de trait (bœufs, chevaux, éléphants) ou des animaux (buffles, porcs, chèvres, volailles) offerts en sacrifice aux nombreux génies (*yang*) et aux ancêtres lors de grandes cérémonies. Le remplacement progressif de la chasse (acte autant symbolique qu'économique) par l'élevage pour la fourniture de viande de consommation courante ainsi que l'urbanisation qui s'est développée autour des anciennes bases militaires américaines provoquent de profonds changements des structures sociales.

La société jöraï est divisée en lignages matronymiques exogames portant des noms d'anciens totems. Les villages, constitués de maisons sur pilotis (les petites maisons monofamiliales remplaçant peu à peu les longues maisons plurifamiliales), sont organisés autour de la maison la plus longue, la maison commune, centre symbolique, administratif et religieux de chaque communauté. Les rituels funéraires très complexes prennent une grande place dans la vie des Jöraï, de même que les cultes aux nombreux génies.

La langue jöraï, divisée en plusieurs dialectes, appartient à la famille linguistique austronésienne, branche malayo-polynésienne, groupe occidental.

Histoire. Issus des grandes migrations austronésiennes du sud de la Chine vers l'Insulinde (vers 4000 av. J.-C.), les Jöraï semblent avoir migré avant notre ère de la dépression centrale du Cambodge et de la moyenne vallée du Mékong vers leur aire d'habitat actuelle, repoussant vers le nord ou vers le sud les populations de langues môn-khmères (Bahnar*, Mnong*) déjà installées. Sans jamais fonder d'État au sens strict du terme, les Jöraï, sous la direction symbolique d'une chefferie magico-politique tricéphale (représentée par les trois *Pötao* –« Maîtres » de l'Eau, du Feu et du Vent), ont joué un rôle politique et économique important entre les royaumes khmer et cham*, puis khmer et vietnamien. Opposés à la colonisation de leurs terres, les Jöraï ont eu des relations d'autant plus difficiles et conflictuelles avec les missionnaires et les colons français (meurtre de l'administrateur colonial Odend'hal en 1904) que ceux-ci avaient fait alliance avec leur ennemi héréditaire, les Bahnar*. Durement éprouvés pendant la guerre (américaine) du Viêt Nam, ils essaient de nos jours de sauvegarder au mieux leur culture dans le processus d'intégration au sein de la communauté nationale vietnamienne.

✦ Dénom. [viêt.] Gia Rai ; [fr.] Jarai, Djaray, dans la littérature coloniale.

Juif(s). Le cadre de vie du monde juif contemporain est, pour l'essentiel des 13 millions d'individus qui le compose, la société moderne. Pourtant, certaines communautés juives, implantées de longue date dans des zones circonscrites, se distinguent nettement par leur mode de vie et leurs traditions.

❑ Ayant évolué de manière autonome, elles constituent des communautés fortement ethnicisées, étrangères au développement industriel (Fälasha* ou Beta Israël, Bene Israël, Krymchaks*, Boukhariotes*, Karaïtes*, Samaritains*). Elles se rattachent au monde juif en ce qu'elles respectent les grands commandements bibliques, en particulier l'observance du Chabbath, de la circoncision et souvent des prescriptions alimentaires. Elles procèdent à la lecture de la Bible, même si elles ont parfois perdu l'usage de l'hébreu. Elles célèbrent les grandes fêtes, même si c'est parfois avec leur propre calendrier. Leur spécificité résulte souvent d'un rapport particulier à la Loi orale. Celle-ci, transcrite dans le Talmud et approfondie par les commentaires rabbiniques ultérieurs, complète la Loi écrite contenue dans le Pentateuque. Or, elle est inconnue chez la plupart de ces communautés, coupées précocement du reste du monde juif et acculturées à un environnement très différent (cas, par exemple, des Juifs d'Éthiopie ou de Chine). Elle est parfois même rejetée chez certains, par volonté affirmée de différenciation (Karaïtes, Samaritains). Paradoxalement, cette absence des développements normatifs ultérieurs engendre une littéralité et un ritualisme plus rigoureux en matière d'interdits bibliques (observance du Chabbath, lois de pureté rituelle, etc.).

Le monde juif est partagé entre l'enthousiasme et la suspicion face à ces communautés « exotiques ». Ces dernières ont été connues surtout par des correspondances rabbiniques et des relations de voyageurs juifs (Eldad le Danite, au IXe siècle ; Benjamin de Tudèle, au XIIe siècle, etc.) et non juifs (Marco Polo, jésuites portugais, etc.). Les sources juives se réfèrent fréquemment à des allusions bibliques et au mythe des dix tribus perdues, situées au-delà du fleuve légendaire *Sambatyon*. L'espoir de la redécouverte de ces tribus et de leur rassemblement (*Kibbutz Galouyouth*, thème présent dès le Deutéronome, XXX, 3-5) est constitutif de l'eschatologie juive. À l'époque contemporaine, le sionisme se veut la traduction politique de cette espérance messianique, à laquelle il ajoute l'idéal d'une fusion des exilés qui achèvera leur renaissance nationale.

Vu la variété de ces groupes, le judaïsme contemporain adopte une attitude sélective à leur égard. Certains sont acceptés sans réserves par le rabbinat lorsqu'ils ont cherché de longue date sa coopération, alors que d'autres sont contraints à une conversion complète. En Israël, dans la mesure où la loi du retour ne repose pas sur des critères de stricte conformité à la Loi juive, les groupes particuliers qui y ont immigré ont souvent manifesté pour obtenir leur reconnaissance par le rabbinat (revendications des Bene Israël d'Inde dans les années 1960, des Beta Israël d'Éthiopie à partir des années 1970).

De fait, en réintégrant l'ensemble du monde juif par des contacts réguliers, voire par une immigration en Israël, ces communautés adoptent les normes du judaïsme rabbinique et tendent à perdre leur spécificité.

Jukun. Peuple de l'est du Nigeria, installé sur les deux rives de la Bénoué, dans une région de forêt claire et de savane [estim. 600 000].

❑ Les Jukun cultivent, entre autres, le palmier à huile, le riz et le coton ; ils sont aussi pêcheurs, artisans, commerçants. Leur économie a longtemps reposé sur le commerce du sel et sur celui des esclaves qu'ils capturaient. Répartis en une vingtaine de chefferies, ils sont patrilinéaires (en général) et exogames ; les groupes d'habitation correspondent à des familles étendues, régies selon le principe d'ancienneté. Les structures de la royauté sacrée restent présentes à des degrés variables : l'*Aku Uka*, roi-prêtre semi-divin identifié à la fertilité et au bien-être général, exécute des rites périodiques ou occasionnels et intercède auprès des ancêtres royaux ; en cas d'échec, il était sacrifié. Globalement, la religion traditionnelle garde sa place à côté de l'islam.

Art. Il s'est caractérisé par un remarquable travail du « bronze » et une splendide sculpture sur bois (masques et statues) liée au culte du dieu créateur *Mam* et à celui des ancêtres royaux. Le style propre de la statuaire jukun est aussi connu sous le nom de *wurbo*.

Histoire. Originaires du bassin du Tchad, les Jukun constituent au XVIe siècle une puissante cavalerie, instrument de leurs exploits militaires face aux États haoussa* et kanouri*. Au XVIIe siècle, leur royaume, enrichi par sa participation à la traite des esclaves, atteint son apogée avant de connaître un long déclin dans la dépendance du Bornou et de s'évanouir au XIXe siècle sous l'effet des conquêtes fulbe. L'influence culturelle et religieuse des Jukun reste néanmoins forte et, soutenue par des vagues d'émigration, s'étend vers le nord.

K

Kababish. Peuple du Soudan, occupant la zone semi-désertique du nord-Kordofan [estim. 150 000].

❑ Éleveurs nomades (chameaux, moutons, chèvres), ils constituent l'une des plus importantes tribus arabes Guhayna entrées dans le pays après le XIVe siècle. Si leur troupeau camelin n'a pas retrouvé sa taille (environ 150 000 têtes en 1964) d'avant les sécheresses des années 1975-1985, il n'en continue pas moins d'alimenter le marché égyptien en viande de boucherie, empruntant la célèbre piste des « quarante jours » jusqu'à Darauw. Le grain (millet, sorgho) que les Kababish se procurent auprès des paysans ou sur les marchés de la région (Sodiri, Ruweiba, Omdurman) demeure la base de l'alimentation de ces pasteurs dont certains se sont définitivement installés au nord-ouest de la capitale.

Le campement, d'une douzaine à une centaine de tentes selon l'état des ressources au cours du cycle de transhumance (entre 14° et 16° de latitude, et du Nil au Dar Fur), rassemble des familles dont les chefs sont apparentés en ligne agnatique, chacune ne pouvant s'occuper de plus de 150 dromadaires et 200 moutons. Le lignage et la tribu donnent le cadre de l'organisation sociale et politique.

Histoire. La tribu n'a été en réalité « unifiée » qu'au XIXe siècle, à la fin duquel elle s'est opposée aux mahdistes (1881-1898). Dispersée et victime des représailles de ces derniers, victorieux des Turco-Égyptiens, elle a été reconstituée avec le soutien apporté par les autorités coloniales à l'une des sections et à ses leaders considérés comme des alliés utiles pour la « surveillance » puis la reconquête du Dar Fur (qui fut réintégré au Soudan en 1916) et le contrôle d'une région où d'autres tribus (comme les Kawahla) avaient rallié le parti mahdiste.

Kabiyè. Peuple du nord du Togo, vivant dans les montagnes du même nom. [env. 230 000].

❑ Deuxième groupe du pays après les Evhé*, et principale composante des Kabiyè-Tem, les Kabiyè ont développé sur un sol ingrat et dans un contexte de forte densité démographique une agriculture intensive des plus élaborées (ignames, mil, arachides).Ils constituent une société patrilinéaire ramifiée en lignages disposant chacun de son implantation territoriale propre. Cette dispersion va de pair avec une organisation politique égalitaire (*têto)*, avec rôle important des anciens : il n'y eut aucune autorité centralisée jusqu'à l'introduction de chefferies administratives à l'époque coloniale. Le fonctionnement de la société repose principalement sur l'intégration, avec rites de passage initiatiques, des hommes en cinq classes d'âge.

Les Kabiyè pratiquent un polythéisme tempéré par la croyance en l'existence d'un Dieu créateur unique mais lointain (*Eso*). Le christianisme et l'islam ont fait leur pénétration.

Le kabiyè est une langue voltaïque.

Histoire. Les Kabiyè ont des origines très mal connues. Ils estiment être les premiers occupants de leur territoire, mais ont probablement fait partie des premières vagues d'immigrants implantés dans la région de la Kara à la fin du XVIIe siècle, après la désagrégation des royaumes dagomba et mamprussi du Ghana, et celle des royaumes mossi (ou moose*) et gourmantché* de Haute-Volta. Les Kabiyè et les Evhé se disputent le pouvoir politique au Togo depuis l'indépendance (1960).

✦ Dénom. [var.] Kabré, Kabyè, Cabrais.

Kabyle(s). Groupe homogène – le deuxième en nombre après les Chleuhs* – au sein du vaste ensemble disjoint des Berbères*. Le territoire kabyle s'étend à l'est d'Alger (Algérie), entre les premiers surplombs de la plaine de la Mitidja et le golfe de Bejaïa (ex-Bougie), dans un pays de montagne humide. Les densités de peuplement y sont considérables : 70 habitants au km² en Petite Kabylie, à l'est de l'oued Sahel-Soummam, trois à quatre fois plus à l'ouest, en Grande Kabylie – ou Kabylie du Djurjura –, avec une pointe à 400 habitants au km² dans la circonscription de Larbaâ n At Iraten (ex-Fort National) [estim. 4 millions].

❑ Du fait de cette densité de peuplement, les Kabyles ont toujours émigré : ils l'ont fait de longue date, comme colporteurs vers les plaines et les cités environnantes, puis ; à dater de la Première Guerre mondiale, comme manœuvres en France et dans d'autres pays européens. La Kabylie a été le fournisseur manufacturier de l'Algérie, commercialisant des tissages, des sabres, des fusils, des outils – et de la fausse monnaie – afin de pouvoir compléter par des achats sa production vivrière, régulièrement insuffisante en dépit des plantations de figuiers et d'oliviers et d'une pauvre céréaliculture. En France, jusque dans les années 1950, les Kabyles ont fourni les trois quarts de la main-d'œuvre algérienne ; ils compteraient aujourd'hui pour un peu moins de la moitié de celle-ci, ce qui représente (le regroupement familial aidant) quelque 700 000 individus, soit le plus fort groupe allogène dans l'Hexagone.

En Algérie, la communauté villageoise reste le niveau de sociabilité majeur des Kabyles. Cependant, la tribu ainsi que ses subdivisions supra-villageoises ont été des entités mobilisables et qui restent connues ; il a été recensé 126 tribus, dont une moitié, environ, s'assemblaient en quelque douze confédérations à vocation guerrière. Au village, les segments patrilinéaires de moyenne profondeur généalogique forment des quartiers, qui dépêchent chacun un assesseur auprès de l'*amin* désigné pour veiller au maintien de l'ordre. Mais c'est l'assemblée des chefs de famille (*tajmaât*) qui a édicté la charte localement en vigueur, le *qanoun*, au vrai un ensemble disparate de dispositions presque toutes répressives. L'essentiel est ailleurs, et implicite : dans un code de l'honneur personnel et gentilice parmi les plus contraignants du monde méditerranéen. À quelque échelle que l'on soit, quartier ou tribu, un système dualiste de ligues (*soff*) tempère l'effet des loyalismes attendus en vertu de la généalogie.

À l'ouest d'Alger, les berbérophones installés entre les villes côtières de Tipaza et de Ténès, dans le massif du Chenoua, peuvent être rattachés aux Kabyles.

Histoire. La régence ottomane s'est installée au XVIe siècle en Algérie avec le concours des Kabyles. Le territoire de ces derniers, quoique à peine investi, a dès lors connu de nouveaux équilibres : la principauté supratribale, transitoirement, avec le « royaume » de Koukou dans le Djurjura et celui des At Abbès dans la Soummam ; et, jusqu'à nos jours, la dominance des lignages d'intercesseurs religieux, les marabouts.

Avec l'emprise française (1857-1962), surtout après l'insurrection de 1871, les Kabyles ont été confrontés aux contradictions du colonialisme : sévère ponction de biens et d'hommes, d'un côté, scolarisation précoce (dès 1873) et relativement intensive, de l'autre. Conséquemment, c'est dans l'immigration qu'est né, durant les années 1920, le nationalisme algérien et c'est en milieu kabyle que l'option de la lutte armée a d'abord été cultivée, ainsi que celle du laïcisme, non sans s'attirer les foudres de l'arabo-islamisme (éviction des cadres « berbéristes » du mouvement national au cours de l'hiver 1948-49). Pendant la guerre de libération, les maquis et les chefs kabyles ont eu un rôle primordial. Mais, au lendemain de l'indépendance (rébellion armée de 1963), puis dans les surlendemains (« printemps berbère » de Tizi-Ouzou, 1980), il a fallu que deux générations de Kabyles viennent rappeler les droits de leur langue et de leur culture. La revendication identitaire est de nos jours largement ancrée.

✦ Dénom. Kabyle, qui l'a emporté en français sur les graphies *Cabyle*, *Kabayle*, *Kebaïle*, usitées aux XVIIIe-XIXe siècles, est issu d'un vocable arabe désignant des gens dont le système social est la « tribu » : *qabila*. Les intéressés avaient accepté cette dérivation, qui se disent Iqbayliyin (sing.. Aqbayli) dans leur propre idiome, la taqbaylit.

Au cœur du Djurjura cependant, dans un périmètre restreint, les groupes présents préfèrent l'ethnonyme Igawawen, (sing. Agawaw), désignation arabisée dès le IXe siècle en Zwawa (sing. Zwawi). De ce dernier nom provient le français « zouave », désignant un « soldat d'un régiment indigène à l'uniforme d'inspiration ottomane ». Dans la Kabylie de l'Est, le décalque berbère Izwawen (sing. Azwaw) concurrence avec succès Igawawen.

Depuis deux décennies, les militants culturels kabyles prônent le remplacement de Berbères, dans un sens générique, par l'appellation Ima-

zirhen (sing. Amazirh), naguère inconnue chez eux mais aujourd'hui en passe de prévaloir dans les milieux sensibilisés, tant marocains qu'algériens.
→ **Berbères**

Kachari. Peuple de l'Inde (Assam, ainsi que Manipur, Tripura) [plus de 300 000].
❑ L'histoire explique le morcellement de cette société, partagée entre des populations établies dans la vallée du Brahmapoutre, qui ont subi une acculturation de la part des Ahom d'abord puis des Assamais, et le groupe des Dimasa : réfugiés dans les collines du Nord-Cachar, ces derniers sont les seuls à avoir conservé véritablement leur culture ancienne. Essarteurs et éleveurs les Kachari ont une organisation segmentaire, bilatérale, au caractère patrilinéaire cependant plus marqué. Le kachari appartient à la branche barique de la famille tibéto-birmane.
HISTOIRE. Apparentés aux Bodo*, les Kachari constituèrent dans la vallée de l'Assam un royaume dont l'apogée se situe au XIIIe siècle et que les conquêtes ahom contraignirent à des replis successifs. Leur souverain se convertit en 1790 à l'hindouisme, avalisant une influence déjà bien établie. L'annexion par les Britanniques eut lieu en 1821.

Kachin. Peuple du nord de la Birmanie (États kachin, shan), ainsi que des régions adjacentes de Chine (Yunnan) et d'Inde (Arunachal Pradesh) [env. 500 000].
❑ Les Kachin habitent un territoire de moyennes collines, soumis au régime des moussons. Ils sont riziculteurs sur essarts et éleveurs (buffles, etc.). Leur organisation sociale, segmentaire et patrilinéaire, se caractérise par une stratification lignagère, associée à un système circulaire d'échange des femmes liant les groupes de patrifiliation les uns aux autres (l'échange s'opérant de façon privilégiée par union d'un individu avec sa cousine croisée matrilatérale).
Leur organisation politique est soit égalitaire et centrée sur le référent villageois, soit hiérarchique et organisée autour d'un domaine territorial comprenant plusieurs unités villageoises, un clivage social majeur opposant les lignées aristocratiques et roturières.
La religion traditionnelle, marquée par l'importance du culte ancestral, cohabite avec une notable implantation chrétienne. Les Kachin parlent une langue tibéto-birmane.
ETHNOL. Le système circulaire d'échange des femmes a servi de base à Claude Lévi-Strauss pour établir sa définition de la structure élémentaire de l'échange généralisé (1949).
HISTOIRE. La Chine paraît constituer le berceau originel des Kachin. Le décalque partiel de l'organisation sociopolitique kachin sur celle des Taï peut s'expliquer par les liens de dépendance étroits et anciens entre les deux groupes. La proclamation de l'indépendance birmane a été suivie de la création d'un État kachin intégré à l'Union birmane. Mais l'émergence de plusieurs mouvements nationalistes a rapidement conduit à des activités de rébellion contre le pouvoir central, non apaisées aujourd'hui encore, et a encouragé l'essor de la contrebande.
✦ Dénom. [chin.] Jingpo ; [birman] Kakhyen.

Kafa. Peuple du sud-ouest de l'Éthiopie (Région-État des « Peuples, nations et nationalités du Sud »), habitant les hautes terres humides et fertiles situées au sud de la vallée encaissée du Gojäb [estim. 600 000].
❑ Les Kafa cultivent l'*ensät* (faux bananier), des céréales, des oléagineux, etc., et ont pour cultures de rente le café (qui serait originaire de la région) et le coton ; ils tirent profit de l'élevage de la civette. Ils sont renommés pour leur travail du fer, du bois, du cuir et de l'or, et pour leurs tissus et leurs poteries.
Ils conservent leurs structures claniques. Le catholicisme et l'islam sont minoritaires face à un paganisme christianisé où le dieu du ciel a été assimilé au Dieu chrétien, et la déesse de la Fertilité, à Marie ; des génies séjournent dans les buissons, les arbres et les eaux courantes et parlent au travers des humains qu'ils possèdent. Le kafa, sous-groupe des langues omotiques, est parlé concurremment avec l'amharique et l'oromo.
ORGANISATION. Les Kafa étaient divisés en quatre grands clans patrilinéaires, divisés en de nombreux sous-clans hiérarchisés, les plus élevés correspondant à la famille royale, et comprenaient deux groupes étrangers (marchands musulmans, chrétiens orthodoxes). Les chasseurs, les potiers, les tanneurs et les forgerons formaient des groupes de statut inférieur. Le roi, dont la couronne sacrée portait trois symboles phalliques, avait le pouvoir de vie et de mort sur ses sujets, qui ne pouvaient l'approcher que vêtus d'un habit de fibres d'*ensät*. Le royaume était divisé en douze provinces et avait des frontières fortifiées.
HISTOIRE. Le royaume du Kafa se serait consti-

tué au XIVe siècle. Dès le XVIe siècle, ses ressources (esclaves, café, or, ivoire, civette, etc.) attirèrent les caravanes depuis la mer Rouge et le Soudan. Le royaume, malgré les assauts oromo aux XVIIe-XVIIIe siècles, demeura indépendant jusqu'en 1897, date de la conquête choanne et de son assujettissement aux intérêts des gouverneurs éthiopiens, qui développèrent la culture du café.
✦ Dénom. [var.] Käfa, Kefa, Keffa, Caffa.

Kajang. Ensemble de populations de Bornéo (district de Belaga, dans la partie orientale du Sarawak, en Malaisie orientale), installées sur le cours supérieur du fleuve Rejang (ou Baluy) [env. 5 500].
❑ Il s'agit d'une catégorie aux contours assez flous : elle regroupe autour d'un noyau central – Punan Bah, Sekapan, Kejaman et Lahanan – une série de petits groupes hétérogènes – Tanjong, Bah Malé, Seping, Lirong, etc. – dont certains sont également établis sur la haute rivière Tinjar (bassin du Baram).
Horticulteurs (sagou, tubercules), les Kajang pratiquent maintenant l'essartage du riz de montagne et entretiennent des cultures de rapport (café, hévéa, poivre). Jusqu'à ces dernières années, peu scolarisés, ils sont restés à l'écart des centres urbains.
Leur structure sociale, fortement influencée par celle de leurs voisins Kayan*, distingue nobles, d'où sont issus les chefs de longues maisons, et roturiers ; il s'y ajoutait autrefois une catégorie de dépendants. La parenté est de type cognatique. L'unité sociopolitique et rituelle est formée par la longue maison, toujours située en bord de fleuve ou de rivière. La religion polythéiste et animiste a depuis peu laissé la place aux cultes chrétiens.
Le noyau central des Kajang présente des isolectes apparentés, qui se rapprochent de certains parlers melanau (tous appartiennent au groupe linguistique malayo-polynésien).
Histoire. Les Kajang sont les premiers occupants de la haute vallée du Baluy, présents avant l'arrivée des Kayan et des Kenyah*, les premiers venus de Kalimantan-Est à la fin du XVIIIe siècle.
✦ Dénom. [syn.] Bengsa' Kajang, Orang Ulu.

Kalash. Peuple de la partie pakistanaise de l'Hindoukouch (district de Chitrâl, North-West Frontier Province) [env. 8 000].
❑ Proches par bien des aspects des Nurestâni*, dont ils ne sont séparés que par la frontière pakistano-afghane, les Kalash s'en distinguent par plusieurs traits essentiels : leur langue, le kalasha, est une langue indienne de la branche darde non apparentée aux langues kafires (mais relativement proche de celle des Pashaï*) ; la société kalash est une société sans caste qui semble avoir toujours ignoré les artisans-esclaves, le travail du bois étant fait par les Kalash eux-mêmes et les autres objets artisanaux étant achetés à l'extérieur.
L'islamisation est partielle, les deux tiers des Kalash des vallées de Rumbur, de Bumburet et de Birir (1 600 sur 2 500) ayant conservé jusqu'à nos jours un polythéisme de type chamaniste qui ignore la représentation anthropomorphique des divinités et réserve une grande place dans ses cultes au sacrifice des chèvres et au feu de genévrier. Les grandes fêtes religieuses sont maintenant devenues une attraction touristique qui dénature leur esprit et prélude sans doute à la disparition prochaine de l'ultime vestige préislamique de la région ; enfin, un interdit alimentaire portant sur les bovins, vraisemblablement absolu autrefois, survit aujourd'hui sous une certaine forme : faible consommation du lait de vache et interdiction de le transformer.
Histoire. Expulsés du Nurestân (le pays waïgali ?) par les Kâfer (Nurestâni*), les Kalash se réfugièrent dans le haut bassin du Konar, le Chitrâl, où ils furent progressivement assimilés par les Kho* selon un lent processus d'acculturation incluant la conversion à l'islam, qui débuta au XVe siècle et qui n'est pas terminée. Tous les stades de l'acculturation peuvent être observés, depuis la vallée de Shishi, totalement acculturée mais où le souvenir de l'origine kalash des habitants s'est conservé, jusqu'aux trois vallées « païennes », encore largement intactes, en passant par les vallées de Jinjeret et d'Urtsun où l'islamisation ne s'acheva pas avant 1940 et où le kalasha est encore parlé.
✦ Dénom. [syn.] Kâfer(s) noirs (en raison de la couleur des vêtements féminins et par oppos. aux Kâfer(s) rouges ou Nurestâni*).

Kalenjin. Ensemble de peuples du Kenya (province de la Rift Valley), occupant les hautes terres et les escarpements de la Rift Valley (Mount Elgon, Cheranganyi Hills, Nandi et Mau Escarpment) [env.1,5 million].
❑ Tous les groupes des Kalenjin (Kipsigi, Nandi, Terik, Tugen, Elgeyo, Pokot ou Suk, Marakwet, Sabaot, Sebei) possèdent du bétail et valorisent l'élevage, mais vivent surtout de

l'agriculture, de subsistance (sorgho, maïs) et de rapport (thé, légumes européens).
Chaque groupe se subdivise en unités territoriales indépendantes, au sein desquelles l'autorité suit le modèle gérontocratique, en accord avec un système de classes d'âge.
Malgré de récentes conversions au christianisme, la religion traditionnelle prévaut : le leader rituel (*orokoiyot*) est l'intermédiaire entre Dieu (souvent associé au Soleil), les mânes des ancêtres et les hommes ; il est devin, interprète les rêves, conduit les rites agraires, rend la fertilité aux femmes et aux bêtes, appelle la pluie, bénit les guerriers.
Il n'existe pas une langue kalenjin mais plusieurs dialectes proches répartis en trois groupes (elgon, kipsigi-marakweta, pokot) appartenant à la famille nilotique méridionale.
Culture. La vitalité assez bien préservée des cultures kalanjin tient aux traditions de résistance et au caractère inaccessible de nombreux villages. Les traditions ornementales subsistent, par exemple chez les hommes pokot (coiffure de terre peinte, labret, disque nasal, mini-appui-tête porté autour du poignet). Par ailleurs, les Kalenjin font d'excellents athlètes et se distinguent sur la scène internationale par leur capacité d'endurance (sur 5 000 mètres, 10 000 mètres).
Histoire. Venus du nord, les ancêtres des Kalenjin s'installèrent dans la Rift Valley au cours du premier millénaire en intégrant des populations de langue couchitique ; de nombreux groupes furent au fil du temps assimilés par les peuples bantous (à l'ouest) et maasai* (à l'est). L'époque contemporaine a été marquée par la résistance farouche des Nandi à la colonisation britannique (1893-1906), puis par le rôle que les Kalenjin, forts du soutien du président Daniel Arap Moi, (qui appartient au groupe des Tugen), ont joué dans les affrontements du début des années 1990 (opposition aux immigrants kikuyu*).

Kalinga. Groupe de sociétés des Philippines (île de Luçon, province de Kalinga-Apayao), appartenant à l'ensemble Igorot* et vivant dans la zone de moindre altitude qui s'étend entre le bord occidental de la Cordillère centrale et son bord oriental [env. 140 000].
❑ Les Kalinga ne constituent pas un peuple homogène. On répartit leurs nombreux sous-groupes en Kalinga du Nord et en Kalinga du Sud (la rivière Pasil faisant démarcation). Les premiers habitent de petits villages dispersés le long des cours d'eau. Les seconds résident en villages compacts le long du Chico et de ses tributaires. L'économie des deux groupes, comme celle des autres Igorot, reposait sur la culture des tubercules. Aujourd'hui, les Kalinga du Nord – bons forgerons comme les Tingguian* et les Isneg* – associent riziculture sur brûlis et riziculture irriguée, comme le font de plus longue date ceux du Sud.
Comme chez les Tingguian*, les Bontoc* et les Isneg*, les relations intervillageoises sont régies par des pactes de paix *(podon)* sur lesquels veillent des individus éminents (*papangat*). Des chamanesses-guérisseuses (*mandadawak*) assurent les rapports avec l'au-delà.
Histoire. Les Kalinga sont apparentés à la fois aux Isneg (au nord) et aux Ibanag du Cagayan. Autrefois, ils descendaient dans la vallée de ces derniers pour piller le bétail et se livrer à la chasse aux têtes. Outre la réputation d'avoir été particulièrement redoutables en la matière, ils passent en raison de leurs parures élaborées et de leur penchant pour les couleurs vives pour les « paons » des Philippines. Dans les années 1970, ils résistèrent de concert avec les Bontoc* contre la construction de barrages le long du Chico.
✦ Dénom. [var.] Callinga ; [syn.] Catalungan, Kalibugan.
→ **Igorot**

Kalmouk(s). Peuple mongol de Russie, établi dans la république de Kalmoukie, pays de steppes et de marécages, et, accessoirement, dans les régions d'Astrakhan, de Volgograd, de Rostov, d'Orenbourg, de Stavropol ainsi qu'en Sibérie [env. 177 000].
❑ Ruraux à 80 %, les Kalmouks se consacrent à l'élevage des moutons et, dans une moindre mesure, à la pêche et à la transformation des produits agricoles. Ils sont le seul peuple bouddhiste d'Europe. Leur langue, du groupe mongol occidental, utilise l'alphabet cyrillique depuis l'abandon de l'« écriture claire » en 1925. Son usage, concurremment à celui du russe, est généralisé.
Histoire. Parties de haute Asie vers 1616, des tribus oïrates* en quête de pâturages atteignent la basse Volga vers 1632. Les Russes acceptent volontiers la constitution d'un État tampon entre leur frontière méridionale et les Turcs*, et reconnaissent en 1654 le khanat kalmouk. Toutefois, leurs ingérences conduisent en 1771 le khan Ousbachi à rompre toute relation et à entreprendre un périlleux voyage de retour vers la Djoungarie (l'actuel Xinjiang), entraînant de 120 000 à 300 000 de ses

sujets, dont une bonne moitié mourut en cours de route. Privés de leur chef et de nombreux nobles claniques, les Kalmouks restés sur place furent rapidement soumis et progressivement sédentarisés.
Au cours de la guerre civile qui suivit la révolution de 1917, une partie des Kalmouks combattit aux côtés des Blancs. Après la défaite de ces derniers, certains parvinrent à émigrer, notamment aux États-Unis et en France. En 1942, la République autonome de Kalmoukie fut occupée par l'armée allemande. Accusé d'avoir collaboré, le peuple kalmouk tout entier fut déporté en décembre 1943, comme les autres « peuples punis », en Asie centrale et en Sibérie. Il fut réhabilité et autorisé à revenir sur son territoire en 1957. La Kalmoukie a un président élu depuis 1993 et est régie par un « Code de la steppe » qui s'inspire du Code adopté par la noblesse kalmouke en 1640. D'importants efforts sont consacrés au renouveau des traditions et des valeurs propres au peuple kalmouk et à sa diaspora. En 1990, le 550e anniversaire de l'admirable épopée de Djangar (→ Oïrates*) a été célébré avec faste.
Littérature. Alexandre Dumas a fourni une belle description des Kalmouks, de leurs traditions et de leurs mœurs dans ses *Impressions de voyage* (1835-1859).
→ Mongols, Oïrates

Kamba. Peuple du Kenya (Eastern Province), occupant des massifs montagneux bien arrosés (Mbooni, Machakos) et le plateau semi-aride de Kitui [env. 2 millions].
❑ Leur mode de subsistance dépend des caractéristiques écologiques et de la spécialisation de leurs différents pays (*utui*) : agriculture dans les collines de l'Ouest, pastoralisme et, jadis, chasse sur le plateau oriental, à quoi s'ajoutent l'apiculture, l'artisanat (travail du métal, du bois et de l'ivoire) et d'intenses activités commerciales.
Chaque *utui* regroupe plusieurs clans patrilinéaires en relations étroites. L'autorité est diffuse, et, depuis le XIXe siècle, la couche des entrepreneurs, ou *big men (andu anene)*, exerce une forte influence.
La christianisation a pris le pas sur les pratiques traditionnelles (croyance en un dieu unique *Molungu* ou *Ngai*, sacrifices propitiatoires durant lesquels les femmes dénonçaient les mauvaises actions commises au sein de la communauté en criant et en s'adressant à ce dieu par l'intermédiaire des esprits des morts).
Le *kekamba* (quatre variantes dialectales) est une langue bantoue très vivante, pratiquée en concurrence avec le swahili.
Histoire. Le peuple kamba s'est constitué aux XVIe-XVIIe siècles à la suite de migrations depuis la région du Kilimandjaro. Certains lignages se spécialisèrent dans la chasse à l'éléphant, d'autres dans le commerce, et les Kamba devinrent, jusqu'à la fin du XIXe siècle, les principaux agents du commerce caravanier (bétail, ivoire, corne de rhinocéros, peaux, cotonnades, métal et outils, perles, tabac, flèches et poison, charmes magiques, etc.) entre l'intérieur (pays kikuyu) et la côte. La colonisation toucha très tôt les Kamba, entraînant la disparition de leur commerce caravanier, partiellement compensée par la production de sculptures destinées à la clientèle coloniale puis touristique, séduite aussi par des danses et des chorégraphies remarquables.

Kamsá. Peuple amérindien du sud-ouest de la Colombie (Putumayo), vivant dans la vallée du Sidunboy et disposant de deux *resguardos*, ou réserves [env. 3 500].
❑ Hommes et femmes concourent aux travaux horticoles (la culture des plantes médicinales est réservée aux hommes) selon une organisation collective qui associe l'échange de services (*minga*) et le système de quadrille. L'élevage bovin est pratiqué à petite échelle. L'artisanat est très lié aux rituels chamaniques. Les hommes fabriquent des masques et des calebasses en bois destinées à contenir les médicaments. Les femmes tissent des étoffes et fabriquent des colliers et bracelets qu'elles font vendre par les commerçants inga*.
La résidence, traditionnellement virilocale, tend à devenir néolocale. L'organisation politique repose sur un unique conseil (*cabildo*), intermédiaire entre la communauté et l'administration. Son chef élu, le « gouverneur », joue un rôle à la fois civil et religieux, en présidant aux décisions relatives aux cultures mais aussi au carnaval annuel. Il se doit d'être un fin connaisseur des plantes médicinales ou magiques.
La présence des missionnaires dès le milieu du XVIe siècle a entraîné une christianisation précoce. Les Kamsá ont moins bien résisté que les Inga aux mécanismes d'acculturation (éducation formelle en espagnol, dispensée par les capucins jusqu'en 1969 et, depuis, par les évangélistes). Cependant, les Kamsá voyagent beaucoup vers le bas Putumayo, où ils font bénéficier les populations forestières voisines (Cofán, Coreguaje et Inga), de leur chama-

nisme en échange du yajé (plante psychotrope), nécessaire à leurs rituels.
La famille linguistique à laquelle se rattachent les Kamsá, le quillacinga, est aujourd'hui éteinte, à l'exception de leur propre langue, encore pratiquée.
✦ Dénom. [syn.] Sibundoy, Sebondoy ; Koche, Kamentxa, Kotze, Kochi.

Kanak. Peuple autochtone de Nouvelle-Calédonie [env. 85 000].
❑ Les Kanak forment un ensemble de sociétés conscientes de leur identité commune, et dont le mode de vie traditionnel repose sur l'agriculture et la pêche. Ces sociétés réunissaient des hameaux parfois dispersés dont les groupes, « clans » et « sous-clans » de taille variable, pouvaient être mobiles. Le colonisateur français imposa la sédentarisation, procéda à des déplacements et à des regroupements forcés, obligeant (jusqu'en 1946) les Kanak à vivre dans les réserves qui leur avaient été assignées.
Les Kanak restent très attachés à leur mode de vie, désigné par le terme de « coutume ». Élément d'un monde mélanésien où les sociétés semblent jouer à l'infini sur les distinctions, la civilisation kanak se caractérise par son homogénéité. Partout prévalent des attitudes de respect envers les anciens, hommes et femmes, vivants ou morts. Des procédures très formalisées permettent l'accueil (provisoire ou permanent) des groupes et des personnes : ainsi, les premiers installés sur une terre gardent des droits considérables sur celle-ci et dans la société (contexte qui permet de comprendre à quel point la colonisation a pu être perçue comme une confiscation illégitime du pays et de l'autorité par des arrivants récents).
Les sociétés sont largement structurées et irriguées par des échanges cérémoniels. Les relations dans tout le pays, et en particulier les mariages, sont facilités par le fait que le groupe des parents maternels bénéficie d'un traitement privilégié et reçoit toujours la majeure partie des prestations.
Les distinctions n'en restent pas moins nombreuses. Les groupes, « clans » et « sous-clans » ont des définitions variables : ils peuvent se caractériser par un stock de noms ancestraux, par un itinéraire, ou être patrilinéaires. L'emprise des « chefferies » est aussi variable. Dans les îles Loyauté, les « grands chefs » combinent autorité politique et morale et statut élevé. Sur la Grande Terre, la plupart des sociétés sont représentées par des personnages éminents, au statut très respecté mais souvent dépourvus d'autorité. Dans chaque société, la cérémonie annuelle des premières ignames réaffirme ou réactualise les statuts des groupes et des personnes
On distingue aujourd'hui huit aires culturelles et linguistiques disposant, depuis les accords de Matignon, de conseils représentatifs.
La plupart des Kanak sont catholiques ou protestants, souvent très pratiquants, mais la croyance au Dieu chrétien a coiffé plutôt qu'éliminé celle en une constellation d'ancêtres ou d'êtres non humains qui ont une influence considérable sur la vie des personnes, des groupes et de l'univers.
Les Kanak parlent 28 langues austronésiennes, le français servant de langue véhiculaire.
Histoire. Ils descendent des migrations qui ont peuplé l'Océanie ; les plus anciennes datées entre 1000 et 2000 av. J.-C. correspondent à une migration austronésienne. Elles furent suivies de nombreuses autres jusqu'à une date récente, surtout à partir du Vanuatu et de la Polynésie. Après la prise de possession de l'île par la France (1853) eurent lieu de nombreuses révoltes, dont la grande rébellion menée en 1878-1880 par le chef Ataï. Après des tentatives loyalistes d'émancipation qui ne mènent qu'à des désillusions, les années 1960 voient la naissance d'un mouvement indépendantiste, au caractère à la fois politique et culturel, dont les activités culminent entre 1981 et 1988, date à laquelle des gendarmes sont pris en otages à Ouvéa par un groupe indépendantiste (l'assaut donné sur le lieu de la séquestration se solde par un massacre). Ces « événements » conduisent aux accords de Matignon, qui ouvrent une période de transition de dix ans visant à un rééquilibrage économique, politique et culturel entre Kanak et Calédoniens, et devant s'achever sur un référendum d'autodétermination. Jean-Marie Tjibaou (1936-1989), leader du mouvement indépendantiste et l'un des initiateurs de ces accords, est assassiné un an après leur signature. Aujourd'hui encore, l'intégration des Kanak dans l'économie s'effectue le plus souvent par le bas – quoi qu'il en soit par ailleurs de leur combat pour bénéficier d'une partie des revenus de l'exploitation du nickel, principale richesse de l'île –, et la différence de niveau de vie avec la population calédonienne est considérable. La prise de pouvoir politique des représentants Kanak dans deux des trois Provinces de ce territoire d'outre-mer est effective, mais la société coloniale reste très

souvent méprisante vis-à-vis des Kanak et de leur culture, des faits anciens d'anthropophagie revenant comme un leitmotiv pour justifier un racisme bien actuel. Dans ce domaine, on perçoit une évolution, mais celle-ci reste très lente. À ce jour (1998), on reste dans l'incertitude quant à l'avenir ; il semble que la majorité des Kanak soient partisans d'un statut d'indépendance en libre association avec la France. Un accord conclu en avril 1998 entre représentants du gouvernement français, dirigeants du FLNKS et dirigeants du RPCR prévoit l'accès de la Nouvelle-Calédonie à la pleine souveraineté entre 2013 et 2018.
✦ Dénom. [var.] Canaque(s), forme désormais récusée.

Kanbata. Peuple d'Éthiopie (Région-État des « Peuples, nations et nationalités du Sud »), habitant les hautes terres montagneuses à l'ouest du Rift, au sud du territoire des Gouragué* et au nord de celui des Wälayta* [env. 600 000].
❑ Les Kanbata pratiquent surtout la plantation intensive de l'*ensät* (faux bananier), combinée avec la culture du café. Depuis les années 1960, ils travaillent nombreux dans les plantations du Rift au moment des labours et de la récolte. Ils sont majoritairement chrétiens orthodoxes mais continuent à pratiquer des rites païens agrestes. Leur langue appartient au sous-groupe sidamo des langues couchitiques.
Histoire. Le « royaume » kanbata, sans doute d'origine mixte sidamo et amhara-tegréenne, fut englobé par les migrations oromo* (XVIIe-XVIIIe siècles). Les Kanbata, soumis par Ménélik en 1893, se virent imposer la culture du café et de lourds prélèvements. La force des structures locales et familiales et l'action des missions les protégèrent des exactions du pouvoir impérial puis du pouvoir militaro-marxiste. La révolution de 1974 a provoqué leur réveil identitaire.
✦ Dénom. [var.] Känbata, Kambata, Kembata, Kenbata.

Kanembou. Peuple réparti au Niger, au Nigeria et au Tchad, habitant le Kanem, région de hautes dunes mortes encadrant des dépressions fertiles au nord et à l'est du lac Tchad [env. 200 000].
❑ Agriculteurs et éleveurs noirs, mêlés à des populations d'autres origines (Toubou*, Arabes, Toundjour), organisés en clans, ils sont musulmans et de langue kanouri*.
Histoire. Population de l'empire du Kanem, ils s'exilèrent pour partie sur la rive ouest du lac Tchad au XVe siècle, lorsque cet empire tomba sous les dominations toubou et bilala, et se mêlèrent aux populations locales pour constituer le groupe kanouri*.

Kanjobal. Société maya du Guatemala, résidant au nord-ouest de l'Altiplano, dans une région de montagnes tropicales [env. 95 000, dont un tiers réfugié au Mexique (Chiapas) à la suite de la guerre civile].
❑ Agriculteurs, catholiques avec forte imprégnation préhispanique, ils occupent six *municipios*. Leur langue appartient au groupe mam du tronc maya-quiché.

Kankanai. Société des Philippines, appartenant à l'ensemble Igorot*, vivant dans l'île de Luçon (Benguet, Mountain Province) le long des flancs occidentaux des monts Malayan [env. 130 000].
❑ **Traits généraux.** → Igorot
On distingue les Kankanai du Nord, restés plutôt des essarteurs, et ceux du Sud, qui pratiquent la culture du riz en terrasses irriguées depuis la fin du XVIIIe siècle. L'exploitation du cuivre et de l'or et les échanges commerciaux avec les basses terres occidentales sont des phénomènes anciens (ils sont réputés pour leur production de gongs et de bijoux en cuivre et en or). De même que leurs voisins du Sud, les Ibaloi*, les Kankanai se sont lancés dans la culture industrielle des légumes.
Histoire. Comme les Ibaloi*, il semble qu'ils soient originaires des basses terres de la côte ouest, et comme ces derniers, ils protestent contre la destruction écologique de la région (exploitation minière).
✦ Dénom. [syn.] Lepanto, Kataugnan.
→ **Igorot**

Kanouri. Peuple du nord du Nigeria (Bornou) ; quelques fractions sont établies au Niger, au Tchad et au Cameroun [env. 2,5 millions].
❑ Le territoire des Kanouri, situé dans la partie sud-ouest du bassin du lac Tchad, se présente comme une région de savane arborée, parsemée de villes-forteresses et de villages fortifiés. Agriculture, élevage, artisanat, commerce caravanier à longue distance constituent les activités principales.

Les Kanouri pratiquent un islam mêlé de cultes traditionnels. Ils sont patrilinéaires et présentent des statuts hiérarchisés. À la tête de leur système monarchique de type féodal et décentralisé, le *mai* (ou *shehu*) était considéré d'essence divine.

Le kanouri appartient au groupe des langues sahariennes.

HISTOIRE. Les Kanouri sont issus d'alliances matrimoniales établies dès le VIIe siècle entre des populations de cultivateurs sédentaires, qui occupaient la savane, et des populations nomades du désert (Zaghawa), qui s'assurèrent du pouvoir. Une même dynastie (les Sefawa), convertie à l'islam dès le XIe siècle, fonda successivement l'empire du Kanem (IXe-XIVe siècles) puis – celui-ci s'étant désagrégé sous l'effet des discordes civiles et religieuses et de l'hostilité des Boulala – celui du Bornou, dont l'expansion (incluant la reprise du Kanem) du XVe au XVIIe siècle précéda un long déclin. Les Kanouri s'opposent traditionnellement aux Fulbe*.

✦ Dénom. [var.] Kanuri.

Kansa. Tribu d'Indiens des prairies des États-Unis, installée dans l'Oklahoma.

❑ Habitant alternativement des maisons recouvertes de terre et des tipis, ils vivaient de l'agriculture et de la chasse. Leur société, patrilinéaire, se divisait en seize clans regroupés en moitiés. Les rites funéraires et de puberté étaient particulièrement développés. En nombre réduit, les Kansa sont aujourd'hui largement assimilés. Ils appartiennent à la famille linguistique sioux.

HISTOIRE. Originaires de la côte atlantique, ils migrèrent par étapes vers l'actuel Kansas ; ils furent en guerre constante contre les Fox*, les Omaha*, les Pawnee, les Osage* et les Cheyenne*. En 1873, ils furent déportés vers le Territoire indien (l'Oklahoma).

✦ Dénom. [syn.] Kaw.

Kaonde. Peuple de la République démocratique du Congo (Katanga) et de Zambie (Northwestern Province, Central Province) [estim. 185 000].

❑ Les Kaonde ont pour principale activité l'agriculture, mais ils partent nombreux chercher du travail dans la Copperbelt.

Ils sont divisés en clans matrilinéaires exogames, non hiérarchisés, partageant chacun un vague sentiment de solidarité et unis deux à deux par des relations à plaisanterie ainsi que par l'obligation d'assistance lors des deuils. Leur religion, centrée autour du culte rendu aux esprits, reste bien implantée. Ils parlent une langue bantoue.

HISTOIRE. Ils sont descendus au XVIIIe siècle, sous la pression lunda*, de régions situées plus au nord.

✦ Dénom. [syn.] Bakaonde.

Kapauku. Peuple d'Indonésie, vivant sur les hautes terres de l'ouest de l'Irian Jaya [env. 100 000].

❑ Qualifiée de « capitalisme primitif » par l'ethnologue Léopold Pospisil (1978), l'économie des Kapauku est centrée sur la culture de la patate douce, l'élevage de cochons et le commerce (cochons, sel) et vise avant tout l'accumulation des richesses.

Bien que la descendance matrilinéaire soit reconnue, le clan, groupe de parenté le plus important, est patrilinéaire, totémique et exogame. Les clans sont regroupés en phratries et en confédérations. La terre est possédée individuellement. La résidence est patrilocale et les villages regroupent une quinzaine de maisons pouvant abriter chacune une quarantaine de personnes.

Les hommes influents (*big men*) acquièrent leur statut en accumulant des richesses, qui leur permettent de patronner les « fêtes du cochon ». Leur influence personnelle résulte du tissage d'un réseau de relations, obtenu par les crédits consentis, le commerce et la générosité. Malgré le peu d'intérêt pour le surnaturel, des chamanes (pour le bien) et des sorciers, à statut intérieur (pour le mal), officient avec l'aide des esprits. L'audience des missionnaires protestants et catholiques, qui poussaient naguère à la conversion par des distributions de tabac, est en baisse.

Les Kapauku parlent l'ekagi, langue papoue (non austronésienne) de la famille ekagi-wodani-moni.

COUTUME. Lors des « fêtes du cochon », une maison de danse est construite, permettant pendant trois mois aux jeunes de rencontrer leur partenaire. La fête se termine par le sacrifice et la consommation de nombreux cochons, auxquels s'ajoutent de nombreux échanges commerciaux.

HISTOIRE. Les guerres tribales ont pris fin avec la colonisation. Le passage des Kapauku, fort individualistes, au mode de vie moderne s'avère une réussite (extension du commerce, croissance démographique, succès des programmes gouvernementaux).

✦ Dénom. [syn.] Ekari ; [autod.] Me, Tapiro.

Kapón. Peuple amérindien de Guyana, du Brésil et du Venezuela, vivant pour l'essentiel dans une zone de forêt tropicale entrecoupée de savanes, sur les rios Potaro, Ireng, Mazaruni et Cotingo [env. 10 000].

❑ Ils se composent des trois groupes Akawaio, Patamona et Ingariko.

Leur économie ancienne associait les activités de prédation (avec une importance particulière accordée à la chasse) à l'agriculture sur brûlis (manioc amer, principalement). Aujourd'hui, seule l'agriculture garde une réelle importance. Par ailleurs, une partie de ces populations pratique l'exploitation minière (or, diamants) et le bûcheronnage à l'échelle artisanale. Les Kapón disposent de réserves au Brésil et en Guyana, mais leur milieu de vie est dans l'ensemble fortement dégradé du fait de la recherche aurifère et diamantifère et de la colonisation agricole.

Le système de parenté est bilatéral avec mariage des cousins croisés, comme chez les Galibi* ; cependant, la tendance à l'exogamie est très forte et les mariages intertribaux, en particulier avec les Pemon*, sont fréquents. L'unité territoriale la plus pertinente regroupe les communautés d'un même bassin fluvial.

Les trois groupes ont été profondément touchés dès la fin du siècle dernier par les missionnaires protestants. Plus tard se répandit le mouvement messianique *Halleluia*, un syncrétisme entre les pratiques magiques des Amérindiens et le christianisme. Parallèlement, le chamanisme s'est maintenu dans les communautés les moins acculturées (haut Cotingo, haut Mazaruni).

Ils parlent des dialectes intercompréhensibles d'une langue de la famille karib. Presque tous pratiquent aussi l'anglais régional.

Kara. Peuple de Tanzanie, vivant sur les îles du sud du lac Victoria (Ukara, Ukerewe) et dans les régions voisines de Mwanza et de Mara [estim. 50 000].

❑ Les Kara vivent de l'agriculture, du petit élevage et de la pêche dans le lac Victoria. C'est une société paysanne qui, face aux contraintes démographiques, a développé très tôt des techniques d'utilisation intensive de la terre sans mise en jachère (utilisation de fumier végétal et animal, irrigation, production en terrasses et rotation des cultures).

La société, segmentaire et patrilinéaire, se répartit en plusieurs clans. Les Kara sont monogames et patrolicaux ; un relatif égalitarisme des relations entre sexes fait qu'ils sont volontiers accusés par leurs voisins de « vénérer les femmes » et de trahir les idéaux de virilité.

Les Pères blancs se sont tôt installés parmi eux et, de nos jours, les Kara sont en majorité catholiques, avec une forte minorité protestante (adventistes et fidèles de l'Église de l'intérieur de l'Afrique). Cependant, les cultes traditionnels (culte des ancêtres surtout) se maintiennent.

Les kara parlent le kikara (qui s'adjoint le dialecte *chinyang'ombe*), langue bantoue.

Histoire. Le peuplement de l'île d'Ukara par diverses populations des régions limitrophes aurait commencé au XVIIe siècle.

✦ Dénom. [syn.] Legi, Redi.

Karaïte(s). Population juive minoritaire, de présence résiduelle en Ukraine (Crimée), en Russie, en Lituanie et en Turquie, et essentiellement installée en Israël [env. 25 000].

❑ Des rapports longtemps hostiles avec les Juifs Ashkénazes, une intégration économique et culturelle forte, accompagnée de « faveurs » diverses dans les pays d'accueil, ont marqué l'existence des communautés karaïtes, dont la spécificité s'est largement évanouie. Le *karaïme* (que l'on peut classer parmi les langues turques) est en voie d'extinction.

Histoire. Le karaïsme, issu d'une secte juive de Bagdad du début du VIIIe siècle, se signale par son refus de la Loi orale et par son acceptation du seul Pentateuque. Au XIIIe siècle, un nombre important de Karaïtes s'installa en Crimée, en provenance de l'Empire byzantin. Au XIVe siècle, le prince lituanien Vitovt, après sa victoire sur les Tatars* de Crimée, emmena un certain nombre de familles en Lituanie. Par la suite, les Karaïtes subirent un sort comparable à celui des Juifs rabbiniques, mais virent leur situation évoluer favorablement après le rattachement de la Crimée (1783) et de Vilnius (1795) à l'Empire russe. En 1835, ils obtinrent d'être appelés Karaïtes russes, et non plus Juifs karaïtes. En 1917, une partie d'entre eux émigra en Pologne, en France, en Allemagne et en Turquie. Pendant l'occupation nazie, ils échappèrent aux persécutions : leur « psychologie raciale », selon les Allemands, n'était pas juive.

✦ Dénom. [var.] Caraïtes, Qaraïtes ; [étym.] hébreu *qaraïm*, « fils des écritures » ; [russe] Karaïmi ; [turc] Karayi.

→ **Juifs**

Karakalpak(s). Peuple vivant, pour l'essentiel, au nord de l'Ouzbékistan (Karakalpakistan), sur les rives méridionales de la mer d'Aral et dans le désert du cours inférieur de l'Amou-Daryâ [env. 550 000].

❑ Les Karakalpaks sont des éleveurs semi-nomades (moutons) ; ils pratiquent aussi un peu d'agriculture irriguée, à quoi s'ajoutait naguère la pêche dans la mer d'Aral. Leurs différents lignages se répartissent en deux « ailes » : les « Qongrat » et les « 14 tribus ». Ils sont musulmans sunnites, tout en conservant, comme les autres peuples turciques de l'Asie centrale, une part importante de l'héritage chamanique. Le karakalpak appartient au groupe kiptchak des langues turciques.

HISTOIRE. Les premières mentions directes des Karakalpaks ne remontent qu'au XVIIe siècle, et ce n'est qu'au cours du XVIIIe siècle qu'ils s'installèrent dans leur habitat actuel. Ils furent soumis par le khan de Khiva, avant de passer sous administration russe directe dans les années 1870. Au sein de l'Ouzbékistan indépendant, la compétence juridique de la république du Karakalpakistan, qui a succédé à la république autonome de l'époque soviétique, demeure floue ; les Karakalpaks, en tout état de cause, y sont minoritaires. L'assèchement de la mer d'Aral a créé une situation économique et sanitaire critique.

✦ Dénom. [var.] Qaraqalpaq.

Karamojong. Peuple du nord-est de l'Ouganda, vivant à la frontière kenyane [estim. 250 000 en 1986].

❑ Les Karamojong sont avant tout des pasteurs, mais une grande partie de l'alimentation est fournie par l'agriculture (sorgho, millet, maïs, haricots), qui est pratiquée par les femmes (le sorgho est « leur bétail »).

Les Karamojong sont divisés en clans patrilinéaires, exogames et non localisés, qui n'agissent pas en tant qu'entités politiques : l'organisation sociopolitique repose sur un système générationnel distinct des systèmes lignagers classiques. Ce système met en œuvre un principe dualiste. En résumé, les Karamojong sont divisés en deux classes générationnelles alternes. La répartition entre ces classes se fait selon un schéma de « filiation alternée » : un homme appartient toujours à la classe alterne de celle de son père. Chacune de ces deux classes (plus précisément le groupe générationnel le plus ancien de celles-ci) occupe à tour de rôle la position d'aînesse (les « pères du pays ») par rapport à la société tout entière. Contrairement aux clans, les classes générationnelles karamojong agissent en tant qu'entités politiques et rituelles, et des tensions vives peuvent naître entre les cadets statutaires (les « fils du pays ») et leurs aînés, peu enclins à céder leur statut et leurs privilèges. Des enfants peuvent appartenir à la classe aînée, et des vieillards, à la classe cadette. Ce n'est pas l'âge seul qui détermine le statut prééminent d'un individu, mais son appartenance à la classe des « pères du pays ». Il faut remarquer que ces classes sont des classes statutaires et non des classes d'âge ; la qualification de « gérontocratie » qui a été appliquée au système karamojong est erronée.

La religion karamojong donne une grande place au culte des ancêtres et aux cérémonies d'appel à la pluie.

Les Karamojong parlent un dialecte du groupe est-nilotique très proche des dialectes utilisés par leurs voisins Teso*, Jie, Dodo et Turkana*, avec lesquels ils partagent un grand nombre de traits culturels.

ETHNOL. Cette population a été étudiée (par Serge Tornay en particulier) pour son système générationnel très complexe.

Karatchay. Peuple vivant en République Karatchay-Tcherkesse, sujet de la fédération de Russie (14. 00 km^2, capitale Tcherkessk), sur le versant septentrional de la chaîne du Caucase, dans les vallées du bassin supérieur du Kuban jusqu'au pied de l'Elbrouz et qui constitue aussi une petite diaspora dans divers pays d'Asie centrale, du Moyen-Orient et aux États-Unis [env. 180 000 au total].

❑ Leur économie montagnarde traditionnelle repose sur l'agriculture en terrasses et l'élevage (transhumant). Ils s'adonnaient aussi à la chasse, à la cueillette et à l'apiculture.

La parenté est bilatérale ; ils sont monogames et respectent une stricte exogamie. Les structures claniques et patriarcales se sont relativement préservées. Leurs communautés villageoises étaient soudées par une organisation collective du travail.

Ils sont musulmans sunnites. Leur langue, le karatchay, est une langue turque du groupe kyptchak (comme le koumyk et le balkar). Elle n'a commencé à être écrite qu'à la veille de l'instauration du régime soviétique, mais a nourri depuis une littérature assez riche.

HISTOIRE. Issus de la confédération dirigée par les Proto-Bulgares, ils se trouvèrent avec les Balkars* sur le cours moyen de ce fleuve depuis l'époque de la domination des Khazars

jusqu'à celle de la Horde d'Or, puis furent progressivement repoussés vers le sud au cours du XVe siècle par la puissance montante des Tcherkesses* Kabardes et séparés des Balkars au cours de cette migration. Ils empruntèrent aux Kabardes une partie de leur système féodal complexe, tandis que l'influence du khanat de Crimée les amenait à embrasser l'islam sous sa forme sunnite hanéfite. À la différence des Kabardes et d'autres populations caucasiennes, ils n'opposèrent guère de résistance à l'établissement de l'autorité russe au milieu du XVIIIe siècle. À l'époque soviétique, leur territoire entra dans les découpages administratifs changeants, mais se trouva généralement associé à celui des Tcherkesses. Au lendemain de la Seconde Guerre mondiale, accusés, de même que les Balkars et d'autres populations entre Crimée et Caucase, de collaboration avec les occupant allemands, ils furent déportés en masse en Asie centrale. Réhabilités en 1957, ils ont alors été autorisés à regagner leur territoire.
✦ Dénom. [var.] Karatchaï.

Karen. Peuple de l'est de la Birmanie (États Karen, Kayah) et des zones limitrophes de la Thaïlande, habitant une région de plaine et de collines [estim. 3 à 4,5 millions].
❑ L'appellation de Karen désigne des groupes très diversifiés du point de vue de l'organisation sociale et des modes d'exploitation de la terre.
Les Karen vivant en plaine pratiquent la riziculture irriguée ; les groupes installés dans les collines sont principalement essarteurs. Beaucoup sont traditionnellement bûcherons ou cornacs dans les exploitations forestières ayant recours à des éléphants.
La descendance est bilatérale, et la résidence, d'ordinaire matrilocale ; la ligne de filiation matrilinéaire est renforcée par un culte aux ancêtres maternels. L'organisation politique est égalitaire, fondée sur l'autonomie des communautés villageoises. Les décisions relèvent d'une assemblée d'anciens et d'hommes de renom, présidée par un prêtre en principe héréditaire qui représente, idéalement, la lignée fondatrice de la communauté. La religion traditionnelle est polythéiste. Le bouddhisme théravadin, au sein d'un système de croyance marqué par de nombreux syncrétismes, a de nombreux adeptes, et le christianisme est également représenté. Les Karen sont de langue tibéto-birmane.
Histoire. Les Karen se sont trouvés impliqués à maintes reprises dans les conflits territoriaux opposant Thaï et Birmans. Certains, comme les Kayah, surent tirer parti de leur position d'intermédiaires et réussirent vers la fin du XVIIIe siècle à fonder de petites principautés dans le giron politique des Yuan qui dominaient alors le nord de la Thaïlande. Depuis plus de quarante ans, une lutte armée oppose les Karen, organisés au sein de plusieurs mouvements, au gouvernement birman (ce dernier paraissant avoir repris l'avantage).
✦ Dénom. [autod.] Pg'a kanyaw sgaw, Phlong shu, etc. ; [birman] Kayin, Kayah, Karenni ; [thaï] Kariang, Yang.

Karok. Tribu indienne des États-Unis, vivant au nord-ouest de la Californie [env. 3 500].
❑ Les Karok, culturellement très proches des Yurok*, pêchaient le saumon, ramassaient des glands, étaient vanniers ; ils utilisaient un système monétaire sophistiqué (avec colliers de dents, morceaux d'obsidienne, têtes de pivert, peaux de cerfs albinos). Chaque village était une unité indépendante, dirigée par les plus âgés ; la richesse et le statut social allaient de pair. Lors de la ruée vers l'or (1849), les Karok virent leur nombre dramatiquement réduit. De retour des collines où ils s'étaient réfugiés, ils trouvèrent leurs terres occupées par des fermiers blancs. Leur installation en bordure des fermes fut tolérée en échange de leur travail. De nombreux mariages avec les Blancs et la conversion au protestantisme affaiblirent une identité qui cherche aujourd'hui à se réaffirmer. Les Karok appartiennent à la famille linguistique hokanne.

Kavango. Peuple vivant au carrefour de l'Angola, de la Namibie et du Botswana, principalement le long du cours inférieur du fleuve Okavango [estim. 200 000].
❑ Les Kavango sont constitués de groupes indépendants, les Kwangari, les Mbundza, les Sambyu, les Gciriku et les Mbukushu. Tous ces groupes habitent dans des villages construits sur les îles du fleuve et les parties élevées de la plaine inondable. On trouve également des villages sur les rives des cours d'eau temporaires. Les Kavango tirent l'essentiel de leur susbsistance de leurs champs, de l'élevage de bovins et surtout de la pêche fluviale. Ils sont également artisans et travaillent le bois de grands arbres du bord du fleuve.
Matrilinéaires, les groupes kavango comprennent un nombre restreint de clans. Chaque

village a son propre chef, souvent une femme, qui est responsable du maintien de l'ordre. La religion principale est le culte des ancêtres, dont les esprits influencent directement la vie quotidienne de leurs descendants. Chacun des groupes parle un dialecte bantou.

Histoire. Les traditions orales des Kwangari, Gciriku et Mbukushu retracent leurs migrations depuis la région des grands lacs. Leur arrivée dans leur territoire actuel remonterait à la seconde moitié du XVIIIe siècle, et au début du XIXe siècle pour les Mbukushu. Éloignés des grands centres, ils ont, d'une manière générale, suscité peu d'intérêt de la part des capitales administratives. L'action des missionnaires et le développement plus récent des circuits touristiques ont néanmoins contribué à les sortir de leur isolement.

Kayan. Peuple du centre de Bornéo, localisé à Kalimantan-Est (Indonésie) et au Sarawak (Malaisie orientale) [env. 33 000].

❑ Les Kayan forment, malgré leur nombre relativement réduit, un groupe politiquement et culturellement influent dans l'aire centrale de Bornéo. Ils se répartissent en une trentaine de sous-groupes dits uma'/uma (« longue maison »), comme les Uma' Aging, les Uma' Lekan, les Uma' Suling, etc.

Ils pratiquent l'essartage du riz sec avec de longues jachères forestières et, de plus en plus, les cultures de rente et le petit commerce. Au Sarawak, ils sont nombreux dans l'administration et la politique.

Ils vivent soit en longues maisons, soit en maisons familiales individuelles. La société comprend quatre « ordres » ou rangs héréditaires ; elle est dirigée par les nobles chefs de village et par les anciens. Le droit coutumier (*adat*) occupe une place singulière dans le système politique et rituel.

Ils parlent, à l'exception des Kayan Mahakam de Kalimantan-Est dont la langue a évolué au contact d'autres groupes, des dialectes mutuellement intelligibles d'une même langue malayo-polynésienne. Celle-ci, dite kayan-busang, est devenue *lingua franca* dans tout le centre de l'île.

Au Sarawak et à Kalimantan, les Kayan sont majoritairement christianisés.

Histoire. Il semble qu'ils soient originaires du bassin du Kayan et de ses affluents, au nord-est de Kalimantan Timur. À la suite de migrations (XVIIIe-XIXe siècles), ils se sont dispersés sur le cours moyen et supérieur des grands fleuves et rivières, le Baluy, le Baram et la Tubau au Sarawak, le Kapuas, le Mahakam et le Kayan à Kalimantan. Ce processus migratoire s'est poursuivi jusqu'aux années 1970. Au cours de ces déplacements, les Kayan ont assimilés d'autres petits groupes.

✦ Dénom. [syn.] Orang Ulu, Busang, Bahau-Busang, Da' Kayaan, Kayan-Busang, etc.

Kayapo. Peuple amérindien du Brésil (État du Pará), habitant pour l'essentiel l'interfluve Tocantins-Xingu ; quelques groupes vivent à l'ouest du Xingu ; les luttes menés par les Kayapo, largement appuyées par des ONG internationales et quelques vedettes du spectacle, leur ont valu la reconnaissance d'un territoire continu et légalement reconnu de plus de 100 000 km^2, et de deux réserves plus petites totalisant 20 000 km^2 [ils sont plus de 4 000].

❑ Les Kayapo sont divisés en plusieurs sous-groupes ; les plus connus sont les Gorotire, les Xikrin, les Kuben-kran-ken, les Mekrangotire et les Metuktire.

Ils pratiquent l'agriculture (sur brûlis) – fait qu'ignore leur réputation séculaire, et se livrent à la collecte au fil de leur longues expéditions de chasse. Mais il est certain que cette dernière activité constitue chez eux une véritable passion, et qu'elle mobilise l'essentiel de leur énergie. Elle leur permet de se classer au premier rang des Indiens du Brésil pour l'efficacité cynégétique.

L'organisation sociale kayapo est complexe : les unités familiales uxorilocales, peu étendues, sont enserrées dans un système de moitiés multiples (exogamiques et cérémonielles) et stratifiées par des classes d'âge. Un cérémonialisme où la beauté plastique le dispute à la vigueur des mouvements règle le ballet des étapes de la vie et de la solidarité communautaire. Leur religion met l'accent sur les médiations collectives (fêtes) plus que sur les pratiques chamaniques privées.

Ils parlent tous, avec d'infimes variations dialectales, la même langue de la famille gê ; les jeunes pratiquent aujourd'hui le portugais.

Risque-tout. La guerre entre factions a été le moteur de l'expansion kayapo, par fissions successives et essaimage. L'hostilité croissante des fronts de colonisation ne les a jamais conduit ni à s'unir entre eux, ni à pactiser. Beaucoup ont préféré risquer l'extermination (concrétisée pour certains sous-groupes) plutôt que de se soumettre. Les Kayapo ont récemment transposé cette attitude de « risque-tout » dans l'arène politico-médiatique, avec des succès spectaculaires, et la menace constante de tout perdre. Leur soif de moyens monétaires pour acquérir les biens modernes qu'ils convoitent, qui les a mené notamment à signer des contrats lucratifs mais à terme destructeurs avec les compagnies forestières et minières, les a souvent mis en porte-à-faux avec les mouvements écologistes.

D'UNE RÉPUTATION L'AUTRE. Héritiers des Tapuya, les « sauvages » de l'intérieur (par opposition aux Tupinamba, agriculteurs du littoral, dont on espérait faire des chrétiens), et promis de ce fait à la servitude, les Kayapo opposèrent une résistance farouche aux raids esclavagistes, puis à l'avance du front de colonisation à partir de 1850. Pour les habitants de l'intérieur, l'ancienne dichotomie coloniale est toujours en vigueur, et les Kayapo représentent l'essence même de la sauvagerie ; on leur reconnaît un courage – insensé – à la guerre, mais on ne leur accorde aucune disposition à la coexistence avec la société « civilisée ». Le fait marquant des dernières décennies est que cette notoriété « intérieure » infamante a été doublée, sinon recouverte par une célébrité médiatique à l'échelle nationale et internationale. Leur « adoption » par le chanteur-rocker anglais Sting a contribué à ce que leur prestance physique, la beauté de leurs cérémonies et leur audace deviennent emblématique de l'indianité au Brésil. Ils ont su habilement en tirer un vrai profit politique.

✦ Dénom. [var.] Cayapo.

Kazakh(s). Peuple vivant au Kazakhstan (en grande majorité), en Russie (région d'Astrakhan), en Chine (Xinjiang), en Ouzbékistan, au Turménistan, au Kirghizstan et en Mongolie [env. 10 millions].

❑ Les Kazakhs habitent l'immense zone de steppes qui s'étend de la Caspienne au Xinjiang, entre la zone de forêt, au nord, et les déserts, au sud. Éleveurs nomades (moutons, chèvres, chevaux et chameaux), ils pratiquaient aussi l'agriculture irriguée (surtout au sud) et le commerce (au nord), en particulier avec la Russie. Leur économie traditionnelle a subi le choc de la colonisation russe puis soviétique (développement de l'exploitation du sous-sol, industrialisation lourde, conquête agricole des « terres vierges » du Nord, mise à mal de vastes territoires par les essais nucléaires). Dans le contexte créé par l'indépendance, le nomadisme, qui a prévalu jusqu'à la sédentarisation forcée des années 1930, et le tribalisme ancien sont exaltés ; les trois grandes confédérations (*juz*), théoriquement disparues avec l'abolition des khanats, restent de grands corps sociaux de référence. Les Kazakhs, musulmans sunnites depuis les XIVe-XVe siècles, ont comme les autres peuples turciques de l'Asie centrale conservé une part importante de l'héritage chamanique. Leur langue appartient au groupe kiptchak de la famille turcique. Menacée par le russe dans les sphères administratives, politiques et culturelles, elle fait l'objet d'efforts de promotion.

CULTURE. La yourte, tente circulaire recouverte de feutre, la chasse à l'aide d'oiseaux de proie, les traditions équestres, les récits épiques chantés par des bardes itinérants sont emblématiques de cette culture des steppes.

HISTOIRE. Le terme kazakh (« rebelle », « fuyard »), répandu dans diverses sociétés turcophones de la région, s'est fixé à la fin du XVe siècle parmi les ancêtres turco-mongols du groupe actuel à l'occasion de guerres entre princes gengiskhanides, qui menèrent à l'éclatement de la confédération des Ouzbeks* et à la constitution d'un nouveau khanat, vite divisé en trois *juz* (Petite, Moyenne et Grande Horde). Peu à peu, les Kazakhs du Nord entrèrent dans l'orbite russe tandis que ceux du Sud se maintenaient dans celle des khanats ouzbeks de Transoxiane. La Russie prit le contrôle du territoire au XIXe siècle, non sans violence. Le Kazakhstan indépendant a succédé en 1991 à la République fédérée de l'époque soviétique. Les Kazakhs, de par le départ massif de Russes, semblent redevenus majoritaires dans le pays.

✦ Dénom. [var.] Qâzâq ; [anc.] Khirghize(s)-Kasak(s), Kirghize(s)-Kaïssak(s).

Kei. Ensemble de sociétés d'Indonésie, peuplant l'archipel de Kei, dans le sud-est des Moluques ; cet archipel comporte deux îles principales – Grande Kei (Nuhu Yut, ou Kei Besar, de 80 kilomètres de long), montagneuse, et Petite Kei (Nuhu Evav, ou Kei Kecil, de 40 lilomètres de long), peu élevée – et des petites îles coralliennes [env. 100 000].

❑ La vie quotidienne suit les saisons de pêche et celles de l'horticulture sur brûlis (riz, millet, manioc et tubercules), autrefois extrêmement ritualisées et organisées par les aînés initiés. La vente du copra a permis une intégration au marché international.

Les villages (regroupant de 500 à 2 000 personnes) sont liés par des intermariages, des alliances de guerre et des mythes, et forment ensemble deux entités : Ur-Si et Lór-Lim (les

« Neuf » et les « Cinq »). Chaque village se conçoit comme une société, composée d'unités sociales minimales : les maisons exogames auxquelles sont attachées nom, terres et fonctions rituelles héréditaires exercées par les aînés, les initiés responsables ensemble du village. Les cérémonies marquantes sont les mariages. Le choix des époux doit se faire à l'intérieur de chacun des ordres sociaux sous peine de perte de statut.
En contact depuis toujours avec d'autres civilisations d'Asie du sud-est, d'Inde, de Perse et d'Arabie), puis avec l'islam, les Portugais et enfin les Hollandais qui l'ont colonisé, Kei fut occupé par les Japonais (1942-1945) avant de faire partie de l'Indonésie. La société de Kei a développé un système de valeurs qui intègre les éléments extérieurs dans la constitution de l'idée même de société : la société *Haratut* responsable d'un ordre interne lié à la terre, la société *Lór* ouverte aux relations externes et responsable du règlement de l'inceste, du meurtre et de l'adultère.
L'islam, le catholicisme et le protestantisme sont pratiqués. Les langues parlées appartiennent à la famille austronésienne.
Voiliers. Les gens de Kei sont célèbres pour leur habileté à construire des voiliers, vendus autrefois dans toutes les Moluques.

Kenyah. Ensemble de populations vivant dans le centre de Bornéo, au Sarawak dans les régions de Baluy et du Baram (Malaisie orientale) et à Kalimantan-Est (Indonésie), dans les régions de Kutai, de Berau et de Bulungan [env. 50 000].
❑ Les Kenyah se répartissent en 40 sous-groupes dits *uma'* (« longue maison ») ou *lepo'* (« village »), comme les Uma' Kulit, Uma' Jalan, Lepo' Tau, Lepo' Ma'ut, etc. Ils comptent environ 120 communautés dans l'ensemble de l'île.
Ils cultivent le riz de montagne sur essarts, chassent et pêchent. La collecte des produits forestiers tient aussi une place importante dans leur économie, de même que le travail salarié saisonnier dans le secteur du bois.
Traditionnellement, leurs villages comportaient plusieurs longues maisons, mais ils habitent de plus en plus en maisons familiales individuelles. Ils manifestent une certaine tendance à la mobilité sociale, malgré une organisation hiérarchique plus développée que celle des autres populations de la région. Par ailleurs, solidaires et quelque peu grégaires, ils s'adaptent sans trop de mal aux changements socioculturels en cours.
Sous l'influence missionnaire, ils ont abandonné vers 1950 leur religion coutumière (*Adat Po'on*) pour un culte nativiste centré sur la déesse Bungan Malan, avant de se convertir en masse au protestantisme.
Contrairement à leurs voisins Kayan* auxquels on les compare souvent, ils présentent une diversité linguistique importante. Leurs parlers sont tous malayo-polynésiens.
✦ Dénom. [syn.] Kenya, Orang Ulu, Lepo' Buau, Lepo' Umbo' (surtout dans la région du fleuve Baram).

Kerebe. Peuple du nord de la Tanzanie (région de Mwanza), vivant essentiellement dans l'archipel d'Ukerewe, sur le lac Victoria ; de nombreuses communautés se sont éparpillées aux alentours du lac [plus de 100 000].
❑ Répartis en plus de quinze clans principaux, les Kerebe cohabitent avec les Kara et les Jita*. Ils s'adonnent à l'agriculture et à l'élevage bovin, mais tirent aussi une partie importante de leurs revenus du commerce (dans toute la région autour du lac Victoria, ils ont la réputation d'être des négociants sans scrupules). La banane est surtout utilisée pour la production d'une bière favorisant la communion lors de l'observation des rituels coutumiers.
La société est de type segmentaire et patrilinéaire. Le clan *abasilanga*, considéré comme le clan des aristocrates, est le plus important de l'archipel (son nom est parfois utilisé pour désigner le groupe tout entier). Le mariage est caractérisé par la polygamie et la résidence patrilocale. Les Kerebe sont chrétiens, avec survivance d'aspects traditionnels. Leur langue appartient au groupe linguistique bantou.
Histoire. Les Kerebe sont issus de populations diverses venues principalement du nord, des royaumes de l'Afrique interlacustre.
✦ Dénom. [var.] Kerewe ; [syn.] Bakerebe, Wakerewe.

Khakasse(s). Peuple de la Fédération de Russie, occupant dans la république de Khakassie (capitale Abakan), en Sibérie méridionale, le bassin supérieur de l'Ienissei [env. 60 000].
❑ Les Khakasses constituent une société de langue turcique, traditionnellement chamanique, mais largement convertie à la religion orthodoxe sous l'influence de la culture et de la population russes, dont la pénétration a commencé dès le XVIIe siècle. Aujourd'hui, les

Khakasses ne représentent plus que 11 % environ des 580 000 habitants de la petite république, ancien « oblast autonome » à la période soviétique. Les Khakasses sont en dehors de la sphère d'influence culturelle musulmane, dont la limite est située plus à l'ouest, approximativement à la frontière orientale du Kazakhstan, et habitent une région forestière. Avec leurs voisins les Altaiens, les Tatars de Sibérie ainsi que les Sakha*, les Khakassses sont les derniers représentants d'une culture chamanique et d'un genre de vie dans des régions forestières qui dominèrent à certaines époques de l'histoire des peuples turciques, et que l'expansion de ces derniers dans les steppes arides de l'Eurasie, et tout particulièrement dans le domaine des pays musulmans, a rendu résiduels.

✦ Dénom. Leur nom actuel témoigne d'une histoire ethnonymique extrême, puisqu'il n'était pas en usage dans la société concernée. Il fut emprunté au début des années 1920 par un groupe d'intellectuels locaux dans des sources chinoises, sur la présomption que ce terme (*khagas*) les désignait comme un peuple unique. Jusqu'à cette période, les Khakasses étaient connus sous différents noms, parmi lesquels Kirghizes ou Tatars de Minussinsk. Or, des travaux ont depuis montré que par le terme khagas, les sources chinoises désignaient en fait les Kirghizes* de l'actuel Kirghizstan. Les Khakasses compteraient d'ailleurs les Kirghizes de l'Ienissei, distincts dans l'histoire des Kirghizes du Tian Chan, au nombre de leurs lointains ascendants.

Khalkha(s). Groupe mongol* prédominant en Mongolie, où il se distribue sur l'ensemble du territoire (Ouest excepté), et plus particulièrement dans le Centre-Nord ; il est aussi représenté en Chine (Mongolie-Intérieure), de façon marginale [env. 1,8 million].

❑ Les Khalkhas représentent plus de 80 % de la population de la Mongolie. Leur présence massive dans les régions les plus développées en font le groupe le plus urbanisé. L'appartenance aux quelque 400 clans d'origine semble être désormais à peu près oubliée au profit des sentiments d'appartenance territoriale. Les Khalkhas ont été les artisans de l'unité de la Mongolie moderne, et notamment de son homogénéisation linguistique sur la base de leur dialecte propre.

Histoire. Après la chute (1368) de la dynastie mongole Yuan régnant en Chine, l'appellation « Khalkha » désigne l'une des six myriades des Mongols orientaux. Sous le règne de Dayan Khan (1466-1504), les Khalkhas nomadisent déjà sur une bonne partie du territoire de la Mongolie actuelle, tandis que les autres Mongols orientaux occupent la future Mongolie-Intérieure. Diverses principautés khalkhas se perpétuèrent dès lors, jusqu'à la fondation de la République mongole en 1924 (les Khalkhas, comme les autres Mongols orientaux, préférèrent rentrer dans l'orbite mandchoue* en 1691 plutôt que de se soumettre aux Mongols occidentaux, dont l'Empire djoungar dominait alors la haute Asie). De 1911 à 1921, les Khalkhas furent à l'avant-garde de la lutte pour l'indépendance de la Mongolie et pour l'instauration du régime populaire.

Renaissance. Alors que la Mongolie socialiste, sur le modèle soviétique, avait tenté d'éradiquer les traditions « archaïques » qu'il s'agisse des costumes, de l'écriture, du lamaïsme, mais aussi du mode de vie et de production nomade traditionnel (en s'efforçant de sédentariser les nomades, et en instaurant des coopératives et des fermes d'État), les Mongols d'aujourd'hui, en majorité des Khalkhas, aspirent à la fois à une modernisation rapide du pays sur le modèle occidental et à un retour aux sources : d'où la volonté de certains de rétablir l'écriture mongole, l'instauration de cérémonies inspirées de l'Empire mongol, le développement d'un sentiment d'identité fondé sur le souvenir de Gengis Khan, le retour au bouddhisme, la valorisation du nomadisme respectueux de l'environnement.

✦ Dénom. Qalq-a ou Qalqa, Khalkh, Xalx.

→ **Mongols**

Khampa. Terme désignant les diverses populations tibétaines* de la région du Kham (Tibet oriental, subdivisé actuellement entre les entités administratives chinoises du Sichuan, du Yunnan et de la région autonome du Tibet), y compris, au sud-est, des groupes partiellement tibétanisés (Mili, Yi*, Miao*...). Centré sur les vallées de la Salouen, du Mékong, du Yangtsé et de son affluent le Yalung, le Kham est la région la plus peuplée du Tibet [estim. 1 530 000 en 1982].

❑ Jusqu'à l'annexion chinoise (1950), le Kham était composé d'une mosaïque de petits États, dont le plus important était le royaume de Dergé, de tribus de pasteurs, de fédérations villageoises autonomes. Le pouvoir politique local était détenu par des lignées nobles, de grands monastères, des lignées (héréditaires ou de réincarnation) de religieux, etc.

Le royaume de Dergé, en particulier, fut au XIXe siècle le foyer de rayonnement du mouvement religieux « non sectaire » (*Rimé*), au cœur duquel se trouvèrent de grands monastères des ordres Sakya, Nyingma, Kagyu (et du Bön, religion tibétaine proche du bouddhisme).
Les Khampa parlent divers dialectes tibétains, proches de la langue bodaise.
Histoire. L'histoire du Kham a été marquée par des guerres entre les entités politiques locales, mais aussi contre l'Empire chinois ou les Mongols*, et contre le Tibet central sous l'autorité des dalaï-lamas. Le héros éponyme de l'épopée *Gésar de Ling* (pays situé par la tradition au Kham) exprime l'idéal tibétain du chef guerrier. Les Khampa ont une réputation de rudesse et de bravoure et se sont distingués dans la résistance à l'occupation chinoise dès 1950. Depuis l'exil de 1959, le référent identitaire khampa a pris une importance accrue, notamment au sein de la diaspora.
✦ Dénom. Dans les sociétés de langue tibétaine du nord du Népal, « Khampa » désigne souvent tous les Tibétains, à l'exception des nomades du Changtang (plateaux du Nord).
→ **Tibétains**

Kharia. Peuple de l'Inde (Bihar, Madhya Pradesh, Orissa, Bengale-Occidental, Maharashtra) [env. 300 000].
❑ Les Kharia se divisent suivant les régions en plusieurs sous-groupes : par exemple, dans la région de Chota Nagpur (Bihar), existent six sous-groupes nommés Berga-Kharia, Dilki Kharia, Dub-Kharia, Erenga-Kharia, Munda-Kharia, Oraon-Kharia. Ils vivent principalement de l'agriculture (riz, cultures maraîchères) et des activités forestières. La majorité des travailleurs sans terre servent de main-d'œuvre agricole ou sont employés dans divers secteurs industriels.
Les Kharia sont patrilinéaires et patrilocaux. Ils rendent des cultes à des divinités liées à la nature et participent à certains festivals hindous (Diwali, Dussehra, Ramnavmi).
Leur langue appartient à la famille munda.
Histoire. Les Kharia du Bihar et du Bengale Occidental semblent avoir eu très tôt une forme de royauté indépendante, mais, comme dans le cas des autres groupes tribaux, fortement imbriquée dans le contexte régional. Au XIXe siècle, ils prirent part à des degrés divers aux nombreux soulèvements provoqués par l'attitude défavorable de l'administration coloniale envers les groupes tribaux. Ils sont répertoriés parmi les *Scheduled Tribes*.
✦ Dénom. Ils sont associés aux Kunbi au Maharashtra et aux Lodha et aux Kheria au Bengale-Occidental.

Khasi. Peuple de l'Inde (Meghalaya, Assam) et du Bangladesh (Sylhet) [env. 450 000].
❑ Les Khasi, qui habitent principalement le plateau de Shillong (Meghalaya), pratiquent surtout la riziculture, la culture des pommes de terre et de divers légumes sur des terrains secs, et un peu de riziculture en terrasses au fond des vallées. Leur société segmentaire, constituée de matriclans exogames, était traditionnellement divisée en petites principautés semi-autonomes dirigées par des représentants de lignages royaux (*ki siem*), assistés de prêtres (*lyngdoh*) et de ministres (*mantri*), ces trois fonctions constituant l'apanage de lignages aristocratiques. La religion ancienne relève d'un substrat polythéiste et animiste, marqué par le culte des ancêtres de la matrilignée et, au plan rituel, par l'érection de mégalithes. Ce fonds très ancien a été partiellement recouvert par l'influence de l'hindouisme brahmanique. Aujourd'hui, la plupart des Khasi sont chrétiens. Leur langue appartient à la sous-famille môn-khmère de la famille austroasiatique.
Histoire. Aux XVe-XVIe siècles, les Khasi sont parvenus à créer deux petits États sur le plateau du Meghalaya, le royaume khasi et le royaume jaintia, chacun d'eux dominant un ensemble de petites principautés. Le royaume jaintia fut conquis par Nara Nârâyan du Koch Bihar vers 1555, puis redevint indépendant jusqu'en 1708, date à laquelle il fut finalement annexé par les Ahom. Les Birmans prirent le relais des Ahom en 1824 en faisant de ces deux royaumes des États tributaires de la cour royale. Enfin les Britanniques les annexèrent à leurs possessions en Assam, à partir de 1835.
✦ Dénom. [autod.] Khasi, Synteng, Pnar, War, Bhoi, Lynggam, etc.

Khassonké. Population du Khasso, région montagneuse de l'ouest du Mali [estim. 300 000].
❑ Agriculteurs et éleveurs, victimes de la sécheresse qui sévit dans le Sahel, les Khassonké sont d'origine fulbe* ; ils ont adopté la langue et le mode d'organisation – patrilinéaire, patrilocale et gérontocratique – de leurs voisins Mandenka*. Unifiés au XVIIIe siècle par Sega Doua, ils se divisèrent par la suite et furent soumis aux Banmana* puis aux Toucouleur*.

Ils forment une communauté importante dans l'émigration malienne en France.

Khevsur. Montagnards de Géorgie orientale, dont le petit territoire (1 050 km^2) est coupé par la chaîne du Caucase en deux parties, la P'irikiti Khevsureti (partie nord-est) et la P'iraket Khevsureti (partie sud-ouest). Cette région d'accès difficile jouxte, à l'est, la Tchétchénie et la Tusheti, à l'ouest, la Khevi et la Mtiul-Gudamaq'ari, au nord, la Tchétchénie et l'Ingushi et, à l'ouest, la Pshavi [env. 7 000].
❑ Les Khevsur, comme les Pshav* et les Tush*, n'ont jamais été inclus dans le régime féodal. Du fait de leur isolement, ils ont préservé leur propre organisation sociale, dont le système reposait sur le patriclan. C'est chez les Khevsur que se sont le mieux conservées les formes d'un système religieux commun aux montagnards géorgiens du Nord-Est, forme syncrétique dont bien des aspects sont empruntés à la religion chrétienne orthodoxe, réorganisés dans un panthéon propre. Les chefs religieux étaient responsables des sanctuaires dédiés à une divinité, tel celui de Gudani, dédié à saint Georges.
La réputation guerrière des Khevsur est restée liée à leur costume : cotte de mailles, bouclier et épée, qu'ils ont portés jusque dans les années 1930. Après le rattachement de la Géorgie à la Russie (1801), le général Simonovitch doit mener une campagne pour les soumettre (1812). Plus de cent ans plus tard, en 1924, les Khevsur abritent la retraite de K. Čoloq'ašvili, qui résiste à l'instauration du pouvoir soviétique. Dans les années 1930, ils sont l'objet de la part des ethnologues géorgiens d'une attention particulière. Il s'agit d'étudier au plus vite ces populations ayant conservé des « survivances du stade primitif » qui doivent comme les autres passer au stade du socialisme. La collectivisation de l'économie a, comme dans les régions voisines, entraîné l'installation des Khevsur dans la plaine, en K'akheti et en Kartli.
✦ Dénom. [var.] Xevsur.

Khmu. Peuple vivant au Laos, au Viêt Nam, en Thaïlande et en Chine, dans un habitat de collines soumis au régime des moussons [plus de 400 000].
❑ Les Khmu sont traditionnellement essarteurs semi-nomades (principalement riziculteurs à l'aide du bâton à fouir) et éleveurs ; la vannerie et les produits de la cueillette leur permettent d'acquérir les produits de première nécessité. Leurs groupes sociaux sont constitués de patrilignages segmentaires et totémiques. À l'intérieur de chacun d'eux, l'autorité s'établit en fonction du mérite et du charisme. Le hameau, qui forme l'unité sociale de base, est sous la tutelle d'un chef désigné parmi les représentants de la lignée fondatrice.
Les Khmu croient à la réincarnation, à l'existence d'un dieu du ciel et d'une multitude d'esprits, de divinités souterraines serpentiformes ; l'âme du riz s'incarne en la personne d'une femme, la « Mère du riz ». Leur langue appartient à la famille môn-khmère.
Histoire. Peuple très ancien de la péninsule indochinoise, les Khmu ont été refoulés vers les hauteurs et souvent réduits au servage par les Laotiens et les Taï*. Plus récemment, les encouragements à la sédentarisation (plantation d'arbres à usages industriel ou médicinal, conversion à la riziculture irriguée en vallée) ont profondément modifié l'économie traditionnelle de certains groupes.
✦ Dénom. [laotien] Phou Theng ; [vietnamien] Kho-mu ; [chinois] Kemuren.

Khond. Peuple de l'Inde (Orissa, Andhra Pradesh, Madhya Pradesh) [env. 1 million].
❑ Les Khond pratiquent traditionnellement l'agriculture sur brûlis (riz), l'élevage, la chasse et la pêche. Ils exercent de nos jours les métiers de laboureurs, de barbiers, de forgerons, de vendeurs d'alcool.
Les Khond sont patrilinéaires et patrilocaux. Le mariage a lieu par consentement mutuel ou par rapt. Le groupe se ramifie suivant les régions en lignages exogames ou en clans ; on trouve également des divisions territoriales (en Orissa). Il n'y a pas d'autorité centralisée. Chaque village a son conseil, dont le chef héréditaire (*jani* ou *majhi*, *havantha* en Andhra Pradesh), aidé d'un assistant, veille au maintien de la cohésion sociale et est impliqué dans des fonctions rituelles. Un personnage important est le *barika* ou « messager » (le mot signifie aussi « barbier »).
Connus pour avoir pratiqué les sacrifices humains, les Khond suivent, pour la plupart, leur propre religion, qui intègre des éléments hindous. Leur langue, le kui, ou kuvi, est d'origine dravidienne.
Histoire. Les Khond de l'Orissa occupent une place importante dans l'histoire de cette région. Ils exerçaient des fonctions rituelles dans les cultes (notamment le culte de Jagannath, le « Seigneur de l'Univers »). Les relations tissées

avec la royauté de Puri, dont le raja patronnait les cultes khond, se perpétuèrent sous la domination moghole, à partir du XVIe siècle. Il n'en alla pas de même avec la colonisation britannique. La rébellion des Khond contre cette dernière donna lieu à la prise du royaume de Goomsur (1836-37) ; dès lors, l'administration et les églises entreprirent notamment de mettre un terme aux sacrifices humains pratiqués par les Khond. Ces derniers sont répertoriés parmi les *Scheduled Tribes*.

✦ Dénom. [var.] Kond, Kandha, Kondhia, Kondh, Kodulu ; [autod.] Kuwinga, Kondho.

Khotone(s). Groupe turc musulman mongolisé du nord-ouest de la Mongolie (région d'Ulaangom [Oulangom] dans la province d'Uvs [ou Ouvs]) [env. 5 000].

❑ Principalement agriculteurs, les Khotones sont des Turcs* mongolisés vivant depuis plus de deux siècles au voisinage des Mongols dörbètes. Ils se répartissent en sept clans exogames et ont conservé quelques éléments turcs dans leur langue. Leur islam contient quelques traits bouddhiques et chamaniques (culte de la terre et des eaux).

HISTOIRE. Les Khotones descendent d'une vingtaine de familles kazakhes* originaires du Turkestan oriental, qui ont été asservies par les Dörbètes et sont arrivées dans la région d'Ulaangom vers le milieu du XVIIIe siècle, en même temps que les Dörbètes fuyant l'anéantissement de l'empire mongol oïrate* des Djoungars par les Mandchous*.

✦ Dénom. [var.] Khoton, Xoton.

→ **Mongols**

Kickapoo. Tribu indienne des États-Unis, installée au Kansas et en Oklahoma [env. 3 000].

❑ Ils occupaient les territoires situés au centre et au sud du Wisconsin et au nord-ouest de l'Illinois, où ils vivaient essentiellement de la chasse (bison). Constituée de deux moitiés elles-mêmes divisées, la tribu était organisée en « groupes de noms », c'est-à-dire en groupes dépositaires du stock de noms propres qu'ils doivent à la fois utiliser et défendre.

L'univers, peuplé d'esprits contrôlés par les chamanes, était ordonné autour d'un principe vital (*Kisé Manitoo*) ; les pratiques de guérison de cette tribu étaient réputées.

Les Kickapoo sont de langue algonquine.

HISTOIRE. L'une des tribus dominantes de la région des Grands Lacs, ils participèrent à la fin du XVIIIe siècle à la révolte de Tecumseh. Au XIXe siècle, ils furent contraints à s'installer en Oklahoma, d'où une branche de la tribu partit en 1903-1905 pour rejoindre le nord du Mexique, où elle demeure encore.

Kikuyu. Ensemble de peuples du Kenya (Central Province), occupant le pourtour du mont Kenya et la pente orientale du massif Aberdare [env. 4 millions, dont 850 000 Meru].

❑ Au sens large, les Kikuyu comprennent tous les peuples apparentés des hautes terres centrales. Au sens strict, ils ne regroupent que les populations vivant au sud-ouest du mont Kenya, à distinguer des groupes qu'on rencontre en suivant la pente orientale de la montagne en direction du nord : les Embu-Mbeere, les Chuka et les Meru.

Tous les Kikuyu pratiquent une agriculture très diversifiée du fait des variations d'altitude : maïs, mil, sorgho, etc. auxquels s'ajoutent des cultures de rapport (café, légumes européens, khat chez les Meru). Ils font aussi de l'élevage (chèvres, moutons surtout).

Le pays kikuyu est divisé en sections territoriales occupées par les sous-clans. Tous les groupes, à l'exception des Kikuyu au sens strict, connaissent une organisation en moitiés. Il n'existait pas de chefs avant la période coloniale, si ce n'est le leader rituel *Mugwe*, chez les Meru, dont l'autorité religieuse contrebalançait le pouvoir exercé par le conseil des anciens. Partout, l'accession par initiation au statut d'ancien dépend d'un système de deux classes générationnelles, l'autorité passant alternativement de l'une à l'autre tous les trente ou quarante ans à l'occasion d'une cérémonie de transmission.

La conversion au christianisme (catholique, protestant) fut précoce et massive. Aussi la religion traditionnelle (croyance en un Dieu associé au ciel et au sommet du mont Kenya) n'a-t-elle aujourd'hui qu'une importance marginale. On note en revanche l'émergence de cultes syncrétiques.

Le kikuyu se divise principalement en *kigikuyu* et en *kimeru*. Langue bantoue du Nord-Est, il utilise l'alphabet latin, est pratiqué en concurrence avec l'anglais et fait l'objet d'une production littéraire, au sein de laquelle se détache l'œuvre de Ngugi wa Thiong'o.

HISTOIRE. Les groupes Kikuyu/Meru sont issus de nombreuses vagues migratoires de peuples de langues couchitique, nilotique ou bantou, qui se sont adaptés à l'environnement montagnard. Les migrations à l'intérieur du massif furent nombreuses. Les Kikuyu s'étendirent ainsi aux XVIIe-XVIIIe siècles en rachetant aux chasseurs Okiek* des parcelles de forêt. Au début du XXe siècle, l'expansionnisme kikuyu se heurte à celui des colons britanniques. Les Kikuyu se dotent d'organisations et voient émerger en leur sein un leader au fort charisme, Jomo Kenyatta. Après la Seconde Guerre mondiale, le mouvement de guérilla Mau-Mau s'organise dans les forêts et, de 1952 à 1956, traumatise par sa violence la communauté blanche et les Kikuyu eux-mêmes, dont certains restent loyalistes ou favorables au dialogue. De l'indépendance, en 1963, jusqu'à la mort en 1978, de Kenyatta, premier président du pays, les Kikuyu bénéficient d'une position de force, qui est ensuite contestée par les Kalenjin* soutenus par le nouveau président Daniel Arap Moi. Des affrontements meurtriers opposent les deux communautés au début des années 1990.

Kiowa. Tribu d'Indiens des plaines du sud des États-Unis, installée dans l'Oklahoma [env. 7 000].

❑ Nomades, ils étaient divisés en sept bandes, possédaient des confréries guerrières, chassaient le bison et vivaient dans de grands tipis de peaux. Ils sont célèbres pour leurs dessins sur peau de bison, retraçant les événements de l'année, et pour leur art héraldique. Aujourd'hui, l'affiliation protestante est la norme, mais certaines cérémonies (danse du Soleil, du Bison, etc.) se sont maintenues.

Histoire. Issus du haut Missouri, les Kiowa descendirent vers l'Arkansas, le Colorado et l'Oklahoma, constituant un groupe linguistique distinct (branche kiowa-tano de la famille uto-aztèque). Alliés aux Crow* puis aux Comanches*, ils furent l'une des dernières tribus à capituler (ultime soulèvement en 1874-75).

Kiowa-Apaches. Une tribu apache*, les « Kiowa-Apaches », se plaça sous leur protection, se coupant ainsi des autres Apaches. Elle est installée aussi dans l'Oklahoma.

Kirghize(s). Peuple vivant au Kirghizstan, représenté aussi en Chine (Xinjiang), en Ouzbékistan et au Tadjikistan, et comprenant quelques groupes en Afghanistan et en Turquie [env. 3 millions].

❑ Les Kirghizes occupent sous la forme d'une zone de peuplement continu (où ils ne sont tout juste majoritaires qu'au Kirghizstan même) les montagnes du Tian Chan occidental et central et les abords du Pamir, soit le milieu naturel le plus élevé habité par un peuple musulman d'Asie centrale. Traditionnellement, ils sont pasteurs nomades (alpages en été, zones plus basses en hiver).

Ils se répartissent en de nombreux clans et groupes lignagers, avec une opposition entre Kirghizes du Nord et du Sud. Cette structure tribale est encore très vivante.

Musulmans sunnites, de rite hanéfite (avec la réputation, dans la région, d'être de piètres pratiquants), ils conservent comme les autres peuples turciques d'Asie centrale une part importante de l'héritage chamanique.

Leur langue, le kirghize, appartient à la branche kiptchak-kirghize des langues turciques. En ville, ils sont souvent, parfois surtout, russophones.

Histoire. Un lien existe probablement entre les Khirghizes, ou *Kien Kuen* des sources chinoises anciennes, qui fondèrent vers 840 un éphémère khanat en Mongolie, et les Kirghizes contemporains installés pour la plupart à partir des XVIe-XVIIe siècles dans leur habitat actuel. Les Kirghizes n'ont pas formé à l'époque précoloniale d'entités souveraines comparables aux khanats kazakhs* (auxquels ils ont été longtemps soumis) ou ouzbeks*. La conquête (dans les années 1860) puis la colonisation russes menèrent l'Asie centrale à la révolte (1916) ; de nombreux Kirghizes émigrèrent alors vers le Xinjiang. Structure autonome à partir de 1925, république fédérale en 1936, le Kirghizstan est indépendant depuis 1991. Une terrible poussée de fièvre anti-ouzbèque eut lieu en 1992 au sud, dans la ville d'Och ; depuis, le pays n'a pas connu de conflits interethniques majeurs.

✦ Dénom. [var.] Kirghiz, Qirghiz, etc. ; [syn., anc.] Dans l'ancien usage russe, les termes Kirghizes ou Kirghizes-Kasaks désignaient les Kazakhs, tandis que les Kirghizes étaient appelés Kara-Kirghizes.

Kissi. Peuple vivant en Guinée, ainsi qu'en Sierra Leone et au Liberia, dont le territoire est couvert à la fois de forêts denses et de savane [env. 530 000].

❑ Les Kissi sont surtout des agriculteurs (manioc, maïs, taro, gombo et surtout riz). Avant la colonisation, la société était composée d'une constellation de chefferies indépendantes, sans aucun pouvoir central. Chaque village, dirigé par un conseil des anciens, comptait plusieurs lignages patrilinéaires. Les aînés

des lignages jouaient le rôle d'intermédiaires entre le monde des vivants et celui des morts. Le christianisme et l'islam (pour une petite minorité) se sont superposés au culte des ancêtres et aux rites agraires.
Les Kissi parlent le *kissiye*, de l'ensemble nigéro-kordofanien.
Histoire. À la fin du XVIIe siècle, délogés du sud du Fouta-Djalon par les Yalunka, ils s'installèrent dans la région de Kissidougou et de Guéckédou. Comme bien d'autres populations de la région, ils subirent (XVIIIe-XIXe siècles) les razzias des chasseurs d'esclaves. La colonisation française, à partir du début du XXe siècle, entraîna des modifications de la vie traditionnelle (regroupements de villages, cultures d'exportation, etc.).
✦ Dénom. [var.] Kisi.

Kogui. Peuple du nord de la Colombie (Magdalena), établi sur le versant septentrional de la Sierra Nevada de Santa Marta et disposant d'un *resguardo*, ou réserve [env. 6 700].
❑ L'activité principale des Kogui est l'horticulture (banane plantain, canne à sucre, igname, manioc, café, etc.). La propriété se transmet de mère en fille. Traditionnellement, chaque famille possède deux parcelles, l'une étant cultivée durant la saison sèche, l'autre, durant la saison humide.
La résidence est soit matrilocale, soit néolocale. L'organisation socio-politique repose comme chez les Ika* sur l'autorité des *mamo*, ou chefs de centres cérémoniels, assistés dans leurs fonctions civiles par des commissaires (généralement nommés par le gouvernement colombien) et deux adjoints (*cabos*), chargés de réunir la population pour les travaux communaux, d'interpeller ceux qui transgressent les règles et d'administrer la justice.
Malgré l'implantation catholique ancienne (il y a une église dans chaque village), le chamanisme est encore très présent. Cependant, l'installation de pentecôtistes (depuis les années 1980) représente un nouveau péril.
Le kogui appartient à la famille linguistique chibcha. La moitié de la population, surtout les jeunes, parle aussi l'espagnol.
Histoire. Les Kogui entretiennent depuis toujours des relations étroites avec les autres peuples de la Sierra Nevada de Santa Marta : les Kankuama, quasi disparus, les Ika* et les Sánha. Ces derniers se sont dispersés et en partie mêlés aux Kogui, dont ils partagent la langue et de nombreuses coutumes. Depuis le début du siècle, les terres kogui ont fait l'objet de nombreuses transactions avec les colons (ventes, échanges, perte par le jeu des mariages de colons avec des femmes kogui) : en situation d'endettement chronique, les Kogui sont obligés, pour subsister ou s'acquitter envers leurs débiteurs, de travailler dans les grandes exploitations. Après avoir été décimés par les maladies broncho-pulmonaires et gastro-intestinales, ils retrouvent un certain dynamisme démographique. Au début des années 80, ils ont créé avec les Sánha une organisation politique (*Gonavendua Tairona*) qui joue désormais un rôle important face aux pouvoirs publics.
✦ Dénom. [syn]. Cágaba, Koggaba, Kággaba ; Arhuaco ; [autod.] Cogui (« jaguars »).

Kokna. Peuple vivant au Maharashtra et au Gujarat [env. 555 000].
❑ Les Kokna sont principalement agriculteurs (riz), mais rares sont ceux qui possèdent leur propre terre. Patrilinéaires et patrilocaux, ils se répartissent en clans exogames (*kur*). À la tête de la région se trouve un conseil régional où se retrouvent les dirigeants de village (*mukhiya*). Si les Kokna sont majoritairement hindouisés, ils n'en continuent pas moins à rendre des cultes à leurs propres divinités (*Kansari, Dongar, Gaodeo, Bhairao*). Leur langue, le kokni, appartient à la famille indo-européenne.
Histoire. Dans la région Dang, les Kokna étaient associé à la royauté bhil* ; ils étaient souvent les tenanciers des terres. Ils ont participé avec les autres groupes tribaux de cette région au soulèvement visant la création d'un État autonome adivasi dans le Dang. Ils sont répertoriés parmi les *Scheduled Tribes*.
✦ Dénom. [var.] Kokni, Kukni, Kukna ; [autod.] par le nom de clan : Powar, Chauhan, Deshmukh, etc.

Koli. Peuple de l'Inde (Gujarat, Maharashtra, Karnataka) [env. 1,2 million].
❑ Les Koli se divisent en différents groupes selon l'activité qu'ils exercent. Suivant les régions, on trouve les Son Koli (exclusivement pêcheurs), les Vaitee Koli, Mangela Koli, Malhar Koli (porteurs), les Chunvalia et Talapada Koli (cultivateurs). Patrilinéaires et patrilocaux, ces groupes se divisent pour la plupart en clans (*atak* ou *kur*). Il y a deux sources d'autorité : celle du chef de village et celle du chef de conseil communautaire. Les Koli sont fortement hindouisés.

Histoire. Les groupes Koli du Gujarat suivirent massivement le mouvement nationaliste indien dans les années 1920. Ils étaient de fervents défenseurs de Gandhi, qu'ils associaient à une divinité venue les délivrer. Ce mouvement est connu comme le mouvement de Devi (déesse mère) ou comme le mouvement *Gandhi dekhay* (« vision de Gandhi »). Les Khali font partie des *Scheduled Tribes*.

Kolla. Population du nord-ouest de l'Argentine (province de Jujuy surtout) [estim. 180 000].

❑ Les Kolla, dont la caractérisation et l'ethnogenèse précises sont discutées, sont les descendants des groupes autochtones du Nord-Ouest argentin (Diagüita, Omaguaca et Apatama), largement mêlés à des migrants venus des communautés andines et métissés dans des proportions diverses avec les Espagnols (et les autres immigrants argentins). Ils sont christianisés, ne parlent plus leurs langues vernaculaires (sauf pour les locuteurs du quechua et de l'aymara venus de Bolivie), mais présentent, surtout en zone rurale, une forte identité indigène. Agriculteurs et pasteurs, ils sont réputés pour la qualité de leur artisanat (tissus, manteaux, ponchos et instruments de musique). La famille nucléaire, appuyée sur un réseau de parenté et de compérage, est la base de la société.

✦ Dénom. [var.] Colla ; [syn.] Cholo (pour ceux qui habitent les villes).

Komi(s). Peuple de Russie, vivant dans la république des Komis et dans les régions avoisinantes [env. 340 000].

❑ La vaste république des Komis s'étend, entre la Vytchegda et la Petchora, du nord de l'Oural au cercle polaire. Les Komis (un cinquième de la population) habitent bourgs et villages, tandis que les allochtones occupent les villes et les bases pétrolières. De leurs diverses activités traditionnelles, incluant, outre une maigre agriculture, la trappe, le travail du cuir et de la fourrure, l'exploitation forestière et la pêche, seul l'élevage des rennes s'est véritablement maintenu.

Les Komis sont orthodoxes et parlent aux deux tiers le komi, qui appartient au groupe permien de la famille finno-ougrienne.

Goulag. Le camp de Vorkouta, l'un des plus tristement célèbres du goulag, était situé sur le territoire de la république.

Histoire. Les ancêtres des Komis et des Komis-Permiaks (peuple voisin apparenté de 150 000 individus) se sont installés dans la région à partir du xe siècle. Les Komis furent convertis au XIVe siècle et intégrés à l'État russe au XVe siècle. La région autonome des Komis (1921) est devenue république autonome en 1936 puis, en 1992, république de la fédération de Russie. La collectivisation des années 1930 a porté un coup fatal à la culture komie, confrontée de surcroît au développement de l'exploitation minière puis pétrolière, source de graves atteintes à l'écosystème (telle la « marée noire » de 1994, due à la fuite de l'oléoduc de la Petchora).

✦ Dénom. [syn., anc.] Zyrianes, ou Zyriènes, calque d'une appellation russe désuète ; [autod.] Komi Voïtyr (« peuple komi »).

Kongo. Peuple du sud-ouest de la République populaire du Congo, du nord-ouest de la République démocratique du Congo (région du Bas-Congo) et de l'Angola (Cabinda et nord-ouest du pays) ; son territoire, au climat équatorial, comprend des parties de forêts tropicales (au nord), des vallées bien irriguées, des hauts plateaux herbeux et des montagnes recouvertes de forêts [estim. 6 millions].

❑ Traditionnellement agriculteurs, les Kongo remplacèrent au XIXe siècle le sorgho et le millet par le maïs et le manioc. Ils cultivent également le riz, les tomates et les haricots. Les hommes s'adonnent à la chasse, à la pêche et à la cueillette. Autrefois, les Kongo produisaient des textiles de luxe en raphia. Aujourd'hui, une partie d'entre eux travaillent à Kinshasa ou à Brazzaville. Ils ont également participé à la construction des infrastructures routières et ferroviaires de leurs pays.

L'unité résidentielle est le village, où vivent 60 à 80 familles, regroupées selon une organisation clanique, lignagère et matrilinéaire.

Rapidement convertis au christianisme, les Kongo conservent bon nombre de leurs croyances d'origine (terminologie traditionnelle, culte des ancêtres, rites d'initiation, divination) ; celles-ci connurent un renouveau après la colonisation. Ils ont également largement adhéré au kimbanguisme.

Ils parlent le kongo (divers dialectes), appartenant l'embranchement Niger-Congo, en bilinguisme avec le français.

Histoire. Issu d'un petit royaume bantou d'origine septentrionale, le royaume du Kongo fut fondé à la fin du XIVe siècle et installa sa capitale dans l'Angola actuel. Les rois successifs assirent leur puissance par l'assimilation des populations conquises et le contrôle des échanges commerciaux avec la côte et avec l'intérieur des terres. Le commerce de l'ivoire et des esclaves avec les Européens se mit en place à la fin du XVe siècle, époque à laquelle le roi se convertit au christianisme. Au XVIIe siècle, à la suite du déplacement des activités commerciales vers le sud de l'Angola et de l'émergence de nouveaux royaumes, le royaume du Kongo éclata en chefferies qui continuèrent de pratiquer la traite esclavagiste. Plus tard, les différents colonisateurs utilisèrent les Kongo comme main-d'œuvre et les chefferies furent converties en villages.

Art. Les Kongo sculptent des statuettes utilisées dans les activités de sorcellerie et de divination. Ce sont des *nkisi*, de forme anthropomorphe ou zoomorphe, reconnaissables grâce au miroir incrusté dans la partie centrale.

✦ Dénom. [autod.] Bakongo.

Konso. Peuple du sud de l'Éthiopie, vivant au voisinage du Rift, sur les hautes terres au sud du lac Shamo et dans une vallée débouchant sur le lac Ch'ew Bahir [estim. 150 000].

❑ Les Konso pratiquent avant tout une céréaliculture intensive (mil, maïs, sorgho) sur terrasses. Leurs clans patrilinéaires et exogames se succèdent au pouvoir, au sein de villages fortifiés en fréquente hostilité mutuelle. Un système de classes d'âge et de générations régit l'accès des hommes aux responsabilités, portages de pierre et combats constituant des rites de passage. Les cultes agraires prédominent. Le konso fait partie des langues couchitiques du nord.

Art. Les Kongo élèvent de magnifiques statues funéraires en bois de genévrier pour glorifier leurs ancêtres illustres, hommes et femmes. Les hommes statufiés portent sur le front le *kallacha*, ornement phallique qui rappelle leurs exploits guerriers. Les yeux sont marqués par des coquilles d'œuf, et les dents sont remplacées par des dents de chèvres.

Kootenai. Tribu indienne des Grandes Plaines, répartie entre les États-Unis (Idaho, Montana) et le Canada (Colombie-Britannique) [env. 4 000].

❑ Les Kootenai, dont le territoire se situait dans la région du Plateau, sur les rives de la Kootenai, se divisaient en un groupe du haut, qui traquait le gros gibier (cerf, caribou, orignal, etc.) et allait chasser le bison dans les Plaines, et un groupe du bas, qui vivait surtout de la pêche.

Ils étaient organisés en bandes autonomes et en confréries (de guerriers, de femmes, de chamanes). La polygynie sororale était pratiquée. Selon les circonstances les Kootenai vivaient dans des huttes de paille, des abris coniques d'écorce de bouleau ou des tipis.

Ils ont été christianisés, mais leur religion chamanique, à la mythologie très élaborée, connaît un regain (nombreuses danses : du Soleil, du geai bleu, de la Conjuration, etc.).

Leur langue, très menacée, n'a pu être rattachée à aucune grande famille linguistique nord-américaine et est considérée comme une famille autonome (kootenayen).

Histoire. En contact avec les Blancs à partir du début du XIXe siècle, ils ont été décimés par les épidémies puis ont vu leur territoire livré à l'exploitation forestière et minière.

Koriak(s). Peuple de Russie (Sibérie) vivant au Kamtchatka et sur les bords de la mer d'Okhotsk, dans la région de la Kolyma ; une petite partie réside au sud de la Tchoukotka [env. 9 500].

❑ Les Koriaks, tout comme les Tchouktches*, se divisent en éleveurs de rennes de la toundra (*tchavtchu*) et en chasseurs de mammifères marins du littoral (*nymylg'yn*) ; ils sont traditionnellement nomades et semi-nomades. Leur unité sociale de base est la famille nucléaire, avec filiation patrilinéaire et résidence patrilocale. Plus influencés par l'orthodoxie que les Tchouktches, les Koriaks ont cependant des conceptions religieuses très similaires.

Le koriak appartient à la même famille linguistique que le tchouktche, et tend, comme ce dernier, à être délaissé au profit du russe.

Histoire. Les Koriaks acceptèrent plus docilement la colonisation que les Tchouktches, et prêtèrent parfois main forte aux Russes contre ces derniers, qui les attaquaient pour leur voler leurs rennes. La période soviétique a laissé une société en perte d'identité, victime de surcroît de la pollution liée à l'exploitation des richesses minières telles que l'or.

✦ Dénom. [var.] Koryak(s) ; [russe] Koriaki.

Kota. Peuple de l'est du Gabon, vivant dans la forêt équatoriale [estim. 60 000].

❑ D'un point de vue historique, on distingue les Kota du Nord, arrivés les premiers dans le pays, et les Kota du Sud. Tous pratiquent une

agriculture de subsistance sur brûlis, la chasse, la pêche et la cueillette.
Organisés en clans, patrilinéaires et exogames, les Kota se répartissent dans des villages de faible étendue, au sein desquels seuls les chefs de clans exercent une certaine autorité.
La religion repose sur le culte des ancêtres, les crânes et les ossements des défunts constituant des reliques vénérées. Des confréries initiatiques masculine et féminine renforcent la cohésion sociale. Les Kota sont de langue bantoue.
Art. L'art funéraire kota comporte de célèbres figures gardiennes de reliquaire, en bois et décorées de plaques et de lamelles en cuivre et en laiton, et les masques-heaumes *emboli*.
✦ Dénom. [autod.] Bakota.

Koumyk. Peuple majoritairement établi dans la république du Daguestan (Fédération de Russie), sur les versants septentrional et oriental de l'est de la chaîne du Caucase, jusqu'à Derbend et aux abords du cours inférieur du Terek. Ils ont pour voisins les Nogay* au nord, les Avar* et les Dargui* à l'ouest, les Azéris* et les Tabassaran* au sud [env. 300 000].
❑ L'économie traditionnelle des Koumyk reposait sur l'agriculture, l'élevage (bovins d'attelage, chevaux, etc.), la pêche en mer et en rivière, un brillant artisanat (tissage de tapis, travail du cuir, du bois, des métaux – armurerie notamment) et un commerce très développé du fait de leur situation géographique (au débouché du Caucase et, jadis, sur la route de la soie). Après les transformations de l'époque soviétique, ils connaissent aujourd'hui, comme tous les peuples du Daguestan, une situation économique très difficile, aggravée par le conflit russo-tchétchène.
Depuis le XIXe siècle, la famille étendue a laissé la place à la famille restreinte. La société est régie à la fois par la coutume caucasienne (*adat*) et par la loi islamique, la charia.
La plupart des Koumyk sont en effet musulmans sunnites hanéfites, à l'exception d'un petit nombre de citadins de Derbend et de Makhatchkala, ralliés au chiisme.
Ils parlent une langue turque du groupe kyptchak (comme les Karatchay*, les Balkar* et les Nogay*) qui se subdivise en trois dialectes principaux : khaydak, buynaksk et khasavyurt. Le koumyk a longtemps joué le rôle de langue véhiculaire dans cette zone où se côtoient bon nombre de petites ethnies et de langues très diverses. L'usage généralisé du russe a inversé cette tendance. Toutefois, parmi les neuf langues officielles de la république du Daguestan, le koumyk est aujourd'hui l'une des cinq utilisées dans la presse locale et conserve souvent sa capacité à assimiler des groupes linguistiques isolés et numériquement plus faibles.
Histoire. Vraisemblablement issue du brassage d'éléments ibéro-caucasiens et altaïques, annexés quelque temps par la Horde d'Or, les Koumyk mirent à profit l'affaiblissement de celle-ci pour instaurer un État reposant sur une structure féodale complexe, le *chemkhalat*, et doté d'une vive conscience turcique. Les conditions géographiques firent que les chemkhals reconnurent de tout temps la souveraineté des chahs d'Iran, tout en entretenant des liens étroits avec la Russie et en s'alliant volontiers avec les Ottomans. L'indépendance du chemkhalat prit fin en 1725 avec l'avancée russe sur la côte occidentale de la Caspienne ; puis l'Iran abandonna définitivement toute prétention sur le Daguestan au traité de Gulistan (1813). De même que les autres populations de cette région, les Koumyk furent placés sous administration russe directe après la répression de la longue révolte de l'imam Chamyl, dans les années 1850. Toutefois, le sentiment identitaire et l'accession à la culture écrite donnèrent lieu à l'éclosion d'une langue littéraire et à une activité intellectuelle notable dès la seconde moitié du XIXe siècle, puis pendant la période soviétique.
✦ Dénom. [autod.] Koumouk.

Kounta. Tribu maure fortement dispersée (Mauritanie, Mali, Maroc, Sénégal, Niger) [env. 100 000].
❑ Originaires de Mauritanie, les Kunta, associés à la diffusion de la confrérie soufiste *qâdiriyya*, sont les introducteurs d'un modèle confrérique d'organisation commerciale et caravanière, s'appuyant sur le cadre tribal et les hiérarchies religieuses pour contrôler les routes commerciales.
→ **Maures**

Koya. Peuple de l'Inde (Andhra Pradesh, Madhya Pradesh, Orissa) [env. 500 000]
❑ Le terme de Koya englobe plusieurs groupes relativement spécifiques, relevant de statuts différents : les Koya Dora (« seigneurs » koya) appelés également Konda Rajulu, les Racha Koya, les Raj Koya, les Lingadhari Koya (Koya « ordinaires »), les Goud. Ces différents groupes se subdivisent pour la plupart en

phratries exogames (*katta*) puis en clans (*bansa*). Les familles sont principalement nucléaires, le mariage se fait préférentiellement avec la cousine croisée en ligne maternelle, la résidence est patrilocale. Le chef de village s'occupe des affaires sociopolitiques aussi bien que religieuses.
Majoritairement sans terres, les Koya sont souvent employés comme laboureurs saisonniers par les propriétaires agricoles locaux. À cela s'ajoutent habituellement la chasse et un revenu émanant de la collecte forestière. Les Koya apparaissent également comme des spécialistes des médecines traditionnelles.
Ils se rattachent à une pratique populaire de l'hindouisme, tout en gardant leur propre divinité *Gudimata* en Orissa. Leur langue, le kui, est d'origine dravidienne.
Histoire. L'histoire des Koya s'inscrit dans l'histoire du Bastar (Madhya Pradesh), où ils furent fortement associés à la royauté (gond* notamment), comme le soulignent par ailleurs les qualificatifs apposés à leur dénomination (*raj* « seigneur ») et la revendication d'une origine remontant à Bhima, l'un des *pandava* (fils de Pandu, héritier de la dynastie lunaire) de la célèbre épopée du Mahabharata. Ils participèrent à des degrés divers aux différents mouvements tribaux qui secouèrent la région, notamment les insurrections de 1856-1859 contre les propriétaires *zamindar*. Ils sont répertoriés parmi les *Scheduled Tribes*.

Kpelle. Peuple du nord du Liberia ; connu sous le nom de Guerzé, un segment de locuteurs kpelle se trouve également dans le sud de la Guinée [env. 700 000 en 1989].
❑ Représentant 20 % de la population totale du Liberia, les Kpelle constituent le groupe majeur du pays. Ils pratiquent la riziculture sur brûlis, mais la production (en concessions) du minerai de fer et du caoutchouc tend à remplacer l'économie traditionnelle.
Les Kpelle forment une société segmentaire, patrilinéaire et patrilocale. Leurs douze chefferies, politiquement indépendantes, regroupent chacune plusieurs villages dont les ancêtres lignagers sont communs. À la tête de chaque chefferie se trouve le *loi-kalon*, descendant des fondateurs mythiques. La société secrète à grades hiérarchisés *poro* (que l'on retrouve aussi chez les Mende* et les Temne* de Sierra Leone), consacrée exclusivement à l'initiation des jeunes hommes et à laquelle il est obligatoire d'appartenir pour participer à la vie sociale, joue un rôle considérable dans l'organisation des chefferies. Le christianisme et l'islam se conjuguent désormais avec le polythéisme traditionnel. Les Kpelle parlent une langue mandingue*.
Histoire. Venant du nord, les Kpelle sont arrivés dans les régions forestières libériennes au XVIIe siècle.

Kru. Terme désignant à la fois une population côtière, les Kru proprement dits (→ Krumen), et les diverses sociétés d'une aire culturelle de 120 000 km^2 environ, située à cheval sur la Côte d'Ivoire et sur le Liberia.
❑ Dans la partie ivoirienne de l'aire culturelle kru [env. 600 000 en 1970], on dénombre 15 groupes, dont les principaux auxquels les autres s'apparentent sont, en partant de l'ouest : les Dida, les Godié, les Bété*, les Néyo, les Bakwé, les Wè* (Guéré et Wobé) et les Kru proprement dits. Les Kru du Liberia [env. 400 000 en 1970] se répartissent en six groupes.
Les Kru cultivent le riz, base de leur alimentation, élèvent des bœufs (race des lagunes), et se sont tournés vers les cultures commerciales (café, cacao). L'ouverture d'un port à San Pedro, opération lancée en 1968 pour mettre en valeur l'arrière-pays, a provoqué un important afflux d'immigrants (notamment de Baoulé*) qui modifie le rapport entre autochtones et allochtones au profit de ces derniers.
Dans l'Ouest ivoirien, le passage d'un groupe à l'autre se fait par transitions insensibles, étant donné l'importance des traits culturels communs. Ce sont des sociétés de type lignager, ou segmentaire, où la descendance patrilinéaire est déterminante ; le lignage, sur lequel son chef exerce une réelle autorité, forme le cadre de l'exogamie. Le mariage, avec résidence patrilocale, qui crée ou renouvelle des alliances entre lignages, se signale par le montant élevé de la compensation matrimoniale. Entre le lignage, à la base, et la tribu, au sommet, s'interposent des confédérations guerrières d'ampleur croissante, notamment dans le cas des Wè*.
✦ Dénom. [var.] Krou.

Krumen. Groupe côtier de l'extrémité sud-ouest de la Côte d'Ivoire, entre le Cavally et San Pedro [env. 18 000 en 1970].
❑ Les Krumen, principalement concentrés sur un front de mer profond d'une vingtaine de kilomètres, ont une organisation sociale segmentaire, patrilinéaire et patrilocale. Ils for-

ment 26 tribus, ou *bloa*, fédération de patrilignages qui compte en moyenne 600 personnes, réparties en une dizaine de villages, chaque village comprenant des membres de plusieurs lignages.
Traits généraux. → Kru
Histoire. Ce nom de Krumen a été donné par les Anglais aux Krao de la côte libérienne qu'ils embarquèrent sur leurs bateaux dès la fin du XVIIIe siècle. Bientôt, sur la portion de côte qui va de Freetown au fleuve Sassandra, tous les navires européens qui allaient faire du commerce jusqu'au Gabon prirent l'habitude de recruter des équipages qu'ils débarquaient au retour, pratique, et ce jusqu'aux années 1980. Le terme désigne donc surtout une catégorie socioprofessionnelle. Au XXe siècle, les Krumen sont passés maîtres dans l'art d'arrimer les billes de bois sur les cargos opérant dans le golfe du Bénin. La région de Tabou, chef-lieu kru, a reçu un important afflux d'argent provenant des activités maritimes.
✦ Dénom. Kru (proprement dits).

Krymtchak(s). Population juive d'Ukraine (Crimée), représentée aussi en Russie et en Ouzbékistan [env. 1 500].
❑ Ainsi nommés (le mot signifie « Criméens ») à partir des années 1860, sans doute pour les distinguer à la fois des Ashkénazes et des Karaïtes*, les Krymtchaks seraient une population autochtone convertie au judaïsme, à laquelle sont venus s'ajouter des éléments juifs, turcs et génois. Ils eurent successivement pour centre Kaffa (Féodossia), Krassu-Bazar (Belogorsk), puis Simferopol. Au nombre de 10 000 à la veille de la Seconde Guerre mondiale, ils furent exterminés dans leur quasi-totalité par les occupants nazis. Leur langue s'apparente au tatar* de Crimée.
→ **Juifs**

Kuba. Peuple de la République démocratique du Congo (Kasaï occidental), dont le royaume, petit mais riche, comprend forêts, savanes et larges cours d'eau. On distingue les Kuba *stricto sensu* (Bushoong, Ngeende, Bieeng, etc.), des Kete-Coofa, des Cwa et des Mbeengi [estim. 250 000].
❑ Les Kuba pratiquent l'agriculture (maïs, manioc, palmier raphia, etc.), l'élevage de petit bétail, la pêche, la cueillette et la chasse. Les brillantes activités commerciales et artisanales (orfèvrerie, travail du fer, sculpture sur bois) de jadis ont décliné.
Le royaume kuba forme une fédération de chefferies pyramidales, dominées par la plus grande et la plus complexe d'entre elles, celle des Bushoong (dont le chef est le roi kuba), composée de 9 « chefferies de terre » elles-mêmes constituées de cantons regroupant chacun 5 ou 6 villages. Les Kuba proprement dits sont organisés en clans matrilinéaires mais ont un mode de résidence virilocal, d'où leur forte mobilité. La polygamie est un privilège réservé aux chefs.
La christianisation n'a pas éteint la foi en les esprits de la nature. Ceux-ci se manifestent par l'intermédiaire de prêtresses et assurent prospérité ou calamités selon qu'ils sont satisfaits ou non de l'attention qu'on leur porte. Ce sont néanmoins les sorciers qui sont les principaux fauteurs de malheur ; il revient aux devins de contrer leur action.
Les Kuba parlent des langues bantoues : les Kuba proprement dits, le bushoong (ou *tshikuba*), les Kete, un dialecte luba-kasaï*, les Cwa (chasseurs-cueilleurs pygmoïdes) et les Mbeengi, des dialectes nkucu (groupe mongo*).
Art. Tous les ustensiles de la vie quotidienne d'autrefois étaient décorés et sculptés (plus de 200 motifs différents). Les statues des rois défunts (assis, les jambes croisées, face à leur emblème) témoignent d'un art de cour raffiné. Des masques alliant la sculpture, le tissage et la broderie étaient utilisés lors de l'initiation des jeunes garçons. Les célèbres *velours du Kasaï*, broderies de raphia, reproduisaient les motifs des scarifications corporelles.
Histoire. Venus du nord, les Kuba se sont installés dans leur habitat actuel aux XVIIe-XVIIIe siècles. La conquête de la suprématie politique par les Bushoong fit apparaître l'institution royale, renforcée par un roi éclairé, Shyaam, qui inaugura la dynastie des Matwoon (toujours en place) sous laquelle les Kuba connurent leur âge d'or jusqu'à l'ère coloniale. Entre 1893 et 1920, 25 à 50 % d'entre eux ont été emportés par des épidémies successives.
✦ Dénom. [syn.] Kouba, Bakuba, Bakouba.

Kubu. Populations de la côte est de Sumatra (Indonésie), occupant les zones marécageuses situées entre les fleuves Musi (région de Palembang) et Batang Hari (région de Jambi) et leurs affluents de l'amont, les rivières Rawas et Tembesi [estim. 10 000].
❑ Les Kubu restés nomades (les Kubu Utan, « de la forêt ») sont chasseurs à la sarbacane,

pêcheurs et collecteurs des produits forestiers (résines, pierres de bézoard, bois de gaharu, rotin, peaux, miel, etc.). Ils vivent dans des hameaux (*sirup*) de trois à cinq huttes. Selon leur coutume, ils ne se lavent pas par peur de l'eau et évitent la pluie et les lieux humides. Quand survient un décès, ils abandonnent leur établissement après avoir enterré le défunt. L'organisation sociale est fondée sur la bande et la famille nucléaire.
Les Kubu sédentaires, horticulteurs et essarteurs de riz sec, constituent des groupements locaux (*suku*), sous l'autorité de chefs coutumiers, vassaux des Malais*. Leur chamanisme, adopté en partie sous l'influence malaise, sert dans le cadre d'activités rituelles (exorcismes, séances curatives, rites de passage).
Les affinités linguistiques de ces groupes, dispersés dans la forêt et le long des rivières, ont fait l'objet de différentes interprétations. Actuellement, les Kubu parlent une forme de malais de la région de Palembang et de Jambi (malayo-polynésien occidental). Cependant, leur intonation particulière et quelques lexèmes distincts laissent supposer qu'ils auraient perdu leur langue originelle à la suite de contacts avec les Malais.
Histoire. Les bandes Kubu sont tombées sous l'influence des Malais dès le XVIIe siècle, à l'instigation de Ratu Senuhun, prince de Palembang. À cette époque, les Kubu et les Malais pratiquaient « l'échange silencieux » des produits forestiers contre des biens manufacturés, une relation qui continua jusqu'aux années 1880. Au début du siècle (1907), les Kubu ont été en partie sédentarisés et convertis de façon nominale à l'islam, et ont dès lors vécu en symbiose avec les Malais. Mais de petites bandes ont continué à suivre le mode de vie ancien en amont des rivières.
✦ Dénom. Kubu est un exonyme péjoratif d'où une préférence pour « gens de la terre » ou « gens de l'eau » ; [syn.] Orang Darat, Orang Laut, Kubu Utan.

Kuna. Peuple amérindien du Panamá (Darién) et de Colombie (Chocó) ; la plupart [env. 45 000] vivent le long de la côte atlantique du Panama depuis le golfe de San Blas jusqu'au cap Tiburón, sur une quarantaine d'îlots de l'archipel de Las Mulatas répartis sur une distance de plus de 200 kilomètres. On trouve également des villages sur la côte, généralement aux embouchures des rios. Près de 10 000 résident de nos jours dans la ville de Panamá et ses environs. En Colombie, on trouve des Kuna dans la partie orientale du golfe d'Uraba.
❑ Les Kuna se répartissent ainsi en Kuna continentaux, qui habitent principalement la province du Darién sur le cours supérieur des rios Chucunaque et Bayano et pratiquent la pêche fluviale, et Kuna de la province de San Blas, qui peuplent l'archipel de Las Mulatas et se livrent à la pêche maritime.
Outre la pêche, les Kuna se livrent à l'horticulture ; ils s'adonnent également à la collecte et, résiduellement, à la chasse. Leur principale production artisanale et artistique, les *molas* (pièces de tissu rectangulaires incluses dans les blouses des femmes, faites de plusieurs couches selon une technique d'appliqué), est diffusée dans le monde entier et leur assure des revenus non négligeables. À cela s'ajoute le travail salarié des hommes émigrés dans la capitale ou travaillant dans les plantations.
Le système de parenté est indifférencié, la résidence fortement matrilocale, et il y a une forte endogamie régionale : les alliances dans une même communauté (une même île) ou entre habitants d'îles voisines sont fortement encouragées.
La communauté villageoise est à la base du système politique kuna. Ses responsables sont de trois types : les chefs religieux ou politiques, les interprètes et les policiers. Il revient aux chefs (*tsaila*) d'entonner dans un langage ésotérique des chants moraux, religieux ou contant l'histoire sacrée, et à l'interprète (*arkan*) de les traduire en langage courant et de les commenter. Le gouvernement du peuple kuna est un congrès fédéral présidé par trois *tsaila tummat* (les « grands *tsaila* » venus des différentes régions du territoire). Chaque communauté envoie des représentants au congrès.
Les Kuna expriment leur conception du monde dans une série de mythes, formant le *Pab igar* (« le chemin de Père »), chantés au sein de chaque communauté dans la grande maison de réunion, l'*onmaket nega*. Le christianisme a suscité certaines variantes, aujourd'hui classiques, de cette mythologie selon laquelle le démiurge *Pab Tummat* (« Père Grand ») a créé et détruit successivement plusieurs mondes du fait de la corruption des hommes. Les Kuna considèrent que l'univers est formé de huit niveaux sous la surface terrestre et de huit autres au-dessus ; la surface terrestre est marquée de lieux « sacrés » ; les *kalu* et les *piria*. Les *kalu* sont des édifices spirituels situés près de la côte, dans les montagnes, et les *piria*, des lieux marins où sont

censés résider des esprits maîtres des animaux et/ou pathogènes.

La fonction chamanique (et thérapeutique) est répartie entre trois sortes de spécialistes : les *nele* (devins), les *inatuledi* (herboristes et chanteurs) et les *absoget* (sorte d'exorcistes intervenant lors des menaces d'épidémies). Ne peuvent être *nele* que des personnes prédestinées, porteuses de caractéristiques considérées comme des signes d'élection.

Les fêtes les plus importantes sont en rapport avec les cycles de la vie de la femme : quelques mois après la naissance, à l'occasion de la perforation nasale, lors de la puberté, et entre ces deux événements.

La langue kuna, le *tulekaya*, appartient à la famille chibcha ; le monolinguisme est fréquent.

Art. Les femmes élaborent les *molas* (art auquel est consacré l'ouvrage de Michel Perrin, *Tableaux Kuna. Les molas, un art d'Amérique*, 1998) les hommes taillent des figurines de bois (*nuchu*) à usage thérapeutique et portent également sur des planches ou des papiers des signes colorés qui servent de moyen mnémotechnique pour l'apprentissage et l'usage des chants chamaniques.

Parure. Les Kuna utilisent les peintures corporelles : les femmes et parfois les hommes peignent leurs joues de roucou et tracent une ligne au noir de génipa le long de leur nez. Le port de l'anneau nasal en or est traditionnel (il symboliserait l'union du Soleil et de la Lune).

Histoire. Les Kuna sont originaires de l'actuelle Colombie. Progressivement remontés vers le Darien, puis vers la côte, victimes d'un quasi-génocide de la part des Espagnols auxquels ils ne cessèrent de résister (on suppose qu'ils étaient plusieurs centaines de milliers au début de la Conquête), exploités et poussés à l'assimilation aux débuts de l'indépendance panaméenne, ils se révoltèrent en 1925 et, grâce à la médiation du chargé d'affaires des États-Unis, obtinrent un début de reconnaissance. C'est le fait majeur de leur histoire contemporaine. Ils jouissent depuis 1953 d'une quasi autonomie gouvernementale sur leur territoire (*Kuna Yala,* aux frontières officiellement délimitées mais n'englobant ni la totalité des communautés ni tout le territoire ancestral) et sont un des peuples autochtones d'Amérique qui a su s'assurer la situation la plus forte. Ils doivent aujourd'hui maîtriser la montée en puissance du tourisme et faire face à l'installation de paysans pauvres sur leurs terres.

✦ Dénom. [var.] Cuna ; [autod.] Kuna, Tule, Olotule.

Kunama. Peuple du sud-ouest de l'Érythrée. [estim 50 000].

❑ Ils sont agriculteurs sédentaires et éleveurs dans les basses vallées du Gash et du Täkkäzé (principal affluent du Nil) et dans les plaines, les collines et les montagnes situées à la frontière entre l'Érythrée et l'Éthiopie, non loin de la frontière du Soudan. Islamisés et (pour un tiers) christianisés, ils parlent une langue nilo-saharienne.

✦ Dénom. Ils sont appelés Bazén par les Éthiopiens et Baza par les Soudanais.

Kurde(s). Peuple se partageant entre la Turquie [13 millions], l'Iran [7 millions], l'Iraq [5 millions] et la Syrie [1 million] ; une importante diaspora [env. 7 millions] est répartie sur tous les continents, notamment en Europe [600 000], dans le Caucase [500 000] et dans les pays du Proche-Orient [200 000].

❑ Pays de montagnes et de plateaux, riche en eau, le Kurdistan est propice à l'élevage (chèvres et moutons surtout) comme aux cultures (riz, pomme de terre, tomate, aubergine, courgette, gombo, pastèque, melon, abricot, raisin, grenade, orange, tabac). La présence de métaux (fer, or, argent, chrome, cuivre) et surtout d'hydrocarbures, autour de Kirkouk, de Mossoul et de Diyarbekir, a attiré les convoitises extérieures et placé la région au cœur d'enjeux géopolitiques.

La société kurde repose toujours sur la famille étendue patrilinéaire, au sein de laquelle la polygamie était possible, et sur l'organisation en tribus ayant chacune son territoire et son patriarche (*âghâ*), mais elle se ressent fortement des bouleversements politiques, économiques et sociaux ainsi que des guerres et de la répression subies ces dernières décennies : l'émigration contrainte et forcée vers les villes et les divers lieux d'accueil de la diaspora a eu des effets déstructurants, au fur et à mesure que s'accélérait la désertification de la campagne (de 1980 à 1995, plus de 5 000 villages kurdes en Iraq et plus de 4 000 en Turquie ont été rasés ou brûlés). À cela s'ajoutent des divisions politiques : les Kurdes n'ont jamais créé d'organisation transnationale et suivent des stratégies différentes selon les pays de résidence et les rapports entrecroisés qu'ils entretiennent avec les pouvoirs dominants ; les partis les plus importants sont le PKK (Parti

des travailleurs du Kurdistan) en Turquie, le PDK (Parti démocratique du Kurdistan) d'Iran, le PDK d'Iraq et l'UPK (Union patriotique du Kurdistan) en Iraq.
Le Kurdistan garde encore les traces des croyances préislamiques. Ses habitants, qui, à l'origine, adoraient des arbres, se vouaient au culte du soleil et sacrifiaient au diable, passèrent au zoroastrisme. Au Vᵉ siècle, celui-ci était encore la religion officielle malgré une pénétration chrétienne. À partir de la défaite de l'État sâssânide face aux conquérants arabes (642), l'islamisation du pays se réalisa peu à peu, en dépit de la résistance. Deux siècles plus tard, les Kurdes étaient dans leur grande majorité des musulmans sunnites zélés, suivant une école juridique très conservatrice, la Shâfi'iyya. Avec l'adoption du chiisme par l'Empire perse au XVIᵉ siècle, une partie des Kurdes de ce pays s'y convertit aussi. Plusieurs sectes, hérétiques aux yeux de l'islam orthodoxe, se sont développées au Kurdistan. La plus importante d'entre elles est celle des Yézidi, dont les croyances sont un mélange de zoroastrisme et de doctrines chrétiennes, judaïques et musulmanes. On appelle les Yézidi « adorateurs du diable » car Satan, représenté par un paon, n'est pas spécialement mauvais à leurs yeux. Les Yézidi ont subi au cours des siècles beaucoup de persécutions de la part des musulmans.
Le kurde est une langue indo-européenne du groupe occidental des langues iraniennes. Parmi ses dialectes, le kurmandji, parlé essentiellement en Turquie et au Caucase, et le sorani, parlé en Iraq et en Iran, ont fourni une littérature importante. On emploie trois alphabets : arabe, latin et cyrillique.
Littérature. Restée longtemps orale, elle est particulièrement abondante et variée. L'œuvre majeure de la littérature savante est *Mam et Zin*, écrite par le poète Ahmadî Khânî (1650-1707), histoire d'amour entre la princesse Zin et le scribe Mam. De nos jours et malgré tous les obstacles, la créativité littéraire comme le mouvement de traduction directe en kurde des œuvres de la littérature universelle sont considérables.
Histoire. Mentionnés dans l'Antiquité par Xénophon, les Kurdes s'affirment dans l'histoire du Proche- et Moyen-Orient à partir du Xᵉ siècle. Plusieurs dynasties se succèdent, dont celle des Ayyoubides qui joue un rôle important au-delà même du Kurdistan, notamment avec Saladin (1138-1193), le grand adversaire des croisés. Au XIIIᵉ siècle, l'invasion mongole désole le pays ; une partie de la population est exterminée. Dès 1513, la majorité de la région passe de l'Empire perse à l'Empire ottoman. Durant les quatre siècles qui suivent, le Kurdistan est l'un des enjeux majeurs de la rivalité entre ces deux empires. Au cours de la Première Guerre mondiale, fanatisés par les autorités ottomanes et des responsables religieux, une partie des Kurdes vivant au voisinage des Arméniens* ont participé au génocide de ces derniers. En 1920, le traité de Sèvres accorde aux Kurdes le droit de créer un État national, mais celui de Lausanne (1923) passe ce droit sous silence, et la partie ottomane du Kurdistan est dès lors divisée entre la Turquie, l'Iraq et la Syrie. Depuis, les Kurdes ne cessent de lutter pour la reconnaissance de leurs droits. En janvier 1946, le nord de l'Iran étant occupé par l'armée soviétique, ils créent la petite république de Mahâbâd, qui ne survit pas au traité irano-soviétique, conclu onze mois plus tard. La fin de la deuxième guerre du Golfe (1991) a donné une autonomie de facto aux Kurdes d'Iraq. En Turquie, avec le début d'une résistance armée (1984), la répression a pris une ampleur sans précédent. La guerre actuelle, la plus longue dans toute l'histoire des relations entre Kurdes et pouvoirs ottoman et turc, a poussé une bonne part des Kurdes assimilés à la société turque (du fait de la négation de toute identité autre que l'identité turque) à s'interroger sur leur identité.
✦ Dénom. « Kurde » provient probablement du persan *kurd*, « courageux ».

Kurripako. Peuple amérindien du sud-est de la Colombie (Guainía, Vaupés), établi sur les rives du haut Isana et disposant de six *resguardos*, ou réserves [env. 7 000].
❑ Horticulteurs raffinés, ils connaissent une cinquantaine de variétés de manioc. La pêche, la chasse et la cueillette sont les activités masculines de complément. L'unité agricole de base est la famille nucléaire. Cependant, le travail collectif se pratique, sous forme d'échange de services (*minga*), pour l'essartage, la construction des maisons, etc.
Chacun de leurs clans patrilinéaires, défini par une origine mythologique, un territoire et un nom communs, se compose de 100 à 300 individus. La hiérarchie s'établit à l'intérieur du lignage entre aînés et puînés. Les personnes d'un même clan et de la même génération se considèrent comme frères et sœurs et pratiquent l'exogamie clanique. Les familles nucléaires, dont l'habitat est individuel, forment

des villages autour d'une place de sable ou de gravier, de part et d'autre d'un cours d'eau. Le *capitán*, chef politique élu, est le porte-parole de la communauté.
La christianisation, œuvre des New Tribe Missions (évangélistes), a mis fin à la pratique des rites d'initiation.
Les Kurripako appartiennent à la famille linguistique arawak.
Histoire. Leur société eut à subir la violence physique des extracteurs de caoutchouc avant que les évangélistes, arrivés dans les années 1950, ne se chargent de mettre à mal son identité sociale et rituelle. Depuis les années 1990, ils sont entrés dans une nouvelle phase d'acculturation, à travers un programme d'ethno-éducation relayé par des ONG nationales et internationales. Ils sont menacés par la présence d'orpailleurs et d'exploitants forestiers venus du Brésil.
✦ Dénom. [autod.] Baniva.

Kutchin. Ensemble de groupes amérindiens du subarctique, répartis entre les États-Unis (Alaska) et le Canada (Territoire du Yukon) [env. 2 500].
❑ Ils vivent le long du Yukon, du Mackenzie et de leurs affluents. Ils étaient – et restent partiellement – chasseurs (caribou, rabattu collectivement dans d'immenses enclos, élan, ours, etc.) et pêcheurs (saumon). Ils faisaient commerce de perles et de peaux avec les Indiens voisins et les Inuit*.
Ils se divisent en neuf groupes régionaux autonomes et en trois groupes de filiation matrilinéaires exogames ; la société est hiérarchisée.
Leur religion, outre le culte d'une déité bienfaisante, l'« homme dans la Lune », visait notamment à composer avec les esprits des animaux. Les fêtes funéraires avaient une fonction sociale majeure et étaient l'occasion de grands potlatchs.
Les dialectes kutchin, qui appartiennent à l'ensemble athapaskan, survivent, en bilinguisme avec l'anglais.
Histoire. Les Kutchin étaient craints des Inuit et des autres Indiens. Ils ne combattirent cependant pas les Blancs, et se laissèrent convertir. Décimés par les épidémies, ils vécurent de la trappe jusqu'à la baisse des revenus de celle-ci, au XXe siècle. Leur situation, dès lors, a été très difficile. Les projets d'exploitation pétrolière les menacent particulièrement.
✦ Dénom. Les coureurs des bois français les nommèrent « Loucheux » et « Querelleurs »...

Kwaiker. Peuple amérindien établi sur le versant occidental du massif andin, entre le fleuve Telembi, en Colombie (Nariño), et le nord de l'Équateur (Quito), dans une région de collines boisées ; il dispose en Colombie de deux *resguardos*, ou réserves [env. 8 100].
❑ Semi-nomades, les Kwaiker ont une double activité de culture sur brûlis (maïs, banane plantain, canne à sucre) dans les basses terres et de chasse (au piège, à l'arc et à la carabine) dans les hautes terres. La pêche, complémentaire, se pratique selon des techniques variées. Certains Kwaiker se sont mis au service des orpailleurs dans le bas Nulpe.
Les échanges commerciaux se limitent à l'achat du sel, de la poudre et d'objets manufacturés (bottes de caoutchouc, etc.), ainsi que de plantes médicinales aux Kamsá* du haut Putumayo, et à la vente des surplus agricoles et des produits de la chasse.
L'unité de base est la famille nucléaire, qui dispose de plus de 100 hectares en moyenne et vit séparée des autres familles. La filiation est patrilinéaire. Les liens de parenté n'excèdent pas trois générations et impliquent des alliances territoriales qui vont au-delà des alliances consanguines : ainsi les Kwaiker résidant dans une même zone sont-ils « cousins ». Il n'y a pas d'organisation politique centrale du fait de la dispersion de la population.
Avant le mariage, le jeune couple va habiter sur une parcelle donnée par le père du fiancé. Le mariage est célébré un an plus tard, selon le rite catholique. Le jeune homme pratique la couvade lorsque sa femme va accoucher.
La vie religieuse est marquée par un syncrétisme entre catholicisme et chamanisme. Les principales fêtes sont celle du *Señor Kwaiker* (idole de bois introduite par les Espagnols depuis Quito, qui symbolise le rassemblement de la population) et les rites funéraires.
Les Kwaiker parlent une langue de la famille chibcha.
Histoire. Selon l'hypothèse le plus fréquemment admise, les Kwaiker ont une origine composite, liée au regroupement de populations organisé dès le XVIIe siècle par les Espagnols pour répondre aux besoins en main-d'œuvre de l'exploitation minière (or) et des fermes d'élevage bovin.
✦ Dénom. [var.] Cuayker, Coaker, et noms de fleuves : Cuaiquer-Telembí, Barbacoa, Iscuande, Nulpe, Puntale, Pialpie, Mayasquere, Sindagua ; [autod.] Inkal-awa (« gens de la montagne »).

Kwakiutl. Ensemble de tribus amérindiennes du Canada (Colombie-Britannique), vivant autour du détroit de la Reine-Charlotte [env. 4 000].

❑ Anciennement répartis en une trentaine de tribus régionales, les Kwakiutl forment aujourd'hui douze groupes locaux, ayant partiellement conservé, avec intégration à l'économie moderne, leur structures sociales et cérémonielles traditionnelles.

Leur mode de vie reposait sur la pêche et la chasse maritimes, ainsi que sur la cueillette. La société, divisée en clans, était hiérarchisée en trois ordres (nobles, roturiers, esclaves) théoriquement endogames.

L'hiver, la communauté vivait sur les immenses réserves de poisson constituées lors des frais. C'était la saison cérémonielle par excellence. Les danses masquées étaient transmises héréditairement, et le droit à y participer ne s'obtenait que par initiation. Aujourd'hui, malgré une forte christianisation, le cérémonialisme connaît un regain et les potlatchs, longtemps interdits par la loi canadienne sous prétexte que la dilapidation des biens avait un caractère immoral, sont de nouveau ouvertement pratiqués.

Le kwakiutl, ou kwakwala, réunit deux groupes dialectaux de la famille wakashanne ; il est désormais enseigné à l'école, sans que cela se soit traduit par une réelle revitalisation.

Art. Les Kwakiutl, comme les Haïda*, les Tlingit* et les Tsimshian*, adhèrent au principe de la double représentation (représentation d'un objet par la somme de ses profils).

Ethnol. La culture kwakiutl a été au centre du travail ethnographique de Franz Boas, aidé par son informateur métis George Hunt. Ce peuple est célèbre pour avoir porté au plus haut point l'institution du potlatch.

✦ Dénom. [autod.] Kwakwala'wakw.

l

Lacandon. Indiens maya du Mexique (Chiapas) et du Guatemala (Petén), vivant au sein d'un territoire de forêt tropicale délimité par les rios Usumacinta, Lacantun et Jataté [quelques centaines].

❑ Séparés les uns des autres, ils occupent de petites clairières qu'ils défrichent (*caribales*). Ils cultivent sur essarts un peu de maïs, de manioc, etc. ; la chasse et la pêche à l'arc sont en déclin. Leur organisation (clans exogames divisés en lignages patrilinéaires) s'est distendue. La polygynie, plus ou moins l'apanage des chefs, tend aussi à disparaître. L'endogamie prévaut. La langue, variante dialectale du maya yucatèque, survit.

Le polythéisme, empreint de survivances de l'ancienne religion maya, est confronté à l'implantation du protestantisme. De manière générale, la tradition paraît vouée à une disparition rapide : les jeunes sont séduits par la vie « moderne », et le cadre de vie est la proie des compagnies forestières.

Histoire. Longtemps considérés à tort comme les descendants directs des Maya bâtisseurs des cités précolombiennes, les Lacandon sont les seuls Indiens du Mexique que les Espagnols ne purent ni soumettre ni évangéliser. Au début de ce siècle, ils furent presque anéantis par des épidémies en même temps que pénétraient sur leur territoire des chercheurs d'acajou, des *chicleros* (exploitants du latex) et de nombreux colons en quête de terres. L'exploitation touristique des sites proches de Palenque, de Yaxchilan et de Bonampak menace leur société. La rébellion zapatiste (avec son « Manifeste de la forêt lacandone ») a donné lieu à maintes évocations de ce peuple dans les médias.

Ethnol. Les Lacandon ont retenu l'attention des ethnologues, notamment de Jacques Soustelle, du fait de leur « authenticité ».

Ladakhi. Société de l'Inde (Jammu-et-Cachemire), occupant les vallées au climat semi-désertique enserrées par les deux plus hautes chaînes de montagne du monde, le Karakorum et l'Himalaya [estim. 150 000].

❑ Identifiable en dépit de ses clivages, la société ladakhi se compose d'agriculteurs et d'éleveurs sédentaires (dans les vallées) et d'une minorité de pasteurs nomades (sur le plateau tibétain). Dans sa composante (majoritaire) bouddhiste, une césure fondamentale sépare le monastère de son village, le monde religieux du monde laïc, lui-même hiérarchisé en quatre ordres sociaux (la famille royale, les nobles, les gens ordinaires et les basses castes). Les dialectes ladakhi appartiennent au sous-groupe tibétain des langues tibéto-birmanes.

Histoire. Les Ladakhi actuels résultent de mélanges entre Indo-Aryens (« Dardes ») et Tibéto-Mongols. Aux alentours du Xe siècle s'établit une dynastie originaire du Tibet central, vassalisant un ensemble de petites principautés. Elle fut relayée au XVe siècle par la dynastie des Namgyal, tandis que s'intensifiait la pression musulmane (conversion des Purik). Annexé par le maharaja de Jammu en 1842, le Ladakh a été dans les temps récents le théâtre de trois guerres indo-pakistanaises (1947-48, 1965 et 1971) et d'un conflit sino-indien (1962). L'animosité s'est installée entre bouddhistes et musulmans (particulièrement entre 1989 et 1993). Bénéficiant de l'engouement occidental pour le bouddhisme tibétain, le Ladakh attire ceux qui désirent voir une des dernières contrées où cette foi est pratiquée dans la vie quotidienne, telle qu'elle a dû l'être au Tibet, croit-on, avant l'annexion chinoise.

Lahu. Peuple du sud de la Chine (Yunnan), installé aussi en Birmanie (État shan), ainsi qu'en Thaïlande, au Laos et au Viêt Nam. [env. 500 000].

❑ Les Lahu habitent des régions de moyennes collines soumises aux moussons. Ils pratiquent l'agriculture itinérante sur brûlis (riz, maïs, pavot, etc.) et l'élevage (buffles, porcs, etc.). Contrairement à la plupart des ethnies tibéto-birmanes, ils ne possèdent ni clans ni lignages (excepté la section Shehleh) ; des groupes de parenté restreints se forment néanmoins à l'intérieur des villages sur la base d'un ensemble de cognats ayant en commun deux générations d'ascendants et entre lesquels tout mariage est prohibé. L'organisation politique est égalitaire et centrée uniquement sur le référent villageois. Les décisions sont prises par un conseil d'anciens présidé par un chef élu, assisté d'un prêtre villageois (*pao-khu*). Polythéiste et animiste à l'origine, la religion a été influencée par le bouddhisme théravadin, à l'origine de nombreux syncrétismes. Le christianisme s'est aussi implanté (en Thaïlande et en Birmanie). Les divers dialectes lahu appartiennent à la branche lolo centrale de la famille tibéto-birmane.

Histoire. Les Lahu sont originaires du Yunnan, voire du Sichuan. Dès la dynastie des Ming, ils ont été intégrés dans le système des chefferies *tusi*, créé par l'Empire. Ils restèrent toutefois assez autonomes jusqu'aux années 1890, où plusieurs expéditions mandchoues* finirent par triompher de leur résistance, menée par des chefs charismatiques. Le mouvement d'émigration des Lahu de Chine vers l'Indochine (Birmanie surtout), commencé au début du XIXe siècle, s'est amplifié dans les années 1950 et a été relayé, du fait de l'instabilité des États shan, par une émigration de la Birmanie vers le Laos et la Thaïlande.

✦ Dénom. [autod.] Laho, Lahu ; [chinois] Lahu, Kucong ; [birman] Mok-Sa, Muhso ; [thaï] Musseu ; [laotien] Musseu, Kui.

Lak. Peuple du Daguestan central (fédération de Russie) [estim. 100 000].

❑ Les Lak, essentiellement montagnards, pratiquent l'agriculture en terrasses et l'élevage (mouton, cheval). La maison, en pierre, à flanc de coteau, comportait une seule pièce. L'artisanat consistait en sculpture sur bois et sur pierre, en orfèvrerie et en poterie.

L'organisation sociale est basée sur une union patrilinéaire villageoise, administrée selon la coutume par les anciens.

L'islam sunnite n'a pas fait disparaître toutes les vieilles croyances, ni les fêtes agraires, telle la fête du premier sillon, ni les cultes domestiques. Le lak, langue caucasique du Nord-Est, se subdivise en nombreux dialectes et parlers. Le russe est utilisé.

Histoire. La principauté de Kazikoumouk puis les principautés de Kazikoumouk et de Tarkovski ont joué un rôle assez important jusqu'à l'annexion russe, en 1820.

✦ Dénom. [syn.] Kazikoumouk.

Lala. Peuple du centre de la Zambie et du sud-est de la République démocratique du Congo (Katanga) [estim. 200 000].

❑ Les Lala pratiquent une culture itinérante (millet, manioc), chassent (après initiation) et pêchent. La sécheresse de ces dernières décennies a détruit de nombreuses terres cultivables et a contraint beaucoup d'entre eux à exercer un travail salarié dans les villes environnantes. Les Lala ont longtemps fait commerce des produits des salines et des mines de cuivre situées sur leur territoire.

Ils se répartissent en une petite vingtaine de chefferies, dirigées le cas échéant par une femme. Leurs clans matrilinéaires et exogames sont unis deux à deux par des relations à plaisanterie et une coopération funéraire. Ainsi, à la mort d'un homme, une personne s'en occupe particulièrement – habillement et autres arrangements – et peut dès lors agir comme bon lui semble, sans crainte de représailles, avec les membres de sa famille ; la même coutume existe chez les Chewa* et les Lamba*. Le gendre réside dans le village de ses beaux-parents et est tenu de leur rendre des services pendant sept à huit ans. La polygynie est surtout réservée aux chefs.

Les Lala croient en un dieu créateur et pratiquent le culte des ancêtres, la magie, la sorcellerie et la divination. Leur langue est souvent classée comme un dialecte bemba*.

Histoire. Les Lala auraient une origine Luba*. Selon leur tradition, leur premier chef, Kalunga, fils de leur ancêtre féminine Kisenga, se maria avec sa nièce, mariage dont serait issu l'ensemble de leurs chefferies.

Remarque. Un sous-groupe des Kongo* porte le même nom.

✦ Dénom. [autod.] Balala.

Lamba. Peuple de Zambie (dans la Copperbelt, au nord-ouest de la Northern Province) et de la République démocratique du Congo (Katanga) [estim. 125 000].

❑ Les Lamba vivent sur un plateau boisé aux sols peu fertiles. Jadis agriculteurs itinérants sur brûlis, aujourd'hui sédentarisés (manioc, millet), chasseurs (de façon très hiérarchisée) et pêcheurs, ils comptent plus de 30 clans matrilinéaires et exogames, dont un clan royal. Ces clans sont unis deux à deux (hormis le clan royal) par des relations à plaisanterie et la coopération funéraire. La polygynie est pour l'essentiel l'apanage des chefs. Comme dans les autres groupes de l'ensemble Bemba*, le nouveau marié s'installe dans la famille de son épouse et lui rend des services pendant trois à quatre ans.

Les Lamba croient en un dieu créateur *Lesa*, dont l'éloignement fait qu'ils s'adressent à ses intermédiaires, les esprits ; ils pratiquent le culte des ancêtres et attribuent toute mort, ou presque, à la sorcellerie. Ils parlent le uwulamba, dialecte du bemba.

Histoire. Les traditions orales évoquent une origine luba*. Il y aurait eu une division très rapide en deux royaumes, l'un dans l'actuel Katanga, l'autre en Zambie. L'épidémie de variole et la peste porcine survenues à la fin du XIXe siècle, ainsi que les incursions incessantes des Yeke*, des Mbundu* et les raids des Swahili* menèrent le groupe au bord de l'extinction. La colonisation fut à la fois protectrice, à cet égard, et marquée par une exploitation féroce. Ce peuple souffre dans l'affirmation de son identité d'un préjugé de « sauvagerie » et de « paresse » entretenu par tous ses voisins.

✦ Dénom. On range souvent sous cette même appellation de Lamba divers peuples apparentés (Seba, Temba, Lemba, Lima). Il ne faut pas confondre cet ensemble Lamba avec les Ilamba de Tanzanie.

Lamet. Population habitant en Birmanie [nombre inconnu] et au nord-ouest du Laos dans les zones forestières isolées [env. 17 000].

❑ Les Lamet vivent essentiellement de la riziculture sur brûlis, pratiquant un cycle de jachère de 5-8 ans, de la chasse et de la cueillette. Ces moyens de subsistance sont complétés par des travaux saisonniers chez les Lao* et les Lü (ou Lue). Les Lamet travaillent par groupe d'essartage de six à dix familles.

Ils sont patrilinéaires et adoptent la résidence patrilocale après trois années de matrilocalité. Le village est représenté par un chef administratif et par son comité. Le conseil des anciens (*neohom*) joue un rôle informel social et moral. La maison communautaire bâtie au centre du village est le pôle pour l'organisation des groupes de travail et les cérémonies religieuses qui font une large part aux esprits du village et aux ancêtres. Les Lamet possèdent de nombreux tambours de bronze qu'ils appellent « tambours de pluie ».

Leur langue appartient au sous-groupe palaung du groupe mon-khmer de la famille austro-asiatique.

Remarque. Au Laos, l'ethnie Lamet est la plus isolée. Mis à part ceux qui quittent leur village, les Lamet ne s'intègrent pas facilement au développement économique du pays, vivant en système d'autosubsistance et d'échange avec les Nguan et les Khamu.

Lampung. Peuple d'Indonésie, habitant la province de Lampung, au sud-est de Sumatra [env. 1,2 million].

❑ Les Lampung se répartissent en de nombreux sous-groupes, dont les uns se rattachent (*cf.* ci-dessous) à la coutume Papadon (Abung, Tulang Bawang, Pubian, Wai Kanan) et les autres à la coutume Saibatin (Paminggir – « côtiers » – de Meringgai, de Rajabasa, de Teluk et de Semanka, Krui et Ranau). Au total, ils ne représentent plus que 16 % de la population de la province, ouverte dans les années 1930 à la colonisation agricole.

Autrefois essarteurs, collecteurs de produits forestiers (rotin) et planteurs de poivre, ce sont aujourd'hui, mis à part une large fraction urbanisée, des agriculteurs sédentaires (selon les régions : riz irrigué, manioc, maïs, café). La production par les femmes de brocarts et de tissus richement brodés se maintient.

Les Lampung sont organisés en lignages patrilinéaires (*suku*), exogames, pourvus d'un chef héréditaire et regroupés en clans (*buai*). Généralement le mariage est uxorilocal, puis virilocal après la naissance du premier enfant.

Chez les Lampung observant la coutume Papadon, les villages regroupaient une dizaine de patrilignages du même clan sous l'autorité conjointe des chefs de lignages et étaient fédérés en unités territoriales à base clanique (*mégo*). Chez les Lampung observant la coutume Saibatin, les nobles, descendants des fondateurs de *suku*, se distinguent des roturiers. Les villages correspondaient au territoire d'un seul clan (*saibatin*), dont le chef (*batin*) était aussi le chef de village. L'islamisation n'a pas éteint le culte des esprits locaux et des fées, le culte des ancêtres, celui de l'esprit féminin du riz, les cérémonies de purification du village, etc. Les divers parlers lampung appartiennent au groupe des langues malayo-polynésiennes de l'Ouest.

Papadon et Saibatin. Selon la coutume Papadon, les jeunes gens en âge de se marier sont soumis à un rituel, leur permettant de prendre leur nom d'adulte, au cours duquel ils sont promenés sur un véhicule processionnel. À l'occasion de la naissance ou du mariage de leur premier enfant, un second rituel, au cours duquel ils trônent sur un siège cérémoniel en bois massif, le *papadon*, leur donne le droit de prendre un nouveau titre. Au cours d'un troisième rituel, le candidat est assis sur un siège de pierre. Autrefois, ces rituels étaient liés à une chasse aux têtes ou pouvaient impliquer un sacrifice d'esclave. De nos jours, ils comportent danses et sacrifices de buffles.

La coutume Saibatin prescrit l'utilisation, à l'occasion des rites de passage – naissance, circoncision, mariage – et lors des funérailles des chefs coutumiers, de deux sortes de tissus rituels : les *tampan* et les *palepai*. Les premiers sont échangés entre lignages preneurs et lignages donneurs de femmes, et servent à couvrir les mets consommés, ou à garnir le siège du jeune circoncis ou marié, etc. Les seconds, longues tentures accrochées exclusivement lors des cérémonies concernant les nobles et les chefs, sont précieusement conservés par les principaux clans. Ils représentent en général de grands bateaux chargés de personnages, de maisons et d'animaux qui symbolisent l'ensemble de la société. De même, chaque cortège de mariage est agencé comme un bateau dont les différents lignages participants sont comme l'équipage et se voient attribuer une place correspondante. Les *palepai* et, à un moindre titre, les *tampan* sont prisés par les collectionneurs du monde entier.

Histoire. Les Lampung se réclament d'un même ancêtre mythique, Si Lampung, mais chaque sous-groupe a connu un développement différent. Le pays eut sans doute très tôt une grande importance stratégique sur les routes commerciales allant de l'ouest à l'est de l'archipel. Les royaumes qui se succédèrent dans l'ouest de Java, pour assurer leur contrôle du détroit de la Sonde, eurent la volonté constante d'y asseoir leur autorité, politique reprise au XVIe siècle par le sultanat de Banten, qui y introduisit l'islam. À partir de 1825, les Hollandais cherchèrent à rendre effective leur suprématie et se heurtèrent à une vive opposition, dont ils ne vinrent à bout qu'en 1856.

✦ Dénom. [autod.] Orang Lampung.

Lango. Peuple du centre-nord de l'Ouganda, dont le territoire est situé immédiatement au nord du lac Kyoga [estim. 1,5 million].

❑ Les Lango pratiquent une économie mixte. Originellement, ils sont éleveurs, mais les épidémies de peste bovine de 1890-91 et les guerres civiles de ces dernières années ont décimé leurs troupeaux et les ont contraints à un mode de vie plus agricole (maïs, arachide, manioc, bananes).

Traditionnellement, le bétail marque le statut social. Il n'est aliéné que pour payer le prix de la fiancée ou compenser une offense grave (meurtre surtout). Les troupeaux étaient fréquemment répartis entre plusieurs villages : c'était à la fois une garantie contre les épidémies et l'expression d'une alliance politique.

Définis comme une société sans État, les Lango sont répartis en lignages patrilinéaires et patrilocaux, solidaires en cas de vendetta. Les lignages sont regroupés en clans exogames non localisés. Traditionnellement, chaque village délègue l'autorité à un *lago* qui exerce les fonctions d'arbitre judiciaire et de chef de guerre. Le *lago* est le client d'un *rwot*, leader de guerre de plusieurs localités alliées. Cette organisation sociale a été remodelée par l'*indirect rule* britannique.

Les Lango appartiennent au groupe linguistique ouest-nilotique et parlent un dialecte très proche de celui de leurs voisins du Nord, les Acholi*, avec lesquels ils partagent un grand nombre de traits culturels.

S'ils sont christianisés (mais les missions chrétiennes, chez eux comme dans le reste du nord non bantou de l'Ouganda, s'installèrent plus tardivement que dans le sud), on constate néanmoins depuis quelques années une progression des cultes de possession (surtout féminins), de même qu'un renouveau de la pratique médicinale traditionnelle, peut-être liée à la progression de l'épidémie de sida. Une faible proportion de Lango est musulmane.

Histoire. Les Lango, comme les Acholi, bénéficiaient à l'époque de la dictature de Milton Obote (un Lango) d'une position privilégiée. À la suite d'un conflit entre militaires de ces deux peuples, Obote a été chassé du pouvoir, et l'Ouganda est actuellement dominé par les Bantous du Sud.

Lao. Population majoritaire au Laos [2 403 891 représentant 52,5 % de la population totale en 1995], mais la majorité des Lao vit dans le nord et le centre-est de la Thaïlande [probablement 15 à 17 millions].

❑ Les Lao, des sédentaires, pratiquent la riziculture inondée en plaine, et sur brûlis dans les montagnes pour récolter du riz gluant.

Leurs villages, de 15 à 250 maisons (sur pilotis, garnies de planchers et de parois en bois ou en bambou), sont implantés, de préférence, près des cours d'eau et les bâtiments sont disposés de façon irrégulière autour de la pagode. Le village est représenté par un chef administratif et par son comité. Le conseil des anciens, *neohom*, joue un rôle informel social et moral : il est garant des traditions, conseille les jeunes sur les différentes orientations d'avenir, l'histoire et les traditions. Le système de parenté est indifférencié, présentant toutefois une filiation plutôt patrilinéaire et une résidence plutôt matrilocale, sauf pour les princes de sang royal où elle est toujours patrilocale. En général, une famille lao cherche un gendre dans une famille de statut social plus élevé que le sien. Les divorces et les remariages sont très fréquents.

Le bouddhisme hinayaniste est teinté d'animisme : les esprits (*phî*) sont très nombreux.

Le Lao est une langue tai.

Histoire. Le terme Lao apparaît très tôt dans les annales chinoises. Déjà, le *Livre des Han postérieurs – Barbares du Sud-Ouest – Monographie du Yelang* mentionne les Yi-lao en 111 av. J.-C. Le *Livre des Jin – Annales de l'empereur Wu* dit : « Le sixième mois de la quatrième année de Tai Kang [282 apr. J.-C.], plus de 2 000 Lao du Zangke... » Les Lao seraient venus de la région des Sipsong Banna au Yūnnan (Chine du Sud) à une date indéterminée, pour fonder des seigneuries sur le territoire du Laos actuel. Ce n'est qu'avec la fondation, en 1353, du royaume du Lan Xang, « Royaume du million d'éléphants », qu'émerge un ensemble lao à peu près cohérent. Un recensement effectué en 1376 dénombre « 300 000 mâles de race thaï-lao ».

Lawa. Population vivant en Thaïlande [env. 10 000] et dans le sud du Laos [env. 19 000].

❑ Les Lawa vivent essentiellement de la riziculture sur brûlis complétée par la cueillette, la chasse à l'arbalète et le piégeage (fosse à porte tombante, au collet étrangleur). Dans les régions de moindre altitude en Thaïlande, ils cultivent le riz en rizières inondées. Dans leurs deux pays d'implantation, ils sont chercheurs d'or et de cuivre.

La société se répartit entre les *lua*, les roturiers, et les *khun*, des nobles qui fournissent un corps de sages, *samang*, détenteurs de la culture lawa. Au Laos, il y a une tendance à la matrilinéarité et à la résidence indifférenciée, mais si le couple choisit une résidence patrilocale, il doit séjourner trois ans chez les parents de la fille. En Thaïlande, l'organisation sociale est patrilinéaire, l'héritage revient aux fils et à leurs épouses, les filles en sont exclues ; la résidence est patrilocale et c'est le fils cadet qui a la charge des parents. Au Laos, les Lawa sont « animistes » ; en Thaïlande, le bouddhisme a fortement progressé chez eux. Cependant, tous accomplissent le sacrifice du buffle. Depuis les années 1950, des missions presbytériennes se sont implantées.

La langue lawa appartient au sous-groupe palaung du groupe mon-khmer de la famille austro-asiatique.

Histoire. D'origine vraisemblablement austronésienne, les Lawa seraient entrés en Thaïlande par la presqu'île malaise il y a plus de 2 000 ans, avant les Môn. La grande dispersion de l'habitat a entraîné une diversification dialectale telle que, dans certaines régions, le thaï sert de langue véhiculaire.

Remarque. En Thaïlande, les Lawa, comme toutes les minorités, doivent payer des impôts directs sur les terres irriguées. Aussi les chefs de village procèdent-ils chaque année à une collecte. Le niveau de vie des Lawa est en constante régression, car les taxes sont lourdes ; de plus, l'arrivée des Karen*, s'installant sur les terres des Lawa, devient préoccupante, et le sacrifice de gros bétail coûte cher.

✦ Dénom. [var.] Lowa ; [syn.] Milakkha.

Laz. Peuple vivant en Turquie, sur le rivage de la mer Noire entre la frontière géorgienne et Trébizonde, et représenté par une importante communauté à Istanbul [estim. 600 000].

❑ Les Laz sont intégrés dans l'ensemble turc* depuis bien plus longtemps que les Tcherkesses* et autres Caucasiens dont l'installation dans le pays, dans des conditions très rudes, remonte aux lendemains de la guerre du Caucase. Mais c'est durant le XXe siècle, et en particulier depuis les années 50, que leur présence sociale a gagné en évidence, du fait notamment de leur émigration en masse à Istanbul, où beaucoup viennent faire « fortune » avant de retourner dans leur région d'origine. Entourés jadis d'une réputation de contrebandiers, voire de bandits, ils sont aujourd'hui réputés pour leur dureté en affaires, leur sens du commerce et leur esprit d'entreprise. Les Turcs leur font également tenir, par le biais d'innombrables « histoires drô-

les », le rôle que les Français ont confié aux Belges, et les Russes aux Tchouktches*...
Les Laz sont musulmans sunnites de rite chafiite, et très traditionalistes. Leur langue, le laze ou tchane, est une langue caucasienne du Sud (comme le géorgien et le svane) ; ils la parlent en bilinguisme avec le turc.
Histoire. Apparentés aux Géorgiens, les Laz s'installèrent en Colchide et la dominèrent dans l'Antiquité. Convertis au christianisme, ils furent organisés en royaume, qui dépendit de Byzance puis de l'Empire grec de Trébizonde. Après la conquête ottomane (XVe siècle), ils se convertirent à l'islam, et leur territoire, sous le nom de Lazistan, fut intégré dans l'Empire avec le statut de *wilayet* puis de *sandjak*, avec Batoumi pour capitale. La modification de frontière au profit de la Russie, en 1878, laissa une partie des Laz du côté russe, mais la plupart furent transférés en Turquie en 1921. Dans le cadre des échanges de minorités décidés lors du traité de Lausanne (1923), des Laz furent passés en Grèce où leurs descendants (*Lazoi*) constituent une communauté, grécophone et chétienne, bien assimilée au reste de la société.
✦ Dénom. [var] Laze(s) ; [syn.] Tchane(s).

Lega. Peuple de l'est de la République démocratique du Congo (Kivu, Maniéma) [env. 500 000].
❑ Situé en forêt équatoriale, le pays lega associe paysage montagneux à l'est et plaine à l'ouest. Les Lega pratiquent l'agriculture itinérante sur brûlis, l'élevage de petit bétail et la pêche ; la chasse a décliné (faute de gibier).
Dénuée de pouvoir central, la société traditionnelle lega est composée de groupes de parenté patrilinéaires qui s'emboîtent pour constituer de petits groupements fédérés en entités territoriales autonomes.
Transcendant cette structure segmentaire de la société, le *bwami bwa kikumu* est une association où entrent et progressent par initiation les hommes qui ont – outre les moyens économiques – les qualités requises pour atteindre le *busoga* (état de bonté et de beauté).
Marquée par la circoncision, l'initiation à la vie adulte s'opère selon le rituel *bwali*, conduit sous l'égide de l'esprit *Kimbilikiti*. Elle supposait naguère une retraite de près d'un an en forêt.
Parallèlement aux cultes chrétiens, le culte des ancêtres et la crainte des esprits et de la sorcellerie restent vivaces. Le *kilega*, langue bantoue aux nombreux dialectes, coexiste avec le kingwana (variante locale du swahili).
Art. Les objets en ivoire et de petite taille liés au *bwami* ont fait la renommée de l'art lega. Par ailleurs, la tradition orale est très riche (proverbes, épopées).
Histoire. Victimes de raids esclavagistes à la fin du XIXe siècle, les Lega ont été confrontés, à partir des années 1920, au développement de l'exploitation minière (étain) et, en 1964-65, à la vindicte des Simba (rébellion égalitariste des « Lions ») qui les jugeaient hostiles.
✦ Dénom. [syn.] Balega, Warega, Barega.

Lenca. Groupe indigène le plus nombreux du Honduras [env. 100 000].
❑ Les Lenca se répartissent en une centaine de communautés, dont les plus acculturées vivent dans les régions basses proches de la frontière avec le Salvador, et les plus « indiennes », dans les régions de montagne, aux terres peu fertiles généralement recouvertes par un épais brouillard, qui leur servirent de zone de repli au moment de la Conquête. Agriculteurs sur brûlis, privés de terre par les latifundistes, ils préfèrent souvent l'émigration vers les villes à l'exploitation subie dans les plantations caféières.
Ils sont patrilinéaires et leur unité sociale de base est la famille nucléaire. Leur univers culturel et religieux garde sa spécificité : il mêle catholicisme colonial et croyances préhispaniques (rites agraires en particulier). Sa remise en cause, au nom de la morale, d'une foi épurée et de la modernité, provoque des tensions. L'Église oppose notamment des concurrents laïcs aux prieurs de la Vara Alta (la « haute perche »), chargés traditionnellement de l'autorité administrative et de l'organisation de cérémonies comportant danses masquées et beuveries rituelles.
La langue des Lenca s'est éteinte.
Histoire. Les Lenca préhispaniques étaient organisés en quatre grands groupes stratifiés, dominés chacun par un cacique. Ils résistèrent aux Espagnols, avec, en 1537, une vaste rébellion dirigée par le cacique Lempira (dont la monnaie nationale porte le nom), avant de voir leur société atomisée et appauvrie.

Lepcha. Peuple vivant dans le nord-est de l'Inde (Sikkim et district de Darjeeling), dans les collines au sud de l'Himalaya [estim. Bhotia-Lepcha : 91 000]
❑ Les Lepcha pratiquent deux types d'agricul-

ture, une agriculture temporaire sur brûlis et une agriculture permanente, essentiellement de la riziculture en terrasses et de la culture de cardamome noire. Ils sont organisés en clans patrilinéaires (39 étaient recensés au Sikkim en 1893) et la résidence est patrilocale. Les Lepcha étaient dirigés par des chefs locaux, qui ont été intégrés au système bureaucratique installé par les immigrants Bhotia* entre le XVIe et le XVIIe siècle. Avant d'être convertis au bouddhisme au cours de ce même processus de tibétanisation, ils pratiquaient des cultes aux esprits des forêts (*rum*) qui impliquaient la possession des officiants religieux (hommes, *bomting*, ou femmes, *mun*). Cette religion est toujours pratiquée dans la région qui leur est réservée au nord du Sikkim, simultanément avec le bouddhisme. Un nombre important de Lepcha ont été convertis au christianisme. L'appartenance de leur langue, soit à la famille tibéto-birmane, soit à la famille austroasiatique, est objet de débat.

Histoire. Les Lepcha sont considérés comme les habitants autochtones du Sikkim. Ils auraient cependant peut-être fait partie d'un mouvement de migration venu au Ve siècle du Sud-Est asiatique. Si, dans le nord du Sikkim, ils ont gardé certains traits culturels distincts, ils constituent avec les Bhotia une seule entité culturelle, religieuse, sociologique et politique. Une partie d'entre eux analyse cependant l'histoire en termes de domination des Lepcha par les Bhotia plutôt que d'intégration au système politique et religieux de ces derniers.

✦ Dénom. [tibétain] Mon pa ; [lepcha] Rong.

Lezguien(s). Peuple occupant le bassin du Samour et ses alentours, au sud du Daghestan (Fédération de Russie) et au nord de l'Azerbaïdjan [env. 383 000].

❑ Répartis dans la montagne, le piémont et la plaine, les Lezguiens sont traditionnellement – et diversement selon les écosystèmes – éleveurs (moutons et chèvres) et agriculteurs. Ils pratiquaient abondamment la chasse. Leur artisanat était développé (tapis, ferronnerie, travail du cuir, broderies au fil d'or, étoffes de chanvre, etc.).

Leur organisation communautaire et patriarcale, régie à la fois par la coutume (*adat*) et la loi islamique (*charia*), s'est maintenue jusqu'au début du XXe siècle. L'endogamie ethnique prévalait.

Sur la base d'une riche tradition culturelle (poésie, musique instrumentale), leur conscience identitaire se cimenta au XIXe-XXe siècles, avec généralement une acceptation de la « protection » russe. Un écrivain comme Souleiman Stalski (1869-1937) adhéra sans ambiguïté au régime soviétique.

Islamisés au XVe siècle, les Lezguiens sont le plus souvent sunnites de rite chafiite, avec une minorité chiite.

Le lezguien (trois groupes dialectaux : kuri, samour et kuba) constitue la principale langue du groupe lezguien de la famille caucasienne, dont relève une dizaine d'autres langues (tabassaran, tsakhur, agoul, routoul, etc.). Ils recourent aussi aux autres langues daghestanaises et à l'azéri.

Histoire. Les Lezguiens sont des autochtones. Ils furent intégrés à l'Albanie du Caucase puis dépendirent des Lak*, avant de se regrouper en fédérations autonomes qui furent ensuite soumises, selon le cas, aux khans locaux ou aux khans d'Azerbaïdjan. Le khanat établi à Kourakh survécut jusqu'en 1864 (sous protectorat russe à partir de 1813).

✦ Dénom. [autod.] Lezguiar.

Li. Population aborigène de Chine, occupant les montagnes de l'île de Hainan, à l'extrémité sud du pays [près de 1 million].

❑ Ils se répartissent en cinq groupes : les Ben ti Li, ou « Li aborigènes », les Moï-Fau Li, les Ha Li, les Laï et les Ki Li. Ces groupes se distinguent tant par leurs costumes et leur habitat que par leur langue. L'habitat présente un large éventail qui va des maisons sur pilotis, avec un toit en forme de bateau, à des maisons rectangulaires, sans étage et au sol en terre battue, en passant par un type intermédiaire, les maisons à plancher reposant sur des socles de pierres.

Dans les vallées, les Li pratiquent la riziculture en rizière inondée, qui fait place dans les régions montagneuses au riz gluant cultivé sur brûlis. Leur culture se caractérise par des traits vestigiels taï ou austroasiatiques et des emprunts à la société chinoise. La résidence est patrilocale, mais ils pratiquent encore la coutume, répandue chez les populations tibéto-birmanes, du *bu-luo fu-jia*, « la non-résidence chez le mari » : la jeune épousée retournait chez elle jusqu'à la naissance d'un premier enfant. Celle-ci jouissait alors de la même liberté qu'avant son mariage et pouvait participer aux « cours d'amour ». La religion « animiste » est teintée de taoïsme. Les Li parlent une langue de la famille tai-kadai.

Histoire. Ils partagent 2 000 ans d'histoire avec les Han*. Les premières répressions qu'ils subirent datent de la dynastie Han (de 200 av. J.-C. à 200 apr. J.-C.).

Limba. Peuple vivant au nord et au centre de la Sierra Leone [estim. 500 000].

❑ Surtout agriculteurs (riz), les Limba sont aussi chasseurs et pêcheurs. Ils se répartissent en dix patriclans, certains d'origine mandé, à caractère totémique, et sont organisés en chefferies, dont les tenants sont parfois des individus non limba. Ces chefferies coiffent des villages fondés sur des patrilignages et des règles de résidence patrilocale. L'autorité est assurée à l'échelon local par un chef de village assisté d'un conseil d'anciens.

Entourés de populations islamisées, les Limba continuent toutefois à pratiquer le culte des ancêtres et celui d'une divinité suprême, territorialisée sur une colline sacrée.

Limbu. Peuple vivant à l'est du Népal, à l'est de la rivière Arun, et, pour un petite minorité, en Inde (Sikkim) [estim. 150 000].

❑ Les Limbu sont l'un des cinq peuples (avec les Thami, les Sunwar, les Jirel et les Raï) qui forment le groupe des Kirant. Depuis la fin du XVIIIe siècle, ils ont substitué à leur ancienne agriculture sur brûlis la culture (du riz principalement) en terrasses, sous l'influence des immigrants hindous.

Ils sont organisés en clans qui constituent les unités exogames ; le village est leur référent sociopolitique. Ils ont globalement conservé leur religion à caractère chamanique. Un officiant homme (*phedangma*) est chargé des rituels ordinaires (naissance, mariage, décès, rites périodiques et rites liés à l'agriculture), alors que le *yéba*, ou *bijuwa* (homme ou femme), dirige les rituels concernant tout ce qui, venant de l'extérieur, trouble la vie domestique et l'agriculture. La langue limbu appartient à la famille tibéto-birmane.

Histoire. Les légendes kirant rapportent que les premiers d'entre eux auraient voyagé en Inde puis résidé à Bénarès (les *Kashi gotra*) alors que certains seraient venus de Lhassa, au Tibet (les *Lhasa gotra*). Installés dans leur territoire actuel, les Limbu s'organisèrent en principautés (*thum*) pouvant s'étendre sur une vallée entière, dirigées par des chefs nommés localement. Ces derniers devinrent les vassaux des rois bhotia* du Sikkim (XVIIe-XVIIIe siècles), puis, après l'unification du Népal (fin XVIIIe siècle), ils furent nommés par le gouvernement népalais ; les principautés furent de plus en plus morcelées et les *subba* (nom népali de ces chefs locaux) finirent par être remplacés par des conseils de village. Les Limbu ont cependant su conserver plus longtemps que les autres Kirant le système des *kipat* qui leur permettait notamment, en échange de leur soumission, de garder des droits inaliénables sur leurs terres.

✦ Dénom. [autod.] Yakthumba ; [bhotia du Sikkim, lepcha] Tsong ; [népali] Subba.

Lisu. Peuple vivant en Chine (à l'extrémité ouest du Yunnan) et dans les régions adjacentes de Birmanie, avec des prolongements méridionaux en Thaïlande du Nord [env. 800 000].

❑ Agriculteurs-éleveurs des versants montagneux, les Lisu constituent une société patrilinéaire de type segmentaire, à patrilignages et patriclans non localisés qui fonctionnent pour la plupart comme des unités exogamiques. La structure politique est dans l'ensemble de type égalitaire. Les Lisu constituent une société à consensus, et les différends sont débattus au sein d'une assemblée informelle, regroupant les personnages influents de chaque lignage, présidée par un chef dont l'autorité apparaît toutefois limitée. La religion traditionnelle est marquée par l'importance du culte ancestral. Un certain nombre de Lisu ont été christianisés en Chine (catholiques), en Birmanie et en Thaïlande (protestants).

Histoire. La tradition orale et les textes historiques chinois semblent indiquer que les ancêtres des Lisu ont occupé avant le VIIIe siècle les vallées fluviales du Yalong, au Sichuan, et du Yangzi, aux confins du Sichuan et du Yunnan. De là, ils auraient commencé à partir du XVIe siècle à coloniser les hautes vallées du Mékong et de la Salouen. Au cours de l'histoire récente, le processus d'expansion territoriale du nord vers le sud a continué en direction de la Birmanie et s'est considérablement amplifié vers la Thaïlande dans la seconde moitié du XXe siècle du fait de la déstabilisation politique de la Birmanie après l'indépendance.

✦ Dénom. [syn..] Lissou (péj.), Lolo ; [autod.] Lisu ; [chinois] Lisu ; [birman] Yawyin.

Lobedu. Peuple d'Afrique du Sud, habitant un petit territoire situé au pied des montagnes Drakensberg [estim. 115 000].

❑ Les Lobedu sont principalement agriculteurs, mais élèvent aussi des chèvres. Très minoritaires dans leur région d'habitat, ils y

jouissent néanmoins d'une grande notoriété. Leurs rois et reines étaient réputés être de très grands magiciens contrôlant les nuages de sauterelles et la sécheresse. Modjadji, leur première reine (à l'origine de la dynastie actuelle), fut considérée par les Zulu* comme immortelle, inaccessible et mystérieuse, et capable de faire tomber la pluie.
C'est depuis le XIXe siècle que leur royaume, centralisé, a à sa tête une reine sacrée. La coutume voulait, lorsqu'elle atteignait un âge avancé, qu'elle commît un suicide rituel, avant de laisser le pouvoir à sa fille aînée. Les Lobedu pratiquent le culte des ancêtres ; un certain nombre a adopté le christianisme.
Les Lobedu parlent le khelovedu, dialecte empruntant au tshivenda et au sesotho.
Histoire. L'origine des Lobedu est liée à l'éclatement de l'empire du Monomotapa, au nord du Limpopo. Vers la fin du XVIIe siècle, le groupe s'installa dans la région qu'ils habitent encore aujourd'hui, et qui n'était peuplée que par quelques communautés de langue sotho. Au tournant des XVIIIe-XIXe siècles, la communauté lobedu fut en proie à des dissensions, qui se terminèrent par l'accession au trône de la première reine, Modjadji Ire, qui restaura la stabilité politique. Le XIXe siècle fut marqué, d'une part, par la pression des immigrants tsonga* arrivant toujours plus nombreux du Mozambique, et, d'autre part, par l'établissement de la république du Transvaal par les colons boers. Ces derniers finirent par soumettre militairement les Lobedu en 1894, leur confisquant une grande partie de leurs terres. Lorsque furent créés les bantoustans, le pays lobedu fut incorporé dans le Lebowa. Comme les autres communautés, les Lobedu ont retrouvé, depuis la fin de l'apartheid, une grande partie de leurs droits.
✦ Dénom. [syn.] Balobedu, Lovedu.

Lobi. Peuple vivant au nord-ouest de la Côte d'Ivoire et au sud-ouest du Burkina Faso, en région de savane [estim. 700 000].
❑ Les Lobi sont agriculteurs (mil, sorgo, etc.), chasseurs, artisans (travail du bois et du fer). Dépourvus de structure politique centralisée, prompts au conflit armé et à la vendetta, ils sont organisés en grands lignages matrilinéaires unis par des mariages virilocaux, et vivent en familles indépendantes ; les maisons familiales sont isolées les unes des autres et constituent de véritables forteresses (*soukala*). Les marchés jouent un rôle majeur dans la cohésion sociale, ainsi que l'institution initiatique masculine (*dyoro*). Les croyances traditionnelles reposent sur le culte des ancêtres.
La langue des Lobi appartient au groupe linguistique voltaïque (gur).
Art. Leur production artistique comprend des trépieds ornés d'une tête humaine, de grandes statues féminines et des statues-poteaux.
Histoire. Les Lobi sont originaires du nord du Ghana actuel, qu'ils ont quitté au XVIIIe siècle. Ils ont résisté longtemps à la colonisation française. Leur région d'habitat n'est désenclavée que depuis peu, et, jusqu'à des temps récents, ils étaient célèbres pour leur nudité totale, à laquelle ils attachaient une valeur particulière.

Lozi. Peuple de l'ouest de la Zambie (Western Province), du Zimbabwe et du Mozambique, habitant essentiellement les rives du Zambèze [estim. 500 000].
❑ Pêcheurs et agriculteurs, les Lozi habitent principalement dans une vaste plaine inondée périodiquement par les crues du Zambèze. Celles-ci les obligent à migrer sur les hauteurs. En période de décrue, les Lozi redescendent cultiver la terre fertilisée par le limon. Leur vie est ainsi rythmée par les mouvements de crue et de décrue du fleuve.
Le système actuel de descendance des Lozi est bilatéral. Tout enfant, qu'il soit légitime, illégitime ou adultérin, a le droit de choisir sa résidence dans le village de l'un ou de l'autre de ses parents, de sa mère ou de son père, d'y vivre et d'hériter. C'est le choix fait par les parents qui décide de la succession. En général, ce choix désigne l'aîné. C'est à l'héritier qu'il incombe de répartir les biens entre les autres ayants-droit, enfants et petits-enfants du défunt.
Les Lozi croient en un Être suprême, *Lesa* ou *Nyambe*, éloigné des préoccupations des hommes, contrairement aux esprits des ancêtres. Ces derniers protègent normalement les intérêts de leurs descendants, ce qui ne les empêche pas de temps à autre de les punir s'ils ne sont pas contents ou lorsqu'ils se sentent délaissés. Les cérémonies – et de manière générale toute la vie sociale – sont liées aux inondations du Zambèze.
Les Lozi parlent le silozi, une langue bantoue influencée par le sotho-tswana. Cette langue est utilisée dans tout l'ouest de la Zambie
Art. Il comprend essentiellement des objets en bois de taille modeste (appuis-tête, pipes, récipients), dont la qualité témoigne d'une longue tradition de sculpture. Il existe par

ailleurs des groupes de musiciens royaux, aux fonctions très semblables à celles des groupes de ce type de République démocratique du Congo ou d'Angola.

Histoire. L'histoire des Lozi, dont le royaume remonte à l'ancien Empire lunda*, a été marquée par l'occupation du pays par les Kololo, d'origine sotho*, et par le long règne du chef suprême Lewanika, de 1878 à 1916. Celui-ci, monté sur le trône après une période d'instabilité politique, raviva les traditions et surtout déploya une grande habileté dans les négociations avec la British South African Company, dirigée par Cecil Rhodes. Dans le traité de 1898, par lequel il permit aux Anglais de s'établir sur son territoire, il fit insérer une clause reconnaissant l'autonomie des Lozi, valable sous les gouvernements coloniaux actuels et ultérieurs. Il fallut attendre l'indépendance zambienne (1964) pour que le pays lozi soit déclaré partie intégrante du nouvel État. Intégrés au XIXe siècle au commerce de longue distance avec les Arabo-Swahili* et les Européens, les Lozi, tout comme les autres populations de l'ouest de la Zambie, servirent dès les débuts de la colonisation (fin XIXe siècle) de main-d'œuvre bon marché pour le développement des mines et des fermes commerciales.

Remarque. L'appellation « Lozi » est souvent étendue à un ensemble de sociétés assimilées (Kwanda, Makoma, Mbowe, Mishulundu, Muenyi ou Mwenyi, Mwanga, Ndundulu, Nygengo, Shanjo, Sima).

✦ Dénom. [autod.] Balozi ; [syn., vieilli] Barotse, Rotse.

Luba. Le nom s'applique à deux peuples d'agriculteurs du sud-est de la République démocratique du Congo, culturellement et linguistiquement distincts quoique apparentés, les Luba du Kasaï et les Luba du Kantanga (ex-Shaba).

Luba du Kasaï. Originaires du Kasaï oriental, ils sont répandus en diaspora dans l'ensemble du pays, et forment l'une des principales communautés de Kinshasa [estim. 3 millions].

❑ Les Luba du Kasaï sont en majorité agriculteurs (maïs, manioc, etc.) et éleveurs de petit bétail. Ils étaient et restent spécialisés dans le commerce à longue distance, et sont partie prenante dans l'exploitation des diamants du Kasaï. Les communautés de la diaspora jouent un rôle capital dans le commerce, l'industrie et l'enseignement de l'État congolais.

Leur société est, de façon très marquée, patrilinéaire et patrilocale ; le mariage est accompagné du versement d'importantes compensations. Ils se répartissent en plusieurs dizaines de chefferies indépendantes, dont les chefs sont issus par rotation des différents lignages aînés « nobles ».

Les Luba du Kasaï installés en dehors de leurs terres ancestrales furent très tôt christianisés, essentiellement par des missionnaires catholiques. Au Kasaï, la religion traditionnelle, centrée sur le culte des ancêtres (*bakishi*) et les pratiques de sorcellerie et de contre-sorcellerie, est bien vivante.

Les Luba du Kasaï parlent une langue bantoue, le *ciluba* ou *tshiluba*, qui est l'une des quatre langues nationales de la République démocratique du Congo. Elle apparaît en pleine expansion.

Art. D'émouvants chants épiques (*kasala*) relatent les hauts faits de l'histoire collective ou individuelle.

Coutume. Les hommes mariés devaient élever de petites huttes pour rendre hommage à leur père et à leur grand-père, et consacrer un arbre à l'esprit de leur grand-mère paternelle.

Histoire. Contrairement à ce qu'affirment leurs traditions (parfois récentes), les Luba du Kasaï ne forment vraisemblablement pas une population homogène originaire du royaume luba du Katanga. Répartis en petites chefferies, victimes au XIXe siècle de terribles razzias esclavagistes de la part des Tshokwe* et de potentats songye* alliés aux trafiquants arabo-swahili*, ils accueillirent avec un soulagement la colonisation belge ; la cristallisation de leur identité remonte à cette époque. Ils fournirent à partir des années 1920 l'essentiel de la main-d'œuvre des mines du Sud-Shaba, mais accédèrent aussi, dès l'époque coloniale, à des postes importants, d'où des ressentiments et leur expulsion de régions où ils étaient implantés depuis parfois un siècle : troubles de la région de la Luluwa* en 1960, du Katanga en 1992. Les Luba du Kasaï se sont farouchement opposés au régime de Mobutu (le leader d'opposition Étienne Tchisekedi appartient à ce groupe).

✦ Dénom. [var.] Louba(s) ; [syn.] Baluba-Bambo, Luba occidentaux, Luba-Lubilashi. [autod.] Baluba.

→ **Luba**

Luba du Katanga. Vivant en zone de savane, essentiellement localisés dans la sous-région du Haut-Lomami, ils débordent très largement dans celle du Tanganyika et, dans une moindre mesure, dans celle de Kolwezi ; ils forment d'importantes communautés à Lubumbashi et à Kinshasa [1,2 million].

❑ Les Luba du Katanga pratiquent l'agriculture itinérante sur brûlis (manioc, maïs, etc.), un peu d'élevage (petit bétail, volailles) et, le long du fleuve, la pêche.

Patrilinéaires et virilocaux – parfois matrilinéaires à l'est du fleuve –, ils se répartissent en lignages de faible profondeur. Dans beaucoup de villages, le titre de chef se transmet de lignage à lignage selon un système rotatif. Les chefs de village dépendent du chef sacré de la chefferie, le *mulopwe*, qu'assistent les dignitaires *mfumu*. Au-dessus encore de ce dernier se situait jadis le roi.

Les religions chrétiennes (catholicisme, églises et sectes protestantes) et les cultes syncrétiques coexistent avec la religion traditionnelle (cultes des ancêtres et des génies territoriaux, manifestations des grands esprits de la possession par l'intermédiaire de devins-médiums). Les chefs sacrés et leurs dignitaires, les médiums et les membres de la société secrète *mbudye* représentent les institutions traditionnelles.

Les Luba du Katanga parlent le *kiluba*, langue bantoue, et utilisent le swahili et le français.

Art. Par ses productions d'un style très réaliste, l'art luba (provenant d'ailleurs souvent de populations vivant plus à l'est) est l'un des plus importants de l'Afrique centrale. La statuaire était essentiellement destinée à l'usage de la cour et des médiums (beaucoup de ces œuvres servant de réceptacle aux esprits).

Histoire. Le pays luba fut habité dès le VIIIe siècle par des groupes maîtrisant les techniques de la poterie et de la forge et dotés d'une organisation sociale stratifiée. Une profonde continuité culturelle donne à penser qu'aucune migration majeure n'eut lieu depuis. Les Luba bâtirent, sans doute à partir du début du XVIIIe siècle, un royaume dont le prestige fut tel que de nombreux peuples (des Ruund* aux Bemba*) s'en prétendirent originaires. Victime des raids esclavagistes et de querelles de succession, ce royaume s'écroula de 1870 à 1890, sans connaître ultérieurement de restauration administrative. En 1960, après la proclamation de l'indépendance du Congo, les Luba entrèrent en conflit armé avec le gouvernement sécessionniste de Moïse Tshombe qui réclamait l'indépendance du Katanga ; depuis la fin des années 1980, ils sont d'accord avec leurs anciens ennemis pour revendiquer plus d'autonomie pour la région. L'actuel président congolais, L.-D. Kabila, est un Luba de la région de Kabalo ; il fut un des leaders de la contre-sécession de 1960-1963.

✦ Dénom. [var.] Louba(s) ; [syn.] Luba centraux, Luba-Shankadi, Warua ; [autod.] Baluba.

→ **Luba**

Lugbara. Peuple du nord-ouest de l'Ouganda (Nile District) et du nord-est de la République démocratique du Congo (haut Congo) ; le pays lugbara se situe le long de la ligne de partage des eaux du Nil et du Congo, qui marque à cet endroit la frontière entre les deux pays [évalués à 250 000 en 1950 par l'ethnologue britannique J. Middelton, ils seraient selon lui beaucoup moins nombreux aujourd'hui, du fait des guerres et des massacres consécutifs aux changements de régime en Ouganda].

❑ Les Lugbara vivent de l'agriculture et accessoirement de l'élevage de petit bétail. Ils se répartissent en une soixantaine de clans patrilinéaires, exogames et non localisés, eux-mêmes divisés en lignages, bases des unités locales d'habitation. La société est de type « segmentaire ». Le faiseur de pluie est le seul personnage auquel soit traditionnellement reconnue une autorité politique. Il officie comme arbitre en cas de vendetta.

Les Lugbara parlent une langue du groupe soudanique central, très proche de celle de leurs voisins les Madi.

Ethnol. John Middleton a mis en évidence l'organisation dualiste de la pensée et de la société lugbara (opposition entre « gens d'en haut » et « gens d'en bas »). Cette pensée dualiste se retrouve dans le mythe de fondation de la société : les Lugbara se considèrent comme les descendants de deux frères, pères des fondateurs des clans actuels.

Histoire. C'est en 1914 que la moitié orientale du pays lugbara, rattachée à l'État indépendant du Congo entre 1900 et 1909 puis au Soudan anglo-égyptien, a été intégrée à l'Ouganda britannique. À l'époque du président Idi Amin Dada (1971-1979), qui était originaire du même district du West Nile, les Lugbara ont été largement favorisés par le régime. Milton Obote (un Lango*), après avoir renversé Amin Dada, exerça contre eux une très violente répression. Actuellement, le pays lugbara est le théâtre d'opérations de deux rébellions à inspiration religieuse : le Front de libération de la rive occidentale du Nil et le Front du salut national ougandais.

Luguru. Peuple de l'est de la Tanzanie (région de Morogoro), vivant dans les monts Uluguru, à l'ouest de la côte de l'océan Indien et de Dar es-Salaam [estim. 350 000].

❑ Les Luguru, qui travaillent encore largement le sol à la houe, vivent essentiellement de l'agriculture de subsistance (maïs, sorgho, riz, haricots). L'introduction récente de cultures maraîchères leur permet d'approvisionner à la fois le marché local et celui de Dar es-Salaam, et d'avoir accès aux liquidités.

Ils se répartissent en une cinquantaine de clans, subdivisés en quelque 800 sous-groupes basés sur un mythe d'origine commun. Leur organisation sociale est de type segmentaire et matrilinéaire. Leur système de mariage est caractérisé par la polygamie et la résidence matrilocale. Le mariage préférentiel est entre cousins croisés. L'organisation politique est acéphale, mais pas égalitaire : chaque subdivision intra-clanique se rattache à un noyau matrilinéaire qui a souvent les attributs d'une aristocratie.

Ils restent intimement liés à leurs coutumes et à leur système religieux, structuré autour du culte des ancêtres (*matambiko*). Celui-ci fournit au rassemblement communautaire un cadre transcendant les appartenances confessionnelles importées (christianisme, islam).

Les Luguru parlent leur propre langue bantoue, le kiluguru, et aussi le kiswahili.

Histoire. Vraisemblablement issus de la même matrice que leurs voisins immédiats, les Kutu et les Zaramo* ils se distinguent de ces derniers par leur habitat montagnard, adopté au cours du XVIIIe siècle.

✦ Dénom. [var.] Waluguru.

Luluwa. Peuple du sud de la République démocratique du Congo, habitant, en zone de savane, la vallée de la Luluwa [estim. 2,3 millions].

❑ Les Luluwa sont agriculteurs (manioc, maïs) et éleveurs (petit bétail), et valorisent la chasse. Patrilinéaires, patrilocaux, dotés de structures sociales complexes (dont la famille nucléaire est l'unité de base) et fortement hiérarchisées, ils se sont révélés très perméables aux influences occidentales, et le catholicisme a largement supplanté leur religion traditionnelle. Leur langue est tombée en désuétude au profit du ciluba et du français.

Art. De gracieuses maternités, embellies de scarifications élaborées, sont les éléments les plus réputés de leur statuaire (en bois).

Chanvre. Dans la seconde moitié du XIXe siècle, un mouvement religieux annonçant le retour des ancêtres et assurant l'immortalité à ses adeptes s'organisa autour de la consommation du chanvre indien. Ce « culte du chanvre » promut des valeurs de paix et d'hospitalité, tant et si bien que les trafiquants tshokwe* et les premiers Blancs furent accueillis à bras ouverts par les chefs luluwa, à commencer par le plus puissant d'entre eux, Kalamba Mukenge.

Histoire. Issus de groupes luba* arrivés du Katanga au XVIIe siècle, les Luluwa se sont, malgré l'absence d'unité politique, forgé une identité collective, renforcée au XXe siècle par leur hostilité aux Luba, qui, fuyant les esclavagistes arabo-swahili*, s'installèrent dans la région à partir de 1895. Les relations privilégiées nouées entre les nouveaux arrivants et les autorités coloniales créèrent chez les Luluwa un sentiment de frustration. Il en résulta, en 1959, un conflit sanglant entre les deux peuples, qui se solda par le retrait des Luba. Des tensions ont resurgi, du fait de nouvelles implantations luba au début des années 1990.

✦ Dénom. [var.] Lulua, Louloua ; Beena Luluwa, Bena Lulua.

Lunda. Concept essentiellement politique, qui renvoie à la fois aux populations fondatrices au XVIIe siècle du royaume lunda, les Ruund* ou Lunda centraux, aux populations du sud de ce royaume (Ndembu* et autres Lunda du Sud) et aux diverses populations qui ont dépendu directement ou non de ce royaume.

→ **Ruund, Ndembu**

Luo. Peuple du Kenya (Western Province) et, marginalement, de Tanzanie, occupant les basses terres qui entourent le golfe de Kavirondo [env. 2 millions].

❑ Éleveurs (bovins), agriculteurs (maïs, sorgho, manioc) et pêcheurs, les Luo se répartissent en groupes territoriaux divisés en clans patrilinéaires. L'autorité, non centralisée, fonctionne sur le mode gérontocratique, avec influence prédominante des plus riches. La religion traditionnelle a cédé la place au christianisme qui, lui-même, a évolué dans les années 1960 vers le syncrétisme (culte de Legio Maria, etc.). Le luo, de la famille nilotique occidentale, est une langue très vivante ; sa pratique écrite est développée.

Histoire. Les ancêtres des Luo, partis de l'actuel Soudan, ont atteint vers le xve siècle le lac Victoria. Les Luo sont très actifs sur les plans politique et syndical. Leurs leaders rivaux Tom Mboya (assassiné en 1969) et Oginga Odinga se sont opposés, le second surtout, au président Kenyatta, après avoir été avec ce dernier les artisans de l'indépendance. Les Luo, qui comptent de nombreux intellectuels, revendiquent une part du pouvoir national en accord avec leur poids démographique et leur niveau de participation à la la vie publique.

Luvale. Peuple de Zambie (Northwestern et Western Province), d'Angola (Moxico District) et de la République démocratique du Congo (Katanga), vivant dans la région du haut Zambèze, pays de savane boisée au sol sablonneux [plus de 500 000].

❑ Les Luvale sont agriculteurs (manioc, millet) et pêcheurs : ils alimentent la Copperbelt en poisson séché. Contraints à l'exode rural, ils émigrent nombreux vers les centres urbains de Zambie, où leur attachement à un mode de vie traditionnel est perçu comme peu « moderne » et considéré négativement.

Ils sont matrilinéaires, virilocaux, et leurs tout petits villages correspondent chacun à une unité lignagère. Les lignages se regroupent en douze clans, soudés par un sentiment d'appartenance plus fort que celui de l'appartenance politique, dont la hiérarchie reste nominalement coiffée par un souverain, le *kakenge*.

Bien que christianisés, les Luvale craignent toujours l'action des sorciers (contrée par des devins-guérisseurs) et rendent un culte à leurs ancêtres devant l'arbre *muyombo* planté au centre du village ou devant les autels familiaux.

Le parler luvale fait partie du sous-groupe lwena des langues bantoues.

Histoire. Les premiers Bantous qui occupèrent la région du haut Zambèze se sont scindés en plusieurs grands groupes linguistiques dont, vers l'an mille, le groupe Lwena (Luvale, Luchazi et Mbunda*) qui se dit originaire du royaume des Ruund* (Lunda* centraux). À partir de la fin du xviiie siècle, les Luvale furent intégrés dans l'économie mondiale par le biais de la traite des esclaves, puis à travers l'exploitation du caoutchouc. Au xxe siècle, la région du haut Zambèze, dénuée de ressources minières, prit vocation à alimenter les centres industriels de la Copperbelt en produits vivriers et en main-d'œuvre.

✦ Dénom. [syn.] Lwena, Lovale, Lubale, Valuvale ; [rem.] Le terme Lwena (nom d'une rivière) est souvent utilisé comme synonyme de Luvale ; comme il signifie « gonorrhée » dans leur langue, les Luvale le récusent !

Luyia. Ensemble de peuples du Kenya (Western Province), habitant le pays de collines situé entre le golfe de Kavirondo et le mont Elgon [plus de 2 millions].

❑ Les Luyia regroupent une vingtaine de peuples (Vugusu, Hayo, Marach, Wanga, Nyala, Logoli, Tiriki, etc.), d'origines diverses et mal connues, traditionnellement indépendants, voire en lutte, qui se reconnaissent désormais comme une vaste entité. Leur croissance démographique (la plus forte du Kenya) motive une forte émigration vers Nairobi, qui contribue à l'effacement rapide de leur culture.

Selon les groupes, l'agriculture ou l'élevage prédomine. Patrilinéaires et exogames, ils n'ont pas, à l'exception des Wanga, d'autorité centralisée mais des conseils d'anciens où se distinguaient les *avagasa,* les « hommes qui parlent doucement et sagement ». Les conversions massives au christianisme menacent leur religion fondée sur la relation avec les ancêtres et la croyance en un dieu créateur, *Wele* ou *Nyasaye.*

Il n'existe pas de langue luyia ; plusieurs dialectes de l'ensemble bantou du Nord-Est, souvent fort éloignés et répartis en quatre groupes, sont utilisés.

✦ Dénom. Les Luyia ont été appelés « Bantu Kavirondo » jusqu'aux années 1940.

M

Maasai. Peuple du Kenya (provinces de l'Est, centrale et de la Rift Valley) et de Tanzanie (provinces du Nord et du Centre), habitant la grande vallée du Rift, essentiellement sur les plateaux mais aussi sur les pentes des escarpements et sur les flancs de certains reliefs volcaniques [env. 550 000].

❑ Si certaines sections (*iloshon*) maasai pratiquent l'agriculture à des degrés divers (cas des Baraguyu et surtout des Arusha) et la pêche (cas des Njemps), l'étendue et la qualité des pâturages, conquis par la force, ont permis à d'autres sections de mettre en pratique un idéal pastoral qui implique le double rejet de toute activité agricole ou cynégétique et des aliments d'origine végétale. Ce pastoralisme « pur » représente un cas atypique au sein des sociétés pastorales africaines.

Les sections sont politiquement indépendantes. L'autorité est diffuse, sur le mode gérontocratique, et se fonde sur le système d'âge : le rite de circoncision marque l'entrée des garçons (vers 15 ans) dans la classe des Jeunes Guerriers, qui vivent dans un village spécialement construit pour eux (*manyatta*) ou dans la brousse, se consacrant aux activités pastorales et guerrières (razzias jusqu'au milieu du XXe siècle, chasse au lion), et observent certains interdits, l'accent étant mis sur la fraternité et sur l'éloignement de l'univers féminin. Les Guerriers Adultes peuvent se marier et sont progressivement libérés des interdits alimentaires, puis accèdent au statut de Jeunes Aînés et, de là, à celui d'Aînés.

La relation avec le Dieu créateur *Enkai*, la divination, la guérison des épidémies, la protection magique des classes d'âge et la direction rituelle des razzias sont, au niveau d'une section ou d'une association de sections, sous la responsabilité du devin *oloiboni*.

Les Maasai parlent le *maa*, langue nilotique orientale restée très vivante.

Art. Les Maasai se distinguent par une parure très élaborée : bracelets de métal ou de perles, multiples colliers de perles autour du cou des femmes, diadèmes de perles ornés de boutons de nacre et de formes géométriques en métal chez les femmes, simple bandeau de cuir orné d'une plume chez les hommes samburu. Par ailleurs, les Maasai sont célèbres pour leur chorégraphie : devant les femmes qui font sauter leurs colliers d'un brusque mouvement du buste, les hommes se produisent tour à tour, sautant à pieds joints pour s'élever le plus haut possible, tandis qu'un chant de poitrine imite les rugissements du lion.

Histoire. Originaires du Sud-Soudan comme toutes les populations nilotiques, les Maasai ont étendu leur territoire depuis l'ouest du lac Turkana à partir du XVIIe siècle, assimilant des populations autochtones (comme les Sirikwa) et entrant en interaction avec de nombreux peuples d'agriculteurs sédentaires. Très tôt, un groupe purement pastoral, établi au centre du grand Rift, se distingue d'un groupe semi-pastoral, établi en bordure du Rift. Ce dernier, aux XVIIIe- XIXe siècles, tente de reconquérir les pâturages de meilleure qualité occupés par les pasteurs « purs ». Il en résulte une série de guerres intestines. À la fin du XIXe siècle, la peste bovine et la variole affectent les Maasai et facilitent la conquête européenne. La majeure partie du territoire maasai est octroyée aux fermiers blancs ou transformée en réserves pour la faune. Au début des années 1990, dans le cadre des violences « interethniques » qui secouent le Kenya, les Maasai s'opposent aux Kikuyu* immigrants. Très conservateurs, les Maasai sont volontiers considérés par leurs concitoyens kenyans et tanzaniens comme un peuple arriéré. C'est ce même conservatisme

qui séduit les touristes occidentaux et contribue à la richesse des deux pays.
✦ Dénom. [var.] Masai, Maasaï, Masaï ; [autod.] Ilmaasai.

Maba. Peuple du nord du Tchad (Ouadaï) [estim. 400 000].
❑ Agriculteurs et éleveurs, les Maba constituent la population autochtone du Ouadaï, massif de granite et de grès d'altitude médiocre, coupé de dépressions ensablées (*goz*), où est cultivé le mil, et de vallées bien marquées. Constitués de divers groupes (Kaday, Awlâd Djama, Koudogo, etc.), ils sont islamisés et parlent une langue nilo-saharienne.

Madi. Peuple du nord de l'Ouganda et du sud du Soudan, occupant les rives du Nil et la chaîne de montagnes Nyiri, riche en minerais [estim. 250 000].
❑ Leur économie traditionnelle repose sur l'élevage de bovins et la culture à la houe (éleusine, millet). Ils se répartissent en clans patrilinéaires et exogames. Ils suivent un modèle de résidence temporairement matrilocal, puis patrilocal. La communauté locale forme une unité politique autonome, placée sous l'égide d'un chef et d'un conseil d'anciens. La religion traditionnelle cohabite avec l'islam (environ 40 % de convertis).
Le madi appartient à la famille de langues soudanaises centrales. À la suite d'une vaste campagne d'alphabétisation, les Madi ont créé leurs propres journaux et programmes radio.
Coutume. À la puberté, les filles dorment dans des huttes spéciales où les jeunes garçons sont autorisés à leur rendre visite. Si l'une tombe enceinte, son courtisan l'épouse après avoir offert une compensation à son beau-père.

Madurais. Peuple d'Indonésie habitant l'île de Madura et les îles avoisinantes, au nord-est de Java, ainsi qu'une grande partie de la province orientale de Java [env. 9 millions].
❑ Vivant sur des terres ingrates peu propices à l'agriculture (maïs), ils ont développé l'élevage des bovins, pratiquent la pêche et l'aquaculture, exploitent des salines et jouent un rôle important dans la navigation interinsulaire de faible tonnage. Beaucoup d'entre eux ont émigré pour des raisons économiques et ils sont aussi nombreux dans la partie orientale de Java que dans leur île d'origine ; ils émigrent aussi vers l'ouest de Bornéo, vers Singapour et vers la Malaisie occidentale.
La famille nucléaire est l'unité sociale de base. Les villages sont en général constitués de groupes de voisinage qui rassemblent un certain nombre de familles nucléaires dépendant d'un même aïeul. Il existe une noblesse citadine, dont la culture est proche de celle de la noblesse javanaise. Le système de parenté est cognatique, mais les titres de noblesse se transmettent en ligne paternelle. Le mariage est uxorilocal.
De même que leur langue (plusieurs dialectes), de la famille malayo-polynésienne de l'Ouest, leur culture (arts de représentation, littérature, etc.) est proche de celle des Javanais*, avec un caractère généralement plus vigoureux. L'islam, adopté au XVIe siècle, est devenu une composante essentielle de leur identité collective. Certains rites préislamiques subsistent (pèlerinages aux tombeaux, magie).
Taureaux. Madura est réputée pour ses courses de taureaux attelés à des traîneaux, courses qui sont pour les villageois madurais un moyen d'assurer leur prestige.
Histoire. Madura semble avoir toujours vécu dans l'orbite javanaise, sous le royaume de Majapahit au XIVe siècle comme sous le sultanat de Mataram au XVIIe siècle, malgré diverses rébellions, dont la plus connue est celle de Trunojoyo. Les Hollandais y créèrent deux principautés autonomes avant de soumettre l'île à leur gouvernement direct en 1882.
✦ Dénom. [indonésien] Orang Madura ; [autod.] Wong Medura, ou Tiang Medura en madurais « élevé ».

Magar. Peuple du centre du Népal, dont l'habitat se situe entre 1 000 et 2 500 mètres d'altitude [1 339 308 au recensement de 1991].
❑ Les Magar vivent majoritairement de l'agriculture (maïs, éleusine). Réputés au temps de l'Inde britannique pour leur bravoure et leur honnêteté, ils sont des recrues privilégiées des bataillons gurkha*.
Ils se divisent en deux groupes, parlant chacun une langue tibéto-birmane distincte (mais, au recensement de 1991, plus des deux tiers ne connaissent que le népali). Les Magar résidant dans la zone nord et ouest du pays parlent le kham. Ce groupe habite des maisons à toits-terrasses, regroupées en villages denses, tandis que les Magar du Sud ont un habitat souvent plus dispersé et vivent dans des maisons aux toits de chaume. Tous les Magar pratiquent l'union avec la cousine croisée matrilatérale. Toutefois, ceux du Nord se distinguent

par leur pratique d'échange généralisé (A donne une femme à B, qui en donne une à C, qui en donne une à son tour à A).
Chez les Magar du Nord, le chamanisme, aux rites et aux mythes très développés, joue un rôle prépondérant et a attiré l'attention des spécialistes par ses traits sibériens. Ceux du Sud sont beaucoup plus hindouisés et vénèrent des déités aux représentations non figuratives, fortement liées aux différentes catégories de l'espace (forêt, sommet, précipices et sources...). Des conversions nombreuses au christianisme s'observent chez les Magar du Nord, tandis que ceux du Sud y semblent réfractaires. Ces derniers sont davantage insérés dans l'État-nation népalais et se regroupent actuellement en associations qui prônent une conversion au bouddhisme (pensé comme religion première), l'enseignement du magar à l'école et revendiquent une forme d'autonomie de leur territoire, le Magarant.
Histoire. Les Magar n'ont pas d'écriture et les données historiques que l'on possède sur eux sont des sources népalies. Ils semblent implantés de très longue date sur le territoire de l'actuel Népal. La chronique du Cachemire mentionne un roi de la Gandaki du nom de Magar dès le VIIIe siècle. Les chroniques de la dynastie de Gorkha indiquent qu'au XVIe siècle les fondateurs de celle-ci ont conquis le « pays des Magar », *Magarant*. L'histoire orale situe douze chefferies magar dans ce *Magarant*. Jusqu'à l'unification du Népal à la fin du XVIIIe siècle, les Magar ont été étroitement associés aux royautés thakuri de la confédération des 24 royaumes du Népal central, employés comme guerriers et comme prêtres par leurs conquérants. Depuis le début du XIXe siècle et le déplacement du centre du royaume en dehors de leur territoire, à Katmandou, ils ont perdu de leur importance politique.
✦ Dénom. [var.] Mangar, Kham Magar.

Magindanaon. Peuple du sud des Philippines, habitant l'île de Mindanao [estim. 1 million].
❑ Un des groupes musulmans du sud de l'archipel, ils peuplent la large vallée du fleuve Pulangi au sud-ouest de l'île, ils sont riziculteurs et commerçants. Magindanao a été davantage pénétrée par les colonisateurs que l'archipel sulu, et ils souffrent de ce que leurs terres, patrimoines familiaux non cadastrés, ont été en grande part vendues comme terres d'État à des chrétiens venus des Vizayas et de Luçon sous l'impulsion du gouvernement de Manille.
Leur organisation sociale et religieuse est comparable à celle des Sama* et des Tausug*.
Histoire. Au milieu du XVIIe siècle, les Maguindanaon constituent un véritable État, sous l'autorité d'un sultan resté célèbre, Qudrat (Corralat), qui prétend dominer les autres chefs de l'île et combat avec acharnement les Espagnols. La conquête de Manille par ces derniers, en 1571, avait marqué l'arrêt de l'expansion de l'islam dans la région et sonné le début de la guerre entre les musulmans et les pouvoirs successifs s'exerçant aux Philippines.
→ **Musulmans des Philippines**

Mahafaly. Population de l'extrême sud-est de Madagascar, vivant entre les fleuves Menarandra à l'est et Onilahy à l'ouest.
❑ Certains Mahafaly (*Tankara*) occupent le plateau sec de l'intérieur, et les autres (*Tandriaka*), la plaine littorale. Association de populations anciennes (*Karimbola*) et de lignages de pasteurs-guerriers arrivés vers le XVe siècle et ayant formé l'ordre princier et nobiliaire des Maroserana (« donneurs d'ancêtres » aux autochtones), ils forment des groupes de descendance patrilinéaires. Par leur mode de vie fondé sur l'élevage des zébus, leurs coutumes, le culte célébré auprès des poteaux ancestraux *hazomanga*, etc., ils sont très proches des Antandroy*.
Art. Ils sont connus pour leurs tombeaux cubiques (*kibory*), surmontés de poteaux sculptés (*aloalo*). Autrefois édifiés en pierres taillées, ces tombeaux sont aujourd'hui construits en ciment, peints de couleurs vives et décorés de motifs empruntés à la vie quotidienne.
→ **Malgaches**

Makassar. Peuple d'Indonésie, occupant la partie méridionale de la province de Célèbes-Sud ainsi que quelques-unes des îles voisines, dont Selayar [estim. 1,6 million].
❑ Les Makassar cultivent le riz en rizières pluviales ainsi que le maïs dans les régions sèches et le café en montagne. Ils élèvent buffles, bovins et chèvres. Sur les côtes, ils pratiquent la pêche et l'aquaculture traditionnelle (poisson-lait, langoustines). Certains villages sont réputés pour leurs charpentiers de marine (construction de bateaux de transport traditionnels ou semi-traditionnels). Leur activité maritime s'est surtout développée à partir du XVIIe siècle : passée une période d'intense com-

pétition avec les Hollandais, les Makassar se sont consacrés, malgré une réputation abusive de pirates, à un commerce interinsulaire des plus pacifiques.
Les Makassar ont un système de parenté cognatique. Le mariage préférentiel, en général uxorilocal, est celui qui unit des cousins au second ou troisième degré. Dans les villages ont tendance à se constituer des groupes de voisinage, formés de familles nucléaires se réclamant d'un même couple d'aïeuls.
La société est hiérarchisée et comprend de nombreux degrés de noblesse comparables à ceux des Bugis* voisins. Avant l'indépendance de l'Indonésie, la communauté de base était le territoire, plus ou moins vaste, placé sous l'autorité d'un noble et comportant un nombre variable de villages.
Les Makassar ont embrassé l'islam au début du XVIIe siècle et en ont été les propagateurs auprès des Bugis* et des Mandar ; cependant, leur religion préislamique a longtemps survécu dans les districts de dialecte *konjo*, soit les régions montagneuses autour du mont Lompobatang ainsi qu'à Kajang, au sud-est de la province, où subsiste une communauté un peu comparable à celle des Baduy* de Java-Ouest. De nombreux Makassar musulmans continuent de rendre un culte aux esprits locaux ainsi qu'aux fondateurs des dynasties princières, réputés comme descendus du ciel.
Le makassar appartient au groupe des langues malayo-polynésiennes de l'Ouest. Il est parent des langues parlées par les Bugis* (avec qui les Makassar, du fait d'une longue histoire commune, partagent de nombreux traits culturels) et s'écrit à l'aide du même syllabaire.
Histoire. Dès avant notre ère, le pays Makassar fut en contact maritime avec l'Asie du Sud-Est continentale et, indirectement sans doute, avec le monde indianisé. Des diverses entités politiques apparues autour du XIVe siècle, la plus importante devait être la seigneurie de Goa. Au travers d'un processus de fusion avec d'autres seigneuries côtières de Célèbes, elle donna naissance au « royaume de Makassar », qui entra en concurrence, au XVIe siècle, avec le royaume bugis de Boné. L'arrivée de l'islam, dont le royaume de Makassar se fit le principal propagateur, permit à celui-ci d'asseoir encore son influence sur l'ensemble de la péninsule. État maritime, ce royaume s'efforça de contrôler en partie la route des épices, contrecarrant l'entreprise similaire des Hollandais, qui parvinrent à le soumettre en 1667 grâce à leur alliance avec Boné et, une fois installés à Makassar, à le confiner dans un rôle secondaire. Le reste du pays Makassar passa progressivement sous l'autorité du gouvernement hollandais, et le dernier sultan fut déposé en 1906.
✦ Dénom. [var.] Macassar ; Orang Makassar ; [autod.] Tu Mangkasara'.

Makonde. Peuple du sud-est de la Tanzanie et du nord-est du Mozambique, vivant essentiellement sur le plateau Makonde le long des rives de la Ruvuma, qui sépare les deux pays [estim. 800 000].
❑ Les Makonde pratiquent une agriculture de subsistance (maïs, sorgho, manioc, fruits).
Ils sont matrilinéaires et se répartissent en plusieurs sous-groupes. Leur société est acéphale. Les villages ne sont liés que par le partage des mêmes coutumes et traditions (observation des divers rites de passage tels que la circoncision des garçons et la puberté des jeunes filles, danses masquées, danses de fécondité, etc.). Jusqu'à une période très récente, les Makonde scarifiaient leur visage, leurs mains et leur torse. Ils effilaient leurs dents et portaient des labrets (*ndonya*). Ils pratiquent la polygamie et la résidence postmatrimoniale est matrilocale.
Leur langue appartient à la famille bantoue.
Art. Les Makonde sont célèbres pour leur sculpture en bois d'ébène (masques, statuettes), dont la femme, vue surtout sous l'angle de la fécondité, est un thème central.
✦ Dénom. [syn.] Wamakonde.

Makú. Peuple amérindien du nord-ouest de l'Amazonie, établi de part et d'autre de la frontière qui sépare la Colombie (Amazonas, Vaupés) et le Brésil (Amazonas), et disposant en Colombie de deux *resguardos*, ou réserves [env. 7 860].
❑ Le nomadisme et la dispersion qui caractérisent ce peuple font que l'on rencontre à la fois des groupes horticulteurs, des chasseurs (à la sarbacane) et des pêcheurs. La parenté est de type dravidien. L'endogamie est de règle. La descendance est patrilinéaire. Les Makú forment aujourd'hui trois clans, en partie dispersés dans l'ensemble Tukano* : ils ont en effet de longue date été asservis par leurs voisins Tukano et Arawak, avec qui ils échangent les produits de leur chasse contre des produits agricoles.
L'organisation sociale est structurée à trois niveaux : un groupe domestique, composé des

membres qui dorment, produisent et cuisinent ensemble ; un groupe local de plusieurs groupes domestiques, qui voyagent ensemble et forment des équipes pour les travaux collectifs ; un groupe régional, où se rejoignent les groupes locaux.
Le chamanisme pratiqué par les Makú pourrait être hérité des Tukano, comme l'indiquent le rite du *yuruparí* (rite d'initiation des jeunes garçons), les ornements de plumes et la consommation de psychotropes (coca).
Les Makú parlent cinq dialectes (dont le cacua et le jupola), de la famille makú-puinave.
Histoire. Les Makú comptent parmi les premiers habitants de l'Amazonie. Décimés par les conflits avec les producteurs de caoutchouc (1895-1920), ils ont fait preuve depuis d'un étonnant dynamisme et d'une capacité d'adaptation, multipliant les liens avec les autres ethnies de la région. En 1988, le groupe non contacté des Nukák est sorti de l'isolement, suite à quoi la moitié de la communauté a été emportée par les épidémies. Ce drame a conduit, après une campagne de pression internationale, à la création puis à l'extension d'une réserve.
✦ Dénom. [var.] Makú-Kubeo, Makú-Desano, Makú-Bora.

Makushi. Peuple amérindien du Brésil (État du Roraima) et de la Guyana (districts du Potaro-Siparuni et de Upper Takutu/Upper Essequibo) [env. 16 000].
❑ Constituant à l'origine une fraction séparée des Pemon*, les Makushi disposent de réserves, dans les deux pays où ils vivent, mais leur territoire de savane et de forêt tropicale (convoité par les compagnies forestières) n'en est pas moins partiellement dégradé du fait de la pénétration allogène (orpailleurs, notamment) et de l'élevage extensif, qui, avec l'horticulture, est à la base de leur économie contemporaine ; la chasse et la pêche y entrent également. Dans l'ensemble assez acculturés malgré les réticences marquées de certaines communautés, et soumis à l'influence du catholicisme, les Makushi maintiennent des traits de leur culture chamanique. C'est chez eux qu'est apparu à la fin du XIXe siècle le mouvement messianique *Halleluia*.
La langue makushi appartient à la famille linguistique karib.
Curare. Les Makushi étaient parmi les principaux fabricants du curare dans les Guyanes. Celui-ci était utilisé soit avec les flèches d'arc pour la chasse au gros gibier, soit avec le fléchettes des sarbacanes pour chasser les oiseaux et les singes.
✦ Dénom. [var.] Makusi.

Malais. Peuple majoritaire en Malaisie (dont il constitue 60 % de la population), où il habite la péninsule malaise et la côte des États de Sabah et de Sarawak, et à Brunei (65 % de la population) ; il forme aussi d'importantes minorités en Indonésie (à Sumatra et à Bornéo), à Singapour et dans le sud de la Thaïlande ; quelques groupes vivent au Cambodge, en Birmanie et au Sri Lanka [env. 16 millions].
❑ Les Malais sont avant tout un ensemble de groupes partageant une même culture, caractérisée par l'emploi d'une même langue de civilisation, la langue malaise (dont les dialectes locaux se distinguent plus ou moins), par l'adhésion à une même religion, l'islam (dont le malais a été le principal vecteur de diffusion), par la référence à un même patrimoine littéraire et par la possession d'un même noyau de coutumes (même s'il existe un corps de coutumes propres à chaque pays malais). En fait, beaucoup de ces Malais, qu'on peut appeler Malais au sens strict, tirent leur origine de populations non malaises qui se sont volontairement acculturées, souvent du fait de leur adoption de l'islam : Batak Karo à Sumatra-Nord, ou divers groupes Dayak* à Bornéo. Au sens large, le monde malais (*alam Melayu*) inclut également des groupes distincts, parlant des langues sensiblement différentes du malais, mais pour qui la culture malaise sert ou a servi autrefois de culture savante (par exemple, les Acihais*, les Minangkabau* ou les Banjar*).
Essentiellement ruraux et vivant dans les régions proches de la mer, les Malais au sens strict étaient à l'origine non seulement riziculteurs, mais aussi marins et marchands. Leur maîtrise des réseaux commerciaux interinsulaires a joué un grand rôle dans le processus d'islamisation de l'archipel. Ayant perdu leur rôle dans le commerce maritime, ils se sont tournés, à partir du XIXe siècle surtout, vers l'exploitation de plantations familiales (hévéa, cocotiers, palmiers à huile, cacao, etc.) et ce n'est qu'à une époque relativement récente qu'ils ont commencé à s'urbaniser.
Tous les Malais possèdent un système de parenté cognatique. Selon les régions, l'accent est porté sur les parents paternels ou sur les maternels Le mariage est en général uxorilocal dans un premier temps, néolocal par la suite.

La noblesse malaise était en général apparentée aux souverains locaux. Sauf en Malaisie et à Brunei, qui ont encore des dynasties régnantes, les noblesses malaises ne sont plus très influentes. Quant aux villages, ils n'apparaissent nulle part très structurés, si ce n'est par l'islam. Ce dernier est largement prédominant et de plus en plus orthodoxe, laissant de moins en moins place aux pratiques préislamiques.

La langue malaise a été celle des royaumes sumatranais qui contrôlaient le détroit de Malacca et elle a longtemps été la langue des relations commerciales dans toute l'Insulinde. Utilisée comme langue administrative par les colonisateurs anglais et néerlandais, elle s'est imposée comme langue nationale, sous le nom d'indonésien en Indonésie et de malaisien en Malaisie.

Origines. C'est à partir du IIIe siècle de notre ère que se sont développées, sur les rives sumatranaises du détroit de Malacca comme sur la côte occidentale de la Malaisie, aux embouchures de diverses rivières, des cités marchandes exportant produits forestiers, or et étain vers l'Inde et le pourtour de l'océan Indien ainsi que vers la Chine. Ces cités avaient emprunté à l'Inde divers éléments culturels et religieux (bouddhisme, hindouisme) et, déjà, une forme archaïque de malais devait servir de langue de communication.

Place actuelle. Les Malais sont en position dominante en Malaisie et à Brunei, du fait de leur nombre, mais aussi du maintien des sultanats et de la position éminente de la culture malaise face aux cultures des minorités autochtones ou à celles de populations allogènes (Chinois, Tamouls). En Indonésie, les sultanats de Sumatra et de Bornéo n'ont pas survécu à la colonisation, tandis que la langue et la littérature malaises anciennes n'apparaissent désormais plus liées aux Malais en tant que groupe, mais sont plutôt considérées comme un patrimoine commun à la nation indonésienne.

✦ Dénom. [autod.] Orang Melayu.

Malekulien(s). Ensemble des sociétés peuplant l'île de Malekula, située au centre nord du Vanuatu.

❑ Horticulteurs, éleveurs et, dans une moindre mesure, pêcheurs, les Malekuliens constituent un ensemble de sociétés locales où l'autorité est entre les mains des hommes éminents. Ceux-ci occupent les positions les plus valorisées au sein des institutions à grades, des ensembles de rituels initiatiques et funéraires, distingués en valeur (→ Ni-Vanuatais).

Les sociétés de Malekula ont été assez tôt divisées par les observateurs en deux groupes, *big-nambas* et *small-nambas*, *namba* étant le nom de l'étui pénien porté par les hommes. Cette distinction, parfois associée à d'autres éléments (forme et matériaux des jupes des femmes, existence ou non des pratiques d'extraction des incisives des femmes ou de déformation crânienne, présence ou non de rhombes, etc.), n'est plus totalement appliquée aujourd'hui car elle ne rend pas compte de toute la diversité des sociétés de cette île. Néanmoins, la hiérarchie des grades se conjugue dans le nord de l'île (*big-nambas*) avec l'importance accordée à l'aînesse et les positions les plus valorisées tendent ainsi à se transmettre de père en fils, tandis qu'au centre et au sud (*small-nambas*) l'accès à ces rituels est en principe ouvert à tous.

Les sociétés de la baie sud-ouest de Malekula, étudiées par l'ethnologue britannique A. B. Deacon au début du siècle, sont particulièrement célèbres pour avoir porté, semble-t-il, le système des grades et ses rituels à leur maximum de complexité. Les liens de ces rituels aux représentations religieuses sont, de plus, clairement exprimés par l'association du parcours initiatique de chacun à la revivification de principes constitutifs de la société et de l'univers. Au sein de ces mêmes sociétés, le système des grades vient en complément d'un autre ensemble cérémoniel qui participe, lui aussi, à la revivification de ces principes. Il s'agit de rituels pratiqués uniquement par des spécialistes et qui visent plus directement la fertilité des espèces totémiques associées aux divers groupes locaux qui constituent la société. Hiérarchisés entre eux, ces rituels sont associés à un ensemble de mythes dont il existe des variantes dans toute la région.

Les Malekuliens parlent des variantes d'une même langue austronésienne.

Histoire. Deacon présente dans son ouvrage des sociétés profondément bouleversées par l'ampleur des épidémies dues au contact et n'organisant plus la totalité de leurs cérémonies. Au moment de l'indépendance du Vanuatu, un parti d'opposition de Malekula, le Modérés Party, a fait sécession pour former son propre gouvernement provisoire. Il fut démantelé par des troupes venues de Papouasie-Nouvelle-Guinée. L'île s'est par la suite coupée un temps de tout contact extérieur et les sociétés de Malekula comptent aujourd'hui parmi celles qui sont restées les plus traditionnelles du Vanuatu.

✦ Dénom. Il n'y a pas d'autonyme global.

→ **Mélanésiens, Ni Vanuatais**

Malgache(s). Ensemble des sociétés constituant la population de Madagascar [env. 14 millions].

❑ Suivant les critères adoptés, le nombre des sociétés malgaches varie de dix-huit à la cinquantaine. Quoi qu'il en soit, on peut distinguer, d'un point de vue géographique, les populations des hautes terres centrales (Merina*, Vakinankaratra et Betsileo*, avec un débordement vers l'est incluant les Zafimaniry* et les Bezanozano) de celles qui vivent au nord (Sakalava*, Antankarana, Sihanaka, Tsimihety* et Betsimisaraka*), au sud-est (Antaimoro*, Antaisaka* et Tanala* et autres, plus les Antanosy), à l'extrême sud (Antandroy* et Mahafaly*), et enfin au centre-sud, au sud-ouest et moyen-ouest (Bara*, Masikoro, Sakalava*, Vezo*).

Ces sociétés restent essentiellement rurales, se consacrant les unes à la riziculture et aux cultures d'exportation (poivre, girofle, vanille, etc.), les autres (plaines côtières de l'ouest, du centre-sud et de l'extrême sud), à l'élevage du zébu. Sur l'ensemble de la côte ouest, l'importance de populations de pêcheurs et de piroguiers justifie à l'intérieur des ethnies (Mahafaly, Masiroko, Sakalava et Antakara) une distinction entre « gens de la mer » et « gens de l'intérieur », marquée par de grandes différences rituelles.

L'identité malgache (de *jus sanguinis* et de *jus loci*) repose à la fois sur la filiation et la résidence. L'affiliation directe avec l'ancêtre du lieu où l'on réside confère une véritable citoyenneté de premier rang, les habitants venus plus récemment étant regardés comme des citoyens de second rang. Dans toute l'île, les sociétés sont divisées en un ordre princier et nobiliaire, suivi, selon les régions, d'un ou de deux ordres roturiers ; ces ordres sociaux sont subdivisés en sous-ordres. Quant aux descendants d'esclaves, « dépourvus d'ancêtres », ils restent en marge de la société. Les systèmes de parenté ont en commun de prendre l'aînesse en considération. Cela étant, le système générationnel des hautes terres (merina, nord et centre-betsileo, etc.), fondé sur l'unité des conjoints et ne faisant aucune différence entre les parents paternels et maternels, diffère totalement de ceux des autres régions. En effet, fondés sur l'unité des frères et, pour ce qui concerne l'alliance, sur celle des frères et des sœurs, les autres systèmes opèrent tous cette distinction et accordent un grand rôle rituel à l'oncle maternel considéré comme une mère masculine. Dans toutes les sociétés admettant l'endogamie, les unions des enfants et des petits-enfants de sœurs sont absolument proscrites. Dans le Sud et l'Ouest, cette interdiction s'étend à l'ensemble de leurs descendants (réputés « descendants de femmes »), ce qui (aussi longtemps que la mémoire le permet) incite à un élargissement continu des réseaux d'alliance.

Les sociétés malgaches sont patrilinéaires et, en matière de résidence, viripatrilocales. Si les structures familiales et sociales des sociétés pastorales du Sud et de l'Ouest restent très fortement marquées par cette idéologie, partout ailleurs, dans l'ensemble des sociétés agricoles, la valorisation des terres et l'importance accordée à la parenté par le patrimoine modifient rapidement les règles de filiation et de résidence dans le sens cognatique.

Du point de vue linguistique, l'intercompréhension règne, avec des nuances, entre les divers parlers du malgache, dont des archaïsmes attestent la séparation ancienne d'avec le fonds commun indonésien.

Peuplement. Une premère vague de peuplement indonésien, remontant peut-être au début de notre ère, fut suivie par plusieurs autres, jusqu'à la fin du XIIIe ou au début du XIVe siècle. À partir peut-être du IXe siècle, plusieurs vagues de migration d'Arabes ou de pré-Swahili*, accompagnés de leurs alliés africains venus de la côte orientale d'Afrique, atteignirent les côtes du nord de Madagascar ; cette immigration fut amplifiée à partir du XVIIe siècle par l'introduction d'esclaves originaires du Mozambique (appartenant pour la plupart au groupe makoa, nom sous lequel sont toujours désignés leurs descendants). Aux XVIIe-XVIIIe siècles, de nombreux pirates occidentaux fréquentèrent les côtes et s'établirent parfois dans le nord de l'île : leurs descendants mulâtres ont joué un grand rôle dans l'histoire de ces régions.

✦ Dénom. [autod.] Malagasy.

Malinké. Peuple vivant dans les zones forestière et de savane du centre et du nord-ouest de la Côte d'Ivoire [estim. 1,6 million].

❑ Les Malinké sont cultivateurs (riz, mil, manioc, igname, coton, arachide), planteurs de

café et de cacao, éleveurs, artisans, mais c'est au commerce qu'ils doivent leur notoriété.
Constitués par une mosaïque de groupes qui se sont enfoncés de plus en plus loin dans la zone forestière, ils ont une structure sociale identique à celle des Mandenka* du Mali. L'unité de base est la famille étendue dirigée par un patriarche ; ils sont organisés en grands lignages patrilinéaires, unis par des mariages polygamiques virilocaux et patrilocaux. La société, de tradition monarchique, est divisée en ordres sociaux hiérarchisés. Les Malinké pratiquent la circoncision et l'excision.
Islamisés, mais ayant conservé nombre de leurs conceptions et coutumes, ils ont été les propagateurs de la foi musulmane dans les zones forestières de Côte d'Ivoire.
Leur langue, le malinké, appartient au groupe mandé du nord et sert de langue véhiculaire dans l'ensemble de la Côte d'Ivoire.
Malinké et Mandenka. Il est courant d'appeler aussi Malinké les Mandingues* restés au Mali, auxquels il convient plutôt, pour éviter toute confusion et se conformer à leur usage traditionnel, de donner le nom de Mandenka ; « Malinké » a été également appliqué, de façon contestable, aux peuples cousins autrefois partis du Mali (Mandingo du Sénégal, Mendé* de Sierra Leone, etc.).
Histoire. Cette fraction mandingue fut la dernière à descendre vers le sud entre le XVIe et le XVIIIe siècle. Nobles guerriers autant que commerçants, il ont joué, semble-t-il, un grand rôle dans la capture et la vente des esclaves, aux Arabes d'abord, puis aux Européens. À la suite de la décadence de l'empire du Mali, ils se dirigèrent vers la forêt pour mener le commerce de la cola et, pour accéder à la côte et aux pacotilles européennes, tracèrent des routes caravanières vers la Gold Coast (Ghana). Ils fondèrent les royaumes de Kong et de Djamala et apportèrent aux populations de la forêt des techniques nouvelles (tissage, poterie, fonte des métaux, etc.).

Mam. Peuple maya du sud-ouest du Guatemala, occupant 55 municipalités dans la région de la Sierra Madre. On trouve aussi des Mam au Mexique (Chiapas), les uns étant des travailleurs saisonniers qui se sont finalement fixés dans le pays, les autres s'y étant réfugiés à la suite de la guerre civile guatémaltèque [env. 460 000].
❑ Leur économie est basée sur l'agriculture, le travail salarié, le commerce et l'artisanat (textiles brodés, poterie). Ils cultivent maïs, pomme de terre et blé sur de petites parcelles selon le système de la *milpa* (culture sur essarts), mais surtout, caractérisés par leur mobilité, ils constituent une force de travail bon marché pour les planteurs de café et de coton du sud du Guatemala et du Chiapas.
Comme les autres groupes indigènes du Guatemala, ils n'ont pas d'unité globale, chaque *municipio* se distinguant par des particularités culturelles et dialectales. L'organisation municipale se combine avec celle des confréries. La famille, nucléaire et patrilinéaire, est basée sur des unions monogamiques et s'inscrit dans un système plus large de parentèle, qui reconnaît à son membre le plus âgé le rôle de chef. Les Mam ont conservé le port du costume traditionnel.
Le catholicisme traditionnel indigène prédomine, malgré une certaine pénétration évangélique. Les Mam maintiennent parallèlement des pratiques de divination et de guérison effectuées par des chamanes.
Le monolinguisme prévaut ; leurs divers dialectes appartiennent au groupe mam du tronc maya-quiché.

Mambila. Peuple du Nigeria et du Cameroun, vivant de part et d'autre de la frontière sur le « plateau Mambila » [env.130 000].
❑ Les Mambila sont agriculteurs et éleveurs de petit bétail. Ils se répartissent en sous-groupes assez différenciés. Leurs villages plutôt compacts sont parfois encore entourés d'un fossé qui était destiné à arrêter la cavalerie fulbe*. Leur mode de résidence est viripatrilocal. Les chefs (dont l'installation paraît remonter à l'époque coloniale) et les notables règlent les conflits locaux. Les décisions sont souvent scellées par un serment et le sacrifice d'un poulet, amenant le malheur sur celui qui ne suivrait pas l'arrêté final.
Malgré une conversion quasi générale à l'islam ou au christianisme, la religion traditionnelle reste vivace. Elle est basée sur la notion de *sua*, un pouvoir impliqué à la fois dans les serments rituels et dans les mascarades. Ces dernières, liées aux rites de fertilité et de régénération, sont organisées une fois l'an par l'un et l'autre sexe, chacun de son côté.
Le mambila est une langue bantoïde.
Art. Ils sont connus pour leurs masques, leurs statuettes et leurs travaux de vannerie (remarquables boucliers).
Mygale. Pour déterminer la cause des malheurs, ils font souvent appel à la divination

par la mygale, dont l'interprétation renvoie à un code symbolique très développé.

Histoire. Les Mambila ont opposé une forte résistance aux razzias esclavagistes des Fulbe, ce qui n'empêcha pas l'administration coloniale les placer sous la tutelle de ces derniers.

✦ Dénom. [autod.] Bo Ba (au Cameroun), Nor Bo (au Nigeria).

Mandchou(s). Peuple de Chine, vivant en Mandchourie, dans les actuelles provinces du Liaoning (pour environ 40 % d'entre eux), du Heilongjiang et de Jilin, ainsi que dans les provinces et régions voisines (Hebei, Mongolie-Intérieure, Gansu, Shandong), dans la capitale, Pékin, et les anciennes villes de garnison telles que Canton, Chendu ou Xi'an [env. 9,9 millions en 1990].

❑ À l'origine éleveurs, chasseurs et grands cavaliers habiles au tir à l'arc, les Mandchous, issus des forêts et montagnes boisées du nord-est de la Chine, ont adopté un mode de vie axé sur l'agriculture comparable à celui des Han* ; la culture du ginseng et celle des champignons figurent parmi leurs spécialités. Tout autant que les Han, ils sont de nos jours largement urbanisés, travaillent dans l'industrie, les services, etc. De façon générale, leur sinisation globale n'empêche pas qu'ils continuent à se penser mandchous. Par exemple, tout un chacun connaît sa bannière d'appartenance.

Ils étaient chamanistes et offraient des sacrifices d'animaux aux esprits et aux ancêtres : des chamanes de village chassaient les esprits néfastes à l'aide de leurs propres esprits, et des chamanes claniques conduisaient les cérémonies sacrificielles. Ainsi le clan impérial Aisin Gioro avait-il ses propres chamanes pour conduire les cérémonies palatiales. L'ensemble de ce chamanisme a progressivement décliné (même si l'on peut noter dans le contexte actuel un léger renouveau, mais assez folklorisé), sous l'influence du culte des ancêtres et des pratiques religieuses chinoises.

Le mandchou constituait la principale langue méridionale de la branche toungouso-mandchoue de la famille altaïque. Il fut l'une des cinq langues officielles de l'Empire mandchou (dynastie des Qing), mais, malgré de précoces efforts de préservation, déclina face au chinois, ne restant vivant qu'en Mandchourie même, où peu de Chinois s'établirent avant 1861. Victime notamment des préventions anti-mandchoues qui se sont exprimées après la chute de la dynastie mandchoue, il est parvenu au bord de l'extinction (une langue voisine, le sibe*, est encore parlée au Xinjiang ou Turkestan oriental), mais on note des tentatives de le faire revivre dans un but culturel ou religieux. Le mandchou est la seule langue de la branche toungouso-mandchoue a avoir été écrite (sur la base de l'écriture ouigouro-mongole, adoptée dès 1599). De grands auteurs littéraires chinois furent d'origine mandchoue, comme Cao Xuegin (*Le rêve du pavillon rouge*) ou plus récemment Laoshe.

Démographie. Entre le recensement de 1990 et celui de 1982, le nombre de Mandchous déclarés a quasiment doublé. Cela peut s'expliquer par la baisse du sentiment anti-mandchou qu'avait ravivé la Révolution culturelle, et surtout par les avantages désormais accordés aux minorités (droit à deux enfants, accès facilité à l'université, etc.), qui incitent des enfants issus de mariages mixtes (voire même des Han*) à se déclarer mandchous plutôt que chinois han.

Histoire. Les Mandchous sont en grande partie les descendants des Djourtchètes (en chinois Nuzhen), fondateurs en Chine du Nord de la dynastie Jin (1115-1271), qui fut renversée par les Mongols*. Sous les Ming (1368-1644), trois grandes tribus sont répertoriées : les Djourtchètes Jianzhou, au sud de la Mandchourie, groupe assez sinisé d'où sera issu Nurhacin ; les Djourtchètes Yeren (« sauvages », selon la terminologie chinoise), c'est-à-dire ayant conservé un mode de vie plus traditionnel, et plus agressifs, dans l'actuel Heilongjiang ; enfin, les Djourtchètes Haixi, à l'ouest de Jilin, jouxtant les territoires des Mongols, dont le mode de vie était proche de celui de ces derniers (pastoralisme). Fort d'une remarquable organisation militaire et administrative (les Huit Bannières), Nurhaci (1559-1626) unifie ces tribus en 1616, se proclame khan et entre en lutte contre les Ming. Son successeur Hong Taiji (plus connu sous le nom d'Abahai) impose la désignation de « Mandchous », remplaçant l'ethnonyme « Djourchètes » et fonde en 1636 la dynastie des Qing. À la faveur d'un conflit dynastique et d'une alliance avec les Chinois du Liaodong (bannières chinoises ralliées), cette dynastie conquiert la Chine en 1644 pour y régner jusqu'en 1911. Maîtres de la Chine, les Mandchous y constituent une aristocratie militaire et étendent leur domination sur les territoires périphériques : ralliement des princes de Mongolie méridionale puis septentrionale au cours du XVIIe siècle, contrôle du Tibet dès 1751, anéantissement du puissant empire mongol oïrate*

(Djoungars) en 1757, établissement de garnisons dans les « nouveaux territoires » du Turkestan oriental. En dépit de leur origine, les Mandchous s'adaptent rapidement à la culture chinoise, s'adonnant à l'étude de la langue et encourageant les arts et les lettres, comme en témoignent les règnes éclairés des empereurs Kangxi (1662-1722) et Qianlong (1736-1795). En revanche, ils imposent certaines de leurs coutumes (port de la natte, robe féminine mandchoue). Ceux qui sont restés en Mandchourie finissent par être submergés par l'immigration chinoise (la langue et les traditions mandchoues ne subsistaient plus en 1949 que dans la région d'Aihui, l'actuel Heilongjiang). Il s'ensuit une union définitive de la Mandchourie avec la Chine. La région est l'objet de plusieurs accords entre la Russie et la Chine. En 1689, le traité de Nertchinsk fixe la frontière russo-chinoise à l'Amour. En 1860, la Chine doit céder un fragment de territoire pour la constitution d'un territoire maritime russe. À partir de 1895, la Mandchourie est un enjeu important en politique internationale. Elle est territoire chinois, mais l'objet des convoitises russes et japonaises. La Russie obtient, en 1896, le droit d'établir une voie ferrée à travers la Mandchourie, avec contrôle administratif, pour relier directement Vladivostok au Transsibérien, et, en 1897, la concession du territoire de Port-Arthur et Dairen (auj. Dalian). En 1905, la victoire du Japon sur la Russie lui permet au traité de Portsmouth de prendre pratiquement la place de cette dernière. La Mandchourie est partagée en fait entre les deux zones d'influence, russe et japonaise, et des ententes sont conclues (1907, 1910). En 1924, l'URSS renonce officiellement à ses intérêts en Mandchourie, laissant au Japon le champ libre. Celui-ci établit un protectorat d'autant plus facilement qu'à la suite de la révolution chinoise de 1911, qui donne libre cours au ressentiment anti-mandchou et ouvre une période de délitement du pouvoir central, la région est sous le contrôle d'administrateurs devenus presque indépendants et de l'ex-brigand Zhang Zuolin, qui fait régner sa loi. Mais l'influence japonaise se trouve cependant contrecarrée notamment par l'action unificatrice de Tchang Kaï-chek et par la lutte que mène le fils de Zhang Zuolin. En 1931, un sabotage sur la voie ferrée du Sud-Mandchourien est le prétexte de l'entrée en guerre des Japonais, qui débarquent, occupent la Mandchourie, chassent les autorités chinoises et établissent l'État vassal du Mandchoukouo (1932) au sommet duquel ils placent de manière purement nominale le dernier empereur mandchou, Pu-yi, (qui avait « régné » sur la Chine de 1908 à 1911). À l'immigration chinoise, très importante à dater de 1861 et devenue une colonisation systématique à partir de 1920 dans le Sud, succède une immigration non négligeable de Japonais et de Coréens. En 1945, l'armée soviétique pénètre dans le pays, puis évacue la région, sauf Port-Arthur et Dairen, au profit de la Chine. Les armées de Tchang Kaï-chek s'établissent alors dans les principaux centres du Nord-Est. Mais c'est par la Mandchourie que les communistes commencent leur contre-offensive contre les nationalistes. Après 1949, l'ancienne Mandchourie, soumise à une forte déforestation, devient la première région économique de Chine.

✦ Dénom. [var.] Manchu, Manzu (en chinois), Manju (en mandchou).

Mandenka. Peuple du Mali occupant le Manden, région de plateaux gréseux (monts Mandingues) située à l'intersection des zones soudanienne et sub-guinéenne [env. 1,6 million].

❑ Les Mandenka sont, par opposition aux Malinké* de Côte d'Ivoire, aux Mandingo du Sénégal, etc., ceux des Mandingues* qui sont restés sur la terre originelle. L'agriculture (mil, riz, maïs, arachide, coton) est leur principale activité, assortie d'un peu d'élevage.

La cellule de base est la famille étendue dirigée par l'aîné des chefs de ménage. La société est gérontocratique, patrilinéaire, polygamique et virilocale. Sa hiérarchie, basée surtout sur la naissance, distingue quatre ordres sociaux : nobles et guerriers, artisans, griots et bardes, et captifs. Les classes d'âge, les sociétés d'initiation et les confréries de chasse jouent un rôle très important. La circoncision et l'excision sont quasi systématiques. Les croyances traditionnelles cohabitent avec une pratique très syncrétique de l'islam.

La langue des Mandenka (le mandenkakan, de la famille nigéro-congolaise) est d'un usage répandu au Mali.

Histoire. Les habitants du Manden fondèrent jadis l'empire du Mali, solidement établi par la victoire, en 1235, à la bataille de Kirina, de Soundiata Keita sur le roi du Sosso Soumangourou Kanté, qui avait lui-même conquis l'empire du Ghana. L'empire du Mali prospérant grâce à la maîtrise de régions aurifères et au commerce avec les pays méditerranéens, connut son apogée sous Mansa Moussa (v.

1312-1337), avant de décliner progressivement, sous les coups successifs des Touaregs*, des Songhaï* (d'abord vassalisés), des Fulbe* et des Banmana*.
✦ Dénom. [var.] Maninka ; [syn.] Malinké, en langue fulbe.

Mandingue(s). Ensemble de populations apparentées vivant principalement au Mali, en Guinée, au Sénégal, en Gambie, en Côte d'Ivoire, dans la Sierra Leone et au Liberia [estim. 15 millions].
❑ On les divise classiquement en Mandingues du Sud (s'y rattachent les Dan*, les Gouro*, etc.) et du Nord (en font partie les Banmana*, les Dioula*, etc.). Ceux du Nord fondèrent l'empire du Mali (XIIIe-XIVe siècle), furent des propagateurs de l'islam, résistèrent à la colonisation (avec Samory Touré), fournirent ensuite la France en troupes coloniales (les « tirailleurs sénégalais »), et jouèrent lors des indépendances et depuis un rôle de premier plan. Ils sont connus comme Malinké* en Côte d'Ivoire et en Guinée, Maninka ou Mandenka* au Mali, Mandingo au Sénégal et en Gambie, Mendé* dans la Sierra Leone et au Liberia. Leurs langues, de la famille nigéro-congolaise, ont pour certaines un rôle véhiculaire en Afrique de l'Ouest.
✦ Dénom. [syn.] Mandé.

Mangbetu. Ensemble de sociétés du nord-est de la République démocratique du Congo (Haut-Congo), installées entre l'Aruwimi et l'Uele, deux affluents du Congo, à la jonction de la forêt tropicale et de la savane [env. 100 000].
❑ Les Mangbetu, ou Kere au sens large, comprennent les Kere proprement dits, les Meje, les Mapopoi, les Malele, les Lombi, les Abelu, les Matchaga, les Mangbele, les Mayogo, les Bangba, les Mabisanga, les Mamvu, les Mabiti (dont les Mangbetu au sens strict) et certains Abudu.
Ces divers groupes pratiquent l'agriculture itinérante sur brûlis (banane plantain, manioc, etc.), des cultures de rapport (riz, arachide, huile de palme), ainsi que la chasse et la pêche. Ils s'organisent traditionnellement en « maisonnées » constituées d'un patrilignage ou d'une section de patrilignage, de ses épouses et dépendants, ainsi que, le cas échéant, de lignages, voire de maisons subordonnées. Ces maisonnées, divisées ou regroupées en villages selon leur taille, sont dirigées chacune par un « big man », leader de par sa position généalogique mais aussi de par ses capacités.
Le christianisme et, dans une moindre mesure, l'islam cohabitent avec des pratiques marquées par la quête de la bénédiction des ancêtres et la crainte de la sorcellerie.
Les dialectes kere ou mangbetu appartiennent au groupe soudanais central-oriental de l'ensemble nilo-saharien.
Art. La sculpture « mangbetu » développée à la charnière du XIXe et du XXe siècle est célèbre pour son style réaliste. Bien que ses figures anthropomorphiques présentent des caractéristiques mangbetu (en particulier la coiffure féminine en forme de cylindre allongé sur l'arrière de la tête), cet art était davantage l'œuvre des populations voisines ou conquises que celle des Mangbetu proprement dits.
Histoire. Venus des hautes terres plus arides situées aux frontières de la République démocratique du Congo, du Soudan et de l'Ouganda actuels, les Kere sont arrivés dans leur habitat vers l'an mille. Au début du XIXe siècle, le chef d'une petite lignée issue du clan des Mabiti fonda le royaume mangbetu qui, très vite, ne cessa de se disloquer et de se reformer. Au fil des luttes de pouvoir apparurent une multitude de petits royaumes qui s'autoproclamèrent « mangbetu ». Entre 1867 et 1885, ils subirent les raids de trafiquants d'ivoire et d'esclaves originaires de Kartoum. En 1891, l'ordre colonial fut instauré. Après l'indépendance (1960), la région connut, en 1964-65, un bain de sang à la suite de la rébellion des Simba (« Lions »), qui tentèrent d'imposer par la terreur une société communiste.
✦ Dénom. [var.] Mangbétou(s).

Mangyan Patag. Peuple des Philippines, vivant au sud-est de l'île de Mindoro, en région montagneuse [plus de 10 000].
❑ Semi-nomades vivant en hameaux ou sédentaires, les Mangyan Patag pratiquent l'agriculture sur brûlis (riz, maïs, tubercules) ainsi que la chasse (au porc sauvage, aux singes, etc.), la pêche et la cueillette ; l'artisanat (vannerie), le travail du fer et le tissage sont encore très répandus. Ils sont souvent victimes d'immigrants venus des plaines, qui s'emparent de leurs terres et les utilisent comme force de travail.
Leur organisation sociopolitique repose sur les relations de parenté (bilatéralité, matrilocalité, endogamie de groupe) et d'échange et sur le système des rituels. Des représentants sont élus pour représenter la société à l'extérieur.

L'officiant *pandaniwan* répond des relations entre les vivants, les ancêtres, les entités non humaines et les gardiens de certains éléments naturels. Une particularité mangyan patag est la pratique des secondes funérailles. De nos jours, l'influence chrétienne est forte.
Les Mangyan Patag parlent le *minangyan*, qui fait partie des langues austronésiennes. Ils utilisent toujours un syllabaire pré-espagnol (écrit sur bambou avec un couteau) réservé aux poèmes heptasyllabiques (*ambahan*) dont leur littérature se compose notamment.
Confusion. On trouve souvent le terme Mangyan employé pour désigner toutes les sociétés de l'île sans distinction (les Alangan, Bangon, Baribi, Buhid, Gubatnon, Iraya, Ratagnon, Tadyawan et Tao-buhid).
✦ Dénom. [syn.] Hanuno-o.

Manobo. Peuple des Philippines, vivant dans les régions montagneuses de l'île de Mindanao [estim. 170 000].
❑ Agriculteurs sur brûlis (riz, tubercules, mais aussi, de nos jours, dans un contexte de sédentarisation partielle et d'entrée dans l'économie de marché, manioc, patate douce, bananier textile *abaca*, etc.), les Manobo se répartissent en une vingtaine de sous-groupes, ont un système de parenté bilatéral, sont endogames, uxorilocaux, volontiers polygames, et pratiquent le lévirat et le sororat. Les mariages, arrangés, supposent le versement d'une compensation matrimoniale (porcs, machettes, lances, autrefois esclaves), que le futur époux met souvent plusieurs années à amasser. Les Manobo constituent une société basée sur la primogéniture, la transmission des dettes et des vengeances, où les vendettas s'élargissaient jadis en guerres entre groupes.
Autrefois, peut-être sous l'influence musulmane, la société était nettement stratifiée. Après le *datu* (chef politique local) et le ou les *bagani* (chefs de guerre) venaient les gens du commun, les « demi-esclaves » et les esclaves. La religion manobo reconnaît des entités bénéfiques (*diwata*) ou hostiles (*busaw*), des esprits territoriaux, etc., et fait une place au culte des ancêtres. L'officiant-guérisseur (*bailan*) assure les rituels du cycle de vie. De nos jours, la christianisation s'est amplifiée et la société est de plus en plus acculturée.
Les Manobo sont de langue austronésienne. Outre le manobo, ils emploient le tagalog ou le cebuano.
Histoire. Les Manobo font partie de l'ensemble dit des Proto-Malais. Ils ont été, dans les temps récents, l'un des peuples qui a le plus souffert du conflit (surtout de 1975 à 1989) entre la guérilla communiste et les forces armées : massacres, militarisation des terres, déplacements forcés, atteintes à l'écosystème. Ils tentent de contenir l'implantation de migrants sur leurs terres.
✦ Dénom. [var.] Manubu, Manuvu ; [syn.] Ubo, Ubu, Ata-Manubu.

Mansi. Peuple de Russie, vivant en Sibérie occidentale (principalement dans le district autonome Hanty-Mansi), le long de l'Ob et de ses affluents ; les Mansi sont installés à l'ouest des Hanty* [env. 8 500].
❑ Ils se divisent en quatre ensembles dialectaux ; pêcheurs et chasseurs semi-sédentaires, ils sont culturellement très proches du peuple apparenté des Hanty. Leur langue, à la différence du hanty, semble assez menacée.
✦ Dénom. [fr.] Manse(s), Mans ; Vogoule(s) [vieilli] est le calque de l'ancienne appellation russe, remplacée depuis les années 1930 par l'autoappellation Mansi.

Ma'ohi. Peuple autochtone des îles de la Société, au sein du territoire de la Polynésie française, habitant principalement l'île de Tahiti ; son aire culturelle déborde au nord-est sur l'archipel des Tuamotu et au sud-ouest et au sud sur les îles Australes [env. 123 000].
❑ Les Ma'ohi représentent 65 % des habitants des îles de la Société et 84 % des Polynésiens du territoire (chiffres de 1996). Pratiquant l'horticulture et la pêche traditionnelles, trouvant des emplois dans l'aquaculture et le tourisme, ils sont largement confrontés au chômage, aggravé par la crise de l'économie locale et l'accroissement démographique, et dépendent largement de l'aide sociale. Ils subissent une situation inégalitaire liée à l'hétérogénéité du peuplement tahitien : Chinois, Européens et, dans une moindre mesure, métis (les « demis ») concentrent savoir, avoir et pouvoir. Leur identité s'exprime à travers l'appropriation déjà ancienne du culte évangélique, l'exaltation du passé précolonial et la pratique de leur langue, le ma'ohi, ou tahitien (enseigné) en bilinguisme avec le français.
Histoire. Les îles de la Société (occupées, selon les données archéologiques, depuis les années 800 de notre ère) et les Marquises ont été les deux foyers de peuplement de la Polynésie orientale. Les Ma'ohi élaborèrent au cours des siècles une civilisation de la pierre,

du végétal et de l'oralité, ignorant la poterie, le fer et l'écriture. Cependant, leur cosmogonie et leur organisation sociale étaient très élaborées, cette dernière reposant sur l'endogamie de lignage et la parenté cognatique, la hiérarchisation poussée des chefferies et le culte rendu à un *marae*, édifice de pierre, reposoir d'un dieu et lieu d'offrandes propitiatoires. La découverte de leur territoire par Wallis (1767), Bougainville (1768) et Cook (1769), suivie de l'arrivée des missionnaires de Londres (1797 et 1801), fit entrer les Tahitiens dans le monde occidental et provoqua du même coup la dégradation démographique sous l'effet des épidémies, l'effondrement des structures anciennes et la constitution d'un État monarchique, soumis en 1848 au protectorat français et réduit en 1880 à l'état de colonie. Avec le coprah puis la vanille et le café, la situation économique se stabilise peu à peu pour près d'un siècle, épaulée par une reprise démographique considérable (2 % par an depuis le début du XXe siècle), tandis que l'Église évangélique constitue pour les Ma'ohi une structure de substitution à la dépossession du pouvoir. Ce n'est qu'en 1946 qu'est instituée une assemblée élue complétée en 1958 d'un exécutif, gouvernement doté progressivement de l'autonomie. Les effets connexes des expérimentations nucléaires entreprises entre 1964 et 1996 ont bouleversé la société mais pallié provisoirement l'essoufflement de l'économie traditionnelle. Ils ont aussi stimulé la prise de conscience identitaire des Ma'ohi qui ont durci leurs rapports avec la France (apparition d'un mouvement indépendantiste).

✦ Dénom. [syn.] Tahitiens ; [autod.] Ta'ata Tahiti, Ta'ata Ma'ohi.

→ **Polynésiens**

Maori. Peuple autochtone de Nouvelle-Zélande [env. 440 000].

❑ L'économie villageoise maori se fondait sur l'agriculture, la pêche, la chasse, la cueillette et un artisanat souvent sophistiqué malgré un outillage très simple de pierre, de bois et de coquillages. Aujourd'hui très majoritairement regroupés dans les centres urbains, les Maori n'échappent à la prolétarisation – et au chômage – que dans certaines branches (tourisme, pêche, arts), où ils tendent à s'organiser collectivement. Beaucoup d'entre eux cherchent du travail en Australie.

La société se divise en 46 tribus (*iwi*) principales, dont chacune a son territoire, son chef, son organisation communautaire, veille à la préservation des coutumes, gère des actifs, s'occupe de services sociaux, etc. Les tribus bénéficient de subventions gouvernementales. Le Congrès maori *(Te Whakakotahitanga)* défend leurs intérêts communs. Comme ces tribus ne sont en rien endogames et que la descendance est bilatérale, la plupart des Maori appartiennent à plusieurs d'entre elles. En fait, ils naviguent constamment entre une reconnaissance large de la consanguinité et les restrictions généalogiques (statut héréditaire d'aîné ou de cadet, etc.). La famille traditionnelle *(whânau)*, avec un ancien à sa tête, prend en ville la forme d'une association d'entraide tandis que le modèle de la sous-tribu *(hapû)* inspire les nombreuses associations urbaines. Les intermariages avec les Blancs sont fréquents.

Les Maori ont profondément adapté le christianisme, marquant une différence qui s'exprime plus explicitement encore dans les cultes prophétiques (Ringatu, Ratana, etc.) et dans le système centré sur Io, dieu suprême révélé au XIXe siècle. Les notions de *te wairua* (l'âme), *te mauri* (l'énergie élémentaire), *te tapu* (l'interdit), *te mana* (l'autorité transmise par les ancêtres), liées aux cosmologies anciennes, gardent un poids certain.

La langue maori *(te reo mâori)* appartient à la famille austronésienne. En péril au début des années 1990, elle fait l'objet d'importants efforts de promotion.

Art. Un art contemporain bien vivant a pris le relais de l'art maori « classique » (XVIe-XIXe siècle), remarquable par les sculptures curvilignes des maisons d'assemblées, des pirogues de guerre, des monuments funéraires, etc.

Histoire. Les Maori sont probablement arrivés il y a 1 000 ans de Polynésie orientale (Tahiti et îles voisines). En 1840 fut signé à Waitangi un traité dont l'ambiguïté anime depuis la vie politique de la Nouvelle-Zélande. Sa version anglaise attribue la souveraineté au monarque britannique tandis que la version maori l'attribue à ce dernier et aux tribus signataires. Après une phase de résistance armée (1845-1872), les Maori choisirent de défendre par des moyens pacifiques un souhait d'autonomie, voire de souveraineté, qui a repris corps depuis les années 1975. Le mouvement de *revival* linguistique et culturel est mené pour l'essentiel en concertation avec les autorités, et la Nouvelle-Zélande apparaît bien engagée dans la voie du biculturalisme.

✦ Dénom. [var.] Maaori, Mâori. Maori est parfois employé, en français, pour désigner la

plupart des peuples polynésiens (dont les Ma'ohi* ou Tahitiens, etc.).
→ **Polynésiens**

Mapuche. Peuple amérindien du Chili central et de l'ouest de l'Argentine [estim. 550 000].
❑ Les Mapuche, au sens large, se composaient à l'origine de groupes semi-nomades de chasseurs-cueilleurs (ils récoltaient notamment le *piñon*, fruit de l'araucaria). Soumis aux influences inca puis européenne, ils se convertirent à une économie horticole, agricole (blé, pomme de terre) et pastorale (lamas, puis moutons, chevaux), développant aussi leur artisanat (travail du cuir, du bois, de la laine, poterie). De nos jours, poussés par le manque de terre et la démographie galopante, ils émigrent en nombre vers les villes.
Réparties en groupes de maisons plutôt qu'en villages, leurs communautés sont formées de lignages patrilinéaires et exogames ; la résidence est en principe patrilocale. Souvent polygames, les chefs (*lonko*) s'occupent des affaires séculières et organisent en particulier les travaux collectifs.
La christianisation n'a pas éteint le recours aux chamanes-guérisseurs (*machi*), souvent des femmes, ni les rites agraires (*ñillatun*), ni la croyance en un être suprême (*Ñenechen*) et en de nombreux dieux secondaires, aux côtés desquels cheminent les esprits des ancêtres.
Les Mapuche parlent leur langue, le *mapudungu*, et, assez largement, l'espagnol.
Histoire. Les Mapuche opposèrent une résistance acharnée aux Espagnols. En 1553, ils vainquirent et mirent à mort le conquistador Valdivia. Cette résistance fut immortalisée, au XVIe siècle même, par le poème épique d'Alonso de Ercilla, *la Araucana*. Un temps refoulés, les Mapuche se soulevèrent en 1598 et rejetèrent les Espagnols au nord du Bío-Bío. Ils ne furent définitivement soumis, par les armes, qu'à la fin du XIXe siècle. Le système de « réserves » alors mis en place a été remis en cause au début des années 1960, et, depuis, mis à part l'épisode du gouvernement d'unité populaire, les Mapuche doivent résister à une politique néolibérale qui vise à l'extinction de leurs structures communautaires.
✦ Dénom. Les Espagnols appelèrent « Araucanos » (Araucans) les habitants des terres situées entre la Cordillère et l'océan, entre les fleuves Bío-Bío et Tolten ; plus tard, le nom fut étendu à tous les indigènes restés libres. De même, Mapuche, autodénomination de ce groupe central (« les gens du pays »), a pris une valeur générique et identitaire et s'applique aussi aux descendants des Picunche, « gens du Nord », des Huilliche, « gens du Sud », ainsi qu'aux Puelche, « gens de l'Est », autrement dit d'Argentine (où les Mapuche s'infiltrèrent dès la période précoloniale, s'imposant aux Tehuelche* et devenant à leur contact chasseurs et éleveurs).

Mari(s). Peuple de Russie (république des Maris El, mais aussi Bachkortostan, Tatarstan, Oudmourtie, etc.) [env. 650 000].
❑ On les divise en Maris des montagnes (sur la rive droite de la Volga), Maris des prairies (sur la rive gauche) et Maris orientaux (à l'est de la Viatka, principalement au Bachkortostan). Leurs activités restent surtout rurales (agriculture, élevage, apiculture, pêche, sylviculture) ; leur artisanat traditionnel comporte broderie, sculpture sur bois et fabrication de bijoux en argent.
Leurs communautés rurales étaient composées de familles généralement restreintes, à résidence patrilocale ; la femme disposait d'une large autonomie juridique et économique.
Les Maris ont été convertis à l'orthodoxie aux XVIIIe-XIXe siècles, mais ils y associent souvent des survivances de leurs croyances antérieures (culte des dieux et des esprits de la nature, et des ancêtres), auxquelles était liée une médecine d'initiés très développée. Cette *marla vera* (« foi marie ») fait l'objet d'efforts de revitalisation. Les Maris orientaux sont musulmans.
Le mari (quatre dialectes) appartient à la famille finno-ougrienne et reste très répandu, en concurrence avec le russe.
Art. Les ensembles musicaux, qui utilisent cornemuse, tambour, gusli (sorte de cithare), trompe de bois, chalumeau, etc., sont réputés.
Histoire. Les Maris, qui descendent de tribus finno-ougriennes installées sur les rives de la Volga et de la Viatka au début du Ier millénaire, ont été soumis par les Khazars, les Bulgares, les Mongols* de la Horde d'Or puis par le khanat de Kazan, nouant de nombreux liens avec les peuples turcs, notamment les Tchouvaches*. Ils ont été intégrés dans l'Empire russe en 1551-52. La république autonome des Maris (1936) a pris en 1992 le nom de république des Maris El (« El » signifiant « pays »).
✦ Dénom. [var.] Marii(s) ; [syn., anc.] Tchérémisses, par francisation d'une appellation russe en usage jusqu'en 1918.

Maronite(s). Communauté chrétienne la plus importante du Liban [env. 400 000].

❑ Les maronites occupent au Liban – où sont officiellement reconnues dix-sept communautés religieuses – une place toujours prépondérante, même si elle a été quelque peu ébranlée par la récente guerre civile. Cela tient à leur poids économique et politique et au rôle qu'ils ont joué dans l'histoire du pays.

L'Église maronite est l'une des Églises issues de l'éclatement du patriarcat d'Antioche. Les maronites attribuent sa fondation à saint Maron (mort vers 433), mais ses origines, plus récentes, remontent en réalité au VIIe siècle. Elle s'est constituée dans la vallée de l'Oronte, en Syrie, cimentée très vraisemblablement par la persistance de son soutien au monothélisme (thèse de l'unicité de volonté dans le Christ), malgré le rejet de ce compromis doctrinal – proposé par l'empereur Héraclius Ier pour mettre fin aux controverses sur la véritable nature (humaine et/ou divine) du Christ qui divisaient l'Empire byzantin depuis le concile de Chalcédoine (451) – par le concile œcuménique de Constantinople de 680. La position conciliaire, longtemps ignorée ou refusée par les maronites, ne fut « reçue » par eux qu'en 1099. Et c'est par la suite seulement que la thèse de la continuité de leur orthodoxie romaine devint vérité « officielle ».

À partir du XIIe siècle, l'Église maronite se trouve en contact étroit avec Rome ; le patriarche maronite assiste au IVe concile du Latran de 1215 (les relations avec les croisés n'en allèrent pas pour autant sans conflits, les maronites privilégiant souvent leurs alliances politiques locales, y compris avec les musulmans). Dans une série de synodes, de la fin du XVIe au milieu du XVIIIe siècle, s'exerce une forte influence d'usages et de coutumes liturgiques latins adoptés sous l'influence de légats jésuites, tandis que des générations formées au collège maronite, fondé à Rome en 1584, renforcent ce courant. Il en résulte, outre des emprunts au concile de Trente, l'interdiction du divorce (1580) et la création de diocèses (1736), jusque-là inconnus dans cette Église d'origine monastique. De nombreuses controverses ne s'en déroulent pas moins à chaque étape, un autre courant rejetant périodiquement la latinisation. À la différence des melkites de ces régions, entièrement byzantinisés, les maronites conservent l'essentiel de leur identité syriaque, cependant que leurs érudits (Assémani, Ecchellensis) initient l'Occident à la tradition orientale. Aux XVIIe-XVIIIe siècles, l'Église maronite (qui n'eut jamais de branche orthodoxe parallèle) est la tête de pont de l'uniatisme en Orient.

Dans la difficile émergence de la nation libanaise aux XIXe-XXe siècles, les maronites jouent un rôle essentiel. L'émir musulman Bachir Chehab s'étant converti secrètement à la confession maronite, il favorisa les adeptes de celle-ci pendant tout son règne (1789-1840). À sa chute, provoquée par une insurrection paysanne qui dégénéra en conflit entre maronites et druzes*, les maronites furent soutenus par la France. Celle-ci imposa, en 1864, un statut autonome pour le Mont-Liban encourageant l'essor économique des maronites, notamment avec la culture du ver à soie. À la fin du XIXe siècle et au début du XXe, les intellectuels maronites furent parmi les premiers partisans de la renaissance culturelle et politique arabe (la *Nahda*) avec des figures telles que Boutros Boustani et Khalil Jubran.

Le mandat français direct, entre 1920 et 1943, favorise encore les maronites. À la naissance officielle du Liban, la Constitution et le Pacte national qui régit les rapports entre communautés leur taillent la part du lion : selon ces textes, le président de la République doit obligatoirement être maronite ; les musulmans doivent se contenter des présidences du Conseil des ministres et de la Chambre. Cette domination a été remise en cause par les événements de la guerre civile, déclenchée en 1975 et close par le « pacte de Taëf » (1990). Ce dernier a rééquilibré les pouvoirs en réduisant les prérogatives du président de la République, mais sans toucher en profondeur à la structure du Pacte national.

Aujourd'hui, les maronites ne sont plus la communauté la plus nombreuse du pays, mais une importante diaspora leur assure un soutien extérieur non négligeable (elle est forte en Afrique noire et aux Amériques, et comprend aussi quelques communautés anciennes à Chypre et à Alep, soit en tout 400 000 personnes, autant qu'au Liban même). La prospérité économique des maronites tient à la fois à cette émigration, à leur rôle dans le domaine bancaire international, mais aussi à l'importance des biens de l'Église. Son patriarche conserve un grand prestige politico-religieux, même aux yeux des non-chrétiens. L'Église maronite demeure une Église essentiellement nationale qui a préservé un certain nombre de différences importantes avec le catholicisme romain : ses prêtres, parfois mariés, exerçent souvent un métier ; ses évêques et son patriarche ne sont pas nommés par le pape, mais simplement confirmés par lui.

Marquisien(s). Société autochtone des îles Marquises (Polynésie française) [env.10 000].

❑ Les Marquisiens sont pêcheurs et horticulteurs. Les expatriations, pour raison économique, sont fréquentes. Aujourd'hui plus ou moins occidentalisée, la société se répartissait autrefois en de nombreux clans et sous-clans liés par un jeu d'alliances matrimoniales, renforcées par l'adoption.

La nette prédominance du catholicisme tranche sur celle du protestantisme, habituelle en Polynésie. De l'ancien système de croyances, en symbiose avec l'univers, subsiste, comme dans l'ensemble du Pacifique, une très grande proximité avec les défunts. La notion de *tapu* (règles d'usage et de comportement, interdits) est très affirmée.

Le marquisien appartient au sous-groupe linguistique polynésien oriental. Pratiqué et enseigné, il est soumis à la concurrence du français et du tahitien.

ART. Les Marquisiens ont conservé leur tradition de travail du bois, de la pierre, de l'os et, à une moindre échelle, du *tapa* (étoffe végétale battue), ainsi que le goût pour les plantes d'ornement et pour les huiles parfumées.

UN MYTHE OCCIDENTAL. Rencontrés par une expédition espagnole dès 1595, les Marquisiens, décrits par Cook, Langsdorff et bien d'autres, ont incarné l'image du bon sauvage comme celle du primitif guerrier tatoué, enclin à l'anthropophagie. Le mythe des Marquises, archipel à la fois paradisiaque et marqué par la mort, doit beaucoup à la plume de Melville et de Stevenson, et au choix de Gauguin et de Jacques Brel d'y finir leur existence…

HISTOIRE. Des Polynésiens arrivés aux Marquises vers 200 av. J.-C. y développèrent, du fait de leur relatif isolement, des traits culturels originaux. La France, qui annexa l'archipel en 1842, s'en désintéressa vite au profit de Tahiti. Le XIXe siècle fut marqué par une dramatique chute démographique (épidémies). Actuellement, une certaine renaissance culturelle se double de l'aspiration à un rééquilibrage, par rapport à Tahiti et aux îles de la Société, des relations avec la France.

✦ Dénom. [autod.] 'Enana, 'Enata, Kenana (« être humain », « autochtone »).

→ **Polynésiens**

Matabele. Peuple vivant au Zimbabwe, autour de Bulawayo et dans la région sud-ouest du pays [estim. 2 millions].

❑ Originaires du Natal-Zululand, les Matabele gardent, outre la langue, de nombreux traits culturels caractéristiques de cette région, comme le fait de placer le bétail au centre des activités quotidiennes et spirituelles. Dans les campagnes, l'élevage et la culture du maïs et du millet procurent l'essentiel des ressources, mais une majorité de Matabele travaillent aujourd'hui dans les villes, les mines et les plantations.

La structure stratifiée de ce peuple reflète l'histoire de ses migrations. La plus haute classe est celle des *ebezanzi*, descendants des premiers Matabele originaires du Zululand. La classe moyenne est celle des *abenhla*, descendants des Tswana* et Sotho* qui se sont agglutinés autour du noyau d'origine, et la classe inférieure est celle des *amaholi*, descendants des Shona* conquis.

Si la religion chrétienne est bien implantée, le culte des ancêtres ainsi que le recours au médecin-guérisseur restent très répandus.

Les Matabele parlent le sindebele, une langue bantoue du groupe nord-nguni comportant de nombreux emprunts.

HISTOIRE. Les Matabele sont un groupe apparu vers 1820-1830 en rapport avec l'action de Mzilikazi, chef d'un petit royaume qui s'allia dans un premier temps aux Zulu*, avant de s'engager dans une série de conquêtes et de pillages dans la région des hauts plateaux du Transvaal. Plusieurs raisons, dont une défaite contre les colons boers en 1836, poussèrent Mzilikazi à s'installer plus au nord, au Zimbabwe, où il s'attacha à consolider la nation matabele. Son successeur Lobengula vendit aux Européens le droit d'exploiter les minerais de la région mais, très vite, les relations s'envenimèrent. L'année 1893 fut marquée par une guerre sanglante à la suite de laquelle la *British South African Company* colonisa ce qui fut appelé la Rhodésie. Des révoltes marquèrent à nouveau le territoire, en 1896-1897. Les Matabele jouèrent un rôle actif dans la lutte pour l'indépendance du Zimbabwe.

✦ Dénom. [syn.] Ndebele.

Matsiguenga. Composante méridionale de l'ensemble des Ashaninca*, vivant dans le piémont amazonien du Pérou (départements de Cuzco et du Madre de Dios) [env. 11 000].

❑ Les Matsiguenga (« les êtres de feu ») comprennent parmi eux les Kugapakori (« les tueurs ») – terme appliqué également aux Nahua, groupes panophones (*cf.* Pano) de la région. Il s'agit de groupes rebelles qui, depuis l'époque du caoutchouc, se sont réfugiés dans des vallées inexpugnables (certains ont préféré retourner à la hache de pierre plutôt que de commercer avec les Blancs). En 1993 et 1996, quelque 600 Matsiguenga-Kugapakori ont rompu leur isolement pour s'établir sur le haut Camisea.

Histoire. Voisins immédiats des Incas, les Matsiguenga sont mentionnés dans les récits de ces derniers et dans les chroniques espagnoles ; ils envoyaient des délégations à Cuzco pour participer aux grandes fêtes rituelles du mois d'août. Aujourd'hui, ils sont frappés de plein fouet par la mondialisation : une grande société pétrolière a été autorisée (1996) à exploiter le gisement gazier du Camisea, situé sur leurs terres.

✦ Dénom. [var.] Machiguenga.

→ **Ashaninca**

Maure(s). Société tribale de Mauritanie, du Mali et de l'ex-Sahara espagnol [env. 2,3 millions].

❑ Les Maures occupent les régions arides et semi-arides du Sahara et du Sahel occidental et central, des contreforts de l'Atlas marocain au nord jusqu'aux fleuves Sénégal et Niger au sud, de l'océan Atlantique à l'ouest jusqu'à l'Azawad malien à l'est.

L'unité culturelle et linguistique de la société est forte, avec des subdivisions d'ordre politique : émirats (Trarza, Brakna, Adrar, Tagant), confédérations orientales (Awlâd M'barîk, Ahl Sîdi Mahmûd, Awlâd an-Nâsir, Mashdûf, etc.), sociétés tribales non stratifiées du Nord (Awlâd D'lîm, Rgaybât, etc.).

La base de la société est la tribu (*qabîla*), composée formellement des descendants d'un ancêtre commun, en fait largement ouverte aux affiliations extérieures, par mariage en particulier. L'organisation hiérarchique est très marquée dans la société des émirats, composée de guerriers (*hassân*), de religieux (*zawâya*) et de tributaires (*znâga*). L'esclavage était pratiqué et les affranchis (*harâtîn*) représentent près de la moitié de la population totale, se consacrant surtout à l'agriculture.

La religion pratiquée est l'islam sunnite de rite malékite. Plusieurs mouvements confrériques soufis (*turûq*) se sont développés, avec un fréquent soubassement tribal.

Les Maures parlent la *hassâniyya*, dialecte arabe proche des parlers « bédouins ». La langue berbère, le *znâga*, autrefois parlée par l'ensemble des tribus sahariennes, ne l'est plus guère que dans le sud-ouest de la Mauritanie. Promu par l'enseignement et l'usage officiel, l'arabe moderne se généralise.

Mode de vie. Les Maures vivaient surtout de l'élevage nomade (chameaux au nord et bovins au sud). La tente (*khayma*) de poils de chèvre et de chameau, ou encore de bandes de coton local, était la principale forme d'habitat. Les éleveurs se regroupaient en campements (*frig*) de taille variable selon les saisons et les conditions de sécurité. Les grands nomades chameliers se désignaient comme « fils des nuages » pour rendre compte des mouvements erratiques qui les amenaient à exploiter des territoires considérables. L'agriculture, marginale, était pratiquée dans les oasis sahariennes et sous pluie dans les zones plus arrosées du Sud. Les activités caravanières tenaient une place importante, l'exploitation du sel et la cueillette de la gomme arabique pourvoyant aux échanges. Ce mode de vie nomade est désormais en voie de disparition, sous l'effet des politiques de fixation et, surtout, de l'exode vers les villes, accentué par la sécheresse.

Histoire. Des Berbères du Maghreb s'implantent au Sahara occidental au cours du Ier millénaire. Puis l'islamisation de l'Afrique du Nord et le développement des échanges caravaniers entraînent de nouveaux mouvements des tribus berbères vers le sud, jusqu'aux frontières de l'empire du Ghana. Au XIe siècle, le mouvement almoravide voit l'unification religieuse et en partie politique de ces tribus berbères, maîtresses d'un ensemble territorial qui s'étend de l'Espagne au Sénégal. Suit un certain reflux : les tribus sahariennes gravitent en partie dans l'orbite des empires soudanais du Mali et du Songhay*. La vitalité commerciale se manifeste cependant par la création des villes caravanières (*qsûr*) : Tombouctou, Oualata, Tichit, Ouadane, plus tardivement Chinguetti. L'arrivée de tribus de langue arabe, les Banî Hassân, entraîne une profonde transformation culturelle et structurelle de la société : à partir de la fin du XVIIe siècle, les émirats se constituent. Dans l'Est se succèdent de puissantes confédérations tribales. La pression des tribus maures sur le Sud s'accentue tout au long du XIXe siècle et n'est freinée que par la conquête française (fin du XIXe-début du XXe siècle). Les Espagnols occupent à cette même époque une partie du Sahara. L'ordre tribal et même les émirats restent en place.

Après les indépendances, la Mauritanie connaît une évolution relativement calme jusqu'en 1976 : la décolonisation du Sahara espagnol aboutit alors à une guerre opposant le Front Polisario – qui crée la République arabe sahraoui* démocratique (RASD) –, soutenu par l'Algérie, au Maroc et à la Mauritanie. En 1978, la Mauritanie se retire du conflit et abandonne ses prétentions territoriales. La guerre entre le Polisario et le Maroc se poursuit, mais l'ONU obtient un cessez-le-feu pour organiser un référendum (en cours de préparation). Par ailleurs, de graves troubles opposent Maures et « Arabo-Africains » de la vallée du Sénégal, entraînant à partir de 1989 un conflit entre la Mauritanie et le Sénégal, tandis qu'au Mali les populations maures sont entraînées dans le mouvement d'insurrection touareg* et souffrent de sa répression.
Enfin, l'arabisation rapide de la société maure (que traduit bien la substitution en 1978, dans le vocabulaire officiel mauritanien, du terme d'Arabes à celui d'Arabo-Berbères) accentue un mouvement engagé depuis des siècles.

Maya(s) yucatèque(s). Groupe amérindien du sud-est du Mexique, habitant la péninsule du Yucatán (États de Campeche, du Yucatán et de Quintana Roo) [env. 667 000 en 1990).
❑ L'aire occupée est vaste, presque d'un seul tenant et pratiquement non partagée avec d'autres groupes amérindiens. La partie centrale et méridionale de la péninsule est couverte de forêt, où les Mayas pratiquent l'agriculture itinérante sur brûlis ; ils cultivent le maïs et ses plantes associées (haricots, courges, beaucoup de piments, pastèques, etc.). L'apiculture a été développée par de nombreux programmes d'aide. La pêche et surtout la chasse (braconnage) sont appréciées. La forêt fournit des bois précieux, de la gomme à mâcher (*chicle*) et du latex. Dans le nord de la péninsule, plus défriché, on trouve de grandes plantations de *henequen*, agave dont on tire des fibres pour faire des sacs, des cordes, des hamacs. Dans toute la péninsule, l'exode rural et le salariat des Mayas se développent, avec des emplois dans le bâtiment, les travaux publics et le tourisme. Les productions artisanales les plus notables sont la fabrication des hamacs et la broderie de robes de femmes (ou *huipil*), toujours portées dans les campagnes.
La vie sociale des Mayas s'appuie sur la famille, rattachée à une commune rurale. La famille est tantôt nucléaire, tantôt organisée en famille étendue. La terre est souvent propriété collective, mais il existe aussi, dans certaines localités, des parcelles individuelles. La tenure collective ne s'accompagne pas de fixité des lots attribués aux familles, en raison du système de culture itinérante. Ce sont les autorités locales qui donnent les autorisations de défricher et de cultiver. L'habitat rural est le plus souvent dispersé en hameaux. Le dispositif communal, à base de charges tournantes, suit le modèle municipal national. La corvée rassemble les hommes du village pour effectuer les travaux publics.
Christianisés de longue date, les Mayas yucatèques conservent quelques traces d'une vision précolombienne du monde : un peu de chamanisme, quelques rites agraires aux dieux de la pluie (*Chaac*). Le protestantisme à l'américaine, très répandu mais non dominant, est implanté chez eux plus anciennement que chez d'autres groupes indiens du pays. La langue maya yucatèque reste vivace.
Ethnol. Le mode de vie des Mayas est étudié depuis les années 1930, à la suite des œuvres célèbres de l'Américain R. Redfield (par exemple *Folk Culture of Yucatán*, 1941).

Mazatèque(s). Groupe amérindien du Mexique, vivant au nord de l'État d'Oaxaca et débordant sur celui de Veracruz [env. 153 500 en 1990].
❑ La région, montagneuse et très humide, comporte divers étages climatiques. Les Mazatèques sont agriculteurs, cultivant le maïs et ses plantes associées (haricots, courges, piments, etc.). En altitude (de 1 800 à 3 200 mètres), ils exploitent en outre les forêts de pins ; sur les hauteurs tempérées (de 800 à 1 800 mètres), ils tirent profit de petites caféraies ; dans les basses terres tropicales, les cultures vivrières entrent en concurrence avec la canne à sucre et l'élevage bovin.
Leur organisation sociale s'appuie sur la famille étendue patrilocale, rattachée à une commune rurale. Propriété individuelle et propriété collective se combinent. La commune est sous l'autorité coutumière d'un conseil des anciens, plus respecté que les charges communales officielles. La corvée rassemble les hommes du village pour les travaux publics.
Bien que christianisés de longue date, les Mazatèques conservent une vision du monde inspirée des religions précolombiennes et pratiquent le chamanisme. Ils sont célèbres par l'usage rituel de champignons hallucinogènes (voir à ce sujet *l'Autobiographie de Maria Sabina, la sage aux champignons sacrés*, par

A. Estrada). Leur langue, le mazatèque, appartient à la famille otomangue.

Mbole. Peuple du nord-est de la République démocratique du Congo (Haut-Congo), installé dans la forêt tropicale de la cuvette centrale du Congo [estim. 200 000].

❑ Les Mbole sont cultivateurs (banane, manioc), chasseurs et pêcheurs. Patrilinéaires et virilocaux, ils constituent une société segmentaire, chaque village étant divisé en quartiers exogames regroupant les descendants d'un des fils de son fondateur. Toutes les institutions étaient coiffées par la société *lilwa*, qui exerçait un contrôle rigoureux sur la vie quotidienne. L'administration coloniale, en créant des « chefs coutumiers », a imposé un découpage, toujours en vigueur, destiné à regrouper une multitude de lignages autonomes.

Conjointement au christianisme, les Mbole continuent d'honorer leurs ancêtres et d'imputer à la sorcellerie la plupart des malheurs.

Ils parlent une langue bantoue (*mbole* ou *kimbole*) à forte différenciation dialectale.

Art. Les Mbole sculptaient des statuettes anthropomorphes en bois. Colorées, à la silhouette élancée et mesurant de 50 à 80 centimètres, celles-ci représentent les personnes pendues par la société *lilwa* pour avoir transgressé un interdit.

Histoire. Venus de l'ouest, les Mbole ont une histoire marquée par de nombreux conflits tant internes qu'externes. À la fin du XIXe siècle, ils sont victimes de raids esclavagistes auxquels la colonisation belge mettra fin (1894). Après l'indépendance (1960), la rébellion égalitariste des Simba (1964-65) entraîne un exode massif vers la ville de Kisangani (appelée alors Stanleyville), qui continue encore aujourd'hui.

✦ Dénom. [syn.] Bambole.

Mbundu. Peuple d'Angola, vivant dans les provinces de Luanda, de Bengo, de Malanje ainsi qu'au nord et à l'est de la province de Kwanza [estim. 3 millions, soit environ un quart de la population du pays].

❑ Deuxième groupe linguistique d'Angola après les Ovimbundu*, leurs voisins du Sud, les Mbundu sont essentiellement agriculteurs (manioc). Ils étaient traditionnellement de bons forgerons. À la suite du ravage de leur territoire lors de la guerre en 1974-75, beaucoup d'entre eux ont émigré vers Luanda. Ils sont matrilinéaires : la descendance et l'héritage passent par les femmes. Toutefois, les diverses formes d'autorité sont aux mains des hommes. La religion fait une large part au culte des ancêtres.

Le kimbundu, langue bantoue, comprend de nombreux dialectes.

Histoire. Lorsqu'en 1576 le conquistador Paulo Dias de Novais fonda la ville de Luanda, les Mbundu étaient organisés en plusieurs royaumes, le plus important étant celui de la dynastie de Ngola, établi à Ndongo. L'occupation portugaise eut d'abord pour but de fournir des esclaves pour les plantations brésiliennes. Ce n'est qu'après l'indépendance du Brésil (en 1822) et l'abolition officielle de la traite négrière (en 1836) que le Portugal commença à coloniser l'ensemble de l'Angola. Plusieurs mouvements nationalistes rivaux prirent forme au XXe siècle. Le MPLA (*Movimento popular de libertaçã de Angola*), principalement composé de Mbundu, l'emporta en 1976 avec le soutien militaire de Cuba et imposa son pouvoir sur le pays jusqu'en 1992.

Mbyá. Peuple amérindien vivant à l'extrême nord-est de l'Argentine (*Misiones*) et dans les régions avoisinantes du Paraguay et du Brésil, en forêt subtropicale [estim. 3 500].

❑ Trois groupes peuvent être distingués : des agriculteurs plutôt sédentaires en contact assidu avec les *criollos*, des agriculteurs nomades pratiquant la chasse et la pêche, et des chasseurs-pêcheurs nomades, très peu agriculteurs et vivant aussi de la vente de leur artisanat (vannerie, arcs miniatures, etc.). Seuls ces derniers préservent pleinement la tradition d'endogamie, l'organisation en bandes de familles étendues, la double fonction politique et religieuse du chef et le port du vêtement traditionnel (pagne de plumes ou de fibres, peintures du visage et du corps, *tembeta* – morceau de canne passé dans la lèvre inférieure, chez les hommes).

Les Mbyá outre leur langue propre, emploient une forme véhiculaire du guarani.

Histoire. Originaires du bassin amazonien, les Mbyá, des Guarani sont arrivés dans leur habitat actuel vers la fin du XIXe siècle. Une des raisons de leur migration est la recherche de la « terre sans mal », paradis terrestre où se serait retiré le Dieu civilisateur.

✦ Dénom. [var.] Mbeyá, ; [syn.] Cainguá.

→ **Guarani**

Melanau. Population de la côte ouest de Bornéo (à Sarawak, en Malaisie orientale), vivant entre les fleuves Rejang et Baram [env. 110 000].

❑ Les Melanau habitent une région de marais et de deltas. Leur économie était fondée sur l'exploitation du sagoutier et sur l'horticulture, la riziculture, la chasse, la pêche et la collecte des produits forestiers. Depuis les années 1970, ils sont nombreux à travailler dans l'industrie du bois. Ils occupent aussi maintenant des emplois dans l'administration et l'enseignement.

Culturellement parlant, les Melanau ont été assimilés par les Malais du sultanat de Brunei, avec lequel ils ont entretenu des relations politiques et commerciales à partir du XVIe siècle. Souvent confondus de ce fait avec les Malais* (il en va ainsi pour leur représentation au Parlement de Sarawak), ils conservent néanmoins une identité distincte.

Ils sont soit musulmans – la majorité d'entre eux –, soit catholiques et fidèles de la religion coutumière (dans ce dernier cas, ils se désignent comme Likou [Melanu]). Le chamanisme melanau présente des caractéristiques originales, notamment la sculpture d'effigies thérapeutiques (*bilum*) en bois de sagoutier.

Les Melanau parlent des langues du groupe malayo-polynésien occidental. Les cinq principaux dialectes (Oya, Mukah, Matu, Sibu et Balingian) sont mutuellement intelligibles. Deux isolectes (Bintulu et Kanowit) présentent des différences importantes et se rattachent aux parlers du noyau des Kajang*.

✦ Dénom. [syn.] Coastal Melanau, terme introduit par les Anglais, Milano, Milanow ; [autod.] A-likou (« les gens de la rivière »), chaque groupe local précisant le nom de la rivière où il est établi.

Mélanésien(s). Habitants de la Mélanésie (les « îles noires » selon le navigateur français Dumont d'Urville), aire géographique (un million de km^2) et culturelle située dans l'ouest de l'océan Pacifique et comprenant la Nouvelle-Guinée (indonésienne à l'ouest, indépendante à l'est) et les archipels des Salomon, du Vanuatu, de la Nouvelle-Calédonie et des Fidji [env. 4 millions].

❑ On distingue habituellement les Mélanésiens des Polynésiens* et des Micronésiens qui habitent respectivement le Pacifique central et le Pacifique nord-ouest. Le peuplement de la Nouvelle-Guinée remonte à plus de 30 000 ans ; les arrivées austronésiennes s'échelonnent à partir du quatrième millénaire. Les langues (plus d'un millier) appartiennent pour la plupart à la famille austronésienne ; d'autres plus anciennes sont dites non austronésiennes, à quoi s'ajoutent les langues des colonisateurs hollandais, allemand, anglais et français et des langues issues du contact, telle le *pidjin english*. Les sociétés sont aussi nombreuses que les langues et forment une mosaïque de systèmes sociaux qui ont été étudiés surtout au cours du XXe siècle.

Les biotopes sont très variés : atolls de formation corallienne, îles montagneuses et volcaniques, zones côtières souvent bordées de marécages de palétuviers, forêt tropicale secondaire, hautes terres au-dessus de 1 500 mètres. La plupart des sociétés pratiquent l'horticulture sur essarts ou sur brûlis et cultivent une fois l'an l'igname près des côtes, et tout au long de l'année le taro en forêt avec parfois le sagoutier, la patate douce sur les hautes terres. À cela s'ajoute la culture du bananier, du plantain, des cocotiers, des aréquiers, du manioc, de l'arbre à pain et du maïs. Chassé ou élevé, le porc est d'implantation ancienne, sauf en Nouvelle-Calédonie ; les marsupiaux, les chauves-souris, les oiseaux complétaient l'ordinaire. La pêche se pratique en rivière, en mer (poissons dont la bonite, dauphins et tortues), sur les récifs et dans les marécages de palétuviers (crustacés). Elle se fait à la ligne (parfois tirée par un cerf-volant), au filet ou à la nivrée.

Les pirogues sont taillées dans un tronc d'arbre ou faites de palplanches ; elles sont parfois à balancier ou à double coque (catamarans). Les outils ont été taillés dans la pierre (haches et herminettes), le bois (bâton à fouir, plats et coupes), le coquillage et l'écaille de tortue (hameçons). Les poteries sont présentes en Nouvelle-Guinée et au Vanuatu. Les parures, constituées de tissus d'écorce battue (en Nouvelle-Guinée et à Fidji), de fibres tressées, de coquillages, de défenses de porcs ou de dents (de dauphins, de chauves-souris) percées et montées sur des cordelettes, mais aussi de plumes, sont souvent des attributs composant les personnes et les groupes sociaux. Elles sont liées à la circulation des nourritures, mais aussi des monnaies de coquillage, de défenses de porc, de plumes (à Santa Cruz). Les tissages sont rares (à Bismark et Santa Cruz) et les métiers étroits et sans cadre. Au contraire, les tatouages et les peintures corporelles sont très répandus.

Certaines sociétés chiquent la noix d'arec mélangée à la feuille de betel et à la chaux vive obtenue à partir de coquillages réduits en poudre par un intense feu de bois. D'autres fabriquent à partir de racines de poivrier (*piper methysticum*) une boisson légèrement enivrante, le kava (à Tanna, Wallis et Fidji) dont la distribution cérémonielle renouvelle l'organisation sociale des communautés. Les nourritures sont souvent cuites dans des bambous tournés sur des braises ou bien au four de pierres préalablement chauffées au feu puis disposées au fond d'une cuvette ménagée dans la terre : les nourritures placées sur les pierres chaudes, puis recouvertes de couches de feuilles et de pierres chaudes cuisent en quelques heures à l'étuvée.

Les formations sociales des Mélanésiens sont composées d'unités sociales de petite taille (de 100 à 1 000 personnes). La parenté est patri- ou matrilinéaire avec exogamie, ou encore cognatique, mais le plus souvent liée à une définition très variée des usages de la terre. Ainsi, les droits d'usage sur la terre des villages, des jardins ou de la forêt peuvent suivre des règles opposées et se trouver répartis autrement entre les descendants, les résidents et les usagers occasionnels : à Dobu, la terre du village descend de façon matrilinéaire, mais non celle des jardins. Les terres peuvent être bordées de limites ou au contraire rayonner autour de sites funéraires ponctuels auxquels une multitude de descendants sont reliés. De façon générale, parenté et localité se fondent en des systèmes originaux qui accueillent des transformations continuelles.

La guerre, la chasse aux têtes (dans l'ouest de la Nouvelle-Guinée et aux îles Salomon) et les meurtres ont constitué une part importante des systèmes sociaux des Mélanésiens. Des sociétés furent même décimées et la pacification imposée par les Européens souvent violente. Le cannibalisme, souvent attesté (à Fidji, Tolai, Salomon) faisait très rarement partie intégrante du système cérémoniel ; il était laissé à l'appréciation des hôtes.

Il existe des systèmes sociaux dits à chefferies (en Nouvelle-Calédonie, à Fidji, aux Trobriands, aux Salomon et dans les régions côtières de Nouvelle-Guinée), mais là comme ailleurs en Mélanésie les unités sociales participent à des séries d'échanges et de fêtes. Celles-ci sont souvent organisées par des « grands hommes » (*big men*), qui, en attirant auprès d'eux des parents, des voisins ou des affins, relancent les cycles de vie, non seulement des humains (initiation des hommes et parfois des femmes, mariage, funérailles), mais aussi des plantes (ignames, taros), des animaux, des biens précieux et des monnaies. Ces unités sociales sont rarement permanentes, et leurs « grands » émergent sans toujours être désignés par héritage. Elles se décomposent et se recomposent sur des terroirs certes différents, mais autour du même système de rites et de cérémonies qui constitue ainsi la référence ultime de chaque société.

On observe des associations secrètes (au Vanuatu), auxquelles participaient hommes et femmes. D'autres sociétés ont des systèmes de rangs et de grades que les hommes et parfois les femmes parcourent au cours de leur vie. Il existe aussi bon nombre de cérémonies où les rôles masculins et féminins sont inversés, ce qui valorise le domaine concerné. On rencontre enfin au centre de la Nouvelle-Guinée et à Malekula une homosexualité rituelle qui participe du cycle de renouvellement de la vie.

Généralement le domaine religieux n'est pas distinct du système des relations sociales chargé de reconduire, de cérémonie en cérémonie, une entente socio-cosmique des êtres et des choses. I.es contacts avec les Européens (christianisation, salariat, outils métalliques et armes à feu, administration, marché international et guerre mondiale) ont suscité de nombreux mouvements dits messianiques, parfois appelés *cargo cults*, qui ont souhaité inclure au plan mythique et social les Européens dans un système d'échanges, espérant ouvrir ainsi leur cycle cérémoniel à une relation globale d'interdépendance, créatrice d'un tout supérieur en valeur. Ces mouvements de durée variable n'ont pas résisté à l'incompréhension européenne et au désir de s'approprier et de monnayer toutes choses. Dans d'autres cas, au contact des puissances européennes rivales et au gré de leurs alliances, les formations sociales des Mélanésiens se sont souvent unifiées jusqu'à devenir des unités politiques plus stables, à tendance expansionniste.

Une des caractéristiques culturelles mélanésiennes est l'extrême développement des systèmes d'échanges qui, en englobant nature et société, attelle la société à la tâche de reproduire son propre système. Mais il existe aussi des systèmes de circulation d'objets précieux qui conjuguent plusieurs sociétés d'une même région. C'est le cas du cercle de la Kula (*cf* Trobriandais*) qui réunit une trentaine de sociétés de la province Massim en Nouvelle-Guinée et constitue, au-dessus d'elles, un domaine d'activité supérieur qui propulse les participants dans une compétition mémorable et prometteuse parfois d'immortalité. Des hommes et plus rarement des femmes échangent ainsi d'île en île des bracelets contre des colliers, tous porteurs de noms et hiérarchisés en valeur. D'autres objets sont offerts pour induire les partenaires à préférer échanger avec soi plutôt qu'avec un rival tel ou tel objet célèbre de la Kula ; ces objets peuvent aussi être introduits dans la Kula. Le cercle de la Kula est toujours actif de nos jours et mobilise des énergies considérables prélevées sur chacune des sociétés qui composent ce cercle.

Art. Les Mélanésiens sont célèbres pour leurs sculptures sur bois et en vannerie, (masques, figurines ancestrales, proues de pirogue), leurs maisons monumentales et décorées, leurs peintures sur bois (pirogues) et sur tissus d'écorce, leurs bijoux taillés dans le coquillage. Les styles varient de société à société et sont liés aux détours de leurs systèmes sociaux qu'ils illustrent par ces sortes d'arrêt sur image qui concrétisent la conjonction de temporalités différentes. Musique, danses et chants sont très répandus ; ils expriment parfois un accord retrouvé avec les ancêtres ou les déités. Certaines musiques d'ensembles de flûtes de Pan sont polyphoniques et d'un grand raffinement (Salomon).

Histoire. La colonisation par les Européens s'est opérée à partir du XIXe siècle selon des processus allant de la christianisation au travail sur les plantations et au commerce. Le commerce, triangulaire, du bois de santal occupait les bateaux venus d'Australie qui échangeaient ce bois précieux contre des outils, des armes à feu et de la verroterie ; le santal était ensuite amené en Chine et échangé contre du thé, lui-même ramené en Australie. Le travail sur les plantations européennes a provoqué une importante immigration mélanésienne au Queensland. Ces immigrés, après christianisation, furent renvoyés dans les îles au début du XXe siècle de peur que ne se constitue dans cet État d'Australie une trop nombreuse minorité de couleur. Ces retours du Queensland ont accéléré la conversion au protestantisme, notamment aux Salomon.

Les Hollandais se sont officiellement établis dès 1828 dans l'ouest de la Nouvelle-Guinée, devenu en 1969 province indonésienne (Irian Jaya), les Français en Nouvelle-Calédonie en 1853, les Britanniques à Fidji en 1874, l'archipel étant devenu indépendant en 1970. La Nouvelle-Guinée orientale fut partagée en 1884 entre Britanniques et Allemands, puis retirée aux Allemands en 1921 et confiée aux Australiens ; les Nouvelles Hébrides devinrent en 1906 un condominium franco-britannique jusqu'à ce qu'elles deviennent indépendantes, sous le nom de Vanuatu, en 1980. Les Salomon et la Nouvelle-Guinée subirent une invasion japonaise, repoussée en 1943 par les Américains.

Les administrations européennes ont souvent importé pour les plantations de la main d'œuvre, depuis les Indes jusqu'à Fiji, depuis le Vietnam et l'Indonésie jusqu'en Nouvelle-Calédonie ; ces populations allogènes constituent toujours des groupes distincts, en étroite relation avec le marché international. L'arrivée des Européens a répandu des maladies autrefois inconnues des Mélanésiens (tuberculose, coqueluche, rougeole, paludisme) et provoqué une chute démographique si forte qu'au tournant du siècle certains missionnaires pensaient ne pouvoir faire mieux que de « sauver les âmes » de ces autochtones en voie de disparition. La baisse démographique a accéléré la christianisation et la transformation des sociétés. Les communautés mélanésiennes ont souvent choisi en bloc une affiliation chrétienne particulière – cultes protestants dont l'anglicanisme, catholicisme – ce qui a souvent préservé leur cohésion, mais détruit le système des échanges cérémoniels de la société globale. En effet, les missions chrétiennes, du fait de leur rivalité, n'interdisaient pas ici ou là les mêmes coutumes. Enfin, les administrations européennes favorisaient les missions dont l'obédience était majoritaire dans leurs pays respectifs : ce fut le cas des missions calvinistes hollandaises, anglicanes britanniques, luthériennes allemandes, catholiques françaises. Les minorités allogènes ont souvent choisi une religion différente de celle des populations autochtones. Des églises fondamentalistes se sont constituées, intégrant des coutumes anciennes, et de nombreuses sectes ont fait leur apparition. Aujourd'hui, les Mélanésiens sont en majorité chrétiens et détiennent les fonctions de la prêtrise. Leur foi tient souvent une place importante dans leur attitude existentielle, morale et politique.

Les Mélanésiens disposent désormais pour la plupart de leur État. Faiblement pourvus en matières premières sauf le copra et les minerais (nickel en Nouvelle-Guinée et en Nouvelle-Calédonie, bauxite aux îles Salomon) et en industrie, ils vivent surtout du tourisme – australien, néo-zélandais, américain, européen et japonais. Ils se sont dotés de constitutions héritées du parlementarisme occidental et sont à la recherche d'une formule qui pourrait fédérer leurs États et donc renforcer leur cohésion dans le monde contemporain.

Melpa. Société de l'ouest de la Papouasie-Nouvelle-Guinée (province des Western Highlands), dont le territoire se situe entre le mont Hagen à l'ouest, la grande vallée de la rivière Wahgi à l'est, les monts Schrader au nord et la frontière au sud [env. 80 000].

❑ Les Melpa sont de grands horticulteurs (patates douces, taro, haricots, etc.) ; la culture du café, depuis les années 1960, assure des rentrées d'argent, utilisé pour des échanges cérémoniels.

Les multiples tribus de tailles très différentes, sont constituées de plusieurs clans qui représentent plusieurs « maisons ». Par rang de taille, l'unité exogame est la tribu ou le clan. Les échanges entre individus, entre clans ou entre tribus, liés aux mariages, aux naissances, aux funérailles, ou bien au paiement de compensation à la suite d'une guerre entre deux groupes, régissent la société. Une grande « fête de moka », qui a lieu environ tous les cinq à sept ans, forme le sommet de ce cycle d'échanges. Une implication éminente dans ces échanges moka est la source de l'autorité exercée, en l'absence de toute autorité centrale, par les *big men*.

Le système social traditionnel, axé sur les relations aux ancêtres (esprits des morts) et à d'autres esprits, conserve une place essentielle à côté du christianisme (Églises catholique et protestante et, depuis peu, pentecôtistes et adventistes). Les relations des hommes avec les esprits sont maintenues par des « dons de nourriture » à ces derniers, sous forme de fumet de viande de porc cuite au four.

La langue melpa comprend plusieurs dialectes (temboka, gawigl, kâwudl, aua, etc.) et appartient à la famille hagen, mélange de langues papoues et de langues austronésiennes ; le pidgin et l'anglais sont en outre pratiqués.

Art. Les Melpa sont célèbres pour la luxuriance de leurs décorations corporelles, dans les occasions cérémonielles : peintures faciales, parures de plumes et de coquillages, de fourrures de marsupiaux, de dents de porcs et de chiens, de fibres végétales, etc.

Histoire. Mélange d'une population ancienne et d'autres groupes venus dans la région au cours des derniers siècles, les Melpa ne sont connus du monde occidental que depuis 1933. Les cauris apportés par les Australiens et les Européens furent les objets privilégiés des échanges cérémoniels jusqu'au développement de l'économie monétaire à partir des années 1960. Les Melpa combinent de manière avisée leur propre système social et les influences modernes, et sont connus pour être redoutables en affaires.

✦ Dénom. [var.] Medlpa ; [syn.] Mbowamb.

Mende. Peuple de l'est et du sud-ouest de la Sierra Leone et du nord-ouest du Liberia, dont le territoire est coupé de rivières riches en alluvions et couvert de forêts secondaires et de prairies [estim. 1,3 million en 1987].

❑ Les Mende sont agriculteurs (riz, manioc, arachide, patates douces). L'économie de plantation (igname, hévéa) tend à devenir aussi importante que les cultures traditionnelles. Ils pratiquent aussi la chasse et la collecte (cola, noix de palme).

Ils sont patrilinéaires et pratiquent la polygynie. Leurs villages se divisent en quartiers (*kuwui*), rassemblant plusieurs unités domestiques (*mawei*) sous la direction d'un ancien. Ces villages sont réunis, en nombre variable, en chefferies (aujourd'hui 70 des 200 chefferies de la Sierra Leone). Par le passé, il y eut de larges confédérations de ces chefferies, sous l'égide du *ndomahei* et son conseil. Un rôle important – législatif, judiciaire et médical – est tenu par les deux sociétés secrètes d'initiation à grades *poro* et *sande* (ou *bundu*), réservées la première aux hommes et la seconde aux femmes (ces sociétés sont actives aussi chez les Kpelle* et les Temne*).

Le polythéisme traditionnel survit aux côtés de l'islam et du christianisme.

Le mende appartient au groupe sud-ouest des langues Mandé du nord-ouest.

Art. Les masques de la société *sande*, les *sowei*, sont célèbres. Il s'agit de grands heaumes, représentant une tête de femme au grand front bombé. Construits par les hommes, ils sont portés par les femmes, fait relativement rare en Afrique de l'Ouest.

Histoire. Les Mende, venus de l'est à partir du XVIe siècle et de manière plus effective au début du XVIIIe siècle, appartiennent sans doute au groupe des descendants des « Mani » (réfugiés arrivés après l'effondrement de l'empire du Mali). Ils furent les premiers à s'opposer aux royaumes côtiers « Sapi » (les actuels

Baga*, Temne* et Landuman), et ils s'étendirent jusqu'à la savane des Temne.

Mentawaïen(s). Peuple d'Indonésie habitant les quatre îles (Siberut, Sipora, Pagai-Nord et Pagai-Sud) qui forment l'archipel de Mentawai, dans l'océan Indien, à une centaine de kilomètres au large de Padang (Sumatra-Ouest) [estim. 50 000].

❑ Sans riziculture, ni tissage, ni poterie, ni travail du fer, la culture des habitants de Mentawai, restée intacte dans quelques villages seulement, à l'intérieur de l'île de Siberut, semble perpétuer le mode de vie néolithique des premiers habitants austronésiens de l'Insulinde. Ces communautés utilisent toujours des haches de pierre et fabriquent encore des étoffes d'écorce battue, mais se procurent aussi des textiles et des coupe-coupe auprès de marchands venus de Sumatra, en échange de certains produits forestiers (rotin) et des produits de leurs plantations (noix de coco). L'alimentation de base est constituée par le sagou, exploité par les hommes, ainsi que par le taro et les ignames, cultivés par les femmes. Les Mentawaïens élèvent porcs, chiens et poulets. Les hommes chassent le gibier et les gros poissons à l'arc avec des flèches empoisonnées, les femmes attrapent mollusques, crustacés et petits poissons.

Depuis l'indépendance de l'Indonésie, sous l'action de l'administration et des missions, en raison de l'intensification du commerce et, plus récemment, du fait de l'implantation dans l'archipel de compagnies forestières, le mode de vie ancien a partout ailleurs été touché par un important processus de modernisation.

Les Mentawaïens vivent en habitat collectif, dans des « grandes maisons » (*uma*) établies le long des cours d'eau et regroupant de 5 à 10 familles nucléaires, à côté d'un certain nombre de maisons individuelles abritant des jeunes couples. L'appartenance à ces communautés exogames et égalitaires (leur responsable élu *rimata* a surtout un rôle religieux) est régie par le principe de la patrilinéarité, de même que le rattachement de celles-ci à un clan nommé, théoriquement exogame. Souvent rivales, les différentes *uma* sont cependant liées par la nécessité de l'échange des femmes. La religion traditionnelle, à laquelle adhèrent encore les Sakuddei de Siberut, est animiste au sens strict : toute entité matérielle (être humain, animal, plante et même objet fabriqué) est estimée avoir une âme, en interaction constante avec les esprits de certains lieux (entre autres, esprits des eaux) et les âmes des ancêtres. De ce fait, de nombreux interdits règlent les diverses activités.

Le statut de l'*uma* comme unité cultuelle est marqué par la possession d'objets sacrés. Lorsque le besoin s'en fait sentir on organise un grand rituel (*puli ayat*), ouvert par un rite de purification de tous les membres de la communauté et clôturé par une grande chasse collective (autrefois par une chasse aux têtes). Pendant toute la durée du rituel, le territoire est interdit aux membres d'autres communautés. En dehors des Sakuddei, toute la population autochtone de Mentawai adhère maintenant au christianisme (deux tiers de protestants, un tiers de catholiques).

La langue de Mentawaï appartient au groupe des langues malayo-polynésiennes de l'Ouest.

✦ Dénom. [var.] Orang Mentawai.

Merina. Population des hautes terres centrales de Madagascar, habitant l'Imerina, « le pays largement dégagé où la vue porte très loin », mais répandue aussi en diaspora sur toute l'île [estim. 2,5 millions].

❑ Les Merina sont avant tout agriculteurs (riziculture irriguée). Leur civilisation a été profondément modifiée par la christianisation, à partir du milieu du XIXe siècle, mais conserve la marque de ses traditions (culte des ancêtres, doubles funérailles, etc.) et de sa très forte hiérarchisation en un ordre princier et nobiliaire (*andriana*), suivi de deux ordres roturiers, celui des blancs (*hova*) *et* celui des tributaires noirs. La vieille division « raciale » entre « blancs » (*fotsy*) et « noirs » (*mainty*) reste opérante. *Andriana* et *hova* se réclament d'une origine indonésienne les différenciant des *mainty* (parmi lesquels sont désormais englobés, au grand dam des roturiers noirs, la masse des descendants d'esclaves [*andevo*] qui ne faisaient pas partie de l'ordre social).

Parenté. L'identité personnelle et sociale dérive autant de la résidence que de la filiation. La parenté la plus importante reste la parenté par le patrimoine (centré sur le tombeau ancestral). Cependant, l'endogamie « patrimoniale » entre proches parents perd du terrain au profit d'une endogamie entre parents plus lointains, voire d'une endogamie de condition (à l'intérieur des ordres et sous-ordres sociaux). Les unions entre *fotsy* et *mainty*, assimilées autrefois à des actes de sorcellerie, sont toujours très fortement désapprouvées.

Fondé sur le couple des époux, qui, selon la pratique de la tektonymie prennent fréquem-

ment le nom de leur premier enfant, le système de parenté bilatéral merina, et aujourd'hui betsileo, diffère radicalement des systèmes en usage ailleurs dans l'île (distinction entre parents paternels et parents maternels et rôle rituel du frère de la mère).
Histoire. À partir sans doute du début du XIVe siècle, des princes de lointaine origine indonésienne (Vazimba*) mobilisent les populations qu'ils contrôlent pour transformer les marécages d'altitude en rizières irriguées. La présence de milliers de sites fortifiés au sommet des collines atteste des rapports belliqueux de ces mini-royaumes hydrauliques qui cherchaient à se conquérir les uns les autres (conformément à l'idéologie indonésienne du centre et des points cardinaux, chaque souverain, s'assimilant au « roi du centre [de la terre] », entreprenait la conquête de ses rivaux des points cardinaux). Au début du XVIe siècle, l'avènement de la dynastie merina généralise cette logique d'expansion à l'ensemble des hautes terres centrales puis, sous les règnes d'Andrianampoinimerina (1787 ?- 1810), de son fils Radama Ier (1810-1828) et de Ranavalona Ire (1828-1861), veuve de ce dernier, à l'ensemble de l'île. Pendant un demi-siècle, les expéditions militaires merina se multiplient dans toutes les directions. L'expansion des Merina, dont l'État dominé par une oligarchie *hova* présentait les aspects extérieurs d'un État moderne, fut arrêtée par la conquête française. Les Merina et leur diaspora occupent toujours de fortes positions d'autorité.
→ **Malgaches**

Meskhet. Peuple résidant principalement en Ouzbékistan, au Kazakhstan et au Kirghizstan, ainsi qu'en Azerbaïdjan [env. 400 000].
❑ Autochtones de la Meskhétie, région du sud-ouest de la Géorgie, composante donc de l'ensemble géorgien, par la langue comme par la religion chrétienne, ils passèrent sous domination ottomane lors du démembrement de la Géorgie (XVe-XVIe siècles) et s'assimilèrent pour la plupart, adoptant progressivement l'islam et la langue turque. Le retour d'une partie de la Meskhétie dans le giron russe ne remit pas en cause ce processus, qui a fait des Meskhet une population culturellement hybride. Puis vint le régime soviétique : les Meskhet subirent lourdement les pratiques répressives des années 1930, et, par une subtile négation de leur identité acquise, se virent imposer l'azéri en lieu et place du turc osmanli. Utilisés comme chair à canon durant la guerre contre les nazis (plus de 50 % de pertes parmi la population masculine mobilisée), ils furent déportés en masse en 1944 vers l'Asie centrale, dans des conditions terribles (plusieurs dizaines de milliers de morts durant le transfert) et sans prétexte clair (la raison profonde étant sans doute la volonté de Staline, rencontrant sur ce point l'assentiment géorgien, de déturquiser la région). Ils n'ont pu depuis regagner leurs terres. La levée de leur assignement collectif à résidence en 1956 ne signifia nullement une autorisation de retour en Géorgie. Leurs représentants, bien organisés et bénéficiant par ailleurs de soutiens, se virent régulièrement répondre qu'ils étaient des Azéris ! C'est donc vers le nord de l'Azerbaïdjan que s'effectua un faible mouvement de retour au Caucase. En 1989, des heurts interethniques sanglants entre Meskhet et Ouzbeks* dans la région de Fergana donnèrent une nouvelle actualité à la question ; une partie des Meskhet menaça dans la foulée de partir pour la Turquie si on ne les autorisait pas à regagner la Meskhétie – ce que souhaiterait apparemment pour sa part le pouvoir ouzbek. La Géorgie indépendante ne semble guère disposée à les accueillir.
✦ Dénom. [syn.] Turcs-Meskhets (dernière dénomination soviétique) ; [autod., auj.] Turk.
→ **Géorgiens**

Métis (d'Afrique du Sud). Ensemble de communautés aux origines les plus diverses, nées de rapprochements entre les premiers colons d'origine hollandaise, les populations khoisan, les communautés d'esclaves importés puis les populations noires sud-africaines [estim. 3 millions].
❑ Les phénomènes de rejet et de clivage qui se sont affirmés sur le plan politique en Afrique du Sud, depuis le XVIIIe siècle, puis l'instauration de l'apartheid jusqu'en 1994, ont fait des métis un groupe particulier. Les métis, dans leur majorité, vivent dans la région du Cap, mais on en trouve également beaucoup dans le Transvaal et les autres régions d'Afrique du Sud. Ils habitent et travaillent dans les villes, parlent le plus souvent l'afrikaans, langue des Afrikaner*, et sont chrétiens. Durant l'apartheid, ils vivaient dans des quartiers à part. Rejetés par les Blancs, ils ont soutenu majoritairement la lutte anti-apartheid.
✦ Dénom. [autod.] Coloured.

Micmac. Peuple amérindien du Canada (Québec, Nouveau-Brunswick, Nouvelle-Écosse), vivant dans les zones côtières, dans des réserves [env. 15 000].

❑ Formant la plus importante tribu des régions maritimes (Gaspésie, Acadie), ils formaient une confédération de bandes disséminées mais en contact constant ; ils vivaient dans des wigwam, maisons au toit hémisphérique qui étaient l'habitat traditionnel des Indiens du Nord-Est nord-américain.

Comptant parmi les premiers Indiens entrés en contact avec les Français, ils en devinrent les alliés contre les Anglais, acceptant de bonne grâce l'évangélisation et se métissant largement avec les colons. Après la perte de l'Acadie par la France, ils furent parqués dans des réserves, et leur économie à base de chasse et de pêche fut réduite à néant.

Ils se sont adaptés à ces nouvelles conditions, développant un artisanat très prisé (boissellerie, paniers, souvenirs ornés de piquants de porc-épic, de perles et de crins d'élan), trouvant aussi à s'employer dans l'industrie forestière, comme guides dans les expéditions de chasse ou de pêche, etc.

Ils tentent aujourd'hui de retrouver leurs valeurs traditionnelles et de revitaliser leur langue, qui appartient à la famille algonquine.

✦ Dénom. Les Français les appelèrent Souriquois.

Mijikenda. Peuple du Kenya (Province côtière) et de Tanzanie, réparti sur une large bande littorale allant de Malindi, au nord, aux montagnes Usambara au sud [env. 800 000].

❑ Les Mijikenda se divisent en neuf groupes (Giriama, Rabai, Duruma, Digo, Chonyi, Jibana, Kambe, Kaume et Ribe). Regroupés en villages fortifiés (*kaya*) sur les collines bordant le littoral, ils se sont aussi, dans la quête de nouvelles terres, répandus dans l'arrière-pays. Ils sont essentiellement agriculteurs (maïs, riz, manioc, cocotiers, etc.) mais pratiquent également la pêche côtière (sauf les Duruma, groupe de l'intérieur) et, de manière annexe, l'élevage. Ils ont toujours entretenu de forts liens commerciaux avec les peuples de l'intérieur (Orma, Taita, Kamba*) et avec les cités côtières swahili*, où nombre d'entre eux trouvent désormais à s'employer.

Chaque *kaya* est divisé en clans (matrilinéaires et/ou patrilinéaires selon les groupes). L'autorité est diffuse, partagée entre les aînés de chaque clan. Les hommes sont également groupés en classes d'âge, treize groupes d'initiation constituant une classe *rika* au terme d'une période d'une cinquantaine d'années. L'appartenance aux sociétés secrètes est facteur d'influence.

La religion traditionnelle, fondée sur la relation avec les ancêtres et intégrant cultes de possession, sorcellerie et contre-sorcellerie – les Mijikenda sont des guérisseurs réputés –, est concurrencée par l'islam (conversion massive pour le groupe digo), et dans une moindre mesure, par le christianisme.

Les neuf dialectes du mijikenda, langue bantoue, sont intercompréhensibles et pratiqués en bilinguisme avec le swahili.

HISTOIRE. Il semble que les ancêtres des Mijikenda aient occupé l'arrière-pays de Mombasa et se soient différenciés en neuf groupes bien avant que se manifeste la pression des Oromo*, qui, au XVIIe siècle, détermina l'établissement des villages fortifiés.

En 1997, dans un contexte pré-électoral tendu, des bandes de jeunes Mijikenda désœuvrés et probablement manipulés ont mené des raids à l'encontre des immigrants luo* ou kikuyu*, ainsi poussés à l'exode. Le tourisme, grande ressource de la côte en a fortement pâti.

✦ Dénom. [autod.] Makayachenda, peu usité, les dénominations de groupe prévalant largement.

Mina. Peuple de l'Inde (Rajasthan, Madhya Pradesh) [env. 2,1 million].

❑ La société Mina se divise en plusieurs groupes suivant le lignage (*kutumb*) et la répartition géographique (*dhani* ou *thok*, termes qui signifient également « clan »). Les Badagaon Mina constituent le groupe le plus important. Malgré d'importantes variations dans la structure sociale, l'ensemble des Mina respecte, à des degrés divers, les règles de pureté hindoues se rattachant à la consommation et au partage des aliments (règles de commensalité). Ils sont patrilinéaires et patrilocaux.

Si les Mina ont leurs propres panthéon et croyances, ils reconnaissent pour leur dieu suprême le dieu hindou Mahadeo, aux côtés duquel le couple constitué par Rama et Sita joue un rôle important, peut-être à mettre en parallèle avec la revendication du statut de *kshatriya*. En effet, les Mina, comme beaucoup d'autres groupes tribaux, se placent eux-mêmes dans la hiérarchie des castes au rang de *rajput* (caste des « roitelets » de la région). Cette revendication fut plus ou moins avalisée dans le contexte régional, d'autant que les Mina étaient fréquemment sollicités comme

alliés du fait de leur potentiel militaire et du contrôle qu'ils exerçaient sur certains points stratégiques. Cette image martiale valut aux Mina d'être catalogués comme « tribu criminelle » par l'administration britannique.
Histoire. Le statut de Rajput que les Mina revendiquent vient notamment de leur participation depuis le XIIe siècle à la cérémonie du couronnement des rajas du royaume d'Ambar. Les Mina sont répertoriés parmi les *Scheduled Tribes*.

Minahasa. Ensemble de peuples d'Indonésie, habitant la moitié orientale de la péninsule nord de Célèbes [env. 1,5 million].
❑ Ces groupes distincts (Bantik, Ratahan, Tonsea, Tombulu, Tondano, Tontemboan, Tonsawang, To Ponosakan) doivent à leur réunion ancienne en confédération d'avoir développé une culture commune.
Les Minahasa, qui habitent souvent encore des maisons surélevées en bois, pratiquent l'agriculture (maïs, tubercules, légumineuses ; cultures de rente : café, cocotiers destinés à la production de coprah, girofliers) et la pêche (en mer et dans les lacs). En zone urbaine, beaucoup trouvent un emploi dans la fonction publique et dans le tertiaire en général.
Leur système de parenté est cognatique, et la parentèle bilatérale joue un grand rôle dans le système d'entraide. La résidence est uxorilocale ou néolocale. Traditionnellement, les villages se regroupaient en unités territoriales, et celles-ci, en territoires formant des confédérations. Les chefs de village étaient élus par les anciens ; les fonctions de gouvernement dans les unités de plus haut niveau étaient réservées aux familles nobles. Ces distinctions se sont effacées au profit d'une stratification par la fortune ou par la fonction sociale.
Malgré le contact précoce avec les Européens, ces peuples ne se convertirent – massivement – au protestantisme que dans la première moitié du XIXe siècle. Ils croyaient en une divinité chthonienne, féminine, et en une divinité solaire masculine, à la fois fils et époux de la première, célébraient des rituels collectifs en l'honneur des ancêtres, pratiquaient la chasse aux têtes et ensevelissaient les morts dans des caveaux de pierre sculptés.
Leurs diverses langues appartiennent au groupe des langues malayo-polynésiennes de l'Ouest. Comme langue véhiculaire commune, ils utilisent une variété de malais, dite malais de Manado.
Histoire. Formée au XVIIe siècle pour surmonter les guerres endémiques et assurer la défense commune d'une région très convoitée (par Ternaté, par Makassar et par les Européens), la confédération Minahasa passa rapidement sous l'influence des Hollandais, qui prirent le contrôle direct du pays en 1817. Du fait de la christianisation et du développement rapide de l'éducation, le pays Minahasa fit souvent figure de « treizième province des Pays-Bas ». Malgré cette forte acculturation, les Minahasa s'engagèrent nombreux dans la lutte pour l'indépendance de l'Indonésie. D'autres, membres de l'armée coloniale, luttèrent dans le camp adverse et émigrèrent aux Pays-Bas après l'indépendance indonésienne.
✦ Dénom. [var.] Menadonais ; [indonésien] Orang Manado ; [autod.] Urang Minahasa, Kawanua.

Minangkabau. Peuple d'Indonésie, vivant à Sumatra, dans la province de Sumatra-Ouest et une partie de la province limitrophe de Riau ; d'importantes communautés minangkabau existent dans les principales villes du pays. Par ailleurs, les Minangkabau ont essaimé dès le XIVe siècle dans la péninsule malaise, où ils constituent le gros de la population de l'État de Negeri Sembilan [env. 7,5 millions, dont 3,5 en diaspora].
❑ Partagés entre hautes terres (*darek*), cœur de leur culture, et basses terres côtières, les Minangkabau conservent une économie à prédominance rurale (riziculture irriguée ou sèche, tabac, café, piment, etc.) et artisanale (travail de l'argent, tissage de la soie, etc.). Ils ont une tradition d'émigration massive vers le reste de l'Indonésie, où ils se font surtout commerçants et restaurateurs.
Leur société se caractérise par un système matrilinéaire qui a résisté aux assauts des réformateurs islamistes et reste très prégnant, même si l'urbanisation et l'extension de la famille nucléaire en ont sérieusement réduit l'efficacité. L'appartenance à des clans matrilinéaires exogames (*suku*) – eux-mêmes rattachés à quatre grands clans originels regroupés en deux ensembles (Bodi et Caniago d'un côté, Koto et Piliang de l'autre) –, la résidence uxorilocale, l'hypergamie féminine caractérisent ce système qui reconnaît aux femmes une large autonomie et accorde aux seules lignées féminines la possession des terres et des « grandes maisons » (*rumah gadang*). Autrefois, tous les Minangkabau habitaient ces grandes maisons où, autour d'une aïeule, vivaient ses filles mariées et leurs enfants (les

garçons jusqu'à l'adolescence seulement, après quoi ils allaient dormir au *surau*, à la fois maison de prière et maison des jeunes gens). Les maris n'étaient que des visiteurs du soir et passaient la journée chez leur mère et leurs sœurs, dont ils travaillaient les terres. L'autorité sur la famille n'était pas, cependant, exercée par la maîtresse de maison mais par son frère aîné, le *mamak*.

De plus en plus de couples s'installent en maison individuelle, mais la grande maison reste le lieu d'ancrage de la famille étendue. L'expatriation, rendue nécessaire par la surpopulation, est aussi un exutoire à l'inactivité masculine. Dans les communautés villageoises, les conseils d'anciens, représentants des clans implantés localement, gardent un rôle officieux. L'aristocratie, les roturiers et les descendants d'esclaves (contraints à l'endogamie) sont clairement différenciés.

Les Minangkabau s'efforcent de concilier un très fort attachement à l'islam avec le respect de leur coutume (*adat*), d'inspiration préislamique, qui englobe les comportements rituels et sociaux, la croyance en de nombreux esprits (de la montagne, du riz, etc.), l'enseignement des écrits sacrés (*tambo*).

Très proche du malais, le minangkabau (*bahaso awak*) comprend de nombreux dialectes et appartient au groupe des langues malayo-polynésiennes de l'Ouest.

Culture. Les Minangkabau ont de forts penchants littéraires, illustrés dans les genres du *pasambahan* (allocution rituelle), du *kaba* (récit épique), du *randai* (genre populaire qui mélange le théâtre, la poésie, la danse, le combat simulé), du *pantun* (chanson populaire).

Histoire. Les Minangkabau sont, selon leurs traditions, des autochtones, sortis du mont Merapi (selon un autre mythe, ils auraient pour ancêtres les compagnons d'un descendant d'Iskandar Zulkarnain, version musulmane d'Alexandre le Grand, dont le bateau aurait échoué à Sumatra). Avec l'extension de l'influence indienne fut fondé (XII-XIVe siècle) le royaume hindou-malais de Minangkabau. Il s'étendit à presque tout Sumatra avant d'être réduit aux régions centrales par les sultans des petits États musulmans du Nord. La guerre qui eut lieu de 1821 à 1837 entre tenants de la coutume et *padri*, partisans d'un islam plus rigoureux, entraîna la fin de la monarchie et le passage sous la tutelle néerlandaise. Des années 1940 aux années 1970, les Minangkabau ont pris part à la lutte anticoloniale comme aux mouvements d'opposition au pouvoir central.

✦ Dénom. [var.] Menangkabau, Minang ; [autod.] Urang Minang, Urang Padang, Urang Awak.

Miraña. Peuple amérindien d'Amazonie colombienne, vivant sur les rives du Caquetá, entre les localités de Araracuara et La Pedrera ; une communauté vit à Tefé, à la confluence du Japurá avec l'Amazone. Leur territoire d'origine est le Cahuinarí, affluent du Caquetá [env. 1 000].

❏ Les Miraña sont directement associés aux Bora* : leur langue commune (deux variantes dialectales) ne se rattache à aucune grande famille linguistique. Avec les mêmes Bora, mais aussi les Muinane, Andoque, Nonuya, Ocaïna, Resigaro et Uitoto*, ils constituent la macrocatégorie des « Gens de Dieu », par opposition aux « Gens des Animaux » (Yukuna, Letuama, Matapi, Tanimuka, Makuna et autres groupes du Vaupès).

Les femmes s'occupent en priorité des jardins (manioc amer et doux, patates douces, arachides, etc.) alors que les hommes se dédient à la pêche, à la chasse individuelle (à la sarbacane, au fusil et à l'aide de pièges) ou collective (au filet) et cueillent quotidiennement les feuilles de coca et de tabac (plantes sacrées).

Organisés en clans patrilinéaires, les Miraña ont un système d'alliance de type semi-complexe avec résidence patri-virilocale. Les membres masculins de chaque clan sont supposés habiter une maison communautaire (*maloca*), où ils forment une classe noble, alors que les épouses et les « gens ordinaires » sont échangés entre maisons. La polygamie est réservée au chef de maisonnée.

Après la création, le démiurge (auquel les Miraña ont identifié le dieu chrétien) s'est réfugié dans le ciel, où il accueille les âmes des morts. Il a délégué ses prérogatives terrestres à un ensemble de « maîtres » (le « maître des animaux » règne sur le gibier, l'Anaconda, sur le fleuve, l'Aigrette, sur le commerce, etc.) avec lesquels les chamanes, mais aussi tout un chacun, peuvent entrer en communication. De la coca et du tabac leur sont offerts en récompense de la satisfaction des doléances.

Histoire. Dès la fin du XVIIe siècle, les Miraña furent impliqués (comme victimes et comme pourvoyeurs) dans les entreprises esclavagistes des Portugais. Au début de ce siècle, lors du boom du caoutchouc, ils furent laminés par les exactions des compagnies extractrices

de la gomme et par les épidémies, et passèrent en trente ans de 15 000 à quelques centaines.
✦ Dénom. La dénomination Miraña, ou Miranha (en portugais), se réfère aux anciennes pratiques anthropophagiques de cette population : elle est construite, à partir du tupi *mirá* (« gens ») et *aya* (« dents »), sur le même modèle que la désignation du piranha (« poisson denté » en tupi) ; [autod.] Míamúiná (« les Hommes »).

Mishmi. Peuple de Chine (Tibet), d'Inde (Arunachal Pradesh) et de Birmanie (États kachin), vivant en zone montagneuse, à l'extrémité orientale de l'Himalaya [estim. 80 000].
❑ Essarteurs-éleveurs aux « villages » de longues maisons, installés le long des vallées fluviales, animistes et de langue tibéto-birmane, ils sont comparables aux autres peuples montagnards résiduels de la région (par exemple les Nishi*).
✦ Dénom. [syn.] Midu, Deng.

Miskito. Peuple du Nicaragua et du Honduras, vivant en petites communautés sur les basses terres tropicales de la côte atlantique, le long des cours d'eau ; la région (la Mosquitia) est infestée de moustiques et difficilement pénétrable [env. 150 000].
❑ Les Miskito sont agriculteurs itinérants, pêcheurs en rivière et en mer (crevettes, langoustes), chasseurs (agoutis, tapirs, tatous, tortues, etc.). Une autre source de revenu, en baisse, est la collecte du caoutchouc.
La terre est propriété communale. La base de l'organisation sociale est la famille étendue, patrilinéaire. Les leaders traditionnels des communautés (*wihta* ou *headmen*, autrefois assistés par les chamanes) composent avec les autorités imposées de l'extérieur (au Honduras), ou relevant du nouveau mode de représentation indigène (au Nicaragua).
Les Miskito ont abandonné l'essentiel de leur « animisme » et de leur chamanisme anciens au profit de l'Église morave ; le catholicisme est également représenté.
Leur langue, proche des dialectes sumu, appartient à la famille chibcha ; le bilinguisme avec l'espagnol est généralisé.
Histoire. Les Miskito sont d'origine chibcha, mais leur ethnogenèse précise, discutée, pourrait relever du mélange au XVIIe siècle de Bawinkha, de Sumu, de pirates européens et d'esclaves africains échappés des Caraïbes. Dès cette époque, les Miskito s'impliquèrent eux-mêmes dans le trafic d'esclaves, razziant les Indiens Pech, Rama, Teribe, etc., et nouant des liens solides avec la Couronne britannique, qui reconnut un « roi » miskito, fit du royaume un protectorat et favorisa (au XIXe siècle) l'évangélisation morave. La réintégration en 1894 de la côte atlantique au Nicaragua laissa aux Miskito une certaine autonomie, mais, dans les faits, la région passa sous la coupe de compagnies minières ou forestières américaines. Les sandinistes, arrivés au pouvoir en 1979, ne tinrent guère compte des spécificités indigènes ; les tensions se cristallisèrent jusqu'à l'affrontement armé, certaines organisations autochtones s'alliant aux contras avec le soutien américain. La répression fut féroce (villages rasés, populations déplacées), mais l'attitude sandiniste évolua à partir de 1983, sous la pression de l'opinion internationale. Un cessez-le-feu fut signé en 1985. La Constitution nicaragayenne de 1987 affirme le caractère multiethnique du pays et reconnaît l'autonomie de la région atlantique.
✦ Dénom. [var.] Mosquito ; [syn.] Zambo.

Mitsogho. Peuple du centre du Gabon, région montagneuse [estim. 25 000].
❑ Les Mitsogho sont agriculteurs, avec appoint de la chasse et de la pêche. Patrilinéaires, divisés en clans, ils vivent dans des villages dont l'allée centrale unique est bordée de part et d'autre par les habitations, et où l'autorité est exercée par un chef assisté des doyens, chefs de lignage.
Leur vie socioreligieuse est axée sur le culte des ancêtres, fondateurs de l'humanité. L'initiation des hommes se fait dans le cadre de l'association syncrétique *bwiti*, dont le principal rite consiste à mâcher une écorce hallucinogène, l'*iboga*, qui assure aux jeunes initiés la vision des esprits ancestraux.
Leur langue, le tsogo, appartient à la famille bantoue.
Art. L'art décoratif des Mitsogho, riche de couleurs symboliques, est en relation avec leur mythologie ; leur statuaire figurative en ronde-bosse offre un style original. Les visages sculptés se caractérisent par des yeux ronds ou en grains de café, une bouche souvent creuse et projetée en avant. Le pays mitsogho représente le dernier foyer vivant de la sculpture traditionnelle dans le bassin de l'Ogooué.
✦ Dénom. [var.] Mitsogo, Tsogho, Tsogo, Ishogo.

Mixtèque(s). Groupe amérindien du Mexique, vivant dans les États de Guerrero, d'Oaxaca et de Puebla ; l'aire qu'il occupe se divise en trois régions : la Mixteca Alta, dans les montagnes tempérées semi-arides à cactées, la Mixteca Baja, plus chaude, et la région côtière, ou Mixteca de la Costa [env. 328 000 en 1990].

❑ Les Mixtèques cultivent le maïs et ses plantes associées. Dans les zones tropicales, ils produisent de la canne à sucre, un peu de coton et de cacao. Ils élèvent des chèvres dans les montagnes et du gros bétail sur la côte. Les Mixtèques ont longtemps pratiqué le tissage et la broderie avec habileté, ainsi que la poterie, la vannerie ;, mais les techniques artisanales sont en recul. L'exode rural à Mexico ou à Puebla, ainsi que l'émigration aux États-Unis, est un phénomène déjà assez ancien.

La vie sociale des Mixtèques s'appuie sur la famille, rattachée à une commune rurale. La tenure foncière est variable : purement individuelle, communale ou collective, avec souvent des combinaisons de ces formes. L'habitat varie selon les communes, groupé ou dispersé en hameaux rattachés à un centre constitué des bâtiments communs. Le dispositif communal est à base de charges tournantes et de confréries religieuses. La corvée rassemble les hommes du village pour effectuer les travaux publics.

Les Mixtèques sont christianisés de longue date mais conservent quelques pratiques chamaniques d'inspiration précolombienne. Leur langue se rattache à la famille otomangue.

Mnông. Groupe ethnique, divisé en nombreux sous-groupes, vivant surtout sur les hauts plateaux du centre du Viêt Nam (provinces de Dac Lac, de Lâm Dông et de Sông Bé), et en petit nombre sur les contreforts cambodgiens de ces plateaux [env. 68 000 au Viêt Nam].

❑ Traditionnellement, les Mnông cultivent le riz sur brûlis après écobuage, en rizières marécageuses au bord des rivières ou en rizières humides pluviales ; les rizières irriguées sont apparues au cours du XXe siècle. La chasse et la cueillette fournissaient auparavant les compléments alimentaires indispensables, mais la première perd de l'importance (raréfaction de la faune à la suite des guerres et de la disparition progressive des forêts), la seconde est remplacée par l'introduction de cultures de rendement (teck, hévéa, caféiers, etc.) qui transforment l'économie de subsistance traditionnelle en économie marchande. L'artisanat, surtout constitué du tissage (coton), de la vannerie et de la poterie, est aujourd'hui en déclin. La chasse et la domestication des éléphants, activités prestigieuses, continuent, même si les besoins et le nombre de prises diminuent d'année en année ; le débardage commence à être remplacé par des randonnées touristiques.

Selon les sous-groupes et les aires d'habitat, les Mnông ont des maisons construites à même le sol, sur pilotis courts ou sur pilotis hauts. Ces maisons sont toujours construites en bois et en bambou avec une toiture végétale en herbe à paillote. Les maisons en dur ont fait leur apparition dans les villes.

La société mnông, divisée en clans matronymiques exogames et au sein de laquelle subsistent des vestiges de matriarcat, connaît une relative égalité entre hommes et femmes. Le mariage reste matrilocal et généralement à l'initiative des jeunes filles. La monogamie est de règle, et l'inceste, sévèrement réprimé. Les cultes principaux sont agraires, dédiés à la Mère Riz, aux génies de la Terre et du Ciel dispensateur de pluie. Ils sont pratiqués surtout à la fin de la récolte annuelle et donnent lieu à d'importants sacrifices de buffles. Les rituels au Génie de l'Éléphant sont liés aux périodes de chasse et aux festivités organisées lors des mariages des éléphants.

Les nombreux dialectes mnông appartiennent à la famille linguistique austro-asiatique, branche môn-khmère.

Histoire. Les Mnông étaient installés avant le début de l'ère chrétienne dans leur habitat actuel, où ils sont restés longtemps à l'écart des États qui régissaient les plaines. Peuple non guerrier, malgré des conflits internes ou avec leurs voisins Edé*, ils furent contactés au XIXe siècle par les missionnaires et les colons français, qui commencèrent à les enrôler avant de les coloniser. Après avoir durement subi le conflit américano-vietnamien, ils voient aujourd'hui leurs terres de plus en plus convoitées par des Vietnamiens qui, fuyant les régions surpeuplées du Nord, trouvent sur les hauts plateaux de nouvelles terres à défricher.

✦ Dénom. [var.] M'nong ; [autod.] Bunong, Gar, Chil, Rlâm, Laac, Pröng, etc.

Mocoví. Groupe amérindien du nord-est de l'Argentine (provinces de Santa Fé et du Chaco), riverain du fleuve Bermejo [env. 3 000].

❑ Les Mocoví sont cultivateurs (maïs, ma-

nioc), ouvriers agricoles des plantations cotonnières ou prolétaires urbains. Ils vivaient jadis de la chasse (à l'arc, à la lance, à la *boleadora* – lasso à boules de pierre), de la pêche, de la récolte du miel et des fruits. Leurs bandes, ensembles de familles étendues, circulaient sous l'autorité de leur chef à travers un territoire défini. Ayant assimilé le cheval dès le XVIIe siècle, habiles à mener raids et razzias, ils résistèrent à la colonisation jusqu'à la seconde moitié du XIXe siècle. Depuis lors, les massacres, les pressions exercées et des décennies d'exploitation forcenée ont provoqué l'effondrement de la société et de son système de valeurs ; le chamanisme a cédé la place à l'influence protestante (pentecôtisme). Les Mocoví appartiennent au groupe linguistique guaycurú, comme les Toba* (auxquels ils tendent à s'assimiler) et les Pilagá*.
✦ Dénom. [var.] Mocobí ; [autod.] Amocovit, Mok'oit, Qoml'ek.

Modang. Peuple de Bornéo, vivant essentiellement à Kalimantan-Est (Indonésie), où il occupe le cours moyen et supérieur des fleuves et des rivières (Mahakam, Belayan, Kelinjau, Telen-Wahau, Kelay, Segah, Pangean, Kayan) [env. 6 000].
❑ Les cinq sous-groupes qui composent cet ensemble linguistique et culturel très particulier (Long Gelaat ou Long Glit, Long Belah, Long Way, Wehèa, Menggaè) revendiquent une origine commune.
Ils sont essarteurs, et se distinguent par leurs maisons construites sur deux niveaux, par une organisation villageoise en moitiés (pour le groupe Wehèa), ainsi que par de nombreux rituels et tabous centrés sur le cycle rizicole. Des prêtresses-médiums accomplissent diverses cérémonies à caractère propitiatoire ou thérapeutique. Avec les Bidayüh du Sarawak, les Modang sont les seuls peuples de Bornéo à entretenir l'institution de la maison des hommes, centrée sur l'initiation des jeunes garçons et les rites liés à la chasse aux têtes. Chez les Modang en général, l'institution de la chefferie est plus développée que chez les autres peuples de l'aire centrale ; d'où le rôle qu'ils ont joué par le passé à l'échelle régionale.
Les Modang Wehèa maintiennent leur religion coutumière (*edat*), tandis que les autres sous-groupes se sont majoritairement convertis au christianisme (d'où une forte acculturation). Peu scolarisés, ils conservent leurs traditions orales.
Ils parlent des isolectes intercompréhensibles (malgré de nombreuses variations), du groupe kayanique de la famille malayo-polynésienne occidentale.
Histoire. Ils sont descendus des plateaux du nord (Bahau, Apo Kayan) vers les plaines de Kutai, de Berau et de Bulungan du XVIIe au XIXe siècle. Actuellement, en raison de leur dispersion et du petit nombre de villages monoethniques, ils ont tendance à être absorbés par les populations plus nombreuses avec lesquelles ils vivent.
✦ Dénom. Modang est un exonyme qu'ils ont reçu des Malais* de Kutai. Dans les régions de Berau et de Bulungan, au nord de Kalimantan Timur, on les appelle Segai ou Ga'ai (leur autonyme étant Menggaè) ; [syn.] Segai, Segayi, Manggaè, Mengga'ay, Ga'ay.

Mofu-Diamare. Peuple du nord du Cameroun (département du Diamare), vivant dans les monts Mandara [estim. 100 000].
❑ Agriculteurs (mil) et éleveurs, ils se divisent en une trentaine de clans patrilinéaires. Leur particularité majeure est la concentration de leur habitat très dense sur de grands rochers, gouvernés chacun par un « prince », bien qu'ils exploitent aussi les plaines en contrebas. Ils ont longtemps été victimes de razzias et d'enlèvements de la part des Fulbe*. Ils sont partiellement islamisés, et parlent six dialectes tchadiques différents.

Moghol(s). Population d'origine mongole* vivant dans les montagnes de la province de Ghor et près de l'oasis de Herat, dans le centre-ouest de l'Afghanistan [estim. 3 000].
❑ Leur mode de vie traditionnel est mi-pastoral, mi-agricole. Islamisés (sunnisme), ils ont conservé jusqu'au début de ce siècle l'usage de leur langue mongole (*mogoli*), empreinte, tant dans son vocalisme que dans sa morphologie, son vocabulaire et sa syntaxe, d'éléments perses et tadjiks. Aujourd'hui, ils parlent surtout la langue officielle locale, le dari (persan) ou, dans la région de Ghur, le pashtûn. Le mogol écrit (au moyen de l'écriture arabe) n'est plus en usage.
Histoire. Ce sont les descendants de garnisons mongoles établies sur le territoire de l'actuel Afghanistan à l'époque de la domination de l'Empire mongol (sous Mangou ou Möngkh) et des Ilkans (1260-1357) mongols de Perse, dont le premier fut Hülegü (1260-1265). Ils ne doivent pas être fondus avec les Hazara* des montagnes de Ghor, de type mongoloïde

mais niant toute origine mongole, qui parlent seulement le dârî (langue persane) et sont musulmans chiites.
✦ Dénom. [var.] Mogol(s).

Mohawk. Peuple amérindien du Canada (Québec, Ontario) et des États-Unis (État de New York) [env. 30 000].
❑ Ils constituent une des tribus de la Confédération iroquoise, au sein de laquelle ils sont réputés être les « Frères aînés » (→ Iroquois).
Leur mode de vie était comparable à celui des autres Iroquois. Ils parvinrent par la suite à composer avantageusement avec les Blancs, notamment grâce à leur capacité d'intégration économique (bons fermiers, ils se sont aussi spécialisés, au fil du temps, dans la batellerie, l'assemblage des charpentes métalliques de gratte-ciel, etc.). Leur langue appartient à la famille linguistique algonquine.
Histoire. Ils se rangèrent au côté des Anglais contre les Français, et leur furent d'une fidélité sans faille lors de la guerre de l'Indépendance américaine. Ils comptent aujourd'hui parmi les Amérindiens les plus énergiques dans la défense de leurs droits et la promotion de leur culture, comme en a témoigné la « crise d'Oka » : en 1990, à Oka (près de Montréal), les Mohawk de Kanesatake dressèrent une barricade pour protester contre l'agrandissement d'un terrain de golf situé sur un territoire dont ils revendiquaient la propriété, et ils tinrent tête quatre mois aux autorités. Ce mouvement, qui fut un moment important de la prise de conscience des problèmes amérindiens, peut être interprété comme une revitalisation de leurs vertus guerrières anciennes.
✦ Dénom. Les Français les appelaient Agniers.

Moï. Cette contraction de l'expression vietnamienne traditionnelle *ke moi* (« barbare, sauvage ») est un terme péjoratif utilisé par les Français à l'époque coloniale pour désigner de manière assez vague de nombreuses populations montagnardes (d'où l'appellation également rencontrée de *Montagnards*) et non viêt du Viêt Nam.
❑ Ce terme était appliqué en premier lieu aux populations dites « indonésiennes » des plateaux du centre et du sud du pays (ex-Annam et ex-Cochinchine), et, dans une moindre mesure, des montagnes du nord (ex-Tonkin). Toutefois, cette qualification d'« indonésiennes » est elle-même inexacte car elle fut appliquée à des populations de langues austronésiennes non indonésiennes (Cham*, Jarai*, Edé/Rhadé*, Raglai*, Churu) et parfois aussi à des populations de langues austro-asiatiques du groupe môn-khmer (Bahnar*, Katu, Brao*, Sédang*, etc.). En ce qui concerne les populations non viêt des hautes vallées et des montagnes du nord du Viêt Nam (Taï*, Yao*, Hmông*, Lolo*, etc.), le terme « Moï » est relativement peu employé, les auteurs ayant préféré désigner ces groupes soit par leurs noms, soit par les termes usuels mais aussi péjoratifs de *Man* (pour désigner les Yao* et parfois les Lolo*) ou de *Méo* (pour les Hmông*). Dans les montagnes du Nord, le terme « Moï » fut toutefois appliqué à certaines populations de langues môn-khmer (Khmu*).
Quoique officiellement évité, ce terme est toujours présent dans la « nomenclature officielle des ethnies du Viêt Nam », et employé dans le langage populaire.
Les Taï du Laos et du Viêt Nam emploient plutôt le terme *Xá*, les Lao, le terme *Kha*, et les Cambodgiens, le terme *Pnong* pour désigner « leurs » minorités socialement infériorisées.

Mojo. Peuple amérindien du nord-est de la Bolivie, occupant les plaines inondables dites *sabana* ou *llanos de Mojos* [env. 17 000].
❑ Avant la conquête, les Mojo vivaient de l'agriculture, de la pêche et de la chasse dans les forêts-galeries. Ils produisaient des céramiques et un tissage d'une grande finesse, et s'habillaient de longues toges de coton ou d'écorce peinte (*tapa*). Puis ils furent regroupés dans les missions jésuites (auxquelles les noms de leurs sous-groupes font toujours référence : Trinitarios, Javieranos, Ignacianos, etc.). Ils en ont gardé des usages, des formes d'organisation (en trois classes : agriculteurs, artisans et musiciens). Certaines familles, fonctionnant comme des compagnonnages, perpétuent de remarquables traditions artisanales et artistiques : travail du bois (menuiserie, ébénisterie, lutherie, sculpture), copie et interprétation de musique baroque, etc.
Les missions, condamnées à la disparition en 1767 avec l'expulsion des jésuites, avaient également laissé en héritage aux Mojo des troupeaux (bovins). Les Mojo en furent dépouillés, de la pire façon, lors du développement par les colons de l'élevage extensif. Ils furent pour beaucoup d'entre eux déplacés et utilisés comme piroguiers et main-d'œuvre à l'époque du caoutchouc (1880-1914), ou repoussés vers les zones périphériques des villes

(ex-missions, comme Trinidad, capitale du département du Beni), où ils sont toujours employés aux travaux subalternes.

Profondément catholiques dans leur majorité, les Mojo perpétuent le cycle de chants et de danses lié au calendrier des fêtes chrétiennes, tel que l'autorisaient les jésuites. Noël, Päques, Corpus Christi, etc., sont pour eux l'occasion de réinvestir le cœur des villes et, après la messe à la cathédrale, de danser en costume traditionnel : la danse la plus célèbre est celle des « macheteros » que les hommes interprètent avec une somptueuse coiffe en plumes de près d'un mètre de rayon.

Les Mojo sont massivement bilingues (mojo, espagnol).

Histoire. Comme les Baure leurs voisins, les Mojo sont les descendants d'Arawak venus du nord il y a pour le moins deux millénaires, sans doute plus. Ces derniers – plusieurs centaines de milliers au moment de la Conquête – procédèrent à des prodiges d'aménagement, dont il reste de nombreuses traces, pour rendre cultivables les plaines affaissées du Beni, où quatre mois d'inondation succèdent à quatre mois de sécheresse intense : à force de digues, de voies de communication et de canaux – dont certains relient des fleuves ou coupent leurs méandres, et dont d'autres assurent l'irrigation en saison sèche –, ils créèrent un paysage anthropique ponctué par des collines artificielles (*lomas*), sur lesquelles s'établissaient les maisons et les villages. On a associé à une diversité de chefferies ces constructions impressionnantes qui remontent pour la plupart au premier millénaire et évoquent des aménagements du même type dans les plaines inondables de l'Orénoque. Il est difficile de se prononcer, mais il est clair que ces travaux soigneusement interconnectés n'ont pu être menés à bien qu'au sein d'une aire de paix (comme en fut également une l'aire voisine des Ashaninca*, autres Arawak). Les Mojo étaient aussi d'excellents navigateurs ; là où le bois était rare, ils construisaient des embarcations en roseau semblables à celles des populations (pour certaines d'origine arawak) du lac Titicaca et dénommées du même nom (*totora*). Ils se lièrent très tôt aux peuples andins et firent plus tard alliance avec les Inca, au gré d'échanges d'ambassades et d'hôtes-captifs garants des accords.

✦ Dénom. [syn.] Musu, Moxo.

Mokhev. Montagnards de Géorgie orientale habitant la région de Khevi et appartenant à l'ensemble culturel des montagnards géorgiens du Nord-Est. Leur territoire (520 km^2) est limité à l'est par la Khevsureti, à l'ouest par l'Ossétie, au sud par la Mtiuleti et au nord par l'Ossétie et par l'Ingushi.

❑ Traditionnellement l'économie des Mokhev repose sur l'élevage ovin. À la différence de leurs voisins Pshav*, Khevsur* et Tush*, ceux-ci ont connu le régime féodal même s'ils ont gardé une structure clanique. Ils sont chrétiens orthodoxes et parlent un dialecte du géorgien, le mokhev.

Q'azbegi. C'est l'écrivain Aleksandre Q'azbegi (1847–1893), originaire de Khevi, qui fit découvrir aux Géorgiens les Mokhev et leurs traditions. Dans ses nouvelles, il dénonce également la corruption des fonctionnaires russes et des cosaques* qui rançonnent les bergers, et retrace la révolte des Mokhev et des Mtiuls en 1804. Il appartenait néanmoins à la plus grande famille de la région, dont le statut fut conforté lors de la conquête russe du fait du rôle prééminent joué par son grand-père Gabriel Q'azbegi. Les autorités russes rebaptisèrent ainsi le village de la famille, Stepan Tsminda, ainsi que le mont Mq'invari (5 033 mètres) du nom de Kazbek (Q'azbegi).

Histoire. C'est en Khevi que se trouve le défilé du Darial, unique passage entre le Caucase du Nord et la Géorgie. Lors de la conquête du Caucase, les Russes, dès 1803, entreprennent la construction de la route militaire de Géorgie. Celle-ci relie Tbilissi à Vladikavkaz en franchissant la chaîne principale du Caucase par le col de la Croix (2 395 mètres), traversant la Khevi du nord au sud.

✦ Dénom. [var.] Moxev.

Môn. Peuple de basse Birmanie (principalement État môn) et des régions adjacentes de Thaïlande, établi surtout dans les zones deltaïques des fleuves Irrawaddy, Sittang et Salouen autour du golfe de Martaban [env. 1 million].

❑ Les Môn pratiquent essentiellement la riziculture humide dans les zones rurales, ou vivent de l'artisanat et du commerce dans les villes.

Leur société est segmentaire et patrilinéaire. Toutefois, l'époux séjourne dans la maison de ses beaux-parents plusieurs années avant de fonder un foyer indépendant. Les Môn forment une société hiérarchisée dont les contours reflètent en partie la physionomie pyramidale de l'État. Un statut de dépendance servile existait avant la domination britanni-

que, tandis qu'au sommet de la hiérarchie certains anciens titres de noblesse continuent d'être reconnus par la cour de Bangkok.
La religion des Môn est le bouddhisme théravadin de type birman, fortement teinté de brahmanisme, coexistant avec des cultes plus anciens comme le culte à l'esprit tutélaire du groupe clanique associé à un espace territorial. Les divers dialectes môn appartiennent au groupe môn-khmer de la famille austro-asiatique.
Histoire. Les Môn sont sans doute l'élément le plus ancien du peuplement de l'actuelle Birmanie. Favorisé par des échanges intenses avec l'Inde, un royaume môn a émergé aux ve-vi^e^ siècles au centre de la Thaïlande actuelle, suivi de plusieurs autres, entre le viiie et le xiie siècle en Thaïlande du Nord-Ouest et dans les zones deltaïques de la Birmanie. Du xie au xvie siècle l'important royaume môn bouddhiste de Pegou domina la basse Birmanie ; il fut remarqué par les voyageurs occidentaux. Au xviie siècle, les populations môn migrèrent en masse vers le Siam à la suite d'invasions et de guerres. Au total, il y eut des établissements môn du milieu de la péninsule malaise au Laos, et de Pagan en Birmanie centrale au plateau de Korat. L'indépendance politique des Môn a cessé en 1757 après une défaite consacrant la suprématie birmane. Des rébellions armées ont eu lieu dans les années 1960 – elles ont mené à la création d'un État môn au sein de l'Union birmane – et des tendances nationalistes sont encore perceptibles.
✦ Dénom. [autod.] Män, Man, Mon ; [birman] Môn, Talaing ; [thaï] Mon.

Mongo. Au sens strict de locuteurs du lomongo, peuple de la République démocratique du Congo vivant, pour l'essentiel, dans la partie sud de la région de l'Équateur [estim. 1,2 million] ; au sens large, ce peuple et un ensemble de populations apparentées occupant la quasi-totalité de la boucle du Zaïre [estim. 3 millions].
❑ Les Mongo (au sens strict) sont agriculteurs, chasseurs, pêcheurs, artisans (forge, tressage, poterie). Leur système de filiation est bilatéral, et leur résidence, virilocale. Leur organisation sociale souple reposait sur la maisonnée, communauté de parents regroupés autour d'un leader, à laquelle étaient associés, entre autres, des pygmées* Twa* (chasseurs, en relation de clientélisme). Les maisonnées se regroupaient en villages, et ces derniers, en cantons, unités de défense collective. Les chefs de villages et de cantons étaient choisis parmi ceux des maisonnées.
L'implantation chrétienne (catholique surtout) n'a pas éteint la religion traditionnelle (croyance en un dieu créateur, culte de génies territoriaux et des esprits des ancêtres, ces derniers étant censés vivre dans des villages invisibles).
Le lomongo, langue bantoue comportant des dizaines de dialectes, reste pratiqué, en parallèle avec le lingala et le français.
Art. La musique, fort développée, se présente parfois sous la forme de polyphonies et est accompagnée de danses. La littérature orale est très riche (fables, poésies, célèbre épopée de Lianja).
Histoire. Le groupe proto-mongo se serait individualisé vers 900 av. J.-C., et les Mongo (au sens large) auraient terminé la colonisation de la région vers 500 apr. J.-C. Touchés par le commerce atlantique à partir du xviiie siècle, envahis durant le xixe siècle par des populations ngombe venues du Nord, qui capturèrent de nombreux esclaves, les Mongo passèrent partiellement sous le le contrôle des Arabo-Swahili* (années 1870-1890) puis sous celui des Belges. La colonisation a fortement perturbé l'organisation traditionnelle, mais les missionnaires catholiques ont favorisé l'émergence d'une conscience identitaire mongo qui n'existait pas auparavant.
✦ Dénom. [syn.] Nkundo.

Mongol(s). Ensemble de groupes parlant des langues mongoles (qui constituent une des trois branches de la famille altaïque) répartie entre la Mongolie [2,5 millions], la Chine [5 millions, dont plus des deux tiers en Mongolie-Intérieure], et la Russie [180 000 Kalmouks et 430 000 Bouriates].
❑ Un quart environ des Mongols perpétuent en Mongolie le nomadisme pastoral traditionnel, tandis qu'une majorité d'entre eux vit maintenant en ville. En Chine, où les éleveurs mongols ont vu une partie de leurs terres accaparée par les colons Han*, et plus encore en Russie, la sédentarisation, parfois associée à la transhumance, est de règle. Dans les trois États, le passage d'une économie centralisée à une économie de marché a bouleversé les relations socio-économiques. Si le démantèlement des coopératives et la privatisation du bétail a remis le pastoralisme au goût du jour en Mongolie, le même processus compliqué par une privatisation des terres est un facteur

de sédentarisation et de surexploitation des pâturages restants en Mongolie-Intérieure.

Les Mongols sont de religion bouddhique lamaïque, en renouveau marqué. Certains groupes (Bouriates*, Darkhates*, Dagours*) préservent toutefois leurs traditions chamaniques.

Leurs diverses langues constituent la branche mongole de la famille altaïque. Elles s'écrivent en Chine à l'aide de l'alphabet traditionnel, modelé sur l'alphabet ouigour ancien, et, en Mongolie, en cyrillique adapté (avec retour envisagé à l'écriture mongole après l'an 2000).

Organisation. Les anciennes tribus mongoles se répartissaient en clans exogames. Sous l'Empire gengiskhanide, ces clans continuent d'exister, mais une nouvelle organisation se développe, les myriades ou *tümen*, unités militaires d'environ 10 000 guerriers, qui évoluent en groupements féodaux dirigés par des princes. La société mongole comporte alors deux grandes classes, la noblesse, issue des gengiskhanides (*taiji*) et les roturiers (*kharat*, ou *albatu*), sujets placés sous la dépendance d'un prince, imposables et corvéables. La règle exogamique conduit les nobles, appartenant à un même clan, à se marier avec des roturiers. Mais le régime de clan continue de s'effacer durant la période mandchoue*. Les Mongols sont répartis en bannières et en flèches qui ne tiennent pas compte des anciens clans. De nos jours, le principe d'exogamie reste cependant en vigueur, bien que l'oubli des noms de clan rende son application difficile.

Histoire. Éleveurs nomades habitant des tentes de feutre (yourtes), redoutables guerriers, les Mongols sont les héritiers des grandes confédérations nomades mêlant Proto-Turcs et Proto-Mongols (Xiong-Nu, Xiang-Pei, Ruan-Ruan), qui dominèrent les steppes de haute Asie aux premiers siècles de l'ère chrétienne. Venus des confins orientaux de l'actuelle Mongolie, ils succédèrent sur le haut plateau mongol aux Empires türk, ouïgour* puis kirghiz*, et aux Kitans Proto-Mongols (dynastie Liao), maîtres de la Chine du Nord aux XIe-XIIe siècles. Les Mongols proprement dits ne surgissent toutefois véritablement sur la scène qu'au XIIe siècle, entraînés par un jeune chef, Temüdjin, futur Gengis Khan, qui unifie les diverses tribus nomades mongoles et turques de haute Asie avant d'étendre ses conquêtes aux peuples sédentaires des régions limitrophes et de former le plus vaste empire que la Terre ait porté. Les descendants de Gengis Khan règnent de manière autonome dans les pays conquis (Tchagataïdes au Turkestan, Ilkans en Perse, Horde d'Or en Russie, Yuan en Chine), dont ils adoptent les usages. Affaiblis par les rivalités entre Mongols gengiskhanides, ou orientaux, et Mongols Oïrates, ou occidentaux, les Mongols demeurés en Mongolie tentent sans succès de rétablir leur unité (XIVe-XVIe siècle). C'est donc en ordre dispersé, et après avoir entre-temps adopté le bouddhisme lamaïque, que les princes mongols ralliés (« Mongols méridionaux ») ou conquis (Khalkhas* et Oïrates*) sont inclus dans l'Empire mandchou (Qing). L'instauration d'une république en Chine en 1911 délivre les Mongols de leurs liens de vassalité. Après avoir établi un régime théocratique avec à sa tête le chef de l'Église lamaïque mongole, le Bogdo Ghegheen, les Mongols du Nord, essentiellement des Khalkhas, instaurent avec l'aide soviétique un régime populaire indépendant. En revanche, les Mongols méridionaux (Tchakhars*, Toumètes*, Ordosses*, etc.) ne parviennent pas à s'émanciper de la domination chinoise.

Mongols de Chine.

Traits généraux. → **Mongols**

Histoire. Au cours des années 1920, les Mongols de Chine sont éclatés entre plusieurs provinces chinoises qui les administrent directement, ce qui met un frein à toute vélléité d'union et facilite la colonisation chinoise déjà bien engagée. La lutte pour leur indépendance est habilement encouragée par les Japonais, qui voient dans le contrôle de la Mandchourie et de la Mongolie un tremplin pour la conquête de la Chine. En 1932, ceux-ci rattachent la partie orientale de la Mongolie du Sud à l'État mandchou fantoche qu'ils viennent d'établir en Mandchourie, le *Mandchoukouo*. Le Japon tient un discours panmongol propre à plaire aux nationalistes mongols, financent la publication d'ouvrages et de journaux mongols, envoie étudier au Japon et en Mandchourie de nombreux jeunes gens ; en 1942, il instaure dans les régions occidentales une « Mongolie autonome ». L'autonomie accordée aux Mongols est en réalité de pure façade. À la faveur des victoires soviétique et chinoise sur les Japonais, le Parti populaire révolutionnaire de Mongolie-Intérieure sort de l'ombre en 1945 et proclame le gouvernement provisoire de la « république de Mongolie du Sud » ; l'année suivante, un gouvernement autonome est instauré dans les régions orientales. Mais, en 1947, les communistes chinois limitent les visées des Mongols de

Chine : ils choisissent d'établir une Région autonome de Mongolie du Sud, ou RAMI (en chinois : Région autonome de Mongolie-Intérieure), faisant partie intégrante de la Chine.

Au cours des décennies suivantes, le découpage territorial sera modifié. En particulier durant les années de la révolution culturelle, qui vit bafouer, entre autres, les droits et les traditions des ethnies minoritaires, le territoire de la RAMI diminuera de plus de moitié, une grande partie étant alors passée sous le contrôle direct de provinces chinoises. Durant les dix années que dura ce découpage (1969-1979), les populations mongoles de ces territoires furent soumises à une sinisation importante. Le territoire couvre aujourd'hui 1 183 000 km^2.

La population mongole de la RAMI a fortement augmenté, passant de 835 000 en 1949 à 3 375 000 en 1990 : elle représente toutefois moins de 16 % de la population totale de la Région, contre 72 % de Han*. En outre, depuis 1982, la loi sur la limitation des naissances pénalise aussi lourdement, au-delà de deux enfants, les couples mongols, conduisant à une baisse de la natalité des Mongols de Chine. Par ailleurs, en raison de certains avantages accordés par l'État aux ethnies minoritaires depuis les années 1980, il semble que l'on assiste à une recrudescence du nombre de personnes se découvrant des ancêtres mongols ou de couples mixtes choisissant d'enregistrer leur enfant comme Mongol plutôt que comme Han.

Bien qu'une partie des Mongols vivant près des régions chinoises aient adopté dès le XIXe siècle un mode de vie sédentaire et soient devenus agriculteurs, l'élevage semi-nomade est aujourd'hui encore l'activité principale des Mongols de la RAMI : il occupe 60 % du territoire de la Région autonome, contre 24 % aux cultures. Le cheptel, qui était de 8 millions de têtes en 1947, est stabilisé aujourd'hui autour de 37 millions de têtes. Après la collectivisation du bétail dans le cadre des communes populaires (1958), la propriété privée a été rétablie et, depuis le début des années 1980, les éleveurs gèrent eux-mêmes cheptel et pâturages.

→ **Mongols**

Mongol(s) du Koukounor. Groupe mongol de Chine, vivant dans la région du Koukounor (Qinghai) [env. 50 000].

❑ Les Mongols du Koukounor représentent aujourd'hui à peine 1,3 % de la population totale de la province du Qinghai.

Ceux qui vivent dans le département autonome mongol-tibétain-kazakh de Haixi sont parfois appelés Mongols du Tsaïdam. Ils sont à 93 % éleveurs, vivent dans des tentes de feutre et ont préservé leur langue et leurs traditions. Ceux qui vivent dans le département autonome tibétain de Huangnan (district autonome mongol de Henan), au sud-est du Qinghai, ont en revanche perdu l'usage de leur langue et communiquent principalement en tibétain ; les yourtes et l'élevage nomade sont les seules traces de leur appartenance mongole.

Enfin, près de 4 000 Mongols oïrates*, dörbètes et khochoutes vivent à la frontière du Gansu et du Qinghai, dans le district autonome mongol de Subei (département de Jiuqan). Du fait que leur territoire, situé à 4 000 mètres d'altitude, est riche en neiges éternelles, ils s'autodésignent comme *Tsastiin Mongoltchuud*, « Mongols des monts enneigés ». Pratiquant l'élevage nomade, ils sont attentifs à la préservation de leurs langue, écriture, histoire et traditions.

Histoire. La majorité d'entre eux sont des Khochoutes, tribu mongole occidentale appartenant à la confédération des Quatre Oïrates, qui s'est établie au Koukounor (l'Amdo des Tibétains, l'actuelle province de Qinghai en République populaire de Chine) dans la première moitié du XVIIe siècle. Leur chef, Törbaikh, qui reçut du dalaï-lama le titre de *Güüchi Khan*, étendit sa domination au XVIIe siècle sur le Koukounor et le Tibet. Aux Khochoutes s'ajoutèrent par la suite d'autres Mongols occidentaux (Tchorosses, Torgoutes, Khoïtes) et des Khalkhas*. Les Mongols du Koukounor se rallièrent à l'Empire mandchou* des Qing en 1691, mais ne furent totalement assujettis qu'en 1725, après une révolte sévèrement réprimée. Répartis dès lors dans les divisions militaro-administratives des Qing, ils formèrent 29 bannières (environ 100 000 individus). Leur nombre n'a cessé de décroître par la suite.

✦ Dénom. Deed Mongol, « Mongols des hauts », d'après leur appellation en tibétain.

→ **Mongols**

Monguor(s). Groupe mongol* isolé vivant en Chine (Qinghai, dans le district autonome *Tu* de Huzhu et les districts de Minhe, Datong et Ledu ; Gansu, dans les districts de Yongdeng, Linxia et Tianzhu) [env. 200 000 en 1990].

❑ Les Monguors sont les descendants d'une garnison mongole, établie dans la région sous la dynastie mongole des Yuan (1271-1368), et de Turcs (Shato), auxquels se sont ajoutées par la suite des familles chinoises et tibétaines. Organisés en 17 clans patrilinéaires exogamiques, ralliés très tôt aux Ming, ils ont gardé les marches de l'Empire pour le compte des dynasties Ming puis Qing. Pasteurs nomades devenus agriculteurs et éleveurs sédentaires, ils étaient établis dans des villages dispersés. Lamaïstes ayant conservé des éléments chamaniques, les Monguors parlent un dialecte mongol isolé présentant des archaïsmes phonétiques et lexicauxs, des particularités morphologiques et des emprunts au chinois et au tibétain, et comportant deux dialectes : celui de Huzhu et celui de Minhe, mais ils parlent aussi le chinois ou le tibétain. Ceux de Datong sont les plus sinisés.

✦ Dénom. [autod.] Tsagan mongol (« Mongols blancs ») ou Mongor ; [chinois] Tu, Turen (« natifs ») ; [mongol du Koukounor] Doldu, Dolod, Dolot, Dalat, Daldy ; [tibétain, tangoute] Tcha-hor.

→ **Mongols**

Montagnais-Naskapi. Ensemble de groupes amérindiens apparentés du Canada, occupant la péninsule du Labrador, les Montagnais étant installés au sud, les Naskapi au nord [env. 12 000].

❑ Ils sont très proches culturellement et linguistiquement des Cree* de la baie James. Chasseurs de caribous, trappeurs (castors) et pêcheurs, ils constituaient de petits groupes menés par l'homme reconnu le plus capable.

À cause de l'isolement de leur territoire, ils parvinrent à maintenir jusqu'aux années 1960 leur mode de vie traditionnel. Ils se livrent toujours à la chasse et à la pêche, mais sont aussi, partiellement, employés dans la sylviculture ; ils sont impliqués dans le jeu complexe de la contestation de la convention de la baie James (*cf.* Cree).

Ils ont été convertis au catholicisme, mais conservent des traits de leur culture chamanique (chants accompagnés au tambour).

✦ Dénom. [autod.] Innu.

Moose. Peuple du Burkina Faso (sur le plateau central, zone de savane arbustive et pierreuse), qui constitue aussi, pour plus d'un tiers de ses effectifs, une importante diaspora, installée principalement en Côte d'Ivoire [estim. 9 millions].

❑ Les Moose (sing. *Moaga*) sont surtout des agriculteurs (millet, maïs, haricot). Pendant la saison des pluies, unis en petites communautés territorialisées (*yiya*), ils cultivent leurs terres, dont ils consomment la majeure partie des récoltes et vendent occasionnellement le reste sur les marchés. Pendant la saison sèche, ces communautés de travail se défont pour organiser en des groupes plus larges les cérémonies de l'année : funérailles, fêtes destinées aux ancêtres et aux génies.

À chacun des quatre niveaux territoriaux, quartier, village, région, royaume (on comptait une vingtaine de ces derniers au début du XXe siècle), est associé un ancêtre-fondateur de lignage, ou *buudu*. Plus le *buudu* est étendu, plus puissante est la force *naam* de la chefferie ou du royaume qui la contrôle. Du *naam* dépendent encore les règles de vie en société et la fertilité des femmes.

La religion traditionnelle, expression d'un mode de vie plutôt que relation unique à un dieu, est très vivace. Elle repose sur l'opposition entre « ancêtres » et « génies ». Les premiers, fondateurs de la société, représentent la morale et l'ordre social. Les seconds, « génies » ou « enfants » du dieu *Wende*, portent en eux l'esprit de volonté, incorporé, lors de la fécondation, dans chaque personne. Les Moose du Nord composent avec l'islam, et ceux du Centre et de l'Est avec le catholicisme.

La langue moaga, le *moore*, appartient au groupe gur-voltaïque. Elle est très employée, parallèlement au français.

Histoire. Le peuplement du territoire moaga fut l'œuvre du groupe des *Nakomse*. La conquête des terres, occupées seulement en certains points par les autochtones Nioniose, se prolongea de la fin du XVIe siècle jusqu'au début du XIXe siècle. Pendant ce temps, des groupes Mandingues* et Peuls* s'adjoignirent à la société en formation. Sous la colonisation française, les efforts de scolarisation entraînèrent dès les années 1930 l'apparition d'une élite moaga. De nos jours, les Moose, qui représentent les deux tiers de la population du Burkina Faso, font coexister leur propre organisation sociale avec le système politique et économique burkinabé actuel.

Art. Les Moose ont donné au cinéma des réalisateurs importants, tels I. Ouedraogo et G. Kaboré.

✦ Dénom. Moaga au singulier, Moose au pluriel ont désormais valeur officielle. Mais on rencontre encore fréquemment les dénominations Mossi et Moosi.

Mordve(s). Peuple de Russie, autochtone de la Mordovie, où il vit pour un tiers, le reste se partageant entre les autres parties de la région de la Volga, l'Oural, la Sibérie et l'Extrême-Orient ; on trouve aussi des communautés mordves en Ukraine, en Ouzbékistan et au Kazakhstan [env. 1,1 million].

❑ Les Mordves se partagent en deux groupes principaux, Erzia et Mokcha, et comprennent quelques petits groupes, tels les Mordves de Tengouchev (ou Chokcha) ou les Karataï (au Tatarstan). Traditionnellement agriculteurs (céréales), éleveurs et apiculteurs, ils se sont lancés très tôt dans le commerce de leurs produits (on note avant l'an mille des échanges avec le monde arabe). L'activité industrielle ne s'est développée qu'au début du XXe siècle (industrie du bois). À partir des années 1950, la Mordovie a connu une industrialisation rapide, du fait notamment de la présence de nombreux camps de travail.

L'organisation sociale ancienne des Mordves, patriarcale et comportant trois niveaux (famille, clan, tribu), s'est progressivement délitée durant ce millénaire, avec l'apparition de structures étatiques, l'accélération du processus de différenciation sociale et la russification. La christianisation des Mordves s'acheva au XVIIIe siècle, mais on note jusqu'à nos jours des survivances des croyances originelles. Le mordve (cinq dialectes ezria, trois dialectes mokcha), langue finno-ougrienne, est en nette régression.

Art. Les Mordves ont développé la sculpture du bois (décoration des maisons), la broderie sur costume, la fabrication de bijoux.

Coutume. Parmi les plats traditionnels figurent les « seins de jeune femme », gâteaux farcis de fromage blanc servis lors des mariages, en accompagnement d'une prière spéciale dite au domicile du fiancé pour demander que l'épousée ait beaucoup de lait et donne naissance à sept fils et autant de filles.

Histoire. Les deux groupes Mokcha et Ezria, issus des tribus finno-ougriennes installées dans la région à partir du Ve siècle av. J.-C., se différencient dans la première moitié du Ier millénaire. Astreints à payer tribut au khanat khazar puis à la Russie kiévienne, les Mordves renforcèrent leur liens avec les Russes dès le Xe siècle, et défirent avec eux, en 1444, le prince tatar Moustapha. À la chute du khanat de Kazan (1552), ils devinrent un élément constitutif de l'État russe. La russification, dès lors, a été profonde, non sans que se manifeste une conscience culturelle justifiant le statut d'autonomie à l'époque soviétique. La république de Mordovie (1991), peuplée au tiers de Mordves, s'est donné en 1995 le statut d'État de droit au sein de la fédération de Russie.

✦ Dénom. [autod.] Erzia et Mokcha ; [rus.] Mordva.

Mudugar. Peuple de l'Inde (Kerala) [env. 12 000].

❑ Les Mudugar ont depuis longtemps perdu leurs terres, et leur accès à la forêt, dont ils tirent quelques profits, a largement été restreint par l'administration. Ils sont pour la plupart employés comme journaliers.

La société mudugar est endogame et se divise en clans (*kal*). Le mariage préférentiel se fait avec la cousine croisée patrilatérale ou matrilatérale. L'organisation sociale repose sur un conseil (*naya sabah*) dirigé par un « chef » (*uru muppan*), assisté de trois autres dignitaires. Les Mudugar sont principalement shivaïstes.

Leur langue, le muduga bhasa, est un mixte du malayalam et du tamil.

Histoire. Les Mudugar auraient été sujets de l'empire de Vijayanagar (empire hindou du Deccan au XIVe siècle) et auraient migré au Kerala vers le XVe siècle. Ils sont répertoriés parmi les *Scheduled Tribes*.

✦ Dénom. [var.] Muthuvan, Muduvan.

Muktele. Société du nord du Cameroun, établie dans le nord des monts du Mandara [env. 11 000].

❑ Cultivateurs de sorgho et petits éleveurs (ovins, caprins et quelques bovins) vivant dans un habitat dispersé (concessions familiales ou plurifamiliales), les Muktele sont territorialement et politiquement divisés en six « massifs », chacun étant doté d'un chef politique (*sfl*) et de responsables rituels, dont un chef de la terre (*sfl gudang*), des devins et devineresses. Les Muktele font partie de l'ensemble de sociétés non ou peu islamisées du nord du Cameroun, souvent dénommées du terme dépréciatif de Kirdi. La colonisation française a subdivisé l'ensemble du pays muktele en deux cantons, dont les chefs étaient choisis parmi les chefs politiques traditionnels à fonction héréditaire. Sociologiquement, la société est fondée sur le clan ou le lignage patrilinéaire.

Chaque patrilignage a son ancêtre fondateur et son origine migratoire située à sept ou huit générations dans les monts du Mandara mêmes (région de Mokolo) ou dans la plaine tchadienne plus au nord ; quelques lignages se revendiquent comme autochtones.

La langue muktele (*gay matal*) appartient à une famille tchad du groupe chamito-sémitique. La langue véhiculaire est le wandala (ou mandara) ou, secondairement, le fulfulde (ou peul).

✦ Dénom. [var.] Mouktélé(s).

Munda. Peuple de l'Inde (Bihar, Madhya Pradesh), vivant principalement sur le plateau de Chotanagpur [estim. 1,4 millions].

❑ Les Munda ont une économie reposant essentiellement sur une production agricole, surtout rizicole, et sur les biens forestiers. La faiblesse des revenus, liée à un surendettement endémique, les pousse à essayer d'intégrer le marché du travail de la région, équivalent indien de la Ruhr, mais les migrations des Indiens de caste depuis les États voisins les excluent souvent des emplois fixes.

Bien qu'ils soient endogames, il n'est pas rare que les Munda aient des alliances avec les autres groupes tribaux voisins avec qui ils sont en étroites relations (Ho, Santal*, Bhumij*, etc.). Ils partagent une même relation socioreligieuse à la forêt et accordent une même place centrale à la bière de riz. Ces affinités s'expriment par une forte solidarité politique que traduit l'emploi commun du vocable *diku* (« étranger », « exploiteur ») pour qualifier les Indiens de castes et notamment les riches marchands et propriétaires *bania*.

Le village munda se divise en deux patrilignages : la descendance de la moitié de l'aîné prend en charge la prêtrise, la descendance de la moitié du cadet donne le chef du village. Les villages sont regroupés par vingtaines en unités territoriales (*parha*) sous l'autorité d'un *manki*. La soumission politique aux intérêts socio-économiques de la région et aux centres décisionnels urbains a affaibli ce système de pouvoir, chaque chef de village essayant de tirer pour le mieux son épingle du jeu. La commémoration de l'anniversaire de la naissance de Birsa Munda (1874/1876 ?-1901), personnage divinisé qui fut l'instigateur d'un mouvement millénariste luttant contre les Britanniques, les missionnaires et les exploitants hindous, constitue toutefois un événement important maintenant la solidarité de l'ensemble Munda.

Les Munda partagent avec d'autres groupes tribaux diverses divinités, dont la principale est la « grande divinité » protectrice Sing Bonga ; le culte des ancêtres et de nombreux cultes villageois sont en outre pratiqués. La prédominance du politique sur le religieux aide à comprendre par ailleurs l'abondance des emprunts aux modèles extérieurs dominants, l'hindouisme et le christianisme.

Le mundari appartient à la famille linguistique munda qui englobe une bonne quinzaine d'autres langues apparentées.

Histoire. Les Munda seraient venus de l'Himalaya ou de la Birmanie. Un système royal émergea, vraisemblablement au Ve siècle, au contact de la société hindoue. La colonisation britannique, à partir du XVIIIe siècle, en acheva la désintégration. À la suite de différents soulèvements d'importance diverse, les intérêts des groupes tribaux furent principalement défendus par les missionnaires, exception faite du mouvement de Birsa Munda. Au XXe siècle, les organisations tribales, en majorité d'obédience chrétienne, impulsèrent les revendications, et le mouvement déboucha à l'indépendance de l'Inde sur la création d'un parti politique (le Jharkhand Party) qui revendiquait par l'intermédiaire de son leader charismatique Jaipaul Singh la création au sein de l'Union indienne d'un État où auraient prédominé les adivasi (les « premiers habitants »), le Jharkhand. Aujourd'hui, si des accords ont été passés avec le gouvernement central pour accorder un statut autonome à la région bihari du Jharkhand, les problèmes socio-économiques ne sont pas pour autant résolus et constituent le point de focalisation des luttes actuelles. Les Munda sont classés parmi les *Scheduled Tribes*.

✦ Dénom. Le terme Munda est exogène. Les intéressés l'emploient en concurrence avec des autodénominations telles que Horo, Haro-Ko (les « hommes »), et leurs appellations claniques.

Mundang. Peuple du Tchad et du Cameroun [estim. 205 000 en 1983, dont 160 000 au Tchad et 45 000 au Cameroun].

❑ Les Mundang sont organisés en un royaume, dont la capitale se trouve à Léré, au Tchad. Ils pratiquent l'agriculture (mil, sorgho et coton), mais élèvent aussi du bétail, surtout pour les transactions matrimoniales et les sacrifices.

La société est organisée en clans patrilinéaires qui ont des origines et des interdits alimentaires divers, et qui sont supposés avoir contribué au développement culturel de la société de différentes manières (forge, rituels d'enterrement, circoncision, masques, etc.). Les clans royaux sont distingués des gens de la terre. Le souverain est un roi sacré, qui contrôle les forces naturelles au bénéfice de la société. Secondé par une de ses femmes (gardienne des régalia), il veille à la bonne organisation des grands rituels du royaume (fête des prémices, fête des récoltes, chasse rituelle visant à amener les pluies) ; il n'a qu'un faible pouvoir politique et ne rend pas la justice. Les conflits éventuels sont réglés au niveau des clans.

Les Mundang pratiquent la circoncision, dont la symbolique est très importante (on retrouve un simulacre de circoncision dans la plupart des rites de passage de la société). Ils possèdent également des masques, représentant les esprits des morts ou de la brousse, qui apparaissent lors des funérailles ou dans d'autres rituels. Bien que la plupart aient refusé la conversion à l'islam, une proportion non négligeable d'entre eux (dont le roi et sa cour) ont pris les Fulbe pour modèle de comportement. Aujourd'hui, les Mundang sont en grande majorité chrétiens, ce qui ne les empêche pas de continuer à participer aux rituels traditionnels, qui restent très vivaces.

Ils parlent une langue adamawa (famille Niger-Congo).

Histoire. Le royaume mundang est resté indépendant jusqu'à la colonisation française. Les Mundang ont pratiqué au XIXe siècle le commerce d'esclaves (monopole du roi), ce qui leur a permis d'acquérir des chevaux et de résister victorieusement aux conquêtes fulbe*.

Muong. Ensemble de groupes apparentés du nord du Viêt Nam, répartis sur la frange sud-ouest du delta du fleuve Rouge et sur les pentes est de la Cordillère annamitique [près de 1 million].

❑ Les Muong sont principalement agriculteurs sur brûlis ou surtout, désormais, sur champs irrigués.

Les familles (patriarcales, patrilinéaires et patrilocales) vivant ensemble forment des *quê* (hameau, village), qui constituent à leur tour des *muòng*, placés chacun, autrefois, sous l'autorité d'une famille noble ; de nos jours, le système administratif vietnamien prévaut.

La religion muong associe culte des ancêtres, culte des génies tutélaires et cultes agraires.

Les parlers, nombreux, appartiennent au groupe viêt-muong de la famille austro-asiatique.

Histoire. Selon leurs mythes d'origine, les Muong auraient chassé de la région ses premiers habitants, les Sách (sous-groupe des Chút, aujourd'hui reclus dans des vallées du Viêt Nam central). Au début de notre ère, durant la domination du Tonkin par les Chinois, ils restèrent dans les régions montagneuses, se différenciant ainsi des Viêt Kinh (Vietnamiens proprement dits), qui s'installèrent en plaine et subirent une forte sinisation. Un millénaire plus tard, ils eurent à résister aux Thai* arrivant du nord-ouest, qui les influencèrent fortement du point de vue social et culturel. Ils n'ont jamais créé d'État, et sont toujours restés de fidèles alliés des Viêt.

✦ Dénom. [syn.] Moï ; [autod.] Mol, Mon, Mwon, etc.

Musulmans des Philippines. On distingue parmi eux : les Magindanaon*, dans l'île de Mindanao, les Maranao, qui se trouvent autour du lac Lanao, et les Subanon*, dans la presqu'île de Zamboanga ; dans l'île de Basilan, les Yakan* ; dans l'île de Jolo de l'archipel sulu, les Tausug* ; et, dans les autres îles de l'archipel sulu, les Sama* [env. 5 millions].

❑ Ces peuples présentent des traits communs, dont le principal est leur revendication forte d'une identité musulmane qui s'est opposée dès le début de la colonisation espagnole au catholicisme et s'est affirmée dans une guérilla qui n'a pas encore totalement cessé, successivement contre les colonisateurs – Espagnols puis Américains – et contre les gouvernements philippins. Ce très long conflit, qui n'a laissé ni vainqueur ni vaincu, a bouleversé profondément ces sociétés. Les musulmans des Philippines déplorent tous d'avoir perdu leurs institutions traditionnelles et aspirent à pouvoir en fonder de nouvelles qui soient en accord avec leur foi.

Leurs langues, du groupe malayo-polynésien, sont proches les unes des autres.

Organisation sociale. Comme dans le reste des Philippines, le système de parenté est bilatéral et distingue surtout les générations. Le respect envers les aînés, les ancêtres et le monde de l'au-delà est un trait marquant de ces sociétés, de même qu'un fort dualisme homme/femme qui s'étend à la conception de la cosmologie. La culture du riz est fortement ritualisée.

Les historiens ont souvent insisté sur le fait que les sociétés musulmanes des Philippines étaient mieux organisées – en petits États – que les autres sociétés de l'archipel.

L'analyse montre cependant que les traits structurels étaient les mêmes avant l'impact de l'influence occidentale : l'autorité était détenue d'abord par les chefs de famille élémentaire et étendue. Des groupes se constituaient autour d'un homme choisi de manière informelle pour son habileté à régler les conflits (ces sociétés exercent la vengeance privée), sa bonne connaissance du droit coutumier, sa capacité à rassembler hommes et richesses. Des spécialistes religieux et des thérapeutes qui étaient en relation avec les puissances invisibles effectuaient les rituels et étaient appelés en cas de maladie.

Dans les sociétés musulmanes, les chefs, appelés *raja* puis *datu*, ont été beaucoup plus engagés dans les actions commerciales et guerrières et leurs généalogies affirmaient leur lien avec le sultan ou avec un ancêtre anobli par le sultan. Les spécialistes religieux ont pris les noms de prêtres hindouistes (*pandita*, *fakil*) puis musulmans (*salip*, *imam*). Le sultan liait dans le principe les deux autorités.

Histoire. Comme presque tous les autres peuples philippins, les Magindanaon, les Maranao et les Tausug sont des Malayo-Polynésiens arrivés sur place à partir de 4 000 av. J.-C., et probablement venus de Taïwan. Des relations commerciales actives entre les Philippines et l'Asie du Sud sont prouvées dès 3 000 av. J.-C. Elles s'accroissent au début de notre ère – Mindanao attire à cause de sa richesse en or – et sont à l'origine d'une influence indienne sur le sud de l'archipel philippin, imputable aux marchands venus de l'ouest, et attestée entre autres dans les mythes. Puis les Philippines se trouvent sur le trajet des routes maritimes allant du golfe Persique à la Chine, et l'islam est introduit à Mindanao et dans l'archipel sulu au début du XVe siècle, en même temps que cette zone devient un centre commercial puissant. Des sultanats s'installent (plusieurs chez les Magindanaon et les Maranao, un seul chez les Tausug), qui recouvrent sans les faire disparaître les structures traditionnelles, et des traits de la civilisation islamique imprègnent désormais fortement les sociétés des rivages maritimes vouées au commerce et à la piraterie. Les sultans et les *datu* (nobles) des trois peuples revendiquent d'être les descendants du Prophète par l'intermédiaire des premiers missionnaires de l'islam (l'étude des mythes montre toutefois que ces derniers sont conçus comme des héros civilisateurs exaltant en fait des valeurs propres à la société).

Dans les temps récents, le Front de libération moro (MNLF) – les Espagnols avaient appelé l'ensemble des peuples musulmans des Philippines *Moros* – a fini par obtenir que soient créés en septembre 1996 une province et un gouvernement autonomes. Le chef du MNLF, le Tausug Nur Misuari, en a été élu président en 1997. Cependant la région n'était pas encore entièrement pacifiée dernièrement. Des groupes rebelles indépendants, souvent approvisionnés en armes par les États islamistes, continuent d'entretenir des troubles.

✦ Dénom. [syn.] Moro(s) ; [audod.] Muslims, par opposition à Christians.

→ **Magindanaon, Sama, Subanon, Tausug, Yakan**

n

Naga. Peuple de l'Inde (Nagaland, Manipur, Arunachal Pradesh, Assam) et de Birmanie (Sagaing), habitant un territoire montagneux [estim. 800 000].

❑ Les Naga cultivent principalement le riz soit par essartage associé à une technique d'assolement, soit par l'aménagement de rizières irriguées en terrasses.

Leur société est de type segmentaire, patrilinéaire et patrilocale, et se caractérise par sa fragmentation, à un degré rarement égalé, en une multitude de groupes d'identité locaux de très petite taille. Le système politique est centré sur le village, le quartier, ou le réseau de villages tributaires placés sous la protection d'une agglomération plus importante. Dans la plupart des groupes, les décisions sont prises au sein d'un conseil villageois regroupant les responsables des principaux lignages, sous la présidence d'un représentant de la lignée fondatrice. Chez les Naga du Nord, le pouvoir est monopolisé par une noblesse héréditaire sans relation avec les lignées fondatrices. La religion traditionnelle, polythéiste et animiste, était autrefois centrée sur la chasse aux têtes. La conversion au christianisme protestant ou catholique a été quasi globale. Les parlers naga appartiennent à la famille tibéto-birmane.

Histoire. Les Naga sont des autochtones. À partir du XIIIe siècle, plusieurs groupes du Nord ont établi des relations privilégiées avec l'État ahom de la vallée du Brahmapoutre, qui cherchait à s'assurer le contrôle de mines de sel détenues par les Naga. Ces rapports de dépendance politique étroits paraissent être à l'origine de la division de ces sociétés en strates hiérarchisées. Depuis les indépendances, des mouvements indépendantistes se sont manifestés en Inde comme en Birmanie, recourant à la guérilla.

✦ Dénom. [autod.] Naga, et une quantité d'autonymes locaux ; [assamais, bengali] Noga.

Nahua(s). Nom donné aux populations amérindiennes du Mexique qui parlent la langue nahuatl ou aztèque [env. 1 130 000 en 1990].

❑ Les Nahuas, groupe amérindien le plus nombreux du pays, sont répartis sur une vaste aire géographique dans le Mexique central (États de Mexico, de Tlaxcala, de Puebla, de Hidalgo) et dans son voisinage (États de Guerrero, de Morelos, de Veracruz). Quelques groupes se trouvent dans l'État de Tabasco au sud, et dans ceux de San Luis Potosí et de Michoacán, au nord.

Les milieux naturels occupés par les Nahuas sont très variés : haut plateau tempéré et semi-aride (2 000 mètres et plus), montagnes sèches à l'ouest et humides à l'est, basses terres tropicales.

Les Nahuas sont des agriculteurs qui cultivent le maïs et ses plantes associées (haricots, courges, piments, etc.). En outre, sur le haut plateau, ils produisent des cactées et de la bière d'agave ; dans les terres chaudes, des produits tropicaux. Selon l'altitude et l'humidité, ils plantent un grand nombre d'espèces apportées d'ailleurs (canne à sucre, café, agrumes, fruits et légumes de l'Europe tempérée, etc.). L'élevage est pratiqué à très petite échelle, sauf exception localisée. Les productions artisanales sont en net recul. Parmi les Nahuas, on compte des commerçants professionnels dans les bourgs et marchés de province. D'autres se font instituteurs, ouvriers du bâtiment, etc. Il y a une forte émigration des Nahuas vers Mexico, où ils se fondent dans la population urbaine.

La vie sociale s'appuie sur la famille, rattachée à une commune rurale. La tenure foncière est

très variable : purement individuelle ou combinaison de formes collectives et individuelles. La parenté est reconnue tant en ligne paternelle que maternelle. La résidence est dans l'idéal patrilocale, mais plus variée dans la pratique. L'habitat est soit groupé, soit dispersé en hameaux rattachés à un centre administratif. Le dispositif communal est à base de charges tournantes et de confréries religieuses. Le conseil des anciens a perdu son influence. La corvée communale rassemble les hommes du village pour effectuer les travaux publics.
Bien que christianisés de longue date, les Nahuas conservent une vision du monde inspirée des religions précolombiennes et pratiquent le chamanisme. La langue nahuatl fait partie de la famille uto-aztèque. Elle est actuellement divisée en dialectes régionaux bien repérables.
✦ Dénom. [syn.] Mexicains, Mexicanos.

Nama. Peuple vivant dans la partie sud de la Namibie, dans un milieu particulièrement aride. Il constitue le plus grand groupe ethnique khoikhoi, bien qu'il se soit métissé à divers degrés avec les Ovambo*, les Herero* et les Européens [estim. 60 000]
❑ Si beaucoup de Nama habitent dans les grandes agglomérations, les autres occupent des fermes, pratiquant le jardinage, plus rarement l'agriculture et l'élevage. Les Nama se subdivisent en plusieurs groupes et sous-groupes, chacun d'eux parlant majoritairement l'afrikaans et un dialecte khoisan. Ils n'ont pas de structure politique centralisée.
Sous l'influence des missionnaires luthériens, qui s'installèrent dans le sud de la Namibie dans les années 1830, presque toutes les communautés nama adoptèrent le christianisme.
Art. L'artisanat est peu développé. Les formes d'expression artistiques se concentrent dans la musique et la littérature orale, qui, à travers la poésie et le conte, exalte la mémoire des chefs et des ancêtres.
Hottentots. Cette appellation désuète remontant à la fin du XVIIe siècle désignait, par-delà les Nama, un ensemble de communautés pastorales non bantoues qui se déplaçaient dans la région du Cap et, plus au nord, dans l'actuelle Namibie. L'occurrence chez ces populations de certains traits physiques (comme la stéatopygie des femmes) donna lieu à des visions caricaturales et rabaissantes. En témoigne l'histoire de la « Vénus hottentote » (de son vrai nom Saartje Bartman), exhibée telle une curiosité de foire à Londres puis à Paris. Morte en 1819, elle fut disséquée par Cuvier ; le modelage de son corps fut longtemps exposé dans la galerie du musée de l'Homme.
Histoire. Les Nama, au moment de l'arrivée des premiers Européens, étaient installés depuis la région de Windhoek jusqu'au cap de Bonne-Espérance. En plus des activités de cueillette et de chasse, ils vivaient principalement d'élevage de bovins, d'ovins et de capridés. Si les pâturages étaient considérés comme une propriété collective, en revanche, chaque individu était propriétaire de son troupeau, qu'il transmettait à sa descendance. Ce bétail suscita la convoitise de certains groupes bochimans* et damara* qu'ils soumirent assez facilement, et entraîna de nombreux conflits avec les pasteurs herero. Au début du XIXe siècle, plusieurs groupes nama montèrent vers le nord pour échapper à l'expansion croissante des colons du Cap. La plupart d'entre eux parlaient le hollandais et étaient chrétiens. À cheval, coiffés d'un chapeau à large bord, ils étaient armés de fusils. Plusieurs grands chefs conduisirent le destin du peuple nama, tels que Jonker Afrikaner et Hendrik Witbooi.
✦ Dénom. [var.] Naman, Namakwa, Namaqua ; [autod.] Khoi-Khoi et, de préférence, Nama ; les Occidentaux continuent parfois de les appeler « Hottentots ».

Nambikwara. Peuple amérindien du Brésil (États de Rondônia et Mato Grosso)vivant très morcelé, de part et d'autre de la route Cuiaba-Porto Velho (qui suit l'itinéraire du « télégraphe » Rondon emprunté par Claude Lévi-Strauss). Ils disposent d'une réserve de 10 000 km^2 à l'est de la route, et, à l'ouest, d'un semis de petites réserves (totalisant moins de 5 000 km^2) dans des terres de savane sèche et de vallées où subsistent des forêts. Les deux ensembles sont régulièrement violés [moins de 1 000].
❑ La simplicité des arts de la subsistance chez les Nambikwara, pour réelle qu'elle soit, est le résultat d'un processus d'involution. Ils étaient en train de perdre leurs terres en 1936, époque du séjour de Lévi-Strauss, et leurs terres actuelles ne leur offrent que peu de possibilités de procéder à des brûlis. Ils présentent une double morphologie saisonnière, de nomades, chasseurs et collecteurs au temps sec, et de jardiniers pendant les pluies.
Leur société est organisée en familles élémentaires, qui sont les unités de production, regroupées en bandes locales, qui s'opposent

souvent en factions politiques. Les conflits entre les groupes locaux de petite taille (ou bandes) se réglaient naguère tantôt par des mariages, tantôt par des meurtres.
L'importance de la sorcellerie et du chamanisme divinatoire est notable, et le savoir nambikwara en matière de poisons végétaux, tout à fait exceptionnel, va bien au-delà de leur maîtrise bien connue du curare.
Ils sont aujourd'hui la cible de mouvements évangélistes, qui ont converti une partie d'entre eux.
« Tristes Tropiques ». Claude Lévi-Strauss a fixé pour longtemps, dans cet ouvrage célèbre, l'image poignante d'un peuple dénué de tout, couché dans la cendre des foyers, et dont l'innocent abandon évoquait pour lui « l'expression la plus émouvante et la plus véridique de la tendresse humaine ». Les Nambikwara furent chassés jadis du haut bassin du Juruena (affluent du Teles Pires) par les premiers colons du Mato Grosso. Aujourd'hui, les terres qu'ils occupent sont envahies par les éleveurs locaux et de violents conflits les opposent, comme les autres Indiens, aux compagnies forestières, sans que l'administration parvienne véritablement à faire respecter leurs droits. L'image d'une femme nambikwara photographiée nue, son bébé sur la hanche, tendant la main vers les passagers d'un autobus a fait le tour des journaux. De manière générale, la division des Nambikwara en de multiples bandes, la multiplicité des dialectes parlés (une dizaine), la faiblesse de leurs chefs, l'afflux de colons dans la région et l'acuité des conflits qu'il provoque rendent leur avenir incertain.
✦ Dénom. [var.] Nhambiquara.

Nanaï(s). Peuple de Russie (Sibérie : région de Khabarovsk, Sakhaline) et de Chine (Mandchourie) [env. 17 000].
❑ Chasseurs (élan, renne, ours, etc.), pêcheurs (salmonidés) et trappeurs, sédentaires, les Nanaïs vivaient en petites groupes de parenté et étaient organisés en une vingtaine de clans patrilinéaires et exogames éparpillés. Surtout, la communauté de voisinage se devait entraide mutuelle et était pourvue d'un conseil. Aujourd'hui, la chasse et la pêche restent très pratiquées, même si la jeune génération trouve du travail dans l'industrie forestière et, avec l'apparition d'une intelligentsia, dans les services médicaux et l'enseignement. Malgré la christianisation de surface, puis la soviétisation et l'intrusion des éléments de la vie moderne, la culture nanaï est restée bien vivante : on continue de consulter le chamane, de veiller à ne pas offenser l'esprit de la taïga, de pratiquer les rites destinés à protéger les âmes des enfants, etc. Comme les Oudégués*, les Nanaïs pratiquent le culte du tigre.
Le nanaï (trois dialectes), du groupe toungouso-manchou méridional, tend cependant à se perdre, même s'il reste compris.
Histoire. Les Nanaïs (qui ont de nombreux points communs avec les Evenks*) sont le seul peuple de l'Amour dont les explorateurs russes du XIXe siècle parlent avec admiration. Ils étaient des guides réputés, comme en témoigne le livre de V.K. Arsenev *Dersou Ouzala* (dont A. Kurozawa a tiré un film). Aujourd'hui, ils sont souvent en butte au racisme et condamnés aux bas salaires.
✦ Dénom. [autod.] Nanaï, Nani ; [russe] Nanajcy ; [russe, ancien] Goldy, d'où, en français, Goldes.

Nara. Peuple du sud-ouest de l'Érythrée [estim. 25 000].
❑ Les Nara, péjorativement appelés Bariya (« esclaves ») à cause du trafic dont ils furent victimes, sont les voisins des Kunama*. Ils habitent les collines séparant le bassin du Barka de celui du Gash, sont agriculteurs sédentaires et éleveurs, et parlent une langue nilo-saharienne. Leurs structures matrilinéaires ont été affaiblies par leur conversion à l'islam au XIXe siècle.

Natchez. Tribu indienne des États-Unis, dont des descendants vivent dans l'Oklahoma, mêlés notamment aux Chickasaw.
❑ Ils habitaient sur la rive est du cours inférieur du Mississippi. Les Français, alliés aux Choctaw*, les décimèrent en 1716, 1723 et 1729. Certains Natchez furent vendus comme esclaves aux Antilles ; les autres se réfugièrent auprès des Chickasaw, des Creek* et des Cherokee*. Leur culture et leur système social unique, qui reste une énigme pour les anthropologues (société matrilinéaire organisée en classes hiérarchisées et exogamiques et gouvernée par un monarque, le « Grand Soleil »), n'ont pas survécu à ces événements.
Renommée. Ils sont restés célèbres grâce à Chateaubriand, auteur du poème en prose *les Natchez*, publié en 1826.

Navajo. Tribu amérindienne du sud-ouest des États-Unis, vivant sur une très vaste réserve à cheval sur le Nouveau-Mexique, l'Utah et surtout l'Arizona [env. 130 000].

❑ Ils constituent de nos jours la tribu indienne la plus nombreuse et la mieux dotée en terres des États-Unis. En possession d'une importante scierie, d'usines diverses, etc., pourvus d'infrastructures performantes, ils gèrent de nombreuses activités touristiques.

Ils restent majoritairement agriculteurs (maïs, tabac, haricots) et éleveurs (mouton, chèvre, bovins), mais se font aussi embaucher comme travailleurs temporaires dans les grandes villes (Los Angeles, Kansas City).

Ils disposent d'une capitale administrative (Window Rock, en Arizona), où se réunit leur conseil tribal, avec à sa tête un président et un vice-président.

Leur langue appartient à la famille na déné (athapascan). Un système d'écriture a été développé pour la transcrire et l'enseigner dans les écoles. Elle est encore couramment parlée, souvent en bilinguisme avec l'anglais.

Économie. Grands commerçants, les Navajo adoptèrent et développèrent très tôt, dès le XVIIIe siècle pour le tissage (couvertures, tapis devenus très rares), dès le XIXe siècle pour l'orfèvrerie (argent, turquoise), des techniques artisanales d'origine espagnole. Surtout, ils sont connus pour avoir adopté l'élevage du mouton, au point d'en avoir fait la base de leur économie traditionnelle (cas unique en Amérique du Nord).

Organisation ancienne. Ils se regroupaient en bandes, elles-mêmes divisées en groupes locaux de familles élargies, matrilinéaires et matrilocales, dirigés par des chefs, qui, par l'acquisition d'une renommée guerrière, pouvaient devenir chefs de bande. La polygynie sororale était pratiquée.

Leur religion était gouvernée par la croyance en leur enracinement dans un peuple originel venu du dessous de la terre. Le personnage mythique central était la « femme changeante », épouse du Soleil et mère des héros civilisateurs (l'« enfant-de-l'eau » et le « tueur-de-monstres »), à qui ils attribuaient la possession de leurs techniques, dont celle de la construction du « hogan », hutte couverte de terre servant d'habitation et de chambre cérémonielle. Les nombreux rituels (de fertilité, de médecine, de chance) étaient confiés à des spécialistes payés et comprenaient des prières chantées, des peintures de sable, de pollen et de pétales de fleurs, de grandes fêtes dansées.

Histoire. On pense que les Navajo se séparèrent des autres Athapascans au début de l'ère chrétienne et quittèrent, en compagnie des ancêtres des Apaches*, les terres subarctiques entre 900 et 1200. Ils arrivèrent dans le Sud aux XIVe-XVe siècles et s'installèrent sur des terres arides, au nord des Hopi* et des Zuni*. Influencés par ces derniers (sédentarisation agricole) dès le début du XVIIe siècle, ils furent en conflit constant avec les Espagnols puis avec les Mexicains, avant de subir de la part des Américains des exactions visant à leur disparition. En 1863, le colonel Kit Carson fut chargé de les soumettre et dirigea la « longue marche » : 8 000 Navajo furent emprisonnés au Nouveau-Mexique (1864-1868) ; ils furent ensuite autorisés à regagner leurs terres. Les Navajo apparaissent généralement dans les westerns comme les « bons Indiens », pacifiques, sédentaires, et victimes de la rapacité américaine.

Ils protestèrent au XXe siècle contre les lois qui maintenaient les Indiens dans un état d'infériorité. Ils revendiquent aujourd'hui la maîtrise des ressources de leur sous-sol (charbon de la Black Mesa, au nord de l'Arizona). Des tensions opposent « traditionalistes » et « assimilationnistes ».

✦ Dénom. [autod.] Dine.

Naxi. Peuple des régions montagneuses du sud-ouest de la Chine [env. 250 000].

❑ Agriculteurs et éleveurs sédentaires, les Naxi constituent dans leur immense majorité une société patrilinéaire de type segmentaire, à patrilignages et patriclans non localisés qui fonctionnent pour la plupart comme des unités exogamiques. Un petit groupe, les Na (appelés Mo-so par les Chinois et assimilés à l'ethnie officielle Naxi) se distingue néanmoins par une organisation strictement matrilinéaire et consanguine dans laquelle le mariage occupe une position marginale. La société traditionnelle de tous les groupes est de surcroît divisée en trois ordres sociaux (nobles, roturiers, serfs) dont le statut est fixé à la naissance.

La religion, polythéiste ou « animiste » à l'origine, marquée par l'importance du culte ancestral et des cultes aux divinités du ciel et des montagnes, a subi l'influence du bouddhisme lamaïque et du taoïsme.

Les Naxi sont de langue tibéto-birmane. Leurs deux écritures, anciennes, l'une pictographique et l'autre phonétique, furent élaborées, utilisées et transmises au fil des générations par les prêtres-devins (*donba*). Elles ont servi à composer des centaines d'ouvrages manuscrits de divination, de rituel religieux, d'histoire ou de littérature populaire variée, aujourd'hui conservés dans diverses bibliothèques et musées du monde.

Histoire. La région naxi a été envahie par les troupes de Kublai Khan au début du XIIIe siècle, lors de la prise du pouvoir en Chine par les Mongols*. Ces derniers, par l'intermédiaire des élites politiques mises en place dans le nord-ouest du Yunnan, sont à l'origine de la formation du royaume de Mu et semblent avoir suscité chez les Naxi l'émergence des premières lignées aristocratiques.

✦ Dénom. [chinois] Naxi(zu), Mosuo(ren) ; [autod.] Naxi, Naru, Nahing, Na, etc.

Ndebele. Peuple d'Afrique du Sud, habitant le Transvaal, dans une région pauvre en ressources naturelles, située à moins d'une centaine de kilomètres à l'est de Pretoria [env. 350 000].

❑ Patrilinéaires et polygames, les Ndebele appartiennent au même groupe linguistique que les Zulu*. Malgré la christianisation et la forte urbanisation, beaucoup pratiquent encore le culte des ancêtres et font appel au médecin-guérisseur. L'initiation et la circoncision restent un moment important dans la vie des jeunes garçons. Les hommes travaillent généralement loin de leur famille, tandis que les femmes se tournent de plus en plus vers les activités artisanales et vendent leur production à Johannesburg.

Ils parlent le sindebele, langue bantoue du groupe nguni qui se caractérise par de nombreux emprunts aux langues sotho-tswana et à l'afrikaans.

Art. Les Ndebele sont connus pour leurs peintures murales et leurs parures, faites de perles polychromes cousues ou non sur divers types de matériaux (cuir, calebasses, couvertures). Les femmes ndebele ont créé un style original, dans lequel dominent, sur fond blanc, des motifs géométriques cernés de traits noirs, traités en aplats de couleurs vives.

Histoire. Les Ndebele sont originaires du Natal. Ils se sont installés dans le Transvaal probablement aux XVIe-XVIIe siècles, et ils s'y scindèrent en plusieurs groupes. La plupart d'entre eux se mélangèrent aux populations sotho-tswana voisines, sauf deux groupes, qui réussirent à maintenir en partie leur culture originelle, les Manala et les Ndzundza. Au XIXe siècle, ces deux groupes subirent la domination des armées de Mzilikazi, chef d'un groupe guerrier fuyant le Natal, qui organisa par la suite la nation matabele (ou ndebele) du Zimbabwe, puis ils se heurtèrent à la volonté hégémonique des colons boers. Malgré leur résistance, ils furent vaincus, dispersés et réduits à travailler sur les fermes des colons. Menacés de disparition, les Ndebele luttèrent pour préserver leur culture et revendiquèrent un bantoustan, qui faillit devenir indépendant en 1985. Depuis la fin de l'apartheid, les revendications ethniques ont disparu.

✦ Dénom. [syn.] Amandebele, Transvaal Ndebele (pour les distinguer des Ndebele ou Matabele* du Zimbabwe).

Ndembu. Peuple de la République démocratique du Congo (Katanga), de Zambie (Northwestern Province) et d'Angola (Moxico), qui occupe la ligne de faîte des bassins du Zaïre et du Zambèze, près des sources de ces fleuves [plus de 135 000 ?].

❑ L'agriculture (manioc, éleusine, maïs et cultures d'exportation), la chasse, la cueillette, le travail du fer et du bois, la vannerie sont les principales activités des Ndembu, qui conjuguent filiation matrilinéaire et résidence virilocale : les hommes tendent à résider dans le village de leur oncle maternel (à cela près qu'aujourd'hui des entrepreneurs prospères, *big men*, peuvent fonder leur village et en devenir le chef sans avoir de lien de parenté utérine avec leurs covillageois).

Le catholicisme et le protestantisme n'ont pas éteint les pratiques anciennes (culte des esprits des ancêtres, circoncision, initiation féminine, cultes dits « tambours » visant à guérir de diverses afflictions). Les Ndembu parlent l'undembu (ou lunda), langue bantoue.

Ethnol. L'anthropologue britannique V. Turner a étudié dans les années 1950 le système rituel ndembu, proposant d'y voir une mise en scène destinée à désamorcer les tensions nées de l'opposition entre succession matrilinéaire et résidence virilocale.

Histoire. Les Ndembu sont les descendants, organisés en chefferies, d'envahisseurs originaires du royaume lunda, qui s'établirent vers 1740, soumettant les populations autochtones, les Mbwela. Dans la seconde moitié du XIXe siècle, ils firent front contre les incursions des Tshokwe* et des Lwena. Dans les années 1970, les guerres civiles en Angola et au Shaba (Katanga) ont conduit de nombreux Ndembu à se réfugier en Zambie.

✦ Dénom. [var.] Ndembo, Andembo, Bandembo ; [syn.] Lunda (du Sud) ; [autod.] Andembu, Bandembu.
→ **Lunda**

Ndjuka. Société de Noirs marrons vivant au Surinam et en Guyane française [estim. 25 000].
❑ Les Ndjuka ont une structure tribale (chefferie fédérant des matriclans divisés en lignages matrilinéaires), laquelle tend à se perdre chez ceux qui sont urbanisés. Ils constituent l'une des sociétés noires marronnes les mieux préservées, en dépit d'une acculturation désormais rapide.
Histoire. Parmi les esclaves importés d'Afrique (depuis la Sénégambie jusqu'à l'Angola) aux XVIIe-XVIIIe siècles et vendus aux planteurs du Surinam, certains marronnèrent et fondèrent des sociétés dans les forêts. Les Ndjuka constituent l'une de ces sociétés. Les intermariages avec les Blancs et les Amérindiens furent très limités.
✦ Dénom. [syn.] Boch (péjoratif) ; Businengee (tous les Noirs marrons) ; [autod.] Ndjuka Sama (« peuple Ndjuka »).

Nenec. Peuple de Russie (principalement district autonome Nenec, district autonome Jamalo-Nenec et district autonome de Taïmyr), habitant en groupes dispersés sur l'immense territoire de toundras qui s'étend de la mer Blanche jusqu'à l'est du Ienisseï [env. 35 000].
❑ De loin les plus nombreux des Samoyèdes*, qui plus est en net accroissement démographique, les Nenec se divisent en Nenec de la toundra (presque tous) et en Nenec de la forêt. Les premiers sont éleveurs de rennes, souvent encore semi-nomades. La société nenec est constituée de nombreux *clans* et a conservé (partiellement) ses croyances chamanistes ; les différents parlers restent bien vivants.
Histoire. Les ancêtres des Nenec, partis comme ceux des autres Samoyèdes des actuelles régions de Tomsk et de Krasnoïarsk, se sont dirigés vers le nord puis l'ouest, certains atteignant même l'Europe. Leur société, sous contrôle russe depuis la fin du XVIe siècle, connut une mutation décisive au XVIIIe siècle quand ils devinrent de riches éleveurs, possédant parfois des milliers de rennes. Aujourd'hui, ils sont confrontés à l'exploitation du sous-sol, de même qu'ils durent naguère quitter la Nouvelle-Zemble, lieu d'essais nucléaires.
✦ Dénom. [var.] Nénetse(s) ; [russe] Nentsi ; [syn., vieilli] Samoyèdes, Iourak, Yourak.
→ **Samoyèdes**

Néo-Irlandais. Ensemble des peuples de la Nouvelle-Irlande, île de Papouasie-Nouvelle-Guinée [env. 90 000].
❑ Répartis en vingt groupes linguistiques, les Néo-Irlandais pratiquent l'agriculture, l'élevage des porcs, la chasse et la pêche. Divisés en moitiés (sauf dans la pointe nord), matrilinéaires et pour la plupart virilocaux, ils ont pour unité la plus significative le clan – plus rarement le lignage. L'autorité est exercée par des *big men*.
Ces peuples sont christianisés depuis le début du siècle (protestantisme, catholicisme). De leur système religieux, imprégné de dualisme (deux êtres suprêmes : le Soleil et la Lune), subsistent quelques croyances reformulées, la pratique de la magie et de la sorcellerie, ainsi que le rôle prépondérant toujours dévolu aux ancêtres.
À l'exception de la langue kuot (ou panaras) dite « papoue », toutes les langues néo-irlandaises sont austronésiennes. Elles subissent la forte concurrence du pidjin.
Art. La Nouvelle-Irlande est célèbre pour les sculptures funéraires polychromes *malanggan*, qui comptent parmi les objets d'art non occidental les mieux représentés dans les collections mondiales.
Histoire. Des chasseurs-cueilleurs déjà présents il y a environ 30 000 ans furent rejoints à partir du IIe millénaire avant J.-C. par des éléments austronésiens. Jadis redoutables guerriers anthropophages, les Néo-Irlandais, qui ont subi une féroce exploitation coloniale (par l'Allemagne de 1884 à 1914), passent aujourd'hui pour paisibles et acculturés. Les cérémonies funéraires *malanggan* ont disparu, ou ont été folklorisées (îles Tabar).

Néwar. Peuple du Népal, vivant principalement dans la vallée de Katmandou, foyer de leur culture, et dans les petites villes commerçantes du Népal central [plus de 1 million].
❑ Les Newar tirent traditionnellement leurs ressources de la riziculture, du commerce (céréales, métaux précieux, épices, produits médicinaux) et de l'artisanat (orfèvrerie, sculpture sur bois, impression de tissus, dinanderie, poterie, etc.).

Ils sont toujours divisés en une trentaine de castes sur le modèle hindou, avec des prêtres au sommet de la hiérarchie et des intouchables à l'autre extrémité. La terminologie de parenté est descriptive, de type nord-indien, pour les consanguins, classificatoire (de type symétrique) pour les alliés. Le mariage avec les cousins croisés ou parallèles est interdit.
Au plan religieux, les Néwar maintiennent côte à côte hindouisme et bouddhisme mahayanique. Ils possèdent des associations religieuses (*guthi*) très originales, jouant un rôle dominant dans les relations sociales, telles les confréries funéraires *si guthi* dont tout Néwar doit obligatoirement faire partie.
Ils parlent le néwari, ou *nepa bhasa* (« la langue du Népal »), langue tibéto-birmane.
Histoire. Les Néwar, dont les traits physiques mêlent le type indo-européen et le type mongoloïde, ont dominé le centre historique du Népal du ve siècle jusqu'à la fin du xviiie siècle. Ils y ont créé une civilisation raffinée, dont témoignent entre autres les sculptures et l'architecture de l'époque Malla (xiiie-xviiie siècles). Groupe puissant, introduit dans tous les postes clés de l'économie, de l'administration et de la politique, ils réaffirment de nos jours avec force leur spécificité culturelle.
✦ Dénom. [var.] Newa.

Nez-Percé. Tribu amérindienne des États-Unis, installée dans la réserve de Fort Lapwai dans l'Idaho et celle de Colville dans l'État de Washington [env. 4 000].
❑ Ils occupaient l'ouest de l'Idaho, le nord-est de l'Oregon et le sud-est de l'État de Washington. Après qu'ils eurent au xixe siècle adopté le cheval, dont ils devinrent de remarquables éleveurs, ils menèrent des expéditions de chasse au bison jusqu'au Missouri, en plus de leurs activités traditionnelles (pêche au saumon, cueillette).
Leur organisation sociale reposait sur des groupes locaux qui étaient dirigés par un chef au statut théoriquement héréditaire, assisté d'un conseil d'anciens et de guerriers.
Malgré la christianisation, leur chamanisme survit, de même que leur langue, qui appartient à la famille sahaptiane.
Histoire. Au xixe siècle, ils eurent d'abord de bonnes relations avec les Blancs, leur vendant chevaux, bovins, saumon séché, etc. Ils se laissèrent partiellement convertir et consentirent à des traités qui réduisaient leur territoire. Mais, face au viol de ces traités lors de la découverte de l'or dans les années 1870 et face aux exactions dont ils furent victimes, une partie d'entre eux se révolta et mena en 1877, sous la conduite du chef Joseph, des opérations de guérilla. Ils infligèrent plusieurs défaites aux Américains pourtant très supérieurs en nombre, avant d'être contraints à la reddition à proximité de la frontière canadienne derrière laquelle ces « rebelles », alors harcelés par des troupes appelées en renfort, pouvaient trouver refuge. À l'époque actuelle, le bien-fondé de plusieurs de leurs réclamations territoriales a été reconnu.

Ngaju. Groupe dominant dans le sud de Bornéo (Kalimantan-Centre, en Indonésie). Le terme *ngaju* (« amont ») recouvre un ensemble de populations apparentées du bassin du Barito et des rivières Kahayan, Katingan, Kapuas, Mentaya, dont elles occupent le cours moyen en amont des Banjar* et d'autres Malais* [env. 350 000].
❑ Les Ngaju sont traditionnellement essarteurs (riz de montagne), chasseurs, pêcheurs et collecteurs des produits forestiers. À cela s'ajoutent la culture des légumes et des cultures de rapport (hévéa, rotin, café, poivre, etc.). Une élite, éduquée et christianisée, a accédé à des postes dans l'administration, l'enseignement et le commerce.
Les villages ngaju, situés en bord de rivière, ne comportent habituellement que des maisons familiales, souvent de grande taille ; les « longues maisons » communautaires sont très rares. La société n'est pas stratifiée. La richesse commande le statut et joue un rôle majeur dans l'accès au pouvoir politique. Au xixe siècle, l'esclavage était encore largement pratiqué par les chefs et les riches.
La religion coutumière (*kaharingan*) a été reconnue officiellement par le gouvernement indonésien en 1980. Ses rites funéraires (notamment la fête du Tiwah, centrée sur les secondes funérailles) sont très élaborés et coûteux. Une partie des Ngaju s'est cependant convertie à l'islam (à partir du xixe siècle), et une autre, au protestantisme (à partir des années 1920).
Les Ngaju appartiennent à la famille linguistique du Barito (groupe malayo-polynésien occidental). Selon les rivières, ils parlent différents dialectes (bara baré, bara jida, etc.) ; le parler de la Kahayan, ou bara dia, sert de langue véhiculaire dans tout le centre-sud de Kalimantan.
Bakumpai. Les Bakumpai, parlant un dialecte ngaju, ont adopté complètement le mode de

vie malais. Ils sont en majorité commerçants, planteurs, agriculteurs et artisans.
✦ Dénom. [syn.] Biaju, Oloh Kahayan, Oloh Katingan.

Ngbaka. Peuple de la République centrafricaine (au sud-ouest de Bangui) et du nord-ouest de la République démocratique du Congo (région de Libenge), vivant de part et d'autre de la rivière Oubangui, entre ses affluents (Lobaye au sud et Pama au nord) ; le nord du territoire est recouvert de savane boisée tandis que les terres centrales appartiennent à la forêt tropicale.
❑ Les Ngbaka constituaient autrefois un groupe de chasseurs-cueilleurs semi-nomades qui, durant les périodes de sédentarisation (saison sèche), pratiquaient l'agriculture (cultures vivrières et palmier à huile) dans le cadre d'une économie de subsistance. Lors de la colonisation, ils ont été rassemblés de manière permanente dans un nombre limité de villages, où ils se sont orientés vers des cultures de rapport (vin de palme). Cette évolution s'est soldée par une désagrégation des liens de parenté. Cependant, une partie de leur culture originelle d'essarteurs est restée vivace.
Leur organisation sociale est lignagère et patrilinéaire et ne repose pas sur un pouvoir politique centralisé. L'unité de base est le village, sous la direction du chef de lignage. Lors de la période de semi-nomadisme, la vie politique était également régie par le chef de guerre et le chef de chasse.
Les Ngbaka se sont convertis au catholicisme tout en y intégrant des éléments de leur religion d'origine, comme le culte des ancêtres ou la croyance aux esprits du piégeage, les *Mimbo*. Le ngbaka regroupe divers dialectes et appartient à la famille ubangi de l'embranchement Niger-Congo.
Histoire. Les Ngbaka sont venus des hauts plateaux du Nil du Sud (Soudan). Ils sont descendus jusqu'au confluent de l'Oubangui et du Zaïre, où ils se sont heurtés aux populations bantoues qui remontaient vers le nord devant les Européens. Ils refluèrent alors jusqu'à leur emplacement actuel, où l'ensemble de la population s'est établi dans le courant du XIXe siècle. Ils ont entretenu une relation de clientélisme avec les pygmées* Aka*, offrant leur protection en échange de denrées et de techniques forestières.

Ngbandi. Ensemble de sociétés du nord de la République démocratique du Congo (Équateur, Haut-Congo) et, accessoirement, du sud de la République centrafricaine [env. 300 000].
❑ La forêt équatoriale et, au nord, la savane arborée se partagent les territoires ngbandi. L'agriculture (banane, manioc, coton, café) est l'activité dominante, mais certains groupes sont tournés vers la pêche.
L'ensemble ngbandi se compose des Ngbandi proprement dits, des populations qui partagent avec ces derniers une même langue et une même culture (Mbati, Sango, Yakoma, etc.) et des populations oubangiennes ou bantoues qu'ils ont assimilées (Bandia, etc.). Ces diverses sociétés sont segmentaires, patrilinéaires et patrilocales. L'autorité y est fondée sur l'aînesse.
Les religions chrétiennes cohabitent avec la religion traditionnelle (croyance en un être suprême et en des génies de la nature, intercession auprès des ancêtres via le reliquaire familial, etc.). Le ngbandi, langue oubanguienne, reste dans sa diversité dialectale d'un usage bien affirmé, à côté du lingala. Un dialecte ngbandi est à l'origine du sango, langue véhiculaire régionale.
Histoire. Les ancêtres des Ngbandi, descendus au XVIe siècle du Soudan sous la pression des marchands d'esclaves arabes, se mêlèrent, au nord de la rivière Mbomou, à d'autres groupes soudanais et à des Bantous avant d'occuper au XVIIe siècle la rive gauche de l'Oubangui. Grâce à l'efficacité militaire de leur organisation sociopolitique fondée sur les lignages, ils tinrent tête à leurs voisins les Zande* et les Nzakara. Ils constituèrent un vaste réseau commercial qui déclina à la fin du XIXe siècle (essor du commerce d'esclaves et d'ivoire, pratiqué par les marchands arabes et zanzibarites). À partir de 1900, les Ngbandi furent contraints par le colonisateur belge au travail forcé (exploitation du caoutchouc), il en résulta de multiples révoltes. Dans les années 1930, le manque de travail les conduisit à s'engager nombreux dans la force armée du Congo belge.
Le plus célèbre des Ngbandi est l'ancien président du Zaïre (aujourd'hui République démocratique du Congo) Mobutu Sese Seko.
✦ Dénom. [var.] Gbandi, Gbwandi, Ngwandi, Nabandi, Angbandi, Mongwandi.

Ngoni. Peuple de Tanzanie, vivant dans le district de Songea (région de Ruvuma), près de la frontière avec le Malawi et le Mozambique [estim. 300 000].

❑ Les Ngoni vivent principalement de l'agriculture (maïs, thé). Répartis en plusieurs sous-groupes, ils sont patrilinéaires, patrilocaux et monogames. Sous l'influence des missionnaires depuis 1898, ils sont pratiquement tous chrétiens et il subsiste peu de chose de leur organisation et de leur culture tradtionnelles. Ils parlent une langue bantoue.

HISTOIRE. Les Ngoni de Tanzanie sont l'une des branches de la population *nguni* qui a quitté l'Afrique du Sud au cours du XIXe siècle, lors des guerres intestines entre les différents « régiments » de classes d'âge *mfecane*. Population guerrière, ils avaient adopté l'organisation militaire zulu*. Les jeunes formaient les divers contingents, sur la base des groupes d'âge ; ils vivaient à part des autres membres de la société, suivant une discipline très stricte. Les Ngoni semblent avoir atteint l'actuelle Tanzanie vers 1840. Ils fondèrent autour de 1862 – par conquête et assimilation massive de populations autochtones à la faveur de raids entre les abords du lac Nyasa et l'océan Indien – deux royaumes séparés (Mshope dans le Nord et Njelu dans le Sud), placés chacun sous la direction d'un leader militaire *nkosi*. Les Ngoni ont servi de « moule » dans lequel se sont fondus l'ensemble de ceux qu'ils assimilèrent. Aujourd'hui, ils font partie intégrante de la Tanzanie et vivent en harmonie avec les autres populations tanzaniennes. Réputés être de loyaux serviteurs de l'État, ils fournissent à celui-ci un nombre considérable de fonctionnaires et d'officiers de l'armée

Niassais. Peuple d'Indonésie, habitant l'île de Nias et l'archipel des Pulau Batu, au large de Sumatra [env. 600 000].

❑ Les Niassais, parmi lesquels on distingue quatre groupes dialectaux (Nias-Nord, Nias-Centre, Nias-Sud et Pulau Batu) également marqués par des différences culturelles, cultivent des tubercules et un peu de riz en champs secs et élèvent des porcs. Bien que l'île soit dépourvue de métaux, ce sont d'habiles orfèvres et forgerons. Les différences entre le nord, le centre et le sud de Nias se perçoivent notamment dans la remarquable architecture en bois traditionnelle.

Leurs « grandes maisons » abritaient une famille patrilinéaire étendue, regroupant plusieurs familles nucléaires. Ces familles se rattachaient à des clans patrilinéaires distingués par un nom propre et pratiquant l'exogamie jusqu'à la dixième génération.

Les Niassais possèdent une noblesse héréditaire. L'ordre social est strictement hiérarchique : il n'y a pas d'intermariage entre nobles et roturiers. Il existe pour la noblesse un système de rangs, obtenus par la célébration de « fêtes de mérite ». Au XIXe siècle, cette aristocratie accrut sa richesse par le commerce des esclaves razziés dans les villages du sud de l'île. Le pays était fractionné en communautés villageoises (parfois regroupées en confédérations) ayant à leur tête un chef noble. L'hostilité régnait fréquemment.

L'ancienne religion autochtone était centrée sur le culte des ancêtres (auquel étaient liés une intéressante statuaire et des monuments mégalithiques) et associée au rite de la chasse aux têtes. Les « fêtes de mérite » à caractère somptuaire comportaient sacrifices de porcs, érection de mégalithes ou de statues et confection de bijoux d'or, et donnaient le droit aux chefs de se faire construire une grande et somptueuse maison, ce qui demandait le sacrifice d'une tête humaine. La christianisation, commencée au XIXe siècle, a définitivement supplanté dans les années 1930 cette religion autochtone.

Les Niassais parlent une langue appartenant au groupe des langues malayo-polynésiennes de l'Ouest, tout comme les langues de Sumatra dont elle se distingue toutefois sensiblement, ce qui témoigne d'un développement séparé certainement ancien.

HISTOIRE. Nias, réputée – à tort – pour sa richesse en or, attira très tôt les marchands étrangers, successivement arabes, chinois et portugais. Au XVIIe siècle, l'île était une grande exportatrice d'esclaves et c'est pour profiter de ce commerce que les Hollandais établirent des contacts avec les chefs locaux à partir de 1665. L'île passa en 1825 sous le contrôle nominal des Hollandais, qui n'en entamèrent cependant la conquête qu'après 1860.

✦ Dénom. [indonésien] Orang Nias ; [autod.] Ono Niha.

Nishi. Peuple vivant en Inde (Arunachal Pradesh) et, minoritairement, en Chine (Tibet), à l'extrémité orientale de l'Himalaya [estim. 80 000].

❑ Répartis en de nombreux sous-groupes (Bangni, Dafla, Nishi proprement dits, etc.), ils pratiquent, outre la chasse et la cueillette, l'agriculture semi-itinérante sur brûlis (riz, millet) et l'élevage des bovins. Leurs patriclans se subdivisent en patrilignages exogames. La polygamie et le lévirat sont en usage. Leur organisation politique, égalitaire, est centrée sur la maison longue, unité autonome au sein des « villages ». Leur religion fait une large place au culte des ancêtres. Leurs langues appartiennent à la branche nord-assamaise de la famille tibéto-birmane.

Histoire. Isolés dans leurs montagnes, les Nishi n'eurent que peu de contacts réguliers avec l'Inde ou le Tibet jusqu'en 1944-1946. Ils constituaient avant tout une société guerrière : outre les razzias organisées, notamment aux dépens de leurs voisins sédentaires Apa-Tani, les rapports entre leurs propres communautés relevaient de la violence institutionnalisée (vendettas, etc.).

✦ Dénom. [var.] Nissi ; [syn.] Dafla.

Ni Vanuatais. Population autochtone de l'archipel du Vanuatu.

❑ Les sociétés du Vanuatu se caractérisent par leur très grande diversité et une forte hétérogénéité linguistique (compensée par l'usage véhiculaire du bichlamar et par le recours au français ou à l'anglais). Celles du nord et du centre nord de l'archipel sont plus particulièrement connues en raison de leurs systèmes dits de grades dont il existe de multiples variantes. Il s'agit d'ensembles extrêmement complexes de rituels à caractère initiatique et funéraire, ordonnés en une ou plusieurs séries nommées. Distingués en valeur, ces rituels représentent autant de paliers d'un parcours global, souvent conçu en terme de chemin ou de route, au cours duquel les hommes acquièrent progressivement des statuts de plus en plus valorisés qui les rapprochent des ancêtres. Ces cérémonies, parfois secrètes, donnent lieu à de nombreux échanges de porcs, dont la valeur est de plus en plus importante au fur et à mesure de l'avancée des hommes dans les grades, ainsi qu'à la fabrication d'objets spécifiques (effigies, masques, parures). Souvent étudiés à partir de la problématique du *big man* mélanésien, ces rituels portent à un dépassement des localités et contribuent à la reconduction de la totalité sociale.

Ces institutions à grades ne se retrouvent pas au sud de l'archipel où prédomine le système des titres, dont chaque groupe local possède une série déterminée. Les cérémonies les plus importantes sont alors centrées sur la transmission de ces titres à partir de droits de type héréditaire. Dans certaines îles, l'implantation de ces systèmes est associée à des déplacements récents de population. Les auteurs reconnaissent néanmoins dans les systèmes de titres du Vanuatu autant de variantes possibles des systèmes de grades.

Art. Les innombrables productions plastiques (masques, effigies, mannequins funéraires, tambours, parures) ont influencé les artistes européens, les surréalistes en particulier.

Ethnol. Les populations du Vanuatu ont rapidement acquis une grande célébrité en anthropologie, un de leurs concepts, le *mana*, ayant donné naissance à une importante théorie centrée sur la magie et son efficacité (chez Codrington, Durkheim et Mauss).

Histoire. Au cours du XIXe siècle et jusqu'au début du XXe siècle, les îles du Vanuatu (alors dénommé Nouvelles-Hébrides) ont été l'objet d'un intense recrutement de main-d'œuvre destinée aux exploitations minières et agricoles des colonies voisines. Placé à partir de 1906 sous condominium franco-britannique, le Vanuatu est indépendant depuis 1980.

✦ Dénom. Il n'existe pas d'autonyme d'ensemble.

Nkole. Peuple d'Ouganda (Western Province) dont le territoire est compris entre la rivière Rutshuru et le lac Édouard (lac Amin), à l'ouest, la rivière Katonga et le lac George, au nord, la rivière Lwangugu à l'est, et la rivière Kagera au sud [env. 2 millions].

❑ Les Nkole, comme toutes les populations de l'aire bantoue interlacustre, ont un habitat dispersé. L'agriculture (banane plantain surtout) prédomine dans les régions montagneuses de l'Ouest ; l'élevage des célèbres vaches « ankole », aux immenses cornes en forme de lyre, dans les plaines de l'Est.

Quatre clans totémiques regroupent les lignages de pasteurs et d'agriculteurs, structurés (comme chez les Rwanda* et les Rundi*) en deux ordres endogames, un ordre pastoral dominant (constitué du clan dynastique *hinda* et des pasteurs *hima*), et l'ordre des agriculteurs *iru*. Un roi sacré, le *mugabe*, coiffait naguère cet ensemble.

Malgré l'implantation du catholicisme et de l'anglicanisme, la religion traditionnelle reste vivace (culte des ancêtres, qui reçoivent leurs offrandes dans des huttes miniatures, culte du tambour royal *bagyendanwa*, gardien de la prospérité commune). Le *lunyankole*, langue bantoue, est parlé concurremment avec le luganda et l'anglais.

Histoire. Le royaume d'Ankole, comme ses voisins le Bunyoro, le Buganda et le Rwanda,

fut périodiquement ravagé par les guerres de succession : en l'absence de règle de primogéniture, devenait roi celui des fils du roi décédé qui triomphait de tous ses demi-frères, ses rivaux prétendants au tambour royal. L'Ankole, entré en 1890 dans la sphère d'influence britannique et intégré à l'Ouganda en 1894, conserva ses structures politiques traditionnelles sous le protectorat. La monarchie fut abolie en 1967 par le dictateur Milton Obote. Yoweri Museveni, président de la République ougandaise depuis 1986, est d'origine nkole.
✦ Dénom. [syn.] Ankole, Banyankole ; *Nkore*, Ankori, Nyankole, Ouanyankori.

Nogay. Peuple établi entre les fleuves Kouma et Terek, en majorité sur le territoire de la république du Daghestan en Fédération de Russie [env. 60 000].
❑ Musulmans, les Nogay parlent une langue turque du groupe kyptchak (comme les Kazakh* et, plus près d'eux, les Balkar*, les Karatchay* et les Koumyk*).
Histoire. L'entité nogay, constituée par le général tatar Edigé et dirigée par le clan des Mangyt, s'est séparée de la Horde d'Or dans la dernière décennie du XIVe siècle et s'étendit peu à peu du fleuve Oural à la basse Volga où elle eut Saraydjyk pour capitale. Après s'être présentée quelque temps comme une puissance non négligeable (regroupant quelque 200 000 guerriers vers 1550) intervenant dans des conflits impliquant la Russie, le khanat de Crimée et l'Empire ottoman, la Horde Nogay se disloqua peu après la mort de son khan Ismaïl en 1563, et son territoire fut partagé entre les trois États cités. Toutefois, de petites hordes nogay parvinrent à survivre jusqu'au XVIIIe siècle dans les steppes alors mal contrôlées s'étendant au nord du Kouban. Au XIXe sicèle, l'annexion définitive de tous les groupes nogay à l'Empire russe eut pour effet une sédentarisation forcée de ces éleveurs réputés, ainsi qu'une assimilation culturelle à laquelle leur dispersion sur de vastes espaces ne leur permettait guère de résister.

Nomatsiguenga. Composante de l'ensemble Ashaninka* établie au Pérou sur les rives de l'Apurimac et de l'Ene, avec des représentants dans les communautés ashaninca du Perené [près de 2 000]. Le terme signifie « Nous, les êtres de feu ».
→ **Ashaninca**

Nootka. Ensemble de groupes amérindiens du Canada (Colombie-Britannique) [env. 4 500].
❑ Localisés sur la côte sud-ouest de l'île de Vancouver et au cap Flattery, ils s'étaient spécialisés dans la chasse à la baleine, autour de laquelle ils avaient développé des pratiques rituelles proches d'un culte des morts. Ils ne furent soumis, évangélisés et installés dans des réserves que dans la seconde moitié du XIXe siècle. Ils trouvèrent des emplois dans la pêche industrielle jusqu'au déclin de celle-ci.
Répartis en trois groupes régionaux et de nombreux sous-groupes, les Nootka sont culturellement proches des Kwakiutl*, avec une organisation sociale traditionnellement très hiérarchisée, aux chefs incontestés ; la « danse des chamanes », cérémonie la plus importante, se terminait par un potlatch.
Leur langue, qui se subdivise en dialectes nooktka (ou nuuchalnuth) et nitinaht, appartient à la famille wakaskenne.

Nuba. Peuple du Soudan, habitant les collines du sud-Kordofan et faisant administrativement partie du Soudan septentrional [estim. un million].
❑ « Repoussés » dans leur habitat actuel sous la double pression des Arabes nomades au Nord et des populations nilotiques au Sud, ils y pratiquent une agriculture en terrasses (sorgho, sésame) et élèvent des porcs.
Ils sont depuis 1940 sous une très forte influence de la culture et de la religion dominantes. Certaines populations ont abandonné leur organisation sociale traditionnelle au profit du modèle arabo-musulman. La très forte émigration masculine vers les villes (Khartoum en particulier) et l'enrôlement dans l'armée ont contraint les femmes à prendre en charge les travaux agricoles. La plupart des communautés nuba ainsi « acculturées » ont cependant conservé des pratiques ou des traits culturels ancien, particulièrement dans les domaines rituels et religieux.
L'ensemble nuba est d'une très grande complexité tant sur le plan linguistique que sur celui des systèmes de parenté. Une cinquantaine de dialectes sont répartis en une dizaine de groupes (Koalib-Moro, Talodi, Lafofa, Kadugli, Tuleshi) ; certains de ces dialectes manifestent des ressemblances certaines avec les langues nubiennes (mahass, sukhot) de la vallée du Nil. Il arrive que plusieurs langues parlées sur un même massif ne puissent communiquer entre elles. Si les Nuba septentrionaux

connaissent une organisation patrilinéaire et la compensation matrimoniale (en outils, objets et animaux), ceux du Sud sont matrilinéaires – mais sans véritable système lignager – et le futur gendre doit effectuer des travaux agricoles sur les terres de la famille de sa fiancée.
Histoire. Les Nuba ont subi les raids esclavagistes des sultans du Sennar et du Darfur dès les XVI-XVIIe siècles, puis ceux des Turco-Égyptiens (1822-1881) et des mahdistes jusqu'en 1898. La période contemporaine a vu le retour du harcèlement de certaines de ces populations, même musulmanes, par les milices baggara*, les forces de défense populaire et l'armée gouvernementale sous le prétexte de leur ralliement au mouvement rebelle. Le SPLM/A revendique pour sa part le contrôle (sous le commandement de Yusuf Kuwa) d'une partie du pays nuba dont il exige le rattachement au Sud-Soudan dans la perspective d'un référendum d'autodétermination que le gouvernement soudanais, pour sa part, n'a consenti, en avril 1997, qu'aux États du Sud, en conformité avec les frontières régionales de 1956.

Nubien(s). Ensemble de peuples non arabes de la vallée du Nil, vivant entre la première et la troisième cataracte. Ce sont, au Soudan, les Danagla [plus de 200 000], les Maha et Sukkot [plus de 200 000], et les Kenuz [180 000], et, en Égypte, les Kenuz et les Fadidja [env. 100 000].

❑ Les possibilités limitées de leurs terres, autrefois irriguées par noria, les ont obligé de longue date à l'émigration ou à des migrations saisonnières (vers le Caire et Khartoum). Au XXe siècle, un grand nombre d'entre eux ont été contraints d'abandonner leurs villages engloutis par la montée des eaux des barrages d'Assouan. Plus de 55 000 Nubiens égyptiens ont été réinstallés à Kom Ombo, à 70 km au nord d'Assouan, et 50 000 Nubiens soudanais l'ont été dans le nouveau périmètre irrigué de New Halfa/Khasm al Girba, dans l'est du pays. Ces lieux d'implantation ne sont pas devenus pour eux « seconde patrie », tant est demeuré fort l'attachement à la terre nubienne disparue.
L'organisation sociale nubienne, connue pour avoir été matrilinéaire à l'époque médiévale, a été remplacée par le modèle arabo-musulman. Mais derrière l'idéologie patrilinéaire, les relations avec la parenté maternelle sont encore fortes et contribuent à donner à la société une orientation cognatique, que renforce un modèle matrimonial qui privilégie le mariage entre cousins parallèles et/ou croisés. Sur ce plan, la société nubienne ne diffère toutefois guère d'autres sociétés arabo-musulmanes soudanaiases (y compris nomades), chez lesquelles on rencontre réalisé au maximum le mariage dans la parenté la plus proche.
Les deux tiers des Nubiens soudanais, dont plus de la moitié habite la région de Khartoum, ont conservé l'usage de leur langue, à côté de celui de l'arabe. De même, l'islam n'a pas écarté totalement les croyances et pratiques associées au Nil. Par contre, du christianisme des VIIe-XVe siècles, il ne reste rien. La révolution mahdiste de 1881-1898 n'a guère entamé la vigueur de l'islam populaire (culte des saints locaux) et les islamistes aujourd'hui au pouvoir ont renoncé à mettre au pas les confréries soufies.
Si les Nubiens égyptiens ne se sont pas vraiment assimilés à la société égyptienne, et cela en dépit du rôle de l'islam dans la construction de leur identité, les Nubiens du Soudan tiennent une place importante à tous les niveaux de la vie économique, sociale et politique de leur pays, qu'ils ont pourvu – selon la formule consacrée – aussi bien en ministres et généraux qu'en chauffeurs de taxi et garçons de restaurant. Avec la révolution de 1989, d'autres élites (Ja'aliyin en particulier) sont arrivées sur la scène politique et dans le monde des affaires, mais les Nubiens demeurent avec les autres « Awalad Al-Balad » (habitants de la vallée du Nil et de la Gézira) les acteurs essentiels de l'avenir du pays.

Nuer. Peuple du sud du Soudan, vivant au centre du bassin du Nil [env. 1 million].

❑ Dans la douzaine de tribus nuer (Bul, Lek, Lou, Jikany, etc.) ont été intégrés de nombreux Dinka* et Anuak* capturés, principalement, lors de l'expansion des Nuer vers l'est au XIXe siècle.
Le bétail –rarement consommé en-dehors des occasions rituelles – occupe une place centrale dans l'économie, l'organisation sociale, la religion et l'esthétique des Nuer.
À la saison sèche, les Nuer et leurs troupeaux se concentrent près des rivières et des derniers pâturages. C'est l'occasion de régler les mariages qui doivent être conclu entre personnes non apparentées (jusqu'à la sixième génération à partir de leurs quatre grands parents). Les animaux de la compensation matrimoniale (plusieurs dizaines de bêtes) sont égale-

ment partagés entre parents paternels et maternels de la fiancée.
Dépourvus d'institutions politiques et judiciaires autonomes, les Nuer n'en vivent pas pour autant dans le désordre généralisé. Ainsi que l'a montré E. E. Evans-Pritchard qui a vécu parmi eux entre 1930 et 1936, « leur anarchie est organisée ». Chaque communauté locale (hameau, village, district) est construite autour d'un segment de lignage dominant en raison de sa descendance en ligne directe de l'ancêtre commun, sans que ce statut aristocratique donne un pouvoir réel. C'est le jeu d'opposition et de réunion au niveau supérieur de ces unités à la fois spatiales et lignagères qui donne un équilibre à l'ensemble. Paradigme des sociétés lignagères « segmentaires », le modèle nuer n'a cessé depuis d'être au cœur du débat sur les sociétés « sans État », sans que l'on puisse définitivement statuer sur l'autonomie du système politique ainsi créé par rapport au système lignager lui-même.
Le bétail est également le moyen d'empêcher l'ouverture d'un cycle sans fin de vengeances sanglantes : un personnage particulier, à la fois chef de terre et « prêtre à la peau de léopard », s'efforce de faire accepter une compensation par le lignage ou le clan victime d'un crime de sang, et procède aux cérémonies et sacrifices de purification et de réconciliation. Les sacrifices sont dédiés à l'esprit tutélaire du lignage, à des divinités intermédiaires ou à la divinité suprême qui doit, comme chez les autres peuples nilotiques, être maintenue éloignée de ses créatures.
Avec les incursions étrangères en pays nuer aux XIXe-XXe siècles sont apparus d'autres personnages religieux dont l'influence s'étend sur des fractions plus larges voire sur la tribu entière.
Histoire. L'exécution en 1928 par les Britanniques du prophète Ngundeng Bong de la tribu Lou (possédé par la divinité Deng) marqua la fin de la résistance nuer à la colonisation. Aujourd'hui, les Nuer sont impliqués dans la guerre qui a repris en 1983 entre sudistes et gouvernement soudanais. Depuis 1991, ils sont partagés entre ceux qui restent fidèles au SPLM/A de John Garang et ceux qui, comme Riak Machar, s'en sont désolidarisés et se sont ralliés en 1997 au pouvoir en place à Karthoum, qui a promis un référendum au Sud-Soudan. Cette guerre et la précédente (1955-72) ont, bien entendu, entraîné des changements dans le rapport au bétail, à l'argent et aux divinités (conversions au christianisme), mais la majorité des Nuer qui résident encore dans leur pays s'efforcent de suivre les règles d'une société traditionnelle qui demeure néanmoins menacée, non seulement par la violence exercée de l'extérieur, mais également par des dissensions qui se règlent de plus en plus au fusil.

Nùng. Peuple établi dans les hautes vallées du nord et du nord-est du Viêt Nam [env. 700 000].
❑ Excellents riziculteurs en rizières irriguées, les Nùng ont toujours su s'adapter aux conditions parfois difficiles que l'histoire leur a réservées, diversifiant leurs productions (maïs, riz de pente sur brûlis, maraîchage, indigotier pour la teinture des vêtements). L'artisanat, commercialisé sur les marchés, est un complément non négligeable à l'économie de chaque communauté villageoise (tissage, forge, vannerie, travail du bois, fabrication de tuiles pour toitures ou de papier utilisé pour les rituels et les autels des ancêtres), de même que l'élevage (porcs, buffles, volailles), qui sert aussi aux offrandes lors des fêtes et cérémonies sociales ou religieuses.
Les Nùng habitent généralement des maisons sur pilotis, groupées en petits hameaux ou en villages de quelques dizaines de maisons. Sous le plancher se trouvent les réserves d'outils agricoles et les parcs pour garder les animaux. La maison elle-même est généralement constituée d'une grande pièce commune, de deux ou trois chambres accolées et d'une cuisine divisée en deux parties, l'une dévolue à la préparation des aliments pour la famille, l'autre à celle de la pâtée pour les porcs. Si, en apparence, les mariages sont arrangés par les parents, en fait ceux-ci suivent le plus souvent les désirs de leurs enfants. Malgré la patrilocalité, la jeune mariée ne rejoint définitivement la maison de ses beaux-parents que juste avant la première naissance, lorsque l'autel consacré à la déesse de l'enfance a été dressé.
Bien que partiellement influencée par le taoïsme et le bouddhisme, la vie religieuse des Nùng est surtout caractérisée par l'observance de nombreux cultes, dont le plus important est celui rendu aux ancêtres. L'autel qui leur est dédié est le lieu le plus sacré de la maison. En outre, des cultes sont rendus aux génies (*phi*) domestiques et naturels.
Les différents dialectes nùng appartiennent à la famille linguistique austro-asiatique, branche taï-kadaï, groupe taï.

Histoire. Issus de la branche zhuang* de la vaste nébuleuse des peuples taï*, qui, devant l'expansion des Chinois, a reflué depuis le début de notre ère de la vallée du Yangzé vers les vallées du vaste plateau karstique du sud de la Chine, les Nùng ont immigré dans le nord du Viêt Nam à partir du XVIIe siècle. Dès lors, ils ont vécu en contact avec les Tày établis là de longue date, et souvent dans leur dépendance, mettant en valeur des hauts de vallées ou des pentes difficiles d'accès. Pendant la guerre d'Indochine, les Français ont essayé, en vain, de s'en faire des alliés contre le Viêt-minh. Les Nùng sont aujourd'hui officiellement reconnus comme l'un des groupes ethniques minoritaires du Viêt Nam, avec les droits afférents.

✦ Dénom. [syn.] Nùng, Nùng Giang, Nùng Lò, Phàn Slinh, Zhuang (en Chine), etc. ; [autod.] Nông.

Nupe. Peuple du Nigeria, établi de part et d'autre des fleuves Niger et Kaduna, dans des villes et des villages compacts [plus de 500 000].

❑ Outre une agriculture et un artisanat très développés, les Nupe préservent une importante tradition commerciale. Ils constituent une société plurielle (comportant les Beni, les Kyedye, etc.), hiérarchisée en ordres sociaux et organisée autrefois en un État centralisé que gouvernait un roi sacré (*etsu nupe*). Patrilinéaires et patrilocaux, ils ont pour unité sociale de base la famille étendue, ou maison (*emi*). L'islam, pratiqué depuis le XVIIIe siècle, reste souvent teinté d'animisme, et de nombreux cultes traditionnels survivent. Les Nupe parlent un groupe de dialectes apparentés (*ezi nupe*) appartenant au groupe kwa.

Histoire. Le royaume nupe aurait été fondé au XVIe siècle par Tsoede, fils d'un roi igala*, qui aurait délimité son territoire à l'aide de statues de bronze (certaines encore visibles in situ) et unifié les populations de la région. Intermédiaires obligés entre les États haoussa* et le royaume yoruba* d'Oyo, les Nupe furent tour à tour les ennemis et les vassaux des Haoussa et des Yoruba, avant d'être annexés au XIXe siècle à l'Empire fulbe*. Par ailleurs, ils subirent longtemps la menace du royaume igala* auquel ils furent contraints de verser tribut.

✦ Dénom. [var.] Noupé(s).

Nurestâni. Désignation collective et allogène des populations villageoises récemment islamisées, vivant dans les hautes vallées afghanes du versant sud de l'Hindoukouch oriental (provinces de Konar et Laghmân) [env. 100 000].

❑ Les Nurestâni ne sont pas organisés en tribus. Ils se définissent par leur village de résidence, leur patrilignage et surtout leur langue. On distingue, du nord au sud : le kâti, parlé dans les hautes vallées du Konar (Bashgal) et de l'Alingar (Ramgal), qui est la plus importante par le nombre de locuteurs ; le prasun de la haute vallée du Pech (Pasügal ; 1 500 locuteurs seulement, répartis en 6 villages) ; le waïgali de la vallée du Tsamgal, affluent du Pech (10 000 locuteurs, en 9 villages) ; l'ashkun de la moyenne vallée du Pech et du Majegal, affluent de l'Alingar (5 000 locuteurs, en 9 villages) ; et le trêgâmi, parlé dans 3 villages de la basse vallée du Pech. Bien qu'inintelligibles entre elles, sauf dans une certaine mesure le waïgali et l'ashkun, ces langues constituent une famille propre à l'intérieur des langues indo-iraniennes : les langues kafires.

À la diversité linguistique correspondait une diversité culturelle que l'islamisation a en partie oblitérée. S'opposaient ainsi les sociétés waïgali et ashkun, acéphales et égalitaires, très belliqueuses, où l'expression du sentiment religieux se limitait au culte des morts et des héros, et la société prasun, nettement oligarchique et beaucoup plus religieuse, dotée d'un panthéon polythéiste indien qui était l'objet d'un culte complexe. La société kâti, longtemps considérée, à tort, comme représentative de l'ensemble, occupait en réalité une place intermédiaire : oligarchique, elle associait cultes des morts, des ancêtres et des dieux en un syncrétisme original. L'exogamie patrilignagère était partout la règle, tout comme les rivalités inter-villageoises pour le contrôle d'un milieu rude et d'un espace étriqué. Il n'y eut jamais d'unité politique.

La société contemporaine, faiblement segmentée, conserve des vestiges de l'ancienne organisation en castes endogames, héréditaires et hiérarchisées selon leur degré de « pureté ». Les *shüwala*, artisans du cuir ou de la terre (mais aussi à l'occasion bergers, serviteurs, porteurs, barbiers et ensevelisseurs de cadavres), et, au-dessus d'eux, les *bâri*, artisans travaillant des matières plus nobles, bois ou métaux, jouissent toujours d'un statut inférieur à celui des agriculteurs, *atrozhan* (waïgali) ou *adze* (kâti). Autrefois, les deux castes arti-

sanales (réduites à une seule en pays kâti) étaient considérées comme des esclaves (*brozhan*), et l'on distinguait en outre une caste intermédiaire et instable, les *lo* (waïgali) ou *lana* (kâti), agriculteurs appauvris, sans terre, souvent déracinés, et généralement voués à devenir *brozhan*. Pour des raisons de pureté rituelle, la société prasun n'a jamais admis d'artisans en son sein, conférant de ce fait à son territoire un statut religieux dominant dans la région.
L'économie des populations nurestâni est davantage déterminée par les contraintes écologiques que par leurs caractéristiques culturelles. C'est fondamentalement une économie agropastorale, qui associe une agriculture irriguée et fumée dans les vallées, pratiquée par les femmes et produisant surtout du millet (dont on distingue 32 variétés mais qui tend de plus en plus à être remplacé par le maïs), et un élevage caprin et bovin, affaire des hommes, avec stabulation hivernale, transhumance estivale vers les pâturages montagnards et transformation collective du lait en beurre et en fromages. Les pâturages d'altitude sont considérés comme des territoires féeriques et « purs », et les champs, comme démoniaques et « impurs ».
Histoire. Montagne-refuge et conservatoire de particularismes culturels, l'Hindoukoush ne cessa d'accueillir les résidus de populations chassées par les invasions des basses terres environnantes. Les Nurestâni ne sont que l'un de ces peuples au même titre que les Pashaï* et les Parâchi*. Leur originalité essentielle est d'être restés majoritairement païens jusqu'en 1895, date à laquelle l'armée afghane se lança dans une guerre de conquête qui aboutit à la conversion forcée des habitants à l'islam sunnite. C'est à cette époque que la région, jusqu'alors connue sous le nom dépréciatif de Kâferestân (« pays des païens »), reçut son nom actuel de Nurestân (« pays de la lumière » [de la religion musulmane]). Depuis 1978, elle est retournée à la dissidence.
Plus d'un millier de Kâti se réfugièrent en 1895-96 en pays kalash*. Bien qu'aujourd'hui islamisés, leurs descendants ont conservé leur identité et leur langue.
Art. Un artisanat utilitaire et funéraire du bois s'est maintenu ; la grande statuaire monumentale représentant des divinités anthropomorphes ou des ancêtres a disparu avec l'islamisation.
✦ Dénom. [var.] Nuristâni ; [syn.] Kâfer(s)/Kâfir(s) [« païens », c'est-à-dire non musulmans, nom par lequel ces populations étaient désignées avant leur islamisation] ; Caufir(s) [vieilli] ; Kâfer(s) rouges (en raison de la couleur de certains vêtements féminins et par opposition aux Kâfer(s) noirs qui sont les Kalash*) ; Siyâh-Pôsh (« vêtus de noir » : les Kâti et les Kalash*) et Safêd-Pôsh (« vêtus de blanc » : les Ashkun, Waïgali et Prasun) sont de vieilles dénominations persanes dépourvues de valeur scientifique.

Nyakyusa. Peuple du sud de la Tanzanie, dont le territoire, entouré de montagnes, se trouve au nord du lac Nyasa (région de Mbeya), près des frontières de la Zambie et du Malawi [estim. 700 000].
❑ Les Nyakyusa sont agropasteurs. Ils pratiquent une agriculture fixe (banane, maïs, patate douce, sorgho, haricots, arachides ; café, thé et coton comme cultures de rente). Les vaches constituent un moyen important d'épargne et jouent un rôle fondamental dans les rapports de parenté : les prestations et les contre-prestations matrimoniales se font toujours à travers les échanges de bétail.
Les Nyakyusa ont une organisation sociale segmentaire et patrilinéaire, au sein de laquelle les classes d'âge jouent un rôle prépondérant. Leur système de mariage est régi par la polygynie et la résidence uxorilocale. Les trois traits importants de leur organisation politique sont le caractère limité et contrôlé du pouvoir, d'essence religieuse, exercé par les chefs, le rituel de sortie qui assure la passation de pouvoir de la génération qui l'a exercé pendant trente ans à la génération suivante, et le regroupement en villages de « camarades » du même âge (le père et ses fils, de même que le frère aîné et son cadet, ne vivent donc pas ensemble).
Les Nyakyusa sont majoritairement chrétiens, avec survivance d'aspects de leur religion traditionnelle.
Leur langue appartient à l'ensemble bantou.
Histoire. Vraisemblablement issus de la même matrice socioculturelle que leurs cousins vivant de l'autre côté de la frontière, les Ngonde, les Nyakyusa proviendraient du résultat de l'intermariage entre les populations locales et celles qui seraient descendues des monts Livingstone il y a plus de trois siècles.
✦ Dénom. [var.] Nyakusa, Niaoukoussa ; [syn.] Wanyakyusa.

Nyamwezi. Peuple du centre-ouest de la Tanzanie (Tabora, Shinyanga), occupant le *Bunyamwezi* (« pays Nyamwezi ») [estim. 2 millions].

❑ Deuxième population de Tanzanie après les Sukuma*, les Nyamwezi vivent de l'agriculture, de l'élevage bovin et de l'artisanat. L'exportation de main-d'œuvre saisonnière est une pratique ancienne, qui s'est développée au XIXe siècle lorsque la région était impliquée dans le commerce caravanier reliant la côte à la région des Grands Lacs ; jusqu'à un quart des hommes pouvaient être engagés comme porteurs pendant la saison sèche. Cela explique l'existence d'importantes communautés nyamwezi sur la côte et les rapports à plaisanterie qui lient les Nyamwezi aux Zaramo, habitants du littoral. Cette exportation de main d'œuvre vers la côte s'est estompée depuis les indépendances et s'effectue aujourd'hui dans un cadre régional.

La société nyamwezi est segmentaire et patrilinéaire. La polygamie est pratiquée, et la résidence, patrilocale. Le pouvoir politique était jadis réparti entre plusieurs chefferies (*butemi*), dirigées chacune par un *ntemi*, qu'un chef, Mirambo, tenta d'unifier par la force ; mais son œuvre centralisatrice ne survécut pas à sa disparition, en 1884.

Les Nyamwezi se répartissent entre musulmans et chrétiens, avec survivances des religions traditionnelles fondés sur le culte des ancêtres.

Leur langue, le kinyamwezi, appartient à la famille linguistique bantoue.

Histoire. Apparentés aux Sukuma*, les Nyamwezi s'en sont différenciés dans le courant du XIXe siècle, période durant laquelle ils subirent de fortes influences étrangères, du fait notamment du développement du commerce caravanier reliant la côte à la région des Grands Lacs.

Nyanja. Peuple vivant au carrefour du Malawi, de la Zambie, du Zimbabwe et du Mozambique, occupant essentiellement les rives du lac Malawi et du lac Chilwa, ainsi que les districts de Blantyre et de Zomba [estim. 500 000].

❑ Fermiers sédentaires pour la plupart, les Nyanja cultivent surtout du maïs, des haricots et du riz. Matrilinéaires comme la plupart des populations de cette région, ils vivent en villages compacts. Ils sont organisés en chefferies rassemblant plusieurs villages, qui sont dirigés par un chef héréditaire assisté d'un conseil d'anciens. Le christianisme cohabite avec leur religion traditionnelle. Les Nyanja parlent une variante du chichewa, la langue des Chewa*.

Histoire. À l'origine, ils ne formaient qu'un groupe, vivant dans l'actuel Katanga, avec les Chewa, dont ils se séparèrent au XVIIIe siècle à la faveur d'une migration vers l'est. Plus que l'apparition d'une nouvelle dynastie ou que leurs talents guerriers, ce sont surtout la forge et le commerce des objets en fer qui ont été les facteurs déterminants de leur développement démographique et de leur expansion territoriale.

✦ Dénom. [var.] Wanyanja, Anyanja, Niassa, Nianja.

Nyoro. Peuple d'Ouganda (Western Province), dont le royaume, le Bunyoro, occupe les plateaux situés entre le lac Albert à l'ouest, le Nil Victoria au nord, les rivières Kafu et Mpango à l'est, et la Kuzizi au sud [env. 600 000].

❑ Les Nyoro, dont le bétail a été décimé au tournant du siècle, sont aujourd'hui presque tous agriculteurs. La société repose sur un système de 150 clans totémiques patrilinéaires et patrilocaux à fonction exogamique : la « hiérarchisation féodale » (clan dynastique *bito*, pasteurs *hima*, agriculteurs *iru*) y est moins prononcée que dans les royaumes voisins (Ankole, Rwanda, Burundi). À la tête du royaume se trouvait ((jusqu'en 1967) le *mukama*.

Malgré une implantation du catholicisme, du protestantisme et, minoritairement, de l'islam, la religion traditionnelle reste vivante (croyance en un dieu créateur, sans culte particulier, recours aux devins pour contrer l'action négative des sorciers, des fantômes rancuniers ou des esprits).

Le *runyoro*, langue bantoue comprenant les dialectes rougungu, rukyopi et nyoro-toro, est pratiqué en concurrence avec le luganda et l'anglais.

Histoire. Trois dynasties (Tembuzi, Cwezi, Bito) se sont succédé au Bunyoro, qui, à la veille de la pénétration coloniale, englobait des territoires nkole, toro et ganda. De 1864 à 1899, le *mukama* Kabarega lutta contre les Britanniques et les Ganda*. Ensuite, des chefs ganda furent utilisés pour administrer le Bunyoro.

✦ Dénom. [syn.] Wanyoro, Banyoro, Ouanyoro, Vouanyoro.

ses caractères montagnards. Bien que conservant leurs traits tribaux et claniques davantage que les Mongols orientaux, ils s'organisent comme ces derniers sur un mode féodal et rivalisent avec eux pour la restauration d'un empire mongol unifié. Dans la première moitié du XVe siècle, la confédération des Quatre Oïrates, menée par des souverains Tchorosses, étend son hégémonie de l'Irtych à Kharakhoroum et menace la Chine des Ming. Une seconde confédération (1502-1637), dominée par les Khochoutes, intervient dans les affaires du Tibet. Enfin, fondé en 1635 par les Öoltes-Tchorosses, l'Empire djoungar se pose en rival, en Asie centrale, de la dynastie mandchoue* des Qing,qui n'en vient à bout qu'en 1755. Par ailleurs, la migration de tribus oïrates (essentiellement des Torgoutes) vers les plaines de la Volga en 1628-1638 donne naissance au khanat kalmouk de Russie.

Littérature. Les Oïrates sont réputés pour la richesse de leurs traditions orales et leurs épopées dont la plus fameuse est celle de Djangar, support de l'identité nationale chez les Oïrates du Xinjiang et les Kalmouks.

✦ Dénom. [var.] Oirat, Ojrad ; [syn.] Mongols occidentaux ; Eleuthe(s) ; Ögeled, Ööld, Ölöt ; Djoungar, Dzoungar, Dzungar, Jungar.

→ **Mongols, Kalmouk(s)**

Ojibwa. Ensemble de groupes amérindiens répartis entre le Canada (les deux tiers) et les États-Unis [estim. 200 000].

❑ À l'instar des Cree*, leurs voisins, les Ojibwa ne constituent pas une tribu mais un vaste ensemble de groupes parlant une même langue. Leurs territoires s'étendent sur deux grandes zones, la forêt subarctique à l'est et au nord du lac Supérieur, et, à l'ouest, la zone de contact entre la forêt et les Plaines (Minnesota, Wisconsin, Michigan, Montana, Dakota du Nord, Ontario, Manitoba).

Leur subsistance dépendait de la chasse (élan, castor, gibier aquatique) et de la pêche lacustre, activités rythmées par le cycle des saisons : concentration en été, dispersion en petits groupes, presque de la taille d'une famille nucléaire, en hiver. Du nord au sud, cette base économique s'enrichissait de l'exploitation d'un milieu naturel plus diversifié (collecte du riz sauvage et de la sève d'érable pour la fabrication du sucre).

L'organisation sociale des groupes méridionaux était fondée sur un système de clans totémiques patrilinéaires exogames, absent au nord. La vie rituelle était aussi diversifiée. Au sud, elle s'articulait pour l'essentiel autour du *midewiwin*, la « Grande Confrérie médicinale » ; au nord prévalaient surtout des pratiques chamaniques, notamment celle de la tente tremblante. En revanche, dans toute l'aire ojibwa, il y avait un rite de passage entre l'enfance et l'adolescence, qui suivait la norme, classique en Amérique du Nord, de l'isolement et du jeûne.

La langue ojibwa, qui se maintient et qui est avec le cree l'une des deux langues amérindiennes ayant une réelle chance de survie au Canada, appartient à la famille algonquine.

Histoire. Les Ojibwa méridionaux jouèrent un rôle charnière dans l'histoire régionale. Pris entre deux feux, les Iroquois* à l'est et les Sioux* à l'ouest, ils firent la guerre aux uns et aux autres, ce qui ne les empêcha pas de s'intermarier massivement avec les seconds. La position stratégique qu'ils occupaient autour des Grands Lacs en fit également des interlocuteurs privilégiés des Français, avec lesquels ils s'allièrent durablement. Dans la guerre de l'indépendance américaine, ils prirent le parti anglais. Ils participèrent aux révoltes de Pontiac et de Tecumseh. Du côté américain, leur confinement dans les réserves débuta dès la première moitié du XIXe siècle.

✦ Dénom. Aux États-Unis, on les nomme en général Chippewa ; les Français appelaient Saulteux ceux qui occupaient les territoires situés autour de Sault-Sainte-Marie. Le terme Bungi s'applique parfois aux Ojibwa qui se sont avancés le plus vers l'ouest et qui ont adopté le mode de vie équestre caractéristique de cette zone ; [syn., vieilli] Ojibwe.

Okiek. Peuple du Kenya (province de la Rift Valley), vivant en forêt d'altitude sur les escarpements et les massifs de la vallée du Rift [env. 20 000].

❑ Chasseurs-cueilleurs, les Okiek se distinguent par leur pratique apicole élaborée. Élément central de leur sociabilité, le miel (et son dérivé l'hydromel) est le principal objet d'échange avec les peuples voisins, les Maasai* en particulier, avec qui ils vivent en symbiose.

Chacun des trente à quarante groupes okiek constitue une unité indépendante, divisée en clans patrilinéaires exogames contrôlant l'utilisation cynégétique et apicole d'un territoire. Un système de classes d'âge sur le modèle maasai organise les activités masculines. L'autorité est diffuse. La religion repose sur le culte des ancêtres. Les Okiek parlent, selon les

cas, un dialecte kalenjin*, un dialecte omotique ou un dialecte maa.
HISTOIRE. L'adoption d'un mode de subsistance basé sur la chasse et l'apiculture par des pasteurs kalenjin constitue le scénario d'ethnogenèse le plus vraisemblable. La parfaite adaptation de ce peuple au biotope forestier est une des clefs de la bonne préservation de sa culture.
✦ Dénom. L'appellation dépréciative Dorobo est également appliquée à d'autres groupes de chasseurs.

Omaha. Tribu d'Indiens des prairies des États-Unis, vivant en réserve (avec les Winnebago) dans le Nebraska [estim. 3 000].
❑ Partis, selon la légende, de la côte atlantique, les Omaha émigrèrent vers l'ouest en compagnie d'autres groupes dhegiha, s'établissant dans le Nebraska au terme d'un long voyage ponctué de nombreuses étapes. Leur société, patrilinéaire, était divisée en dix clans répartis en deux moitiés ; elle comprenait des confréries de guerriers et des confréries religieuses. La résidence matrilocale au village, où la vie tournait autour de l'agriculture, tendait à devenir patrilocale lorsqu'ils nomadisaient à la recherche du bison, habitant alors des tipis. La langue omaha appartient à la branche dhegiha de la famille sioux.
ETHNOL. Les Omaha représentent la variante patrilinéaire du système de parenté dont les Crow* constituent la variante matrilinéaire (système Crow-Omaha).

Oraon. Peuple de l'Inde (Bihar, Orissa, Madhya Pradesh, Bengale-Occidental) [env. 1,7 million].
❑ Les Oraon sont principalement agriculteurs (riz), avec pour appoint quelques activités forestières.
Ils sont patrilinéaires, patrilocaux et organisés en clans totémiques. L'initiation des jeunes garçons à la vie sociale, avec installation dans une maison communautaire (*jonkerpa*), se fait de plus en plus rare. Les villages, dirigés chacun par un « roi » (*mahto*) héréditaire, se regroupent en ensembles d'une dizaine de villages dirigés par un conseil (*parha*).
Si l'influence de l'hindouisme est très forte, les Oraon préservent toutefois leurs propres cultes (au dieu suprême Dharmes, à diverses divinités villageoises, aux ancêtres). Leurs prêtres sont souvent des Munda*, mais les questions de sorcellerie sont du ressort de spécialistes oraon (*ojha* ou *mati*). Au Bihar, beaucoup ont adopté le christianisme.
Leur langue, le kurukh, appartient au sous-groupe nord des langues dravidiennes.
HISTOIRE. Les Oraon du Bihar développèrent très tôt un système royal, sous la forme d'une confédération englobant villages oraon et munda, le royaume de Chota Nagpur. L'essor de cette confédération fut entravé par les royaumes hindous ou moghols (auxquels elle s'associa souvent). Sous la colonisation britannique, les Oraon participèrent à de nombreux soulèvements (dans le cadre du mouvement millénariste de Birsa Munda notamment). À l'indépendance, beaucoup ont rejoint le mouvement jharkhandi qui revendiquait la création d'un État tribal sur le plateau de Chota Nagpur. Des tensions apparurent alors entre ce mouvement, influencé par les missions chrétiennes, et les tribaux non chrétiens adhérant au mouvement Kartic Oraon qui s'est associé à la lutte des nationalistes hindous contre les missions chrétiennes. Les Oraon sont répertoriés parmi les *Scheduled Tribes.*
✦ Dénom. [autod.] Kurukh.

Ordosse(s). Groupe mongol* de Chine (Mongolie-Intérieure), vivant dans la grande boucle du fleuve Jaune délimitée au sud par la Grande Muraille [estim. 120 000].
❑ Issus de l'une des six myriades des Mongols orientaux, les Ordosses pratiquent l'élevage extensif traditionnel là où ils disposent encore de pâturages suffisants. Dans les zones où la colonisation des Han* a été trop forte, ils se sont convertis à l'agriculture et plus ou moins sinisés. Ils sont bouddhistes lamaïstes ; leur dialecte tend à disparaître, le mongol de Mongolie-Intérieure ayant été homogénéisé sur la base du tchakhar* et du toumète*.
GENGIS KHAN. Les Ordosses ont un lien particulier avec lui. C'est en effet sur leur territoire, dans la bannière d'Edzen-Khoroo, que se trouve le sanctuaire du culte très élaboré rendu aux reliques du célèbre conquérant, conservées dans les « Huit Tentes blanches ».
✦ Dénom. [var.] Ordos, Ordus, Ortos.
→ **Mongols**

Orokaiva. Société du nord de la Papouasie-Nouvelle-Guinée (Oro Province), vivant sur les flancs du volcan Lamington et dans les plaines, souvent marécageuses, qui séparent ce dernier du littoral [env. 60 000].
❑ Cultivateurs sur brûlis et éleveurs de porcs,

les Orokaiva (Yega, Binandere, Aeka et Orokaiva proprement dits) se caractérisent par l'absence d'autorité centrale et par l'importance fondamentale accordée aux activités rituelles et de don cérémoniel ; les hommes éminents et leurs épouses investissent toute leur énergie dans l'organisation des cycles rituels qui réactualisent l'ensemble des dimensions sociales et matérielles de la société.
La religion s'organise autour de l'apparition de masques lors du rituel d'initiation, associé au culte des esprits des morts. La grande majorité des Orokaiva se sont convertis à l'anglicanisme, mais leurs pratiques traditionnelles ont surtout été remises en cause par l'adhésion de nombre d'entre eux à l'une ou l'autre des sectes millénaristes.
Les Orokaiva, très attachés à leur système social, ont de grandes difficultés à s'adapter aux relations de pouvoir dans le contexte moderne et voient leur mode de vie de plus en plus menacé par les désastres écologiques dus à l'intervention d'entreprises multinationales exploitant les ressources naturelles.
La langue orokaiva est classée dans la famille binandere des langues papoues.

Oromo. Peuple d'Éthiopie (vivant principalement dans la région-État n° 4 ou Oromiyaa [Oromie]), également représenté au Kenya (North-Eastern Region) [env. 30 millions]
❑ Les Oromo, qui se divisent en grands groupes (Mécha à l'ouest, Tulama au centre, Wällo au nord, Boräna au sud, Arsi à l'est, Qottu au Harär), pratiquent la céréaliculture à l'araire sur les hautes terres salubres et fraîches situées au sud et à l'est d'Addis-Abeba. La céréaliculture à la houe, au bâton à fouir et à l'araire domine dans les régions où poussent également le faux bananier, ou *ensät*, le café (Wällägga, Ilu Babor, Käfa) et le khat (Harär). Les Boräna des basses terres sont des éleveurs renommés (bovins).
La structure familiale patrilinéaire, très forte, s'appuie sur les associations d'entraide qui structurent la communauté locale. Le lien lignager et clanique s'est affaibli, de même que le système de classes d'âge et de génération (*gadaa*) ; reposant sur la division des hommes en moitiés, celui-ci faisait parcourir aux hommes, de l'enfance à la retraite, huit classes de cinq ans.
Les Oromo sont chrétiens orthodoxes (à l'ouest) et musulmans (au sud et à l'est) ; on note la présence de minorités catholiques et protestantes. Mais les survivances de leur ancienne religion sont notables. Les *qaallu*, possédés par les esprits *ayyaana* (émanation de la divinité de la voûte céleste *Waaqa*), conservent un rôle social important. Par ailleurs, comme les autres Éthiopiens, les Oromo sont marqués par les cérémonies du *zar* (*cf.* Amhara).
La langue oromo (*afaan oromoo*), illustrée notamment par les longues poésies religieuses qui accompagnent les cultes traditionnels, appartient au groupe couchitique de la famille afro-asiatique. Tout en étant la langue la plus parlée d'Éthiopie, elle subit la forte concurrence de l'amharique ; elle s'écrit en caractères latins.
Histoire. Les Oromo submergèrent le sud et l'est du royaume éthiopien et l'émirat musulman du Harär au XVIe siècle. Ils consolidèrent leur implantation, créèrent divers royaumes et émirats, et entretinrent des relations complexes avec le royaume chrétien de Gondär (la famille royale, au grand dam surtout des Tégréens*, contracta des alliances matrimoniales avec des chefs oromo). À la suite de la reconquête opérée par Ménélik à la fin du XIXe siècle, ils se retrouvèrent en situation de dominés, victimes humiliées de la politique impériale d'amharisation. Ils apportèrent leur soutien actif à la révolution éthiopienne jusqu'à la collectivisation brutale de la fin des années 1980. Le nouveau cadre fédéral de l'État ne satisfait que partiellement leurs aspirations identitaires, et certains aspirent à une Oromie indépendante.
✦ Dénom. Oromo a remplacé le sobriquet Galla (« païen, nomade »), symbole d'une sujétion honnie.

Osage. Tribu d'Indiens des prairies des États-Unis, installés au nord-est de l'Oklahoma [env. 10 000, très métissés].
❑ Leur société s'organisait selon une partition en deux moitiés (le « peuple de la paix » et « le peuple de la guerre »), elles-mêmes divisées en sept clans patrilinéaires et exogames. Ils s'abritaient tantôt sous des tentes de peaux (pour la chasse au bison et au cerf), tantôt dans des maisons de terre (villages centrés autour de l'agriculture et de la cueillette).
Leur conversion de surface au christianisme (catholicisme, protestantisme) n'a pas empêché, dès les années 1920, une revitalisation de leur culture traditionnelle.
Leur langue appartient à la branche dhegiha de la famille sioux.
Histoire. Les Osage se seraient originellement

éloignés de la côte atlantique pour migrer vers l'ouest. Ils restèrent jusqu'au début du XIXe siècle au bord de la rivière Osage, avant de céder leurs territoires du Missouri aux États-Unis et de s'installer dans une réserve au Kansas. Après la guerre de Sécession, ils durent s'établir dans l'actuel Oklahoma, et tirèrent profit de la découverte de pétrole sur leur territoire à la fin du XIXe siècle. L'exploitation de ce pétrole et de gaz leur assure toujours une relative aisance.

Ossète(s). Peuple établi sur les deux versants du Grand Caucase, au centre de la chaîne. Il est majoritaire dans la république d'Ossétie du Nord-Alanie (fédération de Russie) et dans l'ancien territoire autonome d'Ossétie du Sud (Géorgie) ; à cela s'ajoutent les Ossètes vivant ailleurs en ex-URSS et ceux qui, issus de l'émigration, vivent au Moyen-Orient (Turquie, Syrie et Jordanie) [env. 375 000 en Ossétie du Nord et 100 000 au sud].

❑ L'économie ossète reste essentiellement agricole et pastorale ; la position de l'Ossétie au débouché de la route stratégique qui relie la Russie à la Transcaucasie lui apportait des revenus que l'instabilité politique a considérablement réduits.

Les Ossètes avaient une organisation sociale assez diversifiée. Leurs valeurs (attachement aux formes patriarcales, importance donnée aux liens de parenté, au respect de l'hospitalité et du code d'honneur) sont comparables à celles des autres peuples de la région. De même, ils partagent avec d'autres Caucasiens une tradition littéraire, illustrée par la légende des Nartes. Leurs rites funéraires sont particulièrement développés.

Les Ossètes ont rejoint très tôt la chrétienté orthodoxe (un prince d'Alanie se convertit en 902), mais, jusqu'au siècle dernier, ils continuèrent en fait d'honorer, sous des noms chrétiens, leurs divinités païennes. Une forte minorité professe l'islam sunnite.

L'ossète est le dernier représentant de l'iranien d'Europe, langue des Scythes, des Sarmates puis des Alains. On distingue l'*iron*, dialecte majoritaire et base des langues officielle et littéraire, et le *digor*, parlé par 80 000 locuteurs dans l'ouest de l'Ossétie du Nord.

Histoire. Les Ossètes sont les descendants des Alains, peuple iranien nomadisant entre Volga et Danube, qui éclata après avoir subi le choc des Huns, une partie allant jouer un rôle notable dans l'Europe des grandes invasions (certains descendirent jusqu'à l'Andalousie et l'Afrique avec les Vandales), les autres se repliant progressivement sur le Caucase, où ils se mêlèrent à des tribus autochtones. Les Ossètes formèrent, entre le IXe et le XIIIe siècle, un État féodal dominant le Caucase du Nord. Cet État fut détruit par les Mongols* gengiskhanides, qui repoussèrent les Ossètes vers les hautes vallées du Caucase central. Une partie des Ossètes se convertit à l'islam aux XVIIe-XVIIIe siècles, la majorité restant fidèle à l'orthodoxie. Les Ossètes nouèrent dans l'ensemble de bonnes relations avec les Russes dès le début du XVIIIe siècle ; ils furent incorporés dans l'empire tsariste en 1774. Cependant, des centaines de familles musulmanes émigrèrent dans l'Empire ottoman entre 1859 et 1865, après l'écrasement de la grande révolte menée par l'imam Chamyl. Dès la fin du XVIIIe siècle, les Ossètes commencèrent à descendre des montagnes pour s'installer en plaine, mouvement qui s'est intensifié depuis.

La Géorgie devenue indépendante (1991) a privé l'Ossétie du Sud de son statut de territoire autonome, ce qui a entraîné un conflit armé entre Géorgiens et Ossètes. Avec la guerre en Abkhazie, les affrontements entre Géorgiens et le changement de président en Géorgie (1992), la situation s'est calmée en Ossétie du Sud, mais aucune solution n'a été trouvée au conflit. En Ossétie du Nord, un autre conflit oppose Ossètes et Ingouches* : ces derniers revendiquent des villages qu'ils occupaient jusqu'à leur déportation par Staline en 1945. La guerre russo-tchétchène a ravivé l'antagonisme séculaire entre chrétiens et musulmans : d'un côté, les Alains puis les Ossètes alliés de Byzance, de la Géorgie puis de la Russie ; de l'autre, les montagnards du Caucase, alliés des Turcs*.

✦ Dénom. [russe] Osetini ; [autod.] Iron.

Otomi. Groupe amérindien du Mexique central et oriental, vivant dans les États de Hidalgo, de Veracruz, de Querétaro, de Mexico, et de Tlaxcala [env. 250 500 en 1990].

❑ Les Otomi sont implantés sur une vaste zone qu'ils partagent avec d'autres Amérindiens. Leur localisation principale est le haut plateau central, « froid » et semi-aride (2 000 à 3 000 mètres), avec des poches de peuplement dans les terres plus chaudes et humides de la Sierra Madre orientale (1 000 à 1 500 mètres). Les Otomi cultivent le maïs et ses plantes associées (haricots, courges, piments, etc.), souvent avec irrigation à petite échelle. Ils adaptent les cultures commerciales au climat local : blé, orge (terres froides), café, arachides (terres plus chaudes). Ils exploitent les cactées dans l'aire semi-aride et produisent de la bière d'agave, ou *pulque*. Sur les hauteurs et dans les friches, ils élèvent quelques moutons et chèvres. Les terres sont propriété soit individuelle, soit collective, mais l'exploitation est familiale.

La famille est nucléaire avec des aspects de famille étendue. L'organisation communale et festive est à base de charges rotatives, et les hommes doivent la corvée pour les travaux publics. Bien qu'ils soient christianisés de longue date, les Otomi conservent une vision du monde amérindienne et pratiquent le chamanisme. La langue otomi se rattache à la famille otomangue.

Art. Les Otomi sont célèbres pour la fabrication de papier d'écorce et l'usage rituel de figurines en papier découpé.

✦ Dénom. [autod.] N'yuhu.

Ouatchi. Population du sud-est du Togo, habitant essentiellement l'arrière-pays côtier [env. 180 000].

❑ Très proches des Evhé*, ils partagent avec ces derniers beaucoup de traits socioculturels. Leur activité dominante est l'agriculture extensive (maïs, manioc). Ils forment une société patrilinéaire ; l'organisation de base est le village (*du*), dont le chef (*fio*) est choisi dans le lignage fondateur et assisté d'un conseil de notables. À côté du christianisme, en expansion, survit la religion ancienne selon laquelle le Dieu créateur n'est accessible que par l'intermédiaire d'un grand nombre de divinité secondaires (*vodu* ou *tro*).

Histoire. Les origines de ce peuple remonteraient à la dispersion des populations de la cité-État de Notsé, par vagues successives, entre la fin du XVIe siècle et la fin du XVIIe siècle. Les Ouatchi firent probablement partie de la dernière vague de migration, réduite par la disette à quitter Notsé pour trouver des terres fertiles entre les fleuves Haho, Mono et Zio.

✦ Dénom. [var.] Ouatsi, Watsi.

Oudégué(s). Peuple de Russie (Sibérie) vivant éparpillé le long des rivières, dans le bassin de l'Amour [env. 2 000].

❑ Chasseurs et pêcheurs sédentaires, ils font aussi commerce du ginseng sauvage et des bois cartilagineux des rennes. Ils sont organisés en clans mais vivent en petites familles dispersées en relation d'entraide ; ils sont chamanistes et animistes (culte des esprits de la nature, de l'ours, vénération du tigre). L'oudégué appartient au groupe méridional de la famille toungouso-manchoue.

Littérature. L'écrivain soviétique A. Fadeïev a consacré à ce peuple un roman, *le Dernier des Oudégués* (1929-1940), où le socialisme apparaît comme la chance de salut des cultures en péril.

Défense autochtone. Grâce à leur détermination et à divers soutiens, les Oudégués ont obtenu que la cour suprême russe se prononce (1992) contre un vaste projet de déboisement, envisagé par un conglomérat sud-coréen, qui mettait en cause leur survie. Ce succès représente l'un des premiers cas de protection, en Russie, des droits des peuples indigènes contre les intérêts d'une entreprise et ceux des autorités locales.

✦ Dénom. [var.] Oudegueïs, Udege, Udehej, etc. ; [russe] Udègejcy ; [autod.] Udèè, Udèxè.

Oudi. Peuple de l'Azerbaïdjan, petit à petit repoussé dans le piémont du Caucase [estim. 8 000].

❑ Les Oudi étaient agriculteurs et éleveurs de petit bétail. Ils avaient également développé un artisanat de poterie et de tuilerie. Leur maison, en pierre, ou en briques sur soubassement de pierre, était entourée du potager et du verger. La grande famille est en voie de disparition depuis la fin du XIXe siècle. Le mariage est strictement exogame.

Le christianisme s'est diffusé dès le IVe siècle : il se répartit entre fidèles de l'Église arménienne apostolique et ceux de l'Église géorgienne orthodoxe. Des traces de pratiques iraniennes pré-chrétiennes demeurent : tirage des sorts à la fête de Vardavar (à la fois fête de la Transfiguration et fête de la déesse Anahit). Chez eux, les Oudi parlent l'oudi, langue du Daguestan (groupe du Caucase du Nord-Est) ; au dehors, ils utilisent l'azéri, l'arménien, le russe, voire le géorgien.

Art. Il subsiste quelques monuments chrétiens, assez comparables à ceux d'Arménie et de Géorgie ; on peut y noter l'influence de motifs iraniens.

Histoire. Les Oudi sont les descendants lointains des Albaniens du Caucase, membres dominants d'une confédération de peuples du Daguestan ayant régné sur l'actuel Azerbaïdjan. C'est le seul peuple du Caucase oriental à avoir possédé une écriture, récemment redécouverte. Les luttes religieuses contre les Arméniens* (qui ont culminé au VIIIe siècle) puis l'installation des Turcs* (surtout à partir du XIe siècle) ont accéléré l'assimilation avec, entre autres, la perte de la langue écrite. Les événements consécutifs à la chute du pouvoir soviétique ont encore contribué à la dispersion (en Arménie et en Russie) des habitants des deux derniers foyers oudi : Vartachène et Nidj (dès les années 1920, des Oudi de Vartachène étaient venus s'installer en Géorgie orientale). Leur non-turcité et leurs liens avec les Arméniens* sont prétextes à vexations.

✦ Dénom. [var.] Outi ; [syn., anc.] Albanien(s) ; Ran, Aran.

Oudmourte(s). Peuple de Russie, vivant principalement en république d'Oudmourtie, dans le bassin de la Kama, et constituant de petites minorités en Tatarie, en Bachkirie, dans la région de Perm, etc. [env. 720 000, dont 500 000 en Oudmourtie].

❑ L'économie traditionnelle oudmourte était très diversifiée, mais à dominante agricole (céréaliculture surtout). S'y ajoutaient l'élevage (bovins, moutons, chevaux, etc.), une grande tradition apicole, la chasse et la pêche, un riche artisanat (boissellerie, tissage, etc.), l'exploitation forestière, le travail du bois et des métaux. L'Oudmourtie actuelle est une région très industrialisée.

Les structures communautaires, sur la base des liens de parenté, et les formes d'organisation collective du travail étaient très fortes.

Leur adhésion à l'orthodoxie n'a pas effacé leur religion traditionnelle (un complexe très riche et organisé de cultes agraires et de cultes domestiques) mais a plutôt déterminé l'apparition de formes syncrétiques.

Leur langue, l'oudmourte, appartient au groupe permien de la famille finno-ougrienne ; elle reste largement pratiquée, en concurrence avec le russe.

Histoire. D'ethnogénèse précise assez obscure, issus du fonds finno-ougrien et des contacts anciens avec divers allogènes (proto-Turcs, Indo-Iraniens, etc.), les Oudmourtes ont dépendu, au nord, de la principauté de Nijni-Novgorod puis de la Moscovie, au sud de l'empire bulgare de la Volga, de la Horde d'Or puis du khanat de Kazan, avec d'être annexés par l'État russe au milieu du XVIe siècle. Les caractéristiques traditionnelles de leur société, culturellement fondues avec l'apport chrétien se sont maintenues jusqu'à la période soviétique, où elles furent brutalement remises en cause ; un notable mouvement de revivalisme a pris corps depuis l'implosion de l'URSS. Du fait tant de l'arrivée ancienne de colons (russes, etc.) que de leur propre tendance à l'émigration, les Oudmourtes sont minoritaires en Oudmourtie même.

✦ Dénom. [syn., anc.] Voyak, Votiak.

Ouighour(s). Peuple vivant surtout en Chine (région autonome du Xinjiang), et constituant des communautés au Kazakhstan et au Kirghizstan. [au moins 8 millions].

❑ Parmi les populations non Han* du Xinjiang, les Ouighours constituent l'élément agriculteur, comparés aux Kazakhs*, aux Kirghizes* ou à d'autres groupes de pasteurs nomades. Ils sont établis sur un chapelet d'oasis de piedmonts qui ceinture au nord et au sud la dépression du désert du Taklamakan, que traverse le fleuve Tarim. Ces oasis ne sont pas reliées entre elles, ce qui explique que les identités régionales (les Tourpanlik de Tourfan, les Kachgarlik de Kachgar, les Tarantchi, etc.) aient été longtemps plus fortes que le sentiment commun d'unité.

Les Ouighours, qui ont conservé leur organisation en clans et en tribus, sont musulmans sunnites, de rite hanéfite. Leur langue, le ouighour, est une langue turcique (famille altaïque) assez proche de l'ouzbek ; ils restent très largement monolingues.

Diaspora. La diaspora ouighoure au Kazakhstan et au Kirghizstan est le résultat de trois principales vagues d'émigration. La première date de la fin du XIXe siècle et est liée à l'épilogue de la rébellion menée par le chef musulman Yacoub Beg contre la dynastie mandchoue. La deuxième suivit la fin de la république du Turkestan des années 1944-1949. La troisième se rattache aux événements de Kouldja en 1961, un des jalons de la crise sino-soviétique.

Histoire. Quelque neuf siècles avant la conquête chinoise du Turkestan oriental et un millénaire avant la création de la province du Xinjiang (1884) arrivèrent de Mongolie les élites politiques d'un premier empire ouighour, détruit en 840 par les Kirghizes*. Les oasis du Xinjiang étaient alors le foyer d'une civilisation bouddhiste indo-européenne, et l'empire ouighour qui s'y recréa fut bien différent de celui de Mongolie. Les textes manichéens en langue ouighoure et les peintures rupestres bouddhiques comptent parmi ses plus remarquables legs. Placé au cœur de l'Asie, cet empire a constitué du IXe au XIIe siècle un pôle culturel majeur. L'islamisation du Xinjiang sous les dynasties karakhanides, tchagataïdes

(XIIIe – XVe siècles) et celle des Khodjas (XVIe – XVIIe siècles) entraîna l'élimination de cette identité ouighoure. Le vocable ne refit surface qu'en 1921 (lors d'un congrès à Tachkent) pour désigner les populations sédentaires turco-islamiques du bassin du Tarim. Sa fortune nouvelle fut confirmée par son adoption par la République populaire de Chine en 1949 ; la région autonome ouighoure fut créée en 1955.

Aujourd'hui, après l'implosion de l'URSS, les Ouighours constituent le dernier des grands peuples d'Asie centrale encore assujetti. En révolte chronique depuis deux siècles, restés culturellement étrangers au monde han*, ils sont confrontés depuis les années 1960 à une politique systématique de colonisation, qu'explique notamment la richesse en pétrole et en matières premières de la région. Leur protestation, sur fond de crise sociale et démographique (il y aurait des centaines de milliers de Ouïgours non enregistrés, issus « d'infractions » à la politique de limitation des naissances) a pris depuis le début des années 1990 une nouvelle vigueur (attentats à la bombe, soulèvements villageois), s'attirant en retour une répression féroce (arrestations par centaines, condamnations à mort). Un mouvement indépendantiste s'est développé, dont il est très difficile d'apprécier l'impact. Quoi qu'il en soit, il semble bien que le nationalisme ouighour ait atteint un stade de maturité inédit, et que se soit opérée une synthèse de la mémoire, qui valorise la tradition étatique passée, et donc le souvenir de l'empire médiéval bouddhiste et manichéen abattu par des structures politiques musulmanes rivales, alors même que l'islam joue un rôle moteur dans ce nationalisme contemporain.

✦ Dénom. [var.] Ouigour(s) ; [chinois] Weiwuer.

Ouïgour(s) jaunes. Population vivant en Chine dans la province de Gansu, essentiellement dans le district autonome yugu(r) de Sunan (département de Zhangye). Un petit nombre vit près de la ville de Jiuquan, ainsi qu'au Qinghai, dans les territoires limitrophes de Sunan [12 297 en 1990].

❑ Ils sont pour moitié turcophones, pour un tiers mongolophones, les autres parlant le chinois ou le tibétain.

Les Ouïgours jaunes occidentaux (autres noms : Yugu occidentaux, Sari uigur, Sali yugur, Sala yugur) parlent une langue turque proche du sakha* et des dialectes turcs du nord de l'Altaï, marquée d'influences phonologiques et lexicales chinoises et d'emprunts au mongol et au tibétain. Ils vivent principalement dans l'ouest du district autonome yugur, dans les arrondissements de Dahe et de Minghua.

Les Ouïgours jaunes orientaux (autres noms : Yugu orientaux, Sira yugu, Sira Yugur ; autoappellation : Engher, nom dérivé du mongol *anggir* « canard mandarin, jaune »), établis à l'est du district, dans les arrondissements de Kangle et de Xingcheng, sont mongolophones. Leur langue, grammaticalement proche du mongol* de Mongolie-Intérieure, se rattache phonologiquement au monguor*, au baoan* et au dongxiang* mais comporte de nombreux emprunts lexicaux au turc. Ces deux groupes n'ont pas d'écriture. Les Ouïgours jaunes sinisés vivent dans l'arrondissement de Minghua (du district autonome yugur) et à Huangnibao, près de Jiuquan. Un petit nombre de Ouïgours jaunes sont de langue tibétaine. Le chinois sert de langue de communication à ces divers groupes.

Les Ouïgours jaunes étaient éleveurs et chasseurs (ils payaient sous les Qing un tribut en chevaux, fourrures, musc et bois de cerf), à l'exception de ceux de Huangnibao, proches des Han*, qui sont agriculteurs.

Histoire. Ils descendent des Ouïgours* historiques, peuple turc qui avait établi un empire dans l'actuelle Mongolie et s'était converti au manichéisme (744-840). Chassés par les Kirghizes* du haut Iénisseï, ils allèrent fonder un nouveau royaume dans la région de Turfan. Vers 860, une partie d'entre eux migra vers l'est et s'installa dans le Gansu occidental, adoptant le bouddhisme, d'où leur nom de Ouïgours jaunes.

✦ Dénom. [syn.] Yugur, Yugu, Yougou(r), Sary-Ouïgour.

→ **Ouïgour(s)**

Oultche(s). Peuple de Russie, vivant dans la région du bas Amour (sud-est de la Sibérie : région oultche du *kraï* de Khabarovsk) [env. 3 500].

❑ Sédentaires de longue date, habitant des villages aux grandes maisons de bois pouvant abriter de deux à quatre familles, ils complètent la pêche, leur activité essentielle, par la chasse dans la taïga (renne sauvage, élan) et la trappe ; leur artisanat (sculpture en bois à caractère religieux, gravures sur bois, objets en racines tressées, broderies) se distingue par ses motifs originaux (volutes, spirales et entrelacs). Ils sont organisés en clans (ensembles de gens portant le même nom, servant de référence identitaire) et vivent en petits groupes d'alliance matrimoniale dispersés, en relation d'entraide. Ils sont chamanistes et animistes (culte des esprits de la nature, dont l'esprit des eaux et l'esprit-maître de la taïga, représenté sous la forme d'un ours immense, célébration des fêtes de l'ours et du Soleil). L'oultche, langue toungouso-mandchoue méridionale à la riche littérature orale, est désormais activement enseigné.

Histoire. L'ethnogenèse des Oultches relèverait d'un long processus de mariages exogames interethniques avec les Nanaï*, les Nivx, les Manchous*, les Néguidales, etc.

✦ Dénom. [var.] Ultch ; [syn., vieilli] Mangouny ; [autod.] Nani.

Ouriankhaï. Terme désignant en Mongolie les populations d'origine turque mongolisées, non islamisées (restées chamanistes ou devenues bouddhistes).

❑ Le nom est aussi employé pour des populations turques non mongolisées (« Ouriankhai Khökh Montchog »), qui se disent Touva* de Mongolie. Historiquement, il a été porté par des tribus proches de Gengis Khan (mongolisées ou mongoles ?), et a aussi qualifié les Touva*. Enfin, on le trouve associé à la haute époque aux Sakha*.

✦ Dénom. [var.] Ouriangkhai, Uriankhaï, Uriangkhai, Urianxai, Uriyangqai.

→ **Mongol(s)**

Ouriankhaï de l'Altaï. Petite population d'origine turque touva*, répartie entre l'ouest de la Mongolie, où elle est considérée comme un groupe mongol, et la Chine (région autonome ouïghoure du Xinjiang), où elle est comptée parmi la minorité nationale mongole, au sein des Oïrates* du Xinjiang [estim. 25 000].

❑ La majeure partie de cet ensemble a été anciennement mongolisée ; seuls les Ouriankhaï Khökh Montchog, qui récusent cette appellation et se revendiquent Touva* demeurent turcophones. Beaucoup d'entre eux, sous la pression des Kazakhs*, avaient quitté leur territoire de Tsenghel (province de Bayan-Ölghii) en 1959 et s'étaient installés au centre de la Mongolie, dans les provinces de Selenghe et de Khentii ; une partie est revenue à Tsenghel après 1990, sous la houlette de l'écrivain mongol touva Tchinaghiin Galsan. Ce groupe a conservé les traditions perdues à Touva même (fabrication de robes, de bottes, de laitages, etc.).

Les Ouriankhaï de l'Altaï, originaires des régions voisines (Touva, Altaï russe) furent, après l'anéantissement des Djoungars en 1755, affectés par les Mandchous* à la garde des passes de l'Altaï. Leur situation se dégrada fortement à la fin du XIXe siècle (à la suite de l'arrivée de Kazakhs*, notamment). Ce sont des éleveurs nomades (chevaux, yaks, etc.) et des chasseurs, qui s'adonnent aussi à l'agriculture (en Chine).

Ils se répartissent en clans exogamiques (les Khökh Montchog surtout) et sont chamanistes ou bouddhistes (ceux qui sont mongolisés principalement). Ils se distinguent aujourd'hui en particulier par leurs épopées.

→ **Mongol(s), Ouriankaï, Touva**

Ouriankhaï du Khövsgöl. Petite population turque mongolisée du nord de la Mongolie, vivant à l'est et à l'ouest du lac Khövsgöl, dans une région froide, montagneuse (monts Saïan) et forestière, qui a le statut de groupe ethnique mongol [env. 19 000].

❑ Éleveurs nomades et chasseurs, parfois renniculteurs, divisés en clans exogamiques, ils sont venus de la région voisine de Touva au cours des siècles passés.

✦ Dénom. Ils se reconnaissent sous le même nom de Ouïgour* que portent aujourd'hui les Ouïgours du Xinjiang.

→ **Mongol(s), Ouriankhaï**

Ouzbek(s). Peuple majoritaire de l'Ouzbékistan, constituant des minorités dans tous les pays voisins : surtout au sud du Kazakhstan, au sud-ouest du Tadjikistan, au nord de l'Afghanistan. Il forme aussi d'importantes communautés au Kirghizstan et au Turkménistan, et est présent (quelques milliers) dans l'ouest du Sinkiang (Chine) ; son foyer est la Transoxiane, région comprise entre les fleuves Amou-Daria et Syr-Daria [env. 24 millions].

❑ Dès avant la conquête coloniale, la société ouzbèke comprenait Ouzbeks d'origine et ouzbékisés, qui se répartissaient entre une majorité de sédentaires (citadins, paysans irrigateurs) et de semi-nomades d'une part, et une minorité de nomades de steppes très arides d'autre part. Cela constituait une exception, les sociétés voisines étant plus nettement marquées, soit par le nomadisme (Kazakhs*), soit par la sédentarité (Tadjiks*). Le nomadisme a complètement disparu à la période soviétique, mais la société est restée majoritairement rurale : pratique de l'agriculture irriguée (coton surtout), rendue possible par la dérivation des eaux des fleuves – écologiquement périlleuse comme en témoigne l'assèchement de la mer d'Aral –, élevage extensif (agneaux karakuls, chevaux, chameaux). À cela s'ajoutent la production de gaz, l'extraction de l'or, les industries de transformation, etc.

D'une façon générale, les villages sont composés de patrilignages et soumis à l'autorité du conseil des anciens, les *aksakal* (« barbes blanches »). Plus que les nombreuses subdivisions tribales (Mangyt, Qungrat, Naïman, Kiptchak, etc.), qui concernent une minorité des Ouzbeks, les identités régionales (Ferghana, Kachka-Darya, Khorezm, etc), qui les concernent tous, sont de forts éléments de particularisme. Même en ville, l'origine régionale est un support fort de positionnement social.

Les Ouzbeks sont musulmans sunnites, de rite hanéfite. Leur héritage culturel préislamique ainsi que leur position à la jonction du monde des steppes, superficiellement islamisé jusqu'au début du XXe siècle, et du domaine de classicisme musulman qu'est la Transoxiane expliquent l'existence de rituels chamaniques toujours très vivants dans les pratiques islamiques, ainsi que le développement exceptionnel du soufisme depuis le XVe siècle (confrérie naqchbandiyya surtout).

L'ouzbek fait partie des langues turques, ou turciques ; il est proche de l'ouighour. Par son alphabet (cyrillique depuis les années 1940, officiellement latin aujourd'hui) mais aussi par son lexique, il se différencie nettement de la langue écrite classique utilisée jusqu'au début du XXe siècle, le tchagatay, qui utilisait l'alphabet arabo-persan (la culture et les royautés ouzbèkes, bien que turciques, ayant d'ailleurs surtout utilisé le persan). Le monolinguisme prévaut ; seule une toute petite minorité d'intellectuels est plus à l'aise en russe qu'en ouzbek. Dans la région largement tadjikophone de Samarcande et de Boukhara, le bilinguisme ouzbéko-tadjik se maintient encore.

Tamerlan. Depuis 1991, Tamerlan, souverain de Transoxiane (1370-1405) et conquérant d'un grand empire (mais non ouzbek à proprement parler...), est promu grand ancêtre de la nouvelle identité nationale. Tamerlan est l'une des rares figures d'Asie centrale à avoir forcé les portes de la culture européenne, italienne dès le XVe siècle, puis française (de Montaigne à Hugo).

Histoire. Au début du XVe siècle, au nord-est du Kazakhstan actuel, des groupements de tribus, cimentés par leur ralliement à la lignée gengiskhanide issue de Chayban, se désignent pour la première fois comme « ozbek ». Après des revers et leur expulsion du Kazakhstan, les chaybanides firent la conquête de la Transoxiane (entre 1500 et 1507). Deux puis trois khanats ouzbeks structurèrent la région jusqu'à la conquête russe (1868-1873). Le double processus d'assimilation des Ouzbeks aux sociétés transoxianaises déjà largement turcisées et d'ouzbékisation de la Transoxiane s'est développé du XVIe siècle jusqu'à aujourd'hui, si bien que les différentes communautés ouzbèkes se situent elles-mêmes par rapport à une histoire « en couches » (origine tribale ouzbèke, origine turcique préouzbèke qui se considère supérieure à la précédente, etc.), dont les forts régionalismes peuvent servir de moyen d'expression.

L'indépendance (1991) d'un État qui, en tant que tel, n'avait jamais existé et le changement du rapport des forces en Eurasie ont réveillé certaines tensions propres à ce corps assimilateur aux marges encore floues qu'est la nation ouzbèke. Les fortes minorités tadjikes ou chiites de ce pays sont d'indéniables sources de tension, et l'engagement de l'Ouzbékistan dans des conflits auxquels participent des Ouzbeks de l'extérieur, comme au Tadjikistan et en Afghanistan, représente un facteur de déséquilibre pour la région tout entière.

✦ Dénom. [var.] Ozbek ; Ouzbak, Ozbak.

Ovambo. Peuple vivant en Namibie, dont il représente plus de la moitié de la population, et en Angola ; il occupe les plaines du Nord, de part et d'autre de la frontière [estim. 650 000].

❑ Les Ovambo se répartissent en sept communautés dotées chacune d'un chef traditionnel, dont les plus importantes sont les Kwanyama et les Ndonga. Le long des cours d'eau (*oshana*), ils cultivent le maïs, le millet, diverses cucurbitacées, et élèvent des vaches et des chèvres. Traditionnellement, les Ovambo obéissent au régime de la filiation matrilinéaire et pratiquent le mariage avunculocal ; aujourd'hui toutefois, le mariage néolocal est de plus en plus fréquent.

Si les Ovambo croient en un dieu créateur (*Kalunga*), ils honorent surtout la mémoire de leurs ancêtres, dont les esprits influencent la

vie quotidienne et se manifestent sous des traits humains par leurs ombres ou leurs doubles (*oipumbu*) lorsqu'ils veulent délivrer un message. Depuis la fin du XIXe siècle, l'action des missionnaires s'est exercée de manière profonde, si bien que le christianisme est devenue la religion dominante.
Deux dialectes bantous sont principalement utilisés, l'oshiNdonga et l'oshiKwanyama.
Histoire. Originaires d'Afrique centrale, les Ovambo se seraient installés dans la région du Kavango dès le XVe siècle. De nombreux conflits les opposèrent aux Herero* et aux Nama* au XIXe siècle. Durant la colonisation allemande (1884-1915), ils gardèrent une certaine indépendance. Sous la domination sud-africaine, ils furent placés sous la tutelle des officiers blancs. À partir de 1968, leur territoire fut érigé en bantoustan (Ovamboland). Les nombreuses révoltes qu'y orchestra la SWAPO, mouvement de libération composé essentiellement d'Ovambo, se transformèrent en un véritable conflit, impliquant l'Afrique du Sud, l'Angola et aussi Cuba, au terme duquel la Namibie accéda à l'indépendance (1990). En Namibie, les Ovambo occupent les postes-clés de la vie politique ; en Angola, malgré les ravages de la guerre namibo-angolaise (fin des années 1970-1989), ils ont davantage gardé le mode de vie ancien.
✦ Dénom. [syn.] Wambo ; Ambo, Huambo (en Angola).

Ovimbundu. Peuple habitant les hauts plateaux du centre et de l'ouest de l'Angola [estim. 3,5 millions].
❑ Les Ovimbundu constituent l'un des groupes ethniques les plus importants de l'Angola. Ils regroupent en réalité une multitude d'entités ethnolinguistiques qui formaient autrefois autant de royaumes autonomes : Bailundu, Bié, Dombe, Chicuma, Lumbo, Sumbe, Caconda, Kikaya (ou Kiaka), Mbui, Kissange, Sambu, Sele, etc. Font également partie de cet ensemble les Huambo (ou Wambo), auxquels sont apparentés les Ambo*/Ovambo.
Les Ovimbundu sont éleveurs de gros bétail et pratiquent l'agriculture, le maïs étant la culture de base. Matrilinéaires, ils sont organisés en chefferies, dont les plus importantes règnent sur les autres.
Le culte rendu aux ancêtres forme le noyau essentiel de la religion traditionnelle. Des cultes entourent également la personne sacrée du souverain, dont le rôle est de garantir la prospérité du pays.
Les Ovimbundu parlent l'umbundu, une langue bantoue.
Histoire. Leur situation géographique a longtemps été pour eux un facteur d'isolement, et ils n'entrèrent véritablement en contact avec les Portugais et leurs descendants métis qu'à partir du milieu du XVIIe siècle. Ils devinrent rapidement des intermédiaires actifs, tant dans le commerce de l'or que dans celui des esclaves. Au cours du XXe siècle, les Portugais prirent possession de leurs terres, contraignant un grand nombre d'entre eux à partir travailler dans les plantations de café du nord de l'Angola. Après 1974, face à l'insécurité et aux massacres, beaucoup d'Ovimbundu retournèrent dans le centre du pays. Aujourd'hui, la majorité d'entre eux reste attachée à l'UNITA (Union nationale pour l'indépendance totale de l'Angola).
✦ Dénom. [syn.] Umbundu.

P

Paez. Peuple amérindien de Colombie (départements du Cauca, du Tolima, du Caquetá et du Putumayo), vivant en zone de montagne et disposant de 37 *reguardos*, ou réserves [env. 96 000].

❑ Les Paez pratiquent une agriculture variable selon le climat, qui leur procure un éventail de produits allant du maïs aux mangues en passant par le blé, le plantain, les haricots, le café, les avocats, etc. Le travail peut être individuel ou collectif (selon le système d'échange de services *minga*). Certains travaillent comme journaliers dans les fermes.

L'artisanat est connu pour les tissus de laine et de coton qui servent de manteau et de jupe, ou encore les sacs (*mochilas*) aux couleurs vives. Les étoffes sont tissées par les femmes ; les hommes confectionnent les chapeaux de fibres, pour leur usage privé.

La famille nucléaire est l'unité de base socio-économique. L'organisation sociopolitique, héritée de l'époque coloniale, est placée sous l'autorité d'un *capitán* (« gouverneur »). Celui-ci, élu chaque année, préside le conseil (*cabildo*) qui gère les terres communales (*resguardo*). Il organise et lance les travaux collectifs et les fêtes religieuses, représente le peuple auprès des autorités nationales et locales, décide de l'adjudication des terres et juge les fautes au regard de la coutume. Le *cabildo* compte environ 25 membres, dont le *capitán* et son suppléant, le maire et son adjoint, un trésorier, un secrétaire, des gardes, etc.

L'évangélisation des Paez a commencé au milieu du XVe siècle. Le syncrétisme qui en est résulté associe au prêtre catholique deux types de chamanes, pouvant être indifféremment un homme ou une femme : l'un, bon et connu ; l'autre, mauvais et caché. C'est le bon chamane qui légitime les formes d'autorité et de propriété foncière.

Les Paez se divisent en deux groupes linguistiques, paez et paniquita, appartenant à la famille chibcha.

Histoire. Peuple guerrier, les Paez ont longtemps résisté à la colonisation. Comme leurs voisins Guambiano*, ils se sont cependant tôt convertis en paysans, sous l'influence et la pression des Espagnols. Le cacique Juan Tama a obtenu la reconnaissance d'un grand *resguardo* sous la colonisation, à la fin du XVIIe siècle. La figure la plus célèbre de l'indianité en Colombie est un Paez, Manuel Quintín Lame, qui a conduit en 1910-1917 un vaste soulèvement contre le travail forcé et la perte des terres consécutive à l'introduction de l'élevage et de la culture du café. En 1971, les Paez ont fondé le CRIC avec les Guambiano ; ce mouvement a servi de base à la récupération des terres et conduit à l'attribution de titres fonciers indigènes sur un quart de la superficie du pays, ainsi qu'à l'adoption en 1991 d'une constitution très favorable aux peuples indigènes.

✦ Dénom. [autod.] Nasa.

Pahouin(s). Ensemble de peuples du Cameroun, de la Guinée-équatoriale, du Gabon et du Congo, occupant une vaste zone de forêt tropicale dense et humide qui s'étend, d'ouest en est, de l'océan Atlantique à l'Ivindo (Nord-Congo) et du nord au sud, de la Sanaga (limite de la forêt) à l'Ogoowé.

❑ Le terme « pahouin » désigne des peuples qui ont envahi l'ouest du bassin congolais à la fin du XVIIIe siècle, ainsi que les populations qu'ils ont assimilées ou « pahouinisées » par contact.

Une délimitation exacte est malaisée. Bien que les théories soient parfois contradictoires, certains auteurs s'accordent pour distinguer, d'une part, des envahisseurs venus du nord-

est assez récemment – les Pahouins proprement dits – et des habitants de la zone envahie assimilés par contact, et, d'autre part, d'autres envahisseurs qui marchaient dans le sillage des Pahouins proprement dits. P. Alexandre et J. Binet, auteur d'un ouvrage de référence sur le sujet (1958), considèrent que font partie des Pahouins proprement dits les Beti* (dont les Ewondo sont les plus nombreux), les Bulu et les Fang.*
Du point de vue linguistique, l'ensemble pahouin recouvre l'importante aire d'intercompréhension et de variation dialectale du sous-groupe beti-fan (ewondo, bulu, fan) au sein du groupe bassaa-beti (langue bantoue équatoriale de la branche nord). Au Cameroun, l'ewondo a contribué par son attraction et son extension à la « pahouinisation » des populations voisines.
✦ Dénom. [var.] Pangwe, Pamue.
→ **Beti, Fang**

Paiute. Groupe de tribus amérindiennes des États-Unis (réserves en Californie, dans le Nevada, l'Oregon, l'Utah et l'Arizona) [env. 12 000].
❑ Apparentés aux Shoshone*, ils vivaient dans les régions arides du Grand Bassin et sur le versant est des Rocheuses, répartis en quatre groupes (Paiute du Nord, Paiute de l'Owen Valley, Paiute du Sud, Chemehuevi).
Leur société était divisée, en fonction des nécessités de la chasse (lapin, gros gibier) et de la pêche, en bandes solidaires, régies par des chefs qui organisaient les déplacements. L'unité de base était constituée par la réunion de quatre à six familles formant un groupe local où la polyandrie était pratiquée. Le chamane tenait une place importante dans cette société.
Histoire. Leur territoire traditionnel n'ayant que peu de valeur agricole, les Paiute furent relativement épargnés par la colonisation du XIXe siècle. Dans les années 1930, ils maintenaient encore en partie leur ancien mode de vie. N'ayant jamais signé de traité, ils se sont vu reconnaître un statut juridique en 1980, ce qui leur permet de traiter avec le gouvernement fédéral et d'avoir la possibilité de racheter des terres.
✦ Dénom. [autod.] Nimi.

Paiwan. Peuple de Taïwan, vivant au sud des hautes montagnes centrales et jusqu'à la pointe méridionale de l'île [env. 60 000].
❑ Les Paiwan pratiquaient la culture sur brûlis et la chasse. Aujourd'hui, ils vivent de l'agriculture ou travaillent dans les villes.
La caractéristique de l'organisation sociopolitique du groupe est la présence de deux ordres sociaux endogames, les nobles et les roturiers. Les nobles sont constitués des familles de chefs dont la fonction est héréditaire ; les roturiers forment la majorité de la population. La terre appartient aux familles nobles, et les roturiers leur paient un fermage et un droit de chasse. Les nobles se reconnaissent à leurs tatouages faciaux qui sont la marque de leurs clans, dont les noms sont différents de ceux des roturiers. On rencontre plusieurs formes d'exercice du pouvoir : soit plusieurs chefs se partagent un village séparé en sections, soit un chef règne sur quelques groupes locaux, directement ou par l'intermédiaire d'un vassal. Les roturiers respectent l'endogamie de village, mais les nobles contractent des unions avec les groupes voisins. Les Paiwan ont développé des classes d'âge à fonction régimentaire qui s'articulent parfaitement avec le pouvoir de la chefferie. Leur religion est assurée par des chamanes, en général des femmes. À l'instar des autres groupes aborigènes de l'île, ils émigrent nombreux vers les villes. Ils appartiennent à la famille linguistique austronésienne.
Art. Les sculptures sur bois et sur pierre des maisons des hommes et des maisons des chefs ont fait la renommée des Paiwan. Ces pièces appartiennent aujourd'hui à des musées ou à des collectionneurs.

Palaung. Peuple vivant en Birmanie (États shan et kachin) et, pour une minorité, en Chine (Yunnan) [plus de 1 million ?].
❑ Riziculteurs, les Palaung, comme leurs voisins Bulang, sont aussi spécialisés dans la culture commerciale du thé. L'organisation politique de leurs principautés, dont la plus connue est celle de Tawngpeng, était calquée sur le modèle taï. Les Palaung sont bouddhistes, tout en conservant certains éléments de leur ancienne religion animiste et polythéiste, et de langue mon-khmère.
✦ Dénom. [var.] Palong ; [birman] Tahang ; [chinois] De-ang et, anc., Benglong ; [taï] Kun Loi, Rumai.

Palestinien(s). Peuple réparti sur le territoire historique de la Palestine/Israël, dans différents autres pays du Proche-Orient et ailleurs dans le monde [env. 6 millions ; 3,5 millions sont recensés comme réfugiés, dont un tiers vivent dans des camps].

❑ La plupart des communautés palestiniennes ont connu, à des degrés divers, des évolutions communes : rurale à plus de 75 % en 1960, la société arabe en Israël et – avec retard – dans les territoires occupés est devenue majoritairement urbaine à la fin des années 1980. Ce phénomène s'est accompagné d'un développement à la fois du prolétariat et des couches moyennes (entrepreneurs, cadres, commerçants, intellectuels).

Plus généralement, les Palestiniens ont compensé leurs frustrations par un haut niveau d'éducation, inégalé dans le monde arabe et comparable à celui d'Israël.

L'engagement des Palestiniens dans la résistance, tout particulièrement durant les sept années d'*intifada*, a eu pour effet secondaire de réduire le pouvoir, autrefois prépondérant, des larges clans familiaux – qui semblent toutefois avoir retrouvé de l'importance avec la mise en place de l'Autorité palestinienne, du fait notamment du mode de recrutement des cadres de celle-ci.

Du point de vue religieux, la société palestinienne est caractérisée par un grand pluralisme, puisqu'elle regroupe des musulmans très majoritaires (85 % en Israël et même 95 % dans les territoires occupés), des chrétiens et même quelques Juifs (400 Samaritains*). La montée du fondamentalisme s'accompagne d'une influence croissante de l'islam au détriment du christianisme.

Enfin, malgré leur éparpillement géographique et l'extrême diversité de leur situation, la plupart des Palestiniens ont conservé le sentiment profond d'appartenir à un même peuple, qui lie le bourgeois du Koweït au paysan de Cisjordanie, le réfugié du Liban à l'ouvrier travaillant en Israël. Ils se rattachent à une même histoire. Ils se reconnaissent dans une même culture, symbolisée par le poète Mahmoud Darwish ou les écrivains Ghassan Kanafani et Émile Habibi. Ce sentiment national, l'OLP en a été à la fois le promoteur et le symbole. Incertains – tout d'abord pour les réfugiés qui se sentent abandonnés –, les accords d'Oslo risquent toutefois de percer une brèche dans cette communauté de destin.

Dispersion. La principale caractéristique du peuple palestinien est sa dispersion, due à l'histoire. Quatre groupes principaux peuvent être distingués :

Ceux qui vivent en Israël. Si 160 000 Palestiniens seulement avaient échappé à l'exode forcé de 1948-49, en 1998 ils sont près de un million, citoyens israéliens, mais de seconde zone, dans un État qui se veut avant tout juif. Cette appartenance n'a pas empêché l'affirmation du sentiment national palestinien, incarné à la fois, au fil des années, par le Parti communiste israélien, la Liste progressiste et, plus récemment, le mouvement islamiste. Au cours des années 1990, l'« israélisation », expression d'une volonté d'intégration et d'une revendication d'égalité avec les citoyens juifs, va de pair avec la « palestinisation » : aux élections du 29 mai 1996, 60 % des voix des Arabes d'Israël se sont portées sur deux listes – celle formée par les communistes et leurs alliés, et celle constituée par le Parti démocratique arabe uni aux islamistes.

Ceux qui vivent dans les territoires occupés ou autonomes. Une petite minorité a profité de son rôle d'intermédiaire entre occupants et occupés, mais la grande majorité subit durement les conséquences de l'occupation israélienne et d'un bouclage quasi permanent : la bande de Gaza (950 000 habitants) compte 51 % de chômeurs, et la Cisjordanie (1,6 million, Jérusalem-Est inclus), 39 % ; en un an, ces deux régions ont connu une réduction de 50 % de leur produit « national » brut par habitant.

Ceux qui ont été accueillis par les pays arabes voisins. Rien, dans les statistiques jordaniennes, ne permet de différencier les Palestiniens du reste de la population – on les estime néanmoins à plus de un million de personnes. Depuis Septembre noir (1970), toute activité proprement palestinienne a été prohibée. Au Liban, le départ de l'OLP de Beyrouth (1982), puis de Tripoli (1983), a laissé une population de 350 000 personnes désemparées, sans protection ni droit. En Syrie résident 350 000 Palestiniens, tous réfugiés, dont près d'un tiers subsistent dans des camps, soumis à un contrôle politique très strict – mais ils disposent des mêmes droits sociaux que les Syriens. Enfin, dans les pays du Golfe s'étaient installés, dans les années 1980, plus de 600 000 Palestiniens. La crise du Golfe et l'expulsion de 300 000 Palestiniens hors du Koweït ont toutefois illustré la fragilité de cette émigration qui occupait, pourtant, des postes importants.

Il y a enfin la diaspora, plus lointaine, installée en Europe, aux États-Unis, en Amérique latine, voire en Asie. Au total, celle-ci comprend environ 300 000 personnes, caractérisées, en général, par leur réussite sociale.

Histoire. Sur la terre de Palestine, occupée successivement par différents maîtres (Rome, les Omeyyades, les Abbassides, les croisés, l'Empire ottoman, la Grande-Bretagne), le nationalisme ne s'est développé que tardivement. Il n'est devenu à proprement parler palestinien que lorsque, le 24 juillet 1922, la SDN confie à la Grande-Bretagne un mandat sur la Palestine, en conformité avec la promesse faite par lord Balfour en 1917 de promouvoir un « Foyer national juif ».

Les Palestiniens subirent leur pire épreuve en 1947-1949. Non seulement l'État arabe, prévu aux côtés de l'État juif par le plan de partage onusien du 29 novembre 1947, ne vit pas le jour, mais la guerre entraîna l'exode de quelque 800 000 Arabes. En juin 1967, Israël, à l'issue de la guerre des Six-Jours, s'est emparé du reste de la Palestine (Cisjordanie, Jérusalem-Est et bande de Gaza), provoquant le départ de 350 000 réfugiés supplémentaires.

Entre-temps, en 1964, la création de l'Organisation de libération de la Palestine (OLP) avait marqué la renaissance du nationalisme palestinien. Présidée à partir de 1969 par Yasser Arafat, la centrale recourt tour à tour à la lutte armée et à l'action politico-diplomatique. Chassée de Jordanie (1970), puis du Liban (1982), elle se prononce progressivement pour une solution bi-étatique, que l'*intifada* pousse à officialiser : le Conseil national palestinien de novembre 1988 proclame l'État de Palestine, reconnaît Israël et renonce formellement au terrorisme.

Cette démarche aboutit, après la guerre du Golfe (1991), à un tournant fondamental : le 13 septembre 1993, après s'être mutuellement reconnus, l'État d'Israël et l'OLP publient une « Déclaration de principes sur l'autonomie », que concrétiseront les accords du Caire (1994) et de Taba (1995). De fait, l'autonomie palestinienne se met en place, avec un président, Yasser Arafat, et un Conseil démocratiquement élus (1996). Mais l'intransigeance israélienne, le terrorisme des groupes islamistes et l'impuissance du « parrain » américain allaient porter un coup sévère au processus de paix, qui entre en crise après l'assassinat d'Itzhak Rabin (4 novembre 1995) et l'élection de Benyamin Netanyahou (29 mai 1996). Ainsi, au milieu de l'année 1998, l'Autorité palestinienne ne contrôle toujours que 7 % de la Cisjordanie et de la bande de Gaza, le gouvernement israélien refusant d'effectuer les retraits prévus. Il est donc difficile de dire si les négociations sur le statut final de la Cisjordanie, de Gaza et de Jérusalem permettront aux Palestiniens d'établir leur État aux côtés d'Israël, a fortiori de voir satisfait leur droit au retour (ou à une compensation) reconnu par l'ONU dès le 11 décembre 1948.

Palikur. Peuple amérindien de Guyane française (sur le bas Oyapock et dans les communes de Roura et de Macouria, à proximité de Cayenne) et du Brésil (sur le rio Urucaua, dans l'État d'Amapá) [env. 1 600]

❑ Les Palikur, dont le territoire est une mosaïque de forêt tropicale, de savane, d'igapo (forêt inondée) et de mangrove, sont parvenus à préserver une large palette d'activités : pêche, chasse, cueillette et, surtout, agriculture (manioc) ; leur artisanat (vannerie) est recherché.

Organisés en clans patrilinéaires, ils se répartissent en petites communautés, en contact constant. Si leur emprise sur le milieu naturel est restée satisfaisante, leur culture a été durement affectée (plus notamment que celle des Galibi*) par le contact avec le monde occidental et le zèle missionnaire (pentecôtistes, adventistes).

Leur langue, en assez bonne situation, appartient à la famille arawak.

Histoire. Le noyau historique des Palikur, constitués en ethnie dès le XVIe siècle, se situe dans le nord de l'Amapa, c'est-à-dire dans le territoire naguère disputé entre la France et le Brésil. Le règlement du contentieux en faveur du Brésil, en 1900, mena les Palikur à renforcer leur implantation sur la rive française de l'Oyapock. L'attribution d'une réserve au Brésil, la disposition d'aires protégées du côté français n'ont pas empêché que leurs terres fassent l'objet de convoitises et de spéculation foncière. D'où une paupérisation, menant à l'exode ou aux emplois de manouvriers, contre laquelle ils entendent réagir dans le cadre d'un mouvement de revivalisme. Les Palikur, après un long déclin, sont en croissance démographique depuis les années 1940.

✦ Dénom. [autod.] Palikuyene, Parikwene, Aukwayene.

Pamiri(s). Nom donné à un ensemble de peuples occupant la partie méridionale du Pamir et ses contreforts ; ils se répartissent entre le Tadjikistan (Gorno-Badakhchan), l'Afghanistan (Badakhchan) et, dans une plus faible mesure, la Chine (Xinjiang) et le Pakistan (Malakand) [env. 100 000].

❑ L'élevage et l'agriculture assurent la subsistance de ces petits peuples qui se partagent les (très) hautes vallées. Séparés les uns des autres, ils n'ont que très peu de contacts avec les grandes sociétés qui les entourent : Tadjiks* et Ouighours*. Ils comprennent principalement les Iskoïmi (parlant l'iskoïmi), les Zgamik (parlant le yazgulemi), les Bartangi (parlant le bartangi, ou vartangi), les Xik ou Vaxi (parlant le vaxi), les Rixen ou Ruxni (parlant le rušani), et les Xugni ou Xununi (parlant le šugni). Ce sont autant d'isolats linguistiques (langues pamiriennes) et religieux (chiisme ismaélien).

Alexandre. Selon une conception légendaire que certaines de ces populations reprennent à leur compte, elles descendraient des soldats d'Alexandre le Grand, réfugiés au fond de l'Asie.

Histoire. Les langues pamiriennes sont issues des langues iraniennes parlées en Transoxiane avant la persanisation (formation des dialectes dont est issu le tadjik) de cette région entre le VIe et le Xe siècle. Elles n'ont été préservées, à partir de divers stades de leur évolution, qu'au sein de ces sociétés refoulées dans les montagnes, dont l'autre trait majeur est l'adoption de l'ismaélisme à partir des Xe-XIe siècles. Ce dernier a retrouvé toute son importance identitaire chez les Pamiris du Tadjikistan, dont les liens avec l'Agha Khan, distendus par force à l'époque soviétique, se sont renoués. Durant la guerre civile qui a sévi dans ce pays, en 1992 et au-delà, les Pamiris (2 % de la population) se sont associés aux Tadjiks sunnites des montagnes, formant un camp islamiste parfois dit « pamiri », opposé au camp dit « de Khodjent » (les continuateurs du pouvoir soviétique). La guerre prolongée en Afghanistan n'a pas épargné non plus les Pamiris.

Pano (interfluviaux). Représentants non riverains d'une des principales familles linguistiques de l'Ouest amazonien, ils occupent une aire quasiment ininterrompue qui s'étend du nord au sud sur toute la zone frontalière entre le Pérou et le Brésil, du haut Solimoes au haut Purus, et d'ouest en est de certains affluents de gauche de l'Ucayali jusqu'aux sources du Javari, du Jurua et du Purus. Hors de cette zone principale, il existe une enclave pano à cheval entre le territoire de Rondônia au Brésil et le nord-est de la Bolivie [estim. 20 000].

❑ À la différence des Pano riverains*, les Pano interfluviaux se caractérisent par une extrême atomisation. Celle-ci va de pair avec une ontologie de l'incomplétude qui incitait traditionnellement les différentes factions à entretenir des relations de symbiose belliqueuse avec leurs partenaires adversaires. C'est sans doute ce qui rend compte de la remarquable cohésion linguistique, territoriale et culturelle de cet ensemble pourtant fortement composite, puisque la littérature ethnographique comprend plusieurs centaines de désignations « ethniques ».

Les Pano interfluviaux pratiquent l'agriculture itinérante sur brûlis (manioc doux, bananes, bananes plantain, maïs, palmiers *Bactris*, etc.) et la chasse (avec arc, sarbacanes ou fusils, selon les ethnies et les époques).

Ils vivaient traditionnellement à proximité de petits cours d'eau, dans de grandes maisons communes (*maloca* en espagnol et en portugais) situées au sommet de petites collines et entourées de jardins.

Leur chamanisme tend à être diffus, les praticiens étant rarement des spécialistes. Les principaux rituels sont centrés sur l'imposition des tatouages.

À la différence des riverains, les Pano interfluviaux se dispensaient généralement de tout vêtement (sauf un étui pénien pour les hommes) et appliquaient sur leurs corps et leurs artefacts des motifs relativement simples.

Ces sociétés sont caractérisées par une organisation dualiste et par un système social de type kariera, la distinction entre générations paires et impaires venant se surajouter à la distinction entre moitiés. À l'exception des Pano septentrionaux, virilocaux, la résidence est très généralement uxorilocale.

Répartition. On peut classer les Pano interfluviaux en sept sous-ensembles. Aux extrémités, les Pano septentrionaux, ou Mayoruna (Matses, Matis, Korubo, etc.), les Pano méridionaux (Chacobo, Pacaguara, Karipuna, Kaxarari) et les Pano occidentaux, ou Cashibo (Uni, Cacataibo), constituent autant d'ensembles relativement autonomes et sans doute plus divergents du reste de leur famille linguistique que les quatre autres sous-ensembles : Amahuaca (ou Amawaka), Kaxinawa (ou Cashinahua), Yaminahua (ou Iaminawa, subdivisés en Sharanahua, Mastanahua, Marinahua, Yora, etc.) et enfin Pano « médians » (Marubo, Capanahua, Poyanawa, Remo, Isconahua, Katukina-pano, etc.).

Histoire. Assez tardivement contactés (lors du boom du caoutchouc dans la plupart des cas), les Pano interfluviaux ont cependant très précocement subi les contrecoups de la pénétration blanche, par l'intermédiaire des épidémies importées et des raids esclavagistes menés contre eux par les Pano riverains, qui les considéraient comme des sauvages arriérés qu'il était de leur devoir de « civiliser ».

Pano (riverains). Population d'Amazonie péruvienne, vivant dans des villages dispersés le long du fleuve Ucayali [env. 35 000].

❑ Les Pano riverains – Shipibo et Conibo – tirent l'essentiel de leur alimentation de l'agriculture (manioc doux, banane plantain, aujourd'hui riz) et de la pêche. Les tortues fluviatiles retenues dans de vastes enclos ainsi que l'huile extraite de leurs œufs constituaient une source protéique essentielle, aujourd'hui pratiquement tarie.

Les Pano riverains sont réputés pour leurs chamanes, rangés en plusieurs catégories de prestige inégal (*yube, onaya, mëraya*). À l'instar d'autres populations riveraines de la haute Amazone, mais à la différence des Pano interfluviaux*, ils modelaient les crânes de leurs enfants en forme de mitre et leurs principaux rituels célébraient la puberté féminine. Ils pratiquaient l'excision lors de cérémonies impliquant également la mise à mort d'animaux familiers. Leur mythologie comprend des personnages appelés *Inka*, témoins de contacts anciens avec les sociétés andines.

Les Pano riverains sont strictement uxorilocaux ; ils étaient organisés en clans probablement matrilinéaires. Ils dorment sur des lits plates-formes, plutôt que dans des hamacs comme les Pano interfluviaux.

Art. Ils fabriquent et exportent à travers le monde entier des poteries, des cotonnades (tuniques et jupes) et du bois sculpté, ornés de motifs géométriques complexes.

Histoire. En raison de leur implantation le long d'un des principaux axes de communication de l'Ouest amazonien, les Pano riverains ont été très précocement en contact avec des explorateurs (XVIe siècle), des missionnaires (XVIIe-XVIIIe siècles) puis des commerçants et des colons. Ils ont cependant toujours préservé leur cohésion, d'abord en résistant militairement aux incursions des hispanophones, puis en leur servant de corsaires et en leur livrant des captifs obtenus chez les Pano de l'interfluve.

✦ Dénom. [syn.] Shipibo, Conibo ; les Shetebo constituaient une branche aujourd'hui disparue.

Papago. Tribu amérindienne vivant surtout aux États-Unis (sud de l'Arizona) ainsi qu'au Mexique (Sonora) ; ils sont installés en zone aride, dans des réserves (Papago, San Xavier, Gila Bend) [env. 16 000].

❑ Organisés en clans patrilinéaires à résidence patrilocale, ils vivaient de chasse, de cueillette, tissaient le coton et fabriquaient des boissons fermentées à base de cactus pour leurs besoins rituels. Sous l'influence espagnole, ils se convertirent à l'élevage bovin, devenu aujourd'hui leur activité majeure, avec de notables incidences culturelles (rodéo, etc.). Les Papago sont de bons artisans (vannerie, poterie) ; ils travaillent aussi dans les mines d'or.

Leur religion fait preuve d'un puissant syncrétisme, alliant le culte de saint François Xavier aux croyances anciennes.

Ils appartiennent à la famille linguistique uto-aztèque.

Histoire. Ils se sont jadis séparés des Pima*, « peuple de l'eau », par rapport à qui ils sont le « peuple du désert ». Soumis à la pression apache, ils acceptèrent la présence espagnole mais subirent les effets, à partir du XVIIIe siècle, de la colonisation, à la fois agricole et impulsée par la découverte d'or, qui se poursuivit durant la période mexicaine puis après l'achat de l'Arizona par les États-Unis.

Papel. Peuple du centre de la Guinée-Bissau [env. 200 000 en 1984].

❑ Les Papel sont essentiellement concentrés dans l'île de Bissau (il convient de les distinguer des Mandjaque, souvent dénommés de manière abusive « Papel du Nord »). Ils sont agriculteurs et éleveurs, ainsi que commerçants. Ils vivent en quartiers clôturés correspondant à une famille étendue ; des chefferies de faible importance concentrent le pouvoir traditionnel. Ils sont matrilinéaires, mais patrilocaux ou avunculocaux.

Pour la plupart christianisés, ils parlent une langue de la famille ouest-atlantique.

Histoire. Les microchefferies papel ont fourni l'exemple d'un refus absolu du monde européen (lusitanien en l'occurrence). Les Portugais engagèrent des mercenaires foula pour les soumettre.

✦ Dénom. [var.] Papel, Pepel, Papeis (au pluriel, en portugais).

Parâchi. Peuple de l'Afghanistan oriental (provinces de Parwân et de Kâpisâ), vivant dans les hautes vallées de Shotol, de Ghochulân et de Pachaghân, sur le versant sud de l'Hindoukouch central [env. 5 000].

❑ Agriculteurs et éleveurs de chèvres, les Parâchi ne se différencient de leurs voisins Tâjek (Tadjiks*) ou Pashaï* que par leur langue, qui est avec l'ormuri l'un des deux idiomes composant la famille des langues iraniennes du Sud-Est. Autrefois largement répandu, le parâchi n'est plus parlé aujourd'hui que dans 35 villages de haute montagne, où il est menacé de disparition à brève échéance, tous ses locuteurs étant par ailleurs persanophones et les jeunes répugnant de plus en plus à l'employer.

Histoire. L'islamisation de l'Hindoukouch central à partir du XVIe siècle fut un stade décisif de l'acculturation des Parâchi et du recul de leur langue ; c'est au demeurant le seul épisode de leur histoire que l'on connaisse un peu.

✦ Dénom. [var., vieilli] Parâji, Ferashi, Puraunche(s), Perâncheh.

Pascuan(s). Descendants métissés de la population autochtone de l'île de Pâques, dépendance du Chili [env. 3 000].

❑ Vers 500, des Polynésiens* peuplèrent la petite île située à plus de 3 000 kilomètres de toute terre et la nommèrent *Te pito te Henua*, le « ventre du monde ». Par la suite, ils érigèrent les célèbres statues qui furent jetées à bas au XVIe siècle, et remplacées par le culte de l'homme-oiseau, pratiqué jusqu'au XIXe siècle. La découverte de l'île, le jour de Pâques de l'an 1722, par le navigateur hollandais J. Roggeven, marqua le début d'un processus fatal à la société. Dans le courant du XIXe siècle, plus de 1 000 insulaires furent déportés par les Péruviens pour récolter le guano. Ils furent ensuite renvoyés chez eux, mais, porteurs de maladies, contaminèrent l'île. Un peu plus de 100 personnes seulement survécurent.

Les Pascuans d'aujourd'hui, issus d'intermariages avec les migrants européens et américains, sont tiraillés entre la quête d'un passé perdu et un présent difficile.

Statues. Les statues au faciès particulier (*moaia*) reposaient le plus souvent sur des socles (*ahu*). Plantés non loin des côtes, ces ensembles formaient frontière entre la terre et la mer. C'étaient aussi des mausolées devant lesquels les cadavres étaient exposés avant d'être glissés dans le caveau de l'*ahu*.

Pashaï. Peuple de l'Afghanistan oriental (provinces de Laghmân et de Kâpisâ), vivant dans les vallées du versant sud de l'Hindoukouch central et oriental, entre le Nejrâb à l'ouest et le Konar à l'est [env. 100 000].

❑ Il s'agit d'une population résiduelle voisine des Parâchi* et des Nurestâni*, mais qui s'en distingue par l'appartenance de sa langue, le pashaï, au groupe darde. Son économie et son organisation sociale se rapprochent beaucoup de celles des Nurestâni* mais en diffèrent par les points suivants : la société pashaï se divise en tribus acéphales antagonistes (par exemple les Sum et les Shenganek de Darra-ye Nur) à l'intérieur desquelles l'endogamie patrilignagère semble avoir supplanté assez récemment l'ancienne exogamie ; ensuite, la division sexuelle des travaux agricoles est moins tranchée : les hommes participent largement aux travaux des champs et les troupeaux transhumants sont gardés à l'estivage par des équipes tournantes de bergers qui rentrent régulièrement au village ; enfin, la désorganisation de l'ancien système des castes (*siyal*, agriculteurs, *rayat*, paysans sans terre, et *peishawar*, artisans) est plus avancée, aussi bien en ce qui concerne la spécialisation professionnelle effective que les interdits alimentaires ou matrimoniaux, ou encore la notion de « pureté », qui a totalement disparu.

Les causes principales de ces différences résident d'une part dans la plus grande précocité de l'islamisation, qui a entraîné une usure plus marquée des traits socioculturels préislamiques, et, d'autre part, dans la forte attraction culturelle exercée par les Pashtun*, face à laquelle la langue constitue l'ultime rempart.

Histoire. Partie intégrante du Gandhara, riche en monuments bouddhiques et hindous, le pays pashaï fut profondément hindouisé. La religion préislamique était une religion hindoue très différente des cultes nurestâni. Après une première implantation au XIe siècle, restée très partielle, l'islamisation progressa rapidement à partir de la fin du XVIe siècle. Elle est totale depuis le XIXe siècle.

Art. Le travail du travail du bois est important, dans un style proche du Nurestân mais sans trace de représentation humaine (influence musulmane ou trait culturel darde que l'on retrouve chez les Kalash* ?).

✦ Dénom. [var., vieilli] Pushye, Pushauee ; [syn.] Kohestâni (« montagnards », une appellation qui désigne en fait tout aussi bien leurs voisins Parâchi* et Tâjek*, voire Nurestâni*) ; Dehgâni (« agriculteurs villageois ») ; Laghmâni (désignation géographique à rejeter).

Pashtun. Peuple de l'Afghanistan (Est et Sud surtout) et de l'ouest du Pakistan (North-West Frontier Province et Baluchistan) [env. 20 millions, partagés à peu près à égalité entre les deux pays, et plusieurs centaines de milliers réfugiés en Iran oriental].

❑ Il s'agit d'une population segmentarisée en une nébuleuse de tribus, de clans et de patrilignages, qui s'intègrent tous dans une mégastructure généalogique probablement unique au monde par son ampleur, et prétendument issue d'un seul et même ancêtre mythique, Qaïs Abd-al Rashid, un des premiers compagnons de Mahomet. Cette organisation masque la diversité d'origine des populations pashtun, dans lesquelles un vieux fonds iranien, lui-même hétérogène, a assimilé un grand nombre d'éléments allogènes, turco-mongols et indiens notamment. Un degré élevé de conscience identitaire s'observe toutefois, en dépit d'une diversité culturelle considérable.

En effet ces groupes pashtun n'ont pas de langue commune (le pashtô, langue iranienne du groupe Nord-Est, a parfois été abandonné en Afghanistan occidental au profit du persan). Ils ne pratiquent pas la même religion (l'islam sunnite domine, mais il existe au Pakistan un petit noyau de tribus pashtun totalement ou partiellement chiites). Selon les groupes, on note des variations dans les coutumes (le code d'honneur, dit « pashtun », *pashtunwâli*, la véritable « culture de la vendetta » qu'il exprime et l'égalitarisme fondamental qu'il implique caractérisent surtout les Pashtun orientaux, par opposition aux tribus plus aristocratiques et moins guerrières de l'Ouest), et les genres de vie (aux tribus nomades, toutes plus ou moins en voie de sédentarisation, que l'on ne trouve plus guère qu'en Afghanistan et au Baluchestân, s'opposent les tribus agropastorales villageoises des monts Solaymân). Enfin la culture matérielle n'est pas la même partout : ainsi, le type de tente, de baratte et de selle oppose les Dorrâni aux Ghelzi, qui n'accordent pas les uns et les autres la même importance à la chasse, à l'artisanat, aux activités commerciales et ne portent pas les mêmes vêtements ; la traite est une activité féminine chez les Dorrâni et masculine chez les Ghelzi ; l'habitat fortifié caractérise surtout les Ghelzi).

Sur le plan politique, les rivalités intertribales sont récurrentes, surtout parmi les Pashtun orientaux dans des régions où la pression humaine sur le milieu se fit sentir très tôt (émigration de mercenaires vers l'Inde, dont certains créèrent des dynasties princières ou impériales), entraînant à partir du XIVe siècle de multiples déplacements de groupes entiers. Des alliances stables se sont nouées sous la forme de confédérations, qui épousent les contours tribaux (Dorrâni en Afghanistan du Sud, Ghelzi en Afghanistan oriental, Lôdi), et de ligues (*ghond*) qui ne le font pas.

Histoire. L'existence des Pashtun est attestée depuis l'époque sassanide (IIIe siècle) ; mais les circonstances exactes dans lesquelles l'ethnie a pris son essor, en assimilant de nombreux groupes allogènes, restent obscures. Ce qui est certain, c'est que cette ethnie dynamique et fortement structurée sut profiter du vide politique séparant les Empires moghol et safavide pour se développer et étendre son territoire, notamment aux dépens des Hazâra*. C'est précisément dans cette marche-frontière que, après une tentative, vite avortée, des Ghelzi pour prendre le contrôle de l'Empire perse (1725-1729), les Dorrâni réussirent à créer un Empire pashtun (1747), dont Kandahâr fut la première capitale et dont l'Afghanistan actuel est l'héritier direct. Un peuplement pashtun du Turkestan méridional se mit alors en place. À part deux brefs intermèdes en 1929 et en 1992-1996, les Pashtun ont depuis lors toujours dominé la vie politique afghane. Le mouvement des *tâlebân* (ou « talibans »), qui contrôle actuellement (1998) les deux tiers de l'Afghanistan, est directement issu de leurs rangs et il a symboliquement déplacé le centre politique du pays de Kaboul, capitale de droit, à Qandahâr, capitale de fait, en plein cœur du pays pashtun.

La délimitation d'une frontière entre l'Inde britannique et l'Afghanistan, en 1893, scinda en deux le monde pashtun, selon un tracé qui ne respecte pas les limites tribales. L'évolution ultérieure a été fort différente des deux côtés de la frontière : économiquement, elle a été plutôt favorable aux Pashtun pakistanais mais, politiquement, plutôt favorable aux Pashtun afghans, nettement moins minoritaires dans leur pays (près de 50 % de la population totale) que leurs homologues du Pakistan (13 %). L'espoir de réunification né de la partition des Indes en 1947 ne se concrétisa pas, mais une idéologie panpashtun a subsisté, surtout au sein des élites afghanes. La survivance des migrations pastorales entre l'Afghanistan et la vallée de l'Indus, l'intense activité de réseaux de contrebande transfrontaliers, l'insertion d'un nombre considérable de réfugiés afghans, en majorité pashtun, sur le marché du travail pakistanais depuis 1978 montrent l'existence réelle d'un espace pashtun multinational.

✦ Dénom. [var.] Pachtoun(s), Pashtun(s)/Pakhtun(s), forme pashtô respectivement en dialecte « mou » (méridional) et « dur » (septentrional) ; Pathân(s), forme anglo-indienne ; [syn.] Rohilla(s), forme indienne désignant plus spécifiquement les colonies de mercenaires pashtun (de *Roh*, nom ancien des monts Solaymân) ; Afghân(s)/Awghân(s), forme persane, source de confusion avec le nom des citoyens de l'Afghanistan ; Afghaun(s), vieilli.

Pawnee. Confédération de tribus amérindiennes des plaines du sud des États-Unis, installée dans l'ouest de l'Oklahoma [env. 2 000].

❑ Leur territoire traditionnel était le Nebraska. Ils menaient une existence tantôt nomade, pour la chasse au bison, tantôt sédentaire et agricole dans les villages permanents, qui représentaient les subdivisions des bandes formant une tribu. Leur organisation sociale reposait sur l'existence de clans et de moitiés endogames (cas qui se rencontre rarement).

Leur religion, exigeant le sacrifice périodique d'une jeune prisonnière, reposait sur des connaissances astronomiques extrêmement sophistiquées.

Ils appartiennent à la famille linguistique dite caddoan.

Histoire. Les relations entre les Pawnee et les Blancs furent pacifiques et nombre de Pawnee servirent dans les armées nord-américaines comme éclaireurs pour combattre les Sioux*, leurs ennemis héréditaires.

Pedi. Peuple vivant en Afrique du Sud, principalement dans le Sekhukhuniland, région très vallonnée située dans le nord du Transvaal et marquée par des hivers secs et des étés pluvieux [estim. 200 000].

❑ Les Pedi ont une économie traditionnelle liée à l'agriculture (maïs, millet) et à l'élevage (bovins, chèvres) ; ils travaillent également dans les grands centres urbains.

La société se caractérise par un ensemble d'unités politiques et sociales de base, appelées *kgoro*, et par un pouvoir centralisé représenté par un chef, ou *kgosi*. L'école d'initiation *Kôma*, qui inclut la circoncision, reste le passage obligé des jeunes adolescents, qui deviennent alors adultes responsables. Les Pedi ont pour animal totémique le porc-épic.

Beaucoup pratiquent le culte des ancêtres (*badimo*), qui règnent sur le monde des vivants et se manifestent de préférence dans les rêves.

Ils parlent le sepedi, langue sotho du groupe bantou.

Histoire. Les Pedi habitent la région depuis au moins la seconde moitié du XVIIe siècle. Ils devinrent une grande puissance sous le règne de Thulare, au début du XIXe siècle. Mais la prospérité du royaume fut ébranlée à plusieurs reprises par les incursions des Swazi*, des Zulu* et des Boers, jusqu'en 1879, date à laquelle les troupes britanniques s'emparèrent de l'ensemble du territoire. Une majorité de Pedi fut dépossédée de ses terres, qui devinrent la propriété de colons blancs ou de grandes compagnies privées. Durant la période de l'apartheid, leur territoire fut une des multiples composantes territoriales du Lebowa, bantoustan attitré des Nord-Sotho. Par peur de perdre leurs derniers droits lorsque le régime de Pretoria voulut rendre ce bantoustan indépendant, les Pedi se révoltèrent en 1986, devenant dès lors un des bastions de la résistance antiapartheid.

✦ Dénom. [var] Bapedi.

Pemón. Peuple amérindien du Venezuela (centre et sud-est de l'État de Bolívar) et, marginalement, du Brésil et de la Guyana, occupant la périphérie du mont Roraima et les bassins des rios Caroni et Paragua, en région de savane arborée et de forêt tropicale humide [env. 20 400].

❑ Les Pemón sont constitués de trois sous-groupes, les Kamarakoto, les Arekuna et les Taulipang, ou Taurepan. Ils pratiquent l'agriculture de subsistance, complétée par la chasse, dans un milieu naturel par ailleurs quelque peu dégradé par l'élevage extensif et par de petites exploitations minières (or et diamant). De nombreuses communautés (Arekuna, Kamarakoto) vivent à l'intérieur du Parc naturel de Kanaïma, au Venezuela.

Ils sont organisés en petits groupes locaux, réunions de familles placées sous l'autorité d'un cacique qui assure la médiation avec le monde extérieur. Leur croissance démographique, depuis les années 1970, est rapide.

Leur chamanisme a résisté à l'influence du catholicisme, dont il a absorbé des éléments.

Leur langue (trois dialectes) appartient à la famille linguistique karib.

Histoire. Les Pemón étaient jusqu'à une époque très récente au centre d'un grand réseau commercial indigène allant de la boucle de l'Orénoque à l'Essequibo, en Guyana.

Penan. Désignation générique de bandes aujourd'hui largement sédentarisées de nomades forestiers de Bornéo (Brunei et Sarawak, en Malaisie orientale) [estim. 12 000].

❑ Les différents groupes penan se répartissent en plusieurs ensembles, dispersés dans l'intérieur et vers la côte de Sarawak. Ils ne présentent aucun phénotype négrito ou australoïde qui les distinguerait des ethnies voisines d'agriculteurs. Dans les régions montagneuses, ils occupent une niche écologique particulière, en amont des villages kayan et kenyah.

Traditionnellement, les Penan chassent sangliers, cervidés et singes à la sarbacane et à l'aide de chiens, pêchent et collectent les plantes, les fruits et divers produits forestiers, qu'ils échangent contre des biens manufacturés, du sel, du sucre, etc. Le palmier sagoutier joue un rôle important dans leur alimentation. La division sexuelle du travail est l'un des fondements de leur organisation socio-économique.

Les Penan forment des bandes de taille variable oscillant entre 25 et 75 personnes. L'habitat des nomades consiste en huttes surélevées, plus rarement en huttes sur sol avec un plancher de bois ; des abris pare-vent sont parfois utilisés pendant les séjours en forêt profonde.

La parenté, cognatique, met l'accent sur l'âge, le sexe et la proximité généalogique. Les Penan font un usage fréquent de tektonymes (« père de X », « mère de X ») et surtout de nécronymes (noms de défunts) : ils en emploient plus d'une trentaine, préfixés au nom personnel des individus.

Leur ancienne religion, fondée sur les augures (fournis surtout par les oiseaux) et un panthéon distinct, a fait place à l'*adat bungan*, emprunté aux Kenyah*-Kayan*, et, par la suite, au christianisme.

Leurs langues font partie de la branche malayo-polynésienne de l'austronésien occidental. Les Penan de l'intérieur – Penan de l'Est (Brunei et affluents du haut et moyen Baram : en tout 40 communautés) et Penan de l'Ouest (fleuve Baluy, rivière Silat, haute rivière Tinjar : 18 communautés) – parlent des isolectes proches classés dans le groupe kenyah. Les Penan complètement sédentarisés – dès la première moitié du XIXe siècle pour ceux de la région côtière à Niah, à Suai et à Buk – et les groupes vivant entre les rivières Kemana, Bakong et basse Tinjar (15 communautés) montrent de nombreuses différences. Ils semblent apparentés aux groupes linguistiques rejang-baram et kenyah.

Temps récents. Une nouvelle vague de sédentarisation a débuté dans les années 1960. Les Penan qui se sont ainsi fixés en villages ont adopté la longue maison de leurs voisins Orang Ulu (Kayan, Kenyah, Kajang) et en partie l'essartage du riz sec, mais ils ont maintenu une idéologie égalitaire et des rapports sociaux particuliers ; ils continuent à chasser et à collecter des produits forestiers. Ils vendent leur vannerie. Il ne reste environ que 400 Penan nomades dans le bassin du Baram, répartis en onze bandes, tandis qu'un groupe du Baluy, les Penan Gang, maintient un style de vie semi-nomade.

✦ Dénom. [syn.] Orang Ulu, Pennan.

Pende. Peuple du sud de la République démocratique du Congo (Bandundu, Kasaï occidental) vivant dans la savane, depuis les rives des rivières Kwilu et Lutshima jusqu'à celles de la Kasaï, en aval de Tshikapa ; un groupe est établi en Angola [estim. 650 000].

❑ Les Pende cultivent le mil, le maïs, le manioc et l'arachide et élèvent du petit bétail (principalement des chèvres et des porcs) ; ils ravitaillent les centres urbains voisins. Autrefois florissante, la production d'huile de palme continue d'assurer des revenus complémentaires dans une région désormais vouée à l'exploitation du diamant.

Les Pende sont organisés en groupes de parenté matrilinéaires, avec mariage virilocal. Traditionnellement, un village se compose des hommes d'un ou de plusieurs segments d'une lignée matrilinéaire et de leurs épouses. Il revient au chef d'un segment de maintenir l'harmonie entre les membres du groupe et de veiller au culte des ancêtres. Ces segments forment des clans, eux-mêmes regroupés en une multitude de chefferies.

La plupart des Pende sont christianisés ; ils conservent néanmoins leurs croyances, fondées sur le culte des ancêtres et la sorcellerie.

Leur langue bantoue, le *kipende*, conserve un usage local, parallèlement aux langues nationales et au français.

Art. Les Pende sont célèbres pour leurs masques, notamment les masques *mingaji* (disques en vannerie ornés de plumes sur leur pourtour et pourvus d'yeux ronds), qui sont liés aux rites de circoncision où ils représentent les ancêtres.

Histoire. Venus d'Angola vers le XVIIIe siècle,

les Pende devinrent pour la plupart tributaires d'une aristocratie lunda*. Vers 1890, ils eurent à subir les invasions des Tshokwe*, qu'ils repoussèrent progressivement, jusqu'à ce que les Européens y mettent définitivement fin. Au cours de la période coloniale, ils ont été employés pour l'exploitation du caoutchouc puis de l'huile de palme (notamment par le groupe Lever, qui donna naissance à la multinationale Unilever). Leur soulèvement, en 1931, contre une exploitation accrue ainsi que contre le déplacement et le regroupement des villages pour combattre la maladie du sommeil, fut durement réprimé. Trois ans après l'indépendance, en 1963, les Pende participèrent à une insurrection paysanne d'inspiration maoïste, menée par Pierre Mulele, qui se prolongea jusqu'en 1968.
✦ Dénom. [syn.] Bapende, Apende, Phende, Masindji, Masanji.

Peul(s) → Fulbe

Piapoco. Peuple amérindien de l'est de la Colombie (Meta, Guainía, Vichada), vivant dans les plaines herbeuses des *Llanos orientaux* entre les fleuves Vichada et Guaviare ; il dispose de six *resguardos*, ou réserves [env. 4 600].
❑ La principale activité des Piapoco est la culture du manioc et du maïs ; ils pratiquent également l'élevage d'animaux de basse-cour ; la chasse et la pêche à la ligne sont des activités secondaires.
Les objets d'artisanat les plus remarquables sont les miniatures d'argile (tasses, pots), les paniers décorés et les filets de fibres qui sont vendus au marché.
L'organisation locale et supralocale, patrilinéaire, est articulée par une exogamie clanique avec les Sikuani et les Sáliba. L'oiseau *piapoco* est l'animal éponyme du peuple. L'organisation familiale étendue est fondée sur l'autorité du beau-père. L'une des croyances essentielles réside dans la légende de l'arbre *Kaliawiri*, arbre originel d'où sont nées toutes les plantes comestibles. Seul un homme ou une femme âgés peuvent devenir chamanes, après un entraînement difficile impliquant le jeûne, l'abstinence sexuelle, certaines ablutions, etc. Selon le mythe de la création, le créateur *Furna Minali* a rendu la terre habitable en chassant *Kemeine*, l'anaconda cannibale, vers le ciel, où ce dernier est devenu la Voie lactée.
Histoire. Seuls membres de la famille linguistique arawak dans cette région avec les Achagua, dont ils sont très proches, les Piapoco sont originaires de l'Orénoque, d'où ils ont probablement apporté la culture du manioc.
✦ Dénom. [syn., anc.] Enagua ; [syn.] Yapaco, Cuipoco, Dzase, Dejá (nom donné par les Sikuani et les Cuiba*) ; [autod.] Wenaiwice.

Piaroa. Peuple amérindien du Venezuela (États de Bolivar et d'Amazonas) et, marginalement, de Colombie, vivant sur le moyen Orénoque et les rios Cuao, Parguaza, Sipapo, Mataveni, etc., en milieu de forêt tropicale pour l'essentiel [env. 13 000].
❑ Les Piaroa, en forte croissance démographique, sont aujourd'hui partiellement sédentarisés et regroupés en villages au contact de la société créole. Ils pratiquent l'agriculture sur brûlis (manioc, maïs, patate douce) et un peu d'élevage. Leur économie intègre aussi la chasse aux tapirs, cervidés, etc., pratiquée jadis à la sarbacane et à la lance, la pêche au piège et au harpon et la cueillette. Ce mode de vie est menacé par l'écotourisme et la colonisation agricole.
Dans les communautés peu acculturées, les familles élargies, pourvues chacune d'un chef, vivent dans des maisons collectives de forme conique ou rectangulaire. L'endogamie caractérise ces communautés.
Les Piaroa ont de puissants chamanes, et vivent en alliance avec diverses déités des forêts. Des masques représentant ces déités interviennent dans leur vie rituelle. Les missions salésiennes et évangéliques ont pris une importance réelle depuis vingt ans bien que, paradoxalement, elles aient permis l'émergence de jeunes militants conscients de leur identité. Ils parlent une langue de la famille linguistique saliva, et restent majoritairement monolingues.
Curare. Les Piaroa furent de grands producteurs de ce poison qui était colporté jusqu'en actuelle Guyana.
✦ Dénom. [autod.] Wothuha.

Pilagá. Groupe amérindien d'Argentine (province de Formosa), vivant à proximité du fleuve Pilcomayo [estim. 5 000].
❑ Actuellement sédentarisés, et employés pour des activités agricoles à temps complet ou partiel, les Pilagá étaient chasseurs-récolteurs et pêcheurs nomades. Leurs bandes, composées d'un ensemble de familles étendues, étaient placées sous l'autorité de

chefs qui héritaient de leur fonction (mais étaient contrôlés par un conseil d'anciens) et pouvaient être polygames. L'adoption du cheval au XVIIe siècle renforça leur pouvoir. Le chamanisme traditionnel tend à se lier de façon syncrétique au protestantisme (pentecôtisme surtout). La langue pilagá appartient à la famille guaycurú, comme celle des Toba* dont ce groupe est proche même s'il se considère comme distinct.

Pima. Tribu amérindienne vivant aux États-Unis, dans des réserves de l'Arizona (Gila River, Salt River, Ak-Chin) et au Mexique (dans les États de Sonora, Chihuahua et Durango) [env. 15 000].

❑ Les Pima, comme les Papago*, descendent d'une culture présente, dès avant l'ère chrétienne, le long des rivières Gila et Salt. En 1694, les Espagnols les trouvèrent organisés en grands villages, dont les chefs étaient choisis pour leur compétence ; assistés d'un conseil, ils assuraient le contrôle des récoltes et la protection contre les raids apaches. Les chefs de village élisaient un chef de tribu. L'unité de base était la famille étendue.

Les Pima, « peuple de l'eau », se mirent avec succès à la culture irriguée du blé, qu'ils vendirent aux Blancs, et leur économie connut un âge d'or après la cession de l'Arizona aux États-Unis (1853). Mais, à la fin du XIXe siècle, les colons nouvellement installés accaparèrent l'eau du Gila, ce qui, avec la construction ultérieure du barrage Coolidge, ruina l'économie des Pima et déstabilisa leur société. Aujourd'hui, touchés par un fort taux de chômage et cherchant des emplois hors des réserves, ils restent partiellement cultivateurs (coton réputé) et artisans (vannerie, poterie).

Ils sont christianisés (protestantisme presbytérien surtout) et, pour l'essentiel, apparaissent très acculturés.

Leur langue, de la famille uto-aztèque, survit mais le bilinguisme avec l'anglais ou l'espagnol est généralisé.

Pipil. Communautés amérindiennes de l'ouest du Salvador, vivant dans les vallées côtières et sur les contreforts de la chaîne volcanique.

❑ Issus des migrations nahua qui supplantèrent localement les Maya au XIe siècle, les Pipil formaient à l'arrivée des Espagnols quatre groupes, dont les Izalco et les Nonualco, organisés en chefferies. Représentant encore un tiers de la population du pays au moment de l'indépendance, ils subirent après celle-ci un ethnocide systématique. Outre la constante persécution de l'identité indigène, des massacres répondirent aux révoltes nonualco (1830) et izalco (1932). Les tentatives de revitalisation de la culture et de la langue amorcées dans les années 1970 furent interrompues par la guerre civile et, malgré les accords de paix de 1992, ces communautés restent traumatisées et quasi clandestines. Le potentiel de renouveau des traditions et de maintien de la langue s'amenuise. Aucune évaluation démographique n'est possible.

Polynésien(s). Population répartie dans les îles du Pacifique sud, à l'intérieur du « triangle polynésien » (dont les sommets sont Hawaii, enfin, l'île de Pâques et la Nouvelle-Zélande).

❑ La Polynésie comprend de nombreux archipels regroupés en différents ensembles : la « Polynésie occidentale » (Tonga, Samoa, Wallis-et-Futuna) ; la « Polynésie orientale » (la Société, les Marquises, les Tuamotu, les Gambier, les Australes, Hawaii, l'île de Pâques et la Nouvelle-Zélande) ; entre les deux, ce qui peut être appelé la « Polynésie intermédiaire » (Niue, Cook, Tokelau, Tuvalu, Phoenix) et enfin l'ensemble très dispersé dit « Polynésie marginale » (dont Anuta Tikopia, Ontong Java...).

Ces archipels forment des entités politiques de nature différente selon leurs histoires coloniales respectives : certains sont des États indépendants, comme la Nouvelle-Zélande et Tonga ; la plupart, comme les îles Cook, les Samoa américaines, l'île de Pâques, la Polynésie française connaissent diverses formes de tutelle ; Hawaii est l'un des États des États-Unis.

Les Polynésiens sont des horticulteurs (ignames, aroïdes, bananes, arbre à pain) et des éleveurs (porcs et volaille). Leur alimentation repose en grande partie sur la pêche.

Les études archéologiques, linguistiques, technologiques, sociologiques (dont la morphologie sociale) et les traditions orales polynésiennes qui nous sont connues établissent la souche commune de ces sociétés. Si ces dernières se sont progressivement différenciées les unes des autres du fait de l'isolement et de la diversité des conditions de vie, développant de nombreux particularismes, elles ont cependant conservé un certain nombre de traits fondamentaux : des systèmes de parenté cognatiques et classificatoires, la transmission de la terre d'un ancêtre à tous ses descendants par le père et par la mère, des groupes résidentiels fondés sur la parenté et organisés selon le principe de l'ancienneté relative. Ce principe s'appuie sur le statut respectif des parents et la position de chaque enfant dans la fratrie, l'âge relatif déterminant l'aînesse, la distinction de sexe reconnaissant la supériorité de la sœur sur le frère. Il attribue idéalement à chacun un rang dans la société selon un continuum incluant les « déités » (dont les ancêtres), les « chefs » (conçus comme des dieux vivants) et le reste de la population, donnant à ces sociétés une configuration de type « conique »). Beaucoup de sociétés polynésiennes ont cependant développé des ordres sociaux assez cloisonnés, où se distinguent des « chefs », des « prêtres », des « assistants cérémoniels », des « artisans spécialisés ».

La « chefferie » polynésienne se caractérise par une gradation de positions et/ou de titres, qui ne sont normalement transmissibles que dans la descendance de leur détenteur originel suivant les principes de la primogéniture ou de l'ancienneté relative en ligne paternelle (ce qui explique que l'on parle parfois de « lignages » en ce qui les concerne), mais qui trouvent leur développement et leur soutien chez les collatéraux cadets (ces ensembles forment des « ramages »). Les capacités personnelles d'un prétendant, éventuellement son ambition et sa valeur guerrière ainsi que le soutien de son entourage peuvent cependant être déterminants au point de l'imposer contre cette règle. La nature des chefs leur confère un caractère sacré, interdit (*tapu*) qu'ils peuvent étendre à ce qu'ils touchent. Elle est aussi pour eux une source d'efficacité (*mana*) et de prospérité (*manu'ia* en Polynésie occidentale), dont profitent tous leurs dépendants.

Lors des prestations cérémonielles, les vivres fournis par les hommes et les biens de valeur – principalement les nattes fines et les étoffes d'écorce battues (*tapa*) fabriquées par les femmes, ainsi que certains éléments de parure – circulent en grande quantité, activant les relations sociales sur de vastes échelles, confirmant la place de chacun et renouvelant rituellement la société. La cérémonie du *kava* joue un rôle capital de ce point de vue dans les sociétés de Polynésie occidentale.

Histoire. Le peuplement de ces îles fut entrepris à partir de Fidji au IIe millénaire avant J.-C. par une population d'origine austronésienne, qui, originellement partie de Taïwan ou du sud-ouest de la Chine au Ve millénaire avant J.-C., migra durant plusieurs milliers d'années à travers l'Indonésie et la Mélanésie actuelles (apportant avec elle animaux, semences et boutures). En dépit de quelques contacts antérieurs, ces sociétés ne furent connues des Occidentaux qu'à partir de la fin du XVIIIe siècle et du début du XIXe. Elles furent alors colonisées et intensivement évangélisées (par des protestants de différentes obédiences et par les catholiques), abandonnant totalement leurs anciennes croyances et, pour certaines, une grande partie des valeurs qui les structuraient.

Pomo. Ensemble de groupes amérindiens des États-Unis (nord-ouest de la Californie) [env. 5 000].

❑ Les Pomo du Nord (chasseurs, pêcheurs et cueilleurs) et du Sud (vivant des ressources de la mer) étaient divisés en clans et en moitiés, ceux du Centre (chasseurs, pêcheurs, collecteurs de glands) avaient une organisation sociale assez lâche. En contact avec les Espagnols à la fin du XVIIIe siècle, les Pomo subirent les effets de la ruée vers l'or de 1849, puis furent déportés en 1856 dans des réserves dont la suppression (jusqu'à un rétablissement partiel), les laissa sans terre. Ils vivent aujourd'hui du travail saisonnier (cueillette des fruits) et de leur artisanat (vannerie surtout). Ils sont christianisés, avec persistance, voire regain, de leurs anciennes traditions.

Leur langue, comprenant plusieurs dialectes, appartient au groupe hokan.

Ponca. Tribu d'Indiens de la prairie nord-américaine, installée dans l'Oklahoma et le Nebraska [env. 2500].

❑ Partis, selon la légende, de la côte atlantique, les Ponca émigrèrent vers l'ouest en compagnie d'autres groupes dhegiha (Osage*, Kansa* et Quapaw) jusqu'au Missouri, puis se dirigèrent vers le Minnesota, où ils subirent la pression des Sioux*. Organisés en clans patrilinéaires, ils étaient agriculteurs (maïs) et chasseurs de bisons.

Ils appartiennent au groupe dhegiha de la famille linguistique sioux.

Pshav. Montagnards de Géorgie orientale, installés désormais pour la plupart en Kartli et en K'akheti. Leur foyer historique occupait la vallée de l'Aragvi de Pshavi, dans le nord-est du pays. Ce territoire (550 km^2) est encadré par la P'irikiti Khevsureti au nord, par la Kartli au sud, par la Gudamaq'ari-Mtiuleti et la P'ira-ket Khevsureti à l'ouest et par la Tusheti à l'est. L'altitude oscille entre 1 000 et 3 000 mètres. Le découpage administratif soviétique a rattaché cette région ainsi que la Khevsureti à la plaine [env. 6 000].

❑ L'économie en Pshavi repose sur la production de produits laitiers issus de l'élevage bovin, complétée par l'agriculture et l'élevage ovin.

Le clan patrilinéaire était la structure de l'organisation sociale des Pshav ainsi que de leurs voisins Khevsur* et Tush*, la population pshav étant divisée en douze thèmes (unité clanique). Les Pshav ainsi que les Khevsur ont développé un système religieux particulier qui fait leur spécificité au sein de l'ensemble chrétien orthodoxe géorgien.

Littérature. Les Géorgiens associent les Pshav à la poésie et à Vaja Pshavela (1861-1915), considéré comme l'un des plus grands écrivains géorgiens. L'un des thèmes favoris de la poésie pshav est la coutume du *c'ac'loba*, absente chez les montagnards voisins (qui la leur ont parfois empruntée). C'est la relation libre, avant le mariage, entre deux jeunes d'un même village ou d'un même clan. Cette union contredit les règles du mariage en vigueur dans les montagnes, qui reposent sur l'exogamie de clan renforcée par l'interdit de mariage dans un même village. Elle est donc éphémère et souvent tragique.

✦ Dénom. [var.] Pšav.

Pueblo. Ensemble de tribus amérindiennes du sud-ouest des États-Unis (Nouveau-Mexique, Arizona) [env. 55 000].

❑ On distingue les Pueblo de l'Est (Tewa, Tiwa, Towa, Keres), qui vivent sur les rives du Rio Grande et de ses affluents, les Zuñi*, qui vivent à la frontière de l'Arizona et du Nouveau-Mexique, et les Pueblo de l'Ouest (Hopi*), installés dans la région du Petit Colorado, en Arizona.

Les Pueblo ont en commun de vivre dans des villages permanents (« pueblos »), aux hautes maisons d'adobe serrées les unes contre les autres, et de former, par-delà la diversité des modes d'organisation, des communautés très soudées.

Par tradition, ils sont agriculteurs (maïs, haricots, courges), maîtrisant des techniques aussi variées que sophistiquées. Ceux du Rio Grande traquaient aussi le cerf et l'antilope dans les montagnes, tandis que ceux de l'Est allaient chasser le bison dans les Plaines. Ils excellaient en outre dans la vannerie et la poterie. Ayant appris des Espagnols le tissage et l'orfèvrerie, les Pueblo ont développé une économie en grande partie dépendante de l'artisanat, en liaison avec le tourisme.

Dans leur majorité rebelles à la christianisation, les Pueblo, qui s'estiment issus d'un peuple originel venu de dessous la terre, s'efforcent de maintenir le lien essentiel entre les humains, les morts (*katchina*) et les dieux. Certaines cérémonies peuvent être montrées aux regards extérieurs (comme la danse des Serpents) mais les rites fondamentaux sont célébrés dans le secret de leurs chambres souterraines (*kiva*).

En dépit de leur relative homogénéité culturelle, les Pueblo appartiennent à trois familles linguistiques distinctes, pénutian (Zuni), uto-aztèque (Hopi) et tanoan (Tewa, etc.).

Histoire. Les Pueblo sont très vraisemblablement les héritiers des cultures Mogollon (de – 500 à 700 apr. J.-C.) et Anasazi (à partir de – 100) qui ont laissé en témoignage de nombreuses ruines et habitations troglodytes. Du VIIIe au Xe siècle, ils vécurent dans les actuels États de l'Utah, du Colorado, de l'Arizona et du Nouveau-Mexique, dans de petits villages perchés sur le rebord des *mesa*, avant de connaître un âge d'or marqué par leur expansion en colonies sur un vaste territoire s'étendant jusqu'au Texas, au Nevada, au Kansas, et par l'érection de vastes complexes architecturaux, comme Wupatki (Arizona) ou Mesa Verde (Colorado) aux célèbres *cliffs-dwelling*. À partir du XIIIe siècle, cet habitat grandiose fut abandonné pour des raisons mal éclaircies, peut-être liées à des variations du climat, et les Pueblo connurent une longue période de déclin, qui se poursuivait quand les Espagnols entrèrent en contact avec eux en 1540, menaçant leur culture, tentant de les soumettre et de les christianiser, mais introduisant chez eux l'élevage (moutons, chevaux), l'orfèvrerie et le tissage. En 1680, les Pueblo se révoltèrent et parvinrent à tenir les Espagnols à l'écart durant douze années. Au XIXe siècle, ils subirent de la part des Américains de fortes pressions à l'assimilation, qui, jointes au confinement dans des réserves et aux accaparements territoriaux, les menèrent à fonder en 1922 un conseil général (*All Pueblo Council*), qui veille à leurs intérêts globaux.

Puinave. Peuple amérindien de l'est de la Colombie (Guainía, Vichada), établi le long du fleuve Inírida et de ses affluents, le long de la frontière avec le Venezuela (Amazonas) et le Brésil (Amazonas), dans les plaines herbeuse ; il dispose en Colombie de sept *resguardos*, ou réserves [env. 5. 300]

❑ L'activité principale des Puinave est la culture du manioc, mais ils pratiquent aussi la chasse (à la sarbacane, à l'arc ou à la carabine), la pêche (à la ligne, au harpon et au bouillon) et la cueillette. Les hommes et les femmes sèment, seules ces dernières récoltent. Les Puinave font notamment l'échange des produits de leur chasse contre du curare avec les Kurripako*, les Piaroa* et les Makiritare*.

Les hameaux se composent de cinq à six familles nucléaires, qui forment une famille élargie, mais l'habitat est individuel. Les Puinave pratiquent l'exogamie. Leur système de parenté est de type iroquois et la descendance patrilinéaire. La résidence est matrilocale, jusqu'à ce que le mari ait rendu un service à son beau-père : elle devient alors virilocale. Un *capitán* représente la communauté auprès des autorités colombiennes.

Quatre catégories de chamanes (payés) remplissent les fonctions religieuses et médicales ; le plus puissant a « tous » les pouvoirs sur la maladie et la mort. L'évangélisation, en partie facilitée par la préexistence dans cette population de mythes messianiques (comme chez les Kurripako), a mis fin aux rituels associés au cycle de la nature.

Leur langue fait partie du groupe makú-puinave de la famille tukano. Les jeunes pratiquent aussi l'espagnol.

Histoire. Le premier contact remonte à 1650, avec l'arrivée des jésuites, suivis des franciscains, des dominicains et des capucins. Le boom du caoutchouc et une épidémie de tuberculose ont poussé les Puinave vers la forêt, où ils ont été rattrapés par les évangélistes des *New Tribe Missions*, en 1963. La sédentarisation qui s'en est suivie a eu pour corollaire l'épuisement progressif des sols autour des zones d'habitat.

✦ Dénom. [syn.] Guaipuinave, Caberre.

Pumi. Peuple de Chine (principalement Yunnan), habitant une zone tempérée de hautes montagnes située à l'extrémité orientale de l'Himalaya [env. 25 000].

❑ Vraisemblablement originaires d'une région située en bordure du plateau tibétain, à la lisière des provinces du Qinghai, du Gansu et du Sichuan, les Pumi continuent d'accorder une place importante à l'élevage des chevaux, aux côtés de l'agriculture et de la collecte des champignons à usage commercial. Ils sont présents au Yunnan depuis le XIIIe siècle, période à laquelle ils paraissent avoir servi à plusieurs reprises de mercenaires pour le compte des Mongols*. Leur religion, de type polythéiste et animiste, empreinte d'éléments du bouddhisme lamaïque, est marquée par l'importance du culte ancestral et des rites célébrés en l'honneur des divinités des montagnes. Ils sont de langue tibéto-birmane.

✦ Dénom. [syn., anc.] Xifan, Baju.

Punan. Nom sous lequel on regroupe l'ensemble des groupes nomades ou anciennement nomades, pas nécessairement apparentés, vivant dans les régions montagneuses du centre de Bornéo, dans la zone forestière équatoriale, à cheval sur la Malaisie, l'Indonésie et Brunei [env. 25 000].

❑ Traditionnellement, l'économie de subsistance des Punan reposait, et repose toujours pour les groupes qui restent nomades ou semi-nomades, sur la chasse (à la sarbacane) et la collecte des produits de la forêt, avec un régime alimentaire basé sur le sagou et le sanglier ; des résines, des pierres de bézoard, du damar, du camphre, des poisons élaborés, ainsi que des paniers et des sarbacanes sont troqués ou vendus aux agriculteurs Dayak* ou directement aux commerçants chinois. Aujourd'hui, la plupart des Punan sont sédentarisés. Installés à côté des Dayak, ils adoptent pendant une plus ou moins longue période, le processus de sédentarisation étant progressif, une double économie mêlant essartage, horticulture et collecte des produits de la forêt.

La parenté est cognatique et la monogamie est l'usage. Les huttes abritent les familles nucléaires. Les Punan sont constitués en bandes, groupes de 20 à 50 personnes, égalitaires, instables et autrefois endogames. Aujourd'hui, des liens matrimoniaux lient même les nomades aux sédentaires dayak.

La religion traditionnelle animiste a été mise à mal par la sédentarisation, menant à l'adoption de la religion des Dayak (qui varie selon les groupes), et maintenant du christianisme pour la majorité d'entre eux.

Les langues se répartissent en deux types. La majorité appartient au groupe linguistique kayan-kenyah. Les autres font partie du groupe Rejang-Baram. Toutes relèvent de la branche malayo-polynésienne ouest de la famille austronésienne.

Histoire. Jusqu'à la pacification et à la fin de la chasse aux têtes vers 1925, les nomades en

furent tantôt victimes tantôt acteurs (comme guides au service des Dayak). Aujourd'hui, le nomadisme est en voie de disparition, pour plusieurs raisons : volonté des États de contrôler ces populations, désir des agriculteurs de fidéliser ces partenaires commerciaux et dévalorisation sociale de ce mode de vie. Le processus de sédentarisation bouleverse l'organisation économique et sociale des Punan : les maisonnées s'agrandissent, la stratification sociale apparaît, et ils sont davantage encore exploités.
✦ Dénom. [syn.] Penan (à Sarawak), Bukit, Bukat, Bekatan, Ot, Ut, Basap.

Puyuma. Peuple du sud-est de Taïwan, vivant dans la plaine de Taitung [env. 8 000].
❑ Le terme Puyuma revêt plusieurs significations. Il désigne un ensemble composé de deux groupes apparentés par la langue mais en relation d'hostilité : les Katipul et les Puyuma proprement dits.
Les Puyuma sont horticulteurs et chasseurs. La territorialité est chez eux une composante majeure. Chaque individu appartient à un village, à une moitié et à une maisonnée qui est celle dans laquelle ses parents résident au moment de sa naissance. Un peu plus tard, il est rattaché, selon la décision de ses parents, au groupe rituel de la maison des ancêtres de son père ou de sa mère. La filiation est indifférenciée et la résidence était autrefois plutôt uxorilocale. En général, la fille aînée hérite de la maison et des biens ; il lui revient de loger ses cadettes et cadets ainsi que leurs foyers. Les Puyuma ont développé un authentique système d'âge qui est le lieu par excellence du politique. Les guerres avec les groupes voisins et les rites de passage étaient l'occasion d'expéditions de chasses aux têtes. Des femmes chamanes, des prêtres et des devins « bamboumanciens » assurent l'union sociocosmique de la société. Les Puyuma sont aujourd'hui minoritaires dans leurs villages. Ils parlent une langue austronésienne.
CHAMANESSES. Les femmes chamanes sont toujours très actives. Il n'est pas rare de les voir dans les avions des lignes intérieures, se rendant chez les émigrés des grandes métropoles pour y accomplir un rituel alors qu'elles ne parlent ni chinois ni taïwanais.
HISTOIRE. Les chroniques chinoises témoignent de la vitalité passée des Puyuma ; ces derniers étaient devenus au XVIIIe siècle les maîtres d'une grande partie du sud-est de l'île. En 1722, l'empereur Kanghsi des Ch'ing requit l'aide d'un Puyuma, Pinadai, pour capturer deux hors-la-loi. Après la reddition de ceux-ci, l'empereur donna à Pinadai le titre de « Grand Roi de Peinan » et le nomma également gouverneur de l'est et du sud de l'île.

Pygmée(s). Terme désignant plusieurs ethnies dispersées en Afrique équatoriale, qui portent des noms différents, parlent des langues appartenant à plusieurs familles linguistiques, mais présentent quelques caractéristiques communes [estim. 200 000].
❑ Mobiles, la plupart des Pygmées vivent – ou vivaient naguère – de chasse et de collecte, sans agriculture ni élevage, généralement dans le bloc forestier du bassin congolais. Leur musique, essentiellement vocale, se caractérise par d'amples polyphonies complexes, certaines voix chantant en yoddle. Tous les Pygmées entretiennent des relations socio-économiques intenses avec les populations d'agriculteurs sur brûlis qui les entourent.
Quelques groupes vivent dans les savanes périforestières, au nord et au sud de l'Équateur (Cameroun, République démocratique du Congo), ou dans les régions montagneuses du Rwanda. Les principaux groupes sont, d'ouest en est : les Ba.Gyeli (ou Ba.Kola) et les Medzan (Cameroun), les Baka* et Bangombe (Cameroun, Gabon, Congo), les Ba.Bongo (Gabon), les Ba.Kola (Gabon, Congo), les Ba.Aka* et Ba.Mbenzele (Centrafrique, Congo), les Ba.Twa*, Ba.Cwa et Ba.Mbuti (République démocratique du Congo), les Ba-.Twa* (Rwanda). Sous le nom de Ba.Mbuti sont regroupés aussi les Efe, les Asua et les Ba.Kango.
L'ensemble de ces groupes subit de nos jours des changements de mode de vie importants.
→ **Aka, Baka, Twa**

q

Qawasqar. Société amérindienne du Chili austral, qui occupait les côtes des îles et du continent, du golfe de Peñas jusqu'au détroit de Magellan ; elle est regroupée depuis 1972 à Puerto Edén, sur la côte orientale de l'île de Wellington [quelques dizaines].

❑ Environ 4 000 au début du siècle, les Qawasqar ont, comme les autres Fuégiens (Yámana et Chono, éteints), été décimés par les épidémies. Sédentarisés et métissés, ils sont parvenus au bord de l'effacement.

Nomades, sans autre organisation que familiale, ils passaient l'essentiel de leur vie sur leurs canoës, pêchant, chassant les mammifères et les oiseaux marins, récoltant les fruits de mer. Les femmes, censées avoir une grande résistance à l'eau froide, plongeaient avec un panier entre les dents pour récolter les différents types de moules accrochées aux pierres ; les chiens, considérés comme des membres de la famille, plongeaient et aidaient les femmes et les enfants à diriger les poissons vers les rivages, où les hommes les ramassaient à la main ou les assommaient à l'aide de bâtons. Les Qawasqar croyaient en un dieu créateur unique. Leur langue, presque éteinte, formait une entité distincte au sein de l'ensemble linguistique fuégien.

✦ Dénom. [syn. vieilli] Alakaluf.

Qiang. Peuple de Chine (Sichuan, notamment dans le district autonome qiang ou de Maowen), installé sur le rebord oriental du plateau tibétain [env. 110 000].

❑ Les Qiang sont agriculteurs (essartage, culture commerciale des plantes médicinales) et éleveurs (ovins). Ils révèrent, outre leurs ancêtres, de nombreux dieux et esprits ; une minorité d'entre eux est lamaïste. Leurs dialectes (mawo au nord, taoping au sud) appartiennent à la famille tibéto-birmane.

Art. Ils excellent dans le chant et la danse, dans la broderie, et sont connus pour leurs constructions (tours en pierre).

Histoire. Les Qiang descendraient directement des peuples Qiang de la Chine ancienne qui peuplèrent le Tibet et contribuèrent à former, au XIe siècle avant notre ère, l'empire des Xia occidentaux, entre le Qinghai et le Gansu ; du IVe au XIIIe siècle, ils auraient migré vers le Sichuan. Leur culture, assez préservée, est néanmoins menacée : les Qiang sont en effet minoritaires par rapport aux Han* dans une région au sous-sol très riche et jusqu'ici peu exploité.

✦ Dénom. [var.] Kiang.

Quechua. Groupe amérindien – plus ou moins métissé, selon les endroits, avec des Européens – du Pérou (départements de Lambayeque, Amazonas, San Martín, Ancash, Huánuco, Pasco, Junín, Lima) et de Bolivie (départements de La Paz, Cochabamba, Oruro, Sucre et Potosí), occupant les vallées interandines et les steppes d'altitude. Les locuteurs du quechua représentent (très) approximativement 15 % de la population péruvienne et 20 % de la population bolivienne.

Généralités. → Aymara

La langue quechua. Désignée par ses locuteurs comme *kichwa* (à Cuzco et dans le centre du Pérou), *qhiswa* (à Cuzco et en Bolivie) ou *qichwa* (à Ayacucho), et, d'autre part, *runasimi* (Cuzco et Ayacucho) et *yangashimi*, c'est un ensemble de dialectes parfois mutuellement non compréhensibles. Ce degré de différenciation, qui s'explique par l'ancienneté de l'expansion de cette langue et qui aurait pu être perçu comme définissant différentes langues au sein d'une même famille (comme dans le cas des langues romanes), n'empêche

pas que les différents quechuaphones aient le sentiment très vif de parler une même langue.
❑ Jusqu'à la Conquête, diverses variétés du « quechua » – comme par ailleurs de l' « aymara »* – jouèrent le rôle de langue véhiculaire au sein de la mosaïque andine. Contrairement à une opinion longtemps répandue, le foyer d'origine de cette langue n'est pas Cuzco, la capitale des Incas ; il se situerait quelque part entre la côte et la sierra centrale du Pérou, peut-être à Chavín, entre 400 et 200 av. J.-C.
Avec la conquête espagnole, le quechua promu par les Incas (celui de la côte centrale du Pérou et des prestigieux « royaumes » de Pachacamac et de Chincha) fut supplanté par les variétés méridionales de la langue, dont les missionnaires tirèrent un standard écrit, qu'ils appelèrent la « langue générale », véritable « latin andin » auquel le IIIe concile de Lima (1583) réserva l'exclusivité de la traduction de la doctrine chrétienne. C'est dans cette langue que furent rédigés presque tous les textes d'évangélisation et de catéchèse ainsi qu'une littérature profane très riche (théâtre et poésie), œuvre à la fois des lettrés et de l'élite indigène. Cette « langue générale » ne survécut pas au régime colonial et à la disparition, avec celui-ci, de la noblesse autochtone : l'indépendance du Pérou marqua le triomphe des nouvelles élites hispanophones.
De nos jours, dans le sud du Pérou et en Bolivie, le bilinguisme quechua-espagnol progresse parmi la population masculine adulte jeune. Dans une grande partie de la cordillère centrale et septentrionale du Pérou, presque toute la population des communautés est bilingue. Dans certaines régions, le quechua a presque entièrement disparu.
Le quechua est également parlé en Colombie et en Équateur (où ses locuteurs sont en général considérés comme « indigènes ») ainsi que dans le nord-ouest de l'Argentine (où ses locuteurs sont considérés comme « créoles », descendants d'Européens).
✦ Dénom. [var.] Quichua, Quétchoua [autod.] Runa, Peruano (au Pérou).

Quiché. Peuple maya du Guatemala. La région quiché occupe l'altiplano guatémaltèque, entre la Sierra Madre, la Sierra de los Cuchumatanes et la Sierra de Chuacús, avec un climat tempéré à froid et un été pluvieux, et s'étend également dans la zone volcanique tropicale [env. 800 000].
❑ Les Quiché constituent le premier groupe indigène du pays (et le troisième d'Amérique latine après les Aymara* et les Quechua*). Ils vivent en villages et en hameaux, ainsi que dans les trois plus grandes villes indigènes du continent, Chichicastenango, Quetzaltenango et Santa Cruz de los Quiché (l'ancienne Utatlán, capitale de leur royaume).
L'agriculture est le pilier de leur vie économique. Les Quiché possèdent pour la plupart de petites parcelles où ils cultivent du maïs, des haricots et divers légumes, ainsi que du café pour la vente. Ils font aussi du petit commerce ambulant, de l'artisanat, travaillent dans les services et comme ouvriers agricoles.
Les variantes dialectales sont fortes, et l'unité sociale se réalise au niveau de chacun de leurs 70 *municipios*. Ils sont catholiques, avec intégration, sous l'auspice des confréries, de nombre d'éléments préhispaniques. Leurs nombreux dialectes appartiennent au groupe quiché du tronc maya-quiché ; le monolinguisme prédomine dans les hameaux.
Histoire. Les Quiché formèrent un puissant royaume qui connut son apogée au XVe siècle et se maintint jusqu'au moment de la Conquête. Quatre nations (Quiché, Cakchiquel*, Tzutujil et Mam*) se détachaient alors par leur organisation étatique, les deux premières se disputant militairement la prééminence. Entre 1524 et 1630, les Espagnols (secondés contre les Quiché par les Cakchiquel*) soumirent l'ensemble des populations indigènes. La guerre, les déplacements de populations, la destructuration sociale, économique et culturelle mais surtout les épidémies décimèrent celles-ci sans venir à bout de leurs croyances et traditions (*costumbre*). Les sociétés autochtones retrouvèrent au XVIIIe siècle un certain dynamisme, qui inquiéta la société coloniale : l'indépendance du Guatemala en 1821 et la réforme libérale de 1871 se firent largement contre les Indiens. Sauf pendant la période dite de la Révolution guatémaltèque (de 1944 à 1954), les dictatures se succédèrent et l'exploitation des indigènes prit un tour forcené. De 1970 aux années 1990, la violence atteignit des sommets rarement égalés en Amérique centrale. Des accords de paix ont été conclus en 1996, et l'identité et les droits des Maya sont désormais officiellement reconnus. La plus célèbre représentante du peuple quiché, Rigoberta Menchu, a reçu le prix Nobel de la paix en 1992, pour le combat qu'elle a mené contre la répression subie par les populations autochtones du Guatemala.

r

Rai. Groupe de populations extrêmement fragmenté, habitant l'est du Népal, principalement dans les districts de Khotang, de Bhojpur et d'Ilam [525 551 recensés en 1991].

❑ Avec les Limbu [297 186] et les Sunuwar [40 943], les Rai forment l'ensemble Kirant, terme désignant dans l'Inde ancienne les populations tribales des forêts. Ces groupes parlent des langues tibéto-birmanes, comprises dans la section himalayenne orientale de la division bodique. Les Rai eux-mêmes pratiquent une vingtaine de dialectes mutuellement incompréhensibles, sans doute nés de la subdivision de la tribu en protoclans, installés sur des territoires distincts.

Pratiquant à l'origine l'agriculture sur brûlis, les Rai ont adopté au cours du XIXe siècle les techniques agricoles d'enterrassement de leurs voisins indo-népalais*. Ils forment une société à tendance égalitaire et acéphale.

Influencée par l'hindouisme plus que par le bouddhisme, la religion des Rai a des traits chamaniques et comporte un important corpus de textes rituels appelés *Muddhum*. Le culte des ancêtres y occupe une place prépondérante.

Histoire. Associées dès le XVIe siècle aux royaumes Sen, les chefferies rai gardèrent une grande autonomie jusqu'à la fin du XVIIIe siècle et jouirent jusqu'en 1946 du *kipat*, forme de tenure qui leur garantissait un droit inaliénable sur leurs terres en échange de la reconnaissance du pouvoir central et d'un impôt. Mal intégrés à l'État-nation népalais, les Rai ont été parmi les premiers à s'organiser en mouvements identitaires et à reconstituer par écrit leur histoire et leur religion.

Raji. Peuple de l'Inde, vivant principalement dans la région du Kumaon (Uttar Pradesh) [env. 1 100]

❑ Connus comme une communauté de chasseurs nomades, les Raji vivaient en effet essentiellement de l'exploitation des ressources de la forêt. Actuellement, certaines familles possèdent un lopin de terre sur lequel elles pratiquent l'agriculture, mais, généralement, les Raji sont ouvriers agricoles, faisant ainsi passer leur activité forestière au second plan.

Ils sont patrilocaux. Le mariage préférentiel a lieu avec la cousine croisée patrilinéaire ou matrilinéaire. La société est dominée par le conseil des anciens (*sayana panchayat*) au sein duquel est désigné un « ministre » (*pradhan*). Les Raji ont leurs propres croyances dans lesquelles ils intègrent nombre de traits de l'hindouisme local. Leur langue, le jangali, appartient au groupe himalayen des langues tibéto-birmanes.

Histoire. Ils se considèrent comme les descendants du royaume de Kumaon qui aurait fondé par un prince originaire du royaume hindou d'Askot. Ils ne se sont pas beaucoup investis dans l'important mouvement Chipko qui, dans les années 1970, prônait – avec une préoccupation écologique de sauvegarde de la forêt – une amélioration des conditions sociales de l'ensemble des habitants de la région. De même, ils ne semblent pas prendre part au mouvement politique revendiquant la création d'un État indépendant (*Uttarakhand*). Ils sont répertoriés parmi les *Scheduled Tribes*.

✦ Dénom. [syn.] Ban Rawat, Ban Raji, Ban Manush.

Rathawa. Peuple de l'Inde (principalement Gujerat) [env. 310 000].

❑ Les Rathawa se divisent en six groupes (*petha*) : les Bamnia, les Baria, les Mahania, les Kathari, les Baka et les Fadia. La majorité d'entre eux sont des cultivateurs (maïs), mais

rares sont ceux qui possèdent leur propre terre.
L'organisation sociale s'appuie sur un chef de groupe, le *patel*, et un conseil communautaire. La résidence est patrilocale ou néolocale, la filiation, patrilinéaire. Les mariages sont arrangés. Les Rathawa sont de religion hindoue, ils font appel aux brahmanes Poojara mais également aux officiants (*gor*) de leur propre communauté ; leur principale divinité est *Baba Dev*. Ils parlent le gujarati.
Histoire. Les Rathawa ont joué un rôle significatif dans la région, du fait de leurs alliances militaires avec les Rajput* ou les Moghols : ils servaient de mercenaires, comme beaucoup d'autres groupes tribaux. De plus ils contrôlaient des lieux de passage stratégiques sur les routes commerciales. Ils sont répertoriés parmi les *Scheduled Tribes*.
✦ Dénom. L'appellation de Rathawa correspond aux habitants du Rathbsitarm, région forestière et montagneuse du Gujerat.

Rejang. Peuple d'Indonésie habitant la province de Bengkulu, à Sumatra [estim. 1 million].
❑ Les Rejang proprement dits (Jang Lebong, Jang Musai et Jang Abeus) occupent la région montagneuse ; les Rejang Pesisir (Jang Lai, Jang Bekulau et deux groupes apparentés : Bang Haji et Semitul) vivent dans les plaines côtières.
À l'ancienne culture du riz sur brûlis se sont ajoutées de nos jours la riziculture humide et les cultures de rente (poivre, thé, café).
Les familles étendues se rattachent à des patrilignages (*sukau*), regroupés en sous-clans (*mégo*) qui se réclament de quatre clans originels (*bang mégo pat*), supposés descendre chacun de l'un des quatre fils de Jang, l'ancêtre mythique. La résidence était essentiellement virilocale, mais, à partir des années 1930, l'uxorilocalité est devenue dominante, d'où une tendance à la matrilinéarité, sans que l'organisation en clans soit modifiée.
Chacun des quatre clans originels possédait son territoire dans le district originel de Lebong ; les sous-clans avaient de même leur territoire. Clans et sous-clans reconnaissaient chacun l'autorité d'un chef (*rajo*) héréditaire. Les villages comportaient, idéalement, quatre patrilignages (*sukau*), dont les leaders formaient le conseil de village.
Le pays rejang a été une des dernières régions islamisées de Sumatra. Les croyances préislamiques (diverses entités spirituelles auxquelles on présente des offrandes, culte des ancêtres, fondateurs des villages en particulier) restent très vivaces. Le plus grand rituel, tous les cinq, sept ou neuf ans, célébrait l'union des principes mâle et femelle du riz.
La langue rejang (*baso Jang*), assez proche du malais, appartient au groupe des langues malayo-polynésiennes de l'Ouest.
Histoire. Les Anglais installèrent en 1685 un fort à Bengkulu, escale sur la route longeant la côte ouest de Sumatra jusqu'au détroit de Sunda. En 1825, les Hollandais reçurent Bengkulu en échange de Malaka. Plusieurs campagnes leur permirent d'annexer l'intérieur, riche en or. À partir de 1860 eut lieu un processus rapide d'islamisation tandis que la riziculture humide se répandait dans les plaines et les vallées.
✦ Dénom. [indonésien] Orang Rejang, Rejang-Lebong ; [autod.] Tun Jang.

Rifain(s). Groupe du vaste ensemble disjoint des Berbères*, installé dans l'extrême nord-est du Maroc [estim. 1,7 million].
❑ Le territoire des Rifains s'étend entre la côte méditerranéenne et une ligne suivant assez fidèlement cette dernière à la distance moyenne de 60 kilomètres ; ce, depuis la frontière avec l'Algérie, à l'est, jusqu'à la route entre Fès et Al Hoceima, à l'ouest, alentour le point culminant du Jbel Tidiquin (2 500 mètres d'altitude). Celui-ci, ligne de partage des eaux entre l'Atlantique et la Méditerranée, donne son assise à des gens, les Sanhadja de Sraïr, pratiquant un berbère proche de celui des Chleuhs*, différent donc du dialecte dit zénète* des Rifains installés plus à l'est ; au nombre de 450 000 environ, les Sanhadja de Sraïr tirent la quasi-totalité de leurs revenus de la culture du chanvre à kif (*Canabis sativa L.*). À ce groupe se rattachent linguistiquement les quelque 10 000 locuteurs de l'enclave berbérophone située sur la côte des Rhomara, une soixantaine de kilomètres plus à l'ouest, en plein pays Jbala. Chez les autres Rifains, comme le bourrelet montagneux s'abaisse vers l'est, l'habitat devient plus dispersé mais les densités de peuplement se renforcent ; la céréaliculture, en grande partie irriguée, ne peut suffire à occuper les habitants. De larges contingents s'en détachent pour aller se louer aux travaux agricoles, naguère en Oranie, dans les plaines du Maroc aujourd'hui ; la migration ouvrière vers l'Europe, principalement vers la Belgique, la Hol-

lande et l'Allemagne, mobilise des effectifs plus considérables encore.

Histoire. Les Rifains ont été de redoutables guerriers, associés durant le XIXe siècle aux entreprises de plusieurs prétendants au sultanat, puis, pendant le Protectorat, face aux Espagnols comme aux Français, à la résistance d'Abd-el-Krim (1921-1926). Au lendemain de l'Indépendance, durant l'hiver 1958-1959, une partie d'entre eux, la tribu des Ayt Wariarhar en tête, s'est soulevée contre la mainmise du parti de l'Istiqlal sur la nouvelle administration marocaine ; la sévère répression qui s'ensuivit a motivé une rancœur durable. Des associations de défense de la langue et de la culture rifaines s'activent de nos jours, principalement à Nador.

✦ Dénom. [berbère] Irifiyin (sing. Arifi) ; [arabe marocain] Rwafa.

→ **Berbères**

Rukai. Société de Taïwan, occupant une petite langue de terre au sud des hautes montagnes centrales [env. 8 000].

❑ Les Rukai pratiquent l'agriculture sur brûlis, récoltant surtout du millet et des taros. Ils chassent et pêchent en rivière. La société se répartit en deux classes, les nobles, qui possèdent la terre, et les roturiers. L'organisation sociale indifférenciée repose sur des unités résidentielles transmises par la règle de primogéniture. Dans le processus normal de segmentation de ce système, les cadets et cadettes emménagent chez leur conjoint ou établissent de nouvelles maisonnées. Le chamanisme fait une large part aux ancêtres. Les Rukai parlent une langue austronésienne.

Les Rukai ont souvent été classés avec les Paiwan*. Si les deux groupes sont proches, leur art, leurs costumes et leur langue sont néanmoins différents.

Art. Des statues en bois représentant les ancêtres ornent les maisons des hommes, selon une tradition issue d'une chamanesse à laquelle la chamanesse initiale aurait réclamé, en songe, que les ancêtres soient ainsi figurés.

Rundi. Peuple constituant la population du Burundi.

❑ La société traditionnelle rundi est très comparable à la société rwanda*. Sur le plan « horizontal », elle est organisée en clans patrilinéaires totémiques non exogames, non localisés et pluriclasses, et son unité de base est le lignage, vivant isolé dans son hameau. Sur le plan « vertical », la société était divisée en cinq ordres sociaux : les Ganwa (princes), les Tutsi* Abanyaruguru (pasteurs), les Tutsi Hima (pasteurs aussi, mais distincts des précédents), les Hutu* (agriculteurs) et les Twa* (pygmoïdes potiers, chasseurs et hommes de main du roi). Au sommet se trouvait le *mwami*, descendant du conquérant Ntare, intermédiaire sacré entre les hommes et l'être suprême *Imana*, et grand gardien du tambour royal *Karyenda*, considéré comme le véritable maître du pays. Il était en relation de clientèle avec une hiérarchie de chefs territoriaux ganwa, tutsi et hutu. Ses armées étaient composées pour une part de jeunes Tutsi, provenant de ses domaines personnels disséminés sur le territoire, et de « pages », fils de chefs instruits à la cour.

Les Rundi sont en majorité chrétiens (catholiques, avec une forte minorité protestante), mais la religion traditionnelle commune aux trois groupes sociaux reste pratiquée, de même que reste influente la secte semi-secrète du *Kubandwa* (religion de *Ryangombe-Kiranga*). Ils parlent la même langue bantoue, le kirundi.

Histoire. Apparu selon un processus d'expansion comparable à celui qui donna naissance au royaume rwanda voisin, le royaume rundi vécut la même histoire coloniale. En revanche, la monarchie ne disparut qu'en 1966, quatre ans après l'indépendance, dans un contexte troublé (révolte hutu sauvagement réprimée). Les Tutsi (plus particulièrement des Tutsi-Hima) conservèrent dès lors le pouvoir. L'exercice de celui-ci fut souvent sanglant (élimination physique des opposants hutu ou tutsi, massacre par l'armée en 1972 d'au moins 200 000 Hutu à la suite d'un soulèvement paysan). Ces tensions aboutirent en 1988 à de nouveaux massacres. Sous la pression internationale, un pacte de partage du pouvoir fut conclu, mais, après la disparition en avril 1994 du président (hutu) dans l'attentat contre l'avion de son homologue rwandais et la reprise du pouvoir par le Tutsi-Hima P. Beyoya (1996), le pays s'enfonce dans une guerre civile dont il se sortira difficilement.

À l'inverse de ce qui s'est passé au Rwanda dominé par les Hutu majoritaires, le pouvoir tutsi minoritaire du Burundi a très tôt interdit toute référence « ethnique » et la Constitution défend aux partis politiques de militer sur une telle base.

✦ Dénom. [autod.] Barundi ; [var.] Roundi, Ruundi, Warundi, Ouaroundi, etc.

→ **Hutu, Rwanda, Tutsi**

Ruund. Peuple de la République démocratique du Congo (Katanga, Kasaï occidental, Bandundu) et d'Angola (Lunda Norte, Lunda Sul), occupant le nord du grand plateau couvert de savane qui s'étend depuis les monts du Bié jusqu'aux monts Mitumba [estim. 550 000].

❑ Les Ruund pratiquent l'agriculture itinérante sur brûlis (manioc), l'élevage du petit bétail, la cueillette et la chasse. Ils furent jadis de grands commerçants, participant à la traite de l'ivoire et des esclaves.

Ils sont virilocaux et ont en général un système de filiation bilatéral. L'unité foncière de base, le domaine (*ngand*), composée de champs et de bois, est dirigée par le chef de la parentèle (*divar*). Au-dessus se trouvent les intendants (*chilol*), nommés par la cour. Dans la capitale, des dizaines de dignitaires spécialisés entourent le *mwant yav*, souverain sacré.

Malgré l'adhésion au christianisme (catholicisme, méthodisme), de nombreux éléments de l'ancien système religieux se sont maintenus (relations avec les esprits, association de la personne royale avec le serpent mythique *Iyaz a Ngomb*, ou *Cinaweezi*).

Les Ruund parlent leur propre langue bantoue, l'uruund, en concurrence avec le swahili et le français.

Histoire. Les Ruund, sans doute liés aux Luba*, sont à l'origine du royaume lunda*, modèle, avec les royaumes kongo* et luba*, de l'État précolonial africain dans le monde de la savane de l'Afrique centrale. L'extraordinaire expansion de ce royaume, du XVIIe siècle au milieu du XIXe, explique que des éléments d'origine ruund se retrouvent parmi les populations du Luapula (Lunda de Kazembe), les Ndembu*, les Kaonde*, les Sanga, les Kete, les Salampasu, les Pende*, les Yaka* et bien d'autres peuples encore. Le royaume lunda fut ébranlé à partir du milieu du XIXe siècle par les invasions des Tshokwe* ; la cohabition des Ruund avec ces derniers fut un casse-tête pour les administrateurs coloniaux, et reste problématique. Lors de l'indépendance, les Ruund comptèrent parmi les plus fervents partisans de la sécession katangaise (Moïse Tshombe, le leader de l'éphémère État katangais, était membre de la famille royale ruund). Ces tendances sécessionnistes persistent.

✦ Dénom. [var.] Aluunda ; [syn.] Lunda centraux/du Nord, Lunda du Mwant Yav ; [autod.] Aruund.

→ **Lunda, Ndembu**

Rwanda. Peuple constituant la population du Rwanda et, partiellement, de la région du Masisi, en République démocratique du Congo (Kivu) ; il comprend des groupes émigrés ou réfugiés (en RDC, en Ouganda, au Burundi).

❑ La société traditionnelle rwanda est organisée sur le plan « horizontal » en clans patrilinéaires totémiques non exogames, non localisés et pluriclasses. Son unité de base est le lignage vivant isolé dans son hameau, sous la gouverne de l'homme le plus âgé. Sur le plan « vertical », la société était divisée en trois ordres sociaux : les Tutsi* (pasteurs), les Hutu* (agriculteurs) et les Twa* (pygmoïdes potiers, chasseurs et hommes de main du roi). La structure proprement politique était monarchique. Au sommet se trouvait le mwami, grand gardien du tambour royal *Kalinga*, considéré comme le véritable maître du pays. Ce roi sacré, symboliquement placé au-dessus des ordres sociaux (donc, en théorie, ni tutsi, ni hutu), était en relation de clientèle avec une hiérarchie de chefs parmi lesquels on distinguait des chefs de sol (qui pouvaient être des Hutu) et des chefs de bétail (tous des Tutsi). Tous les hommes faisaient partie de l'armée, mais seuls les Tutsi étaient admis dans les sections combattantes.

Les Rwanda sont, dans leur très grande majorité, catholiques, mais leur religion propre, commune aux trois groupes, reste pratiquée (croyance en un créateur, culte des esprits des morts) ; de même, la secte semi-secrète du *Kubandwa* (religion de *Ryangombe-Kiranga*) conserve son influence. Ils parlent une même langue bantoue, le kinyarwanda.

Clientèle. L'institution de l'*ubuhake* assurait la coopération entre les membres des différentes ordres sociaux : un « patron » donnait une vache en usufruit à un client. En échange, celui-ci lui fournissait des produits agricoles. Ainsi se nouait un lien privilégié entre patron et client, chacun étant tenu d'apporter à l'autre son soutien en cas de nécessité : le patron assistait son client dans des affaires judiciaires, en cas de conflit avec un chef, ou dans ses ambitions politiques. Avoir beaucoup de clients donnait un grand poids politique. Ce « contrat de vache », dont le modèle était la relation Tutsi-Hutu, pouvait aussi bien associer deux Tutsi, ou le roi et ses vassaux. Le système, comme son équivalent rundi* *ubugabire*, fut aboli par les autorités coloniales.

Ethnisme. Une idéologie raciste, fondée sur les divagations de la raciologie, fut répandue par le colonisateur : opposant les Tutsi de « souche sémitique » aux « nègres » Hutu, et concrétisée entre autres par l'imposition en 1931 d'une mention « ethnique » sur les documents d'identité, elle a été reprise et développée du côté hutu comme du côté tutsi. Cette négation des ordres sociaux au sein d'une société hiérarchisée, au profit d'une identité « ethnique » d'invention extérieure a peu à voir avec un quelconque « tribalisme » au sens traditionnel du terme. Comme sous d'autres latitudes, cette radicalisation identitaire a été largement instrumentalisée par des clans ou factions soucieux de « légitimer » leur appétit de pouvoir politique et économique.

Histoire. Issu de la conquête progressive des royaumes hutu, qui semblent avoir fourni le modèle de la royauté sacrée, par les petits royaumes constitués à l'est par les Tutsi, le royaume rwanda, de concert avec le royaume rundi, fut incorporé à l'Afrique-Orientale allemande avant d'être confié en 1921 à la Belgique, par un mandat de la SDN. La monarchie, fragilisée par le régime colonial et par la « révolution sociale » hutu de 1959, marquée par les premiers pogroms anti-tutsi, est abolie à la veille de l'indépendance (1962). Dans un pays où la pression démographique et la dépendance des populations vis-à-vis des cultures d'exportation (thé, café) posent des problèmes de plus en plus redoutables, les Tutsi sont écartés de tous les postes de responsabilité et périodiquement victimes de massacres. Beaucoup d'entre eux se réfugient dans les pays voisins, notamment en Ouganda, où est fondé en 1987 le Front patriotique rwandais (FPR), dont une première offensive contre le Rwanda est arrêtée avec l'aide de la France, de la Belgique et du Zaïre. L'attentat dont sont victimes en avril 1994 les présidents rwandais et burundais – dont l'avion est abattu on ignore officiellement encore par qui – met une fin brutale au processus engagé pour démocratiser le pays et réintégrer les anciens réfugiés. La garde présidentielle et les milices *interhamwe* commencent les massacres programmés de Tutsi et d'opposants hutu, qui prennent la tournure d'un véritable génocide (entre un demi-million et un million de morts). Le FPR intervient, prend le contrôle du Rwanda au terme d'une offensive victorieuse et instaure un régime à dominante tutsi, tandis qu'un million de Hutu, craignant la vengeance des nouveaux maîtres du pays et encadrés par les restes de l'ancienne armée, se réfugient au Zaïre et en Tanzanie. Une large partie de ces Hutu a regagné le Rwanda en 1996. Les autres, réfugiés au Kivu, semblent avoir subi la vengeance des soldats du FPR alliés aux rebelles zaïrois lors de la campagne qui aboutit à la chute de Mobutu. Dans le nouveau Rwanda, aujourd'hui gouverné par les anciens rebelles du FPR, les rapports de pouvoir entre Hutu et Tutsi ont été inversés. La tension entre ces deux ordres sociaux risque de perdurer : l'étiquette de « génocideurs » est collectivement appliquée aux Hutu alors que le devoir de venger les morts est un trait culturel profondément ancré dans la pensée des peuples de la région.

✦ Dénom. [autod.] Banyarwanda ; [var.] Ruanda, Rouanda, Ouanyarouanda, Abanyarwanda, etc.

→ **Rwanda, Rundi, Tutsi**

S

Sahraoui(s). Population de l'ex-Sahara espagnol, partiellement réfugiée en Algérie (région de Tindouf) ou installée au Maroc [env. 150 000].

❑ Ensemble de tribus sunnites de langue arabe pratiquant le grand nomadisme (en déclin du fait de la situation de guerre), les Sahraouis se sont constitués comme peuple au travers de la lutte anticoloniale (naissance du Polisario) puis de l'opposition aux prétentions marocaines et mauritaniennes, qui aboutit en 1976 à la guerre et à la proclamation de la République arabe sahraouie démocratique (RASD), reconnue par un certain nombre de pays. Après des premiers succès contre la Mauritanie (sortie du conflit en 1978) et le Maroc, la construction d'un mur fortifié empêchant les incursions sahraouies, la supériorité démographique et militaire marocaine et un soutien algérien moins marqué ont entraîné un retournement à la fin des années 1980. L'arbitrage de l'ONU a été accepté par les deux parties en 1992 et un référendum d'autodétermination plusieurs fois reporté reste prévu.

✦ Dénom. [var.] Sahrawi.

Sakalava. Ensemble de populations de l'ouest de Madagascar, occupant la majeure partie des larges plaines côtières [estim. 550 000].

❑ Connus traditionnellement comme des éleveurs de zébus, ils combinent aujourd'hui l'élevage et l'agriculture (maïs, manioc, patates) sur défrichements forestiers ou sur les riches limons des bords des fleuves ; dans le Nord-Ouest, ils pratiquent, outre la riziculture irriguée, de fructueuses cultures commerciales (café, cacao, vanille, poivre).

La société sakalava se distingue par une forte hiérarchisation, restée plus nette en général au sud du fleuve Betsiboka et de Majunga (notamment dans l'ancien royaume du Menabe) qu'au nord (notamment dans celui du Boina). L'ordre princier et nobiliaire des *mpanjaka*, organisé sur un principe indifférencié, précède les roturiers (*vohitse*), organisés sur un principe patrilinéaire et divisés en roturiers de « bonne ancestralité » (*raza soa*), qui constituent une sorte d'aristocratie, et en roturiers ordinaires. Viennent ensuite des sous-ordres d'origine servile et un sous-ordre paria. L'appartenance aux différents ordres et sous-ordres est marquée par des privilèges – ou, à l'inverse, par le manque de privilèges cérémoniels.

Parenté. Le système de parenté sakalava sépare terminologiquement les parents paternels des parents maternels et aussi, du point de vue d'un homme, ses enfants – assimilés aux enfants de ses frères –, des enfants de ses sœurs. Les frères du père sont désignés du même terme que le père, les sœurs de la mère du même terme que la mère. Partout, un terme spécial désigne le frère de la mère.

Histoire. Sakalava est un concept politique, désignant d'abord les populations placées sous le contrôle de rois (*mpanjaka*) Maroseranana ; l'actuelle réalité sociologique et linguistique est loin de correspondre en totalité à l'aire politique autrefois occupée par ces derniers.

Après avoir soumis vers le du XVe siècle les populations du pays mahafaly*, les Maroserana poursuivirent leur progression vers le nord, organisant les populations d'agriculteurs et de pêcheurs qu'ils rencontraient en leur « donnant des ancêtres », en s'assurant leurs services et en les intégrant dans les cultes dynastiques de leurs propres ancêtres (bains de reliques dans le Sud, entretien des tombeaux royaux dans le Nord), qui se superposèrent ainsi aux cultes roturiers.

L'organisation segmentaire des lignées Maroserana a favorisé, avec le départ des lignées

cadettes, un véritable essaimage de royaumes, dont les plus importants furent ceux du Menabe et du Boina, qui, créés au XVIIe siècle, furent en conflit avec le royaume d'Imerina, qui les soumit au XIXe siècle.
✦ Dénom. [var.] Sakalaves.
→ **Malgaches**

Sakha(s). Peuple de Russie (Sibérie, en République sakha) dont le territoire d'habitation est constitué essentiellement de taïga parsemée de clairières [env. 400 000].
❑ Appartenant à l'ensemble turcique, les Sakhas se répartissent en plusieurs groupes (ceux de l'Amga-Léna, du Viljuj, de l'Olëkma et ceux du Nord). Ils étaient éleveurs semi-nomades de chevaux et de bovins (et de rennes dans le Nord), chasseurs et pêcheurs, activités auxquelles s'est ajoutée un peu d'agriculture avec leur sédentarisation. Forgerons réputés, ils sont également connus pour leur travail du bois, leur broderie et la qualité de leurs bijoux et ceintures en argent ou en laiton.
Ils sont traditionnellement organisés en clans patrilinéaires et exogames, avec un système de lignées matrilinéaires (la descendance de chacune des épouses d'un même homme constituait une lignée regroupant les enfants en ligne masculine jusqu'à la neuvième génération, la ligne patrilinéaire apparaissant alors comme englobant l'ensemble des lignes matrilinéaires). Les prohibitions matrimoniales restent très larges, et les lois de l'exogamie, très suivies.
Sous leur adhésion de surface au christianisme orthodoxe, ils restent fidèles à un animisme chamaniste, dont les traits s'accordent – schématiquement parlant – avec la logique pastorale. Leur système religieux est plus proche, par exemple, de celui des Bouriates* que de celui des autres peuples sibériens. Les rituels d'offrandes aux arbres à la croisée des chemins et au feu se perpétuent, de même que la fête de l'*Yhyax*, qui a lieu aux frontières des villes ou des villages sur un terrain où sont plantés des poteaux d'attache de chevaux, tendus de *salama* (cordes assorties de crin de chevaux, de faisceaux de ruban et d'autres offrandes). Cette fête vise à garantir la fertilité du troupeau et des hommes et honore le panthéon complexe des divinités des « neufs ciels », gouverné par *Ürüng -Aïyy-Tojon*. Aujourd'hui, elle sert aussi de support à la cohésion nationale et se trouve être le berceau d'une politique de « retour à la tradition ».
Le *sakha tyla* (ou iakoute), langue du groupe nord-est de la branche turque, fait l'objet d'une pratique généralisée, recourt à l'alphabet cyrillique et possède une importante littérature, ancienne (orale) et moderne.
Histoire. Les Sakhas d'aujourd'hui sont le résultat de divers mélanges, principalement entre Turco-Mongols – arrivés avec leurs troupeaux de vaches et de chevaux sur le territoire de l'actuelle République sakha aux XIIIe-XIVe siècles, fuyant les guerres gengiskhanides – et populations toungouses*. Aux XVe-XVIIe siècles, fuyant les Russes pour échapper au *ïassak*, (l'impôt en fourrure), une partie des Sakhas remonta vers la Kolyma. La domination impériale fut finalement acceptée, d'autant que les Sakhas purent s'administrer eux-mêmes jusqu'en 1782. La christianisation puis la sédentarisation (au XIXe siècle) déterminèrent une acculturation relative. La révolution de 1905 éveilla un sentiment national, qui se manifesta après 1917 par la résistance au pouvoir bolchevique. Après la victoire de celui-ci, les Sakhas durent se contenter de disposer d'une république autonome (1922), et subirent les aléas de la soviétisation sans être toutefois jamais marginalisés au même degré que les autres peuples sibériens. En 1992, la république de Iakoutie a été reconnue par la fédération de Russie en tant que république souveraine, devenant la République sakha par récupération de l'autonyme. Le gouvernement s'efforce d'enlever aux Russes les postes importants et profite des richesses minières exceptionnelles du pays pour conclure des accords économiques avec des partenaires étrangers.
✦ Dénom. Leur autodénomination est Sakha (de *yaka* ou *jaka*). La déformation de ce terme par leurs voisins les Toungouses a donné *jeko*, puis *jako* et, avec l'ajout du pluriel mongol *Jakut*, d'où leur désignation russe (*Jakuty*) et les francisations Iakoutes ou Yakoutes.

Salar. Population turcique de la République populaire de Chine, habitant pour 90 % dans le district autonome Salar de Xunhua (province du Qinghai), le reste se répartissant entre le Gansu et le Xinjiang [env. 87 000].
❑ 70 % des Salar sont des agriculteurs, les autres se partageant entre l'élevage et le commerce. Le district de Xunhua est surnommé le « verger », car chaque maison possède des arbres fruitiers. L'organisation sociale des Salar semble se conformer à celle que l'on rencontre chez les Turco-Mongols. L'unité de base

est la famille étendue, ou lignage minimal, regroupant les familles conjugales des collatéraux issus d'un même ascendant. Les Salar sont musulmans, mais monogames. Ils parlent une langue de la branche occidentale des langues hunniques, que certains linguistes rattachent au ouighour*.

HISTOIRE. Selon leur tradition orale, ils auraient résidé sur le territoire de la Chine sous la dynastie Tang (608-918) avant de partir vers l'ouest et de s'installer dans la région de Samarcande. Ils seraient revenus de celle-ci à la fin du XIIIe siècle. Ils auraient transité par le Xinjiang avant de s'installer dans le Qinghai.

Salish. Groupe de tribus amérindiennes des États-Unis (Montana, État de Washington) et du Canada (Colombie-Britannique) [env. 11 000].

❑ Dits aussi Salish de l'intérieur ou du continent, pour les distinguer des groupes côtiers (« Coast Salish »), ils comprennent aux États-Unis les Cœurs d'Alène, Columbia, Cowlit, Tête-Plate ou Flathead, Kalispel, Lake, Nespelim, Sanpoil, Sinkaietk, Spokan, Wenatchee, et, au Canada, les Lillooet, les Okanagon, les Shuswap et les Thompson.

Leurs activités traditionnelles sont la pêche, la chasse et la cueillette.

Leur organisation sociale reposait sur des bandes autonomes de familles alliées, ayant chacune un chef et un territoire. L'unité de base était le village, composé d'habitations semi-souterraines, où ils séjournaient l'hiver, tandis qu'ils nomadisaient l'été, vivant sous des huttes. La société salish admettait la polygamie et reconnaissait une filiation bilinéaire.

Quoique christianisés, les Salish renouent avec leur chamanisme, dont un trait notable est la possession par chacun d'un esprit protecteur, rencontré au moment de la puberté lors d'un rite initiatique. Leurs langues appartiennent au groupe continental de la famille salish.

HISTOIRE. Les Salish, occupant la région dite du Plateau, virent leurs terres colonisées dès la seconde moitié du XIXe siècle, avec signature imposée de traités qui sont à la source de vives revendications territoriales.

Sama. Peuple du sud des Philippines, habitant les îles qui se trouvent au sud de Jolo, dans l'archipel sulu ; des communautés sont installées sur les côtes de Mindanao, de Basilan, de Jolo et des îles indonésiennes [les Sama Dilmaut pourraient être 150 000, et les Sama proprement dits, 300 000].

❑ On fait généralement la différence entre ceux qui sont établis sur terre – Sama ou Samal – et ceux qui vivaient sur leurs bateaux – que l'on appelle aussi Sama Dilaut, Palao, Luan, Bajau* ou Sea Gypsies (« nomades de la mer »). Ces derniers sont pour beaucoup sédentarisés désormais, mais dans des villages sur pilotis construits sur des hauts-fonds coralliens situés autour des îles.

Le sud de l'archipel sulu est engagé dans la contrebande avec Bornéo. On y pratique aussi la culture de l'agar-agar (une algue) sur les hauts-fonds coralliens.

HISTOIRE. Selon les hypothèses, les Sama se seraient dispersés à partir de Zamboanga et jusqu'en Indonésie, ou bien seraient venus par vagues d'Indonésie depuis l'an mille. Quoi qu'il en soit, leur histoire est inextricablement mêlée à celle des autres groupes musulmans des îles du sud des Philippines, et en particulier à celle des Tausug*. En effet, ces derniers ont toujours exploité et dominé les Sama, qui étaient leurs fournisseurs de poisson et qui pêchaient les perles, le plus souvent, à leur bénéfice. Les Sama vivaient, de façon générale, dans la crainte des violences fomentées par les Tausug.

Bien que leur structure sociale, beaucoup de leurs traditions et de leurs croyances soient proches, les peuples tausug et sama se considèrent comme différents. Les Sama se voient comme un peuple de pêcheurs pacifiques et ayant du goût pour l'instruction, alors que les Tausug se glorifient d'être de fiers guerriers, qui ont refusé l'éducation proposée par des non-musulmans. Avec des nuances, le dédain des uns et la crainte des autres persistent, d'autant plus que les Tausug ont tendance à s'établir dans les îles du Sud et à s'y emparer des postes de responsabilité et des ressources économiques, au détriment des Sama, dont les plus aisés tendent à adopter le genre de vie tausug.

→ **Musulmans des Philippines, Tausug**

Samaritain(s). Groupe religieux d'Israël [quelques centaines à Naplouse et à Holon ; une partie d'entre eux vit au sein de l'Autorité palestinienne].

❑ Les Samaritains sont issus des descendants du royaume d'Israël (dont Samarie était la capitale), détruit en 722 av. J.-C., et de leurs intermariages avec les conquérants assyriens. Eux-mêmes se disent descendants des fils de

Joseph. Lors du retour des exilés de Babylonie (538 av. J.-C.), ils se séparent des Juifs, qui refusent leur participation à la reconstruction du Temple à cause de leurs usages et croyances. Ils ont leur propre version du Pentateuque, et rejettent les prophètes, les hagiographes et le Talmud. Ils croient en la sainteté du mont Garizim, qui fait l'objet d'un onzième commandement, et sur lequel leur grand prêtre procède annuellement au sacrifice pascal. Ils se distinguent par leur ascétisme, par un calendrier particulier et par une endogamie élevée.

→ **Juifs**

Same(s). Peuple vivant dans le centre et le nord de la Norvège [env. 20 000] et de la Suède [env. 10 000], dans le nord de la Finlande [env. 5 000] et dans la péninsule de Kola en Russie [env. 1 600].

❑ Les Sames se répartissent en plusieurs groupes, selon leur mode de vie : éleveurs de rennes, pêcheurs en mer sur la côte norvégienne, pêcheurs en rivière.

Chez les pasteurs, l'organisation sociale est centrée sur la *siida*, petit groupe mobile de quelques familles qui réunissent leurs troupeaux le temps d'une saison. C'est une société à parenté cognatique, sans règle de résidence, avec un statut égalitaire des sexes. Le droit de propriété est strictement individuel, chaque enfant recevant sa propre marque de propriété (systèmes complexes d'entailles dans les deux oreilles de chaque renne) peu après sa naissance. La femme mariée conserve sa propre marque. La gestion des rennes appartenant aux membres de la famille élémentaire est assurée par le père de famille, aidé de ses fils adultes non mariés. Les tâches de surveillance sont en revanche collectives, réparties entre les membres de la *siida*.

Le nombre de têtes de bétail que possède une famille élémentaire varie de 200 à 3 000. La hiérarchie sociale qui en découle ne se traduit guère par des manifestations matérielles, mais par un bien symbolique, le prestige. La concurrence entre éleveurs prend une forme paroxystique avec les vols de bétail, dont la gravité varie selon le type d'animal volé.

L'introduction de la motoneige dans les années 1960 a entraîné une profonde mutation dans les techniques puis dans tous les aspects de la vie sociale : abandon de la tente familiale, regroupement en villages, division du travail accrue, transformation des rôles et des statuts traditionnels.

Quant aux groupes de pêcheurs, leur culture a sombré et ils se sont assimilés à la culture majoritaire, abandonnant en général la langue same.

L'ancienne religion, faite d'un animisme mâtiné de polythéisme et associé au chamanisme, a disparu formellement depuis le XVIIe siècle, lorsque tous les Sames furent christianisés. Diverses croyances ont toutefois plus ou moins survécu (attitude respectueuse envers les anciens lieux de sacrifice, souvent des pierres présentant un aspect remarquable). En certains endroits, comme à Kautokeino en Norvège, la croyance dans les *ulda(s)*, peuple souterrain qui vit comme les Sames, est habillé comme eux et a ses propres troupeaux de rennes, se maintient encore aujourd'hui.

Les Sames parlent une langue appartenant au groupe finno-ougrien (rameau de la famille ouralienne), divisée en neuf dialectes.

Art. L'élément le plus spectaculaire est représenté par le vêtement. Mélange d'un fond arctique et d'emprunts au costume médiéval, celui-ci est marqué en certains endroits par de puissants phénomènes de mode, stimulés par la compétition entre femmes. Une évolution rapide de l'ornementation et de la coupe entraîne la fragmentation d'un costume largement uniforme au siècle dernier en une multitude de modes locales.

Rennes. Les rennes ne sont que très faiblement domestiqués. Les Sames compensent intellectuellement cette faiblesse technique par une terminologie hypertrophiée : 200 termes référant à la forme des bois et à l'aspect de la robe se combinent pour pouvoir nommer n'importe quel renne au sein de troupeaux de milliers de têtes.

Histoire. L'ancienneté de la présence des Lapons en Fennoscandie (l'ensemble constitué par la Suède, la Finlande et la Norvège) reste débattue. On sait cependant qu'au début de notre ère la Laponie s'étendait beaucoup plus au sud-est qu'aujourd'hui, occupant la plus grande partie de la Finlande et de la Carélie. Vivant d'activités diversifiées (chasse, pêche, cueillette, possession de quelques rennes domestiques), les Lapons ont connu un bouleversement culturel aux alentours du XVIIe siècle : pour répondre à la raréfaction des rennes sauvages, une partie de la population lapone s'est spécialisée dans le pastoralisme et a élaboré une culture entièrement centrée sur le renne, source de l'essentiel de l'alimentation, de l'outillage et aussi d'une grande partie de l'habillement.

Un mouvement identitaire same est apparu. Les revendications des Sames, qui sont souvent confrontés à des stéréotypes négatifs, portent sur le droit au sol (face aux menaces telles que la construction de barrages, etc.) et à la langue (à l'école, dans l'administration).

✦ Dénom. [var.] Sami ; [syn., vieilli] Lapons, aujourd'hui supplanté par Same(s).

Samoan(s). Peuple de l'archipel des Samoa, partagé entre Samoa occidentales, État indépendant, et Samoa orientales (sous administration américaine) ; le climat est de type tropical humide, et la région est soumise à des cyclones dévastateurs. Les Samoans constituent le groupe le plus nombreux de toute la Polynésie ; des communautés émigrées sont installées en Nouvelle-Zélande, en Australie et aux États-Unis (côte ouest et Hawaï) [plus de 300 000, dont 200 000 sur place].

❑ Traditionnellement, les Samoans pratiquaient – et pratiquent encore à des degrés divers – l'horticulture (taro, bananier, manguier, arbre à pain) et la pêche. Les villages sont généralement situés sur la côte – les îles habitées de l'archipel ont toutes un centre très montagneux –, avec parfois une distinction entre villages « maritimes » et villages « de l'intérieur », situés sur les premières pentes.

La notion de village (*nu'u*) est définie par la présence d'un conseil (*fono*) des chefs (*matai*) des familles étendues (*aiga*) constituant la communauté. La coutume (désignée, comme la langue, par le terme *fa'aSamoa*) régit l'ensemble des obligations et des interdits de la vie quotidienne et rituelle. Malgré la distance entre les deux groupes d'îles, oriental et occidental, la langue, les hiérarchies sociales et l'ensemble coutumier des interdits demeurent partout identiques, du fait que les réseaux de parenté couvrent l'ensemble de l'archipel et que toute fête du cycle de la vie, ainsi que les autres fêtes (intronisation du chef de famille étendue, consécration d'église ou de maison, etc.) réclame la présence de tous les membres du réseau.

Depuis quelques années, le christianisme samoan, tel qu'il s'est défini au XIXᵉ siècle, est confronté à l'implantation de sectes chrétiennes américaines qui poussent au développement de l'individualisme.

La langue samoane, le *fa'aSamoa*, appartient à la famille austronésienne.

Histoire. L'archipel des Samoa est habité depuis au moins 3 300 ans et constitue avec la partie orientale des Fidji et avec Tonga l'aire de développement de la première culture polynésienne. Les légendes de la région attestent que, il y a mille ans déjà, Samoans, Tongiens*, Fidjiens*, etc., pratiquaient des échanges. Les guerres menées par les Tongiens ont marqué les Xᵉ-XIIIᵉ siècles et sont à l'origine d'un des « titres » de chef le plus prestigieux de l'archipel, celui de Malietoa (« valeureux guerrier », nom donné au chef qui aurait chassé les Tongiens de Samoa), aujourd'hui porté par le chef de l'État samoan occidental.

Les contacts directs avec les Européens ne commencèrent qu'au XVIIIᵉ siècle (Roggeven, Bougainville, La Pérouse) et ne furent en rien conformes au stéréotype des rencontres pacifiques et amoureuses avec les Polynésiens*. Toutefois, les missionnaires protestants implantés à partir des années 1830 rencontrèrent vite un plein succès, du fait de leur habileté à accepter que le christianisme samoan se coule dans le moule ancien où les rapports au divin passaient par la hiérarchie sociale. L'établissement de comptoirs commerciaux et de plantations (mais non de colonies de peuplement) par les Occidentaux détermina un jeu complexe, sur fond de rivalités entre chefs samoans d'une part, Allemands, Anglais et Américains, d'autre part. Après diverses péripéties, les quatre îles de l'Ouest (Savaii, Apolima, Manono et Upolu) devinrent une colonie allemande (1899-1914) avant de passer sous protectorat néo-zélandais (1914-1962). Depuis 1900, les États-Unis contrôlent les Samoa orientales. Le territoire jouit, avec le plein assentiment de ses habitants, d'un statut d'appartenance restreinte : les Samoans orientaux sont des « nationaux », mais non des citoyens américains, situation juridique qui offre le gros avantage de maintenir un contrôle strict des entrées sur le territoire. Le statut de chef traditionnel donne accès à certaines formes de représentation.

Les Samoa occidentales, naguère exportatrices de bananes, de cacao et de produits dérivés de la noix de coco – on trouve à Upolu la plus grande plantation de cocotiers d'un seul tenant de tout l'hémisphère Sud – ont été affectées par la chute des cours et tentent de s'ouvrir au tourisme et d'attirer les investisseurs sur le modèle des Samoa orientales, où l'activité est dominée par la pêche industrielle et la conserverie, et où le niveau des salaires fait régner le modèle consumériste occidental (d'où une augmentation des maladies cardio-

vasculaires qui a fait des Samoa orientales un cas d'école).
→ **Polynésiens**

Samoyède(s). Ensemble de sociétés de la fédération de Russie, vivant essentiellement en zone arctique (dans les toundras qui s'étendent de la mer Blanche à la péninsule de Taïmyr, et, pour certains, dans la taïga de Sibérie occidentale) [env. 40 000].
❑ On distingue parmi les Samoyèdes quatre grands groupes, les Nenec* (de très loin majoritaires), les Enec, les Nganasan et les Sel'kup. Ceux qui vivent dans la toundra (Nenec et Enec de la toundra, Nganasan) ont développé l'élevage du renne et nomadisent, les Enec de la toundra et les Nganasan restant cependant essentiellement des chasseurs. Ceux qui sont installés dans la taïga (Sel'kup, Nenec et Enec de la forêt) sont semi-nomades et vivent essentiellement de chasse et de pêche.
Les sociétés samoyèdes, acéphales, se divisent soit en deux moitiés exogames qui se ramifient ensuite en clans (Sel'kup), soit en clans exogames (Samoyèdes nordiques). La filiation est toujours patrilinéaire ; le mariage idéal samoyède est un mariage par achat et la résidence idéale est patrilocale. Cependant, de nombreux groupes samoyèdes pratiquent l'échange des sœurs, qui dispense de payer un prix pour la fiancée. La polygynie est attestée. L'évangélisation orthodoxe est restée très superficielle, sans influence profonde sur les systèmes de représentation animistes chamanistes (esprits de la nature, esprits des morts souvent « fixés » dans des figurines nourries régulièrement).
Les langues samoyèdes forment une famille linguistique et composent avec les langues finno-ougriennes la famille ouralienne. Une riche littérature orale (tradition épique) leur correspond. L'enec, le nganasan et le sel'kup ont une survie plus ou moins précaire.
Histoire. Les ancêtres des Samoyèdes, une fois séparés de ceux des Finno-Ougriens, auraient vécu entre le cours moyen de l'Ob et le Ienisseï avant de se disperser. Soumis aux Russes et à l'impôt en fourrure à partir du début du XVIIe siècle, formellement christianisés, ils connaissent avec la période soviétique (collectivisation, lutte antichamanique, russification, etc.) une adaptation douloureuse au monde « moderne » (alcoolisme, tuberculose, etc.). Actuellement seuls quelques groupes de Nenec semblent avoir conservé le mode de vie traditionnel.
✦ Dénom. [var.] Samodi, Samodij, par transcription du terme russe tendant à remplacer l'ancien *samoiedi* qui prêtait à une pseudo-étymologie laissant penser qu'ils pratiquaient l'anthropophagie.
→ **Nenec**

Sandawe. Peuple du centre de la Tanzanie, vivant au sud des Central Highlands [estim. 250 000].
❑ Les Sandawe sont des agropasteurs (avec l'arachide comme culture de rapport). Ils sont considérés, avec les Hadza, comme les vestiges d'une population proche des Bochimans*. Répartis en plusieurs sous-groupes, ils sont patrilinéaires, patrilocaux et pratiquent la polygynie. ils forment une société segmentaire politiquement acéphale. Seuls les faiseurs de pluie jouissaient d'une certaine autorité sur le village ou sur le clan.
Sous l'impact de la prédication missionnaire, plus de la moitié d'entre eux ont embrassé le catholicisme ; une petite minorité (en zone urbaine) est islamisée. Les rites traditionnels (culte des ancêtres) se maintiennent.
Les Sandawe parlent une langue à clicks et sont classés dans la famille linguistique khoisan.
Histoire. Lorsque les Européens rencontrèrent les Sandawe, vers la fin du siècle dernier, ceux-ci vivaient déjà, pour l'essentiel, de l'agriculture. Cependant, leurs traditions et leur système de valeurs, où la forêt tient un rôle majeur, rappellent leur passé de chasseurs-cueilleurs.

Santal. Peuple de l'est de l'Inde (Bengale, Bihar, Orissa) [env. 4, 5 millions].
❑ Les Santal vivent de leur production agricole, surtout rizicole, et aussi des apports forestiers. La situation socio-économique de leur région de résidence fait qu'ils tentent de plus en plus de s'insérer dans les sphères d'activité tant industrielle qu'agricole (plantations de thé), où ils servent de main-d'œuvre occasionnelle et corvéable.
Leur mode de filiation est patrilinéaire, leur résidence, patrilocale. La société santal est endogame et se divise en clans, dispersés du fait des nombreuses migrations ; les réunions cultuelles célébrant la divinité du lieu d'origine aident au maintien de la solidarité clanique. Au-delà du groupe de parenté, la société, réputée égalitaire, s'organise autour du territoire, dont l'unité est assurée par les chefs et

prêtres villageois, et par les chefs territoriaux (*pargana*).

En plus de leurs divinités propres (*bonga*) qui circulent dans le bosquet sacré villageois, les Santal ont adopté et réinterprété nombre de divinités hindoues. Le christianisme, bien que moins apte à s'insérer dans le système de valeurs, s'est implanté, non sans conflits.

Un trait notable est la force de l'appréhension religieuse des événements, conçus comme des manifestations d'événements se déroulant parallèlement sur le plan divin. Les effets qui en découlent sont politiques dans la mesure où les leaders sont vite assimilés à des avatars des héros passés et sacralisés.

Le santali appartient à la famille linguistique munda.

Histoire. La révolte de 1855, menée par les deux frères Sibhu et Kanhu contre l'occupant britannique et ses chargés de pouvoirs hindous (les zamindar), est devenue un véritable mythe d'origine. Au-delà du soulèvement survenu dans les plantations de thé de Darjeeling à la fin des années 1960 et qui déboucha sur la constitution du mouvement naxalite (mouvement politique maoïste prônant la résistance armée qui perdure encore actif de nos jours en milieu urbain et étudiant), les solidarités intertribales s'organisent désormais sur des bases plus sociales que politiques. Les Santal sont répertoriés parmi les *Scheduled Tribes*.

✦ Dénom. [var.] Santhal ; [autod.] Hor (« homme », en général) et noms des clans : Hasdak, Murmu, Kisku, etc.

Saora. Peuple de l'Inde (Bengale-Occidental, Andhra Pradesh, Madhya Pradesh, Orissa) [env. 520 000].

❑ Les Saora se répartissent en divers groupes dont la majorité pratique l'agriculture sur brûlis, ou la culture en terrasses ; la chasse et la pêche sont des activités d'appoint. Au Bengale-Occidental, les Saora forment la communauté des charmeurs de serpent.

Le village saora, souvent mono-ethnique (essentiellement dans l'Orissa), est dirigé par un chef (*gomang*) chargé tout particulièrement de résoudre les conflits intercommunautaires. Dans ce même État de l'Orissa, les Saora se subdivisent, selon l'activité exercée, en plus d'une vingtaine de groupes endogames, avec par ailleurs une distinction entre montagnards et habitants des vallées. La filiation est patrilinéaire, et la résidence, néolocale.

Les Saora sont hindouistes ; un groupe (*Muslim Sabar*) s'est converti à l'islam. Leur langue, le saora, appartient à la famille austro-asiatique.

Histoire. Les groupes Saora d'Andhra Pradesh ont participé activement au mouvement naxalite dans les années 1970. Les Saora sont répertoriés parmi les *Scheduled Tribes*.

✦ Dénom. [autod.] Emploi des noms de lignage ou de clan ; Kapu Savara en Andhra Pradesh.

Sara. Peuple vivant à l'extrême sud du Tchad (Logone oriental et occidental, moyen Chari) et au nord de la République centrafricaine [env. 1 million].

❑ Établis en zone de forêt arbustive et de savane, les Sara sont avant tout des agriculteurs (patates douces, igname, gombos, mil, à quoi s'ajoute, depuis la colonisation, la culture du coton).

Ils se composent de différents sous-groupes (Madjingaye, Goulaye, Nar, Ngama, Djioko, Kumra, Gor, etc.).

Dans l'organisation traditionnelle de la société, chaque village est indépendant, composé d'une ou de plusieurs familles patrilinéaires disposant chacune de sa concession. Le chef du village (*mbang*), assisté par le conseil des anciens, détient les pouvoirs rituels et est notamment responsable des cérémonies d'initiation (*yondo*).

Malgré un mouvement récent de conversions à l'islam, les Sara restent fortement attachés à leur religion (*Nouba* est l'être suprême, fondateur de l'Univers ; *Sou* et *Loa*, les jumeaux primordiaux, sont respectivement le héros civilisateur et le dieu du ciel et de l'orage).

Le sara, langue de la famille chari-nil, regroupe plusieurs formes dialectales.

Histoire. Les groupes Sara se seraient formés au XVIe siècle lors des mouvements migratoires (en provenance du nord-est) qui sont à l'origine des royaumes baguirmi et fitri. Les Sara subirent pendant plus de trois siècles des raids incessants des Arabes et des Fulbe*, qui cherchaient à s'approprier des esclaves. Sous la colonisation française, ils furent massivement recrutés comme travailleurs de force. Après l'indépendance du Tchad, ils tendirent à accaparer le pouvoir (François Tombalbaye et Félix Malloum, qui lui succéda après le coup d'État de 1975, étaient des Sara), avant de le perdre, à partir de 1979 et dans un contexte de guerre civile, au profit des musulmans du Nord.

Saramaka. Société de Noirs Marrons du centre du Surinam, dont le territoire traditionnel se situe en forêt amazonienne, le long du haut Surinam [env. 25 000].

❑ Formant l'un des six groupes surinamais de Marrons (« Maroons », ou « Bush Negroes ») les Saramaka vivent de l'horticulture, pratiquée par les femmes à bonne distance des villages situés au bord de l'eau, et de l'exploitation de l'environnement forestier par les hommes (qui vont aussi gagner sur la côte ou en Guyane française de quoi se procurer les biens de consommation modernes).

La société, matrilinéaire, se répartit en grands clans divisés en nombreux lignages exogames. La polygynie est de règle. L'autorité politique (un chef suprême, coiffant une série de chefs et de chefs assistants) s'exerce dans un contexte d'égalitarisme social et d'omniprésence du lien au surnaturel (nombreuses pratiques divinatoires, rituels de possession, etc., s'adressant aux ancêtres, esprits de la forêt, dieux-serpents et autres déités). Une minorité est formellement convertie au christianisme (morave et évangélique surtout).

Leur langue, le saramaccan, est un créole dont le lexique s'est constitué sur la base de diverses langues africaines, de l'anglais et du portugais, et accessoirement de langues amérindiennes et du hollandais.

Histoire. Agrégation d'esclaves échappés des plantations, les Saramaka imposèrent par les armes à la couronne hollandaise (1762) la reconnaissance de leur liberté, et vécurent en quasi-autonomie jusqu'aux années 1950. La moitié de leur territoire ayant été noyée par la construction d'un barrage hydroélectrique, ils furent ensuite partiellement réinstallés en aval du fleuve. Dans les années 1980, un dur conflit les a opposés, ainsi que les autres Marrons, au pouvoir surinamais et certains d'entre eux se sont réfugiés alors en Guyane française.

✦ Dénom. [var.] Saramacca, Noirs Saramaka de la forêt.

Sasak. Peuple d'Indonésie, habitant l'île de Lombok [estim. 2,4 millions].

❑ Les Sasak pratiquent la riziculture irriguée à l'ouest, et ailleurs la culture des tubercules, du maïs, des légumes et du tabac. S'y ajoutent les plantations de montagne (café, cannelle, vanille, poivre, girofliers, aréquiers). La mer fournit pierre ponce, perles de culture, algues et concombres de mer. L'artisanat inclut tissage, poterie et travail des métaux.

Sur fonds cognatique, on note la constitution de groupes patrilinéaires à tendance exogame (*wirang kadang*). Le mariage préférentiel est entre cousins. La résidence après mariage est ambilocale ou néolocale ; elle tend à être virilocale dans la noblesse, distinguée des roturiers et, autrefois, des esclaves. L'organisation villageoise était assez comparable à celle des Balinais.

Parallèlement à l'islam sunnite de l'école *shafi'i* deux minorités se sont longtemps maintenues : les Wetu Telu, en voie d'assimilation, et les Boda, censés perpétuer l'ancienne religion hindo-bouddhiste et officiellement disparus. Les Wetu Telu, nominalement musulmans, font une large place aux ancêtres, aux esprits de la nature, à la sorcellerie, etc. Des combats rituels marquent les cérémonies de la moisson.

Le sasak (cinq groupes dialectaux), proche du balinais, appartient au groupe des langues malayo-polynésiennes de l'Ouest. Comme le javanais et le balinais, il se caractérise par la possession de plusieurs niveaux liés au statut hiérarchique des interlocuteurs.

Histoire. Au XVIe siècle, des prédicateurs javanais introduisirent l'islam, développé au XVIIe siècle à Selaparang sous l'influence de Makassar*. Les Balinais* vassalisèrent Pejanggi', y maltraitant les musulmans, avant de s'attaquer à Selaparang, qu'ils soumirent. Les XVIIIe-XIXe siècles connurent des soulèvements incessants contre la dynastie balinaise établie à Mataram. En 1895, les Sasak firent appel aux Hollandais, mais ces derniers ne mirent fin à la suprématie balinaise que pour établir leur propre administration.

Sauk. Tribu amérindienne des États-Unis, vivant avec les Fox* dans des réserves de l'Iowa et du Kansas ainsi qu'en Oklahoma.

❑ Leur organisation sociale reposait sur une division en moitiés, constituées de clans patrilinéaires exogames où la pratique du lévirat était, semble-t-il, généralisée. Ils croyaient en un dieu créateur (Manitou) et en un univers peuplé d'esprits, et vivaient des produits de l'agriculture et de la chasse au bison. Ils sont désormais fortement acculturés.

Ils appartiennent à la famille linguistique algonquine.

Histoire. Originaires de l'est, ils se dirigèrent sous la pression des Blancs vers le Wisconsin, l'Illinois et le Michigan. Ils étaient amis des Fox, dont ils recueillirent les survivants après la destruction de ce peuple par les Français en 1730. En 1831-32, un chef sauk, Black Hawk,

prit la tête d'une confédération des Sauk, des Fox, des Winnebago* et des Potawatomi pour refouler les Blancs et mena une guerre malheureuse. En 1842, les Sauk cédèrent leurs terres contre une réserve au Kansas, s'achetèrent aussi des terres dans l'Iowa, puis émigrèrent pour partie au début des années 1870 vers l'Oklahoma.
✦ Dénom. [syn.] Sac.

Sédang. Population autochtone de la péninsule du Sud-Est asiatique, vivant sur les contreforts méridionaux de la Cordillère annamitique (provinces de Kon Tum, de Quang Ngai et de Quang Nam au Viêt Nam, d'Attopeu au Laos et de Ratanakiri au Cambodge) [env. 115 000].
❑ Les Sédang sont des agriculteurs sur brûlis, même si la riziculture irriguée commence à se développer. L'élevage (buffles pour les sacrifices, porcs, volaille) a beaucoup souffert pendant les années de guerre (1965-1975). Grâce à la proximité de mines de fer, de nombreux Sédang du sous-groupe to-drá sont forgerons, échangeant leur production (outils aratoires) localement ou avec les groupes ethniques voisins. Chaque *ploi* (village) sédang est composé d'un hameau et des annexes qui l'entourent : greniers, canalisations d'amenée d'eau, cimetière, terres cultivables, terrains de chasse. Le hameau lui-même, défendu par une palissade hérissée de lances et de pièges, est constitué de maisons familiales sur pilotis réparties autour d'une imposante maison commune, dont la haute toiture en « fer de hache » est visible de loin.
La société traditionnelle sédang est bilinéaire et marquée par une égalité réelle entre hommes et femmes. Les patronymes sont apparus depuis peu, sous l'influence coloniale, puis vietnamienne. Les Sédang pratiquent des cultes agraires et craignent des esprits (surtout forestiers). Un grand nombre de fêtes sont de caractère social plus que religieux et les tentatives d'évangélisation se sont soldées par des échecs.
Les parlers sédang appartiennent à la branche môn-khmère, du groupe bahnarique de la famille austro-asiatique.
Histoire. Bien que considérés comme autochtones sur leurs aires de vie actuelles, les Sédang conservent dans leurs mythes la mémoire de périodes très lointaines où ils vivaient dans des régions plus septentrionales. Ayant eu à se défendre contre les Khmers et contre les Cham* pendant des siècles, les Sédang ont vécu dans des régions refuges, difficiles d'accès. Ils ont été projetés, malgré eux, dans l'histoire coloniale lorsqu'un aventurier français se proclama roi des Sédang sous le nom de Marie Ier, baron de Mayréna, en 1888. Celui-ci organisa une armée sédang « à la française » mais, escroc notoire, il abandonna rapidement sa troupe et son royaume avant de disparaître en Malaisie. Plus tard, les Sédang ont souffert de luttes qui ne les concernaient pas directement, en particulier de la guerre américaine, leur région (traversée par la piste Hô-Chi-Minh) ayant été bombardée à plusieurs reprises.
✦ Dénom. [autod.] Södang, Hdang, Kmrâng, To-drá, Monâm, etc.

Selk'nam. Ancienne société de la Terre de Feu, dont quelques familles descendantes sont organisées en communauté indigène, en Argentine.
❑ Chasseurs-cueilleurs et pêcheurs de la famille linguistique chon, ils nomadisaient à pied. Ils n'étaient pas (selon l'ethnologue Anne Chapman) organisés en bandes, mais en familles, parentèles, lignées et grandes divisions exogamiques (« ciels »). Arrivés dans la région il y a 12 000 ans, découverts par Magellan (1520), ils ont été menés, par élimination physique, mauvais traitements et du fait des épidémies, à l'extinction.
En 1899, neuf Selk'nam, chassés et encagés par des malfaiteurs, furent exposés comme « Indiens cannibales » à l'Exposition universelle de Paris.
✦ Dénom. [syn.] Ona.

Semang. Terme (à connotation péjorative) utilisé par les Malais* pour désigner les groupes « negritos » du centre-est et du nord de la péninsule malaise (États du Kedah, du Perak, du Kelantan, du Trengganu et de Pahang en Malaisie occidentale). Trois de ces groupes – les Kensiu, les Kinte' et les Jehai – vivent à cheval sur la frontière entre la Malaisie et la Thaïlande (provinces de Yala et de Patani). Une population sans doute apparentée, les Tonga', ou Mos, est localisée en Thaïlande (province de Songkla) [estim. 5 800 au total].
❑ Les Semang présentent un phénotype distinct des autres Aborigènes : ils sont de petite taille, ont une peau brun-noir, des cheveux crépus, des pommettes plates, un nez camus. Ils sont peut-être apparentés aux habitants des îles Andaman (Inde) ; cependant aucune rela-

tion linguistique avec ces derniers n'a été encore démontrée.

Ils se répartissent en six groupes (Kensiu, Kinte', Jehai, Mendrik, Batek, Lanoh), eux-mêmes divisés en bandes. Ils ont une identité culturelle et un mode de vie bien distincts de ceux des Senoi* et des Jakun*.

Chasseurs-collecteurs nomades, ils vivent en forêt profonde dans des campements temporaires, composés de huttes ou seulement d'abris coupe-vent. Non violents, ils ont été jadis été exploités par les Malais*, qui les réduisaient en quasi-esclavage. Des projets de sédentarisation ont été élaborés par le Bureau des affaires aborigènes dès les années 1950. Aujourd'hui, certains Semang sont salariés ou fonctionnaires.

Ils forment une société égalitaire, à la culture matérielle d'une extrême simplicité. Par contre, leurs représentations religieuses sont élaborées, avec un système polythéiste, des croyances animistes et de nombreux tabous. Le chamanisme joue aussi un rôle important dans leur vie sociale et rituelle.

Linguistiquement, ils composent la branche nord du groupe aslien de la famille austro-asiatique.

✦ Dénom. Le sens originel de Semang est « esclave pour dette, dépendant » ; [syn.] Orang Asli ; [syn. anc.] Sakai, Pangan (péjoratif) ; [autod.] Moni(k), Men(k), Mani (« les hommes »).

→ **Aborigènes de la péninsule malaise**

Seminole(s). Tribu amérindienne des États-Unis, dont une partie vit dans des réserves de Floride, et l'autre partie (les deux tiers), dans l'Oklahoma [env. 8 000].

❑ Les Seminoles habitaient de simples abris (*chickee*), faits d'un toit de chaume posé sur des poteaux, en villages permanents ou en camps provisoires. Ils vivaient de l'agriculture, de la chasse et de la pêche. Ils fabriquaient des pirogues, qui pouvaient le cas échéant naviguer en pleine mer.

Aujourd'hui, en Floride, où leur identité s'est le mieux conservée, ils travaillent dans les ranchs ou vivent du tourisme dans les réserves. Leur artisanat (costumes féminins en patchwork très coloré, vannerie, orfèvrerie, poupées) est très appécié.

Les Seminoles appartiennent à la famille linguistique muskogéenne.

Histoire. Les Seminoles sont une tribu reconstituée au XVIIIe siècle par des Indiens des grandes tribus de Géorgie et de Virginie submergées par la colonisation anglaise (la population autochtone de Floride a disparu dès le XVIIe siècle). Ils accueillirent des esclaves noirs fugitifs (avec lesquels ils se métissèrent pour partie) et d'autres Indiens. Après que l'Espagne eut cédé la Floride aux États-Unis (1819), les Seminoles subirent des raids esclavagistes puis reçurent l'ordre de rejoindre la réserve creek dans le Territoire indien (Oklahoma). Sous la conduite d'Osceola, jeune leader et remarquable stratège, la plupart d'entre eux refusèrent et se cachèrent dans les marais du Sud-Est, infligeant de nombreuses défaites aux Américains, jusqu'à la capture par traîtrise d'Osceola (1837). À part ceux qui s'enfoncèrent dans les marécages des Everglades et échappèrent à toutes les poursuites, les Seminoles furent contraints de rejoindre les Cherokee*, les Chickasaw, les Creek* et les Choctaw* en Oklahoma, dans les pires conditions.

✦ Dénom. Leur nom, en conformité avec leur ethnogenèse particulière, vient de l'espagnol *cimarron*, « marron ».

Seneca. Tribu amérindienne de l'ensemble iroquois, vivant aux États-Unis (trois réserves à l'ouest de l'État de New York, présence dans l'Oklahoma avec les Cayuga) et au Canada (Ontario) [env. 7 000].

❑ Leur mode de vie était comparable à celui des autres Iroquois*. Ils sont largement christianisés, mais pratiquent pour une partie d'entre eux la « religion de la Longue Maison », rite de nature confrérique « refondé » entre 1799 et 1815 par l'un des leurs, le prophète Handsome Lake.

Histoire. Les Seneca sont l'une des trois tribus fondatrices de la ligue des Iroquois (avec les Onondaga et les Mohawk*). Ils furent au XVIIe siècle les principaux artisans des guerres qui devaient entraîner la disparition ou la dispersion des Hurons*, des Petuns et des Neutres, alliés malheureux des Français. Ils s'étendirent dans le sud de l'Ontario mais subirent la pression des Ojibwa*. Au XVIIIe siècle, les Seneca se rallièrent pour la plupart aux Français contre les Anglais et combattirent ces derniers sous le commandement de Pontiac, avant de se ranger du côté loyaliste (sous la direction du Mohawk Joseph Brant) lors de la guerre de l'Indépendance américaine. Au terme de celle-ci, ayant fait la paix avec les Américains, ils restèrent pour la plupart aux États-Unis. Au XIXe siècle, une partie d'entre eux gagna l'Oklahoma. La submersion partielle d'une de leurs réserves par un barrage dans l'État de New

York, dans les années 1960, fut un élément important dans la prise de conscience politique des Amérindiens, axée sur la revendication territoriale.

✦ Dénom. [autod.] Tsonnontouan.

Senoi. Terme générique appliqué à un ensemble de populations aborigènes de la péninsule malaise (États du Perak, de Kelantan, de Trengganu, de Pahang et de Selangor), vivant dans les régions forestières reculées [estim. 38 000].

❑ Le phénotype senoi est distinct de celui des Jakun* (Proto-Malais) et des Semang* (Negritos) : peau brun clair, cheveux ondulés plutôt que frisés ou crépus, traits réguliers et pommettes saillantes. Certains Senoi – les Semok Beri –, se rapprochent cependant du type negrito ; toutes ces populations ne vivant pas en isolement complet, des types intermédiaires entre ces trois catégories sont aussi attestés dans différents groupes.

Les plus nombreux d'entre eux sont les Semai, puis viennent les Temiar, les Jah Hut et d'autres petits groupes (Semok Beri, Mah Meri, Chewong).

Industrieux et d'un caractère pacifique, les Senoi sont essarteurs (riz de montagne, millet et manioc, leur nourriture de base). Les hommes pratiquent la chasse avec la sarbacane et des fléchettes empoisonnées, les femmes, la pêche, la collecte et l'horticulture. Le bambou est omniprésent dans la culture matérielle. Les Jah Hut ont une grande réputation de sculpteurs sur bois. Les Mah Meri sont connus comme de bons charpentiers. Parmi les jeunes éduqués, certains effectuent des travaux saisonniers.

Les Temiar construisent des longues maisons comptant entre 20 et 120 habitants, mais leurs villages comportent aussi des maisons familiales individuelles. Les autres groupes vivent plutôt dans des petites maisons ou des abris. La parenté est de type indifférencié avec une terminologie générationnelle. Il existe aussi des ambilignages localisés.

La vie religieuse est centrée autour du chamanisme ; les tabous et les rêves y jouent un rôle prépondérant. Les cérémonies nocturnes incluent des danses et des chants, transmis aux chamanes par les esprits.

Les Senoi parlent des langues apparentées – mais ne sont pas toutes mutuellement intelligibles – du groupe aslien centre et sud de la famille de langue austro-asiatique.

✦ Dénom. [syn.] Orang Asli, Senoi Serok, Mai Darat ; [syn., anc.] Sakai.

→ **Aborigènes de la péninsule malaise**

Sénoufo. Peuple réparti sur le Mali, le Burkina Faso, la Côte d'Ivoire et le Ghana [env. 3 millions].

❑ Les Sénoufo vivent dans la zone sud-soudanienne, de l'extrême sud du Mali aux frontières sud de la Côte d'Ivoire et est du Burkina Faso. Divisés en de nombreux groupes (Bâmana, Sénérhé, Tagba, Noholo, Siéna, Folo, etc.), ils vivent en villages compacts ou en hameaux dispersés. Une agriculture variée, qu'ils pratiquent dans le cadre d'associations aidant, à tour de rôle, chacun de leurs adhérents, est leur principale activité économique. Organisés en chefferies, ils sont matrilinéaires et patrilocaux. La base de la société est la cellule familiale, caractérisée par le nom de son animal sacré. La pratique de l'excision est générale, celle de la circoncision propre à certains groupes. Les Sénufo se livrent aussi à des scarifications tégumentaires et à la taille des dents.

Ils croient en un dieu créateur (*Koulouikéré*) et leur système initiatique masculin à grades d'âge, le *poro*, donne lieu à des productions artistiques réputées.

Leur langue, le sénoufo ou siènè, appartient à la famille voltaïque.

Art. La sculpture rituelle comprend des figures de dieux, d'ancêtres et d'animaux emblématiques, auxquelles viennent s'ajouter les statuettes utilisées dans les pratiques divinatoires et les cérémonies initiatiques de la société du poro. La statuaire sénoufo est caractérisée par sa monumentalité et son extrême diversité : on rencontre, à côté de personnages quasiment réalistes, de frêles géants à la tête minuscule, des nains trapus, des êtres sans bras, une multitude de créatures étranges.

Histoire. Les Sénoufo ont fondé aux XVIIe-XVIIIe siècles divers royaumes, souvent en guerre ou en proie à des querelles intestines. Celui du Kénédougou, ayant pour capitale Sikasso, s'étendit sous l'autorité des Traoré, une dynastie dioula, de Korhogo à Ségou. Le roi Tiéba le réunifia entre 1875 et 1884. Sikasso fut assiégée en vain, de mai 1887 à août 1888, par Samory Touré.

✦ Dénom. [var.] Senufo ; [syn.] Minianka.

Sereer. Peuple vivant dans le centre-ouest du Sénégal, en zone sahélienne [estim. 1,8 million].

❑ Les Sereer associent les cultures (riz, mil, sorgho) à l'élevage bovin.

Ils vivent en concessions rassemblant des familles étendues. Ils sont matrilinéaires, et ont une stratification sociale poussée (aristocratie, guerriers, gens du commun, esclaves, groupes endogames d'artisans [griots, forgerons, etc.]) qui a évolué vers une répartition en deux groupes sociaux, la masse paysanne, d'une part, et les maîtres, d'autre part. Une partie d'entre eux ne reconnaissait pas d'autorité politique au-delà des chefs locaux assistés d'un conseil d'anciens, tandis que l'autre a été intégrée dans une royauté d'origine wolof.

Les Sereer se sont convertis à l'islam, et au catholicisme pour une petite minorité. Leur langue appartient au groupe ouest-atlantique occidental de la famille nigéro-congolaise.

Histoire. Les Sereer sont originaires du Tekrour, qu'ils auraient quitté au moment de l'islamisation des Fulbe* (au XIe siècle). Le plus illustre des Sereer est Léopold Sédar Senghor, ancien président du Sénégal et chantre de la négritude.

✦ Dénom. [var.] Sérère(s).

Shawnee. Tribu amérindienne des États-Unis, installée dans l'Oklahoma [quelques centaines].

❑ Originaires du bassin du Tennessee, les Shawnee connurent leur heure de gloire quand leur chef Tecumseh, allié efficace des Anglo-Canadiens, s'efforça d'unir les Indiens des Grands Lacs et de l'Ohio contre les Américains, menant la lutte armée pour obtenir la reconnaissance de leur autonomie (1810-11). Plusieurs fois victorieux, il mourut au combat en 1813, durant la guerre anglo-américaine.

Ils appartiennent à la famille linguisitique algonquine.

She. Population de Chine, vivant répartie dans les provinces orientales du pays (Fujian, Zhejiang, Jiangxi, Guangdong) [env. 635 000].

❑ La grande majorité des She (80 %) vit dans la montagne. Ils sont riziculteurs, sylviculteurs et chasseurs. Leurs villages, composés de 90 foyers au maximum, sont entourés de communautés chinoises. En général, les She n'épousent pas de Han*.

Leur religion « animiste » fait une large part au culte des ancêtres et au totémisme. Presque tous les She (90 %) parlent le chinois, mais ceux du Guangdong utilisent une langue miao-yao. Ne possédant pas d'écriture, ils utilisent les caractères chinois.

Culture. Ils racontent le mythe de Pan Hu, l'ancêtre chien, attribué aux Yao*. Ils sont monogames. Les She mémorisent tout un corpus de légendes, de romans qu'ils chantent en solo, en duo, en chœur, animant ainsi aussi bien leurs travaux quotidiens que les fêtes.

Histoire. À partir de documents chinois, deux hypothèses sont avancées quant à l'origine de ce peuple. Les She seraient soit une branche des Yao arrivée dans ces provinces au VIIe siècle, soit un des peuples Yue du Sud installé dans cette région bien avant la dynastie Han (– 200/+ 200). En tout état de cause, les chroniques chinoises disent qu'au VIIe siècle ils résidaient déjà aux confins des provinces du Guangdong, du Jiangxi et du Fujian. Sous les Song (968-1278), ils s'installent dans les régions centrales et septentrionales du Fujian et, pendant les dynasties Ming et Qing (1644-1912), ils occupent massivement les régions montagneuses du Fujian et le sud du Zhejiang. Dès les années 1920, les She ont activement participé aux mouvements communistes et organisé leurs villages en soviets.

Sherpa. Peuple de culture tibétaine du nord-est du Népal (région de Solu-Khumbu) ; des Sherpa ont aussi migré (surtout ces dernières décennies) vers Katmandou, ainsi que vers l'Inde (Sikkim et région de Darjeeling) [estim. 15 000 en 1974].

❑ Leur économie traditionnelle était fondée sur l'agriculture, l'élevage et le commerce (ils occupaient une position stratégique sur la route liant Katmandou à Lhassa). Depuis l'annexion du Tibet par la Chine (années 1950) et la quasi-fermeture de la frontière tibétaine, beaucoup d'entre eux se sont reconvertis dans le portage et dans d'autres activités liées au tourisme et à l'alpinisme (l'ethnonyme est aujourd'hui souvent pris pour le nom d'une profession).

C'est une société à clans patrilinéaires, d'idéologie assez égalitaire et centrée sur son noyau initial, composé de quatre protoclans originaires du Tibet oriental et arrivés au Solu-Khumbu au XVIe siècle. S'y sont ajoutées ensuite des strates formées d'immigrants ultérieurs, tibétains (notamment de la région de Dingri) ou d'origine culturelle différente (castes indo-népalaises, populations tibéto-birmanes), qui sont entrés dans des relations

d'intermariage avec les clans originels. La polyandrie est peu répandue et l'on pratique l'ultimogéniture.
L'introduction de la pomme de terre vers le milieu du XIXe siècle, en permettant de dégager un excédent alimentaire, a rendu économiquement possible le développement du monachisme (à partir de 1920). Les spécialistes religieux traditionnels étaient plutôt des religieux bouddhistes mariés de l'ordre Nyingma et des médiums.
La langue sherpa est apparentée au tibétain (branche bodaise des langues tibéto-birmanes).
✦ Dénom. Le nom de Sherpa (« gens de l'Est ») est relativement valorisé et revendiqué par d'autres populations de culture tibétaine au Népal et au Sikkim.
→ **Tibétains, Bhotia**

Shilluk. Peuple du Soudan méridional vivant au confluent du Nil et de la rivière Sobat [estim. 150 000 à 200 000].
❑ Sédentaires, ils cultivent le sorgho, s'adonnent à la pêche, et élèvent du bétail qui tient comme chez les autres peuples nilotiques une place centrale dans la société : il sert à régler les compensations matrimoniales entre des lignages patrilinéaires exogames, et est réparti selon des circuits complexes entre parents paternels et maternels de l'épouse. Contrairement à leurs voisins les Nuer* et les Dinka*, les Shilluk ont une organisation politique centralisée autour d'un roi, qui nommait des gouverneurs de provinces. Leur royauté « sacrée », et son corollaire – la mise à mort rituelle du souverain avant que sa santé ne décline –, a de longue date intéressé ethnologues et autres depuis Frazer. Les rois (*reth*) shilluk sont les descendants d'un ancêtre, Nyakang, né de l'union mythique d'un homme et d'une créature mi-femme mi-crocodile, et dont la disparition fut aussi extraordinaire que la naissance : emporté par une tempête il n'est en fait jamais mort, et son esprit se réinstalle dans chaque nouveau souverain.
Davantage qu'à Dieu (*Jwok*), « créateur » peu soucieux de sa créature, c'est à Nyakang que l'on rend un culte auprès de cénotaphes dispersés dans le pays shilluk. Avant la saison des pluies et après les moissons, des sacrifices de bœufs lui sont rendus sur les autels entretenus par des « prêtres », qui sont également les gardiens de lances renommées pour leur histoire, leur charge symbolique et leur efficacité rituelle. Ces cérémonies dépassent en importance celles organisées auprès des tombes des anciens rois, ou, en d'autres lieux et circonstances, pour des esprits divers.
La langue shilluk appartient au groupe luo (comme l'anuak et le mabaan) de la famille nilotique (qui comprend aussi le nuer, le dinka, etc.).

Shirazi. Peuple vivant dans les cités swahili, le long du littoral est-africain, de Mogadiscio (Somalie) jusqu'à Sofala (Mozambique), ainsi que sur les îles environnantes – Lamu et Mombasa (Kenya), Pemba, Zanzibar, Mafia et Kilwa (Tanzanie), Ngazidja, Nzuwani, Mwali et Mahore (Comores) – et au nord-ouest de Madagascar [estim. 300 000].
❑ Sous-groupe des Swahili*, les Shirazi se définissent par leur référence aux traditions de la ville et de la province perses de Chiraz, dont seraient originaires leurs ancêtres. L'accent mis sur cet aspect de l'identité swahili leur permet de se distinguer d'une part des Arabes et, d'autre part, des Africains de l'intérieur du continent, migrants ou descendants d'esclaves. Les Shirazi n'ont jamais constitué un groupe homogène ; en effet, leur dispersion n'a pas permis l'émergence d'un pouvoir centralisé.
Ils tirent une partie importante de leurs revenus du commerce maritime, à quoi s'ajoutent l'agriculture, la pêche et l'artisanat.
Ils sont patrilinéaires, patrilocaux et pratiquent la polygamie. Ils sont musulmans sunnites, avec survivance de pratiques préislamiques (culte des ancêtres). Outre le calendrier lunaire musulman, ils suivent le calendrier zoroastrien et célèbrent la fête persane de la nouvelle année solaire (*nauruz*), sous l'appellation locale de *nairuzi* ou *mwaka kwoga*. La fête s'inscrit dans un ensemble de cérémonies locales destinées à purifier le pays et à assurer sa fertilité.
Les Shirazi parlent le kiswahili.
Histoire. Dès le Xe siècle, les implantations de migrants originaires du golfe Persique jetèrent la base de l'identité shirazi. Celle-ci correspondit d'abord à l'idéologie de la classe dirigeante des sociétés swahili. Avec l'assujettissement de ces dernières par les Portugais (au XVIe siècle) puis par les Arabes (au XIXe siècle), cette identité a servi de « mémoire » de compensation à tous les éléments de la population côtière chez qui la domination coloniale entretenait un sentiment d'aliénation. L'identité shirazi n'est pas incompatible avec d'autres

identités locales ou nationales et le nombre de ceux qui se reconnaissent en elle a tendance à croître ou à diminuer en fonction des circonstances. À Zanzibar, elle a de longue date partie liée avec les revendications indépendantistes. Interdite d'expression après la révolution de Zanzibar (1964) et la fusion de cette République insulaire avec le Tanganyika pour former la République unie de Tanzanie, elle est, depuis le début des années 1980, au cœur du nationalisme zanzibari, qui s'oppose à « l'expansionnisme » continental.

→ **Swahili**

Shona. Peuple du Zimbabwe, dont il occupe principalement la partie nord et orientale, région de plateaux élevés, couverte de savane arborée. De nombreux groupes shona très métissés habitent également à l'ouest du Mozambique, de part et d'autre du Zambèze (estim. 6,5 millions].

❑ Les Shona peuvent se diviser en six groupes dialectaux : les Korekore, les Zezuru, les Manyika, les Ndau, les Karanga et les Kalanga. Essentiellement agriculteurs, ils vivent en hameaux dispersés (*kraal*), correspondant à un segment de patrilignage localisé, où l'autorité est exercée par un chef héréditaire assisté des chefs de famille.

Leurs croyances religieuses s'expriment à travers le culte des ancêtres. Ils distinguent les *vadzimu*, esprits d'ancêtres de la famille, et les *mhondoro*, esprits d'ancêtres de la communauté, avec lesquels le médium peut entrer en contact au cours de cérémonies de possession. Ils parlent le shona, langue bantoue, en bilinguisme avec l'anglais.

Art. Les ruines du Grand Zimbabwe, les vestiges archéologiques attestant l'existence d'une statuaire en pierre, le travail de l'or témoignent du passé. Le présent est marqué par l'essor, depuis l'indépendance, d'une statuaire moderne reconnue et appréciée sur le marché international.

Histoire. Le peuplement du Mashonaland remonte à la préhistoire. L'épanouissement de l'empire du Grand Zimbabwe (XIIe-XIVe siècle) est lié à une intense activité commerciale entre la plupart des sociétés africaines de l'intérieur, exportatrices d'or et d'ivoire, et les comptoirs côtiers de l'océan Indien. L'empereur (*mambo*), personnage sacré n'apparaissant jamais en public, concentrait les pouvoirs judiciaire, économique et religieux. Les vestiges qui subsistent de sa capitale, appelée (le Grand Zimbabwe), révèlent une architecture en pierre unique en Afrique subsaharienne, avec ses murailles massives, ses passages, sa tour conique, ainsi que les effigies verticales coiffées d'un oiseau sculpté : autant d'éléments où la fierté nationale trouve ses symboles. Au XIXe siècle, les Shona durent battre en retraite devant l'arrivée des Matabele*, originaires du Natal, avant de subir le joug de la colonisation britannique. Ce n'est qu'en 1980 que le Zimbabwe conquit son indépendance, son premier président, Robert Mugabe, étant d'origine shona.

✦ Dénom. [var.] Chona, Mashona.

Shoshone. Tribu amérindienne des États-Unis (Wyoming, Idaho, Nevada, Utah, Californie), vivant dans des réserves dont les principales sont celles de Wind River (Wyoming) et de Fort Hall (Idaho, avec les Bannock) [env. 7 500].

❑ Originaires du Plateau et du Grand Bassin, ils se divisent en Shoshone de l'Ouest, du Nord et de la Wind River.

Leur économie, basée sur l'élevage, le tourisme et, à Wind River, sur les revenus de gisements pétroliers, gaziers et miniers, reposait autrefois sur la chasse (lapin), la cueillette et la pêche (pour ceux du Nord). Au XVIIIe siècle, l'introduction du cheval les amena à effectuer des incursions dans les Plaines afin de chasser le bison. Du même coup, leur culture s'imprégna partiellement de celle de cette région.

Ils étaient organisés en bandes familiales à descendance bilatérale, qui n'étaient soumises à aucune autorité spécifique. Les bandes se réunissaient à l'occasion de la chasse ou des cérémonies (danse du Soleil).

Le shoshone appartient à la famille uto-aztèque.

Histoire. Le chef Washakie (1804-1900), shoshone d'adoption (il était à moitié Umatilla et à moitié Tête-Plate), combattit les Crow*, les Cheyennes*, les Sioux* et les Arapaho*, s'alliant avec les Blancs, qui lui octroyèrent un immense territoire. Ce « don » fut remis en cause dans les années 1870 (installation forcée des Arapaho, reprise de la plupart des terres). Les Shoshone protestèrent par des raids contre le *Pony Express* et les diligences, puis, au XXe siècle, menèrent des actions juridiques. En 1985, la Cour suprême des États-Unis a estimé que les sommes reçues en compensation en 1980 éteignaient leurs droits.

Sibe. Peuple de Chine, vivant dans la région autonome ouïgoure du Xinjiang, où il dispose du district autonome Qabqal, près de l'Ili [env. 180 000 en 1990].

❑ Ils sont agriculteurs sédentaires. Quoique classés à part par les autorités chinoises, ils sont très proches des Mandchous*. À la différence de ces derniers et de ceux d'entre eux qui vivaient en Mandchourie et y sont restés, ils ont conservé l'usage de leur langue (enseignée et faisant l'objet de publications), de même que leurs traditions chamanistes.

Histoire. Au XVIIIe siècle, la dynastie Qing envoya une partie des Sibe, ethnie proche d'eux mais qui leur avait, semble-t-il, initialement résisté, en garnison en Djoungarie, l'actuel Turkestan oriental. Quelque 140 000 Sibe, sinisés, vivent encore en Mandchourie.

✦ Dénom. [syn.] Xibo.

Sikuani. Peuple amérindien de Colombie (Arauca, Casanare, Meta, Vichada) et du Venezuela (Apure), vivant dans les zones de savanes ouvertes en bordure de forêt, le long des cours d'eau, entre le rio Meta, le rio Vichada, l'Orénoque et le rio Manacacias à l'ouest. Ils disposent de 35 *resguardos* ou réserves en Colombie [env. 18 700].

❑ À l'origine chasseurs-cueilleurs semi-nomades, les Sikuani sont désormais pour un bon nombre sédentarisés et pratiquent l'horticulture sur brûlis (manioc, maïs, banane plantain, ananas) et l'élevage bovin extensif en ce qui concerne les communautés septentrionales. La chasse (au tapir, aux cervidés, etc., à l'aide de chiens) conserve un grand prestige et reste le quotidien des communautés encore nomades. La pêche (à l'arc ou avec des hameçons) est également pratiquée.

La vannerie, activité masculine (comme la musique), n'est pratiquée que par les personnes âgées et sédentaires. La poterie est faite par les femmes.

L'organisation sociale, proche de celle des Cuiba*, se caractérise par une forte exogamie. Le système de parenté est de type dravidien. La résidence peut être matrilocale ou néolocale. Les Sikuani entretiennent des relations avec les autres peuples des Llanos, parfois réduits à quelques centaines d'individus (Piapoco*, Macaguane, ou Hitnu, Guayabero, Sáliva et Piaroa*).

Chamanistes, ils reconnaissent un principe de la vie communautaire, *Unuma*, sorti de l'arbre primordial, et attribuent l'origine et la connaissance de toutes choses à quatre êtres surnaturels, dont le plus important est *Tsmani*, dieu de la médecine avec lequel le chamane guérisseur entre en contact en inhalant une plante psychotrope, le *yopo* (*Adenanthara peregrina*). L'échange de savoirs chamaniques avec les autres ethnies est courant. L'un des principaux rituels correspond au cycle des cérémonies du deuxième enterrement, au cours duquel on exhume les os du défunt pour les placer dans une urne de céramique. Selon un autre rituel, les jeunes filles pubères sont soumises à une période de réclusion et de jeûne qui dure plusieurs mois.

Le sikuani est la principale langue du groupe guahibo. Le monolinguisme prévaut.

Histoire. Avant la Conquête, les Sikuani étaient des commerçants nomades et faisaient le lien entre les peuples occupant les différentes niches écologiques des Llanos. L'arrivée des Espagnols et l'introduction de la traite esclavagiste ont mis fin à ce réseau. Les jésuites ont introduit l'élevage extensif, ce qui a accéléré le métissage. Depuis la fin du XIXe siècle, la région est le lieu d'une intense migration et d'une pression démographique croissante, accentuée par l'arrivée des évangélistes et par la découverte de pétrole. Les années 1970 ont vu la création d'organisations politiques locales.

✦ Dénom. [syn.] Guahíbo ; [autod.] Sicuani, Sikwani, Masiwali, Hiwi.

Sioux. Plus grande tribu amérindienne des Plaines centrales d'Amérique du Nord, vivant aujourd'hui dans des réserves, aux États-Unis essentiellement (Dakota du Nord et du Sud surtout, Minnesota, Nebraska) et au Canada (Alberta, Saskatchewan, Manitoba) [estim. 50 000].

❑ Les Sioux se divisent en trois groupes principaux, qui forment sept divisions (*Oteeti Cawokin*, « les Sept Feux du Conseil ») : ce sont les Dakota*, ou Santee (quatre sous-groupes), les Yankton* et Yanktonai*, ou Nakota, et les Teton*, ou Lakota.

Vivant de la chasse au bison, cavaliers remarquables, ils habitaient sous les tipis, et étaient organisés en groupes locaux et en confréries (de guerriers, de chamanes, de femmes...). Ils restaient en petits groupes l'hiver. L'été, au contraire, était la saison de très grands rassemblements tribaux, à l'occasion par exemple de la danse du Soleil, et d'expéditions guerrières contre pratiquement toutes les tribus avoisinantes.

Leur religion accordait une grande importance

aux visions obtenues par le jeûne et l'isolement, moyen de communiquer avec le Grand Esprit (*Wakan Tanka*). Quatre puissances, divisées chacune en quatre hiérarchies d'esprits, gouvernaient l'univers.

Histoire. La colonisation des terres sioux par les Américains ne commença qu'à partir des années 1840. Son intensification, accompagnée de viols de territoire et d'exactions sans fin, ne laissa d'autre choix aux Sioux, après avoir accepté maintes concessions, que le soulèvement. Se succédèrent alors la révolte Santee de 1862, la guerre menée par Red Cloud (1865-1867), qui obligea les États-Unis à signer le traité de Fort Laramie (1868), et enfin la grande lutte conduite par Sitting Bull et Crazy Horse, vainqueurs du général Custer à Little Big Horn, qui ne prit fin qu'en 1890 (massacre de Wounded Knee).

Les Sioux ont largement contribué à la création de l'American Indian Movement (AIM) en 1968, et ce militantisme qui revendiquait le prestigieux passé militaire des Sioux déboucha sur les événements de Wounded Knee, en 1973 : 300 Indiens de la réserve de Pine Ridge se retranchèrent dans ce petit village du Dakota du Sud, témoin du massacre de 1890, et y tinrent un siège de 73 jours, après avoir proclamé leur indépendance. La répression fut sévère, mais l'événement stimula le renouveau amérindien et le mouvement de retour aux traditions (pendant le siège, des cérémonies – danse des esprits, cérémonie du peyotl – furent organisées aux moments cruciaux). Par ailleurs, de nombreux litiges opposent les Sioux aux autorités américaines, notamment à propos de leurs droits sur les Black Hills, riches en uranium.

✦ Dénom. Le mot Sioux provient d'un terme ojibwa signifiant « petit serpent », déformé par les Français. Il reste le plus utilisé pour désigner cet ensemble de tribus. Dakota, Lakota et Nakota signifient « amis » dans le dialecte des trois grands groupes. Dakota tend à s'imposer comme autodénomination globale. Enfin, le terme Sioux s'applique également à la grande famille linguistique nord-américaine à laquelle ils appartiennent.

Slave. Ensemble de groupes amérindiens du Canada (Territoire du Yukon, Territoires du Nord-Ouest, Alberta, Colombie-Britannique), vivant dans la forêt subarctique, le long du Mackenzie et de la Slave River [env. 5 000].

❑ Les Slave avaient pour unité sociale de base le groupe local formé, avec beaucoup de flexibilité, autour des familles de germains parallèles de même sexe, et ils constituaient une société assez hétérogène. Diversement intégrés dans l'économie moderne, ils vivent encore partiellement de la chasse et de la pêche. Ils contestent la pénétration et l'industrialisation de leur territoire (oléoduc, routes), conséquence de la découverte de pétrole.

Ayant été soumis à une très forte influence missionnaire (catholique et anglicane), les Slave semblent avoir perdu leurs anciennes références religieuses, fondées sur l'opposition complémentaire du Corbeau et du Loup.

Ils appartiennent à l'ensemble linguistique athapaskan.

✦ Dénom. [syn.] Slavey. Ils ne constituent qu'une partie des groupes autrefois appelés Esclaves ou, en anglais, Slaves.

Soga. Peuple d'Ouganda (Eastern Province) [env. 2,5 millions].

❑ Le pays des Soga se présente comme une « île » bordée par le lac Kyoga au nord, par le Nil Victoria à l'ouest, par le lac Victoria au sud et par la Mpologoma à l'est. Vallonné, assez humide, il est propice à l'agriculture (banane plantain, millet, patate douce, café, maïs, coton), activité majeure des Soga, qui élèvent également des bovins.

Les Soga se répartissent en quelque 150 clans patrilinéaires, totémiques et exogames. D'un point de vue politique, ils forment une dizaine de petits royaumes où, comme dans tous les royaumes bantous de la région interlacustre, l'autorité s'exerce principalement sur la base de relations de clientèle (entre roi, chefs territoriaux et chefs de village).

Aux côtés du christianisme et de l'islam, la religion traditionnelle, très proche de celle des peuples voisins (Nyoro*, Ganda*, Nkole*, Rwanda*, etc.), perpétue ses cultes essentiellement domestiques. Les ancêtres du patrilignage sont les garants du bien-être de leurs descendants et les juges de leur conduite. Parallèlement, les esprits des anciens rois apparaissent comme les gardiens du bien-être de chacun des royaumes, où la présence des tombes royales (où sont inhumés les os maxillaires des souverains décédés) est le principe de légitimation des dynasties régnantes.

La langue des Soga, ou lusoga (deux dialectes : lupakayo et lutenga), appartient au groupe linguistique bantou.

Histoire. Tombé en 1885 dans la sphère d'influence britannique, le Busoga fut reconnu en 1900 comme province distincte du Buganda, l'administration employant néanmoins des chefs ganda pour diriger les Soga. Les royaumes les plus petits furent amalgamés en entités plus grandes et plus facilement gouvernables. À la veille de l'indépendance, il y eut quelques velléités de créer un Busoga indépendant.

✦ Dénom. [syn.] Basoga, Wasoga, Ouassoga.

Somali(s). Peuple de la Corne de l'Afrique, vivant en Somalie, au sud de Djibouti, au nord-est du Kenya et à l'est de l'Éthiopie (Ogaden) [env. 18 millions].

❑ Les Somalis sont avant tout éleveurs nomades (de dromadaires, de bovins, de moutons, etc.) sur la plaine côtière semi-désertique et sur les hauteurs septentrionales de leur territoire, où ils récoltent aussi la myrrhe et l'encens, tandis que la zone méridionale, mieux drainée, se prête à une agriculture de complément (mil, maïs, etc.). Leur tradition artisanale est importante et variée (vannerie, tissage, travail du cuir, du bois, des métaux, de l'ivoire).

L'identification de l'individu se fait suivant la filiation patrilinéaire (chaque enfant apprend sa généalogie par cœur, parfois jusqu'à 44 générations) : le concept de *xigaalo* (« parenté par les mâles ») rend compte de la segmentation en familles (*qoys*), en familles élargies (*reer*), en clans (*jilib*), en fractions (*laf*), en tribus (*qolo*) et en confédérations (*tol*). Ces dernières (six principales : Darod, Hawiye, Rahanwein, Issak, Issa et Gadaboursi) composent la nation (*qaran*). Le *xigaalo* se combine au *xidid*, système d'alliances scellées par des mariages répétés entre les lignages pour constituer la parenté au sens général (*xigto*).

Les segments du *xigaalo*, dont chacun possède son territoire pourvu qu'il l'occupe et soit apte à le défendre, sont gouvernés à tous les niveaux par un chef (qui prend le titre de roi à celui de la tribu), dont le pouvoir, jadis sacré, n'est plus que consultatif.

La société somalie est également organisée en fonction de l'âge et du sexe des individus. Chaque génération a les mêmes droits et les mêmes devoirs vis-à-vis de la société. Le passage d'une classe d'âge à l'autre s'accompagne, le cas échéant, de rites (circoncision, excision à l'âge de six ou sept ans). Les classes d'âge masculines les plus anciennes assurent la gestion du groupe, à laquelle les femmes ne participent pas. Enfin, il existe trois castes : guerriers (*waranle*), religieux (*wadaad*) et corps de métier (*waable*) ; les mariages entre les deux premières castes et la troisième sont interdits.

L'islam sunnite profondément enraciné (avec actuellement une tendance au fondamentalisme) s'accommode de la persistance généralisée du culte des ancêtres, des pratiques de divination, des cérémonies de délivrance des possédés par les esprits *zar*, etc.

Le somali, langue commune à tout le groupe, appartient à la famille couchitique orientale et s'écrit à l'aide d'un alphabet latin.

Littérature. Les Somalis, qui sont considérés par les peuples voisins comme un peuple particulièrement guerrier et expansionniste, sont aussi une nation de poètes, dont la riche tradition orale a été illustrée notamment par Raage Ugaas au XVIIIe siècle, par Mohamed Abdulle Hassan et par Salaan Carabey au XXe siècle. Musique et danses traditionnelles accompagnent cette poésie.

Histoire. Les Somalis sont un peuple autochtone, dont les lointains ancêtres peuplaient déjà le nord de la Somalie actuelle vers 5 000 avant notre ère. Dès la haute antiquité, d'intenses relations commerciales se nouent avec l'Égypte pharaonique, l'Arabie Heureuse, la Perse, l'Inde et le monde méditerranéen. Le « pays des aromates » (la myrrhe, les gommes et l'encens liés au sacerdoce dans tout le monde ancien) fournit aussi l'Orient, des siècles durant, en esclaves et en produits rares (défenses d'éléphant, plumes d'autruche, cornes de rhinocéros, etc.). L'islamisation, entamée dès l'époque du Prophète, complète dès le XIIIe siècle, se traduit par l'installation de petits sultanats, jamais unifiés. Les Portugais, alliés aux souverains chrétiens d'Éthiopie, détruisent au XVIe siècle les villes principales de la côte, mais c'est à partir du XIXe siècle que l'Occident perturbe de façon décisive le destin du pays somali. Celui-ci est partagé en cinq parties : Côte française des Somalis, Somalia italienne, Ogaden (convoité par l'Éthiopie), nord du Kenya et Somaliland (attribués aux Britanniques). Ce dépeçage entraîne une longue rébellion nationaliste, conduite par Mohamed Abdulle Hassan (à la fois religieux, poète et guerrier, et surnommé par ses adversaires le « Mad Mullah »), écrasée en 1920 par les Britanniques, puis le développement d'un mouvement pansomaliste (création en 1943 de la Somali Youth League). Ce rêve d'unité, qui met les Somalis en porte-à-faux avec leurs voisins, ne s'est en rien réalisé. D'un côté, les Britanniques cèdent l'Ogaden à l'Éthiopie (1948 et 1954), et le Kenya puis Djibouti, devenus indépendants en 1963 et en 1977, conservent leur part du territoire somali. De l'autre, l'union, en 1960 de la partie italienne et du Somaliland pour former la république de Somalie ne résiste pas aux dissensions. Les échecs du régime dictatorial de Syad Barre, vainement allié au camp soviétique, les revers subis durant la guerre de l'Ogaden contre l'Éthiopie (1977-78), la montée des mouvements religieux aboutissent à une très sanglante guerre civile (1991) ; le Somaliland fait sécession. L'intervention très médiatisée de l'ONU sous contrôle américain en 1992 (*Restore Hope*) se termine en 1994 par un désengagement qui laisse toutes les questions en suspens. Les réfugiés sont nombreux dans les pays voisins (qui tendent à accorder une meilleure reconnaissance à leurs minorités somalies), les querelles de clans se perpétuent, accentuant la désorganisation d'une société partiellement déstructurée par la sédentarisation et l'urbanisation.

✦ Dénom. [autod.] Soomaali.

Somba. Peuple du nord-ouest du Bénin et du nord-est du Togo, occupant le massif de l'Atakora. [env. 80 000].

❑ Le terme Somba ne désigne pas un groupe parfaitement homogène mais une série de groupes apparentés par la langue, le mode de vie (principalement l'habitat) et l'économie. Naguère appliqué à toutes les populations habitant le nord-ouest du Bénin et la partie est du Togo septentrional, l'ethnonyme somba tend aujourd'hui à se restreindre aux populations béninoises de l'Atakora, tandis que les populations du Togo qu'il désignait aussi sont plutôt connues désormais sous le nom de Tamberma.

Les Somba sont agriculteurs (igname, fonio, manioc, mil, riz, patate douce, maïs) et pratiquent également le petit élevage.

Ils sont patrilinéaires et patrilocaux. Leur société est structurée par des clans qui ont un système de classes d'âge très complexe avec des rites de passage tous les deux à cinq ans. Ils n'ont ni royauté ni chefferie.

Bien que l'islam et le christianisme aient fait leur apparition – très tardivement il est vrai (fondation en 1941 d'une paroisse catholique et en 1946 d'un poste missionnaire protestant à Natitingou) –, les Somba sont reconnus réfractaires aux religions extérieures et préservent nombre de leurs croyances traditionnelles.

La langue somba, le ditamari, appartient au sous-groupe paragurma du groupe des langues gur.

Architecture. Les Somba sont surtout connus pour leurs *tata* (ou *sombatata*), qui sont des habitations de terre, rectangulaires et sans fenêtre, flanquées de tourelles rondes à deux étages servant de greniers et de refuge lors des invasions. Ce modèle d'architecture très élaborée se perpétue, bien que les constructions inspirées du Sud (sans tourelles et pourvues de fenêtres) tendent à se répandre. Les Somba ne se regroupent guère en villages compacts mais plutôt en un semis de maisons parfois régulier, séparé par des espaces étendus de végétation et de culture.

Histoire. Selon la tradition, les Somba seraient un mélange de populations immigrées du pays Loli (Burkina Faso) et de populations autochtones. Le repli dans les montagnes, sous la poussée des Gourma, aurait eu lieu au plus tôt au XVIIe siècle. Retirés de la plaine, les Somba n'ont eu que peu de contacts avec les autres populations. La colonisation française n'a par ailleurs touché que tardivement cette région, éloignée de tout circuit économique essentiel et intéressante pour son seul pittoresque (en vertu, entre autres, de la nudité des habitants, mis à part l'étui pénien porté par les hommes, et de la pratique du duel au fouet pour vider les querelles). Ce n'est qu'en 1913 qu'une administration coloniale se mit vraiment en place à Natitingou, chef-lieu de la province de l'Atakora. En 1916, les Somba se lièrent au chef des Natimba, Gaba (ou Kaba), lors d'une insurrection vite réprimée par les Français. Après l'indépendance du Bénin en 1960, quelques personnalités d'origine somba se firent connaître sur la scène nationale, comme le commandant Maurice Kouandété et comme Mathieu Kérékou, qui dirigea le pays de 1972 à 1990, en suivant une inspiration marxiste-léniniste. Ce dernier reprit par ailleurs le pouvoir lors des présidentielles de 1996 en battant le démocrate fon Nicéphore Soglo.

✦ Dénom. [var.] Soumba ; [syn.] Bè Tammaribè, Tammari, Ditammari, Tamberma (au Togo).

Songhaï. Peuple installé au Mali et au Niger, dans la boucle du fleuve Niger, en zone sahélienne, à la lisière du Sahara désertique [env. 1,8 million].

❑ Les Songhaï se consacrent à l'agriculture (par irrigation), à l'élevage, au transport fluvial et à la pêche. Très composite, la société est issue des métissages intervenus entre des populations voltaïques autochtones (pêcheurs

Sorko, agriculteurs Do, chasseurs Gow), proches des actuels Koromba et Gourmantché*, et des émigrants venus du nord (Berbères*, Touareg*, Arabes, Maures*) ainsi que du sud-ouest et du nord-ouest (Soninké*, Malinké*, Banmana*, etc.). C'est l'exemple d'une civilisation négro-africaine parvenue à assimiler les apports extérieurs tout en gardant ses valeurs propres.
La famille étendue, patriarcale et virilocale, est placée sous l'autorité d'un patriarche. La cellule de base de l'organisation socio-politique est le village dirigé par le *bankoïni*. Celui-ci est élu par tous les villageois mais peut être révoqué par le roi, qui, autrefois, était doté de pouvoirs absolus.
La société est en très grande majorité islamisée mais les rites anciens (cultes de possession notamment) sont partout célébrés.
La langue songhaï (*koray tchinè*) appartient à la famille nilo-saharienne ; sa pratique est répandue dans tout le nord du Mali.
Histoire. Dès la dynastie fondatrice des Dia, la capitale de l'Empire songhaï fut transportée, un peu avant l'an mille, de Koukya à Gao, débouché de routes transsahariennes venant du Maghreb (par le Touat) et de l'Égypte (par le Hoggar). Le Songhaï passa sous l'emprise de l'empire du Mali avant de l'asservir, sous la dynastie des Sonni, et d'atteindre son apogée sous Ali Ber, qui régna de 1464 à 1492. Le neveu de celui-ci, Askia Mohammed, se fit le propagateur de l'islam et conquit le Touat ainsi que la région d'Agadès. Mais l'Empire songhaï perdit peu à peu sa cohésion. Son armée fut défaite en 1591 par le sultan du Maroc. En 1670, Biton Coulibaly, le roi banmana de Ségou, s'empara de Tombouctou ; les Touareg investirent Gao en 1680 et Tombouctou en 1787 ; vint le tour des Fulbe*, au début du XIXe siècle, puis enfin des troupes françaises, qui prirent pied dans un pays en ruine. Dans les temps récents, marqués par les ravages de la sécheresse, l'opposition entre Songhaï et Touareg s'est durcie. Le soulèvement de ces derniers a été contré, plus que par l'intervention de l'armée malienne, par le mouvement Ganda Koï, apparu en 1994, qui a drainé dans ses rangs aussi bien des militaires que la presque totalité de l'élite du Songhaï. Réaction contre les méfaits économiques de la rébellion, cette contre-insurrection à base songhaï s'intègre dans le processus de revanche des sédentaires contre les nomades qui leur ont fait subir par le passé razzias et raids esclavagistes.
✦ Dénom. [var.] Sonrhaï, Songhoï.

Songye. Peuple de la République démocratique du Congo (Kasaï occidental, Katanga, Maniema), dont le pays de savane arborée est traversée par les cours d'eau Lomami, Lualaba et Sankuru [estim. 1 million].
❑ Les Songye sont essentiellement agriculteurs (manioc, maïs, arachide, etc.) ; ils élèvent aussi du petit bétail (chèvres, poules, porcs et moutons). La chasse conserve une grande importance culturelle en dépit de la raréfaction du gibier.
Patrilinéaires et virilocaux, les Songye sont organisés en une quarantaine de chefferies indépendantes (Kalebwe, Eki, etc.) et de tailles diverses. La plupart de ces chefferies sont caractérisées par un système de rotation du pouvoir entre groupes de parenté, et par la division de la société en deux catégories politiques hiérarchisées et complémentaires ayant chacune ses dignitaires, la plus prestigieuse étant censée se situer dans la continuité d'un pouvoir d'origine étrangère et l'autre supposée représenter les premiers occupants du sol. Largement christianisés, les Songye restent marqués par leurs conceptions traditionnelles (croyance en un dieu créateur, culte des ancêtres et d'esprits de la nature) et surtout par la préoccupation constante de la sorcellerie. Leur langue bantoue, le kisongye, conserve un usage local, parallèlement aux langues nationales et au français.
Art. Les Songye sont connus pour leurs masques striés *kifwebe*, leurs haches de parade en fer forgé et leurs statues en bois qui remplissent des fonctions magico-religieuses.
Histoire. Les Songye sont vraisemblablement d'origine luba*. Aux XVIIIe et XIXe siècles, ils subirent les incursions militaires de ces derniers. Dans les années 1870-1900, leur pays fut dévasté par les razzias des trafiquants arabisés d'esclaves et d'ivoire (dont le célèbre Tippo Tip), par la guerre entre ces derniers et les Européens, et par des épidémies de variole ; les Songye perdirent alors leur autonomie politique. Minoritaires dans chacune des trois régions où ils vivent, les Songye aspirent à être réunis dans une même entité administrative. En 1992-1994, de nombreux Songye installés au Katanga, où ils étaient venus travailler dans les villes minières, en ont été chassés et sont revenus dans leur région d'origine.
✦ Dénom. [syn.] Songe, Basongye, Basonge ; Yembe, Bayembe.

Soninké. Peuple vivant disséminé en zone sahélienne, au Mali, en Mauritanie et au Sénégal [env. 4 millions].

❑ Agriculteurs, éleveurs et marchands, les Soninké sont le résultat du métissage de populations mandé avec des éléments peuls, maures et berbères. Ils sont islamisés (leurs marabouts sont réputés) et parlent une langue nigéro-congolaise.

Un double trait les caractérise. Tout d'abord, migrations et voyages sont chez eux une constante ; ils s'en vont à l'étranger accumuler, à force de travail et d'économie, la fortune qui assurera leur prestige à leur retour. Présents à travers l'Afrique dans le commerce et l'exploitation minière, ils constituent aussi la part majeure de l'immigration noire en France. D'autre part, leur attachement à leurs valeurs et à leur organisation patriarcale traditionnelle, centrée autour de la famille étendue (entendue de façon très large), se traduit par de fortes réticences face à la modernité. L'excision des filles, leur mariage dès la puberté et la polygamie restent la règle.

Histoire. Considérés comme les fondateurs de l'empire du Ghana, au IVe siècle, les Soninké fournissaient aux pays méditerranéens de l'or, de l'ivoire et des esclaves contre du sel gemme, des dattes, des verroteries, des tissus, etc., recherchés par les populations du Sud. La sécheresse et la destruction de l'empire au XIIIe siècle entraînèrent leur éparpillement. Aujourd'hui, grâce à l'émigration et malgré le déficit pluviométrique, le pays soninké a enregistré des réalisations vitales pour les populations rurales (forage de puits, construction d'écoles, de dispensaires et de maternités). Toutefois la communauté émigrée en France, riche en associations, tend à faire valoir ses difficultés propres (méconnues par ceux qui sont restés au pays et qui « pressurent » les émigrés en leur attribuant une richesse qu'ils n'ont pas), son malaise culturel (surtout chez les jeunes nés en France qui ne se sentent ni d'« ici » ni de « là-bas »). Elle entend désormais être partie prenante dans une logique de développement reposant sur la responsabilisation des autorités locales, les communes comme le gouvernement malien, et l'aide financière française et européenne.

✦ Dénom. Les Soninké sont appelés Sarakolé par les Wolof* et Marka par les Mandenka*.

Suay. Population vivant dans le sud du Laos [env. 50 000].

❑ Les Suay pratiquent la culture pluviale par essartage en système de jachère, avec des cycles de quatre à dix ans, ainsi que la chasse, la cueillette, le petit élevage et les échanges de vannerie. Leurs villages sont bâtis dans les vallées ou en bordure de plaine entre 200 et 700 mètres d'altitude. Ils ont une organisation sociale à tendance matrilinéaire et matrilocale : la maison revient à la fille cadette. Le divorce est fréquent.

Le chamanisme est la religion traditionnelle, mais de nombreux villages ont adopté le bouddhisme, et quelques-uns, le catholicisme. Le chamane (*naykotcham*) accomplit tous les rituels dédiés aux esprits (maison, eau, varan, etc.) et aux ancêtres, mais tous respectent les cérémonies lao*. Les Suay appartiennent à la famille linguistique austro-asiatique.

Suay et Lao. Les Suay se sont très bien adaptés à la société lao, sans effet culturel négatif. Seuls les villages isolés parlent le suay, les autres ont adopté la religion, les cérémonies, la langue et l'habitat des Lao Loum.

Subanon. Peuple des Philippines, vivant dans l'ouest de l'île de Mindanao, à l'intérieur de la péninsule de Zamboanga [estim. 150 000].

❑ Traditionnellement agriculteurs sur brûlis (riz, maïs, tubercules), les Subanon pratiquent de plus en plus le labour. Les maisons, correspondant à une famille nucléaire, sont isolées ou regroupées en hameaux. La parenté est bilatérale, et la règle de résidence, alternée et/ou néolocale. La société est endogame ; le lévirat, le sororat, la polygynie (parfois sororale), sont pratiqués.

Le panthéon subanon comprend de nombreuses déités territoriales (*diwata*). Des entités malveillantes (*manamat*) « mangent » l'âme (*gimud*) des humains, dont une autre composante est le souffle (*ginawa*). La protection des ancêtres est invoquée et l'officiant (*balian*), en général également connaisseur des plantes et guérisseur, opère dans la « maison des esprits » (*maligay*).

Le *timuay* est chargé de résoudre les litiges et de régir les liens avec l'extérieur. L'influence des sociétés musulmanes (souvent marquée par des discriminations et des pratiques d'exploitation) et, plus récemment, des Philippins chrétiens pousse à l'acculturation.

Les Subanon sont de langue austronésienne.

Coutume. La compensation matrimoniale et les amendes en cas de litige (résolu par palabres et discours) se calculent selon une unité de valeur, le *kumpaw*, consistant en grains de maïs disposés en tas et en rangées.

Suku. Peuple de l'ouest de la République démocratique du Congo (Bandundu) et du nord-est de l'Angola (Lunda Norte) [env. 220 000].

❑ On distingue en République démocratique du Congo les Suku orientaux, ceux qui ont fui la domination yaka-lunda, les Suku occidentaux, de forte acculturation yaka, et les Suku méridionaux, présents aussi en Angola.

Les Suku vivent d'agriculture (manioc, millet, patate douce) et d'élevage (porcs, chèvres, poules), complétés par la chasse et la pêche. Matrilinéaires mais virilocaux, leurs lignages sont disséminés dans de nombreux villages. Ils ont à la fois des chefs de terre, dépositaires des droits fonciers, et des chefs politiques, qui dépendaient autrefois d'un souverain, le *meni kongo*. Leur religion (marquée par la croyance dans le pouvoir des ancêtres, activable grâce à des charmes, et dans celui des sorciers) s'associe à un art développé (masques, petites statues en ronde bosse) et se maintient sous la christianisation de surface.

Leur langue bantoue, le kisuku, subit l'influence et la concurrence du kikongo, langue véhiculaire de la région.

Histoire. Les Suku émigrèrent au XVIe siècle depuis la région du Kongo vers la rivière Nganga, fuyant les invasions des Jaga et la traite esclavagiste. À la fin du XVIIIe siècle, la pression des Lunda* installés dans l'actuel pays yaka* détermina le *meni kongo* à les conduire vers l'est. Une partie des Suku préféra rester sous le joug des Lunda-Yaka.

✦ Dénom. [var.] Soukou(s) ; [syn.] Basuku.

Sukuma. Peuple de Tanzanie (Mwanza, Shinyanga) occupant le *Bosukuma* (« pays sukuma »), aux abords du lac Victoria et au nord du plateau central [plus de 3 millions].

❑ Les Sukuma font partie de l'aire culturelle sukuma-nyamwezi et forment le groupe ethnique le plus important de Tanzanie. Ils sont agriculteurs (céréales, légumes ; coton comme culture de rapport).

Ils sont répartis en plusieurs sous-groupes. Leur système social est de type segmentaire et patrilinéaire. Leur système matrimonial est régi par la polygamie et la résidence patrilocale. Dépourvus d'État central, les Sukuma n'admettaient qu'un pouvoir diffus, limité, contrôlé et d'essence religieuse. Ils se répartissaient en une cinquantaine de chefferies (*butemi*) dirigées chacune par un *ntemi*. Celui-ci était considéré comme le représentant sur terre de l'esprit du fondateur et des esprits de ses successeurs. L'autorité politique était intimement liée au pouvoir de faire tomber la pluie. Après l'indépendance, l'organisation sociale traditionnelle a été complètement remise en cause. Aujourd'hui, le contrôle étatique s'étend jusqu'au niveau des « cellules » de dix maisons.

Ils se partagent entre chrétiens, musulmans et adeptes des religions traditionnelles, qui continuent à accorder une importance considérable au culte des ancêtres.

Leur langue (quatre dialectes intercompréhensibles), le *kisukuma*, appartient à l'ensemble bantou.

Art. Les Sukuma ont un très riche répertoire de danses traditionnelles, dont la très célèbre danse des boas (*chatu*) durant laquelle les assistants s'entourent de ces serpents (privés de leur venin).

Histoire. Les Sukuma n'ont aucun mythe d'origine commun. Il semble qu'avant l'arrivée des immigrants semi-hamites depuis les royaumes de l'Afrique interlacustre, la plus grande partie de cette région forestière était peuplée de petits groupes éparpillés de chasseurs-cueilleurs. Par le biais des alliances matrimoniales, les premiers ont été totalement absorbés par les seconds et il ne subsiste plus guère de traits hamites parmi les Sukuma, si ce n'est les noms des clans considérés comme étant de cette origine (Babinga, Basiha, Bakwimba, Bagoro et Basega).

Depuis l'indépendance, les candidats du pouvoir n'ont jamais obtenu de résultats importants lors des différents consultations électorales dans l'aire sukuma-nyamwezi.

✦ Dénom. [syn.] Nyamwezi du Nord.

Sulod. Peuple des Philippines, vivant dans les régions montagneuses du centre de l'île de Panay (ouest de l'archipel des Visayas).

❑ Les Sulod pratiquent l'agriculture sur brûlis (riz, maïs, tubercules), la chasse et la pêche. Leurs hameaux (*puru'*) sont constitués de cinq à sept maisons, chacune d'elles étant généralement habitée par une famille nucléaire. La parenté est bilatérale. Le mariage est souvent arrangé par les parents et, autrefois, il était envisagé avant la naissance des enfants. La compensation matrimoniale (*pangayu'*) versée par la famille du futur époux est composée d'animaux domestiques, de machettes, de lances, d'argent, de bijoux, de peignes et de tissus. Les règles de mariage sont l'endogamie (mariage préférentiel avec les cousins germains), la monogamie et parfois la polygynie. La règle de résidence est plutôt uxorilocale

mais tend à être alternée. Les litiges sont résolus par des « arbitres » (*husay*) et des « conseillers » (*parangkutun*) représentent la société dans toutes les relations avec l'extérieur (avec les « Philippins chrétiens » dont l'influence entraîne l'acculturation des Sulod).
La religion se caractérise par un groupe hiérarchisé d'entités hostiles ou bienveillantes (*diwata*), dont les relations avec les humains sont gérées par l'intermédiaire d'un spécialiste (*baylan*).
Les Sulod parlent une langue austronésienne, le kiniray'a, ou binukidnon, dans laquelle est chantée la longue épopée (sa récitation dure trente heures) *Hinilawod*.
✦ Dénom. [syn.] Buki', Puti'an, Bukidnon, Sulodnon, Panaynon, Halawodnon.

Sumu. Ensemble de communautés indigènes de la côte atlantique du Nicaragua et du Honduras (région de la Mosquitia) [env. 10 000].
❑ Les Sumu se répartissent en trois groupes aux dialectes distincts, les Tawahka, les Panamaka et les Ulua ; ces groupes ont subi une double intégration à la société miskito* puis à la société occidentale.

Sundanais. Peuple d'Indonésie, habitant l'ouest de Java et présent également, de façon minoritaire, dans la province de Lampung, à Sumatra, de l'autre côté du détroit de la Sonde [env. 32 millions].
❑ Les Sundanais sont aux trois quarts ruraux (riziculture, cultures maraîchères, thé, café, quinquina, etc., élevage de buffles, de bovins et de chèvres), mais ils ont été depuis longtemps touchés par l'urbanisation (Bandung, Jakarta).
Leur système de parenté est de type indifférencié. Comme chez les Javanais*, la parentèle proche inclut l'ensemble des descendants des deux couples de grands-parents, la parentèle éloignée s'étend aux descendants des quatre couples d'arrière-grands-parents. La résidence après mariage est ambilocale ou néolocale.
La société sundanaise ancienne comprenait des nobles et des roturiers. La noblesse, intégrée au XIXᵉ siècle dans la bureaucratie gouvernementale, est de nos jours largement urbanisée. La société villageoise repose principalement sur la différence entre villageois ordinaires et notables ruraux (négociants, maîtres religieux, spécialistes de la coutume, responsables de l'administration villageoise). L'ancienne organisation territoriale a disparu dès l'époque coloniale.
L'islam, adopté au XVIᵉ siècle, est sans doute plus enraciné qu'au centre de Java central, bien qu'il existe une minorité de Sundanais chrétiens et que certaines communautés montagnardes (tels les Baduy*) soient restés fidèles aux pratiques ancestrales, quelque peu teintées d'hindouisme.
Le sundanais appartient au groupe des langues malayo-polynésiennes de l'Ouest ; parent du javanais, il comporte comme lui plusieurs niveaux de langue.
Culture. Proche de celle des Javanais*, elle s'en distingue, dans les arts de représentation, par une plus grande vivacité, par une préférence pour certaines formes artistiques (le théâtre de marionnettes, par exemple, plutôt que le théâtre d'ombres), ainsi que par une prédilection marquée pour certains instruments de musique (cithare, flûte, vièle). Les Sundanais ont maintenu vivante une riche littérature orale souvent porteuse de traditions préislamiques. Leur architecture villageoise, au contraire de celle des Javanais, a conservé la technique des maisons surélevées, moins hautes toutefois que dans d'autres parties de l'Insulinde.
Histoire. La région sundanaise vit fleurir des royaumes hindouistes, tel le royaume de Pajajaran dont une littérature semi-légendaire chante la prospérité sous le roi Siliwangi (en fait, un nom dynastique), avant d'être soumise et convertie par les musulmans aux XVIᵉ-XVIIᵉ siècles. Le sultanat de Banten, maître du commerce du poivre, prospéra jusqu'à l'installation concurrente des Hollandais à Jakarta (Batavia), en 1618. La colonisation néerlandaise s'étendit, avec le développement au XIXᵉ siècle des cultures de plantation (café, thé). En 1880, la région de Banten connut une importante rébellion paysanne. Le pays sundanais s'engagea particulièrement dans la lutte pour l'indépendance. L'un des leaders de ce combat, S.M. Kartosuwiryo, favorable à l'établissement d'une République islamique, tourna après 1948 ses maquis contre le nouvel État indonésien. Il fut capturé en 1963.
✦ Dénom. [indonésien] Orang Sunda ; [autod.] Urang Sunda.

Sunuwar. Population originaire du centre-est du Népal, essentiellement répartie sur les cours moyens des vallées de Khimti, Likhu et Maelung ; des Sunuwar ont émigré dans l'extrême-est du pays, et au delà, notamment au Sikkim ; d'autres sont installés à Kathmandu [env. 30 000].

❑ Ainsi que bien d'autres Népalais, les Sunuwar vivent de la polyculture sur champ terrassé (maïs, millet, riz, pomme de terre, sarrasin, blé), secondairement d'élevage (buffles, bovins, chèvres et moutons) et, de plus en plus, de revenus issus de la migration vers la ville (Kathmandu, villes de l'Inde). Avec les Rai*, les Limbu*, les Hayu et autres peuples de l'est relevant du groupe des Kiranti (les habitants du Kirant, nom attribué aux collines orientales), ils partagent de nombreux traits : mythologie fondée sur la chasse (ancien mode de vie dont il reste une spécialité, la chasse au tigre), croyance dans les esprits, recours aux services des chamanes, consommation de l'alcool et de la viande (porc) lors d'occasions variées (rituels, offrandes, banquets, visites, collations).

Les Sunuwar sont de langue tibéto-birmane.

Histoire. L'histoire des Sunuwar – comme celle des autres Kiranti – est celle d'une intégration dans la société népalaise. Celle-ci s'est traduite par un positionnement médian dans le système des castes en vigueur jusqu'en 1950 (reconnaissance des Kiranti au rang de *shudra*), mais aussi par la colonisation d'une partie de leur territoire traditionnel, tant par le haut (par des groupes d'origine tibétaine et bouddhistes) que par le bas (par des Indo-Népalais*, des hindous de religion). Mais, situés en marge occidentale du Kirant, les Sunuwar se distinguent nettement par la faveur qu'ils ont accordé au système politico-religieux du Népal (ce qui leur valut, au XIXe siècle, un statut supérieur – caractérisé par la non réductibilité en esclavage – à celui des autres Kiranti) : soutien au nouveau pouvoir lors de l'unification du pays en 1773, adoption du brahmanisme, en particulier de l'exogamie indéfinie qui offre un important ciment unitaire à ce groupe culturellement et linguistiquement très proche de certains Rai immédiatement voisins. En dépit des apports socio-religieux (hindous principalement, parfois bouddhistes, ici et là, depuis quelques années, chrétiens), la culture ancestrale, revendiquée par certain Sunuwar émigrés à Kathmandu, reste vivante, notamment dans la vallée de la Likhu.

Sussu. Peuple mandingue* de Guinée, occupant les plaines et les plateaux qui séparent le littoral du Fouta-Djalon [estim. 2,5 millions].

❑ Les Sussu sont agriculteurs et pêcheurs, et largement islamisés. Vraisemblablement originaires des vallées moyennes du Bafing et de la Gambie, ils auraient contourné le Fouta par la vallée du Cogon, à une époque très ancienne. Avant que les Fulbe* ne parviennent sur le Fouta et n'exercent leur domination, il se pourrait qu'ils aient formé un seul peuple avec les Dialonké.

✦ Dénom. [var.] Soussou.

Swahili. Peuple réparti dans les cités qui bordent la côte orientale de l'Afrique, depuis le sud de la Somalie jusqu'au nord du Mozambique, vivant principalement au Kenya et en Tanzanie.

❑ Les Swahili sont principalement tournés vers la mer, s'adonnant à la pêche et au commerce maritime, mais l'agriculture vivrière ou de plantations (cocotier, riz, manioc, fruits et épices) reste importante.

Leur monde se divise traditionnellement en cités indépendantes, dont les affaires sont dirigées par une classe aristocratique, et trouve dans l'islam (shafi'ite, ibadite ou chiite) l'un des paramètres essentiels de son identité.

Le kiswahili standard, langue bantoue du groupe sabaki, est basé sur le dialecte de Zanzibar (*kiunguja*). Il existe de nombreux dialectes côtiers (*kimvita* de Mombasa, kiamu de Lamu) et de nombreuses formes véhiculaires : le swahili s'est répandu au XIXe siècle dans l'intérieur des terres jusqu'en Ouganda et au Zaïre.

Culture. Les Swahili ont développé d'importantes traditions architecturale (demeures maçonnées en blocs de corail, aux portes ornementées) et navale (boutres *dhow*). Leur abondante littérature (chroniques médiévales, épopées, poèmes d'amour) est illustrée aujourd'hui par des écrivains comme Shabaan Robert ou Ebrahim Hussein.

Histoire. La société swahili est née vers la fin du Ier millénaire de notre ère de la rencontre de populations africaines (bantoues, avec des apports couchitiques) et de navigateurs du golfe Persique. Se réclament de ce fonds ancien les Bajun de la côte nord, les « Douze Tribus » de Mombasa et les Shirazi* de la côte sud. La société swahili poursuivit son métissage avec d'autres apports africains et arabes, puis indiens à partir du XVIIIe siècle.

La plupart des cités swahili connurent un âge d'or aux XIVe- XVe siècles avant d'être fragilisées par l'expansion des Oromo* et l'installation des Portugais (XVIe- XVIIe siècles). Ces derniers furent chassés au début du XVIIIe siècle

par les Omanais (sultanat de Zanzibar), qui étaient les maîtres du commerce caravanier (ivoire, esclaves, employés notamment dans les plantations de girofle de Zanzibar), et qui connurent une apogée au XIXe siècle, où ils virent leur domination brisée à son tour par l'arrivée des Britanniques. L'islam constitue aujourd'hui un ferment politique d'opposition aux continentaux, en majorité chrétiens et politiquement favorisés depuis les indépendances.
✦ Dénom. [var.] Souahéli(s).

Swazi. Peuple habitant le Swaziland, pays enclavé entre le Mozambique et l'Afrique du Sud [estim. 800 000]. Les Swazi occupent également plusieurs territoires du Transvaal oriental, où ils se sont mélangés avec les populations sotho* [estim. 1 million].
❑ Apparentés aux Zulu*, les Swazi sont traditionnellement éleveurs (bovins) et agriculteurs (maïs, sorgho). Ils se sont également tournés vers les cultures commerciales (canne à sucre, tabac, coton). Beaucoup travaillent dans l'industrie du bois et dans les mines.
Patrilinéaires, ils vivent dans des villages constitués chacun de plusieurs hameaux familiaux appelés *umuti*. Chaque village est placé sous l'autorité de son patriarche. Le peuple swazi compte de nombreux clans, dont celui des Dlamini auquel appartient depuis le XIXe siècle son souverain, garant de la puissance et de la prospérité du pays. Les institutions traditionnelles comportent le *liqoqo*, conseil royal constitué de parents du roi et d'hommes de confiance, et le *libandla*, assemblée de la tribu.
La majorité des Swazi professe la foi chrétienne, bien que le culte des esprits d'ancêtres soit encore très répandu.
Les Swazi parlent le siswati, langue du groupe nguni de l'ensemble bantou.
Histoire. L'émergence du peuple swazi remonte à la première moitié du XIXe siècle. Durant le règne du roi Shaka, le groupe Ngwane s'installa dans la région et assimila les communautés autochtones. L'unité de la nation swazi fut l'œuvre de Mswati II, d'où l'appellation de « bakamswati », que les premiers colons européens transformèrent en « swazi ». Au XIXe siècle, la peur de la puissance zulu guida la stratégie et la politique swazi, plus encore que la menace représentée par les colons européens qui pénétrèrent de force dans le territoire, afin d'y exploiter les terres et d'y ouvrir des mines. Après la guerre anglo-boer de 1899-1902, les Britanniques prirent le contrôle du pays. Celui-ci n'accéda à l'indépendance qu'en 1968. D'abord respectueux du cadre multipartiste et parlementaire hérité des colonisateurs, le roi Sobhusa II, installé sur le trône depuis 1921, orienta le régime vers une autocratie traditionaliste. Il mourut en 1982, après un règne de plus de soixante ans. Son successeur, le roi Mswati III, a été couronné en 1986.
✦ Dénom. [autod.] Bakangwane.

t

Tabassaran. Peuple du Daguestan (fédération de Russie) [près de 100 000].

❑ Les Tabassaran pratiquent traditionnellement l'agriculture et l'élevage (mouton, cheval). La maison, en pierre, était au moins à deux étages, les pièces d'habitation se trouvant à l'étage. L'artisanat consistait principalement en poterie et en tapis.

L'organisation sociale est basée sur une union patrilinéaire villageoise, administrée selon la coutume par les anciens du village. La famille est essentiellement réduite, la structure clanique reste très importante.

L'islam sunnite n'a pas fait disparaître toutes les vieilles croyances, ni les fêtes agraires, telle la fête du premier sillon, ni les cultes du feu, des pierres, des arbres.

Le tabassaran, langue caucasique du Nord-Est, se subdivise en deux dialectes principaux. Le russe est utilisé.

Art. Tous les ustensiles de la vie quotidienne ainsi que les parures féminines étaient ornés de motifs traditionnels. Les maisons avaient des décorations de bois sculpté. L'art funéraire se signale par des tombes cruciformes.

Histoire. Les Tabassaran ont vraisemblablement relevé de l'Albanie du Caucase, avant de former deux principautés et des unions de villages. La Russie les annexa au début du XIXe siècle.

Tadjik(s). Peuple se partageant, pour l'essentiel, entre le Tadjikistan et le nord-est de l'Afghanistan. Il est représenté aussi dans le centre de l'Ouzbékistan et, marginalement, au Kazakhstan (extrême sud), en Chine (Xinjiang) et à l'est de l'Iran [env. 11 millions].

❑ Les plaines agricoles et irriguées de la Transoxiane orientale et centrale et du nord-est de l'Afghanistan, ainsi que les piémonts et la moyenne montagne de ces mêmes régions constituent le cœur de l'habitat des Tadjiks. Ceux-ci forment un des peuples les plus ruraux de l'Asie centrale ; ils sont musulmans sunnites, avec des minorités chiites. Le tadjik (nombreux dialectes) appartient à la famille iranienne ; ses emprunts aux langues turciques le distinguent du persan.

Tadjiks et Ouzbeks. Au gré des turcisations de l'Asie centrale, la part des turcophones sédentaires (agriculteurs et citadins) n'a cessé d'augmenter du XVe au XIXe siècle : les Tadjiks ne sauraient donc être assimilés aux sédentaires en général (ni aux « Sartes », terme employé à l'époque tsariste pour désigner diverses populations sédentaires, qu'elles soient iranophones ou turcophones). Aux XVIIIe-XIXe siècles se réalisa même une certaine symbiose tadjiko-ouzbèke, sur fonds de bilinguisme. Cette symbiose a disparu au cours du XXe siècle, les identités respectives se sont renforcées. Le nationalisme antiturcique domine à présent chez les Tadjiks, alors que le persan/tadjik, qui fut jusqu'aux années 1920 la langue de l'administration et de la culture en Transoxiane, jouit toujours chez les turcophones d'un grand prestige.

Histoire. La société tadjike s'est constituée à partir du fonds persanophone de Transoxiane. Les facteurs de son ethnogenèse sont les suivantes : islamisation, remplacement des langues de Sogdiane et de Bactriane par le persan classique puis par une langue néo-iranienne nouvelle (le tadjik), turcisation puis, ultérieurement, formation de l'État afghan et conquête russe de la Transoxiane. Apparus en tant que tels après la disparition des grands États à dynastie iranophones de la région, les Tadjiks n'ont jamais disposé, à part quelques principautés montagnardes, d'entité politique jusqu'à la formation du Tadjikistan soviétique, en 1929. Celui-ci est devenu indépendant en 1991. Une guerre civile a opposé en 1992 les « islamistes » et les « démocrates » au pouvoir postsoviétique, faisant près de 100 000 victimes et 500 000 réfugiés. Malgré les négociations imposées par la Russie, inquiète de la perméabilité de la frontière tadjiko-afghane au fondamentalisme, et la conclusion d'un accord de paix en décembre 1997, le pays reste dans le chaos. En Afghanistan, les forces, surtout tadjikes, du commandant Massoud (et de ses alliés) résistent aux talibans pashtun* qui ont pris Kaboul en 1996. En Ouzbékistan, les revendications tadjikes sont d'ordre essentiellement culturel.

✦ Dénom. [autod.] Todjik.

Tagbanuwa. Peuple des Philippines, vivant dans les régions montagneuses des côtes ouest et est du centre et du nord de l'île de Palawan [plus de 10 000].

❑ Ils pratiquent l'agriculture sur brûlis (riz, maïs, tubercules) ainsi que la chasse (au porc sauvage, aux singes), la pêche et la cueillette. L'écosystème, et donc la vie de la société, est mis à mal par le développement de l'exploitation forestière, ainsi que par l'installation de migrants pratiquant une agriculture sédentaire de rapport.

L'organisation sociale est caractérisée par le « village », mobile au gré des essarts, regroupant une quinzaine de maisons occupées chacune par une famille nucléaire en relation de parenté bilatérale. Le mariage, autrefois arrangé, est de nos jours consécutif à l'établissement des relations sexuelles. La polygynie est rarement pratiquée ; la résidence est matrilocale. Autrefois, la société était constituée de trois ordres sociaux : supérieur (*ginu'u* ou *bagara*), inférieur (*dulu'an* ou *timawa'*) et des « esclaves » (*'uripan*). Ces derniers ont maintenant disparu, et la stratification non rigide tend à confondre progressivement les deux autres ordres, définis selon des critères rituels.

Le culte des ancêtres est centré sur la famille nucléaire. Le panthéon est composé de nombreuses entités en relation avec les régions et les éléments naturels, ainsi que d'entités hostiles. Le travail rituel est assuré par les officiants spécialisés (*katungkulan*) et les chamanes (*babalyan*). L'influence chrétienne est devenue assez forte.

✦ Dénom. [var.] Tagbanwa.

Tahitiens → Ma'ohi

Taï. Ensemble de groupes vivant dans les vallées et les parties basses des régions de collines et de montagnes du nord du Viêt Nam [env. 2, 3 millions].

❑ Les Taï (plutôt que « Thaï » car le *T* n'est pas aspiré) du Viêt Nam sont des sous-groupes du vaste ensemble (plus de 50 millions de personnes) de populations thaï vivant entre la vallée du Brahmapoutre, à l'est de l'Inde, et la province du Guanxi, au sud de la Chine, en passant par la Birmanie, la Thaïlande, le Yunnan et le Laos. Chaque groupe est suffisamment différencié des autres pour être considéré comme une société à part entière.

Les Taï du Viêt Nam sont surtout représentés par les Taï noirs et les Taï blancs, installés à l'ouest du fleuve Rouge, et par les Tày (ou Thô), vivant à l'est du même fleuve. Ils sont avant tout riziculteurs sur rizières irriguées de fond de vallées, ou sur pentes taillées en terrasses, plus rarement en culture pluviale sur pentes essartées (production de riz gluant). Pour l'irrigation de leurs rizières, les Taï du Viêt Nam ont fréquement recours aux norias, qui alimentent les canaux à partir des rivières. Sur les pentes, ils cultivent également le manioc, le maïs (avant tout pour nourrir les cochons), l'indigotier (pour la teinture), le mûrier (élevage des vers à soie), le coton (tissage). Traditionnellement, ils élèvent des buffles, des cochons, des chevaux et des volailles ; la pêche, au filet ou à l'aide de barrages et de nasses, est bien développée tandis que la chasse n'est qu'une activité d'appoint. Toutefois, désormais, ils travaillent dans presque tous les secteurs (commerces, administration, armée, sanitaire, etc.).

Même si les villes se sont développées depuis la fin de la période coloniale française dans les régions habitées par les Taï du Viêt Nam, ceux-ci habitent encore en majorité dans des gros villages, dont les maisons sur pilotis disparaissent plus ou moins sous un couvert de végétation luxuriante. Les maisons, en bois et en bambou, sont de tailles et de formes différentes selon les groupes. Les toitures végétales cèdent peu à peu la place à des toitures en tuiles. Peu touchés par le bouddhisme, et même si les Tày ont reçu des influences taoïstes, les Taï du Viêt Nam pratiquent surtout le culte des ancêtres, ainsi que différents cultes des Esprits (*phi*) protecteurs du sol, de la terre, de la maison, du village, etc., ou à ceux, maléfiques, qui peuplent les forêts, les rivières, les pentes défrichées, etc.

La société taï est très hiérarchisée et organisée

en fiefs (*muòng*) au sein desquels les autres minorités ethniques furent le plus souvent tenues en vassalité. Le système patriarcal conserve des coutumes matriarcales, ainsi, chez les Taï, le jeune couple réside pendant sept à huit mois chez les parents de la mariée avant de rejoindre la maison du marié, tandis que chez les Tày la jeune épouse ne rejoint définitivement son mari que juste avant la fin de sa première grossesse.

Les nombreux dialectes taï appartiennent au groupe taï de la branche taï-kadaï de la famille austro-asiatique.

Histoire. Comme tous les peuples qui vivaient au sud de la Chine, les Taï du Viêt Nam ont subi l'expansion chinoise dès le début du Ier millénaire avant notre ère et ont entrepris une longue descente vers le sud. C'est quelques siècles plus tard que les Tày sont arrivés dans les vallées du nord-est du pays, en provenance du Guanxi. En 257 av. J.-C., sous la conduite de leur chef Thuc Phan, les Tày Au ont conquis le royaume proto-vietnamien de Van Lang et formé le royaume de Au Lac avec les Lac Viêt. Dès lors, l'histoire des Tày et des Viêt Kinh est étroitement liée, les premiers ayant toujours combattu auprès des seconds lors des nombreux conflits contre les Chinois.

Les Taï noirs et les Taï blancs quant à eux sont arrivés beaucoup plus tard, entre le VIIe et le Xe siècle de notre ère, par le Yunnan, et, repoussés par les Lao*, se sont installés sur les hautes terres entre les vallées du Mékong et du fleuve Rouge. Tenus à l'écart de ces grandes vallées, ils n'ont pu créer d'État mais seulement des fiefs, parmi lesquels ceux de Muòng Thanh (Diên Biên) et de Muòng Lai (Lai Châu) furent les plus importants.

Ayant eu à lutter à maintes reprises contre les Chinois ou à résister aux différentes vagues d'immigration en provenance du sud de la Chine, les Taï du Viêt Nam ont été nombreux à être enrôlés comme auxiliaires de l'armée française en Indochine, mais ceux qui combattirent aux côtés du Viêt-minh le firent avec plus de conviction.

✦ Dénom. [syn.] Tày, Thái, Thô, Taï ; [autod.] Tay, Tay Dam (noirs), Tay Khao (blancs).

Tamang. Peuple du Népal, concentré dans les moyennes montagnes (jusqu'à 3 000 mètres d'altitude) du centre-est du royaume [1 million en 1991].

❑ Leur économie essentiellement agricole, où l'élevage garde une part importante, voit le riz irrigué et les bovins supplanter l'éleusine (millet) et les ovins.

Les villages, de type groupé, abritent plusieurs segments de clans, qui constituent chacun l'entité sociale la plus solidaire, le clan lui-même n'intervenant que dans l'exogamie.

Culturellement, les Tamang orientaux, à l'est de Katmandou, se distinguent des Tamang occidentaux, plus proches des Gurung*. Par ailleurs, l'empreinte du bouddhisme croît vers le nord. Les Tamang font appel à trois prêtres : le *lambu* assume le culte aux divinités locales, le chamane *bon-po* intervient dans les circonstances extraordinaires et le *lama*, de tradition tibétaine, officie dans les rites du cycle de vie.

Les Tamang parlent une langue tibéto-birmane de la branche bodish-gurung.

Histoire. Les Tamang disent être venus du Tibet et avoir été gouvernés jusqu'au XVIIIe siècle par des rois Ghale. De nos jours, ils fournissent le premier contingent de la main-d'œuvre non qualifiée (porteurs, etc.) employée dans la vallée de Katmandou. De plus, la capitale népalaise est proche et de nombreuses jeunes Tamang sont victimes de rabatteurs opérant pour le marché de la prostitution de Bombay.

✦ Dénom. [appellations connexes] Murmi, Lama, Bhote, Ghale.

Tarahumare(s). Peuple amérindien du nord du Mexique (États de Chihuahua et de Durango), vivant sur de hauts plateaux à forêt de pins et de chênes [env. 48 000 en 1990].

❑ Les Tarahumares habitent des hameaux dispersés. Pour se protéger du climat rude et contrasté, les familles ont souvent deux lieux d'habitation : en été, en montagne, et, en hiver, dans les vallées (canyons). Souvent, la maison d'hiver est une grotte aménagée.

Les Tarahumares pratiquent l'agriculture (maïs, haricots, pomme de terre, cucurbitacées), complétée par un peu d'élevage, de chasse (daim), de pêche à la nivrée et de cueillette (herbes, racines, cactées). Ils tirent des ressources monétaires de l'exploitation forestière, de la culture du blé sur les plateaux et des vergers dans les vallées chaudes (bananiers, orangers, etc.). Dans les années 1940, beaucoup d'entre eux sont allés travailler dans les mines. Depuis 1960, ils ont été nombreux à s'installer dans les villes de la région.

La famille est de type nucléaire et la parenté est bilinéaire. Les hameaux regroupent des

familles nucléaires parentes et constituent le cadre des échanges sociaux et économiques.
Les Tarahumares ont été christianisés au cours des siècles passés, mais ils pratiquent encore le chamanisme et font un usage rituel de plantes psychotropes.
Ils sont célèbres pour organiser des courses, masculines ou féminines, sur de longues distances à travers champs, en poussant une balle unique. À cette occasion, d'importants échanges économiques ont lieu au moyen de paris entre les spectateurs.
La langue tarahumara se rattache à la famille uto-aztèque.
Artaud. L'écrivain se rendit chez les Tarahumares en quête de sensations nouvelles (peyotl), et les fit connaître au public cultivé français.
Histoire. Autochtones de la région, les Tarahumares, chez lesquels les Jésuites installèrent des missions permanentes en 1639, se rebellèrent contre les regroupements forcés en villages (*reducciónes*) et contre les exploitants miniers (argent, or). Depuis les années 1930, diverses tentatives visant à les regrouper et à les doter de structures administratives « modernes » ont eu un succès mitigé.
✦ Dénom. [var.] Tarahumara ; [autod.] Rarámuri.

Tarasque(s). Groupe amérindien du centre-ouest du Mexique, vivant dans l'État de Michoacán [env. 87 000 en 1990].
❑ Les Tarasques résident sur le haut plateau central « froid » (1 500 à 2 500 mètres d'altitude), au volcanisme très actif : c'est la région du célèbre volcan Paricutín. On les trouve sur les hauteurs à forêts de conifères et autour des lacs de Pátzcuaro et de Zinahuán, ainsi que dans la vallée dite *La Cañada*.
Les Tarasques cultivent le maïs et ses plantes associées (haricots, courges, piments, etc.), l'orge, l'avoine, les fruits d'Europe, les fleurs à couper. Ils pratiquent un peu d'élevage. La pêche dans les lacs ainsi que l'exploitation forestière sont des sources importantes de revenus. L'artisanat est bien vivant : travail du bois (objets), menuiserie (meubles, maisons de planches), poterie (vaisselle et figurines « diaboliques » pour les touristes), fleurs artificielles, etc. Le salariat s'est développé, de même que la migration aux États-Unis.
Les terres sont propriété soit individuelle, soit collective, mais l'exploitation est familiale. La famille est nucléaire avec, éventuellement, des parents « assistés ». Les villages sont pour la plupart groupés et bien ordonnés en rues. L'organisation communale et festive est à base de charges rotatives, et les hommes doivent la corvée pour les travaux publics. La date de la vaine pâture est déclarée par la commune.
Les Tarasques ont été profondément christianisés et leurs traditions, y compris la sorcellerie, se rattachent essentiellement aux traditions espagnoles. Leur langue est le tarasque, de la famille du même nom.
✦ Dénom. [autod.] Purépecha.

Tat. Peuple vivant principalement en Iran [env. 300 000], mais également en Azerbaïdjan [env. 10 000] et au Daghestan [env. 12 000].
❑ Traditionnellement agriculteurs (viticulteurs notamment), éleveurs, artisans (tapis, etc.), les Tat sont un peuple iranophone, divisé en de nombreux groupes autonomes. Leur plus saillante particularité est leur diversité religieuse : certains sont de confession juive (Tat des montagnes des régions de Kouba, de Vartachen, de Bakou et du Daghestan), certains (dans les régions de Chemakha et de Divitchi) sont chrétiens orientaux, les autres, le plus grand nombre, sont musulmans chiites. Ils sont par ailleurs culturellement proches des Azéris*.

Tatar(s). Peuple de Russie (Tatarstan, Bachkortostan, Oudmourtie, Mordovie, Tchouvachie, etc.), habitant la vallée moyenne de la Volga, le cours inférieur de la Kama et la région de l'Oural, et présent en Sibérie et en Extrême-Orient ; des Tatars sont implantés aillleurs sur le territoire de l'ex-URSS, principalement en Ouzbékistan et au Kazakhstan [env. 7 millions].
❑ L'ensemble tatar trouve son unité dans la conscience identitaire commune, forgée au cours de l'histoire, de trois groupes principaux : les Tatars de la Volga et de l'Oural, de loin les plus nombreux (ils se divisent en Tatars de Kazan, en Tatars de Kassim et en Michar), les Tatars de Sibérie et les Tatars d'Astrakhan. Les Tatars de Lituanie (descendants de Tatars enrôlés pour combattre les chevaliers Teutoniques) sont à rattacher à cet ensemble. En revanche, les Tatars* de Crimée constituent un peuple à part.
Les Tatars, traditionnellement agriculteurs, sont aujourd'hui une population très urbanisée (les régions de la Volga et de l'Oural sont fortement industrialisées). L'organisation tri-

bale ancienne a disparu. La société affirme son identité au travers des grandes fêtes traditionnelles (*sabantoui*, *djien*) et du respect des valeurs islamiques : les Tatars sont musulmans sunnites de rite hanafite (il existe une faible proportion de chrétiens orthodoxes, convertis en plusieurs vagues depuis le XVIe siècle).
Le tatar (qui comprend trois dialectes, le dialecte occidental, ou michar, le dialecte central, ou tatar de Kazan, et le dialecte oriental, ou tatar de Sibérie) appartient à la famille des langues turques et recourt à l'alphabet cyrillique. Il est massivement pratiqué.
Histoire. Les Tatars de la Volga sont les descendants des anciens Bulgares de la Volga mêlés à des tribus nomades turques et mongoles. Au XIIIe siècle, Batou, petit-fils de Gengis Khan, édifie l'empire de la Horde d'Or, qui s'étend de la Russie méridionale aux Balkans, et qui est rapidement islamisé par les Turcs qu'il a soumis. Les princes russes sont jusqu'en 1480 les vassaux de la Horde d'Or, qui disparaît en 1502 après que les Tatars de la Volga aient fondé vers le milieu du XIVe siècle le khanat de Kazan. Après la conquête de ce dernier par Ivan le Terrible (1552), les nobles tatars, dépossédés de leurs terres, forment peu à peu une noblesse marchande, dont seront issus au XIXe siècle les leaders du mouvement islamique moderniste *jadid*, qui prône l'unification culturelle de tous les peuples turcs de Russie. La République socialiste soviétique autonome tatare, fondée en 1920, est devenue en 1990 la république du Tatarstan. En 1994, celle-ci a signé un traité bilatéral avec Moscou, qui lui accorde une importante autonomie politique et économique. Deux tendances politiques s'y opposent, l'une, pragmatique, visant à obtenir un maximum d'autonomie vis-à-vis du pouvoir central russe, l'autre, nationaliste, voulant l'indépendance tatare.
✦ Dénom. [autod.] Tatar ; [russe] Tatari ; [syn., anc.] Tartares. L'origine du mot Tatar, tardivement accepté comme autonyme par l'ensemble de la société, remonte au nom d'une tribu mongole. Les Européens, au temps de l'expansion mongole, s'empressèrent d'assimiler cette appellation au nom du fleuve des Enfers dans la mythologie grecque...

Tatar(s) de Crimée. Peuple d'Ukraine (Crimée et région de Kherson), également représenté en Russie (*kraï* de Stavropol et de Krasnodar) et en Ouzbékistan [env. 300 000].
❑ Les Tatars de Crimée se divisent en Tatars des steppes (ou Tatars Nogaï), en Tatars des contreforts montagneux (Tat ou Tatlar) et en Tatars de la rive méridionale. Essentiellement paysans (vignerons, producteurs de fruits, éleveurs) en Crimée, pour moitié citadins en Russie, ils sont musulmans sunnites et leur langue (trois dialectes) appartient à la famille turque ou turcique.
Histoire. Ils sont issus de la fusion avec des populations sédentaires de la péninsule de tribus nomades turcophones, venues des steppes en plusieurs vagues, entre le VIIe et le XIIIe siècle, l'élément nogaï (fin du XIIIe siècle) ayant été le plus important. Les Tatars, en position dominante au sein de la mosaïque ethnoculturelle criméenne, dirigèrent le khanat (sous suzeraineté ottomane à partir du XVe siècle) et firent maintes fois trembler la Moscovie. Après l'annexion de la Crimée à la Russie (1783), submergés par les colons, ils émigrèrent nombreux vers l'Empire ottoman. En mai 1944, Staline fit déporter tous les Tatars de Crimée, accusés de collaboration, vers la Sibérie, l'Asie centrale et le cours moyen de la Volga ; la moitié d'entre eux périrent. Un mouvement de retour s'amorça à la fin des années 1960 et les Tatars (défendus par le général dissident Piotr Grigorenko [1907-1987]) recouvrèrent en 1967 leurs droits constitutionnels. Mais ce n'est qu'à partir de la fin des années 1980, avec la levée des obstacles bureaucratiques, que les Tatars purent regagner en masse la Crimée, où leur réimplantation s'avère souvent difficile.
✦ Dénom. [autod.] Krym Tatarlar ; [russe] Tatari krymskie.

Tausug. Peuple des Philippines du Sud, habitant l'île de Jolo dans l'archipel sulu [env. 450 000 en 1990].
❑ Les Tausug se consacrent traditionnellement à la culture du riz et des taros ; ils font aussi d'abondantes récoltes de fruits. Beaucoup d'entre eux vivent maintenant à Zamboanga et dans le sud de l'archipel sulu, où ils font du commerce et de la contrebande.
Histoire. Le sultanat de Jolo a connu son apogée au XVIIIe siècle, sur fond d'échanges commerciaux dont les bases locales étaient la nacre et le trépang (holothuries). À cette époque, le sultanat s'étendait jusqu'aux côtes nord-est de Bornéo et ouest de Mindanao, et visait au monopole du contrôle des échanges de la région, qu'ils voulaient protéger des intrusions européennes. Les Tausug donnèrent une dimension de guerre sainte à la lutte

contre les Espagnols et aux raids de pillage et de capture d'hommes qu'ils organisaient contre les îles Visayas : l'esclavage a été un des moyens de la puissance tausug. Ils ont acquis de cette manière une réputation de guerriers « virils » *maisug* dont le courage était souligné, mais dont la violence dominatrice effrayait leurs voisins, image qu'ils cultivent encore et qui n'a pas disparu des esprits.
La ville de Jolo a été au cœur du combat du Front de libération moro (MNLF), ce qui lui a valu d'être détruite aux trois quarts par l'armée philippine, en février 1974, événement qui a traumatisé la société et contribué largement à sa déstabilisation, bien entamée sous la colonisation américaine. Jolo fait maintenant partie de la Région autonome musulmane du sud des Philippines, dont le président, Nur Misuari, est un Tausug. En 1996, l'intérieur de l'île, encore tenu par les groupes rebelles, était inaccessible aux étrangers. Jolo fait maintenant partie de la région autonome musulmane du sud des Philippines, dont le président, Nur Misuari, est un Tausug.
→ **Musulmans des Philippines**

T'boli. Peuple des Philippines, vivant au sud-ouest de l'île de Mindanao [estim. 80 000].
❑ Les T'boli, qui relèvent de l'ensemble protomalais, sont des semi-nomades, pratiquant l'agriculture sur brûlis (riz, maïs, tubercules) et vivant en hameaux de trois ou quatre maisons, sur la base de liens de consanguinité et d'affinité. La parenté est bilatérale. La polygamie est acceptée. Les litiges (notamment les divorces) sont résolus grâce à l'intervention des leaders locaux *datu*.
Les T'boli rendent un culte à de nombreuses entités (des plantes, des forêts, des montagnes, etc.) mais sont de plus en plus soumis aux influences chrétienne et musulmane. Ils parlent une langue austronésienne.
Art. Les T'boli sont réputés pour leurs gongs, grelots, bijoux et machettes, décorés de motifs géométriques, et pour leurs tissus d'abaca aux dessins géométriques complexes.
Coutume. Les mariages, arrangés et supposant le versement d'une importante compensation matrimoniale, donnent lieu à des combats entre les chevaux de la famille de l'épouse et ceux de la famille de l'époux.
✦ Dénom. [var.] T'böli, Tagabili.

Tchakhar. Important groupe mongol vivant en Chine (Mongolie-Intérieure, et accessoirement Xinjiang) ainsi qu'en Mongolie (Selenga) pour un petit groupe. [pas de dénombrement distinct parmi les Mongols de Chine].
❑ Éleveurs nomades, les Tchakhar ont été peu à peu repoussés vers le nord sous la pression des Han*, ou contraints de se sédentariser. Malgré la proximité de Pékin, ils ne sont pas considérés comme les Mongols* les plus sinisés. Ils sont bouddhistes lamaïstes depuis la fin du XVIe siècle, sans survivances chamaniques notables, et ont largement préservé leur organisation sociopolitique traditionnelle.
Le tchakhar appartient au groupe central des langues mongoles ; il a servi de base, avec le toumète, au mongol officiel de Mongolie-Intérieure, mais sa pratique est concurrencée par celle du chinois.
Histoire. Les Tchakhar formèrent à la fin du XIVe siècle l'une des six myriades des Mongols orientaux. Leur territoire se situait au nord de la Grande Muraille. Leurs souverains se transmirent le titre de *Grand Khan* ; Ligdan Khan, le dernier d'entre eux, s'illustra par la lutte solitaire qu'il mena contre les Mandchous*, jusqu'à sa défaite en 1634. Dès lors, les Tchakhar, comme les Toumètes*, furent réorganisés en plusieurs bannières – réservoirs de troupes du pouvoir mandchou – qui, après une révolte en 1675, passèrent sous administration mandchoue directe et furent déplacées vers le nord. Aujourd'hui, l'élan persistant de colonisation par les Han* et l'absence de réelle autonomie entretiennent un mécontentement récurrent.
✦ Dénom. [var.] Caqar, Caxar, Chahar.
→ **Mongols**

Tcherkesse(s). Peuple du nord du Caucase dont le territoire s'étendait des bords de la mer Noire jusqu'à l'Ossétie, mais n'habitant de nos jours que la république de Kabardino-Balkarie, celle des Karatchaï-Tcherkesses et celle des Adyguéens – appartenant toutes trois à la Fédération de Russie [env. 500 000 en 1989]. Ils constituent en outre une importante diaspora [au moins un million en Turquie, quelques dizaines de milliers en Jordanie et Syrie et quelques milliers en Israël].
❑ Alors qu'on divise traditionnellement les Tcherkesses en Tcherkesses orientaux et Tcherkesses occidentaux, le pouvoir soviétique a jugé opportun de les scinder en trois peuples prétendument distincts logés dans trois unités administratives différentes : les Tcherkesses orientaux ont été divisés en Kabardiens ou Kabardes (partageant la

Kabardino-Balkarie avec les Balkar*) et Tcherkesses (partageant avec les Karatchaï* la république des Karatchaï-Tcherkesses) ; les Tcherkesses occidentaux ont été, par reprise de l'autonyme – Adygué – de l'ensemble des Tcherkesses, appelés Adyguéens (*Adygeitsy*). Les Tcherkesses ne sont majoritaires dans aucune des républiques qu'ils habitent.

Soixante-dix ans de vie soviétique ont bien changé la vie quotidienne des Tcherkesses, mais de nombreux traits traditionnels demeurent au sein de leur société toujours essentiellement rurale et patriarcale, et attachée à un code d'honneur qui légitime les vendettas. Les Tcherkesses se sentent liés avec beaucoup d'autres peuples montagnards du Caucase par des liens institutionnalisés d'hospitalité, par un droit coutumier plus ou moins commun, l'*adat*, par leurs danses et par leurs cycles de légendes, ainsi que par la commune affiliation à l'islam.

Les Tcherkesses ne s'occupaient guère d'artisanat, de commerce ou d'administration. Ils vivaient dans des villages étendus (*aoul*), se livrant à l'horticulture et à l'élevage (chevaux, bovins, moutons, etc.).

La société, patrilinéaire et patrilocale, était marquée (et reste marquée dans une mesure certaine) par de stricts impératifs d'exogamie : pas de mariage au sein de la même famille, du même clan, entre habitants d'un même village, entre porteurs d'un même nom. Les mariages résultaient en bonne part d'enlèvements arrangés entre les futurs conjoints. Les jeunes mariés, dans leur ensemble, devaient éviter les beaux-parents ; le jeune marié, par exemple, ne devait pas être vu par ses beaux-parents, ni leur parler pendant plusieurs années. Le père ne devait pas montrer son affection pour ses enfants, surtout pas pour ses fils. Les vieillards étaient vénérés et jouaient un rôle important dans la résolution des conflits.

La société, divisée en une multiplicité de clans et de tribus, était fortement stratifiée. On y distinguait des princes, des nobles, des affranchis, des serfs et des esclaves. Ces derniers, généralement des prisonniers de guerre, alimentaient un commerce dont Istanbul était le principal débouché. C'est en Kabardie que le caractère féodal de la société s'était le plus développé, ce qui facilita l'annexion précoce de la région par la Russie.

Le christianisme, introduit par Byzance aux VIe-VIIe siècles, ne se maintint pas au-delà du XIIIe siècle. L'islam fut introduit entre le XVe et le XVIIIe siècle. Des éléments de paganisme ont survécu jusqu'aux temps présents.

Le tcherkesse constitue, avec l'abkhaze et l'oubykh, éteint depuis 1992, la famille linguistique du Caucase du Nord-Ouest à laquelle ne paraît apparentée que celle du Caucase du Nord-Est. L'existence de deux langues littéraires, sur la base l'une du kabardien et l'autre de l'adyguéen, ne favorise pas la survie de la langue, par ailleurs en train de se perdre dans la diaspora et confrontée à la concurrence du russe dans le Caucase. Le kabardien, qui est plus homogène et compte plus de locuteurs, a plus de chances de survie que l'adyguéen. Deux savants français, Georges Dumézil, qui était et reste le plus grand caucasologue occidental et, de nos jours, Catherine Paris, ont joué un rôle décisif dans la description des dialectes tcherkesses et leur sauvetage pour la recherche scientifique.

BEAUTÉ. On peut lire dans le *Grand Dictionnaire universel du XIXe siècle* de Pierre Larousse que « les femmes tcherkesses rivalisent en beauté avec les Géorgiennes, sans qu'on puisse se décider pour les unes ou pour les autres »...

DIASPORA. La vie coutumière s'est en général mieux conservée dans la diaspora qu'au Caucase. De même, l'attachement à l'islam y est beaucoup plus marqué. En revanche, les Tcherkesses de la diaspora ont perdu le lien avec la culture orale (épopée des Nartes), toujours très fort dans le Caucase.

HISTOIRE. Les ancêtres des Tcherkesses habitèrent les plaines du Kouban et les rives de la mer d'Azov, avant de se réfugier dans les montagnes (Adyguéens) ou de s'installer plus vers l'est (Kabardes). Aucun des nombreux envahisseurs (Khazars, Mongols*, etc.) ayant précédé les Russes n'eut raison de leur esprit d'indépendance. La conquête russe rencontra une résistance opiniâtre (1783-1864) et eut des conséquences démographiques dramatiques, surtout pour les Tcherkesses occidentaux. Environ 500 000 Tcherkesses (ainsi que d'autres peuples montagnards) se virent contraints d'émigrer vers l'Empire ottoman, où leur sort fut souvent difficile. Ceux qui restèrent sur place furent regroupés dans les plaines. L'administration russe favorisa l'installation de Russes et d'Ukrainiens, souvent des Cosaques*. Les contacts avec la diaspora se sont ravivés avec la fin de l'URSS.

✦ Dénom. [syn.] Circassiens ; en Turquie *çerkez* est souvent utilisé pour désigner tous les descendants de Caucasiens du Nord, y compris les Abkhazes*. [autod.] Adygué.

Tchétchène(s). Peuple dont le territoire (12 000 km²) se trouve au nord de la chaîne du Grand Caucase, au centre-est d'une région s'étendant de la mer Noire à la mer Caspienne, et du piémont de la chaîne jusqu'aux vallées du Terek et de la Sounja. Les Tchétchènes ont durant la période soviétique partagé avec les Ingouches* la république autonome de Tchétchénie-Ingouchie. De la partition de celle-ci sont issues, d'une part, l'Ingouchie, république autonome de Russie, et, d'autre part, la Tchétchénie. Cette dernière est, du point de vue tchétchène, un État indépendant (la république d'Ichkérie) et, du point de vue russe, non contesté par la communauté internationale, une des républiques constitutives de la fédération de Russie [plus de 700 000 habitants tchétchènes, à quoi s'ajoutent les quelque 15 000 Tchétchènes vivant en Turquie, descendants des exilés du XIXe siècle].

❑ L'économie tchétchène traditionnelle est essentiellement rurale (culture des céréales, des arbres fruitiers, de la vigne, du tabac, etc., et élevage) ; les ressources forestières sont également importantes. L'absence d'investissements a abouti à une paupérisation certaine des paysans tchétchènes, souvent contraints à s'employer comme travailleurs saisonniers dans d'autres républiques. L'artisanat (tissage de la soie et de la laine, dinanderie, armurerie, etc.) a, bien plus radicalement encore, périclité sous le régime soviétique.

Le pays, placé sur le chemin de l'oléoduc acheminant le pétrole d'Azerbaïdjan vers la Russie, dispose aussi de ses propres gisements de pétrole et de gaz naturel. L'un et l'autre expliquent son intérêt stratégique, et l'effort russe pour conserver le contrôle de ressources dont les bénéfices échappaient en quasi-totalité à la population autochtone.

Les Tchétchènes se répartissent en 131 clans (*teipe*), dont près du quart jouent un rôle important dans le fonctionnement de la société. Le pouvoir traditionnel relevait d'une triarchie composée des anciens, des chefs de *teipe* et des leaders religieux. Mais, comme les Ingouches, les Tchétchènes constituent une société essentiellement égalitaire (on constate que, dans le Caucase, ce sont les peuples au système social le moins hiérarchisé qui ont résisté avec le plus d'acharnement aux envahisseurs). La législation soviétique n'a pu éliminer le droit coutumier, pas plus que ne furent éradiquées les diverses traditions millénaires qui organisent cette société toute de raffinement et de violence codifiée. Au premier rang de ces traditions figurent la prise d'otages – coutume propre à la vie sociale normale –, que réactualisa, en 1995, l'action du commando de Chamil Bassaiev, qui força l'issue du conflit, et, aussi bien, le devoir d'hospitalité, qui mena durant cette guerre les combattants tchétchènes à protéger les Russes vivant parmi eux et à traiter comme des hôtes les conscrits prisonniers.

Les Tchétchènes étaient polythéistes (rendant des cultes aux montagnes, aux rochers, aux eaux, aux arbres, etc.) et l'on note jusqu'à nos jours des survivances de ces croyances anciennes. Mais ils furent aussi chrétiens nominaux durant quelques siècles. L'islam sunnite, dont les premières tentatives d'introduction remontent au IXe siècle, s'est imposé à partir du XVIIIe siècle. L'influence des confréries soufies est certaine, mais, de manière générale, les Tchétchènes n'attachent qu'un prix limité à l'appartenance religieuse et ce n'est que par réaction à l'invasion russe qu'ils se sont unis de manière affirmée sous la bannière de l'islam.

Le tchétchène, comme l'ingouche et les nombreuses langues du Daguestan, appartient au groupe du Nord-Est de la famille caucasienne (26 langues). Il possède une importante littérature orale, et, depuis le XXe siècle, écrite. Le tchétchène présente des affinités avec des langues de l'Antiquité (la langue de l'État mésopotamien d'Ourartou, l'étrusque) ; on a pointé aussi des proximités linguistiques (et culturelles) entre les Tchétchènes et les Basques.

Histoire. Les Tchétchènes font partie avec les Ingouches du très ancien groupe paléocaucasien *Veinakh* (« notre peuple »), partie de l'ensemble Nakh qui inclut aussi, notamment, les Bat de Géorgie, les Akkhia du Daguestan et les Orstkhoï, disparus en tant que tels après leur émigration en Turquie. Les ancêtres des Tchétchènes et des Ingouches, les Gargares, firent partie de l'Albanie du Caucase, puissant royaume contre lequel Pompée fit campagne (la présence de femmes en armes parmi les Gargares tués au combat et les prisonniers accrédita la légende des Amazones). Les descendants des Gargares ne cessèrent par la suite de résister aux masses humaines qui déferlèrent sans relâche sur les franges du Caucase du Nord : Huns, Khazars, Mongols*, Tatars*, etc. Ils franchirent ainsi les siècles, jamais soumis à proprement parler, se réfugiant sur leurs escarpements inviolables ou se perdant dans la steppe pour revenir, le moment venu, dans leurs aires natales. Mais c'est surtout contre les envahisseurs russes qui, à la différence des précédents, s'incrustèrent en Tchétchénie que les Tchétchènes exercèrent leur faculté de résistance et firent montre de cet amour absolu de la liberté où l'on a pu voir un véritable trait psychologique.

Les premiers contacts entre Russes et Tchétchènes remontent au XVIe siècle, quand des Russes, fuyant le régime esclavagiste de leur pays, traversèrent la Caspienne et remontèrent le fleuve Terek, sans rencontrer d'hostilité particulière de la part des autochtones. A partir de là, la Moscovie entretint des relations régulières avec les tribus tchétchènes – nom venu du village *Tchétchène-aoul*, où se déroulaient les assemblées générales réunissant tous les clans. Puis l'avancée de la Russie impériale dans le Caucase, et en particulier dans la Tchétchénie dont les habitants étaient de plus en plus traités comme les sujets russes esclaves ou serfs, suscita les révoltes des Tchétchènes libres (la première de ces révoltes organisées remonte à 1785). Les premières décennies du XIXe siècle furent marquées par des affrontements incessants entre Tchétchènes et troupes régulières russes assistées des colons cosaques. Le général Ermolov s'illustra par le recours à une impitoyable pratique de la terre brûlée ; en 1819 fut fondée la forteresse de Groznaïa (« la Terrible »), qui devint la capitale du pays, habitée exclusivement par des Russes jusqu'en 1917 (les Tchétchènes y étaient interdits de séjour). De 1834 à 1859, les Tchétchènes participèrent à la guerre menée par l'imam Chamil, originaire du Daguestan. La fin de celle-ci fut suivie de massacres, de déportations et de l'exil forcé de nombreux Tchétchènes vers l'empire ottoman. La dernière révolte sous les tsars intervint en 1877.

Les bouleversements de 1917 trouvèrent les Tchétchènes divisés : les plus pauvres des montagnards ruraux prirent parti pour le nouveau régime tandis que la bourgeoisie naissante et les intellectuels s'y opposèrent. Les bolcheviques, victorieux, accordèrent au pays plusieurs statuts d'autonomie successifs mais se livrèrent, dans leur volonté de soviétiser la société, à une mise au pas brutale et à une répression féroce qui entraînèrent une série de révoltes. En 1940, des représentants de l'élite intellectuelle (et non plus religieuse) créèrent un gouvernement révolutionnaire provisoire de la Tchétchénie-Ingouchie, qui chassa le pouvoir soviétique dans la majeure partie des districts de montagne, mouvement qui reprit de l'ampleur après le début de la guerre contre les Allemands. En février 1944, Staline prit la décision de déporter en totalité les Tchétchènes (ainsi que d'autres ethnies caucasiennes, et en particulier les Ingouches) en Asie centrale. L'entreprise de destruction physique (un tiers des déportés périrent durant le transfert et après) s'accompagna d'une tentative d'élimination de la mémoire collective, par la destruction parallèle des archives, des documents historiques, scientifiques et littéraires. Ce n'est qu'en 1957 que les peuples déportés furent autorisés à regagner leurs territoires.

La perestroïka a trouvé, comme la Révolution de 1917, le peuple tchétchène divisé en un camp « prorusse » et en un camp indépendantiste, selon une opposition à la fois géographique (la périphérie montagnarde contre le pôle industriel plus riche de la plaine) et clanique. En 1989, le régime communiste déclinant admit pour la première fois au poste de premier secrétaire un Tchétchène, Dokou Zavkaïev, homme-lige de Moscou et animateur ultérieur de l'opposition prorusse. Zavkaïev commit l'erreur de soutenir les putschistes d'août 1991 et dut s'effacer devant le général Djokhar Doudaiev, qui proclama l'indépendance de la République et s'en fit élire président. Doudaiev instaura un régime autoritaire et violent, mais parvint à tenir tête aux différentes oppositions armées. Les troupes russes pénétrèrent en Tchétchénie en décembre 1994, entamant une guerre marquée par d'importantes pertes civiles et des destructions énormes. Cette guerre dura jusqu'à la fin de l'été 1996, pour s'achever par un traité de cessez-le-feu conclu entre le général Lebed (pour les Russes) et – Doudaiev ayant été tué – Aslan Maskhadov pour les Tchétchènes. Selon ce qui a été convenu alors, le statut de la Tchétchénie doit être défini sous cinq ans. La réconciliation apparaît difficile, et des tensions subsistent, notamment à la frontière daguestanaise.

✦ Dénom. [autod.] Naktchio.

Tchouktche(s). Peuple de Russie (région autonome de Tchoukotka), vivant à l'extrême nord-est de la Sibérie [env. 16 000].

❑ Groupe minoritaire le plus nombreux de la région, les Tchouktches se divisent en éleveurs de rennes de la toundra (*tchavtchu*) et en chasseurs de mammifères marins (*an'k'alyt*), ces derniers ayant un mode de vie très proche de celui des Inuit*.

Traditionnellement, plusieurs familles nucléaires disposant chacune d'une *iaranga* (habitation pouvant évoquer une iourte, mais non conique et recouverte de peaux de renne) nomadisaient ensemble, soumises à l'autorité de l'homme le plus influent. La filiation était patrilinéaire, mais la résidence pouvait être patrilocale, virilocale ou même uxorilocale. Les riches éleveurs étaient polygynes. D'une manière générale, les unions étaient assez libres : on pratiquait l'échange de femmes dans le but de renforcer les relations d'amitié.

Les Tchouktches constituent une société pratiquant un chamanisme dit familial : c'est essentiellement au sein du foyer que s'établit la relation d'échange avec la nature, inscrite au cœur des représentations cosmogoniques. Les tentatives de christianisation au XIXe siècle se sont avérées peu efficaces.

Le tchouktche comporte plusieurs variantes dialectales et appartient à la famille linguistique dite paléo-asiatique. Son usage tend à disparaître en milieu urbain.

Histoire. Les ancêtres des Tchouktches sont à rattacher aux populations de chasseurs venues du centre de l'Asie, qui s'installèrent dans la région sans doute au paléolithique et sont probablement à l'origine du peuplement des Amériques. Les Cosaques*, qui atteignirent la Tchoukotka en 1644, durent faire face à une résistance très vive, sans égale durant toute la conquête de la Sibérie. Après un siècle de conflits, les relations prirent une tournure commerciale. La colonisation s'intensifia à l'époque soviétique. La collectivisation, la sédentarisation forcée et la répression du chamanisme ont mis à mal une société écartelée entre sa tradition en perte d'influence et la culture moderne.

Humour russe. Les Tchouktches sont dans toute la Russie la cible d'innombrables « histoires drôles », où ils incarnent, en pire, le rôle des Belges dans l'humour français.

✦ Dénom. [russe] Tchuktchi ; [autod.] Lyg'oravetl'at.

Tchouvache(s). Peuple de Russie (Tchouvachie, Tatarstan, Bachkortostan), représenté aussi (en petites minorités) au Kazakhstan et en Ukraine [env. 2 millions].

❑ Les Tchouvaches de la haute Volga [les Virial(s) et les Touri(s)] sont implantés au nord et au nord-ouest de la Tchouvachie, ceux de la basse et moyenne Volga (les Anat Ientchi), au centre et au nord-est, et ceux de la basse Volga (les Anatri), au sud.

Habitant des villages installés sur les bords des rivières et des ravins, les Tchouvaches étaient surtout agriculteurs (céréales, lin, chanvre, houblon) et aussi apiculteurs. À partir de la seconde moitié du XIXe siècle, beaucoup d'entre eux devinrent saisonniers agricoles et ouvriers forestiers, ou s'agrégèrent au prolétariat travaillant dans les usines de l'Oural et dans les mines du Donbass.

Les communautés rurales, jusqu'aux années 1920, étaient organisées sur la base d'un ou de plusieurs villages et étaient régies par l'entraide. La famille était dirigée par le doyen, tandis que la responsabilité des travaux domestiques revenait à la femme la plus âgée, qui était en outre l'organisatrice du culte domestique.

Les Tchouvaches, dont la culture est demeurée vivace, associent encore à l'orthodoxie certains éléments antérieurs (paganisme influencé par le zoroastrisme, le judaïsme et l'islam) ; ils vénéraient le feu, l'eau, le soleil, la terre, les esprits domestiques.

Leur langue (deux dialectes, de la basse Volga et de la haute Volga) appartient à l'ensemble des langues turques et utilise un alphabet cyrillique adapté.

Histoire. Les Tchouvaches de la haute Volga descendent des Bulgares de la Volga, tribus turques qui se mêlèrent aux VIIe-VIIIe siècles aux tribus finno-ougriennes locales. À l'époque de la Horde d'Or, une seconde vague de tribus bulgares arriva de la rive gauche de la Volga : ce sont les ancêtres des Tchouvaches de la basse Volga. Les Tchouvaches ont été incorporés à la Russie en 1551 et convertis à l'orthodoxie au XVIIIe siècle, à l'exception de ceux qui vivaient dans des régions islamisées. La République autonome tchouvache (1925) est devenue en 1992 une république de plein droit au sein de la fédération de Russie.

✦ Dénom. [autod.] Tchavach.

Teda. Pasteurs nomades (chameliers) répartis entre le Tchad, le Niger et la Libye. Ils sont traditionnellement concentrés sur le massif du Tibesti, d'où ils ont débordé d'une part vers le Fezzan et, d'autre part, vers le Borkou et l'Ennedi [env. 160 000, soit un cinquième des Toubou*].

✦ Dénom. [syn.] Tedaga.

→ **Toubou**

Tegréen(s). Peuple du nord de l'Éthiopie (région-État n°1 « Tegray ») et du sud de l'Érythrée (provinces de Hamasén, de Särayé, d'Akälä Guzay) [env. 6 millions].

❑ Les faibles précipitations tombant sur les hautes terres salubres fraîches ou froides où vivent les Tegréens (forte pression démographique) sont juste suffisantes pour la céréaliculture à l'araire, associé à l'élevage bovin pour les besoins de l'attelage et à l'élevage de petits ruminants et de volailles.

La structure familiale, très forte, garantit l'accès à la terre par le *resti selmi*, le lopin hérité. Les descendants du fondateur éponyme de la communauté locale passent par les assemblées villageoises (*bayto*) des anciens pour accéder aux terres collectives et aux redistributions périodiques des terres de la communauté. Comme chez les Amhara*, la circoncision des garçons, l'excision des filles, les tabous alimentaires et l'observation des jeûnes assurent la cohésion de la société, par ailleurs marquée par une forte dimension messianique (sentiment d'être un peuple élu, à la filiation salomonienne plus « pure », ne serait-ce que du point de vue linguistique, que celle des Amhara).

Majoritaire, le christianisme orthodoxe monophysite doit composer avec le catholicisme, le protestantisme et l'islam. On note aussi, outre la participation fréquente aux cérémonies du *zar* (délivrance des possédés, chevauchés par un *zar*, au cours de séances nocturnes où l'on sacrifie des bovins) et la pratique de la divination, des traces de cultes préchrétiens.

Le tegreñña (*tegrigna/tigrigna*), rameau du groupe afro-sémitique, est directement issu du *geez* (guèze), ou éthiopien ancien, dont il utilise le syllabaire. Malgré sa promotion actuelle, sa pratique reste concurrencée par celle de l'amharique.

Art. L'art de la fresque a atteint un sommet au Tegré. La peinture de sujets religieux ou profanes sur des peaux, des toiles ou sur les murs des églises et des lieux publics (cafés) obéit toujours aux conventions de la peinture savante des icônes. Les chants religieux en *geez* ont profondément marqué la musique profane éthiopienne.

Histoire. Le Tegré était situé au cœur du territoire des rois d'Aksum (IIIe siècle av. J.-C. – VIIIe siècle apr. J.-C.). La christianisation intervint au IVe siècle. L'histoire des Tegréens fit dès lors couple avec celle de l'autre composante historique du royaume éthiopien, les Amhara*, dont ils ont constamment récusé l'impérialisme politique : quasi-autonomie du ras Mikael et de ses successeurs (XVIIe- XIXe siècle) ; soutien hésitant à Ménélik qui, malgré la victoire d'Adoua, « abandonne » les Tegréens aux Italiens ; refus de l'intégration à l'État éthiopien restauré (révolte des Wäyyané écrasée en 1942), hostilité au pouvoir issu de la révolution de 1974 et participation à la lutte d'indépendance érythréenne). Les Tegréens sont aujourd'hui dans une situation difficile, partagés entre l'Éthiopie, qu'ils dominent et dont la structure fédérale signe leur revanche sur les Amhara, et l'Érythrée, dont ils sont des éléments moteurs de la construction unitaire. Environ 700 000 Érythréens musulmans, dont de nombreux Tegréens, se sont réfugiés au Soudan dans les années 1970-1980, où leur sort est tributaire des mauvaises relations entre Khartoum et Asmara.

✦ Dénom. [var.] Tigréen(s), Tegré ; « Tigré », souvent employé, est fautif ; [autod.] Tegray.

Tehuelche. Ensemble de sociétés amérindiennes de Patagonie, dont les derniers descendants vivent en Argentine (province de Santa Cruz) [env. 500, au mieux].

❑ Les Tehuelche se divisaient en un groupe septentrional (du fleuve Negro au fleuve Chubut), disparu, et un groupe méridional (du fleuve Chubut au détroit de Magellan). Leurs bandes, groupes de familles étendues dirigés par un cacique, parcouraient, à pied puis, à partir du XVIIe siècle à cheval, ces terres froides et venteuses, vivant de la cueillette et de la chasse (guanacos, nandous, lièvres, renards). Ils étaient polythéistes, avec croyance en un dieu suprême, et chamanistes. Leurs diverses langues (querandí et gününa küne au nord, teushen, aonek'enk, selknam* et haush pour la branche sud ou chon), sont toutes éteintes, sauf l'aonek'enk, très menacé.

Histoire. De présence très ancienne, les Tehuelche subirent dès la période préhispanique les incursions des Mapuche*, qui assirent leur domination au XVIIIe siècle. En dépit d'un fort métissage et de leur « araucanisation », les Tehuelche gardèrent une certaine autonomie, tantôt pactisant avec les Blancs, tantôt rejoignant la résistance mapuche ; ils furent englobés dans la politique d'extermination menée dans les années 1880 et la création ultérieure de réserves ne put enrayer leur processus d'extinction physique et culturelle.

✦ Dénom. [autod.] 'Aonek'enk ; [syn., anc.] Les Tehuelche sont aussi connus comme « Patagons ». Ce nom leur aurait été donné par Magellan, du fait de la taille de leurs pieds (« patas ») ou par référence à un géant, héros d'un roman de chevalerie alors célèbre.

Téké. Peuple du Gabon (haut Ogooué), du Congo-Brazzaville (centre) et de la République démocratique du Congo (Bandundu), occupant principalement les plateaux de savanes sablonneuses au nord du lac Malébo ; ils habitent également les collines avoisinantes ainsi que la forêt du Chaillu [estim. 150 000].

❑ Les Téké, orientés autrefois vers l'agriculture de subsistance (manioc, arachide, petite horticulture), pratiquent aujourd'hui les cultures de rente (café, cacao, tabac). Depuis le début de notre ère jusqu'à la fin du XIXe siècle, ils s'adonnèrent à la métallurgie (fer, cuivre, plomb).

Ils se divisent en une quinzaine de sous-groupes (Tsayi, Tio, Koukouya, Houm, etc.) et ont une organisation sociale lignagère, segmentaire et matrilinéaire. Ils sont répartis en chefferies relativement autarciques, où le chef de terre (*nga tsié*) et le chef de lignage (*bobo*) incarnent l'autorité politique. Leur religion traditionnelle, de type « animiste » et polythéiste, laisse une large place au culte des ancêtres, pratiqué par le chef de lignage, et au culte des esprits de la terre, pratiqué par le chef de terre. Lors de la colonisation, ils se sont partiellement convertis au christianisme. Ils parlent le téké de l'Est et le téké de l'Ouest, qui appartiennent tous deux à la branche nord-ouest de la famille bantoue (embranchement niger-congo).

Art. Ils pratiquaient l'ablation des incisives, le limage en pointe des incisives, les scarifications faciales en traçant de fines incisions parallèles recouvrant joues et front. Ces signes de reconnaissance, attestés depuis le XVIe siècle, ornent les statuettes sculptées dans l'aire téké.

Histoire. Issus des migrations bantoues, les Téké Tio ont constitué dès le XIVe siècle le royaume des Anziques, qui fut dirigé par des rois forgerons. La société téké connut une alternance de phases d'expansion de la production métallurgique et de phases de repli (pour ne pas perturber démesurément l'ordre premier naturel). Les Téké participèrent à la traite esclavagiste.

À partir du XVIIIe siècle, les centres sidérurgiques virent leur importance décroître parallèlement à l'affaiblissement du royaume tyo. Les Téké se replièrent alors sur les plateaux au nord du Malébo, phénomène accentué par l'implantation européenne de la fin du XIXe siècle.

✦ Dénom. [var.] Teke ; [syn.] Tyo, Anziques, Anzicho, Anzichi, Anzicana.

Temne. Peuple de Sierra Leone [estim 1,5 million].

❑ Majoritaires dans le nord, le centre et l'ouest du pays, les Temne en constituent l'un des deux principaux groupes de peuplement (avec les Mende*). Leur économie traditionnelle de subsistance dépend de la riziculture et de la pêche.

Ils se répartissent en patriclans (*abuna*) en principe exogamiques ; ils sont patrilocaux. Les chefs de leurs chefferies, relativement indépendantes, sont choisis parmi les membres les plus âgés du lignage fondateur de la chefferie. Entourés d'une série d'interdits, ils exercent leur pouvoir en liaison avec la société secrète à grades du *poro* (que l'on retrouve chez les Kpelle* du Liberia et les Mende* de la Sierra Leone). Une autre société, le *bundu*, constitue le pendant féminin du *poro*. Ces sociétés visent à initier et à éduquer les jeunes dans la connaissance et le respect des règles sociales ; elles jouent également un rôle législatif, judiciaire et médical.

Traditionnellement polythéistes, les Temne se sont convertis nombreux au christianisme et à l'islam. Ils parlent une langue du groupe mel du Nord-Ouest, de la famille ouest-atlantique.

Art. Les Temne ont produit des masques en laiton (de type *aron arabai*), finement martelés et incisés, qui sont portés, aujourd'hui encore, lors des cérémonies d'intronisation des chefs : ils représentent l'esprit (*karfi*) chargé de protéger les dynasties régnantes.

Histoire. Les Temne sont probablement descendus, à une époque inconnue, du Fouta-Djalon, repoussés par les Susu* ou d'autres groupes de langue mandé vers les forêts côtières. Vers le milieu du XVe siècle, les navigateurs portugais les englobent avec les Baga* de basse Guinée et les Landuman de Guinée-Bissau sous le nom de « Sapi ». Au XVIe siècle, les royaumes « sapi » subissent l'agression des « Mani », réfugiés mandingues* issus de l'effondrement de l'empire du Mali. Les anciens chefs temne sont remplacés par des chefs d'origine mandé. De nos jours, les Temne ont dans leur ensemble été assimilés par leurs voisins les Mende.

✦ Dénom. [var.] Timne.

Tetela. Peuple de la République démocratique du Congo (Kasaï oriental) occupant un plateau de savane boisée bordé par les rivières Lomami à l'est et Sankuru à l'ouest [estim. 1 million].

❑ Essentiellement agriculteurs (riz, millet, haricots, etc.), les Tetela se répartissent en communautés lignagères patrilinéaires apparentées mais autonomes, dont l'organisation repose sur le concept d'aînesse. La plupart d'entre eux adhèrent à une Église chrétienne tout en conservant certaines croyances et pratiques traditionnelles (culte des ancêtres faiblement développé, recours à des magiciens-guérisseurs pour contrer l'action malfaisante des sorciers, etc.). Leur langue bantoue, l'otetela, est généralement rattachée à l'ensemble linguistique mongo* ; elle conserve un usage local, parallèlement aux langues nationales et au français.

Histoire. Les Tetela appartiennent à l'important ensemble lignager Nkutshu, qui se réclame d'un ancêtre commun Onkutshu a Membele et qui comprend aussi, entre autres, les Hamba et les Kusu. Les Nkutshu de l'Ouest doivent leur appellation Tetela au fait qu'ils furent confondus avec les bandes armées qui, à la fin du XIXe siècle, razzièrent leur pays sous la férule de Ngongo Lutete, homme lige du trafiquant d'esclaves et d'ivoire zanzibarite Tippo Tip puis allié de l'État indépendant du Congo. À la mort de Ngongo Lutete, ses troupes enrôlèrent de force de nombreux Tetela avant de se répandre dans tout l'est du Congo et d'y mener des exactions pendant plusieurs années. Patrice Lumumba, Premier ministre lors de l'accession du Congo à l'indépendance en 1960, était un Tetela.

✦ Dénom. [syn.] Batetela, Atetela.

Teton. Branche occidentale, la plus nombreuse, de la tribu des Sioux*, occupant quatre réserves dans le Dakota du Sud [env. 25 000].

❑ Indiens typiques de l'aire du bison, ils vivaient l'été en campements circulaires de tentes de peaux (tipis). Ils se subdivisaient en sept bandes indépendantes (Sicangu, Itazipicola, Sihasapa, Mnikoozu, Oohenonpa, Oglalahca et Hunkpapa), régies par des chefs élus. Ils étaient organisés par ailleurs en groupes locaux, servant de base à l'existence, dispersée, menée en hiver. Les pratiques autorisées de la polygamie et de la polygynie sororale étaient liées à la détention des richesses. Les Teton possédaient de très nombreuses confréries guerrières.

Leur chamanisme, comparable à celui des autres Sioux, accordait à l'ours une place importante, notamment dans les pratiques thérapeutiques. Les Teton participèrent au XIXe siècle au mouvement messianique de la « danse de l'esprit ».

Leur langue est un dialecte du sioux ou dakota, dont la pratique, orale et écrite grâce à des transcriptions, est vivace.

Histoire. Ils perdirent la majeure partie de leur territoire lors de la ruée vers l'or de 1849. En 1865-1867, Red Cloud, chef oglala, mena des actions guerrières pour tenter d'empêcher la construction d'une route à travers leurs terrains de chasse. Par le traité du Fort Laramie (1868), les États-Unis leur abandonnèrent le nord du Wyoming, mais les hostilités reprirent à partir de 1875, du fait d'une nouvelle invasion consécutive à la découverte d'or dans les Black Hills. Les Dakota, sous le commandement des chefs Sitting Bull (un Hunkpapa) et Crazy Horse (un Oglala, déjà vainqueur à Rosebud), triomphèrent à Little Big Horn (1876), mais, défaits par la suite, furent envoyés dans des réserves. Sitting Bull et Crazy Horse refusèrent cette vie misérable et reprirent provisoirement la lutte. En 1890, le massacre de Wounded Knee mit fin, pour un temps, à la résistance dakota. Les Teton sont aujourd'hui aux premiers rangs du militantisme sioux qui manifeste une double exigence : pour les Indiens, retour à la tradition ; pour les Blancs, restitution des terres, et en particulier des Black Hills.

✦ Dénom. [syn.] Lakota.

Tétun. Peuple habitant l'île de Timor, à cheval sur Timor-Ouest (sous autorité néerlandaise depuis le XVIIIe siècle et province indonésienne depuis 1945) et sur Timor-Est (sous autorité portugaise jusqu'à son annexion par l'Indonésie en 1975) [estim. 400 000].

❑ Les Tétun – du Sud (ancienne principauté de Fialarang), du Nord (ancienne principauté de Waihali) ou de l'Est – pratiquent la culture sèche sur brûlis (riz, maïs) et élèvent des porcs et des buffles. Les femmes sont réputées pour leur tissage.

Ils sont majoritairement organisés en clans patrilinéaires, dont certains sont considérés comme nobles ; le principe de filiation matrilinéaire, cependant, n'est pas absent, en particulier dans le cas de mariages uxorilocaux. À Waihali, les clans sont matrilinéaires. Les clans sont généralement subdivisés en phratries, elles-mêmes composées en lignages.

La hiérarchie sociale comprend princes, nobles et roturiers. Il y avait jadis aussi des esclaves. Selon l'ancien système d'organisation, les villages roturiers ne comprenaient qu'un seul

clan, les villages nobles en réunissaient deux. Un ensemble de villages constituait une unité territoriale dans laquelle les clans nobles étaient détenteurs des charges politiques. Cette unité était soumise à l'autorité conjointe d'un chef suprême, passif, qualifié de « femelle » ou de « mère », et d'un chef investi du pouvoir exécutif, qualifié de « mâle » ou de « père », les dignitaires nobles qui les secondaient étant pour leur part qualifiés d'« enfants ». Plusieurs territoires, généralement au nombre de quatre, formaient des principautés, dont la principale, Waihali, dominait une large partie du centre et de l'est de l'île. Les Tétun sont christianisés (catholicisme) mais conservent nombre de leurs traditions préchrétiennes. Le fondement mythique de la religion traditionnelle résidait dans une opposition entre une entité divine solaire et une entité divine lunaire, associée à un principe dualiste organisant la société.
La langue tétun appartient au groupe des langues malayo-polynésiennes centrales.
✦ Dénom. [var.] Orang Tétun, Tetum (portugais) ; [syn.] Belu (ce terme, utilisé par les Atoni pour les désigner, inclut aussi leurs voisins Buna' et Ema') ; [autod.] Ema Tétun.

Tharu. Appellation générique de plusieurs populations du Népal et de l'Inde, vivant dans la plaine du Teraï, sur la bordure méridionale de l'Himalaya [1,2 million au Népal et 150 000 dans les États indiens de l'Uttar Pradesh et du Bihar en 1991].
❑ Actuellement on distingue, d'est en ouest, cinq groupes endogames : les Kuchila, les Chitwanya, les Dangaura, les Kathariya et les Rana. De l'extérieur, l'appartenance à l'un de ces groupes se reconnaît d'abord au costume des femmes. Les autres différences concernent surtout le mode de résidence (en famille étendue ou nucléaire) et le cycle festif.
Jusqu'au milieu du XXᵉ siècle, les Tharu étaient les seuls habitants, très mobiles, de vastes zones de forêt où ils pratiquaient une agriculture itinérante et la cueillette. Ils durent se sédentariser après que la plaine ait été massivement défrichée et colonisée par des immigrants venus des montagnes. Ils vivent aujourd'hui essentiellement de riziculture irriguée et de pêche.
Les Tharu restent culturellement et politiquement sous l'influence de leurs voisins hindous (indiens ou népalais) mais n'ont pas intégré la hiérarchie des castes : parmi les groupes de filiation patrilinéaire, ne sont distingués que les lignages des prêtres.
Les langues tharu, de la famille indo-européenne, sont très proches des dialectes hindi.
Histoire. Avant l'unification du Népal (fin XVIIIᵉ-début XIXᵉ siècle), l'ensemble du pays tharu actuel dépendait de l'autorité moghole de l'Oudh. Plusieurs communautés tharu exploitaient les terres rizicoles cédées en location par les Moghols aux princes montagnards. Après l'immigration massive vers la plaine népalaise dans les années 1970, les Tharu y sont devenus largement minoritaires (env. 10 % en 1991).

Tibétain(s). Ensemble de populations liées culturellement et historiquement, mais assez diverses, réparties entre ce qui constitue maintenant les provinces occidentales de la Chine, le Bhoutan et le nord de l'Inde et du Népal, sur un territoire dont les marches, souvent occupées par des populations partiellement tibétanisées, sont difficiles à délimiter avec précision ; à cela s'ajoute la diaspora des exilés [4,5 à 5 millions au total en 1982, le bilan de l'annexion chinoise du Tibet à partir de 1950 étant d'environ 1 million de morts ; la diaspora compterait env. 100 000 personnes].
❑ Vivant sur le plateau tibétain, dans l'Himalaya ou, à l'est, autour du haut cours de quelques grands fleuves, à des altitudes allant de 2 500 à 5 000 mètres, les Tibétains ont une économie basée sur l'agriculture (orge notamment), l'élevage et le commerce. Les très longs déplacements (aux raisons souvent tant religieuses que commerciales) constituent un des facteurs de l'unité culturelle de l'aire tibétaine, avec le bouddhisme et la langue. Les Tibétains parlent des langues de la division « bodic » de la famille des langues tibéto-birmanes ; l'intercompréhension est parfois très réduite. Tous utilisent en revanche la même langue écrite.
Les sociétés tibétaines étaient traditionnellement organisées de manières fort diverses : sociétés agricoles politiquement centralisées, où la résidence est l'unité socio-économique fondamentale et au sein desquelles se trouvent les principaux centres commerciaux et politiques ; sociétés agricoles périphériques, dépourvues de grandes institutions monastiques et où le lignage est resté plus important ; sociétés essentiellement lignagères de pasteurs nomades, parfois placées sous l'autorité de grands monastères, mais largement auto-

nomes ; enfin, un petit nombre de sociétés urbaines plus diversifiées avec des marchands, des artisans, des nobles, ainsi que des communautés étrangères. Beaucoup de ces sociétés connaissaient la polyandrie fraternelle. Enfin, la diaspora est marquée par des phénomènes spécifiques, telle la cristallisation d'une identité nationale tibétaine.

Le bouddhisme, introduit depuis l'Inde, se généralisa au Tibet (en se superposant aux cultes autochtones) et y prit des traits spécifiques (lignées de réincarnation de grands maîtres, liens avec le pouvoir temporel, etc.). L'autre religion organisée, le *Bön*, considéré comme indigène par la tradition, partage de nombreux traits avec le bouddhisme tibétain.

Histoire. L'extension de l'État tibétain centralisé n'a intégré l'ensemble des populations tibétaines qu'à l'aube de son histoire (VIIe-IXe siècle). Elle fut plus réduite sous le règne des dalaï-lamas (1642-1950). De manière générale, l'aire tibétaine connut une centralisation politique plutôt faible et associa tout au long de son histoire des territoires plus ou moins étendus, qui étaient soit gouvernés par des lignées nobles ou religieuses, soit organisés de manière relativement égalitaire comme certaines sociétés de pasteurs.

Au Tibet sous occupation chinoise, et notamment en milieu urbain, la culture tibétaine est gravement menacée : colonisation massive par les Han*, répression policière contre l'expression politique contestatrice, restrictions sévères imposées au monde monastique. La cause tibétaine rencontre une certaine sympathie dans le monde, liée à l'attrait du bouddhisme et au charisme du dalaï-lama, mais les politiques font largement prévaloir les relations économiques avec la Chine.

✦ Dénom. P'eupa, désignation ancienne des habitants du Tibet central, tend à s'imposer comme autodénomination des populations du Tibet occupé.

→ **Amdowa, Bhotia, Bhoutanais, Khampa, Ladakhi, Sherpa**

Ticuna. Ensemble amérindien établi sur un territoire de forêt tropicale humide, réparti entre le Brésil, le Pérou et la Colombie, sur les rives de l'Amazone [estim. 35 000].

❑ Les Ticuna vivent essentiellement de la culture du manioc et de la banane plantain. La pêche, qui a remplacé la chasse du fait de la raréfaction du gibier, est la source principale de protéines animales.

Patrilinéaires et uxorilocaux, les Ticuna sont divisés en clans (plus de 50) regroupés en moitiés exogames – « à plumes » (oiseaux) ou « sans plumes » (animaux terrestres et végétaux).

Récemment encore, ils habitaient de grandes maisons plurifamiliales (chacune d'elles étant sous l'autorité d'un « maître de maison »), regroupées en aires endogames indépendantes ; l'ensemble de la population ne se rassemblait que pour les rituels, et particulièrement celui de l'initiation féminine. Aujourd'hui, la majorité d'entre eux vit en maisons monofamiliales au sein de villages plus ou moins importants (certains de plusieurs milliers de personnes), créés en fonction des circonstances religieuses ou économiques.

Leur langue, isolée, possède trois tonèmes avec cinq accents de hauteur.

Messianisme et immortalité. Les Ticuna se reconnaissent « mortels » (sans survie dans un au-delà) et cherchent à recouvrer « l'immortalité » perdue. Cette quête passe par des techniques « traditionnelles » (le renoncement, par l'isolement dans la forêt) ou récentes : ce groupe ethnique est connu pour les nombreux mouvements messianiques – dont certains intègrent des emprunts au christianisme – qui se sont développés en son sein depuis la fin du XIXe siècle. Ces mouvements ont occasionné de grands déplacements de populations sous l'impulsion de « messies » indigènes.

Histoire. Les Ticuna ont vécu dans l'interfluve jusqu'à ce que la domination tupi sur les rives et les îles de l'Amazone diminue sous la pression européenne : Au XVIIIe siècle, ils s'installèrent dans les « réductions » fondées par les missionnaires et se sédentarisèrent définitivement au XIXe siècle. La question de la propriété de leurs terres pose des problèmes importants au Brésil et induit des conflits avec les colons.

✦ Dénom. [var.] Tokuna, Tukuna ; [autod.] D-uûgü.

Tigré. Peuple du nord de l'Érythrée, représenté aussi au Soudan [estim. 250 000].

❑ Les Tigré sont établis dans les montagnes et les collines comprises entre la vallée du Barka et le rivage de l'Érythrée. Ils peuplent aussi l'archipel des Dahlak et se mêlent aux Béjja* et aux Béni Amer le long de la frontière avec le Soudan. Ils sont agriculteurs et pasteurs et sont majoritairement islamisés. Leur langue appartient au groupe nord des langues afro-sémitiques. Il ne faut pas confondre cette lan-

gue tigré, parlée aussi par les Béni Amer, avec le *tegreñña*, parlé par les Tegréens*.
HISTOIRE. Peut-être descendants de migrants aksumites, les Tigré ont jusqu'au XIXe siècle fait partie de temps à autre du glacis du royaume éthiopien, étant situés à la limite des sédentaires des hautes terres et des éleveurs soudanais, ont subi le va-et-vient des armées et se sont convertis peu à peu l'islam.
Pendant les premières années du conflit érythréen (1970-1993), les Tigré rallièrent bon gré mal gré les Béni Amer qui formaient l'ossature du Front de libération de l'Érythrée (FLE). Lors des affrontements entre le FLE et le FPLE et lors des offensives éthiopiennes, les montagnes des Tigré servirent de refuges inexpugnables.
✦ Dénom. [var.] Tegré.

Tikar. Peuple du Cameroun (provinces de l'Adamawa, du Nord-Ouest et du Centre) [env. 30 000].
❑ Les Tikar, rameau détaché des Mboum, sont agriculteurs (maïs, café), et organisent aussi une fois par an d'immenses pêches collectives. Ils ont un mode de descendance en principe bilinéaire, et sont organisés en une dizaine de chefferies : leur système politique (un roi sacré entouré des notables aux positions hiérarchisées) a été copié par de très nombreux groupes, qui se sont agrégés de la sorte à l'ensemble « tikar » au sens large, constitué par les Tikar et les sociétés qui en sont réellement issues (Bamoum*, Nso, etc.). Tout en préservant leurs rites et leurs croyances traditionnels, ils sont majoritairement christianisés, avec présence de l'islam. Leur langue est classée parmi les langues bantoues.
ART. Ce qu'on appelle « l'art tikar » est en fait un art produit par des groupes qui se disent issus des Tikar ; typique de la région du Nord-Ouest, il n'a rien à voir avec celui des Tikar au sens strict.
✦ Dénom. [var.] Tinkala.

Tikopia. Société de l'extrême sud-est des îles Salomon, peuplant Tikopia mais répartie aussi dans les autres îles de l'archipel des Temotu (îles Santa Cruz) [env. 5 500].
❑ Pêcheurs et agriculteurs, vivant en villages dont chaque maison abrite une famille plus ou moins étendue, les Tikopia se distinguent selon leur appartenance à l'une ou l'autre des deux zones géographiques (*faea* et *ravenga*) de l'île, et à l'un des quatre clans non territoriaux (*kainanga*) que symbolisent respectivement l'igname, le taro, la noix de coco et le fruit de l'arbre à pain. Chacun de ces clans a un chef, qui connaît seul les noms des ancêtres primordiaux, et décide avec les anciens des actions rituelles. Un des quatre chefs, du fait de sa filiation ancestrale avec la divinité instigatrice des coutumes, possède une certaine autorité sur la société tout entière. Toute la société participe aux cycles cérémoniels annuels (principalement, célébration des ancêtres). Le culte anglican est en outre pratiqué par d'assez nombreux convertis. La langue tikopia appartient à la famille austronésienne.
ETHNOL. Les Tikopia ont été étudiés à partir des années 1930 par l'anthropologue britannique Raymond Firth.

Tingguian. Société des Philippines, appartenant à l'ensemble Igorot*, vivant dans le nord-est central de la Cordillère, dans le bassin du haut Abra [env. 60 000].
❑ On distingue les Tingguian de la vallée, riziculteurs en terrasses irriguées, de ceux des collines, essarteurs et excellents forgerons.
Les hameaux sont gouvernés par des conseils d'hommes sages (*menggal*), aînés de parentèle signalés par leur richesse, leurs exploits guerriers ou leur maîtrise de l'éloquence. Ils arbitrent les conflits entre familles et, en tant que détenteurs de pactes de paix (*bodong*), entre hameaux (comme chez les Kalinga*, les Isneg* et les Bontoc*). Le pouvoir religieux est assumé par des femmes chamanes-guérisseuses (*mandadawak*), comme chez les Kalinga*.
GÉNÉRALITÉS. → **Igorot**
HISTOIRE. Les Tingguian ont vraisemblablement commencé à migrer de la plaine vers les collines dès avant la conquête espagnole. L'installation récente de Philippins chrétiens venus de la côte ouest de Luçon est en train de les submerger. Les Tingguian protestent contre l'exploitation de leurs forêts par des sociétés nationales et multinationales.

Tiruray. Peuple des Philippines, vivant dans les montagnes du sud-ouest de l'île de Mindanao [estim. 75 000].
❑ Traditionnellement semi-nomades vivant de l'agriculture sur brûlis (riz, maïs, tubercules), de la chasse et de la pêche, échangeant avec leurs voisins Magindanao (des musulmans) du rotin, du miel sauvage, du tabac, etc., contre du sel, des tissus et des poteries, les Tiruray tendent à se sédentariser.

Leurs maisons, constituées d'une famille nucléaire, se regroupent en hameaux. La résidence est majoritairement patrilocale. La polygamie est fréquente (polyandrie).
Tout litige est résolu à l'aide des intermédiaires *kefeduwan*, chargés de faire respecter les coutumes *'adat*. L'officiant *beliyan* régit les relations aves les entités hostiles *busaw* ou favorables *tulu*. Mais les influences chrétienne et musulmane sont fortes, et la société tiruray est de plus en plus acculturée.
Les Tiruray sont de langue austronésienne.
Coutume. Les compensations matrimoniales *tamuk* consistent en couteaux *kris*, colliers de perles, machettes, lances, vases, assiettes chinoises, gongs, animaux domestiques et aussi, en argent.

Tiv. Peuple de l'est du Nigeria et, pour une faible minorité, du Cameroun, occupant les deux rives de la Bénoué, à l'est de son confluent avec le Niger [estim. 1,5 million].
❑ Agriculteurs (avec le palmier à huile, le riz et le coton pour cultures de rente), pêcheurs, éleveurs, artisans, ils jouent un rôle commercial important dans la région. Ils vivent en hameaux dispersés de huttes rondes.
Leur société, patrilinéaire et virilocale, est acéphale. Le système généalogique, particulièrement complexe, inclut des processus de manipulation et d'adaptation de la généalogie lignagère visant à pallier les déséquilibres structurels de la société. L'autorité est exercée au niveau du hameau (*ya*) conjointement par le chef héréditaire et par les chefs de familles, toutes apparentées et dont chacune possède une portion de terrain (*tar*). Cette organisation, mal adaptée aux conditions modernes, tend à être remise en cause par les jeunes générations.
La religion traditionnelle, largement prédominante, s'exprime à travers une série de « festivals » périodiques, une sorcellerie et un fétichisme très présents, des sociétés initiatiques et une panoplie de cultes variés (esprits de la nature, ancêtres, etc.). La sculpture sur bois (fétiches, statues) de même que les arts visuels (danses acrobatiques, spectacles de marionnettes) sont très développés.
La langue des Tiv (*dzwa tiv*) appartient au groupe bantoïde de la famille nigéro-congolaise. D'un point de vue politique, les tensions avec les Haoussa* et les Fulbe* sont récurrentes.

Tlingit. Ensemble de groupes amérindiens des États-Unis – surtout – (côte sud-est de l'Alaska) et du Canada (Colombie-Britannique) [env. 14 000].
❑ Les Tlingit vivaient dans des villages situés le long de la côte et des fleuves. Leur économie reposait sur la pêche (saumon, flétan) et sur la chasse maritime (phoque, marsouin, lion de mer, loutre) et terrestre (cerf, ours, chèvre, etc). Le cèdre des forêts servait à la construction des bâtisses plurifamiliales, des canoës et d'un grand nombre d'objets utilitaires et cérémoniels. L'hiver, ils se consacraient à la vie sociale et cérémonielle.
Culturellement proches des Haida* et des Tsimshian*, ils se répartissaient en quatorze groupes territoriaux scindés en deux moitiés exogamiques, elles-mêmes divisées en clans ; la société comportait trois classes (nobles, roturiers, esclaves), et le pouvoir était généralement héréditaire.
Le potlatch et l'érection de mâts totémiques rythmaient la vie sociale et religieuse, marquée également par des danses à transmission héréditaire et initiatique.
Les dialectes tlingit, vivaces, se rattachent au groupe eyak-athapaskan.
Art. Les femmes tissaient des couvertures avec de la laine de chèvre et des écorces de cèdre et réalisaient des manteaux et des capes aux dessins rehaussés de boutons de nacre. Les Tlingit, comme les Haïda*, les Kwakiutl*, et les Tsimshian, adhèrent au principe de la double représentation (représentation d'un objet par la somme de ses profils) mis en évidence par Claude Lévi-Strauss. La sculpture (sur bois, sur os ou sur ivoire, avec incrustation fréquente de coquillages et de cuivre), entre autres celle des masques, des mâts totémiques ou des objets de la vie quotidienne, était d'une très grande qualité. Dans son style propre, elle soutient la comparaison avec celle des Haïda* ou des Kwakiutl*.
Tlingit de l'intérieur. Le petit groupe [env. 800] dénommé ainsi, installé à Atlin et à Teslin, au Canada, est issu de l'expansion tardive de Tlingit de la côte, poussés par le développement du commerce avec les Européens. Ils se sont métissés avec les Tahltan et sont très assimilés.
Histoire. Entraînés dans le commerce des fourrures au XVIIIe siècle, les Tlingit subirent dans la seconde moitié du XIXe siècle la colonisation industrielle (conserveries) et minière (ruée vers l'or du Klondike en 1897-98) de la région, et furent assez largement convertis par

les missionnaires catholiques et protestants. Jusqu'aux années 1950, le potlatch fit l'objet d'une répression généralisée. Aujourd'hui, malgré une forte assimilation, les Tlingit préservent de nombreux traits de leur vie traditionnelle et revendiquent la restitution de leurs droits (de pêche, notamment).

Toba. Peuple autochtone d'Argentine (Gran Chaco) et, pour une petite communauté (les Emok-Toba), du Paraguay [env. 50 000].
❑ Le territoire des Toba est resté pratiquement libre jusqu'à la fin du XIXe siècle, tant à cause de son peu d'intérêt agricole que de l'esprit guerrier de cette population, prompte à mener des raids, à cheval, contre les colons. Anciennement chasseurs-cueilleurs regroupés en bandes, les Toba sont aujourd'hui agriculteurs, avec un fort mouvement de migration vers les grandes villes du Sud, Rosario (où ils seraient environ 6 000) et Buenos Aires, où ils exercent des emplois peu qualifiés et précaires. Leur chamanisme traditionnel tend à se lier de façon syncrétique au protestantisme (pentecôtisme surtout, depuis les années 1940). Le toba appartient à la famille guaycurú ; le bilinguisme espagnol-toba est assez stable, avec une tendance à l'abandon du toba par les nouvelles générations en zone urbaine.

Tobélo. Peuple d'Indonésie, habitant le nord-est de l'île de Halmahéra et l'île de Morotai [estim. 28 000].
❑ Traditionnellement, les Tobélo exploitaient le sagou, récoltaient les résines forestières, pêchaient les perles et les concombres de mer. De nos jours, ils cultivent le riz en champs secs et entretiennent des plantations de cocotiers pour le coprah.
On note une légère tendance à la patrilinéarité dans l'héritage du nom et de la terre. Les mariages sont prohibés entre cousins proches. La résidence après mariage est patrilocale, parfois uxorilocale.
Les villages des Tobélo de l'intérieur (Tobélotia), anciens chasseurs-cueilleurs désormais sédentarisés, regroupaient plusieurs « maisons » autour d'une maison commune, destinée aux repas et aux rituels. Les habitants des communautés côtières (Tobélotai) se partagent entre le chef-lieu et les habitations voisines des plantations, occupées en semaine.
Depuis le début du XXe siècle, l'ancienne religion (culte des ancêtres) a été délaissée au profit du protestantisme.
Les Tobélo parlent une langue non austronésienne, appartenant à la sous-famille de Halmahéra du phylum papou de l'Ouest.
Histoire. Les Tobélo, constitués comme peuple à l'intérieur de l'île, formèrent ensuite sur la côte des communautés (*hoana*) tributaires du royaume (puis sultanat) de Jailolo, puis, ce dernier ayant été détruit par les Portugais en 1551, du sultanat de Ternaté, qu'ils défendirent sur terre et sur mer contre les Hollandais. Dans la première moitié du XIXe siècle, âge d'or de la piraterie dans l'ensemble de l'archipel, ils furent « la terreur des Moluques ».
✦ Dénom. [indonésien] Orang Tobélo ; [autod.] To-béloho'.

Tojolabal. Groupe amérindien du sud du Mexique, habitant dans l'État du Chiapas, à la frontière du Guatemala, dans une zone tempérée assez plane et des collines situées aux environs de la ville de Comitan [env. 36 000 en 1990].
❑ Les Tojolabal cultivent le maïs et ses plantes associées, et parfois un peu de café. L'élevage de gros bétail s'est relativement développé. Le salariat saisonnier dans les plantations de café appartenant à des non-Indiens (*Ladinos*) est répandu. Le tissage et la poterie se maintiennent. Depuis les années 1960, des Tojolabal partent installer de nouveaux villages dans la forêt tropicale dite « lacandone ».
La vie sociale des Tojolabal s'appuie sur la famille, à inflexion patrilinéaire, rattachée à une commune rurale. La propriété individuelle de la terre se combine avec la propriété communale ou collective. L'habitat rural est dispersé en hameaux et le centre communal est souvent dominé par les *Ladinos*. Le dispositif communal est à base de charges tournantes civiles et religieuses. La corvée rassemble les hommes du village pour effectuer les travaux publics.
Christianisés de longue date, les Tojolabal conservent des traditions anciennes, dont certaines sont d'inspiration précolombienne. La langue tojolabal se rattache à la famille maya.
Zapatisme. → **Chol.**

Tolupan. Société amérindienne vivant dans les forêts et les hautes vallées des régions montagneuses du Honduras central [env. 20 000].
❑ Héritiers d'une culture très ancienne, ils étaient installés avant la Conquête sur la côte

atlantique ; victimes d'un véritable ethnocide, ils se replièrent dans les montagnes où ils se sédentarisèrent et s'organisèrent en 28 tribus, définies par des titres fonciers acquis en 1864, grâce à un religieux espagnol. Malgré leur marginalité économique et une acculturation rapide, les Tolupan affirment fortement, à travers leur lutte pour la défense de ces droits territoriaux remis en cause par les grands propriétaires et les compagnies forestières, leur identité indigène.
Très menacée, leur langue (le tol) serait la manifestation la plus méridionale de la famille hokan-sioux.
Ethnol. L'ethnologue Anne Chapman, qui a vécu dans les communautés dont la culture est la mieux préservée, celles de la Montaña de la Flor, a fait connaître ce peuple.
✦ Dénom. [syn.] Xicaque.

Toma. Peuple vivant dans la région de Macenta, au sud-est de la Guinée et aux confins du Liberia [estim.150 000].
❑ Surtout riziculteurs, ils maintiennent vivaces leurs croyances traditionnelles, dont ils célèbrent les cérémonies (masques remarquables) dans la forêt qui cerne leurs villages. Très anciennement établis dans le pays, où ils semblent avoir précédé les Kourango, les Kissi* et les Guerzé, ils ont été refoulés vers le sud par les Malinké*.
✦ Dénom. [syn.] Loma.

Tonga. Peuple du sud-ouest de la Zambie et du nord-ouest du Zimbabwe, vivant dispersé sur le plateau tonga et dans la vallée de Gwembe, aux abords du lac Kariba [env. 550 000].
❑ Les Tonga se consacrent à l'agriculture (maïs, arachide, tournesol) et en commercialisent les produits ; ils élèvent aussi des bœufs, surtout pour le prestige et pour payer les compensations matrimoniales.
Leur société, divisée en treize grands matriclans exogames, avec mariage virilocal, est fortement égalitaire ; elle est demeurée acéphale jusqu'à la désignation de « chefs » à l'époque coloniale.
Les croyances et pratiques traditionnelles (notion d'un dieu créateur, culte des ancêtres, possessions par les esprits *Masabe*, qui rendent malade ou fou jusqu'à ce qu'on organise des danses collectives leur permettant de s'exprimer, possessions de médiums par les esprits *Basangu*, en général soucieux du bien commun) composent avec le christianisme désormais professé (nombreuses sectes protestantes).
Le citonga, langue bantoue, une des six grandes langues de Zambie, s'écrit et est enseigné.
Histoire. Au XIXe siècle, les Tonga subirent les razzias des Lozi*, qui devinrent ensuite, contre tribut, leurs protecteurs et avec lesquels ils ont depuis des relations à plaisanterie. « Découverts » par Livingstone en 1856, ils sont parvenus à rester sur leurs terres, malgré l'expropriation d'une partie de celles-ci au bénéfice de fermiers blancs, et malgré les déplacements imposés par la construction du barrage qui a formé le lac Kariba.
✦ Dénom. [autod.] Batonga.

Tongien(s). Peuple des îles Tonga, en Polynésie occidentale [env. 95 000].
❑ Les Tongiens vivent de la pêche et de l'agriculture, auxquelles s'ajoutent les cultures de rente, le tourisme et l'aide des puissances avoisinantes. Le jeu des relations supérieur/inférieur, le principe de primogéniture et la supériorité de la sœur sur le frère structurent la société, l'une des plus hiérarchisées de Polynésie. Le système de parenté est bilatéral à inflexion patrilinéaire.
Les Tongiens ont été christianisés au début du XIXe siècle par les missionnaires : wesléyens, venus d'Angleterre, puis catholiques, venus de France. Leur langue appartient à la famille polynésienne.
Art. La société tongienne se distingue par son art de la parole (discours, chant et poésie) et du corps (danse) ; elle excelle également dans la fabrication de grands tissus *tapa* en écorce battue et décorée, qui sont offerts et échangés dans les circonstances cérémonielles.
Histoire. La première vague de peuplement, qui a donné lieu à l'émergence de la culture polynésienne, date d'environ 1500 av. J.-C. La royauté tongienne est la seule de Polynésie à avoir subsisté. C'est aussi la plus ancienne : l'origine – divine – de l'actuel roi Taufa'ahau Tupou IV remonte selon la tradition aux années 950 de notre ère. Tonga fait aussi exception dans cette région du monde pour avoir évité la colonisation : le royaume fut simplement protectorat britannique de 1900 à 1960, avant de recouvrer son indépendance. Sortie de l'isolement par le développement des communications, la société, soumise à une forte croissance démographique, s'est urbanisée et regroupée sur l'île principale. Une diaspora supérieure à 50 000 personnes s'est constituée

en Nouvelle-Zélande, en Australie et aux États-Unis.

To Pamona. Population d'Indonésie habitant la province de Célèbes-Centre, autour du lac Poso [estim. 200 000].

❑ Il s'agit d'un ensemble composite dont les sous-groupes se caractérisent par des spécificités linguistiques (la principale concernant l'expression de la négation). Ils étaient essarteurs (riz, maïs, légumes) ; la riziculture humide a été introduite au début du siècle, suivie plus récemment par diverses cultures de rente (café, giroflier).

Les To Pamona ont un système de parenté indifférencié ; la résidence est uxorilocale, puis néolocale après la naissance du premier enfant. Il y avait une tendance à l'endogamie locale, en phase avec l'émiettement en une multitude de communautés, celles qui partageaient les mêmes particularités dialectales se reconnaissant tout au plus une parenté. Certains ensembles de communautés furent longtemps sous l'autorité lâche de représentants du souverain bugis de Luwu'.

Convertis au christianisme depuis le début du siècle, les To Pamona ne conservent plus grand-chose de leurs anciennes traditions (croyance en une divinité solaire et en d'autres déités, culte des ancêtres auquel se reliait la pratique de la chasse aux têtes).

Leur langue, à travers ses divers parlers, appartient au groupe des langues malayo-polynésiennes de l'Ouest.

✦ Dénom. [var.] Pamona, Toraja Bare'e, Toraja de l'Est ; [indonésien] Orang Pamona ; [autod.] To Pamona, dénomination créée dans les années 1970 par les intéressés eux-mêmes, en référence au lieu mythique de leur dispersion, en remplacement de Toraja Bare'e, qu'ils récusent.

Toraja. Peuple d'Indonésie, habitant à Célèbes les montagnes situées au nord de la province de Sulawesi Selatan [estim. 600 000].

❑ On distingue couramment les Toraja Sa'dan, Sangangalla', Mamasa, Masupu, Rongkong, Masamba, Mangki' et Kalumpang.

Les Toraja sont essentiellement riziculteurs, soit en rizières pluviales, soit en rizières sèches. Ils cultivent aussi maïs, tubercules et café. Ils élèvent buffles, porcs et chiens. Depuis une vingtaine d'années, beaucoup émigrent vers les villes et les chantiers de Bornéo-Est et de Nouvelle-Guinée occidentale.

Les Toraja ont un système de parenté de type indifférencié, avec résidence plutôt virilocale. Leur organisation familiale repose sur l'existence de groupes de parenté bilatéraux, rattachés à la maison souche fondée par un ancêtre commun. Un même individu peut se réclamer de plusieurs de ces groupes.

La hiérarchie sociale distingue une haute noblesse, une moyenne noblesse, des roturiers (la majorité de la population) et les descendants d'esclaves, catégories toujours opératoires dans les rituels de la religion traditionnelle. Les nobles doivent leur statut au caractère semi-fini attribué à l'ancêtre fondateur de leur maison souche et soulignent ce caractère par le soin accordé à l'entretien et à la décoration de l'édifice qui en est le siège. L'organisation territoriale, variable selon les régions, recoupe en général l'organisation en communautés rituelles : à la base se trouvent des communautés locales unies par la célébration d'une même grande fête agraire annuelle. Ces communautés de base sont souvent regroupées par quatre, huit ou dix, en fédérations qui célèbrent en commun la fête annuelle de chacune d'entre elles de façon cyclique. Un ensemble de communautés de base, qu'elles soient fédérées ou non, peut aussi appartenir à des territoires placés sous l'autorité d'un chef de haute noblesse.

La religion traditionnelle distingue les rites du « soleil couchant », liés aux funérailles, et ceux du « soleil levant », liés au culte des ancêtres et à la fertilité, qui sont en rapport avec la riziculture et qui impliquaient autrefois la chasse aux têtes. Entre les années 1930 et 1970, les Toraja ont adopté le christianisme (catholique et protestant) sous une forme qui tolère le maintien de certains rites anciens : ainsi, les rites « du soleil couchant » ont pu en grande partie être conservés en tant qu'expression des solidarités sociales et familiales et comme vecteurs de prestige. L'importance disproportionnée que ces rites ont prise dans les dernières décennies explique l'engouement qu'ils suscitent auprès des touristes ; inversement, l'afflux touristique favorise leur maintien, voire leur développement, même chez les chrétiens. Une partie des Toraja restent cependant pleinement fidèles à la religion traditionnelle ; il existe une petite minorité de musulmans.

Les Toraja parlent une langue malayo-polynésienne de l'Ouest, non écrite mais riche d'une littérature orale comportant contes, chants alternés, chants rituels et mythes.

Notoriété. Leurs rituels funéraires ainsi que les maisons à l'architecture de bois très soignée et décorées de gravures polychromes ont fait leur réputation.

Histoire. Contrairement à ce que disent de nombreux guides touristiques, les Toraja ne sont pas venus d'Indochine. Leurs ancêtres appartenaient au même groupe que ceux des Mandar*, des Bugis* et des Makassar*. En s'établissant dans les montagnes, ils ont sans doute trouvé sur place une population antérieure apparentée aux To Pamona* de Célèbes-Centre, qu'ils ont absorbée. À partir du XIe siècle (au moins), les Toraja nouèrent des relations – complexes – avec les Bugis*. Les Hollandais conquirent le pays en 1906.

✦ Dénom. [indonésien] Orang Toraja, Orang Tator ; [autod.] Le terme Toraja, qui signifie « gens de l'amont », était utilisé anciennement par les habitants des basses terres pour désigner l'ensemble des populations du centre de Célèbes, qui appartiennent en fait à des sous-groupes linguistiques différents. Seuls les montagnards les plus méridionaux, appartenant au même sous-groupe linguistique que les Bugis* et les Makassar*, ont repris cette appellation à leur compte.

Toro. Peuple d'Ouganda (Western Province), dont le territoire de hauts plateaux et de montagnes, vallonné et fertile, est compris entre la rivière Semliki et le massif du Ruwenzori à l'ouest, la rivière Kuzizi au nord, la Katonga et le lac Édouard (lac Amin) au sud [env. 1,2 million].

❑ Les Toro, dont le sel des lacs Katwe et Kasese a constitué l'une des ressources traditionnelles, sont aujourd'hui presque tous agriculteurs. Leur société est très comparable à celle des Nyoro*. Leur langue bantoue, le rutoro, est toujours parlée à côté du luganda et de l'anglais.

Histoire. À l'origine, le Toro était une province princière du Bunyoro. Érigé par le fils rebelle d'un mukama (roi) nyoro en un royaume indépendant, il fut détruit par les Nyoro. Les Britanniques, avec l'aide des Ganda*, le restaurèrent pour affaiblir le mukama du Bunyoro.

✦ Dénom. [syn.] Tooro, Batoro, Abatoro.

Totonaque(s). Groupe amérindien du Mexique oriental (États de Puebla et de Veracruz) [env. 200 000 en 1990].

❑ Les Totonaques vivent dans la plaine côtière tropicale du golfe du Mexique et sur les premières hauteurs de la Sierra Madre orientale, jusqu'à 1 500 mètres ; la région reçoit l'influence humide de la façade atlantique. Ils cultivent le maïs (deux récoltes annuelles) et ses plantes associées (haricots, cucurbitacées, piments, etc.). En moyenne altitude, ils produisent du café, et dans la plaine, un peu de canne à sucre, des fruits tropicaux et des agrumes. Dans cette dernière zone surtout, l'agriculture est menacée par des élevages bovins extensifs ; l'agriculture sur brûlis traditionnelle est devenue difficile à maintenir.

La vie sociale des Totonaques s'appuie sur la famille rattachée à une commune rurale. La tenure foncière est très variable : purement individuelle ou combinaison de formes collectives et individuelles. L'habitat est parfois groupé, mais plus souvent dispersé en hameaux. Le dispositif communal est à base de charges tournantes et de confréries religieuses. Le conseil des anciens a perdu son influence. La corvée rassemble les hommes du village pour effectuer les travaux publics.

Bien qu'ils soient christianisés de longue date, les Totonaques conservent une vision du monde inspirée des religions précolombiennes et ont recours aux chamanes nahuas* ou otomis*. Ils sont célèbres pour leur danse acrobatique des « hommes volants » (*voladores*). Leur langue est le totonaque.

Touareg(s). Peuple vivant au Niger et au Mali, ainsi qu'au Burkina Faso, en Algérie et en Libye, dans les zones désertiques et semi-désertiques du Sahara et du Sahel [plus de 2 millions].

❑ Fortement individualisés au sein de l'ensemble berbère*, les Touaregs sont avant tout des éleveurs nomades (de chameaux dans les zones désertiques, de bovins au sud, et, partout de moutons et de chèvres). Mais ils ont aussi développé (dans l'Ahaggar, les Ajjer et l'Ayr) une importante horticulture, confiée aux soins des communautés d'affranchis et d'esclaves. Jadis, ils tiraient aussi leurs revenus du trafic caravanier (commerce du sel, en particulier).

Autour des tribus (*tawshit*) proprement dites, en général issues d'une ancêtre féminine, avec transmission matrilinéaire des statuts et des titres (qui n'exclut pas la prééminence sociale et politique des hommes), gravitent des tribus « religieuses », des « vassaux » (*imghad*), des groupes endogames d'artisans (*inadan*), des affranchis de longue date (*ighawellen*) ou récents (*iderfan*) et des esclaves (*iklan*). Affranchis (appelés *bouzou* par les Haoussa*, *bella* par les Zarma) et esclaves ont eux-mêmes des statuts diversifiés. Il existe enfin de nombreux groupes intermédiaires « métissés ». Traditionnellement, les tribus étaient regroupées en confédérations. Les *imajeghen*, nobles et guerriers, assuraient la direction de ces dernières sous le commandement, en général, d'un *amenokal*. Dans l'Ayr, un sultan, choisi au sein d'une lignée non touarègue, exerçait une fonction d'arbitrage entre les confédérations.

Les Touaregs passent, à plus ou moins juste titre, pour des musulmans assez superficiels. Ils n'en sont pas moins d'islamisation ancienne. Après avoir pratiqué l'islam « kharedjite » des Berbères septentrionaux, ils se sont convertis au sunnisme. Ils parlent la tamajaq (dite aussi, selon des variations régionales et phonétiques, tamashaq ou tamahaq), aux nombreuses variantes dialectales. Les caractères de leur écriture originale, la tifinagh, sont en rapport avec le libyque ancien.

Clichés. L'Occident s'est volontiers construit une image poétique et héroïque du mode de vie touareg. Les « hommes bleus » (ainsi dénommés du fait du fait que les hommes portent un voile d'indigo) sont un *must* de la littérature coloniale. Par ailleurs, les traits matrilinéaires de la société touarègue ont donné lieu au mythe d'une société matriarcale, dont les échos se retrouvent par exemple dans *l'Atlantide* de Pierre Benoît.

Histoire. Les Touaregs sont vraisemblablement issus de populations berbères ayant migré dès avant notre ère vers le Sahara central à partir du Maroc et de la Libye. Mais les mouvements migratoires se sont poursuivis jusqu'au XIXe siècle. Certains massifs montagneux ont joué un rôle d'ancrage plus ou moins long des populations, tel l'ensemble Ahaggar-Ajjer ou, à l'ouest, l'Adghagh des Ifoghas dont se détachèrent au début du XVIIe siècle les Tademakket (qui gagnèrent la boucle du Niger) et les Iwellemmeden (qui rejoignirent les régions de Gao et de Menaka). L'Ayr connut un certain équilibre politique entre confédérations du fait de la création (1405) du sultanat d'Agadès ; le départ au XVIIIe siècle des Kel Geres vers le pays haoussa y laissa la suprématie aux Kel Ewey.

La colonisation française, après la conquête des années 1880-1900 et la répression de grandes rébellions en 1916-17, entraîna l'affaiblissement des pouvoirs traditionnels et l'apparition de nouvelles identités au sein de la société. Placés par l'indépendance du Niger et du Mali dans une situation inconfortable (ils sont une minorité au sein d'États dominés par des populations qu'ils razzièrent jadis), rendus plus vulnérables encore par la sécheresse, les Touaregs ont développé des aspirations autonomistes, voire indépendantistes. Une longue suite d'incidents déboucha en 1990, au Niger comme au Mali, sur une insurrection généralisée ; de répression féroce en tentatives de conciliation, la question est dès lors restée entière. Les réfugiés sont nombreux dans les pays voisins.

✦ Dénom. L'usage savant (un Targui, une Targuiat, des Touareg) est désormais supplanté par les formes courantes : un, une, des Touareg, voire un Touareg, une Touarègue, des Touaregs ; [autod.] Kel tamashaq, Tamachek, Kel Tagelmust, etc.

Toubou. Peuple réparti entre le Tchad, le Niger et la Libye [env. 800 000].

❑ Extrêmement diversifié, le pays toubou comprend des régions de massifs ou de plateaux (le Tibesti, l'Ennedi, le Borkou avec ses oasis), une zone d'oasis (du Fezzan libyen au Niger), des dépressions et des plaines (bassin du Bahr el-Ghazal, Kanem, etc.).

Constitués de deux grands ensembles (Teda* et Daza*), les Toubou vivent sous des tentes construites en nattes de palmier doum, s'organisent en campements instables et, en dehors de l'élevage nomade, leur activité première, se consacrent à l'exploitation des palmeraies, au commerce caravanier, au pillage et à la guerre. La société, fortement acéphale (l'autorité du *derdé*, chef rituel et militaire des Teda, est assez limitée), est organisée en clans patrilinéaires, souvent très dispersés, dont les rapports sont fondés sur le *feud*, état d'hostilité s'exprimant en attaques périodiques. On notera la constitution des artisans en groupe endogame (*gondoba* chez les Teda, *aza* chez les Daza), ainsi que la présence d'esclaves domestiques (*bodera*) et de leurs descendants (*kamaya*).

L'islamisation des Toubou est ancienne ; l'expansion de la confrérie soufiste sanûsiyya à la fin du XIXe siècle a contribué à la résistance aux entreprises coloniales.

Le toubou, avec ses deux variantes dialectales teda et daza, appartient au groupe des langues sahariennes.

Histoire. De présence autochtone très ancienne, les Toubou ont connu leur expansion maximale à la fin du Ier millénaire, puis, aux

siècles suivants, des phases de retrait et d'expansion. Au XIXe siècle, la pénétration européenne ne s'effectua que très lentement, dans un pays troublé. Après le Borkou, conquis en 1913, le Tibesti, occupé une première fois en 1914, n'est soumis par les Français qu'en 1929 ; les Italiens occupent le Fezzan en 1930. Depuis l'indépendance du Tchad, le pays toubou constitue, au travers du jeu des factions rivales soucieuses d'asseoir leur autorité au sein de l'État, une zone de rébellions et de guerres qui ont entraîné plusieurs interventions françaises.
✦ Dénom. [syn., d'après l'arabe] Goranes.

Toucouleur. Peuple vivant au Sénégal, ainsi qu'au Mali et en Mauritanie [estim. 4,5 millions].
❑ Les Toucouleur cultivent l'arachide et le mil et pratiquent l'élevage dans le Fouta-Toro (ou Tekrour), région fertile bordant le cours supérieur du fleuve Sénégal.
Leur société est patrilinéaire, gérontocratique et fortement hiérarchisée. Groupe de parenté le plus large, le lignage (*lenyol*) a à sa tête l'aîné des frères de la génération vivante la plus âgée, et se répartit en familles étendues (*galle*). Les trois grandes divisions sociales sont les rimbbé (qui comprennent les nobles [torobbé] et les hommes libres), les nyényebé (l'ensemble des artisans), et enfin les « captifs » et affranchis.
Les Toucouleur pratiquent la circoncision et l'excision. De manière générale, ils se signalent par leur attachement aux valeurs anciennes, nourri par la nostalgie de leur gloire passée de propagateurs de l'islam au Sénégal et au Mali. Ils constituent une communauté importante dans l'émigration africaine en France. Leur langue, le poular, n'est qu'une variante du foulfouldé, langue des Fulbe*.
Histoire. Les Toucouleur relèvent du brassage ethnique dont la vallée du Sénégal a été le creuset, et associe vraisemblablement les populations noires anciennes dont sont également issus les Wolof* et les Sereer*, et des éléments fulbe. Leur histoire est liée à celle de l'empire du Tekrour, dont ils furent les premiers souverains. Leur chef Wari Dyabi embrasse l'islam au XIe siècle et entreprend la conversion des populations de la vallée du Sénégal. Les Toucouleur renversent en 1776 la dynastie fulbe des Denianké, incapable de résister à la pression des Maures*, et fondent une confédération théocratique dirigée par un *almami* élu, sans grand pouvoir. Au XIXe siècle, El-Hadj Omar, le dernier et le plus célèbre des conquérants toucouleur, déclare la guerre sainte aux États « infidèles » du Cayor, du Baol et du Sine Saloum au Sénégal, avant de s'attaquer aux royaumes banmana* du Kaarta et de Ségou puis à l'Empire peul du Macina (pourtant islamisé depuis toujours). La conquête coloniale française (par Faidherbe notamment) met fin à l'hégémonie toucouleur.
✦ Dénom. [syn.] Foutanké, Foutankobé, Haal pulaaren.

Toumète(s). Important groupe mongol* de Chine (Région autonome de Mongolie-Intérieure) vivant au nord de la boucle du fleuve Jaune, dans la région de Köke-Khota (Hohhot) et de Baotou (donc à l'ouest des Tchakhar*) [pas de dénombrement distinct parmi les 3,5 millions de Mongols de la Région autonome).
❑ Agriculteurs sédentarisés, ou urbanisés, ils comptent parmi les Mongols méridionaux les plus sinisés, tout en ayant gardé leur organisation sociopolitique traditionnelle.
Ils sont bouddhistes lamaïstes depuis le XVIe siècle, sans survivances chamaniques notables. Leur langue appartient au groupe central des langues mongoles. Sa pratique, comme celle du mongol homogénéisé toumète/tchakhar de Mongolie-Intérieure, perd du terrain devant celle du chinois.
Litt. Indjinachi, romancier et poète toumète du XIXe siècle, est l'auteur d'une des œuvres majeures de la littérature mongole, la « Chronique bleue » (*Köke sudar*), histoire romancée de ce peuple.
Histoire. Grande tribu de nomades guerriers, les Toumètes formèrent à la fin du XIVe siècle l'une des six myriades (*tümen*, unité militaro-territoriale) des Mongols orientaux. Leur souverain Altan Khan (1543-1582), descendant de Gengis Khan, menaça Pékin, étendit son territoire à l'ouest, aux dépens des Oïrates*, et au sud, aux dépens des Tibétains*, et joua par sa conversion (1578) un rôle décisif dans la propagation du bouddhisme chez les Mongols. Les Toumètes, après leur ralliement précoce aux Mandchous* (1628), furent réorganisés en trois puis en deux bannières sous gouvernement mandchou direct à partir de la fin du XVIIe siècle. Aujourd'hui, l'élan de colonisation Han* et l'absence de réelle autonomie entretiennent un mécontentement récurrent.
✦ Dénom. [var.] Tümed, Toumet, Tümet, Tumet.
→ **Mongols**

Toungouse(s). Ce terme d'un point de vue linguistique fait référence, par distinction avec les branches turque et mongole, à l'une des branches de la famille altaïque. De façon plus restreinte, il désigne dans la littérature russe présoviétique les seuls Evenks*, ou à la fois les Evenks et les Evènes* (et même parfois les Néghidales). L'appellation provient du iakoute, soit de *tongus*, « cochon », ce qui explique le rejet dont elle fait l'objet, soit de la racine *tong-*, « gelé, glacé ».

Touva(s). Peuple turcique de la fédération de Russie, habitant la République touva en Sibérie [env. 200 000].

❑ Les Touvas occidentaux, les plus nombreux, pratiquent un élevage extensif, avec plusieurs types de troupeaux (bovins, dont des yaks, moutons, chèvres, chevaux, chameaux), dans les zones de steppe de l'Ouest, du Centre et du Sud, et habitent des yourtes.

Les Touvas orientaux sont chasseurs, éleveurs de rennes et chasseurs-pasteurs et vivent dans la taïga montagneuse, à l'est, dans la région de Todja, d'où leur appellation de Touvas de Todja ; ils sont proches des Tofalars, dont ils n'ont été séparés administrativement qu'au XVIIIe siècle. Ils présentent deux modes de vie différents : l'élevage du renne, associé à la chasse dans les régions montagneuses couvertes de forêt (l'habitat étant la tente conique avec armature de perches, recouverte d'écorce de bouleau en été et de peaux en hiver), et l'élevage de bovins et de chevaux, associé à la chasse dans les zones mixtes de prairies et de forêts d'altitude (l'habitat traditionnel y est la tente recouverte d'écorce été comme hiver, mais les populations concernées tendaient dès le début du siècle à une semi-sédentarisation en hiver dans des cabanes de rondins).

Les Touvas ont subi l'influence culturelle et religieuse des Mongols*, en particulier visible à travers l'adoption du bouddhisme tibétain, mais gardent toutefois des traditions chamaniques. Ils parlent une langue turque et emploient depuis 1941 l'alphabet cyrillique.

Mongolie. La Mongolie compte un petit nombre de Touvas établis à l'extrême ouest du pays, dans le district de Tsenghel, dans la province de Bayan-Olghii. Éleveurs et chasseurs, ceux-ci ont particulièrement bien conservé leur langue et leurs traditions. Chamanistes, ils connaissent aussi le bouddhisme tibétain, ou lamaïsme.

Histoire. Les populations de Touva, qui présentent de nos jours une homogénéité linguistique certaine, étaient composées initialement de petites populations d'origines turque, ket, samoyède* et mongole*. Après plusieurs siècles passés dans l'orbite mongole puis mandchoue*, Touva est devenue un protectorat russe en 1914. Après une période d'indépendance, les Touvas ont été rattachés à l'URSS en 1944, en tant que région autonome de la Fédération socialiste des républiques soviétiques de Russie, puis, en 1961, en tant que république soviétique autonome. Ils ont proclamé la république Touva en 1991 et rétabli en 1992 les anciennes divisions administratives de l'époque mandchoue, c'est-à-dire les bannières et les *soum*. De nombreux Russes, qui représentaient l'essentiel des 100 000 habitants de la capitale, Kyzyl, ont quitté la République.

✦ Dénom. [var.] Touvine(s), Touvain(s), Tuva ; [syn.] Ouriankhaï(s), Soïote(s).

Trobriandais. Société de l'est de la Papouasie-Nouvelle-Guinée (province de Milne Bay), peuplant les îles Trobriand (Kiriwina, Vakuta, Kitava, Kaileuna).

❑ Les Trobriandais vivent de l'horticulture (igname, principalement), complétée par la pêche. L'élevage des porcs a une finalité cérémonielle. Aujourd'hui, la production de copra et la vente aux touristes de sculptures sur bois (statuettes, boissellerie, objets mobiliers) assurent des revenus complémentaires.

Les Trobriandais sont surtout connus pour leur participation à la kula* (*cf.* ci-dessous). Leur société est fondée sur la matrilinéarité (les matrilignages se répartissant en quatre groupes totémiques) et sur une chefferie héritée de père en fils, qui est périodiquement relancée par les échanges, principalement d'ignames et de jupes de feuilles lors des funérailles. Leur système de chefs héréditaires à autorité limitée se distingue à la fois de la chefferie polynésienne et du système mélanésien des *big men*. Le droit de participer à la kula est réservé à ces chefs, à la différence de ce qui se passe dans les autres sociétés qui participent à cette dernière.

Dès le XIXe siècle, une mission méthodiste (depuis la Mission de l'Église unie) s'est installée sur les îles, désormais entièrement christianisées.

Les Trobriandais sont de langue austronésienne (plusieurs dialectes).

Kula. Ce terme désigne un système d'échanges circulaires auquel participent une trentaine d'îles et de sociétés différentes, situées à l'est de la Papouasie-Nouvelle-Guinée, dans la province de Milne Bay. On peut diviser le « cercle » de la kula en une moitié nord (Trobriand, Iwa, Gawa, Muyuw ou Woodlark) et une moitié sud (Amphletts, Dobu, Duau, Tubetube).

Le système repose sur l'échange de colliers de coquillages rouges (*bagi* ou *soulawa*), qui circulent dans le sens des aiguilles d'une montre, contre des bracelets de coquillages blancs (*mwali*), qui circulent dans le sens inverse.

Colliers et bracelets sont hiérarchisés en valeur. Ceux qui se trouvent au sommet de cette hiérarchie ont un nom et une histoire propre. D'autres sortent du cercle ou s'y intègrent, sans que varie beaucoup le nombre des pièces échangées.

L'échange a lieu entre deux individus liés en tant que partenaires en une relation relativement stable. Une prestation n'est pas retournée immédiatement, elle scelle une « dette » qui peut durer de un à dix ans. Ainsi, A donne un objet à B, qui le donne à C, et ainsi de suite. À un certain moment, C retourne un objet de valeur équivalente à B, et celui-ci, à A. Une telle chaîne de partenaires est perçue comme une « route ». L'idéal est de garder la route ouverte le plus longtemps possible, c'est-à-dire de continuer à l'alimenter afin de maintenir ouvertes les relations sociales du système. Chaque participant peut participer simultanément à plusieurs routes.

Traditionnellement seuls les hommes, initiés jeunes aux échanges par un parent, père ou oncle maternel, participent à la kula. Cependant, depuis les années 1970, des femmes y prennent part, mais elles ne se déplacent pas, leurs parents masculins faisant les échanges en leur nom. Les participants d'une même île vont ensemble à la rencontre de leurs partenaires d'une île en général voisine.

Les échanges kula sont entourés d'un cérémoniel important, de rituels élaborés, de pratiques magiques et d'un corpus de mythes. Les hommes se créent une réputation et acquièrent du prestige en participant à ces échanges. Les objets qui circulent dans la kula peuvent en être retirés pour entrer dans des échanges internes (pour les funérailles, les mariages, etc.), ce qui modifie leur signification et leur valeur.

Ce système de la kula apparaît très ancien. L'archéologue G. Irwin fait remonter les premiers colliers et bracelets du type kula au Iᵉʳ siècle avant l'ère chrétienne. Le système a été découvert et décrit par B. Malinowski (dans *Argonauts of the Western Pacific*, publié en 1922). C'était la première fois qu'un système d'échanges d'une telle envergure, englobant plusieurs sociétés différentes, était présenté en détail.

La kula continue à être pratiquée de nos jours sous une forme inchangée. La renommée acquise en y participant commande largement le succès des candidats aux élections.

Histoire. Les îles Trobriand furent découvertes en 1793 par d'Entrecasteaux ; elles portent le nom de son premier lieutenant. Malgré la christianisation, la colonisation (anglaise puis australienne) et le développement du tourisme, les Trobriandais ont su maintenir leur système social avec ses rituels et ses échanges.

→ **Mélanésiens**

Tsakhour. Peuple du sud du Daguestan (fédération de Russie) et du nord de l'Azerbaïdjan [moins de 20 000].

❑ Les Tsakhour pratiquent surtout l'élevage (mouton, cheval) et un peu d'agriculture. La maison est en pierre, à un étage, ouverte sur le sud, à flanc de coteau. L'artisanat masculin était représenté par le travail du métal (outils) ; l'artisanat féminin, par le tissage et le nouage de tapis.

L'organisation sociale est basée sur une union patrilinéaire villageoise, administrée selon la coutume par les anciens du village. La famille est essentiellement réduite, même s'il reste des traces de la grande famille. L'endogamie prévaut.

L'islam sunnite n'a pas fait disparaître toutes les vieilles croyances, ni les fêtes agraires, telles la fête du Printemps et celle du premier sillon.

Le tsakhour, langue caucasique du Nord-Est, se subdivise en nombreux dialectes et parlers ; il est parlé conjointement avec le russe, au Daguestan, et l'azéri, en Azerbaïdjan.

Histoire. Les Tsakhour ont vraisemblablement fait partie de l'Albanie du Caucase. L'islam se généralisa au XIᵉ siècle. Le sultanat de Tsakhour, formé au XVᵉ siècle, fut annexé par les Russes en 1844.

✦ Dénom. [autod.] Tsakhi, Yixbi.

Tshokwe. Peuple du nord-est de l'Angola (Luanda Norte, Luanda Sul, Moxico) et du sud-ouest de la République démocratique du Congo (Katanga, Kasaï, haut Kwango) ; quelques groupes vivent aussi en Zambie [estim. 1 million].

❑ Le pays tshokwe (*Utshokwe*) se partage entre paysages boisés au nord et savanes au sud. L'agriculture prédomine. La culture sur brûlis (manioc, maïs, tabac et chanvre) était traditionnellement une activité féminine ; la chasse et la cueillette, la récolte en forêt donnaient matière (ivoire, miel) à des transactions, avec les Ovimbundu* notamment.

Matrilinéaire et patrilocale, la société était organisée en une pluralité de chefferies, dont le chef sacré (*mwanangana*) était assisté par un conseil d'anciens.

Partiellement convertis au christianisme, les Tshokwe conçoivent un créateur suprême (*Nzambi*) et pratiquent le culte des ancêtres. La contre-sorcellerie est l'affaire du médecin sorcier *nganga*.

Le tshokwe, ou ciokwe, est une langue du groupe bénoué-congo de la famille bantoue.

Art. Puissant et d'un grand raffinement, l'art de cour tshokwe a laissé des statues en bois représentant des ancêtres déifiés, des femmes de chef, des reines et surtout *Tshibinda Illunga*, ancien chef lunda, mais aussi des sceptres, des sièges, des instruments de musique, etc. En dehors de l'art de cour, les Tshokwe sculptaient des statuettes protégeant des mauvais esprits, des hochets pour les devins, etc.

Histoire. Les Tshokwe vivaient sur le plateau de Muzamba (en Angola) quand, à la fin du XVe siècle, ils furent envahis et soumis par les Lunda*. À partir des années 1830, ils se libérèrent de la tutelle de ces derniers et entamèrent une expansion spectaculaire, aidée par la possession d'armes à feu, sur fond de trafic (traite de l'ivoire, de la cire et des esclaves). Il s'emparèrent en 1887 de la capitale des Lunda. Ultérieurement, affaiblis par les épidémies, obligés de se soumettre aux autorités belges et portugaises, ils cherchèrent à sauvegarder leur autonomie en migrant vers l'est, devinrent semi-nomades et perdirent une partie de leur identité culturelle. Depuis l'indépendance angolaise, ils peinent à trouver leur place dans un pays en conflit permanent.

✦ Dénom. [var.] Tchokwe, Tsokwe, Chokwe, Batshokwe, etc. ; [syn.] A'kioko, Bachoko, Bakiolo, Batshioko, Ka-chioko, etc.

Tsigane(s). Communautés dispersées sur les cinq continents ; leur lointaine origine se situe au nord-ouest de l'Inde.

❑ La plupart des Tsiganes connaissent des difficultés dans leur vie quotidienne et leur situation matérielle est souvent précaire. Ils restent cependant nombreux à subvenir à leurs besoins en exerçant des activités qui combinent artisanat et commerce sur un mode traditionnel, c'est-à-dire en gardant la maîtrise de l'organisation de leur temps et de leur travail. Ils préservent ainsi la possibilité de participer intensément à la vie de leurs communautés.

Les liens de parenté sont la base de ces communautés. Seule sa place dans un réseau familial peut assurer à un individu – à un homme – une position d'autorité. L'idéal est de régler les conflits collectivement, par la négociation ou l'arbitrage d'une assemblée de chefs de famille (et sans intervention des non-Tsiganes), mais les luttes de prestige entre les chefs de famille sont constantes.

Chaque communauté est attachée à son intégrité ; les choix matrimoniaux majoritairement endogames en sont une preuve, la valeur accordée à la virginité de la mariée en est le symbole.

Le dynamisme culturel de la communauté se manifeste lors des fêtes ou des rites de passage. La musique y joue un rôle important ; orientée aussi à des fins pécuniaires vers le public non tsigane, elle a permis à certains (tel Django Reinhardt) d'atteindre la célébrité.

Les Tsiganes tendent à adopter la religion majoritaire du lieu de résidence. En plus de cette adhésion, sous des formes parfois assez éloignées du dogme, les différentes communautés ont élaboré des rites souvent complexes, par exemple pour régler les relations entre les vivants et les morts. Le pentecôtisme, un mouvement religieux chrétien d'inspiration messianique, fait de nombreux adeptes depuis les années 1960 parmi les communautés d'Europe occidentale.

Tout Tsigane parle la langue de sa communauté et la langue du pays où lui et sa famille séjournent ou ont séjourné. Du fait de la dispersion et du bilinguisme, la langue tsigane, la romani, langue indo-européenne qui est par rapport au sanskrit dans la même position que les langues modernes de l'Inde du Nord, a éclaté en de multiples dialectes. Cependant, les linguistes du mouvement pan-tsigane ont récemment élaboré un romani standard qui subsume les différences et pourrait servir de langue écrite.

Nombre. En 1993, la revue *Études tsiganes* comptait 7 740 000 Tsiganes dans leur principale zone de résidence, l'Europe (Turquie comprise) et les estimait à 300 000 en France. Les pays où ils sont en plus forte proportion sont la Roumanie et la Hongrie. Il est pratiquement impossible de donner un chiffre pour le monde entier.

TSIGANES ET « GADJE ». Dans toutes les communautés règne une même vision de l'humanité divisée en « Nous » (« Ame le Rom », « Me am Manus », « Nosotros los Gitanos », etc.) et « les Autres » (les « Gadje », « Gaze », « Payos », etc.). Si la relation entre les Tsiganes, attachés à leur autonomie, et les autochtones apparaît uniforme d'un pays à l'autre, c'est que les préjugés et les stéréotypes sont partout les mêmes : le Tsigane est le nomade, celui qui défie la loi, qui ne respecte pas la propriété, qui ne s'intègre pas au monde du travail, qui par sa seule façon de vivre conteste la norme sociale...

HISTOIRE. C'est par l'étude de leur langue que la science occidentale a pu reconstituer la migration des Tsiganes. Ayant quitté l'Inde vers le xe siècle, ils atteignent l'Europe au XIIIe siècle et, deux cents ans plus tard, ils se rencontrent dans tous les États du continent, parfois installés dans des villages ou à la périphérie des villes, parfois courant les routes. Les migrations tsiganes, provoquées par les événements qui secouent les sociétés où ils séjournent, ne cesseront plus jusqu'au XXe siècle. Chaque communauté est marquée par l'influence des cultures qu'elle côtoie ainsi, plus ou moins longuement : ce n'est pas l'origine commune qui définit l'identité tsigane mais le départ – le déracinement – et l'histoire vécue au milieu des peuples étrangers (à tel point qu'appartiennent au monde « tsigane » des communautés – Yénishes, Tinkers, etc. – qui ne sont pas d'origine indienne). Malgré la dispersion, le sort que les Tsiganes ont connu dans les différents États est étonnamment semblable. Partout les pouvoirs publics s'emploient à gommer les Tsiganes en prenant des mesures soit d'expulsion, soit d'assimilation. L'extermination entreprise par les nazis apparaît comme le point extrême de cette volonté de les faire disparaître. Dans l'ensemble de la zone occupée par les nazis et leurs alliés, sur une population tsigane que l'on peut estimer à environ un million en 1939, quelque 220 000 périrent dans les camps ou au cours de massacres. De nos jours, l'ouverture des frontières des États de l'Europe de l'Est après la chute du mur de Berlin et les conflits yougoslaves ont entraîné des mouvements migratoires vers l'Occident, où la présence des familles nomades vivant dans des caravanes est difficilement tolérée.

La volonté de reconnaissance du génocide a conduit certains Tsiganes à interpeller publiquement les gouvernements et les opinions publiques. Cette revendication s'est accompagnée, à partir des années 1970, d'un mouvement plus large de reconnaissance culturelle et politique, animé par une nouvelle génération d'intellectuels formés dans les États socialistes de l'Europe centrale (Yougoslavie, Hongrie, Roumanie). L'organisation Romani Unia a voix consultative auprès de l'ONU.

✦ Dénom. « Tsiganes » a une forte connotation péjorative dans de nombreux pays d'Europe ; il en va de même en français pour les diverses appellations « populaires » : Bohémiens, Gitans, Romanichels, etc. [var.] Tzigane(s) ; [autod.] Manus, Rom, Roma, Sinti ou Sinte, etc.

Tsimihety. Population des vallées d'altitude (*saha*) de la partie centrale, montagneuse, du nord de Madagascar [estim. 700 000].

❑ Essentiellement éleveurs de zébus et riziculteurs, les Tsimihety ont une organisation sociale et des coutumes identiques à celles des Betsimisaraka* du Nord. Leurs patrilignages (*fehitry*), divisés en lignées localisées placées chacune sous l'autorité rituelle de l'aîné de la génération la plus ancienne (*sojabe*), sont exogames et la règle de résidence est viripatrilocale ; cela étant, les rôles rituels dévolus à l'oncle maternel (*zama*) et à son épouse (*zaina*) sont cruciaux dans les rapports entre lignages. Enfin, une certaine hostilité structurale entre les frères paternels, cause de départ des frères cadets en surnombre, contribuerait, au-delà de la mobilité personnelle, à rendre compte de l'expansion continue de ce groupe.

HISTOIRE. Les Tsimihety sont originaires du nord-est de la baie d'Antongil. Très proches des Betsimisaraka* du Nord, ils auraient également des origines sihanaka. Installés d'abord dans la région de l'Androna, ils se sont répandus sur tout le nord de Madagascar, se mêlant à l'ouest aux populations nord-sakalava et à l'est aux Betsimisaraka. Brûleurs de forêts, ils sont largement responsables de l'actuelle déforestation de ces régions.

→ **Malgaches**

Tsimshian. Groupe tribal amérindien du Canada (nord de la Colombie-Britannique) et des États-Unis (Alaska) [env. 12 000].

❑ Occupant les régions côtières riches en ressources (pêche) ainsi que les rives des rivières Nass et Skeena, ils se répartissent en quatorze tribus divisées chacune en quatre clans exogamiques matrilinéaires. Leur économie et leur culture (potlatch, totems) sont très proches de celles des Tlingit* et des Haida*, avec lesquels ils troquaient l'huile du poisson-chandelle contre de grands canoës, du tabac et des plaques de cuivre.

Aujourd'hui, bien que fort assimilés à la population blanche et christianisés (c'est sur la conduite d'un missionnaire qu'un groupe s'est installé au XIXe siècle en Alaska), ils ont largement préservé leur vie culturelle et politique.

La pratique de leurs trois dialectes (tsimshian de la côte, nass ou nihga et gitskan), de la famille tsimshenne, est en revanche devenue très minoritaire.

Art. L'art tsimshian (mâts totémiques, masques, etc.), linéaire et structuré, jadis étudié par Franz Boas, reste vivant et jouit d'une renommée internationale. Les Tsimshian, comme les Haïda*, les Kwakiutl*, et les Tlingit*, adhèrent au principe de la double représentation (représentation d'un objet par la somme de ses profils) mis en évidence par Claude Lévi-Strauss.

Droits. N'ayant jamais signé de traité avec le Canada, les Tsimshian sont en mesure de revendiquer la plus grande partie de l'intérieur des terres de la Colombie-Britannique. Une première série de procès leur a récemment (1998) donné en partie raison en statuant « qu'ils avaient un intérêt prioritaire sur les terres contestées ». En fait, ces jugements contraignent à la négociation.

Tsonga. Peuple vivant dans le sud du Mozambique [estim. 3,5 millions] et dans l'est de l'Afrique du Sud [estim. 1 million].

❑ Les Tsonga sont constitués d'une multitude de communautés partageant les mêmes valeurs culturelles mais dont les formes d'activités économiques et les traits dialectaux se sont diversifiés selon les régions occupées et les populations côtoyées. Si dans le Transvaal sud-africain la culture du maïs et du millet, associée à l'élevage bovin, forme l'essentiel des activités rurales, dans le sud du Mozambique, les ressources forestières sont davantage exploitées. Parallèlement, les hommes travaillent dans les centres industriels et miniers. L'organisation sociale, du côté mozambicain, garde une certaine forme de centralisation du pouvoir héritée des règnes des conquérants nguni. Dans le Transvaal sud-africain, elle s'est rapprochée de celle des communautés sotho*.

Comme leurs voisins de langue bantoue, les Tsonga honorent les ancêtres, tout en pratiquant la religion chrétienne. La plupart des sacrifices sont célébrés dans les bois sacrés, vastes fourrés presque impénétrables où les corps des anciens chefs étaient enterrés.

Le xitsonga est une langue bantoue.

Art. Les Tsonga exercent depuis longtemps leur talent de sculpteurs sur bois. De nombreux témoignages (appuis-tête, figurines, cannes) en sont conservés dans les musées. Plus récemment, en Afrique du Sud, l'art du perlage et du vêtement, ainsi que la musique, semblent avoir pris un nouvel essor.

Histoire. Au XVIe siècle, les Tsonga des côtes mozambicaines furent les premières communautés de langue bantoue que rencontrèrent les navigateurs portugais. Les Tsonga jouèrent un rôle actif dans le commerce et les échanges en Afrique australe, se posant comme des intermédiaires obligés entre les comptoirs côtiers et l'intérieur des terres, dans les transactions d'or, d'ivoire ou de perles d'importation. Leur histoire fut marquée, d'une part, par la formation dans le sud du Mozambique, au XIXe siècle, d'un État militaire, le royaume de Gaza (majoritairement tsonga, mais gouverné par une petite élite originaire du Natal), et, d'autre part, par la formation en parallèle d'une vaste communauté tsonga dans le Transvaal, du fait de mouvements migratoires depuis le Mozambique. Ces migrations furent d'abord des réactions de fuite face à l'instauration du royaume militaire par le conquérant nguni Soshangane ; au XXe siècle, leur motivation devint avant tout économique. De nombreux Tsonga vinrent en effet travailler dans les mines. La communauté tsonga s'élargit suffisamment pour que le régime de l'apartheid crée (en 1962) une réserve tsonga, sur la base de laquelle fut institué une décennie plus tard le Gazankulu, homeland réservé aux Tsonga. Avec la fin de l'apartheid les Tsonga, comme les membres des autres communautés africaines, sont devenus des citoyens sud-africains à part entière.

✦ Dénom. [var.] Shangaan, Thonga.

Tswana. Peuple réparti entre le Botswana [estim. 1,2 million] et l'Afrique du Sud [estim. 3,6 millions] ; quelques groupes vivent en Namibie [env. 5 000].

❑ Agriculteurs (maïs, millet...), les Tswana élèvent également un peu de bétail (moutons, chèvres...). Ils sont d'excellents vanniers (pa-

niers ornés de motifs géométriques les plus divers).
Ils se subdivisent en plusieurs grandes communautés (Ngwato, Kwena, Ngwaketse, Kgatla), toutes patrilinéaires et virilocales. L'unité familiale de base (*morafe*) a à sa tête un chef (*kgosi*), dont le rôle consiste à dispenser la santé et le bien-être, et auquel on attribuait le pouvoir de faire tomber la pluie. C'est le *kgosi* qui décide quand doit être mise en place l'école d'initiation des jeunes garçons (*bogwera*) et des jeunes filles (*bojale*).
Les Tswana sont de langue bantoue.
Histoire. Les communautés dont sont issus les Tswana et les Sotho ont commencé à se former au Botswana et dans l'ouest du Transvaal vers le XIe siècle. Tous les groupes tswana modernes sont nés par scission d'une communauté mère, elle-même née le cas échéant de l'éclatement d'une communauté plus ancienne. D'où une histoire dominée par les conflits intercommunautaires et les stratégies d'alliances. Les Tswana jouèrent un rôle clé sur le plan économique : ils servirent longtemps d'intermédiaires commerciaux entre leurs voisins du Nord, du Sud, et de l'Est. En 1885 fut créé le Betchuanaland Protectorate britannique, devenu indépendant en 1966 sous le nom de Botswana. En Afrique du Sud, par contre, les communautés tswana furent regroupées dans le Bophutatswana, un bantoustan composé de plusieurs morceaux de territoire, auquel le gouvernement de Pretoria accorda l'indépendance en 1977. Avec l'avènement du gouvernement de Mandela, en 1994, les Tswana ont réintégré officiellement la nation sud-africaine.

Tukano. Terme désignant, au sens restreint, un peuple amérindien dont les représentants vivent de part et d'autre de la frontière séparant le Brésil et la Colombie, et, au sens large, un groupe linguistique dont la branche orientale comprend, outre les Tukano proprement dits, les Bara, les Cubeo, les Desana, les Makuna et les Tuyuka. Sont concernés environ 25 000 Indiens au Brésil, sur un territoire de 108 000 km^2 (dont 2 900 Tukano à proprement parler), 27 000 en Colombie (dont 6 300 Tukano) et 6 100 au Venezuela. Au Brésil, les Tukano ont obtenu une réserve indigène de 81 500 km^2.
❑ Associés depuis très longtemps à des groupes de langue arawak (surtout les Baniwa, Bare, Kurripako* et Warekena) et à des groupes de langue maku*, les Tukano font partie d'un système social et d'un ensemble culturel désignés comme « sociétés du Rio Negro », ou, plus approximativement, « culture de l'Amazonie du Nord-Ouest ». Avec des variantes locales, cet ensemble est localisé sur les bassins supérieur et moyen du Rio Negro (Colombie, Venezuela, Brésil), ainsi que sur le cours du Vaupés, affluent principal du Rio Negro (Colombie, Brésil). Les principales caractéristiques de ces sociétés sont l'opposition entre, d'une part, les groupes riverains (de langues arawak et tukano) pratiquant l'agriculture sur brûlis, la pêche et la chasse et, d'autre part, les groupes de l'interfluve (Maku), surtout chasseurs-collecteurs ; l'existence d'un rapport de dépendance relative entre les premiers et les seconds, qui peut aller de l'asservissement à des échanges économiques occasionnels ou réguliers, mais toujours aux dépens des Maku ; le partage d'une mythologie complexe, dont le thème commun est une cosmogonie établissant dès l'origine une hiérarchie symbolique, rituelle et politique entre les différents groupes ; enfin, l'obéissance à la règle (générale, sauf en ce qui concerne les Maku et un groupe arawak) de l'exogamie de groupe dialectal ou linguistique.
Les Tukano sont répartis en clans hiérarchisés, tous issus de l'Anaconda primordial, et vivent dans des maisons collectives ou *malocas*, dont l'architecture reproduit le monde ; au Brésil, celles-ci ont fait place au modèle régional d'habitat, sous la pression missionnaire. Les Tukano sont patrilocaux et appliquent rigoureusement la règle de l'exogamie locale et linguistique ; leur principale cérémonie, dite *Jurupari*, est une fête pour l'initiation des garçons, où des trompes représentent les esprits fondateurs du clan. Les connaissances mythologiques étaient principalement l'apanage des chamanes, et ce savoir complexe, d'ordre initiatique, était à la fois valorisé et utilisé dans des rites thérapeutiques ; on a pu dire qu'il s'agissait d'un « chamanisme de la pensée », tant l'accent était mis sur la mémoire des textes et incantations primordiales.
Histoire. Dès le XVIIIe siècle, les sociétés de l'ensemble Tukano ont connu la colonisation, sous la forme des raids esclavagistes venus du Nord (Indiens Karib équipés et financés par les colons du Surinam), puis de l'implantation de postes militaires portugais, qui s'opposèrent à ces raids en contrôlant les Indiens. La pénétration des missions catholiques (où les Salésiens ont joué un rôle dominant) date de la fin du

XIXe siècle, et n'a que récemment fait place à des invasions civiles sporadiques, surtout liées aux entreprises minières (orpaillage, extraction de diamants). Aujourd'hui, les Indiens se réclament de leur identité autochtone, au moyen d'une pluralité d'organisations politiques, différentes dans les trois pays concernées.

✦ Dénom. [var.] Tucano.

Turc(s). Selon les emplois, le terme « turc » – terme aux multiples facettes, que l'histoire et la période contemporaine ont chargé de sens multiples, pas toujours clairement distincts – désigne séparément ou ensemble : les citoyens de la Turquie, les seuls habitants turcophones de la Turquie, les communautés qui parlent le même turc que celui de Turquie, mais qui vivent en dehors de ce pays (en Grèce par exemple), ou encore toutes les communautés qui parlent une langue du groupe des langues turques, ou turciques. La période allant du VIe et le XVIe siècle vit la migration de nombreux peuples turciques vers l'ouest, ce qui explique que leur zone d'extension s'étire de la Sibérie aux Balkans, avec des concentrations surtout au Moyen-Orient et en Asie centrale. Depuis les origines jusqu'à aujourd'hui, les peuples turciques sont répartis en différents États dans cette zone.

❑ Le terme « turc » apparaît dans l'histoire dans la deuxième moitié du VIe siècle pour désigner au sens large des confédérations tribales et l'État qu'elles formèrent dans l'actuelle Mongolie, alors principal foyer des populations turciques. Il apparaît sur des stèles funéraires des princes fondateurs de cet « empire des steppes » qui, pour la première fois, se désigna lui-même comme celui des Turcs. On le trouve très vite employé dans des sources extérieures : chinoises, byzantines, dans différentes langues iraniennes, tibétaines etc. Dans les sources arabes des IXe-XIe siècles, il est utilisé pour nommer un groupes de langues et de peuples, sans désigner un État ou un peuple en particulier. C'est, d'ailleurs, la littérature savante en arabe qui développa l'idée d'une filiation et d'un cousinage entre ces langues, ainsi qu'entre les tribus qui les parlaient. Cette conception était étrangère aux peuples turciques eux-mêmes.

« Turc » acquit pour la première fois une valeur ethno-politique particulière chez les tribus ogouz en Asie mineure, où il s'enracina. Dans le reste du monde turc, en Asie centrale ou en Sibérie occidentale, ce terme (ou les adjectifs qui en dérivent) s'est conservé sous de très vastes acceptions : il peut désigner le lien que se reconnaissaient des peuples qui avaient cependant chacun leur nom propre ; il pouvait désigner aussi la langue littéraire utilisée par ces derniers mais distincte de leurs parlers. À la fin du siècle dernier, une acception plus politique, mettant en avant l'unité ethno-linguistique des Turcs, fut attribuée au vocable par une élite nationaliste de l'empire ottoman et par des Tatars* de l'empire russe, qui voulaient introduire cohésion et unité dans une longue histoire, commencée au VIe siècle et marquée par une grande dispersion géographique et politique. Reprise par la république de Turquie et par sa production historique, relayée par des travaux extérieurs à ce pays, cette vision des Turcs jouit d'une grande popularité aujourd'hui.

Turkana. Peuple du Kenya (province du Nord) occupant le plateau situé à l'ouest du lac Turkana [env. 250 000].

❑ Ce sont avant tout des pasteurs (de bovins principalement), contraints à de nombreux déplacements et à la dispersion en raison de l'environnement très aride. L'agriculture occupe une place marginale ; la pêche dans les eaux du lac Turkana s'est développée.

Les hommes se réunissent de façon informelle pour régler querelles et manquements à la coutume. La position dans le système d'âge (groupes d'âge *asapan* et moitiés générationnelles *ajore*) détermine le comportement dans les assemblées et cérémonies. Par ailleurs, chacun, en tant que possesseur de troupeau, s'inscrit dans un réseau de partenariat pastoral.

Toute l'activité religieuse est centrée sur la protection et le renforcement de la vie : le concept central d'*akuj* désigne le Créateur, source de vie et de pluie, la lumière, le ciel, l'eau qui sourd, etc. Les devins-voyants s'efforcent de déjouer l'action destructrice des esprits *ngipian*, capricieux et envieux. Le sacrifice d'une vache ou d'un chameau constitue l'acte rituel essentiel.

La langue turkana (*aturkwan*) appartient au groupe ateker de la famille nilotique orientale et reste très vivante

Vêtement. Les femmes sont vêtues de peaux et portent de nombreux colliers, tandis que les hommes portent une simple cotonnade et se coiffent d'un casque de boue orné de plumes d'autruche.

Histoire. Les Turkana sont issus de la rencon-

tre de populations autochtones avec des Ateker, venus du sud de l'actuel Soudan dans les premiers siècles du dernier millénaire, et des « proto-Jiye », venus de l'actuel Ouganda. Les Turkana ont résisté âprement à la colonisation britannique et à toute forme de changement. Les grandes sécheresses des années 1960, 1980 et 1990 et les razzias de leurs voisins ont réduit le bétail et mis à mal cette société pastorale très attachée à son mode de vie. De nombreux Turkana ont été conduits à exercer des activités dépréciées, comme la pêche. Le pouvoir et les peuples « modernes » du Kenya ont peu de considération pour cette société jugée « sauvage ».
✦ Dénom. [autod.] Nnyiturukwan.

Turkmène(s). Peuple vivant au Turkménistan, ainsi que dans le nord de l'Afghanistan et le nord-est de l'Iran ; il est également représenté en Russie, en Turquie (Anatolie), dans le nord de l'Iraq et en Chine (Xinjiang) [env. 6 millions].
❑ Occupant un milieu très aride (marges du désert du Kara Kum), les Turkmènes étaient – et restent – par excellence les semi-nomades de l'Asie centrale : ils sont pour l'essentiel éleveurs (moutons, chèvres et, dans une moindre mesure, chevaux – dont les rares et précieux Akhal Tekke – et chameaux). Mais ils ont aussi développé de longue date des activités agricoles et commerciales, à travers leurs contacts avec les sociétés sédentaires environnantes. Leurs tapis et leurs bijoux en argent et en cornaline sont réputés.
Leur société, segmentaire, se répartit en confédérations tribales (dont cinq d'importance majeure), divisées chacune en de nombreuses entités claniques. Ils sont musulmans sunnites (à l'exception de nombreux groupes devenus chiites au Moyen-Orient), tout en ayant conservé, comme les autres peuples turciques de l'Asie centrale, une part importante de l'héritage chamanique. Le turkmène, du groupe turcique occidental, est très pratiqué.
Histoire. La turcisation de l'actuel Turkménistan, siège de plusieurs entités politiques scythes ou irano-scythes dans l'Antiquité, fut surtout le fait des Oghouz, confédération établie sur le cours inférieur du Syr Darya aux IXᵉ-Xᵉ siècles, qui, bousculée par l'expansion d'une autre confédération, celle des Kiptchaks, se dirigea au XIᵉ siècle vers la mer Caspienne sous la conduite du khan Seldjouk. Après la chute de la dynastie des Grands Seldjoukides à la fin du XIIᵉ siècle, les Turkmènes vécurent dans l'orbite de la Perse et des khanats turco-musulmans du Khorezm et de Transoxiane. La conquête russe, après des échecs militaires entre 1873 et 1881, aboutit en 1885. Le Turkménistan indépendant, au régime présidentiel autoritaire, a succédé en 1991 à la République soviétique créée en 1924. Les Turkmènes de souche y constituent plus de 70 % de sa population. Un assainissement de la situation régionale est la condition du développement du pays, qui possède de considérables réserves d'hydrocarbures.
✦ Dénom. [syn., anc.] Turcomans, Oghouz.

Tush. Montagnards de Géorgie orientale, dont le foyer historique est un territoire de 796 km^2, situé dans les montagnes du nord-est du pays, limité au nord par la Tchétchénie, au sud par la K'akheti, à l'est par le Daghestan et à l'ouest par la Pshavi et la Khevsureti. Les trois principales vallées de peuplement sont celles de P'irikiti, de Gometsari (Gomec'ari) et de Tshaghma (Čaghma) [env. 7 000].
❑ L'élevage ovin est traditionnellement le secteur principal de l'économie (la race du mouton tush est fameuse en Géorgie). Domaine réservé des hommes, il donne lieu à un partage strict des tâches, les femmes s'occupant des vaches, de l'agriculture et des activités domestiques. Il est organisé autour d'une transhumance entre les alpages de Tusheti et les pâturages d'hiver dans la plaine de Shiraki (ou Širaki). La plaine d'Alvani a longtemps servi de zone de station intermédiaire. Au milieu du XIXᵉ siècle, une partie de la population commença à s'y installer l'hiver.
Les Tush sont organisés en quatre « thèmes » (unités claniques) : de Tshaghma, de P'irikiti, de Gometsari et de Tsova (C'ova). Leur religion, chrétienne orthodoxe, porte les marques du système religieux propre aux montagnards géorgiens. Ils parlent un dialecte du géorgien, le tush, à l'exception des Tsova Tush (C'ova Tuš), qui parlent le batsbi (bac'bi), dialecte proche de l'ingouche* (ingush ou ingus).
Histoire. Après la révolution, la collectivisation a systématisé le processus de dépeuplement des montagnes. Cependant l'installation des Tush dans les nouveaux villages de Zemo Alvani et de Kvemo Alvani ainsi que leur répartition dans les kolkhozes se sont faites en respectant l'organisation clanique. De même, le système collectif a épousé la répartition sexuelle des activités économiques. Les villages de montagnes sont désormais des lieux de villégiature estivale mais demeurent le point

de référence de l'identité tush. Celle-ci s'inscrit dans l'ensemble culturel plus vaste des montagnards de la Géorgie du Nord-Est, comprenant les Pshav*, les Khevsur*, les Mokhev* et les Mtiul, ensemble fortement différencié de celui des Géorgiens de la plaine.
✦ Dénom. [var.] Touch (Tuš).

Tutsi. Groupe social des sociétés du Rwanda et du Burundi ; des Tutsi sont également implantés en Tanzanie (au Buha) et dans l'est de la République démocratique du Congo (au Masisi).
❑ Ordre social comme les agriculteurs Hutu* et les pygmées Twa* au système clanique, les Tutsi représentaient dans les royaumes Rwanda* et Rundi* la composante pastorale de la société (env. 15 % de la population). Ils n'en étaient pas pour autant systématiquement pasteurs : nombre d'entre eux étaient pauvres et tournés vers l'agriculture. De même, ils étaient loin d'être tous « aristocrates », même s'ils fournissaient les rangs de l'aristocratie guerrière, dont la bravoure, la fidélité au roi et l'éloquence, art d'initiation, étaient les valeurs principales.
Vaches. Les Tutsi possédaient des troupeaux parfois immenses de vaches de race nkole, élevées pour leur lait et leur valeur guerrière. Ces vaches étaient le point de mire de la vie sociale. Elles avaient toutes un nom individuel et certaines faisaient l'objet d'un amour quasi mystique de la part de leur pasteur. Le « contrat de vache » était au fondement des relations de clientèle qui unissaient les groupes sociaux (*cf.* Rwanda*).
Histoire. Vraisemblablement, les pasteurs tutsi se sont infiltrés petit à petit dans la région, à partir du XVIe siècle. De petits royaumes tutsi, situés dans l'est du Rwanda, se seraient progressivement emparés des royaumes hutu voisins. Un processus comparable se serait déroulé au Burundi. L'unification territoriale et la structuration sociale des deux royaumes se seraient dès lors réalisées sous l'égide de rois pasteurs. La rupture des équilibres qui rendaient acceptable la position politique et économique relativement, mais en aucun cas unilatéralement, dominante des Tutsi est largement imputable au colonisateur. Les Allemands virent dans les Tutsi les représentants d'une « race éthiopide » ou « hamitique » supérieure à celle des paysans « bantous » Hutu, et les placèrent, dans le cadre de l'administration indirecte, en position ouvertement dominante. L'administration belge et la hiérarchie catholique reprirent à leur compte cette idéologie et ces pratiques inégalitaires, avec des effets d'autant plus dévastateurs que, à la veille des indépendances, elles opérèrent pour des raisons essentiellement politiques un revirement stratégique en faveur des Hutu, dont elles attisèrent les rancœurs. La dynamique de pur antagonisme ainsi instaurée entre Hutu et Tutsi ne pouvait mener qu'à des événements dramatiques. Le pire se réalisa (*cf.* Rwanda*, Rundi*).
✦ Dénom. [sens] « patron » ; [autod.] Batutsi ; [var.] Tuutsi, Tusi (au Buha), Watutsi, Watousi, Watoussi, etc.
→ **Hutu, Rundi, Rwanda**

Twa. Peuple pygmée* du Rwanda et du Burundi [estim. 10 000 au Rwanda].
❑ Traditionnellement chasseurs-cueilleurs, les Twa ont noué des relations d'échange avec les Hutu* ou les Tutsi* et sont alors devenus potiers ou bouffons et danseurs dans les cours royales. En général, ils restent des parias et, dépourvus de représentation politique, accèdent difficilement à l'éducation, aux soins, à l'information et au travail.
Patrilinéaires, les Twa sont virilocaux et pratiquent le lévirat. Ils croient en un dieu, *Imana*, et rendent un culte aux ancêtres ; ils pratiquent la sorcellerie et la magie. Certains d'entre eux se sont convertis au christianisme. Les Twa parlent la même langue que les autres Rwandais et Burundais.
Histoire. Il s'agit probablement des plus vieux habitants de la région. Leur histoire récente est tragique : considérés comme alliés des Tutsi en vertu de leurs anciens rôles à la cour, ils ont été massacrés par milliers durant le génocide rwandais de 1994 ; un tiers d'entre eux a fui le pays.
✦ Dénom. [var.] Cwa, Swa, Toa, Tshwa ; [autod.] Batwa.
→ **Pygmées**

Tzeltal. Groupe amérindien du sud du Mexique, habitant dans la partie centrale de l'État du Chiapas, où ils occupent de hauts plateaux accidentés tempérés à forêt de chênes et de pins et les basses terres situées à leur pied [env. 258 000 en 1990].
❑ La plupart des Tzeltal résident sur les hautes terres. Ils cultivent le maïs et ses plantes associées. Dans la partie plus chaude, ils produisent du café et des agrumes, de la cacahouète, du manioc. Le salariat saisonnier dans

les plantations de café appartenant à des non-Indiens (*Ladinos*) est très répandu. Le tissage et la poterie se maintiennent. Depuis les années 1960, des Tzeltal des hautes terres partent installer de nouveaux villages dans la forêt tropicale dite « lacandone ».
La vie sociale des Tzeltal s'appuie sur la famille, à nette inflexion patrilinéaire, rattachée à une commune rurale. La propriété individuelle de la terre se combine avec la propriété lignagère, communale ou collective. L'habitat rural est dispersé en hameaux et le centre communal est souvent dominé par les *Ladinos*. Le terroir est divisé en quartiers, ou *barrio*, qui constituent des unités administratives et cérémonielles. Le dispositif communal est à base de charges tournantes civiles et religieuses. La corvée rassemble les hommes du village pour effectuer les travaux publics.
Christianisés de longue date, les Tzeltal conservent beaucoup de traditions anciennes, dont certaines sont d'inspiration précolombienne. La langue tzeltal se rattache à la famille maya.
ETHNOL. Les Tzeltal ont été étudiés par des missions françaises autour de Tonina.
ZAPATISME. → **Chol.**

Tzotzil. Groupe amérindien du sud du Mexique, habitant dans l'État du Chiapas, dans les hautes terres tempérées à forêt de chênes et de pins (1 500 à 2 000 mètres), et dans la vallée du Rio Grijalva [env. 227 000 en 1990].
❑ La ville de San Cristobal de Las Casas se trouve dans l'aire occupée par les Tzotzil. Ceux-ci cultivent le maïs et ses plantes associées, ainsi que la pomme de terre. Dans la vallée, plus chaude, ils produisent de la tomate, du piment, des agrumes, de la canne à sucre et du café. Le salariat saisonnier dans les plantations de café appartenant à des non-Indiens (*Ladinos*) ainsi que les emplois dans les travaux publics sont très répandus. Le tourisme offre des débouchés aux productions artisanales comme le tissage, la poterie, le travail du cuir et du bois. Depuis les années 1960, des Tzotzil des hautes terres partent installer de nouveaux villages dans la forêt tropicale dite « lacandone ».
La vie sociale des Tzotzil s'appuie sur la famille, à nette inflexion patrilinéaire, rattachée à une commune rurale. La propriété individuelle de la terre se combine avec la propriété communale de forêts ou des terres collectives données en usufruit. L'habitat rural est dispersé en hameaux et le centre communal est souvent dominé par les *Ladinos*. Le terroir est divisé en quartiers, ou *barrio*, qui constituent des unités administratives et cérémonielles. Le dispositif communal est à base de charges tournantes civiles et religieuses. La corvée rassemble les hommes du village pour effectuer les travaux publics.
Christianisés de longue date, les Tzotzil conservent beaucoup de traditions anciennes, dont certaines sont d'inspiration précolombienne. La langue tzotzil se rattache à la famille maya.
ETHNOL. Depuis les années 1940, le mode de vie des Tzotzil a été très étudié par des chercheurs des plus fameuses universités des États-Unis.
ZAPATISME. → **Chol.**

U - V

Uitoto. Société de l'Amazonie colombienne et péruvienne, vivant sur les rives de l'Orteguaza, du Caquetá, du Putumayo, du Caraparana, de l'Igara Parana et près de la ville de Leticia [env. 7 000]

❑ Les Uitoto forment la population la plus nombreuse d'un ensemble culturel homogène de plusieurs sociétés linguistiquement hétérogènes : Bora*, Miraña* et Muinane, appartenant à la même famille linguistique ; Nonuya et Ocaïna, à la famille Uitoto ; Andoque – linguistiquement non classés – et Resigaro, de langue arawak, aujourd'hui disparus.

Les femmes s'occupent des jardins (manioc doux et amer, patate douce, arachide), mais la coca et le tabac sont l'affaire exclusive des hommes, qui par ailleurs pêchent, chassent et s'adonnent à la vannerie. Le tissage des fibres de palmier (hamacs et filets de portage) et la poterie sont du ressort des femmes.

Organisés en clans patrilinéaires, les Uitoto ont un système d'alliance de type complexe avec une résidence patri-virilocale. La vie communautaire s'organise autour de grandes maisons (*malocas*) censées appartenir chacune à un représentant du clan qui l'habite. L'inauguration de la *maloca* suppose une fête en rapport avec le statut (héréditaire) de ce chef.

Le créateur suprême s'étant absenté du monde, les entités avec lesquelles les chamanes entretiennent des contacts sont essentiellement terrestres ; coca et tabac leur sont offerts en contrepartie de la satisfaction des doléances.

✦ Dénom. Il n'y a pas d'autonyme global des groupes parlant les quatre variantes dialectales uitoto (Búe, Mika, Minica, Nipode). Le nom Uitoto (« esclave, ennemi », mais aussi « neveu », « gendre ») leur a été donné par les Huaque(s) [des Karib*] vivant au nord du territoire, qui échangeaient jadis avec les Espagnols, contre des objets manufacturés, les esclaves qu'ils prélevaient parmi les populations du Caquetá ; [var.] Witoto, Huitoto.

Ute. Tribu amérindienne des États-Unis (réserves au Colorado, dans l'Utah et au Nouveau-Mexique) [env.7500].

❑ Ils vivaient dans l'ouest du Colorado et de l'Utah, région de montagnes et de vallées profondes. Peuple guerrier, ils se réunissaient l'été en grandes bandes pour la chasse, et descendaient razzier des chevaux au Nouveau-Mexique, où ils vendaient aussi leurs captifs (Shoshone*, notamment). Jamais très hostiles aux Blancs, ils fournirent notamment des éclaireurs à Kit Carson pendant sa campagne contre les Navajo*.

Leur langue, plus ou moins pratiquée selon les groupes, appartient à la famille uto-aztèque.

✦ Dénom. Ils ont donné leur nom à l'État américain de l'Utah.

Uwa. Peuple amérindien du nord-est de la Colombie (Arauca, Boyacá), vivant dans la région des Llanos orientaux sur le versant oriental de la Sierra Nevada del Cocuy, et disposant de trois *resguardos* ou réserves [env. 4 300].

❑ Les Uwa pratiquent une agriculture migrante selon un calendrier astronomique et rituel complexe. L'année commence avec le solstice de juin et se divise en douze mois ; une seconde division correspond à quinze mois lunaires. Les cultures sont adaptées aux différents paliers climatiques (haricots, maïs, aubergines, céleri, manioc, banane plantain, coca, etc.). L'apiculture, la chasse et la pêche se pratiquent à titre complémentaire.

Il n'existe pas un modèle unique d'organisation sociale. Les Uwa formaient traditionnellement des groupes entretenant des relations

cérémonielles, économiques et sociales. Aujourd'hui, on compte une vingtaine de communautés patriarcales, de filiation matrilinéaire. L'endogamie communautaire est de règle. L'habitat est individuel. Le mode de résidence est virilocal ou matrilocal.
Le chef de chaque communauté, à la fois juge, prêtre et guérisseur, est choisi pour ses capacités et aussi pour sa connaissance de l'espagnol. Lui et ses pairs se réunissent au sein du conseil (*cabildo*), héritage colonial, mais forment également un conseil des autorités traditionnelles (*werjayas*).
Les Uwa ont su se préserver de l'évangélisation en faisant notamment jouer les rivalités entre catholiques et pentecôtistes. Leurs pratiques se caractérisent par la célébration des cycles de la vie et de la nature, à travers le chant et la consommation de plantes psychotropes appelées « herbes de l'esprit » (*yopo*).
Leur langue est le muisca de l'altiplano, sous-famille du chibcha.
Histoire. Originellement, ils résidaient à trois niveaux : piémont, basses et hautes terres. Pendant la *Violencia* (guerre civile larvée des années 1948-1953), la répression dans les campagnes a poussé de nombreux paysans à développer l'élevage extensif dans les Llanos, grignotant les basses terres des Uwa (à présent les jeunes y descendent pour chercher du travail). Depuis 1992, l'exploration pétrolière constitue une nouvelle menace et fait l'objet d'une intense bataille juridique entre les Uwa, une grande société pétrolière et le gouvernement colombien.
✦ Dénom. [syn.] Tunebo.

Vazimba. Ensemble de communautés éparses du centre-ouest de Madagascar.
❑ Il s'agit de restes de populations indonésiennes anciennes, vraisemblablement originaires de la péninsule malaise et/ou de diverses régions côtières de l'Insulinde, qui habitaient les hautes terres centrales de l'île avant les premières arrivées merina* (XIIIe-XIVe siècles). Plus précisément, les Vazimba sont les descendants des éléments réfugiés lors de la deuxième vague merina (XVIe siècle) dans des régions peu accessibles de l'Ouest, notamment près des falaises qui bordent les fleuves Tsiribihina et Manambolo (où ils continueraient à déposer leurs morts dans les cavernes, dans des cercueils en forme de pirogue) et autour du lac Kinkony.
Le principe de filiation vazimba, matrilinéaire, pourrait expliquer nombre de caractéristiques des systèmes de parenté, d'alliance, de succession au statut et d'héritage aux biens des sociétés modernes des hautes terres centrales de Madagascar.
Histoire. Les généalogies royales merina ne marquent aucune coupure entre la période vazimba et la première période merina. Andriamanelo (début du XVIe siècle), le premier souverain civilisateur merina réputé pour avoir inventé la rizière irriguée, le fer et la circoncision, est le fils et le petit-fils des princesses vazimba Rafohy et Rangita.
→ **Malgaches**

Veddah. Peuple du Sri Lanka (province d'Uva) [env. 500].
❑ Les Veddah sont chasseurs-cueilleurs ; un système d'agriculture coexiste cependant avec leurs activités forestières. Ils sont matrilinéaires et patrilocaux. Leur panthéon, tout particulièrement célébré lors d'une cérémonie annuelle (*Haetme*), est principalement constitué de déités de la forêt et d'esprits protecteurs des chasseurs héroïques ou des ancêtres.
Actuellement, les Veddah s'efforcent de conserver la libre disposition de leur territoire (qui coïncide partiellement avec le parc national de Maduru Oya) et la reconnaissance de leur mode de vie nomade.
✦ Dénom. Le terme Veddah, éventuellement péjoratif, est souvent employé pour désigner l'ensemble des autochtones du Sri Lanka ; [autod.] Vanyala aetto (« êtres de la forêt »).

Venda. Peuple vivant au nord de l'Afrique du Sud, dans un environnement très vallonné, constitué par la chaîne des montagnes arborées du Zoutpansberg, située au sud du Limpopo [estim. 500 000].
❑ L'économie venda reste fondée sur l'agriculture et la chasse. Patrilinéaire et uirilocale, la société est stratifiée en deux groupes : la classe des nobles (*vhakololo*) et celle des gens du commun (*vhasiwana*). La première maintient sa position grâce à un système de mariage préférentiel et à l'existence d'une compensation matrimoniale élevée. Le pouvoir est exercé par un chef sacré qui gouverne depuis sa résidence ; il préside à toutes les cérémonies religieuses importantes. Les chefs venda organisent notamment les écoles d'initiation des jeunes filles, ou *domba*, tous les quatre ans.
La religion tourne principalement autour du culte des ancêtres, dont l'intermédiaire privilégié est la personne du roi.

Les Venda parlent le tshivenda, langue bantoue au vocabulaire proche du sotho et à la structure grammaticale et phonologique apparentée à celle du shona.

Art. À côté de l'artisanat classique (poterie, vannerie), la sculpture sur bois occupe une place à part et présente deux facettes différentes : l'une relève d'un art de cour, essentiellement symbolique et abstrait, tel le tambour *ngoma*, représentation métaphorique de la création ; l'autre, associée aux écoles initiatiques des femmes, est figurative et s'insère dans un cadre didactique, à travers des petites figurines sculptées.

Histoire. D'un point de vue historique et culturel, les Venda font le lien entre l'empire de Monomotapa et les communautés du sud du Limpopo. On pense qu'ils se sont installés dans le Zoutpansberg à la fin du XVIIe siècle, après s'être scindés de l'empire rozwi, au Zimbabwe. Bien qu'impliqués dans un vaste réseau d'échanges avec les populations voisines du Transvaal, les Venda ne furent connus des Occidentaux qu'à partir du milieu du XIXe siècle. Malgré une forte résistance, ils furent soumis par les Afrikaners* à l'aube du XXe siècle. Durant le régime de l'apartheid, ils furent regroupés dans un bantoustan indépendant. Depuis la fin de ce régime, ils ont retrouvé leur place dans la nation sud-africaine. Le pays venda conserve aujourd'hui encore, du fait de son histoire et des légendes qui l'entourent, une aura de mystère.

✦ Dénom. [var.] Bavenda.

Vepse(s). Peuple finno-ougrien de Russie, vivant dans le sud de la république de Carélie, pays de marécages et de lacs, le nord-est de la région de Saint-Pétersbourg et le nord-ouest de la région de Vologda [env. 13 000].

❑ Ils se divisent en trois groupes dialectaux (Nord, Centre et Sud). Ils se sont séparés des Finnois au VIe siècle, devenant autonomes sur les plans linguistique et culturel entre le XIIe et le XIIIe siècle. Organisés en familles étendues, ils pratiquaient une agriculture extensive, complétée par des travaux saisonniers (abattage et flottage du bois, halage des bateaux sur les rivières). Ils sont orthodoxes. Depuis la fin des années 1980, leur langue (alphabet latin) est enseignée.

Tchoudes. Leur ancien nom russe *tchoud* (qui s'appliquait aussi à d'autres groupes finno-ougriens, comme les Vodes) est associé à la bataille, dite du lac des Tchoudes, qui vit Alexandre Nevski écraser les chevaliers Teutoniques en 1242.

Vezo. Population du sud-ouest de Madagascar, occupant la bande côtière depuis le pays mahafaly*, au sud jusqu'au-delà du fleuve Tsiribihina, au nord.

❑ Les Vezo sont pêcheurs côtiers de récif et de hauts-fonds coralliens, piroguiers harponneurs de tortues, transporteurs sur goélettes. Organisés en lignages, ils n'ont pas de structure politique propre (ils étaient soumis aux souverains de l'intérieur). Les mariages sont interdits avec les proches parents *foko* (descendants directs des deux couples de grands-parents et de leurs germains), et recommandés avec des parents plus éloignés *longo*. Le culte des ancêtres se combine avec celui rendu aux esprits de la vie et à une entité appelée *Vorombe* (« grand oiseau »). Les tombeaux, disposés dans des bosquets près de la mer, sont entourés de palissades surmontées de sculptures (hommes et femmes nus, ibis) symbolisant la continuité de la vie au-delà de la mort.

→ **Malgaches**

W - Z

Wa. Peuple de Birmanie (États shan) et de Chine (Yunnan) [env. 1 million].

❑ Les Wa cultivent principalement le riz de montagne, par essartage ou aménagement de rizières irriguées en terrasses, et élèvent des buffles, des porcs, etc. La culture du pavot, traditionnelle, ne subsiste qu'en Birmanie, où elle alimente les réseaux de guérilla ou sert les intérêts de potentats locaux, la population n'en tirant que des revenus très limités. La société wa est de type segmentaire et patrilinéaire. On note l'existence d'institutions territoriales supravillageoises dérivées, pour une part, du modèle taï de la principauté. La religion traditionnelle, polythéiste ou « animiste », est marquée par l'importance du culte ancestral et l'institution aujourd'hui révolue de la chasse aux têtes. L'influence du bouddhisme théravadin est perceptible dans certains groupes, tandis qu'un grand nombre de Wa de Birmanie ont été christianisés durant la période coloniale.

Histoire. L'organisation sociopolitique des Wa situés à la périphérie de la zone de peuplement de l'ethnie s'est trouvée intégrée au sein de la structure politique des Taï dominant les vallées, et, à l'arrivée des Britanniques, un certain nombre de chefferies territoriales étaient parvenues à constituer des principautés calquées sur ce modèle, au point d'être reconnues par l'administration coloniale comme de petits « États ». À partir des années 1960, le territoire des Wa de Birmanie a été et reste fortement déstabilisé par la guerre ayant opposé les innombrables factions en lutte contre le pouvoir central à l'armée.

✦ Dénom. [autod.] Parauk, Ava, Va ; [chinois] Wa.

Wagenya. Peuple de l'est de la République démocratique du Congo (haut Congo), installé à proximité de la ville de Kisangani, autour des chutes de Boyoma [env. 12 000].

❑ Wagenya est la déformation kingwana (variante locale du swahili) de Baenya (préfixe marquant le pluriel suivi du radical, littéralement « les Enya »). On devrait donc parler des Enya ; cependant, l'appelation Wagenya bénéficie d'une telle notoriété que c'est généralement sous cette dénomination que ce peuple est connu.

Les Wagenya pratiquent une pêche à l'aide de nasses ou d'épuisettes (mais aussi à la ligne ou au filet) très spectaculaire et qui est devenue une curiosité touristique majeure. La longue crue du fleuve entre 1962 et 1971 les a contraints à se tourner de plus en plus vers les activités salariées (peu qualifiées) offertes par Kisangani.

Constituée de trois groupes de parenté différents, leur société segmentaire est un emboîtement de groupes patrilinéaires dotés chacun d'un porte-parole héréditaire dénué d'autorité. Le mariage, célébré par un enlèvement simulé de la future mariée, est virilocal.

La plupart des Wagenya sont christianisés, ce qui ne les empêche pas de conserver certaines de leurs croyances et pratiques traditionnelles. Ils révèrent leurs ancêtres (qui peuvent les posséder et agir bénéfiquement ou maléfiquement sur leur existence) et craignent les esprits résidant dans les tourbillons du fleuve ainsi que l'action des sorciers.

Leur langue bantoue, le tsheenya, conserve un usage local, parallèlement aux langues nationales et au français.

Pêcheurs. Deux autres groupes de pêcheurs vivant le long du Congo, l'un au niveau de Kindu et l'autre à proximité de Kasongo, sont également dénommés Wagenya (Enya étant un terme local indiquant la qualité de riverain ou de pêcheur).

Histoire. Les Wagenya viennent de l'amont du Congo ; ils se seraient établis autour des chutes de Boyoma il y a deux ou trois siècles. Depuis la fondation de Kisangani (alors appelée Stanleyville) à la fin du siècle dernier, leur destin est lié à celle-ci.
✦ Dénom. [syn.] Enya, Baenya.

Walayta. Peuple d'Éthiopie (région-État des « Peuples, nations et nationalités du Sud »), établi sur les hautes terres qui entourent le mont Damota à l'ouest du Rift [estim.1,2 million].
❑ Partiellement urbanisés et amharisés, les Walayta restent avant tout des planteurs d'*ensät* (faux bananier) et de café, et sont aussi employés dans les fermes agro-industrielles du Rift. La société traditionnelle a été désorganisée par la conquête choane et l'histoire ultérieure, mais le souvenir du royaume du Walayta est demeuré vivace et les descendants des cadres et des dignitaires sont toujours honorés. Hormis les minorités urbaines de marchands et d'artisans musulmans, les Walayta ont rejoint l'Église orthodoxe ; les missions catholiques et protestantes ont aussi de nombreux adeptes et les croyances « païennes » demeurent vivaces. Le walayta est une langue omotique.
Histoire. Le royaume païen du Walayta émergea des migrations oromo* et intégra des peuples voisins tout au long des XVIIe-XVIIIe siècles. Il résista opiniâtrement aux pressions choanes et Ménélik vint en personne en 1894 donner l'assaut aux frontières fortifiées du dernier *kawo* (roi), Tona Gagga. De nombreux vétérans furent installés et chargés de faire rentrer impôts et prélèvements. Ils imposèrent la culture du café, tandis que les cadres indigènes jouaient à fond l'intégration. Les Walayta soutinrent globalement la révolution (1974).
✦ Dénom. Jusqu'à la révolution et la consécration de l'autodésignation, l'administration éthiopienne les nommait Wällamo ; [syn., sav.] Wälayta.

Wallisien(s) et **Futunien(s)**. Petites sociétés insulaires de Polynésie française.
❑ Wallis et Futuna forment ensemble un territoire d'outre-mer de la République française regroupant trois « royaumes » : celui de Wallis comprend trois districts/paroisses, Hihifo, Hahake et Mua ; Futuna est divisé en deux royaumes distincts, Alo et Sigave.
Les populations de ces îles géographiquement très isolées (entre les archipels de Tonga, Fidji et Samoa) au sein de la Polynésie occidentale vivent regroupées en petits villages côtiers. Elles pratiquent l'horticulture (ignames, aroïdes, bananes, arbres à pain), l'élevage (porcs, volailles) et la pêche.
Les caractéristiques de ces sociétés sont proches de celles des sociétés polynésiennes* voisines. À chaque « royaume » correspond une chefferie, organisée en une gradation de titres circulant dans les « familles » qui les détiennent par le moyen d'une succession préférentiellement agnatique. Le système de parenté est cognatique et classificatoire. Tous les descendants d'un même ancêtre (par les hommes et par les femmes) ont droit à l'usage de ses terres. Chaque village est composé de la juxtaposition d'unités (*kaiga* à Futuna, *api* à Wallis) correspondant à une parcelle de terre et à ses occupants (consanguins et affins), qui partagent les tâches quotidiennes et les obligations cérémonielles. Le travail respectif des hommes (qui jardinent et préparent les vivres) et des femmes (qui fabriquent les « biens de valeur » *koloa* – nattes et étoffes d'écorce battue) est mis en valeur lors des échanges cérémoniels qui, pour toutes les occasions importantes (investitures, mariages, funérailles, fêtes religieuses...), accompagnent la cérémonie du *kava* (distribution d'une boisson préparée à partir de la racine du *Piper methysticum*). Tandis que cette dernière affirme l'ordre qui organise la société suivant ses valeurs fondamentales (principalement l'ancienneté relative), le flux que favorisent les prestations masculines et féminines lie la société au cosmos et la renouvelle en tant que totalité.
Histoire. Ces îles furent peuplées durant le IIe millénaire avant J.-C., leurs sociétés restant en contact avec les archipels voisins. Aux XVe-XVIe siècles, Wallis fut sous l'emprise directe du proche « royaume » de Tonga (voir Tongiens). Les îles furent aussi sporadiquement abordées par les Occidentaux dès le XVIIe siècle, mais ne furent significativement connues en Occident qu'à partir de l'installation des missionnaires maristes français en 1837-38. Ces sociétés sont depuis lors francophones (les langues vernaculaires y sont respectivement le wallisien et le futunien, deux subdivisions du grand phylum austronésien) et catholiques.

Wapishana. Peuple amérindien de la Guyana et du Brésil (État de Roraima), vivant, pour l'essentiel au sein de réserves, en zone de savane et de forêt tropicale [env. 15 000].

❑ Ils vivent de l'horticulture, de l'élevage extensif et de l'orpaillage artisanal. Ce dernier, pratiqué à plus grande échelle par les colons, détériore le milieu naturel, par ailleurs ouvert depuis peu à la convoitise des chercheurs de diamants.

Les Wapishana, qui appartiennent à la famille linguistique arawak, étaient organisés en clans matrilinéaires mais ont adopté le système indifférencié propre aux ethnies karib voisines. Marqués par l'influence de ces voisins karib (Makushi*), et très métissés avec des éléments brésiliens, ils sont fortement acculturés et convertis – au moins formellement – à la religion catholique.

✦ Dénom. [var.] Wapisiana, Vapidiana ; [autod.] Pidian.

Warao. Peuple amérindien vivant principalement au Venezuela, présent aussi en Guyana et, marginalement, au Surinam [estim. 30 000].

❑ Dispersés dans le delta de l'Orénoque, univers mixte de mangroves, de palmeraies et de forêt tropicale inondable, les Warao sont, selon la traduction de leur nom, « les gens du canot ». Depuis les premiers contacts, ils ont toujours été décrits comme vivant dans les palafittes et tirant leur subsistance de la cueillette du palmier *Mauritia* (amidon extrait du bourgeon central et fruits) et de la pêche. Ces activités sont complétées par la culture du chou caraïbe (*Xanthosoma spp.*).

Leur unité de base est la famille nucléaire à résidence matrilocale et à descendance bilatérale. L'autorité politique traditionnelle est détenue par le *kobenajoro*, qui assure également la fonction de chamane.

L'influence catholique a imprégné le chamanisme mais ne l'a pas éteint.

La langue des Warao, réputée isolée, comprend des éléments chibcha.

Histoire. Sauf dans le delta central de l'Orénoque, les Warao se sont peu à peu sédentarisés sous l'influence des missionnaires catholiques et des agences gouvernementales. L'économie de ces communautés sédentaires est fondée sur la riziculture et la pêche artisanale, menacée par la pêche commerciale.

✦ Dénom. [var.] Warrau, Guarao.

Wassoulounké. Peuple vivant au Wassouloun, région prospère, épargnée par la sécheresse, située aux confins du Mali et de la Guinée [estim. 1,5 million].

❑ Les Wassoulounké constituent une société très typée, marquée par les traditions de ses chasseurs et guerriers aux exploits admirablement chantés et dansés.

Tradition et modernité. La vie dans le Wassouloun de naguère a été décrite par Amadou Ampaté Bâ, dans *Amkoullel, l'enfant peul*. Par ailleurs, deux artistes femmes, Oumou Sangaré et Nahawa Doumbia, ont acquis une grande popularité auprès de la jeunesse malienne en chantant la vie quotidienne, ses aléas et ses révoltes (sur place ou dans l'émigration : N. Doumbia a consacré une chanson aux « sans-papiers » expulsés de France par charters), en associant modernité et respect des formes musicales traditionnelles.

Histoire. Les gens du Wassouloun sont d'origine fulbe* mais de culture mandingue*. Mis en tutelle par les Malinké* dès le XIIIe siècle, ils résistèrent au XIXe siècle à Samory Touré avant de se joindre à lui dans la lutte contre la pénétration française. Ultérieurement, ils s'engagèrent en masse dans l'armée française et participèrent aux deux guerres mondiales, ainsi qu'à celles d'Indochine et d'Algérie.

Wayana. Peuple amérindien vivant en Guyane française, au Surinam et au Brésil (État de Pará) [env. 1 200].

❑ Les Wayana occupent une région de grande forêt de terre ferme, parcourue par des rivières et des fleuves barrés de rapides spectaculaires et dangereux pour la navigation. En territoire brésilien, ils vivent désormais en symbiose avec une ethnie apparentée, les Apalai.

Leur activité principale est l'agriculture sur brûlis, avec prédominance du manioc amer. La cueillette, la chasse et surtout la pêche leur fournissent l'essentiel des protéines. Le travail salarié, dans le canotage ou la prospection géologique et minière, reste épisodique.

Leur territoire est intact, avec néanmoins une pollution des cours d'eau due à l'orpaillage aux extrémités septentrionale et méridionale.

Leur système de parenté est bilatéral, avec une terminologie de type dravidien. Le mariage polygame entre cousins croisés classificatoires était traditionnellement recommandé. La résidence est uxorilocale, avec une tendance contemporaine à la néolocalité.

Jusqu'à une date très récente, les villages, petites unités familiales, étaient extrêmement dispersés et très mobiles. Si cette tendance demeure pour quelques communautés, le regroupement en gros villages, sous la pression

des autorités civiles ou religieuses, est déjà bien amorcé.
En dépit de l'influence de différentes sectes protestantes (sauf en territoire français où la présence missionnaire est interdite par l'État), le chamanisme est resté très actif. Il en va de même du rituel du *maraké*, cycle complexe d'initiation des adolescents.
Les Wayana parlent une langue de la famille linguistique karib. Si les langues antionales (français, portugais et hollandais) sont peu parlées par eux, le sranan-tongo, langue véhiculaire du Surinam, est largement diffusé.
Histoire. Pendant les deux derniers siècles, les Wayana ont été les acteurs principaux d'un réseau commercial allant de la frontière orientale de l'actuel Guyana jusqu'à l'Amapá au Brésil. Ils ont par ailleurs longtemps maintenu une hégémonie guerrière sur l'ensemble des ethnies de la région.
✦ Dénom. [var.] Oayana ; [syn.] Roucouyenne(s), Urukuyana.

Wayãpi. Peuple amérindien de Guyane française et du Brésil (État de l'Amapá) [env. 1 000].
❑ Les Wayãpi se divisent en quatre groupes, deux en Guyane (à la confluence du Camopi et de l'Oyapock et sur le haut Oyapock) et deux au Brésil (sur les affluents de l'Amapari). Ils vivent de l'agriculture sur brûlis (manioc, patates douces, etc.), de la chasse et de la pêche (à l'arc) et de la cueillette ; leur artisanat (vannerie, hamacs de coton, flèches décorées) est recherché.
La famille nucléaire avec descendance bilatérale constitue l'organisation sociale de base (la référence aux anciens clans patrilinéaires est purement formelle) ; le pouvoir, dans l'ordre traditionnel, revient aux hommes qui ont le plus de biens (bière de manioc, munitions, etc.) à répartir. Sur fond de privilège accordé à l'endogamie villageoise, les tensions intercommunautaires sont endémiques ; elles s'inscrivent dans la lointaine postérité des guerres, qui, jusqu'au XVIIIe siècle, faisaient une place au cannibalisme, et s'expriment au travers de pratiques chamaniques.
Les Wayãpi ont bien conservé leur système de croyances (relation difficile entre l'homme et le dieu créateur *Yaneya*, qui ne peut aboutir qu'après la mort à une tardive réconciliation ; respect scrupuleux de la nature). L'influence catholique est restée des plus superficielles.
Leur langue, qui appartient à la famille tupi-guarani, est bien vivante. Le français et, dans une moindre mesure, le créole servent de langue de contact avec l'extérieur.
Écologie. Les Wayãpi sont de parfaits connaisseurs de la nature amazonienne, et il serait avisé de les associer à part entière aux entreprises de protection de l'écosystème.
Histoire. Originaires de l'Amazone (bas Xingu), arrivés dans leur territoire actuel au début du XVIIIe siècle, ils furent un temps les alliés des Portugais, qui s'en servirent contre les Français, mais se retirèrent vite dans la forêt, touchés par une dramatique chute démographique, et ne reprirent contact avec le monde occidental qu'à partir des années 1940-1950. L'octroi de la citoyenneté française, avec son cortège de droits et devoirs individuels et l'organisation administrative qui l'accompagnent, a perturbé une société qui n'y était pas préparée et qui se conçoit avant tout comme une nation *alliée* à la France. Le clivage entre communautés assez acculturées et communautés plus traditionalistes en a été renforcé.
✦ Dénom. [var.] Wayampi, Guaiapi, Oyampi, etc. ; [Brésil] Waiãpi ; [syn., anc.] Banaré.

Wayúu. Peuple amérindien de Colombie et du Venezuela, vivant dans la péninsule subdésertique de la Guajira et disposant en Colombie de deux *resguardos*, ou réserves [env. 130 000].
❑ L'activité centrale est l'élevage (caprin dans les basses terres, ovin sur le piémont), source de prestige et de richesse. Le bétail, utilisé pour la dot et comme monnaie d'échange, est vendu au marché pendant la saison sèche. L'agriculture est relativement peu développée. La pêche, pratiquée par les groupes côtiers, est dévalorisée par les populations de l'intérieur. La chasse, activité masculine, est marginale. Enfin, les Wayúu exercent une activité saisonnière salariée dans les salines.
L'artisanat vendu au marché se compose principalement de hamacs, de sacs tissés par les femmes, de sandales, de ceintures et de jarres. Les filets, fabriqués par les hommes, peuvent atteindre une grande valeur marchande.
La société, foncièrement égalitaire, est dépourvue d'organe central de pouvoir. On compte une quarantaine de clans matrilinéaires. Traditionnellement associé à un animal totémique et à un territoire propre, le clan ne correspond plus à une aire géographique précise. La polygamie n'est plus pratiquée que par les hommes riches. La parenté, base de l'organisation sociale, suit une filiation dou-

ble : la chair est supposée se transmettre uniquement par la mère tandis que le sang se transmet par le père. Le système de résidence matrilocal tend à devenir virilocal, du fait des contraintes à la fois écologiques ou socio-économiques.

Les Wayúu pratiquent encore de nombreux rituels précolombiens, associés au cycle de la vie et aux récoltes. Le chamane est souvent une femme, dont le savoir est révélé par les rêves et enseigné.

Premier peuple indigène de Colombie par la taille, les Wayúu sont issus de la famille linguistique arawak.

Histoire. Les Wayúu, probablement arrivés au début du XIVe siècle en suivant les cours d'eau depuis l'Orénoque, sont restés indépendants durant la colonisation, malgré les nombreuses tentatives de pacification et d'évangélisation. Le climat rude dissuadait les chercheurs de perles et de sel de s'établir sur la côte septentrionale. Avec la généralisation de la contrebande, au XIXe siècle, le contact est devenu plus menaçant. Les Wayúu recevaient alors de l'eau-de-vie, du tissu, des armes et des esclaves contre des perles, des fruits, du bois du Brésil, de la viande, etc. L'apogée de l'élevage a intensifié les échanges avec la population agricole du sud de la Guajira. Dans les années 1970, les Wayúu ont subi les conséquences du trafic de marijuana (la région est un important lieu de passage) et de la présence de la guérilla, qui ont entraîné une militarisation croissante de la Sierra Nevada de Santa Marta. Plus récemment, le développement de l'industrie pétrolière au Venezuela les a poussés vers la Colombie.

✦ Dénom. [syn.] Guajiro, Goajiro ; [autod.] Wayú, Guayú.

Wé. Peuple de la zone forestière de l'ouest de la Côte d'Ivoire, dont l'aire d'occupation forme une sorte de triangle, entre les Bete* à l'est, les Dan* au nord et la frontière du Liberia au sud [estim. 400 000].

❑ Les Wé, qui appartiennent à l'ensemble kru*, comprennent les Guéré au nord et les Wobé au sud, distinction héritée de la colonisation et abandonnée dans les années 1970 (à la suite des travaux de l'anthropologue A. Schwartz).

La filiation est patrilinéaire et la résidence viri-patrilocale. Dans cette société sans État, où les rapports de parenté sont déterminants et s'exercent sur un territoire défini, l'organisation sociale est constituée d'unités gigognes emboîtées les unes dans les autres : au sommet se trouve la confédération guerrière, ou *bloa-dru* ; viennent ensuite le *bloa*, groupement de guerre, puis un groupement restreint à deux villages et, enfin le village.

Chez les Wobé, il existe trois *bloa-dru* : les Gbeon, les Zoho et les Baon. Chez les Guéré, il y en a quatre : les Zibiao, les Zagné et les Zagna, entre Sassandra et le Ko-Nzo, et les Zérabaon, entre le Nzo et le Cavally.

Dans la majorité des *bloa*, les traditions orales présentent l'ancêtre fondateur comme descendu du ciel par une chaîne, ce qui semble indiquer soit une autochtonie, soit une implantation territoriale ancienne. Certains *bloa* déclarent cependant être venus d'ailleurs, de l'est (au-delà du Sassandra) ou des savanes situées au nord, ou de l'actuel Liberia. D'autres *bloa* enfin se sont déplacés à l'intérieur du territoire wé.

Histoire. La pénétration française en pays wé s'est faite à partir des postes de Danané (créé en 1906) et de Man (créé en 1908). Les opérations militaires de « pacification » commencèrent en 1911 et se poursuivirent jusqu'à 1914, suivant la méthode de la « tache d'huile » préconisée par le gouverneur Angoulvant, qui consistait à créer des postes fixes à partir desquels rayonnaient des unités mobiles. La délimitation des cantons et des subdivisions par l'administration coloniale se fit de façon arbitraire, et les déplacements et les regroupements de populations furent souvent opérés par la force, accentuant le mouvement d'exode vers le Liberia qui avait été amorcé lors de la pénétration coloniale. Le pays ne s'est ouvert que tardivement aux cultures de rente : le café, qui connut une timide avancée dans les années 1930, ne s'est généralisé qu'après la Seconde Guerre mondiale.

Le pays wé a souffert de son enclavement, auquel la création du port de San Pedro, en 1969, a tenté, avec un succès mitigé, de mettre fin. Dans les années 1990, il a subi le contrecoup de la guerre civile au Liberia, qui a entraîné l'arrivée massive d'émigrants.

Wichí. Peuple amérindien d'Argentine (provinces de Salta, Formosa et Chaco) et de Bolivie (département de Tarija), installé le long du Pilcomayo [estim. 20 000].

❑ Les Wichí (trois groupes dialectaux : Noctén, Vejoz et Guisnay) vivent surtout dans les missions. Une partie d'entre eux s'emploie dans les exploitations forestières ou sucrières, d'autres émigrent vers les villes du Sud. Jadis chasseurs, pêcheurs et récolteurs nomades, dans une moindre mesure agriculteurs, ils se répartissaient en bandes de plusieurs familles étendues, régies par un chef héréditaire lui-même contrôlé par un conseil d'anciens. La famille nucléaire était monogamique ; les rapports sexuels étaient libres avant le mariage. Le chamanisme compose avec l'influence protestante (anglicanisme, pentecôtisme) ; vivace, la langue appartient à la famille mataco-mataguaya.

Art. Les Wichí ont été initiés par les missionnaires à la sculpture du bois (petites figures d'animaux, masques). Leur poterie, leurs sacs (*yicas*) tissés par les femmes avec des fibres végétales et teints, et leurs intruments musicaux sont également réputés.

Suicides. A. Métraux nota dans les années 1930 des suicides par ingestion de fruits vénéneux. Détournement de l'agressivité guerrière, effet de la pression blanche, notamment des prohibitions missionnaires, de tels suicides (par d'autres moyens désormais) s'observent toujours.

Histoire. À la différence de leurs voisins et ennemis Guaycurú et Chiriguano*, les Wichí, qui ne domestiquèrent pas le cheval, se révélèrent pacifiques, mis à part deux révoltes en 1781 et en 1863. Ils ont fait durant ce siècle l'objet d'une exploitation outrancière dans les usines de sucre et les plantations de coton.

✦ Dénom. [esp., péj.] Mataco(s).

Winnebago. Tribu amérindienne des États-Unis installée dans des réserves du Nebraska et du Wisconsin [env. 3 500].

❑ Ils se répartissaient en clans, divisés en moitiés exogames, placés sous l'autorité de deux chefs, le chef de guerre et le chef de paix.

Leur vie cérémonielle reposait sur une combinaison de rites claniques et de rites confrériques (dont une variante très proche du *midéwewin* des Ojibwa*).

Ils appartiennent à la famille linguistique sioux.

Histoire. Originaires de la rive ouest du lac Michigan, dont les eaux bordières nauséabondes leur valurent vraisemblablement leur nom français de « Puants », ils rejoignirent la confédération dirigée par le chef sauk* Black Hawk (1831-32), rejetèrent un traité extorqué à une petite minorité d'entre eux en 1837, et firent l'objet de déportations qui les installèrent finalement dans le Nebraska (1863). Ils revinrent à plusieurs reprises dans le Wisconsin, où certains furent autorisés à rester (1874).

Wolof. Peuple vivant au Sénégal et en Gambie ; le pays wolof se trouve dans la zone sahélo-soudanienne. Il s'étend, du nord au sud, depuis le delta du fleuve Sénégal jusqu'à la latitude de Djourbel, et, d'ouest en est, de la côte atlantique au désert du Ferlo [estim. 2,5 millions].

❑ L'économie des Wolof est centrée sur l'agriculture (arachide), l'élevage (bovins) et la pêche.

Leur société a pour base la famille étendue, patrilinéaire. La classe supérieure (*géér*) comprend les nobles, les dignitaires, les roturiers libres, les paysans, les commerçants et les marabouts ; les « gens à part » (*nyeno*) se répartissent en « castes » (griots, forgerons, corroyeurs, etc.).

Le wolof, langue nigéro-congolaise, est langue nationale au Sénégal ; première langue parlée à Dakar ; il sert de langue commerciale dans toute la région côtière.

Histoire. Vraisemblablement venus du nord, ils ont été précédés dans la région par des groupes de Mandenka* et par les Sereer* qu'ils ont repoussés. L'empire du Djolof, fondé par Ndiadian Ndiaye (à la fin du XIIe siècle), consacre la suprématie des Wolof et de leurs souverains (*bourba*) sur les populations voisines, avant de se disloquer à la fin du XVe siècle et de céder la place à des entités politiques distinctes (Djolof, Baol et Cayor). Le XVIIIe siècle est marqué par l'influence grandissante des chefs musulmans. À partir de 1850, la politique coloniale française se heurte à de violentes résistances, telle celle de Lat Dior Diop au Cayor, jusqu'à l'achèvement de la conquête (années 1890). À l'époque contemporaine, la diffusion de l'arachide se fit sous la conduite et l'emprise des marabouts mourides. Les Wolof sont le peuple majoritaire, souvent jugé dominateur, du Sénégal.

✦ Dénom. [var.] Ouolof.

Xhosa. Peuple d'Afrique du Sud, vivant à l'est de la province du Cap, dans une région couverte de collines verdoyantes et arrosée par de nombreuses rivières [env. 3 millions].

❑ L'ensemble Xhosa regroupe en réalité plusieurs groupes culturels : les Mpondo, les Bomwana, les Xhosa proprement dits, les Thembu et les Bhaca, pour n'en citer que quelques-uns. Ces communautés parlent une même langue bantoue. Elles pratiquent toutes l'agriculture (maïs, millet) et leur organisation sociale donne au bétail une place importante : comme chez les Zulu*, les huttes sont disposées autour de l'enclos à bétail (*kraal*), où sont accomplis les sacrifices dédiés aux ancêtres. Les esprits des morts peuvent ainsi veiller sur les vivants. La christianisation n'est que partielle, surtout dans les campagnes.

Parure. Vêtements et éléments de parure sont décorés de perles d'importation cousues. Ces perlages, fabriqués par les femmes mais portés par tous, permettent d'identifier l'individu, selon son statut social et religieux et sa région d'origine. Les Xhosa, volontiers traditionalistes, enduisent leur corps et leurs vêtements d'ocre rouge. Cette couleur, qu'affectionnent les ancêtres, symbolise la tranquillité et la stabilité de l'individu. Le bleu est également, pour d'autres raisons, une couleur très appréciée chez certains groupes.

Histoire. Les Xhosa sont les premières populations de langue bantoue à s'être heurtées aux colons européens. Entre 1779 et 1878 se déroulèrent neuf conflits ouverts (les « guerres cafres »). Harassés par les raids incessants, les vols de bétail et la perte progressive de leur territoire, les Xhosa massacrèrent leurs troupeaux et brûlèrent leurs récoltes, obéissant à la prophétie d'une jeune fille, Nongqawuse, qui avait annoncé que les ancêtres ne se relèveraient et ne refouleraient les Blancs vers l'océan qu'à ce prix. Cet acte suicidaire entraîna la fin de la puissance xhosa et accéléra leur dépendance vis-à-vis des Européens. Sous le régime de l'apartheid, le territoire xhosa fut divisé en deux bantoustans, le Transkei et le Ciskei. La victoire électorale de Nelson Mandela, d'origine thembu, en 1994, et la liquidation du régime de ségrégation raciale ont signé l'issue heureuse d'un long combat au sein duquel les Xhosa ont tenu un rôle majeur.

✦ Dénom. [var.] Xosa, Amaxhosa.

Xingu (Amérindiens du Haut-). Ensemble de sociétés indigènes du Brésil (Mato Grosso), vivant dans une région formée du bassin supérieur, en forme d'éventail, du Xingu, deuxième affluent sud de l'Amazone à partir de l'embouchure.

❑ Célèbres au Brésil au point d'y être devenus l'image et le symbole de l'indianité, les Indiens du haut Xingu ne sont connus que depuis 1884. Leur popularité tient au succès de la première réserve indigène créée en 1961. Le Parc Indigène du Xingu couvre aujourd'hui 26 420 km^2 et assure à plus de 3 000 Amérindiens, appartenant à 15 peuples différents, la garantie d'un territoire et une certaine assistance médicale et scolaire de l'État. Les Indiens du haut Xingu vivent dans la forêt-galerie, milieu riverain qu'ils exploitent grâce à l'agriculture sur brûlis, et se tiennent éloignés des savanes plus ou moins boisées des interfluves. La richesse en poisson des eaux leur assure un régime riche en protéines, et relègue au second plan la chasse, moyen de se pourvoir en ornements corporels plutôt qu'en gibier.

Partie Nord. C'est le lieu d'habitat des Xinguanos, nom générique donné à dix groupes de langues différentes mais partageant une culture largement commune : les Kuikuru, Kalapalo, Matipu et Nahukwa (de langue karib), les Waura, Mehinaku et Yawalapiti (de langue arawak), les Kamayura et les Aweti (de langue tupi) et les Trumai (langue isolée). Vivant dans de grandes maisons multi-familiales en forme de demi-coque de noix, ils ont une organisation bilatérale, une préférence pour l'uxorilocalité, et une chefferie aux pouvoirs plus cérémoniels que politiques. Depuis plusieurs siècles, ils ont développé une véritable société inter-tribale et pacifique, fondée sur les échanges cérémoniels, commerciaux et matrimoniaux. Les rituels majeurs, le *kuarup* (funérailles secondaires), le *javari* (commémoration des héros) et l'initiation sont l'occasion de vastes rassemblements de la plupart des groupes, et de superbes chorégraphies.

Partie Sud. Quatre groupes ont récemment intégré la réserve, chassés de leurs habitats antérieurs par l'avancée de la colonisation et la guerre. Les Juruna (langue tupi), ont remonté le Xingu, dont ils peuplaient l'embouchure au XVIIe siècle, les Suya (de langue gê) viennent de l'ouest après de nombreuses guerres contre les colons et d'autres groupes inidigènes, les Kajabi (de langue tupi) ont été chassés du Teles Pires (est du Xingu) par les collecteurs de caoutchouc, et les Ikpeng (ou Txicao, de langue karib) ont accepté la paix blanche, après avoir guerroyé plus de cinquante ans contre les Xinguanos. Bien que de traditions fort différentes, ces tribus adoptent depuis leur pacification un nombre croissant de coutumes et de rites xinguanos.

Yagnob. Société de l'ouest du Tadjikistan, habitant la vallée du Yagnob et quelques vallées voisines [env. 2 000].

❑ Les Yagnob constituent un isolat, une population pauvre vivant de l'agriculture dans un milieu montagnard inhospitalier ; ils sont musulmans sunnites. Ils sont connus pour leur langue, considérée comme le dernier rameau vivant du sogdien, langue iranienne qui domina dans toute la Transoxiane avant la période islamique et jusqu'aux IXe-Xe siècles, et qui servit de *lingua franca* dans l'empire commercial sogdien s'étirant le long des routes de la soie. Comme les groupes pamiriens du Tadjikistan oriental et comme les petites communautés de locuteurs d'autres langues iraniennes résiduelles ou isolées comme le moundji, le paratchi et l'ormouri, parlées dans diverses localités de l'Afghanistan du Nord-Est, les Yagnob sont menacés d'assimilation plus ou moins rapide à la société tadjik*.

Yagua. Peuple amérindien d'Amazonie péruvienne et colombienne, dont la soixantaine de communautés est établie le long de l'Amazone, entre les fleuves Tahuayo à l'ouest et Yavari à l'est [estim. 4 000, dont 350 en Colombie].

❑ La chasse aux gros mammifères (tapir, pécari) reste l'activité masculine de majeur prestige. L'agriculture sur brûlis repose essentiellement sur la culture des bananiers et du manioc doux, à partir duquel les femmes préparent une bière indispensable à l'activité rituelle, notamment à l'initiation masculine – où l'on joue de la flûte sacrée.

L'organisation sociale s'appuie sur un système de patriclans non localisés, regroupés en moitiés exogames opposant trois classes naturelles : oiseaux d'un côté, animaux terrestres et végétaux de l'autre.

Les Yagua respectent majoritairement une règle de résidence virilocale après une courte période d'uxorilocalité (généralement jusqu'à la naissance du premier enfant). Le mode d'habitat traditionnel est la grande maison communautaire (jusqu'à 100 personnes, le double dans le passé). Plusieurs maisons proches, liées par la parenté et l'échange, formaient en principe une unité indépendante, en guerre potentielle avec d'autres unités de même nature. Le point fort de l'activité guerrière résidait dans la prise de trophées (dentition humaine portée en sautoir). Autrefois semi-nomades, les Yagua sont aujourd'hui pour la plupart sédentarisés.

Leur religion reconnaît un principe de vie *hamwo*, commun à l'ensemble du monde vivant et aux divinités. La mythologie est dominée par le cycle des jumeaux (héros culturels). Toujours très actif, le chamanisme yagua s'exporte à présent en dehors de l'ethnie et prend une dimension suprarégionale.

Derniers représentants d'une famille linguistique indépendante (peba-yagua) comprenant initialement trois groupes (Peba, Yagua, Yameo), les Yagua sont aujourd'hui en large majorité bilingue (yagua-espagnol).

Histoire. Experts dans la fabrication des sarbacanes et du curare dont ils faisaient commerce, les Yagua se trouvaient au XVIIe siècle au centre d'un vaste réseau d'échanges interethnique. Soumis à l'action des jésuites au cours du XVIIIe siècle, ils expérimentent aujourd'hui l'arrivée successive sur leur territoire de plusieurs mouvements messianiques et de sectes évangéliques nord-américaines. La première fédération yagua, regroupant une vingtaine de communautés, a vu le jour en 1983.

✦ Dénom. [syn., anc.] Yahua, Zava, Llagua ; [autod.] Ñihamwo (« les gens »).

Yaka. Peuple de la République démocratique du Congo (Bandundu) et d'Angola (Uige), vivant surtout dans la région bordée par les rivières Kwango et Wamba, et comportant une forte communauté à Kinshasa [plus de 600 000].

❑ Agriculteurs et chasseurs, les Yaka ont un système de filiation bilinéaire et une règle de résidence virilocale ; les principales prérogatives se transmettent patrilinéairement. Ils se regroupent en dix grandes chefferies, dont les chefs sont d'origine lunda* et dont la plus importante est celle de Kyaambvu, roi de tous les Yaka.

Les anciennes traditions religieuses, qui coexistent avec le christianisme et le syncrétisme kimbanguiste, consistent essentiellement en une quinzaine de cultes d'affliction, liés chacun à une catégorie d'esprits et à une maladie. Le patient, guéri par des initiés, acquiert à son tour les pouvoirs médiumniques correspondants.

Le kiyaka, langue bantoue, n'a qu'un usage vernaculaire.

Art. La production yaka se signale par de petites statues anthropomorphes à caractère magique, par un art décoratif destiné aux chefs (peignes, chasse-mouches, appuis-nuque) ou aux médiums (tambours), et par des masques représentant les ancêtres qui apparaissent durant la circoncision *nkhanda*.

Histoire. Les Yaka sont sans doute issus des populations « jaga » qui, venues d'Angola, envahirent en 1458 le royaume de Kongo. Leur infiltration au XVIIe siècle par des Lunda* déboucha sur la constitution d'un royaume qui s'étendit au détriment des Suku*. L'implanta-

tion coloniale ne se concrétisa que dans les années 1920. Dépourvu de ressources et difficile d'accès, le pays yaka reste une région reculée, d'où l'émigration vers Kinshasa.
✦ Dénom. [syn.] Bayaka, Ayaka, Mayaka.

Yakan. Peuple des Philippines vivant sur l'île de Basilan, au sud-ouest de Mindanao [estim. 90 000].
❑ Les Yakan se différencient par de nombreux traits des principaux groupes musulmans du pays (Magindanao et Maranaw de Mindanao, ainsi que les Tausug* et Samal des Sulu).
Ils pratiquent l'agriculture sur brûlis et le labour (riz, maïs, tubercules) et la chasse aux porcs sauvages. Bien que vivant à l'intérieur de l'île, ils sont de très bons constructeurs de bateaux à balanciers qu'ils vendent aux Samal et aux Tausug établis sur les côtes.
Leurs maisons sont assez dispersées et ils se regroupent sur la base de l'affiliation à une mosquée ou à une « maison des prières » (*langgal*). Le système de parenté est bilatéral, le côté du père *usba* apparaissant toutefois supérieur au côté de la mère *waris*. Les mariages sont arrangés, et les compensations matrimoniales *ungsud*, considérables. La polygamie est pratiquée (jusqu'à quatre épouses).
La religion yakan mêle les croyances et rituels traditionnels (funéraires ou s'adressant aux esprits) et l'islam (sunnite de rite shaféite). Le Coran, récité en arabe (que peu de Yakan comprennent), intervient dans tous les rituels et l'imam veille au respect des coutumes *addat*. La société yakan est par ailleurs sous l'autorité d'un *datu*, traditionnellement nommé par le sultan de Sulu.
Les unités politiques organisées autour d'une mosquée sont parfois en relations hostiles, et, à un niveau plus large, les Yakan sont en « guerre » endémique contre les Philippins chrétiens du nord de Basilan et les autres groupes musulmans (surtout les Tausug*, qui se jugent « supérieurs » à eux pour avoir été plus tôt islamisés).
→ **Musulmans des Philippines**

Yakima. Tribu amérindienne des États-Unis (centre-sud de l'État de Washington) [env. 5 500].
❑ Installés autrefois en aval de la rivière Yakima, ils disposent aujourd'hui d'une vaste réserve. Ils vivaient de la chasse, de la pêche (saumons) et de la cueillette, et pratiquaient la vannerie, le travail du bois et des peaux. De nos jours, ils bénéficient des revenus de l'exploitation des forêts, qu'ils possèdent conjointement avec d'autres tribus.
Ils étaient organisés en bandes autonomes formant une confédération, placées chacune sous l'autorité d'un chef généralement héréditaire. Leur chamanisme, nourri de la mythologie du « coyote », comprenait de nombreux chants vénérant les esprits ; un esprit-gardien était rattaché à chaque individu. Ils ont conservé de nombreux traits de ce mode de vie.
Ils appartiennent au groupe linguistique shahaptian, comme les Nez-Percés*, les Umatilla, les Walla Walla, etc.

Yakoutes → Sakha

Yami. Société d'une petite île de formation corallienne, isolée dans les mers profondes au large des côtes sud-est de Taïwan, dont elle dépend politiquement. Les Chinois appellent cette île Lan yü, « l'île aux orchidées », et les Yami « l'île des Hommes » [env. 4 500].
❑ Jusque dans les années 1980, les Yami vivaient en autarcie de la pêche et de la culture des tubercules. Depuis, un quart de la population, principalement des jeunes, ont quitté l'île pour s'installer à Taïwan. Les bateaux pour la pêche en haute mer sont construits par des associations d'hommes d'un même lignage qui travaillent ensemble et se répartissent la pêche. L'organisation sociale est bilatérale et la résidence plutôt patrilocale. L'autorité politique repose sur un consensus informel d'hommes « sages », sans chef. La religion « animiste » présente un panthéon divisé en trois mondes faisant une large place aux âmes des ancêtres *anitu*. Cette population paisible est la seule de tous les groupes aborigènes de Taïwan à n'avoir jamais pratiqué la chasse aux têtes. Les Yami parlent une langue austronésienne.
Art. Ce sont les Yami, habillés de leur simple cache-sexe et portant leur casque en argent qui recouvre la tête jusqu'aux épaules, et leurs bateaux décorés qui apparaissent le plus souvent sur les dépliants touristiques taiwanais.
Autodéfense. Les Yami sont très actifs au sein de l'Alliance des aborigènes de Taïwan. En effet, en 1978, le gouvernement annonça la construction d'un port militaire qui permettrait de résorber en partie le chômage, mais la découverte d'un centre de stockage de 550 000 fûts de déchets nucléaires déclencha la colère de cette population pacifique. De plus, les

eaux d'infiltration sont rejetées dans la mer, là où les Yami pratiquent la pêche traditionnelle.

Yanesha. Composante nord-ouest de l'ensemble Ashaninca*, au Pérou, qui a longtemps peuplé les piémonts limitrophes de Huanuco avant de se retirer toujours plus à l'est jusqu'au Pichis, sous la pression coloniale [plus de 8 000].

❑ Les Yanesha se distinguent des autres Ashaninca* par quelques institutions originales, telle l'existence de prêtres aux fonctions différentes de celles des chamanes. En revanche, ils pratiquaient le même système de mariages entre provinces et sous-ensembles, d'où l'établissement de villages mixtes yanesha-ashaninca au pied du Cerro de la Sal pour exploiter ensemble le sel gemme. De même, comme les gisements de minerai de fer se trouvaient dans des terres tantôt yanesha, tantôt ashéninka, les Yanesha développèrent eux aussi l'art d'extraire, de le fondre et de forger ce minerai, avivant le feu des fours avec d'énormes soufflets en peau de tapir.

Leur langue est éloignée de celle des Asháninka-Matsiguenga. On suppose qu'ils sont les descendants d'une première vague migratoire arawak et que, de surcroît, à l'époque préinca et inca, leur langue évolua sous l'influence de leurs voisins andins, notamment quechua*.

Histoire. Lors de la Conquête, ils formaient un sous-ensemble presque aussi nombreux que celui des Asháninka * proprement dits, mais plusieurs de leurs groupes, dits Panataguas, acceptèrent au XVIIIe siècle de rejoindre les « réductions », regroupements de 1 000 à 2 000 personnes constituées par les missions franciscaines, et, en quelque 25 ans, près de 40 000 d'entre eux succombèrent à des épidémies (d'où les guerres campa et pano pour chasser les missionnaires et détruire ces réductions).

✦ Dénom. Ils ont longtemps été appelés Amuesha.

→ **Ashaninca**

Yanomami. Peuple amérindien du Brésil (Roraima, Amazonas) et du Venezuela (Amazonas), dont l'habitat traditionnel est la forêt tropicale d'altitude qui sépare les deux pays, et le bassin supérieur de l'Orénoque des affluents du Rio Branco et du Rio Negro ; ils disposent depuis 1992, au Brésil, d'une réserve territoriale de 94 000 km^2 [env. 19 000].

❑ Agriculteurs sur brûlis, les Yanomami privilégient le manioc et le plantain. Ils sont aussi des chasseurs assidus. Mais cette économie traditionnelle a été bouleversée, et beaucoup sont réduits aux expédients et à la mendicité.

L'habitat, très dispersé, consiste en 200 à 300 grands auvents communautaires de forme circulaire (*yano*) isolés, dont chacun abrite de 20 à 300 personnes organisées en familles étendues. Jusqu'à une époque récente, ce réseau de villages-maisons était tissé d'alliances et de conflits sanglants.

La chefferie est peu marquée, et le chamanisme très important : les chamanes se servent d'hallucinogènes puissants pour convoquer les esprits, dialoguer avec eux, prédire l'avenir, et propitier les activités de leur groupe. La principale cérémonie est le *reahu*, célébration des morts, dont les proches ingèrent les cendres mêlées à une compote de plantain, en présence d'invités de tous les villages voisins. C'est l'occasion de resserrer les liens d'amitié, à la faveur de danses et de chants improvisés, où les hommes se défient les uns les autres.

La langue yamomani est considérée comme isolée, et se subdivise en quatre dialectes (yanomami, yanomam, sanema et yanam).

Guerres. Jusqu'aux années 1970, les Yanomami se battaient plus entre eux qu'avec les tribus voisines ou les colons blancs, et ils acquirent une réputation de férocité largement amplifiée par les medias. S'il est vrai que les rapts de femmes et d'enfants étaient l'un des objectifs de la guerre, et que l'exaltation des vertus d'endurance et de courage était constante, il est probable que l'intensification des combats est une conséquence indirecte du contact avec la société coloniale (du fait de la diffusion des armes à feu et de la compétition pour accéder aux biens occidentaux).

Vêtement. Les hommes comme les femmes portent uniquement une sorte de cache-sexe retenu par une ceinture. Le reste du vêtement est constitué d'éléments de parure en plumes, feuilles odorantes, fibres, perles diverses portés au biceps, autour du cou. Certains portent des labrets. Les peintures corporelles sont exécutées à l'occasion des fêtes et couvrent tous le corps.

Histoire. Connus dès le XVIIIe siècle, les Yamomami n'ont de contacts réguliers avec la société coloniale que depuis une cinquantaine d'années. L'ouverture des routes en 1973 a précipité les épidémies, les empoisonnements (au mercure, du fait de la pollution des cours d'eau par les orpailleurs) et les tueries : 15 % de ceux qui vivent au Brésil (où réside une petite moitié de la communauté) sont morts ces dernières années. Une campagne brésilienne et internationale d'opinion a abouti à la création de la réserve yamomami en 1992, sans qu'ils s'en trouvent beaucoup plus protégés. Dernier grand peuple de la forêt à être entré en contact avec la civilisation occidentale, les Yanomami ont payé un lourd tribut aux colons et aux orpailleurs. Après des années d'ouverture de routes dans la forêt et d'invasions de leurs terres, y compris désormais de leur réserve pour une exploitation effrénée de l'or, des diamants et de la cassitérite, ils ont subi les effets d'un gigantesque incendie en 1998, et leur avenir demeure menacé.

Les Yanomami sont loin d'être les seuls Indiens d'Amérique du Sud à se trouver confrontés aux pires menaces, mais leur situation a pris valeur exemplaire, les ONG (comme Survival International) militant en faveur des droits indigènes ayant mis l'accent sur leur cas. Cette action, assortie de la médiatisation éphémère du chef Davi Kopenawa Yanomami, a contribué à une relative prise de conscience de l'opinion mondiale : il ne s'agit pas seulement des cauchemars du passé, de véritables ethnocides sont en cours sous la pression d'intérêts économiques et stratégiques.

✦ Dénom. [var.] Yanomani.

Yanzi. Peuple de la République démocratique du Congo (Bandundu), vivant entre les rivières Kasai et Kwango, sur des plaines humides au climat équatorial (au nord) et sur des plateaux plus arides (au sud) ; une communauté importante vit à Kinshasa [estim. 325 000].

❑ Agriculteurs dans la forêt (maïs, manioc, igname) et dans la savane (arachide, millet), les Yanzi s'adonnent également à la pêche et à la chasse. Ils commercialisent une partie de leur production à Kinshasa. Le clan *Ngil* était à l'origine spécialisé dans la forge, dans un but commercial. Subdivisés en une dizaine de clans (Kinzamba, Kingoma, etc.), les Yanzi ont une organisation sociale lignagère et un mode de filiation matrilinéaire. Leur unité spatiale de base est le village, où la population se distribuait autrefois selon l'ordre lignager. Répartis anciennement en trois groupes, les membres du clan dominant (*mbule*), les hommes libres et les esclaves (*msan*), les Yanzi ont été regroupés en chefferies par l'administration coloniale.

Convertis au christianisme, ils continuent de pratiquer le culte des ancêtres, par l'entremise du chef de lignage.

Leur langue, le yanz(i), se compose de sept dialectes et appartient au groupe tende-yans, de la branche nord-ouest de l'embranchement niger-congo de la famille bantoue.

Histoire. Les Yanzi sont arrivés sur leur territoire actuel au XVIIe siècle lors des vagues migratoires bantoues. Ils ont su résister à leurs puissants voisins Kongo* et Téké*.

Yao. Peuple dispersé dans la région du lac Malawi (ancien lac Nyassa) au Mozambique, au sud de la Tanzanie et au sud du Malawi.

❑ Les Yao constituent avant tout une unité linguistique et culturelle. Surtout agriculteurs (thé, tabac, coton, arachide) et commerçants, ils pratiquent également l'élevage des animaux de basse-cour et des chèvres, la chasse et la pêche dans le lac Malawi.

Ils forment une société clanique matrilinéaire comportant des fragments isolés constitués de membres issus d'un ancêtre commun. Les chefs de village sont soumis au conseil des anciens et placés sous l'autorité de chefs de premier rang ; la résidence est généralement uxorilocale.

Les Yao, outre le culte rendu aux ancêtres, pratiquent magie et sorcellerie, nombre de rites de purification et d'initiation des jeunes gens et des jeunes filles, et le culte lunaire. Ces éléments traditionnels se sont maintenus, même si les contacts entretenus avec les Arabo-Swahili* ont déterminé une islamisation notable.

Ils parlent une langue bantoue.

Histoire. Divisés en nombreuses chefferies, ils ont noué dès le XIIIe siècle des relations commerciales avec les Arabo-Swahili. Durant le XIXe siècle, ils participèrent activement au commerce des esclaves. Les Yao du Malawi et de Tanzanie se sont longtemps opposés aux colonisations britannique et allemande. Ceux du Mozambique n'ont été soumis par les Portugais qu'en 1912 et ont pris, par la suite, une part importante à la lutte armée pour l'indépendance du pays, obtenue en 1975.

✦ Dénom. [syn.] Ajáua, au Mozambique.

Yao. Peuple de la Chine méridionale et de la péninsule indochinoise [estim. 3 millions].

❑ Les Yao pratiquent, outre l'élevage, la cul-

ture sur des champs permanents ou l'assolement sur de petites parcelles de montagne encaissées entre les rochers, avec comme cultures principales le maïs, le millet, le manioc et le seigle. Là où les conditions le permettent, et en particulier dans l'ancienne Indochine, ils exploitent des essarts plantés de riz et de maïs, par assolement. D'autres communautés, enfin, se consacrent avec succès à la riziculture en terrasses irriguées sur les versants ou dans les fonds de vallée, fréquemment associée à des brûlis secondaires le plus souvent confinés sur les hauteurs.
Les Yao forment une société de type segmentaire, au caractère patrilinéaire renforcé par la mémoire des généalogies ancestrales. L'unité sociale prépondérante est le groupe lignager, constitué autour d'une maison ancestrale à l'intérieur de laquelle s'organise un culte des ascendants patrilinéaires. L'organisation politique est de type égalitaire, centrée uniquement sur le référent villageois. Les décisions collectives sont prises au sein d'un conseil regroupant les anciens influents de la communauté, présidé par un officiant religieux. Les Yao suivent la religion taoïste de la tradition de Meishan et marquent un très fort attachement au culte ancestral dans le cadre à la fois domestique et lignager.
Le yao (quatre langues distinctes) appartient à la sous-famille miao-yao de la famille sino-tibétaine.
Histoire. « Yao » apparaît pour la première fois dans des textes chinois de la dynastie des Tang (618-906), dans l'expression Mo Yao, « non corvéable ». Dès l'origine, l'appellation s'applique vraisemblablement à une population composite que rassemble la jouissance de ce privilège fiscal. Tous les groupes yao conservent aujourd'hui encore des exemplaires de la charte du roi Ping comme preuve intangible de leur statut privilégié au regard de l'État chinois et comme symbole de leur appartenance ethnique. Depuis le XIIIe siècle au moins, une progression générale de la population en direction de l'ouest et du sud-ouest, qui se poursuit encore de nos jours, conduit les Yao vers les pays de l'Indochine. Un exode massif vers le nord-est de la Thaïlande, puis, pour certains, vers les pays occidentaux, a suivi le déclenchement de la guerre civile au Laos et la prise de pouvoir par les communistes au milieu des années 1970.
✦ Dénom. [autod.] Iou, Iou Mien, Kim Mien, Kim Moun, etc. ; [chinois] Yao ; [vietnamien] Dao ; [laot.] Yao ; [thai] Yao.

Yaqui. Groupe amérindien du nord-ouest du Mexique (État de Sonora), vivant dans les basses terres côtières et sur les rives du fleuve Yaqui [env. 10 000 au Mexique, et 5 000 aux États-Unis en 1990].
❑ Les Yaqui sont agriculteurs et pratiquent l'irrigation. Les plantes traditionnellement cultivées sont le maïs, les haricots, les courges. Le blé, la pastèque et l'élevage de petit bétail ont été introduits par les missionnaires jésuites au XVIIe siècle. La chasse et la pêche, le ramassage des huîtres et la cueillette des cactées fournissent des compléments. Beaucoup de Yaqui travaillent aussi comme salariés dans l'agriculture et dans les mines de la région.
L'organisation sociale yaqui a reçu une influence hispanique. C'est la communauté villageoise au territoire bien délimité, plus que la tribu, qui forme la base des solidarités. Les Yaqui reconnaissent la parenté dans les deux lignes. Ils vivent en maisonnées regroupant plusieurs familles nucléaires apparentées ou encore reliées par parrainage.
Christianisés au cours des siècles passés, ils pratiquent encore le chamanisme et l'usage rituel de plantes psychotropes.
Histoire. Les Yaqui se sont signalés par une longue résistance armée à la colonisation, notamment aux XVIIe et XIXe siècles, et jusque vers 1920. La langue yaqui se rattache à la famille uto-aztèque.

Yeke. Peuple du sud-est de l'ex-Zaïre (Shaba), vivant pour l'essentiel à Bunyeka et aux alentours [env. 20 000].
❑ Les Yeke sont pour l'essentiel des agriculteurs itinérants (maïs, manioc). Patrilinéaires et virilocaux, ils se répartissent en onze lignages principaux. Leur roi *mwami* et les dignitaires qui l'assistent administrent la chefferie. La religion yeke mêle des réminiscences tanzaniennes, des emprunts aux populations sanga et autres. L'influence chrétienne, catholique et protestante, est très forte.
Les Yeke parlent le kisanga (leur propre langue bantoue, le kiyeke, n'ayant plus qu'un usage cérémoniel) en parallèle avec le swahili et le français.
Histoire. Les Yeke sont les descendants de chasseurs d'éléphants, de guerriers et de commerçants sumbwa (ethnie du nord-ouest de la Tanzanie) qui, sous la conduite du roi M'siri, s'installèrent au Shaba vers 1850, soumettant des populations sanga et créant un puissant royaume. En raison de la richesse supposée du sous-sol, celui-ci suscita les convoitises des

Britanniques et des Belges, qui l'emportèrent (M'siri fut tué au cours d'une fusillade en 1891). Les Yeke parvinrent à conserver, au sein du Congo belge, un poids politique supérieur à leur importance démographique, et jouèrent un rôle important dans l'éphémère État indépendant du Katanga (1960-1963), où un petit-fils de M'siri, Godefroid Munongo, fut ministre de l'Intérieur.
✦ Dénom. [autod.] Bayeke.

Yerukula. Peuple de l'Inde (Andhra Pradesh) [env. 300 000].
❑ Les Yerakula sont des artisans (travail du bois, vannerie), des tatoueurs, des acrobates et des musiciens. Ils élèvent aussi des porcs. Aujourd'hui, une moitié d'entre eux est employée dans l'industrie.
Chaque groupe yerukula est divisé en quatre phratries (Sathpati, Kavadi, Menpati, Mendragutti) hiérarchisées, les deux premières phratries étant considérées comme supérieures aux deux dernières : cette division hiérarchique s'inspire des quatre *varna* hindous. Le pouvoir communautaire est aux mains d'un conseil de cinq personnes appelé *beromanosam*. La polygynie est fréquente, le mariage préférentiel s'opère entre cousins croisés.
Les Yerukula sont en majorité de religion hindoue. Ils parlent le dialecte *kurru*, rattaché à la langue tamil.
Histoire. Les Yerukula étaient avant tout nomades. En temps de guerre, ils servaient souvent de mercenaires aux princes de Mysore. Ils sont répertoriés parmi les *Scheduled Tribes*.
✦ Dénom. [syn.] Korava, Koracha.

Yi. Peuple du sud-ouest de la Chine (sud du Sichuan, ensemble du Yunnan et nord-ouest du Guizhou), du Viêt Nam (Cao Bang, Ha Tuyen, etc.) et du Laos (Phong Saly) [env. 5,5 millions].
❑ Les Yi vivent essentiellement de la culture de la pomme de terre et de l'élevage du mouton au nord, tandis qu'ils sont riziculteurs plus au sud et aménagent des terrasses irriguées sur les versants montagneux. Segmentaire et patrilinéaire, la société yi traditionnelle se remarque avant tout par son faciès politique, ou plutôt par ses diverses formes d'organisation politique puisqu'un clivage net sépare les groupes du Nord (Sichuan et nord-ouest du Yunnan) du reste de l'ethnie. La société du Nord, fortement stratifiée, oppose essentiellement une noblesse – dont les membres qui s'appellent eux-mêmes « Os noirs » (*Nosu*) revendiquent leur affiliation à une charte généalogique commune – à une majorité de roturiers, ou « Os blancs ». S'ajoutent à cette division sociale deux catégories que l'on a coutume d'assimiler dans la littérature ethnologique à des esclaves : esclaves-tenanciers (*ajia*) et esclaves domestiques (*gaxi*). Enfin le sommet de l'édifice social est occupé par une élite héréditaire, (les *Nzömo*), mise en place par les Chinois dans le cadre d'un régime d'administration indirecte (*tusi*). La stratification sociale est absente en revanche dans les groupes méridionaux, qui sont majoritaires, et dont le modèle politique dominant est égalitaire, fondé sur l'autonomie des villages et le recours à un conseil d'anciens. La religion est de type polythéiste et « animiste », marquée par le culte ancestral.
Histoire. Considérés par certains comme les descendants de populations connues dès l'époque des Zhou de l'Ouest (1122/721 avant notre ère) sous le nom de Pu, des Yi sinisés paraissent avoir réussi très tôt à fonder des petits royaumes inféodés à la cour impériale, comme celui de Wumeng dans le nord-ouest du Guizhou. À partir du XIIIe siècle, le système chinois d'administration indigène *tusi* a été instauré avec plus ou moins de succès dans l'ensemble des régions habitées par les Yi.
✦ Dénom. [syn., anc.] Lolo ; [autod.] Nosu, Nasu, Nisu, Alu, Sani, etc. ; [chinois] Yi ; [vietnamien] Lolo, Phula ; [laotien] Lolo.

Yineru. Composante nord-est de l'ensemble Ashaninca* [env. 3 000 recensés en 1993, auxquels s'ajoutent quelques centaines d'individus établis aux confins du Madre de Dios et dans les territoires de l'Acre, au Brésil].
❑ Comme les Yanesha*, les Yineru ont une langue nettement différente de celle de l'ensemble ashaninca. Ce n'est pas leur seul point de divergence ; ils ont adopté jadis des traits culturels propres aux Pano* riverains de l'Ucayali (Shipibo, Conibo, Remo, etc.), dont ils étaient les voisins immédiats. Faisant exception parmi les Arawak subandins, ils ont pratiqué, comme les Pano, des guerres entre eux, de village à village, ou contre d'autres Ashaninca, ou contre des Pano riverains, ce qui n'empêchait ni leur ralliement aux fédérations guerrières contre l'ennemi extérieur (Incas, Espagnols, Portugais), ni les intermariages. Grands négociants, excellents navigateurs et adeptes des raids, ils étaient dénommés les « harpies » (par référence à l'aigle harpie de la

région) de l'Ucayali et l'on redoutait leur pouvoir de sorciers, ce dont ils tiraient grand avantage dans le commerce.

Leur position frontalière entre les deux ensembles pano à l'aval et ashaninca à l'amont rend compte en partie de leur métissage culturel. Car depuis l'époque du caoutchouc et de la colonisation qui, dans un premier temps, a eu des effets plus dévastateurs sur la démographie des Pano et des Yineru que sur celle des Ashaninca, les Yineru, isolés de leurs anciens alliés pano, n'ont cessé de se rapprocher culturellement et politiquement des Ashaninca, en quelque sorte de rechercher leurs racines, comme l'illustrent leurs nombreux mariages avec les Matsiguenga* sur le rio Urubamba, avec les Ashaninka* sur l'Ucayali.

✦ Dénom. [syn.] Piro.

→ **Ashaninca**

Yombe. Peuple vivant au Congo (région de Ncesse et environs de Chimpeze, de Kakamocka et de Mvouti), en République démocratique du Congo et, pour quelques groupes, dans le nord-ouest de l'Angola [estim. 300 000].

❑ Leur territoire légèrement montagneux est couvert de forêts entrecoupées de clairières herbeuses ; le réseau hydrographique est dense. Les activités agricoles (bananes, haricots, ignames, manioc, patates douces) sont partagées entre les hommes et les femmes. La culture du tabac a été introduite à l'époque coloniale. La chasse, l'élevage, la pêche et la cueillette sont pratiqués.

Les Yombe sont un sous-groupe indépendant du peuple Kongo*. Ils ont une organisation clanique matrilinéaire ; le chef de clan détient l'autorité et a la charge des reliques sacrées.

La religion traditionnelle a presque disparu et elle s'exprime actuellement dans une forme rénovée qui inclut des éléments chrétiens. Sous sa forme ancienne, elle accordait une grande importance à la consultation des ancêtres, rendue possible par la consommation d'hallucinogènes.

Le kiyombe est un dialecte kongo distinct et relativement homogène ; il appartient à la famille bénoué-congo.

Art. Les Yombe sculptaient des statuettes, de célèbres fétiches à clous (*nkisi*), des masques, des sceptres, des bracelets...

Histoire. Le clan d'origine, Mbenza, se constitua un peu avant le XVe siècle lors de trois migrations, dont la plus importante venait du nord. Certains clans yombe participèrent activement au trafic d'esclaves, au bénéfice des commerçants hollandais et britanniques. Aujourd'hui, les Yombe vivent en grande proportion dans les centres urbains.

✦ Dénom. [var.] Bayombe, Majombe, Majumbe, Mayomba, etc.

Yoruba. Peuple du sud-ouest du Nigeria, également présent au Bénin et, par émigration, au Togo et au Ghana.

❑ Les Yoruba, qui, selon certaines de leurs traditions, se veulent issus de sept princes, fils du dieu créateur *Olodumare*, se répartissent aujourd'hui en une trentaine de groupes, dont, au Nigeria, les Yoruba d'Oyo (les Yoruba « à proprement parler » pour les Anglo-Saxons), les Yoruba Ijebu, Egba et Egbado, les Yoruba Ekiti et Ondo, et les Yoruba d'Ifè et d'Ijesha.

Les Yoruba sont d'habiles agriculteurs (manioc, igname, maïs, banane plantain, palmier à huile, cacao, etc.) ; l'élevage domestique, la chasse et la pêche sont assez répandus mais d'une moindre importance ; l'artisanat et l'industrie locale sont très développés et de grande qualité (tissage, poterie, travail des métaux, du bois, du cuir, des perles, etc.). Les Yoruba ont dans toute l'Afrique une solide réputation de peuple commerçant, présent sur tous les marchés, de Dakar à Kinshasa.

La société yoruba, modelée par les structures politico-religieuses complexes de la royauté sacrée (→ Yoruba d'Oyo), trouve sa cohérence dans le sentiment d'une origine commune, partagé par les différents groupes, et dans la richesse de l'héritage culturel. Sa puissance économique et démographique lui donne matière à s'affirmer.

La christianisme et l'islam (et diverses sectes à l'audience croissante) côtoient la religion traditionnelle, marquée par le culte des *Orisha*, sortes de demi-dieux, ancêtres fondateurs qui intercèdent entre les hommes et le Tout-Puissant *Olodumare*, trop lointain ; s'y ajoutent les cultes rendus aux héros ou aux divinités associés aux éléments du paysage (rivières, rochers, failles), et le rôle considérable des sociétés secrètes.

Langue kwa, le yoruba est extrêmement employé et diffusé. Il s'agit à la fois d'une langue rituelle, d'une langue d'échange et d'une langue littéraire ; il représente, avec le haoussa et l'ibo, l'une des trois principales langues nationales du Nigeria. La littérature moderne d'expression yoruba ou anglaise a notamment été illustrée par Wole Soyinka, prix Nobel en 1986.

Art. L'art du « bronze » (il s'agit en réalité de laiton), issu de la tradition d'Ifè, dont la statuaire est considérée comme un des plus grands accomplissements artistiques de l'humanité (→ Yoruba d'Ifè), occupe une place importante chez la plupart des Yoruba. La technique traditionnelle est celle de la fonte à la cire perdue ; elle a produit les œuvres jadis réservées aux palais royaux et aux hauts dignitaires. La sculpture sur bois (statuettes, hochets rituels) est très répandue et représente souvent des *orisha*, dont le plus répandu est sans doute *Shango*, divinité du tonnerre et de la foudre, reconnaissable par la double hache stylisée qu'il porte au sommet de sa tête. Les jumeaux, ou *ibeji*, constituent un autre thème récurrent. L'ivoire est également sculpté avec dextérité. La sculpture sur bois de même que le travail du bronze, après une longue période de décadence, auraient tendance à prendre une originalité nouvelle.

Histoire. Les Yoruba s'attribuent dans leur mythologie une origine concomitante à la création de l'Univers. La région est peuplée depuis l'âge de la pierre, mais c'est au XIe siècle que l'on peut situer l'apparition de l'organisation particulière des Yoruba, qui fait des villes le centre de la vie politique et religieuse. Ifè, ville sainte et centre premier de l'expansion des divers groupes, déclina progressivement au profit d'Oyo. Les rois sacrés, Oba ou Alafin, des diverses cités yoruba sont désignés par les chefs de lignage. Au début du XIVe siècle, l'extension géographique du peuplement yoruba marque une étape supplémentaire, occupant les régions allant de l'actuel Bénin, à l'ouest, jusqu'à la confluence Niger-Bénoué, à l'est. Les royaumes yoruba connaissent dès lors une histoire complexe, marquée par la domination d'Oyo, par leurs rivalités internes, leur résistance aux poussées extérieures, la constitution de grands réseaux commerciaux et la participation au commerce négrier avec les Européens. Un temps de déclin et de guerres civiles, accentué par l'expansion fulbe*, précède la prise de contrôle progressive de la région par les Britanniques à partir de la fin du XIXe siècle. Après la phase d'administration coloniale, durant laquelle les Yoruba participent à l'affirmation du nationalisme nigérian, et les troubles qui suivent l'indépendance (1960) et la proclamation de la république du Nigeria (1963), le pays yoruba est divisé dans les années 1970 en plusieurs États fédérés tandis que s'affirment des aspirations « pan-yoruba ». En 1994, le richissime chef traditionnel Moshood Abiola, principal leader de l'opposition « sociale-démocrate » s'autoproclame chef de l'État nigérian, à l'occasion du premier anniversaire des élections présidentielles de 1993 (qui auraient dû, semble-t-il, le porter au pouvoir), annulées par les militaires est toujours contestée. Emprisonné, Abiola est mort en 1998. Le climat politique reste tendu.

Yoruba d'Oyo. Constituant le tronc central de l'ensemble des Yoruba*, ils habitent l'*Oyo State*, région de plaines forestières humides parsemées de savanes vers le nord, et se répartissent en grands centres urbains (Ibadan, Ijaye, New Oyo, Ogbomosho) et en groupes de villages périphériques [env 2,5 millions].

Royauté sacrée. Le roi d'Oyo, dont la charge est héréditaire et sacrée, porte le titre d'*Alafin*, « maître du palais » (un palais encerclé de murailles et adjacent à la cité populaire divisée en quartiers). Un grand nombre de dignitaires participaient à l'élaboration des décisions, intervenant en corps constitués (conseillers royaux – dont le *bashorun*, véritable chef en second – « pères du roi », chefs de guerre héréditaires, pages, eunuques, ministres, maîtres du marché, etc.).

Organisation. L'unité sociale de base est la maison, *ile*, patrilinéaire, dirigée par un patriarche, *bale*. Plusieurs *ile* forment un *agbole*, « carré de territoire », groupant les parents du patriarche, leurs femmes et descendants et les étrangers admis à résidence. Les *agbole* sont regroupés en patrilignages majeurs exogamiques, ou *idile*, divisés en lignages mineurs. Chaque *idile* se divise en outre en *oriki*, groupes pouvant se répartir dans plusieurs *agbole* et qui se caractérisent par la possession de noms de famille héréditaires, rattachés à un interdit alimentaire. La descendance est patrilinéaire, mais la parenté est bilatérale : il y a prohibition de mariage non seulement dans le patrilignage, mais aussi avec toute personne avec laquelle on peut établir un lien de parenté. Les échelons territoriaux sont l'*ogbon* (sous-quartier), l'*adugbo* (le quartier), le village, le groupe de villages et la tribu. Les groupes sont également répartis en classes d'âge, en corps de métier et en sociétés secrètes.

Histoire. La ville sainte d'Ifè occupe une place fondamentale dans l'histoire des Yoruba d'Oyo comme dans celle de tous les autres peuples frères. Cependant, tandis que les Yoruba d'Ifè donnent la prépondérance à Oduduwa, premier *ooni* d'Ifè et premier roi de tous les Yoruba, les Yoruba d'Oyo la donnent à Oramiyan, premier *alafin* d'Oyo et... premier roi de tous les Yoruba. Toujours est-il que le développement de la ville d'Oyo alla de pair avec le déclin politique d'Ifè. Après avoir repoussé les invasions Nupé* au XVIe siècle, le royaume d'Oyo développa ses relations commerciales avec l'Afrique du Nord, puis ses dignitaires tirèrent parti de la traite négrière, fournissant aux Occidentaux les esclaves razziés dans d'autres ethnies. Le royaume étendit sa domination du Dahomey jusqu'à la Volta. Au début du XVIIIe siècle, après avoir contenu les appétits du royaume d'Abomey, le royaume d'Oyo poursuivit son développement économique, mais, progressivement, des querelles relatives à la distribution des revenus de la traite débouchent au XIXe siècle sur des luttes fratricides. L'invasion des Fulbe* accentua encore ces tensions ; en 1837, la capitale Oyo fut rasée par l'émir d'Ilorin ; une partie de la population yoruba d'Oyo se dispersa alors dans la périphérie et vers les villes d'Ibadan et d'Abéokuta. Le royaume d'Oyo tomba dans l'anarchie. Les guerres civiles se succédèrent, favorisant le jeu « pacificateur » de la Grande-Bretagne.

✦ Dénom. [syn.] Awyaw, Eyeo, Eyo, Ayo.

→ **Yoruba**

Yoruba Ifè et **Ijesha**. Ces deux importantes sociétés vivent dans l'*Osun State*, région de plaines forestières humides ; la ville sainte d'Ifè se situe à l'ouest d'une chaîne de monts rocheux [env. 2,5 millions].

❑ Grands cultivateurs et grands commerçants comme tous les Yoruba, ces deux groupes sont remarquables par la qualité de leur artisanat (travail des métaux en particulier).

Le roi d'Ifè (*ooni*), dont la charge sacrée est héréditaire (primogéniture), et dont la tâche consiste à accomplir des rites indispensables au bien-être matériel et moral de l'État, vit dans un palais encerclé de murailles et adjacent à la cité populaire, divisée en quartiers.

Art, ethnol. Au XIXe siècle, dans les ruines d'Ifè, l'ethnologue allemand Frobenius découvrit la première d'une vingtaine de têtes de bronze, dont les plus anciennes dateraient du XIe siècle, et les plus récentes, du XVe siècle. Réussites techniques parfaites (elles sont creuses, la couche de bronze n'a que quelques millimètres d'épaisseur), d'un style à la fois réaliste et serein, elles représentent d'anciens rois et dignitaires. Frobenius crut avoir retrouvé à Ifè l'Atlantide des légendes, et fut l'initiateur d'audacieuses spéculations diffusionnistes au gré desquelles on prêta aux Yoruba des origines phénicienne, égyptienne, étrusque, asiatique...

Histoire. Ifè, la ville sainte, est considérée par l'ensemble du peuple Yoruba comme son berceau spirituel, même si elle déclina au profit d'Oyo. À la fin du XVIIIe siècle, l'expansion des Fulbe*, qui ne réussirent cependant jamais à conquérir la cité, canalisa vers Ifè des mouvements massifs de réfugiés ; il en résulta des dissensions, notamment entre les Yoruba d'Ifè et ceux d'Oyo, qui l'emportèrent. Ifè fut abandonnée, jusqu'à ce qu'en 1854 le chef d'Ibadan décide de la relever de ses ruines. La vieille et prestigieuse métropole est toutefois loin de compter aujourd'hui parmi les plus importantes villes yoruba.

✦ Dénom. Ife, Ile-Ife ; Ilesa, Ijesha, Ijesa.

→ **Yoruba**

Yoruba Ekiti et **Ondo**. Ils vivent dans l'*Ondo State*, région de plaines forestières très denses et humides au sud, parsemées de savanes vers le nord [env. 3,5 millions].

❑ D'un triple point de vue géographique, politique et économique, les territoires ekiti et ondo, qui comportent des centres urbains (Akure, Ikere, Ondo, Owo, Ado Ekiti) et des réseaux de villages périphériques, constituent une sorte de zone tampon entre les royaumes d'Oyo et d'Ifè, d'une part, et le royaume edo* de Benin-City, d'autre part.

Agriculteurs et commerçants comme les autres Yoruba, les Ekiti et les Ondo (à l'exception des Ondo d'Owo) ont un artisanat moins développé. Avec une organisation sociale par ailleurs comparable, leurs royautés sacrées sont de moindre renommée que celles d'Oyo ou d'Ifè.

Art. L'art de la poterie et de la sculpture sur argile est très ancien dans la région ekiti d'Owo, où se trouvent plusieurs sites archéologiques importants ; il suggère un lien avec la tradition artistique d'Ifè et celle de Benin-City. L'art du « bronze », issu de la tradition d'Ifè, est également bien représenté.

Histoire. Les Ekiti et les Ondo se déclarent respectivement originaires d'Ifè et d'Oyo. Dans le courant du XIXe siècle, les Ekiti eurent à subir la domination des Yoruba d'Ilorin et d'Ibadan, puis, alors que les guerres civiles et la traite des esclaves s'intensifiaient, ils s'allièrent en 1879 aux Ifè, aux Ijesha, aux Akoko et aux Ilorin contre la menace des négriers et des guerriers d'Oyo et d'Ibadan. L'antagonisme

entre Ekiti et Ilorin persista cependant, jusqu'à ce que le protectorat britannique mette les premiers à l'abri des seconds.
→ **Yoruba**

Yoruba Ijebu, Egba et **Egbado**. Ces trois sociétés vivent dans l'*Ogun State*, région de plaines forestières denses et humides au sud, parsemées de savanes au nord [env. 2,5 millions].
❑ Paysans et commerçants comme les autres Yoruba (et aussi récolteurs de sel dans les mangroves de l'extrême sud de la région), ces groupes possèdent des royautés sacrées, de moindre renommée toutefois (à l'exception des Alake d'Abeokuta) que celles du Nord et de l'ouest (Oyo, Ifè). D'une façon générale, depuis l'unité sociale élémentaire (la maison) jusqu'aux échelons politiques territoriaux (cités, groupes de villages), leur organisation sociale se calque plus ou moins sur celle des Oyo. Certains Ijebu ont été marqués par l'influence des Edo*.
HISTOIRE. Ces trois groupes se réfèrent à Ifè comme à leur lieu d'origine ; leur arrivée dans la région se situerait entre le XVe siècle et le XVIIIe siècle. Puissants guerriers, les Ijebu, bénéficiant de leur position côtière, commercent avec les Portugais (esclaves contre des armes à feu). À la suite des invasions des armées d'Ifè et d'Ijebu, les Egba se retirent vers le sud-ouest et s'installent en 1825 à Abeokuta (ex-Owu). Cette cité a perdu son influence au profit de Lagos, mais conservé un prestige certain (en sont originaires, entre autres, le célèbre musicien Fela Anikulapo Kuti et sa mère, Funmilayo Ransome Kuti, qui lutta pour l'indépendance du Nigeria et pour l'émancipation des femmes africaines).
→ **Yoruba**

Yougour(s), Yugur → Ouïgours jaunes

Yuko-Yukpa. Peuple amérindien de Colombie (Cesar) et du Venezuela (Zulia), établi en forêt tropicale sèche et subtropicale humide sur les pentes de la cordillère orientale de Perijá, entre la vallée du Cesar et le lac de Maracaibo ; il dispose en Colombie de deux *resguardos*, ou réserves [env. 2 800].
❑ Les activités dominantes des Yuko-Yukpa sont l'horticulture et la pêche (au harpon et à la ligne). La chasse (au piège et à l'arc), activité masculine, est secondaire. Beaucoup travaillent dans les plantations. Les hommes fabriquent des pipes et des pots en céramique. La vannerie, le tissage et les ustensiles de cuisine sont réservés aux femmes.
L'unité sociale de base est la famille matrilocale élargie, comprenant le beau-père, ses filles et ses gendres et les fils célibataires. La filiation est patrilinéaire. Les mariages sont arrangés par les mères. À la mort du chef, les familles nucléaires se dispersent pour former de nouveaux foyers. Il n'y a pas d'organisation politique centralisée.
Les rites liés au cycle de la vie et de la nature sont encore vivaces. Lors des cérémonies, le chef (*kapeta*) peut être représenté par son gendre ; il est secondé par deux personnes, le *tomaira* qui organise les cérémonies et chante, et le *tuano* qui connaît les plantes médicinales et soigne les malades.
Les Yuko-Yukpa appartiennent à la famille linguistique karib.
HISTOIRE. Après un premier contact meurtrier en 1530, les Yuko-Yukpa ont longtemps résisté aux incursions des capucins (à la fin du XVIIIe siècle) et des missions catholiques dans la première moitié du XXe siècle. Après avoir subi les conséquences de la culture de la marijuana dans les années 1980, ils sont aujourd'hui particulièrement menacés par l'avancée de l'exploration pétrolière.
✦ Dénom. Ils sont appelés Yuko en Colombie et Yukpa au Venezuela ; [syn.] Motilones Mansos, Chaque.

Yukuna. Peuple amérindien du sud de la Colombie (Amazonas, Caquetá), établi entre le bas et le moyen Apapori et le Mirití-Paraná, en forêt tropicale humide ; il dispose de trois *resguardos*, ou réserves [env. 1 000].
❑ Les hommes chassent à la sarbacane et à l'arc, aidés de chiens. Ils cultivent le tabac et l'ananas. La culture sur brûlis est une activité féminine, comme la poterie, la confection de filets et les tâches ménagères. Pêche (à la ligne ou à la nivrée) et cueillette sont mixtes.
La vie sociale s'organise autour de la construction de la maison collective (*maloca*). les Yukuna distinguent deux catégories fondamentales : un groupe chargé de l'organisation communautaire, des relations dans la *maloca* et des relations avec le milieu naturel et surnaturel ; un autre s'occupe des tâches quotidiennes, de pêche, de chasse et de cueillette.
Tenus à l'abri de l'évangélisation, les Yukuna ont préservé leurs coutumes. Ils pratiquent le chamanisme sans yajé (plante psychotrope), mais avec la coca.

Les cérémonies donnent lieu à la confection de nombreux objets rituels : masques en écorce, instruments de musique, etc.
Histoire. Dans une région dominée par les Tukano*, les Yukuna forment l'un des quatre peuples appartenant à la famille arawak (au côté des Matapi, des Tariano et des Kabiyari) et venus de l'Orénoque avant la Conquête. Le premier contact date du XVIe siècle, avec l'incursion des Portugais et l'introduction de la traite esclavagiste (dont ils furent victimes). Le deuxième bouleversement très destructeur, est venu des producteurs de caoutchouc (au début du XXe siècle). Un troisième choc est survenu au début des années 1980 avec le développement commercial de la coca, suivi, en 1985, d'un mini-boom de l'or, qui ont laissé les Yukuna dans une situation de dépendance accrue face aux intérêts privés.
✦ Dénom. [syn.] Jeruriwa, Jorumi, Imiké ; [autod.] Camejeya.

Yurok. Tribu amérindienne des États-Unis (nord-ouest de la Californie, dans la réserve Hoopa, et sur quatre autres sites) [quelques centaines].
❑ Les Yurok vivaient sur le cours inférieur de la rivière Klamath et sur la côte Pacifique. Leur culture, qui était pratiquement identique à celle des Karok* – à cela près qu'ils parlent une langue algonquine – ressemble beaucoup à celle des Hoopa*. Les uns et les autres étaient en relations commerciales. Décimés et déstabilisés comme leurs voisins lors de la ruée vers l'or (1849), les Yurok conservent des vestiges de leur organisation et de leur système religieux traditionnels.
Droits. Dès la fin du XIXe siècle et le début du XXe, ils furent appuyés par des Blancs dans leurs revendications territoriales.

Zafimaniry. Société du centre de Madagascar, vivant sur les hautes terres comprises entre le nord du pays betsileo* et le lac Alaotra.
❑ Les Zafimaniry, jusqu'à récemment, menaient une vie aux forts traits archaïques, fondée sur l'agriculture itinérante sur brûlis (maïs, manioc, patates, le riz faisant l'objet d'un interdit aujourd'hui disparu). La hiérarchie sociale très rigide interdit toujours les unions entre « blancs » (*fotsy*) et « noirs » (*mainty*). Les fondements de l'identité malgache (filiation et résidence) apparaissent plus nettement qu'ailleurs ; les unités résidentielles, au même titre que les individus, sont des agents de la vie sociale et, avec l'endogamie de parentèle et de résidence, rendent compte de l'importance des mariages patrimoniaux de proches parents.
Art. Les Zafimaniry sont connus pour la beauté de leurs maisons construites en lourds madriers et de leurs sculptures qui, malheureusement, se raréfient avec la disparition de la forêt.
→ **Malgaches**

Zande. Ensemble de sociétés de la République démocratique du Congo (haut Congo), de la république du Soudan (Western Equatoria) et de la République centrafricaine (haut Mbomou) [estim. 800 000].
❑ Installés sur des terres bien irriguées en lisière de la forêt tropicale et de la savane, les Zande pratiquent une agriculture itinérante sur brûlis (éleusine, manioc, etc.).
La société zande traditionnelle est constituée d'une constellation de chefferies indépendantes, traversées par une organisation en clans patrilinéaires et exogames (exogamie facultative dans le cas du clan Avongara). Régies par différentes lignées dynastiques qui, toutes, se rattachaient à la plus importante d'entre elles, celle des Avongara (ou Vongara), ces chefferies étaient divisées en provinces dirigées par les fils ou alliés du chef ; à la mort de ce dernier, ils héritaient de ces provinces et étendaient généralement alors leur territoire par des conquêtes. Cela explique l'expansion remarquable des Zande et le fait qu'ils soient composés d'un mélange d'envahisseurs d'origine soudanaise, menés par les Avongara, et de populations diverses, progressivement intégrées dans les structures, politiques d'abord, culturelles ensuite. Parmi ces dernières populations, on distingue les groupes complètement « zandéisés » (Abandia, Ado, etc.) des groupes dirigés ou fortement influencés par les Zande (Barambo, etc.). En outre, les Avongara se démarquent de l'ensemble des autres Zande, ou gens du commun (jadis fortement différenciés en conquérants *mbomu* et en conquis *aura*).
Les religions chrétiennes sont fortement implantées dans le pays zande, où elles coexistent avec des pratiques traditionnelles telles que le culte des ancêtres (via des reliquaires) et la sorcellerie. Une riche littérature orale (cycles de contes) est associée au pazande, qui est une langue oubanguienne.
Unité. L'unité des Zande n'est pas linguisti-

que, elle est avant tout politique, et jusqu'à un certain point, culturelle.
Histoire. Venus du nord, les Zande ont dès le XVIIe siècle conquis et assimilé un nombre important de populations au rythme d'incessantes guerres dynastiques. Dans la seconde moitié du XIXe siècle et jusqu'à l'époque coloniale, des coalitions d'intérêts avec les trafiquants d'ivoire et d'esclaves du nord du Soudan favorisent l'expansion zande. Durant la première moitié du XXe siècle, le pays zande est fortement touché par la maladie du sommeil. Au Soudan, la guerre qui oppose depuis 1983 les populations chrétiennes ou animistes du Sud, dont les Zande, au Nord musulman a totalement désorganisé le sud du pays et provoqué d'innombrables morts (notamment à la suite de famines).
✦ Dénom. [syn.] Zandé, Zandeh, Azande, Asande ; [anc.] Niam-niam (ce terme par lequel les premiers explorateurs européens désignèrent les Zande, les assimilant à des cannibales dotés d'une queue, est en réalité le sobriquet utilisé par leurs voisins septentrionaux, les Dinka, pour les désigner).

Zapotèque(s). Groupe amérindien du Mexique, habitant la vallée centrale et les montagnes de l'État d'Oaxaca et la région de l'isthme de Tehuantepec ; c'est une aire étendue, présentant une grande variété de climats : montagnes fraîches et boisées, basses terres tropicales et zone côtière [env. 340 000 en 1990].
❑ Les Zapotèques vivent en zone rurale mais aussi dans des villes importantes (Oaxaca, Juchitan, Tehuantepec). Dans les campagnes, ils cultivent le maïs et ses plantes associées. Dans les hautes terres, ils exploitent les forêts qui subsistent. Dans les basses terres, souvent irriguées, ils produisent de la canne à sucre et diverses cultures tropicales. Sur la côte, la pêche est une activité notable. De plus, le salariat saisonnier dans les plantations est fréquent. Depuis longtemps, un exode rural vers Mexico se produit, l'émigration aux États-Unis étant plus récente. Le commerce est une activité traditionnellement très développée chez les femmes zapotèques.
La vie sociale des Zapotèques s'appuie sur la famille, rattachée à une commune rurale. La parenté est reconnue tant en ligne maternelle que paternelle. La tenure foncière est variable : purement individuelle, communale ou collective, avec des combinaisons de ces formes dans une localité donnée. Le dispositif communal est à base de charges tournantes et de confréries religieuses. La corvée rassemble les hommes du village pour effectuer les travaux publics.
Les Zapotèques sont christianisés de longue date. La langue zapotèque se rattache à la famille otomangue.
Histoire. Les Zapotèques participent étroitement à la vie nationale et ont fourni des hommes politiques importants (tel le président Benito Juárez, au XIXe siècle).

Zaramo. Peuple côtier de l'est de la Tanzanie (régions de Pwani et de Dar es-Salaam) [estim. 350 000].
❑ Les Zaramo vivent essentiellement de l'agriculture, de la pêche et du petit commerce.
Répartis en plusieurs clans, subdivisés en plusieurs sous-groupes, ils ont une organisation sociale de type segmentaire. La société apparaît en transition du système matrilinéaire au système patrilinéaire. Ils pratiquent la polygamie. Le mariage préférentiel est entre cousins croisés ou classificatoires.
Les Zaramo sont majoritairement convertis à l'islam ; toutefois, ils restent très attachés à leur système de croyances, structuré autour du culte des ancêtres *(matambiko).*
Ils parlent leur propre langue bantoue, le kizaramo, en bilinguisme avec le kiswahili.
Histoire. Vraisemblablement issus de la même matrice socioculturelle que leurs voisins immédiats, les Kutu et les Luguru*, les Zaramo se distinguent par leur habitat côtier, qui remonte au XVIIIe siècle. Le commerce caravanier qui allait de la côte jusqu'à la région des Grands Lacs a entraîné un développement des rapports de plaisanterie entre les Zaramo et les Nyamwezi*.
✦ Dénom. [syn.] Pazi ; Wazaramo.

Zénète(s). Sous-ensemble, lui-même discontinu, au sein du vaste ensemble disjoint des Berbères*. Un critère linguistique de deuxième rang lui donne son unité, ainsi que la distribution sensiblement zonale des groupes constitutifs, en bordure nord du Sahara, donc, aussi, certains traits de civilisation.
❑ Largement métissés de Noirs, les Zénètes sont des oasiens rivés à l'irrigation de leurs jardins sous palmeraies ; les nomades chameliers les ont dominés dans le passé, leur dynamisme présent, agricole ici, commercial là, est grand.
Se rassemblent sous l'étiquette : d'une part les berbérophones des marches algéro-maro-

caines et du trinôme Touat-Gourara-Tidikelt, d'autre part ceux du Mzab, enfin ceux de l'Ouargla et, plus à l'est encore, de cinq villages sur l'Oued Rirh, en aval et en amont de Touggourt.

Le premier groupe comprend la part berbère de Figuig et ses alentours (15 000 habitants en 1982), au Maroc, et non loin en Algérie, celle de plusieurs villages alignés sur l'Oued Zousfana-Saoura, entre Aïn Sefra et Beni Abbès. Il pèse surtout par le peuplement d'une moitié des quelque 150 minuscules établissements du Gourara (51 000 habitants 1977), non sans recruter jusqu'au delà d'Adrar, dans le Touat – dans deux villages seulement, Tittaf et Tamentit – et même à mi-chemin entre Reggane et In Salah, dans le Tidikelt – un village, Tit –, à proximité des Touaregs*.

Le Mzab, au centre du Sahara nord-algérien, comprend la célèbre pentapole sise sur l'oued du même nom : soit les cinq villes de Ghardaïa, Mélika, Beni Isguen, Bou Noura, El Atteuf, et leurs deux « rejetons » que sont Berriane, située à 45 kilomètres au nord de Ghardaïa, et Guerrara, située à 100 kilomètres dans la direction du nord-est.

Dans ces cités ceintes de remparts ne résident que les adeptes, tous berbérophones, d'un islam puritain et rationaliste, l'ibadhisme, hérité du kharedjisme médiéval. L'urbanisme et l'architecture – classés au patrimoine mondial par l'Unesco – sont remarquables : l'ensemble des rues dessine une toile d'araignée dont la mosquée occupe le centre et le marché, lieu des échanges, un nœud périphérique ; un bombement supportant ce plan, le minaret en tronc de pyramide élancé conquiert partout le regard ; les maisons, aux formes fondues à force de crépi blanc, protègent l'intimité derrière des façades aveugles qui se succèdent sans rupture de continuité. Hors les murs, à partir des années 1960, se sont installés des arabophones de rite malékite, d'abord des nomades se sédentarisant puis la marée des Algériens de toute provenance attirés par l'embauche sur le chantier gazier d'Hassi Rmel. La population régionale n'est plus zénète qu'à demi (200 000 habitants en 1993), l'insularité culturelle des Ibadhites se vit désormais dans la tension.

Chacune des sept cités reste placée sous la direction d'un cercle de douze clercs, les *iazzaben*, assistés, pour le contrôle de la vie féminine, par les *timsiridin* (selon l'étymologie les « laveuses » [des défunts]), elles aussi au nombre de douze. Les attributions législatives de ces dignitaires ont pu être entamées, elles n'ont pas toutes disparu. À Beni Isguen, par exemple, en 1979, les *iazzaben* ont réglementé les dépenses somptuaires liées au mariage, de telle sorte que le coût des noces s'est trouvé réduit de moitié, à la satisfaction des hommes jeunes, les moins fortunés. Une puissante bourgeoisie commerçante, ramifiée dans la capitale algérienne, à Marseille, à Paris, est le garant de cette relative autonomie.

Ouargla a été le premier ancrage des Ibadhites quand ils fuirent au désert, il y a dix siècles, la ruine de leur principauté de Tiaret sous les coups des Fatimides ; la création de la pentapole a été postérieure d'un siècle. Ouargla est aujourd'hui, à 80 kilomètres des puits de pétrole d'Hassi Messaoud, la capitale administrative du Sahara est-algérien. Plus encore qu'au Mzab, la population a crû brutalement, sextuplant dans les deux décennies qui ont suivi la découverte de l'or noir en 1956. Au nombre de 10 000 environ, les Zénètes ne comptaient plus que pour un quart de la population locale vers 1980, avec, parmi eux, un millier d'Ibadhites. On ne sait rien d'exact concernant leur évolution depuis, pas plus qu'on n'est documenté sur la maintenance ou la disparition du berbère aux environs de Touggourt.

Au-delà vers l'est, les berbérophones de Djerba en Tunisie et ceux du Jbel Nefousa en Libye sont restés de rite ibadhite.

→ **Berbères**

Zhuang. Peuple du sud de la Chine – dont il constitue la principale « minorité nationale » – et du Viêt Nam [env. 15 millions].

❑ Principalement riziculteurs, les Zhuang ont souvent mis en valeur les fonds de vallée et les versants montagneux par l'aménagement d'un système complexe de rizières irriguées en terrasses. Dans beaucoup de régions, l'écobuage ne subsiste que de façon marginale.

Le caractère patrilinéaire de la société, qui s'affirme notamment à travers le mode de filiation et le mode de résidence post-marital, apparaît plus marqué chez les Zhuang que chez la plupart des autres sociétés du groupe linguistique taï, peut-être à cause de l'influence culturelle chinoise. D'un point de vue politique, les Zhuang ont été intégrés dans le système d'administration indirect *tusi* (*tho ti* au Viêt Nam) mis en place par les Chinois dans les marges territoriales impériales. À l'échelon villageois cependant, les décisions intéressant la communauté sont prises traditionnellement au sein d'une assemblée de gérontes regroupant les personnalités influentes.

La religion, polythéiste et « animiste », a subi des apports chinois : le confucianisme, un renforcement du culte des ancêtres, de nombreux emprunts au bouddhisme mahäyanique et des éléments de taoïsme sont à l'origine de nombreux syncrétismes.

Histoire. Les Zhuang actuels paraissent apparentés aux populations Yue (ou Bai Yue) mentionnées dans les textes chinois du Ier millénaire avant notre ère, dont le rayonnement culturel s'étendit à l'ensemble de la Chine méridionale. La défaite du royaume de Yue par les armées chinoises de l'État de Chu (vers 333 av. J.-C.) semble avoir entraîné l'éclatement de l'ensemble yue en une multitude de populations plus ou moins apparentées. Les Zhuang servirent dans les rangs des armées mongoles* au XIIIe siècle puis dans celles des Ming lors de leur reconquête de la Chine. Mais ils firent aussi la preuve de leurs capacités de résistance, défiant durant plusieurs décennies les troupes impériales sous les Tang, puis sous les Ming. Leur territoire a été constitué en région autonome en 1958, puis, quelques années plus tard, en province autonome chinoise.

✦ Dénom. [autod.] Pushuang, Puhu ; [chinois] Zhuang ; [vietnamien] Tay, Tho.

Znâga. Groupe linguistique berbère* de la région du Trarza, au sud-ouest de la Mauritanie [quelques milliers de locuteurs].

❑ Le znâga, dialecte berbère pratiqué en Mauritanie, a reculé progressivement devant l'arabe à partir du XIVe siècle. Le terme désigne aussi un groupe statutaire (les « tributaires ») au sein de la société maure*. Les deux sens ne se recouvrent pas, le znâga étant surtout utilisé parmi les tribus *zawâya* (religieuses) du Trarza.

Zulu. Peuple d'Afrique du Sud dont le territoire, compris entre la chaîne montagneuse du Drakensberg et l'océan Indien, se compose principalement de collines recouvertes de prairies ou de forêts, sous un climat chaud et humide [env. 5 millions].

❑ Patrilinéaires et polygames, les Zulu pratiquent l'agriculture et l'élevage. Le bétail joue dans leur société un rôle clé, non pas tant d'un point de vue alimentaire, mais plutôt par rapport à son rôle social et religieux. Il entre dans les transactions liées au mariage et constitue le lien privilégié avec le monde des ancêtres, ce qui explique son utilisation dans les sacrifices et les cérémonies importantes.

Si les Zulu vivant en ville sont largement christianisés (églises réformées éthiopiennes), une majorité reste cependant attachée au culte des ancêtres, auxquels sont sacrifiés des bœufs.

Les Zulu parlent l'isizulu, langue ngoni de l'ensemble bantou.

Art. En dehors de quelques objets mobiliers en bois sculpté (cannes, appui-tête, etc.), l'art et l'artisanat zulu comprennent de nombreux travaux de perlage (à base de perles polychromes d'importation) confectionnés par les femmes pour leur propre parure et celle des hommes. Ces perlages dessinent des motifs géométriques aux significations variées. Les disques d'oreilles sont actuellement à la mode. Coiffes et vêtements marquent des différenciations régionales.

Histoire. Les origines du clan zulu remontent à la fin du XVIIe siècle. C'était à l'époque une petite communauté agropastorale comme tant d'autres, qui prit le nom de son fondateur, Zulu. Au début du XIXe siècle émerge la figure de Shaka, fils illégitime du chef du clan zulu d'alors, qui, après une jeunesse marquée par l'errance et l'humiliation, finit par conquérir le trône grâce à l'aide de Dingiswayo, chef du puissant royaume des Mtetwa. En une décennie, Shaka parvint à transformer le clan zulu en un véritable empire. Il le fit en réorganisant le système militaire et en adoptant une stratégie de raids meurtriers, avec à la clé un butin constitué de troupeaux de bétail, principale richesse du pays. À Shaka, assassiné en 1828, succéda Dingane, l'un de ses demi-frères, qui poursuivit les campagnes militaires lointaines, mais se heurta à l'avancée des colons européens. À la bataille de la Blood River (1838), les Zulu subirent leur première grande défaite, face aux Boers. Après le règne pacifique de Mpande vint celui de Cetswayo, qui déclencha un conflit de courte durée, marqué par la défaite humiliante des armées britanniques à Isandlwana, mais l'armée zulu fut mise en déroute à la bataille d'Ulundi (1879). Cetshwayo fut capturé et l'empire divisé en 13 royaumes indépendants. Le pays zulu connut alors une période de querelles permanentes entre ces royaumes nouvellement créés. Les territoires restants furent annexés à la colonie du Natal qui, en 1910, devint elle-même une province de l'Union sud-africaine.

Durant cette période, les Zulu entrèrent dans

l'économie industrielle. Comme les autres Noirs, beaucoup d'entre eux émigrèrent à la recherche d'un travail dans les fermes, les mines et dans les villes. Les coutumes, les traditions et les relations de parentés furent redéfinies. La création par le régime de l'apartheid du Kwazulu (1977) provoqua des tensions entre Mangosuthu Buthelezi, chef du gouvernement du Kwazulu, et les autorités traditionnelles zulu. Dans ce contexte, Buthelezi créa le mouvement Inkhata, qui prône la solidarité ethnique, en insistant davantage sur l'idée d'un héritage culturel commun plutôt que sur le rôle héréditaire du roi, chef de la nation zulu. L'Inkhata Freedom Party devint un véritable parti politique en 1990. De nombreux conflits ont opposé les partisans de l'Inkatha à ceux de l'AC, notamment dans les townships, les premiers étant partisans d'un État fédéral, et les seconds, d'un État unitaire. Aujourd'hui, ces oppositions se résorbent. De façon générale, les Zulu représentent le groupe culturel le plus important d'Afrique du Sud. Ses leaders actuels appartiennent souvent à la lignée royale de Shaka.

✦ Dénom. [var.] Zoulou(s), Amazulu.

Zuñi. Tribu amérindienne du sud-ouest des États-Unis (Nouveau-Mexique) [env. 5 000].

❑ Les Zuñi, qui constituent l'une des composantes de l'ensemble Pueblo*, occupent une réserve qui ne représente qu'une partie de leur ancien territoire, qui couvrait toute la région des Zuñi Mountains et de la rivière Zuñi. Autrefois, les hommes cultivaient le maïs et les femmes pratiquaient la poterie et la vannerie. Aujourd'hui, les Zuñi vivent surtout d'une orfèvrerie très réputée (travail de l'argent, des turquoises, des coquillages).

Leur société s'organise en matriclans exogames, valorise l'entraide mutuelle et constitue une théocratie (le conseil suprême est formé par les chefs des confréries religieuses ; il est doublé toutefois par une autorité laïque chargée des relations avec l'extérieur).

Les Zuñi font montre d'une religiosité exacerbée. Ils ont résisté à la christianisation et ont conservé un univers de croyances qui distingue deux sortes d'êtres, « cuits » (les humains, qui mangent la nourriture cuite) et « crus » (les êtres surnaturels tels le père Soleil et la mère Lune, sa femme, ainsi que les *kachina* et de nombreuses autres entités). Les rites secrets sont célébrés dans les kiva. Entre autres cérémonies, la fête des katchina (dites shalako) qui a lieu au début du mois de décembre, fait intervenir six masques du même nom, qui évoquent les morts et apportent richesse et fécondité.

Histoire. Au XVIIe siècle, les Espagnols appelèrent les sept « villes » qu'occupaient alors les Zuñi les sept villes de Cibola (de « Shiwona », nom zuñi de la région, seul subsiste aujourd'hui le village de Zuñi). L'imagination embellissant la réalité, ces villes passèrent pour le centre de l'Eldorado que cherchait le conquistador Coronado.

→ **Pueblo**

Glossaire

abaca : bananier des Philippines, qui fournit une matière textile (chanvre de Manille).
aborigène : qui habite depuis les origines le pays où il vit, autochtone. Avec une majuscule, autochtone d'Australie.
acculturation : processus par lequel un individu, un groupe social ou une société entre en contact avec une culture différente de la sienne et l'assimile en partie.
acéphale : se dit d'une société sans autorité dirigeante et sans pouvoir centralisé, et où l'autorité émane parfois d'un système de rites qui réunit les êtres et les choses dans un même cycle de vie.
Adivasi : ce terme (en sanskrit « premiers habitants ») désigne officiellement les groupes « tribaux » de l'Inde, sans pour autant que soit reconnu le statut d'autochtone vers lequel il tend.
affinité : ensemble des parents par mariage, des affins (par opposition à consanguinité).
agnation : parenté par les hommes uniquement (dite aussi *parenté civile,* seule reconnue par le droit romain, par oppos. à la *parenté naturelle,* ou *cognation*).
alliance : lien juridique existant entre un homme et une femme, et leurs familles, par l'effet du mariage ; système dans lequel le mariage se transmet de génération en génération et se répète entre les mêmes groupes (notamment chez les Dravidiens). Voir aussi : semi-complexe.
allogène : se dit d'une population d'arrivée récente dans un lieu, un pays.
ambilocal : se dit de la résidence patri- et matrilocale.
animisme : forme de religion qui attribue une âme aux animaux, aux phénomènes et aux objets naturels.
anthropologie : étude de la dimension sociale de l'homme. Elle s'est constituée au XIXe siècle et progressivement institutionnalisée, en Europe et aux États-Unis, au XXe siècle, pour faire partie des sciences humaines et sociales. L'anthropologie s'intéresse aux pratiques comme aux représentations. Comparative, elle vise à l'intercompréhension des sociétés et des cultures. On y distingue des sous-disciplines. L'anthropologie sociale et culturelle, dont les grands noms sont L. H. Morgan, Lévy-Bruhl, M. Mauss, Kroeber, Malinowski, Radcliffe-Brown, Lévi-Strauss, Louis Dumont, etc., étudie toutes les manifestations de la vie en société (parenté, mariage, naissance, initiation, funérailles et, plus généralement modes de vie, coutumes et rites). Elle s'attache à rendre compte des différences entre les sociétés particulières. L'anthropologie culturelle est parfois différenciée de la précédente, surtout dans la tradition américaine, avec un intérêt spécifique pour les modes de vie, les langues, les mythes. L'anthropologie économique étudie les formes de production et de répartition des biens. L'anthropologie historique met les formes sociales en relation avec l'histoire particulière de chaque peuple. L'anthropologie politique s'attache aux formes d'autorité et de pouvoir, et

spécialement à la formation de l'unité politique, voire à celle de l'État. L'anthropologie religieuse s'intéresse aux systèmes des rites et des mythes, ainsi qu'aux expressions sociales des religions universelles. L'anthropologie physique, enfin, étudie les caractéristiques physiques et physiologiques des peuples. Elle a contribué avec la biologie à vider le concept de race de tout fondement scientifique.

anthropophagie : pour un homme, fait de manger de la chair humaine. L'anthropophagie, chez les peuples qui s'y livrent, obéit à des formes rituelles. Élément d'une cohérence sociale particulière, elle a d'ordinaire des prolongements cosmologiques participant au renouvellement de la société.

atome de parenté : structure de parenté la plus élémentaire, fondant tous les systèmes de parenté. (Dégagée par C. Lévi-Strauss, elle comporte le plus souvent Ego, le père, la mère et le frère de la mère.)

avunlocale (résidence) : résidence auprès d'un frère de la mère. (On dit aussi *avonculocale*.)

bande indienne, ou **bande :** au Canada, subdivision, légalement reconnue, d'une tribu, d'une nation indienne.

bannière : division administrative de la Mongolie-Intérieure, correspondant à un district.

bantoustan : nom donné en Afrique du Sud, sous le régime de l'apartheid, à chacun des « foyers nationaux » attribués à la population noire à partir de 1954.

barbasco : *voir* nivrée.

batik (mot malais) : technique artisanale d'impression polychrome, d'origine indonésienne, fondée sur l'application préalable sur l'étoffe de réserves à la cire ; tissu ainsi décoré.

bayou : terme désignant, en Louisiane et dans la région du bas Mississippi, des bras secondaires du fleuve ou des lacs établis dans un méandre abandonné.

big man : en Mélanésie, organisateur des fêtes constituant le système social et rituel de la société. (On dit aussi parfois grand-homme).

bilatéral : se dit d'un système de parenté qui accorde importance aux deux côtés paternel et maternel de la parentèle.

bilinéaire (filiation bilinéaire) : filiation dans laquelle les droits et les devoirs sont déterminés à la fois par l'ascendance agnatique (patrilinéaire) et par l'ascendance utérine (matrilinéaire).

bouddhisme théravadin : l'une des principales formes du bouddhisme, qui emploie le pali, langue proche du sanskrit.

brûlis : action de brûler la végétation d'un terrain, le plus souvent dans le but de livrer ce dernier à la culture ; terrain où a été réalisée cette action. (L'usage du feu en agriculture donne lieu à plusieurs techniques différentes : brûlis, écobuage, essartage. Le terme « brûlis » désigne en général le brûlage à feu courant des chaumes, herbes sèches et broussailles.)

caste : groupe social de principe hiérarchique et endogame, caractéristique de la société indienne. Composée d'individus de même statut, pouvant ou non exercer une activité commune, chaque caste se subdivise à son tour en différentes sous-castes, elles-mêmes réparties en de nombreuses lignées locales. Le « système des castes » comprend ainsi un nombre indéfini d'unités ordonnées au long d'une échelle de valeurs rituellement exprimée dans le langage des puretés relatives et incluant, sans véritables ruptures, Intouchables et Tribus. Voir aussi *varna*.

cauri : coquillage du groupe des porcelaines, qui a longtemps servi de monnaie en Inde et en Afrique noire.

chamane : prêtre et guérisseur dans certaines sociétés de l'Asie septentrionale, d'Amérique, etc., censé communiquer avec le monde des esprits par le recours à diverses techniques : transe, extase, voyage initiatique. (On trouve aussi *chaman*.)

chasse aux têtes : pratique consistant à aller tuer un membre d'une communauté voisine et à rapporter sa tête pour l'accomplissement de rituels (de funérailles, le plus souvent). Elle fait partie du système de renouvellement de la société, assure la fécondité des mariages, des cultures et entraîne en général la prospérité.

chef : personne qui détient, selon des modalités très variables, une autorité particulière au sein de diverses sociétés (africaines, amérindiennes, océaniennes, etc.).

chef coutumier : chef désigné selon la coutume et veillant à ce que celle-ci soit respectée et appliquée, dans une société régie par un système de chefferie.

chefferie : système social fondé sur l'autorité d'un chef coutumier, notamment en Afrique et en Océanie, chez les Kanak, à Fidji, et dans les sociétés de Polynésie. La chefferie est souvent associée à une définition territoriale.

choan : de la région (Choa) qui s'étend sur la partie méridionale du Massif éthiopien.

clan : au sens premier, formation sociale écossaise ou irlandaise, regroupant un certain nombre de familles ; en général, unité sociale exogame, de filiation unilinéaire, se reconnaissant un ancêtre commun.

classe d'âge : ensemble d'individus des deux sexes qui, parce qu'ils ont le même âge, sont regroupés sous un même statut et soumis aux mêmes contraintes (dont la principale est de subir en même temps les mêmes rites de passage).

classificatoire : se dit, dans le vocabulaire de la parenté, de ce qui relève d'une classe de parents et non pas de la position généalogique d'un parent (par exemple, tous les hommes du côté maternel et pas seulement le frère de la mère).

clientèle : ensemble des personnes qui bénéficient de la protection d'un personnage important. (Le terme s'est appliqué d'abord à un mode de relations qui avait cours dans la Rome antique entre patriciens et plébéiens.)

collatéral : qui est hors de la ligne directe de parenté (frère, sœur, cousins).

compérage : parenté rituelle créée essentiellement par le sacrement du baptême entre les parents, le parrain et la marraine d'un enfant.

cognation : parenté par les hommes et les femmes, indifféremment (dite aussi *parenté naturelle*, reconnue par le droit canon, par oppos. à la *parenté civile*, ou *agnation*).

compensation matrimoniale : ensemble des prestations fournies à la belle-famille par le mari ou sa famille, nécessaires à l'accomplissement des cérémonies de mariage. La compensation matrimoniale est offerte en sens inverse de la dot.

complexe : se dit d'un système matrimonial caractérisé par l'absence de règles positives de mariage.

concession : en Afrique, terrain à usage d'habitation regroupant dans une enceinte des maisons aux fonctions diversifiées ; également, terrain regroupant autour d'une cour un ensemble d'habitations occupées par une famille.

confrérie (musulmane) : communauté religieuse musulmane régie par une règle et un ensemble de pratiques ascétiques et mystiques. (La multiplication des confréries est, depuis le XIIe s., corrélative au développement du soufisme.)

consanguinité : parenté agnatique, par les hommes, selon le code Napoléon. Parenté cognatique selon le droit canon et en anthropologie sociale : elle s'oppose à l'affinité.

coprah ou **copra :** amande de coco débarrassée de sa coque, desséchée et prête à être moulue pour l'extraction de l'huile.

contre-prestation : biens offerts en contrepartie de biens reçus. (Le *potlatch* est une des formes que peut revêtir un système de contre-prestations.)

couvade : coutume rencontrée dans certaines sociétés où, après l'accouchement, c'est le père qui tient le rôle de la mère.

criollo (ou créole) : nom donné en Amérique latine aux descendants d'Européens, métissés ou non.

croisé : se dit de certains parents (oncles, tantes, germains, cousins, neveux) dont la parenté avec Ego passe par un chaînon frère-sœur (par oppos. à *parallèle*).

diaspora : ensemble des communautés juives établies hors de Palestine, surtout à partir de l'Exil (VIe s. av. J.-C) ; ensemble des communautés juives dans le monde, depuis la création de l'État d'Israël (on écrit souvent avec majuscule dans ces deux sens) ; ensemble des communautés appartenant à un peuple et dispersées hors du foyer traditionnel de celui-ci.

dravidien : se dit d'un système de parenté qui oppose par le mariage de façon transgénérationnelle deux classes de parents (cette forme de parenté se rencontre en pays tamoul et dans certaines sociétés amérindiennes).

échanges (cycle d') : système de circulation de nourritures, d'objets précieux et de monnaies qui pérennise la relation des vivants aux morts et aux déités, et reconduit la société comme un tout.

écobuage : mode de préparation à la culture d'un terrain gazonné, consistant à détacher, sécher puis brûler la partie superficielle du sol qui porte le gazon.

Ego : le sujet pris comme terme de référence, dans un vocabulaire de parenté.

éleusine : variété de millet.

endogamie : obligation pour un membre d'un groupe social de se marier avec un membre du même groupe (endogamie de lignage, de clan, de caste). L'obligation contraire est l'exogamie.

ensät : plante proche du bananier, dont l'une des espèces est largement cultivée sur les plateaux éthiopiens. On en extrait une pâte pulpeuse qu'on fait fermenter et qu'on sèche pour la conserver avant consommation. (On trouve parfois la francisation *ensette*.)

essartage : défrichement d'un terrain boisé en vue de sa mise en culture temporaire ou permanente. L'essartage implique l'abattage des arbres, à l'exception des plus gros, qui peuvent n'être qu'écorcés. Après évacuation éventuelle des bois utilisables, les bois restants sont mis en tas, brûlés, et les cendres, répandues sur le champ. Celui-ci est alors cultivé pendant une ou quelques années ; après quoi, on laisse la forêt s'y reconstituer.

ethnie : société réputée homogène, fondée sur la conviction de partager même origine, même langue et, plus largement, même culture. Le concept est appliqué à des minorités ou à des majorités à dominante nationaliste.

ethnogenèse : théorie selon laquelle tout groupe ethnique se constitue par emprunts à plusieurs groupes antécédents ; processus correspondant. (L'ethnogenèse s'oppose directement au *cladisme*.)

exogamie : règle contraignant un individu à trouver un conjoint en dehors du groupe d'appartenance. CONTR. : *endogamie*.

filiation : système de descendance unilinéaire par les hommes ou par les femmes (voir patrilinéaire, matrilinéaire).

fonio : céréale à cycle végétatif court, donnant un grain très menu, cultivée, notamment, dans les régions sèches de l'Afrique occidentale.

forêt-galerie : formation forestière établie le long des rives des fleuves dans les régions de savanes, notamment en milieu tropical.

forêt secondaire : forêt ayant subi l'intervention de l'homme, par opposition à la forêt vierge ou primaire qui n'existe pratiquement plus.

funérailles (secondes) : un an ou plus après le décès, elles élèvent le mort au statut d'ancêtre et réactualisent les valeurs ultimes de toute la société.

germain : s'emploie pour désigner de façon générique et sans ambiguïté les frères ou sœurs issus des mêmes père et mère (par oppos. à ceux qui sont de même père - dits *consanguins* ou *agnatiques* - ou de même mère - dits *utérins*).

gérontocratie : système politique et social dominé par des vieillards.

grades : échelons de dignité sociale relative que les membres d'une société parcourent au cours de leur vie.

hanafisme : école théologique, morale et juridique islamique, issue de l'enseignement de l'imam Abu Ḥanifa. Le ḥanafisme est le « rite » de la majorité des sunnites turcs.

hawaïen : se dit d'un système de parenté caractérisé par une génération centrale où les germains ne sont pas différenciés des cousins parallèles ou croisés.

hénothéisme : monothéisme national et relatif, qui reconnaît l'existence d'un dieu suprême mais n'exclut pas l'existence d'autres dieux chez d'autres peuples et ne fait pas du dieu national un dieu universel.

héros culturel : personnage humain, mythique ou légendaire, ayant contribué à l'établissement des hommes en tant que société dans un monde incréé.

hypergamie : forme de mariage qui suppose une différence de rang ou de statut entre les deux familles ou lignées impliquées. (Elle est de pratique courante dans l'Inde du Nord, en Birmanie et en Asie du Sud-Est.)

ikat : procédé de décor du textile par réserve (certaines parties d'un écheveau sont ligaturées et préservées contre la pénétration d'un colorant).

Indiens des Plaines : Indiens qui se répartirent dans les plaines à l'ouest du Mississippi. C'est vers la fin du XVIIe siècle que le cheval, venu de l'Ancien Monde avec les Espagnols, commença à transformer la vie dans les plaines du Sud. Au début du XVIIIe siècle, beaucoup de tribus des plaines du Nord abandonnèrent l'agriculture et se tournèrent vers un nouveau style de vie, organisé autour de la chasse au bison.

indifférenciée (descendance) : ensemble de personnes parentes indifféremment par les hommes ou par les femmes. (On dit aussi *descendance cognatique*.)

infibulation : opération qui consiste à faire passer un anneau (fibule) à travers le prépuce chez l'homme, à travers les petites lèvres chez la femme, ou à coudre partiellement celles-ci.

initiation : cérémonie durant laquelle les jeunes accèdent à un nouveau statut (lié à une classe d'âge, à un métier, à une fonction rituelle, etc.). Les rites d'initiation contribuent avec les mariages et les funérailles à assurer la pérennité de la société globale.

interdits : impératifs barrant l'accès à des objets alimentaires, à des lieux, à des femmes (interdits matrimoniaux) et formant système ; on appelle aussi « interdit » le signe matérialisé qui localise et rappelle l'acte interdit tout en protégeant son objet (par ex. un cocotier, un site funéraire).

interfluve : région située entre deux fleuves, deux cours d'eau.

isolat : groupe humain que son isolement géographique, social ou culturel contraint aux unions endogamiques.

katchina : chez certains Indiens de l'Amérique du Nord, être surnaturel intermédiaire entre les dieux et les hommes ; masque qui le représente.

kawa ou **kava** : boisson euphorisante, à usage cérémoniel, tirée d'un poivrier d'une espèce commune aux îles Marquises, à Hawaii, à Fidji et au Vanuatu.

khan : titre turc, équivalant à l'origine à « empereur », et porté ultérieurement par des dynastes vassaux ou des nobles du Moyen-Orient ou de l'Inde. (Il fut souvent utilisé en Asie centrale concurremment au titre apparenté de *kagan*.)

khat : substance hallucinogène extraite des feuilles de l'arbuste du même nom, qui pousse en Éthiopie et au Yémen.

kimbanguisme : mouvement syncrétiste fondé par le prophète congolais Simon Kimbangu (1889-1951). Il fait partie du Conseil ocuménique des Églises.

lamaïsme : forme particulière du bouddhisme, au Tibet et en Asie centrale ; organisation hiérarchique correspondante, consécutive à la réforme de Tsong-kha-pa et à l'établissement du pouvoir temporel des dalaï-lamas (XVIIe s.).

lévirat : coutume selon laquelle la ou les épouses d'un homme deviennent à sa mort les épouses de son, de ses frères.

lignage : groupe de filiation unilinéaire dont tous les membres peuvent descendre d'un même ancêtre, et partager des droits fonciers, des obligations rituelles ou des règles de mariage.

ligne directe : ensemble des générations successives où les parents descendent directement les uns des autres (par oppos. à *ligne collatérale*, issue d'un frère, d'une sœur ou d'un[e] cousin[e]).

lignée : série de parents par descendance unilinéaire, partie d'un lignage.

madhi : les musulmans entendent par madhi un membre de la famille du Prophète, qui doit venir à la fin des temps pour rétablir la foi corrompue et la justice sur la Terre. Cette croyance a servi à justifier les mouvements de plusieurs insurgés politico-religieux, qui se sont ou ont été proclamés mahdi.

madhisme : insurrection soudanaise de 1881, autour de Muhammad Ahmad ibn Abd Allah (1844-1885). Élevé dans une confrérie musulmane, il se proclama mahdi en 1881. Il obtint une série de victoires sur les forces égyptiennes du Soudan qui aboutirent à la prise de Khartoum. Après sa mort, il fut remplacé par son lieutenant Abd Allah ibn Muhammad al Taa'ichi. La reconquête opérée à partir de 1894 par les Britanniques aboutit à la la reprise de Khartoum en 1898.

mahayannique (bouddhisme) : mahayana est un mot sanskrit signifiant « grand moyen de progression » ou « Grand Véhicule » et désignant une forme évoluée du bouddhisme, qui prit naissance vers le début de notre ère. Le mahayana est plus métaphysique que le bouddhisme antérieur, dès lors dénommé hinayana, ou « Petit Véhicule ». Surtout développé dans le nord de l'Inde (d'où il gagne le Tibet, la Chine et le Japon), il a été qualifié de bouddhisme du Nord ou de bouddhisme sanskrit. Il conçoit la sainteté non comme un idéal individuel de perfection, mais comme une carrière visant à entraîner les autres créatures vers le salut. L'ascète pur est remplacé par le bodhisattva.

mana : chez les Polynésiens, puissance surnaturelle qui rend efficace l'affirmation de l'autorité, partic. celle du chef (et qui peut s'opposer au système des tabous). Par ext., dans de nombreuses sociétés, force surnaturelle conférant une efficacité magique ou charismatique.

mangrove : formation forestière littorale tropicale, à base de palétuviers, qui colonise les dépôts vaseux d'estuaires ou de lagunes.

manitou : chez certains Amérindiens du Nord, autorité surnaturelle pouvant s'incarner dans des personnes ou dans des objets.

marabout : dans les pays musulmans, saint personnage, objet de la vénération populaire durant sa vie et après sa mort. En Afrique, musulman réputé pour ses pouvoirs magiques ; devin, guérisseur

marron : dans l'Amérique coloniale, se disait d'un esclave noir fugitif ; se dit des sociétés issues du regroupement de ces fugitifs, et de ceux qui les composent. (On précise fréquemment en disant *Noir marron*.) [De l'hispano-amér. *cimarrón*.]

mascarade : réunion ou défilé de personnes déguisées et masquées.

masque : forme stylisée du visage ou du corps (humain ou animal), ayant une efficacité rituelle.

matriarcat : système social, politique et juridique dans lequel les femmes sont réputées exercer une autorité prépondérante dans la famille et où elles occupent des fonctions politiques.

matriclan : clan fondé sur la filiation matrilinéaire.

matrilatéral : se dit d'un parent appartenant au côté maternel (cousine) ou bien d'un mariage avec un parent du côté maternel.

matrilignage : groupe de filiation matrilinéaire.

matrilinéaire : se dit d'un mode de filiation dans lequel seule l'ascendance par les femmes est prise en compte pour la transmission du nom, des statuts, de l'appartenance à une unité sociale (clan, par ex.) et pour le choix du groupe dans lequel on doit se marier (par oppos. à *patrilinéaire*).

matrilocal : se dit du mode de résidence où les enfants, mariés ou non, résident chez leur mère (par oppos. à *patrilocal*).

mennonisme : doctrine d'une secte d'anabaptistes, fondée aux Pays-Bas au XVIe siècle par Menno Simonsz, qui conserve des noyaux européens et s'est développée dans le Nouveau Monde (les Amish américains représentant une communauté particulièrement traditionaliste).

millénarisme : mouvement ou système de pensée en rupture avec l'ordre social et politique existant, réputé décadent et perverti, et attendant une rédemption collective (retour à un paradis perdu, avènement d'un homme charismatique, voire arrivée de richesses occidentales comme dans le culte du Cargo).

moitiés (système à) : système social dans lequel les membres de la communauté sont répartis en deux divisions rivales et indépendantes, le plus souvent strictement exogames.

naxalisme : mouvement issu de la révolte, à la fin des années 1960, des travailleurs des plantations de thé dans le district de Darjeeling (Bengale-Occidental) et notamment dans la sous-division Naxalbari de ce district. À l'origine, c'est un soulèvement principalement Santal, mais très vite il prit une forme insurrectionnelle sous l'impulsion d'étudiants maoïstes désireux d'étendre la lutte à l'ensemble de l'Inde. De petits groupes naxalites sont encore actifs.

néolocal : se dit de la résidence qui constitue un nouvel établissement hors patri- ou matrilocalité.

nivrée : vieille technique de pêche pratiquée dans le monde entier (y compris dans l'Europe ancienne), qui consiste à mêler aux eaux d'un bras de rivière ou d'une lagune en période d'étiage un poison végétal paralysant les poissons. En Amazonie, le poison le plus utilisé est tiré de la liane *Lonchocarpas sp*. Celle-ci contient de la roténone, puissant insecticide (d'où l'installation à la fin du boom du caoutchouc de plantations américaines de *barbasco* [nom courant] pour la fabrication du DDT).

non-chalcédonien : qui récuse les décrets du concile ocuménique tenu à Chalcédoine, ville d'Asie Mineure, en 451. Ce concile condamna le « Brigandage d'Éphèse » (concile monophysite tenu en 449) et les monophysites en général, adopta la doctrine du tome à Flavien et par son 28[e]canon, non sanctionné par le pape Léon Ier, reconnut au patriarche de Constantinople des prérogatives supérieures à celles des autres patriarches orientaux.

nucléaire (famille) : groupe domestique réunissant en un même foyer le père, la mère et les enfants non mariés.

ordalie : nom donné aux moyens de preuve admis chez certains peuples antiques (Babyloniens, Hébreux) et pendant le haut Moyen Âge, ainsi que chez divers peuples contemporains afin d'établir la vérité ou la fausseté d'une accusation ; l'épreuve surmontée ou non a la valeur d'une preuve d'innocence ou de culpabilité de l'accusé.

oumiak : embarcation faite de peaux de phoque cousues, utilisée par les Inuit pour les transports importants, migration saisonnière par exemple. (Toute la famille y prend place. L'oumiak est manouvré à la pagaie.)

palafitte : cité ou village lacustre.

parallèle : se dit de certains parents (oncles et tantes, cousins, neveux) liés à Ego par un chaînon entre germains de même sexe (par oppos. à *croisé*).

parenté : relation de consanguinité ou d'alliance qui unit des personnes entre elles.

parenté (système de) : ensemble cohérent de relations existant entre les parents d'une même famille, d'un même groupe, selon l'un des modes possibles de prise en compte et de valorisation de la place qu'ils occupent les uns par rapport aux autres. (Sont à considérer les systèmes de filiation ou de descendance, les systèmes d'alliance ou de mariage, les systèmes de relations collatérales et les systèmes cognatiques fondés le plus souvent sur la relation frère-sœur).

parentèle : ensemble de parents reliés entre eux aussi bien par les hommes que par les femmes (parenté cognatique).

passage (rites de) : rites, cérémonies qui sanctionnent les différentes étapes du cycle de vie des membres d'une société (accession au statut d'adulte, au mariage, au statut d'ancêtre, etc.).

patriarcat : système social, politique et juridique fondé sur la filiation patrilinéaire et dans lequel les pères exercent une autorité exclusive ou prépondérante. (Cas notamm. de la Rome antique.)

patriclan : clan structuré par la filiation patrilinéaire.

patrilatéral : se dit d'un parent appartenant au côté paternel (cousine) ou bien d'un mariage avec un parent du côté paternel.

patrilignage : groupe de filiation patrilinéaire.

patrilinéaire : se dit d'un mode de filiation dans lequel seule l'ascendance par les hommes est prise en compte pour la transmission du nom, des statuts, de l'appartenance à une unité sociale (clan, par ex.) et pour le choix du groupe dans lequel on doit se marier (par oppos. à *matrilinéaire*).

patrilocal : se dit d'un mode de résidence où les enfants, mariés ou non, résident chez leur père.

pentecôtisme : mouvement protestant né aux États-Unis en 1906, mettant l'accent sur les charismes qui doivent accompagner, actuellement encore, le « baptême du Saint-Esprit » et sur la guérison des maladies.

plaisanterie (relations à, parenté à) : catégorie de relations entre individus qui leur prescrit un comportement familier réciproque. Dans de nombreuses sociétés, certains individus sont tenus d'observer à l'égard de certaines autres classes d'individus une attitude de bouffonnerie, qui peut aller de la simple familiarité à l'ironie, l'insulte, ou à des conduites normalement prohibées. Les relations à plaisanterie s'observent, par exemple, entre oncle et neveu utérins, ou entre grand-père et petit-fils. Elles peuvent aussi être prescrites entre compagnons d'une classe d'âge. Elles font ainsi partie de l'ensemble d'attitudes obligées que comporte tout système de parenté, contrastant, par exemple, avec les relations dites d'évitement.

phratrie : ensemble de plusieurs clans ou tribus.

phylum : ensemble regroupant plusieurs familles de langues.

plantain : variété de bananier dont les fruits sont consommés cuits.

polyandrie : polygamie dans laquelle une femme peut avoir plusieurs maris.

polygamie : fait d'être marié à plusieurs conjoints, soit pour un homme (polygynie), soit pour une femme (polyandrie) ; organisation sociale légitimant de telles unions.

polygénisme : théorie selon laquelle l'espèce humaine tirerait son origine de plusieurs souches différentes (par oppos. à monogénisme).

polygynie : polygamie dans laquelle un homme peut avoir plusieurs épouses.

polygynie sororale : polygynie dans laquelle un homme a pour épouses des femmes sœurs entre elles.

possession : forme de délire à base hallucinatoire dans laquelle le sujet ressent son corps occupé, violé, aimé ou torturé par une autre personne, un animal (possession zoopathique), ou encore un démon (démonopathie). La possession peut être une procédure d'entrée en relation avec les ancêtres, qui participe de la guérison des maladies.

potlatch : ensemble de cérémonies marquées par des dons que se font entre eux des groupes sociaux distincts, rivaux. (Ce système d'échange de plaques de cuivre, de couvertures, etc., rythme la vie des sociétés amérindiennes de la côte nord-ouest du Pacifique.)

primogéniture : priorité de naissance entre frères et sours, créant des droits au profit de l'aîné.

raciologie : pseudo-science prétendant identifier des « races » humaines et établir les principes de leurs relations réciproques. Divers auteurs, tels le pharmacien français J.-J. Virey (1775-1846), le physiologiste français d'origine britannique W. F. Edwards (1777- 1842), le naturaliste américain S. G. Morton (1799-1851) et ses disciples J. C. Nott (1804-1873) et G. R. Gliddon (1809-1857), l'écrivain français A. de Gobineau (1816-1882), auteur de l'*Essai sur l'inégalité des races humaines* (1853-1855), le médecin écossais R. Knox (1793-1862) ou le zoologiste français J.-L.-A. Quatrefages de Bréau (1810-1892) ont développé cette thématique, qui, dynamisée ensuite par le darwinisme social, a servi de terreau au racisme de masse du XXe siècle, dont un des principaux théoriciens fut H. S. Chamberlain (1855-1927).

racisme : idéologie fondée sur la croyance qu'il existe une hiérarchie, réputée biologique, entre les groupes humains, les « races » ; comportement inspiré par cette idéologie.

raj : terme issu du sanskrit (*rajan*) désignant le roi et, par extension parfois, son royaume.

ramage : type de parentèle (cognatique) reconnue en Polynésie.

regalia : ensemble des objets symboliques du pouvoir d'un roi.

rhombe : instrument de musique constitué d'une planchette en os, en bois ou en ivoire, attachée à une cordelette et qui, lancée de façon à tournoyer au-dessus de la tête du joueur, met l'air en vibration. (On trouve cet instrument en Océanie, en Afrique noire et chez les Indiens d'Amérique du Sud. Ses fonctions restent liées aux cérémonies rituelles.)

rite : acte, cérémonie, fête à caractère répétitif, destinés à réaffirmer de façon efficace les valeurs et à assurer la relance de l'organisation sociale. Les rites forment système avec la morphologie sociale d'une société donnée.

sachem : chacun des chefs élus par les diverses familles ou lignées dans un village, chez certaines sociétés amérindiennes, leur ensemble formant le conseil du village.

sagou : matière alimentaire farineuse préparée à partir du stipe des sagoutiers, arbres tropicaux appartenant à plusieurs espèces (metroxylon, mais aussi divers palmiers et cycadacées).

sanskristisme : la sociologie indienne entend par « mouvement sanskrististe » les revendications et les comportements des basses castes et des tribus visant à acquérir un statut supérieur au sein de la hiérarchie des castes, qui prirent une grande ampleur dans les années 1920-1940. On parle parfois de *kshatriyaisation*, puisque les statuts revendiqués par ces groupes étaient majoritairement celui du second *varna* lié à l'exercice du pouvoir.

Scheduled Tribes : la définition des Scheduled Tribes and Castes (« tribus et castes répertoriées ») fait partie des mesures de discrimination positive visant à aider les castes les plus basses et les tribus à s'élever socialement. Les groupes répertoriés bénéficient officiellement de quotas d'emplois réservés dans l'administration et ont également un quota de représentants aux assemblées de l'État de résidence et de l'Union indienne.

sebkha : en Afrique du Nord, dépression inondable et salée.

semi-complexe : se dit d'un système d'alliance (Crow-Omaha) où les échanges matrimoniaux entre groupes d'unifiliation combinés à de multiples interdictions de mariage autorisent cependant une endogamie consanguine. (Systèmes étudiés par Françoise Héritier.)

segmentaire : se dit d'une société, d'une organisation sociale qui repose sur une division en plusieurs groupes unilinéaires, eux-mêmes divisés en sous-groupes, ces derniers étant également subdivisés en unités plus petites.

semi-nomadisme : mode de vie qui combine une agriculture occasionnelle et souvent aléatoire et un élevage nomade.

shiringa : arbre du type hévéa (*Hevea brasilensis*) qui produit la résine blanche à partir de laquelle est obtenu le caoutchouc. De larges espaces de l'Amazonie l'ont vu disparaître, du fait d'une exploitation irréfléchie. Les derniers exploitants du *caucho* se sont reportés vers des zones moins dévastées, comme le territoire de Jeberos, à partir des années 1920.

shivaïsme : courant de l'hindouisme caractérisé par une dévotion exclusive au dieu Shiva, dans le but d'atteindre la délivrance.

soufisme : règles et pratiques ascétiques et mystiques d'un ensemble d'écoles, de sectes et de confréries musulmanes.

syncrétisme : système philosophique ou religieux qui tend à faire fusionner plusieurs doctrines différentes. Les syncrétismes sont une des manifestations possibles des processus d'acculturation. Ils se sont surtout développés dans le domaine de la religion. Il existe de nombreux exemples, parfois associés à des phénomènes de cultes de possession, de messianismes ou de prophétismes - comme les nouvelles Églises en Afrique centrale, fondées sur des éléments à la fois catholiques et traditionnels (kimbanguisme, par ex.), ou bien les religions latino-américaines, où les divinités d'origine africaine et les saints catholiques sont identifiés, mais où leurs traits et leurs fonctions sont réélaborés de façon originale. Le vaudou haïtien et le candomblé brésilien en sont deux exemples.

taoïsme : une des grandes religions chinoises, fondée selon la tradition par Laozi au VIe siècle. Ses principaux textes sont le Tao-te ching (Daodejing), attribué à Laozi, le Zhuangzi (Livre du maître Zhuang) et le Liezi (Livre du maître Lie).

taro : plante tropicale à tubercule alimentaire, de la famille des aracées. Le nom de « taro » désigne précisément *Colocasia antiquorum* mais s'applique aussi aux espèces alimentaires d'alocasias et de xanthosomas (comme *Xanthosoma sagittifolium*, ou chou caraïbe).

tipi : hutte de forme conique faite de un, deux ou trois mâts et d'une toile constituée de peaux cousues, tendues, qui servait d'habitation traditionnelle aux Indiens des Plaines en Amérique du Nord. (On écrit aussi *tepee*.)

totem : animal considéré comme l'ancêtre ou le protecteur d'une collectivité ou d'un individu ; représentation de cet animal.

totémique (mât ou poteau) : nom souvent donné aux poteaux de bois de cèdre sculptés et peints érigés par les Indiens de la côte N.-O. du Pacifique, de Vancouver à l'Alaska. (Ceux des façades des maisons, « héraldiques », faisaient référence aux origines mythiques de la famille ; ceux érigés pendant les potlatchs étaient funéraires et ornés des emblèmes de la famille du défunt.)

turcique : se dit des peuples qui parlent les diverses langues turques.

ultimogéniture : régime des sociétés dans lesquelles le dernier-né a droit à l'héritage familial.

unilinéaire : se dit d'une filiation patri- ou matrilinéaire.

uxorilocale (résidence) : résidence des époux auprès de la famille de l'épouse.

varna : ce terme (en sanskrit « couleur ») renvoie à l'organisation de la société hindoue en brahmanes (officiants religieux détenteurs du savoir védique), *kshatryia* (guerriers, classe de la royauté), *vaysha* (agriculteurs et commerçants) et *sudra* (classe de service ayant en charge de servir les trois autres *varna*).

vieux-croyants : adeptes des anciens rites de l'Église orthodoxe russe. Les vieux-croyants, ayant refusé les réformes du patriarche Nikon (1652-1666), ont été condamnés comme schismatiques (*raskolniki*) par le concile de 1666-67.

virilocale (résidence) : résidence des époux auprès de la famille du mari.

vaudou : culte pratiqué en Amérique du Sud, aux Caraïbes et particulièrement à Haïti. Issu, à travers la traite négrière, des religions du golfe du Bénin, il mêle éléments africains et catholiques ; ses rites - cérémonies de possession notamment - visent à entrer en relation avec un ensemble de dieux plus proches que Dieu lui-même, trop lointain ; nom de divinités locales des religions du Bénin, servies par des prêtresses et réputées offrir aux hommes prospérité et guérison.

yourte : tente démontable, à armature extensible de bois sur laquelle sont tendues des plaques de feutre (c'est l'habitation des nomades turcs et mongols de l'Asie centrale) ; tente conique d'écorce utilisée traditionnellement par certains peuples sibériens.

Atlas

Les cartes qui suivent fournissent un positionnement indicatif des sociétés ayant fait l'objet d'une entrée dans le présent dictionnaire, et d'elles seules.

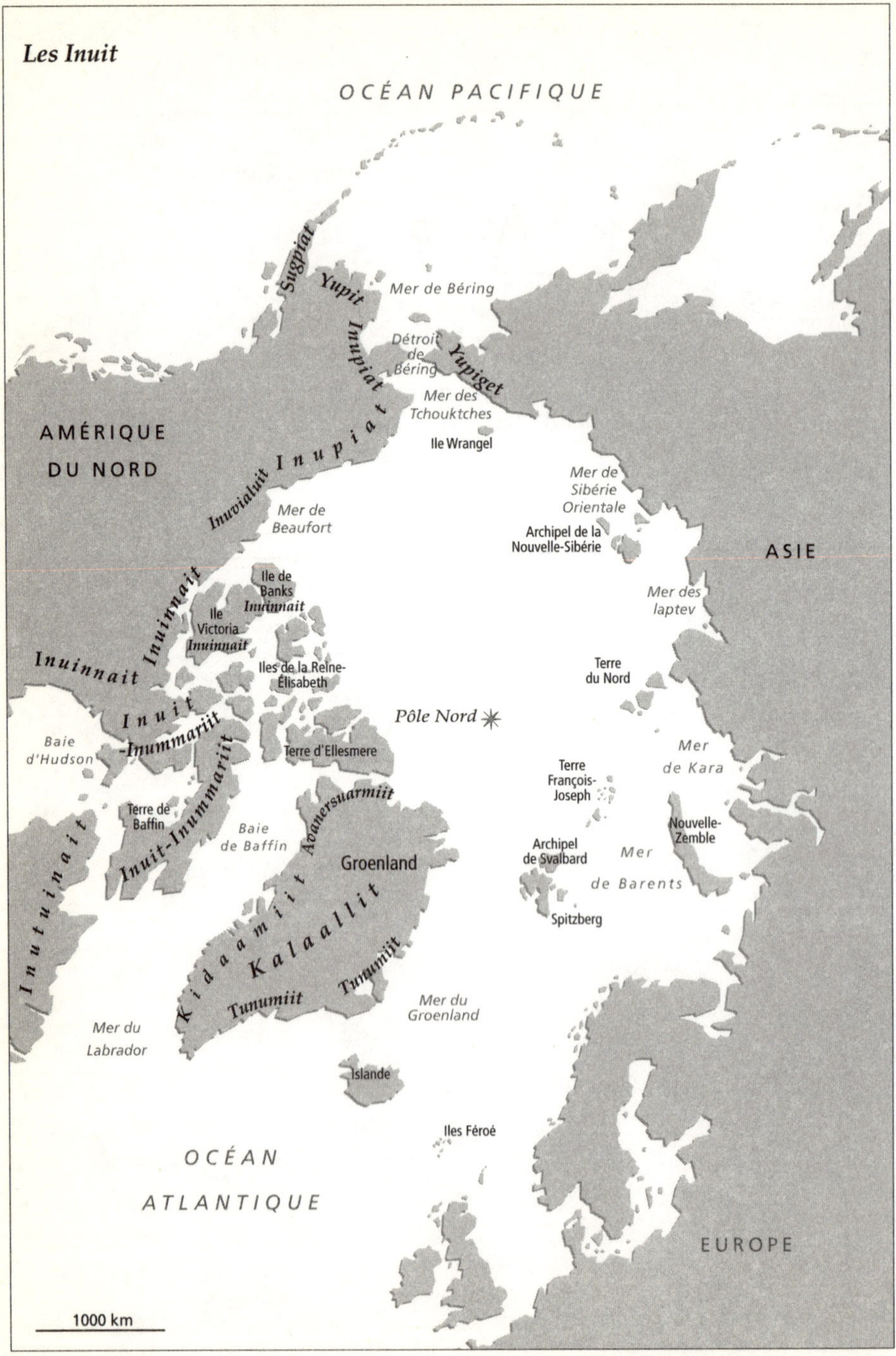
Les Inuit
OCÉAN PACIFIQUE
Sugpiat
Yupit
Mer de Béring
Inupiat
Détroit de Béring
Yupiget
Mer des Tchouktches
Ile Wrangel
AMÉRIQUE DU NORD
Inuvialuit
Inupiat
Mer de Beaufort
Mer de Sibérie Orientale
Archipel de la Nouvelle-Sibérie
ASIE
Inuinnait
Ile de Banks
Inuinnait
Ile Victoria
Inuinnait
Mer des laptev
Inuinnait
Iles de la Reine-Élisabeth
Terre du Nord
Inuit
Pôle Nord
-Inummariit
Baie d'Hudson
Terre d'Ellesmere
Mer de Kara
Terre François-Joseph
Avanersuarmiit
Inuit-Inummariit
Terre de Baffin
Baie de Baffin
Nouvelle-Zemble
Archipel de Svalbard
Mer de Barents
Groenland
Inutuinait
Kitaamiit
Kalaallit
Spitzberg
Tunumiit
Tunumiit
Mer du Groenland
Mer du Labrador
Islande
Iles Féroé
OCÉAN ATLANTIQUE
EUROPE
1000 km

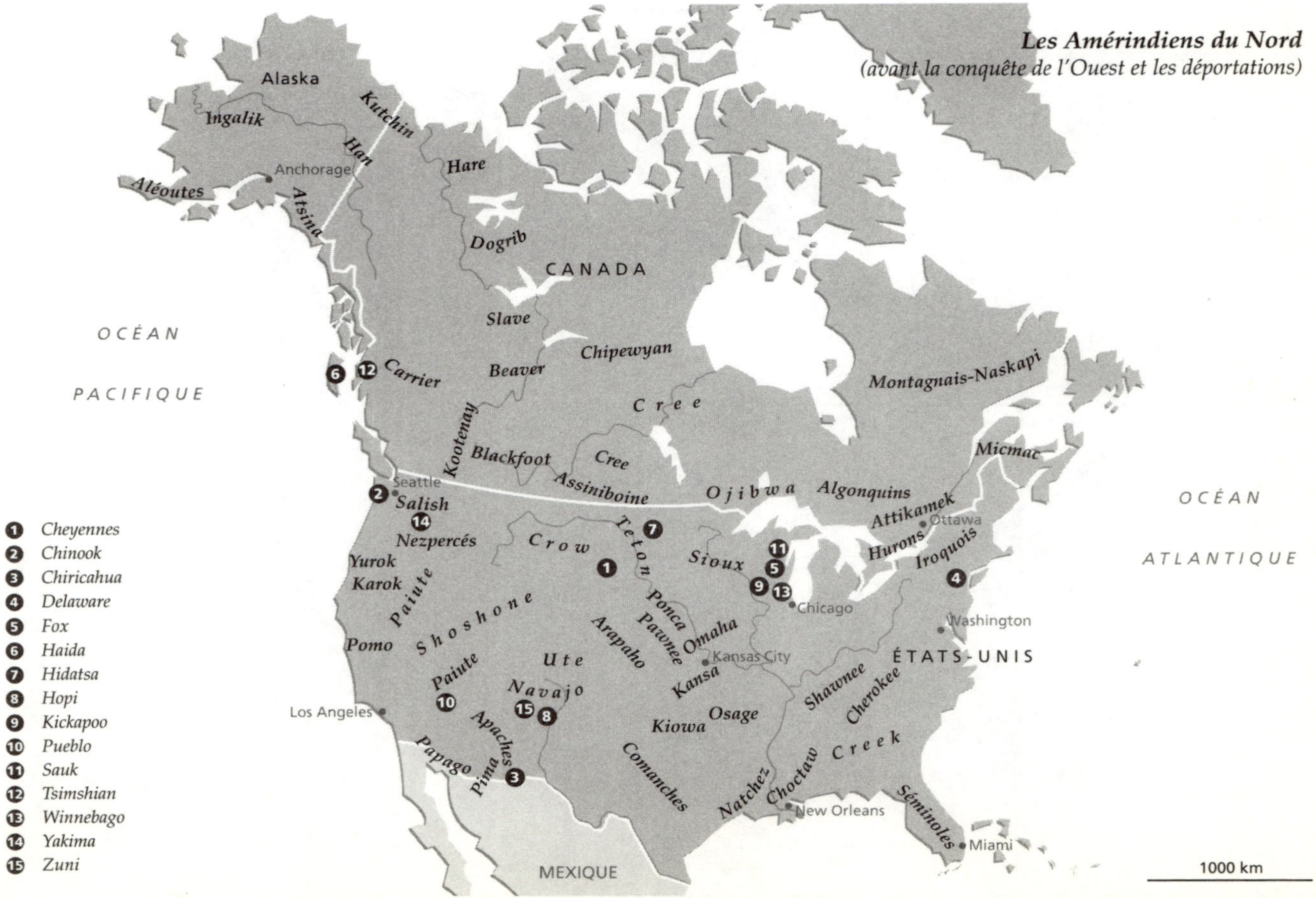
Les Amérindiens du Nord
(avant la conquête de l'Ouest et les déportations)
OCÉAN
PACIFIQUE
OCÉAN
ATLANTIQUE
CANADA
ÉTATS-UNIS
MEXIQUE
Alaska
Ingalik
Kutchin
Han
Anchorage
Aléoutes
Atsina
Hare
Dogrib
Slave
Chipewyan
Beaver
Carrier
Kootenay
Blackfoot
Cree
Cree
Assiniboine
Ojibwa
Algonquins
Montagnais-Naskapi
Micmac
Attikamek
Ottawa
Hurons
Iroquois
Seattle
Salish
Nezpercés
Yurok
Karok
Paiute
Shoshone
Pomo
Paiute
Crow
Teton
Sioux
Ponca
Pawnee
Omaha
Arapaho
Ute
Navajo
Apaches
Papago
Pima
Kansa
Kansas City
Chicago
Washington
Kiowa
Osage
Comanches
Shawnee
Cherokee
Creek
Choctaw
Natchez
New Orleans
Séminoles
Miami
Los Angeles
1000 km
1 Cheyennes
2 Chinook
3 Chiricahua
4 Delaware
5 Fox
6 Haida
7 Hidatsa
8 Hopi
9 Kickapoo
10 Pueblo
11 Sauk
12 Tsimshian
13 Winnebago
14 Yakima
15 Zuni

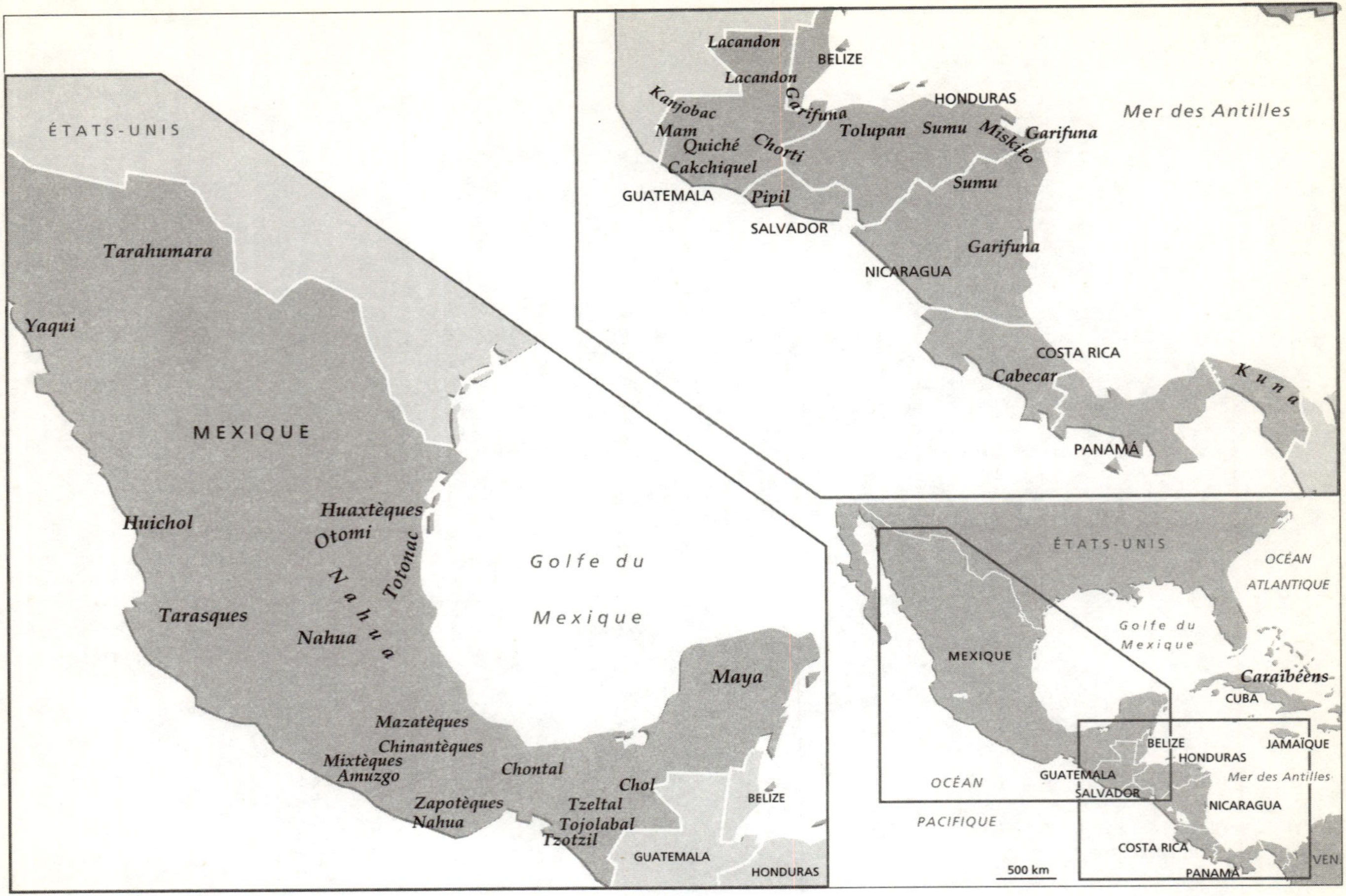
ÉTATS-UNIS
Tarahumara
Yaqui
MEXIQUE
Huichol
Huaxtèques
Otomi
Totonac
Nahua
Tarasques
Nahua
Golfe du
Mexique
Maya
Mazatèques
Chinantèques
Mixtèques
Amuzgo
Chontal
Chol
Zapotèques
Nahua
Tzeltal
Tojolabal
Tzotzil
BELIZE
GUATEMALA
HONDURAS
Lacandon
BELIZE
Lacandon
Kanjobac
Garifuna
HONDURAS
Mer des Antilles
Mam
Quiché
Chorti
Tolupan
Sumu
Miskito
Garifuna
Cakchiquel
GUATEMALA
Pipil
Sumu
SALVADOR
Garifuna
NICARAGUA
COSTA RICA
Cabecar
Kuna
PANAMÁ
ÉTATS-UNIS
OCÉAN
ATLANTIQUE
Golfe du
Mexique
MEXIQUE
Caraïbéens
CUBA
BELIZE
HONDURAS
JAMAÏQUE
OCÉAN
GUATEMALA
SALVADOR
Mer des Antilles
NICARAGUA
PACIFIQUE
COSTA RICA
500 km
PANAMÁ
VEN.

Les peuples autochtones de Colombie

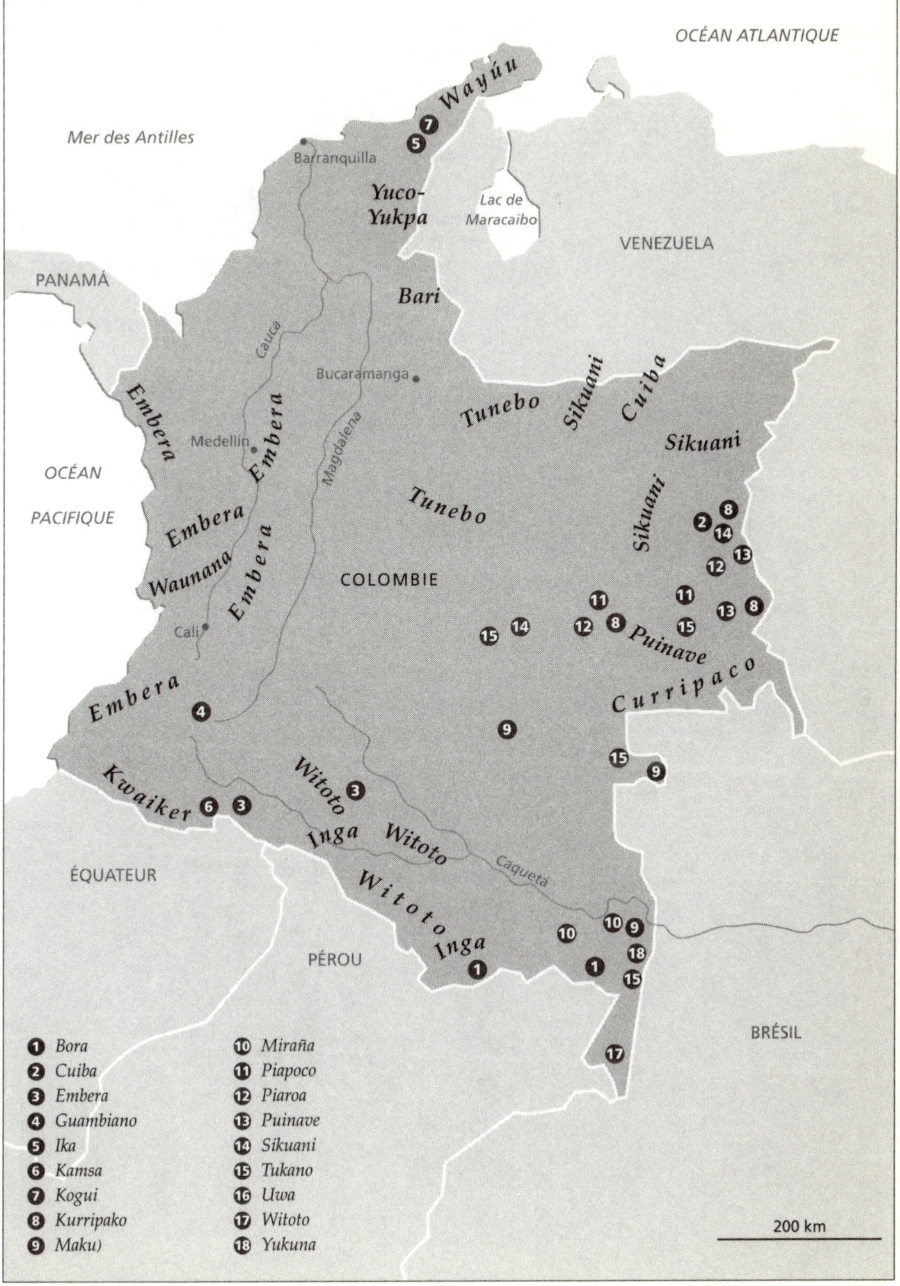

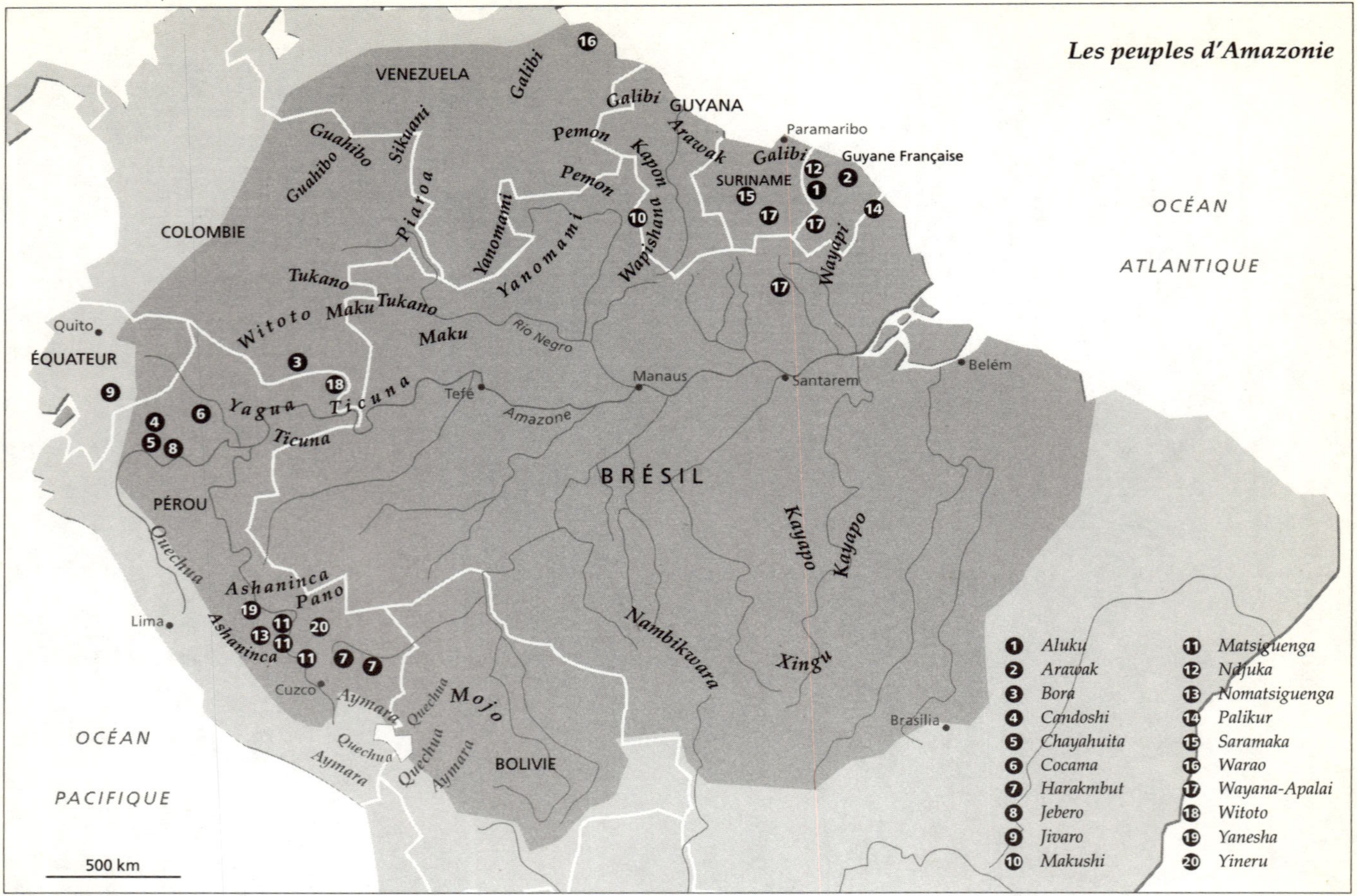
Les peuples d'Amazonie
VENEZUELA
Galibi
Galibi
GUYANA
Guahibo
Sikuani
Pemon
Arawak
Paramaribo
Galibi
Guyane Française
Guahibo
Pemon
Kapon
SURINAME
Piaroa
Yanomami
Yanomami
Wapishana
Wayapi
COLOMBIE
Tukano
Tukano
Witoto
Maku
Maku
Rio Negro
OCÉAN
ATLANTIQUE
Quito
ÉQUATEUR
Manaus
Santarem
Belém
Tefé
Amazone
Yagua
Ticuna
Ticuna
BRÉSIL
PÉROU
Quechua
Kayapo
Kayapo
Ashaninca
Pano
Ashaninca
Lima
Nambikwara
Xingu
Cuzco
Aymara
Quechua
Mojo
Quechua
Quechua
Aymara
Aymara
BOLIVIE
Brasilia
OCÉAN
PACIFIQUE
500 km
1 Aluku
2 Arawak
3 Bora
4 Candoshi
5 Chayahuita
6 Cocama
7 Harakmbut
8 Jebero
9 Jivaro
10 Makushi
11 Matsiguenga
12 Ndjuka
13 Nomatsiguenga
14 Palikur
15 Saramaka
16 Warao
17 Wayana-Apalai
18 Witoto
19 Yanesha
20 Yineru

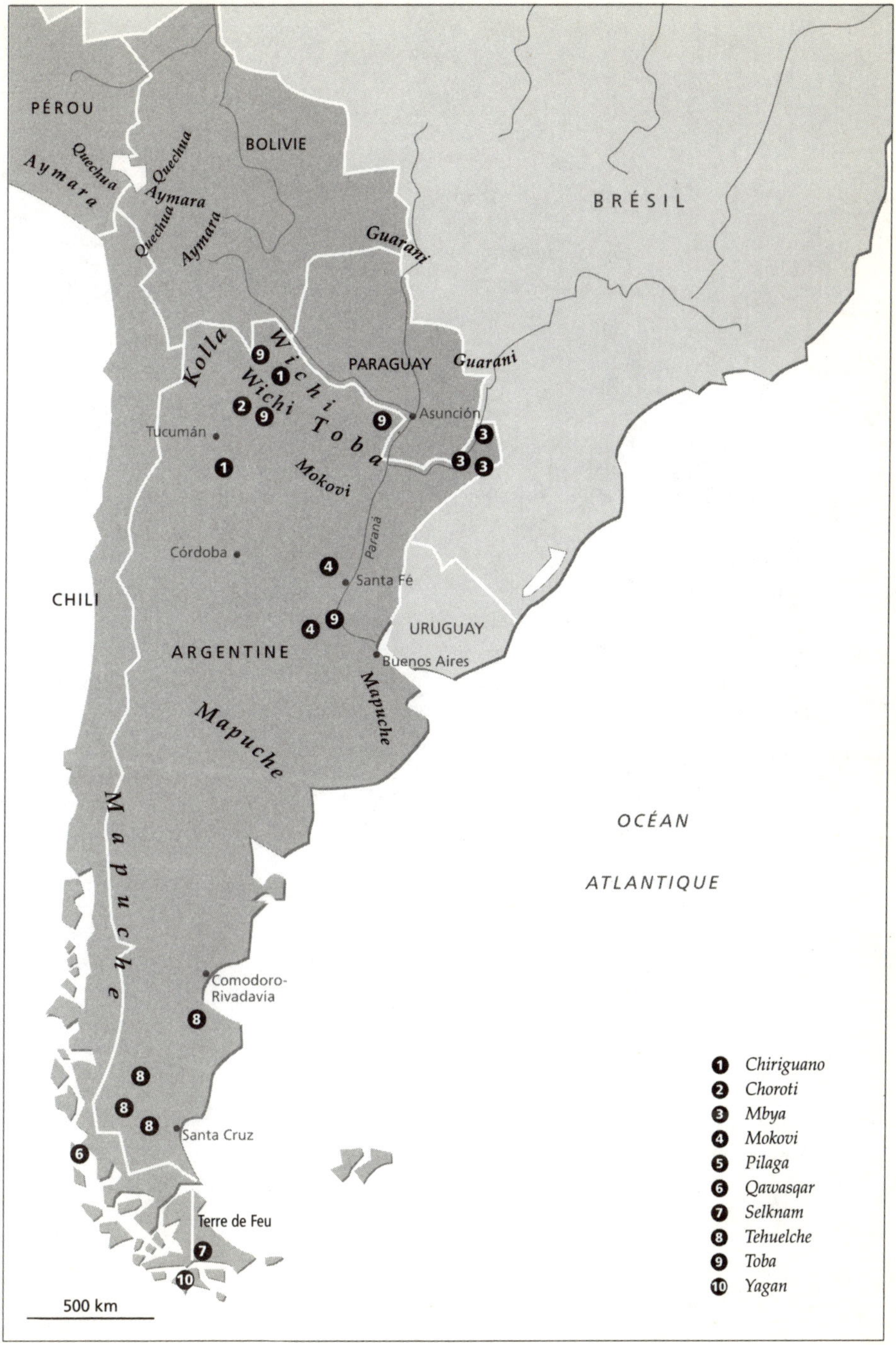

PÉROU
BOLIVIE
BRÉSIL
Quechua
Aymara
Quechua
Aymara
Quechua
Aymara
Guarani
Kolla
Wichi
Wichi
Toba
PARAGUAY
Guarani
Asunción
Tucumán
Mokovi
Paraná
Córdoba
Santa Fé
CHILI
URUGUAY
ARGENTINE
Buenos Aires
Mapuche
Mapuche
Mapuche
OCÉAN
ATLANTIQUE
Comodoro-Rivadavia
Santa Cruz
Terre de Feu
500 km
1 Chiriguano
2 Choroti
3 Mbya
4 Mokovi
5 Pilaga
6 Qawasqar
7 Selknam
8 Tehuelche
9 Toba
10 Yagan

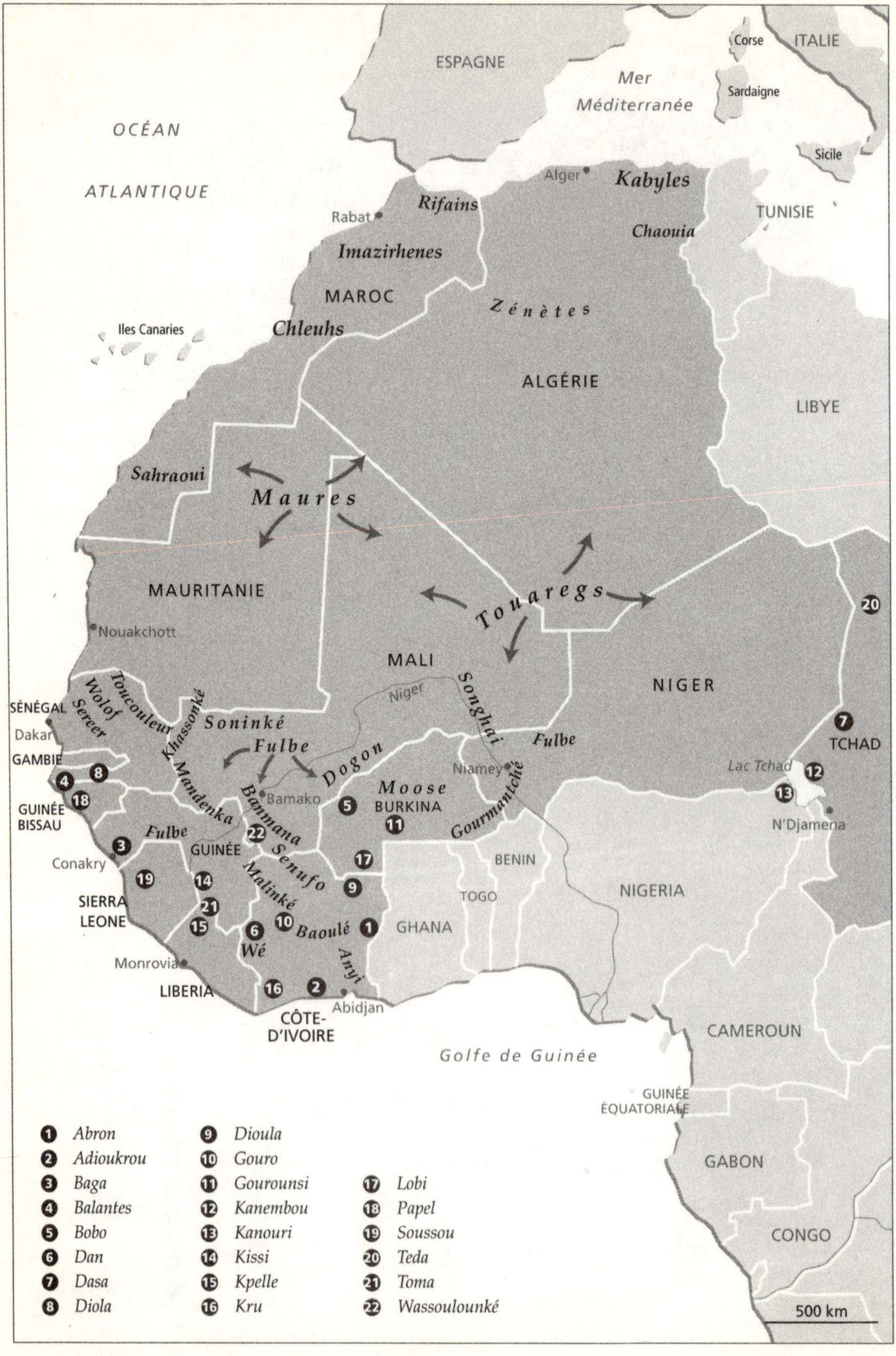
ESPAGNE
Corse
ITALIE
Mer
Méditerranée
Sardaigne
Sicile
OCÉAN
ATLANTIQUE
Alger
Kabyles
Rifains
Rabat
TUNISIE
Chaouia
Imazirhenes
MAROC
Zénètes
Iles Canaries
Chleuhs
ALGÉRIE
LIBYE
Sahraoui
Maures
MAURITANIE
Touaregs
Nouakchott
MALI
Niger
Songhai
NIGER
Toucouleur
Wolof
Sereer
Khassonké
Soninké
SÉNÉGAL
Dakar
Fulbe
Dogon
GAMBIE
Mandenka
Bamako
Moose
BURKINA
Niamey
Gourmantchê
Lac Tchad
TCHAD
N'Djamena
GUINÉE
BISSAU
Bamana
Senufo
GUINÉE
Conakry
Malinké
BENIN
TOGO
NIGERIA
SIERRA
LEONE
Baoulé
GHANA
Wé
Anyi
Monrovia
LIBERIA
Abidjan
CÔTE-
D'IVOIRE
CAMEROUN
Golfe de Guinée
GUINÉE
ÉQUATORIALE
GABON
CONGO
500 km
1 Abron
2 Adioukrou
3 Baga
4 Balantes
5 Bobo
6 Dan
7 Dasa
8 Diola
9 Dioula
10 Gouro
11 Gourounsi
12 Kanembou
13 Kanouri
14 Kissi
15 Kpelle
16 Kru
17 Lobi
18 Papel
19 Soussou
20 Teda
21 Toma
22 Wassoulounké

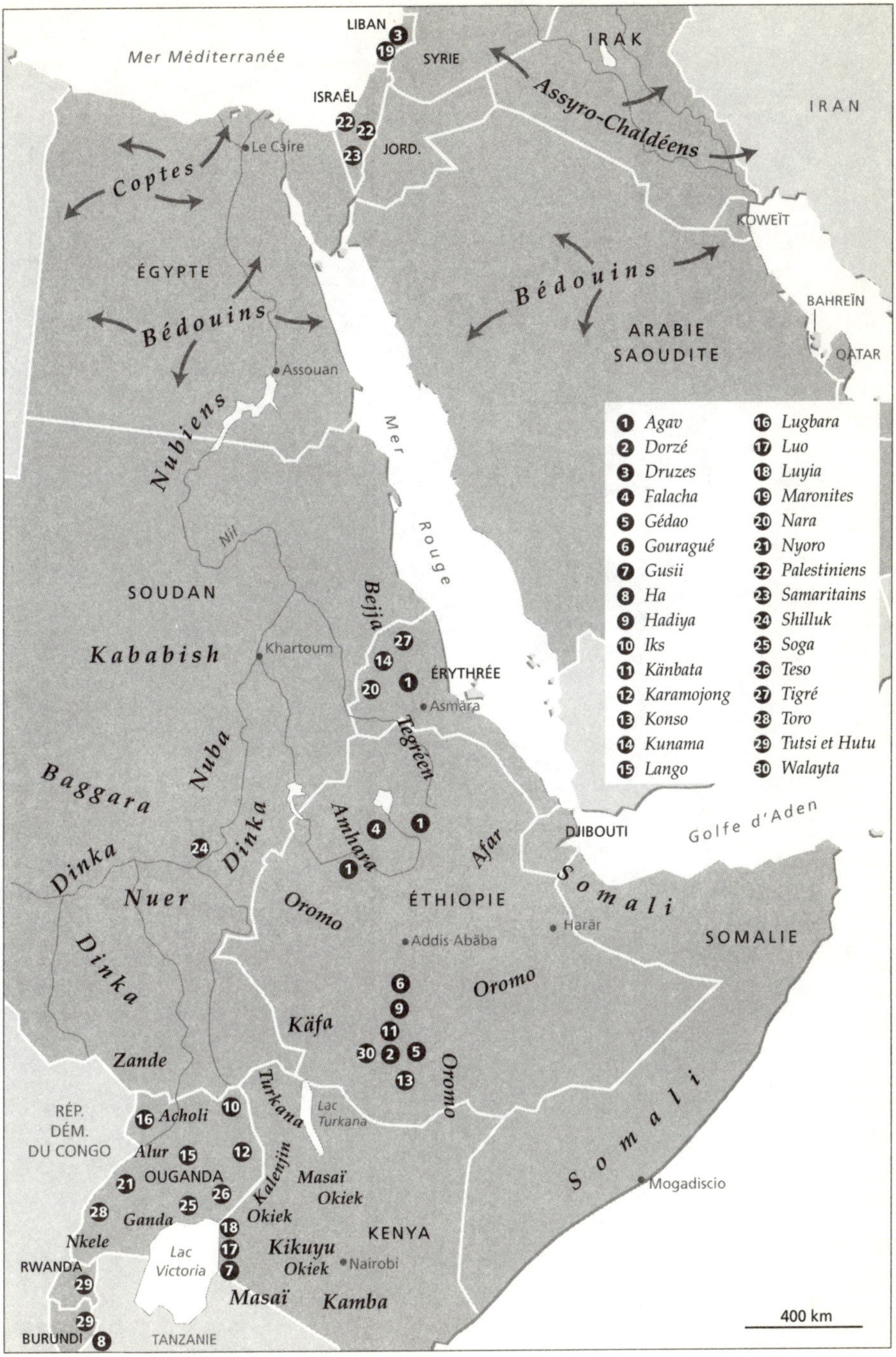

LIBAN
Mer Méditerranée
SYRIE
IRAK
IRAN
ISRAËL
JORD.
Le Caire
Coptes
Assyro-Chaldéens
KOWEÏT
ÉGYPTE
Bédouins
Bédouins
BAHREÏN
ARABIE SAOUDITE
QATAR
Assouan
Nubiens
Mer Rouge
Nil
SOUDAN
Bejja
Kababish
Khartoum
ÉRYTHRÉE
Asmära
Tegréen
Nuba
Baggara
Dinka
Amhara
Afar
DJIBOUTI
Golfe d'Aden
Dinka
Nuer
Oromo
ÉTHIOPIE
Somali
Harär
SOMALIE
Addis Abäba
Dinka
Oromo
Käfa
Oromo
Zande
Turkana
Lac Turkana
RÉP. DÉM. DU CONGO
Acholi
Alur
OUGANDA
Kalenjin
Masaï
Okiek
Somali
Mogadiscio
Ganda
Okiek
KENYA
Nkele
Lac Victoria
Kikuyu
Okiek
Nairobi
RWANDA
Masaï
Kamba
BURUNDI
TANZANIE
400 km
1 Agav
2 Dorzé
3 Druzes
4 Falacha
5 Gédao
6 Gouragué
7 Gusii
8 Ha
9 Hadiya
10 Iks
11 Känbata
12 Karamojong
13 Konso
14 Kunama
15 Lango
16 Lugbara
17 Luo
18 Luyia
19 Maronites
20 Nara
21 Nyoro
22 Palestiniens
23 Samaritains
24 Shilluk
25 Soga
26 Teso
27 Tigré
28 Toro
29 Tutsi et Hutu
30 Walayta

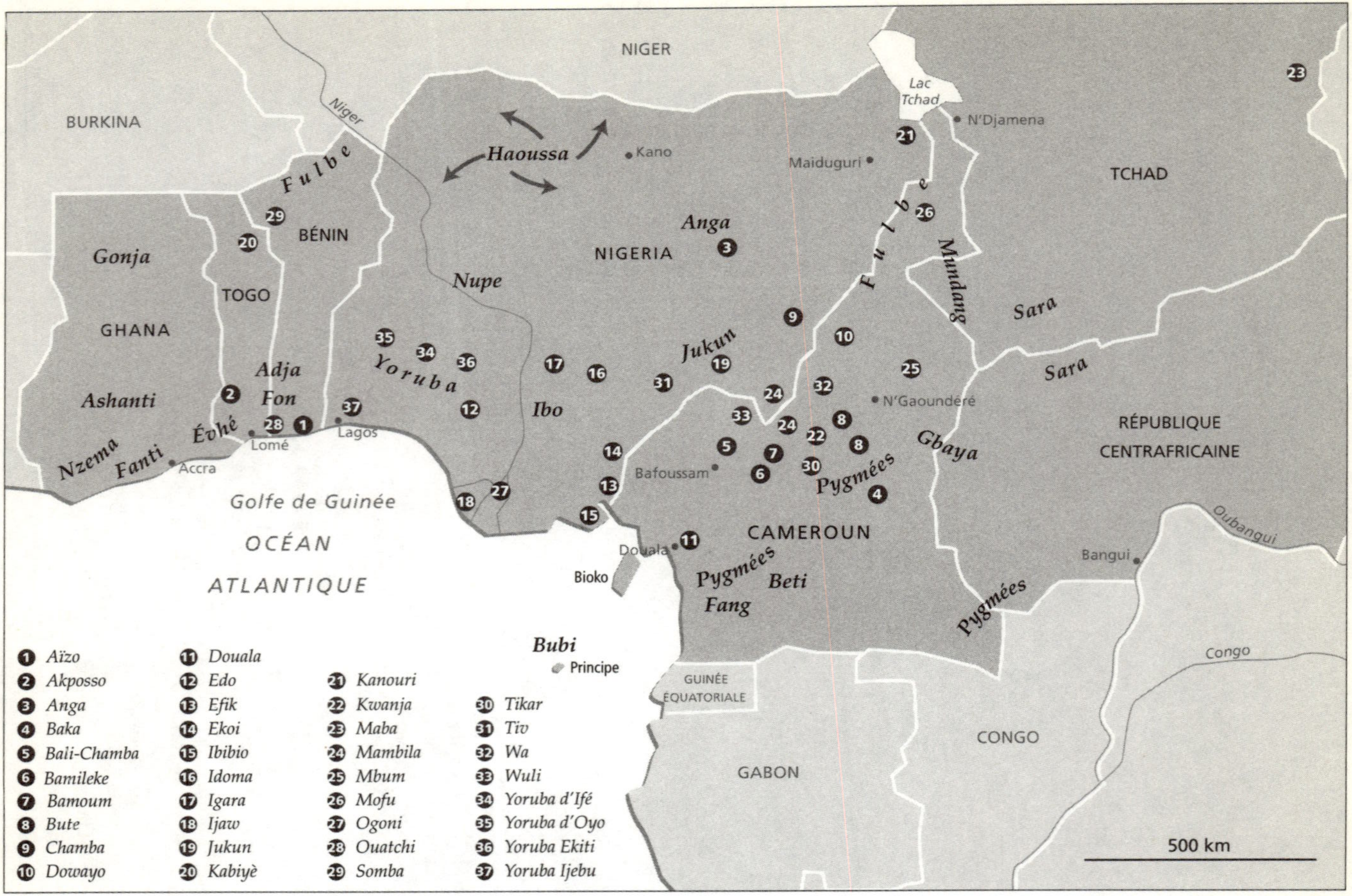
NIGER
BURKINA
Niger
Fulbe
BÉNIN
TOGO
GHANA
Gonja
Ashanti
Nzema
Fanti
Évhé
Adja
Fon
Accra
Lomé
Lagos
Haoussa
Kano
NIGERIA
Nupe
Yoruba
Ibo
Jukun
Anga
Maiduguri
Lac Tchad
N'Djamena
TCHAD
Mundang
Sara
Sara
N'Gaoundéré
Gbaya
RÉPUBLIQUE CENTRAFRICAINE
Bafoussam
Pygmées
CAMEROUN
Douala
Pygmées
Beti
Fang
Pygmées
Bangui
Oubangui
Golfe de Guinée
OCÉAN ATLANTIQUE
Bioko
Bubi
Principe
GUINÉE ÉQUATORIALE
GABON
CONGO
Congo
500 km
1 Aïzo
2 Akposso
3 Anga
4 Baka
5 Bali-Chamba
6 Bamileke
7 Bamoum
8 Bute
9 Chamba
10 Dowayo
11 Douala
12 Edo
13 Efik
14 Ekoi
15 Ibibio
16 Idoma
17 Igara
18 Ijaw
19 Jukun
20 Kabiyè
21 Kanouri
22 Kwanja
23 Maba
24 Mambila
25 Mbum
26 Mofu
27 Ogoni
28 Ouatchi
29 Somba
30 Tikar
31 Tiv
32 Wa
33 Wuli
34 Yoruba d'Ifé
35 Yoruba d'Oyo
36 Yoruba Ekiti
37 Yoruba Ijebu

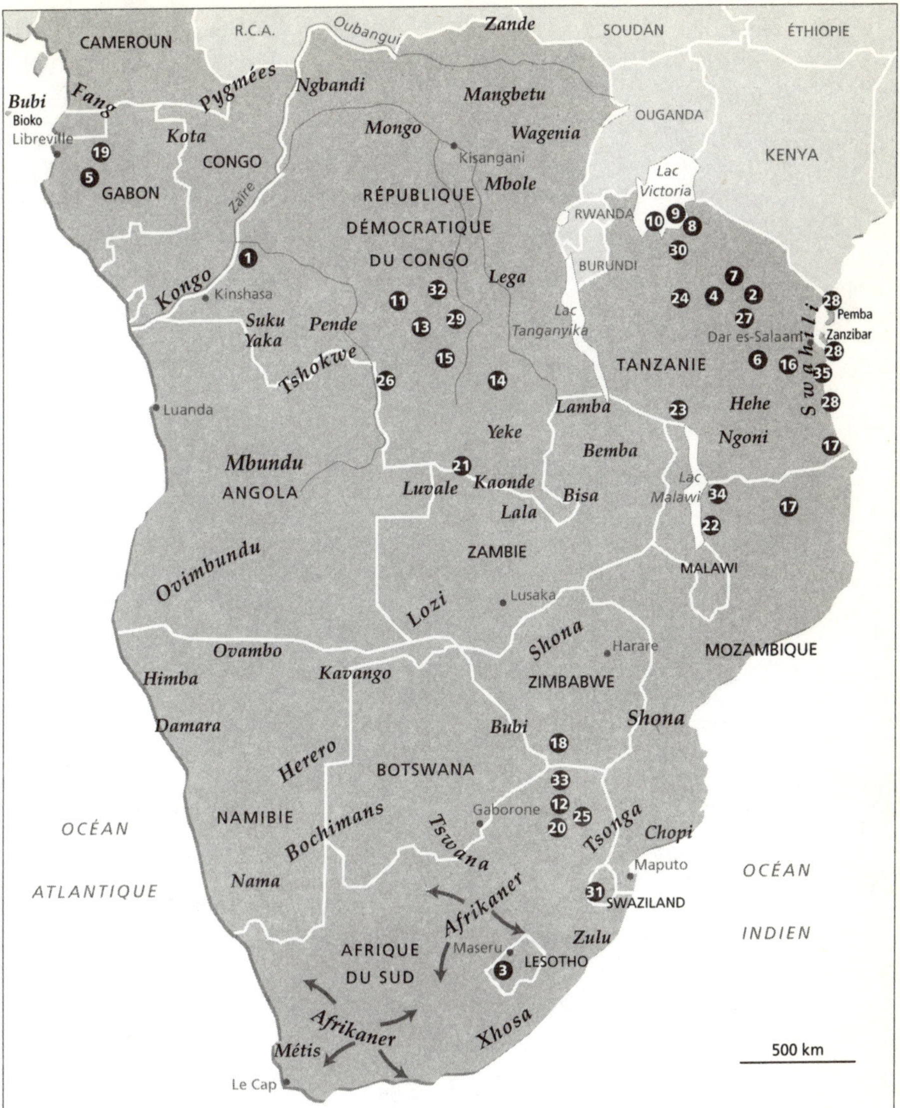

1 Bangala
2 Barabaig
3 Basotho
4 Datoga
5 Eshira
6 Gogo
7 Iraqw
8 Jita
9 Kara
10 Kerebe
11 Kuba
12 Lobedu
13 Luba-Kasai
14 Luba-Katanga
15 Luba-Shaba
16 Luguru
17 Makonde
18 Matabele
19 Mitsogo
20 Ndébélé
21 Ndembu
22 Nyanja
23 Nyakyusa
24 Nyamwesi
25 Pedi
26 Ruund ou Lunda
27 Sandawe
28 Shirazi
29 Songye
30 Sukuma
31 Swazi
32 Tetela
33 Venda
34 Yao
35 Zaramo

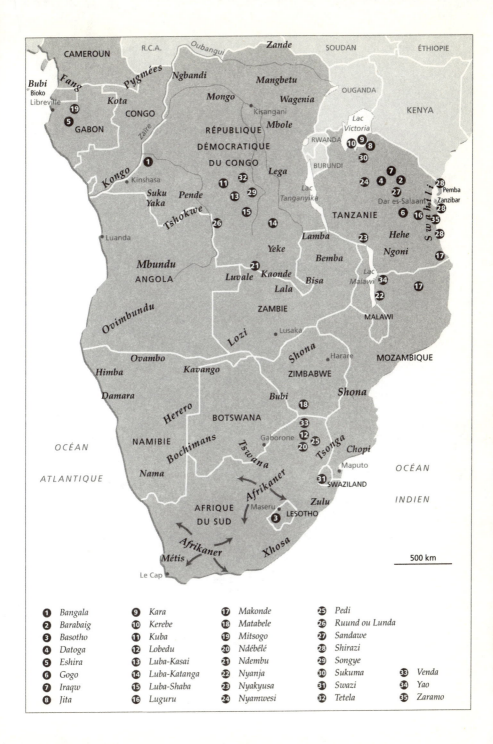

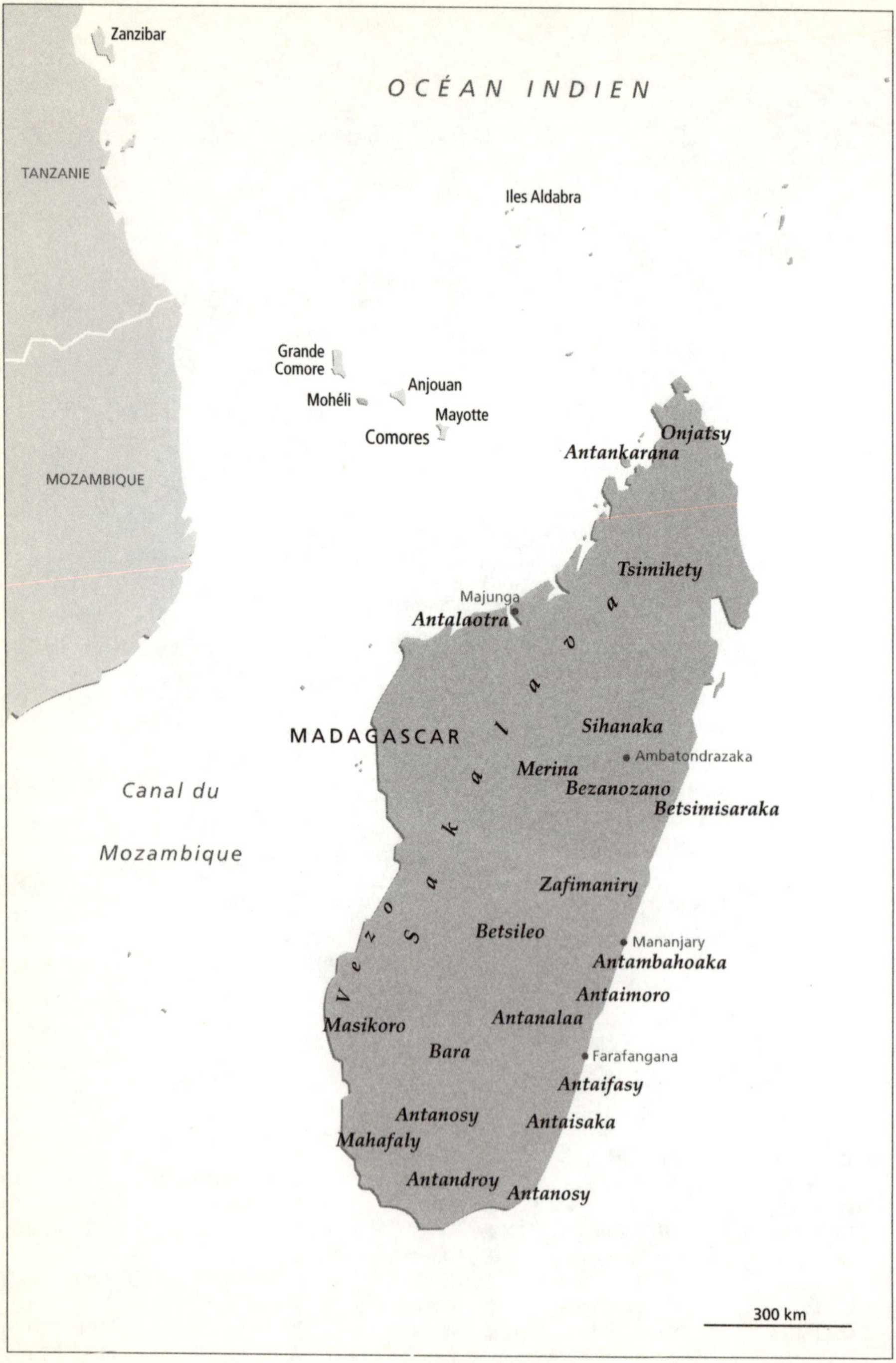
Zanzibar
OCÉAN INDIEN
TANZANIE
Iles Aldabra
Grande Comore
Anjouan
Mohéli
Mayotte
Comores
MOZAMBIQUE
Onjatsy
Antankarana
Tsimihety
Majunga
Antalaotra
Sakalava
MADAGASCAR
Sihanaka
Ambatondrazaka
Merina
Bezanozano
Betsimisaraka
Canal du
Mozambique
Zafimaniry
Vezo
Betsileo
Mananjary
Antambahoaka
Antaimoro
Antanalaa
Masikoro
Bara
Farafangana
Antaifasy
Antanosy
Antaisaka
Mahafaly
Antandroy
Antanosy
300 km

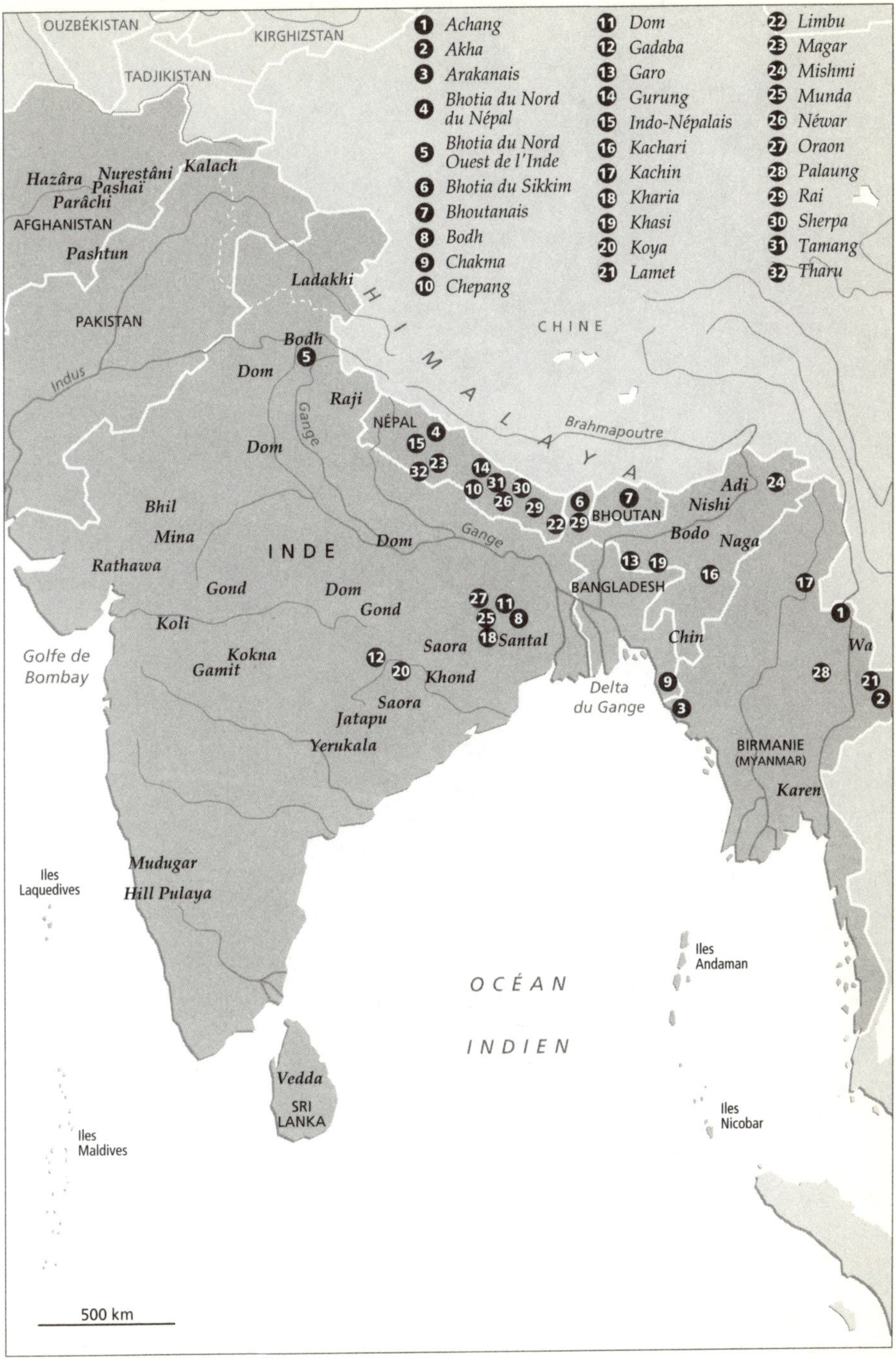

1 Achang
2 Akha
3 Arakanais
4 Bhotia du Nord du Népal
5 Bhotia du Nord Ouest de l'Inde
6 Bhotia du Sikkim
7 Bhoutanais
8 Bodh
9 Chakma
10 Chepang
11 Dom
12 Gadaba
13 Garo
14 Gurung
15 Indo-Népalais
16 Kachari
17 Kachin
18 Kharia
19 Khasi
20 Koya
21 Lamet
22 Limbu
23 Magar
24 Mishmi
25 Munda
26 Néwar
27 Oraon
28 Palaung
29 Rai
30 Sherpa
31 Tamang
32 Tharu
OUZBÉKISTAN
KIRGHIZSTAN
TADJIKISTAN
Hazâra
Nurestâni
Pashaï
Kalach
Parâchi
AFGHANISTAN
Pashtun
Ladakhi
PAKISTAN
HIMALAYA
CHINE
Bodh
Dom
Indus
Raji
Gange
NÉPAL
Dom
Brahmapoutre
Adi
Nishi
BHOUTAN
Bhil
Mina
Dom
Gange
Bodo
Naga
INDE
Rathawa
Gond
Dom
BANGLADESH
Gond
Koli
Saora
Santal
Chin
Wa
Golfe de Bombay
Kokna
Gamit
Khond
Delta du Gange
Saora
Jatapu
Yerukala
BIRMANIE (MYANMAR)
Karen
Iles Laquedives
Mudugar
Hill Pulaya
Iles Andaman
OCÉAN INDIEN
Vedda
SRI LANKA
Iles Nicobar
Iles Maldives
500 km

Les peuples de Russie
OCÉAN ARCTIQUE
Spitzberg
Nouvelle-Zemble
Archipel de la Nouvelle-Sibérie
Iles Aléoutiennes
Aléoutes
NORVÈGE
SUÈDE
DANEMARK
FINLANDE
ALL.
POLOGNE
LIT.
LET.
EST.
BIÉLORUSSIE
UKRAINE
MOL.
Same
Mourmansk
Caréliens
St-Pétersbourg
Vepses
Nenec
Komi
Moscou
Mordves
Oudmourtes
Tatars
Bachkirs
Cosaques
Gagaouzes
Tatars de Crimée
Krymtchaks
Volgograd
Kalmouks
Tcheliabinsk
Mansi
Évenks
Norilsk
Omsk
Novossibirsk
Krasnoïarsk
Khakasses
Touva
RUSSIE
Sakha
Iakoutsk
Verkhoïansk
Évènes
Tchoukktches
Cercle polaire
Koriaks
Kamtchatka
Magadan
OCÉAN PACIFIQUE
Sakhaline
Oultches
Nanaïs
Bouriates
Lac Baïkal
Irkoutsk
TURQUIE
SYRIE
IRAN
Mer Caspienne
Mer d'Aral
TURK.
OUZB.
KAZAKHSTAN
MONGOLIE
CHINE
JAPON
1000 km

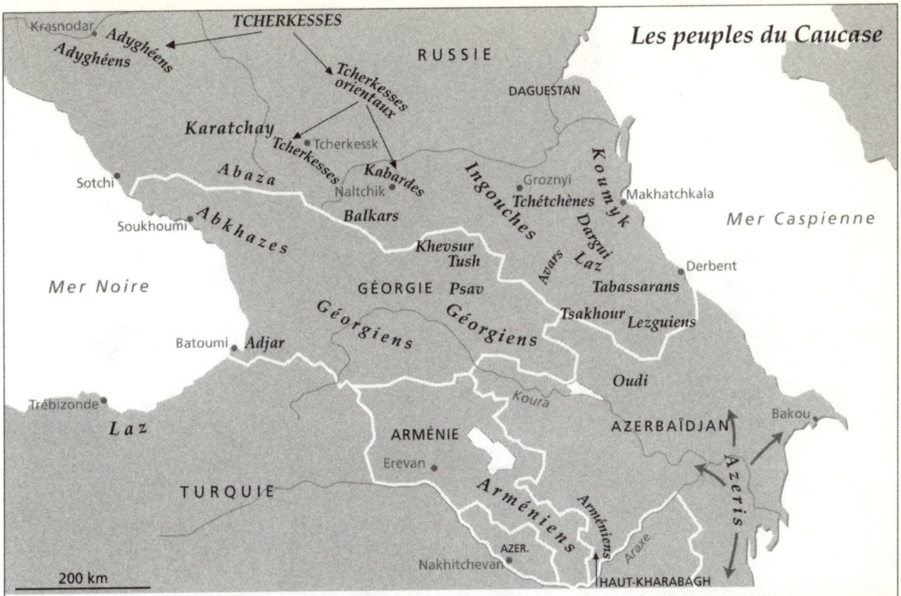
Les peuples du Caucase
TCHERKESSES
Krasnodar
Adyghéens
Adyghéens
RUSSIE
Tcherkesses orientaux
DAGUESTAN
Karatchay
Tcherkessk
Tcherkesses
Kabardes
Abaza
Sotchi
Naltchik
Balkars
Ingouches
Groznyï
Tchétchènes
Koumyk
Makhatchkala
Mer Caspienne
Soukhoumi
Abkhazes
Khevsur
Tush
Darguï
Laz
Avars
Derbent
Mer Noire
GÉORGIE
Psav
Tabassarans
Géorgiens
Géorgiens
Tsakhour
Lezguiens
Batoumi
Adjar
Oudi
Koura
Trébizonde
Bakou
Laz
ARMÉNIE
AZERBAÏDJAN
Erevan
Azeris
TURQUIE
Arméniens
Arméniens
AZER.
Araxe
Nakhitchevan
200 km
HAUT-KHARABAGH

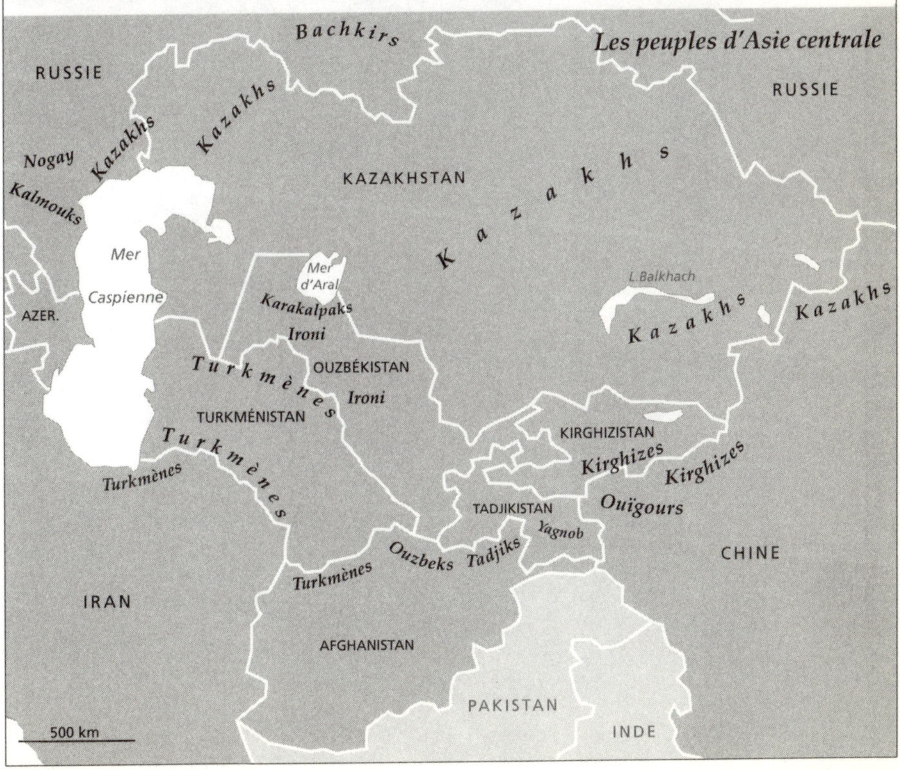
Les peuples d'Asie centrale
Bachkirs
RUSSIE
RUSSIE
Kazakhs
Kazakhs
Nogay
Kazakhs
Kalmouks
KAZAKHSTAN
Kazakhs
Mer
Caspienne
Mer d'Aral
L.Balkhach
Karakalpaks
AZER.
Ironi
Kazakhs
Kazakhs
Turkmènes
OUZBÉKISTAN
Ironi
TURKMÉNISTAN
KIRGHIZISTAN
Turkmènes
Kirghizes
Kirghizes
Turkmènes
Ouïgours
TADJIKISTAN
Yagnob
Ouzbeks
Tadjiks
CHINE
Turkmènes
IRAN
AFGHANISTAN
PAKISTAN
INDE
500 km

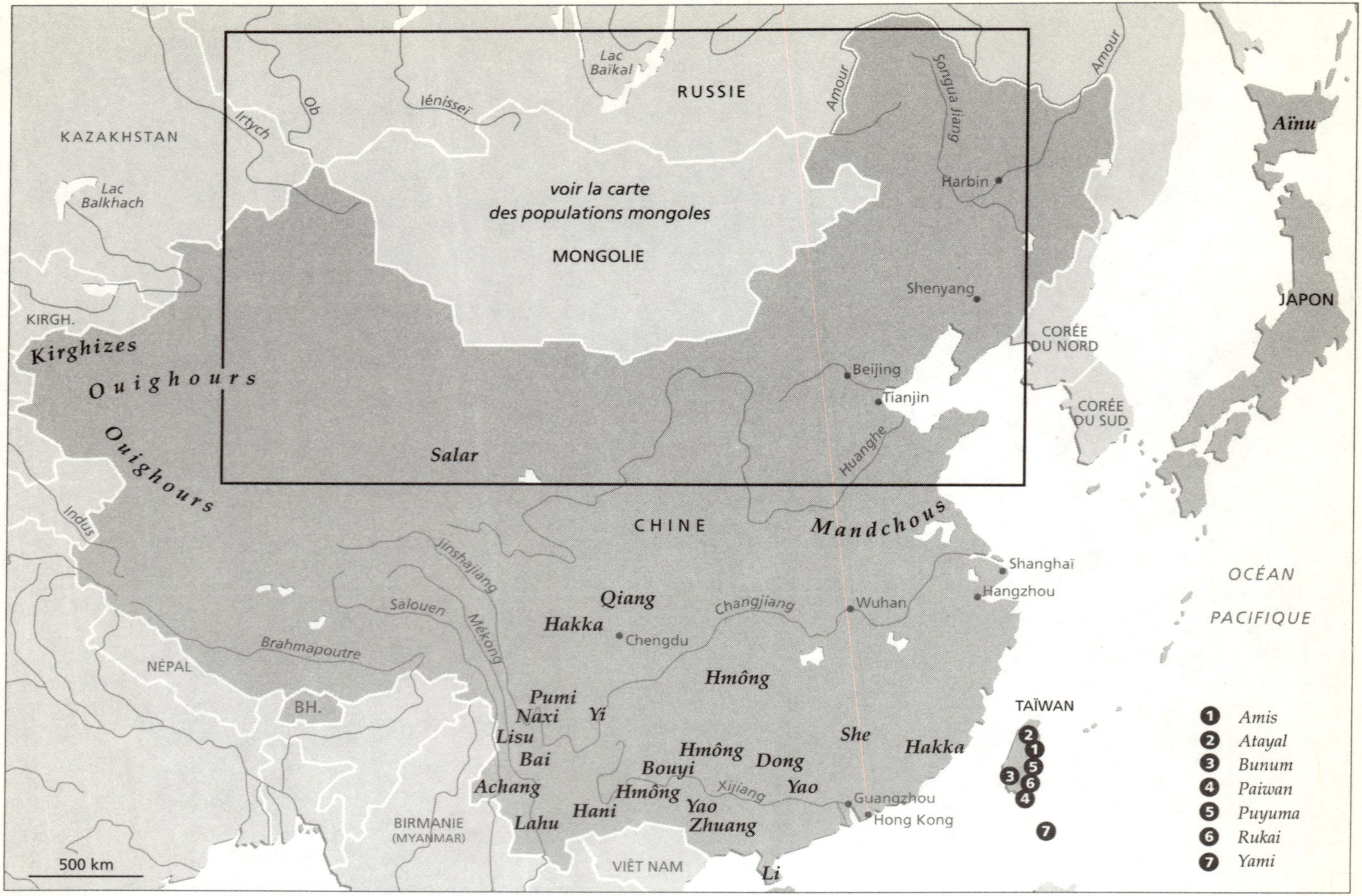

KAZAKHSTAN
Lac Balkhach
KIRGH.
Kirghizes
Ouighours
Ouighours
Irtych
Ob
Iénisseï
Lac Baïkal
RUSSIE
Amour
Amour
Songua Jiang
Harbin
voir la carte
des populations mongoles
MONGOLIE
Shenyang
CORÉE DU NORD
CORÉE DU SUD
JAPON
Aïnu
Beijing
Tianjin
Huanghe
Salar
Indus
CHINE
Mandchous
Jinshajiang
Salouen
Mékong
Brahmapoutre
NÉPAL
BH.
Qiang
Hakka
Chengdu
Changjiang
Wuhan
Shanghaï
Hangzhou
OCÉAN
PACIFIQUE
Hmông
Pumi
Naxi
Yi
Lisu
Bai
Achang
Lahu
Hani
Hmông
Bouyi
Hmông
Yao
Zhuang
Dong
Yao
Xijiang
She
Hakka
Guangzhou
Hong Kong
Li
BIRMANIE (MYANMAR)
VIÊT NAM
TAÏWAN
1 Amis
2 Atayal
3 Bunum
4 Paiwan
5 Puyuma
6 Rukai
7 Yami
500 km

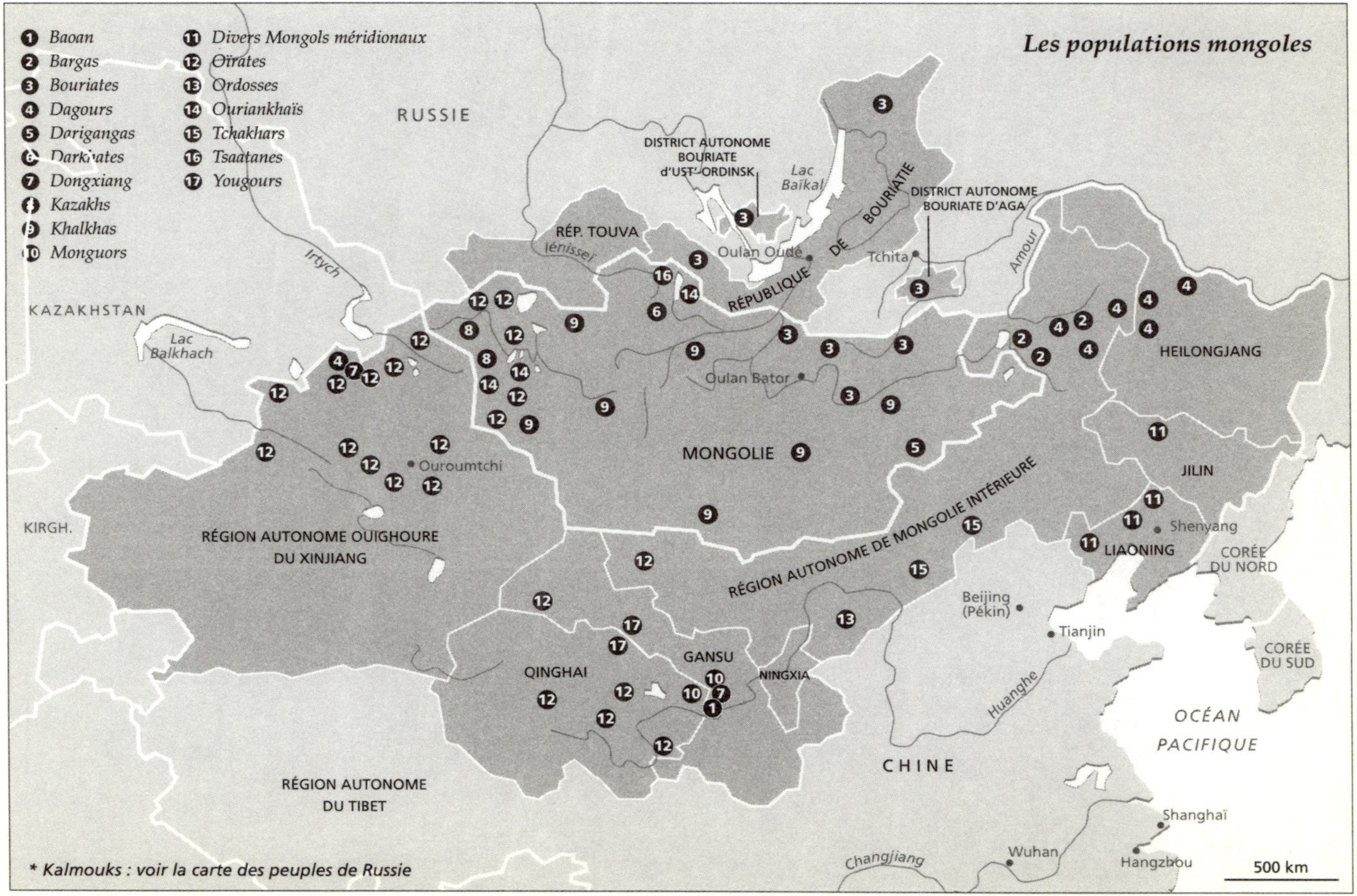
Les populations mongoles
1 Baoan
2 Bargas
3 Bouriates
4 Dagours
5 Darigangas
6 Darkhates
7 Dongxiang
8 Kazakhs
9 Khalkhas
10 Monguors
11 Divers Mongols méridionaux
12 Oïrates
13 Ordosses
14 Ouriankhaïs
15 Tchakhars
16 Tsaatanes
17 Yougours
RUSSIE
KAZAKHSTAN
KIRGH.
Lac Balkhach
Irtych
RÉP. TOUVA
Iénisseï
DISTRICT AUTONOME BOURIATE d'UST'-ORDINSK
Lac Baïkal
RÉPUBLIQUE DE BOURIATIE
DISTRICT AUTONOME BOURIATE D'AGA
Oulan Oudé
Tchita
Amour
HEILONGJANG
JILIN
LIAONING
Shenyang
CORÉE DU NORD
CORÉE DU SUD
MONGOLIE
Oulan Bator
Ouroumtchi
RÉGION AUTONOME OUIGHOURE DU XINJIANG
RÉGION AUTONOME DE MONGOLIE INTÉRIEURE
GANSU
NINGXIA
QINGHAI
RÉGION AUTONOME DU TIBET
Beijing (Pékin)
Tianjin
Huanghe
CHINE
OCÉAN PACIFIQUE
Shanghaï
Hangzhou
Wuhan
Changjiang
500 km
* Kalmouks : voir la carte des peuples de Russie

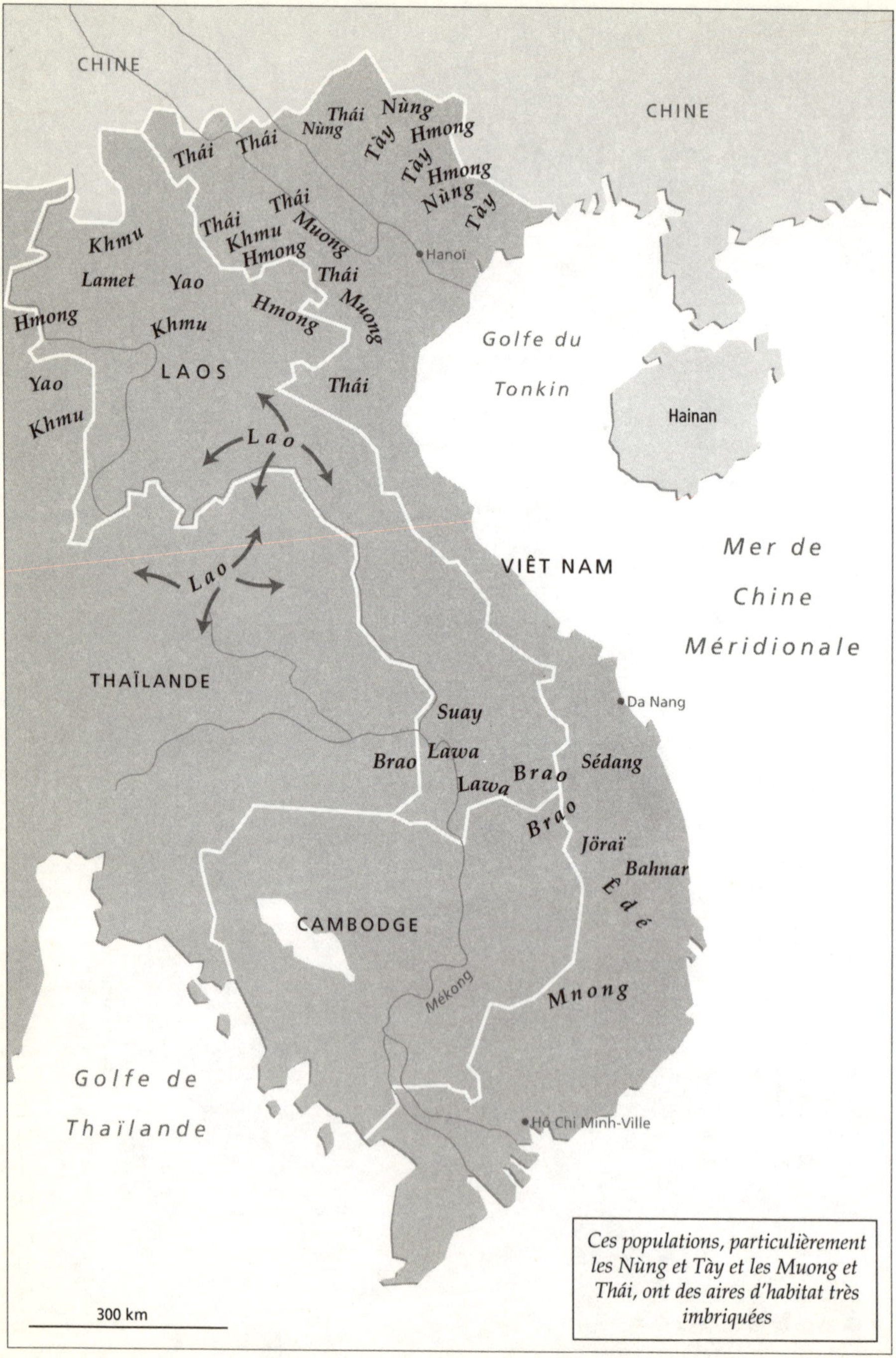

Ces populations, particulièrement les Nùng et Tày et les Muong et Thái, ont des aires d'habitat très imbriquées

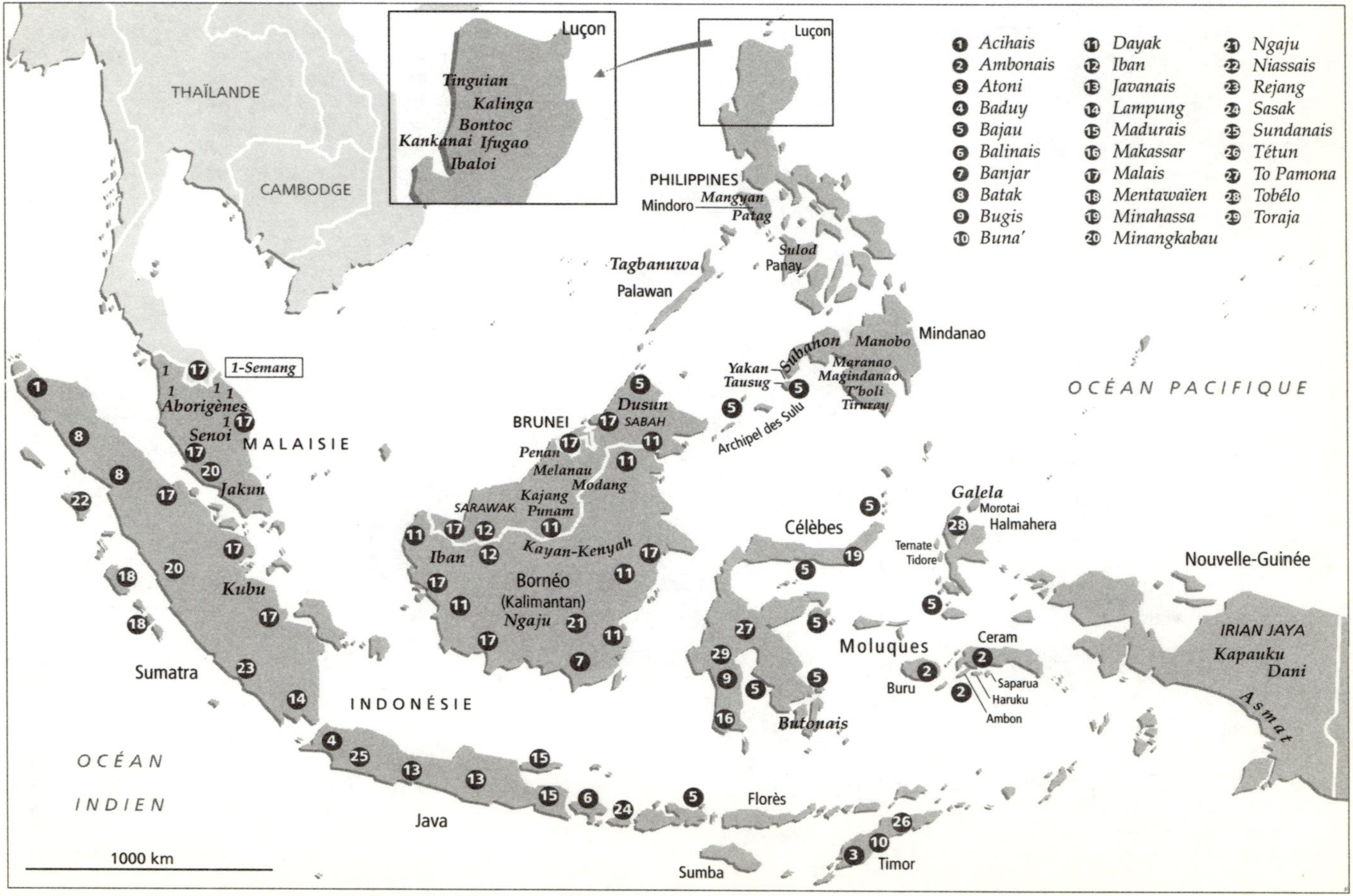

THAÏLANDE
CAMBODGE
MALAISIE
INDONÉSIE
PHILIPPINES
BRUNEI
SABAH
SARAWAK
Luçon
Tinguian
Kalinga
Bontoc
Kankanai
Ifugao
Ibaloi
Mindoro
Mangyan
Patag
Sulod
Panay
Tagbanuwa
Palawan
Mindanao
Subanon
Manobo
Maranao
Magindanao
T'boli
Tiruray
Yakan
Tausug
Archipel des Sulu
1-Semang
Aborigènes
Senoi
Jakun
Kubu
Sumatra
Java
Dusun
Penan
Melanau
Modang
Kajang
Punam
Iban
Kayan-Kenyah
Bornéo
(Kalimantan)
Ngaju
Célèbes
Butonais
Galela
Morotai
Halmahera
Ternate
Tidore
Moluques
Ceram
Buru
Saparua
Haruku
Ambon
Florès
Sumba
Timor
Nouvelle-Guinée
IRIAN JAYA
Kapauku
Dani
Asmat
OCÉAN PACIFIQUE
OCÉAN INDIEN
1000 km
1 Acihais
2 Ambonais
3 Atoni
4 Baduy
5 Bajau
6 Balinais
7 Banjar
8 Batak
9 Bugis
10 Buna'
11 Dayak
12 Iban
13 Javanais
14 Lampung
15 Madurais
16 Makassar
17 Malais
18 Mentawaïen
19 Minahassa
20 Minangkabau
21 Ngaju
22 Niassais
23 Rejang
24 Sasak
25 Sundanais
26 Tétun
27 To Pamona
28 Tobélo
29 Toraja

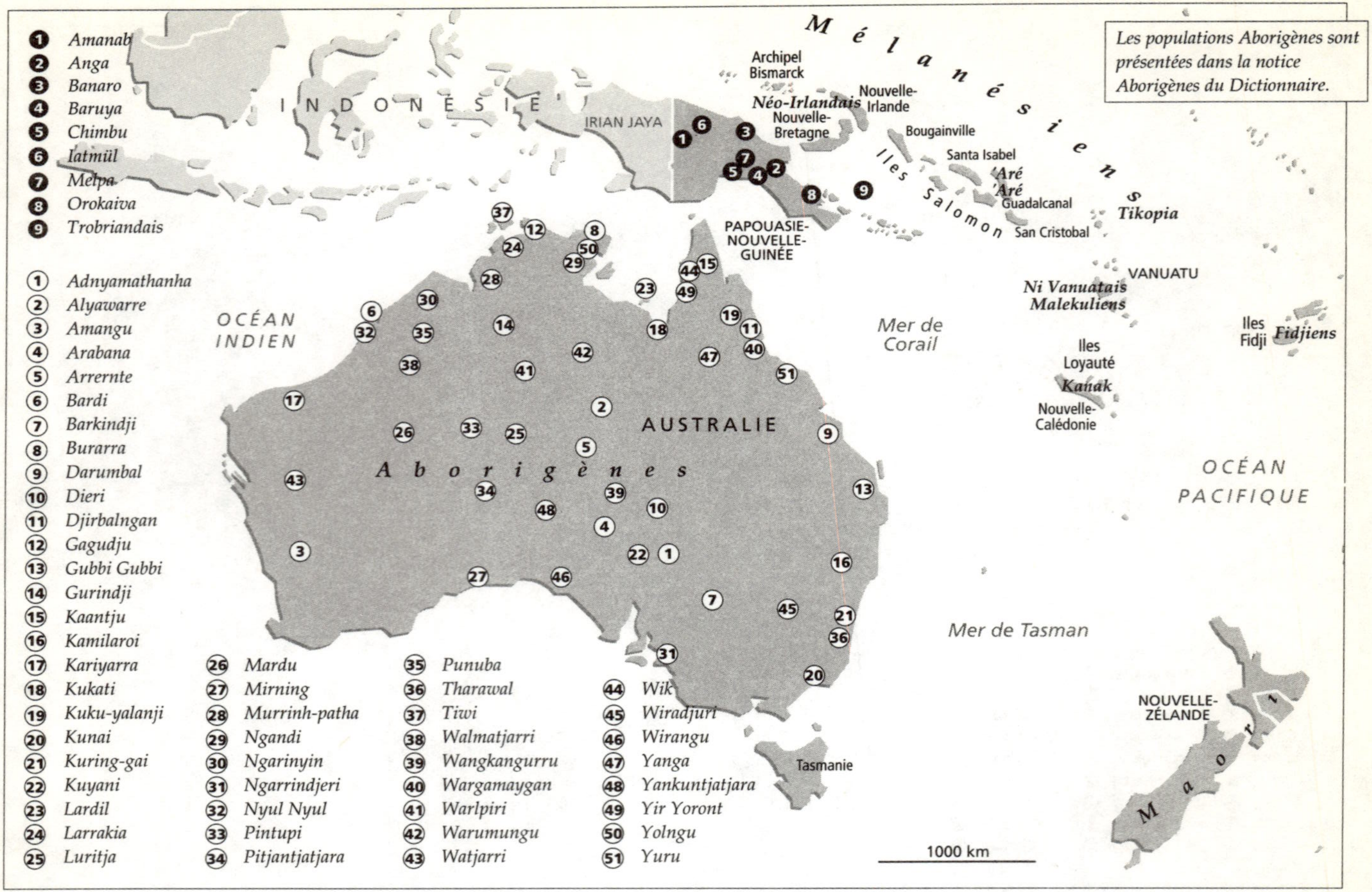
Les populations Aborigènes sont présentées dans la notice Aborigènes du Dictionnaire.
1 Amanab
2 Anga
3 Banaro
4 Baruya
5 Chimbu
6 Iatmül
7 Melpa
8 Orokaiva
9 Trobriandais
1 Adnyamathanha
2 Alyawarre
3 Amangu
4 Arabana
5 Arrernte
6 Bardi
7 Barkindji
8 Burarra
9 Darumbal
10 Dieri
11 Djirbalngan
12 Gagudju
13 Gubbi Gubbi
14 Gurindji
15 Kaantju
16 Kamilaroi
17 Kariyarra
18 Kukati
19 Kuku-yalanji
20 Kunai
21 Kuring-gai
22 Kuyani
23 Lardil
24 Larrakia
25 Luritja
26 Mardu
27 Mirning
28 Murrinh-patha
29 Ngandi
30 Ngarinyin
31 Ngarrindjeri
32 Nyul Nyul
33 Pintupi
34 Pitjantjatjara
35 Punuba
36 Tharawal
37 Tiwi
38 Walmatjarri
39 Wangkangurru
40 Wargamaygan
41 Warlpiri
42 Warumungu
43 Watjarri
44 Wik
45 Wiradjuri
46 Wirangu
47 Yanga
48 Yankuntjatjara
49 Yir Yoront
50 Yolngu
51 Yuru
INDONÉSIE
IRIAN JAYA
Mélanésiens
Archipel Bismarck
Néo-Irlandais
Nouvelle-Irlande
Nouvelle-Bretagne
Bougainville
Santa Isabel
'Aré 'Aré
Guadalcanal
Iles Salomon
San Cristobal
Tikopia
PAPOUASIE-NOUVELLE-GUINÉE
VANUATU
Ni Vanuatais
Malekuliens
Iles Fidji
Fidjiens
Iles Loyauté
Kanak
Nouvelle-Calédonie
OCÉAN INDIEN
Mer de Corail
AUSTRALIE
Aborigènes
OCÉAN PACIFIQUE
Mer de Tasman
Tasmanie
NOUVELLE-ZÉLANDE
Maori
1000 km

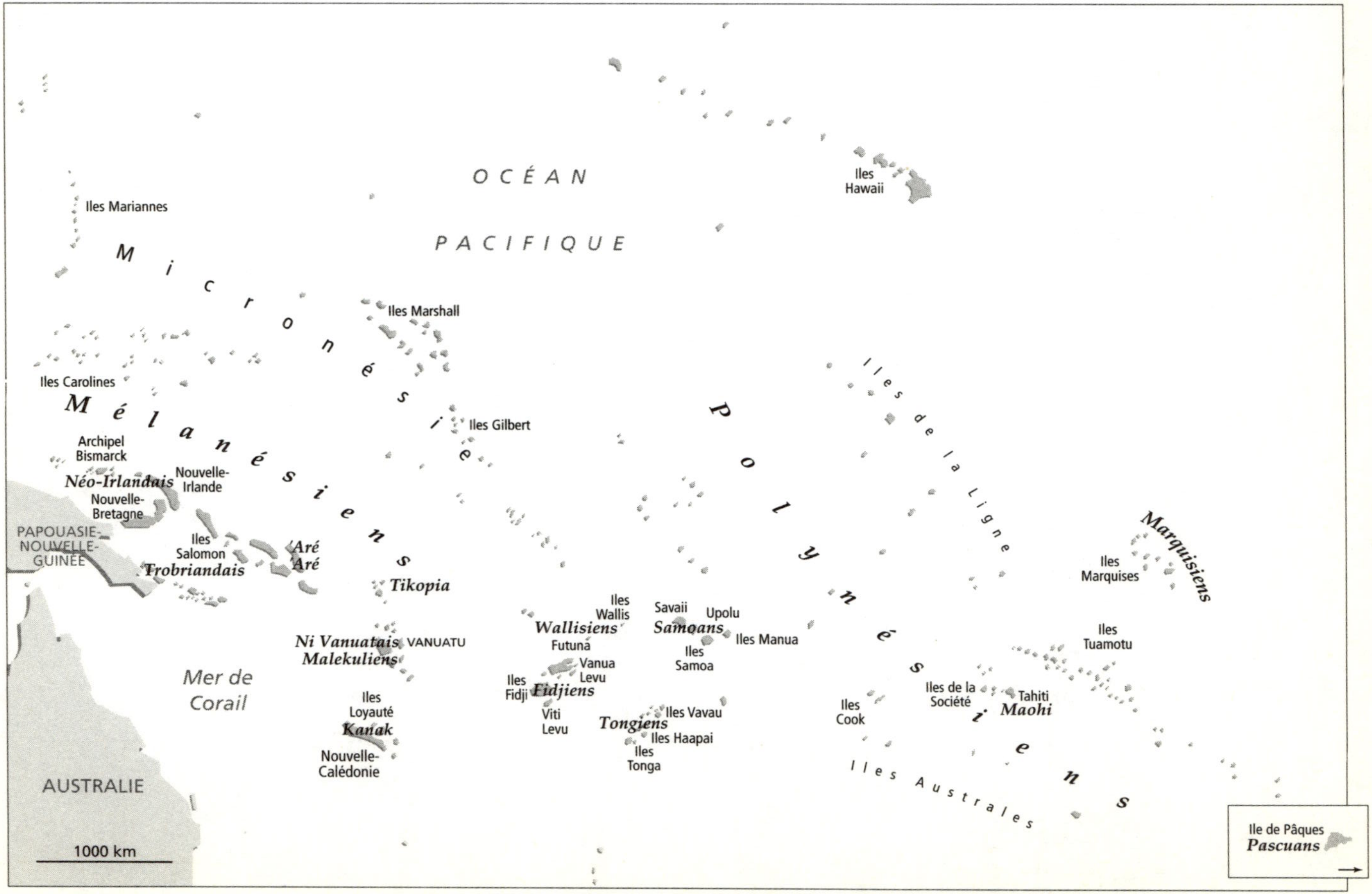
OCÉAN
PACIFIQUE
Iles Mariannes
Micronésiens
Iles Marshall
Iles Carolines
Iles Gilbert
Iles Hawaii
Mélanésiens
Archipel Bismarck
Néo-Irlandais
Nouvelle-Irlande
Nouvelle-Bretagne
PAPOUASIE-NOUVELLE-GUINÉE
Iles Salomon
Trobriandais
'Aré 'Aré
Tikopia
Ni Vanuatais
VANUATU
Malekuliens
Mer de Corail
Iles Loyauté
Kanak
Nouvelle-Calédonie
AUSTRALIE
1000 km
Polynésiens
Iles de la Ligne
Iles Wallis
Wallisiens
Futuna
Savaii
Upolu
Samoans
Iles Manua
Iles Samoa
Vanua Levu
Iles Fidji
Fidjiens
Viti Levu
Tongiens
Iles Vavau
Iles Haapai
Iles Tonga
Iles Cook
Iles de la Société
Tahiti
Maohi
Iles Tuamotu
Iles Marquises
Marquisiens
Iles Australes
Ile de Pâques
Pascuans

Index

Les entrées ne sont pas indexées ; par exemple, n'est pas indexée la notice *Abaza*, mais la mention d'*Abaza* dans la notice *Abkhazes*. Cet index permet donc :
– de repérer les diverses occurences, ailleurs dans le texte, d'ethnonymes ayant fait l'objet d'une entrée
– partant d'un synonyme ou d'une variante graphique, rencontrés par exemple dans la presse, de trouver l'entrée où le peuple correspondant est traité dans le présent dictionnaire
–de repérer les mentions, au fil des notices, de peuples ou de sous-groupes qui n'ont pas l'objet d'une entrée.

A

C

K

N

O

P

Q

R

S

T

U

V

W

Liste des contributeurs

Gianni **Albergoni,** Paris X-Nanterre
Christophe **Anthoine,** Université Libre de Bruxelles
Marie-Andrée **Aupourrain,** diplômée de l'Université de Leyde
Jean-Louis **Bacqué-Grammont,** CNRS, Paris
Serge **Bahuchet,** LACITO/CNRS, Paris
Daniel **Balland,** Paris IV-Sorbonne
Cécile **Barraud,** docteur (EHESS, Paris)
Marie-Claire **Bataille-Benguigui,** Musée de l'Homme, Paris
Charlotte **Bazelaire,** diplômée de l'Université de Liège
Manga **Bekombo Priso,** LESC/CNRS, Paris X-Nanterre
David **Berliner,** doctorant (Université libre de Bruxelles)
Boris **Berz,** titulaire d'un DEA
Agnès **Bon,** *La Documentation française,* Paris
Kenneth M. **Bilby,** Smithsonian Institution, Washington
Jérôme **Bockiau,** Université de Liège, Belgique
Pascale **Bonnemère,** CREDO/CNRS, Marseille
Pierre **Bonte,** LAS/CNRS, Paris
Nathalie **Borgnino,** Centre de recherches en archéologie précolombienne, Paris I-Sorbonne
Pascal **Bouchery,** Paris X-Nanterre
Claire **Boullier,** doctorante (Paris I-Sorbonne)
François **Braibant,** Université de Liège
Annie **Bruyer,** docteur (EHESS, Paris)
Josiane **Cauquelin,** LASEMA/CNRS, Paris
Françoise **Cayrol,** docteur (Paris IV-Sorbonne)
Marisa **Censabella,** titulaire d'un D.E.A. (Paris V)
Marie-Noëlle **Chamoux,** CELIA/CNRS, Paris
Jean-Pierre **Chaumeil,** EREA/CNRS, Paris
Sophie **Chave-Dartoen,** doctorante (EHESS, Paris)
Alain **Christol,** Université de Rouen
Jane **Cobbi,** CNRS
Daniel de **Coppet,** ERASME/CNRS, EHESS, Paris
Marie-Agnès **Crosnier,** *La Documentation française,* Paris
Isabelle **De Coster,** diplômée de l'Université libre de Bruxelles
Yves **Delaporte,** CNRS, Paris
Christian **Delmet,** CNRS, Paris
Brigitte **Derlon,** EHESS, Paris
Isabelle **Dubost,** MIGRINTER/CNRS, Université de Poitiers
Stéphane **Épaillard,** doctorant (EHESS, Paris)
Marie-Dominique **Even,** LESC/CNRS, Paris X-Nanterre
Guillaume **Fontaine,** CREDAL-ERSIPAL/ Institut des Hautes Études de l'Amérique latine, Paris
Vincent **Fourniau,** EHESS, Paris
Alain **Gascon,** CÉA (CNRS/EHESS), INALCO, Paris
Quentin **Gausset,** Université de Copenhague
Maurice **Godelier,** CNRS, EHESS, Paris
Jean-Pierre **Goulard,** EREA/CNRS
Françoise **Grenand,** ORSTOM (laboratoire ERMES, Orléans), CNRS
Pierre **Grenand,** ORSTOM, laboratoire ERMES, Orléans
Antonio **Guerreiro,** EHESS, Paris
Halkawt **Hakim,** INALCO, Paris
Isabelle **Henrion-Dourcy,** aspirante FNRS, Université libre de Bruxelles
George **Hewitt,** School of Oriental and African Studies, Université de Londres
Isabelle **Hoberg,** diplômée de l'Université libre de Bruxelles
Michael **Houseman,** CNRS, EPHE, Paris
André **Iteanu,** ERASME/CNRS, Paris
César **Itier,** INALCO, CNRS, Paris
Daou **Joiris,** Université libre de Bruxelles
Bernard **Juillerat,** LAS/CNRS, Paris
Ronan **Julou,** doctorant (EHESS, Paris)
Michèle **Kahn,** *la Documentation française,* Paris
Dimitri **Karadimas,** EREA/CNRS, Paris
Jean **Lambert,** Musée de l'Homme.

Jean-Luc **Lambert,** docteur (Paris X-Nanterre)
Alexandra **Lavrillier,** doctorante (Paris X-Nanterre)
Corine **Le Carrer,** doctorante (EHESS)
Marie **Lecomte,** équipe Milieux, sociétés et cultures en Himalaya/CNRS, Paris
Claude **Lefébure,** INALCO, CNRS, Paris
Valérie **Le Galcher Baron,** Institut français d'études anatoliennes, Istanbul
Haude **Le Guen,** membre associé de l'IRSEA/CNRS
Li Ping-Tsung, doctorant (EPHE, Paris)
Elizabeth **Luquin,** doctorante (EHESS, Paris)
Esteban T. **Magannon,** INALCO, Paris
Patrick **Menget,** CNRS, EPHE, Paris
Marthe **Mfou'ou,** doctorante (Paris I-Sorbonne)
Mohamed **Mohamed-Abdi,** Université de Besançon
Marika **Moisseeff,** LAS/CNRS, Paris
Denis **Monnerie,** ERASME/CNRS, Paris
Claire **Mouradian,** CNRS, EHESS, Paris
Bruno **Muller,** équipe Paysages en Himalaya/CNRS, Paris
Carine **Müller,** diplômée de l'Université de Liège
Saphinaz **Naguib,** Université d'Oslo
Nathalie **Nyst,** Université libre de Bruxelles
Emmanuelle **Olivier,** LACITO/CNRS, Paris
Delphine **Ortis,** doctorante (EHESS, Paris)
Paul **Ottino,** professeur émérite, Université de la Réunion
Marie-Noëlle et Pierre **Ottino-Garanger,** ORSTOM, CNRS, Paris
Bernard **Outtier,** INALCO, CNRS, Paris
Para **Partchieva,** Université de Groznyi, Tchétchénie
Mariano **Pavanello,** dipartamento di scienze archeologiche, Université de Pise
Christian **Pelras,** LASEMA/CNRS, Paris
Claude-Hélène **Perrot,** Centre de recherches africaines (CRA), Paris
Pierre **Petit,** Université de Liège
Constantin **Petridis,** Université de Gand
Richard et Sally **Price,** Université William and Mary, Williamsburg, Virginie, États-Unis
Philippe **Ramirez,** rattaché à l'équipe Milieux, sociétés et cultures en Himalaya/CNRS
Réa **Ravanou,** doctorante (EHESS)
France-Marie **Renard-Casevitz,** EREA/CNRS, Paris
Bernadette **Robbe,** CNRS, Musée de l'Homme, Paris
Claude **Robineau,** directeur de recherche honoraire de l'ORSTOM
Hélène **Rousselot,** *la Documentation française*
Gérard **Rovillé,** ethnologue, écrivain
Mohamed Ahmed **Saleh,** CNRS, Paris
Anoussia **Saravane,** doctorante (EHESS, Paris)
Almut **Schneider,** doctorante (EHESS, Paris)
Eric **Schwimmer,** Université Laval, Québec
Fodé **Sidibé Moussa,** docteur en Sorbonne
Nicolas **Sihle,** doctorant (Paris X-Nanterre)
Rieks **Smeets,** Université de Leyde
Alexandre **Soucaille,** doctorant (Paris X-Nanterre)
Alexandre **Surrallés i Calonge,** doctorant (EHESS, Paris)
Anne-Christine **Taylor,** EREA/CNRS
Serge **Tcherkézoff,** CREDO/CNRS, EHESS, Marseille
Gérard **Toffin,** équipe Milieux, sociétés et cultures en Himalaya/CNRS
Comi **Toulabor,** CEAN/IEP, Bordeaux
Manuel **Valentin,** Musée de l'Homme, Paris
Mélanie **Vandenhelsken,** doctorante (Paris X-Nanterre)
Virginie **Vaté,** doctorante (Paris X-Nanterre)
Daniel **Vermonden,** doctorant (Université libre de Bruxelles)
Dominique **Vidal,** *le Monde diplomatique*
Jean-Luc **Ville,** INALCO
Patrick **Williams,** LAU/CNRS
Joseph **Yacoub,** Université catholique de Lyon, France
Hugo **Zemp,** CNRS, Paris

Attribution des notices

Abaza, Abkhazes, Hewitt ; **Aborigènes d'Australie,** Moisseeff ; **Aborigènes de Malaisie,** Guerreiro ; **Abron,** Sidibé ; **Acadiens,** Larousse ; **Achang,** Bouchery ; **Acholi,** Braibant ; **Acihais,** Pelras ; **Adi,** Bouchery ; **Adioukrou,** Sidibé ; **Adjar,** Larousse ; **Adja,** Bazelaire ; **Afar,** Gascon ; **Afrikaaner,** Valentin ; **Agaw,** Gascon ; **Ahtna,** Épaillard ; **Aïmaq,** Balland ; **Aïnu,** Cobbi ; **Aïzo,** Bazelaire ; **Aka,** Bahuchet ; **Akan,** Perrot ; **Akha,** Bouchery ; **Akposso,** Toulabor ; **Aléoutes,** Ortis, Saravane ; **Algonquins,** Épaillard ;

Aluku, Bilby ; **Alur,** Braibant ; **Amanab,** Juillerat ; **Ambonais,** Pelras ; **Amdowa,** Sihle ; **Amhara,** Gascon ; **Amis,** Cauquelin ; **Amuzgo,** Chamoux ; **Anga,** Bonnemère ; **Anga,** Boullier ; **Antaimoro, Antaisaka, Antanala, Antandroy,** Ottino ; **Anuak,** Delmet ; **Anyi,** Perrot ; **Apaches,** Ortis, Saravane ; **Arakanais,** Bouchery ; **Arapaho,** Ortis, Saravane ; **Arawak-Lokono,** Grenand ; **Aré 'aré,** de Coppet, Zemp ; **Arméniens,** Mouradian ; **Ashaninka,** Renard-Casevitz ; **Ashanti,** Perrot ; **Asmat,** de Coppet ; **Assiniboine,** Ortis, Saravane ; **Assyro-Chaldéens,** Yacoub ; **Atayal,** Cauquelin ; **Atoni,** Pelras ; **Atsina,** Ortis, Saravane ; **Attikamek,** Épaillard ; **Avar,** Outttier ; **Aymara,** Itier ; **Azéris,** Bacqué-Grammont ; **Bachkirs,** Fourniau ; **Baduy,** Pelras ; **Bafut,** Nyst ; **Baga,** Berliner ; **Baggara,** Delmet ; **Bahnar,** Rovillé ; **Bai,** Bouchery ; **Bajau,** Pelras ; **Baka,** Joiris ; **Balantes,** Berliner ; **Balinais,** Pelras ; **Balkars,** Bacqué-Grammont ; **Baloutches,** Larousse ; **Balti,** Rovillé ; **Bamiléké,** Nyst ; **Bamoum,** Gausset ; **Banaro,** Juillerat ; **Bangala,** Anthoine ; **Banjar,** Pelras ; **Banmana,** Sidibé ; **Baoan,** Even ; **Baoule,** Sidibé ; **Bara,** Ottino ; **Barabaig,** Saleh ; **Barga,** Even ; **Bari,** Delmet ; **Bari,** Fontaine ; **Baruya,** Godelier ; **Basotho,** Valentin ; **Batak,** Pelras ; **Beaver,** Épaillard ; **Bédouins,** Albergoni ; **Béjja,** Gascon ; **Bemba,** Petit ; **Berbères,** Lefébure ; **Bété,** Sidibé ; **Beti,** De Coster ; **Betsileo, Betsimisaraka,** Ottino ; **Bhil,** Soucaille ; **Bhotia,** Sihle ; **Bhotia du Sikkim,** Vandenhelsken ; **Bhoutanais,** Sihle ; **Bhumij,** Soucaille ; **Bisa,** Hoberg ; **Blackfoot,** Ortis, Saravane ; **Bobo,** Sidibé ; **Bochimans,** Olivier ; **Bodh,** Soucaille ; **Bodo,** Bouchery ; **Bontoc,** Magannon ; **Bora,** Karadimas ; **Bororo,** Boullier ; **Boukhariotes,** Fourniau ; **Bouriates,** Even ; **Bouyi,** Bouchery ; **Brâhui,** Balland ; **Brao,** Rovillé ; **Bubi,** Valentin ; **Bugis, Buna',** Pelras ; **Bunun,** Cauquelin ; **Butonais,** Vermonden ; **Bwa,** De Coster ; **Cabecar-Bribri,** Le Carrer ; **Cajun,** Larousse ; **Cakchiquel,** Borgnino ; **Campa,** Renard-Casevitz ; **Candoshi,** Surrallés ; **Caréliens,** Rousselot ; **Caraïbéens,** Dubost ; **Carrier,** Épaillard ; **Chakma,** Bouchery ; **Cham,** Rovillé ; **Chamba,** Gausset ; **Chaouia,** Lefébure ; **Chatino,** Chamoux ; **Chayahuita,** Chaumeil ; **Chepang,** Lecomte ; **Cherokee,** Ortis, Saravane ; **Chewa,** Hoberg ; **Cheyenne,** Ortis, Saravane ; **Chilcotin,** Épaillard ; **Chimbu,** Vermonden ; **Chin,** Bouchery ; **Chinantèques,** Chamoux ; **Chinook,** Ortis ; **Chipewyan,** Épaillard ; **Chiricahua,** Ortis, Saravane ; **Chiriguano,** Censabella ; **Chleuh,** Lefébure ; **Choctaw,** Ortis, Saravane ; **Chol, Chontal,** Chamoux ; **Chopi,** Valentin ; **Chorti, Chuj,** Borgnino ; **Chulupi,** Censabella ; **Cocama,** Chaumeil ; **Comanches,** Ortis, Saravane ; **Coptes,** Naguib ; **Cosaques,** Kahn ; **Cree, Creek, Crow,** Ortis, Saravane ; **Cuiba,** Fontaine ; **Dagours,** Even ; **Dakota,** Ortis, Saravane ; **Damara,** Valentin ; **Dan,** Sidibé ; **Dani,** Vermonden ; **Dargui,** Outtier ; **Dariganga, Darkhates,** Even ; **Datoga,** Saleh ; **Dayak,** Pelras ; **Daza,** Bonte ; **Delaware,** Larousse ; **Dinka,** Delmet ; **Diola, Dioula, Dogon,** Sidibé ; **Dogrib,** Épaillard ; **Dom,** Soucaille ; **Dong,** Bouchery ; **Dongxiang,** Even ; **Dorzé,** Gascon ; **Douala,** Bekombo ; **Dowayo,** Gausset ; **Druzes,** J. Lambert ; **Dusun,** Guerreiro ; **Êdé,** Rovillé ; **Edo, Efik, Ekoi,** Bockiau ; **Embera,** Borgnino ; **Eshira,** Mfou'ou ; **Evènes, Evenks,** Lavrillier ; **Evhé,** Bockiau ; **Falasha,** Gascon ; **Fang,** Joiris ; **Fanti,** Perrot ; **Fidjiens,** Cayrol ; **Fon,** Boullier ; **Fox,** Ortis, Saravane ; **Fulbe,** Gausset ; **Gadaba,** Soucaille ; **Gagaouzes,** Crosnier ; **Galela,** Vermonden ; **Galibi,** Grenand ; **Gamit,** Soucaille ; **Ganda,** Braibant ; **Garifuna,** Borgnino ; **Garo,** Bouchery ; **Gbaya,** Boullier ; **Gédao,** Gascon ; **Géorgiens,** Larousse ; **Gogo,** Saleh ; **Gond,** Soucaille ; **Gonja,** Perrot ; **Gouragué,** Gascon ; **Gourmantché,** Boullier ; **Gouro,** Sidibé ; **Gourounsi,** Boullier ; **Guambiano,** Fontaine ; **Guarani,** Larousse ; **Guaymi,**.Le Carrer ; **Gurkha,** Larousse ; **Gurung,** Ramirez ; **Gusii,** Ville ; **Ha,** Braibant ; **Hadiya,** Gascon ; **Haida,** Ortis, Saravane ; **Hakka, Han,** Cauquelin ; **Han,** Épaillard ; **Hani,** Bouchery ; **Hanty,** J.-L. Lambert ; **Haoussa,** Bockiau ; **Harakmbut,** Chaumeil ; **Hare,** Épaillard ; **Hazara,** Balland ; **Hehe,** Saleh ; **Herero,** Valentin ; **Hidatsa,** Ortis, Saravane ; **Hill Pulaya,** Soucaille ; **Himba,** Valentin ; **Hmong,** Bouchery ; **Hoopa, Hopi,** Ortis, Saravane ; **Huaxtèques,** Chamoux ; **Hui,** Fourniau ; **Huichol,** Chamoux ; **Hurons,** Ortis, Saravane ; **Hutu,** Braibant ; **Iatmul,** Houseman ; **Ibaloi,** Magannon ; **Iban,** Pelras ; **Ibibio, Ibo, Idoma,** Bockiau ; **Ifugao,** Magannon ; **Igala,** Bockiau ; **Igorot,** Magannon ; **Ijaw,** Bockiau ; **Iks,** Braibant ; **Ika,** Fontaine ; **Imazihren,** Lefébure ; **Inde,** de Coppet ; **Indo-Népalais,** Ramirez ; **Inga,** Fontaine ; **Ingalik,** Épaillard ; **Ingouches,** Partcheva ; **Inuit,** Robbe ; **Irawq,** Saleh ; **Ironi,** Fourniau ; **Iroquois,** Ortis,

Saravane ; **Isneg,** Magannon ; **Iteso,** Braibant ; **Jakun,** Guerreiro ; **Javanais,** Pelras ; **Jebero,** Julou ; **Jita,** Saleh **Jivaro,** Taylor ; **Jorai,** Rovillé ; **Juifs,** Berz ; **Jukun,** Bockiau ; **Kababish,** Delmet ; **Kabiyé,** Toulabor ; **Kabyles,** Lefébure ; **Kachari, Kachin,** Bouchery ; **Käfa,** Gascon ; **Kajang,** Guerreiro ; **Kalash,** Balland ; **Kalenjin,** Ville ; **Kalinga,** Magannon ; **Kalmouks,** Crosnier ; **Kamba,** Ville ; **Kamsa,** Fontaine ; **Kanak,** Monnerie ; **Kanbata,** Gascon ; **Kanembou,** Bonte ; **Kanjobal,** Borgnino ; **Kankanai,** Magannon ; **Kanouri,** Bockiau ; **Kansa,** Ortis, Saravane ; **Kaonde,** Petit ; **Kapauku,** Vermonden ; **Kapon,** Grenand ; **Kara,** Saleh ; **Karaïtes,** Bon ; **Karakalpaks,** Fourniau ; **Karamojong,** Braibant ; **Karatchay,** Bacqué-Grammont ; **Karen,** Bouchery ; **Karok,** Ortis, Saravane ; **Kavango,** Valentin ; **Kayan,** Guerreiro ; **Kayapo,** Menget ; **Kazakhs,** Fourniau ; **Kei,** Barraud ; **Kenyah,** Guerreiro ; **Kerebe,** Saleh ; **Khakasses,** Fourniau ; **Khalka,** Even ; **Khampa,** Sihle ; **Kharia,** Soucaille ; **Khasi,** Bouchery ; **Khassonké,** Sidibé ; **Khevsur,** Le Galcher Baron ; **Khmu,** Bouchery ; **Khond,** Soucaille ; **Khotones,** Even ; **Kickapoo,** Larousse ; **Kikuyu,** Ville ; **Kiowa,** Ortis, Saravane ; **Kirghizes,** Fourniau ; **Kissi,** Boullier ; **Kogui,** Fontaine ; **Kokna, Koli,** Soucaille ; **Kolla,** Censabella ; **Komi,** Kahn ; **Kongo,** De Coster ; **Konso,** Gascon ; **Kootenai,** Larousse ; **Koriak,** Vaté ; **Kota,** Mfou'ou ; **Koumyk,** Bacqué-Grammont ; **Kounta,** Bonte ; **Koya,** Soucaille ; **Kpelle,** Berliner ; **Kru, Krumen,** Perrot ; **Krymtchak,** Kahn ; **Kuba,** Anthoine ; **Kubu,** Guerreiro ; **Kuna,** Borgnino ; **Kunama,** Gascon ; **Kurdes,** Hakim ; **Kurripako,** Fontaine ; **Kutchin,** Épaillard ; **Kwaiker,** Fontaine ; **Kwakiutl,** Ortis, Saravane ; **Lacandon,** Borgnino ; **Ladakhi,** Henrion ; **Lahu,** Bouchery ; **Lak,** Outtier ; **Lala, Lamba,** Hoberg ; **Lamet,** Cauquelin ; **Lampung,** Pelras ; **Lango,** Braibant ; **Lao, Lawa,** Cauquelin ; **Laz,** Larousse ; **Lega,** Anthoine ; **Lenca,** Borgnino ; **Lepcha,** Vandenhelsken ; **Lezguiens,** Larousse ; **Li,** Cauquelin ; **Limba,** Larousse ; **Limbu,** Vandenhelsken ; **Lisu,** Bouchery ; **Lobedu,** Valentin ; **Lobi,** Sidibé ; **Lozi,** Hoberg ; **Luba, Luba-Kasai, Luba-Shaba,** Petit ; **Lugbara,** Braibant ; **Luguru,** Saleh ; **Luluwa,** Petridis ; **Luo,** Ville ; **Luvale,** Anthoine ; **Luyia,** Ville ; **Maasaï,** Ville ; **Maba,** Bonte ; **Madi,** Hoberg ; **Madurais,** Pelras ; **Magar,** Lecomte ; **Magindanaon,** Le Guen ; **Mahafaly,** Ottino ; **Makassar,** Pelras ; **Makonde,** Saleh ; **Maku,** Fontaine ; **Makushi,** Grenand ; **Malais,** Pelras ; **Malekula,** Cayrol ; **Malgaches,** Ottino ; **Malinké,** Sidibé ; **Mam,** Borgnino ; **Mambila,** Gausset ; **Mandchous,** Even, Li Ping-Tsung ; **Mandenka, Mandingues,** Sidibé ; **Mangbetu,** Anthoine ; **Mangyang Patag, Manobo,** Luquin ; **Mansi,** J.-L. Lambert ; **Maohi,** Robineau ; **Maori,** Schwimmer ; **Mapuche,** Borgnino ; **Mari,** Crosnier ; **Maronites,** J. Lambert ; **Marquisiens,** Ottino-Garanger ; **Matabele,** Valentin ; **Matsiguenga,** Renard-Casevitz ; **Maures,** Bonte ; **Maya, Mazatèques,** Chamoux ; **Mbole,** Anthoine ; **Mbundu,** Muller ; **Mbya,** Censabella ; **Melanau,** Guerreiro ; **Mélanésiens,** de Coppet ; **Melpa,** Schneider ; **Mende,** Berliner ; **Mentawaïens,** Pelras ; **Merina,** Ottino ; **Meskhet,** Larousse ; **Métis,** Valentin ; **Micmac,** Ortis, Saravane ; **Mijikenda,** Ville ; **Mina,** Soucaille ; **Minahassa,** Pelras ; **Minangkabau,** Pelras, Schwimmer ; **Mirana,** Karadimas ; **Mishmi,** Bouchery ; **Miskito,** Borgnino ; **Mitsogko,** Mfou'ou ; **Mixtèques,** Chamoux ; **Mnong,** Rovillé ; **Mocovi,** Censabella ; **Modang,** Guerreiro ; **Mofu-Diamaré,** Gausset ; **Moghols,** Even ; **Mohawk,** Ortis, Saravane ; **Moï,** Rovillé ; **Mojo,** Renard-Casevitz ; **Mokhev,** Le Galcher Baron ; **Mon,** Bouchery ; **Mongo,** Petit ; **Mongols, Monguor,** Even ; **Montagnais-Naskapi,** Épaillard ; **Moose,** Bruyer ; **Mordves,** Bon ; **Mudugar,** Soucaille ; **Muktele,** Juillerat ; **Munda,** Soucaille ; **Mundang,** Gausset ; **Muong,** Rovillé ; **Musulmans,** Le Guen ; **Naga,** Bouchery ; **Nahua,** Chamoux ; **Nama,** Valentin ; **Nambikwara,** Menget ; **Nanaï,** Lavrillier ; **Nara,** Gascon ; **Natchez,** Ortis, Saravane ; **Navajo,** Ortis, Saravane ; **Naxi,** Bouchery ; **Ndebele,** Valentin ; **Ndembu,** Petit ; **Ndjuka,** Larousse ; **Nenec,** J.-L. Lambert ; **Néo-Irlandais,** Derlon ; **Newar,** Toffin ; **Nez-Percé,** Ortis, Saravane ; **Ngaju,** Guerreiro ; **Ngbaka,** De Coster ; **Ngbandi,** Anthoine ; **Ngoni,** Saleh ; **Niassais,** Pelras ; **Nishi,** Bouchery ; **Ni Vanuatais,** Cayrol ; **Nkole,** Braibant ; **Nogay,** Bacqué-Grammont ; **Nomatsiguenga,** Renard-Casevitz ; **Nootka,** Ortis, Saravane ; **Nuba, Nubiens, Nuer,** Delmet ; **Nung,** Rovillé ; **Nupe,** Bockiau ; **Nurestani,** Balland ; **Nyakyusa, Nyamwezi,** Saleh ; **Nyanja,** Hoberg ; **Nyoro,** Braibant ; **Nzema,** Pavanello ; **Ogoni,** Bockiau ; **Oïrates,** Even ; **Ojibwa,** Ortis, Saravane ; **Okiek,** Ville ; **Omaha,** Ortis, Saravane ; **Oraon,** Soucaille ; **Ordosses,** Even ; **Orokaiva,** Iteanu ; **Oromo,**

Gascon ; **Osage,** Ortis, Saravane ; **Ossètes,** Christol ; **Otomi,** Chamoux ; **Ouatchi,** Toulabor ; **Oudégués,** Lavrillier ; **Oudi,** Outtier ; **Oudmourtes,** Larousse ; **Ouïgours,** Fourniau ; **Ouïgours jaunes,** Even ; **Oultches,** Lavrillier ; **Ouriankhaï,** Even ; **Ouzbeks,** Fourniau ; **Ovambo,** Valentin ; **Paez,** Fontaine ; **Pahouins,** Joiris ; **Paiute,** Ortis, Saravane ; **Paiwan,** Cauquelin ; **Palaung,** Bouchery ; **Palestiniens,** Vidal ; **Palikur,** Grenand ; **Pamiri,** Fourniau ; **Pano,** Erikson ; **Papago,** Ortis, Saravane ; **Papel,** Berliner ; **Parâchi,** Balland ; **Pascuans,** Bruyer ; **Pashaï, Pachtun,** Balland ; **Pawnee,** Ortis, Saravane ; **Pedi,** Valentin ; **Pemon,** Grenand ; **Penan,** Guerreiro ; **Pende,** Anthoine ; **Piapoco,** Fontaine ; **Piaroa,** Grenand ; **Pilaga,** Censabella ; **Pima,** Ortis, Saravane ; **Pipil,** Borgnino ; **Polynésiens,** Chave-Dartoen ; **Pomo, Ponca,** Ortis, Saravane ; **Psav,** Le Galcher Baron ; **Pueblo,** Ortis, Saravane ; **Puinave,** Fontaine ; **Pumi,** Bouchery ; **Punan,** Vermonden ; **Puyuma,** Cauquelin ; **Pygmées,** Bahuchet ; **Qawaskar,** Censabella ; **Qiang,** Bouchery ; **Quechua,** Itier ; **Quiché,** Borgnino ; **Rai,** Lecomte ; **Raji,** Soucaille ; **Rathawa,** Soucaille ; **Rejang,** Pelras ; **Rifains,** Lefébure ; **Rukai,** Cauquelin ; **Rundi,** Braibant ; **Ruund,** Petit ; **Rwanda,** Braibant ; **Sahraouis,** Bonte ; **Sakalava,** Ottino ; **Sakha,** Lavrillier ; **Salar,** Cauquelin ; **Salish,** Ortis, Saravane ; **Sama,** Le Guen ; **Samaritains,** Berz ; **Same,** Delaporte ; **Samoans,** Tcherkézoff ; **Samoyèdes,** J.-L. Lambert ; **Sandawe,** Saleh ; **Santal, Saora,** Soucaille ; **Saramaka,** Price ; **Sara,** Boullier ; **Sasak,** Pelras ; **Sauk,** Ortis, Saravane ; **Sedang,** Rovillé ; **Selknam,** Censabella ; **Semang,** Guerreiro ; **Seminole, Seneca,** Ortis, Saravane ; **Senoi,** Guerreiro ; **Senoufo, Sereer,** Sidibé ; **Shawnee,** Larousse ; **She,** Cauquelin ; **Sherpa,** Sihle, Soucaille ; **Shilluk,** Delmet ; **Shirazi,** Saleh ; **Shona,** Valentin ; **Shoshone,** Ortis, Saravane ; **Sibe,** Even ; **Sikuani,** Borgnino ; **Sioux,** Ortis, Saravane ; **Slave,** Épaillard ; **Soga,** Braibant ; **Somali,** Mohamed-Abdi ; **Somba,** Bazelaire ; **Songhaï,** Sidibé ; **Songye,** Anthoine ; **Soninké,** Sidibé ; **Suay,** Cauquelin ; **Subanon,** Luquin ; **Suku,** Petit ; **Sukuma,** Saleh ; **Sulod,** Luquin ; **Sumu,** Borgnino ; **Sundanais,** Pelras ; **Sunuwar,** B. Muller ; **Sussu,** Sidibé ; **Swahili,** Ville ; **Swazi,** Valentin ; **Tabassaran,** Outtier ; **Tadjiks,** Fourniau ; **Tagbanuwa,** Luquin ; **Taï,** Rovillé ; **Tamang,** Ramirez ; **Tarahumares, Tarasques,** Chamoux ; **Tat,** Larousse ; **Tatars,** Bon ; **Tausug,** Le Guen ; **Tboli,** Luquin ; **Thakhar,** Even ; **Tcherkesses,** Smeets ; **Tchetchènes,** Partchieva ; **Tchouktches,** Vaté ; **Tchouvaches,** Crosnier ; **Teḍa,** Bonte ; **Tegréens,** Gascon ; **Tehuelche,** Censabella ; **Teke,** De Coster ; **Temne,** Berliner ; **Tetela,** Anthoine ; **Teton,** Ortis, Saravane ; **Tetun,** Pelras ; **Tharu,** Ramirez ; **Tibétains,** Sihle ; **Ticuna,** Goulard ; **Tigré,** Gascon ; **Tikar,** Gausset ; **Tikopia,** Aupourrain ; **Tingguian,** Magannon ; **Tiruray,** Luquin ; **Tiv,** Bockiau ; **Tlingit,** Ortis, Saravane ; **Toba,** Censabella ; **Tobelo,** Pelras ; **Tojolabal,** Chamoux ; **Tolupan,** Borgnino ; **Toma,** Sidibé ; **Tonga,** Gausset ; **Tongiens,** Bataille-Benguigui ; **To Pamona,** Pelras ; **Toraja,** Pelras ; **Toro,** Braibant ; **Totonaques,** Chamoux ; **Touaregs, Toubou,** Bonte ; **Toucouleur,** Sidibé ; **Toumètes,** Even ; **Toungouses,** Lavrillier ; **Touva,** Even ; **Trobriandais,** Ravanou ; **Tsakhour,** Outtier ; **Tsokwe,** Boullier ; **Tziganes,** Williams ; **Tsimihety,** Ottino ; **Tsimshian,** Épaillard ; **Tsonga, Tswana,** Valentin ; **Tukano,** Menget ;**Turcs,** Fourniau ; **Tukano,** Menget ; **Turkana,** Ville ; **Turkmènes,** Fourniau ; **Tush,** Le Galcher Baron ; **Tutsi,** Braibant ; **Twa,** Hoberg ; **Tzeltal, Tzotzil,** Chamoux ; **Uitoto,** Karadimas ; **Ute,** Ortis, Saravane ; **Uwa,** Fontaine ; **Vazimba,** Ottino ; **Vedda,** Soucaille ; **Venda,** Valentin ; **Vepses,** Crosnier ; **Vezo,** Ottino ; **Wa,** Bouchery ; **Wagenia,** Anthoine ; **Walayta,** Gascon ; **Wallisiens,** Chave-Dartoen ; **Wapishana, Warao,** Grenand ; **Wassoulounké,** Sidibé ; **Wayana, Wayapi,** Grenand ; **Wayuu,** Fontaine ; **Wé,** Perrot ; **Wichi,** Censabella ; **Winnebago,** Larousse ; **Wolof,** Sidibé ; **Xhosa,** Valentin ; **Xingu,** Menget ; **Yagnob,** Fourniau ; **Yagua,** Chaumeil ; **Yaka,** Petit ; **Yakan,** Luquin ; **Yakima,** Larousse ; **Yami,** Cauquelin ; **Yanesha,** Renard-Casevitz ; **Yanomani,** Borgnino ; **Yanzi,** De Coster ; **Yao,** Muller ; **Yao,** Bouchery ; **Yaqui,** Chamoux ; **Yeke,** Petit ; **Yerukala,** Soucaille ; **Yi,** Bouchery ; **Yineru,** Renard-Casevitz ; **Yombe,** Boullier ; **Yoruba,** Bockiau ; **Yuko-Yukpa, Yukuna,** Fontaine ; **Yurok,** Ortis, Saravane ; **Zafimaniry,** Ottino ; **Zande,** Anthoine ; **Zapotèques,** Chamoux ; **Zaramo,** Saleh ; **Zénètes,** Lefébure ; **Zhuang,** Bouchery ; **Znaga,** Bonte ; **Zulu,** Valentin ; **Zuni,** Ortis, Saravane.

Collection Les Référents

Sciences humaines

Dictionnaire des peuples. Sous la direction de Jean-Christophe Tamisier.

Dictionnaire de psychiatrie et de psychopathologie clinique. Sous la direction de Jacques Postel.

Dictionnaire de psychanalyse. Sous la direction de Roland Chemama et Bernard Vandermesch.

Dictionnaire de psychologie. Sous la direction de Norbert Sillamy.

Civilisation et religion

Dictionnaire de la civilisation égyptienne. Guy Rachet.

Dictionnaire de la civilisation juive. Jean-Christophe Attias et Esther Benbassa.

Dictionnaire de la mythologie grecque et romaine. Sous la direction de Joël Schmidt.

Communication

Dictionnaire des médias. Francis Balle.

Politique

Dictionnaire de la pensée politique. Dominique Colas.

Sciences et techniques

Dictionnaire de biologie. Denis Buican.

Dictionnaire de la micro-informatique. Michel Grenié.

Photocomposition M.C.P. - ORLÉANS
Impression Aubin Imprimeur - POITIERS-LIGUGÉ
N° d'impression L 56854
Dépôt légal : septembre 1998
100.720.240-01 - septembre 1998